Klausurenkurs im Strafrecht III

Ein Fall- und Repetitionsbuch für Examenskandidaten

von

Dr. Werner Beulke
em. Professor an der Universität Passau

5., neu bearbeitete Auflage

 C.F. Müller

Zitiervorschlag: Beulke, Klausurenkurs III, Rn

Bibliografische Information der Deutschen Nationalbibliothek
Die Deutsche Nationalbibliothek verzeichnet diese Publikation in der Deutschen Nationalbibliografie;
detaillierte bibliografische Daten sind im Internet über http://dnb.d-nb.de abrufbar.

ISBN 978-3-8114-4641-0

E-Mail: kundenservice@cfmueller.de
Telefon: +49 89 2183 7923
Telefax: +49 89 2183 7620

www.cfmueller.de
www.cfmueller-campus.de

© 2018 C.F. Müller GmbH, Waldhofer Straße 100, 69123 Heidelberg

Satz: Gottemeyer, Rot
Druck: Kessler Druck + Medien, Bobingen

Vorwort

Der vorliegende Klausurenkurs im Strafrecht III ist Teil des auf drei Bände ausgelegten Gesamtwerks eines Klausurenkurses im Strafrecht (I: Anfänger-, II: Fortgeschrittenen-, III: Examensklausuren). Er wendet sich speziell an Examenskandidaten. Die Examensklausur unterscheidet sich meiner Erfahrung nach im Schwierigkeitsgrad so stark von den Klausuren, die zur Erreichung der Kleinen und Großen Strafrechtsscheine zu absolvieren sind, dass sie einer gesonderten Erörterung bedarf. Es handelt sich bei den nunmehr 15 ausformulierten Klausuren und Musterlösungen um die Wiedergabe eines in sich geschlossenen Examensklausurenkurses, den ich im Laufe meiner 32-jährigen Lehrtätigkeit an der Juristischen Fakultät der Universität Passau und zum Teil auch an der Juristischen Fakultät der Universität Halle mehrfach getestet habe. Die Fälle sind so aufeinander abgestimmt, dass sie in ihrer Gesamtheit die aus meiner Sicht besonders examensrelevanten Probleme des Strafrechts (Allgemeiner Teil und Besonderer Teil) enthalten und auch im Strafprozessrecht die häufigsten Prüfungsfragen abdecken. Gegenüber den Klausurenkursen I und II ist der vorliegende Klausurenkurs III selbstständig, sodass der Leser Erstere nicht zwangsläufig vorher durchgearbeitet haben muss, um nunmehr den Examenskurs zu verstehen. Er baut jedoch gleichwohl auf den Klausurenkursen I und II auf, sodass deren Kenntnis von Vorteil ist. Inhaltliche (Teil-)Überschneidungen sind unvermeidlich und aus meiner Sicht auch keinesfalls nachteilig, da jede neue Wiederholungsmöglichkeit die Sicherheit des Studierenden steigert.

Die Klausuren weisen inhaltlich und aufbautechnisch ein hohes Niveau auf, das an der obersten Grenze dessen liegt, was ein Examenskandidat in fünf Stunden bewältigen kann. Es erscheint mir didaktisch sinnvoll, den Studierenden in der Vorbereitungsphase eher zu über- als zu unterfordern, damit es im schriftlichen Examen dann kein böses Erwachen gibt. Wer beim ersten Durcharbeiten nicht alle Probleme in den Griff bekommen hat, braucht daher nicht zu verzagen. Vielfaches Wiederholen kniffliger Streitfragen, jeweils gesehen im Kontext der Falllösung, führt aber bei intensiver Arbeit mit diesem Buch zur Sicherheit, das von allen geforderte „Basiswissen" souverän zu beherrschen.

Wie in den Klausurenkursen I und II wird die für Studium und Examen lebensnotwendige Falllösungstechnik kombiniert mit der nicht minder wichtigen Repetitionsmöglichkeit. In den einzelnen Fällen werden zu diesem Zweck die jeweiligen Hauptprobleme gesondert hervorgehoben, sodass man sie notfalls auch separat abrufen kann. Es handelt sich um insgesamt 160 Hauptprobleme, nämlich
- 43 Probleme (79 zusammen mit Klausurenkurs I und II) aus dem Allgemeinen Teil,
- 88 Probleme (113 zusammen mit Klausurenkurs I und II) aus dem Besonderen Teil und
- 29 Probleme aus dem Strafprozessrecht.

Studierende sollten bis zum Examen die hier angesprochenen Probleme wirklich lückenlos beherrschen. Dabei ist es ratsam, die nach jeder Klausur abgedruckten, besonders wichtigen Definitionen auswendig zu lernen. Wer dieses Repetitionsbuch in Kombination mit den „*Wessels*-Büchern" benutzt, kann mE beruhigt dem Referendarexamen entgegen sehen.

Für die ausgezeichnete Mithilfe an diesem Werk bedanke ich mich bei meinem wissenschaftlichen Mitarbeiter *Christoph Riess* sowie meiner wissenschaftlichen Mitarbeiterin *Frauke Hansper*. Sehr engagiert mitgewirkt haben ferner meine studentischen Mitarbeiterinnen *Lilly Beutler* und *Philippa Gruner*. Dank geht auch an meine Sekretariatsleiterin *Olga Kuhls*.

Die Erfahrung lehrt, dass sich trotz vielfacher Erprobung der vorliegenden Klausuren und trotz intensiven Korrekturlesens immer wieder (hoffentlich nur kleinere) Fehler einschleichen. Inzwischen habe ich große Hilfe erfahren durch viele aufmerksame Leser der Vorauflagen, die mir eine Fülle von Anregungen und Verbesserungsvorschlägen unterbreitet haben. Dafür möchte ich mich an dieser Stelle ganz herzlich bedanken und hoffe auf eine Fortsetzung des Dialogs. Jede Zuschrift wird beantwortet, auch wenn es manchmal vielleicht etwas dauert! Ich hoffe allerdings auf Ihr Verständnis, dass angesichts der Fülle der Anfragen bei einer etwaigen Neuauflage nicht alle klugen Anmerkungen einzeln im vorliegenden Werk gewürdigt werden können.

Liebe Leserinnen und Leser, liebe Lerngruppen, machen Sie mir bitte gleichwohl eine Freude und schreiben Sie mir (e-mail: beulke@strafrecht-beulke.de).

Passau, im Februar 2018   *Werner Beulke*

Aus dem Vorwort zur ersten Auflage

Auch bei diesem Klausurenkurs III konnte ich auf die besondere Mithilfe von zwölf Hörerinnen und Hörern meines Examensrepetitoriums zurückgreifen, die das Buch Probe gelesen haben. Viele ihrer Anregungen und Verbesserungsvorschläge sind von mir aufgegriffen worden. Gedankt sei deshalb den Studentinnen und Studenten *Isabel Bayer, Stefanie Bode, Thomas Eichacker, Michael v. Falkenhausen, Marie-Luise Kapp, Matthias Mock, Korbinian Ortner, Stefan Reckziegel, Anke Sommerfeld, Alexander Tauchert, Johannes Weichbrodt* und *Atina Zirooni-Mosiosian.*

Für die Mitarbeit des über Jahrzehnte entstandenen Buches habe ich mehreren Assistentengenerationen zu danken, wobei es mir unmöglich wäre, alle Namen aufzulisten. Besonders intensive Mithilfe habe ich in früheren Phasen der Konzeption und Ausarbeitung der Fälle durch meinen ehemaligen wissenschaftlichen Assistenten, *Prof. Dr. Helmut Satzger,* meine wissenschaftlichen Assistenten, *Priv. -Doz. Dr. Christian Fahl* und *Dr. Sabine Swoboda,* und meine wissenschaftlichen Mitarbeiterinnen und Mitarbeiter *Dr. Karin Franze, Kai Höltkemeier, Dr. Jutta Reil* und *Klaus Winkler* erfahren. In der Endphase der Arbeit am Klausurenkurs III war insbes meine wissenschaftliche Mitarbeiterin *Constanze Webers* unermüdlich im Einsatz. Mitgewirkt haben ferner die wissenschaftlichen Mitarbeiter *Sibylle von Coelln, Annika Dießner, Antonia Harbusch, Christoph Paglotke, Stefan Rathsack, Wolfgang Tiede,* sowie die studentischen Hilfskräfte *Gloria Berghäuser, Sabine Eichhorn, Inka Lüdke, Jan Schriever, Sandra Seidl, Anne Thalheim, Susanne Zech* und *Martin Strunz.*

Passau, im Juli 2004   *Werner Beulke*

Wichtige Hinweise für die Arbeit mit dem Fallbuch

Die Kombination von Fall- und Repetitionsbuch setzt beim Leser ein erhöhtes Mitdenken voraus:

- Allgemeine Lösungshinweise zu strafrechtlichen Fällen finden sich zunächst bei *Wessels/Beulke/Satzger,* AT Rn 1177 ff sowie bei *Beulke,* Klausurenkurs I Rn 1 ff. Hierauf bauen die folgenden Erörterungen auf.

- Die in den Klausuren eingefügten grau schraffierten Problemkästen sind stets abstrakt gehalten, sodass sie sich auch für eine losgelöste, schnelle Stoffwiederholung eignen. Im Rahmen der Falllösung kann man sie auch überspringen und es verbleibt sodann noch immer eine mustergültige, auf den konkreten Fall bezogene Klausurlösung. Im „Ernstfall" sind die Problemkästen wegzulassen und von ihrem Inhalt ist nur so viel wiederzugeben, wie der Student an abstraktem Wissen parat hat.

- Literatur und Rspr werden nur minimal zitiert, damit der Leser Einstiegsmöglichkeiten in das vertiefte Studium erhält. Auch in diesem Klausurenkurs steht also der jeweilige Hinweis auf die entsprechenden Passagen in den „Schwerpunktbüchern" im Vordergrund. Es ist daher sinnvoll, das Fallrepetitorium in Kombination mit den „*Wessels*-Bänden" zu benutzen.

- Alle kursiv gedruckten weiterführenden Hinweise bzw Verweisungen sind für eine Klausurlösung im „Ernstfall" wegzulassen. Das betrifft auch die kursiv gedruckten Aufbauhinweise, die niemals in eine abgegebene Lösung aufgenommen werden dürfen, denn der richtige Aufbau muss sich von selbst ergeben.

- Die Problemschwerpunkte können selbstverständlich auch nicht alle Bereiche abdecken, die bei den jeweiligen Studienleistungen (hier: Erste Juristische Staatsprüfung) beherrscht werden müssen. Wegen der Begrenzung auf das absolut Notwendige enthalten diese Klausuren also nur einen Bruchteil der in den „*Wessels*-Bänden" angesprochenen Probleme. Es handelt sich aber um den Kernbestand des Wissens, der nach Einschätzung des Verfassers etwa 60–80% aller einschlägigen Klausuren abdeckt.

- Innerhalb der Problemkästen werden wiederum nur die wichtigsten Lösungsansätze erörtert. Für umfassendere Informationen, speziell über die Hauptprobleme, stehen die „*Wessels*-Bände" sowie die Problemübersichten von *Hillenkamp/Cornelius* (32 Probleme aus dem Strafrecht AT) und *Hillenkamp* (40 Probleme aus dem Strafrecht BT) zur Verfügung, im Übrigen die anderen bekannten Lehrbücher und Kommentare.

- Wer Anregungen für weitere Klausuren sucht, findet im Anschluss an jeden Fall einen Hinweis auf andere Musterklausuren, in denen die Hauptprobleme ebenfalls fallbezogen abgehandelt werden. Es handelt sich nur um eine Auswahl besonders gelungener Arbeiten.

- Zwecks leichterer Repetitionsmöglichkeit werden im 2. Kapitel nochmals zusammengestellt:
  - die behandelten Problemschwerpunkte, und zwar inklusive der Klausurenkurse I und II (Rn 731)
  - die wichtigsten Definitionen, und zwar auch hier inklusive der Klausurenkurse I und II (Rn 732)
  - verkürzte Aufbauschemata (Rn 733 ff)
  - Für diejenigen Leser, die bereits mit meinen Klausurenkursen I und II gearbeitet haben, sind die dort abgehandelten Schwerpunkte und Definitionen im kursiven Kleindruck aufgelistet. Alles zusammen gehört zum Kernwissen, das im Rahmen von Examensklausuren seitens der Aufgabensteller vorausgesetzt wird.

- Im 2. Kapitel findet sich schließlich ein Überblick über die derzeit aktuellen Fallanleitungsbücher sowie über die in den letzten Jahren in Fachzeitschriften abgedruckten Klausuren – bezogen auf die Zielgruppe der Examenskandidaten (Rn 738 f).

- Das vorliegende Buch wendet sich an Examenskandidaten. Das bedeutet aber nicht, dass Anfänger oder Teilnehmer der Fortgeschrittenenübung bzw. Schwerpunktprüfung mit ihm überhaupt nichts anzufangen wüssten. Sie müssen nur wissen, dass es sich aus ihrer Perspektive jeweils etwa um 15 Hausarbeiten handelt, bei denen BT-Probleme im Vordergrund stehen. Die Art der Lösungstechnik ist selbstverständlich für Anfänger, Fortgeschrittene und Examenskandidaten im Grundsatz die gleiche. Lediglich die Schwerpunktbildung muss bei Examenskandidaten zum Teil etwas anders ausfallen. Wer neben dem vorliegenden Klausurenkurs III auch die Klausurenkurse I und II durchgearbeitet hat, kann sich als uneingeschränkt examensfit einstufen.

Inhaltsverzeichnis

1. Kapitel
Examensklausuren

Fall 1
Eine „Maidult" mit Folgen

Problemschwerpunkte: Grad der Lebensgefährdung bei 224 I Nr 5; § 239 b im Zwei-Personen-Verhältnis; Erfolgszurechnung bei § 231; objektive Zurechnung: eigenverantwortliches Dazwischentreten eines Dritten; spezifischer Gefahrzusammenhang; Erlaubnistatbestandsirrtum; Rückgriff auf Befangenheitsregelung des § 24 II StPO bei Zurückverweisung gem § 354 II StPO; Befangenheit des Richters bei Handynutzung während der Hauptverhandlung 1   1

Fall 2
Ungewollte Mutterfreuden

Problemschwerpunkte: Rechtswidrigkeit iSd § 32 eines nicht tatbestandsmäßigen Schwangerschaftsabbruchs; Nothilfe bei zwangsweiser Verhinderung eines straflosen Schwangerschaftsabbruchs; ärztlicher Heileingriff; Verfälschen von Urkunden – Herstellung unechter Urkunden; Konkurrenzverhältnis Herstellen/ Verfälschen – Gebrauchmachen bei § 267; mittelbare Täterschaft bei vermeidbarem Verbotsirrtum des Vordermannes; Verhältnis § 212 – § 211; Anwendbarkeit § 28 I/II/§ 29; private Kenntniserlangung von Straftat durch Polizei/StA . . 59   41

Fall 3
Der Fluch der Toten Rosen

Problemschwerpunkte: Vorbereitung – Versuch (bei Beginn der Verwirklichung eines Regelbeispiels); „Versuch" eines Regelbeispiels; gefährliches Werkzeug iSd § 244 I Nr 1a; Gewahrsamsbegründung in fremder Gewahrsamssphäre; beobachteter Ladendiebstahl; Objekt der Zueignung bei §§ 242 I, 246 I; Betrug – Diebstahl beim Passieren der Kasse in SB-Märkten; Grenzen eines generellen Zutrittsrechts bei § 123; Täterschaft – Teilnahme bei Beteiligung am Begehungsdelikt durch Unterlassen; Sachbeschädigung durch Zustandsveränderung; Strafbarkeit einer neutralen Beihilfehandlung; Ermittlung von Beweisverwertungs-

2. Kapitel
Zur Wiederholung und Vertiefung

Abkürzungsverzeichnis

aA	andere(r) Ansicht
abl	ablehnend
Abschn	Abschnitt
abw	abweichend
aE	am Ende
aF	alte Fassung
AG	Amtsgericht
alic	actio libera in causa
Alt	Alternative
Anm	Anmerkung
arg	argumentum
Art	Artikel
AT	Allgemeiner Teil
Aufl	Auflage
BAK	Blutalkoholkonzentration
BayObLG	Bayerisches Oberstes Landesgericht
Bd	Band
Bem	Bemerkung
Bespr	Besprechung
BGB	Bürgerliches Gesetzbuch
BGBl	Bundesgesetzblatt
BGH	Bundesgerichtshof
BGHSt	Entscheidungen des Bundesgerichtshofes in Strafsachen
BT	Besonderer Teil
BT-Drucks	Bundestags-Drucksache (Legislaturperiode/Nummer)
BtMG	Betäubungsmittelgesetz
BVerfG	Bundesverfassungsgericht
BVerfGE	Entscheidungen des Bundesverfassungsgerichts
CR	Computer und Recht
DAR	Deutsches Autorecht
ders	derselbe
dies	dieselbe
DJZ	Deutsche Juristenzeitung
EGMR	Europäischer Gerichtshof für Menschenrechte
EGStGB	Einführungsgesetz zum Strafgesetzbuch
Einf	Einführung
Einl	Einleitung
EMRK	Europäische Konvention zum Schutz der Menschenrechte und Grundfreiheiten vom 4.11.1950 (BGBl 1952 II S 686)
f	folgende(r)
ff	folgende (Plural)
Fn	Fußnote
FS	Festschrift

GA	Goltdammer's Archiv für Strafrecht
gem	gemäß
GewSchG	Gewaltschutzgesetz
GG	Grundgesetz für die Bundesrepublik Deutschland
GmbH	Gesellschaft mit beschränkter Haftung
GmbHG	Gesetz betreffend die Gesellschaft mit beschränkter Haftung
grds	grundsätzlich
GrS	Großer Senat für Strafsachen
GVG	Gerichtsverfassungsgesetz
hA	herrschende Ansicht
hL	herrschende Lehre
hM	herrschende Meinung
hrsg	herausgegeben
Hrsg	Herausgeber
HS	Halbsatz
idR	in der Regel
iE	im Ergebnis
ieS	im engeren Sinn
InsO	Insolvenzordnung
iRd	im Rahmen des
iS	im Sinne
iSd	im Sinne der/des
iSv	im Sinne von
iVm	in Verbindung mit
iwS	im weiteren Sinn
JA	Juristische Arbeitsblätter
JGG	Jugendgerichtsgesetz
JR	Juristische Rundschau
JSE	Jurastudium und Examen, Online-Zeitschrift
Jura	Juristische Ausbildung
JuS	Juristische Schulung
Justiz	Die Justiz; Amtsblatt des Justizministeriums Baden-Württemberg
JW	Juristische Wochenschrift
JZ	Juristenzeitung
Kap	Kapitel
KG	Kammergericht
krit	kritisch
L	Lernbogen der Juristischen Schulung (JuS)
LG	Landgericht
LK	Leipziger Kommentar zum Strafgesetzbuch (-*Bearbeiter*)
LPK	Lehr- und Praxiskommentar
LR	Löwe/Rosenberg, Die Strafprozessordung und das Gerichtsverfassungsgesetz mit Nebengesetzen (-*Bearbeiter*)
MDR	Monatsschrift für Deutsches Recht
mE	meines Erachtens
M-G/Schmitt	Meyer-Goßner/Schmitt, Strafprozessordnung

XVI

MK	Münchener Kommentar, Strafgesetzbuch (*-Bearbeiter*)
MM	Mordmerkmal
MMR	MultiMedia und Recht
mwN	mit weiteren Nachweisen
nF	neue Fassung
NJ	Neue Justiz
NJW	Neue Juristische Wochenschrift
NK	Nomos-Kommentar zum Strafgesetzbuch (*-Bearbeiter*)
NStZ	Neue Zeitschrift für Strafrecht
NStZ-RR	NStZ-Rechtsprechungs-Report
NZV	Neue Zeitschrift für Verkehrsrecht
OLG	Oberlandesgericht
OWiG	Gesetz über Ordnungswidrigkeiten
Pkw	Personenkraftwagen
ProstG	Prostitutionsgesetz
RG	Reichsgericht
RGSt	Entscheidungen des Reichsgerichts in Strafsachen
Rn	Randnummer
Rspr	Rechtsprechung
Rw	Rechtswidrigkeit
S	Satz, Seite
s	siehe
SK	Systematischer Kommentar zum Strafgesetzbuch (*-Bearbeiter*)
s o	siehe oben
S/S	Schönke/Schröder, Strafgesetzbuch (*-Bearbeiter*)
S/S/W	Satzger/Schluckebier/Widmaier, Strafgesetzbuch oder Strafprozessordnung (*-Bearbeiter*)
st	ständige(r)
StA	Staatsanwaltschaft
StGB	Strafgesetzbuch
St-K	Studienkommentar (Joecks/Jäger)
StPO	Strafprozessordnung
str	strittig
StraFo	Strafverteidiger-Forum
StrRG	Gesetz zur Reform des Strafrechts
StudZR	Studentische Zeitschrift für Rechtswissenschaft
StV	Strafverteidiger
StVÄG 1999	Strafverfahrensänderungsgesetz 1999 vom 2.8.2000 (BGBl I S 1253, 1262)
StVG	Straßenverkehrsgesetz
StVO	Straßenverkehrsordnung
s u	siehe unten
TB	Tatbestand
TK	Tatkomplex
ua	unter anderem, und andere
uU	unter Umständen

va	vor allem
Var	Variante
VE	Verdeckter Ermittler
vgl	vergleiche
Vor/Vorbem	Vorbemerkung
VRS	Verkehrsrechts-Sammlung
WaffG	Waffengesetz
WiKG	Gesetz zur Bekämpfung der Wirtschaftskriminalität
wistra	Zeitschrift für Wirtschafts- und Steuerstrafrecht
ZIS	Zeitschrift für Internationale Strafrechtsdogmatik
zit	zitiert
ZJJ	Zeitschrift für Jugendkriminalrecht und Jugendhilfe
ZPO	Zivilprozessordnung
ZRP	Zeitschrift für Rechtspolitik
ZStW	Zeitschrift für die gesamte Strafrechtswissenschaft
zT	zum Teil
zust	zustimmend
zutr	zutreffend

Literaturverzeichnis

Arzt	Die Strafrechtsklausur, 7. Aufl 2006
Arzt/Weber/Heinrich/ Hilgendorf	Strafrecht, Besonderer Teil, 3. Aufl 2015 (zit: *Arzt/Weber/Heinrich/Hilgendorf*, BT § Rn)
Barton/Jost (Hrsg)	Anwaltsorientierung im rechtswissenschaftlichen Studium, Fälle und Lösungen in Ausbildung und Prüfung, 2002
Baumann/Arzt/Weber	Strafrechtsfälle und Lösungen, 6. Aufl 1986 (zit: *Baumann/Arzt/ Weber*, [Fall Nr] S)
Baumann/Weber/Mitsch/ Eisele	Strafrecht, Allgemeiner Teil, 12. Aufl 2016 (zit: *Baumann/Weber/Mitsch/Eisele*, AT § Rn)
Baumbach/Lauterbach/ Albers/Hartmann	Zivilprozessordnung, 74. Aufl 2016 (zit: Baumbach/Lauterbach/Albers/Hartmann, ZPO § Rn)
Beling	Die Lehre vom Verbrechen, 1906
Beulke	Klausurenkurs im Strafrecht I, 7. Aufl 2016 (zit: *Beulke*, Klausurenkurs I, [Fall Nr] Rn)
Beulke	Klausurenkurs im Strafrecht II, 3. Aufl 2014 (zit: *Beulke*, Klausurenkurs II [Fall Nr] Rn)
Beulke	Strafprozessrecht, 13. Aufl 2016 (zit: *Beulke*, StPO Rn)
Beulke/Ruhmannseder	Die Strafbarkeit des Verteidigers, 2. Aufl 2010 (zit: *Beulke/Ruhmannseder*, Rn)
Bockelmann/Volk	Strafrecht, Allgemeiner Teil, 4. Aufl 1987 (zit: *Bockelmann/Volk*, S)
Bode/Niehaus (Hrsg)	Hausarbeit im Strafrecht, 2016 (zit: Bode/Niehaus-*Bearbeiter* [Fall Nr] Rn)
Bringewat	Grundbegriffe des Strafrechts, 2. Aufl 2008 (zit: *Bringewat*, Grundbegriffe, Rn)
Bringewat	Methodik der juristischen Fallbearbeitung, 3. Aufl 2017 (*Bringewat*, Methodik, Rn)
Bussmann	Verbot familialer Gewalt gegen Kinder. Zur Einführung rechtlicher Regelungen sowie zum (Straf-)Recht als Kommunikationsmedium, 2000 (zit: *Bussmann*, S)
Canaris	Bankvertragsrecht, 3. Aufl 1988
Chowdhury/Meier/Schröder	Standardfälle Strafrecht für Fortgeschrittene, 4. Aufl 2016 (zit: *Chowdhury/Meier/Schröder*, [Fall Nr] S)
Coester-Waltjen ua (Hrsg)	Examensklausurenkurs 1. Aufl 2000 (zit: *Bearbeiter*, in: *Coester-Waltjen* ua (Hrsg), Examensklausurenkurs I, S)
Coester-Waltjen ua (Hrsg)	Examensklausurenkurs 2. Aufl 2004 (zit: *Bearbeiter*, in: *Coester-Waltjen* ua (Hrsg), Examensklausurenkurs II, S)
Coester-Waltjen ua (Hrsg)	Examensklausurenkurs 3. Aufl 2008 (zit: *Bearbeiter*, in: *Coester-Waltjen* ua (Hrsg), Examensklausurenkurs III, S)
Coester-Waltjen ua (Hrsg)	Examensklausurenkurs, 4. Aufl 2011 (zit: *Bearbeiter*, in: Coester-Waltjen ua (Hrsg), Examensklausurenkurs IV, S)

Coester-Waltjen ua (Hrsg)	Zwischenprüfung, 2004 (zit: *Bearbeiter*, in: *Coester-Waltjen* ua (Hrsg), Zwischenprüfung, S)
Dencker	30 Klausuren aus dem Strafrecht, 3. Aufl 1994 (zit: *Dencker*, [Fall Nr] S)
Dölling/Duttge/König/ Rössner (Hrsg)	Gesamtes Strafrecht, 4. Aufl 2017 (zit: Dölling-*Bearbeiter*, § Rn)
Ebert	Strafrecht, Allgemeiner Teil, 3. Aufl 2001 (zit: *Ebert*, AT S)
Ebert	Strafrecht, Allgemeiner Teil, 16 Fälle mit Lösungen, 2003 (zit: *Ebert*, Fälle, [Fall Nr] S)
Eberth/Müller/Schütrumpf	Verteidigung in Betäubungsmittelsachen, 6. Aufl 2013 (zit: *Eberth/Müller/Schütrumpf*, Rn)
Eisele	Strafrecht – Besonderer Teil I, 4. Aufl 2017 (zit: *Eisele*, BT1 Rn)
Eisele	Strafrecht – Besonderer Teil II, 4. Aufl 2017 (zit: *Eisele*, BT2 Rn)
Eisenberg	Beweisrecht der StPO, 10. Aufl 2017 (zit: *Eisenberg*, Rn)
Engländer	Examens-Repetitorium Strafprozessrecht, 9. Aufl 2018 (zit: *Engländer*, StPO Rn)
Fahl/Winkler	Definitionen und Schemata Strafrecht, 7. Aufl 2017 (zit: *Fahl/Winkler*, Definitionen, § Rn)
Fahl/Winkler	Meinungsstreite Strafrecht AT und BT/1, 4. Aufl 2018 (zit: *Fahl/Winkler*, AT, § Rn)
Fahl/Winkler	Meinungsstreite Strafrecht BT/2, 4. Aufl 2017 (zit: *Fahl/Winkler*, BT/2, § Rn)
Fahl/Winkler	Meinungsstreite Strafrecht BT/3, 2. Aufl 2015 (zit: *Fahl/Winkler*, BT/3, § Rn)
Fahse/Hansen	Übungen für Anfänger im Zivil- und Strafrecht: Eine Anleitung zur Anfertigung von Klausuren und Hausarbeiten, 9. Aufl 2000
Fischer	Strafgesetzbuch und Nebengesetze, 65. Aufl 2018 (zit: *Fischer*, § Rn)
Frank	Strafgesetzbuch, 18. Aufl 1931 (zit: *Frank*, StGB § Anm)
Freund	Strafrecht, Allgemeiner Teil, 2. Aufl 2009 (zit: *Freund*, AT § Rn)
Freund	Urkundenstraftaten, 2. Aufl 2010 (zit: *Freund*, Urkunden Rn)
Frister	Die strafrechtliche Klausur, 1998 (zit: *Frister*, [Fall Nr] S)
Frister	Strafrecht, Allgemeiner Teil, 7. Aufl 2015 (zit: *Frister*, AT Kap Rn)
Gössel	Strafrecht, Besonderer Teil 2, 1996 (zit: *Gössel*, BT2 § Rn)
Gössel	Strafverfahrensrecht, 1977 (zit: *Gössel*, StVR, S)
Gössel	Strafrecht mit Anleitungen zur Fallbearbeitung und zur Subsumtion, 8. Aufl 2001 (zit: *Gössel*, [Fall Nr] S)
Gössel/Dölling	Strafrecht, Besonderer Teil 1, 2. Aufl 2004 (zit: *Gössel/Dölling*, BT1 § Rn)
Gropp	Strafrecht, Allgemeiner Teil, 4. Aufl 2015 (zit: *Gropp*, AT § Rn)
Gropp/Küpper/Mitsch	Fallsammlung zum Strafrecht. Juristische Examensklausuren, 2. Aufl 2012 (zit: *Gropp/Küpper/Mitsch*, [Fall Nr] S)
Grünwald	Das Beweisrecht der Strafprozessordnung, 1993 (zit: *Grünwald*, S)
Haft	Strafrecht, Allgemeiner Teil, 9. Aufl 2004 (zit: *Haft*, AT S)
Haft/Hilgendorf	Strafrecht, Besonderer Teil, Teil I, 9. Aufl 2009 (zit: *Haft/Hilgendorf*, BT1 S)
Haft	Strafrecht, Besonderer Teil, Teil II, 8. Aufl 2005 (zit: *Haft*, BT2 S)

Haft	Strafrecht, Fallrepetitorium zum Allgemeinen und Besonderen Teil, 5. Aufl 2004
Hardtung/Putzke	Examinatorium Strafrecht AT, 2016
Hartmann/Schmidt	Strafprozessrecht, Grundzüge des Strafverfahrens, 6. Aufl 2016 (zit: *Hartmann/Schmidt*, StPO Rn)
Hauf	Strafrecht, Allgemeiner Teil, 2. Aufl 2001 (zit: *Hauf*, AT S)
Hauf	Strafrecht, Besonderer Teil I, Vermögensdelikte, 2. Aufl 2002 (zit: *Hauf*, BT1 S)
Hauf	Strafrecht, Besonderer Teil II, Straftaten gegen Persönlichkeitswerte, 1997 (zit: *Hauf*, BT2 S)
Heghmanns	Strafrecht für alle Semester, Besonderer Teil, 2009 (zit: *Heghmanns*, BT Rn)
Heidelberger Kommentar	zur Strafprozessordnung, hrsg von *Gercke, ua*, 5. Aufl 2012 (zit: HK-*Bearbeiter*, § Rn)
Heinrich, B.	Strafrecht, Allgemeiner Teil, 5. Aufl 2016 (zit: *B. Heinrich*, AT Rn)
Heinrich, M.	Rechtsgutszugriff und Entscheidungsträgerschaft, 2002
v. Heintschel-Heinegg	Prüfungstraining Strafrecht Bd 1 und 2, 1992 (zit: *v. Heintschel-Heinegg*, [Fall Nr] S)
Hellmann	Strafprozessrecht, 2. Aufl 2005 (zit: *Hellmann*, StPO Rn)
Hellmann	Fallsammlung zum Strafprozessrecht, 3. Aufl 2007 (zit: *Hellmann*, Fallsammlung [Fall Nr] S)
Hentschel/Krumm	Fahrerlaubnis – Alkohol – Drogen im Straf- und Ordnungs-widrigkeitenrecht, 6. Aufl 2015 (zit: *Hentschel/Krumm*, Fahrerlaubnis Rn)
Hentschel/König/Dauer	Straßenverkehrsrecht, 44. Aufl 2017 (zit: *Hentschel/König/Dauer-Bearbeiter*, Straßenverkehrsrecht, § Rn)
Heinrich/Reinbacher	Examinatorium Strafprozessrecht, 2. Aufl 2017 (zit: *Heinrich/Reinbacher* [Problem] Rn)
Herzberg	Täterschaft und Teilnahme, 1977 (zit: *Herzberg*, Täterschaft S)
Hilgendorf	Fälle zum Strafrecht für Anfänger, Klausurenkurs I, 3. Aufl 2015 (zit: *Hilgendorf*, Klausurenkurs I, [Fall Nr] S)
Hilgendorf	Fälle zum Strafrecht für Fortgeschrittene, Klausurenkurs II, 2. Aufl 2014 (zit: *Hilgendorf*, Klausurenkurs II, [Fall Nr] S)
Hilgendorf	Fälle zum Strafrecht für Examenskandidaten, Klausurenkurs III, 2. Aufl 2016 (zit: *Hilgendorf*, Klausurenkurs III, [Fall Nr] S)
Hillenkamp	Die Bedeutung von Vorsatzkonkretisierungen, 1971
Hillenkamp/Cornelius	32 Probleme aus dem Strafrecht AT, 15. Aufl 2017 (zit: *Hillenkamp/Cornelius*, AT Problem S)
Hillenkamp	40 Probleme aus dem Strafrecht BT, 12. Aufl 2013 (zit: *Hillenkamp*, BT Problem S)
Himmelreich/Krumm/Staub	Verkehrsunfallflucht, 6. Aufl 2013
HK-GS	Gesamtes Strafrecht, Handkommentar, hrsg von Dölling, Duttge, Rössner, 4. Aufl 2017 (zit: HK-GS-*Bearbeiter*, § Rn)
Hoffmann-Holland	Strafrecht, Allgemeiner Teil, 3. Aufl 2015 (zit: *Hoffmann-Holland*, AT Rn)
Hoffmann-Holland	Strafrecht Besonderer Teil, 2015 (zit: *Hoffmann-Holland*, BT Rn)
Hohmann/Sander	Strafrecht, Besonderer Teil I, 3. Aufl 2011 (zit: *Hohmann/Sander*, BT1 § Rn)
Hohmann/Sander	Strafrecht, Besonderer Teil II, 2. Aufl 2011 (zit: *Hohmann/Sander*, BT2 § Rn)

Jäger	Examens-Repetitorium, Strafrecht Allgemeiner Teil, 8. Aufl 2017 (zit: *Jäger*, AT Rn)
Jäger	Examens-Repetitorium, Strafrecht Besonderer Teil, 7. Aufl 2017 (zit: *Jäger*, BT Rn)
Jakobs	Strafrecht, Allgemeiner Teil, 2. Aufl 1991 (zit: *Jakobs*, AT Abschn Rn)
Jescheck	Fälle und Lösungen zum Lehrbuch des Strafrechts, 3. Aufl 1996 (zit: *Jescheck*, [Fall Nr] S)
Jescheck/Weigend	Lehrbuch des Strafrechts, Allgemeiner Teil, 5. Aufl 1996 (zit: *Jescheck/Weigend*, § Abschn)
Joecks/Jäger	Studienkommentar StGB, 12. Aufl 2018 (zit: *Joecks/Jäger*, St-K-StGB, § Rn)
Karlsruher Kommentar	Strafprozessordnung, hrsg von *Pfeiffer*, 7. Aufl 2013 (zit: KK-*Bearbeiter*, § Rn)
Kaspar	Strafrecht – Allgemeiner Teil, 2. Aufl 2017 (zit: *Kaspar*, AT § Rn)
Kaufmann	Die Dogmatik der Unterlassungsdelikte, 1959 (zit: *Kaufmann*, S)
Kienapfel	Strafrechtsfälle, 9. Aufl 1989 (zit: *Kienapfel*, [Fall Nr] S)
Kindhäuser	Strafgesetzbuch, Lehr- und Praxiskommentar, 7. Aufl 2017 (zit: *Kindhäuser*, LPK § Rn)
Kindhäuser	Strafrecht, Allgemeiner Teil, 8. Aufl 2017 (zit: *Kindhäuser*, AT § Rn)
Kindhäuser	Strafrecht, Besonderer Teil I, 8. Aufl 2017 (zit: *Kindhäuser*, BT1 § Rn)
Kindhäuser	Strafrecht, Besonderer Teil II, 9. Aufl 2016 (zit: *Kindhäuser*, BT2 § Rn)
Kindhäuser	Strafrechtsrepetitorium, Besonderer Teil I, 2. Aufl 2003
Kindhäuser	Strafprozessrecht, 4. Aufl 2016 (zit: *Kindhäuser*, StPO § Rn)
Kindhäuser/Schumann/Lubig	Klausurtraining Strafrecht, 3. Aufl 2016 (zit: *Kindhäuser/Schumann/Lubig*, [Fall Nr] S)
Kleinbauer/Schröder/Voigt	Standardfälle Strafrecht für Anfänger Band 1, 5. Aufl 2015
Kleinknecht/Müller/ Reitberger	Loseblattkommentar zur Strafprozeßordnung, hrsg von *Fezer/ Paulus*, ab 14. Lieferung von *v. Heintschel-Heinegg/Stöckel*, jeweils mit Ergänzungslieferungen, 8. Aufl ab 1990 (zit: KMR-*Bearbeiter*, § Rn)
Klesczewski	Strafrecht, Allgemeiner Teil, das examensrelevante Kernwissen im Grundriss, 3. Aufl. 2017 (zit: *Klesczewksi*, AT Rn)
Klesczewski	Strafrecht, Besonderer Teil, die examensrelevanten Delikte im Grundriss, Teil 1: Straftaten gegen die Person, 2010 (zit: *Klesczewksi*, BT1 S)
Klesczewski	Strafrecht, Besonderer Teil, die examensrelevanten Delikte im Grundriss, Teil 2: Vermögensdelikte, 2012 (zit: *Klesczewksi*, BT2 S)
Klesczewski	Strafrecht, Besonderer Teil, die examensrelevanten Delikte im Grundriss, Teil 3: Straftaten gegen Kollektivrechtsgüter, 2012 (zit: *Klesczewksi*, BT3 S)
Knierim/Oehmichen/Beck/ Geisler	Gesamtes Strafrecht aktuell, 2017 (zit: Knierim/Oehmichen/Beck/Geisler/*Autor*, Kap Rn)
Köhler	Strafrecht, Allgemeiner Teil, 1997 (zit: *Köhler*, AT S)
Kohlrausch/Lange	Strafgesetzbuch, 43. Aufl 1961 (zit: *Kohlrausch/Lange*, § Bem)

Kramer	Grundlagen des Strafverfahrensrechts, Ermittlung und Verfahren, 8. Aufl 2014 (zit: *Kramer*, Rn)
Krey/Esser	Strafrecht, Allgemeiner Teil, 6. Aufl 2016 (zit: *Krey/Esser*, AT Rn)
Krey	Strafverfahrensrecht, Bd 1, 2. Aufl 2012 (zit: *Krey*, Strafverfahrensrecht 1 Rn)
Krey	Strafverfahrensrecht, Bd 2, 2. Aufl 2012 (zit: *Krey*, Strafverfahrensrecht 2 Rn)
Krey/Hellmann/Heinrich	Strafrecht, Besonderer Teil, Bd 1, 16. Aufl 2015 (zit: *Krey/Hellmann/Heinrich*, BT1 Rn)
Krey/Hellmann/Heinrich	Strafrecht, Besonderer Teil, Bd 2, 17. Aufl 2015 (zit: *Krey/Hellmann/Heinrich*, BT2 Rn)
Kudlich	Fälle mit Lösungen im Strafrecht, Allgemeiner Teil, 2. Aufl 2014 (zit: *Kudlich*, Fälle AT, [Fall Nr] S)
Kudlich	Prüfe dein Wissen, Rechtsfälle in Frage und Antwort, Strafrecht, Allgemeiner Teil, 5. Aufl 2016 (zit: *Kudlich*, PdW AT S)
Kudlich	Prüfe dein Wissen, Rechtsfälle in Frage und Antwort, Strafrecht, Besonderer Teil I, Vermögensdelikte, 4. Aufl 2016 (zit: *Kudlich*, PdW BT1 S)
Kudlich	Prüfe dein Wissen, Rechtsfälle in Frage und Antwort, Strafrecht, Besonderer Teil II, Delikte gegen die Person und die Allgemeinheit, 4. Aufl 2016 (zit: *Kudlich*, PdW BT2 S)
Kudlich	Die Unterstützung fremder Straftaten durch berufsbedingtes Verhalten, 2004 (zit: *Kudlich*, Unterstützung, S)
Kühl	Strafrecht, Allgemeiner Teil, 8. Aufl 2017 (zit: *Kühl*, AT § Rn)
Kühne	Strafprozessrecht, 9. Aufl 2015 (*Kühne*, Strafprozessrecht, Rn)
Küper/Zopfs	Strafrecht, Besonderer Teil, Definitionen und Erläuterungen, 9. Aufl 2015 (zit: *Küper/Zopfs*, BT Rn)
Küpper/Börner	Strafrecht, Besonderer Teil 1, 4. Aufl 2017 (zit: *Küpper/Börner*, BT1 § Rn)
Lackner/Kühl	Strafgesetzbuch mit Erläuterungen, 28. Aufl 2014 (zit: *Lackner/ Kühl*, § Rn)
Lagodny	Gesetzestexte suchen, verstehen und in der Klausur anwenden, 2. Aufl 2013
Leipziger Kommentar	Strafgesetzbuch, 11. Aufl, hrsg von *Jähnke, Laufhütte, Odersky;* 12. Aufl, hrsg von *Laufhütte, Rissing-van Saan, Tiedemann* (zit: LK-*Bearbeiter*, § Rn)
Lesch	Notwehrrecht und Beratungsschutz, 2000
Lesch	Strafprozeßrecht, 2. Aufl 2001 (zit: *Lesch*, StPO, Kap/Rn)
Löwe/Rosenberg	Die Strafprozeßordnung und das Gerichtsverfassungsgesetz mit Nebengesetzen, Großkommentar, hrsg von *Erb, Esser, Franke, Graalmann-Scheerer, Hilger, Ignor*, 26. Aufl 2006 ff (zit: LR-*Bearbeiter*, § Rn)
Maiwald	Der Zueignungsbegriff im System der Eigentumsdelikte, 1970
Marxen	Kompaktkurs Strafrecht, Allgemeiner Teil, 2003 (zit: *Marxen*, AT S)
Marxen	Kompaktkurs Strafrecht, Besonderer Teil, 2004 (zit: *Marxen*, BT S)
Matt/Renzikowski	Strafgesetzbuch, 2013 (zit: Matt/Renzikowski-*Bearbeiter*, § Rn)
Maurach/Gössel/Zipf	Strafrecht, Allgemeiner Teil, Teilband 2, 8. Aufl 2014 (zit: *Maurach/Gössel/Zipf*, AT2 § Rn)

Maurach/Schroeder/Maiwald	Strafrecht, Besonderer Teil, Teilband 1, 10. Aufl 2009 (zit: *Maurach/Schroeder/Maiwald*, BT1 § Rn)
Maurach/Schroeder/Maiwald	Strafrecht, Besonderer Teil, Teilband 2, 10. Aufl 2013 (zit: *Maurach/Schroeder/Maiwald*, BT2 § Rn)
Mayer	Strafrecht, Allgemeiner Teil, 1967 (zit: *Mayer*, AT S)
Merten	20 Standardfälle Strafrecht: Zur gezielten Vorbereitung auf die Übung für Anfänger, 2000 (zit: *Merten*, [Fall Nr] S)
Meurer/Kahle/Dietmeier	Übungskriminalität für Einsteiger, 2000 (zit: *Meurer/Kahle/Dietmeier*, [Fall Nr] S)
Meyer-Goßner/Schmitt	Strafprozessordnung, 60. Aufl 2017 (zit: M-G/*Schmitt*, § Rn)
Mitsch	Strafrecht, Besonderer Teil 2, 3. Aufl 2015 (zit: *Mitsch*, BT2 S)
Mitsch/Ellbogen	Fälle zum Strafprozessrecht, 2012 (zit: *Mitsch/Ellbogen*, [Fall Nr] S)
Münchener Kommentar	Strafgesetzbuch, 2. Aufl 2011 f ; 3. Aufl 2018 Bd 4 (zit: MK-*Bearbeiter*, § Rn)
Murmann	Grundkurs Strafrecht, 4. Aufl 2017 (zit: *Murmann*, Grundkurs, Rn)
Murmann	Prüfungswissen Strafprozessrecht, 3. Aufl 2015 (zit: *Murmann*, StPO Rn)
Niederle	20 Standardfälle Strafrecht: Zur gezielten Vorbereitung auf die Übung für Fortgeschrittene, 2. Aufl 2004 (zit: *Niederle*, [Fall Nr] S)
Niemöller/Schlothauer/ Weider	Gesetz zur Verständigung im Strafverfahren, 2010 (zit: *Niemöller/Schlothauer/Weider*, Bearbeiter, Teil, Rn)
Noack	Drittzueignung und 6. Strafrechtsreformgesetz, 1999
Nomos-Kommentar	Strafgesetzbuch, herausgegeben von *Kindhäuser/Neumann/ Paeffgen*, 5. Aufl 2017 (zit: NK-*Bearbeiter*, § Rn)
Oelmüller/Peters	Die erste Strafrechtshausarbeit, 6. Aufl 2009 (zit: *Oelmüller/Peters*, [Fall Nr] S)
Ostendorf	Strafprozessrecht, 2. Aufl 2015 (zit: *Ostendorf*, StPO Rn)
Otto	Grundkurs Strafrecht, Allgemeine Strafrechtslehre, 7. Aufl 2004 (zit: *Otto*, AT § Rn)
Otto	Grundkurs Strafrecht, Die einzelnen Delikte, 8. Aufl 2009 (zit: *Otto*, BT § Rn)
Otto/Bosch	Übungen im Strafrecht, 7. Aufl 2010 (zit: *Otto/Bosch*, [Fall Nr] S)
Palandt	Bürgerliches Gesetzbuch, 77. Aufl 2018 (zit: Palandt-*Bearbeiter*, § Rn)
Peters	Der neue Strafprozeß 1975 (zit: *Peters*, Strafprozeß, § Abschn)
Pfeiffer	Strafprozeßordnung, Kommentar, 5. Aufl 2005 (zit: *Pfeiffer*, § Rn)
Preis/Prütting/Sachs/ Weigend	Die Examensklausur, 6. Aufl 2017 (zit: *Preis/Prütting/Sachs/Weigend*, [Fall Nr] S)
Prütting/Stern/Wiedemann	Die Examensklausur, 3. Aufl 2008 (zit: *Prütting/Stern/Wiedemann*, [Fall Nr] S)
Puppe	Strafrecht, Allgemeiner Teil im Spiegel der Rechtsprechung, 3. Aufl 2016 (zit: *Puppe*, AT § Rn)
Putzke	Juristische Arbeiten erfolgreich schreiben, 6. Aufl 2018 (zit: *Putzke*, Juristische Arbeiten, Rn)

Putzke/Scheinfeld	Strafprozessrecht, 7. Aufl 2017 (zit: *Putzke/Scheinfeld*, Rn)
Rauda/Zenthöfer	Strafrecht, Allgemeiner Teil, Klausurentraining mit Lösungen im Gutachtenstil, 2. Aufl 2010 (zit: *Rauda/Zenthöfer*, [Fall Nr] S)
Rengier	Strafrecht, Allgemeiner Teil, 9. Aufl 2017 (zit: *Rengier*, AT § Rn)
Rengier	Strafrecht, Besonderer Teil I, Vermögensdelikte, 19. Aufl 2017 (zit: *Rengier*, BT1 § Rn)
Rengier	Strafrecht, Besonderer Teil II, Delikte gegen die Person und die Allgemeinheit, 18. Aufl 2017 (zit: *Rengier*, BT2 § Rn)
Rössner/Safferling	30 Probleme aus dem Strafprozessrecht, 3. Aufl 2017 (zit: *Rössner/Safferling*, StPO, Problem Nr S)
Rotsch	Strafrechtliche Klausurenlehre, 2. Aufl 2016 (zit.: *Rotsch*, [Fall Nr] Rn)
Rotsch/Nolte/Peifer/ Weitemeyer	Die Klausur im Ersten Staatsexamen, 2003 (zit: *Rotsch/Nolte/Peifer/Weitemeyer*, [Fall Nr] S)
Roxin	Strafrecht, Allgemeiner Teil, Bd 1, Grundlagen, Aufbau der Verbrechenslehre, 4. Aufl 2006 (zit: *Roxin*, AT1 § Rn)
Roxin	Strafrecht, Allgemeiner Teil, Bd 2, Besondere Erscheinungs-formen der Straftat, 2003 (zit: *Roxin*, AT2 § Rn)
Roxin	Täterschaft und Tatherrschaft, 9. Aufl 2017 (zit: *Roxin*, Täterschaft S)
Roxin/Schünemann	Strafverfahrensrecht, ein Studienbuch, 29. Aufl 2017 (zit: *Roxin/Schünemann*, StPO § Rn)
Roxin/Achenbach	Prüfe dein Wissen, Rechtsfälle in Frage und Antwort, Strafprozessrecht, 16. Aufl 2006 (zit: *Roxin/Achenbach*, PdW, S)
Roxin/Schünemann/Haffke	Strafrechtliche Klausurenlehre mit Fallrepititorium, 5. Aufl 1994 (zit: *Roxin/Schünemann/Haffke*, [Fall Nr] S)
Rudolphi	Fälle zum Strafrecht AT, 5. Aufl 2000 (zit: *Rudolphi*, [Fall Nr] S)
Samson	Strafrecht I, 7. Aufl 1988 (zit: *Samson*, St 1 [Fall Nr] S)
Samson	Strafrecht II, 5. Aufl 1985 (zit: *Samson*, St 2 [Fall Nr] S)
Sanchez-Hermosilla/ Schweikart	Die StPO in Fällen, 2009 (zit: *Sanchez-Hermosilla/Schweikart*, [Fall Nr] S)
Satzger/Schluckebier/ Widmaier	Strafgesetzbuch, Kommentar, 3. Aufl 2017 (zit: S/S/W-StGB-*Bearbeiter*, § Rn)
Satzger/Schluckebier/ Widmaier	Strafprozessordnung, Kommentar, 3. Aufl 2018 (zit: S/S/W-StPO-*Bearbeiter*, § Rn)
Schall	Die Schutzfunktionen der Strafbestimmung gegen den Hausfriedensbruch, 1974
Schimmel	Juristische Klausuren und Hausarbeiten richtig formulieren, 12. Aufl 2016
Schlüchter	Bochumer Erläuterungen zum 6. Strafrechtsreformgesetz, 1998 (zit: *Schlüchter*, S)
Schlüter/Niehaus/Schröder	Examensklausurenkurs im Zivil-, Straf- und Öffentlichen Recht: 25 Klausurfälle mit Musterlösungen, 2. Aufl 2015 (zit: *Bearbeiter*, in: Schlüter ua (Hrsg), Examensklausurenkurs, S)
Schmidhäuser	Strafrecht, Allgemeiner Teil, Studienbuch, 2. Aufl 1984 (zit: *Schmidhäuser*, AT Kap Rn)
Schmidt	Nachträge und Ergänzungen zu Teil II/Strafprozeßordnung, 1970 (zit: *Schmidt*, Nachträge § Rn)
Schmidt	Strafrecht, Allgemeiner Teil, Grundlagen der Strafbarkeit, Methodik der Fallbearbeitung, 17. Aufl 2017 (*Schmidt*, AT Rn)

Schmidt	Strafrecht, Besonderer Teil I, Straftaten gegen die Person und die Allgemeinheit, 17. Aufl 2017 (zit: *Schmidt*, BT1 Rn)
Schmidt	Strafrecht, Besonderer Teil II, Straftaten gegen das Vermögen, 17. Aufl 2017 (zit: *Schmidt*, BT2 Rn)
Schmidt	Fälle zum Strafrecht I: Allgemeiner Teil, Technik der Fallbearbeitung, 5. Aufl 2015 (zit: *Schmidt*, Fälle I [Fall Nr] Rn)
Schmidt	Fälle zum Strafrecht II, Besonderer Teil mit prozessualen Zusatzaufgaben, 6. Aufl 2015 (zit: *Schmidt*, Fälle II [Fall Nr] Rn)
Schönke/Schröder	Strafgesetzbuch, 29. Aufl 2014, fortgeführt von *Lenckner, Cramer, Eser, Stree, Heine, Perron, Sternberg-Lieben* ua (zit: S/S-*Bearbeiter*, § Rn)
Schramm	Strafrecht Besonderer Teil I: Eigentums- und Vermögensdelikte, 2017 (zit: *Schramm* BT I Rn)
Schroeder/Verrel	Strafprozessrecht, 7. Aufl 2017 (zit: *Schroeder/Verrel*, StPO Rn)
Schroeder/Meindl	Strafprozeßrecht – Fälle und Lösungen, 4. Aufl 2004 (zit: *Schroeder/Meindl*, Fälle, [Fall Nr] S)
Schroth	Strafrecht, Besonderer Teil, 5. Aufl 2010 (zit: *Schroth*, BT S)
Schuster/Weitner	StPO-Fallrepetitorium, 7. Aufl 2017 (zit: *Schuster/Weitner*, StPO Rn)
Schwabe	Lernen mit Fällen, Strafrecht Allgemeiner Teil, 8. Aufl 2017 (zit: *Schwabe*, AT [Fall Nr] S)
Schwabe	Lernen mit Fällen, Strafrecht BT1, Nichtvermögensdelikte, 9. Aufl 2017 (zit: *Schwabe*, BT1 [Fall Nr] S)
Schwabe	Lernen mit Fällen, Strafrecht BT2, Vermögensdelikte, 10. Aufl 2017 (zit: *Schwabe*, BT2 [Fall Nr] S)
Schwind/Franke/Winter	Übungen im Strafrecht für Anfänger, 5. Aufl 2000 (zit: *Schwind/Franke/Winter*, [Fall Nr] S)
Schwind/Nawratil H./ Nawratil G.	Strafrecht leicht gemacht, Der Strafrechtsschein, 16. Aufl 2011
Seelmann	Grundfälle zu den Eigentums- und Vermögensdelikten, 1988
Seier	Die Anfängerklausur im Strafrecht, Zentrale Probleme des Allgemeinen Teils in der Fallbearbeitung, 2010 (zit: *Bearbeiter*, in: Seier, Die Anfängerklausur, [Fall Nr] S)
Soergel	Kommentar zum Bürgerlichen Gesetzbuch mit Einführungsgesetzen und Nebengesetzen, Band 14 (Sachenrecht 1 §§ 854-984), 13. Auflage 2002 (zit: Soergel-*Bearbeiter*, § Rn)
Sommer	Effektive Strafverteidigung, 2016 (zit: *Sommer*, Strafverteidigung, Rn)
Sonnen	Strafrecht Besonderer Teil, 2005 (zit: *Sonnen*, BT S)
Sonnen/Mitto/Nugel	Strafrecht, Besonderer Teil – Fälle, 2006 (zit: *Sonnen/Mitto/Nugel*, Fälle [Fall Nr] S)
Staudinger	Kommentar zum Bürgerlichen Gesetzbuch mit Einführungsgesetz und Nebengesetzen, 13. Bearbeitung und Neubearbeitung 1992 ff, Band: Einleitung zum Sachenrecht, §§ 854–882, 2012 (zitiert: Staudinger-*Bearbeiter*, § Rn)
Steinberg	Angewandte juristische Methodenlehre für Anfänger, 2006
Stratenwerth/Kuhlen	Strafrecht, Allgemeiner Teil, 6. Aufl 2011 (zit: *Stratenwerth/Kuhlen*, AT § Rn)
Strauß	Strafrecht, Fälle und Lösungen, 3. Aufl 1998 (zit: *Strauß*, [Fall Nr] S)

Systematischer Kommentar	Strafgesetzbuch, bearbeitet von *Rudolphi/Horn/Samson*, fortgeführt von *Günther/Hoyer/Rogall/Stein/Wolter/Wolters*, 8 Aufl. [Loseblattkommentar]; 9. Aufl, 2015 ff Bd. 1, 2 u. 4 [gebunden] (zit: SK/StGB-*Bearbeiter*, § Rn)
Systematischer Kommentar	Strafprozessordnung mit GVG und EMRK, Loseblattkommentar, 3. Aufl 2003 ff.; gebundene Ausgabe, 4. Aufl 2010 ff. (zit: SK/StPO-*Bearbeiter*, § Rn)
Tiedemann	Die Anfängerübung im Strafrecht, 4. Aufl 1999 (zit: *Tiedemann*, [Fall Nr] S)
Tofahrn	Strafrecht, Besonderer Teil II, Straftaten gegen Vermögenswerte, 4. Aufl 2016 (zit: *Tofahrn*, BT2 Rn)
Tofahrn	Strafrecht, Besonderer Teil III, Straftaten gegen Gemeinschaftswerte, 3. Aufl 2015 (zit: *Tofahrn*, BT3 Rn)
Valerius	Einführung in den Gutachtenstil, 4. Aufl 2017 (zit: *Valerius*, [Fall Nr] S)
Volk/Engländer	Grundkurs StPO, 8. Aufl 2013 (zit: *Volk/Engländer*, StPO § Rn)
Wagner	Fälle zum Strafrecht BT, 4. Aufl 1998 (zit: *Wagner*, [Fall Nr] S)
Walter	Kleine Stilkunde für Juristen, 3. Aufl 2017
Wank	Die Auslegung von Gesetzen, 6. Aufl 2015
Weber	Betäubungsmittelgesetz, 5. Aufl 2017 (zit: *Weber*, BtMG § Rn)
Welzel	Das deutsche Strafrecht, 11. Aufl 1969 (zit: *Welzel*, S)
Wessels/Beulke/Satzger	Strafrecht, Allgemeiner Teil, Die Straftat und ihr Aufbau, 47. Aufl 2017 (zit: *Wessels/Beulke/Satzger*, AT Rn)
Wessels/Hettinger/Engländer	Strafrecht, Besonderer Teil 1, Straftaten gegen Persönlichkeits- und Gemeinschaftswerte, 41. Aufl 2017 (zit: *Wessels/Hettinger/Engländer*, BT1 Rn)
Wessels/Hillenkamp	Strafrecht, Besonderer Teil 2, Straftaten gegen Vermögenswerte, 40. Aufl 2017 (zit: *Wessels/Hillenkamp*, BT2 Rn)
Wittig	Wirtschaftsstrafrecht, 4. Aufl 2017 (zit: *Wittig*, § Rn)
Wohlers/Schuhr/Kudlich	Klausuren und Hausarbeiten im Strafrecht, 5. Aufl 2018
Wolters	Fälle mit Lösungen für Fortgeschrittene im Strafrecht, 2. Aufl 2006 (zit: *Wolters*, [Fall Nr] S)
Zieschang	Strafrecht, Allgemeiner Teil, 5. Aufl 2017 (zit: *Zieschang*, AT Rn)

Festschriftenverzeichnis

Knut Amelung	Berlin 2009
Werner Beulke	Heidelberg 2015
Paul Bockelmann	München 1979
Eduard Dreher	Berlin 1977
Klaus Geppert	Berlin, New York 2011
Ernst-Walter Hanack	Berlin, New York 1999
Ernst Heinitz	Berlin 1972
Rolf Dietrich Herzberg	Tübingen 2008
Wolfgang Heinz	Baden-Baden 2012
Arthur Kaufmann	Heidelberg 1993
Kristian Kühl	München 2014
Hans-Heiner Kühne	Heidelberg 2013
Karl Lackner	Berlin 1987
Klaus Lüderssen	Baden-Baden 2002
Manfred Maiwald	Berlin 2010
Reinhart Maurach	Karlsruhe 1972
Hellmuth Mayer	Berlin 1966
Ulfrid Neumann	Heidelberg 2017
Dietrich Oehler	Köln, München 1985
Harro Otto	Köln, Berlin, München 2007
Karl Peters	Tübingen 1974
Ingeborg Puppe	Berlin 2011
Jörg Rehberg	Zürich 1996
Claus Roxin I	Berlin, New York 2001
Claus Roxin II	Berlin, New York 2011
Herbert Schimansky	Köln 1999
Reinhold Schlothauer	München 2018
Heinz Schöch	Berlin, New York 2010
Hans-Ludwig Schreiber	Heidelberg 2003
Günter Spendel	Berlin, New York 1989
Franz Streng	Heidelberg 2017
Walter Stree/Johannes Wessels	Heidelberg 1993
Ulrich Weber	Bielefeld 2004

1. Kapitel

Examensklausuren

Fall 1

Eine „Maidult" mit Folgen

I.

Der Niederbayer A begibt sich in rauflustiger Stimmung zur „Maidult", dem lokalen 1
Jahrmarkt, und stößt dort alsbald auf eine hochdeutsch sprechende Reisegruppe. Um
den „Norddeutschen" zu zeigen, woher der Wind in Niederbayern weht, legt A dem F,
dem Führer der Reisegruppe, von hinten den Arm um den Hals, drückt kräftig zu und
befiehlt dem röchelnden F, die Bayernhymne zu singen, da er sich sonst gezwungen
sehe, den F zu erwürgen. F gehorcht daraufhin, säuselt die ihm vage bekannte Bayernhymne so gut wie möglich, worauf A von F ablässt, um in das Bierzelt zu eilen.

Dort erwarten ihn bereits seine Freunde B und C in bester Bierlaune und A berichtet begeistert, wie er es den „Preußen" gezeigt habe. Wenig später trifft aber auch F mit seiner
Reisegruppe ein. Als F auch noch lautstark „Fräulein, bitte ein Kölsch" ruft, brennen bei
den niederbayerischen Freunden alle Sicherungen durch. Spontan stürzen sich A, B und
C auf die Mitglieder der „norddeutschen" Reisegruppe und es entsteht über das Bierzelt
verteilt eine große Rauferei, an der mindestens 20 Personen teilnehmen, deren genauer
Verlauf sich aber nicht mehr rekonstruieren lässt. Fest steht, dass nach ca fünf Kampf-
minuten B keine Lust mehr hat und nach Hause geht und wenig später C sogar seinen
Kumpel A – den er durchaus erkannt hat – ohne ersichtlichen Grund in den „Schwitzkasten" nimmt. A kann sich dieses Griffes nur durch einen Biss in den Oberarm des C
entziehen.

Kurz darauf versetzt A dem F – seinem „Hauptfeind" – mittels eines gekonnten Kung-
Fu-Sprungs einen Tritt mit seinem beschuhten Fuß gegen den Oberkörper. F stürzt daraufhin zu Boden. Als er sich gerade wieder aufrichten möchte, nutzt ein nicht mehr zu
ermittelnder Teilnehmer der Rauferei die wehrlose Lage des F aus, indem er so auf F
einschlägt, dass dessen Kopf am Fuß einer Bierbank auftrifft und F sich eine tödliche
Verletzung zuzieht.

Noch bevor irgendjemand die gravierende Verletzung des F zur Kenntnis nimmt, eilt der
streitfreudige D herbei und beteiligt sich an der Schlägerei, wobei Einzelheiten wiederum ungeklärt bleiben. Mit der sich alsbald anschließenden Entdeckung des toten F kehrt
unverzüglich Ruhe in das Bierzelt ein.

Geschockt stürzt A aus dem Bierzelt. Der Passant P, auf den A zuläuft, ist aufgrund des
an sein Ohr gedrungenen Lärms aus dem Bierzelt der Ansicht, A sei auf der Suche nach
einer neuen Rauferei und wolle ihn angreifen. Er nimmt daher allen Mut zusammen
und verpasst dem körperlich überlegenen A einen gezielten Schlag gegen die Schläfe,
worauf A ins Taumeln gerät und P die kurze Benommenheit des A dazu nutzt, um zu

fliehen. Wie haben sich die Beteiligten strafbar gemacht? Evtl erforderliche Strafanträge sind gestellt.

II.

1. Nennen Sie die wichtigsten Prozessmaximen.
2. Welche Prozessvoraussetzungen kennen Sie? Was sind die prozessualen Folgen in den einzelnen Verfahrensstadien beim Fehlen einer Prozessvoraussetzung?
3. Da der Tod des F (o I.) in der örtlichen Presse großes Aufsehen erregt hat, möchte die Staatsanwaltschaft den A auf jeden Fall vor dem Landgericht anklagen. Kann sie das, obwohl sie angesichts fehlender Vorstrafen bei A nur mit einer Freiheitsstrafe von maximal drei Jahren rechnet?
4. A wird von der Strafkammer des LG Passau zu einer Freiheitsstrafe von drei Jahren verurteilt. Bei dem Urteil wirkt der Beisitzer R mit. A legt gegen dieses Urteil Revision ein, der das Revisionsgericht stattgibt und die Sache unter Aufhebung des erstinstanzlichen Urteils zur erneuten Verhandlung an die 1. Strafkammer des LG Deggendorf verweist. Dort ist R inzwischen Kammervorsitzender. Am 4. Hauptverhandlungstag vor dem LG Deggendorf bedient die beisitzende Richterin S während der Vernehmung eines Zeugen über einen Zeitraum von etwa zehn Minuten mehrfach ihr Mobiltelefon. Hintergrund ist, dass die an diesem Tag angesetzte Sitzungszeit – wie von S im Vorfeld prognostiziert – bereits deutlich überschritten ist. Einen stummen Anruf von zu Hause beantwortet S daher mit einer schon vor der Hauptverhandlung vorgefertigten SMS des Inhalts „Bin in Sitzung". Auf eine weitere dringende SMS-Anfrage bezüglich der weiteren Betreuung ihrer Kinder reagiert sie binnen Sekunden. Auf Rüge der Verteidigung macht sie diesen Sachverhalt öffentlich und entschuldigt sich.
   a) Welches Gericht war in diesem Fall Revisionsgericht?
   b) Kann A den R in der erneuten Hauptverhandlung vor dem LG Deggendorf wegen seiner Mitwirkung am später aufgehobenen Urteil des LG Passau mit Erfolg wegen Befangenheit ablehnen?
   c) Kann A die S in der Hauptverhandlung vor dem LG Deggendorf wegen ihrer privaten Handynutzung während der Zeugenvernehmung mit Erfolg wegen Befangenheit ablehnen?

Gedankliche Strukturierung des Falles (Kurzlösung)

Teil I. (materiell-rechtlicher Teil)

A. Die Bayernhymne (Strafbarkeit des A)

1. § 212 I (–)
2. §§ 212 I, 22, 23 I Alt 1 (–)
   - Vorprüfung (+)
   - Tatentschluss (–)
3. § 223 I (+)
   a) Objektiver Tatbestand (+)
   b) Subjektiver Tatbestand (+)
   c) Rechtswidrigkeit und Schuld (+)
   d) Strafantragserfordernis, § 230 I (+)
4. § 224 I Nr 2 (–), Nr 3 (–), Nr 5 (+)
   a) Tatbestand (+)
   - Nr 2 (gefährliches Werkzeug) (–)
   - Nr 3 (hinterlistiger Überfall) (–)
   - Nr 5 (Leben gefährdende Behandlung) (+)

Problem Nr 1: Setzt eine „das Leben gefährdende Behandlung" iSv § 224 I Nr 5 eine konkrete oder nur eine abstrakte Lebensgefährdung voraus? (Rn 6)

   b) Ergebnis
5. § 239b I Alt (–)
   a) Tatbestand (–)
   - Entführen (–)
   - Sich-Bemächtigen (+)
   - Vorsatz (+)
   - besondere Nötigungsabsicht (–)

Problem Nr 2: Restriktive Auslegung des § 239b im Zwei-Personen-Verhältnis (Rn 9)

   b) Ergebnis
6. § 239 I Alt 2 (+)
7. § 240 I, II (+)
   a) Tatbestand (+)
   - Gewalt (+)
   - Drohung (+)
   - Nötigen (+)
   - Vorsatz (+)
   b) Rechtswidrigkeit (+)
   - Fehlen von Rechtfertigungsgründen (+)
   - Positive Verwerflichkeitsprüfung, § 240 II (+)
   c) Schuld (+)
8. § 241 I (+)
9. Konkurrenzen
   - § 224 – § 223
   - § 240 – § 241
   - § 224 I Nr 5 – § 239 I Alt 2 – § 240

10. Ergebnis für A im Tatkomplex A

    A hat sich gem § 224 I Nr 5 – § 52 – § 239 I Alt 2 – § 52 – § 240 I, II strafbar gemacht.

B. Im Bierzelt

I. Strafbarkeit des C

1. § 223 I (+)
   a) Tatbestand (+)
   b) Rechtswidrigkeit (+)
   - Einwilligung (–)
   c) Schuld (+)
   d) Strafantragserfordernis, § 230 I (+)
2. § 224 I Nr 4 (–), Nr 5 (–)
   a) Tatbestand (–)
   - Nr 4 (gemeinschaftlich) (–)
   - Nr 5 (Leben gefährdende Behandlung) (–)
   b) Ergebnis
3. § 239 I Alt 2 (+)
4. § 240 I, II (+)
   a) Tatbestand (+)
   b) Rechtswidrigkeit (+)
   - Fehlen von Rechtfertigungsgründen (+)
   - Positive Verwerflichkeitsprüfung, § 240 II (+)
   c) Schuld (+)
5. § 231 I (+)
   a) Objektiver Tatbestand (+)
   - von mehreren verübter Angriff (–)
     (aA vertretbar)
   - Schlägerei (+)
   - beteiligt (+)
   b) Subjektiver Tatbestand (+)
   c) Objektive Bedingung der Strafbarkeit (+)
   d) Strafbarkeitsausschluss gem § 231 II (–)
   e) Rechtswidrigkeit und Schuld (+)
   f) Ergebnis
6. § 130 I Nr 1 (–)
7. § 125 I Nr 1 Alt 1 (–)
8. Konkurrenzen
   - § 223 – § 231
   - § 239 I Alt 2 – § 240
   - § 223 – § 52 – § 231 und § 240
9. Ergebnis für C im Tatkomplex B

   C ist strafbar gem § 240 I, II – § 52– § 223 I – § 52 – § 231.

II. Strafbarkeit des B

1. § 223 I (–)
   - in dubio pro reo (+)
2. §§ 223 I, 27 (–)
3. § 231 I (+)
   a) Tatbestand (+)
   b) Objektive Bedingung der Strafbarkeit (+)

3

Problem Nr 3: Zurechnung des Erfolges einer Schlägerei (§ 231), der nach Verlassen der Schlägerei eintritt (Rn 25)

   c) Strafbarkeitsausschluss gem § 231 II (–)
   d) Rechtswidrigkeit und Schuld (+)
4. Ergebnis für B im Tatkomplex B
   B ist strafbar gem § 231 I.

III. Strafbarkeit des A wegen des Bisses in den Oberarm des C
1. § 223 I (–)
   a) Tatbestand (+)
   b) Rechtswidrigkeit (–)
     aa) Einwilligung (–)
     bb) Notwehr, § 32 (+)
       • Notwehrlage (+)
       • Notwehrhandlung (+)
       • subjektives Rechtfertigungselement (+)
   c) Ergebnis
2. § 224 I Nr 2 (–), Nr 4 (–)
   • gem § 32 gerechtfertigt
3. § 231 I (+)
   a) Tatbestand (+)
   b) Objektive Bedingung der Strafbarkeit (+)
   c) Strafbarkeitsausschluss gem § 231 II (–)
   d) Rechtswidrigkeit (+)
   e) Schuld (+)
4. Ergebnis
   A hat sich gem § 231 strafbar gemacht.

IV. Strafbarkeit des A wegen des Kung-Fu-Sprungs gegen F
1. § 212 I (–)
2. § 223 I (+)
3. § 224 I Nr 2 (+), Nr 4 (–), Nr 5 (+)
   a) Objektiver Tatbestand (+)
     • Nr 2 (gefährliches Werkzeug) (+)
     • Nr 4 (gemeinschaftlich) (–)
     (aA vertretbar)
     • Nr 5 (Leben gefährdende Behandlung) (+)
   b) Subjektiver Tatbestand (+)
4. § 222 (+)
   a) Tatbestandsmäßigkeit (+)
     • Erfolgseintritt (+)
     • Kausalität (+)
     • objektive Sorgfaltspflichtverletzung bei objektiver Voraussehbarkeit des Erfolges (+)
     • objektive Zurechnung (+)
     • Schutzzweckzusammenhang (+)
     • Pflichtwidrigkeitszusammenhang (+)
     • eigenverantwortliche Selbstgefährdung (–)
     • eigenverantwortliches Dazwischentreten Dritter (–)

Problem Nr 4: Wegfall der objektiven Zurechnung wegen eigenverantwortlichen Dazwischentretens eines Dritten? (Rn 32)

   b) Rechtswidrigkeit (+)
   c) Schuld (+)
     • subjektive Vorhersehbarkeit (+)
     • subjektive Vermeidbarkeit (+)
5. § 227 I (–)
   a) Tatbestand (–)
     • Körperverletzung (+)
     • fahrlässige Todesherbeiführung (+)
     • Kausalität zwischen Fußstoß und Tod (+)
     • Unmittelbarkeit (–)

Problem Nr 5: Knüpft § 227 an den Körperverletzungserfolg oder an die Körperverletzungshandlung an? (Rn 35)

   b) Ergebnis
6. §§ 227 I, 13 I (–)
7. § 231 I (+)
8. Konkurrenzen
   • innerhalb von IV
   • III zu IV
9. Ergebnis für A im Tatkomplex B
   A hat sich strafbar gemacht gem § 222 – § 52 – § 224 I Nr 2, Nr 5 – § 52 – § 231.

V. Strafbarkeit des D
1. § 223 I (–)
2. § 231 I (+)
   a) Tatbestand (+)
   b) Objektive Bedingung der Strafbarkeit (+)

Problem Nr 6: Kann demjenigen, der sich erst nach Eintritt der schweren Folge an einer Schlägerei (§ 231) beteiligt, die schwere Folge zugerechnet werden? (Rn 41)

   c) Strafbarkeitsausschluss gem § 231 II (–)
   d) Rechtswidrigkeit und Schuld (+)
3. Ergebnis für D im Tatkomplex B
   D hat sich gem § 231 I strafbar gemacht.

VI. Gesamtergebnis im Tatkomplex B
A: § 222 – § 52 – § 224 I Nr 2, Nr 5 – § 52 – § 231 I
B: § 231 I
C: § 239 I Alt 2 – § 52 – § 240 I, II – § 52 – § 223 I – § 52 – § 231 I
D: § 231 I

C. Außerhalb des Bierzeltes (Strafbarkeit des P)

1. § 223 I (–)
   a) Tatbestand (+)
   b) Rechtswidrigkeit (+)
      • Notwehr (–)
      • Notwehrlage (–)
   c) Schuld (–)
      aa) Art des Irrtums: Erlaubnistatbestandsirrtum
      bb) Behandlung des Erlaubnistatbestandsirrtums

> **Problem Nr 7: Erlaubnistatbestandsirrtum (Rn 45)**

2. **§ 229 (+)**
3. **§ 221 I Nr 1 (–), Nr 2 (–)**
4. **§ 323 c (–)**
   • zumutbar (–)
5. Ergebnis für P im Tatkomplex C
   P ist strafbar gem § 229.

D. Gesamtergebnis des materiell-rechtlichen Gutachtens

A: Tatkomplex A: § 224 I Nr 5 – § 52 – § 239 I Alt 2 – § 52 – § 240 I, II – § 53 –
Tatkomplex B: § 222 – § 52 – § 224 I Nr 2, Nr 5 – § 52 – § 231 I
B: § 231 I
C: § 240 I, II – § 52 – § 223 I – § 52 – § 231 I
D: § 231 I
P: § 229

Teil II. (prozessualer Teil)

1. Prozessmaximen
2. Prozessvoraussetzungen
   a) Die wichtigsten Prozessvoraussetzungen
   b) Folgen des (endgültigen) Fehlens einer Prozessvoraussetzung
3. **Zuständigkeit des LG**
4. **Neuverhandlung nach Revision**
   a) Revisionsgericht
   b) Befangenheit bei Neuverhandlung in der Tatsacheninstanz
      aa) Ausschließungsgründe, §§ 24 I Alt 1, 22, 23 StPO
      bb) Ablehnung wegen Besorgnis der Befangenheit, §§ 24 I Alt 2, 24 II StPO

> **Problem Nr 8: Rückgriff auf die Befangenheitsregelung des § 24 II StPO bei Zurückverweisung gem § 354 II StPO? (Rn 57)**

   cc) Verfahren
   c) Befangenheit bei privater Nutzung des Mobiltelefons durch einen Richter während der Hauptverhandlung
      aa) Ausschließungsgründe, §§ 24 I Alt 1, 22, 23 StPO
      bb) Ablehnung wegen Besorgnis der Befangenheit, §§ 24 I Alt 2, 24 II StPO
      cc) Verfahren

Ausführliche Lösung von Fall 1

Teil I. (materiell-rechtlicher Teil)

A. Die Bayernhymne (Strafbarkeit des A)

1. § 212 I

3   A könnte dadurch, dass er auf dem Weg in das Bierzelt dem F von hinten den Arm um den Hals legte und ihm androhte, ihn zu erwürgen, wenn er nicht die Bayernhymne singe, einen Totschlag gem § 212 I begangen haben.

F hat die erste Attacke vor dem Bierzelt überlebt. Ein vollendeter Totschlag scheidet deshalb aus.

2. §§ 212 I, 22, 23 I Alt 1

Der Totschlag ist nicht vollendet. Der Versuch ist gem § 212 I iVm § 23 I Alt 1 strafbar.

A müsste Tatentschluss bzgl der Tötung des F gefasst haben. Gerade bei den Tötungsdelikten besteht jedoch für die Annahme des auf die Tötung des Opfers gerichteten Vorsatzes eine besonders hohe Hemmschwelle[1], die hier nicht überschritten ist. A hatte noch keinen endgültigen Tatentschluss gefasst.

3. § 223 I

4   A könnte dadurch, dass er F den Arm um den Hals legte und kräftig zudrückte, eine Körperverletzung begangen haben.

a)   Objektiver Tatbestand

Körperliche Misshandlung iSv § 223 I Alt 1 ist jede substanzverletzende Einwirkung auf den Körper des Opfers sowie jede üble, unangemessene Behandlung, durch die das körperliche Wohlbefinden oder die körperliche Unversehrtheit mehr als nur unerheblich beeinträchtigt wird[2]. Der von A vorgenommene „Schwitzkasten" bis zum Röcheln des F stellt eine wesentliche Beeinträchtigung des körperlichen Wohlbefindens des F und damit eine körperliche Misshandlung dar.

Gesundheitsschädigung iSv § 223 I Alt 2 ist das Hervorrufen, Steigern oder Aufrechterhalten eines vom Normalzustand der körperlichen Funktionen des Opfers nachteilig abweichenden krankhaften Zustands körperlicher oder seelischer Art[3]. Die Beeinträchtigung, die F dadurch erfuhr, dass A ihn in einen „Schwitzkasten" nahm, war trotz des

---

1   BGHSt 36, 1; *Wessels/Beulke/Satzger*, AT Rn 335 ff; *Wessels/Hettinger/Engländer*, BT1 Rn 95; einschränkend: BGHSt 57, 183, 186.
2   BGH NStZ 2016, 27;*Wessels/Hettinger/Engländer*, BT1 Rn 278; krit *Murmann*, Jura 2004, 102.
3   *Wessels/Hettinger/Engländer*, BT1 Rn 281.

„Röchelns" nicht so stark, dass sein Körper einen dadurch bedingten krankhaften Zustand körperlicher oder seelischer Art erlitt. Damit scheidet § 223 I Alt 2 aus.

b) Subjektiver Tatbestand

A handelte mit dem Willen zur Verwirklichung des Straftatbestandes in Kenntnis aller seiner objektiven Tatumstände[4], also vorsätzlich.

c) Rechtswidrigkeit und Schuld

A handelte mangels Rechtfertigungs- und Entschuldigungsgründen rechtswidrig und schuldhaft.

d) Strafantragserfordernis, § 230 I

Der gem § 230 I 1 erforderliche Strafantrag ist gestellt.

4. § 224 I Nr 2, Nr 3, Nr 5

a) Tatbestand

Gefährliches Werkzeug iSv § 224 I Nr 2 Alt 2 ist jeder – nach bisher hM bewegliche – Gegenstand, der nach seiner objektiven Beschaffenheit und der Art seiner Verwendung im konkreten Fall geeignet ist, erhebliche Verletzungen zuzufügen[5]. Körperteile wie der Arm sind keine „Werkzeuge" iSd § 224 I Nr 2 Alt 2[6], sodass diese Alternative nicht erfüllt ist.   **5**

Überfall iSv § 224 I Nr 3 ist jeder plötzliche, unerwartete Angriff auf einen Ahnungslosen. Hinterlistig ist der Überfall, wenn der Täter seine wahre Absicht planmäßig berechnend verdeckt, um gerade dadurch dem Angegriffenen die Abwehr zu erschweren[7]. Ein plötzlicher Angriff von hinten – wie hier – reicht noch nicht aus[8], sodass § 224 I Nr 3 ausscheidet.

Fraglich ist, ob A die Körperverletzung mittels einer das Leben gefährdenden Behandlung iSv § 224 I Nr 5 begangen hat.

> **Problem Nr 1: Setzt eine „das Leben gefährdende Behandlung" iSv § 224 I Nr 5 eine konkrete oder nur eine abstrakte Lebensgefährdung voraus?**   **6**
>
> **(1)** Einige **Literaturstimmen** fordern eine **konkrete Lebensgefährdung** (LK-*Lilie*, § 224 Rn 21; NK-*Paeffgen/Böse*, § 224 Rn 28; S/S-*Stree/Sternberg-Lieben*, § 224 Rn 12). Es darf nur noch vom Zufall abhängen, ob der Tod des konkreten Opfers eintritt oder nicht (*Hoffmann-Holland*, Strafrecht BT Rn 195).
>
> **Argument:** Wegen der hohen Strafdrohung ist eine restriktive Handhabung erforderlich.

---

4 Vgl *Wessels/Beulke/Satzger*, AT Rn 306.
5 Vgl *Wessels/Hettinger/Engländer*, BT1 Rn 299.
6 *Wessels/Hettinger/Engländer*, BT1 Rn 300; aA *Hilgendorf*, ZStW 112 [2000], 811, 822 ff.
7 BGH NStZ 2005, 97; *Wessels/Hettinger/Engländer*, BT1 Rn 304.
8 BGH NStZ 2004, 93; BGH NStZ 2007, 702; *Fischer*, § 224 Rn 10; *Wessels/Hettinger/Engländer*, BT1 Rn 304.

(2) Die **hM** und die **Rspr** lassen eine abstrakte Gefährdung genügen; die tatsächliche Verletzung braucht nicht lebensgefährlich zu sein (BGHSt 2, 160, 163; 36, 1, 9). Erforderlich aber auch genügend ist, dass die Art der Behandlung durch den Täter nach den Umständen des Einzelfalls (generell) geeignet ist, das Leben zu gefährden (BGH NStZ 2013, 345).

Argument: Der Wortlaut des Gesetzes stellt auf die Handlung, nicht aber auf einen Erfolg ab.

Zur Vertiefung: Wessels/Hettinger/Engländer, BT1 Rn 340; Schmidt, BT1, Rn 340.

7 Ein kräftiger Würgegriff ist abstrakt geeignet, das Leben des Gewürgten zu gefährden. Aber auch, wenn man eine konkrete Gefährdung des Lebens für § 224 I Nr 5 voraussetzte, kann man diese hier bejahen, da F bereits röchelte und somit Erstickungserscheinungen zeigte. Eine kurzzeitige Lebensgefahr genügt[9].

Die Ablehnung der abstrakten und konkreten Lebensgefahr ist ebenfalls vertretbar.

A handelte vorsätzlich hinsichtlich des § 223 (*s Rn 4*). Darüber hinaus erkannte er diejenigen Umstände, aus denen sich die Lebensgefährlichkeit ergab. (Nach Ansicht der Rspr genügt bereits dies in subjektiver Hinsicht).[10] Er war sich ferner zumindest in der Laiensphäre auch der Bedeutung seines Verhaltens bewusst, hat die Gefährlichkeit seines Handelns für das Leben des Opfers wenigstens für möglich gehalten und in Kauf genommen[11].

b) Ergebnis

A hat sich gem § 224 I Nr 5 strafbar gemacht.

5. § 239b I Alt I

a) Tatbestand

8 Entführen iSv § 239b unterwirft das Opfer einer Veränderung seines Aufenthaltsortes mit der Wirkung, dass es der Herrschaftsgewalt des Täters ausgeliefert ist[12]. Es setzt also eine Ortsveränderung voraus, an der es hier fehlt.

A hat jedoch die physische Herrschaft über F erlangt, dh sich dessen bemächtigt (auf eine Ortsveränderung kommt es hier nicht an[13]). Dabei handelte er auch vorsätzlich.

Zweifelhaft erscheint, ob er auch mit der von § 239b I Alt 1 geforderten Absicht, das Opfer zu einer Handlung, Duldung oder Unterlassung zu nötigen, gehandelt hat.

9 **Problem Nr 2: Restriktive Auslegung des § 239b im Zwei-Personen-Verhältnis**

Durch Gesetz vom 9.6.1989 wurde in die §§ 239a und b auch das Zwei-Personen-Verhältnis mit aufgenommen und dem Dreiecksverhältnis gleichgestellt. Dadurch entstanden neben der

---

9 Zum Würgegriff BGH NJW 2006, 11; vgl auch BGH NStZ 2002, 594.
10 BGHSt 19, 353; 36, 1, 15; BGH NJW 1990, 3156; ebenso *Fischer*, § 224 Rn 13.
11 Vgl die Anforderungen der insoweit engeren Literaturauffassung: *Lackner/Kühl*, § 224 Rn 9; NK-*Paeffgen/Böse*, § 224 Rn 34 f; S/S-*Stree/Sternberg-Lieben*, § 224 Rn 13; *Wessels/Hettinger/Engländer*, BT1 Rn 309.
12 *Wessels/Hettinger/Engländer*, BT1 Rn 508.
13 Vgl *Wessels/Hettinger/Engländer*, BT1 Rn 508.

Gefahr einer zu ausgedehnten Strafbarkeit auch Konkurrenzprobleme (beim Zusammentreffen mit den §§ 177, 255), sodass nach allgemeiner Meinung eine restriktive Auslegung für das Zwei-Personen-Verhältnis geboten ist.

(1) Nach Ansicht des 1. Senats des BGH sollte § 239b nur eingreifen, wenn eine **Außenwirkung,** dh eine Wirksamkeit des abgenötigten Verhaltens außerhalb des unmittelbaren Gewaltverhältnisses, vorlag, sodass seine Anwendbarkeit im Zwei-Personen-Verhältnis zumeist ausschied (BGHSt 39, 36; 39, 330).

(2) Der 2. Senat des BGH verlangte für § 239b, dass aus der Sicht des Opfers der Tod oder die Körperverletzung **unmittelbar bevorstehen** muss. Weil das Opfer im Zwei-Personen-Verhältnis seine Gefahr wegen der Kenntnis der Umstände der Zwangslage besser abschätzen kann, reicht eine abstrakte Sorge wie beim Dreiecksverhältnis nicht aus (BGH NStZ 1994, 430).

(3) Der **Große Senat des BGH** (BGHSt GrS 40, 350) hat das Kriterium der Außenwirkung als generell zu unbestimmt abgelehnt. Auch das Kriterium, ob nach Ansicht des Opfers die Beeinträchtigung unmittelbar bevorsteht, lässt er nicht gelten, weil dies nachträglich kaum rekonstruierbar ist. Zwecks restriktiver Interpretation des § 239b verlangt er, dass der Täter gerade die durch das Sich-Bemächtigen geschaffene Lage zu einer qualifizierten Nötigung ausnutzt. Dies setzt eine Trennung zwischen dem Nötigungsmittel zum Sich-Bemächtigen einerseits und den qualifizierten Nötigungsmitteln zum Erwirken eines Tuns, Duldens oder Unterlassens des Opfers andererseits iS einer **Zweiaktigkeit des Geschehens** voraus (BGH StV 1999, 649 m Anm *Renzikowski;* BGH StV 2006, 17; *Diener/Hoffmann-Holland*, Jura 2009, 950; *Krey/ Hellmann/Heinrich*, BT2 Rn 485, 488 f). Zusätzlich zu einer Beherrschungssituation, die in jeder gewaltsamen Nötigungshandlung liegt, muss sich das Opfer noch einer weitergehenden Drucksituation ausgesetzt sehen, die gerade aus der **stabilen Bemächtigungslage** resultiert (BGH StV 2007, 355 m abl Anm *Wolters*; BGH NStZ 2014, 515).

Argument: § 239b ist ein zweiaktiges Delikt, bestehend aus Sich-Bemächtigen/Entführen einerseits und weitergehender Nötigung andererseits (im 1. HS nur in der Vorstellung des Täters, im 2. HS objektiv verwirklicht). Zwischen beidem muss ein funktionaler Zusammenhang bestehen, der eben in dem Merkmal des **Ausnutzens** zu sehen ist. Dafür sprechen der Wortlaut des § 239b, der Aufbau und die systematische Stellung der Vorschrift. Ebenso zeigt ein Vergleich mit den Dreiecksverhältnissen, bei denen auch zwei Teilakte unterschieden werden (Entführen/Sich-Bemächtigen und Nötigung), dass dieselbe Unterscheidung auch im Zwei-Personen-Verhältnis gemacht werden muss.

Zur Vertiefung: Wessels/Hettinger/Engländer, BT1 Rn 512; Fahl, Jura 1996, 456 ff; Küper/ Zopfs, BT Rn 451 ff; Satzger, Jura 2007, 114 ff; Zöller, JA 2000, 467 ff.

Im Interesse einer restriktiven Auslegung des § 239b, die wegen dessen besonders hohen **10** Strafrahmens geboten erscheint, ist im Anschluss an den Großen Senat des BGH zu verlangen, dass der Täter im Zwei-Personen-Verhältnis über das bloße „einfache" Sich-Bemächtigen hinausgeht, indem er die von ihm geschaffene Lage des Opfers zu weiteren qualifizierten Drohungen ausnutzen will. Bei der Handlung des A fielen hingegen beide Teilakte zusammen (Würgegriff als Mittel, um sich des F zu bemächtigen und gleichzeitig als Mittel, um F zum Singen der Bayernhymne zu nötigen), sodass § 239b entfällt.

b) Ergebnis

§ 239b I Alt 1 ist nicht erfüllt.

6. § 239 I Alt 2

11 Für die Freiheitsberaubung genügt bereits die nicht ganz unerhebliche und nur vorübergehende Beeinträchtigung der Realisierung des Willens, sich fortzubewegen[14]. F befand sich während der gesamten Zeitdauer des Singens der Bayernhymne im Würgegriff des A, sodass ihm für einen erheblichen Zeitraum die Fortbewegungsfreiheit fehlte.

A handelte vorsätzlich.

A hat sich somit gem § 239 I Alt 2 strafbar gemacht.

7. § 240 I, II

a) Tatbestand

12 Gewalt iSd § 240 I ist körperlich wirkender Zwang durch die Entfaltung von Kraft oder durch eine physische Einwirkung sonstiger Art, die nach ihrer Zielrichtung, Intensität und Wirkungsweise dazu bestimmt und geeignet ist, die Freiheit der Willensentschließung oder Willensbetätigung eines anderen aufzuheben oder zu beeinträchtigen[15]. Enger interpretiert das BVerfG[16] den Gewaltbegriff und verlangt eine erhebliche körperliche Kraftentfaltung oder einen physisch wirkenden Zwang. Auch diese gesteigerten Anforderungen hat A durch den kräftigen Druck auf den Hals des F erfüllt.

Drohen ist das auf Einschüchterung des Opfers gerichtete Inaussichtstellen eines künftigen Übels, auf dessen Eintritt der Drohende sich Einfluss zuschreibt[17]. Empfindliches Übel ist ein Nachteil von solcher Erheblichkeit, dass seine Ankündigung geeignet erscheint, den Bedrohten iSd Täterverlangens zu motivieren[18]. Die von A gegenüber F ausgesprochene Todesdrohung war eine Drohung mit einem empfindlichen Übel.

Nötigen heißt, dem Betroffenen ein seinem Willen widerstrebendes Verhalten (Handeln, Dulden oder Unterlassen) aufzwingen wollen[19]. A hat den F dazu gezwungen, die Bayernhymne zu singen (Handlung) und sich nicht frei fortzubewegen (Unterlassen).

A handelte vorsätzlich.

b) Rechtswidrigkeit

Allgemeine Rechtfertigungsgründe sind nicht ersichtlich.

Der Einsatz einer gefährlichen Körperverletzung iSv § 224 I Nr 5 (*s Rn 5 ff*) ist als Mittel stets verwerflich iSd § 240 II.

Angesichts des unzulässigen Mittels kommt es auf den unzulässigen Zweck und die Mittel-Zweck-Relation nicht mehr an. Irrelevant ist deshalb auch das Problem, ob Einsatz von Gewalt immer zur Bejahung der Verwerflichkeit führt[20].

---

14 *Fischer*, § 239 Rn 6, 8.
15 Vgl BGHSt 41, 182, 183; *Wessels/Hettinger/Engländer*, BT1 Rn 432.
16 BVerfGE 87, 13; 92, 1.
17 BGHSt 16, 386, 387; *Wessels/Hettinger/Engländer*, BT1 Rn 402.
18 *Wessels/Hettinger/Engländer*, BT1 Rn 461.
19 *Wessels/Hettinger/Engländer*, BT1 Rn 428.
20 Dafür früher BGHSt 23, 46, 55; dagegen heute BVerfGE 92, 1, 14 ff; dagegen jetzt auch hA; vgl statt aller *Wessels/Hettinger/Engländer*, BT1 Rn 472.

c) Schuld

A handelte schuldhaft.

8. § 241 I

A hat F mit der Tötung und damit mit einem Verbrechen (§§ 212 I, 12 I) bedroht. Dass **13** A die Drohung nicht zu realisieren beabsichtigte, ist ebenso irrelevant wie die Frage, ob F an die Realisierung glaubte. Es kommt allein darauf an, dass der Täter objektiv den Eindruck der Ernstlichkeit erweckt[21]. Das war hier der Fall (*gegenteilige Sachverhaltsauslegung vertretbar*).

A hat sich gem § 241 I strafbar gemacht.

9. Konkurrenzen

§ 224 I Nr 5 ist lex specialis gegenüber § 223 I.§ 241 I tritt hinter § 240 I, II zurück[22]. **14**

Da die Nötigung hier nicht nur dazu diente, die Freiheitsberaubung zu ermöglichen, sondern darüber hinaus ging (Bayernhymne singen), wird das Unrecht der Tat weder allein von § 239 I noch von § 240 I noch von dem ebenfalls erfüllten § 224 I Nr 5 vollständig erfasst. Es ist deshalb von Idealkonkurrenz aller drei Straftatbestände auszugehen.

10. Ergebnis für A im Tatkomplex A

A hat sich gem § 224 I Nr 5 – § 52 – § 239 I Alt 2 – § 52 – § 240 I, II strafbar gemacht.

B. Im Bierzelt

I. Strafbarkeit des C

1. § 223 I

Indem C im Bierzelt seinen Kumpel A in den „Schwitzkasten" nahm, könnte er eine **15** Körperverletzung begangen haben.

a) Tatbestand

Durch den „Schwitzkasten" sind bei A keinerlei krankhafte Zustände körperlicher oder seelischer Art herbeigeführt worden.

Der „Schwitzkasten" war jedoch eine üble und unangemessene Behandlung, die das körperliche Wohlbefinden des A in nicht nur unerheblichem Maße beeinträchtigte. Sonstige körperliche Misshandlungen lassen sich dem C aufgrund des weitgehend ungeklärten Geschehensverlaufs nicht mehr nachweisen. Dies ergibt sich bereits aus dem Sachverhalt. Hilfsweise ist auf den Grundsatz in dubio pro reo zu verweisen.

---

21 S/S-*Eser/Eisele*, § 241 Rn 4.
22 S/S-*Eser/Eisele*, § 241 Rn 16.

b) Rechtswidrigkeit

Eine Einwilligung des A in die Körperverletzung ist, obwohl er sich kampfeslustig in die Rauferei stürzte, nicht gegeben, da nur die „Norddeutschen" Schläge bekommen sollten.

c) Schuld

C handelte schuldhaft.

d) Strafantragserfordernis, § 230 I

Der gem § 230 I 1 erforderliche Strafantrag ist gestellt.

2. § 224 I Nr 4, Nr 5

a) Tatbestand

16 In Betracht kommt zunächst eine gemeinschaftliche Körperverletzung iSd § 224 I Nr 4. Gemeinschaftlich iSv § 224 I Nr 4 bedeutet, dass die Körperverletzung von mindestens zwei Personen begangen wird, die unmittelbar am Tatort als Angreifer zusammenwirken[23]. Nach hA kann es sich um Mittäter oder Teilnehmer handeln[24]. Ob hier eine derartige „Gemeinschaftlichkeit" bejaht werden kann, ist problematisch. Selbst wenn man dem Sachverhalt einen gemeinsamen, spontan stillschweigend gefassten Tatentschluss entnimmt, erscheint zweifelhaft, ob A, B und C bei der „großen Rauferei" wirklich gemeinsam am Tatort als Angreifer zusammengewirkt haben, sodass ihr Tun der typischen Gefährlichkeit des § 224 I Nr 4 entspricht. Zunächst kann man die Frage noch offen lassen, denn die Körperverletzung richtete sich gegen einen der Angreifer, sodass die typische Gefährlichkeitssituation des § 224 I Nr 4 entfällt. Im Ergebnis scheidet § 224 I Nr 4 aus.

Da diese Form des „Schwitzkastens" (anders o im Tatkomplex A, *vgl Rn 4*) keine bedrohliche Entwicklung nahm, ist § 224 I Nr 5 (Körperverletzung mittels einer das Leben gefährdenden Behandlung) hier nicht erfüllt (*aA vertretbar*).

b) Ergebnis

§ 224 I scheidet aus.

3. § 239 I Alt 2

17 Da eine nur vorübergehende Freiheitsentziehung jenseits der Bagatellgrenze genügt, erfüllt auch der „Schwitzkasten" den Tatbestand der Freiheitsberaubung (*aA vertretbar, da Tatfrage*).

C hat sich daher gem § 239 I Alt 2 strafbar gemacht.

---

23 BGH NStZ 2015, 584; *Wessels/Hettinger/Engländer*, BT1 Rn 306.
24 *Wessels/Hettinger/Engländer*, BT1 Rn 306; zum Zusammenwirken von Täter und Gehilfe vgl BGHSt 47, 383 m Anm *Paeffgen*, StV 2004, 77; BGH NStZ-RR 2009, 10; *Küper*, GA 2003, 363, 372 ff.

4. § 240 I, II

a) Tatbestand

C nötigte A mit Gewalt, den Schwitzkasten hinzunehmen (Duldung) und sich nicht frei **18**
fortzubewegen (Unterlassen). Er handelte vorsätzlich.

Vertretbar erscheint es auch, die Nötigung als zweiaktiges Delikt einzustufen, bei dem sich der Nötigungserfolg nicht in der Gewaltanwendung erschöpfen darf, sondern vielmehr ein davon abtrennbarer Erfolg eintreten muss (vgl BVerfGE 92, 1, 17; Eisele, BT1, Rn 481; Fischer, § 240 Rn 6, 9). Dann kann hier der Tatbestand unter Hinweis darauf, dass das Nötigungselement nicht über die Duldung der Körperverletzung (s Rn 15 f) hinausgeht, abgelehnt werden.

b) Rechtswidrigkeit

Allgemeine Rechtfertigungsgründe sind nicht ersichtlich.

Der Einsatz der Körperverletzung gem § 223 ist ein verwerfliches Mittel, sodass die Nötigung als verwerflich iSd § 240 II einzustufen ist *(vgl Rn 12)*.

c) Schuld

C handelte schuldhaft.

5. § 231 I

a) Objektiver Tatbestand

C müsste sich durch das Mitwirken an der Rauferei im Bierzelt an einem von mehreren **19**
verübten Angriff oder an einer Schlägerei beteiligt haben.

Ein Angriff mehrerer bezeichnet eine in feindseliger Willensrichtung unmittelbar auf den Körper eines anderen abzielende Einwirkung durch mindestens zwei Personen[25]. Hierbei genügt jedes Zusammenwirken, aus dem sich die Einheitlichkeit des Angriffs, des Angriffsobjekts und des Angriffswillens ergibt[26]. A, B und C hatten zwar mit der norddeutschen Reisegruppe ein gemeinsames „Angriffsobjekt". Sie stürzten sich aber nur spontan auf die „Norddeutschen", ohne direkt durch ein einheitliches Zusammenwirken die Merkmale eines Angriffs zu erfüllen *(Gegenteil vertretbar)*.

Schlägerei ist ein mit gegenseitigen Körperverletzungen verbundener Streit, an dem mindestens drei Personen aktiv beteiligt sind[27]. Hier fügten sich insgesamt immer mindestens 20 Personen gegenseitig Körperverletzungen zu.

Beteiligt ist, wer am Tatort anwesend ist und durch physische oder psychische Mitwirkung an den gegen andere gerichteten Tätlichkeiten teilnimmt[28]. C war hier beteiligt.

---

25 BGHSt 31, 124, 126; *Wessels/Hettinger/Engländer*, BT1 Rn 386.
26 BGHSt 31, 124, 126.
27 BGHSt 31, 124, 125; BGH StV 2015, 112; *Küper/Zopfs*, BT Rn 433; *Wessels/Hettinger/Engländer*, BT1 Rn 384.
28 *Fischer*, § 231 Rn 8; *Wessels/Hettinger/Engländer*, BT1 Rn 388.

b) Subjektiver Tatbestand

Der Vorsatz muss lediglich das Wissen umfassen, dass eine Schlägerei stattfindet. Die schwere Folge ist hingegen eine objektive Bedingung der Strafbarkeit. Deshalb ist insoweit kein Vorsatz erforderlich[29]. Hier wusste C um die Schlägerei. Er handelte also vorsätzlich.

c) Objektive Bedingung der Strafbarkeit

Mit dem Tod des F ist die objektive Bedingung der Strafbarkeit erfüllt.

Voraussetzung ist ferner die Kausalität des Gesamtvorgangs der Schlägerei für die schwere Folge[30]. Geht – wie hier – die schwere Folge unmittelbar aus der Schlägerei hervor, ist diese zu bejahen. Die Tatsache, dass der genaue Verlauf der Schlägerei nicht rekonstruiert werden kann, ist in diesem Zusammenhang unschädlich, da zumindest feststeht, dass eine Schlägerei vorlag und dass diese für die schwere Folge kausal war.

d) Strafbarkeitsausschluss gem § 231 II

§ 231 II (Beteiligung, ohne dass dies vorzuwerfen ist) kann man als Hinweis auf etwaige Rechtfertigungs- oder Entschuldigungsgründe auffassen[31] oder als eine Beschränkung auf Tatbestandsebene[32]. Dies kann hier dahin gestellt bleiben, denn die Teilnahme des C an der Schlägerei erfolgte jedenfalls deshalb in vorwerfbarer Weise, weil C die Rauferei begonnen hat.

e) Rechtswidrigkeit und Schuld

C handelte rechtswidrig und schuldhaft.

f) Ergebnis

C hat sich gem § 231 strafbar gemacht.

6. § 130 I Nr 1

20 Allein die Teilnahme an der Rauferei gegen die „Preußen" war weder eine Aufstachelung, nämlich die Erzeugung einer gesteigerten, über die bloße Ablehnung und Verachtung hinausgehenden feindseligen Haltung[33], zum Hass noch eine Aufforderung zu Gewalt- und anderen Willkürmaßnahmen.

Die „Preußen" (hier iSv die „Norddeutschen" bzw die „Nichtbayern") ergeben auch keine Personenmehrheit, die aufgrund gemeinsamer äußerer und innerer Merkmale als unterscheidbarer Teil der Gesamtheit der Bevölkerung der Bundesrepublik Deutschland abgrenzbar ist. Anders als zB „die Bayern" oder „die Schwaben"[34] bilden die „Nichtbayern" keine homogene Bevölkerungsgruppe, die sich durch ein spezifisches Unter-

---

29 Vgl *Rönnau*, JuS 2011, 697, 699.
30 *Fischer*, § 231 Rn 6.
31 Hierfür LK-*Hirsch*, § 231 Rn 16; *Maurach/Schroeder/Maiwald*, BT1 § 11 Rn 11.
32 So OLG Celle MDR 1970, 608; *Eisele*, JR 2001, 270, 274; *Fischer*, § 231 Rn 10.
33 BGHSt 40, 97, 102.
34 Vgl *Fischer*, § 130 Rn 5.

scheidungsmerkmal aus der Allgemeinheit heraushebt. Im Vergleich zu den „Bayern" sind sie die Allgemeinheit und nicht lediglich ein isolierter Bevölkerungsteil.

7. § 125 I Nr 1 Alt 1

Einen Landfriedensbruch iSv § 125 I Nr 1 Alt 1 begeht, wer sich an Gewalttätigkeiten **21** gegen Menschen oder Sachen, die aus einer Menschenmenge heraus in einer die öffentliche Sicherheit gefährdenden Weise mit vereinten Kräften begangen werden, als Täter oder Teilnehmer beteiligt.

Eine Menschenmenge ist eine größere, nicht sofort überschaubare Anzahl von Personen, bei der es auf das Hinzukommen oder Weggehen eines Einzelnen nicht mehr ankommt[35]. Der BGH hält diese Voraussetzung ab 15 bis 20 Personen für gegeben[36]. A, B und C bildeten für sich jedenfalls keine Menschenmenge in diesem Sinn. Betrachtet man die Rauferei insgesamt, an der mindestens 20 Personen beteiligt waren, so ist zwar eine Menschenmenge im genannten Sinn zu bejahen; die Gewalttätigkeiten wurden jedoch lediglich innerhalb der Menge ausgetragen und fallen damit nicht unter § 125[37].

8. Konkurrenzen

Das Unrecht der einzelnen Körperverletzung gegenüber A wird durch eine Bestrafung **22** wegen Beteiligung an der gesamten Schlägerei nicht abgedeckt. § 223 I schützt nur die Gesundheit des einzelnen Verletzten, § 231 das Leben und die Gesundheit aller Personen, die durch die Schlägerei gefährdet werden. Es ist deshalb von Idealkonkurrenz zwischen § 223 und § 231 auszugehen[38].

Das Unrecht der Freiheitsberaubung ist hier als zwangsweise Folge der Nötigung mit abgegolten (*vertretbar auch Vorrang des § 239 I Alt 2*).

Das Unrecht des § 240 wird durch §§ 223, 231, 52 nicht mit abgedeckt. Es ist somit von Tateinheit auszugehen (*vertretbar auch Subsidiarität des § 240 – bzw des § 239 I Alt 2 – gegenüber § 223*).

9. Ergebnis für C im Tatkomplex B

C ist strafbar gem § 240 I, II – § 52 – § 223 I – § 52 – § 231.

II. Strafbarkeit des B

1. § 223 I

Durch die Teilnahme an der Schlägerei könnte sich auch B wegen Körperverletzung **23** strafbar gemacht haben.

---

35 BGHSt 33, 306, 308; BGH NStZ 1993, 538.
36 BGHSt 33, 306, 308.
37 Vgl *Fischer*, § 125 Rn 7; MK-*Schäfer*, § 125 Rn 15.
38 BGHSt 33, 100, 104; S/S-*Stree/Sternberg-Lieben*, § 231 Rn 13.

Zumindest nach dem Grundsatz in dubio pro reo können jedoch keine körperlichen Misshandlungen oder Gesundheitsschädigungen seitens des B angenommen werden.

2. §§ 223 I, 27

Es ist keine Beihilfehandlung – sei es auch nur psychischer Art – zur konkreten Körperverletzung des C (*Rn 15*) erkennbar.

3. § 231 I

a) Tatbestand

24 Zwar liegt kein von mehreren verübter Angriff vor (*s Rn 19*). B beteiligte sich jedoch – ebenso wie A – an einer Schlägerei.

B handelte mit Wissen und Wollen, also vorsätzlich.

b) Objektive Bedingung der Strafbarkeit

Mit dem Tod des F ist die objektive Bedingung der Strafbarkeit erfüllt, sofern der Tötungserfolg dem B noch zuzurechnen ist.

25 **Problem Nr 3: Zurechnung des Erfolges einer Schlägerei (§ 231), der nach Verlassen der Schlägerei eintritt**

(1) Nach einer Mindermeinung erfolgt eine Bestrafung nur, wenn der Täter im Zeitpunkt des Eintritts der schweren Folge am Raufhändel beteiligt ist (*Krey/Hellmann/Heinrich*, BT1 Rn 323; *Welzel*, S 297).

Argument: Das Gesetz stellt auf das Risiko ab, das sich im Erfolg manifestiert hat. Der Täter muss dieses Risiko geschaffen haben.

(2) Nach Ansicht der **Rspr** und **hL** ist es nicht zwingend erforderlich, dass sich der besondere Erfolg während der Beteiligung des Täters an der Schlägerei verwirklicht hat. Entscheidend ist allein, dass sich der Täter überhaupt an der die schwere Folge verursachenden Schlägerei beteiligt hat (BGHSt 14, 132, 134; *Gössel/Dölling*, BT1 § 15 Rn 14; *Rengier*, BT2, § 18 Rn 10).

Argument: Folgt man der unter (1) dargestellten Mindermeinung, besteht die Gefahr von Beweisproblemen, die § 231 gerade ausschalten will. Da hiernach immer die Feststellung erforderlich wäre, ob der Beschuldigte im konkreten Zeitpunkt tatsächlich noch beteiligt war, und dies, obwohl der Tatbeitrag des Beschuldigten in der Schlägerei fortwirkte, wäre § 231 damit seines wesentlichen Zwecks beraubt. Auf eine konkrete Beteiligung kommt es somit nach dem Sinn des Gesetzes nicht an.

§ 231 ist ein reines (abstraktes) Gefährdungsdelikt; wer sich einmal an der Schlägerei beteiligt hat, hat keine Macht mehr darüber, durch Beendigung seiner Beteiligung den Eintritt der schweren Folge zu verhindern.

Erfahrungsgemäß steigert eine Mitwirkung die Streitfreudigkeit der Beteiligten, auch wenn später die Beteiligung aufgegeben wird; die erhöhte Gefährlichkeit wirkt fort.

Zur Vertiefung: Wessels/Hettinger/Engländer, BT1 Rn 399.

26 Der Umstand, dass F erst zu Fall gebracht wurde und starb, nachdem B bereits das Bierzelt verlassen hatte, hindert die Zurechnung der schweren Folge im Ergebnis nicht. Eine

Beteiligung des B am Raufhändel im Zeitpunkt des Eintritts des Tötungserfolgs ist nicht erforderlich, weil § 231 gerade die Beweisschwierigkeiten bzgl des Einflusses des Einzelnen auf die schwere Folge ausschließen soll. Die objektive Bedingung der Strafbarkeit ist also erfüllt.

c) Strafbarkeitsausschluss gem § 231 II

Die Strafbarkeit ist nicht gem § 231 II ausgeschlossen, da B vorwerfbar an der Schlägerei beteiligt war.

d) Rechtswidrigkeit und Schuld

B handelte rechtswidrig und schuldhaft.

4. Ergebnis für B im Tatkomplex B

B ist strafbar gem § 231 I.

III. Strafbarkeit des A wegen des Bisses in den Oberarm des C

1. § 223 I

Indem A im Bierzelt dem C in den Oberarm biss, könnte er sich wegen Körperverletzung strafbar gemacht haben. **27**

a) Tatbestand

Der Biss in den Oberarm beeinträchtigte das körperliche Wohlbefinden des C erheblich, stellt also eine körperliche Misshandlung dar. Darüber hinaus führte der Biss bei C zu einem pathologischen Zustand und somit zu einer Gesundheitsschädigung iSv § 223 I Alt 2.

A handelte mit Wissen und Wollen, also vorsätzlich.

b) Rechtswidrigkeit

aa) Einwilligung

Die Teilnahme an einer Schlägerei stellt keine Einwilligung in eine Körperverletzung dar; auch dann nicht, wenn diese von einem Freund (hier: C) ausgeht.

bb) Notwehr, § 32

Das Verhalten des A könnte aber durch Notwehr nach § 32 gerechtfertigt sein.

Fraglich ist zunächst, ob eine Notwehrlage, dh ein gegenwärtiger rechtswidriger Angriff, bestand.

Ein Angriff ist jede durch menschliches Verhalten drohende Verletzung rechtlich geschützter Güter oder Interessen[39]. Der Klammergriff des C stellt einen Angriff auf die Fortbewegungsfreiheit des A dar.

---

39 *Wessels/Beulke/Satzger*, AT Rn 483.

Der Angriff muss gegenwärtig sein, dh er muss zum Tatzeitpunkt unmittelbar bevorstehen, begonnen haben oder noch fortdauern[40]. In dem Moment, als A den C in den Arm biss, hatte der Angriff auf seine Fortbewegungsfreiheit bereits begonnen.

Der Angriff war auch rechtswidrig, da er den Bewertungsnormen des Rechts objektiv zuwiderlief und nicht durch einen Erlaubnissatz gedeckt war[41] (*s Rn 15 ff*).

Die Notwehrhandlung müsste sich gegen den Angreifer richten, objektiv erforderlich und normativ geboten sein.

Der Biss des A richtete sich gegen die körperliche Unversehrtheit des Angreifers C. Er war zur Abwehr des Angriffs geeignet und zudem das mildeste zur Verfügung stehende Gegenmittel, mithin war er objektiv erforderlich.

A hat die Notwehrlage jedenfalls im Verhältnis zum Angreifer C nicht in besonders schuldhafter Weise herbeigeführt. A und C haben sich mit gleicher Intensität in das Kampfgetümmel geworfen. Selbst wenn eine schuldhafte Herbeiführung der Notwehrlage bejaht würde[42], führte dies nur zur Notwehreinschränkung (erst Schutzwehr, dann Trutzwehr). Hier stand A keine andere Möglichkeit der Vermeidung der Rechtsgutsbeeinträchtigung zur Verfügung, sodass diese Art der Trutzwehr gerechtfertigt bliebe. Die Notwehrhandlung war somit auch normativ geboten.

A handelte in Kenntnis der rechtfertigenden Umstände und mit Verteidigungswillen.

c) Ergebnis

A ist durch Notwehr gerechtfertigt, sodass eine Strafbarkeit gem § 223 I ausscheidet.

2. § 224 I Nr 2, Nr 4

Eine möglicherweise verwirklichte gefährliche Körperverletzung wäre jedenfalls durch Notwehr gem § 32 gerechtfertigt (*s Rn 27*).

3. § 231 I

a) Tatbestand

28   A hat sich vorsätzlich an einer Schlägerei beteiligt.

b) Objektive Bedingung der Strafbarkeit

Mit dem Tod des F ist die objektive Bedingung der Strafbarkeit eingetreten.

c) Strafbarkeitsausschluss gem § 231 II

Die Strafbarkeit ist nicht gem § 231 II ausgeschlossen, da A vorwerfbar an der Schlägerei beteiligt war.

---

40 *Wessels/Beulke/Satzger*, AT Rn 487.
41 Vgl *Wessels/Beulke/Satzger*, AT Rn 493.
42 Vgl dazu *Beulke*, Klausurenkurs I [5] Rn 213; *Wessels/Beulke/Satzger*, AT Rn 521 ff.

d) Rechtswidrigkeit

Zu trennen ist hier insbes zwischen der Rechtfertigung eines Einzelaktes im Rahmen einer Schlägerei (hier der Biss, *s Rn 27*) und der Rechtfertigung der Beteiligung an der Schlägerei insgesamt. Letztere ist nicht gegeben.

e) Schuld

A handelte schuldhaft.

4. Ergebnis

A hat sich gem § 231 strafbar gemacht.

IV. Strafbarkeit des A wegen des Kung-Fu-Sprungs gegen F

1. § 212 I

Indem A im Bierzelt seinen Hauptfeind F mittels eines Kung-Fu-Sprungs außer Gefecht setzte, könnte er sich wegen Totschlags strafbar gemacht haben.   **29**

A hat den Tod des F herbeigeführt.

Fraglich ist, ob A hinsichtlich des Todes des F mit Eventualvorsatz handelte. Von der Gefährlichkeit einer Tathandlung darf jedoch aufgrund der gegenüber der Tötung eines anderen Menschen bestehenden hohen Hemmschwelle nicht ohne Weiteres auf den bedingten Tötungsvorsatz geschlossen werden. Vielmehr ist eine eingehende Prüfung anhand aller Umstände des Einzelfalles vorzunehmen[43].

A wollte den F verletzen. Dass er dabei dessen Tod billigend in Kauf nahm, ist nicht ersichtlich.

Die objektive Zurechnung sollte bei Vorsatzdelikten nur in Ausnahmefällen angesprochen werden. Wenn offensichtlich schon der Vorsatz fehlt, braucht diese Hilfskonstruktion der Nichtzurechnung eines Ergebnisses mangels Verantwortung für einen bestimmten Gefahrenkreis nicht bemüht zu werden. Zur Zurechnungsproblematik im Rahmen der Fahrlässigkeit s Rn 32.

2. § 223 I

Der Fußtritt erfüllt das Merkmal „körperliche Misshandlung". A handelte rechtswidrig und schuldhaft.   **30**

Der gem § 230 I 1 erforderliche Strafantrag ist gestellt.

---

43 BGH NJW 2012, 1524; BGH NStZ 2013, 159; *Trück*, JZ 2013, 179; *Wessels/Beulke/Satzger*, AT Rn 332.

3. § 224 I Nr 2, Nr 4, Nr 5

a) Objektiver Tatbestand

Ein gefährliches Werkzeug iSd § 224 I Nr 2 Alt 2 kann auch der Schuh am Fuß des Täters sein, wenn es sich um ein festes Schuhwerk handelt, oder wenn sich der Tritt gegen besonders empfindliche Stellen des Körpers richtet[44]. Selbst wenn A kein besonders festes Schuhwerk getragen haben sollte, ist bei einem Kung-Fu-Sprung mittels eines beschuhten Fußes gegen den Oberkörper des Opfers, § 224 I Nr 2 Alt 2 erfüllt.

A könnte zudem die Körperverletzung mit einem anderen Beteiligten gemeinschaftlich iSv § 224 I Nr 4 begangen haben. Jetzt richtete sich der Angriff gegen einen Externen. Im Gegensatz zur Strafbarkeit des C (*s Rn 16*) kommt deshalb eine Strafbarkeit gem § 224 I Nr 4 theoretisch in Betracht, sofern das gemeinsame In-die-Rauferei-Stürzen und das parallele Prügeln als mit anderen Beteiligten gemeinschaftlich ausgeführte Tat eingestuft werden kann. Das dürfte davon abhängen, ob die Rauferei auch lokal als ein zusammengehöriges Tun betrachtet werden konnte. Im Ergebnis ist das hier zu verneinen, da man im Bierzelt weit verteilt agierte (*aA vertretbar*).

Schließlich ist fraglich, ob der Fußtritt als eine das Leben gefährdende Behandlung iSv § 224 I Nr 5 einzustufen ist. Ein kräftiger Tritt gegen den Oberkörper nach Kung-Fu-Art ist abstrakt geeignet, das Leben des Opfers zu gefährden. Aber auch wenn man eine konkrete Gefährdung des Lebens zur Tatbestandsmäßigkeit des § 224 I Nr 5 voraussetzt (*vgl Rn 6*), ist diese hier zu bejahen, da sich die Gefährlichkeit sogar im Tod des F realisiert hat.

b) Subjektiver Tatbestand

A handelte vorsätzlich, und zwar auch bzgl § 224 I Nr 5, denn er erkannte diejenigen Umstände, aus denen sich die Lebensgefährlichkeit seiner Handlung ergab, und er war sich darüber hinaus der Bedeutung seines Verhaltens bewusst.

4. § 222

a) Tatbestandsmäßigkeit[45]

31 F ist tot. Der Erfolg ist eingetreten.

Der Kung-Fu-Sprung des A war ursächlich iSd Conditio-sine-qua-non-Formel für den ersten und den zweiten Sturz des F.

Der Kung-Fu-Sprung als vorsätzliche gefährliche Körperverletzung (*s Rn 30*) verletzte die objektiv erforderliche Sorgfalt. Es war objektiv vorhersehbar, dass F dabei entweder direkt oder durch das Dazwischentreten eines weiteren Teilnehmers der Rauferei zu Tode kommen konnte.

---

44 BGH NStZ 2017, 164; *Kudlich*, JA 2015, 709.
45 Zu den Anforderungen an die Fahrlässigkeit s BGH JZ 2005, 658 m Anm *Walther*; *Wessels/Beulke/Satzger*, AT Rn 935 ff.

Der Erfolg muss A auch objektiv zurechenbar sein. Objektiv zurechenbar ist ein Erfolg, wenn durch menschliches Verhalten eine rechtlich relevante Gefahr geschaffen wurde, die sich im tatbestandsmäßigen Erfolg realisiert hat[46].

Der Schutzzweckzusammenhang entfällt, wenn die verletzte Sorgfaltsnorm gerade nicht dazu dient, Erfolge wie den eingetretenen zu verhindern[47]. Die hier verletzte Sorgfaltsnorm (insbes § 224) will aber gerade solche Nah- und Fernschäden wie den Tod des F vermeiden.

Der Pflichtwidrigkeitszusammenhang entfällt, wenn der Erfolg sowieso unvermeidbar gewesen wäre[48]. Der Sachverhalt ergibt keinerlei Anhaltspunkte dafür, dass der Dritte sowieso auf F eingeschlagen hätte, und F daher auch ohne das Verhalten des A an der Bierbank aufgeschlagen wäre. Vielmehr hat der Unbekannte gerade die entstandene wehrlose Lage des F zum Anlass für seinen Schlag genommen.

Eine eigenverantwortliche Selbstgefährdung des F ergibt sich aus dem Sachverhalt nicht.

Schließlich könnte uU die Verantwortlichkeit des Erstverursachers für den Erfolg enden, wenn ein Dritter vorsätzlich oder fahrlässig in das Geschehen eingreift.

Problem Nr 4: Wegfall der objektiven Zurechnung wegen eigenverantwortlichen Dazwischentretens eines Dritten?   32

(1) Nach **einer Ansicht** ist auf den sog **Adäquanzzusammenhang** abzustellen, dh die Zurechnung entfällt nur dann, wenn das Dazwischentreten eines eigenverantwortlich handelnden Dritten so sehr außerhalb der allgemeinen Lebenserfahrung liegt, dass mit ihm vernünftigerweise nicht mehr zu rechnen war, oder in Fällen, in denen der später Handelnde an die vorausgehende Tat überhaupt nicht anknüpft (BGH NStZ 2001, 29 [Pflegemutterfall]; *Lackner/Kühl*, § 15 Rn 46; *Zieschang*, AT Rn 108).

Argument: Die weite Äquivalenztheorie bedarf eines einschränkenden Korrektivs. Nur wenn die fahrlässig gesetzte Bedingung bis zum Erfolg tatsächlich fortwirkt und das Eingreifen des Dritten im Bereich des Vorhersehbaren lag, darf eine strafrechtliche Haftung begründet werden.

(2) Nach **aA** muss die Strafbarkeit des Ersthandelnden durch **Abgrenzung der Verantwortungsbereiche** der Beteiligten bestimmt werden. Die Verantwortung des Erstverursachers endet grds dann, wenn ein Dritter vollverantwortlich eine neue, selbstständig auf den Erfolg hinwirkende Gefahr begründet, die sich dann allein im Erfolg realisiert (OLG Rostock NStZ 2001, 199; *Kühl*, AT § 4 Rn 49, 85, 98; *Trüg*, JA 2001, 365 ff). Eine objektive Zurechnung ist aber ausnahmsweise dann zu bejahen, wenn der Täter die rechtlich relevante Gefahr durch Verletzung von Sicherheitsvorschriften schafft, die gerade dem Schutz vor Vorsatz- oder Fahrlässigkeitstaten Dritter dienen (BGH NStZ 2013, 238 [„Amoklauf von Winnenden"]: Verletzung von § 36 I 1 WaffG), oder wenn das Verhalten des Dritten so spezifisch mit der Ausgangsgefahr verbunden ist, dass es bereits als typischerweise in der Ausgangsgefahr begründet erscheint (*B. Heinrich*, AT Rn 253 f; *LK-Walter*, Vor § 13 Rn 103 ff; *Otto*, AT § 6 Rn 58; *Wessels/Beulke/Satzger*, AT Rn 276; so iE auch BGH MDR/D 1956, 526 [„Gnadenschussfall"]).

---

46 *Wessels/Beulke/Satzger*, AT Rn 251.
47 *Wessels/Beulke/Satzger*, AT Rn 951.
48 *Wessels/Beulke/Satzger*, AT Rn 953.

Argument: Sinn und Zweck strafrechtlicher Normen, das Verhalten ihrer Adressaten zu bestimmen, kann nur die Vermeidung vorhersehbarer und beherrschbarer Erfolge gebieten. Diese Beherrschbarkeit endet für den Erstverursacher, wenn eine andere vollverantwortlich handelnde Person dessen Entschluss durch ihren eigenen ersetzt und dies nicht als typische Folge des Handelns vorhersehbar ist.

Zur Vertiefung: Wessels/Beulke/Satzger, AT Rn 276 f; Frisch, JuS 2011, 19, 116, 205; Hillenkamp/Cornelius, AT 32. Problem S 268 ff.

33 Aus dem Sachverhalt ergibt sich, dass der unbekannte Dritte vorsätzlich gehandelt hat. Legt man die objektive Zurechnung derart restriktiv aus, dass nur solche Fälle die Verantwortlichkeit des A entfallen lassen, in denen das Dazwischentreten eines eigenverantwortlich handelnden Dritten so sehr außerhalb der allgemeinen Lebenserfahrung liegt, dass mit ihm vernünftigerweise nicht mehr gerechnet werden kann (Gesichtspunkte der Adäquanz), ist der Zurechnungszusammenhang zu bejahen, weil im Rahmen von Schlägereien auch mit vorsätzlichen Körperverletzungen seitens anderer Raufbolde zu rechnen ist. Aber selbst wenn man verstärkt nach objektiven Verantwortungsbereichen abschichtet, ist trotz des Dazwischentreten eines vorsätzlich handelnden Dritten eine Ablehnung der objektiven Zurechnung nicht sachgerecht, wenn das Verhalten des Dritten so spezifisch mit der Ausgangsgefahr verbunden ist, dass es bereits als typischerweise in der Ausgangsgefahr begründet erscheint. Die im vorliegenden Fall durch den Fußtritt gegen den Oberkörper des F geschaffene Lage – also der Sturz und das Sich-Aufrichten im Rahmen einer großen Schlägerei – schafft gerade typischerweise die Gefahr, dass ein anderer Schlägereiteilnehmer die entstandene wehrlose Lage zu eigenen Vorsatztaten ausnutzt. Der Erfolg ist deshalb dem A zurechenbar, unabhängig davon, ob der nicht mehr ermittelbare Dritte vorsätzlich oder fahrlässig auf den F eingeschlagen hat.

b) Rechtswidrigkeit

Rechtfertigungsgründe sind nicht erkennbar.

c) Schuld

Der Tod des F war für A subjektiv voraussehbar und subjektiv vermeidbar.

5. § 227 I

a) Tatbestand

34 A hat gegenüber F eine Körperverletzung begangen (*s Rn 30*). Er hat den Tod des F fahrlässig herbeigeführt (*s Rn 31*).

Der Fußstoß des A gegen F war kausal iSd Conditio-sine-qua-non-Formel für den Tod des F (*so Rn 31*).

Fraglich ist jedoch, ob der spezifische Gefahrzusammenhang bejaht werden kann.

Problem Nr 5: Knüpft § 227 an den Körperverletzungserfolg oder an die Körperverletzungshandlung an? 35

§ 227 ist nach einhelliger Meinung dahingehend restriktiv zu interpretieren, dass die Vorschrift nur solche Körperverletzungen erfasst, denen die **spezifische Gefahr** anhaftet, zum Tode des Verletzten zu führen. Ein allein ursächlicher Zusammenhang zwischen Tat und schwerer Folge genügt nicht. Für den gefahrspezifischen Zusammenhang iSv § 227 muss sich darüber hinaus diese eigentümliche Gefahr im tödlichen Ausgang **unmittelbar** niedergeschlagen haben (BGHSt 31, 96; BGH NJW 1995, 3194 [zu § 226 aF]).

Umstritten ist, wie die Unmittelbarkeitsbeziehung im Einzelfall beschaffen sein muss und welcher Anknüpfungspunkt dafür in Betracht kommt:

(1) Nach der **früher vom RG** (RGSt 44, 137, 139) und heute noch vielfach in der **Lit** (*Bussmann*, GA 1999, 21, 30; *Jäger*, BT, Rn 90; *Krey/Hellmann/Heinrich*, BT 1 Rn 300; *Lackner/Kühl*, § 227 Rn 2; *Roxin*, AT I § 10 Rn 115; S/S-*Stree/Sternberg-Lieben*, § 227 Rn 5 mwN) vertretenen sog **Letalitätslehre** darf nur an den vom Täter ursprünglich gewollten Körperverletzungs**erfolg** angeknüpft werden. Maßgeblich ist, ob sich im tödlichen Ausgang gerade die Gefahr realisiert hat, die von Art und Schwere der Verletzung herrührt.

Argument: Nur diese enge Auslegung des § 227 wird der hohen Strafandrohung von mindestens drei Jahren gerecht. Außerdem stellt ein Anknüpfen an die bloße Körperverletzungs**handlung** eine dem Wortlaut der Norm („verletzte Person") widersprechende und daher unzulässige Auslegung contra legem dar. Sie ist damit als Verstoß gegen das Analogieverbot des Art 103 II GG verfassungsrechtlich unhaltbar. Wenn es schon unbestritten so ist, dass § 227 in seiner vollendeten Form nur auf einer vollendeten Körperverletzung aufbauen kann, dann muss konsequenterweise auch auf den Erfolg des Grunddelikts für den Unmittelbarkeitszusammenhang abgestellt werden.

(2) Nach **neuerer Rspr** (BGHSt 14, 110, 112 [„Pistolenfall"]; BGHSt 31, 96, 98 [„Hochsitzfall"]; BGHSt 48, 34, 37; BGH NStZ-RR 2009, 78) und wohl schon (oder noch immer) **hL** (*Eisele*, BT1 Rn 371; *Kindhäuser*, BT1 § 10 Rn 9 ff; *Rengier*, BT2 § 16 Rn 11 f) schließt „Körperverletzung" iSv § 227 bereits das die Verletzung bewirkende und begleitende Verhalten ein (das bei Garanten auch in einem Unterlassen bestehen kann, BGH NStZ 2017, 219 u 223 m Bespr *Eisele*, JuS 2017, 561; *Kudlich*, JA 2017, 229 u *Satzger*, Jura 2017, 992, 1124; BGH NStZ 2017, 410 m Bspr *Satzger*, Jura 2017, 1452). Danach genügt bei Vorliegen einer vollendeten vorsätzlichen Körperverletzung (§ 223 I) bereits ein tatbestandsspezifischer Unmittelbarkeitszusammenhang zwischen Verletzungs**handlung** und Todesfolge.

Weitgehende **Einigkeit** besteht aber darüber, dass die Unmittelbarkeitsbeziehung dann zu verneinen ist, wenn ein **Dritter** durch **grob fahrlässiges** Fehlverhalten oder gar **vorsätzlich** in Ausnutzung der durch die Primärverletzung geschaffenen hilflosen Lage des Opfers den Erfolg herbeiführt (vgl BGHSt 32, 28). Das Opferverhalten schließt dagegen den deliktsspezifischen Gefahrzusammenhang nicht notwendigerweise aus. Bei einem massiven Angriff entspringen unbesonnene Reaktionen des Opfers, wie zB eine waghalsige Flucht oder ein riskanter Sprung aus dem Fenster, dem Selbsterhaltungstrieb und sind damit gerade deliktstypisch. Naheliegende und nachvollziehbare Reaktionen lassen den Unmittelbarkeitszusammenhang nicht entfallen (BGHSt 48, 34, 38 f [„Gubener Verfolgungsfall"]; *Wessels/Hettinger/Engländer*, BT1 Rn 332; anders noch BGH NJW 1971, 152 [„Fall Rötzel"]).

Argument: Der Wortlaut des § 227 beschränkt den Anknüpfungspunkt keineswegs nur auf den Körperverletzungserfolg. Der Begriff der Körperverletzung kann vielmehr nach allgemeinem Sprachgebrauch das gesamte auf diesen Erfolg abzielende Verhalten erfassen, insbes auch nur das verletzende Handeln. Denn gerade diesem Verhalten sind tatbestandsspezifische

Gefahren immanent, so dass es nicht sachgerecht erscheint, dieses als Anknüpfungspunkt für § 227 unberücksichtigt zu lassen.

Die Tatsache, dass für die Bestrafung nach § 227 als Vollendungsdelikt eine vollendete Körperverletzung verlangt wird, trifft nur eine Aussage darüber, ob eine vollendete Körperverletzung mit Todesfolge angenommen werden kann oder bloß eine Versuchskonstellation. Die Antwort auf die Frage nach dem Anknüpfungspunkt für den Unmittelbarkeitszusammenhang ist dadurch nicht vorgezeichnet.

Zur Vertiefung: Wessels/Hettinger/Engländer, BT1 Rn 328 ff; Beulke, Klausurenkurs II [7] Rn 204; Engländer, GA 2008, 669 ff; Ransiek, JA 2017, 912; Rengier, Geppert-FS, S. 479; Steinberg, JuS 2017, 1061, s auch u Rn 348.

36 Zwar wohnte der von A begangenen Körperverletzung die Gefahr iSd § 222 inne, zum Tod des F zu führen (*s Rn 31*). Darüber hinaus muss sich diese eigentümliche Gefahr im tödlichen Ausgang aber unmittelbar niedergeschlagen haben. Dabei ist umstritten, wie die Unmittelbarkeitsbeziehung im Einzelfall beschaffen sein muss und welcher Anknüpfungspunkt dafür in Betracht kommt. Zum Teil stellt man einschränkend auf den Körperverletzungserfolg ab (sog Letalitätstheorie), insbes die Rspr lässt jedoch eine Unmittelbarkeitsbeziehung zwischen Verletzungshandlung und Todesfolge genügen. Dieser Streit kann hier aber offen bleiben, weil der Erfolg der Körperverletzung Ursache für die schwere Folge – den Tod – war.

Allerdings hat sich aufgrund der vorsätzlich ausgeteilten Schläge des unbekannten Schlägereiteilnehmers nicht unmittelbar die Gefahr realisiert, die dem Tritt des A zu eigen war, sondern der Tritt hat lediglich mittelbar zu der tödlichen Verletzung geführt, die der Dritte später unmittelbar in vorsätzlicher Weise herbeigeführt hat. Zwecks restriktiver Interpretation des mit einer sehr hohen Strafdrohung versehenen § 227 genügen derartige mittelbare Folgen zur Begründung einer Strafbarkeit nicht.

b) Ergebnis

Eine Strafbarkeit gem § 227 I entfällt.

6. §§ 227 I, 13 I

37 Auch ein Unterlassen kann zwar eine Bestrafung nach § 227 I nach sich ziehen. Dies gilt jedoch nur, wenn erst durch das Ausbleiben der gebotenen Handlung die spezifische Todesgefahr geschaffen wird, wenn zB der Täter als Garant die zum Tod führende Gewalthandlung nicht verhindert hat[49]. Eine solche Garantenpflicht kann man hier aufgrund des pflichtwidrigen Vorverhaltens des A bejahen. Jedoch wurde die Todesgefahr für F nicht erst durch ein Zuwarten des A geschaffen, sondern in vollem Ausmaße bereits vorher mit dem Tritt gegen den Oberkörper. Insoweit ist hier nur an dieses positive Tun anzuknüpfen.

Hier wurde § 222 vor § 227 geprüft. Dies widerspricht eigentlich dem Aufbauhinweis, spezielle Tatbestände mit eigenständigem Deliktscharakter vor dem generellen Tatbe-

---

49 BGH NJW 1995, 3194 [zu § 226 aF] m krit Anm *Wolters*, JR 1996, 471.

stand zu prüfen (*Beulke, Klausurenkurs I Rn 52 ff*). Andererseits habe ich mit der vorliegenden Klausur die Erfahrung gemacht, dass die Bearbeiter den Unterschied zwischen der bloßen Kausalitätsprüfung (die für § 222 genügt) und dem zusätzlich erforderlichen spezifischen Gefahrzusammenhang (der für § 227 zur Kausalität hinzukommen muss) besser begreifen bzw darstellen, wenn zunächst § 222 allein gewürdigt wird. Selbstverständlich kann aber auch § 227 vor § 222 geprüft werden.

7. § 231 I

Auch während der Ausführung des Fußtrittes setzte A die Tatbestandsverwirklichung **38** gem § 231 fort, die spätestens mit dem Biss in den Oberarm des C begonnen hatte (*vgl o Rn 28*).

8. Konkurrenzen

§ 224 I Nr 2, Nr 5 verdrängt als lex specialis § 223 I. Es verbleibt also eine denkbare **39** Strafbarkeit durch Erteilen des Fußtrittes gem § 224 I Nr 2, 5, § 222 und § 231. Da jeder Straftatbestand ein eigenes Unrecht abdeckt, ist von Idealkonkurrenz, § 52 I, auszugehen[50].

Bei der unter III. und IV. festgestellten Strafbarkeit gem § 231 handelt es sich um eine tatbestandliche Handlungseinheit in Form eines Dauerdeliktes[51]. Alle Einzelakte der Schlägerei werden also durch eine einmalige Bejahung der Strafbarkeit gem § 231 abgedeckt. § 231 überschneidet sich – zumindest teilweise – mit §§ 224 I Nr 2, Nr 5, 222, sodass insgesamt von Idealkonkurrenz auszugehen ist.

9. Ergebnis für A im Tatkomplex B

A hat sich strafbar gemacht gem § 222 – § 52 – § 224 I Nr 2, Nr 5 – § 52 – § 231 I.

V. Strafbarkeit des D

1. § 223 I

Durch die Mitwirkung an der allgemeinen Rauferei könnte sich auch D wegen Körper- **40** verletzung strafbar gemacht haben.

Zumindest nach dem Grundsatz in dubio pro reo kann hier von keiner körperlichen Misshandlung oder Gesundheitsschädigung durch D ausgegangen werden.

2. § 231 I

a) Tatbestand

D hat sich mit Wissen und Wollen, also vorsätzlich, an einer Schlägerei beteiligt.

---

50 Vgl BGHSt 33, 100, 104; *Lackner/Kühl*, § 231 Rn 6; aA NK-*Paeffgen/Böse*, § 231 Rn 22.
51 Vgl *Wessels/Beulke/Satzger*, AT Rn 1065.

b) Objektive Bedingung der Strafbarkeit

Mit dem Tod des F scheint die objektive Bedingung der Strafbarkeit gegeben zu sein. Allerdings ist D erst nach Eintritt des Todes des F am Tatort eingetroffen.

41 **Problem Nr 6: Kann demjenigen, der sich erst nach Eintritt der schweren Folge an einer Schlägerei (§ 231) beteiligt, die schwere Folge zugerechnet werden?**

(1) Nach einer **Mindermeinung im Schrifttum** findet zumindest bei nachträglicher Beteiligung keine Zurechnung statt (*Hardtung*, JuS 2008, 1060, 1065; *Kindhäuser*, BT1 § 11 Rn 19; *Rengier*, BT2 § 18 Rn 11; SK/StGB-*Wolters*, § 231 Rn 8; S/S-*Stree/Sternberg-Lieben*, § 231 Rn 9).

Argument: Es wurde kein potenzieller Beitrag zur Gefährlichkeit der Schlägerei geleistet. Das Ausbleiben einer weiteren schweren Folge zeigt vielmehr, dass trotz des Beitrags des Betreffenden die Gefährlichkeit der Schlägerei dann unter dem strafwürdigen Niveau geblieben ist.

(2) Nach **Ansicht der Rspr** und **hL** kommt es auf den Zeitpunkt der Beteiligung nicht an. Eine Zurechnung findet immer statt, solange eine Kausalität zwischen Schlägerei und Tod besteht (BGHSt 16, 130, 132; *Maurach/Schroeder/Maiwald*, BT1 § 11 Rn 10; *Wessels/Hettinger/Engländer*, BT1 Rn 398 f).

Argument: § 231 I verlangt nur eine Kausalität zwischen Schlägerei und Folge, nicht aber zwischen dem einzelnen Schlägereiakt und der Folge. Wenn aber die einzelne Körperverletzung nicht für die Folge kausal sein muss, so muss es auch ohne Bedeutung sein, wann der Einzelne in die Schlägerei schuldhaft verstrickt worden ist. Zudem bestehen gegen die Mindermeinung auch wegen der mit ihr verbundenen Beweisprobleme Bedenken, denn Sinn und Zweck des § 231 ist es gerade, solche auszuschließen (*s Rn 25*).

Zur Vertiefung: Wessels/Hettinger/Engländer, BT1 Rn 398 f.

42 Der Umstand, dass D erst nach Eintritt der schweren Folge in das Kampfgeschehen eingetreten ist, vermag ihn jedoch nicht vom Vorwurf der Beteiligung an einer Schlägerei zu entlasten. § 231 soll gerade derartige Beweisschwierigkeiten ausschließen, sodass es für die objektive Bedingung der Strafbarkeit gleichgültig bleiben muss, ob D vor, während oder nach der Todesherbeiführung an der Schlägerei mitgewirkt hat.

c) Strafbarkeitsausschluss gem § 231 II

Die Strafbarkeit ist nicht gem § 231 II ausgeschlossen, da sich D vorwerfbar an der Schlägerei beteiligte.

d) Rechtswidrigkeit und Schuld

D handelte rechtswidrig und schuldhaft.

3. Ergebnis für D im Tatkomplex B

43 D hat sich gem § 231 I strafbar gemacht.

Die Strafbarkeit des F ist nicht zu prüfen. Generell erübrigt sich bei Toten eine Untersuchung, ob diese sich strafbar gemacht haben (vgl Beulke, Klausurenkurs I Rn 10).

VI. Gesamtergebnis im Tatkomplex B

A: § 222 – § 52 – § 224 I Nr 2, Nr 5 – § 52 – § 231 I
B: § 231 I
C: § 240 I, II – § 52 – § 223 I – § 52 – § 231 I
D: § 231 I

C. Außerhalb des Bierzeltes (Strafbarkeit des P)

1. § 223 I

Indem P dem A außerhalb des Bierzeltes einen Schlag gegen die Schläfe verpasste, **44** könnte er eine Körperverletzung begangen haben.

a) Tatbestand

Mit dem Schlag hat er A vorsätzlich körperlich misshandelt.

b) Rechtswidrigkeit

Eine evtl Rechtfertigung wegen Notwehr gem § 32 I, II Alt 1 scheitert bereits daran, dass objektiv kein Angriff durch A und damit keine Notwehrlage vorlag, da A nur eilig das Zelt verließ.

P handelte daher rechtswidrig.

c) Schuld

Die Schuld könnte aufgrund eines Irrtums entfallen.

aa) Art des Irrtums: Erlaubnistatbestandsirrtum

P unterlag einem Irrtum, der als Erlaubnistatbestandsirrtum qualifiziert werden könnte.

Ein Erlaubnistatbestandsirrtum liegt vor, wenn sich der Täter über die sachlichen Voraussetzungen eines anerkannten Rechtfertigungsgrundes irrt, dh irrig Umstände für gegeben hält, die im Falle ihres wirklichen Gegebenseins die Tat rechtfertigen würden[52].

Fraglich ist daher, ob bei der Annahme, dass die Vorstellungen des P zutreffend gewesen wären, ein Rechtfertigungsgrund eingreifen würde. Denkbar ist, dass das Verhalten des P dann durch Notwehr nach § 32 I, II Alt 1 gerechtfertigt gewesen wäre.

Nach dem von P irrtümlich angenommenen Sachverhalt stürzte A auf ihn zu, um ihn anzugreifen. Daher ist eine hypothetische Prüfung des § 32 auf Grundlage des Vorstellungsbildes des P notwendig.

Nach Ansicht des P drohte von Seiten des A eine Verletzung der Rechtsgüter des P, insbes dessen körperlicher Integrität. Gründe, welche diesen unmittelbar bevorstehenden Angriff des A rechtfertigen würden, waren nach der Vorstellung des P nicht ersichtlich.

<hr>

52 *Wessels/Beulke/Satzger*, AT Rn 693.

Der gegen A geführte Schlag war aus Sicht des P geeignet, den drohenden Angriff abzuwehren. A war dem P körperlich überlegen; ein milderes Mittel ist nicht ersichtlich. Schließlich war der Schlag zur Abwehr des Angriffes aus Sicht des P auch normativ geboten.

P handelte mit Verteidigungswillen.

Damit liegt ein Erlaubnistatbestandsirrtum in Form der „Putativnotwehr" vor.

bb) Behandlung des Erlaubnistatbestandsirrtums

45   **Problem Nr 7: Erlaubnistatbestandsirrtum**

(1) Nach der **Vorsatztheorie** (ua *Geerds*, Jura 1990, 421; *Langer*, GA 1976, 193, 208; *Schmidhäuser*, AT Kap 5 Rn 6, Kap 7 Rn 36 u Kap 7 Rn 89) ist das Unrechtsbewusstsein Teil des Vorsatzes. Fehlendes Unrechtsbewusstsein lässt den Vorsatz entfallen, gleichgültig, auf welchem Irrtum das Fehlen beruht. Daher ist, wenn der Täter irrtümlich vom Vorliegen der tatsächlichen Voraussetzungen eines Rechtfertigungsgrundes ausgeht, ein Tatbestandsirrtum gegeben und es entfällt der Vorsatz gem § 16 I 1.

Argument: Ein Abgehen von der Vorsatztheorie verstößt gegen das verfassungsrechtlich (Art 1 und 20 GG) verankerte Schuldprinzip, welches § 17 vorgeht. Nur die Vorsatztheorie gewährleistet, dass eine Bestrafung wegen vorsätzlicher Tat ausschließlich bei aktuellem Unrechtsbewusstsein erfolgt.

(2) Nach der **strengen Schuldtheorie** (ua NK-*Paeffgen/Zabel*, Vor §§ 32–35 Rn 108 ff, 123; *Zieschang*, AT Rn 355, 359) bezieht sich der Vorsatz nur auf den objektiven Tatbestand, nicht auch auf die Rechtswidrigkeit.

Argument: Nach der Entscheidung des Gesetzgebers (§ 17) ist das Unrechtsbewusstsein ein selbstständiger Bestandteil der Schuld, sodass umgekehrt das fehlende Unrechtsbewusstsein nur im Rahmen der Schuld von Bedeutung sein kann. In § 17 ist keine Ausnahme für den Fall vorgesehen, dass sich der Irrtum speziell auf die tatsächlichen Voraussetzungen eines Rechtfertigungsgrundes bezieht. Deshalb ist auch insoweit von einem Verbotsirrtum iSv § 17 auszugehen.

(3) Auch nach der **eingeschränkten Schuldtheorie** (hM, ua BGHSt 3, 105; *Jäger*, AT Rn 214, 218; *Lackner/Kühl*, § 17 Rn 10 ff; LK-*Vogel*, § 16 Rn 110-126) bleibt der Vorsatz grds vom fehlenden Unrechtsbewusstsein unberührt. Jedoch wird die strenge Schuldtheorie insoweit eingeschränkt, als der Irrtum über die tatsächlichen Voraussetzungen eines Rechtfertigungsgrundes aus dem Anwendungsbereich des § 17 herausgenommen und in seinen Rechtsfolgen dem Tatbestandsirrtum gleichgestellt wird.

Argument: Die Ergebnisse der strengen Schuldtheorie sind vielfach mit dem Rechtsgefühl nur schwer vereinbar. Der Täter befindet sich bei einem Erlaubnistatbestandsirrtum einerseits und einem Verbotsirrtum andererseits jeweils in einer völlig unterschiedlichen Lage. Wer einem Erlaubnistatbestandsirrtum unterliegt, setzt sich dem Vorwurf mangelnder Aufmerksamkeit und nachlässiger Einstellung zu den Sorgfaltsanforderungen des Rechts aus, nicht jedoch dem Vorwurf rechtsfeindlicher Gesinnung. Sein Tatbestandsvorsatz ist nicht Ausdruck einer Auflehnung gegen die Wertentscheidungen der Rechtsordnung, wie dies bei einem Täter der Fall ist, der sich in einem Verbotsirrtum befindet. Der im Erlaubnistatbestandsirrtum Handelnde ist an sich rechtstreu. Er ist ein „Schussel", kein „Schurke". Ihn trifft ein Schuldvorwurf, der qualitativ einem Fahrlässigkeitsschuldvorwurf entspricht.

Im Ergebnis entfällt also die Bestrafung wegen vorsätzlicher Tatbegehung. Beruht der Irrtum auf Fahrlässigkeit, wird der Täter wegen fahrlässiger Tatbegehung bestraft, soweit diese im konkreten Fall mit Strafe bedroht ist, § 16 I 2. Die **Herleitung** dieses Ergebnisses ist wiederum **umstritten**.

(a) Nach der **Lehre von den negativen Tatbestandsmerkmalen** (ua SK-*Hoyer*, Vor § 32 ff Rn 47; *Schünemann/Greco*, GA 2006, 777 ff.) ist § 16 I unmittelbar anzuwenden. Ein Irrtum über die tatsächlichen Voraussetzungen eines Rechtfertigungsgrundes schließt den Vorsatz aus.

Argument: Die einzelnen Rechtfertigungsvoraussetzungen sind „negative Tatbestandsmerkmale". Zum Vorsatz zählt neben der Kenntnis aller positiven Tatbestandsmerkmale die Vorstellung, dass die negativen Tatbestandsmerkmale fehlen. Zumindest darf sich der Täter hierüber überhaupt keine Vorstellungen machen.

Zudem hat der Gesetzgeber die Zuordnung eines Sachverhaltes zur Gruppe der den Tatbestand oder aber zur Gruppe der die Rechtswidrigkeit ausschließenden Gründe mehr oder weniger zufällig und ohne Bezug zur Irrtumslehre getroffen. Es ist deshalb nicht gerechtfertigt, den Irrtum über das Nichtvorhandensein positiver Tatumstände anders zu behandeln als den über das Vorhandensein negativer Tatbestandsmerkmale.

(b) Die **eingeschränkte Schuldtheorie ieS** (ua BGH NStZ 2014, 30; *Kindhäuser*, AT § 29 Rn 26; *Kühl*, AT § 13 Rn 73) wendet § 16 I bei einem Erlaubnistatbestandsirrtum analog an mit der Folge, dass vorsätzliches Unrecht fehlt.

Argument: Die Schuldtheorie muss insoweit eingeschränkt werden, als der Irrtum über die tatsächlichen Voraussetzungen eines Rechtfertigungsgrundes aus dem Anwendungsbereich des § 17 herausgenommen und in seinen Rechtsfolgen dem Tatbestandsirrtum gleichgestellt wird. Ein im Erlaubnistatbestandsirrtum Handelnder will zwar die Rechtsgutsverletzung. Er geht aber davon aus, dass er sie wegen der rechtfertigenden Sachlage herbeiführen dürfe. Sein Wille ist daher ebenso wenig auf einen Erfolgsunwert gerichtet wie beim Tatbestandsirrtum. Damit fehlt es am Handlungsunwert einer vorsätzlichen Tat.

(c) Die **rechtsfolgenverweisende eingeschränkte Schuldtheorie** (ua BGH NStZ 2012, 272 [„*Hells Angels Fall*"]; NStZ-RR 2013, 139; *Fischer*, § 16 Rn 22d; *Wessels/Beulke/Satzger*, AT Rn 704 f) lässt zu Recht bei einem Irrtum über die Voraussetzungen eines Rechtfertigungsgrundes nicht den Tatbestandsvorsatz als Verhaltensform entfallen, wohl aber die Vorsatzschuld, sodass eine Bestrafung wegen vorsätzlicher Tat ausscheidet. Der Erlaubnistatbestandsirrtum wird somit lediglich in seinen Rechtsfolgen dem in § 16 I 1 geregelten Tatbestandsirrtum gleichgestellt. Beruht die Fehlvorstellung des Täters auf einem Sorgfaltsmangel, kommt analog § 16 I 2 eine Bestrafung wegen fahrlässiger Tatbegehung in Betracht.

Argument: Die o unter (a) dargestellte Ansicht verkennt die Selbstständigkeit der Erlaubnisnormen, die in atypischen Situationen Eingriffsrechte gewähren, und sieht in ihnen lediglich Einschränkungen der Verbotsnormen. Sie berücksichtigt damit nicht den Wertunterschied zwischen einem von vornherein tatbestandslosen Verhalten und einem Tatgeschehen, das geschützte Rechtsgüter tatbestandlich beeinträchtigt und erst durch einen besonderen Rechtfertigungsgrund noch mit der Rechtsordnung in Einklang gebracht wird. Auch das Gesetz spricht in den §§ 32, 34 von „nicht rechtswidrig" und bringt damit zum Ausdruck, dass Rechtfertigungsgründe nicht schon den Tatbestand als solchen entfallen lassen. Außerdem ist es wegen der akzessorischen Natur von Anstiftung und Beihilfe problematisch, einem Erlaubnistatbestandsirrtum vorsatzausschließende Wirkung beizulegen. Strafbarkeitslücken bei der Haftung eines bösgläubigen Teilnehmers wären unvermeidbar. Es fehlte an einer „vorsätzlich" begangenen Haupttat iSv §§ 26, 27.

Gegen die unter (b) dargestellte Meinung spricht, dass sie die Strafbarkeitslücken nicht vermeiden kann, die dadurch entstehen, dass die konsequente Folge der Verneinung des Vorsatzunrechts die Ablehnung der Strafbarkeit des Teilnehmers ist. Ferner kann der Erlaubnistatbestandsirrtum wertungsmäßig nicht ohne Weiteres dem Tatbestandsirrtum gleichgestellt werden.

Die irrige Annahme rechtfertigender Tatumstände ändert nichts daran, dass der Täter den gesetzlichen Tatbestand wissentlich und willentlich verwirklicht. Ein Erlaubnistatbestandsirrtum lässt den „Tatbestandsvorsatz" als solchen also unberührt. Durch die Bejahung des Tatbestandsvorsatzes wird insbes die Bestrafung des Teilnehmers an der Tat eines derartig Irrenden ermöglicht. Das ist kriminalpolitisch wünschenswert.

Zur Vertiefung: Wessels/Beulke/Satzger, AT Rn 693 ff u 1209 ff; Frister, AT Kap 14 Rn 26 ff; Heinrich, AT Rn 1123 ff; Hillenkamp/Cornelius, AT 10. Problem S 81 ff; Kindhäuser, AT § 29 Rn 11 ff; Kraatz, Jura 2014, 787; Krey/Esser, AT Rn 736 ff; Kühl, AT § 13 Rn 63 ff; Rengier, AT § 30 Rn 1 ff; zu Aufbauproblemen: Beulke, Klausurenkurs I [7] Rn 256; Christoph, JuS 2016, 32; Heuchemer, JuS 2012, 795; Stiebig, Jura 2009, 274.

46   In Anlehnung an die Vorsatztheorie das Unrechtbewusstsein dem Vorsatzbereich zuzuordnen, ist mit der geltenden Fassung des § 17 unvereinbar. Nicht weniger problematisch erscheint es, entsprechend der strengen Schuldtheorie jeden Irrtum über Rechtfertigungsgründe als Verbotsirrtum iSd § 17 zu behandeln. Im Falle des Irrtums über die tatsächlichen Voraussetzungen eines Rechtfertigungsgrundes lehnt sich der Täter nämlich nicht bewusst gegen die Rechtsordnung auf, sondern obliegt nur einem Sachverhaltsirrtum (der Täter ist ein Schussel, kein Schurke). Deshalb ist die „Putativnotwehr" des P im Ergebnis doch nach Maßgabe des § 16 I 1 zu bewerten. Angesichts des Wertungsunterschiedes zwischen einem von vornherein tatbestandslosen Verhalten und einem Tatgeschehen, das geschützte Rechtsgüter zunächst in tatbestandsmäßiger Weise beeinträchtigt und erst durch einen besonderen Rechtfertigungsgrund erlaubt wird, ist jedoch eine direkte Anwendung der Vorschrift abzulehnen. Auch eine analoge Anwendung des § 16 I 1 muss ausscheiden, weil sonst eine Teilnahmestrafbarkeit mangels einer vorsätzlichen, rechtswidrigen Haupttat nicht möglich wäre. Vorzugswürdig erscheint es deshalb, zwar den Vorsatz zu bejahen, aber den Irrtum über die tatsächlichen Voraussetzungen eines Rechtfertigungsgrundes den Rechtsfolgen nach einem Tatbestandsirrtum gleich zu stellen, indem lediglich die Vorsatzschuld verneint wird (mit Möglichkeit der Teilnehmerstrafbarkeit). Auf der Grundlage dieser sog rechtsfolgenverweisenden eingeschränkten Schuldtheorie hat V hat somit ohne Vorsatzschuld gehandelt.

Eine Strafbarkeit gem § 223 I entfällt.

2. § 229

47   Ob in dieser Situation für einen besonnenen Passanten erkennbar war, dass überhaupt kein Angriff auf die eigene Person vorlag, ist dem Sachverhalt direkt nur schwer zu entnehmen. Zwar war A körperlich überlegen, andererseits muss jeder Bürger vor einem gezielten Schlag gegen die Schläfe eines anderen doch genauer ausloten, ob eine aktuelle Bedrohung gegeben ist. Der Erfolg war also vorhersehbar und bei korrektem Verhalten vermeidbar – und zwar objektiv und subjektiv. P hat sich gem § 229 strafbar gemacht (*aA vertretbar*).

Der gem § 230 I erforderliche Strafantrag ist gestellt.

3. § 221 I Nr 1, Nr 2

In eine hilflose Lage wird ein Mensch versetzt, wenn er unter dem bestimmenden Ein- **48**
fluss des Täters in eine Situation gebracht wird, in der er sich ohne fremde Hilfe nicht
gegen Gefahren für sein Leben oder seine Gesundheit schützen kann und er solcher
Hilfe entbehrt[53].

Dass A sich in einer hilflosen Lage befand, lässt sich dem Sachverhalt nicht eindeutig
entnehmen.

4. § 323c

A geriet hier ins Taumeln und war lediglich kurz benommen, sodass in Ermangelung
eines Unglücksfalls eine unterlassene Hilfeleistung ausscheidet.

5. Ergebnis für P im Tatkomplex C

P ist strafbar gem § 229. **49**

D. Gesamtergebnis des materiell-rechtlichen Gutachtens

A: Tatkomplex A: § 224 I Nr 5 – § 52 – § 239 I Alt 2 – § 52 – § 240 I, II
  – § 53 –
  Tatkomplex B: § 222 – § 52 – § 224 I Nr 2, Nr 5 – § 52 – § 231 I
B: § 231 I
C: § 240 I, II – § 52 – § 223 I – § 52 – § 231 I
D: § 231 I
P: § 229

Teil II. (prozessualer Teil)

1. Prozessmaximen

Die Prozessmaximen sind: **50**
  (1) Die Offizialmaxime, § 152 I StPO
  (2) Das Legalitätsprinzip, § 152 II StPO
  (3) Der Anklagegrundsatz, § 151 StPO
  (4) Der Ermittlungsgrundsatz, insbes § 244 II StPO
  (5) Der Grundsatz der freien richterlichen Beweiswürdigung, § 261 StPO
  (6) Das Mündlichkeitsprinzip, § 261 StPO
  (7) Der Grundsatz der Unmittelbarkeit, insbes §§ 226, 250, 261 StPO
  (8) Der Grundsatz „in dubio pro reo" und die Unschuldsvermutung, § 261 StPO,
    Art 6 II EMRK
  (9) Das Beschleunigungsgebot, Art 20 III GG, Art 6 I 1 EMRK

---

53 *Wessels/Hettinger/Engländer*, BT1 Rn 220.

(10) Der Grundsatz der Öffentlichkeit, § 169 S 1 GVG, Art 6 I 1, 2 EMRK

(11) Das Gebot eines fairen Strafverfahrens, Art 20 III GG, Art 6 I 1 EMRK

(12) Der Grundsatz des gesetzlichen Richters, Art 101 GG

(13) Der Grundsatz des rechtlichen Gehörs, Art 103 I GG

Zur Vertiefung: Beulke, StPO Rn 15 ff

2. Prozessvoraussetzungen

a) Die wichtigsten Prozessvoraussetzungen

51 Die wichtigsten Prozessvoraussetzungen sind:
   (1) Eingreifen der deutschen Gerichtsbarkeit
   (2) Rechtsweg nach § 13 GVG
   (3) Sachliche und örtliche Zuständigkeit des Gerichts
   (4) Strafmündigkeit
   (5) Verhandlungsfähigkeit
   (6) Keine Immunität
   (7) Keine anderweitige Rechtshängigkeit
   (8) Keine entgegenstehende Rechtskraft
   (9) Keine Strafverfolgungsverjährung
   (10) Keine Niederschlagung des Verfahrens
   (11) Strafantrag, Ermächtigung, Strafverlangen (§§ 77 ff StGB)
   (12) Vorliegen eines wirksamen Eröffnungsbeschlusses
   (13) Vorliegen einer wirksamen Anklage

Zur Vertiefung: Beulke, StPO Rn 273 ff; Meyer-Goßner, Prozessvoraussetzungen und Prozesshindernisse, 2011, S 9 ff; Ostendorf, StPO Rn 81 ff

b) Folgen des (endgültigen) Fehlens einer Prozessvoraussetzung

52 Es kommt zur Einstellung des Verfahrens. Zu unterscheiden ist aber, nach welcher Vorschrift eingestellt wird.

   (1) Fehlt eine Prozessvoraussetzung bereits im Ermittlungsverfahren, stellt die Staatsanwaltschaft das Verfahren gem § 170 II 1 StPO ein.
   (2) Wird das Fehlen einer Prozessvoraussetzung im Zwischenverfahren ersichtlich, stellt das Gericht das Verfahren gem § 204 I StPO ein.
   (3) Stellt sich das Fehlen einer Prozessvoraussetzung im Hauptverfahren heraus, stellt das Gericht das Verfahren durch Beschluss gem § 206a I StPO außerhalb der Hauptverhandlung ein. Innerhalb der Hauptverhandlung kann es nur gem § 260 III StPO durch Urteil einstellen.

Zur Vertiefung: Beulke, StPO Rn 290 ff

3. Zuständigkeit des LG

Da hier die Straferwartung unter vier Jahren liegt, ist grds das Schöffengericht beim AG **53** sachlich und instanziell zuständig, §§ 24 I Nr 1 und Nr 2, 25, 28 GVG[54].

Die StA kann jedoch gem §§ 74 I 2, 24 I Nr 3 GVG wegen der „besonderen Bedeutung des Falles" Anklage beim LG erheben (sog „bewegliche Zuständigkeit")[55]. Dabei handelt es sich um einen unbestimmten Rechtsbegriff, welcher der StA schon aus verfassungsrechtlichen Gründen (Recht auf gesetzlichen Richter, Art 101 I 2 GG) keinen Ermessensspielraum belässt und daher unbeschränkt gerichtlich überprüfbar ist[56].

Von besonderer Bedeutung ist eine Sache, die sich aus tatsächlichen oder rechtlichen Gründen aus der Masse der durchschnittlichen Straftaten nach oben heraushebt. Ein großes Interesse der Medien und der Öffentlichkeit an der Sache kann die „besondere Bedeutung" begründen[57]. Folglich kann die StA den Fall beim LG anklagen.

Zur Vertiefung: Beulke, StPO Rn 42, 45

Anm: Eine Revision ließe sich auf die falsche Ausübung der beweglichen Zuständigkeit allerdings nur bei Willkür der Staatsanwaltschaft stützen (BGH GA 1980, 220; Beulke, StPO Rn 42).

4. Neuverhandlung nach Revision

a) Revisionsgericht

Dies ist gem §§ 135 I, 121 GVG der BGH. Ein (seltener) Fall des § 121 I Nr 1 lit c) **54** GVG, der die sachliche Zuständigkeit des OLG für eine Revision gegen ein erstinstanzliches Urteil des LG ausnahmsweise begründet, liegt hier nicht vor.

b) Befangenheit bei Neuverhandlung in der Tatsacheninstanz

aa) Ausschließungsgründe, §§ 24 I Alt 1, 22, 23 StPO

R könnte gem § 24 I StPO abgelehnt werden, wenn er von der Ausübung des Richteramtes ausgeschlossen wäre (§§ 22 f StPO). **55**

– §§ 24 I Alt , 22 StPO
Ein Ausschließungsgrund aus dem Katalog des § 22 StPO liegt nicht vor.

– §§ 24 I Alt , 23 I StPO
Der Ausschließungsgrund der Vorbefassung mit der Angelegenheit kommt hier nicht in Betracht, da § 23 I StPO gerade nicht den Fall benennt, dass der Richter in derselben Instanz bereits entschieden hat. Für den Fall, dass die Sache gem § 354 II StPO zurückverwiesen wird, sieht das Gesetz keinen Richterausschluss vor.

---

54 Zur Gerichtszuständigkeit allgemein *Beulke*, StPO Rn 36 ff.
55 Zu den damit verbundenen Problemen *Beulke*, StPO Rn 45.
56 M-G/*Schmitt*, § 24 GVG Rn 5 f; das BVerfG (BVerfGE 9, 223, 226) hält die Zuständigkeitsregelung für verfassungskonform, da der StA kein Ermessen zustehe und die Entscheidung der StA der gerichtlichen Kontrolle gem § 209 StPO unterliege; krit dagegen *Herzog*, StV 1993, 609.
57 BGHSt 44, 34, 36.

bb) Ablehnung wegen Besorgnis der Befangenheit, §§ 24 I Alt 2, 24 II StPO

56   Als Leitbild dient hier der „vernünftig denkende Angeklagte"[58]. Es wird darauf abgestellt, ob der durchschnittliche Beobachter, der sich in die Rolle des Angeklagten versetzt, bei verständiger Würdigung der Umstände den Verdacht hegen würde, es bestehe
eine Voreingenommenheit[59].

57   **Problem Nr 8: Rückgriff auf die Befangenheitsregelung des § 24 II StPO bei Zurückverweisung gem § 354 II StPO?**

(1) Nach der **Rspr** darf im Regelfall nicht auf die Befangenheitsregelung des § 24 II StPO
zurückgegriffen werden. Ein vernünftig abwägender Angeklagter habe nämlich keinen Grund
anzunehmen, der Richter werde sich durch seine Mitwirkung am früheren Urteil beeinflussen
lassen. Der Gesetzgeber habe auch diese Vorbefassung bewusst nicht in den Ablehnungskata-
log der §§22, 23 StPO aufgenommen (BGHSt 21, 142, 145; BGH wistra 2007, 426; NStZ-RR
2016, 17). Diese Rspr hat das LG Gießen in einem Fall der Wiederaufnahme des Verfahrens
(Fall *Weimar-Böttcher*) bestätigt (NJW 1996, 2667)), ist aber nunmehr durch die Regelung des
§ 23 II StPO überholt.

Die Ablehnung eines mit der Sache schon früher befassten Richters ist nur **ausnahmsweise** gerechtfertigt, nämlich wenn zusätzliche besondere Umstände vorliegen, die über die reine Vorbefassung mit der Sache hinausgehen und geeignet sind, die Vermutung der Unvoreingenommenheit zu widerlegen (BGH NStZ 2011, 44, 46; 2012, 519, 520; 2014, 660, 662; NStZ-RR
2017, 180). Ein solcher Umstand liegt zum Beispiel dann vor, wenn der abgelehnte Richter **im
Rahmen der Vorbefassung** mit der Sache ein sachlich ungerechtfertigtes Werturteil über den
Angeklagten (zB Äußerung als Haftrichter, dass der Angeklagte „in Freiheit nichts zu suchen
habe") abgegeben hat (BGH NStZ 2015, 46; BeckRS 2016, 08254).

(2) Mit der **hA im Schrifttum** ist hingegen eine Befangenheit iSv § 24 II StPO **generell** zu
bejahen, weil aus Sicht eines verständigen durchschnittlichen Beobachters, der sich in die Rolle des Angeklagten versetzt, die frühere Urteilsfällung befürchten lässt, der Richter werde nicht
mehr unbefangen entscheiden (*Beulke*, StPO Rn 73; *Roxin/Schünemann*, § 8 Rn 10). Gerade
die Existenz des § 23 II StPO zeigt, dass ein Richter kaum die Vorgänge und Eindrücke der
beiden Verhandlungen strikt voneinander zu trennen vermag.

Zur Vertiefung: Beulke, StPO Rn 73 f.

Die Rspr würde hier einen Rückgriff auf die Befangenheitsregelung des § 24 II StPO
ablehnen, zumal dieser Fall nicht im Katalog der §§ 22, 23 StPO auftaucht. Zutreffender
erscheint es aus der Perspektive des „vernünftig denkenden Angeklagten" jedoch, den
bereits zuvor mit der Rechtssache befassten Richter als befangen anzusehen.

cc) Verfahren

58   – ordnungsgemäßes Ablehnungsgesuch, § 24 I StPO
Zunächst ist ein Ablehnungsgesuch iSv § 24 I StPO anzubringen, und zwar bei dem Gericht, dem der Richter angehört, § 26 I StPO.

---

58   BGHSt 43, 16, 18; BGH NStZ 2007, 161, 163; BGH NStZ 2016, 218 m Bespr *Kudlich*, JA 2016, 395.
59   BVerfGE 32, 288, 290; BGHSt 1, 34, 39.

– Rechtzeitigkeit der Ablehnung, § 25 I StPO

Die Ablehnung müsste bis zum Beginn der Vernehmung des A über seine persönlichen Verhältnisse iSd § 243 II 2 StPO geltend gemacht werden (s § 25 I 1 HS 1 StPO). Diese zeitliche Grenze entsteht nach Zurückverweisung der Sache iSd § 354 II StPO für alle vorher eingetretenen und dem Ablehnungsberechtigten bekannten Ablehnungsgründe erneut[60]. Dies gilt also auch für die dem Angeklagten vor der Vernehmung über die persönlichen Verhältnisse mitgeteilte Besetzung der Strafkammer des LG Deggendorf (vgl § 222a I StPO).

– Glaubhaftmachung, § 26 II StPO

Der Ablehnungsgrund sowie die Voraussetzungen des rechtzeitigen Vorbringens wären hier glaubhaft zu machen.

Folgt man der hA im Schrifttum, hat ein von A eingebrachtes Ablehnungsgesuch bei Einhaltung der formellen Voraussetzungen Erfolg.

(Vertiefend zur Befangenheit bei Neuverhandlung in der Tatsacheninstanz allgemein Beulke, StPO Rn 63 ff)

c) Befangenheit bei privater Nutzung des Mobiltelefons durch einen Richter während der Hauptverhandlung

aa) Ausschließungsgründe, §§ 24 I Alt 1, 22, 23 StPO

Gesetzliche Ausschließungsgründe iSd §§ 24 I Alt 1, 22 f StPO sind nicht ersichtlich.   **58a**

bb) Ablehnung wegen Besorgnis der Befangenheit, §§ 24 I Alt 2, 24 II StPO

A müsste Gründe für sein Ablehnungsbegehren vorbringen, die jedem unbeteiligten Dritten einleuchten. Das Verhalten der S am 4. Hauptverhandlungstag gibt einem besonnenen Angeklagten begründeten Anlass zu der Befürchtung, sie habe sich mangels uneingeschränkten Interesses an der dem Kernbereich richterlicher Tätigkeit unterfallender Beweisaufnahme (s § 261 StPO) auf ein bestimmtes Ergebnis festgelegt[61]. Aufgrund der inneren Haltung der S besteht die Besorgnis, dass die erforderliche Neutralität, innere Distanz und Unparteilichkeit gegenüber A negativ beeinflusst werden könnte. Es besteht also die Besorgnis, dass S in Bezug auf das Beweisergebnis bereits festgelegt ist, so dass die Aussage des Zeugen nicht hinreichend gewürdigt wird. Sie hat sich während der Zeugenvernehmung durch eine mit der Sache nicht im Zusammenhang stehende private Tätigkeit nicht nur gezielt abgelenkt und dadurch ihre Fähigkeit beeinträchtigt, die Verhandlung in allen wesentlichen Teilen zuverlässig in sich aufzunehmen und zu würdigen. Sie hat ferner auch zu erkennen gegeben, dass sie bereit ist, in laufender Hauptverhandlung Telekommunikation im privaten Bereich zu betreiben und diese über die ihr obliegenden dienstlichen Pflichten zu stellen[62]. Es liegt auch keine (unerhebliche) kurzfristige Abgelenktheit vor, wie sie während einer länger andauernden Hauptverhandlung auftreten kann. Eine solche unterscheidet sich

---

60 M-G/*Schmitt*, § 25 Rn 2.
61 BGH NStZ 2016, 58 m krit Anm *Jäger*, JA 2015, 949; zust *Satzger*, Jura 2016, 112; Falllösung bei *Weidemann*, JA 2017, 380, 382; s auch *Beulke*, StPO Rn 70.
62 Vgl BGH NStZ 2016, 58, 59; *Satzger*, Jura 2016, 112.

von dieser Konstellation dadurch, dass eine von vornherein geplante, über den Verhandlungszusammenhang hinausreichende externe Telekommunikation unternommen wird. Eine private Mobilfunknutzung ist mit einer hinreichenden Zuwendung und Aufmerksamkeit für den Verhandlungsinhalt unvereinbar. Es hätte vielmehr die Möglichkeit bestanden, die Hauptverhandlung kurz zu unterbrechen (s § 228 I 2 StPO). Fraglich ist, ob das Verhalten der S durch die Offenlegung und ihre Entschuldigung den Eindruck der Voreingenommenheit wieder verloren hat. Dazu müsste es sich um ein unbedachtes Verhalten der S handeln[63]. Es liegt jedoch ein schon vorab ins Auge gefasstes Verhalten vor. S kann also erfolgreich wegen Besorgnis der Befangenheit abgelehnt werden.

cc) Verfahren

Im Vergleich zu o *(b cc)* ändert sich im Verfahren nur der Zeitpunkt der Ablehnung. Dieser richtet sich nun nach § 25 II 1 StPO, wobei „unverzüglich" iSd Nr 2 wie im Zivilrecht als „ohne schuldhaftes Zögern" (vgl § 121 I 1 BGB) zu verstehen ist[64]. Dabei ist ein von den Umständen des Einzelfalls abhängiger strenger Maßstab anzulegen[65]. Im Fall ist das Ablehnungsgesuch spätestens nach Ende der Zeugenvernehmung anzubringen[66].

Definitionen zum Auswendiglernen

Objektiv zurechenbar iSd Strafrechts ist ein Erfolg dann, wenn durch menschliches Verhalten eine rechtlich relevante Gefahr geschaffen wurde, die sich im tatbestandsmäßigen Erfolg realisiert hat (sog Grundformel, *Wessels/Beulke/Satzger, AT Rn 251*).

Vorsatz iSd **§ 16** ist der Wille zur Verwirklichung eines Straftatbestandes in Kenntnis aller seiner objektiven Tatumstände bzw verkürzt: Wissen und Wollen der Tatbestandsverwirklichung (*Wessels/Beulke/Satzger, AT Rn 305*).

Erlaubnistatbestandsirrtum ist gegeben, wenn sich der Täter über die sachlichen Voraussetzungen eines anerkannten Rechtfertigungsgrundes irrt, dh irrig Umstände für gegeben hält, die im Falle ihres wirklichen Gegebenseins die Tat rechtfertigen würden (*Wessels/Beulke/Satzger, AT Rn 693*).

Angriff iSv **§ 32** ist jede durch menschliches Verhalten drohende Verletzung rechtlich geschützter Güter oder Interessen (*Wessels/Beulke/Satzger, AT Rn 483*).

Gegenwärtig iSv **§ 32** ist der Angriff, der unmittelbar bevorsteht, begonnen hat oder noch fortdauert (*Wessels/Beulke/Satzger, AT Rn 487*).

Rechtswidrig iSv **§ 32** ist jeder Angriff, der den Bewertungsnormen des Rechts objektiv zuwiderläuft und nicht durch einen Erlaubnissatz gedeckt ist (*Wessels/Beulke/Satzger, AT Rn 493*).

---

63 Vgl BGH NStZ 2016, 58, 59.
64 BGHSt 21, 334, 339; BGH NStZ 2006, 644, 645; *Beulke*, StPO Rn 75.
65 BGH StraFo 2015, 458.
66 Vgl BGH StV 1986, 281; M-G/*Schmitt*, § 25 Rn 8.

Erforderlich	iSv § 32 ist die Verteidigungshandlung, die zur Angriffsabwehr geeignet ist, dh die grds dazu in der Lage ist, den Angriff entweder ganz zu beenden oder ihm wenigstens ein Hindernis in den Weg zu stellen, und die das mildeste zur Verfügung stehende Gegenmittel darstellt (*Wessels/ Beulke/Satzger, AT Rn 498*).
Landfriedensbruch	iSv § 125 I Nr 1 Alt 1 begeht, wer sich an Gewalttätigkeiten gegen Menschen oder Sachen, die aus einer Menschenmenge heraus in einer die öffentliche Sicherheit gefährdenden Weise mit vereinten Kräften begangen werden, als Täter oder Teilnehmer beteiligt (*vgl Gesetzeswortlaut*).
Menschenmenge	iSv § 125 I ist eine größere, nicht sofort überschaubare Anzahl von Personen, bei der es auf das Hinzukommen oder Weggehen eines Einzelnen nicht mehr ankommt (*Wessels/Hettinger/Engländer, BT1 Rn 676*).
Aufstacheln	iSv § 130 I Nr 1 ist die Erzeugung einer gesteigerten, über die bloße Ablehnung und Verachtung hinausgehenden feindseligen Haltung (*vgl BGHSt 40, 97, 102*).
In eine hilflose Lage versetzt	wird ein Mensch iSv § 221 I, wenn er unter dem bestimmenden Einfluss des Täters in eine Situation gebracht wird, in der er sich ohne fremde Hilfe nicht gegen Gefahren für sein Leben oder seine Gesundheit schützen kann und er solcher Hilfe entbehrt (*Wessels/Hettinger/Engländer, BT1 Rn 220*).
Körperliche Misshandlung	iSv § 223 I Alt 1 ist jede substanzverletzende Einwirkung auf den Körper des Opfers sowie jede üble, unangemessene Behandlung, durch die das körperliche Wohlbefinden oder die körperliche Unversehrtheit mehr als nur unerheblich beeinträchtigt wird (*Wessels/Hettinger/Engländer, BT1 Rn 247*).
Gesundheits-schädigung	iSv § 223 I Alt 2 ist das Hervorrufen, Steigern oder Aufrechterhalten eines vom Normalzustand der körperlichen Funktionen des Opfers nachteilig abweichenden krankhaften Zustandes körperlicher oder seelischer Art (*vgl Wessels/Hettinger/Engländer, BT1 Rn 281*).
Gefährliches Werkzeug	iSd § 224 I Nr 2 Alt 2 ist jeder – nach bisher hM bewegliche – Gegenstand, der nach seiner objektiven Beschaffenheit und der Art seiner Verwendung im konkreten Fall geeignet ist, erhebliche Verletzungen zuzufügen (*vgl Wessels/Hettinger/Engländer, BT1 Rn 299*).
Mit einem anderen Beteiligten gemeinschaftlich	iSd § 224 I Nr 4 verlangt, dass der bei der Körperverletzung mindestens zwei Personen unmittelbar am Tatort als Angreifer einverständlich zusammenwirken, sei es in Form der Mittäterschaft, sei es in Form von Täterschaft und Teilnahme (*Wessels/Hettinger/Engländer, BT1 Rn 306*).
Hinterlistig	iSd § 224 I Nr 3 ist ein Überfall, wenn der Täter seine wahre Absicht planmäßig berechnend verdeckt, um gerade dadurch dem Angegriffenen die Abwehr zu erschweren (*Wessels/Hettinger/Engländer, BT1 Rn 304*).
Überfall	iSd § 224 I Nr 3 ist jeder plötzliche, unerwartete Angriff auf einen Ahnungslosen (*Wessels/Hettinger/Engländer, BT1 Rn 304*).
Eine das Leben gefährdende Behandlung	iSv § 224 I Nr 5 liegt vor, wenn die Verletzungshandlung den konkreten Umständen nach objektiv geeignet war, das Leben des Opfers in Gefahr zu bringen; die tatsächlich erlittene Verletzung braucht dabei nicht lebensgefährlich zu sein (*Wessels/Hettinger/Engländer, BT1 Rn 307*).
Beteiligt	an der Schlägerei iSv § 231 ist, wer am Tatort anwesend ist und durch physische oder psychische Mitwirkung an den gegen andere gerichteten Tätlichkeiten teilnimmt (*Wessels/Hettinger/Engländer, BT1 Rn 388*).

Angriff mehrerer	iSd § **231** bezeichnet eine in feindseliger Willensrichtung unmittelbar auf den Körper eines anderen abzielende Einwirkung durch mindestens zwei Personen (*Wessels/Hettinger/Engländer, BT1 Rn 386*).
Schlägerei	iSv § **231** ist ein mit gegenseitigen Körperverletzungen verbundener Streit, an dem mindestens drei Personen aktiv mitwirken (*Wessels/Hettinger/Engländer, BT1 Rn 384*).
Entführen	iSv § **239b** als Vorstufe des Sich-Bemächtigens unterwirft das Opfer einer Veränderung seines Aufenthaltsortes mit der Wirkung, dass es der Herrschaftsgewalt des Täters ausgeliefert ist (*Wessels/Hettinger/Engländer, BT1 Rn 508*).
Sich-Bemächtigen	iSv § **239b** bedeutet, einen anderen zwecks Benutzung als Geisel physisch in seine Gewalt zu bringen (*Wessels/Hettinger/Engländer, BT1 Rn 508*).
Drohen	iSd § **240** ist das auf Einschüchterung des Opfers gerichtete Inaussichtstellen eines zukünftigen Übels, auf dessen Eintritt der Drohende sich Einfluss zuschreibt (*Wessels/Hettinger/Engländer, BT1 Rn 452*).
Empfindliches Übel	iSd § **240** ist ein Nachteil von solcher Erheblichkeit, dass seine Ankündigung geeignet erscheint, den Bedrohten iSd Täterverlangens zu motivieren (*Wessels/Hettinger/Engländer, BT1 Rn 461*).
Gewalt	iSd § **240 I** ist der körperlich wirkende Zwang durch die Entfaltung von Kraft oder durch eine physische Einwirkung sonstiger Art, die nach ihrer Zielrichtung, Intensität und Wirkungsweise dazu bestimmt und geeignet ist, die Freiheit der Willensentschließung oder Willensbetätigung eines anderen aufzuheben oder zu beeinträchtigen (*vgl BGHSt 41, 182, 183; Wessels/Hettinger/Engländer, BT1 Rn 432*).
Nötigen	iSv § **240 I** heißt, dem Betroffenen ein seinem Willen widerstrebendes Verhalten (Handeln, Dulden oder Unterlassen) aufzuzwingen (*Wessels/Hettinger/Engländer, BT1 Rn 429*).

Weitere einschlägige Musterklausuren

Zum Problem der restriktiven Auslegung des § 239b im Zwei-Personen-Verhältnis:

Britz/Müller-Dietz, Jura 1997, 313 (zu § 239 a); *Diener/Hoffmann-Holland*, Jura 2009, 946; *Ensenbach*, Jura 2011, 787; *Fahl*, JuS 2003, 472; *Gropp/ Küpper/Mitsch*, [15] S 269; *Grunewald*, in: *Coester-Waltjen* ua (Hrsg), Examensklausurenkurs II, S 51; *Hartmann*, JA 1998, 946; *Hellmann*, JuS 1996, 522; *Ingelfinger*, JuS 1998, 531; *Kretschmer, B.*, Jura 2006, 219; *Kühl/Schramm*, JuS 2003, 681 (zu § 239 a); *G. Merkel*, Jura 2013, 152; *Schwabe*, BT2 [11] S 157; *Tag*, JuS 1996, 904; *Wolters*, [4] S 85; *Wörner*, ZJS 2012, 661

Zum Problem der Zurechnung des Erfolges einer Schlägerei (§ 231), der nach dem Verlassen der Schlägerei eintritt:

Gössel, [1] S 33; *Hilgendorf*, Klausurenkurs II, [6] S 72; *Kett-Straub/Stief*, JuS 2008, 236; *Kretschmer*, Jura 1998, 244; *Wagner*, [13] S 133

Zum Problem der sog Hemmschwellentheorie:

Fahl, Jura 2003, 60; *Gropp/Küpper/Mitsch*, [3] S 47, [6] S 115; *Kudlich/Litau*, JA 2012, 755; *Kühl/Hinderer*, JuS 2010, 919

Zum Problem: Welche Anforderungen stellt § 224 I Nr 4 an die Beteiligungsart und welche Anforderungen sind an die gemeinschaftliche Begehung selbst zu stellen?

Buchholz, ZJS 2017, 681; *Dannecker*, JuS 2002, 1087; *Gropp/Küpper/Mitsch*, [7] S 131; *Herzberg/ Scheinfeld*, JuS 2003, 880; *Kelker*, Jura 1996, 89 (zu § 223a aF); *Laubenthal*, JA 2004, 39; *Schulz*, JA 1999, 203

Zum Problem: Setzt eine „das Leben gefährdende Behandlung" iSv § 224 I Nr 5 eine konkrete oder nur abstrakte Lebensgefährdung voraus?

Berz/Saal, Jura 2003, 205; *Blaue*, ZJS 2016, 750; *Britz/Müller-Dietz*, JuS 1998, 237; *Dannecker*, JuS 2002, 1087; *Dohmen*, Jura 2006, 143; *Esser/Michel*, JA 2017, 585; *Freund/Telöken*, ZJS 2012, 796; *Gropp/Küpper/Mitsch*, [3] S 47; *Grüner-Blatt*, JSE 2015, 145; *Hillenkamp*, JuS 2001, 159; *Hörnle*, Jura 2001, 44; *Jahn*, JA 2002, 560; *Kramer/Pannenborg*, JA 2013, 349; *Kudlich*, Fälle AT, [11] S 157; *Laubenthal*, JA 2004, 39; *Meurer/Dietmeier*, Jura 1999, 643; *Meurer/Kahle/Dietmeier*, [5] S 77; *Morgenstern*, Jura 2011, 146; *dies.*, Jura 2016, 686; *Neubacher/Bachmann*, JA 2010, 711; *Pape*, Jura 2008, 147; *Paul*, ZJS 2013, 94; *Schmidt*, Fälle I, [1] Rn 40; *Schrödl*, JA 2003, 656

Zum Problem des spezifischen Gefahrzusammenhangs:

Berg, in: Coester-Waltjen ua (Hrsg), Examenklausurenkurs I, S 56; *Bergmann/Blaue*, ZJS 2014, 397; *Dannecker*, JuS 2002, 1087; *Duttge/Burghardt*, Jura 2017, 727; *Ebert*, Fälle, [8] 129; *Eiden/ Köpferl*, Jura 2010, 780; *Hinderer*, JA 2009, 25; *Kett-Straub/Linke*, JuS 2008, 717; *Krack/Kische*, ZJS 2011, 734; *Kudlich*, JuS 2003, 32; *Kühl/Tolj*, Ad Legendum 2015, 118; *Laue/Dehne-Niemann*, Jura 2010, 73; *Morgenstern*, Jura 2002, 568; *Müller/Raschke*, Jura 2011, 704; *Murmann*, JA 2011, 593; *Niederle*, [2] S 11; *Norouzi*, JuS 2006, 531; *Otto/Bosch*, [9] S 199, [13] S 268; *Preis/Prütting/ Sachs/Weigend*, [20], S 318; *Rauda/Zenthöfer*, [18] S 96; *Rotsch*, [4] Rn 480; [6] Rn 799; *Rottwinkel*, JA 2015, 593; *Safferling*, Jura 2004, 64; *Schaum/Dreßing/Brugger*, Ad Legendum 2017. 310; *Steck*, StudZR 2013, 287; *Steinberg*, ZJS 2010, 518; *Timpe*, Jura 2009,465; *Wagner/Drachsler*, ZJS 2011, 530; *Walter*, Jura, 2014, 117; *Wolter*, JA 2007, 354; *ders*, JA 2008, 605

Zum Problem der schuldhaften Herbeiführung einer Notwehrlage:

Berz/Saal, Jura 2003, 205; *Jescheck*, [44] S 59; *Kudlich*, Fälle AT [5] S 53; *ders*, JuS 2003, 32; *Schrödl*, JA 2003, 656

Zum Problem: Wegfall der objektiven Zurechnung wegen eigenverantwortlichen Dazwischentretens eines Dritten?

Blaue, ZJS 2016, 750; *Böß*, JA 2012, 348; *Fahl*, JuS 2012, 1104; *Gropp/Küpper/Mitsch*, [5] S 93; *Hilgendorf*, Klausurenkurs I, [13] S 109; *Mansdörfer/Ziegler/Kleemann*, StudZR 2017, 309; *Morgenstern*, Jura 2002, 568; *Müller*, Jura 2005, 635; *Namavicius*, JA 2007, 190; *Reinhardt*, JuS 2016, 423; *Wolters*, [1] S 1

Zum Problem: Kann demjenigen, der sich erst nach Eintritt der schweren Folge an einer Schlägerei (§ 231) beteiligt, die schwere Folge zugerechnet werden?

Becker, ZJS 2010, 403; *Gössel*, [1] S 33; *Otto/Bosch*, [13], S 278; *Steinberg*, in: Schlüter ua (Hrsg), Examensklausurenkurs, S 230

Zum Problem des Erlaubnistatbestandsirrtums:

Ambos/Rackow, Jura 2006, 943; *Berster/Yenimazman*, JuS 2014, 329; *Beulke*, Klausurenkurs I [7] Rn 250; Bode/Niehaus-*Bode* [1] Rn Rn 72; *Brüning*, JuS 2007, 255; *Bülte/Becker*, Jura 2012, 319; *Dohmen*, Jura 2006, 143; *Dürre/Wegerich*, JuS 2006, 712; *Ebert*, Fälle, [8] S 129; *Ernst/ Doerbeck*, JSE 2013, 169; *Esser/Langbauer*, JA 2013, 28; *Esser/Michel*, JA 2017, 585; *Fahl*, Jura 2009, 234; *Gaul/Haseloff/Zapf*, JA 2011, 672; *Geisler/Meyer*, Jura 2010, 388; *Gössel*, [9] S 154; *Habenicht*, in: Coester-Waltjen ua (Hrsg), Examensklausurenkurs IV, S 199; *Helmrich*, JA 2006, 351; *Hilgendorf*, Klausurenkurs I [7] S 51; *ders*, Klausurenkurs II, [2] S 12, [5] S 54; *ders*, Klausurenkurs III, [10] S 119*; Höffler/Marsch*, JA 2017, 677; *Jänicke*, JuS 2016, 1099; *Jescheck*, [57] S 73; *Kasiske*, JA 2007, 509; *Kindhäuser/Schumann/Lubig*, [9] S 215; *Kipp/Kummer*, Jura

2008, 792; *Kudlich*, Fälle AT, [11] S 159, [13] S 195; *Kudlich/Litau*, JA 2012, 755; *Kühl/Hinderer*, Jura 2012, 488; *Kühl/Kneba*, JA 2011, 426; *Krell/Bernzen*, JuS 2015, 322; *Lotz*, JuS 2010, 982; *Mitsch*, JA 1995, 32; *ders.* JuS 2018, 51; *Neubacher/Bachmann*, JA 2010, 711; *Norouzi*, JuS 2007, 146; *Oelmüller/Peter*, [5] S 103; *Prütting/Stern/Wiedemann*, [20] S 233; *Putzke*, Jura 2015, 95; *Radde*, JA 2016, 818; *Rauda/Zenthöfer*, [8] S 48; *Rotsch*, [9] Rn 1128; *Rotsch/Nolte/Peifer/Weitemeyer*, [19] S 269; *Roxin/Schünemann/Haffke*, [4] S 79, [5] S 91; *Seeland/Zivanic*, JuS 2017, 1087; *Schwind/Franke/Winter*, [2. Hausarbeit] S 63, [2. Klausur] S 111; *Seier*, in: Seier, Die Anfängerklausur, [8] S 92, 98; *Seier/Hembach*, JuS 2014, 35; *Seiterle*, Jura 2016, 202; *Sonnen/Mitto/Nugel*, Fälle, [6] S 53; *Steinberg*, in: Schlüter ua (Hrsg), Examensklausurenkurs, S 225; *Steinberg/Epe*, ZJS 2016, 370; *Steinberg/Mengler/Wolf*, ZJS 2014, 687; *Tiedemann*, [2] S 171; *Valerius*, [8] S 127; *Walter*, Jura 2002, 415; *Zenger*, Ad Legendum 2013, 48

Fall 2

Ungewollte Mutterfreuden

I.

Als M im September 2011 erfährt, dass sie in der zehnten Woche schwanger ist, lässt sie sich in einer anerkannten Schwangerschaftsberatungsstelle sozial beraten und vereinbart sodann mit einem Arzt, dass vier Tage später der Schwangerschaftsabbruch vorgenommen werden soll. Ihr Freund V, der Vater des Kindes, ist jedoch gegen den Eingriff und möchte, dass M das Kind zur Welt bringt. Da V die M nicht überzeugen kann, das Kind auszutragen, fängt er sie an der Tür der Arztpraxis ab und fährt sie unter einem Vorwand mit seinem PKW wieder nach Hause. Dort nimmt er ihr die Wohnungsschlüssel weg und sorgt dafür, dass M die restlichen neun Tage bis zum Ablauf der zwölften Schwangerschaftswoche die Wohnung nicht verlassen kann. Nach Ablauf der neun Tage gibt V der M die Schlüssel zurück. V ist der Ansicht, allein auf diese Weise das Leben des Kindes retten zu können. Tatsächlich sieht M nun – wie von V erhofft – von einem Schwangerschaftsabbruch ab, da es hierfür zu spät sei, und bringt das gesunde Kind (K) zur Welt.

Als die M am 10.11.2012 erfährt, dass sie wieder schwanger ist, diesmal in der sechsten Woche, rät ihr ihre Freundin F, einen erneuten Konflikt zu vermeiden. Entsprechend dem Ratschlag der F, die ebenso wie M der Ansicht ist, M könne nicht noch ein zweites Kind aufziehen, ändert M in der alten Bescheinigung über die soziale Beratung vom 2.10.2011 das Datum auf den 2.11.2012 und legt diese Bescheinigung noch am 10.11.2012 dem Arzt A vor, der in gutem Glauben an eine stattgefundene Beratung den Abbruch der Schwangerschaft vornimmt. M selbst glaubte, aufgrund ihrer Notsituation zu diesem Vorgehen berechtigt zu sein. F teilt diese Ansicht nicht.

Als V hiervon erfährt, ist er zutiefst verärgert und verlässt die M. Er spricht mit seinem Boxfreund B und erzählt ihm, dass er nicht einsähe, noch länger Unterhalt für das „Balg der M" zu zahlen, wenn die sich so aufführe. Darauf rät ihm B, das Kind K zu töten. Dies allerdings deshalb, weil er dem K eine Zukunft ohne Vater ersparen will. Über die genauen Umstände des Tathergangs macht er sich keine Gedanken. V ist dem B für diese Idee dankbar, weil er seine finanziellen Belastungen damit in einem vertretbaren Rahmen halten kann. Aus diesem Grund lauert V der M auf, als diese sich zum Einkaufen begibt. Den Kinderwagen lässt M vor dem Geschäft stehen, behält ihn aber ständig im Auge. Als M an der Kasse bezahlt und deshalb für einige Minuten den Blickkontakt zum Kind verliert, schleicht sich V an den Kinderwagen heran und erstickt das Kind mit der Decke.

Wie haben sich die Beteiligten strafbar gemacht? Ggf erforderliche Strafanträge sind gestellt.

II.

Der Polizeibeamte P ist auf einer Fortbildung. Nach Feierabend trifft er bei einem herbstlichen Stadtbummel zufällig seinen Vetter (= Cousin) V, den er schon Jahre nicht mehr gesehen hat. P lädt daraufhin V auf ein Bier in eine nahe gelegene Kneipe ein. Während des Gesprächs in der Kneipe wird P klar, dass er *den* V vor sich hat, der mittlerweile wegen Tötung des K steckbrieflich mit Haftbefehl gesucht wird. Er beschließt aber, die Sache auf sich beruhen zu lassen, und unternimmt nichts. V verlässt alsbald nach dem Gespräch unbehelligt die Gaststätte.

Hätte P in irgendeiner Weise dienstlich tätig werden müssen?

Gedankliche Strukturierung des Falles (Kurzlösung)

Teil I. (materiell-rechtlicher Teil)

A. Das erste Kind

I. Strafbarkeit der M

1. § 218 I (–)
- Abbruch (–)

2. §§ 218 I, 22, 23 I Alt 2 (–)
- für Schwangere straflos, § 218 IV 2

3. Ergebnis für M im Tatkomplex A
M ist straflos.

II. Strafbarkeit des V

1. § 239 I Alt 1 (–)
- a) Objektiver Tatbestand (+)
  - Einsperren (+)
- b) Subjektiver Tatbestand (+)
- c) Rechtswidrigkeit (+)
  - aa) Nothilfe, § 32 (–)
    - Nothilfelage (+)

> **Problem Nr 9: Kann ein nach § 218a I iVm § 219 II 2 nicht tatbestandsmäßiger Schwangerschaftsabbruch rechtswidrig iSd Rechtswidrigkeit eines Angriffs gem § 32 sein? (Rn 64)**

  - Nothilfehandlung (–)

> **Problem Nr 10: Wegfall der Gebotenheit der Nothilfe, wenn der Kindsvater einen nach § 218a I straflosen Schwangerschaftsabbruch zwangsweise verhindert? (Rn 66)**

  Eine Rechtfertigung gem § 32 scheidet aus.
  - bb) Rechtfertigender Notstand, § 34 (–)
    - Notstandslage (+)
    - Notstandshandlung (–)
  Eine Rechtfertigung gem § 34 scheidet aus.
- d) Schuld (–)
  - Entschuldigender Notstand, § 35 (+)
  - – Notstandslage (+)
  - – Notstandshandlung (+)
  - – Zumutbarkeitsklausel, § 35 I 2 (–)
  - – subjektives Element (+)
  - – V ist gem § 35 entschuldigt.

2. § 239 III Nr 1 (–)
- § 35 greift ein

3. § 239b I Alt 1 (–)
- § 35 greift ein

4. § 240 I, II (–)
- a) Tatbestand (+)
- b) Rechtswidrigkeit (+)
  - Fehlen von Rechtfertigungsgründen (+)
  - Positive Verwerflichkeitsprüfung, § 240 II (+)

- c) Schuld (–) **60**
  - § 35 greift ein

5. § 221 I Nr 1 (–), Nr 2 (–)
- Nr 1: Versetzen in hilflose Lage (–)
- Nr 2: Im-Stich-Lassen in hilfloser Lage (–)

6. § 242 I bzgl Schlüssel (–)
- a) Objektiver Tatbestand (+)
- b) Subjektiver Tatbestand (–)
  - Vorsatz (+)
  - Zueignungsabsicht (–)

7. Ergebnis für V im Tatkomplex A
V ist straflos.

B. Das zweite Kind

I. Strafbarkeit des A

1. § 218 I 1 (–)
- a) Objektiver Tatbestand (+)
  - Schwangerschaftsabbruch nach Nidation (+)
  - Tatbestandsausschluss gem § 218a I (–)
- b) Subjektiver Tatbestand (–)
  - Tatbestandsirrtum, § 16 I 1 (+)

2. § 218c I (–)

3. § 223 I (–)
- a) Objektiver Tatbestand (+)

> **Problem Nr 11: Schließt ein de lege artis durchgeführter ärztlicher Eingriff bereits den Tatbestand des § 223 aus oder kommt nur eine Rechtfertigung in Betracht? (Rn 75)**

- b) Subjektiver Tatbestand (+)
- c) Rechtswidrigkeit (+)
  - Einwilligung ist sittenwidrig, § 228
- d) Schuld (–)
  - Erlaubnistatbestandsirrtum (+)

4. § 224 I Nr 2 Alt 2 (–)

5. § 229 (–)

6. Ergebnis für A im Tatkomplex B
A ist straflos.

II. Strafbarkeit der M

1. §§ 218 I 1, 25 I Alt 2 (+)
- a) Objektiver Tatbestand (+)
- b) Subjektiver Tatbestand (+)
- c) Akzessorietätslockerung, § 28 II (+)
  - besonderes persönliches Merkmal, § 14 I (+)
  - strafmodifizierende Wirkung (+)
- d) Rechtswidrigkeit (+)
  - Rechtfertigender Notstand, § 34 (–)
  - Notstandslage (+)
  - Notstandshandlung (–)
- e) Schuld (+)

aa) Entschuldigender Notstand, § 35 (–)
- Notstandslage (–)
- Notstandshandlung (–)

bb) Verbotsirrtum, § 17 S 1 (–)
- (indirekter) Verbotsirrtum (+)
- Unvermeidbarkeit (–)

f) Strafmilderung gem § 17 S 2 iVm § 49 I (+)
g) Ergebnis

2. § 267 I (+)

a) Objektiver Tatbestand

aa) Verfälschen einer echten Urkunde, Var 2 (+)
- Urkunde (+)
- Verfälschen (+)

Problem Nr 12: Anforderungen an das Verfälschen von Urkunden iSv § 267 I Var 2 (Rn 81)

bb) Herstellen einer unechten Urkunde, Var 1 (+)
- tritt aber hinter Var 2 zurück.

cc) Gebrauchmachen von einer unechten/ verfälschten Urkunde, Var 3 (+)

b) Subjektiver Tatbestand (+)
- Vorsatz (+)
- Täuschungsabsicht (+)

c) Rechtswidrigkeit (+)
d) Schuld (+)
e) Verhältnis von Var 2 zu Var 3

Problem Nr 13: Konkurrenzverhältnis zwischen Herstellen bzw Verfälschen und Gebrauchmachen bei § 267 (Rn 83)

- Verfälschen und Gebrauchmachen sind eine Tat.

f) Ergebnis

3. § 274 I Nr 1 (–)
4. § 277 (–)
5. § 279 (–)
6. Konkurrenzen
7. Ergebnis für M im Tatkomplex B
M hat sich gem §§ 218 I 1, 25 I Alt 2, 28 II, 218 III, 17 S 2 – § 52 – §§ 267 I Var 3, 17 S 2 strafbar gemacht.

III. Strafbarkeit der F
1. §§ 218 I 1, 25 I Alt 2 (–)
a) Objektiver Tatbestand (–)

Problem Nr 14: Ist eine mittelbare Täterschaft möglich, wenn der Vordermann in vermeidbarem Verbotsirrtum handelt? (Rn 88)

b) Ergebnis

2. §§ 218 I 1, 26 (+)
a) Objektiver Tatbestand (+)
- vorsätzliche rechtswidrige Haupttat (+)
- Anstiftungshandlung (+)

Problem Nr 15: Wie ist der Begriff des „Bestimmens" iSv § 26 auszulegen? (Rn 90)

b) Subjektiver Tatbestand (+)
- Vorsatz bzgl Haupttat (+)
- Vorsatz bzgl Anstiftungshandlung (+)

c) Akzessorietätslockerung, § 28 II (+)
- F fehlt privilegierender Umstand der Schwangerschaft.

d) Rechtswidrigkeit (+)
e) Schuld (+)

3. §§ 267 I Var 2 und 3, 26 (+)
4. Ergebnis für F im Tatkomplex B
F ist strafbar gem §§ 218 I 1, 26, 28 II – § 52 – §§ 267 I Var 3, 26.

C. Der Tod des Kindes K

I. Strafbarkeit des V
1. § 212 I (+)
2. § 211 (+)
a) Heimtücke (–)
- bzgl Kleinkind K (–)
- bzgl M als schutzbereiter Person (–)

b) Grausam (–)
c) Habgier (+)
d) Sonstige niedrige Beweggründe (–)
e) Konkurrenz
- § 211 verdrängt § 212 I.

3. § 223 I (+)
- § 223 ist subsidiär gegenüber § 211.

4. § 224 I Nr 3 (–), Nr 5 (+)
a) Tatbestand (+)
- Nr 3 (hinterlistiger Überfall) (–)
- Nr 5 (Leben gefährdende Behandlung) (+)

b) Konkurrenz
- § 224 I Nr 5 ist subsidiär gegenüber § 211.

5. § 227 I (+)
- § 227 ist subsidiär gegenüber § 211.

6. § 170 (–)
7. § 171 (–)
8. Ergebnis für V im Tatkomplex C
V ist strafbar gem § 211

II. Strafbarkeit des B
1. §§ 212 I, 25 II (–)
2. § 212 I, 26 (+)
a) Objektiver Tatbestand (+)
- vorsätzliche rechtswidrige Haupttat (+)
- Anstiftungshandlung (+)

b) Subjektiver Tatbestand (+)
- Vorsatz bzgl Haupttat (+)
- Vorsatz bzgl Anstiftungshandlung (+)

c) Rechtswidrigkeit und Schuld (+)

3. §§ 211, 26 (–)
a) Objektiver Tatbestand (+)
- vorsätzliche rechtswidrige Haupttat (+)

- Anstiftungshandlung (+)
b) Subjektiver Tatbestand (+)
  - Vorsatz bzgl Habgiermord (+)
  - Vorsatz bzgl Anstiftungshandlung (+)
c) Akzessorietätslockerung (+)
  - Mordmerkmale in der Person des B (–)
  - Fehlen des Mordmerkmals der Habgier (+)

Problem Nr 16: Wie ist das Verhältnis von § 212 zu § 211? Ist § 28 I oder II oder § 29 anwendbar? (Rn 100)

4. **Ergebnis für B im Tatkomplex C**
   B ist strafbar gem §§ 212 I, 26, 29 (*hM: 28 II*).

D. Gesamtergebnis des materiellrechtlichen Gutachtens

Tatkomplex A:
M und V sind nicht strafbar.

Tatkomplex B:
A: straflos
F: §§ 218 I 1, 26, 28 II – § 52 – §§ 267 I Var 3, 26
M: §§ 218 I 1, 25 I Alt 2, 28 II, 218 III, 17 S 2 –
§ 52 – §§ 267 I Var 3, 17 S 2

Tatkomplex C:
B: §§ 212 I, 26, 29 (*hM: 28 II*)
V: § 211

Teil II. (prozessualer Teil)

Polizeiliche/staatsanwaltschaftliche Erforschungs- und Verfolgungspflicht bei außerdienstlicher Kenntniserlangung

Problem Nr 17: Inwieweit sind Polizei/Staatsanwaltschaft bei privater Kenntniserlangung von einer Straftat zur Erforschung und Verfolgung der Tat verpflichtet? (Rn 104)

Ausführliche Lösung von Fall 2

Teil I. (materiell-rechtlicher Teil)

A. Das erste Kind

I. Strafbarkeit der M

1. § 218 I

61 Abbruch der Schwangerschaft iSv § 218 I ist die Vornahme eines Eingriffs bei einer Schwangeren, der die Abtötung der Leibesfrucht bezweckt oder in Kauf nimmt. Der Taterfolg liegt im Absterben der Leibesfrucht; bleibt dieser Erfolg aus, fehlt es an der Tatvollendung[1]. Da M von ihrem Vorhaben des Schwangerschaftsabbruchs Abstand genommen hat, scheidet § 218 I aus.

2. §§ 218 I, 22, 23 I Alt 2

62 Der Versuch des Schwangerschaftsabbruchs ist gem § 218 IV 2 für M als Schwangere straflos.

3. Ergebnis für M im Tatkomplex A

M ist straflos.

II. Strafbarkeit des V

1. § 239 I Alt 1

63 Indem V die M an der Tür abgefangen und sie nach Hause verbracht und dort eingeschlossen hat, könnte er sich wegen Freiheitsberaubung gem § 239 I Alt 1 strafbar gemacht haben.

a) Objektiver Tatbestand

Einsperren iSv § 239 I Alt 1 ist das Verhindern des Verlassens eines Raumes durch äußere Vorrichtungen[2]. V hat durch Einsperren die M ihrer Freiheit beraubt.

b) Subjektiver Tatbestand

V handelte vorsätzlich.

---

1 *Wessels/Hettinger/Engländer*, BT1 Rn 247.
2 *Wessels/Hettinger/Engländer*, BT1 Rn 420.

c) Rechtswidrigkeit

aa) Nothilfe, § 32

In Betracht kommt eine Rechtfertigung durch Nothilfe zugunsten des ungeborenen Kindes als „anderer" iSv § 32 I, II Alt 2.

Fraglich ist zunächst, ob eine Nothilfelage, dh ein gegenwärtiger rechtswidriger Angriff, bestand.

Angriff ist jede durch menschliches Verhalten drohende Verletzung rechtlich geschützter Güter oder Interessen[3]. Die Leibesfrucht wird rechtlich geschützt durch die §§ 218 ff[4] sowie Art 1 I iVm Art 2 II GG[5]. Die Leibesfrucht kann also ein „anderer" iSv § 32 II Alt 2 sein. Durch Abbruch der Schwangerschaft droht die Vernichtung des ungeborenen Lebens.

Gegenwärtig ist ein Angriff, der unmittelbar bevorsteht, begonnen hat oder noch fortdauert[6]. Die Tötung der Leibesfrucht war alsbald zu erwarten, da die Sozialberatung, eine Voraussetzung für einen straflosen Schwangerschaftsabbruch iSv § 218a I, bereits erfolgt war, M sich gerade zum Arzt begab und bereits die Praxistür erreicht hatte.

Gegenwärtig bzw unmittelbar bevorstehend kann ein Angriff auch ohne Eintritt in den Versuchsbereich einer strafbaren Handlung sein, wenn der Angriff sicher zu erwarten und der Wille, ein Rechtsgut zu verletzen, nach außen betätigt ist[7]. Auch wenn die Schwelle zum Versuch des Schwangerschaftsabbruchs noch nicht überschritten sein sollte – was hier letztlich offen bleiben kann –, ist mit dem Erreichen der Praxistür die Gegenwärtigkeit des Angriffs gegeben.

Anders wäre zu entscheiden, wenn der Retter präventiv vorgehen will, wenn also Rettungsmaßnahmen bereits geraume Zeit vor dem Abbruchstermin ergriffen werden. Dann handelt es sich um Fälle einer nur „notwehrähnlichen Lage", auf die nach hM eine analoge Anwendung des § 32 nicht in Betracht kommt[8].

Rechtswidrig ist jeder Angriff, der den Bewertungsnormen des Rechts objektiv zuwiderläuft und nicht durch einen Erlaubnissatz gedeckt ist[9]. Maßgeblich ist, was der Handelnde rechtlich tun darf. Die Rechtmäßigkeit des Verhaltens der Schwangeren könnte sich hier aus § 218a I ergeben.

---

3 *Wessels/Beulke/Satzger*, AT Rn 483.
4 BGHSt 28, 11, 15.
5 BVerfGE 39, 1, 41; 88, 203, 252.
6 *Wessels/Beulke/Satzger*, AT Rn 487.
7 MK-*Erb*, § 32 Rn 106 ff; *Fischer*, § 32 Rn 17.
8 BGHSt 39, 133 m Anm *Roxin*, NStZ 1993, 335; *Frister*, AT, Kap 16, Rn 14 f; *Wessels/Beulke/Satzger*, AT Rn 489.
9 *Wessels/Beulke/Satzger*, AT Rn 493.

64 **Problem Nr 9: Kann ein nach § 218a I iVm § 219 II 2 nicht tatbestandsmäßiger Schwangerschaftsabbruch rechtswidrig iSd Rechtswidrigkeit eines Angriffs nach § 32 sein?**

Unvereinbarkeit mit Normen des Strafrechts:

Nach der Systematik der §§ 218 ff ist im Grundsatz jeder Schwangerschaftsabbruch ab Einnistung (Nidation) strafrechtlich verboten.

Im Sinne einer Rechtfertigung ausdrücklich erlaubt ist aber der Abbruch bei medizinisch-sozialer und kriminologischer Indikation (§ 218a II, III), deren Voraussetzungen hier nicht vorliegen.

Liegen die Voraussetzungen des § 218a I (sog „beratener Schwangerschaftsabbruch", richtig eigentlich „Schwangerschaftsabbruch innerhalb der ersten zwölf Wochen nach vorgeschriebener Konfliktberatung") vor, ist dagegen bereits **der Tatbestand nicht verwirklicht**. Diese Fälle sollen vom Strafrecht nicht erfasst werden; sie sind nicht „strafrechtswidrig". Der Gesetzgeber hat sich dafür entschieden, in den ersten zwölf Wochen das Leben des Ungeborenen nicht durch Strafdrohung, sondern durch eine obligatorische Beratung zu schützen, was vom BVerfG (BVerfGE 88, 203 ff) akzeptiert wurde (sog Fristenregelung mit Beratungskonzept, *Otto*, Jura 1996, 135, 138; krit *Hoerster*, JuS 1995, 193).

Zu beachten ist aber, dass § 32 ein umfassender Rechtswidrigkeitsbegriff zu Grunde liegt, dh dass jeder Widerspruch des Verhaltens zur Rechtsordnung insgesamt den Angriff rechtswidrig macht, sodass das Recht der Notwehr erhalten bleibt (*Lesch*, Notwehrrecht und Beratungsschutz, 2000, S 14; *Otto*, Jura 1996, 135, 139; *Satzger*, Jura 2008, 424, 432; *Wessels/Hettinger/Engländer*, BT1 Rn 258). Zudem trifft die Tatbestandsmäßigkeit im Strafrecht kein abschließendes Urteil über die Rechtswidrigkeit insgesamt, sondern bestimmt nur, was strafwürdig und strafbedürftig ist (*Otto*, Jura 1996, 135, 139).

Daher ist auch die **Unvereinbarkeit mit der sonstigen Rechtsordnung** zu prüfen.

(1) Nach einer **Mindermeinung** ist ein in den Fällen des § 218a I durchgeführter Schwangerschaftsabbruch rechtmäßig (NK-*Merkel*, § 218 Rn 142; § 218a Rn 59 ff, 63).

Argument: Wenn § 218a I das Verbot des Schwangerschaftsabbruches im geregelten Bereich zurücknimmt, so muss es insoweit ohne jede rechtliche Wirksamkeit sein. Diese vollständige Rücknahme führt zur Rechtmäßigkeit der Handlung. Allenfalls kann dem Gesetz noch ein gegenteiliger moralischer Appell entnommen werden.

(2) Nach der überzeugenden Ansicht des **BVerfG** (BVerfGE 88, 204), dem die Literatur weitgehend gefolgt ist (S/S-*Eser*, § 218a Rn 14; *Fischer*, § 218a Rn 3 f; Matt/Renzikowski-*Safferling*, §§ 218, 218a Rn 9), ist § 218a I dahingehend auszulegen, dass es trotz des Tatbestandsausschlusses bei der Missbilligung des Abbruchs als rechtswidrig verbleibt.

Argument: Art 2 II 1 GG schreibt einen umfassenden Lebensschutz – und damit auch den Schutz des ungeborenen Lebens – vor. Deshalb hat das BVerfG gefordert, dass der Schwangerschaftsabbruch für die gesamte Dauer der Schwangerschaft grds als Unrecht angesehen wird und dies auch durch gesetzliche Klarstellung gewährleistet werden muss – bei gleichzeitigem Ausschluss einer zwangsweisen Nothilfe zugunsten des ungeborenen Kindes (BVerfGE 88, 203, 255). Der Gesetzgeber hat diese Forderung nur höchst unvollkommen umgesetzt; allenfalls implizit lässt sich aus einem Umkehrschluss aus § 218a II, III, in dem ausdrücklich das Unrecht der Tat ausgeschlossen wird, entnehmen, dass bei § 218a I das Unwerturteil der Rechtsordnung erhalten bleibt (*Otto*, Jura 1996, 135, 139). In jedem Fall ergibt sich dasselbe Ergebnis aus einer verfassungskonformen Auslegung des § 218a unter Berücksichtigung der verfassungsrechtlich gebotenen Schutzpflicht des Staates für das Ungeborene. Folglich ist auch der nach § 218a I tatbestandslose Schwangerschaftsabbruch rechtswidrig iSd § 32.

Der Gesetzgeber ist aber auch der Vorgabe des BVerfG nicht hinreichend nachgekommen, gesetzlich sicherzustellen, dass gegen das Handeln der Frau und des Arztes von Dritten keine Nothilfe zugunsten des Ungeborenen geleistet werden kann. Daher ist in Erwägung zu ziehen, eine andere Voraussetzung des § 32 abzulehnen.

Zur Vertiefung: Wessels/Hettinger/Engländer, BT1 Rn 258; S/S-Eser, § 218a Rn 14; Hillenkamp, JuS 2014, 924.

§ 218a I ist bei dem bevorstehenden Abbruch erfüllt (Verlangen der Schwangeren, Nachweis der sozialen Beratung, Abbruch durch Arzt, weniger als zwölf Wochen). Daher liegt auf den ersten Blick keine Strafrechtswidrigkeit vor. Aus der Unvereinbarkeit des von M geplanten Schwangerschaftsabbruchs mit Art 2 II GG ergibt sich jedoch, dass das Vorgehen rechtswidrig bleibt. Eine Nothilfelage ist also zu bejahen. **65**

Die Nothilfehandlung gegenüber dem Angreifer muss erforderlich und geboten gewesen sein.

Das Einsperren der M war geeignet, den Angriff auf die Leibesfrucht sofort und ohne Risiko zu beenden. Ein milderes, ebenso wirksames Mittel ist nicht erkennbar. Die Nothilfehandlung war somit erforderlich.

Fraglich ist, ob sie auch normativ geboten war.

Problem Nr 10: Wegfall der Gebotenheit der Nothilfe, wenn der Kindsvater einen nach § 218a I straflosen Schwangerschaftsabbruch zwangsweise verhindert? **66**

Die Gebotenheit hängt von normativen und sozialethischen Erwägungen ab (*Wessels/Beulke/Satzger*, AT Rn 508 ff). Um den Vorgaben des BVerfG zum Ausschluss der Notwehr/-hilfe zu entsprechen, könnte aus einer historischen und systematischen Gesetzesauslegung gefolgert werden, dass in den ersten zwölf Wochen der Schwangerschaft der Schutz des Kindes am besten ohne jeden Zwang allein durch Beratung gewährleistet ist. Damit nimmt der Gesetzgeber bewusst die Strafbarkeit während dieses Zeitraums zurück, um unproduktive Zwangssituationen zu vermeiden. Dem widerspräche es, wenn zwar strafrechtlicher Zwang ausgeschlossen wäre, jedoch privater Zwang mit demselben Ziel durch den Staat mittelbar gebilligt würde. Die normative Entscheidung für die Beratungslösung muss daher Auswirkungen auch im Bereich der Gebotenheit der Notwehr haben, sodass grds eine Nothilfe zugunsten des Kindes ausscheidet.

Dieses Ergebnis entspricht auch der sonstigen Auslegung des Merkmals der „Gebotenheit" der Nothilfehandlung. Die Gebotenheitseinschränkungen sind aus den Grundgedanken der Notwehr herzuleiten (*Jescheck/Weigend*, § 32 III 3; *Roxin*, AT1 § 15 Rn 55 ff; *S/S-Perron*, § 32 Rn 47; krit: *Fischer*, § 218a Rn 4 f). Nach hM (sog Zwei-Elemente-Theorie, *Roxin*, AT1 § 15 Rn 1; *S/S-Perron*, § 32 Rn 1 f) beruht § 32 auf zwei Grundgedanken:
– dem individualrechtlichen Aspekt (Schutz der Rechtsgüter des Täters bzw des Dritten) und
– dem sozialrechtlichen Aspekt (Rechtsbewährungsprinzip).

Geht der Täter entgegen dem Grundgedanken des Gesetzgebers, der sich mit der Fristenlösung mit Beratungskonzept gerade gegen Zwang ausgesprochen hat, gewaltsam gegen die Kindsmutter vor, handelt er nicht iS der Rechtsordnung; es fehlt also am sozialrechtlichen Aspekt. Die Notwehrhandlung ist nicht geboten (*Hillenkamp*, Herzberg-FS, S 501; *Satzger*, JuS 1997, 800; *ders*, Jura 2008, 424, 432; abw *Lesch*, Notwehrrecht und Beratungsschutz, 2000, S 72).

Zur Vertiefung: Lesch, Notwehrrecht und Beratungsschutz, 2000.

67 Dem von M geplanten Schwangerschaftsabbruch innerhalb der ersten zwölf Wochen soll nach der Konzeption des Gesetzgebers im Wesentlichen nur durch die Sozialberatung entgegengewirkt werden. Eine solche Sozialberatung hat stattgefunden. Gäbe man dem V hier ein Nothilferecht, so stünde dies nicht in Übereinstimmung mit dem Grundgedanken des § 32, der dem Bürger sozusagen stellvertretend nur die Rechte gewährt, die sonst dem Staat zustehen. Die Ausübung von Zwang kann deshalb nicht als „geboten" eingestuft werden.

Eine Rechtfertigung wegen Nothilfe scheidet somit aus.

bb) Rechtfertigender Notstand, § 34

Die Freiheitsberaubung könnte durch Notstand gem § 34 gerechtfertigt sein.

Voraussetzung ist zunächst eine gegenwärtige Gefahr für ein notstandsfähiges Rechtsgut. Notstandsfähig ist jedes Rechtsgut, gleichgültig, ob es dem Täter oder einem Dritten zusteht[10]. Das Leben eines ungeborenen Kindes ist in dieser konkreten Situation schutzbedürftig und schutzwürdig[11]. Dies folgt aus Art 2 II 1 GG und aus der Tatsache, dass ein nicht nach § 218a II, III gerechtfertigter Abbruch der Schwangerschaft immer als Unrecht angesehen werden muss (*s Rn 64*). Die Leibesfrucht ist ein „anderer" iSv § 34, dessen notstandsfähiges Rechtsgut bedroht ist. Wenn schon ein gegenwärtiger Angriff vorliegt, dann ist erst recht[12] eine gegenwärtige Gefahr, dh ein Zustand, dessen Weiterentwicklung den Eintritt oder die Intensivierung eines Schadens ernstlich befürchten lässt, sofern nicht alsbald Abwehrmaßnahmen ergriffen werden[13], gegeben.

Das Einsperren der M war geeignet, den Angriff auf die Leibesfrucht sofort und ohne Risiko zu beenden. Ein milderes, ebenso wirksames Mittel ist nicht erkennbar. Die Notstandshandlung war somit erforderlich.

Darüber hinaus muss bei Abwägung der widerstreitenden Interessen das Leben des Kindes die Interessen der Mutter wesentlich überwiegen. Es wurde das Rechtsgut „Leibesfrucht" durch Aufopferung der Fortbewegungsfreiheit der M gerettet. Da das Leben des ungeborenen Kindes voll ausgelöscht werden sollte, die Fortbewegungsfreiheit der Mutter aber nur temporär in minderem Maße beeinträchtigt wurde, überwiegt das Interesse der Leibesfrucht wesentlich. Das Leben des ungeborenen Kindes ist wegen dessen Abhängigkeit von der Mutter nicht weniger schutzwürdig[14].

Schließlich muss die Tat ein angemessenes Mittel zur Abwendung der Gefahr sein, § 34 S 2. Auch hier ist jedoch bedeutsam, dass der Gesetzgeber Zwang gerade nicht als angemessenes Mittel zum Schutz des ungeborenen Lebens ansieht. Dabei kann die Entscheidung bei von staatlicher Seite stammendem Zwang nicht anders behandelt werden als die staatlich sanktionierte Anwendung privaten Zwangs[15]. Die Tat war daher kein angemessenes Mittel.

Eine Rechtfertigung durch Notstand gem § 34 scheidet aus.

---

10 LK-*Zieschang*, § 34 Rn 22.
11 Vgl *Wessels/Hettinger/Engländer*, BT1 Rn 245.
12 Vgl *Wessels/Beulke/Satzger*, AT Rn 455.
13 *Wessels/Beulke/Satzger*, AT Rn 451.
14 HM, BVerfGE 88, 203, 267.
15 AA *Lesch*, Notwehrrecht und Beratungsschutz, 2000, S 73.

d) Schuld

Es könnte ein entschuldigender Notstand iSv § 35 I eingreifen.

Das Rechtsgut Leben des Embryos ist von § 35 I erfasst[16]. Das Leben des entstehenden Kindes befand sich in gegenwärtiger Gefahr. Ferner muss ein persönliches Näheverhältnis zwischen dem Täter und dem Träger des geschützten Rechtsguts bestehen. Das ungeborene Kind muss also Angehöriger oder nahestehende Person des V sein. Hier war das im Entstehen befindliche Kind zwar noch kein „Mensch" iSd Strafrechts[17], wohl aber eine „Person" iSv § 11 I Nr 1a iVm § 35, weil sich die Schutzpflicht des Staates auch auf die Leibesfrucht bezieht, die an der verfassungsrechtlich garantierten Menschenwürde teilhat, und weil dann auch dem Kindesvater dasselbe Verständnis entgegengebracht werden muss wie bei der Rettung eines bereits geborenen Kindes.

Das Einsperren der M war geeignet, den Angriff auf die Leibesfrucht sofort und ohne Risiko zu beenden. Ein milderes, ebenso wirksames Mittel ist nicht erkennbar. Die Nothilfehandlung war somit erforderlich.

Es wurde das Rechtsgut „Leibesfrucht" durch Aufopferung der Fortbewegungsfreiheit der M gerettet.

Die Beeinträchtigung der Fortbewegungsfreiheit der Frau steht auch zur Schwere der Gefahr der Vernichtung für das ungeborene Leben in keinem Missverhältnis.

Dem Täter kann insbes bei eigener Gefahrverursachung zugemutet werden, die Tat hinzunehmen (§ 35 I 2). Wenn der Retter gleichzeitig Vater des Kindes ist, hat er zwar durch Zeugung des Kindes die Gefahrenlage „kausal" herbeigeführt, nach der ratio legis muss aber zumindest ein objektiv pflichtwidriges Vorverhalten gefordert werden[18]. Daran fehlte es hier. Die enge Beziehung zur Mutter machte eine Hinnahme der Gefahr nicht zumutbar, da auch eine enge Beziehung zum Kind bestand.

Eine Duldungspflicht liegt nicht vor, da der Schwangerschaftsabbruch rechtswidrig war und die gesetzliche Wertung im Bereich der persönlichen Vorwerfbarkeit nicht so durchschlägt wie auf der Ebene der Rechtswidrigkeit. Dort geht es nämlich darum, Widersprüchlichkeiten innerhalb der Rechtsordnung zu vermeiden, die dadurch entstünden, dass die Rechtsordnung ausdrücklich ein Verhalten eines Dritten unter ihren Schutz stellt, welches das gesetzgeberische Konzept der §§ 218 ff unterwandert. Bei § 35 steht hingegen der persönliche Konflikt des Täters im Vordergrund.

Anders als beim rechtfertigenden Notstand ist also unter Schuldgesichtspunkten die Zwangseinwirkung des Kindsvaters auf die zum Schwangerschaftsabbruch entschlossene Mutter von der Rechtsordnung letztendlich zu tolerieren (*aA vertretbar*).

V handelte auch mit Rettungswillen. Er ist somit gem § 35 entschuldigt.

---

16 Ebenso HK-GS-*Duttge*, § 35 Rn 4; S/S-*Perron*, § 35 Rn 5; anders die wohl hM: *Lackner/Kühl*, § 35 Rn 3; S/S/W-StGB-*Rosenau*, § 35 Rn 5; *Roxin*, AT1 § 22 Rn 24; LK-*Zieschang*, § 35 Rn 12. Der vorliegende Fall belegt jedoch ein entsprechendes kriminalpolitisches Bedürfnis.

17 Zum Beginn des Menschseins im Strafrecht vgl *Herzberg/Herzberg*, JZ 2001, 1106 ff; *Küper*, GA 2001, 515 ff; *Wessels/Hettinger/Engländer*, BT1, Rn 9.

18 *Beulke*, Klausurenkurs I [2] Rn 131; *Rengier*, AT § 26 Rn 19; *Wessels/Beulke/Satzger*, AT Rn 661; LK-*Zieschang*, § 35 Rn 49 ff.

Hier wurde erneut die Regel missachtet, spezielle Tatbestände mit eigenständigem Deliktscharakter vor dem generellen Tatbestand zu prüfen (Beulke, Klausurenkurs I Rn 51, vgl auch Fall 1 Rn 37). Meines Erachtens ist es für den Bearbeiter jedoch überschaubarer, die schwierige Rechtfertigungsproblematik iRd recht einfachen § 239 zu prüfen. Da eine Strafbarkeit gem § 239 sowie gem § 239b zwangsläufig ebenfalls entweder bereits auf Ebene der Rechtswidrigkeit oder zumindest auf Ebene der Schuld entfällt, erübrigt sich eine Auseinandersetzung mit dem Streit über die restriktive Auslegung des § 239b im Zweipersonenverhältnis (s Fall 1, Problem Nr 2 Rn 9).

2. § 239 III Nr 1

68 V hat M neun Tage, also länger als eine Woche, der Freiheit beraubt und damit den Tatbestand des § 239 III Nr 1 verwirklicht. Jedoch ist die Tat nach § 35 entschuldigt (*s Rn 67*).

3. § 239b I Alt 1

69 In Betracht kommt auch eine Strafbarkeit wegen Geiselnahme gem § 239b I Alt 1. Die Tat ist jedoch jedenfalls nach § 35 entschuldigt (*s Rn 67*).

4. § 240 I, II

a) Tatbestand

70 V hat M gezwungen, den Schwangerschaftsabbruch nicht vorzunehmen und sich nicht frei fort zu bewegen. Er handelte vorsätzlich.

b) Rechtswidrigkeit

Rechtfertigungsgründe greifen zugunsten des V nicht ein (*s Rn 63 ff*).

Der Einsatz von Straftaten – hier der Freiheitsberaubung, § 239 I Alt 1 (*s Rn 63 ff*) und der Geiselnahme, § 239b I Alt 1 (*s Rn 69*) – ist als Mittel stets verwerflich.

c) Schuld

§ 35 greift ein (*s Rn 67*).

5. § 221 I Nr 1, Nr 2

71 V müsste M in eine hilflose Lage versetzt oder sie in einer hilflosen Lage im Stich gelassen haben.

In eine hilflose Lage wird ein Mensch versetzt, wenn er unter dem bestimmenden Einfluss des Täters in eine Situation gebracht wird, in der er sich ohne fremde Hilfe nicht gegen Gefahren für sein Leben oder seine Gesundheit schützen kann und er solcher Hilfe entbehrt[19]. M war in ihrer eigenen Wohnung nicht hilflos. Für eine andere Beurteilung fehlen Sachverhaltshinweise.

---

19 *Wessels/Hettinger/Engländer*, BT1 Rn 220; instruktiv zu § 221: *Hacker/Lautner*, Jura 2006, 274; *Heger*, ZStW 119 [2007], 593.

Auch für ein Im-Stich-Lassen iSv § 221 I Nr 2 fehlt es bereits an einer hilflosen Lage der M.

6. § 242 I bzgl Schlüssel

a) Objektiver Tatbestand

Fremd ist eine Sache (körperlicher Gegenstand), wenn sie im (Allein-, Mit- oder Ge-samthands-) Eigentum eines anderen steht, also weder herrenlos iSd §§ 958 ff BGB ist noch ausschließlich dem Täter gehört[20]. Selbst wenn V und M die Wohnung gemeinsam bewohnt haben sollten, ist der Sachverhalt lebensnah dahingehend auszulegen, dass die Wohnungsschlüssel nicht im Alleineigentum des V standen. V hat fremden Gewahrsam an den Schlüsseln gebrochen und eigenen Gewahrsam begründet, mithin die Schlüssel weggenommen.

72

b) Subjektiver Tatbestand

V hat vorsätzlich gehandelt. Er hatte zudem die Absicht, sich den Schlüssel zumindest vorübergehend anzueignen, dh über den Schlüssel wie ein Eigentümer zu verfügen; er wollte ihn jedoch nach Ablauf der Frist zurückgeben und tat dies auch. Deshalb fehlte ihm im Zeitpunkt der Wegnahme der Vorsatz, den bisherigen Eigentümer auf Dauer zu enteignen und somit letztlich die Zueignungsabsicht.

Die Straflosigkeit des V könnte auch mit dem kurzen Hinweis auf § 35, der den Diebstahl ebenfalls entschuldigen würde, begründet werden.

7. Ergebnis für V im Tatkomplex A

V ist straflos.

B. Das zweite Kind

I. Strafbarkeit des A

1. § 218 I 1

a) Objektiver Tatbestand

Der Schwangerschaftsabbruch erfolgte nach dem Abschluss der Einnistung des befruch-teten Eies in der Gebärmutter, also nach der Nidation (§ 218 I 2).

73

Fraglich ist, ob der Tatbestand nach § 218a I ausgeschlossen ist. Zwar ist eine Bescheinigung vorgelegt worden; diese weist aber nicht die Beratung bzgl der derzeitigen Schwangerschaft nach und ist daher nicht als Bescheinigung iSv § 218a I Nr 1 iVm § 219 II 2 anzuerkennen.

---

20 *Wessels/Hillenkamp*, BT2 Rn 79.

b) Subjektiver Tatbestand

A nahm an, dass eine Bestätigung nach § 219 II 2 vorläge. Da die übrigen Voraussetzungen des § 218a I gegeben waren, ging er von einer Konstellation aus, in welcher der Tatbestand des § 218 nicht verwirklicht wäre[21] (*s Rn 64*). Dies ist als Tatbestandsirrtum iSv § 16 zu werten. Die Voraussetzungen des § 218a I müssen also negativ in § 218 I 1 hineingelesen werden und haben daher den Charakter von (negativen) Tatbestandsmerkmalen, über die A irrte. A fehlte somit der Vorsatz.

Eine Strafbarkeit gem § 218 I 1 entfällt.

2. § 218c I

Es ist keine Tatbestandsvariante erfüllt.

3. § 223 I

74 A könnte sich durch die Vornahme des Abbruchs der Schwangerschaft wegen Körperverletzung strafbar gemacht haben.

a) Objektiver Tatbestand

Fraglich ist, ob A die M körperlich misshandelt hat, denn es ist davon auszugehen, dass ihm kein Kunstfehler unterlaufen ist.

75 **Problem Nr 11: Schließt ein de lege artis durchgeführter ärztlicher Eingriff bereits den Tatbestand des § 223 aus oder kommt nur eine Rechtfertigung in Betracht?**

(1) Nach **hA** (st Rspr seit RGSt 25, 375; BGHSt 11, 111; 43, 306; *Hardtung*, JuS 2008, 864, 868; Matt/Renzikowski-*Engländer*, § 224 Rn 21; NK-*Paeffgen/Zabel*, § 228 Rn 57) ist jede die Integrität des Körpers berührende Maßnahme eine tatbestandliche Körperverletzung, und zwar gleichgültig, ob erfolgreich oder missglückt, kunstgerecht oder fehlerhaft, und bedarf daher jeweils einer besonderen Rechtfertigung. Das gilt sowohl für Heileingriffe als auch für alle sonstigen ärztlichen Eingriffe.

Argument: Die Gegenmeinung, die bereits den Tatbestand des § 223 I als nicht erfüllt ansieht, übersehe, dass durch sie Fälle der sog. eigenmächtigen Heilbehandlung straflos gestellt würden. Wer in guter Absicht einen kunstgerecht durchgeführten Eingriff vornehme, würde schon tatbestandslos handeln, ohne dass die (tatsächlich erteilte, mutmaßliche oder hypothetische) Einwilligung des Betroffenen in den Eingriff Berücksichtigung finden würde. Dies verletze das Selbstbestimmungsrecht des Patienten.

(2) Nach der **Gegenansicht** (Nachweise bei S/S-*Eser/Sternberg-Lieben*, § 223 Rn 30) wird speziell bei den Heileingriffen, sofern sie de lege artis vorgenommen sind, bereits der Tatbestand der Körperverletzungsdelikte ausgeschlossen. Alle übrigen ärztlichen Eingriffe stellen hingegen eine Körperverletzung dar, die uU durch eine Einwilligung gerechtfertigt ist. Innerhalb der Meinung, die den ärztlichen Heileingriff bereits auf Tatbestandsebene privilegiert, variieren die Argumentationsansätze beträchtlich. So wird zB danach differenziert, ob der Heileingriff erfolgreich oder misslungen ist, teils wird auf Substanzverluste abgestellt, teils darauf, ob neue Gefahren geschaffen werden oder ob nur eine Gefahrverringerung stattfindet.

---

21 Vgl MK-*Gropp*, § 218a Rn 28; *Wessels/Hettinger/Engländer*, BT1 Rn 257.

Argument: Rechtsgut des § 223 sei das Interesse einer Person an körperlicher Integrität. Eine Handlung, die auf die Wiederherstellung oder Erhaltung dieser körperlichen Integrität abzielt und im Fall eines de lege artis durchgeführten Eingriffs dieses Ziel auch erreicht, bewirke im Ergebnis ihrem sozialen Sinngehalt nach das Gegenteil einer körperlichen Misshandlung oder einer Gesundheitsschädigung (S/S-*Eser/Sternberg-Lieben*, § 223 Rn 31).

(3) Letztlich kann keine der vertretenen Ansichten vollends überzeugen. Bis zu einer (längst überfälligen) gesetzlichen Normierung ist aber – sieht man einmal von marginalen Wertungswidersprüchen ab, die konstruktiv umgangen werden können – die **Rechtfertigungslösung der Rspr und hL** – nicht nur bei den allgemeinen ärztlichen Eingriffen, sondern auch im Spezialfall des Heileingriffs – **am konsequentesten** und kann der Rechtssicherheit am meisten dienen.

Zur Vertiefung: Wessels/Hettinger/Engländer, BT1 Rn 361 ff; LK-Lilie, Vor § 223 Rn 3 ff.

Durch den Schwangerschaftsabbruch hat A auch das körperliche Wohlbefinden der M erheblich beeinträchtigt und deren Gesundheit verletzt. Ein de lege artis durchgeführter ärztlicher Eingriff bleibt tatbestandsmäßig. **76**

b) Subjektiver Tatbestand

Problematisch ist, ob der Irrtum über die Echtheit des Beratungsscheins, der bei § 218 I einen Tatbestandsirrtum begründet (*s Rn 73*), auch bei § 223 I zum Vorsatzausschluss führt.

Dazu muss zunächst geklärt werden, auf welcher Ebene des Verbrechensaufbaus eine Strafbarkeit gem § 223 I entfällt, sofern objektiv tatsächlich alle Voraussetzungen des § 218a I vorliegen. Man könnte erwägen, dann bereits den objektiven Tatbestand des § 223 I entfallen zu lassen. Das erscheint jedoch nicht sachgerecht, da es allein um den Eingriff bei der Schwangeren geht und diese nur auf der Rechtfertigungsebene nach Einwilligungsgrundsätzen über die körperliche Integrität disponieren kann. Im Falle des Abbruchs gem § 218a I entfällt also zwar bei § 218 der Tatbestand, bei § 223 I ist hingegen der Tatbestand zu bejahen und es entfällt nur die Rechtswidrigkeit, weil die Schwangere eingewilligt hat[22]. Entsprechend ist der Körperverletzungsvorsatz selbst beim tatbestandslosen Abbruch iSv § 218a I zu bejahen. Deshalb handelte A, der irrtümlich von einem solchen ausging, vorsätzlich.

c) Rechtswidrigkeit

Der Schwangerschaftsabbruch könnte durch eine Einwilligung der M gerechtfertigt sein.

Da der Gesetzgeber sich für die Straflosigkeit eines Schwangerschaftsabbruchs entschieden hat, sofern die Voraussetzungen des § 218a I erfüllt sind, muss insoweit auch stets die in dem Schwangerschaftsabbruch enthaltene Körperverletzung an der Schwangeren gerechtfertigt sein. Nach der Wertung des § 218a I kann auch der Umstand, dass der Eingriff zugleich der Tötung des ungeborenen Lebens dient, nicht die Sittenwidrigkeit der Tat (§ 228) bedingen.

---

22 Ebenso anscheinend *Fischer*, § 218a Rn 2.

Im hier gegebenen Fall lagen jedoch die Voraussetzungen des straflosen „Fristenab-bruchs" objektiv gerade nicht vor. Deshalb kommt hier eine Sittenwidrigkeit der Tat in Betracht. Eine Körperverletzung verstößt gegen die guten Sitten iSv § 228 und ist daher trotz Einwilligung rechtswidrig, wenn sie dem Anstandsgefühl aller billig und gerecht Denkenden widerspricht, wobei es vor allem auf die Beweggründe und Ziele der Betei-ligten sowie auf die angewandten Mittel und die Art der Verletzung ankommt[23]. Geht es wie hier sogar um die Abtötung werdenden Lebens, so ist die damit verbundene Beein-trächtigung der körperlichen Integrität so schwer, dass sie sich bereits dem Bereich des § 216 annähert. Das führt zur Sittenwidrigkeit der Tat.

d) Schuld

Die Schuld könnte aufgrund eines Irrtums entfallen.

A ging davon aus, alle Voraussetzungen eines straflosen Abbruchs iSv § 218a I seien erfüllt. Er nahm also einen Sachverhalt an, der, wenn er zutreffend gewesen wäre, sein Handeln unter dem Gesichtspunkt der Körperverletzung nach Einwilligungsgrundsätzen gerechtfertigt hätte. Er unterlag daher einem Erlaubnistatbestandsirrtum[24]. Nach der zu-treffenden rechtsfolgenverweisenden eingeschränkten Schuldtheorie entfällt bei A die Vorsatzschuld.

Eine Strafbarkeit gem § 223 I ist deshalb nicht gegeben.

4. § 224 I Nr 2 Alt 2

77 Die Instrumente, die A beim Schwangerschaftsabbruch einsetzte, erfüllen zwar dem Wortlaut nach die Voraussetzungen des gefährlichen Werkzeugs. Indes muss der Tatbe-stand des § 224 I Nr 2 in Bezug auf de lege artis eingesetzte ärztliche Heilwerkzeuge nach hM teleologisch reduziert werden, weil die Instrumente des A im konkreten Fall mit fehlendem Angriffszweck eingesetzt werden, mithin ungefährlich sind[25]. Unabhän-gig davon befand sich A wiederum in dem Irrtum, es läge ein Schwangerschaftsabbruch iSv § 218a I vor, sodass § 224 I Nr 2 wegen des Erlaubnistatbestandsirrtums mangels schuldhaften Handelns ausscheidet.

5. § 229

78 Dem Arzt kommt zwar – schon im eigenen Interesse – die Pflicht zu, die Ordnungsmä-ßigkeit des Beratungsscheins und seines Inhalts zu überprüfen[26]. Aus dem Sachverhalt ergeben sich aber keinerlei Hinweise darauf, dass die Datumsfälschung auf dem Be-ratungsschein objektiv erkennbar war. Mangels einer objektiven Sorgfaltspflichtverlet-zung scheidet also eine Fahrlässigkeitsstrafbarkeit aus. Zumindest kann dem Sachver-halt nicht entnommen werden, dass A subjektiv die Datumsfälschung erkennen konnte, sodass jedenfalls die Fahrlässigkeitsschuld entfällt.

---

23 OLG München NStZ 2014, 706; *Wessels/Beulke/Satzger*, AT Rn 560; vert NK-*Paeffgen/Zabel*, § 228 Rn 37 ff.
24 So Fall 1 Problem Nr 7 Rn 45.
25 BGH NStZ 1987, 174; *Rengier*, BT2, Rn 21; *Wessels/Hettinger/Engländer*, BT1 Rn 300; aA *Fischer*, § 224 Rn 9a; *Kett-Straub/Müller*, JA 2013, 182, 183; LK-*Lilie*, § 224 Rn 24; S/S-*Stree/Sternberg-Lieben*, § 224 Rn 8.
26 *Fischer*, § 218a Rn 13.

6. Ergebnis für A im Tatkomplex B

A ist straflos.

II. Strafbarkeit der M

1. §§ 218 I 1, 25 I Alt 2

a) Objektiver Tatbestand

Hier wurde bei M ein Schwangerschaftsabbruch nach der Nidation vorgenommen. Dies   79
geschah zwar innerhalb der ersten zwölf Wochen, aber ohne die notwendige Beratung
iSv § 219. Die im Jahr zuvor durchgeführte Beratung konnte für diese Schwangerschaft
keine Bedeutung haben, sodass die Voraussetzungen eines tatbestandslosen Vorgehens
nach § 218a I nicht erfüllt waren.

Allerdings hat M die Schwangerschaft nicht selbst abgebrochen, sondern A. Das Verhalten des A muss sich M jedoch gem § 25 I Alt 2 zurechnen lassen, wenn ein Fall der
mittelbaren Täterschaft gegeben ist.

A unterlag einem Tatbestandsirrtum (*s Rn 73*), den M herbeigeführt hatte. M setzte A
somit als tatbestandslos handelndes Werkzeug ein, weshalb ihr die Tatherrschaft in Form
der so genannten Wissensherrschaft zukam[27].

b) Subjektiver Tatbestand

Die Abtötung der Leibesfrucht wurde mit Wissen und Wollen der M durchgeführt.
Dass M glaubte, zu ihrem Vorgehen berechtigt zu sein, ist kein Tatsachen-, sondern ein
Rechtsirrtum, sodass § 16 ausscheidet. M handelte also vorsätzlich.

c) Akzessorietätslockerung, § 28 II

Die Schwangerschaft der M stellt ein besonderes persönliches Merkmal (§ 14 I) iSv § 28
dar[28]. Dieses Merkmal hat strafmodifizierende Wirkung, da die Schwangerschaft der Betroffenen von der Grundstrafbarkeit gem § 218 I 1 zur Privilegierung des § 218 III führt.

d) Rechtswidrigkeit

Es könnte ein rechtfertigender Notstand, § 34, eingreifen.

Es bestand eine gegenwärtige Gefahr für das Selbstbestimmungsrecht der M in Form
einer Dauergefahr.

Fraglich ist die Erforderlichkeit der Handlung. Zwar war das gewählte Mittel geeignet,
die Gefahr für das Selbstbestimmungsrecht abzuwenden, es stand aber über den Bera-
tungsweg ein anderer legaler Weg (§ 218a I) zur Verfügung. Darüber hinaus ist darauf
hinzuweisen, dass auch das Selbstbestimmungsrecht der M das Lebensrecht des Ungeborenen nicht wesentlich überwiegt[29].

---

27 Zu den Fallgruppen der mittelbaren Täterschaft: *Beulke*, Klausurenkurs I [4] Rn 192; *Beulke/Witzigmann*, Ad
    Legendum 2013, 59; *Wessels/Beulke/Satzger*, AT Rn 773 ff.
28 *Fischer*, § 218 Rn 15; S/S/W-*StGB-Momsen-Pflanz*, § 218a Rn 21.
29 BVerfGE 88, 252, 254; S/S-*Eser*, § 218 Rn 34.

e) Schuld

aa) Entschuldigender Notstand, § 35

§ 35 verlangt eine Gefahr für Leben, Leib oder Freiheit. Hier kommt nur eine Gefahr für das Rechtsgut Freiheit in Betracht. Dabei reicht jedoch eine Gefahr für die Selbstbestimmungsfreiheit nicht aus. Es muss sich um die Fortbewegungsfreiheit handeln[30], die hier nicht gefährdet ist. Es ist deshalb bei M kein gegenüber einer normal verlaufenden Schwangerschaft erhöhter Gefährdungsgrad festzustellen.

Falls Gefahr doch bejaht wird:
In Anbetracht der legalen Abtreibungsmöglichkeit war die Rettungshandlung bereits nicht erforderlich. Zusätzlich ergibt sich aus § 35 I 2 Alt 1 die Ablehnung einer Entschuldigung wegen Notstands. Aufgrund der gesetzlichen Wertung hat die Mutter als Garant für das Leben des ungeborenen Kindes gewisse Gefährdungen für ihre eigene Gesundheit hinzunehmen. Dies wird auch in der Ausgestaltung der medizinisch-sozialen Indikation deutlich (vgl § 218a II).

bb) Verbotsirrtum, § 17 S 1

M glaubte, angesichts ihrer Notsituation berechtigt zu sein, einen manipulierten Beratungsnachweis vorlegen zu können, um problemlos einen Abbruch zu erreichen. Sie ging also von einem nicht existierenden Rechtfertigungsgrund aus bzw interpretierte die Grenzen des § 34 falsch. Sie befand sich somit in einem (indirekten) Verbotsirrtum[31], der jedoch durch Gewissensanspannung, zumindest aber durch Erkundigung bei kompetenter Stelle (zB bei einem auf dem betreffenden Rechtsgebiet versierten Anwalt[32]) vermeidbar gewesen wäre.

Ein Irrtum über die tatsächlichen Voraussetzungen eines Entschuldigungsgrundes gem § 35 II lag hingegen nicht vor. M irrte nicht über Tatsachen, sondern wertete nur falsch. Sie unterlag also einem Bewertungs- und damit Rechtsirrtum, der nur als Verbotsirrtum erfasst werden kann[33].

M handelte schuldhaft.

f) Strafmilderung gem § 17 S 2 iVm § 49 I

Aufgrund des vermeidbaren Verbotsirrtums kann die Strafe gem § 17 S 2 nach Maßgabe des § 49 I gemildert werden.

g) Ergebnis

M ist strafbar gem §§ 218 I 1, 25 I Alt 2, 28 II, 218 III, 17 S 2.

2. § 267 I

80 Indem M in der alten Bescheinigung über die soziale Beratung vom 2.10.2011 das Datum auf den 2.11.2012 änderte, um sie dem A zum Zwecke der Durchführung eines

---

30 S/S-*Perron*, § 35 Rn 8; *Wessels/Beulke/Satzger*, AT Rn 655.
31 Vgl *Wessels/Beulke/Satzger*, AT Rn 685, 708 ff.
32 Vgl BGH NStZ 2017, 284.
33 Vgl *Fischer*, § 35 Rn 17; *Wessels/Beulke/Satzger*, AT Rn 722.

angeblich legalen Schwangerschaftsabbruches vorzulegen, könnte sie sich gem § 267 I strafbar gemacht haben.

a) Objektiver Tatbestand

aa) Verfälschen einer echten Urkunde, Var 2

M könnte eine echte Urkunde verfälscht haben.

Urkunde iSd materiellen Strafrechts ist jede verkörperte Gedankenerklärung, die zum Beweis im Rechtsverkehr geeignet und bestimmt ist und die ihren Aussteller erkennen lässt[34]. Der Beratungsschein dokumentiert und beweist die stattgefundene Beratung und weist die Beratungsstelle als Ausstellerin aus. Es handelt sich also um eine Urkunde. In der ursprünglichen Form stammte die Urkunde von der Beratungsstelle, war also echt.

Zweifelhaft erscheint, ob M die zunächst echte Urkunde „verfälscht" hat.

Problem Nr 12: Anforderungen an das Verfälschen von Urkunden iSv § 267 I Var 2   81

(1) Nach einer starken **Mindermeinung** ist für eine Verfälschung iSv § 267 stets erforderlich, dass eine neue unechte Urkunde hergestellt wird (*Küpper/Börner*, BT1 § 6 Rn 43; NK-*Puppe/ Schumann*, § 267 Rn 89 ff; S/S-*Heine/Schuster*, § 267 Rn 68). Das hat zur Folge, dass § 267 I Var 2 nicht erfüllt ist, wenn der Aussteller selbst die Urkunde nachträglich verändert. Das Verfälschen von Urkunden ist stets nur ein Unterfall des Herstellens einer unechten Urkunde.

Argument: § 267 schützt das Vertrauen in die Echtheit der Urkunde nur bzgl Identitätstäuschungen. Ansonsten greift § 274 ein.

(2) Nach überzeugender **Rspr** und **hL** ist die Verfälschung einer Urkunde iSv § 267 I Var 2 jede Veränderung der Beweisrichtung und des gedanklichen Inhalts einer echten Urkunde, sodass diese nach dem Eingriff etwas anderes zum Ausdruck bringt als vorher. Es muss der Anschein erweckt werden, dass die Urkunde von vornherein den ihr nachträglich beigelegten Inhalt gehabt und dass der Aussteller die urkundliche Erklärung von Anfang an in der jetzt vorliegenden Form abgegeben habe (BGHSt 9, 235; *Diener/Hoffmann-Holland*, Jura 2009, 947; *Kindhäuser*, LPK § 267 Rn 44 ff; *Wessels/Hettinger/Engländer*, BT1 Rn 926; LK-*Zieschang*, § 267 Rn 204).

Argument: Folgt man der o unter (1) wiedergegebenen Lösung und fordert stets die Herstellung einer unechten Urkunde, ist die Tatbestandsvariante des Verfälschens überflüssig, da alle denkbaren Fälle schon von § 267 I Var 1 erfasst werden.

Die hier vertretene Lösung hat zur Folge, dass auch der Aussteller eine Urkundenfälschung begehen kann. Er kann zwar keine unechte Urkunde herstellen, jedoch eine echte verfälschen, wenn er inzwischen die alleinige Verfügungsmacht über die Urkunde verloren hat. Wenn jemand eine echte Urkunde verfälscht, deren Aussteller er nicht selbst ist, so tritt eine zugleich verwirklichte Herstellung einer unechten Urkunde hinter die Variante des Verfälschens einer echten Urkunde zurück (*Wessels/Hettinger/Engländer*, BT1 Rn 923).

Zur Vertiefung: Wessels/Hettinger/Engländer, BT1 Rn 921 ff; Beulke, Klausurenkurs II [4] Rn 121; Küper/Zopfs, BT Rn 558 ff.

---

34 BGH NStZ 2013, 105; *Freund*, Urkunden Rn 63 ff; *Satzger*, Jura 2012, 106; *Wessels/Hettinger/Engländer*, BT1 Rn 869.

82 Nach der Manipulation bezeugt die Urkunde nicht mehr, dass im Jahr 2011 eine Beratung stattgefunden habe, sondern im Jahr 2012. Es hat also eine Veränderung der Beweisrichtung und des gedanklichen Inhalts der zuvor echten Urkunde stattgefunden. Der Empfänger der Urkunde glaubt zu Unrecht, die Schwangerschaftsberatungsstelle habe die Urkunde in der jetzigen Form ausgestellt. Bei dieser Konstellation der nachträglichen Veränderung der Urkunde durch einen anderen als den Aussteller bejaht auch die Meinung, welche für die Variante des Verfälschens die Herstellung einer unechten Urkunde fordert, § 267 I Var 2. Damit ist § 267 I in der Variante des Verfälschens einer echten Urkunde gegeben.

bb) Herstellen einer unechten Urkunde, Var 1

Da die Urkunde in der jetzigen Form nicht vom Aussteller (Beratungsstelle), sondern von einem Dritten stammt, liegt in der Verfälschung zugleich die Herstellung einer unechten Urkunde, die jedoch hinter die Variante des Verfälschens zurücktritt.

cc) Gebrauchmachen von einer unechten/verfälschten Urkunde, Var 3

Gebrauchmachen von einer Urkunde iSv § 267 I Var 3 ist gegeben, wenn die Urkunde selbst und nicht nur ihre schlichte Abschrift oder Ablichtung dem zu Täuschenden in der Weise zugänglich gemacht wird, dass er die Möglichkeit zur Kenntnisnahme hat[35]. Die Vorlage bei A gab dem Getäuschten die Möglichkeit der Kenntnisnahme der gefälschten Urkunde.

b) Subjektiver Tatbestand

M handelte vorsätzlich.

Sie wollte die gefälschte Bescheinigung dem A vorlegen und damit die Durchführung des Schwangerschaftsabbruches erreichen. Sie handelte somit auch in der Absicht, mit der gefälschten Urkunde im Rechtsverkehr zu täuschen[36].

c) Rechtswidrigkeit

Rechtfertigungsgründe sind nicht ersichtlich.

d) Schuld

Hier kommt allenfalls ein vermeidbarer Verbotsirrtum, § 17 S 2, in Betracht. Dieser lässt die Schuld unberührt und führt nur zu einer fakultativen Strafmilderung nach § 49 I.

---

35 *Wessels/Hettinger/Engländer*, BT1 Rn 930.
36 Da hier dolus directus 1. Grades zu bejahen ist, kommt es auf den Streit, ob auch dolus directus 2. Grades ausreicht (vgl *M. Vormbaum*, GA 2011, 167; *Wessels/Hettinger/Engländer*, BT1 Rn 916), nicht an.

e) Verhältnis von Var 2 zu Var 3

Problem Nr 13: Konkurrenzverhältnis zwischen Herstellen bzw Verfälschen und Ge- brauchmachen bei § 267 83

Bei der Frage nach dem Verhältnis der Herstellung bzw Verfälschung der Urkunde einerseits und dem Gebrauchmachen andererseits differenziert die **hM** wie folgt:
- Hat der Täter von vornherein einen ganz bestimmten Gebrauch des Falsifikats ins Auge gefasst und sodann realisiert, so wird die schon mit dem Herstellungs- und Verfälschungs- akt vollendete Straftat erst durch das konkrete Gebrauchen beendet. Es liegt dann nur **eine** Urkundenfälschung iSv § 267 I, dh eine einheitliche Tat im Rechtssinn, vor (BGHSt 5, 291; BGH wistra 2014, 346; *Diener/Hoffmann-Holland*, Jura 2009, 947; *Wessels/Beulke/Satzger*, AT Rn 1064). Da Herstellen und Verfälschen materiell Vorbereitungshandlungen sind, ist in solchen Fällen auf den Gebrauch abzustellen. Das gilt selbst dann, wenn von mehreren gefälschten Urkunden gleichzeitig Gebrauch gemacht wird (BGH wistra 2008, 182; 2016, 151).
- Wer eine unechte Urkunde herstellt oder eine echte Urkunde verfälscht, deren Verwendung er zu diesem Zeitpunkt aber nur in allgemeinen Umrissen geplant hat, begeht durch den späteren Gebrauch eine neue selbstständige Straftat, die zum vorausgegangenen Fälschungs- akt im Verhältnis der **Tatmehrheit** steht (BGHSt 5, 291; 17, 97; Matt/Renzikowski-*Maier*, § 267 Rn 116).

Zur Vertiefung: Wessels/Hettinger/Engländer, BT1 Rn 932; Beulke, Klausurenkurs II [4] Rn 123.

Da M schon beim Fälschen einen Gesamtvorsatz auch hinsichtlich des Gebrauchens 84 hatte, stellt hier das Verfälschen und Gebrauchmachen des Beratungsscheins eine ein- heitliche Tat dar.

f) Ergebnis

M hat sich gem § 267 I Var 3 strafbar gemacht.

3. § 274 I Nr 1

Der Beratungsschein war vor seiner Veränderung eine echte Urkunde. Eine Urkunde gehört demjenigen, der das Recht hat, die Urkunde zum Beweis zu gebrauchen[37].

Da die M völlig frei darüber bestimmen konnte, ob sie den Beratungsschein benutzt oder ihn zB wegwirft, weil sie sich doch zur Austragung des Kindes entschließt, gehörte der Beratungsschein ausschließlich ihr selbst. § 274 I Nr 1 entfällt bereits im objektiven Tatbestand.

Darüber hinaus ist darauf hinzuweisen, dass die mit der Urkundenfälschung notwendig verknüpfte Urkundenunterdrückung auf Konkurrenzebene hinter § 267 I zurücktreten würde[38].

---

37 *Wessels/Hettinger/Engländer*, BT1 Rn 969.
38 NK-*Puppe/Schumann*, § 274 Rn 18; *Wessels/Hettinger/Engländer*, BT1 Rn 923; für Idealkonkurrenz: *Duttge*, Jura 2006, 19; *Krey/Hellmann/Heinrich*, BT1 Rn 985.

4. § 277

85 Es fand keine Täuschung von Behörden oder Versicherungsgesellschaften statt.

5. § 279

Es fand keine Täuschung von Behörden oder Versicherungsgesellschaften statt.

6. Konkurrenzen

86 Der Schwangerschaftsabbruch und die Urkundenfälschung überschneiden sich handlungsmäßig zumindest teilweise (beim Gebrauchmachen der unechten Urkunde). Da beide Straftatbestände unterschiedliche Rechtsgüter schützen, ist die Annahme von Idealkonkurrenz (§ 52) sachgerecht.

7. Ergebnis für M im Tatkomplex B

M hat sich gem §§ 218 I 1, 25 I Alt 2, 28 II, 218 III, 17 S 2 – § 52 – §§ 267 I Var 3, 17 S 2 strafbar gemacht.

III. Strafbarkeit der F

1. §§ 218 I 1, 25 I Alt 2

a) Objektiver Tatbestand

87 F selbst hat keine Schwangerschaft abgebrochen. Sie könnte die Straftat aber im Wege der mittelbaren Täterschaft „durch" M begangen haben, die ihrerseits einen Schwangerschaftsabbruch in mittelbarer Täterschaft begangen hat (*s Rn 79*).

Bei M lag ein „Defekt" vor, da sie sich in einem Verbotsirrtum befand, der allerdings vermeidbar war (s Rn 79).

88 **Problem Nr 14: Ist eine mittelbare Täterschaft auch dann möglich, wenn der Vordermann in vermeidbarem Verbotsirrtum handelt?**

(1) Nach **hM** (BGHSt 35, 347, 353 [„*Katzenkönig*"]; 40, 257; *Haft*, AT S 203; *Heinrich*, AT Rn 1260; *Rengier*, AT § 43 Rn 42; *Wessels/Beulke/Satzger*, AT Rn 784) ist mittelbare Täterschaft nicht nur bei einem unvermeidbaren Verbotsirrtum denkbar, sondern auch bei einem **vermeidbarem** Verbotsirrtum.

Argument: Dem Vordermann fehlt im konkreten Tatzeitpunkt die Unrechtseinsicht und die bloße Möglichkeit, dass er sie hätte haben können, beseitigt diesen Umstand nicht. Voraussetzung einer mittelbaren Täterschaft ist aber die vom Täterwillen getragene objektive Tatherrschaft beim Hintermann, die durch die – zwar vermeidbar – fehlende Unrechtseinsicht des Vordermanns begründet wird. Die Abgrenzung erfolgt dabei nach den allgemeinen Regeln, die für die Abgrenzung zwischen Täterschaft und Teilnahme herangezogen werden. Der Hintermann muss den vermeidbaren Verbotsirrtum des unmittelbar handelnden Täters zielstrebig dirigieren und für seine deliktischen Zwecke ausnutzen.

(2) Nach der **Mindermeinung** (*Herzberg*, Jura 1990, 16 ff; *Krey/Esser*, AT Rn 927 ff; *Küper*, JZ 1989, 617 ff) genügt **ein vermeidbarer Verbotsirrtum** für die Innehabung der Tatherrschaft **nicht**.

Argument: Der Vordermann wird wegen seiner Tat bestraft. Dies zeigt, dass es die Tat des Vordermanns ist und nicht die des Hintermanns, dh dass der Vordermann nicht als eigentliches Werkzeug eingestuft werden kann.

Zur Vertiefung: Wessels/Beulke/Satzger, AT Rn 784; Beulke/Witzigmann, Ad Legendum 2013, 59; Hillenkamp/Cornelius, AT 21. Problem S 181 ff; Murmann, GA 1998, 78; Schmidt, AT Rn 979.

Der Streit, ob eine mittelbare Täterschaft auch dann möglich ist, wenn der Vordermann 89 in vermeidbarem Verbotsirrtum handelt, kann hier letztlich offen bleiben, da auch nach hM im vorliegenden Fall eine mittelbare Täterschaft ausscheidet. F hatte nämlich keine Tatherrschaft und auch keinen Willen dazu. M allein hielt das Geschehen objektiv in Händen. F hat deren Irrtum nicht zielstrebig dirigiert; sie beeinflusste M nicht in Bezug auf die Erlaubtheit ihres Verhaltens. Lediglich die innere Einstellung war bei M und bei F unterschiedlich, ohne dass sich das auf den Tatablauf ausgewirkt hat. F ist daher nicht Täterin des Schwangerschaftsabbruchs.

b) Ergebnis

Eine Strafbarkeit nach §§ 218 I 1, 25 I Alt 2 scheidet aus.

2. §§ 218 I 1, 26

a) Objektiver Tatbestand

Die vorsätzliche rechtswidrige Haupttat liegt in Form des Schwangerschaftsabbruches der M nach § 218 I 1, III vor.

F müsste die M zu dieser Tat bestimmt haben. Welche Anforderungen an das Bestimmen zu stellen sind, ist umstritten.

> **Problem Nr 15: Wie ist der Begriff des „Bestimmens" iSv § 26 auszulegen?** 90
>
> **(1)** Nach einer **Ansicht** (*Hoffmann-Holland*, AT Rn 564; *Kindhäuser*, AT § 41 Rn 9 f; *Lackner/Kühl*, § 26 Rn 2) genügt für eine Anstiftungshandlung jede Verursachung des Tatentschlusses. Daher reicht es zB aus, wenn der Anstifter eine zur Tat anreizende oder die Tat provozierende Situation schafft, ohne mit dem Haupttäter unmittelbar in Kontakt zu treten.
>
> **Argument:** Zur Vermeidung kriminalpolitisch untragbarer Strafbarkeitslücken müssen die Anforderungen an das „Bestimmen" sehr niedrig gehalten werden. Jede erfolgreiche Einflussnahme – gleich welcher Art – ist daher ausreichend.
>
> **(2)** Die **hM** (*Fischer*, § 26 Rn 3; *Jescheck/Weigend*, § 64 II 1; *Kretschmer*, Jura 2008, 265, 266; *Krüger*, JA 2008, 492; *Kühl*, AT § 20 Rn 172; *Rengier*, AT § 45 Rn 30; *Roxin*, AT2 § 26 Rn 74 ff; *Wessels/Beulke/Satzger*, AT Rn 802) versteht unter Bestimmen zu Recht das Hervorrufen des Tatentschlusses durch eine **Willensbeeinflussung im Wege des offenen geistigen Kontakts**, durch die der Täter zur Begehung der Haupttat aufgefordert wird.
>
> **Argument:** Nur so wird sichergestellt, dass der Anstifter als ein dem Täter vergleichbarer „Miturheber" der Tat angesehen werden kann. § 26 bestimmt, dass der Anstifter „gleich dem Täter" bestraft wird. Eine Strafmilderung wie in § 27 ist nicht vorgesehen. Zudem steht der Versuch der Anstiftung gem § 30 I unter Strafe. Aufgrund dieser hohen Strafandrohung muss

gewährleistet sein, dass die Anstiftungshandlung im Unrechtsgehalt der Haupttat nahe kommt. Eine bloß kausale Beziehung zwischen dem Verhalten des Teilnehmers und der Rechtsgutsverletzung wird dem nicht gerecht. Deshalb ist geistiger Kontakt zu fordern.

(3) Einer **Mindermeinung** (*Puppe*, GA 1984, 101; *dies*, NStZ 2006, 424; *dies*, GA 2013, 514, 517 ff; SK-*Hoyer*, § 26 Rn 13) zufolge sind die Anforderungen an das „Bestimmen" noch höher: Anstifter und Haupttäter müssen sich auf einen gemeinsamen Tatplan iSe „**Unrechts-paktes**" verständigen, in dessen Rahmen der Angestiftete dem Teilnehmer das Versprechen der Tatausführung gibt und sich diesem unterordnet. Der Anstifter übt eine „**Motivherrschaft**" über den Haupttäter aus.

Argument: Die gleiche Strafbarkeit für Anstifter und Täter kann nicht nur erfordern, dass der Anstifter die Initialzündung zur Tat liefert, vielmehr muss auch bei der Tatausführung die Einflussnahme in gleicher Intensität fortdauern. Anstifter und Täter muss also ein bewusstes kriminelles Band verbinden.

Zur Vertiefung: Wessels/Beulke/Satzger, AT Rn 802; Beulke, Klausurenkurs I [3] Rn 161; Hillenkamp/Cornelius, AT 23. Problem S 194 ff; Krüger, JA 2008, 492 ff; Joerden, Puppe-FS, S. 859, 873 ff.

90a F riet M, einen Schwangerschaftsabbruch vorzunehmen. Damit verständigen sich die beiden zwar nicht auf einen gemeinsamen Tatplan, also nicht auf eine Art „Unrechts-pakt". Eine solch hohe Anforderung an das Bestimmen würde aber zu sehr großen Strafbarkeitslücken führen, so dass eine derartige Sichtweise abzulehnen ist. Während ein Teil der Literatur jegliche kausale Verursachung des Tatentschlusses ausreichen lässt, fordern andere eine Willensbeeinflussung im Wege des offenen geistigen Kontakts. Angesichts der Tatsache, dass der Anstifter gleich dem Täter bestraft wird und eine Strafmilderung nicht vorgesehen ist, muss sichergestellt sein, dass der Anstifter als ein dem Täter vergleichbarer „Miturheber" der Tat angesehen wird. Es ist somit der letzteren Ansicht zu folgen. „Bestimmen" iSd § 26 bedeutet daher Hervorrufen des Tatentschlusses durch eine Willensbeeinflussung im Wege des offenen geistigen Kontakts[39]. Durch ihren Ratschlag hat F bei M den Tatentschluss hervorgerufen.

b) Subjektiver Tatbestand

Sowohl hinsichtlich der vorsätzlichen rechtswidrigen Haupttat der M als auch hinsichtlich der eigenen Anstiftungshandlung handelte F vorsätzlich.

c) Akzessorietätslockerung, § 28 II

Der F fehlte der privilegierende Umstand der Schwangerschaft (für M: § 218 III), sodass sie gem § 28 II nach § 218 I 1 bestraft wird.

d) Rechtswidrigkeit

Rechtfertigungsgründe sind nicht ersichtlich.

---

39 *Wessels/Beulke/Satzger*, AT Rn 802.

e) Schuld

F selbst befand sich in keinem Verbotsirrtum. Der vermeidbare Verbotsirrtum der M (*s Rn 79*) hat für F keine Bedeutung.

3. §§ 267 I Var 2 und 3, 26

Durch ihren Ratschlag hat F die M zudem zur tateinheitlich begangenen Urkundenfäl- **91** schung gem § 267 I Var 2 und 3, die als einheitliche Urkundenfälschung gemäß § 267 I behandelt wird (*s Rn 83*), angestiftet.

4. Ergebnis für F im Tatkomplex B

F ist strafbar gem §§ 218 I 1, 26, 28 II – § 52 – §§ 267 I Var 3, 26.

C. Der Tod des Kindes K

I. Strafbarkeit des V

1. § 212 I

Steht eine Strafbarkeit gem §§ 211/212 im Raume, so rate ich, mit § 212 zu beginnen, **92** *und zwar auch dann, wenn man § 211 für einen selbstständigen Sondertatbestand hält. Dieser Ratschlag ist allerdings innerhalb der Strafrechtslehrer nicht unumstritten. Zum Teil wird behauptet, dass derjenige, der § 211 für ein Sonderdelikt hält, gerade nicht mit § 212 beginnen dürfe, sondern vielmehr zunächst § 211 direkt anprüfen und darin die Voraussetzungen des § 212 hineinlesen müsse (so zB Zöller, Jura 2007, 308, Fn 20). Die Berechtigung des hier empfohlenen Aufbaus, immer mit § 212 anzufangen, gleichgültig wie man später das Verhältnis von § 211 zu § 212 beurteilt, ergibt sich daraus, dass auch diejenigen, die von einer Sonderdeliktseigenschaft des § 211 ausgehen, nicht bestreiten, dass § 212 ebenso in § 211 „steckt" wie § 242 im Sondertatbestand des § 249 Wer dort mit § 242 (und § 240) beginnt, missachtet zwar die Regel, wonach nur das einschlägige Sonderdelikt zu prüfen ist (Beulke, Klausurenkurs I, Rn 52; sa Bringewat, Methodik, Rn 470), begeht aber gleichwohl keinen logischen Fehler, wenn er sowohl § 242 (und § 240) als auch § 249 bejaht und § 242 (sowie § 240) erst später im Wege der Gesetzeskonkurrenz ausscheidet. Egal wie letztendlich das Verhältnis von § 211 zu § 212 gesehen wird, sollte jedenfalls niemals der Aufbau unter Hinweis auf das Verhältnis von § 211 zu § 212 erläutert werden (ebenso Kindhäuser/Schumann/Lubig, Klausurtraining [1], S 71; vert Wessels/Beulke/Satzger, AT Rn 1190; Beulke, Klausurenkurs I [3] Rn 150 ff).*

V hat den Tatbestand des § 212 I vorsätzlich, rechtswidrig und schuldhaft verwirklicht.

2. § 211

Fraglich ist, ob die Tötungshandlung des V ein oder mehrere Mordmerkmale erfüllt. **93**

65

a) Heimtücke[40]

Heimtücke iSv § 211 ist die bewusste Ausnutzung der Arg- und Wehrlosigkeit des Opfers in feindlicher Willensrichtung[41].

Arglos ist, wer sich im Zeitpunkt der Tat keines tätlichen Angriffs auf seine körperliche Unversehrtheit oder sein Leben versieht[42]. Wehrlos ist, wer infolge[43] seiner Arglosigkeit zur Verteidigung außerstande oder in seiner Verteidigung stark eingeschränkt ist[44]. Die Arg- und Wehrlosigkeit nutzt der Täter aus, wenn er die von ihm herbeigeführte oder vorgefundene Lage der Arg- und Wehrlosigkeit im Wege des listigen, hinterhältigen oder planmäßig-berechnenden Vorgehens bewusst zu einem Überraschungsangriff benutzt und das Opfer so daran hindert, sich zu verteidigen, zu fliehen, Hilfe herbeizurufen oder dem Anschlag auf sein Leben sonst wie Hindernisse entgegenzusetzen[45]. Dabei erfordert heimtückisches Handeln kein „heimliches" Vorgehen. Das Opfer kann auch dann arglos sein, wenn der Täter ihm offen feindselig entgegentritt, die Zeitspanne zwischen dem Erkennen der Gefahr und dem unmittelbaren Angriff aber so kurz ist, dass keine Möglichkeit bleibt, dem Angriff irgendwie zu begegnen[46].

Dem Kind K fehlte noch die Fähigkeit zum Argwohn. Es konnte weder die böse Absicht des Täters erkennen noch diesem wirksam entgegentreten; ein Kleinkind ist „konstitutionell arglos"[47].

Heimtücke ist allerdings auch zu bejahen, wenn schutzbereite Dritte oder sonstige Hilfspersonen in der Absicht ausgeschaltet werden, einen konstitutionell Arglosen zu töten[48]. Hier war M trotz ihrer momentanen Abwesenheit potenziell schutzbereit, da sie auch vom Geschäft aus sorgsam das Kind bewachte. Das bedeutet aber, dass sie besonders misstrauisch war. Zwar wird für die Ausnutzung der Arg- und Wehrlosigkeit nicht vorausgesetzt, dass der Täter die Schutzlockerung selbst herbeigeführt hat[49], die kurzfristige Ablenkung durch den Zahlvorgang an der Kasse schaffte aber allein keine „Arglosigkeit". Heimtücke scheidet deshalb aus (*Gegenteil auch gut vertretbar*).

b) Grausam

Grausam tötet, wer dem Opfer im Rahmen der Tötungshandlung aus gefühlloser, unbarmherziger Gesinnung durch Dauer, Stärke oder Wiederholung der Schmerzverursachung besonders schwere Qualen körperlicher oder seelischer Art zufügt[50]. Jenseits des

---

40 Zur Heimtücke: *Kaspar*, JA 2007, 699; *Kett-Straub*, JuS 2007, 515; *Köhne*, Jura 2009, 748.
41 BGH NStZ 2016, 340 m Bespr *Hecker*, JuS 2016, 278; *Wessels/Hettinger/Engländer*, BT1 Rn 125; vgl zu diesem Mordmerkmal auch BGHSt 48, 207; *Küper*, JuS 2000, 740 ff sowie *Otto*, Jura 2003, 612, 617 ff.
42 *Wessels/Hettinger/Engländer*, BT1 Rn 128.
43 Hierzu *Küper*, Beulke-FS, S 467 ff.
44 *Wessels/Hettinger/Engländer*, BT1 Rn 131; relevanter Zeitpunkt hierfür ist der Beginn des ersten mit Tötungsvorsatz geführten Angriffs, vgl BGH NStZ 2016, 405.
45 *Wessels/Hettinger/Engländer*, BT1 Rn 133.
46 BGH NStZ 2006, 96; 2010, 450.
47 BGHSt 4, 11; S/S-*Eser/Sternberg-Lieben*, § 211 Rn 25c; *Wessels/Hettinger/Engländer*, BT1 Rn 140; instruktiv *Mitsch*, JuS 2013, 783.
48 BGH NStZ 2013, 158; S/S-*Eser/Sternberg-Lieben*, § 211 Rn 25c.
49 BGHSt 8, 216, 219.
50 *Wessels/Hettinger/Engländer*, BT1 Rn 120.

eigentlichen Erstickungsvorgangs sind hier dem Opfer keine besonderen Qualen zugefügt worden. Grausamkeit ist nicht gegeben.

c) Habgier

Habgier bedeutet rücksichtsloses Streben nach Gewinn um jeden Preis, wobei der „Gewinn" nach hM auch im Ersparen von Aufwendungen liegen kann[51]. V wollte sich zukünftige Unterhaltszahlungen für das Kind ersparen. Er handelte somit habgierig. Die die Habgier begründenden Umstände waren ihm auch bewusst.

d) Sonstige niedrige Beweggründe

Niedrige Beweggründe sind alle Tatantriebe, die nach allgemeiner rechtlich-sittlicher Wertung auf tiefster Stufe stehen, durch hemmungslose Eigensucht bestimmt und deshalb besonders verachtenswert sind[52]. Die Niedrigkeit der Beweggründe für eine Tötung ergibt sich dabei nicht schon aus der fehlenden moralischen Rechtfertigung der Tat[53]. Über die reine Habgier hinaus sind bei V keine sonstigen niedrigen Beweggründe erkennbar. Allein die Vaterschaft des V macht die Tat noch nicht gesteigert verachtenswert.

e) Konkurrenz

§ 211 verdrängt als qualifiziertes Delikt bzw als Sondertatbestand den § 212 I. Im Ergebnis herrscht Einigkeit: § 211 ist lex specialis gegenüber § 212 I.

3. § 223 I

Der objektive Tatbestand ist erfüllt. V handelte auch vorsätzlich, denn nach der herrschenden Einheitstheorie ist in jedem Tötungsvorsatz zwangsläufig der Vorsatz, eine Körperverletzung als notwendiges Durchgangsstadium einer jeden Tötung zu begehen, enthalten[54]. Jedoch ist § 223 I subsidiär gegenüber § 211. **94**

4. § 224 I Nr 3, Nr 5

a) Tatbestand

Ein Überfall ist jeder plötzliche, unerwartete Angriff auf einen Ahnungslosen. Hinterlistig ist der Überfall, wenn der Täter seine wahre Absicht planmäßig berechnend verdeckt, um gerade dadurch dem Angegriffenen die Abwehr zu erschweren. Das bloße Ausnutzen des Überraschungsmomentes genügt für sich jedoch nicht. Vielmehr muss der Täter zur Verschleierung des geplanten Angriffs zuvor weitere Vorkehrungen getroffen haben[55]. Daran mangelt es hier.

---

51 BGHSt 10, 399; *Kühl*, JA 2009, 566, 571; *Wessels/Hettinger/Engländer*, BT1 Rn 111; krit S/S-*Eser*, § 211 Rn 17; *Joecks/Jäger*, St-K-StGB, § 211 Rn 18; *Mitsch*, JuS 1996, 121, 124.
52 BGH NStZ 2006, 97; LG Passau NStZ 2005, 101; *Wessels/Hettinger/Engländer*, BT1 Rn 112.
53 BGH StV 2003, 26; zur Annahme von niedrigen Beweggründen bei „grundloser" Tötung vgl BGHSt 47, 128 m Anm *Otto*, JZ 2002, 567 f; krit zu diesem Urteil *Saliger*, StV 2003, 38 ff und *Neumann*, JR 2002, 471 ff; BGH NStZ-RR 2005, 309.
54 *Beulke*, Klausurenkurs I [1] Rn 116; *Wessels/Hettinger/Engländer*, BT1 Rn 358.
55 BGH NStZ-RR 2009, 77; *Wessels/Hettinger/Engländer*, BT1 Rn 304.

Eine Körperverletzung ist mittels einer das Leben gefährdenden Behandlung begangen, wenn die Verletzungshandlung den konkreten Umständen nach objektiv geeignet war, das Leben des Opfers in Gefahr zu bringen[56]. Hier ist sogar der Tod des Opfers eingetreten. Eine gefährliche Körperverletzung liegt somit vor.

b) Konkurrenz

§ 224 I Nr 5 ist subsidiär gegenüber § 211.

5. § 227 I

95   V hat auch den Tatbestand des § 227 I verwirklicht, da „wenigstens fahrlässig" in § 18 auch vorsätzliches Handeln einschließt. § 227 I ist aber subsidiär gegenüber § 211.

Die Prüfung der Körperverletzungsdelikte kann angesichts der ohnehin bestehenden Subsidiarität auch noch kürzer ausfallen. Insbes kann § 227 gänzlich weggelassen werden. Zum Teil wird auch vertreten, dass die Körperverletzungsdelikte neben dem vollendeten Totschlag überhaupt nicht geprüft werden sollten (vgl Beulke, Klausurenkurs I [1] Rn 115).

6. § 170

Nach dem Tod des K besteht keine Unterhaltspflicht mehr. § 170 scheidet deshalb aus.

7. § 171

96   Ob die Tötung des leiblichen (nichtehelichen) Kindes, das nach der Trennung des Vaters von der Mutter anscheinend von Letzterer allein erzogen wurde, zugleich die denkbar stärkste Form einer Verletzung der Fürsorgepflicht iSv § 171 darstellt, mag hier letztendlich dahinstehen (Sinn und Zweck des § 171, dem es um die längerfristige Sorge um das Kind geht, sprechen eher gegen die Einbeziehung der Tötung aufgrund eines einmaligen Kontakts), da § 171 gegenüber § 211 jedenfalls wegen Subsidiarität zurücktritt.

8. Ergebnis für V im Tatkomplex C

V ist strafbar gem § 211.

II. Strafbarkeit des B

1. §§ 212 I, 25 II

97   B wollte die Tat als fremde (subjektive Theorie). Außerdem bestimmte nicht B, sondern V das Geschehen, hielt dieses also in den Händen, sodass nur V Tatherrschaft zufiel (Tatherrschaftstheorie)[57].

Nach allen Ansichten ist B also kein Täter.

---

56   *Wessels/Hettinger/Engländer*, BT1 Rn 307; vgl o Fall 1 Problem Nr 1 Rn 6.
57   Vgl zur Abgrenzung Täterschaft – Teilnahme bei Beteiligung an einem Begehungsdelikt durch positives Tun u Fall 7 Problem Nr 65, Rn 285.

2. §§ 212 I, 26

a) Objektiver Tatbestand

Die vorsätzliche rechtswidrige Haupttat des V liegt in Form des Totschlages, § 212 I, vor (*s Rn 92*).   **98**

Durch seinen Ratschlag hat B den Tatentschluss des V hervorgerufen.

b) Subjektiver Tatbestand

B handelte sowohl bzgl der vorsätzlichen rechtswidrigen Haupttat des V als auch hinsichtlich der eigenen Anstiftungshandlung vorsätzlich. Der geforderte „doppelte Anstiftervorsatz" liegt somit vor.

c) Rechtswidrigkeit und Schuld

B handelte rechtswidrig und schuldhaft.

3. §§ 211, 26

a) Objektiver Tatbestand

Der Haupttäter V beging einen Mord unter Erfüllung des Mordmerkmals der „Habgier" (*s Rn 93*).   **99**

B hat bei V objektiv den Tatentschluss hervorgerufen.

b) Subjektiver Tatbestand

Das Motiv der Habgier war dem B bekannt.

(Wer o – Rn 93 – bei V Heimtücke bejaht, muss bei B mangels Kenntnis vom Tathergang den Vorsatz bzgl der Heimtücke verneinen.)

Bzgl der Anstiftungshandlung handelte B vorsätzlich.

c) Akzessorietätslockerung

B selbst hat keine Mordmerkmale erfüllt.

Wegen des Fehlens des Mordmerkmals der Habgier in der Person des B kommt eine Tatbestandsverschiebung von der Anstiftung zum Mord zur Anstiftung zum Totschlag in Betracht.

> **Problem Nr 16: Wie ist das Verhältnis von § 212 zu § 211? Ist § 28 I oder II oder § 29**   **100**
> **anwendbar?**
>
> **(1)** Nach Ansicht der **Rspr** sind die täterbezogenen Merkmale des § 211 – das sind die der 1. und 3. Gruppe des § 211 – besondere persönliche Merkmale iSv § 28. Weiterhin sieht die Rspr § 211 und § 212 I als **selbstständige, voneinander unabhängige Sondertatbestände** an, die in einem Exklusivitätsverhältnis stehen (BGHSt 1, 368, 370; 6, 329, 330; 22, 375, 377; BGH NJW 2005, 996 m Bespr *Kudlich*, JuS 2005, 1051 u *Valerius* JA 2005, 682; BGH NStZ 2008, 273 m Anm *Kudlich*, JA 2008, 310; BGH StV 2015, 287; grds auch anerkannt von BGHSt GrS 30, 105 ff). Die Mordmerkmale begründen deshalb die Strafe und verschärfen

sie nicht lediglich, sodass **§ 28 I** anwendbar ist, falls das vom Haupttäter verwirklichte Mordmerkmal in der Person des Teilnehmers fehlt und auch nicht durch ein gleichwertiges anderes Mordmerkmal ersetzt wird (= sog **„gekreuzte Mordmerkmale").** Im Ergebnis ist im Fall der täterbezogenen besonderen persönlichen Merkmale für den Teilnehmer die Strafe zu mildern, wenn bei ihm dieses Merkmal fehlt.

Argument: Zur Begründung wird vor allem die Systematik des Gesetzes angeführt (Mord [§ 211] vor Totschlag [§ 212]). Außerdem ergibt sich aus dem Wortlaut des § 212 I („ohne Mörder zu sein"), dass ein Mörder gerade kein Totschläger ist. Schließlich zieht die Rspr eine Parallele zu § 249: Obwohl § 249 den § 242 enthält, ist § 249 ein selbstständiger Tatbestand. Mord beinhaltet gegenüber Totschlag ein wesentlich gesteigertes Unrecht, was schon an der Strafandrohung der lebenslangen Freiheitsstrafe zu erkennen ist.

(2) Auch die **hL** hält die Mordmerkmale der 1. und 3. Gruppe des § 211 für besondere persönliche Merkmale iSv § 28, sieht jedoch § 212 I als **Grundtatbestand** und § 211 als dazu (unselbstständige) **Qualifikation** an (*Gössel*, ZIS 2008, 153; *Kudlich*, PdW BT2 S 7 f; *Lackner/Kühl*, Vor § 211 Rn 22 ff; *Rengier*, BT2 § 5 Rn 4; *S/S-Eser/Sternberg-Lieben*, Vorbem § 211 Rn 5). Die Mordmerkmale modifizieren die Strafe nur. Deshalb ist **§ 28 II** anwendbar mit der Folge, dass bei den täterbezogenen Mordmerkmalen des § 211 auf das Vorhandensein dieses Merkmals beim jeweiligen Beteiligten abzustellen ist. Das Verhältnis der Tötungsdelikte kann danach mit allgemeinen Konkurrenzregeln begründet werden. Die §§ 211 und 216 enthalten jeweils den Grundtatbestand des § 212 I und knüpfen zusätzlich wenigstens an ein Merkmal an, das die Strafe schärft bzw mildert.

Argument: § 212 I und § 211 dienen beide dem Schutz des gleichen Rechtsgutes „Leben" und erfassen mit der Tötung die gleiche Beeinträchtigung, sodass die Annahme artverschiedener, selbstständiger Delikte nicht überzeugend ist. Auch spricht die Gesetzessystematik eher für die Annahme eines Stufenverhältnisses bei den Tötungsdelikten (Grundtatbestand, Privilegierung, Qualifikation). Der Umstand, dass hier die Qualifikation (§ 211) vor dem Grunddelikt (§ 212 I) geregelt wird, erklärt sich aus der überragenden Schwere des Mordvorwurfs.

Erfüllt der Teilnehmer ein besonderes persönliches Merkmal, das beim Täter, der nur einen Totschlag begangen hat, nicht vorliegt, kommt es nach Ansicht der Rspr – o Meinung (1) – grds nicht zu einer Tatbestandsverschiebung. Der Teilnehmer kann nur wegen Teilnahme am Totschlag bestraft werden. Dies ist jedoch ein unbilliges Ergebnis. Die Korrekturen, die der BGH teilweise vornimmt (s insbes die Konstruktion der gekreuzten Mordmerkmale bei § 28 I, bei welcher der Teilnehmer das [täterbezogene] Mordmerkmal des Täters nicht teilt, doch ein eigenes, gleichwertiges [täterbezogenes] Mordmerkmal erfüllt), entbehren jeglicher gesetzlichen Grundlage und sind als bloße Billigkeitsrechtsprechung abzulehnen.

(3) Nach einer **dritten Ansicht** (*Wessels/Beulke/Satzger*, AT Rn 799) bilden die täterbezogenen Mordmerkmale **spezielle Schuldmerkmale iSd § 29.** Jeder Täter wird danach bestraft, ob gerade in seiner Person ein (täterbezogenes) Mordmerkmal erfüllt ist.

Argument: Die täterbezogenen Mordmerkmale sind nicht lediglich als Reflex des Unrechts zu charakterisieren, sondern prägen unmittelbar und ausschließlich den Gesinnungsunwert des Täters. Einschlägig ist deshalb weder § 28 I noch § 28 II, sondern § 29.

Zur Vertiefung: Wessels/Beulke/Satzger, AT Rn 794, 799; Wessels/Hettinger/Engländer, BT1 Rn 154 ff; Hillenkamp, BT 1. Problem S 1 ff; Klesczewski, BT1 S 22 ff, 42 ff.

101   Im vorliegenden Fall gelangt die Rspr, die § 211 als einen Sondertatbestand einstuft, zur Anwendbarkeit des § 28 I, dh B würde akzessorisch wegen Anstiftung zum Mord haften. Da ihm jedoch das beim Täter gegebene täterbezogene Mordmerkmal der Habgier fehlt, wäre seine Strafe zu mildern. Die Rspr verkennt jedoch, dass der Mordtatbestand die vorsätzliche Tötung unter Verwirklichung bestimmter Merkmale beschreibt und deshalb als Qualifikation eine vorsätzliche Tötung ohne Verwirklichung gerade dieser Merkmale beinhaltet. Die Systematik der §§ 211 ff spricht also dafür, dass es sich bei § 212 I um das Grunddelikt und bei § 211 um einen qualifizierten Fall des Totschlags handelt.

Die hA im Schrifttum wendet deshalb § 28 II an, sodass B, der keine täterbezogenen Mordmerkmale in seiner Person erfüllte, wegen Anstiftung zum Totschlag zu bestrafen ist.

Zu demselben Ergebnis gelangt die vorzugswürdige Ansicht, die sämtliche täterbezogenen Mordmerkmale als Schuldmerkmale begreift und die deshalb gem § 29 gegenüber B, der keine täterbezogenen Mordmerkmale erfüllte, vom Vorwurf der Anstiftung zum Mord absieht.

4. Ergebnis für B im Tatkomplex C

B ist nur strafbar gem §§ 212 I, 26, 29 (*hM: § 28 II*).

D. Gesamtergebnis des materiell-rechtlichen Gutachtens

Tatkomplex A: **102**
M und V haben sich nicht strafbar gemacht.

Tatkomplex B:
A: straflos
F: §§ 218 I 1, 26, 28 II – § 52 – §§ 267 I Var 3, 26
M: §§ 218 I 1, 25 I Alt 2, 28 II, 218 III, 17 S 2 – § 52 – §§ 267 I Var 3, 17 S 2

Tatkomplex C:
B: §§ 212 I, 26, 29 (*hM: 28 II*)
V: § 211

Teil II. (prozessualer Teil)

Polizeiliche/staatsanwaltschaftliche Erforschungs- und Verfolgungspflicht bei au- **103**
ßerdienstlicher Kenntniserlangung:

Für eine Erforschungspflicht auch bei privater Kenntniserlangung spricht der Wortlaut des § 163 I StPO (für die Staatsanwaltschaft: § 160 I StPO): Danach existiert diese Pflicht auch dann, wenn auf anderem Wege als durch Anzeige von dem Verdacht einer Straftat Kenntnis erlangt wurde.

Gegen eine solche Pflicht spricht, dass dem Beamten auch eine rechtlich geschützte Privatsphäre zugebilligt werden muss.

104 **Problem Nr 17: Inwieweit sind Polizei/Staatsanwaltschaft bei privater Kenntniserlangung von einer Straftat zur Erforschung und Verfolgung der Tat verpflichtet?**

(1) Nach einer **Mindermeinung** (*Geerds*, Schröder-GS, S 389 ff; SK/StGB-*Hoyer*, § 258a Rn 6; *Volk/Engländer*, StPO § 8 Rn 11) besteht generell keine Pflicht zum Einschreiten.

Argument: Der Schutz der Privatsphäre des Beamten geht allen Strafverfolgungsinteressen vor.

(2) Andere sind der **Ansicht,** dass die Anklagepflicht nur bei Katalogtaten des § 138 StGB (LR-*Erb*, § 160 Rn 29a; *Roxin/Schünemann*, StPO § 39 Rn 3) bzw § 100a II StPO (*Kramer*, Rn 177) oder § 100c II StPO (S/S/W-StGB-*Jahn*, § 258a Rn 89) oder aber bei Verbrechen iSv § 12 I StGB (*Hellmann*, StPO Rn 52) besteht.

Argument: Der Bestimmtheitsgrundsatz verlangt, dass ein Überwiegen der öffentlichen Interessen – und damit ein Eingreifen der Strafbarkeit gem §§ 258, 258a StGB – nur bei den Delikten in Frage kommt, die der Gesetzgeber in den §§ 12 I, 138 StGB als besonders schwer eingestuft hat.

(3) Die **hM** (BGHSt 5, 225, 229; 12, 277, 280 f; 38, 388, 392; *Beulke*, StPO Rn 91; *Fischer*, § 258a Rn 4a; *Lackner/Kühl*, § 258a Rn 4; S/S-*Stree/Hecker*, § 258a Rn 11; für Verfassungskonformität dieser Ansicht BVerfG JZ 2004, 303) nimmt eine Abwägung im Einzelfall vor, wobei nicht auf starre Grenzen, sondern auf die Intensität der Verknüpfung mit der Privatsphäre des Staatsanwalts/Polizisten, die Schwere der Tat und den Grad der Gefährdung der Allgemeinheit bei Unterlassen des Einschreitens abgestellt wird. Zu bejahen ist die Verfolgungs-/Anklagepflicht, wenn es sich um schwerwiegende Straftaten handelt, welche die Belange der Öffentlichkeit und der Gesellschaft in besonderem Maße berühren (RGSt 70, 251, 252 f [„Weinzimmer-Fall"] bzgl Staatsanwalt).

Argument: Nur so kann der überragenden Bedeutung des Legalitätsprinzips, das der Durchsetzung des staatlichen Strafanspruchs, dem Schutz der Allgemeinheit vor Straftaten und insbes der Gleichheit vor dem Gesetz zu dienen bestimmt ist, Rechnung getragen werden. Ein Abstellen auf formale Kriterien unter analoger Heranziehung des § 12 I StGB oder des § 138 StGB bzw der §§ 100a II, 100c II StPO lässt zu wenig Spielraum für gravierende Fälle mit klar erkennbarem Strafverfolgungsinteresse, ohne dass die starren Voraussetzungen der angeblich analog heranziehbaren Vorschriften erfüllt wären.

Zur Vertiefung: Beulke, StPO Rn 91; Rössner/Safferling, StPO 2. Problem S 5 ff.

105 Wenn sich eine Mindermeinung bei privater Kenntnisnahme gegen jede Pflicht zum Einschreiten ausspricht, so misst sie dem das Strafprozessrecht beherrschenden Legalitätsprinzip eine zu geringe Bedeutung bei. Bei schwer wiegenden Straftaten, welche die Belange der Öffentlichkeit und der Gesellschaft in besonderem Maße berühren, muss deshalb auch bei privater Kenntniserlangung ein Strafverfahren von Amts wegen initiiert werden. Zwar wäre im Rahmen der im vorliegenden Fall vorzunehmenden Gesamtabwägung durchaus zu berücksichtigen, dass es sich bei V um den Vetter des P, also einen Verwandten, handelt. Bei Begehung einer besonders schwerwiegenden Straftat wie Mord wird die Öffentlichkeit hingegen aufgrund ihres allgemeinen Sicherheitsinteresses besonders tangiert. Wenn es sich zudem um ein Verbrechen iSv § 12 I StGB handelt und darüber hinaus jeder Bürger im Falle der Kenntniserlangung von der geplanten Tatbegehung bei Nichtanzeige der geplanten Straftat gem § 138 StGB selbst dann bestraft werden könnte, wenn sich die Anzeige gegen einen Angehörigen richten würde (§ 139 III 1 Nr 1 StGB), muss der Aspekt der Privatsphäre des Beamten eindeutig hinter das öffentliche Interesse an der Verfolgung dieser schweren Straftat zurücktreten. Hinzu kommt, dass die Intensität der Verknüpfung mit der Privatsphäre des P insoweit gering ist, als ein Vetter als Verwandter in der Seitenlinie noch nicht einmal zu den Angehörigen iSv § 11 I Nr 1 a StGB zählt. Ihm stünde also im Rahmen eines Strafverfahrens kein Zeugnisverweigerungsrecht zu.

P ist also gem § 163 I StPO zur Einleitung eines Ermittlungsverfahrens entweder durch die Polizei selbst oder durch die Staatsanwaltschaft (§ 163 II StPO iVm § 160 I StPO) verpflichtet. Unter Umständen kann sogar eine Festnahme des V durch P gem § 163 I StPO iVm §§ 127 II, 113 II StPO in Betracht kommen.

Definitionen zum Auswendiglernen

Anstifter	ist gem **§ 26,** wer vorsätzlich einen anderen zu dessen vorsätzlich begangener rechtswidriger Tat bestimmt (*vgl Gesetzestext*).
Bestimmen	iSd **§ 26** bedeutet Hervorrufen des Tatentschlusses durch eine Willensbeeinflussung im Wege des offenen geistigen Kontakts (*Wessels/Beulke/Satzger, AT Rn 802*).
Notstandslage	iSv **§ 34** ist eine gegenwärtige Gefahr für Leben, Leib, Freiheit, Ehre, Eigentum oder ein anderes Rechtsgut, die nicht anders abgewendet werden kann als durch Einwirkung auf ebenfalls rechtlich anerkannte Interessen (*Wessels/Beulke/Satzger, AT Rn 446*).
Gegenwärtige Gefahr	iSv **§ 34** ist ein Zustand, dessen Weiterentwicklung den Eintritt oder die Intensivierung eines Schadens ernstlich befürchten lässt, sofern nicht alsbald Abwehrmaßnahmen ergriffen werden (*Wessels/Beulke/Satzger, AT Rn 451*).
Erforderlich	iSv **§ 34** ist, was zur Abwehr der Gefahr geeignet ist und unter Berücksichtigung aller ex ante erkennbaren Umstände aus der Sicht eines sachkundigen objektiven Betrachters als der sicherste Weg zur Erhaltung des gefährdeten Gutes erscheint und was zugleich das relativ mildeste Mittel darstellt (*Wessels/Beulke/Satzger, AT Rn 457*).
Grausam	iSv **§ 211** tötet, wer dem Opfer im Rahmen der Tötungshandlung aus gefühlloser, unbarmherziger Gesinnung durch Dauer, Stärke oder Wiederholung der Schmerzverursachung besonders schwere Qualen körperlicher oder seelischer Art zufügt (*Wessels/Hettinger/Engländer, BT1 Rn 120*).
Habgier	iSv **§ 211** ist ein ungezügeltes und rücksichtsloses Streben nach Gewinn um jeden Preis, gleichgültig, ob es dabei um einen Vermögenszuwachs oder um die Vermeidung von Aufwendungen als unmittelbare Folge der Tötungshandlung geht (*Wessels/Hettinger/Engländer, BT1 Rn 111*).
Heimtücke	iSv **§ 211** ist die bewusste Ausnutzung der Arg- und Wehrlosigkeit des Opfers in feindlicher Willensrichtung (*Wessels/Hettinger/Engländer, BT1 Rn 125*).
Arglos	iSv **§ 211** ist, wer sich im Zeitpunkt der Tat keines tätlichen Angriffs auf seine körperliche Unversehrtheit oder sein Leben versieht (*Wessels/Hettinger/Engländer, BT1 Rn 128*).

Wehrlos	iSv **§ 211** ist, wer infolge seiner Arglosigkeit zur Verteidigung außer Stande oder in seiner Verteidigung stark eingeschränkt ist (*Wessels/Hettinger/Engländer, BT1 Rn 131*).
Ausnutzen	der Arg- und Wehrlosigkeit iSv **§ 211** ist gegeben, wenn der Täter die von ihm herbeigeführte oder vorgefundene Lage der Arg- und Wehrlosigkeit im Wege des listigen, hinterhältigen oder planmäßig berechnenden Vorgehens bewusst zu einem Überraschungsangriff benutzt und das Opfer so daran hindert, sich zu verteidigen, zu fliehen, Hilfe herbeizurufen, dem Anschlag auf sein Leben in sonstiger Form zu begegnen oder dessen Durchführung wenigstens zu erschweren (*Wessels/Hettinger/Engländer, BT1 Rn 133*).
Sonstige niedrige Beweggründe	iSv **§ 211** sind alle Tatantriebe, die nach allgemeiner rechtlich-sittlicher Wertung auf tiefster Stufe stehen, durch hemmungslose Eigensucht bestimmt und deshalb besonders verachtenswert sind (*Wessels/Hettinger/Engländer, BT1 Rn 112*).
Abbrechen der Schwangerschaft	iSv **§ 218 I** ist die Vornahme eines Eingriffs bei der Schwangeren, der die Abtötung der Leibesfrucht bezweckt oder in Kauf nimmt. Der Taterfolg liegt im Absterben der Leibesfrucht (*Wessels/Hettinger/Engländer, BT1 Rn 247*).
Nidation	bedeutet Abschluss der Einnistung des befruchteten Eies in der Gebärmutter (*Gesetzeswortlaut § 218 I 2; Wessels/Hettinger/Engländer, BT1 Rn 241*).
Sittenwidrigkeit	einer Körperverletzung iSv **§ 228** liegt vor, wenn sie dem Anstandsgefühl aller billig und gerecht Denkenden widerspricht, wobei es vor allem auf die Beweggründe und Ziele der Beteiligten sowie auf die angewandten Mittel und die Art der Verletzung ankommt (*Wessels/Beulke/Satzger, AT Rn 560*).
Einsperren	iSv **§ 239** ist das Verhindern des Verlassens eines Raumes durch äußere Vorrichtungen oder sonstige Vorkehrungen (*Wessels/Hettinger/Engländer, BT1 Rn 420*).
Fremd	iSv **§§ 242 ff, 303, 306** ist eine Sache, wenn sie im (Allein-, Mit- oder Gesamthands-) Eigentum eines anderen steht, also weder herrenlos iSd §§ 958 ff BGB ist noch ausschließlich dem Täter selbst gehört (*Wessels/Hillenkamp, BT2 Rn 78*).
Urkunde	iSd **materiellen Strafrechts** ist jede verkörperte Gedankenerklärung, die zum Beweis im Rechtsverkehr geeignet und bestimmt ist und die ihren Aussteller erkennen lässt (*Wessels/Hettinger/Engländer, BT1 Rn 869*).
Verfälschen	einer Urkunde iSv **§ 267 I** ist jede Veränderung der Beweisrichtung und des gedanklichen Inhalts einer echten Urkunde, sodass diese nach dem Eingriff etwas anderes zum Ausdruck bringt als vorher (*Wessels/Hettinger/Engländer, BT1 Rn 921*).
Gebrauchmachen	einer Urkunde iSv **§ 267 I** ist gegeben, wenn die Urkunde selbst und nicht nur ihre schlichte Abschrift oder Ablichtung dem zu Täuschenden in der Weise zugänglich gemacht wird, dass er die Möglichkeit zur Kenntnisnahme hat (*Wessels/Hettinger/Engländer, BT1 Rn 930*).
Nicht gehören	iSv **§ 274 I Nr 1** bedeutet, dass außer dem Täter auch andere dazu befugt sind, die Urkunde/technische Aufzeichnung zum Beweis im Rechtsverkehr zu gebrauchen (*vgl Wessels/Hettinger/Engländer, BT1 Rn 969*).

Weitere einschlägige Musterklausuren

Zum Problem der Nothilfe bei gem § 218a I straflosem Schwangerschaftsabbruch:
Hillenkamp, JuS 2014, 924; *Walter/Schwabenbauer,* JA 2012, 504

Zum Problem der Gebotenheit der Nothilfe:
Heinrich/Reinbacher, JA 2007, 264; *Hillenkamp,* JuS 2014, 924; *Jeßberger,* Jura 2003, 711

Zum Problem: Wie ist der Begriff des „Bestimmens" iSv § 26 auszulegen?
Bott/Pfister, Jura 2010, 226; *Duttge/Burghardt,* Jura 2016, 810; *Eiden,* Jura 2013, 288; *Gilles/Stiel,* JuS 2017, 748; *Goeckenjan,* JuS 2008, 702; *Haas,* Ad Legendum 2012, 119; *Hilgendorf,* Klausurenkurs III, [8] S 95; *Hinderer,* JuS 2009, 625; *Kindhäuser/Schumann/Lubig,* [7] S 183; *Klesczewski/Hawickhorst,* JA 2013, 589; *Kudlich/Pragal,* JuS 2004, 791; *Kett-Straub/Linke,* JuS 2008, 717; *Murmann,* JA 2011, 593; *Norouzi,* JuS 2007, 146; *Reschke,* JuS 2011, 50; *Schmidt,* Fälle I, [1] Rn 54; *Vogel/Fad,* JuS 2002, 786

Zum Problem: Schließt ein de lege artis durchgeführter ärztlicher Eingriff bereits den Tatbestand des § 223 aus oder kommt nur eine Rechtfertigung in Betracht?
Berster, JA 2015, 911; *Braun,* JA 2015, 753; *Dittrich/Pintaske,* ZJS 2011, 157; *Gropp/Küpper/Mitsch,* [2] S 25; *Hilgendorf,* Klausurenkurs II, [10] S 125, [11] S 139; *Kipp/Kummer,* Jura 2008, 792; *Kudlich,* Fälle AT, [11] S 156; *Merten,* [7] S 25, [8] S 27; *Norouzi,* JuS 2007, 146; *Paul/Schubert,* JuS 2013, 1007; *Radtke/Schwer,* JuS 2003, 580; *Rönnau/Hohn,* JuS 2003, 998; *Rotsch,* [8] Rn 984; *Rudolphi,* [6] S 65; *Schneider/A. Schumann,* ZJS 2013, 195; *Zöller/Mavany,* ZJS 2009, 694

Zum Problem der Anforderungen an das Verfälschen von Urkunden iSv § 267 Var 2:
Ambos, JuS 2008, 810; *Brüning,* ZJS 2010, 98; *Chowdhury/Meier/Schröder,* [9] S 222; *Diener/Hoffmann-Holland,* Jura 2009, 946; *Ellbogen/Richter,* JuS 2004, 601; *Martin,* JuS 2001, 364; *Nix,* JA 2012, 668; *Rotsch,* JuS 2004, 607; *ders,* [18] Rn 2273; *Zieschang,* JA 2008, 192

Zum Problem des Konkurrenzverhältnisses zwischen Herstellen bzw Verfälschen und Gebrauchmachen bei § 267:
Beulke, Klausurenkurs II [4] Rn 90; *Ellbogen/Richter,* JuS 2002, 1192; *Hellmann/Beckemper,* JA 2004, 891; *Kühl, Kristina/Lange,* JuS 2010, 42; *Roxin/Schünemann/Haffke,* [15] S 269; *Zieschang,* JA 2008, 192

Zum Problem: Ist eine mittelbare Täterschaft auch dann möglich, wenn der Vordermann in vermeidbarem Verbotsirrtum handelt?
Bottke, JuS 1992, 765; *Radde,* JA 2016, 818; *Rauda/Zenthöfer,* [13] S 77; *Rotsch/Nolte/Peifer/Weitemeyer,* [20] S 286; *Steinberg/Wolf/Füllsack,* ZJS 2016, 484

Zum Problem des Verhältnisses von Tötungs- und Körperverletzungsvorsatz („Einheitstheorie"):
Baumann/Arzt/Weber, [20] S 118; *Heinrich/Reinbacher,* JA 2007, 264; *Meurer/Kahle/Dietmeier,* [3] S 23, [6], 103; *Prütting/Stern/Wiedemann,* [17] S 197; *Roxin/Schünemann/Haffke,* [10] S 195; *Rudolphi,* [11] S 124, [12] S 134; *Strauß,* [5] S 49

Zum Problem des Verhältnisses von § 212 zu § 211 und der Anwendbarkeit von § 28 I oder II oder § 29:
Ambos, Jura 2004, 492; *Beulke,* Klausurenkurs I [3] Rn 150; *ders,* Klausurenkurs II [1] Rn 1; *Beulke,* Jura 2014, 639; *Bosch,* JA 2007, 418; *Brand/Kanzler,* JA 2012, 37; *Chowdhury/Meier/Schröder,* [1] S 7; *Dittrich/Pintaske,* ZJS 2011, 157; *Dohmen,* Jura 2006, 143; *Geppert,* Jura 2002, 278; *Gössel,* [4] S 77; *Gropp/Küpper/Mitsch,* [7] S 131; *Hilgendorf,* Klausurenkurs I, [15] S 138; *ders,* Klausurenkurs II, [6] S 72; *Hussels,* Jura 2005, 877; *Ihring/Noak,* Jura 2007, 787;

Kindhäuser/Schumann/Lubig, [6] S 166; *Krahl*, JuS 2003, 57; *Kubiciel/Stam*, JA 2014, 512; *Kühl/ Hinderer*, JuS 2010, 697; *Kühl/Kneba*, JA 2011, 426; *Linke/Hacker*, JA 2009, 347; *Lotz*, JuS 2010, 982; *Meurer/Kahle/Dietmeier*, [3] S 23; *Niehaus*, ZJS 2010, 396; *Otto/Bosch*, [4] S 116, [6] S 153; *Prütting/Stern/Wiedemann*, [17] S 197; *Rosenau/Zimmermann*, JuS 2009, 541; *Roxin/ Schünemann/Haffke*, [6] S 119; *Rudolphi*, [7] S 77; *Schmidt*, Fälle I, [1] Rn 70; *Selter*, Ad Legedum 2012, 278; *Sievert/Kalkofen*, JA 2012, 107; *Sonnen/Mitto/Nugel*, Fälle [1] Rn 13; *Steinberg/ Blumenthal*, ZJS 2011, 81; *Tiedemann*, [9] S 222; *Weißer*, JuS 2009, 135; *Wolters*, [2] S 27; *Zöller*, Jura 2007, 305

Zum Problem: Polizeiliche/staatsanwaltschaftliche Erforschungs- und Verfolgungspflicht bei außerdienstlicher Kenntniserlangung:

Dannecker, Jura 1988, 657; *Jänicke*, JuS 2016, 1099; *Mitsch/Ellbogen*, [1], S. 1; *Murmann*, StPO Rn 45 ff; *Rosenau/Witteck*, Jura 2002, 781

Fall 3

Der Fluch der Toten Rosen

I.

Neidvoll bemerkt der Jurastudent A, dass B, der auf dem Nachbargrundstück eine **106** Schreinerei betreibt, Eigentümer der einmalig guten CD-Box der Gruppe „Tote Rosen" ist und diese Musik während der Abrechnung in seinem kleinen Büro im Hinterhaus der Schreinerei häufig abspielt. In der Absicht, die CD-Box an sich zu bringen, schleicht sich A in den Abendstunden in den Nachbargarten und macht sich daran, mit einem besonders scharf geschliffenen Schraubenzieher, den er zwischen Fensterrahmen und Fenster steckt, das Bürofenster der Schreinerei des B in Kippstellung zu bringen, um dann mit der Hand die auf dem Fensterbrett liegende CD-Box herauszuangeln. Da er jedoch plötzlich eine Bewegung der vor diesem Fenster hängenden Gardinen zu erkennen vermeint und fürchtet, B sei wider Erwarten doch anwesend, lässt er von seinem Vorhaben ab. In Wahrheit war B abwesend und ein Luftzug hatte die Gardinen bewegt. Darüber hinaus hätte A das Fenster mit dem Schraubenzieher sowieso nicht öffnen können, da B ein Fensterschloss eingebaut hatte.

Da A jedoch eine Party plant und dabei auf die „Toten Rosen" nicht verzichten möchte, begibt er sich in die Musikabteilung des Supermarktes, um dort die CD-Box zu „entleihen". Es handelt sich um eine aus drei CDs bestehende Box mit einem Verkaufswert von 35 €. A hat vor, die CDs bei sich zu Hause erst auf andere, unbespielte CDs zu kopieren und die Original-CDs dann am nächsten Tag wieder ins Supermarktregal zurückzulegen. In einem günstigen Moment lässt er die Box in die Außentasche seiner Steppjacke gleiten.

Auf dem Weg zur Kasse stellt A zu seiner Überraschung fest, dass die „Toten Rosen" gerade an diesem Tag eine neue CD auf den Markt gebracht haben. A möchte seinem Freund F diese CD gerne zum Geburtstag schenken. Er geht deshalb folgendermaßen vor: Die neu erschienene CD mit den neuen Songs verbirgt er unter einem Karton mit sechs Weinflaschen. Erwartungsgemäß wird er an der Kasse nicht aufgefordert, den schweren Karton mit den Flaschen auf das Förderband zu legen, sondern darf ihn im Wagen stehen lassen. Die Kassiererin E tippt den Betrag für die sechs Weinflaschen ein. A bezahlt, passiert die Kasse und schiebt den Einkaufswagen in Richtung Supermarkt-Parkplatz. Am Ausgang des Gebäudes wird er jedoch vom Kaufhausdetektiv K gestellt, der gesehen hat, wie A die CD-Box in die Jacke gesteckt hatte. A muss alle CDs zurückgeben.

Auch dem Aushilfs-Ladenangestellten C ist A beim Herumstreichen in der Musikabteilung vor dem Stand mit der neuen CD der „Toten Rosen" aufgefallen. Als er sieht, wie A die CD unter den Karton mit den Weinflaschen schiebt, hält er es für möglich, dass A die CD der „Toten Rosen" „mitgehen lassen" will. Da er selbst Musikliebhaber ist und daher Verständnis für A hat, geht er, bevor etwas geschieht und ohne dem K Bescheid zu sagen oder sich sonst darum zu kümmern, in die Kantine.

Vor lauter Frust über den misslungenen CD-Coup plant A, sich an dem Supermarkt zu rächen. Er begibt sich in das Malereifachgeschäft des M. Dort erkundigt er sich, wie eine Spraydose beschaffen sein muss, mit der er die Wand seines Hauses bemalen kann. Aufgrund des jugendlichen Aussehens des A hält es M für möglich, dass dieser gar kein eigenes Haus besitzt, sondern vielmehr heimlich ein fremdes Gebäude besprühen möchte. Gleichwohl verkauft er die Spraydose an A zum regulären Preis von 10 €. In der folgenden Nacht schleicht sich A mit der von M erworbenen Spraydose bewaffnet zu dem Supermarkt und sprüht dort auf eine weiß verputzte Wandfläche neben der Eingangstür eine 50 cm große Rose und ein Totenkreuz. Ein vom Supermarkt am nächsten Tag beauftragtes Reinigungsunternehmen entfernt zwar das „Kunstwerk" sachgerecht mit einer entsprechenden Lauge, muss aber feststellen, dass leichte Grauschleier zurückbleiben, die durch die Verbindung von Putz und Farbe entstanden sind.

Wie haben sich A, C und M strafbar gemacht?

Straftatbestände außerhalb des StGB sind nicht zu prüfen. Evtl erforderliche Strafanträge sind gestellt.

II.

1. Was versteht man unter einem „Beweisverwertungsverbot"? Wann kommt ein solches in Betracht?
2. **a)** Bei seiner Erstvernehmung durch den Polizeibeamten P wird A nicht über sein Aussageverweigerungsrecht belehrt. In der Hauptverhandlung schweigt A. Kann das gegenüber P abgegebene Geständnis verwertet werden? Wenn ja, auf welchem Wege?
   b) Erst nachdem A in seiner Erstvernehmung als Beschuldigter durch den Polizeibeamten P, in der er nicht über sein Aussageverweigerungsrecht belehrt wurde, ein Geständnis abgelegt hat, wird P die insoweit fehlende Belehrung bewusst und er holt sie nach. A wiederholt im weiteren Verlauf der Vernehmung sein Geständnis. In der Hauptverhandlung schweigt A. Daraufhin wird P als Zeuge vernommen und berichtet von den ihm gegenüber abgegebenen Geständnissen des A. Dürfen die Angaben des P verwertet werden?
3. X steht im Verdacht, das Tatopfer S in seiner Wohnung überfallen und ihm unter Einsatz einer Waffe ca 40 000 € entwendet zu haben. Gegenüber der Polizei leugnet er die Tat. Als der Zeuge E der Polizei mitteilt, X habe ihm gegenüber in einem Telefonat seine Täterschaft eingeräumt, veranlasst die Polizei ein weiteres Telefongespräch zwischen E und X, das der Polizeibeamte P an einem Zweithörer mitverfolgt. Tatsächlich bestätigt X in dem Gespräch erneut die von ihm begangene Tat. Kann dies in der Urteilsbegründung als (einziger) Tatnachweis herangezogen werden?

Gedankliche Strukturierung des Falles (Kurzlösung)

Teil I. (materiell-rechtlicher Teil)

A. Am Fenster (Strafbarkeit des A)

1. **§§ 242 I, II, 22, 23 I Alt 2 (+)**
   a) Vorprüfung (+)
   b) Tatentschluss (+)
   - Vorsatz (+)
   - Zueignungsabsicht (+)
   c) Unmittelbares Ansetzen (+)

Problem Nr 18: Abgrenzung zwischen Vorbereitung und Versuch (Rn 109)

Problem Nr 19: Abgrenzung zwischen Vorbereitung und Versuch bei Beginn der Verwirklichung eines Regelbeispiels (Rn 111)

   d) Rechtswidrigkeit und Schuld (+)
   e) Rücktritt, § 24 I 1 Alt 1 (–)
   f) Strafzumessung, § 243 I 1, 2 Nr 1 (–)
   - Einbrechen (–)

Problem Nr 20: „Versuch" eines Regelbeispiels (am Beispiel des § 243) (Rn 113)

   g) Strafantragserfordernis, § 248a (+)
2. **§§ 244 I Nr 1a (–), Nr 1b (–), Nr 3 (–), II, 22, 23 I Alt 2 (–)**
   a) Vorprüfung (+)
   b) Tatentschluss (–)
   - § 244 I Nr 1a (–)

Problem Nr 21: Gefährliches Werkzeug iSv § 244 I Nr 1a (Rn 116)

   - § 244 I Nr 1b (–)
   - § 244 I Nr 3 (–)
3. **§ 123 I Alt 1 (+)**
   a) Objektiver Tatbestand (+)
   - Eindringen in einen Geschäftsraum (–)
   - Eindringen in befriedetes Besitztum eines anderen (+)
   b) Subjektiver Tatbestand (+)
   c) Strafantragserfordernis, § 123 II (+)
4. **§§ 303 I Alt 1, III, 22, 23 I Alt 2 (–)**
5. **Konkurrenzen**
6. **Ergebnis für A im Tatkomplex A**
   A ist strafbar gem §§ 242 I, II, 22, 23 I Alt 2 – § 52 – § 123 I Alt 1.

B. Im Supermarkt – Die CD-Box (Strafbarkeit des A)

1. **§ 242 I (Einstecken) (–)**
   a) Objektiver Tatbestand (+)

Problem Nr 22: Gewahrsamsbegründung in fremder Gewahrsamssphäre (Rn 122) 107

Problem Nr 23: Beobachtete Wegnahme (Rn 124)

   b) Subjektiver Tatbestand (–)
   - Vorsatz (+)
   - Zueignungsabsicht (–) (*aA vertretbar*)

Problem Nr 24: Objekt der Zueignung bei §§ 242 I, 246 I (Rn 126)

2. **§ 246 I (Einstecken) (–)**
   - fremde bewegliche Sache (+)
   - Zueignung (–) (*aA vertretbar*)
3. **§ 263 I (Forderungsbetrug des A gegenüber der Kassiererin, zulasten des Supermarktinhabers zu seinen eigenen Gunsten durch das Passieren der Kasse) (–)**
   a) Objektiver Tatbestand (–)
   - Täuschung (+)
   - Irrtum (+)
   - Vermögensverfügung (–)
   b) Ergebnis
4. **§ 246 I (Passieren der Kasse) (–)**
5. **§ 123 I Alt 1 (–)**

Problem Nr 25: Grenzen eines generellen Zutrittsrechts bei § 123 (Rn 131)

6. **Ergebnis für A im Tatkomplex B**
   A hat sich im Tatkomplex B nicht strafbar gemacht.

C. Im Supermarkt – Die Einzel-CD

I. Strafbarkeit des A

1. **§ 263 I (–)**
   a) Objektiver Tatbestand (–)
   - Täuschung (+)

Problem Nr 26: Abgrenzung von Betrug und Diebstahl beim Passieren der Kasse in SB-Märkten (Rn 133)

   - Irrtum (+)
   - Vermögensverfügung (–)
   b) Ergebnis
2. **§ 242 I (+)**
   a) Objektiver Tatbestand (+)
   b) Subjektiver Tatbestand (+)
   c) Rechtswidrigkeit und Schuld (+)
   d) Strafantragserfordernis, § 248a (+)
3. **§ 246 I (+)**

4. Konkurrenzen
5. Ergebnis für A im Tatkomplex C
   A hat sich nach § 242 I strafbar gemacht.

II. Strafbarkeit des C
1. §§ 242, 13 I (–)
   - Schwerpunkt auf Unterlassen (+)
   a) Objektiver Tatbestand (–)
      - Erfolg des § 242 (+)
      - Nichtvornahme der gebotenen Handlung trotz physisch-realer Abwehrmöglichkeit (+)
      - Kausalität (+)
      - Garantenstellung (+)
   - Täterschaft (–)

Problem Nr 27: Abgrenzung Täterschaft – Teilnahme bei Beteiligung an einem Begehungsdelikt durch Unterlassen (Rn 139)

   b) Ergebnis
2. §§ 242 I, 27, 13 I (+)
   a) Objektiver Tatbestand (+)
      - vorsätzliche rechtswidrige Haupttat (+)
      - Beihilfehandlung (+)
   b) Subjektiver Tatbestand (+)
      - Vorsatz bzgl Haupttat (+)
      - Vorsatz bzgl Beihilfehandlung (+)
   c) Rechtswidrigkeit und Schuld (+)
   d) Ergebnis
3. §§ 257 I, 13 I (–)
4. §§ 258 I, 13 I (–)
5. § 266 I Alt 2 (–)
6. Ergebnis für C im Tatkomplex C
   C hat sich gem §§ 242 I, 27, 13 I strafbar gemacht.

D. Die nächtliche Sprühaktion
I. Strafbarkeit des A
1. § 123 I Alt 1 (–)
2. § 303 I Alt 1 (+)
3. § 303 II (–)

Problem Nr 28: Verhältnis von § 303 II zu § 303 I bei Zustandsveränderungen (Rn 146)

4. Konkurrenzen
5. Ergebnis für A im Tatkomplex D
   A hat sich gem § 303 I strafbar gemacht.

II. Strafbarkeit des M
1. §§ 303 I, 27

Problem Nr 29: Strafbarkeit einer neutralen Beihilfehandlung (Rn 146 b)

2. Ergebnis für M im Tatkomplex D
   M ist straflos.

E. Gesamtkonkurrenzen
F. Gesamtergebnis des materiellrechtlichen Gutachtens
A: Tatkomplex A: §§ 242 I, II, 22, 23 I Alt 2 –
   § 52– § 123 I Alt 1
   – § 53-
   Tatkomplex C: § 242 I
   – § 53–
   Tatkomplex D: § 303 I
C: §§ 242 I, 27, 13 I
M: straflos

Teil II. (prozessualer Teil)
1. Beweisverwertungsverbote
   a) Begriff
   b) Bestimmung

Problem Nr 30: Wie werden Beweisverwertungsverbote ermittelt? (Rn 149)

   c) Fallgruppen
2. Beschuldigtenbelehrung
   a) Verwertung des zunächst abgegebenen Geständnisses
   b) Verwertung der gesamten Aussage

Problem Nr 31: Pflicht zur qualifizierten Belehrung und Beweisverwertungsverbot (Rn 151 a)

3. Mithörfalle
   a) Verstoß gegen §§ 100a ff StPO
   b) Verstoß gegen § 163a IV 2 iVm § 136 I 2 StPO

Problem Nr 32: Vernehmungsbegriff (Rn 153)

   c) Analogie

Problem Nr 33: Analoge Anwendung des § 136 StPO bei Mithören eines initiierten privaten Telefongesprächs (Rn 154)

Ausführliche Lösung von Fall 3

Teil I. (materiell-rechtlicher Teil)

A. Am Fenster (Strafbarkeit des A)

1. §§ 242 I, II, 22, 23 I Alt 2

Indem A sich daran macht, mit einem Schraubenzieher das Bürofenster der Schreinerei **108**
des B in Kippstellung zu bringen, um dann mit der Hand die auf dem Fensterbrett liegende CD-Box herauszuangeln, könnte er sich wegen versuchten Diebstahls strafbar
gemacht haben.

a) Vorprüfung

Der Diebstahl wurde nicht vollendet. Die Strafbarkeit des versuchten Diebstahls ergibt
sich aus §§ 242 II, 23 I Alt 2.

b) Tatentschluss

A will die dem B gehörende CD-Box – und damit eine für ihn fremde bewegliche Sache,
dh einen körperlichen Gegenstand[1] – aus dem Gewahrsam des B entfernen und eigenen
Gewahrsam daran begründen.

Es kommt ihm gerade darauf an, sich selbst die CD-Box anzueignen, wobei er die dauernde Enteignung des B jedenfalls billigend in Kauf nimmt.

c) Unmittelbares Ansetzen

Fraglich ist, ob A unmittelbar zur Tatbestandsverwirklichung iSd § 22 angesetzt hat.

Problem Nr 18: Abgrenzung zwischen Vorbereitung und Versuch **109**

(1) Die (heute nicht mehr vertretene) **formal-objektive Theorie** ließ als Anfang der Tatausführung nur den Beginn der „tatbestandsmäßigen Handlung" genügen (RGSt 70, 151, 157).

(2) Demgegenüber wollte die (bedenklich weite) **subjektive Theorie** allein auf das subjektive
Vorstellungsbild des Täters abstellen (RGSt 72, 66; BGHSt 6, 302).

(3) Nach der dem Gesetz (vgl § 22 StGB: „nach seiner Vorstellung von der Tat unmittelbar ansetzt") am besten entsprechenden herrschenden sog **gemischt subjektiv-objektiven Theorie**
ist zweierlei erforderlich:
– dass der Täter die Schwelle zum „**Jetzt-geht's-los**" überschritten hat und
– dass das Rechtsgut bereits in dem Sinne angegriffen wird, dass das Geschehen bei ungestörtem Fortgang **ohne weitere wesentliche Zwischenschritte** unmittelbar in die Tatbestands-

---

1 *Wessels/Hillenkamp*, BT2 Rn 74 ff.

verwirklichung einmündet, mit der Folge, dass aus der Sicht des Täters das Angriffsobjekt schon **konkret gefährdet** erscheint (*Fischer*, § 22 Rn 10; BGH NStZ 2014, 447; 2015, 278).

Zur Vertiefung: Wessels/Beulke/Satzger, AT Rn 848 ff; Beulke, Klausurenkurs I [4]Rn 178; ders, Klausurenkurs II [1] Rn 5; Bosch, Jura 2011, 909; Jäger, AT Rn 294 ff; Hoffmann, JA 2016, 194; Rönnau, JuS 2013, 879; Zieschang, AT Rn 482 ff.

110 Nach der überzeugenden gemischt subjektiv-objektiven Theorie muss der Täter subjektiv die Schwelle zum „Jetzt-geht's-los" überschritten und objektiv zur tatbestandsmäßigen Angriffshandlung angesetzt haben. Die wichtigsten Indizien sind, dass es sich jeweils aus der Sicht des Täters bei der Handlung um den unmittelbar letzten Teilakt vor der eigentlichen Tatbestandsverwirklichung handelt und dass das Rechtsgut konkret gefährdet erscheint.

A hat durch die Manipulation mit dem Schraubenzieher am Fenster des B mit der Erfüllung des Regelbeispiels „Einbrechen", dh der gewaltsamen, nicht notwendig substanzverletzenden Öffnung einer dem Zutritt entgegenstehenden Umschließung[2], begonnen. Bei Delikten, die im Falle der Verwirklichung von Regelbeispielen eine schwerere Strafe vorsehen (zB § 243) ist streitig, ob der Beginn mit den erschwerenden Umständen Auswirkungen auf die Versuchsproblematik hat.

111 **Problem Nr 19: Abgrenzung zwischen Vorbereitung und Versuch bei Beginn der Verwirklichung eines Regelbeispiels/Qualifikationsmerkmals**

(1) In **Rspr** und **Schrifttum** wird zT behauptet, das **strafbare Versuchsstadium** sei **immer** erreicht, sofern der Täter mit der Verwirklichung des Erschwerungsgrundes beginnt (vgl zB OLG Hamm MDR 1976, 155 m abl Anm *Hillenkamp*, MDR 1977, 242).

Argument: Sobald der Täter eines der Regelbeispiele des § 243 I 1, 2 Nr 1 verwirklicht, ist aus dem Gesamtzusammenhang zu entnehmen, dass sich seine Tätigkeit nicht mehr in einem bloßen Auskundschaften einer Diebstahlsgelegenheit oder in der einfachen Annäherung an den Tatort erschöpft, sondern dass er „zur Ausführung der Tat" in das Gebäude bzw den umschlossenen Raum „einbricht". § 243 I 1, 2 Nr 1 verlangt seinem klaren Wortlaut nach nicht, dass man sich bereits in dem Raum befindet.

(2) Nach hA ist bei Tatbeständen mit Regelbeispielen ebenso wie bei Qualifikationstatbeständen grundsätzlich auf das Ansetzen zur Verwirklichung des Grundtatbestandes abzustellen (BGH NStZ 2017, 86 m zust Anm *Engländer* u. *Eisele*, JuS 2017, 175; *Kudlich*, JA 2017, 152; *Satzger*, Jura 2017, 1238).

Argument: Die nach der gemischt subjektiv-objektiven Formel auch objektiv erforderliche Rechtsgutsgefährdung kann nur anhand des Grunddelikts beurteilt werden. Zwar wird sie mit Beginn des Regelbeispiels zumeist vorliegen; sie muss dies aber nicht zwangsläufig.

Speziell beim Merkmal des Einbrechens wird das Versuchsstadium mit Beginn der Verwirklichung des Regelbeispiels zumeist gegeben sein. Ganz sicher ist dies der Fall, wenn sich die Wegnahme unmittelbar an das Einbrechen anschließen soll (*Schramm*, JuS 2008, 773, 777; S/S-*Eser/Bosch*, § 22 Rn 58; S/S/W-StGB-*Kudlich*, § 243 Rn 37).

Zur Vertiefung: Wessels/Beulke/Satzger, AT Rn 853; Wessels/Hillenkamp, BT2 Rn 219.

---

2 *Wessels/Hillenkamp*, BT2 Rn 225; zur Abgrenzung Eindringen – Einbrechen – Einsteigen vgl auch BGH NStZ 2000, 143.

Die Verwirklichung des Regelbeispiels bewirkt zwar nicht notwendigerweise den Be- **112** ginn der Ausführungshandlung für den Diebstahlsversuch, ist aber als Indiz dafür zu werten. Da A sofort im Anschluss an die Öffnung des Fensters die CD-Box wegnehmen will, handelt es sich bei der Öffnung des Fensters um die nach seiner Vorstellung letzte Handlung vor der unmittelbaren Ausführungshandlung. Zudem ist das Rechtsgut auch nach seiner Vorstellung unmittelbar (konkret) bedroht. Ein Anfang der Ausführungshandlung ist also gegeben. Dass der Tatplan von vornherein „untauglich" gewesen ist, weil es aufgrund des Fensterschlosses unmöglich war, das Fenster zu öffnen, hindert ein unmittelbares Ansetzen nicht. Die Strafbarkeit des untauglichen Versuches ergibt sich aus § 23 III[3].

d) Rechtswidrigkeit und Schuld

A handelt rechtswidrig und schuldhaft.

e) Rücktritt, § 24 I 1 Alt 1

Rücktritt iSd § 24 I 1 Alt 1 bedeutet freiwilliges Aufgeben der Tatbestandsverwirklichung. Dazu dürfte der Versuch denklogisch aber nicht fehlgeschlagen sein. Fehlgeschlagen ist der Versuch, wenn der Täter erkannt hat, dass er mit den ihm zur Verfügung stehenden Mitteln den tatbestandlichen Erfolg entweder gar nicht mehr oder zumindest nicht ohne zeitlich relevante Zäsur herbeiführen kann[4]. Da A den B hinter der Gardine vermutet (was aber nicht stimmt) und er daher davon ausgeht, die Tat nicht mehr verwirklichen zu können, liegt hier ein fehlgeschlagener Versuch vor. Ein strafbefreiender Rücktritt iSv § 24 I 1 Alt 1 ist daher nicht mehr möglich.

f) Strafzumessung, § 243 I 1, 2 Nr 1

Da es sich bei den Regelbeispielen des § 243 um eine Strafzumessungsnorm handelt (Wessels/Beulke/Satzger, AT Rn 163), sind beim Versuch des § 242 die Regelbeispiele nach Tatbestandsmäßigkeit, Rechtswidrigkeit, Schuld und Rücktritt zu prüfen (vgl Beulke, Klausurenkurs I Rn 59, 72, 182; Fahl, JuS 2001, 47, 48; Fahl/Winkler, Definitionen, Vor § 242 Rn 1).

A könnte zur Ausführung der Tat in einen Geschäftsraum eingebrochen sein. Eine Schreinerei gehört zu den umschlossenen Räumen iSv § 243 I 1, 2 Nr 1, nämlich zu den Raumgebilden, die (zumindest auch) zum Betreten durch Menschen bestimmt und mit Vorrichtungen versehen sind, die das Eindringen von Unbefugten abwehren sollen und tatsächlich ein Hindernis bilden, welches ein solches Eindringen nicht nur unerheblich erschwert[5]. Konkret zählt die Schreinerei zu den Räumlichkeiten, die bestimmungsgemäß für gewerbliche, geschäftliche, berufliche, künstlerische oder wissenschaftliche Zwecke verwendet werden[6]. Sie ist also ein Geschäftsraum. Da es sich bei der Schreine-

---

3 Vgl zum untauglichen Versuch *Wessels/Beulke/Satzger*, AT Rn 859 f.
4 BGH NStZ 2016, 332 u. 720; 2017, 149; *Wessels/Beulke/Satzger*, AT Rn 875, dort auch die abw Meinungen zur Einordnung der Figur des fehlgeschlagenen Versuchs; s auch *Bringewat*, Grundbegriffe, Rn 583.
5 *Wessels/Hillenkamp*, BT2 Rn 223.
6 Vgl *Wessels/Hettinger/Engländer*, BT1 Rn 652.

rei um keine Wohnung handelt, braucht nicht entschieden zu werden, ob Wohnräume aus dem Anwendungsbereich des § 243 I 1, 2 Nr 1 auszuklammern sind[7].

A hat das Fenster als eine dem Zutritt entgegenstehende Umschließung gewaltsam öffnen wollen. Ein Eintreten des Diebes in den umschlossenen Raum ist beim „Einbrechen" – anders als beim „Einsteigen" – nicht erforderlich; es genügt das Hineinlangen mit der Hand[8].

Fraglich ist jedoch, ob dennoch ein besonders schwerer Fall abgelehnt werden muss, weil dem A das Einbrechen nicht gelungen ist.

113   **Problem Nr 20: „Versuch" eines Regelbeispiels (am Beispiel des § 243)**

Bei der Konstellation des Versuchs iVm der Verwirklichung eines Regelbeispiels sind drei Fallvarianten zu unterscheiden:
1. Der Tatbestand ist versucht, das Regelbeispiel voll verwirklicht.
2. Tatbestand und Regelbeispiel sind beide nicht voll verwirklicht.
3. Der Tatbestand ist voll, das Regelbeispiel nicht voll verwirklicht.

Bzgl Konstellation (1) ist nahezu unstrittig, dass der Versuch des Tatbestands durch die Verwirklichung eines Regelbeispiels einen besonders schweren Fall darstellen kann. Problematisch sind aber die Fälle (2) und (3). Das Regelbeispiel ist kein Tatbestandsmerkmal. Schon begrifflich kommt ein Versuch einer Strafzumessungsregel nicht in Betracht. Es kann also immer nur um einen Versuch des „Grunddelikts" bei gleichzeitiger Erfüllung eines Regelbeispiels gehen. Da man ein Regelbeispiel allein nicht versuchen kann, darf in Fallvariante (3) bei Vollendung des Tatbestands der Plan, das Regelbeispiel zu verwirklichen, nicht in Ansatz gebracht werden. Der Täter wird nur wegen vollendeter (einfacher) Tat bestraft (BGH NStZ-RR 1997, 293). Problematisch bleibt somit allein **Fallgruppe (2)**.

(1) Der **BGH** (BGHSt 33, 370 ff) hat entschieden, dass ein Regelbeispiel nicht verwirklicht sein muss, um einen besonders schweren Fall zu begründen. Dem haben sich das **BayObLG** (NStZ 1997, 442) sowie **Teile der Literatur** (zB *Eisele*, BT2 Rn 149 ff; *Jäger*, BT Rn 261) inzwischen angeschlossen.

Argument: Regelbeispiele müssen wie Tatbestandsmerkmale behandelt werden, da sie jedenfalls tatbestandsähnlich sind. Grundlage für die Strafzumessung ist die Schuld des Täters, die sich im wenigstens teilweise ausgeführten Tatentschluss widerspiegelt.

(2) Nach **anderer, vorzugswürdiger Ansicht** (*Schramm*, JuS 2008, 773, 777; S/S-*Eser/ Bosch*, § 243 Rn 44; *Wessels/Hillenkamp*, BT2 Rn 212; *Zieschang*, AT Rn 511) sowie der früheren Ansicht einiger Obergerichte (BayObLG JR 1981, 118; OLG Düsseldorf NJW 1983, 2712) muss ein Regelbeispiel voll verwirklicht sein.

Argument: Regelbeispiele sind keine Tatbestandsmerkmale. Würde das bloße unmittelbare Ansetzen zur Erfüllung eines Regelbeispiels dem Vorliegen des Regelbeispiels gleichgestellt, liefe das auf eine verbotene Analogie zum Nachteil des Täters hinaus. Den Versuch eines Strafschärfungsgrundes kennt das Gesetz nicht. Wenn schon bei vollendetem „Grunddelikt" der Versuch des Regelbeispiels nicht in Ansatz gebracht wird (Konstellation 3), muss dies erst recht gelten, wenn der Täter weniger Unrecht verwirklicht und auch das Grunddelikt im Versuchsstadium stecken bleibt (Konstellation 2). Das erscheint überzeugend.

Zur Vertiefung: Wessels/Hillenkamp, BT2 Rn 211 ff; Huber, JuS 2016, 597.

---

7   S Fall 9 Problem Nr 95 Rn 420.
8   BGH NStZ 1985, 217; StraFo 2014, 215; *Wessels/Hillenkamp*, BT2 Rn 225.

114

A hat hier sowohl das „Grunddelikt" (§ 242) als auch das Regelbeispiel nicht voll ver-wirklicht. Dass der „Versuch eines Regelbeispiels" nicht in Ansatz gebracht werden kann, ergibt sich vor allem aus der Erwägung, dass A selbst dann nur wegen einfachen Diebstahls bestraft würde, wenn er nach dem Scheitern am Fenster das Nachbarhaus durch die unverschlossene Tür betreten und dort die CD-Box weggenommen hätte. Erst recht muss deshalb das „versuchte" Regelbeispiel unberücksichtigt bleiben, wenn A den Diebstahl bereits im Versuchsstadium abbricht. Es liegt also nur ein versuchter Dieb-stahl gem §§ 242 I, II, 22, 23 I Alt 2 vor[9].

g) Strafantragserfordernis, § 248a

Unter einer geringwertigen Sache verstand die Rspr früher eine solche mit einem Wert von bis zu 50 DM[10]. Dieser Wert wurde inzwischen angehoben auf 50 €[11], nach einer zu restriktiven und deshalb abzulehnenden Mindermeinung nur auf 25 € bzw 30 €[12]. Die CD-Box hatte einen Wert von 35 € und ist somit noch als geringwertig anzusehen. Ein Strafantrag ist erforderlich und auch gestellt.

2. §§ 244 I Nr 1a, Nr 1b, Nr 3, II, 22, 23 I Alt 2

115

Im Gegensatz zu § 243 handelt es sich bei § 244 um eine Qualifikation zu § 242, bei der ein Versuch unproblematisch möglich ist, wie schon § 244 II klar stellt.

a) Vorprüfung

Ein vollendeter Diebstahl ist nicht gegeben (*Rn 108 ff*). Der Versuch der Qualifikation ist strafbar gem §§ 244 II, 23 I Alt 2.

b) Tatentschluss

Fraglich ist, ob A einen Tatentschluss hinsichtlich eines oder mehrerer der Qualifizie-rungsmerkmale des § 244 I gefasst hat.

Zweifelhaft erscheint, ob A ein gefährliches Werkzeug iSv § 244 I Nr 1a bei sich führen will. Der Umstand, dass A den Schraubenzieher nur zum Öffnen des Fensters benutzen will, könnte dagegen sprechen. Fraglich ist, wie der Begriff des gefährlichen Werk-zeuges iS dieser Vorschrift zu bestimmen ist. Während ein gefährliches Werkzeug iSd § 224 I Nr 2 nach ganz hM ein beweglicher Gegenstand ist, der nach seiner objektiven Beschaffenheit und der Art seiner Verwendung im konkreten Fall geeignet ist, erhebli-che Verletzungen herbeizuführen[13], verlangt § 244 I Nr 1a nach seinem Wortlaut weder einen tatsächlichen Einsatz noch irgendeine Vorstellung darüber, wie das Werkzeug im konkreten Fall eingesetzt werden soll. Ein Rückbezug auf die zur gefährlichen Körper-

---

9 In diesem Sinne auch *Wessels/Hillenkamp*, BT2 Rn 212, 217 f.
10 *Wessels/Hillenkamp*, BT2 Rn 252, 339.
11 OLG Frankfurt a.M. NStZ-RR 2017, 12; OLG Hamm StV 2003, 672; OLG Zweibrücken NStZ 2000, 536; *Henseler*, StV 2007, 323; *Jahn*, JuS 2008, 1025; *Rengier*, BT2 § 3 Rn 40; *Satzger*, Jura 2012, 794; *Wessels/Hillenkamp*, BT2 Rn 339.
12 BGH BeckRS 2004, 07428; OLG Oldenburg NJW 2005, 1879; *Fischer*, § 248a Rn 3a.
13 Vgl *Wessels/Hettinger/Engländer*, BT1 Rn 299.

verletzung entwickelte Definition ist somit nicht ohne weiteres möglich[14]. Es ist umstritten, wie stattdessen die Gefährlichkeit des Werkzeuges iSd § 244 I Nr 1a zu bestimmen ist.

116 **Problem Nr 21: Gefährliches Werkzeug iSv § 244 I Nr 1a**

(1) Nach **einer Ansicht** reicht für das gefährliche Werkzeug aus, dass der Gegenstand nach seiner **objektiven Beschaffenheit allgemein** (nach aA nur im konkreten Fall) geeignet erscheint, bei seiner Verwendung als Verletzungsmittel erhebliche Beeinträchtigungen hervorzurufen (BGH BeckRS 2015, 05119 [Holzlatte] m Anm *Bosch*, Jura 2015, 881; *Kudlich*, JA 2015, 471), wobei zum Teil gefordert wird, dass dem Gegenstand eine „Waffenersatzfunktion" zukommen muss (BGHSt 52, 257, 267 ff [klappbares Taschenmesser mit längerer Klinge]; BGH NStZ 2012, 571 m Anm *Kudlich*, JA 2012, 792; BGH NStZ 2008, 512 m zust Anm *Mitsch*, NJW 2008, 2865; OLG Frankfurt a.M. StV 2011, 624 [Teppichmesser]; *Fischer*, § 244 Rn 22 f; *Schlothauer/Sättele*, StV 1998, 505, 508 f; Matt/Renzikowski-*Schmidt*, § 244 Rn 6) bzw der Gegenstand in der konkreten Situation zu nichts anderem als zu einem Einsatz als Angriffs- oder Verteidigungsmittel gegen einen Menschen dienen kann (S/S-*Eser/Bosch*, § 244 Rn 5a). Zum Teil wird allerdings das Einbruchswerkzeug iSv § 244 I Nr 3 als ein „nicht zur ordnungsgemäßen Öffnung bestimmtes Werkzeug" aus dem Anwendungsbereich des § 244 I Nr 1a ausgeklammert (*Krüger*, Jura 2002, 766) oder es werden die Gegenstände ausgeschlossen, deren Mitsichführen sozialtypisch ist (*Jäger*, BT Rn 272).

Argument: Auf die Verwendungsabsicht wird nur in § 244 I Nr 1b abgestellt. Deshalb muss bei Nr 1a allein ein objektiver Maßstab gelten.

(2) Nach der **Gegenansicht** soll es bei § 244 I Nr 1a darauf ankommen, dass der Täter den Gegenstand bewusst und gebrauchsbereit, also in **konkreter Gebrauchsabsicht,** bei sich hat (BGH StV 2005, 606; OLG Schleswig NStZ 2004, 212 m Anm *Hardtung*, StV 2004, 399; OLG Stuttgart NJW 2009, 2756 [Schraubenzieher]; *Hörnle*, Jura 1998, 169, 171 f; *Rengier*, BT1, § 4 Rn 32 ff; ähnlich SK/StGB-*Sinn*, § 250 Rn 11e).

Argument: Schon in den Gesetzesmaterialien wird hervorgehoben, dass auf die Auslegungskriterien zum gefährlichen Werkzeug iSv § 223a I aF (heute § 224 I Nr 2) zurückgegriffen werden könne, bei dem die Gefährlichkeit des Werkzeugs gerade aus dessen geplantem Einsatz abgeleitet wird (zB Stecknadel gegen die Augen als gefährliches Werkzeug; vgl auch BGH NStZ 2002, 594).

Eine rein objektive Bestimmung der Gefährlichkeit eines Werkzeugs ist zudem unmöglich (zB mitgeführte Champagner-Flasche, Krawatte). Das Beisichführen allgemein zum Verletzen geeigneter Gegenstände würde den Tatbestand unendlich ausweiten, zB bei Brecheisen, scharfen Schraubenziehern etc. Nahezu jeder Einbruchsdiebstahl fiele dann unter § 244 I Nr 1a.

(3) **Vermittelnd** wird zutr gefordert (OLG Braunschweig NJW 2002, 1735; OLG Frankfurt a.M. StV 2002, 145; *Klesczewski*, BT2 S 41 ff; *Schramm*, JuS 2008, 773, 778; *Wessels/Hillenkamp*, BT2 Rn 272 ff), dass die Werkzeuge
– zunächst ihrer **allgemeinen Eignung** nach erhebliche Körperverletzungen bewirken können **und**
– dass diese Wirkung „notfalls" auch ausgenutzt werden soll, sog **Verwendungsvorbehalt.**

Argument: Nur diese teleologische Reduktion begrenzt den Anwendungsbereich des § 244 I Nr 1a sinnvoll und harmonisiert den Begriff des gefährlichen Werkzeugs innerhalb der §§ 244 I Nr 1a, 250 I Nr 1a und § 250 II Nr 1 (vgl dazu BGH JA 2015, 471 m Anm *Kudlich*). Es muss

---

14 Vgl *Wessels/Hillenkamp*, BT2 Rn 272; BGH StV 2008, 411.

auf eine Kombination von allgemeiner Gefährlichkeit und subjektiver Einsatzbereitschaft ankommen.

Zur Vertiefung: Wessels/Hillenkamp, BT2 Rn 272 ff; Hillenkamp, BT 26. Problem S 135 ff; Fahl, Jura 2012, 593; Krüger, Jura 2011, 887; Küper/Zopfs, BT Rn 770 ff; Rönnau, JuS 2012, 117; S/S/W-StGB-Kudlich, § 244 Rn 11 ff, § 250 Rn 5 ff.

Eine konkrete Vorstellung über die Art der Verwendung wird nur bei § 244 I Nr 1b verlangt. Deshalb kann bei § 244 I Nr 1a nicht auf die konkrete Gebrauchsabsicht abgestellt werden. Auch die objektive Gefährlichkeit kann nicht entscheidend sein, da diese bei vielen Gegenständen gar nicht bestimmbar ist, sofern man die Vorstellungen des Täters ausklammert. Der § 244 I Nr 1a Alt 2 muss deshalb im Sinne einer „vermittelnden" Lösung dahingehend ausgelegt werden, dass der Täter bzgl des Werkzeugs, das nach seiner allgemeinen Eignung erhebliche Körperverletzungen bewirken kann, zumindest einen „Verwendungsvorbehalt" entwickelt hat (teleologische Reduktion des § 244 I Nr 1a). **117**

Ein Schraubenzieher kann erhebliche Körperverletzungen bewirken, wie sich zB bei einem Stich in die Augengegend leicht ermessen lässt. A hat hier jedoch keinen Einsatz gegen Menschen geplant oder zumindest „vorbehaltlich" der weiteren Entwicklung des Tatgeschehens einkalkuliert. Mangels Verwendungsvorbehalts ist also nicht von einem Beisichführen eines gefährlichen Werkzeugs auszugehen. Der Tatentschluss hinsichtlich § 244 I Nr 1a entfällt deshalb.

A will mithilfe des Schraubenziehers nur das Fenster öffnen und nicht mit ihm den Widerstand einer anderen Person überwinden. Auch § 244 I Nr 1b scheidet somit aus.

Eine Wohnung iSv § 244 I Nr 3 besteht aus umschlossenen Räumen (*s Rn 112*), die als Mittelpunkt des privaten Lebens Selbstentfaltung, -entlastung und vertrauliche Kommunikation gewährleisten[15]. Eine Schreinerei inklusive des dazugehörigen Büros, in die A hier hineingelangen will, kann als bloßer Arbeits- bzw Geschäftsraum nicht zu diesen Räumlichkeiten gezählt werden[16]. Auch bzgl § 244 I Nr 3 liegt damit kein Tatentschluss vor.

Ein Versuch des § 244 I entfällt.

3. § 123 I Alt 1

a) Objektiver Tatbestand

A müsste in einen Geschäftsraum eingedrungen sein. Geschäftsräume sind Räumlichkeiten, die bestimmungsgemäß für gewerbliche, geschäftliche, berufliche, künstlerische oder wissenschaftliche Zwecke verwendet werden[17]. Die Schreinerei ebenso wie das **118**

---

15 BGH NJW 2017, 1186 m Anm *Satzger*, Jura 2017, 604; *Wessels/Hillenkamp*, BT2 Rn 290; s auch *Schall*, Die Schutzfunktionen der Strafbestimmung gegen den Hausfriedensbruch, S 90 ff; zust OLG Schleswig NStZ 2000, 479 m Anm *Hellmich*, NStZ 2001, 511; *Jäger*, JuS 2000, 651, 657; *Trüg*, JA 2002, 193; *Zopfs*, Jura 2007, 520 f; für einen restriktiven, aber in § 123 und § 244 I Nr 3 einheitlichen Wohnungsbegriff *Behm*, GA 2002, 153 ff.
16 Vgl auch BGH StV 2001, 624.
17 *Wessels/Hettinger/Engländer*, BT1 Rn 652.

Büro werden für gewerbliche bzw geschäftliche Zwecke genutzt und sind mithin Geschäftsräume iSv § 123 I.

Ein Eindringen setzt voraus, dass der Täter mit zumindest einem Teil seines Körpers in die geschützten Räume gelangt ist. Dies ist hier nicht der Fall.

A könnte jedoch in das befriedete Besitztum eines anderen eingedrungen sein. Ein befriedetes Besitztum ist ein Grundstück, das durch zusammenhängende, nicht unbedingt lückenlose Schutzwehren in äußerlich erkennbarer Weise gegen das willkürliche Betreten durch andere gesichert ist[18]. A ist in den Nachbargarten eingedrungen. Zwar wird im Sachverhalt nicht ausdrücklich erwähnt, dass der Garten durch einen Zaun oder dergleichen „umfriedet" ist, dies ist jedoch nach lebensnaher Auslegung anzunehmen.

b) Subjektiver Tatbestand

A handelt vorsätzlich.

c) Strafantragserfordernis, § 123 II

Ein Strafantrag ist gem § 123 II erforderlich und gestellt.

4. §§ 303 I Alt 1, III, 22, 23 I Alt 2

119 Das Fenster wurde nicht beschädigt. Der Versuch der Sachbeschädigung ist strafbar gem § 303 III.

A hat aber keinen Sachbeschädigungsvorsatz gefasst.

5. Konkurrenzen

120 §§ 242 I, II, 22, 23 I Alt 2 und § 123 I Alt 1 sind durch dieselbe Handlung verwirklicht worden. Die Straftatbestände schützen unterschiedliche Rechtsgüter. A hat den Straftatbestand des Hausfriedensbruches verwirklicht, um einen Diebstahl zu begehen. Es ist deshalb von Idealkonkurrenz, § 52, auszugehen.

6. Ergebnis für A im Tatkomplex A

A ist strafbar gem §§ 242 I, II, 22, 23 I Alt 2 – § 52 – § 123 I Alt 1.

B. Im Supermarkt – Die CD-Box (Strafbarkeit des A)

1. § 242 I (Einstecken)

121 Indem sich A die CD-Box in die Jackentasche steckt, könnte er einen Diebstahl begangen haben.

---

18 *Wessels/Hettinger/Engländer*, BT1 Rn 654.

a) Objektiver Tatbestand

Fraglich ist das Merkmal der Wegnahme. Wegnahme ist Bruch fremden und Begründung neuen (nicht notwendig eigenen) Gewahrsams. Gewahrsam ist die tatsächliche Sachherrschaft eines Menschen über eine Sache, die von einem natürlichen Herrschaftswillen getragen und deren Reichweite von der Verkehrsauffassung bestimmt wird[19]. Nach der herrschenden Apprehensionstheorie kann die Wegnahme schon mit Ergreifen gegeben sein[20]. Problematisch ist, ob es zu einem vollendeten Gewahrsamswechsel kommen kann, solange sich A noch in dem Supermarkt aufhält.

Problem Nr 22: Gewahrsamsbegründung in fremder Gewahrsamssphäre   **122**

Bei **kleineren** Gegenständen genügt für einen Gewahrsamswechsel schon das Verbringen in eine sog **Gewahrsamsenklave,** da der Gewahrsam zwar grds rein tatsächlich zu bestimmen, daneben aber die sozial-normative Zuordnung von Gewahrsamssphären zu beachten ist. Danach ist zB eine Jackentasche als Herrschaftssphäre des Jackenträgers anzusehen, sodass bereits mit dem Einstecken in die Tasche der Gewahrsamsbruch vollendet ist, auch wenn sich die Person noch in einem fremden Gewahrsamsbereich aufhält. Dabei kommt es nicht auf das Verbergen an, sondern maßgeblich ist, ob der Zugriff des ursprünglichen Gewahrsamsinhabers auf die Sache sozial auffällig und somit rechtfertigungsbedürftig wäre, was idR dann der Fall ist, wenn der Gegenstand sich im persönlichen Nahbereich einer anderen Person befindet. (BGHSt 16, 271; BGH NStZ 2014, 40; 2015, 276 m Bespr *Jahn,* JuS 2015, 78; *Rengier,* BT1 § 2 Rn 25; *Satzger,* JuS 2015, 768; MK-*Schmitz,* § 242 Rn 55; *Wessels/Hillenkamp,* BT2 Rn 125 f).

Entsprechend diesen Kriterien nimmt der BGH nur versuchten Diebstahl an, wenn sechs Flaschen Whiskey in einem Supermarkt in mitgeführte Trageetaschen gesteckt werden, weil bei einer derart **umfangreichen** Beute innerhalb der Gewahrsamssphäre des Ladeninhabers noch keine Gewahrsamsenklave begründet werde (BGH NStZ-RR 2013, 276).

Zur Vertiefung: Wessels/Hillenkamp, BT2 Rn 121 ff; Beulke, Klausurenkurs II [4] Rn 93; Bosch, Jura 2014, 1237; Kudlich, JA 2017, 428.

A hat bereits dadurch, dass er die CD-Box in seine Jackentasche eingesteckt hat, die Sache sozusagen in seine eigene „Gewahrsamsenklave" gebracht. Damit wird jeder Zugriff eines Dritten auffällig und rechtfertigungsbedürftig. Sowohl nach den Anschauungen des alltäglichen Lebens als auch nach sozial-normativen Gesichtspunkten könnte er damit neuen Gewahrsam begründet und so einen Gewahrsamswechsel herbeigeführt haben.   **123**

Die Wegnahme könnte allerdings auch deshalb nicht vollendet sein, weil K den ganzen Vorgang beobachtet.

Problem Nr 23: Beobachtete Wegnahme   **124**

(1) Nach einer **Mindermeinung** (OLG Hamm NJW 1954, 523; ähnlich OLG Hamburg NJW 1960, 1920) begründet eine beobachtete Wegnahme nur einen Versuch.

Argument: Von Gewahrsamsbruch kann keine Rede sein, wenn ein eingriffsbereiter Dritter die Wegnahme „geschehen" lässt (vgl das Problem der „Diebesfalle", hierzu ua LG Gera StraFo 2000, 358).

---

19 *Wessels/Hillenkamp*, BT2 Rn 82.
20 BGH NStZ 2011, 36; zu weiteren Theorien, nämlich Kontrektation [Berühren], Ablation [Fortschaffen], Illation [Bergen der Beute] *Wessels/Hillenkamp*, BT2 Rn 121 ff; vgl ferner *Bosch*, Jura 2014, 1237.

(2) Nach **Rspr** (BGHSt 16, 271; weiter BGH NStZ 1987, 71; BGH NStZ 2008, 624, 625; OLG Hamm wistra 2014, 36; BayObLG NJW 1997, 3326; OLG Düsseldorf NJW 1990, 1492) und **hA** im **Schrifttum** (*Wessels/Hillenkamp*, BT2 Rn 126; HK-GS-*Duttge*, § 242 Rn 27; *Rengier*, BT1 § 2 Rn 49) ist bei einem beobachteten Diebstahl wegen Vollendung zu bestrafen.

Argument: Diebstahl ist „kein heimliches Delikt". Die Gegenansicht führt zu der merkwürdigen und vom Gesetzgeber nicht gewollten Konsequenz, dass bei körperlicher Überlegenheit des eingriffsbereiten Dritten wegen Versuchs zu bestrafen ist, wegen Vollendung dagegen, wenn der Beobachtende gelähmt ist.

Zur Vertiefung: Wessels/Hillenkamp, BT2 Rn 126; Beulke, Klausurenkurs II [3] Rn 79; Bosch, Jura 2014, 1237; Hecker, JuS 2015, 276; Hillenkamp, BT 20. Problem S 99 ff; Jäger, JA 2015, 390.

125 Obwohl K sozusagen die Wegnahme „geschehen lässt", kann dies noch nichts an der Vollendung der Wegnahme ändern. Der Diebstahl ist nämlich kein heimliches Delikt. Die Beobachtung durch eingriffsbereite Dritte ist insofern nicht erheblich.

b) Subjektiver Tatbestand

A hat bzgl der Wegnahme einer fremden beweglichen Sache vorsätzlich gehandelt.

Hinzukommen müsste bei ihm Zueignungsabsicht, die sich aus der Absicht (mindestens vorübergehender) Aneignung und dem Vorsatz dauernder Enteignung zusammensetzt[21]. Die Absicht, sich die CD-Box jedenfalls vorübergehend anzueignen, ist bei A gegeben. Problematisch ist hier der auf dauernde Enteignung gerichtete Vorsatz (der mindestens in Form des dolus eventualis vorliegen müsste), da A die CD-Box nach dem Kopieren zurückbringen will.

126 **Problem Nr 24: Objekt der Zueignung bei §§ 242 I, 246 I**

(1) Die Rspr folgte ursprünglich der sog **Substanztheorie** (RGSt 10, 369, 371). Danach liegt das Wesen der Zueignung in der Anmaßung einer eigentümerähnlichen Machtstellung durch die Betätigung des Willens, die fremde Sache selbst ihrer Substanz nach zu gewinnen und sie unter Ausschluss des Berechtigten den eigenen Zwecken des Täters dienstbar zu machen (= se ut dominum gerere).

(2) Später entwickelte die Rspr die sog **Sachwerttheorie** (RGSt 40, 10). Danach besteht die Zueignung darin, dass die Sache ihrem wirtschaftlichen Wert nach dem eigenen Vermögen zugeführt wird. Dies ist vor allem in den sog „Sparbuchfällen" von Bedeutung geworden.

(3) Heute vertreten Rspr und hL die sog **Vereinigungstheorie** (RGSt 61, 228, 233; BGHSt 35, 152, 156 f; BGH NStZ 2012, 627 m krit Anm *Jäger*, JA 2012, 709; *Haft/Hilgendorf*, BT1, S 12; *Krey/Hellmann/Heinrich*, BT2, Rn 66; S/S/W-StGB-Kudlich, § 242 Rn 140; *Wessels/Hillenkamp*, BT2 Rn 148 f). Danach kann entweder die Sache selbst (Substanztheorie) **oder** auch der in ihr verkörperte Sachwert (Sachwerttheorie) Gegenstand der Zueignung sein.

Zur Vertiefung: Wessels/Hillenkamp, BT2 Rn 140 ff; Beulke, Klausurenkurs II [5] Rn 140; Fahl, JA 2002, 649 ff; Hillenkamp, BT 21. Problem S 104 ff; Kudlich/Oğlakcıoğlu, JA 2012, 321.

---

21 *Wessels/Hillenkamp*, BT2 Rn 150 ff, 163 ff.

Nach heute ganz hA kann sich der Täter des Diebstahls entweder die Sachsubstanz **127** selbst oder den in ihr verkörperten Sachwert zueignen. Die Substanz selbst will A sich nicht zueignen, da er die CD-Box zurückbringen will. Denkbar ist also allenfalls eine Zueignung unter den Gesichtspunkten der Sachwerttheorie. Das OLG Celle[22] hat im Falle der Entwendung eines Taschenbuches eine Zueignung bejaht, weil ein Buch nach einmaligem Gebrauch (Lesen) nicht mehr dasselbe Buch ist und so unverkäuflich wird. Damit ist aber die Situation der einmaligen Benutzung einer CD nicht vergleichbar, denn sie wird durch einmaliges Abspielen und Überspielen auf eine unbespielte CD nicht in Mitleidenschaft gezogen. Es fehlt deshalb der auf dauernde Enteignung gerichtete Vorsatz sowohl bzgl der Substanz als auch des Sachwertes der CD-Box[23]. Der subjektive Tatbestand des § 242 I ist somit nicht gegeben.

Eine aA ist vertretbar, etwa mit dem Argument, dass das „Beiwerk" (Box, Cover, Begleitheft) so in Mitleidenschaft gezogen wird (durch Entfernen oder Öffnen der Cellophanhülle), dass „die CD" unverkäuflich wird.

2. § 246 I (Einstecken)

Nach dem Wegfall des Gewahrsamserfordernisses in § 246 können Diebstahl und Un- **128** terschlagung problemlos zusammenfallen. Wegnahme und Zueignung schließen sich nicht aus, sondern die Wegnahme kann auch die Zueignung darstellen. Jeder Diebstahl mit vollendeter Zueignung ist somit zugleich tatbestandsmäßig als Unterschlagung zu werten[24].

A müsste sich die CD-Box – eine für ihn fremde bewegliche Sache – also zugeeignet haben. Zueignung ist die nach außen offen kundgetane Manifestation des Zueignungswillens. Zwar hat A die CD-Box hier in die Jackentasche gesteckt, jedoch will er die CD-Box zurückbringen. Damit fehlt ihm der für die Zueignung erforderliche Enteignungswille. Das hat iRd § 246 I wiederum zur Konsequenz, dass bereits das objektive Merkmal der Zueignung nicht gegeben ist.

Vertretbar ist – mit entsprechender Begründung – auch die Bejahung einer Zueignung. § 246 ist dann gegenüber § 242 subsidiär, vgl Wessels/Beulke/Satzger, AT Rn 1101.

Eine Strafbarkeit nach § 246 scheidet aus.

Die rechtswidrige Zueignung ist nach dem Wortlaut des § 246 ein objektives Tatbestandsmerkmal. Dementsprechend ist die Zueignung im objektiven Tatbestand zu prüfen. Andererseits ist Zueignung eine objektiv-subjektive Sinneinheit, die ohne Bestimmung dessen, was der Täter sich bei Vornahme der Zueignungshandlung tatsächlich vorstellt, unmöglich erscheint (Wessels/Hillenkamp, BT2 Rn 312). Es kann deshalb die Manifestation der Zueignung nicht ohne Kenntnis des Zueignungswillens erörtert werden, wobei im Einzelnen höchst streitig ist, in welchem Ausmaß die subjektive Kompomente mitbe-

---

22 NJW 1967, 1921; krit dazu *Deubner*, NJW 1967, 1921; *Schröder*, JR 1967, 389.
23 Vgl auch BGH NStZ 2012, 627; BayObLG NJW 1992, 1777 (jeweils mit Verneinung der Aneignungsabsicht).
24 *Mitsch*, BT2 S 168; *Wessels/Hillenkamp*, BT2 Rn 307, 326.

rücksichtigt werden muss (*Einzelheiten bei Küper/Zopfs, BT Rn 824*). *Jedenfalls sind der Enteignungs- und der Aneignungsvorsatz bei dem objektiven Tatbestandsmerkmal der Zueignung mit anzusprechen. Im subjektiven Tatbestand erübrigen sich dann zusätzliche Ausführungen zu diesem Aspekt.*

Demgegenüber behauptet ein Teil des Schrifttums, die subjektive Seite der Zueignung entspreche bei § 246 I der des § 242 I. Danach wird auch bei § 246 I eine Zueignungs„absicht" gefordert, die dann auch im subjektiven Tatbestand zu prüfen wäre (ua Kindhäuser, LPK § 246 Rn 8).

Zutr verlangt die hA hingegen für § 246 I nur Wissen und Wollen des Täters bzgl Enteignung und der Aneignung (dazu auch Rengier, BT1 § 5 Rn 9), danach würde jede Vorsatzform genügen.

Zu prüfen ist § 246 I daher am besten entsprechend dem folgenden Schema:
a. objektiver Tatbestand
*   aa. fremde bewegliche Sache*
*   bb. sich oder einem Dritten zueignen*
*   (1) Zueignungswille*
*   – Enteignungswille (dolus eventualis genügt)*
*   – Aneignungswille (dolus eventualis genügt)*
*   (2) Manifestation des Zueignungswillens*
b. subjektiver Tatbestand (soweit nicht bereits unter a. vorab geprüft)

3. § 263 I (Forderungsbetrug des A gegenüber der Kassiererin, zulasten des Supermarktinhabers zu seinen eigenen Gunsten durch das Passieren der Kasse)

129 Indem A mit der in seiner Steppjacke verborgenen CD-Box die Kasse passiert, könnte er sich wegen eines Forderungsbetrugs strafbar gemacht haben.

a) Objektiver Tatbestand

In dem Augenblick, in dem A den Kassenbereich verließ, hatte der Supermarktinhaber mangels geschlossenen Kaufvertrages zwar keinen Kaufpreisanspruch gem § 433 II BGB, allerdings bzgl der CD-Box Herausgabeansprüche gem §§ 985, 861 I und 812 BGB. Mit dem Passieren der Kasse erklärte A konkludent, dass solche Ansprüche nicht bestünden. Dadurch erregt er bei der Kassiererin einen entsprechenden Irrtum, zumindest als sachgedankliches Mitbewusstsein.

Fraglich ist aber, ob die Kassiererin durch das Eintippen des Betrages in die Kasse bzw durch das Passierenlassen des A eine Vermögensverfügung getroffen hat. Vermögensverfügung ist jedes tatsächliche Handeln, Dulden oder Unterlassen des Getäuschten, das bei diesem selbst oder bei einem Dritten unmittelbar zu einer Vermögensminderung im wirtschaftlichen Sinne führt[25]. Das Wesen der Vermögensverfügung besteht in einem selbstständigen, auf einer innerlich freien Willensentschließung des Getäuschten beru-

---

25 *Wessels/Hillenkamp*, BT2 Rn 515.

henden Verhalten[26]. Mit Ausnahme eines Sachbetrugs (vgl u Rn 133) wird grds kein Verfügungsbewusstsein verlangt[27]. Dennoch darf hier keine Umdeutung der Wegnahme, die bereits im Supermarkt vollendet war, in einen Betrug erfolgen. Es geht hier um den Sachentzug und nicht um den Verzicht auf die Kaufpreisforderung (ein Kaufvertrag ist gar nicht abgeschlossen worden) oder auf die Forderung auf Rückübertragung (der Besitzverlust wird schon durch die Tathandlung der Wegnahme herbeigeführt)[28]. In Betracht käme daher allenfalls ein Sicherungsbetrug. In diesem Fall ist aber ohnehin zweifelhaft, ob ein weiterer Vermögensschaden eintritt. Besitz und Gewahrsam hat der Supermarktbetreiber bereits verloren, als A die CD-Box in seine Jacke steckte. Mit dem Passieren der Kasse wird dieser Zustand nur aufrechterhalten bzw „verfestigt"[29]. Dass der Supermarktbetreiber im Kaufhaus evtl noch die aussichtsreicheren Möglichkeiten hat, die Sache zurückzuerlangen, stellt – selbst nach wirtschaftlicher Betrachtungsweise – keinen selbstständigen Vermögensposten dar. Mit dem Verlassen des Herrschaftsbereichs des Supermarktbetreibers tritt daher kein zusätzlicher Schaden ein.

b) Ergebnis

Eine Strafbarkeit gem § 263 I entfällt.

4. § 246 I (Passieren der Kasse)

Nach hier vertretener Lösung hatte A hinsichtlich der CD-Box keine Zueignungsabsicht. Entsprechend liegt im Passieren der Kasse bzgl der CD-Box von vornherein auch keine Zueignung. **130**

Für den Fall, dass o die Zueignung bejaht wurde, ergibt sich hier die Problematik, ob in einer erneuten Betätigung des Herrschaftswillens durch denjenigen, der sich vorher als Täter eines Vermögensdeliktes in den Besitz der Sache gesetzt hat, keine erneute Zueignung iSv § 246 I liegen kann (so die Rechtsprechungsansicht) oder ob eine Bestrafung aus § 246 aus Konkurrenzgründen ausscheidet (so die hA im Schrifttum; vgl hierzu ausführlich Fall 7, Problem Nr 71, Rn 321).

5. § 123 I Alt 1

Zweifelhaft erscheint, ob das Betreten des Supermarktes ein widerrechtliches Eindringen darstellt.

Problem Nr 25: Grenzen eines generellen Zutrittsrechts bei § 123   **131**

Ein generelles Zutrittsrecht entfällt nicht schon aufgrund des widerrechtlichen Zwecks des Betretens (so aber *Steinmetz*, JuS 1985, 94, 95 f). Von einem widerrechtlichen Eindringen kann allenfalls dann gesprochen werden, wenn das äußere Erscheinungsbild so sehr von dem gestatteten Eintreten abweicht, dass mit einem Einverständnis des Hausrechtsinhabers billigerweise nicht mehr zu rechnen ist (**hM**, *Hauf*, BT2 S 148; *LK-Lilie*, § 123 Rn 52 f; *Maurach/*

---

26 *Wessels/Hillenkamp*, BT2 Rn 631.
27 *Wessels/Hillenkamp*, BT2 Rn 518, 639.
28 Vgl *Hillenkamp*, JuS 1997, 217, 222.
29 *Hillenkamp*, JuS 1997, 217, 222; *Seier*, NJW 1981, 2152, 2155 ff.

Schroeder/Maiwald, BT1 § 30 Rn 14; S/S-*Sternberg-Lieben*, § 123 Rn 26; S/S/W-StGB-*Fahl*, § 123 Rn 7).

Zur Vertiefung: Beulke, Klausurenkurs II [4] Rn 100; Wessels/Hettinger/Engländer, BT1 Rn 663; Hillenkamp, BT 8. Problem S 36 ff; Kuhli, JuS 2013, 115 ff u 211 ff.

Hier unterfällt der A nach seinem äußeren Erscheinungsbild als Käufer der generellen Zutrittserlaubnis des Hausrechtsinhabers, sodass bereits der objektive Tatbestand des § 123 I aufgrund des tatbestandsausschließenden Einverständnisses nicht erfüllt ist.

6. Ergebnis für A im Tatkomplex B

A hat sich im Tatkomplex B nicht strafbar gemacht.

C. Im Supermarkt – Die Einzel-CD

I. Strafbarkeit des A

1. § 263 I

132 *Oft ist es ratsam, das im Ergebnis abzulehnende Delikt zuerst zu prüfen, dh wer § 263 bejahen will, fragt dann zuerst nach der „Wegnahme" iRd § 242. Wer letztendlich § 242 bejahen will, fängt hingegen mit § 263 an (so die hiesige Vorgehensweise).*

Indem A mit der unter dem Karton mit den Weinflaschen verborgenen CD die Kasse passiert, könnte er sich wegen Betruges strafbar gemacht haben.

a) Objektiver Tatbestand

A hat die Kassiererin getäuscht, denn der Kunde erklärt an der Kasse konkludent, keine anderen als die vorgezeigten Waren bei sich zu haben[30]. Dadurch erregt er bei der Kassiererin einen entsprechenden Irrtum.

Fraglich ist aber, ob die Kassiererin durch das Eintippen des Betrages in die Kasse bzw durch das Passierenlassen des A eine Vermögensverfügung getroffen hat. Vermögensverfügung ist jedes tatsächliche Handeln, Dulden oder Unterlassen des Getäuschten, das bei diesem selbst oder bei einem Dritten unmittelbar zu einer Vermögensminderung im wirtschaftlichen Sinne führt[31]. Das Wesen der Vermögensverfügung besteht in einem selbstständigen, auf einer innerlich freien Willensentschließung des Getäuschten beruhenden Verhalten[32]. Deshalb wird ganz allgemein beim Sachbetrug ein Verfügungsbewusstsein gefordert[33]. Fraglich erscheint allerdings, ob eine Kassiererin im SB-Markt[34] bzgl versteckter Ware Verfügungsbewusstsein hat.

---

30 OLG Düsseldorf NStZ 1993, 287; *Krey/Hellmann/Heinrich*, BT2 Rn 54 f; S/S-*Perron*, § 263 Rn 14 f; aA *Hillenkamp*, JuS 1997, 221 mwN in Fn 45.
31 BGH NStZ 2017, 351; *Wessels/Hillenkamp*, BT2 Rn 515.
32 *Wessels/Hillenkamp*, BT2 Rn 631.
33 *Rönnau*, JuS 2011, 982; *Wessels/Hillenkamp*, BT2 Rn 518, 539.
34 Zur Problematik bei SB-Kassen s *Heinrich*, Beulke-FS, S 393 ff.

Problem Nr 26: Abgrenzung von Betrug und Diebstahl beim Passieren der Kasse in SB-Märkten   **133**

(1) Nach einer **Auffassung** (OLG Düsseldorf NStZ 1993, 286 [„*Milchkastenfall*"]) liegt seitens der Kassiererin eine Vermögensverfügung vor, da ein **genereller Verfügungswille** („alles im Wagen") reicht. Dies führt zur Bejahung des Betruges.

Argument: Die Kassiererin lässt den Kunden mit dem Einkaufswagen passieren und gestattet ihm damit, dessen gesamten Inhalt an sich zu nehmen. Dabei verfügt sie auch bewusst, denn sie glaubt, alle Waren im Einkaufswagen erfasst zuhaben, so dass sich ihre Gestaltung auf diese Gesamtmenge bezieht, auch wenn sie tatsächlich über den konkreten Inhalt des Einkaufswagen irrt.

(2) Der **BGH** (BGHSt 41, 198 ff) und die **hL** (*Fischer*, § 242 Rn 18; *Hillenkamp*, JuS 1997, 217 ff; *Jäger*, BT Rn 204; *Kudlich*, PdW BT1 S 107 f; *Rengier*, BT1 § 13 Rn 86; *Zopfs*, NStZ 1996, 190) verneinen zu Recht eine Vermögensverfügung, weil der Kassiererin das für eine Vermögensverfügung notwendige **Verfügungsbewusstsein** fehlt, denn ihr ist die Verfügung über die konkrete Ware nicht bewusst. Die Entwendung versteckter Ware im Supermarkt wird also nicht dadurch zum Betrug, dass der Täter an einer Kassiererin vorbeigeht. Die Tat ist vielmehr allenfalls als Diebstahl einzustufen.

Argument: Durch das Eintippen der Preise konkretisiert die Kassiererin diejenigen Gegenstände, über die sie tatsächlich verfügen will. Die Gegenansicht (*s (1)*), die einen pauschalen Verfügungswillen annimmt, kann nicht richtig sein, da sie der Kassiererin unterstellt, auch über unbezahlte Waren verfügen zu wollen, wodurch diese jedoch gegen ihre Arbeitnehmerpflichten verstoßen würde.

Es fehlt an dem für § 263 unverzichtbaren und neben der Wegnahme selbstständigen, vom Geschädigten personal mitgestalteten Schaden.

Außerdem ist die Ablehnung eines Betruges – und damit die Befürwortung eines Diebstahls – auch kriminalpolitisch sinnvoll. Wenn nämlich der Täter die Ware noch im Laden in seine körperliche Nahsphäre verbringt (vollendete Wegnahme), kommt im Falle tätlicher Auseinandersetzung hinter der Kasse eine Bestrafung nach § 252 (Verbrechen!) in Betracht. Gleiches muss möglich sein, wenn der Gewahrsamswechsel erst beim Passieren der Kasse stattfindet, da beide Fälle nach der Lebensanschauung ähnlich gelagert sind. Um den Tatbestand des § 252 zu erfüllen, muss aber ein Diebstahl (kein Betrug) vorangegangen sein. Die Verneinung des Verfügungsbewusstseins führt also letztendlich zu einem verbesserten Eigentumsschutz aufgrund der Abschreckungswirkung des § 252 (bei vorangegangenem Betrug käme nur § 240 und § 223 in Betracht) und vermeidet willkürliche Unterschiede in der strafrechtlichen Bewertung sehr ähnlicher Fallkonstellationen.

Zur Vertiefung: Wessels/Hillenkamp, BT2 Rn 622 ff, 639; Beulke, Klausurenkurs II [6] Rn 161; Oğlakcıoğlu, JA 2012, 902 ff u. JA 2013, 107 ff.

Ginge man von einem generellen Verfügungswillen der Kassiererin hinsichtlich des Einkaufswageninhalts aus, wäre ein Verfügungsbewusstsein zu bejahen. Eine derartige Betrachtungsweise erscheint jedoch lebensfremd, weil der Kassiererin nur die Verfügung über die konkrete Ware bewusst ist. Sie hat also nur hinsichtlich der Waren Verfügungsbewusstsein, die sie bemerkt und deren Preise sie in die Kasse eintippt. Deshalb fehlt E im vorliegenden Fall das Verfügungsbewusstsein bzgl der CD. Ein Sachbetrug scheidet damit aus.   **134**

Der Diebstahl darf auch nicht in einen Forderungsbetrug, bei dem ein Verfügungsbewusstsein nach allgemeiner Ansicht nicht vorliegen muss[35], umgedeutet werden. Es geht hier um den Sachentzug und nicht um den Verzicht auf die Kaufpreisforderung (ein Kaufvertrag ist gar nicht abgeschlossen worden) oder auf die Forderung auf Rückübertragung (der Besitzverlust wird erst durch die Tathandlung herbeigeführt)[36].

Das Tatbestandsmerkmal der Vermögensverfügung ist nicht gegeben.

b) Ergebnis

A hat sich folglich nicht gem § 263 I strafbar gemacht.

2. § 242 I

a) Objektiver Tatbestand

135 Problematisch ist hier nur die Wegnahme. Allein im Verbergen der CD im Einkaufskorb kann noch keine Begründung neuen Gewahrsams gesehen werden, da der Inhalt des Einkaufswagens nach der Verkehrsanschauung im Unterschied zum Inhalt der Jackentasche dem Einflussbereich des Ladeninhabers noch nicht entzogen ist.

Aber durch das Passieren der Kasse (solange diese sich am Ausgang des Geschäfts befindet) wird nach sozial-normativer Betrachtung ein Gewahrsamswechsel vollzogen, denn die Verkehrsanschauung ordnet von da ab den Inhalt des Einkaufswagens dem Gewahrsam des Käufers zu[37].

Ein Einverständnis des Gewahrsamsinhabers fehlt. Zwar verlässt C den Verkaufsraum ohne gegen A einzuschreiten, als er sieht, dass dieser die CD unter den Karton mit den Weinflaschen schiebt. Dies ist aber nicht mit einem Einverständnis in die Wegnahme gleich zu setzen. Außerdem ist ein Gewahrsam des Aushilfs-Ladenangestellten C ohnehin zweifelhaft. Wenn überhaupt, käme ihm lediglich Mitgewahrsam zu, sodass selbst sein Einverständnis den Bruch des Gewahrsams hinsichtlich des anderen Mitgewahrsamsinhabers nicht zu Fall brächte.

b) Subjektiver Tatbestand

A handelt vorsätzlich. Zudem handelt er in der Absicht, die CD dem F zu schenken. Durch den Schenkungsakt will er sich als Eigentümer aufspielen. Nach der geltenden Fassung des § 242 würde allerdings auch eine Drittzueignung genügen. Nach hA ist aber im Falle des Verschenkens neben dem schon nach früherer Gesetzeslage[38] gegebenen „Sich-Zueignen" nicht zusätzlich von einer „Drittzueignung" auszugehen[39]. Zueignungsabsicht ist somit gegeben.

---

35 Vgl *Hillenkamp*, JuS 1997, 217, 222.

36 BGHSt 41, 198 ff; *Hillenkamp*, JuS 1997, 217, 222.

37 BGHSt 41, 198 ff; *Hillenkamp*, JuS 1997, 217, 222.

38 Vgl *Wessels*, BT2 (19. Aufl) Rn 154.

39 *Jäger*, JuS 2000, 651; *Wessels/Hillenkamp*, BT2 Rn 168; vgl auch *Rönnau*, GA 2000, 410 ff; aA *Krey/Hellmann/Heinrich*, BT2 Rn 101; *Rengier*, BT1 § 2 Rn 73.

c) Rechtswidrigkeit und Schuld

A handelt rechtswidrig und schuldhaft.

d) Strafantragserfordernis, § 248a

Eine Einzel-CD kostet regelmäßig weniger als 50 €, ein Strafantrag ist somit erforderlich. Er ist gestellt.

3. § 246 I

Problematisch ist nur, ob eine Manifestation der Zueignungsabsicht vorliegt. Dafür ist   **136**
zumindest die objektiv erkennbare Betätigung des Zueignungswillens erforderlich[40].
Wenn – wie dargelegt – mit dem Passieren der Kasse der Gewahrsam vom Ladeninhaber
auf den Käufer übergeht, so ist darin ein nach außen hin erkennbarer Akt zu sehen, der
nicht nur die „Inbesitznahme", sondern auch die Zueignung betrifft. Das Heraus-schieben
aus dem Verkaufsbereich ist wie ein Beiseiteschaffen zu werten. Letzteres gehört zu
den klassischen Fallgruppen der Manifestation des Zueignungswillens[41].

Auch § 246 I ist also erfüllt.

4. Konkurrenzen

§ 246 I ist seinem ausdrücklichen Wortlaut nach subsidiär gegenüber § 242 I[42].   **137**

5. Ergebnis für A im Tatkomplex C

A ist wegen Diebstahls an der Einzel-CD gem § 242 I strafbar.

II. Strafbarkeit des C

1. §§ 242 I, 13 I

Dadurch, dass C gegen A nicht einschreitet, als dieser eine CD unter dem Karton mit   **138**
den Weinflaschen verbirgt, könnte er sich wegen Diebstahls durch Unterlassen strafbar
gemacht haben. Ein positives Tun ist hier nicht erkennbar, und zwar auch nicht in Form
einer psychischen Stärkung des Täters, denn A bemerkt das Verhalten des C überhaupt
nicht.

a) Objektiver Tatbestand

Eine fremde bewegliche Sache ist durch A weggenommen worden (*s Rn 135*). C hat es
unterlassen, dagegen vorzugehen, was ihm physisch-real möglich gewesen wäre.

Fraglich ist, ob das Verhalten des C für den Erfolg kausal geworden ist. Kausal iSd Strafrechts ist jede Bedingung für einen Erfolg, die nicht hinweggedacht werden kann, ohne
dass der Erfolg in der konkreten Gestalt entfiele (conditio sine qua non = sog Äquiva-

---

40 *Wessels/Hillenkamp*, BT2 Rn 311.
41 Vgl *Wessels/Hillenkamp*, BT2 Rn 313 f.
42 Dazu *Wessels/Beulke/Satzger*, AT Rn 1101.

lenztheorie[43]). Speziell bei Unterlassungsdelikten bedeutet Kausalität, dass die rechtlich erwartete Handlung nicht hinzugedacht werden kann, ohne dass der tatbestandsmäßige Erfolg entfiele[44]. Ein Einschreiten des C – zB durch Hervorziehen der CD aus dem Wagen des A – hätte den Erfolg des § 242 I (die spätere Wegnahme an der Kasse) verhindert. Die Kausalität ist somit gegeben.

Das Tatbestandsmerkmal der Wegnahme kann auch durch Unterlassen erfüllt werden. Zwar behauptet eine Mindermeinung, „Wegnahme" fordere immer ein aktives Handeln[45]. Hierfür ergeben sich jedoch aus dem Gesetzeswortlaut keinerlei Anhaltspunkte. Es ist üblich, dass Straftatbestände die Erfolgsherbeiführung durch Formulierungen umschreiben, die ein positives Tun nahe legen (zB töten in § 212). Gleichwohl ergibt sich aus § 13 die Möglichkeit der generellen Gleichstellung von Tun und Unterlassen. Aus dem Wesen des Diebstahlstatbestandes ergibt sich keine zwingende Ausnahme[46].

Auch wenn C nur Aushilfs-Ladenangestellter ist, trifft ihn aus seinem Arbeitsvertrag die Pflicht, gegen Diebstähle einzuschreiten.

Fraglich erscheint jedoch, ob C Täter (oder nur Teilnehmer) des Diebstahls ist.

139 **Problem Nr 27: Abgrenzung Täterschaft – Teilnahme bei Beteiligung an einem Begehungsdelikt durch Unterlassen**

(1) Nach der **Rspr** (BGHSt 54, 44, 51; BGH NJW 1966, 1763 [„Schamhaarfall"]; BGH NStZ 2012, 379 [„Würgefall"]) sowie einer **Mindermeinung** (*Baumann/Weber/Mitsch/Eisele*, AT § 29 Rn 59 ff) ist wie bei allen Abgrenzungsfällen zwischen Täterschaft und Teilnahme auch bei der Mitwirkung am Begehungsdelikt durch Unterlassen auf den Täter- bzw Teilnehmerwillen (**subjektive Theorie**) abzustellen.

Argument: Es bereitet gerade im Unterlassensbereich besonders große Schwierigkeiten zwischen Täterschaft und Teilnahme nach objektiven Kriterien zu unterscheiden. Das darf aber nicht dazu führen, gegen die vom Gesetz allgemein angeordnete Differenzierung zwischen Täterschaft und Teilnahme zu verstoßen.

(2) Einige Stimmen in der **Literatur** meinen, die Unterlassungsdelikte sind Pflichtdelikte, bei denen **jeder Täter** ist, der die ihm obliegende Garantenpflicht verletzt (*Bachmann/Eichinger*, JA 2011, 105, 107; *Roxin*, AT2 § 31 Rn 140 ff; *Stratenwerth/Kuhlen*, AT § 14 Rn 23; iE auch *Frister*, AT Kap 26 Rn 32, 40).

Argument: Der Lehre von der generellen Täterschaft des Erfolgsabwendungspflichtigen ist durch die Fassung des § 13 ausdrücklich Raum gegeben worden. Der Gesetzgeber hat auf die Formulierung, dass der Unterlassungsdelinquent „als Täter oder als Teilnehmer" strafbar sei, bewusst verzichtet.

(3) Eine dritte Ansicht vertritt den Standpunkt, dass ein unterlassender Garant neben einem vorsätzlichen Begehungstäter **grds nur Gehilfe** sein kann (*Jescheck/Weigend*, § 64 III 5; *Kühl*, AT § 20 Rn 230, 270; *Puppe*, AT § 32 Rn 17 ff; S/S/W-StGB-*Kudlich*, § 13 Rn 4).

---

43 *Wessels/Beulke/Satzger*, AT Rn 218.
44 *Wessels/Beulke/Satzger*, AT Rn 1000.
45 *Krey/Hellmann/Heinrich*, BT2 Rn 116.
46 Anders *Roxin*, Täterschaft S 481 f, der den Diebstahl durch Unterlassen unter Hinweis auf das subjektive Tatbestandsmerkmal der Zueignungsabsicht für unmöglich hält (Diebstahl als qualifiziertes Herrschaftsdelikt).

Argument: Der Handelnde beherrscht als Tatnäherer den Tatverlauf und verstellt dem Unterlassenden den unmittelbaren Zugang zum Erfolg. Der Unterlassende ist nur „mittelbar" beteiligt und hat nur eine dienende Rolle.

(4) Nach einer weiteren Ansicht kommt es für die Abgrenzung zwischen Täterschaft und Teilnahme bei Beteiligung an einem Begehungsdelikt durch Unterlassen entscheidend auf den Inhalt und die Qualität der Garantenpflicht an. Der **Beschützergarant** ist danach **stets Täter**, der **Überwachungsgarant** dagegen lediglich **Teilnehmer** (*Gropp*, AT § 10 Rn 151 f; *Kindhäuser*, AT § 38 Rn 69 ff; *Krey/Esser*, AT Rn 1182 ff; LK-*Schünemann*, § 25 Rn 211 f; S/S-*Heine/Weißer*, Vorbem §§ 25 ff Rn 101 ff; ähnlich auch *Hoffmann-Holland*, AT Rn 807; *Murmann*, Beulke-FS, S 181 ff).

Argument: Der Beschützergarant muss das Rechtsgut vor Schaden jeden Ursprungs bewahren, während der Überwachungsgarant nur für eine bestimmte Gefahrenquelle verantwortlich ist. Im Gegensatz zum Beschützergaranten steht der Überwachungsgarant grds dem aktiven Gehilfen näher als dem tatbeherrschenden Begehungstäter.

(5) Vorzugswürdig erscheint es, auf die auch sonst geltenden Regeln, nämlich die der **Tatherrschaftslehre** abzustellen (*Heinrich*, AT Rn 1214; MK-*Joecks*, § 25 Rn 270; *Ransiek*, JuS 2010, 680; *Wessels/Beulke/Satzger*, AT Rn 1034).

Argument: Die im Bereich der Begehungsdelikte befürwortete Tatherrschaftstheorie (s *Beulke*, Klausurenkurs I [3] Rn 159 und u Rn 285) bietet auch beim Unterlassen ein vernünftiges Abgrenzungskriterium: Tatherrschaft erschöpft sich nicht in der Möglichkeit der Erfolgsverhinderung, sondern weist strengere materielle Voraussetzungen auf, so dass sie auch im Unterlassensbereich eine Unterscheidung ermöglicht.

Die subjektive Theorie – o (1)– führt wie bei den Begehungsdelikten auch im Bereich der Unterlassungsdelikte zu erheblicher Rechtsunsicherheit, weil sie mit ihren beliebig ausfüllbaren, formelhaften Wendungen die Abgrenzung dem unüberprüfbaren Ermessen des Richters überlässt.

Wer ausschließlich Täterschaftsregeln anwendet – so die o unter (2) dargestellte Meinung – verzichtet auf Differenzierungen, die den Beteiligten begünstigen, und befürwortet damit eine nicht zu rechtfertigende strengere Behandlung im Bereich der Unterlassungsdelikte.

Die „Gehilfentheorie" – o (3) – übersieht, dass der pflichtwidrig Unterlassende die Zentralgestalt des Garantengebotstatbestandes sein kann. Die nach § 27 obligatorische Strafrahmenmilderung ist keineswegs in allen der in Betracht kommenden Fälle gerechtfertigt.

Schließlich lässt sich die Einteilung nach täterschaftsbegründenden und nur Beihilfe begründenden Garantenstellungen – so die unter (4) dargestellte Meinung – nicht mit hinreichender Bestimmtheit durchführen. Entweder besteht für den Unterlassenden die Rechtspflicht zum Einschreiten oder sie besteht nicht. Zudem ist eine unterschiedliche Behandlung der Garanten im Gesetz nicht angelegt.

Zur Vertiefung: Wessels/Beulke/Satzger, AT Rn 1034; Beulke, Klausurenkurs II [1] Rn 29; Bosch, JA 2009, 655; Hillenkamp/Cornelius, AT 20. Problem S 172 ff.

140 Der Tatbeitrag des C kann diesen nicht etwa schon allein deshalb zum Täter machen, weil ihn eine Garantenpflicht trifft, bzw zum Gehilfen herabstufen, weil er nur untätig bleibt. Auch die Lösung, den C allein wegen seiner Eigenschaft als Beschützergarant zum Täter zu erklären, überzeugt nicht, da sie eine aus dem Gesetz nicht ablesbare generelle Schlechterstellung des Unterlassenden gegenüber dem positiv Handelnden zur Folge hätte. Vielmehr müssen auch bei der Beteiligung an einem Begehungsdelikt durch

Unterlassen die allgemeinen Abgrenzungskriterien zwischen Täterschaft und Teilnahme herangezogen werden. Das ist entgegen der Rspr (subjektive Theorie) nicht vorrangig der Täterwille, sondern die Tatherrschaft. Da der Beitrag des C hier nur eine untergeordnete und unterstützende Rolle spielt, liegt auf der Basis der Tatherrschaftstheorie keine Täterschaft vor.

b) Ergebnis

C hat sich nicht gem §§ 242 I, 13 I strafbar gemacht.

2. §§ 242 I, 27, 13 I

141   C könnte aber zu dem von A begangenen Diebstahl eine Beihilfe durch Unterlassen geleistet haben.

a) Objektiver Tatbestand

Die vorsätzlich begangene rechtswidrige Haupttat liegt in Gestalt des von A begangenen Diebstahls an der Einzel-CD vor (*s Rn 135*).

C müsste zu dieser Tat „Hilfe geleistet" haben. Darunter versteht man jedes Erleichtern, Unterstützen oder Fördern der Haupttat[47]. Wie sich bereits im Rahmen der Prüfung der täterschaftlichen Begehung (*s Rn 138*) gezeigt hat, ist das Unterlassen des C für die Erfolgsherbeiführung kausal geworden, sodass auch die Kausalität der Beihilfehandlung, soweit man sie voraussetzt[48], gegeben ist. Durch das Unterlassen seitens des C ist also die Haupttat gefördert worden. Da C auch eine Garantenpflicht traf und Tatherrschaft ausscheidet, liegt eine Beihilfehandlung durch Unterlassen vor.

b) Subjektiver Tatbestand

C hat bzgl der Haupttat keine ganz konkrete Vorstellung. Fraglich ist, ob dies als Teilnehmervorsatz genügt. Das hängt davon ab, welche Anforderungen an die Konkretheit und Bestimmtheit der Haupttat zu stellen sind. Der Gehilfe muss den Willen und das Bewusstsein haben, die Tat eines anderen zu fördern, die in dessen Person alle Merkmale einer „vorsätzlich begangenen rechtswidrigen Tat" erfüllt, wobei es im Unterschied zur Anstiftung genügt, dass sein Vorstellungsbild den wesentlichen Unrechtsgehalt der Haupttat erfasst[49]. Im vorliegenden Fall weiß C nicht alle Einzelheiten. Jedoch ist sein Vorsatz durch die gegebenen Umstände (Musikabteilung, Betrug oder Diebstahl als Haupttat) genügend konkretisiert. Da C auch Vorsatz bzgl der Beihilfehandlung sowie der Garantenstellung aufweist, ist der subjektive Tatbestand erfüllt.

c) Rechtswidrigkeit und Schuld

C handelt rechtswidrig und schuldhaft.

---

47   *Wessels/Beulke/Satzger*, AT Rn 816 f; vgl auch *Beulke*, Klausurenkurs I [11] Rn 389.
48   Weite Teile der Literatur entgegen der Rspr (BGH NStZ-RR 2015, 343; 2016, 136: Ausreichend sei eine sog Verstärker- oder Förderkausalität ohne Rückgriff auf die conditio sine qua non-Formel), vgl *Wessels/Beulke/ Satzger*, AT Rn 817; vgl auch *Beulke*, Klausurenkurs I [11] Rn 389.
49   BGHSt 42, 135; *Wessels/Beulke/Satzger*, AT Rn 820 ff.

d) Ergebnis

C hat sich gem §§ 242 I, 27, 13 I strafbar gemacht.

3. §§ 257 I, 13 I

Zwar muss eine Vortat im Zeitpunkt der Hilfeleistung iSv § 257 I noch nicht beendet sein[50], eine Bestrafung des C wegen Begünstigung scheidet aber gem § 257 III 1 wegen dessen Vortatbeteiligung von vornherein aus.   **142**

4. §§ 258 I, 13 I

Außerdem könnte C durch sein Untätigbleiben vereitelt haben, dass A wegen des Diebstahls bestraft oder einer Maßnahme der Besserung und Sicherung unterzogen wird. Fraglich ist, ob C auch Garant für den Nichteintritt des Vereitelungserfolges ist. § 258 schützt jedoch nicht den privaten Arbeitgeber des C, sondern die öffentliche Rechtspflege. Die Deliktsverhinderungs- und Aufklärungspflicht des C besteht hingegen nur aufgrund des privatrechtlichen Vertrages mit dem Supermarkt. Darüber hinaus existiert keine allgemeine Rechtspflicht, zur Aufklärung von Straftaten beizutragen[51], sodass es an der nötigen Garantenstellung des C fehlt.

5. § 266 I Alt 2

C hat aufgrund seiner Tätigkeit als bloße Aushilfskraft keine Vermögensbetreuungspflicht, da diese nicht als Hauptpflicht eines solchen Arbeitsvertrags angesehen werden kann.   **143**

6. Ergebnis für C im Tatkomplex C

C hat sich gem §§ 242 I, 27, 13 I strafbar gemacht.

D. Die nächtliche Sprühaktion

I. Strafbarkeit des A

1. § 123 I Alt 1

Ein Hausfriedensbruch erscheint zwar denkbar, letztlich ergibt sich aus dem Sachverhalt jedoch nicht, dass das Supermarktgelände nachts der Allgemeinheit nicht zugänglich gewesen wäre.   **144**

---

50 Zu den strittigen Fällen S/S-*Stree/Hecker*, § 257 Rn 7 f; vgl *Beulke*, Klausurenkurs II [9] Rn 257; s auch u Fall 7, Problem Nr 66, Rn 288.

51 Vgl zu den seltenen Fällen, in denen eine solche Pflicht zB aus einem öffentlich-rechtlichen Dienstverhältnis herleitbar ist, S/S-*Stree/Hecker*, § 258 Rn 17.

2. § 303 I Alt 1

A könnte eine Sache beschädigt haben. Eine Beschädigung iSv § 303 I Alt 1 liegt vor, wenn der Täter auf die Sache als solche in einer Weise körperlich eingewirkt hat, dass ihre Unversehrtheit oder bestimmungsgemäße Brauchbarkeit mehr als nur unerheblich beeinträchtigt und im Vergleich zu ihrer bisherigen Beschaffenheit nachteilig verändert worden ist[52].

145 Eine Brauchbarkeitsminderung liegt hier nicht vor. Fraglich ist deshalb allein, ob eine nachteilige Veränderung der Beschaffenheit bejaht werden kann. Lange Zeit herrschte lebhafter Streit, ob insofern auch eine Zustandsveränderung, soweit diese den Interessen bzw dem Sachherrschaftswillen des Eigentümers zuwiderläuft, von § 303 I erfasst wird. Eine Mindermeinung bejahte dies[53]. Rspr und hL verlangten hingegen für eine Beschaffenheitsveränderung eine Substanzverletzung im eigentlichen Sinne[54], bei der wiederum strittig war, ob sich auch um einen (nur mittelbaren) Reinigungsschaden handeln darf[55]. Um drohende Strafbarkeitslücken zu schließen, hat der Gesetzgeber inzwischen § 303 II, den so genannten Graffiti-Paragrafen, geschaffen.

Vorliegend ist der Streit ohne Bedeutung, denn das „Kunstwerk" konnte nicht wieder entfernt werden, ohne dass leichte Grauschleier zurückblieben, die nicht erst durch die Lauge, sondern bereits durch die Verbindung von Putz und Farbe entstanden sind, sodass unstreitig von einer Substanzverletzung auszugehen ist.

A handelte auch vorsätzlich. Bei lebensnaher Betrachtung ist der Sachverhalt dahingehend auszulegen, dass er bleibende Schäden zumindest billigend in Kauf nahm.

Anhaltspunkte für den Ausschluss von Rechtswidrigkeit und Schuld sind nicht erkennbar. A hat sich nach § 303 I strafbar gemacht.

3. § 303 II

146 Nach § 303 II macht sich strafbar, wer unbefugt das Erscheinungsbild einer Sache nicht nur unerheblich und nicht nur vorübergehend verändert. Eine Veränderung des Erscheinungsbilds der für A fremden Wand ist dabei in jeder Maßnahme zu sehen, die zu einem vom ursprünglichen Erscheinungsbild abweichenden Zustand führt. Dies ist bei einer aufgesprayten 50 cm großen Rose mit einem Totenkreuz der Fall. Weiter darf die Veränderung nicht nur unerheblicher oder vorübergehender Natur sein. Dem genügen solche Veränderungen nicht, die nur geringfügig sind, wie dies bei einer nur losen Verbindung zwischen dem Tatobjekt und dem Mittel der Veränderung gegeben ist[56], oder die ohne Aufwand binnen kurzer Zeit von selbst wieder vergehen oder entfernt werden können, wie Verhüllungen, Plakatierung mittels ablösbarer Klebestreifen sowie Kreide- und

---

52 *Wessels/Hillenkamp*, BT2 Rn 34.
53 *Momsen*, JR 2000, 172, 174f.
54 RGSt 43, 204; BGHSt 29, 129; OLG Hamburg StV 1999, 544; *Satzger*, Jura 2006, 428, 433; *Wessels/Hillenkamp*, BT2 Rn 23 ff.
55 Einzelheiten bei *Küper/Zopfs*, BT Rn 422 f; *Wessels/Hillenkamp*, BT/2 Rn 29.
56 OLG Jena NJW 2008, 776.

Wasserfarbenauftrag[57]. Diese Grenze ist hier überschritten. Mangels Zustimmung des Verfügungsberechtigten (Supermarkt) und ohne Recht zur Veränderung ist Letztere auch unbefugt geschehen[58].

Es scheinen also alle Merkmale des objektiven Tatbestands erfüllt zu sein. Gleichwohl könnte die Tatbestandsmäßigkeit entfallen, da bereits eine Strafbarkeit gemäß § 303 I bejaht wurde (*s Rn 145*).

Problem Nr 28: Verhältnis von § 303 II zu § 303 I bei Zustandsveränderung

(1) Nach einer **Mindermeinung** (etwa *Krey/Hellmann/Heinrich*, BT2 Rn 359; *Lackner/Kühl*, § 303 Rn 7a) sollen nur solche Veränderungen des Erscheinungsbildes vom Tatbestand des § 303 II erfasst werden, die nicht bereits eine Beschädigung iSv § 303 I darstellen. Zwischen § 303 II und § 303 I besteht demnach ein **Exklusivitätsverhältnis**.

Argument: Der Gesetzgeber wollte durch die Einführung des § 303 II insbes das Besprayen von Flächen (Graffiti) erfassen, die ohne Verletzung der Substanz gereinigt werden können. Im Übrigen sollte „alles beim Alten bleiben".

(2) Zutr bejahen **Rspr** und **hL** bei Veränderungen des Erscheinungsbildes, die mit einer Substanzverletzung einhergehen, sowohl den Tatbestand des § 303 I als auch den des § 303 II (KG NStZ 2007, 223, 224; *Rengier*, BT1 § 24 Rn 25; S/S/W-StGB-*Saliger*, § 303 Rn 21; *Satzger*, Jura 2006, 428, 435; *Schuhr*, JA 2009, 169, 172; *Wessels/Hillenkamp*, BT2 Rn 37).

Argument: Ist in tatsächlicher Hinsicht fraglich, ob eine substanzverletzende Einwirkung gegeben ist, soll nach dem Willen des Gesetzgebers jedenfalls § 303 II als Auffangtatbestand eingreifen (Fall der Subsidiarität). Bei Annahme eines Exklusivitätsverhältnisses bedürfte es weiterhin kostenträchtiger Gutachten, die man durch die Neuregelung gerade vermeiden wollte.

Zur Vertiefung: Küper/Zopfs, BT Rn 425.

Für die von einer Mindermeinung vertretene Auffassung, zwischen § 303 I und § 303 II bestünde ein Exklusivitätsverhältnis, spricht zwar historisch gesehen, dass § 303 II in erster Linie der Schließung von Strafbarkeitslücken dienen sollte. Andererseits wollte der Gesetzgeber einen Auffangtatbestand schaffen, der langwierige Streitigkeiten über das Vorliegen oder Nichtvorliegen einer Substanzverletzung (unmittelbar infolge der Tathandlung selbst bzw erst mittelbar aufgrund von Beseitigungsmaßnahmen) überflüssig macht. Mit der hL ist das Überschneidungsproblem daher erst auf Konkurrenzebene zu lösen.

A handelte vorsätzlich. Auch Rechtswidrigkeit und Schuld sind gegeben.

Der sowohl für eine Strafbarkeit gem § 303 I als auch gem § 303 II ggf erforderliche Strafantrag ist gestellt.

4. Konkurrenzen

Der bloßen Veränderung des Erscheinungsbildes iSv § 303 II kommt im Verhältnis zur hier vorliegenden Substanzverletzung iSv § 303 I kein eigenständiger Unwertgehalt zu,

---

57 *Wessels/Hillenkamp*, BT2 Rn 39a; s auch *Eisenschmid*, NJW 2005, 3033; *Kühl*, Weber-FS, S 413.
58 Vgl S/S-*Stree/Hecker*, § 303 Rn 17.

weshalb § 303 II im Wege der Gesetzeskonkurrenz (Subsidiarität) hinter § 303 I zurück-tritt[59].

5. Ergebnis für A im Tatkomplex D

A hat sich gemäß § 303 I strafbar gemacht.

II. Strafbarkeit des M

1. §§ 303 I, 27

146a M könnte sich dadurch, dass er die Spraydose an A verkauft, wegen Beihilfe zu § 303 I strafbar gemacht haben. Die vorsätzliche rechtswidrige Haupttat eines anderen liegt in Gestalt der von A begangenen Sachbeschädigung (§ 303 I) vor (*s Rn 145 f*).

Ohne den Erwerb einer Spraydose hätte A die Tathandlung nicht begehen können (conditio sine qua non). Eine Mittäterschaft des M scheidet mangels Tatherrschaft gleichwohl aus. Somit spricht auf den ersten Blick vieles dafür, dass M eine strafbare Beihilfehandlung begangen hat. Auch eine Beihilfe könnte aber zu verneinen sein, weil es sich bei dem Verkauf um ein „neutrales" Geschäft handelt. Es wird diskutiert, aufgrund des ultima-ratio-Prinzips „neutrale" Verhaltensweisen, denen vordergründig keine „innere Verknüpfung" zum Taterfolg zukommt, aus dem Bereich der strafbaren Beihilfe auszuklammern. Als neutrale, alltägliche Verhaltensweisen werden solche Handlungen eingestuft, die der Ausführende auch einem jeden anderen gegenüber vorgenommen hätte, weil er mit der Handlung tat- und täterunabhängige eigene, rechtlich nicht missbilligte Zwecke verfolgt[60]. Dies trifft auf den Verkauf der Spraydose zu. Ob und wann derartigen „neutralen" Verhaltensweisen der Charakter als Hilfeleistung iSv § 27 aberkannt werden kann, ist jedoch sehr umstritten.

146b **Problem Nr 29: Strafbarkeit einer neutralen Beihilfehandlung**

(1) Die **Rspr** nimmt die Abgrenzung schwerpunktmäßig im **subjektiven Tatbestand** vor. Zielt das Handeln des Haupttäters ausschließlich darauf ab, eine strafbare Handlung zu begehen, und weiß dies der Hilfeleistende, so ist sein Tatbeitrag als Beihilfehandlung zu werten. In diesem Fall verliert sein Tun stets den „Alltagscharakter"; es ist als „Solidarisierung" mit dem Täter zu deuten und dann auch nicht mehr als sozialadäquat anzusehen. Weiß der Hilfeleistende dagegen nicht, wie der von ihm geleistete Beitrag vom Haupttäter verwendet wird, hält er es lediglich für möglich, dass sein Tun zur Begehung einer Straftat genutzt wird, so ist sein Handeln regelmäßig noch nicht als strafbare Beihilfehandlung zu beurteilen, es sei denn, das von ihm erkannte Risiko strafbaren Verhaltens des von ihm Unterstützten war derart hoch, dass er sich mit seiner Hilfeleistung die Förderung eines erkennbar tatgeneigten Täters angelegen sein ließ (BGHSt 29, 99; 46, 107, 112; BGH NStZ 2017, 337 u 461; ähnliche Ansätze aus dem **Schrifttum**: *Roxin*, AT2 § 26 Rn 218 ff; *ders*, StV 2015, 447; *Rengier*, AT § 45 Rn 109 ff; *Kudlich*, Unterstützung, S 534; *ders*, Roxin-FS II, S. 881, 885; *Kühl*, AT § 20 Rn 222 c).

---

59 KG NStZ 2007, 223, 224; *Fischer*, § 303 Rn 23; S/S/W-StGB-*Saliger*, § 303 Rn 21; diff Matt/Renzikowski-*Altenhain*, § 303 Rn 21.
60 *Wessels/Beulke/Satzger*, AT Rn 825.

Argument: Alltagshandlungen, die letztlich ersetzbar, nicht erforderlich und auch ohne wesentliche Bedeutung für die Tatausführung sind, fördern diese nicht maßgeblich. Wenn der spezielle Förderungswille fehlt, bedarf es deshalb keiner besonderen strafrechtlichen Stigmatisierung. Anders ist die Sachlage zu beurteilen, wenn der Helfende eine fremde Tat fördert, deren Begehung er für sicher oder zumindest (aufgrund von Risikofaktoren) für höchst wahrscheinlich hält.

(2) Eine sehr **striktere Ansicht** will im Prinzip die **normalen Regeln** der Beihilfe auch auf neutrale Handlungen anwenden und dem ultima-ratio-Gedanken des Strafrechts durch eine besonders **kritische Vorsatzprüfung** Geltung verschaffen (*Beckemper*, Jura 2001, 163, 169; *Heinrich*, AT Rn 1331; *Krey/Esser*, AT Rn 1086 f).

Argument: Eine Einschränkung der Gehilfenstrafbarkeit ist nicht gerechtfertigt, da § 27 für jedermann gilt und keine Privilegierung für geschäftsmäßige Tätigkeiten vorsieht (Beispiel: Verkauf eines Messers an einen tatbereiten Mörder). Es ist nicht einzusehen, warum in Teilbereichen die allgemeinen Beihilferegelungen außer Kraft gesetzt werden sollen.

(3) Nach **wA** ist bei neutralen Handlungen eine denkbare Korrektur auf der **Rechtswidrigkeitsebene** vorzunehmen. Zunächst sind die allgemeinen Rechtfertigungsgründe zu prüfen, zusätzlich kommt es auf eine **allgemeine Abwägung** an (*Frisch*, FS-Lüderssen, S 549; *K. Müller*, Schreiber-FS, S 357).

Argument: Alltägliche Geschäftsverrichtungen sind sogar bei ethisch wertvollem Verhalten von Ärzten, Polizisten oder Strafverteidigern zunächst häufig strafrechtlich tatbestandliche Handlungen. Den Handelnden steht dann erst ggf ein Rechtfertigungsgrund zur Seite.

(4) Nach der **überzeugendsten Ansicht** werden **sozialadäquate Verhaltensweisen** schon vom **objektiven** Tatbestand des Hilfeleistens nicht erfasst. Es mangelt an der objektiven Zurechenbarkeit (*Kretschmer*, JR 2014, 39, 40; *Murmann*, JuS 1999, 548, 552; *Rönnau*, JuS 2011, 311).

Argument: Sozialadäquates Verhalten ist der Regelzustand der sozialen Handlungsfreiheit. Ein Verhalten, das sich vollständig innerhalb der sozialen Ordnung bewegt, kann deshalb keine Hilfeleistung darstellen.

Die subjektive Theorie – o (1) – führt (auch wenn sie nur mit gewissen Einschränkungen befürwortet wird) zu erheblicher Rechtsunsicherheit, weil sie mit ihren beliebig ausfüllbaren, formelhaften Wendungen die Abgrenzung dem unüberprüfbaren Ermessen des Richters überlässt. Neutrale Handlungen sind nach ihr im Grunde genommen dann strafbar, wenn der Gehilfe „etwas Böses im Schilde führt".

Auch die besonders kritische Vorsatzprüfung der extensiven Theorie – o (2) – sieht sich diesem Vorwurf der Unvorhersehbarkeit ihrer Ergebnisse ausgesetzt. Sofern sie hingegen den Vorsatz nach den normalen Kriterien bejaht, pönalisiert sie Verhaltensweisen, die ihrem sozialen Sinngehalt nach kein strafwürdiges Tun beinhalten (Beispiel: Verkauf von Brötchen in einer Bäckerei an eine hungrige Person, die sich offensichtlich auf einer Diebestour befindet), und sie blockiert wirtschaftliche Tätigkeit in unverhältnismäßigem Maße.

Gegen die Lehre vom Rechtswidrigkeitsausschluss – o (3) – spricht, dass sie ohne Not einen übergesetzlichen Rechtfertigungsgrund jenseits von § 34 begründen muss.

Zur Vertiefung: Wessels/Beulke/Satzger, AT Rn 792a, 825; Bockemühl, StV 2018, 20; Fischer, § 27 Rn 16 ff; Hillenkamp/Cornelius, AT 28. Problem S 228 ff; Matt/Renzikowski-Haas, § 26 Rn 11 ff; Wohlers, JR 2017, 585.

Nach der Rspr wäre M wegen des im Fachhandel üblichen Verkaufs der Spraydose nicht wegen Beihilfe zu § 303 I strafbar, weil ihm der in Fällen der „neutralen Beihilfe" zusätzlich erforderliche Tatförderungswille fehlte. M hat allenfalls mit dolus eventualis hinsichtlich der Haupttat gehandelt. Es liegen keine von ihm erkannten erhöhten Risikofaktoren vor, dass der Spray zu einer Sachbeschädigung verwendet wird. Das jugendliche Aussehen des A ist kein insoweit ausreichendes Indiz.

Wer hingegen normale Beihilferegeln auf das Verhalten des M anwendet, gelangt wohl trotz kritischster Vorsatzprüfung zur Bejahung der Beihilfe.

Zu welchem Ergebnis die im Schrifttum ebenfalls propagierte „Rechtfertigungslösung" gelangt, die auf der Rechtfertigungsebene allgemeine Abwägungsgesichtspunkte einbezieht, ist unklar.

Angesichts der Unbestimmtheit der anderen Lösungen und angesichts des Umstandes, dass die Einbeziehung aller neutralen Handlungen in die Strafbarkeit den Wirtschaftsverkehr in besonderem Maße erschweren würde, ohne dass dafür eine gesellschaftspolitische Notwendigkeit erkennbar würde, erscheint es am sachgerechtesten, „neutrale" Beihilfehandlungen, wie die des Verkaufs der Spraydose durch M an A, als sozialadäquate Verhaltensweise einzustufen, die den objektiven Tatbestand der Hilfeleistung iSv § 27 nicht erfüllen.

M hat somit keine Beihilfe zu § 303 I begangen. Dasselbe gilt bzgl einer denkbaren Beihilfe zu dem von A tatbestandlich ebenfalls verwirklichten (*s.o. Rn 146*) § 303 II.

2. Ergebnis für M im Tatkomplex D

M hat sich nicht strafbar gemacht.

E. Gesamtkonkurrenzen

147 Fraglich ist, in welchem Verhältnis die Straftaten des A aus den Tatkomplexen A und C zueinander stehen.

Gegenüber dem versuchten Diebstahl in Tatkomplex A (betrifft: Geschehen am Fenster), der seinerseits mit dem Hausfriedensbruch in Idealkonkurrenz steht, handelt es sich beim Diebstahl in Tatkomplex C (betrifft: Einzel-CD) und auch bei der späteren Sachbeschädigung in Tatkomplex D um jeweils völlig selbstständige Handlungen, sodass im Verhältnis der Tatkomplexe zueinander von Realkonkurrenz, § 53, auszugehen ist.

Konkurrenzverhältnis zwischen Tatkomplexen B und C, wenn auch im Tatkomplex B bzgl der CD-Box § 242 I bejaht wird:

Beide Diebstähle im Supermarkt (CD-Box und Einzel-CD) überschneiden sich, denn der Diebstahl an der CD-Box ist zwar im Zeitpunkt des Einsteckens vollendet, er wäre aber frühestens beim Erreichen des Supermarktausgangs beendet. Zuvor fand der Diebstahl der Einzel-CD statt. Wegen Teilidentität der Ausführungshandlungen (vgl Wessels/Beulke/Satzger, AT Rn 1085) ist deshalb von gleichartiger Idealkonkurrenz auszugehen.

Richtigerweise führt die iterative Begehungsweise eines Delikts, dh die sich wiederholen-
de Tatbestandserfüllung, aber sogar dazu, dass bereits eine tatbestandliche Handlungs-
einheit und somit nur ein Delikt vorliegt (Wessels/Beulke/Satzger, AT Rn 1067, 1077).
Der Umstand, dass erst nach Vollendung, aber vor Beendigung des ersten Teilakts der
Entschluss zum Diebstahl einer weiteren CD entstanden ist, steht der Annahme einer
tatbestandlichen Handlungseinheit nicht entgegen. A hat also insgesamt nur einen Dieb-
stahl begangen.

Hilfsweise ließe sich dieses Ergebnis möglicherweise auch über die Rechtsfigur der na-
türlichen Handlungseinheit begründen (vgl hierzu Wessels/Beulke/Satzger, AT Rn 1070).

F. Gesamtergebnis des materiell-rechtlichen Gutachtens

A: Tatkomplex A: §§ 242 I, II, 22, 23 I Alt 2 – § 52 – § 123 I Alt 1
  – § 53 –
  Tatkomplex C: § 242 I
  – § 53 –
  Tatkomplex D: § 303 I
C: §§ 242 I, 27, 13 I
M: hat sich nicht strafbar gemacht

Teil II. (prozessualer Teil)

1. Beweisverwertungsverbote

a) Begriff

Beweisverwertungsverbote sind nur teils ausdrücklich geregelt, zB in § 136a III 2 StPO. **148**
Sie können aus strafprozessualen Normen oder unmittelbar aus der Verfassung folgen.
Man unterscheidet Beweiserhebungs- (Unterformen: Beweisthema-, Beweismittel- und
Beweismethodenverbote) und Beweisverwertungsverbote.

Es folgt aber nicht aus jedem Beweiserhebungsverbot auch ein Beweisverwertungsverbot, mag auch eine so klare Lösung der früheren Lehre vorgeschwebt haben. Es existiert
keine allgemeingültige Regel, unter welchen Umständen die Verletzung eines Beweis-
erhebungsverbots zu einem Beweisverwertungsverbot führt. Dies muss vielmehr für jeden Einzelfall gesondert ermittelt werden.

b) Bestimmung

Es ist allerdings umstritten, anhand welcher Kriterien diese Einzelfallprüfung erfolgt.

Problem Nr 30: Wie werden Beweisverwertungsverbote ermittelt? **149**

(1) Als Versuch einer generellen Problemlösung wird zum Teil die sog **Rechtskreistheorie**
des BGH angesehen. Nach dieser für den Fall der Verletzung der Belehrungspflicht nach § 55 II
StPO entwickelten Theorie hängt die Revisibilität der Verletzung von Beweiserhebungsverbo-
ten (und damit im Ergebnis die Verwertbarkeit der Beweise) davon ab, ob die „Verletzung den

---

Rechtskreis des Beschwerdeführers wesentlich berührt oder ob sie für ihn nur von untergeordneter oder keiner Bedeutung ist" (BGHSt GrS 11, 213, 215; 38, 214, 220; BGHSt 53, 191).

Argument: Wenn das Gesetz nur eine bestimmte Person schützen will, ist es nicht verständlich, warum sich auch ein anderer auf diesen Schutz berufen können soll.

(2) Im **Schrifttum** wird überwiegend auf den **Schutzzweck** der jeweils verletzten Beweiserhebungsnorm abgestellt (KMR-*Paulus*, § 244 Rn 516 ff).

Argument: Die „Rechtskreistheorie" ist als allgemeiner Maßstab zur Bestimmung von Beweisverwertungsverboten nicht geeignet, da sie nur einen Teilaspekt der Problematik abdeckt (so auch BGHSt 42, 73, 77; krit zur „Rechtskreistheorie" auch *Fezer*, JuS 1978, 325, 327 ff; *Rudolphi*, MDR 1970, 93, 95 ff; *Eb. Schmidt*, JZ 1958, 596). Die Art der Rechtsfolge lässt sich nur anhand des Normzweckes ermitteln.

(3) Demgegenüber wird nach der sog **Abwägungslehre,** die vor allem von der **Rspr** vertreten wird, das staatliche Interesse an der Strafverfolgung gegen das Individualinteresse des Bürgers abgewogen, wobei als Abwägungskriterien die Schwere des Delikts und das Gewicht des Verstoßes einfließen sollen (BVerfGE 130, 1; BGHSt 42, 372, 377; 54, 69, 87; BGH NStZ 2013, 242; 2016, 112; S/S/W-StPO-*Eschelbach*, § 136 Rn 82; *Rogall*, ZStW 91 [1979], 1, 31).

Argument: Bei schweren Straftaten ist das Interesse an der Wirksamkeit der Strafrechtspflege besonders bedeutsam. Hier wäre es untragbar, wenn Fehler von Strafverfolgungsorganen zum gänzlichen Erlöschen des Strafverfolgungsanspruchs führten.

(4) Richtigerweise ist zu **differenzieren** zwischen Beweisverwertungsverboten, die sich aus der Verletzung einer Strafverfahrensnorm ergeben einerseits und solchen, die direkt aus dem Grundgesetz abzuleiten sind andererseits.

Argument: Bei einem Verstoß gegen gesetzliche Vorschriften über das Strafverfahren ist die Abwägung bereits vom Gesetzgeber getroffen worden. Jetzt kommt es auf den Schutzzweck der jeweiligen Norm an. Dagegen muss mangels anderer Kriterien für die Frage, ob aus Grundrechtsverstößen ein Verwertungsverbot ableitbar ist, auf die Abwägungslehre zurückgegriffen werden.

Zur Vertiefung: Beulke, StPO Rn 454 ff; S/S/W-StPO-Beulke, Einl Rn 263 ff; ders, Jura 2008, 653; Eisenberg, Rn 362 ff; Engländer, StPO Rn 251 ff; Jäger, GA 2008, 473 ff; Jahn, Gutachten C zum 67. DJT 2008, C 38 ff.

c) Fallgruppen

150 Besonders wichtige Fallgruppen sind ua:
(1) Unterbleiben der Zeugenbelehrung bei Angehörigen, § 52 III 1 StPO
(2) Unterbleiben der Belehrung über ein Auskunftsverweigerungsrecht, § 55 StPO, sofern es um Bestrafung des als Zeugen Vernommenen selbst geht (Rechtskreistheorie)
(3) Private oder staatlich initiierte Tonbandaufnahmen
(4) Auswertung von Tagebüchern
(5) Telefonüberwachung trotz fehlender materieller Voraussetzungen des § 100a StPO
(6) Verletzung des Richtervorbehalts, § 105 StPO[61] und § 81a II StPO.

---

61 Dazu *Mosbacher*, JuS 2016, 706.

2. Beschuldigtenbelehrung

a) Verwertung des zunächst abgegebenen Geständnisses

Fraglich ist zunächst, wie das von A abgegebene Geständnis in die Hauptverhandlung eingeführt werden kann. In Frage kommt entweder eine Verlesung des Protokolls der polizeilichen Vernehmung oder eine Vernehmung des P als **Zeuge vom Hörensagen**. Beruht der Beweis einer Tatsache auf der Wahrnehmung einer Person, so ist diese in der Hauptverhandlung zu vernehmen (§ 250 S 1 StPO, Grundsatz der Unmittelbarkeit). Die Vernehmung darf im Regelfall **nicht durch die Verlesung** des Protokolls ersetzt werden (§ 250 S 2 StPO). Ein Ausnahmefall iSv §§ 251 ff StPO liegt hier nicht vor[62]. Eine Verwertung des Geständnisses kommt also nur auf dem Wege über eine Vernehmung des P als Zeuge in Betracht.

151

Hier hätte A jedoch gem § 163a IV 2 iVm § 136 I 2 StPO über sein Aussageverweigerungsrecht belehrt werden müssen. Nach ganz **herrschender,** zutr und inzwischen auch vom **BGH** (seit BGHSt 38, 214 ff) geteilter Ansicht ist die ohne Belehrung gem § 136 I 2 StPO zustande gekommene Einlassung des Beschuldigten so lange **unverwertbar**, wie nicht schon von einer Kenntnis des Beschuldigten von dem Aussageverweigerungsrecht auszugehen ist[63].

Zu beachten ist, dass dieses Beweisverwertungsverbot nach Ansicht der Rspr nur dann anerkannt wird, wenn der verteidigte Beschuldigte in der Hauptverhandlung bis zu dem in § 257 StPO genannten Zeitpunkt – also hier bis zum Abschluss der Vernehmung des P – ausdrücklich widerspricht, sog **Widerspruchslösung**[64].

b) Verwertung der gesamten Aussage

Entsprechend dem bereits Gesagten darf das zunächst ohne Belehrung abgegebene Geständnis (jedenfalls sofern der verteidigte Angeklagte rechtzeitig widerspricht) nicht verwertet werden.

Fraglich ist jedoch, ob das in der polizeilichen Vernehmung durch P abgegebene, zweite Geständnis des A durch Vernehmung des P als Zeuge vom Hörensagen in die Hauptverhandlung eingeführt und im Urteil verwertet werden darf. Hierfür spricht, dass A bei Abgabe dieses zweiten Geständnisses bereits ordnungsgemäß (iSd § 136 I StPO) belehrt worden war. Andererseits erscheint es möglich, dass sich das Fehlen der Belehrung beim ersten Geständnis auch auf das zweite ausgewirkt hat. Möglicherweise bedurfte es nämlich aufgrund des unverwertbaren ersten Geständnisses des A einer weitergehenden, sog **qualifizierten Belehrung**. Darunter ist zu verstehen, dass der Beschuldigte nicht nur über sein Schweigerecht belehrt wird, sondern auch über die Unverwertbarkeit der zuvor ohne Belehrung getätigten Äußerungen. Falls eine solche qualifizierte Belehrung erforderlich sein sollte, ergäbe sich das Folgeproblem, ob deren Unterbleiben ein Beweisverwertungsverbot zur Folge hat.

---

62 Einzelheiten bei *Beulke*, StPO Rn 411 ff.
63 *Beulke*, StPO Rn 117; *Murmann*, Ad Legendum 2013, 132; *Rössner/Safferling*, StPO 19. Problem S. 107 ff.
64 Dazu *Beulke*, StPO Rn 117, 150, 419, 460a, 585; *Putzke/Scheinfeld*, StPO Rn 450; s auch BGH NJW 2017, 1332 m Anm *Zopfs*; *Heghmanns*, ZJS 2017, 499; *Basdorf*, NStZ 2017, 370.

151a   **Problem Nr 31: Pflicht zur qualifizierten Belehrung und Beweisverwertungsverbot**

(1) Die **frühere Rspr des BGH** (BGHSt 22, 129, 134) hat das Erfordernis einer qualifizierten Belehrung abgelehnt. Danach sollte eine „normale" Belehrung des Beschuldigten iSd §§ 136 I 2, 243 V 1 StPO selbst dann noch ausreichen, wenn bei einer vorangegangenen Vernehmung die erforderliche Belehrung unterblieben ist und daraufhin ein Geständnis abgelegt worden ist.

Argument: § 136 I 2 StPO verlangt seinem Wortlaut nach nur eine Aufklärung über das Schweigerecht. Qualifizierte Anforderungen sind auch nicht sachgerecht. Wer nachträglich aufgeklärt wird und seine Aussage wiederholt, kennt sein Risiko, dass die Aussage auch zu seinen Lasten verwertet werden darf.

(2) Die **hL**, der sich der BGH (BGHSt 53, 112, 115) inzwischen angeschlossen hat, verlangt hingegen eine qualifizierte Belehrung (S/S/W-StPO-*Beulke*, Einl Rn 286; LR-*Gless*, § 136 Rn 106).

Argument: Die Gegenmeinung berücksichtigt nicht hinreichend, dass ein Beschuldigter auf sein Aussageverweigerungsrecht womöglich nur deshalb verzichtet, weil er glaubt, eine frühere, unter Verstoß gegen die Belehrungspflicht zustande gekommene Selbstbelastung nicht mehr aus der Welt schaffen zu können und somit ohnehin „verloren zu sein". Aus dem nemo-tenetur-Grundsatz und dem fair-trial-Prinzip folgt die Pflicht zur qualifizierten Belehrung.

(3) Fraglich ist dann allerdings die Folge eines Verstoßes gegen die Pflicht zur qualifizierten Belehrung.

(a) Nach Auffassung des **BGH** (BGHSt 53, 112, 116 m Anm *Jahn*, JuS 2009, 468; s auch BGH NStZ 2015, 291 m Anm *von Heintschel-Heinegg*, JA 2015, 393; M-G/*Schmitt*, § 136 Rn 9) bedarf es einer Abwägung der Umstände des Einzelfalls, um zu entscheiden, ob die nach der (einfachen) Belehrung als Beschuldigter gemachten Angaben trotz rechtzeitigen Widerspruchs verwertbar sind. In die Abwägung ist das Gewicht des Verfahrensverstoßes einzustellen und dabei insbes ob eine bewusste Umgehung der Pflicht zur qualifizierten Belehrung vorliegt, ferner das Sachaufklärungsinteresse sowie die Frage, ob der Betroffene davon ausgegangen ist, von seinen früheren Angaben nicht mehr abrücken zu können. Letzteres soll insbes dann anzunehmen sein, wenn sich das zweite Geständnis inhaltlich als bloße Wiederholung des ersten Geständnisses darstellt.

Argument: Der Verstoß gegen die qualifizierte Belehrung hat ein geringeres Gewicht als der Verstoß gegen die Belehrungspflicht nach § 136 I 2 StPO, so dass anders als bei einem Verstoß gegen § 136 I 2 StPO nicht per se von einem Beweisverwertungsverbot ausgegangen werden kann.

(b) Nach **vorzugswürdiger Ansicht** (*Beulke*, StPO Rn 119; *Jahn*, JuS 2009, 468; *Roxin*, HRRS 2009, 186) ist die nach verspäteter Belehrung wiederholte Aussage nur dann verwertbar, wenn der Beschuldigte im Wege der sog qualifizierten Belehrung darauf hingewiesen wurde, dass seine bisherige Aussage unverwertbar ist.

Argument: Der Verstoß gegen die Pflicht zur qualifizierten Belehrung wiegt mindestens genauso schwer, wenn nicht gar noch schwerer als der Verstoß gegen die Belehrungspflicht aus § 136 I 2 StPO. Wer in der ersten Vernehmung nicht oder nicht richtig belehrt wird, wird eine Selbstbelastung im Zweifel durch Schweigen oder Leugnen zu verhindern suchen. Derjenige, der nicht qualifiziert belehrt wurde, wird sich aufgrund seines vorangegangenen Geständnisses ohnehin für „verloren" halten und daher nicht mehr versuchen, sich einer Selbstbelastung zu entziehen. Das Abwägungsprinzip kann jedenfalls dort nicht gelten, wo es – wie vorliegend – um die Grundlagen der verfahrensrechtlichen Stellung des Beschuldigten geht.

Zur Vertiefung: Beulke, StPO Rn 119.

Nach inzwischen ganz hA, der sich unlängst auch die Rspr angeschlossen hat, genügt **151b**
nach zunächst unterbliebener Belehrung eine nachgeholte, einfache Belehrung nicht den
Anforderungen des § 136 I 2 StPO. Vielmehr muss der Beschuldigte davor geschützt
werden, dass er irrtümlich davon ausgeht, an die ohne Belehrung gemachte Aussage inhaltlich gebunden zu sein. Es bedarf also einer sog qualifizierten Belehrung. Diese fehlt
hier. Nach wie vor umstritten ist, welche Rechtsfolgen eine fehlende qualifizierte Belehrung nach sich zieht. Nach Ansicht der Rspr ist eine Abwägung im Einzelfall vorzunehmen. IRd Abwägung soll insbes zu berücksichtigen sein, ob der Betroffene – wie vorliegend – davon ausgegangen ist, von seinen Angaben nicht mehr abrücken zu können.
Richtigerweise führt ein Verstoß gegen die Pflicht zur qualifizierten Belehrung jedoch
immer zur Unverwertbarkeit der Aussage. Im vorliegenden Fall kommen beide Ansichten zum selben Ergebnis. Demnach ist auch das zweite Geständnis nicht verwertbar,
wobei die Rspr konsequenterweise auch insoweit einen Widerspruch seitens des verteidigten Angeklagten fordern müsste (Rechtslage insoweit noch ungeklärt)[65].

3. Mithörfalle

a) Verstoß gegen §§ 100a ff StPO

Es liegt eine sog „Mithörfalle" vor. **152**

Ein Beweisverwertungsverbot wegen Verstoßes gegen die Vorschriften der Telefonüberwachung (§§ 100a ff StPO) scheidet aus, da E das Mithören genehmigt hat[66].

b) Verstoß gegen § 163a IV 2 iVm § 136 I 2 StPO

Hier hat E den X jedoch nicht darüber informiert, dass die Polizei mithört und dass er **153**
nicht zur Aussage verpflichtet ist. Ob dies ein Verstoß gegen §§ 163a IV 2, 136 I 2 StPO
ist, der nach dem gerade Ausgeführten (*s Rn 151*) zur Unverwertbarkeit führen müsste,
hängt zunächst davon ab, ob es sich um eine „Vernehmung" iSv § 136 StPO handelt.

Problem Nr 32: Vernehmungsbegriff

(1) Eine **Mindermeinung** vertritt dazu den **materiellen Vernehmungsbegriff** (zB *Dencker*,
StV 1994, 667, 674; LR-*Gless*, § 136 Rn 12). Danach ist immer dann von einer Vernehmung
auszugehen, wenn eine Person zur Entäußerung von Wissen durch ein dazu rollenmäßig be-
fugtes Prozessorgan, das nicht notwendig als solches nach außen hin erkennbar geworden sein
muss, veranlasst wird.

Argument: Die Strafverfolgungsorgane dürfen keinen Einfluss darauf haben, ob eine Vernehmung vorliegt oder nicht. Der Verdacht muss zwangsläufig die Beschuldigtenrechte entstehen
lassen.

(2) Die **hM** geht ebenso wie die **Rspr** von einem **formellen Vernehmungsbegriff** aus
(BGHSt GrS 42, 139, 145; *Beulke*, StPO Rn 115). Darunter ist eine Befragung zu verstehen,
die von einem Staatsorgan in amtlicher Funktion mit dem Ziel der Gewinnung einer Aussage
durchgeführt wird. Eine Vernehmung liegt danach nicht vor, wenn die Frageperson nach außen

---

65 Vgl *Rogall*, Geppert-FS, S. 519, 545.
66 *Beulke*, StPO Rn 254; anders anscheinend EGMR StV 2004, 1; vgl auch *Geier/Schäl/Twelmeier*, Jura 2004,
     121 ff.

hin keine amtliche Eigenschaft aufweist, wenn es sich also zB um eine Privatperson handelt, die im Auftrag der Polizei forscht.

Argument: § 136 StPO gilt seinem Sinn und Zweck nach nur bei einer formellen Vernehmung durch Polizei, StA und Gericht, weil die Bürger nur dort – fälschlicherweise – glauben, diesen gegenüber aussagen zu müssen (BGHSt 40, 211, 213). Außerdem sind die Verdachtsgrade fließend, sodass es einer formell erkennbaren Entscheidung bedarf, wann der Beschuldigte belehrt werden muss. Vor allem führt der materielle Vernehmungsbegriff dazu, dass jedes verdeckte Recherchieren direkt dem strengen Maßstab des § 136 StPO unterfällt. Zudem wird der V-Mann-Einsatz in Frage gestellt. Beide Ergebnisse sind kriminalpolitisch nicht wünschenswert.

Zur Vertiefung: Beulke, StPO Rn 115.

Unter Zugrundelegung des materiellen Vernehmungsbegriffs liegt eine Vernehmung vor, da X de facto von staatlicher Stelle ausgehorcht wird. Geht man aber mit der zutr hM vom formellen Vernehmungsbegriff aus, ist eine Vernehmung ausgeschlossen. X weiß, dass er gegenüber E nichts sagen muss. § 136 StPO scheidet daher aus.

c) Analogie

154 Denkbar wäre aber eine analoge Anwendung des § 136 StPO.

> **Problem Nr 33: Analoge Anwendung des § 136 StPO bei Mithören eines initiierten privaten Telefongesprächs**
>
> **(1)** Die Lösung dieses Falles war – selbst zwischen den verschiedenen Senaten des **BGH** – sehr umstritten. Während der 5. Senat ein Verwertungsverbot annahm (BGH NStZ 1995, 410), lehnten der 1. und 2. Senat dies ab (BGHSt 39, 335, 347; BGH NStZ 1995, 557). Inzwischen hat der **Große Senat** entschieden (BGHSt GrS 42, 139 ff; iE ebenso BGH StV 2012, 129; KMR-*Lesch*, § 136 Rn 30; *Franke*, JR 2000, 470; *Schuster/Weitner*, StPO Rn 45). Hat eine Privatperson auf Veranlassung der Ermittlungsbehörden mit dem Tatverdächtigen ohne Aufdeckung der Ermittlungsabsicht ein auf die Erlangung von Angaben zum Untersuchungsgegenstand gerichtetes Gespräch geführt, kann dies im Wege des Zeugenbeweises jedenfalls dann verwertet werden, wenn es um die Aufklärung einer Straftat von erheblicher Bedeutung geht und die Erforschung des Sachverhalts unter Einsatz anderer Ermittlungsmethoden erheblich weniger erfolgversprechend oder wesentlich erschwert gewesen wäre.
>
> *Exkurs:* Erst recht führt nach der Rspr die Entgegennahme von belastenden Informationen durch die Ermittlungsbehörden, die ein Zeuge ohne eine irgendwie geartete Beeinflussung seitens der Ermittlungsbehörden durch Täuschung des Beschuldigten erlangt hat, nicht zu einem Beweisverwertungsverbot, solange das Vorgehen des Privaten nicht in eklatanter Weise gegen die Menschenwürde verstößt (BGH NStZ 2017, 593 m Bespr *Bosch*, Jura 2017, 1122 und *Jäger*, JA 2017, 715).
>
> **Argument:** Nach Ansicht des Großen Senats kann zwar die heimliche Ausforschung auf dem Umweg über einen privaten Dritten „einem Verstoß gegen den nemo-tenetur-Grundsatz nahekommen", dies führt aber nicht wie bei der eindeutigen „Verletzung" von vornherein zur Unzulässigkeit des Vorgehens der Ermittlungsbehörden, vielmehr muss hier zwischen Rechtsstaatsprinzip und fairem Verfahren auf der einen Seite und Pflicht des Rechtsstaates zur effektiven Strafverfolgung auf der anderen abgewogen werden. Bei Straftaten von erheblicher Bedeutung überwiegt das Aufklärungsinteresse. Nur diese Lösung korrespondiert mit der generellen Befürwortung der Abwägungslehre.

(2) Nach der zutr **hA** (ua *Bernsmann*, StV 1997, 116; *Bosch*, Jura 1998, 236; *Dencker*, StV 1994, 671; *Eisenberg*, JR 2011, 409; *Fezer*, NStZ 1996, 289; *Jung*, JuS 1994, 618; *Renzikowski*, JZ 1997, 710; *Roxin*, NStZ 1997, 18; *ders*, StV 2012, 131; *Weßlau*, ZStW 110 [1998], 1; ebenso EGMR StV 2004, 1; BGH NStZ 1996, 200) ist hier jedoch wegen unerlaubten Erlangens einer Aussage von einem Beweisverwertungsverbot auszugehen.

Argument: Eine unmittelbare Anwendung dieser Vorschriften scheitert zwar daran, dass keine förmliche Vernehmung vorliegt (*s Rn 153*). Andererseits dürfen aber die Strafverfolgungsbehörden die Belehrungspflicht des § 136 StPO nicht gezielt dadurch unterlaufen, dass sie „private" Vernehmungspersonen einschalten. Eine derart unzulässige Umgehung liegt beim gezielten Einsatz eines Bürgers mit konkretem Ausforschungsauftrag vor, sodass dann gem § 136 StPO analog die Aussage des X unverwertbar ist (*Beulke*, StPO Rn 481g).

Eines Rückgriffs auf § 136a StPO analog bedarf es nicht, denn der Gesprächspartner am Telefon täuscht nicht schlüssig darüber, dass kein anderer mithört. Wer hingegen von einer solchen (schlüssigen) Täuschung ausgeht und damit eine sog „Hörfalle" bejaht, kann das Verwertungsverbot aus § 136a StPO analog ableiten, sodass sich am Ergebnis der Unverwertbarkeit des Gesprächs nichts ändert (*Beulke*, StPO Rn 138).

Zur Vertiefung: Beulke, StPO Rn 481g.

Nach Ansicht des BGH kann im Ergebnis im vorliegenden Fall das Telefongespräch als einziger Tatnachweis herangezogen werden, da mit schwerem Raub (§§ 249, 250) eine Straftat von erheblicher Bedeutung in Frage steht. Hier überwiegt demnach das Aufklärungsinteresse, obwohl ein Verstoß gegen den nemo-tenetur-Grundsatz nicht fern liegt. Diese Auffassung ist aber abzulehnen. Zwar liegt tatsächlich keine förmliche Vernehmung vor, so dass eine unmittelbare Anwendung des § 136 StPO nicht in Betracht kommt , und solange kein Verstoß gegen die Menschenwürde vorliegt, gelten die §§ 136, 136a StPO für Private auch nicht analog[67]. E ist jedoch gezielt auf X angesetzt worden, um die Belehrungspflicht zu umgehen. In diesem Fall müssen sich die Strafverfolgungsbehörden so behandeln lassen, als hätten sie selbst eine Vernehmung durchgeführt. In Analogie zu § 136 StPO ist deshalb die Aussage des X am Telefon unverwertbar.

Definitionen zum Auswendiglernen

Kausal   iSd Strafrechts ist jede Bedingung für einen Erfolg, die nicht hinweggedacht werden kann, ohne dass der Erfolg in seiner konkreten Gestalt entfiele (conditio sine qua non = sog Äquivalenztheorie, *Wessels/Beulke/Satzger, AT Rn 218*).

Unterlassenskausalität ist gegeben, wenn die rechtlich erwartete Handlung nicht hinzugedacht werden kann, ohne dass der tatbestandsmäßige Erfolg entfiele (*BGHSt 6, 1, 2; 37, 106, 126; Wessels/Beulke/Satzger, AT Rn 1000*).

---

67   M-G/*Schmitt*, § 136a Rn 3; *Beulke*, StPO Rn 478; vert *Stoffer*, Wie viel Privatisierung „verträgt" das strafprozessuale Ermittlungsverfahren?, 2016, Rn 470 ff.

Natürliche Handlungseinheit	liegt nach Ansicht der Rspr vor, wenn mehrere im Wesentlichen gleichartige Verhaltensweisen von einem einheitlichen Willen getragen werden und aufgrund ihres räumlich-zeitlichen Zusammenhangs derart eng miteinander verbunden sind, dass das gesamte Tätigwerden objektiv auch für einen Dritten bei natürlicher Betrachtungsweise als ein einheitliches, zusammengehöriges Tun erscheint (*BGHSt 10, 230; vgl Wessels/Beulke/Satzger, AT Rn 1070*).
Unmittelbares Ansetzen	ist gegeben, wenn der Täter subjektiv die Schwelle zum „Jetzt-geht-es-los" überschritten und objektiv zur tatbestandsmäßigen Handlung dahingehend angesetzt hat, dass die von ihm in Gang gesetzte Ursachenreihe nach seiner Vorstellung vom Tatablauf ohne Zäsur und ohne weitere wesentliche Zwischenschritte in die eigentliche Tatbestandshandlung einmünden soll, mit der Folge, dass aus seiner Sicht das Angriffsobjekt schon konkret gefährdet erscheint (*Wessels/Beulke/Satzger, AT Rn 855*).
Fehlgeschlagen	ist der Versuch einer Straftat in erster Linie dann, wenn die zu ihrer Ausführung vorgenommenen Handlungen ihr Ziel nicht erreicht haben und der Täter erkannt hat, dass er mit den ihm zur Verfügung stehenden Mitteln den tatbestandlichen Erfolg entweder gar nicht mehr oder zumindest nicht ohne zeitlich relevante Zäsur herbeiführen kann (*Wessels/Beulke/Satzger, AT Rn 873*).
Gehilfe	ist gem **§ 27,** wer vorsätzlich einem anderen zu dessen vorsätzlich begangener rechtswidriger Tat Hilfe leistet (*vgl Gesetzestext*).
Hilfeleisten	iSv **§ 27** liegt in jedem Tatbeitrag, der die Haupttat ermöglicht oder erleichtert oder die vom Täter begangene Rechtsgutverletzung verstärkt (*Wessels/Beulke/Satzger, AT Rn 817*).
Geschäftsräume	iSv **§§ 123 I, 243 I Nr 1** sind Räumlichkeiten, die bestimmungsgemäß für gewerbliche, geschäftliche, berufliche, künstlerische oder wissenschaftliche Zwecke verwendet werden (*Wessels/Hettinger/Engländer, BT1 Rn 652*).
Befriedetes Besitztum	iSv **§ 123 I** ist ein Grundstück, wenn es durch zusammenhängende, nicht unbedingt lückenlose Schutzwehren in äußerlich erkennbarer Weise gegen das willkürliche Betreten durch andere gesichert ist (*Wessels/Hettinger/Engländer, BT1 Rn 654*).
Eindringen	iSv **§ 123 I** ist das Betreten gegen den ausdrücklich erklärten oder mutmaßlichen Willen des Berechtigten (*Wessels/Hettinger/Engländer, BT1 Rn 656 f*).
Sachen	iSv **§§ 242 ff, 303** sind alle körperlichen Gegenstände ohne Rücksicht auf ihren wirtschaftlichen Wert (*Wessels/Hillenkamp, BT2 Rn 18, 74*).
Wegnahme	iSv **§§ 242 ff** ist der Bruch fremden Allein- oder Mitgewahrsams und die Begründung neuen, nicht notwendig, aber regelmäßig eigenen Gewahrsams (*Wessels/Hillenkamp, BT2 Rn 82*).
Gewahrsam	iSv **§§ 242 ff** ist die tatsächliche Sachherrschaft eines Menschen über eine Sache, die von einem natürlichen Herrschaftswillen getragen und deren Reichweite von der Verkehrsauffassung bestimmt wird (*vgl Wessels/Hillenkamp, BT2 Rn 82 mit der Forderung nach verstärkter Einbeziehung sozial-normativer Komponenten*).
Zueignungsabsicht	iSd **§§ 242 ff** ist die Absicht, sich oder einem Dritten die fremde Sache oder den in ihr verkörperten Sachwert anzueignen, gepaart mit dem Vorsatz, den Eigentümer zu enteignen (*vgl Wessels/Hillenkamp, BT2 Rn 140 ff*).

Aneignung	iSd §§ 242 ff ist das – wenn auch nur vorübergehende – Einverleiben der fremden Sache selbst oder des in ihr verkörperten Sachwertes in das Vermögen des Täters oder eines Dritten (*vgl Wessels/Hillenkamp, BT2 Rn 151 ff*).
Enteignung	iSd §§ 242 ff bedeutet die endgültige Ausschließung bzw Verdrängung des Eigentümers aus seiner wirtschaftlichen Position. Sie muss auf Dauer angelegt sein (*vgl Wessels/Hillenkamp, BT2 Rn 156 ff*).
Umschlossener Raum	iSv § 243 I 1, 2 Nr 1 ist jedes Raumgebilde, das (zumindest auch) zum Betreten durch Menschen bestimmt und mit Vorrichtungen versehen ist, die das Eindringen von Unbefugten abwehren sollen und tatsächlich ein Hindernis bilden, das ein solches Eindringen nicht unerheblich erschwert (*Wessels/Hillenkamp, BT2 Rn 223*).
Einbrechen	iSv §§ 243 I 1, 2 Nr 1, 244 I Nr 3 ist das gewaltsame, nicht notwendig substanzverletzende Öffnen einer dem Zutritt entgegenstehenden Umschließung (*Wessels/Hillenkamp, BT2 Rn 225*).
Gering	iSv §§ 243 II, 248a ist der Wert der Sache, wenn er nach der allgemeinen Verkehrsauffassung für den Gewinn wie für den Verlust als unerheblich anzusehen ist; dies wird derzeit nach hA bei einem Wert bis etwa 50 € angenommen (*Wessels/Hillenkamp, BT2 Rn 252 f, 339*).
Wohnungen	iSv § 244 I Nr 3 sind umschlossene Räume, die als Mittelpunkt des privaten Lebens Selbstentfaltung, -entlastung und vertrauliche Kommunikation gewährleisten (*Wessels/Hillenkamp, BT2 Rn 290*).
Gefährlich	sind mitgeführte Gegenstände iSv § 244 I Nr 1a, wenn zu ihrer allgemeinen Eignung, erhebliche Körperverletzungen zu bewirken, hinzutritt, dass diese Wirkung bei Umsetzung des inneren Verwendungsvorbehalts auch eintritt – das Werkzeug also „notfalls" eingesetzt wird (*Wessels/Hillenkamp, BT2 Rn 275*).
Beschädigt	iSv § 303 I ist eine Sache, wenn der Täter auf die Sache als solche in einer Weise körperlich eingewirkt hat, dass ihre Unversehrtheit oder bestimmungsgemäße Brauchbarkeit mehr als nur unerheblich beeinträchtigt und im Vergleich zu ihrer bisherigen Beschaffenheit nachteilig verändert worden ist (*Wessels/Hillenkamp, BT2 Rn 34*).

Weitere einschlägige Musterklausuren

Zum Problem des fehlgeschlagenen Versuchs:

Eisenberg, Jura 1987, 265; *Esser/Michel*, JA 2017, 585; *Geppert*, Jura 2002, 278; *Gropp/Küpper/Mitsch*, [1] S 1, [16] S 285; *Krack/Schwarzer*, JuS 2008, 140; *Dratvova/Küper*, StudZR 2005, 133; *Laubenthal*, JA 2004, 39

Zum Problem: Abgrenzung Vorbereitung und Versuch:

Beulke, Klausurenkurs I [3] Rn 150; *ders*, Klausurenkurs II [1] Rn 1; *Christmann*, in: *Coester-Waltjen* ua (Hrsg), Zwischenprüfung, S 37; *Ellbogen*, JuS 2002, 151; *Geppert*, Jura 2002, 278; *ders*, in: *Coester-Waltjen* ua (Hrsg), Zwischenprüfung, S 41; *Gössel*, [6] S 108; *Heghmanns/Kusnik*, Ad Legendum 2010, 275; *Hilgendorf*, Klausurenkurs III, [11] S 132; *Kromrey*, Jura 2013, 533; *Kudlich*, Fälle AT [1] S 1; *ders*, JuS 2002, 27; *Meurer/Kahle/Dietmeier*, [5] S 77; *Nix*, JA 2015, 748; *Roxin/Schünemann/Haffke*, [8] S 149; *Safferling*, Jura 2004, 64; *Scholz/Wohlers*, S 108; *Tiedemann*, [8] S 202; *Wagemann*, Jura 2006, 867; *Wolter*, JA 2008, 605

Zum Problem des „Versuchs" eines Regelbeispiels:

v. Atens/Schröder, ZJS 2016, 61; *Chowdhury/Meier/Schröder,* [2] S 30; *Ebert,* Fälle, [11]167; *Gössel,* [2] S 48; *Hoffmann-Holland,* JuS 2008, 430; *Kasiske,* JA 2007, 509; *Kaspar,* JuS 2012, 628; *Krell,* JuS 2012, 537 (zu § 240 IV 2 Nr 1); *Kudlich/Roy,* JA 2001, 771; *Rauda/Zenthöfer,* [16] S 89; *Rudolphi,* [9] S 101; *Safferling,* JuS 2005, 135; *Schultze,* JA 2002, 777; *Schwabe,* BT2 [3] S 42; *Sonnen/Mitto/Nugel,* Fälle [8] S 79; *Steinberg/Müller,* ZJS 2012, 807; *Wolters,* [2] S 27; *Zöller,* Jura 2007, 305

Zum Problem des gefährlichen Werkzeugs:

v. Atens/Schröder, ZJS 2016, 61; *Brand/Freitag,* JuS 2017, 235; *Ceffinato/Kalb,* JuS 2015, 808; *Chowdhury/Meier/Schröder,* [2] S 30; *Dietmeier,* JuS 2007, 824; *Esser/Herz,* JuS 2017, 997; *Esser/Lutz,* Jura 2016, 311; *Esser/Scharnberg,* JuS 2012, 809; *Gierhake,* Jura 2010, 312; *Herles/Steinhauser,* Jura 2013, 1281; *Kraatz,* Jura 2012, 994; *Marsch/Brill,* Ad Legendum 2017, 39; *Morgenstern,* Jura 2011, 146; *Mundt,* ZJS 2010, 646; *Rotsch,* [5] Rn 566; *Ordner,* JA 2016, 826; *Safferling/Simon,* Jura 2008, 382; *Schumann,* JuS 2016, 140; *Schwabe,* BT2 [6] S 84; *Steinberg/Müller,* ZJS 2012, 807; *Steinberg/Stalberg,* Ad Legendum 2010, 336; *Stuckenberg,* Ad Legendum 2011, 305; *Tetzlaff,* JuS 2013, 152; *Weißer,* JuS 2005, 620; *Weißer/Ruppenthal,* Ad Legendum 2012, 42; *Werkmeister,* JA 2013, 902; *Zöller,* Jura 2007, 305

Zum Problem der Gewahrsamsbegründung in fremder Gewahrsamssphäre:

Bergmann, JA 2008, 504; *Bergmann/Rensch,* Jura 2012, 553; *Beulke,* Klausurenkurs II [4] Rn 90; *Ceffinato/Kalb,* JuS 2015, 808; *Dedy,* Jura 2002, 137; *Dietmeier,* JuS 2007, 824; *Esser/Herz,* JuS 2017, 997; *Esser/Scharnberg,* JuS 2012, 809; *Gierhake,* JA 2008, 429; *Gössel,* [12] S 199; *Haustein,* JA 2015, 351; *Henseler,* Jura 2009, 554; *Hilgendorf,* [15] S 118; *ders,* Klausurenkurs II, [4] S 36; *Hillenkamp,* JuS 2003, 157; *Kohler,* Jura 2011, 468; *Mundt,* ZJS 2010, 646; *Neubacher/Bachmann,* JA 2010, 711; *Niehaus,* in: Schlüter ua (Hrsg), Examensklausurenkurs, S 304; *Preuß,* ZJS 2016, 639; *Rotsch,* JuS 2004, 607; *ders,* [12] Rn 1495; [13] Rn 1713; [18] Rn 2273; *Roxin/Schünemann/Haffke,* [3] S 67; *Schramm/Markgraf,* JSE 2015, 160; *Schwabe,* BT2 [1] S 14; *Sonnen/Mitto/Nugel,* Fälle [7] S 66; *Veith/Heinrich,* StudZR 2015, 241; *Weißer/Ruppenthal,* Ad Legendum 2012, 42; *Werkmeister,* JA 2013, 902

Zum Problem der beobachteten Wegnahme:

Beulke, Klausurenkurs II [3] Rn 68; *Brüning,* ZJS 2010, 98; *Dedy,* Jura 2002, 137; *Eisenberg,* Jura 1987, 265; *Geppert,* Jura 2002, 278; *Hilgendorf,* Klausurenkurs II, [4] S 36; *ders,* Klausurenkurs III, [7] S 77; *Mitsch,* Ad Legendum 2016, 47; *Neubacher/Bachmann,* JA 2010, 711; *Niederle,* [4] S 22; *Rauda/Zenthöfer,* [4] S 24; *Rotsch,* JuS 2004, 607; *Schwabe,* BT2 [1] S 14; *Thoss,* Jura 2002, 351; *Walter,* Jura 2002, 415

Zum Problem: Objekt der Zueignung bei §§ 242 I, 246 I:

v. Atens/Schröder, ZJS 2016, 61; *Beulke,* Klausurenkurs II [5] Rn 129; *Britz/Jung,* JuS 2000, 1194; *Gössel,* [3] S 63; *Gropp/Küpper/Mitsch,* [16] S 285; *Jänicke,* JuS 2016, 1099; *Kretschmer, B.,* Jura 2006, 227; *Noak/Sengbusch,* Jura 2005, 494; *Radtke/Meyer,* Jura 2007, 712; *Rotsch,* JA 2004, 532; *ders,* Jura 2004, 777; *Samson,* St2 [5] S 30; *Wolters,* [4] S 85

Zum Problem der Abgrenzung von Betrug und Diebstahl beim Passieren der Kasse in Selbstbedienungsläden:

Bergmann, JA 2008, 504; *Bergmann,* ZJS 2016, 73; *Chowdhury/Meier/Schröder,* [4] S 78; *Dürr,* Jura 2014, 352; *Fahl,* JuS 2004, 885; *Hilgendorf,* Klausurenkurs II, [4] S 36; *Otto/Bosch,* [15] S 315; *Rotsch,* JA 2004, 532; *ders,* [13] Rn 1713; *Schramm/Markgraf,* JSE 2015, 160; *Veith/Heinrich,* StudZR 2015, 241; *Walter,* Jura 2002, 415

Zum Problem der Grenzen eines generellen Zutrittsrechts bei § 123:

Bergmann, JA 2008, 504; *Beulke,* Klausurenkurs II [4] Rn 90; *Bott/Pfister,* Jura 2010, 226; *Bülte/Becker,* Jura 2012, 319; *Chowdhury/Meier/Schröder,* [7] S 159; *Dedy,* Jura 2002, 137; *Duttge/*

Burghardt, Jura 2017, 727; *Dürr*, Jura 2014, 352; *Freund*, JuS 2001, 475; *Gropp/Küpper/Mitsch*, [13] S 233, [17] S 304; *Haustein*, JA 2015, 351; *Hilgendorf*, Klausurenkurs II, [4] S 36, [12] S 151; *Jerouschek/Kölbel*, JuS 2001, 780; *Koch/Exner*, JuS 2007, 40; *Kreß/Baenisch*, JA 2006, 707; *Kühl/ Brutscher*, JuS 2011, 335; *Maier/Ebner*, JuS 2007, 651; *Preuß*, ZJS 2016, 639; *dies*, Ad Legendum 2017, 133; *Raschke/Zirzlaff*, ZJS 2012, 219; *Tiedemann/Waßmer*, Jura 2000, 533; *Walter*, Jura 2002, 415

Zum Problem der Abgrenzung Täterschaft – Teilnahme bei Beteiligung an einem Begehungsdelikt durch Unterlassen:

Beulke, Klausurenkurs II [1] Rn 1; *Brunhöber*, JuS 2011, 229; *Eiden/Köpferl*, Jura 2010, 780; *Ernst*, ZJS 2012, 654; *Grotenrath/Hillenkamp*, StudZR 2010, 3; *Kuhli/Schütt*, JuS 2017, 328; *Preuß*, Ad Legendum 2017, 133; *Putzke*, ZJS 2011, 522; *Rauda/Zenthöfer*, [5] S 27; *Rotsch*, [13] Rn 1713; [20] Rn 2548; *Roxin/Schünemann/Haffke*, [8] S 149; *Rudolphi*, [13] S 148; *Seibert*, JA 2008, 31; *Seier*, in: Seier, Die Anfängerklausur, [11] S 133, 139; *Sennwitz/Haas*, StudZR 2012, 289; *Tiedemann/Walter*, Jura 2002, 708; *Vormbaum*, Jura 2010, 861; *Wendeburg*, JA 2017, 25; *Zimmermann*, JuS 2011, 629.

Zum Problem der neutralen Beihilfe:

Bode/Niehaus-*Bode* [2] Rn 95; *Bürger*, JA 2015, 271; *Kett-Straub*/Linke, JA 2010, 25; *Kindhäuser/ Schumann/Lubig*, [6] S 173; *Kudlich*, Fälle AT [12] S 181; *Lotz/Reschke*, Jura 2012, 481; *Murmann*, in: *Coester-Waltjen* ua (Hrsg), Examensklausurenkurs I, S 67; *Rauda/Zenthöfer*, [8] S 45; *Rotsch*, JuS 2004, 607; *ders*, [3] Rn 349; *Singelnstein*, ZJS 2012, 229

Zum Problem: Wie werden Beweisverwertungsverbote ermittelt?

Dreher, JuS 2007, 459; *Ellbogen*, Jura 2006, 627; *Fahl*, ZJS 2009, 63; *Heghmanns/Niehaus*, in: Schlüter ua (Hrsg), Examensklausurenkurs, S 271; *Safferling*, Jura 2004, 64; *Stoffer*, Wie viel Privatisierung „verträgt" das strafprozessuale Ermittlungsverfahren?, 2016 Rn 818.

Zum Problem der qualifizierten Belehrung:

Becker, ZJS 2010, 403; *Hammer*, StPO Rn 6; *Kasiske*, Jura 2012, 736; *dies*, JuS 2015, 15; *Kreß/ Mülfarth*, JA 2011, 268; *Mitsch/Ellbogen* [5], S 65

Zum Problem der Mithörfalle:

Arloth, in: *Coester-Waltjen* ua (Hrsg), Examensklausurenkurs I, S 51; *Hammer*, StPO Rn 16; *Knauer*, JuS 2012, 711; *Stoffer*, Wie viel Privatisierung „verträgt" das strafprozessuale Ermittlungsverfahren?, 2016 Rn 531

Zum Problem des Vernehmungsbegriffes:

Engländer, StPO Rn 101; *Frisch/Murmann*, JuS 1999, 1196; *Hammer*, StPO Rn 14, 130; *Knauer*, JuS 2012, 711; *Otto/Petersen*, Jura 1999, 480

Fall 4

Alter schützt vor Torheit nicht

I.

155   Die Rentner A und B gehen gemeinsam im „Bierbeißer" essen, geraten jedoch alsbald in Streit, sodass A verärgert von B die seit langem fällige und mehrfach angemahnte Rückzahlung früher darlehensweise überlassener 10 € fordert. B vertröstet den A auf einen späteren Termin. Als B sich vorübergehend entfernt – unter Zurücklassung seines Jacketts auf der Stuhllehne–, entnimmt A aus dem im Jackett befindlichen und mit mehreren Geldscheinen gefüllten Portemonnaie des B einen 10-€-Schein im Glauben, dies sei zulässig, da ihm der 10-€-Schein „zustehe". Zutreffend geht er davon aus, B werde das Fehlen des Scheines gar nicht bemerken. Die 10 € gibt er am nächsten Tag für ein gutes Essen in einer Pizzeria aus.

Als A und B den „Bierbeißer" verlassen, sieht A zufällig, dass dem Passanten P auf der Straße ein Goldkettchen aus der Tasche fällt. A hebt es schnell auf und steckt es in die eigene Tasche, um es für sich zu behalten. B, der das Verhalten des A sofort richtig interpretiert, findet das jedoch skandalös und fordert den A auf, P das Kettchen zurückzugeben. Zähneknirschend kommt A dieser Aufforderung nach.

Noch immer enttäuscht über das entgangene Goldkettchen, kommt A auf den Gedanken, aus dem Büro des Verwalters V der Altenwohnanlage „St. Servatius", in der er wohnt, einen wertvollen Briefbeschwerer mitzunehmen, auf den er schon lange ein Auge geworfen hat. A will sich heimlich in das Büro des V schleichen. Als A gerade die – wie üblich unverschlossen gelassene – Tür geöffnet hat, erscheint auf dem Gang die dem A gut bekannte Altenpflegerin Schwester S. A schließt daraufhin die Bürotür schnell wieder, weil er erkennt, dass es angesichts des Betriebes in der Wohnanlage unmöglich ist, ungesehen in das Büro des V zu schleichen. Als A verärgert das Haus, in dem sich das Büro des V befindet, verlässt, fällt ihm auf, dass V sein Bürofenster offen gelassen hat und dass es ihm ein Leichtes ist, über den niedrigen Sims unbemerkt in dessen Büro zu gelangen. Spontan verwirklicht er diesen Plan. Gerade als er den Briefbeschwerer in der Hand hat, überkommt ihn jedoch die Furcht, er könne schwer bestraft werden. Deshalb lässt er von dem Vorhaben ab und begibt sich nach Hause.

Wie hat sich A strafbar gemacht? Evtl erforderliche Strafanträge sind gestellt.

Abwandlungen:

Wie ist A zu bestrafen,
a) wenn er den Briefbeschwerer nur zurücklässt, weil er enttäuscht feststellen muss, dass es sich dabei nicht um das wertvolle Erbstück der Mutter des V, sondern um eine billige Kopie für 5 € handelt, mit der V das Original kürzlich ersetzt hat?
b) wenn er, wie es seine Gewohnheit ist, eine geladene Schreckschusspistole in seiner Hosentasche stecken hat, ohne sich allerdings irgendwelche konkreten Gedanken über deren Einsatzmöglichkeiten zu machen, und den Briefbeschwerer trotz geringen Wertes nur zur Erinnerung mitnimmt?

II.

1. V wird eines Nachts bei einem Diebstahl ertappt. Auf dem Polizeirevier

a) wird V ordnungsgemäß durch einen Polizeibeamten über seine Beschuldigtenrechte belehrt. V möchte daraufhin zunächst mit seinem Verteidiger sprechen. Dies wird ihm aber mit dem Hinweis verweigert, sein Verteidiger könne ihm nicht die Entscheidung abnehmen, ob er aussagen wolle oder nicht. V legt daraufhin ein umfassendes Geständnis ab.

b) wird V schon auf dem Flur durch die zufällig anwesende – aber nicht zur Polizei gehörende – Freundin des später vernehmenden Polizeibeamten vom Wortlaut her ordnungsgemäß über seine aus § 136 StPO ableitbaren Rechte informiert. Bei der anschließenden Vernehmung wird V von den Polizeibeamten nicht mehr auf die Beschuldigtenrechte hingewiesen, da diese wissen, dass er über seine Rechte bereits vorher informiert worden ist.

c) wird V, der große Schwierigkeiten mit der deutschen Sprache hat, über sein Aussageverweigerungsrecht belehrt. Ferner wird er darauf hingewiesen, dass er einen Verteidiger hinzuziehen dürfe. Als V zu erkennen gibt, er wolle von einem Verteidiger unterstützt werden, wird ihm nur ein Branchentelefonbuch vorgelegt, mit dem er nicht umgehen kann. Ein Hinweis auf den in dieser Stadt existierenden anwaltlichen Notdienst unterbleibt. Die vernehmenden Polizisten versprechen sich von diesem Vorgehen ein umfassendes Geständnis, das V auch prompt ablegt.

Kann das Geständnis in den Varianten a, b und c verwertet werden, wenn V zu Beginn der Hauptverhandlung jeweils widerspricht? Es liegt jeweils kein Fall der notwendigen Verteidigung vor.

2. Im Rahmen der Ermittlungen gegen V (vgl Frage 1) wird auch dessen Ehefrau E nach ordnungsgemäßer Belehrung über ihr Zeugnisverweigerungsrecht befragt. Sie berichtet, dass sie gesehen habe, wie ihr Ehemann mit Einbruchswerkzeugen nachts die Wohnung verließ. Im späteren Strafverfahren möchte das Gericht den Tatnachweis auch auf dieses Indiz stützen. E verweigert jedoch in der Hauptverhandlung die Aussage. Kann nun ihre frühere Aussage in den Prozess eingeführt werden und wenn ja, wie,

a) wenn E von dem Polizeibeamten P vernommen wurde,

b) wenn E vor dem Ermittlungsrichter R ihre Aussage tätigte? Wie müsste R belehren?

c) wenn E von dem Polizeibeamten P vernommen wurde und E nunmehr in der Hauptverhandlung zwar von ihrem Zeugnisverweigerungsrecht Gebrauch macht, aber die Verwertung ihrer vor P gemachten Aussage genehmigt?

Gedankliche Strukturierung des Falles (Kurzlösung)

156 **Teil I. (materiell-rechtlicher Teil)**
Strafbarkeit des A

A. Der 10 €-Schein

1. § 242 I (–)
   a) Objektiver Tatbestand (+)
   b) Subjektiver Tatbestand (–)
      • Vorsatz (+)
      • Zueignungsabsicht (+)
      • Rechtswidrigkeit der geplanten
        Zueignung (–)

**Problem Nr 34: Rechtswidrigkeit der Zueig-
nung bei fälligem Anspruch auf die Geldsumme
(Rn 158)**

**Problem Nr 35: Irrtum über die Rechtswid-
rigkeit der Zueignung (Abgrenzung von Tatbe-
stands- und Verbotsirrtum) (Rn 160)**

2. § 246 I Alt 1 (durch Einstecken des Geldes)
   (–)
   • Tatbestandsirrtum, § 16 I 1 (+)
3. § 246 I Alt 1 (durch Ausgeben des Geldes)
   (–)
   a) Objektiver Tatbestand (+)
   b) Subjektiver Tatbestand (–)
      • Tatbestandsirrtum, § 16 I 1 (+)
4. §§ 263 I, 13 I (–)
5. Ergebnis für A im Tatkomplex A
   A ist straflos.

B. Das Goldkettchen

1. § 242 I (–)
   a) Objektiver Tatbestand (–)
      • fremde bewegliche Sache (+)
      • Wegnahme (–)
   b) Ergebnis
2. § 246 I Alt 1 (+)
   a) Objektiver Tatbestand (+)

**Problem Nr 36: Zueignungshandlung iSv
§ 246 I (Rn 167)**

   b) Subjektiver Tatbestand (+)
   c) Rechtswidrigkeit und Schuld (+)
   d) „Tätige Reue" (–)

**Problem Nr 37: Ist „tätige Reue" analogiefähig?
(Rn 169)**

3. Ergebnis für A im Tatkomplex B
   A ist strafbar gem § 246 I Alt 1.

C. Der Briefbeschwerer

1. § 242 I (–)
   • fremde bewegliche Sache (+)
   • Wegnahme (–)
2. §§ 242 I, II, 22, 23 I Alt 2 (–)
   a) Vorprüfung (+)
   b) Tatentschluss (+)
   c) Unmittelbares Ansetzen (+)
   d) Rechtswidrigkeit und Schuld (+)
   e) Rücktritt, § 24 I 1 Alt 1 (–)
      • Versuch nicht fehlgeschlagen (+)

**Problem Nr 38: Rücktritt bei mehraktigem
Geschehen (Rn 173)**

      • unbeendeter Versuch (+)
      • Freiwilligkeit (+)

**Problem Nr 39: Freiwilligkeit des Rücktritts
iSd § 24 (Rn 175)**

   f) Ergebnis
3. § 123 I Alt 1 (+)
   a) Objektiver Tatbestand (+)
   b) Subjektiver Tatbestand (+)
   c) Rechtswidrigkeit und Schuld (+)
   d) Strafantragserfordernis, § 123 II (+)
4. Ergebnis für A im Tatkomplex C
   A ist strafbar gem § 123 I Alt 1.

D. Gesamtkonkurrenzen

E. Gesamtergebnis des materiell-
rechtlichen Gutachtens

A: Tatkomplex B: § 246 I Alt 1
   – § 53 –
   Tatkomplex C: § 123 I Alt 1

Abwandlung a)
1. §§ 242 I, II, 22, 23 I Alt 2 (+)
   a) Tatbestandsmäßigkeit, Rechtswidrigkeit und
      Schuld (+)
   b) Rücktritt, § 24 I 1 Alt 1 (–)
      • Freiwilligkeit (–)

**Problem Nr 40: Rücktritt bei wertlosen Gegen-
ständen (Rn 180)**

   c) Strafzumessung, § 243 I 1, 2 Nr 1 (+)
      • Nr 1 (Einsteigen) (+)
      • Ausschluss gem § 243 II (–)
   d) Strafantragserfordernis, § 248a (–)

2. **§§ 244 I Nr 3, II, 22, 23 I Alt 2 (–)**
   - Nr 3 (Wohnungseinbruchsdiebstahl) (–)
3. **§ 123 I Alt 1 (+)**
4. **Konkurrenzen**
5. **Gesamtergebnis in Abwandlung a)**
   A: §§ 242 I, II, 22, 23 I Alt 2, 243 I 1, 2 Nr 1–
   § 52 – § 123 I Alt 1

Abwandlung b)
1. **§ 249 I (–)**
   - Wegnahme einer fremden beweglichen
     Sache (+)
   - Gewaltanwendung/Drohung (–)
2. **§§ 249 I, 22, 23 I Alt 1 (–)**
   - Vorprüfung (+)
   - Tatentschluss (–)
3. **§ 242 I (+)**
   a) Tatbestandsmäßigkeit (+)
   b) Rechtswidrigkeit und Schuld (+)
   c) Strafzumessung, § 243 I 1, 2 Nr 1 (+)
      - Nr 1 (Einsteigediebstahl) (+)
      - Ausschluss gem § 243 II (–)

**Problem Nr 41: „Bezieht" sich die Tat bei § 243
auf eine geringwertige Sache, wenn der Täter
eine wertvolle Sache stehlen will und dann eine
billige mitnimmt? (Rn 185)**

   d) Strafantragserfordernis, § 248a (–)
4. **§ 244 I Nr 1a Alt 1 (–), Alt 2 (–), Nr 1b (–)**
   - Nr 1a Alt 1 (Beisichführen einer Waffe) (–)

**Problem Nr 42: Waffeneigenschaft geladener
Schreckschusspistolen (Rn 188)**

   - Nr 1a Alt 2 (Beisichführen eines gefährlichen
     Werkzeugs) (–)
   - Nr 1b (Beisichführen eines sonstigen Werk-
     zeugs oder Mittels) (–)
5. **§ 123 I Alt 1 (+)**
6. **Konkurrenzen**

**Problem Nr 43: Konkurrenzverhältnis zwi-
schen Diebstahl in einem besonders schweren
Fall und Hausfriedensbruch (*bzw Sachbeschädigung*) (Rn 191)**

7. **Gesamtergebnis in Abwandlung b)**
   A: §§ 242 I, 243 I 1, 2 Nr 1

Teil II. (prozessualer Teil)

1. **Beweisverwertungsverbote**
   a) Beweisverwertungsverbot bei Verletzung
      des Rechts auf Verteidigerkonsultation
   b) Beweisverwertungsverbot bei Belehrung
      durch eine außerhalb der Strafverfolgungs-
      behörden stehende Person
   c) Beweisverwertungsverbot bei Verwehrung
      der Kontaktaufnahme mit einem Verteidiger
2. **Verwertbarkeit der Aussage der E**
   a) Aussage vor dem Polizeibeamten
   b) Aussage vor dem Ermittlungsrichter

**Problem Nr 44: Beinhaltet § 252 StPO auch für
eine richterliche Vernehmung ein Beweisverwertungsverbot? Qualifizierte Belehrung? (Rn 197)**

   c) Genehmigung der Vernehmung

Ausführliche Lösung von Fall 4

Teil I. (materiell-rechtlicher Teil) Strafbarkeit des A

A. Der 10 €-Schein

1. § 242 I

157 Indem A dem Portemonnaie des B einen 10 €-Schein entnahm, könnte er einen Diebstahl begangen haben.

a) Objektiver Tatbestand

Der 10 €-Schein ist für ihn eine fremde bewegliche Sache.

Wegnahme bedeutet Bruch fremden und Begründung neuen Gewahrsams. Gewahrsam bezeichnet die tatsächliche, von einem Herrschaftswillen getragene Sachherrschaft, wobei es allerdings sozial-normative Einschränkungen gibt. Danach bleibt der Gewahrsam an Sachen bestehen, wenn sich der Gewahrsamsinhaber vorübergehend von ihnen entfernt[1]. Das gilt für das Jackett und erst recht für die darin befindliche Geldbörse. Zudem gilt fremder Gewahrsam insbes dann als begründet, wenn ein Gegenstand in die Taschen von eigenen Kleidungsstücken verbracht wird, sog Gewahrsamsenklaven[2]. Dieselbe sozial-normative Zuordnung muss dann auch umgekehrt gelten, wenn eine Wegnahme aus einer Jacketttasche in Rede steht. Auch entfällt der Herrschaftswille nicht etwa deshalb, weil der Gewahrsamsinhaber das Fehlen des Geldscheins nicht bemerkt. A hat den Gewahrsam des B gebrochen und neuen, eigenen begründet. Er hat den 10 €-Schein folglich weggenommen.

b) Subjektiver Tatbestand

A handelte vorsätzlich. Ferner hatte er Zueignungsabsicht, denn er wollte die Sache dem B auf Dauer entziehen und sich aneignen.

Fraglich ist, ob er auch in Bezug auf die Rechtswidrigkeit der Zueignung vorsätzlich handelte. Die Rechtswidrigkeit der Zueignung ist gegeben, wenn der Täter keinen fälligen und durchsetzbaren Anspruch gegen das Opfer hat.

Merke: Die Rechtswidrigkeit der geplanten Zueignung ist ein Merkmal des objektiven Tatbestandes. Insoweit reichen dementsprechend auch alle Vorsatzformen.

A hatte einen fälligen Anspruch auf Zahlung von 10 €, § 488 I 2 BGB.

---

1 *Wessels/Hillenkamp*, BT2 Rn 92.
2 S Fall 3, Problem Nr 22, Rn 122.

Problem Nr 34: Rechtswidrigkeit der Zueignung bei fälligem Anspruch auf die Geld-   **158**
summe

(1) Nach einer älteren Auffassung (*Hirsch*, JZ 1963, 149 ff; *Kohlrausch/Lange*, § 242 Bem III 2 d; *Welzel*, S 345 f) handelt der Täter selbst dann in der Absicht **rechtswidriger** Zueignung, wenn er einen fälligen und einredefreien Anspruch auf Übereignung der konkret weggenommenen Sache hat.

Argument: Das Strafrecht schützt die Eigentumsordnung, dann muss aber auch der Anspruchsberechtigte die Eigentumslage so lange respektieren, bis ihm die Sache zu Eigentum übertragen wird. Dass der von der Eigentumsordnung gewollte Zustand hergestellt wird, trifft schon deshalb nicht zu, weil der Wegnehmende dadurch noch nicht zum Eigentümer wird. Zwar muss er die Sache nicht zurückgeben (Einrede des dolo agit, qui petit, quod statim redditurus est), dadurch entfällt aber die Widerrechtlichkeit des eigenmächtigen Vorgehens nicht.

(2) Nach der im Vordringen befindlichen **Wertsummentheorie** (*Eisele*, BT2 Rn 90; *S/S-Eser/Bosch*, § 242 Rn 6; SK/StGB-*Hoyer*, § 242 Rn 103; S/S/W-StGB-*Kudlich*, § 242 Rn 51; *Rengier*, BT1 § 2 Rn 90; *Wessels/Hillenkamp*, BT2 Rn 202) entfällt die Rechtswidrigkeit der Zueignung bei Geldschulden bereits, wenn der Täter einen Anspruch auf die entsprechende **Wertsumme** hat.

Manche Autoren (*Gribbohm*, NJW 1968, 240; *Otto*, BT [2. Aufl 1984], S 157) beschränken dies nicht einmal auf Geld, sondern lassen die Rechtswidrigkeit der Zueignung bei jeder Gattungsschuld entfallen (*Kindhäuser*, BT2 § 2 Rn 74), wenn die Ausübung des Wahlrechts dem Schuldner keinen wirtschaftlichen Vorteil bringen kann, gleich, ob eine Spezies-, Gattungs- oder Geldschuld vorliegt.

Argument: Rechtswidrig ist die Zueignung nur dann, wenn sie der Eigentumslage widerspricht, die materiell erreicht werden soll. Das ist zunächst einmal nicht der Fall, wenn der Täter einen fälligen Anspruch auf die Sache hat. Aber auch bei einer Wertsummenschuld bzw einer Gattungsschuld muss die Rechtswidrigkeit der Zueignung entfallen, weil in der Verletzung des Auswahlrechts des Schuldners keine wirtschaftliche Interessenbeeinträchtigung liegt.

(3) Nach der überzeugenderen **hA in Rspr** (BGHSt 17, 87; BGH StV 1994, 128) **und Schrifttum** (*Fischer*, § 242 Rn 50; *Jäger*, BT Rn 244; *Maurach/Schroeder/Maiwald*, BT1 § 33 Rn 53) ist die beabsichtigte Zueignung nur dann nicht rechtswidrig, wenn ein fälliger, einredefreier **Anspruch auf Übereignung gerade dieser Sache** besteht. Bei Stückschulden ist dies der Fall; Gattungs- und Geldschulden müssen hingegen erst konkretisiert werden. Wird eine Sache aus der Gattung vor der Konkretisierung weggenommen, so verbleibt es trotz des Gattungsanspruchs bei der Rechtswidrigkeit der geplanten Zueignung.

Argument: Bei der Rechtswidrigkeit der Zueignung muss es darauf ankommen, ob dem Gläubiger die Sache de facto bereits „gehört". Dabei ist die zivilrechtliche Eigentumsordnung entscheidend. Auf bestimmte Sachen aus der Gattung, so zB auf bestimmte Geldscheine, hat der Gläubiger jedoch keinen Anspruch, denn die Auswahl bei Gattungsschulden gebührt gem § 243 I BGB dem Schuldner (BGHSt 17, 87).

Zur Vertiefung: Wessels/Hillenkamp, BT2 Rn 202; Beulke, Klausurenkurs II [3] Rn 81; Hillenkamp, BT 22. Problem S 110 ff.

Der Zahlungsanspruch von A bedeutet nicht, dass er bereits einen fälligen und einrede-   **159**
freien Anspruch auf Übereignung dieses konkreten Geldscheins nach § 488 I 1, 2 BGB gehabt hätte. Die Wertsummentheorie, die bei einem fälligen Zahlungsanspruch die Rechtswidrigkeit der Zueignung verneint und die beim eigenmächtigen Wechseln von

Geld noch eine gewisse Berechtigung haben mag, geht hier zu weit, weil sie die zivilrechtliche Eigentumsordnung ganz vernachlässigt. Die Rechtswidrigkeit der Zueignung ist also gegeben.

Fraglich ist, wie sich der Umstand auswirkt, dass sich A möglicherweise über die Rechtswidrigkeit der Zueignung geirrt hat.

160   **Problem Nr 35: Irrtum über die Rechtswidrigkeit der Zueignung (Abgrenzung von Tatbestands- und Verbotsirrtum)**

(1) Nach der herkömmlichen Einstufung liegt es nahe, einen Irrtum in Bezug auf die Konkretisierungsbefugnis eher als einen **Verbotsirrtum** gem § 17 anzusehen (so zum Teil auch S/S-*Eser/Bosch*, § 242 Rn 65; vgl *Wessels/Hillenkamp*, BT2 Rn 203), sodass auf der Schuldebene die Vermeidbarkeit zu prüfen und wegen der hohen Anforderungen, die daran üblicherweise gestellt werden, nämlich äußerste Gewissensanspannung, im Zweifel Einholung des Rates eines Rechtskundigen, auch zu bejahen wäre.

Argument: Es handelt sich um einen Irrtum über das Recht.

(2) Die **Rspr** (BGHSt 17, 87; BGH NStZ 2015, 699) nimmt zwar – wie dargelegt – bei Wegnahme eines Geldscheins bei gleichzeitigem Bestehen einer Geldforderung in gleicher Höhe die objektive Rechtswidrigkeit der Zueignung an, baut dem Täter jedoch insoweit eine goldene Brücke, als sie den Irrtum über die Rechtswidrigkeit der Zueignung generell als **Tatbestandsirrtum** einstuft. Dies ist iE die sachgerechtere Lösung.

Argument: Wer als Gläubiger einer Forderung der Ansicht ist, dass er die im Besitz des Schuldners befindlichen Geldscheine als die ihm geschuldeten beanspruchen darf, hat eine Vorstellung, die iE der Vorstellung desjenigen entspricht, der sich als Gläubiger einer Stückschuld nur über die Identität der von ihm weggenommenen Sache irrt.

Bei einem **Irrtum über ein normatives Tatbestandsmerkmal**, um den es sich hier handelt („Rechtswidrigkeit" der Zueignung), ist generell wie folgt zu unterscheiden: Ein Irrtum innerhalb der **Parallelwertung in der Laiensphäre** (Beispiel: Der Täter „hat nicht einmal laienmäßig erkannt", dass es sich bei einem Bierfilz um eine Urkunde handelt) wird als Tatbestandsirrtum gem § 16 bewertet. Liegt der Irrtum außerhalb der Parallelwertung der Laiensphäre (Beispiel: Der Täter erkennt laienmäßig, dass der Bierfilz zum Beweis dient, meint aber, echte Urkunden seien nur solche, die unterschrieben werden), liegt ein nach § 17 zu behandelnder sog **Subsumtionsirrtum** vor. Insofern führt der Irrtum über ein normatives Tatbestandsmerkmal entgegen weitverbreiteter Ansicht, Irrtümer über Tatbestandsmerkmale müssten stets auch zum Tatbestandsirrtum führen, häufig nicht zum Tatbestandsirrtum iSv § 16. Glaubt nun der Täter, er dürfe auch bei Gattungsschulden eigenmächtig zugreifen, so hat er das Unrecht der Tat zumindest laienmäßig erkannt und sein Irrtum liegt damit im Bereich des § 17. Glaubt der Täter aber, eine Geldschuld sei eine Stückschuld, so hat er nicht einmal laienmäßig erfasst, dass er irgendetwas getan hat, wozu er zivilrechtlich und strafrechtlich nicht befugt ist. Eine solche Vorstellung kann man der Bevölkerung – was der BGH nur andeutet – unterstellen. Dann hat der BGH Recht, wenn er einen **Tatbestandsirrtum** annimmt.

Zur Vertiefung: Wessels/Beulke/Satzger, AT Rn 353; Beulke, Klausurenkurs II [3] Rn 83; Gropp, Weber-FS, S 127 ff; Hillenkamp, BT 23. Problem S 114 ff; Schramm, BT I § 2 Rn 71, § 7 Rn 182; Sternberg-Lieben/Sternberg-Lieben, JuS 2012, 289.

161   Der Irrtum des A, dass ihm der 10 €-Schein „zustehe", könnte als Irrtum über das normative Tatbestandsmerkmal „Rechtswidrigkeit" der Zueignung sowohl ein Tatbestands- als auch ein Verbotsirrtum sein. Da A hier angenommen hat, er habe einen Stückschuldanspruch auf diesen Schein, hat er das Unrecht seines Tuns noch nicht einmal laienmäßig erkannt. Es liegt deshalb ein Irrtum innerhalb der Parallelwertung in der Laiensphäre vor, der als Tatbestandsirrtum gewertet wird. Da § 242 I in der Fahrlässigkeitsvariante nicht strafbar ist, führt dieser Tatbestandsirrtum gem § 16 zur Straflosigkeit.

2. § 246 I Alt 1 (durch Einstecken des Geldes)

Unter Zueignung iSv § 246 I versteht man die Manifestation des Zueignungswillens[3]. Das heimliche Einstecken des Geldes stellte eine solche Manifestation des Zueignungswillens dar. In diesem Moment fehlte aber wegen des Tatbestandsirrtums, der das normative Tatbestandsmerkmal der Rechtswidrigkeit der Zueignung iSv § 246 umfasst[4], der Vorsatz.　　**162**

3. § 246 I Alt 1 (durch Ausgeben des Geldes)

a) Objektiver Tatbestand

Fraglich ist, ob darüber hinaus auch im Ausgeben des Geldes eine erneute Zueignung iSv § 246 liegen kann. Grds wäre ein Ausgeben des Geldes als Manifestation eines Zueignungswillens zu werten. Es ist umstritten, ob es eine erneute Zueignung eines vorher gestohlenen Gegenstandes überhaupt geben kann[5]. Der Meinungsstreit kann hier jedoch dahingestellt bleiben. Das vorangegangene Ansichnehmen des Geldes war nämlich gerade nicht strafbar, da sich A im Tatbestandsirrtum befand (*s Rn 161 f*). Das Ausgeben des Geldes muss also wie eine Erstzueignung gewertet werden. Objektiv liegt eine rechtswidrige Zueignung vor.　　**163**

b) Subjektiver Tatbestand

A unterlag jedoch auch beim Ausgeben des Geldes noch immer demselben Tatbestandsirrtum. Der Vorsatz entfällt gem § 16 I 1.

A hat sich nicht gem § 246 I Alt 1 strafbar gemacht.

4. §§ 263 I, 13 I

Für einen Betrug durch Unterlassen der Aufklärung des B, dass er die 10 € zurückfordern könne (§ 859 II BGB), fehlt es jedenfalls an der Aufklärungs- (Garanten-)pflicht. Außerdem fehlte A der Vorsatz bzgl der Rechtswidrigkeit der Bereicherung[6].　　**164**

5. Ergebnis für A im Tatkomplex A

A ist straflos.

3　*Wessels/Hillenkamp*, BT2 Rn 311.
4　Vgl *Wessels/Hillenkamp*, BT2 Rn 320, 203.
5　S Fall 7, Problem Nr 71, Rn 321.
6　Vgl dazu auch BGH NStZ 2017, 465 u 642 m Anm *Kulhanek* (jeweils zu § 253).

B. Das Goldkettchen

1. § 242 I

165 Dadurch, dass A das gefundene Goldkettchen des P in seine eigene Jackentasche steckte, könnte er sich wegen Diebstahls strafbar gemacht haben.

a) Objektiver Tatbestand

Das Kettchen war für A eine fremde bewegliche Sache.

A müsste das Kettchen weggenommen haben. Wegnahme bedeutet Bruch fremden und Begründung neuen Gewahrsams. Fraglich ist, ob P bereits mit dem Herausfallen des Kettchens aus der Tasche seinen Gewahrsam daran verloren hatte, sodass fremder Gewahrsam ausscheidet. Gewahrsam ist die tatsächliche, willensgetragene Sachherrschaft, die an verlorenen Gegenständen (anders als bei „vergessenen") grds nicht mehr besteht[7]. Hier hat P den auf der Straße erlittenen Verlust gerade nicht bemerkt; das Kettchen ist also verloren. Er konnte seinen Gewahrsam nicht aus eigener Kraft wiederherstellen. Deshalb ist die Sache gewahrsamslos geworden, sodass A keinen fremden Gewahrsam mehr brechen konnte.

Hätte P den Verlust bemerkt und sich in dem Moment umgedreht, in dem der Täter zugriff und mit dem Kettchen verschwand, wäre der Gewahrsam nach der Verkehrsauffassung bestehen geblieben und ein Diebstahl möglich gewesen.

b) Ergebnis

Eine Strafbarkeit gem § 242 I scheidet aus.

2. § 246 I Alt 1

166 Durch Einstecken des Goldkettchens könnte A jedoch eine Unterschlagung begangen haben.

a) Objektiver Tatbestand

Nach der früheren Rechtslage war unklar, ob eine Unterschlagung eine zeitlich vorausgegangene Gewahrsamserlangung voraussetzt. Diese Problematik stellt sich nach dem Wegfall des Besitz- und Gewahrsamserfordernisses in § 246 I nicht mehr[8].

Umstritten ist jedoch nach wie vor die Frage, welche Anforderungen an eine Zueignungshandlung iSv § 246 I zu stellen sind.

---

7 *Wessels/Hillenkamp*, BT2 Rn 109: Der Gewahrsam kann jedoch bei Verlust innerhalb der räumlich umgrenzten, eigenen Gewahrsamssphäre weiterbestehen bzw bei fremder Gewahrsamssphäre möglicherweise auf dessen Inhaber übergehen.
8 Dazu *Wessels/Hillenkamp*, BT2 Rn 316 f.

Problem Nr 36: Zueignungshandlung iSv § 246 I   **167**

(1) Eine in der Literatur vertretene **Ansicht** verlangt über die äußere Manifestation eines inneren Zueignungswillens hinaus eine inhaltliche Verwirklichung der Zueignungselemente „dauernde Enteignung" und „zumindest vorübergehende Aneignung".

(a) Teilweise wird gefordert, es müsse sich jedenfalls die **Aneignung** schon objektiv vollzogen haben; bzgl der Enteignung reiche dagegen Vorsatz aus (*Krey/Hellmann/Heinrich*, BT2 Rn 226; *Noack*, Drittzueignung und 6. StrRG, S 123).

(b) Andere legen das Gewicht auf die **Enteignung:** Zueignung setzt voraus, dass der Sachverlust (höchstwahrscheinlich) eintreten wird. Der Täter muss diesen „Gefahrerfolg" bereits herbeigeführt haben (*Maiwald*, Der Zueignungsbegriff im System der Eigentumsdelikte, S 191 ff; *Degener*, JZ 2001, 388, 398 f; *Gropp*, JuS 1999, 1041, 1045).

(c) Wieder andere verbinden beide Ansätze miteinander und verlangen den Vollzug **sowohl** der **Aneignung als auch** der **Enteignung** (*Eisele*, BT2 Rn 256; *Mitsch*, BT2 S 169).

Argument: Nur durch Verwirklichung materiellen Zueignungsunrechts wird der Charakter des § 246 als Erfolgsdelikt deutlich. Wer auf solche Erfolgskriterien verzichtet, verlagert den Vollendungszeitpunkt so weit nach vorn, dass praktisch kein Raum für den Versuch bleibt.

(2) Die **hM** in Literatur (*Lackner/Kühl*, § 246 Rn 4; S/S-*Eser/Bosch*, § 246 Rn 10 f; *Rengier*, BT1 § 5 Rn 23 f) und Rspr (BayObLG wistra 1994, 322; OLG Düsseldorf NStZ 1992, 298; OLG Brandenburg NStZ 2010, 220 m Bespr *Hecker*, JuS 2010, 740) lässt für die Zueignungshandlung des § 246 I eine objektiv erkennbare Betätigung („Manifestation") des Zueignungswillens genügen. Der in alle Umstände eingeweihte objektive Betrachter muss auch ohne Berücksichtigung des Zueignungswillens auf den Zueignungsvorsatz schließen können.

Argument: Die o unter (1) (c) genannte Ansicht verkürzt den Anwendungsbereich der Unterschlagung unsachgemäß. Die Meinungen (1) (a) und (b) können nicht überzeugend erklären, warum auf nur eines zweier gleichwertiger Momente der Zueignung abgestellt werden sollte. Nach richtiger Wertung setzt Zueignung als objektives Merkmal nur ein auch äußerlich erkennbares Verhalten voraus, das gerade Ausdruck der Zueignung ist und daher den Rückschluss auf den Zueignungsvorsatz zwingend zu Tage treten lässt. Handlungen, die bei Würdigung aller Umstände mehrdeutig bzw auch bei fehlendem Zueignungsvorsatz zu erwarten sind, scheiden als Zueignungshandlungen iSv § 246 I aus. Ist aber ein eindeutiges Verhalten feststellbar, so ist das Rechtsgut objektiv erkennbar verletzt.

Zur Vertiefung: Wessels/Hillenkamp, BT2 Rn 309 ff; *Hillenkamp*, BT 24. Problem S 120 ff; *Küper/Zopfs*, BT Rn 824 ff.

Nach überzeugender Ansicht kann jede Manifestation des Zueignungswillens, dh jedes   **168** nach außen erkennbare Verfahren des Täters mit der Sache, aus dem der objektive Beobachter auf den Zueignungsvorsatz schließen kann, eine Zueignungshandlung iSv § 246 I darstellen.

Das Aufheben der Sache ist als neutrale Handlung im Regelfall unverfänglich, da es auch zu Rückgabezwecken erfolgen kann[9]. Selbst wenn man im Zeitpunkt des Aufhebens mit Zueignungswillen gehandelt hat, liegt daher allein im Akt des An-sich-Nehmens noch keine Manifestation des Zueignungswillens. Vielmehr kommt eine Zueignung nur dann in

---

9 *Wessels/Hillenkamp*, BT2 Rn 318.

Betracht, wenn sie schon durch die Art und Weise der Besitzverschaffung indiziert wird[10], etwa weil nur Geldscheine aus einem gefundenen Portemonnaie aussortiert werden.

Zunächst war hier durch das Aufheben des Kettchens ein objektiv mehrdeutiges Verhalten gegeben. Allerdings musste auch ein objektiver Betrachter davon ausgehen, dass A das Kettchen nicht zurückgeben wollte, da er durch das Einstecken in die Tasche sofort Gewahrsam begründete, statt den nur wenige Meter entfernten P auf seinen Verlust hinzuweisen. Es liegt daher eine objektiv eindeutige Manifestation des Zueignungswillens vor.

b) Subjektiver Tatbestand

A handelte mit Wissen und Wollen, dh vorsätzlich.

c) Rechtswidrigkeit und Schuld

A handelte rechtswidrig und schuldhaft.

d) „Tätige Reue"

Fraglich ist, ob die spätere Rückgabe des Kettchens an der Strafbarkeit noch etwas zu ändern vermag. Ein Rücktritt (§ 24) vom vollendeten Delikt ist nicht möglich.

169 **Problem Nr 37: Ist „tätige Reue" analogiefähig?**

(1) Nach einer **Mindermeinung** ist eine Gesamtanalogie zu den ausdrücklich gesetzlich geregelten Fällen (zB §§ 139 IV, 306e II, 314a III) im Einzelfall möglich (*Jescheck/Weigend*, § 51 V 2; zT auch S/S-*Eser/Bosch*, § 24 Rn 117 ff; *Rengier*, AT § 39 Rn 4).

Argument: Da den gesetzlichen Regeln offenbar kein anderes Prinzip als das des Zufalls zu Grunde liegt, müssen diese je nach Sachlage eine analoge Anwendung finden.

(2) Nach **herrschender** und überzeugender **Ansicht** ist eine tätige Reue nur dort möglich, wo sie ausdrücklich gesetzlich vorgesehen ist (Matt/Renzikowski-*Heger*, § 24 Rn 10; *Mitsch*, Jura 2012, 529; *Wessels/Beulke/Satzger*, AT Rn 922).

Argument: Eine Gesamtanalogie zu solchen Vorschriften wäre zwar zugunsten des Täters nach allgemeinen Grundsätzen möglich. Es fehlt aber die für eine Analogie notwendige planwidrige Regelungslücke. Der Gesetzgeber hat die Straffreiheit wegen tätiger Reue bewusst auf einige wenige Ausnahmestraftatbestände beschränkt. Eine Analogie ist daher zu verneinen. Das Verhalten nach der Tat kann stattdessen nur im Rahmen der Strafzumessung gem § 46 II 2 aE (Schadenswiedergutmachung) berücksichtigt werden.

Zur Vertiefung: Wessels/Beulke/Satzger, AT Rn 923; Hillenkamp, JuS 1997, 829.

170 Auch eine analoge Anwendung der Vorschriften über die tätige Reue (vgl §§ 139 IV, 306e II, 314a III) kommt nicht in Betracht. Es fehlt insoweit an der für eine Analogie notwendigen planwidrigen Regelungslücke, weil eine nachträgliche Schadenswiedergutmachung im Rahmen der Strafzumessung zu berücksichtigen ist (vgl § 46 II 2 aE).

---

10 *Kindhäuser*, BT2 § 6 Rn 21.

3. Ergebnis für A im Tatkomplex B

A hat sich gem § 246 I Alt 1 strafbar gemacht.

C. Der Briefbeschwerer

1. § 242 I

Der Briefbeschwerer war für A eine fremde bewegliche Sache. Zur vollendeten Weg- **171** nahme kann es hier von vornherein nur insoweit gekommen sein, als A den Briefbeschwerer, nachdem er durch das Fenster in das Büro eingedrungen war, in die Hand nahm. Ein solches Ergebnis wäre nur mit der Kontrektationstheorie zu bejahen, die auf das bloße Berühren der Sache abstellt. Diese wird heute aber nicht mehr vertreten. Auch die Illationstheorie, die das Bergen der Beute für erforderlich hält, ist als zu weit abzulehnen. Mit der herrschenden Apprehensionstheorie[11] ist vielmehr darauf abzustellen, ob es infolge der Ergreifung der Sache zu einem Gewahrsamswechsel gekommen ist. Neuer Gewahrsam wurde aber allein durch das Aufheben des Briefbeschwerers vom Tisch nicht begründet.

Eine Strafbarkeit wegen vollendeten Diebstahls scheidet aus.

2. §§ 242 I, II, 22, 23 I Alt 2

Indem A in der Altenwohnanlage zunächst die Tür des Büros öffnete und später sogar **172** noch durch das Fenster in den Raum gelangte, um einen Briefbeschwerer mitzunehmen, könnte er sich wegen eines versuchten Diebstahls strafbar gemacht haben.

a) Vorprüfung

Ein vollendeter Diebstahl ist nicht gegeben. Der Versuch ist strafbar gem §§ 242 II, 23 I Alt 2.

b) Tatentschluss

A wollte den Briefbeschwerer, eine für ihn fremde bewegliche Sache, aus dem Gewahrsam des V entfernen und eigenen Gewahrsam daran begründen. Zudem kam es ihm darauf an, sich den Briefbeschwerer anzueignen, wobei er mindestens billigend in Kauf nahm, den V zu enteignen. Auch bzgl der Rechtswidrigkeit der Zueignung handelte er vorsätzlich.

c) Unmittelbares Ansetzen

Indem er den Briefbeschwerer in die Hand nahm, hatte A bereits mit der Tatbestandshandlung (Wegnahme) begonnen und damit auch unmittelbar zur Tatbegehung iSd § 22 angesetzt.

---

11 Dazu *Wessels/Hillenkamp*, BT2 Rn 122 ff.

d) Rechtswidrigkeit und Schuld

A handelte rechtswidrig und schuldhaft.

e) Rücktritt, § 24 I 1 Alt 1

Für einen strafbefreienden Rücktritt nach § 24 I 1 Alt 1 ist zunächst erforderlich, dass der Versuch nicht fehlgeschlagen ist. Fehlgeschlagen ist er dann, wenn der Täter erkannt hat, dass er sein Ziel mit den ihm zur Verfügung stehenden Mitteln entweder gar nicht oder zumindest nicht ohne zeitlich relevante Zäsur erreichen kann[12]. Ein Fehlschlag könnte hier darin liegen, dass A die Schwester S auf dem Gang kommen sah und erkennen musste, dass es ihm unmöglich war, unbemerkt in das Büro zu gelangen. Nach dem Eindringen durch das Fenster hätte er hingegen seinen Plan verwirklichen können. Würde man die beiden Handlungsakte (Tür und Fenster) jeweils gesondert behandeln, so müsste man auch tatsächlich zu einem fehlgeschlagenen Versuch bzgl des Eindringens durch die Tür und zu einem erneuten Versuch bzgl des Eindringens durch das Fenster gelangen. Nur von diesem zweiten Versuch könnte A dann noch uU strafbefreiend zurücktreten. Die Strafbarkeit wegen des ersten Versuchs bliebe aber bestehen.

Ob eine solche Bewertung angemessen ist, ist umstritten.

173   **Problem Nr 38: Rücktritt bei mehraktigem Geschehen**

(1) Nach der **Tatplantheorie** (BGHSt 14, 75; 22, 227) ist für den Rücktritt die Tätervorstellung bei Beginn der Tat entscheidend. Hat der Täter einen fest umrissenen Tatplan von vornherein auf einen einzelnen Tätigkeitsakt beschränkt, ist der Versuch nach Vornahme dieses Aktes fehlgeschlagen und ein Rücktritt ausgeschlossen.

Argument: Wie sonst auch beim Versuch ist primär auf die Vorstellung des Täters bei Beginn der Tathandlung abzustellen (vgl § 22: „nach seiner Vorstellung von der Tat").

(2) Die **Einzelaktstheorie** besagt, dass unabhängig von den Tätervorstellungen zu Beginn oder am Ende der Ausführung jede einzelne auf den Erfolg gerichtete und vom Täter bereits für sich als geeignet angesehene Handlung einen selbstständigen Versuch darstellt. Ein früherer Rücktritt vom Versuch wäre also gegenüber einem späteren Rücktritt von einem anderen Versuch völlig selbstständig zu behandeln (*Bosch*, Jura 2014, 395, 398 f; *S/S-Eser/Bosch*, § 24 Rn 21; *Frister*, AT 24. Kap Rn 13 ff; *Jakobs*, AT Abschn 26 Rn 14 ff; *Paeffgen*, Puppe-FS, S 791, 809).

Argument: Es darf nicht sein, dass der Zufall dem Täter die Rücktrittsmöglichkeit wieder eröffnet, wenn zB der erste Schuss daneben geht. In diesem Falle war der Versuch bereits beendet, sodass nach der Wertung des § 24 I 1 Alt 1 der Täter schon die Vollendung verhindert haben müsste.

(3) Die **Gesamtbetrachtungslehre** (auch Theorie von der natürlichen Versuchseinheit genannt) geht davon aus, dass der Täter auch nach einem oder mehreren erfolglosen („fehlgeschlagenen") Teilakten, den Erfolg herbeizuführen, die Möglichkeit behält, vom Versuch *insgesamt* zurückzutreten. Abzustellen ist auf den **Rücktrittshorizont** im Moment der letzten Ausführungshandlung (seit BGHSt 31, 170; BGH NStZ-RR 2012, 106 m Bespr *Jahn*, JuS 2012, 947; BGH NStZ 2017, 459 u 576; *Jäger*, JA 2017, 386 u 550; *Hecker*, JuS 2017, 696).

---

12 *Wessels/Beulke/Satzger*, AT Rn 872.

Argument: Die Tatplantheorie „prämiert" die besondere kriminelle Energie eines Täters, dem es zu Beginn der Tat gleichgültig ist, wie er ans Ziel gelangen kann. Für ihn wäre ein Rücktritt leichter als für denjenigen, der sich eine bestimmte Art der Tatbegehung vorstellt. Die Einzelaktstheorie reißt einen einheitlichen Lebensvorgang auseinander und verbaut unnötig die Rücktrittsmöglichkeiten. Wer durch sein Verhalten zeigt, dass sein verbrecherischer Wille nicht stark genug ist, das Verbrechen zu Ende zu führen, soll auf den Boden der Legalität zurückkehren dürfen. Dem Täter muss möglichst auch im fortgeschrittenen Versuchsstadium eine „Goldene Brücke" zur Umkehr gebaut werden. Deshalb ist es sinnvoll, mehrere Versuchsakte als Einheit zu betrachten, sofern eine enge zeitliche und örtliche Verbindung existiert. So wird der Täter auch noch bei einem späteren Teilakt zum Rücktritt motiviert und kann sich noch insgesamt die Straffreiheit „erarbeiten". Dem ist zuzustimmen.

Zur Vertiefung: Wessels/Beulke/Satzger, AT Rn 886 ff; Beulke, Klausurenkurs I [9] Rn 323; Jäger, JA 2012, 79; Hillenkamp/Cornelius, AT 18. Problem S 148 ff; Roxin, AT2 § 30 Rn 175 ff.

Die Einzelaktstheorie sowie die Tatplantheorie bejahen hier zwei selbstständige Diebstahlsversuche. Der erste Diebstahlsversuch wäre fehlgeschlagen. Diese Lösungen beschränken jedoch die Rücktrittsmöglichkeiten und somit auch den Opferschutz zu stark. Im Sinne der Gesamtbetrachtungslehre sind vielmehr die zwei Handlungsakte zu einer rücktrittsfähigen Einheit zusammenzufassen, da sie einen einheitlichen Lebensvorgang mit enger örtlicher und zeitlicher Nähe (entsprechend den Regeln der natürlichen Handlungseinheit)[13] betreffen. Da es für § 24 auf den Rücktrittshorizont im Zeitpunkt der letzten Ausführungshandlung ankommt, lag in dem Moment, als A den Briefbeschwerer wieder auf den Schreibtisch zurücklegte, kein fehlgeschlagener Versuch vor. **174**

Auch für die Frage, ob es sich bei dem Geschehen um einen unbeendeten oder einen beendeten Versuch handelt, ist nach dem Dargelegten nicht etwa vom ursprünglichen Tatplan auszugehen. Ein solches Vorgehen würde den alle Alternativen minutiös planenden Täter bevorzugen. Vielmehr ist der Rücktrittshorizont nach Abschluss der letzten Ausführungshandlung maßgebend[14]. Als A den Briefbeschwerer in der Hand hielt, glaubte er, noch nicht alles Erforderliche getan zu haben. Aus seiner Sicht war daher im relevanten Zeitpunkt der Versuch unbeendet. Es reicht also ein Aufgeben der weiteren Ausführung der Tat. Hier ließ A von seinen Vorhaben ab und begab sich nach Hause.

Fraglich ist, ob er die weitere Tatausführung freiwillig aufgegeben hat.

Problem Nr 39: Freiwilligkeit des Rücktritts iSd § 24 **175**

Freiwillig tritt der Täter zurück, der von der Tatausführung absieht, weil er sie nicht mehr will, hingegen nicht, weil die Tat in seiner Vorstellung unausführbar geworden ist.

(1) Nach der **Frank'schen Formel** (*Frank*, StGB, § 46 Anm II) galt früher:
 - Freiwillig tritt zurück, wer denkt: „Ich will nicht zum Ziel kommen, selbst wenn ich könnte."
 - Unfreiwillig handelt, wer denkt: „Ich kann nicht zum Ziel kommen, selbst wenn ich wollte."

---

13 Einzelheiten str, vgl *Wessels/Beulke/Satzger*, AT Rn 892, *Murmann*, Grundkurs § 28 Rn 122.
14 Vgl *Wessels/Beulke/Satzger*, AT Rn 883 ff.

(2) Eine weitere Ansicht will nur den Rücktritt zulassen, der nach den „**Maßstäben der Verbrechervernunft**" als nicht zwingend geboten erscheint (*Roxin*, Heinitz-FS, S 251 ff; *ders*, AT2 § 30 Rn 383 ff).

(3) Die heute ganz **hA** (BGH NStZ 2007, 399; NStZ 2014, 202 und 450 m Anm *Engländer*; StV 2015, 687; *Bockelmann/Volk*, S 213 f; *Hoffmann-Holland*, AT Rn 714; *Kühl*, AT Rn § 16 Rn 52 ff; *Safferling*, JuS 2005, 138; *Zieschang*, AT Rn 562 f) unterscheidet nach **autonomen** und **heteronomen** Motiven:

Freiwillig ist ein Rücktritt, der auf **autonomen,** dh situationsunabhängigen Motiven beruht und nicht dem Täter durch äußere Umstände aufgezwungen wird. Sittlich hochwertig müssen die Tätermotive nicht sein. Der Verdienst des Täters besteht schon in der nicht erzwungenen „Rückkehr zur Legalität". Der Anstoß zum Umdenken kann auch von außen kommen, solange dem Täter noch ein echtes Wahlrecht zwischen Durchführung und Aufgabe der Tat verbleibt.

Unfreiwillig ist der durch **heteronome**, außerhalb des Täterwillens liegende Gründe veranlasste Rücktritt, dh wenn die Tatausführung objektiv unmöglich ist (sofern nicht schon ein Fehlschlag vorliegt) oder der Täter aus psychischen Gründen nicht mehr Herr seiner Entschlüsse ist oder sich die Situation so zu seinen Ungunsten verändert hat, dass er die mit der Tatausführung verbundenen Risiken nicht mehr für tragbar hält.

Argument: Während die viel zu weit geratene Frank'sche Formel – o Meinung (1) – nur einen groben Anhaltspunkt liefern kann, spricht gegen die unter (2) dargestellte Meinung, dass die Verbrechervernunft kaum objektiv hilfreiche Abgrenzungskriterien an die Hand gibt. Nur die Unterscheidung zwischen autonomen und heteronomen Motiven ermöglicht eine hinreichend bestimmte Abgrenzung.

Zur Vertiefung: Wessels/Beulke/Satzger, AT Rn 886 ff; Beulke, Klausurenkurs I [4] Rn 180; LK-Lilie/Albrecht, § 24 Rn 244 f; Satzger, Jura (JK) 2015, 314.

176 A hätte weiterhandeln können, das wollte er aber nicht mehr. Nach der sog Frank'schen Formel war sein Rücktritt also freiwillig. Gleiches gilt nach der hM, da es sich bei der Angst vor Strafe grds um ein autonomes Motiv handelt[15]. Schließlich widersprach das Aufgeben auch der Verbrechervernunft. Die unterschiedlichen Auffassungen über die Bestimmung der Freiwilligkeit bei § 24 ergeben im vorliegenden Fall damit übereinstimmend, dass A die Tatausführung freiwillig aufgegeben hat.

f) Ergebnis

A hat sich nicht gem §§ 242 I, II, 22, 23 I Alt 2 strafbar gemacht.

3. § 123 I Alt 1

a) Objektiver Tatbestand

177 Die Wohnanlage bestand aus einer Vielzahl von Wohnungen iSd § 123, mithin aus Räumlichkeiten, die einzelnen oder mehreren Personen als Unterkunft dienen oder zur Benutzung frei stehen, einschließlich der zugehörigen Nebenräume wie Treppen, Keller, Wasch- und Trockenräume[16]. Das Betreten der Wohnanlage, in der A wohnte, war durch ein generelles Zutrittsrecht gedeckt, da sich für einen objektiven Betrachter nicht der

---

15 *Wessels/Beulke/Satzger*, AT Rn 900; s auch *Beulke*, Klausurenkurs I [4] Rn 186.
16 *Wessels/Hettinger/Engländer*, BT1 Rn 651.

Eindruck aufdrängte, dass A dem Willen des Hausrechtsinhabers zuwider handelte[17]. Allerdings erfüllt das Betreten des Büros des V den Tatbestand des Eindringens, weil dies offensichtlich der generellen Zutrittserlaubnis widerspricht.

b) Subjektiver Tatbestand

A handelte vorsätzlich.

c) Rechtswidrigkeit und Schuld

A handelte rechtswidrig und schuldhaft.

d) Strafantragserfordernis, § 123 II

Der gem § 123 II erforderliche Strafantrag ist gestellt.

4. Ergebnis für A im Tatkomplex C

A ist lediglich strafbar gem § 123 I Alt 1.

D. Gesamtkonkurrenzen

Gegenüber der Unterschlagung in Tatkomplex B handelt es sich bei dem Hausfriedensbruch in Tatkomplex C um eine völlig selbstständige Handlung, sodass von Realkonkurrenz (§ 53) auszugehen ist. **178**

E. Gesamtergebnis des materiell-rechtlichen Gutachtens

A: Tatkomplex A: straflos
  Tatkomplex B: § 246 I Alt 1
  – § 53 –
  Tatkomplex C: § 123 I Alt 1

Abwandlung a)

1. §§ 242 I, II, 22, 23 I Alt 2

a) Tatbestandsmäßigkeit, Rechtswidrigkeit und Schuld

A wollte einen Diebstahl begehen und setzte unmittelbar zur Tatbestandsverwirklichung an (*s Rn 172*). A handelte rechtswidrig und schuldhaft. **179**

b) Rücktritt, § 24 I 1 Alt 1

Problematisch sind hier in Abwandlung der obigen Konstellation die Rücktrittsvoraussetzungen. Da A den Briefbeschwerer nur deshalb zurückgelassen hat, weil er enttäuscht feststellen musste, dass es sich bei dem Briefbeschwerer nicht um das wertvolle Erbstück der Mutter des V, sondern um eine billige Kopie für 5 € handelte, fragt sich, ob hier noch von Freiwilligkeit (im obigen Sinne) zu sprechen ist.

---

17 Vgl o Fall 3, Problem Nr 25, Rn 131.

180   **Problem Nr 40: Rücktritt bei wertlosen Gegenständen**

(1) Diejenigen, die mit der ganz hM im Rahmen des Rücktritts vom Versuch den fehlgeschlagenen Versuch als eine eigenständige Fallgruppe begreifen (BGH NStZ 2011, 629; *Wessels/Beulke/Satzger*, AT Rn 889), könnten erwägen, dass der **Versuch** hier **fehlgeschlagen** ist, weil der anvisierte Gegenstand nicht da ist. Damit wird jedoch außer Acht gelassen, dass der Täter noch immer den geringwertigen Gegenstand mitnehmen könnte (anders natürlich, wenn schon die physisch-reale Möglichkeit ausscheidet, wie etwa in dem „Holzkugel-Beispiel", wenn der vermeintliche Gummiball in Nachbars Garten in Wirklichkeit eine im Boden verankerte schwere Holzkugel ist).

(2) Geht man davon aus, dass kein fehlgeschlagener Versuch vorliegt, kommt ein Rücktritt vom unbeendeten Versuch iSv § 24 I 1 Alt 1 in Betracht, sofern der Täter **freiwillig** gehandelt hat (*s Rn 175*).

(a) Bei oberflächlicher Betrachtung ließe sich davon sprechen, der Täter, der vor der Mitnahme wertloser Gegenstände zurückschreckt, habe es immerhin aus „autonomen" Motiven aufgegeben, diese Gegenstände mitzunehmen. So argumentierte **früher die Rspr,** wenn sie einen freiwilligen Rücktritt annahm, sofern der Täter einen wertlosen Gegenstand zurückließ, weil er einen teuren Gegenstand entwenden wollte (RGSt 39, 37, 40: Hier ließ der Täter die Holzkugel, die er für einen Gummiball gehalten hatte, zurück; iE ebenso RGSt 55, 66). Mit dieser Sichtweise wird aber vernachlässigt, dass es mehr oder weniger sinnvoll und daher auch mehr oder weniger „verdienstvoll" sein kann, von der Mitnahme wertloser Gegenstände abzusehen.

(b) **Spätere Entscheidungen** (RGSt 70, 1: Täter eines Straßenraubes sah von der Mitnahme von 20 bis 30 Pfennig ab) haben zutr zwar die Abstandnahme von der Mitnahme des geringwertigen Gegenstands, nicht aber den Rücktritt im Ganzen als freiwillig angesehen (zust BGHSt 4, 56, 59; BGH NStZ 2004, 333 und **hM,** vgl S/S-*Eser/Bosch*, § 24 Rn 48: „unfreiwillig, wenn nicht sogar bereits fehlgeschlagen").

(c) Die **Strafzwecktheorie** stellt auf die „Maßstäbe der Verbrechervernunft" ab (*Roxin*, Heinitz-FS, S 251; SK/StGB-*Jäger*, § 24 Rn 5). Für diese Ansicht ist entscheidend, dass eine Mitnahme zwar möglich, aber nicht sinnvoll ist. Sie geht also auch von einem Fehlschlag bzw einer unfreiwilligen Aufgabe aus.

Zur Vertiefung: Wessels/Hillenkamp, BT2 Rn 255 ff.

181   Zwar sollte das Zurücklassen der billigen Kopie nicht einfach als Fehlschlag bewertet werden. A hätte schließlich immer noch die Möglichkeit gehabt, diesen Gegenstand mitzunehmen. Dennoch ist der Rücktritt in diesem Fall weder von autonomen Motiven bestimmt noch nach den Maßstäben der Verbrechervernunft als freiwillig anzusehen. Für einen Täter, der einen wertvollen Briefbeschwerer haben will, wäre es nämlich nicht sinnvoll, eine wertlose Kopie mitzunehmen. Das Liegenlassen der billigen Imitation kann somit nicht als freiwillig getroffene Entscheidung gewertet werden. Ein Rücktritt nach § 24 I 1 Alt 1 scheidet aus.

c) Strafzumessung, § 243 I 1, 2 Nr 1

In Betracht kommt ein Einsteigen. Dies bezeichnet ein Hineingelangen in einen umschlossenen Raum durch eine zum ordnungsgemäßen Eintritt nicht bestimmte Öffnung unter Überwindung von Hindernissen und Schwierigkeiten, die sich aus der Eigenart der Umfriedung des umschlossenen Raumes ergeben[18]. Das Betreten durch eine offene Tür

---

18 BGHSt 61, 166 m Anm *Heinrich*, JR 2017, 170; *Wessels/Hillenkamp*, BT2 Rn 226.

ist danach kein Einsteigen, wohl aber das vorsätzliche Hineingelangen in das Büro durch das Fenster. Da das Regelbeispiel voll verwirklicht wurde, ist in dieser Konstellation der Versuch des Diebstahls unter Erfüllung eines Regelbeispiels unproblematisch[19].

Gem § 243 II ist jedoch ein besonders schwerer Fall ausgeschlossen, wenn sich die Tat auf eine geringwertige Sache bezieht, wobei umstritten ist, ob sich „beziehen" auf das objektive Vorliegen oder die subjektive Vorstellung des Täters von der Geringwertigkeit bezieht[20]. Da § 22 von „seiner Vorstellung von der Tat" spricht, ist aber einhellige Meinung, dass es beim Versuch nur auf die subjektive Vorstellung des Täters ankommt[21]. Hier wollte A das teure Original mitnehmen. Der wirkliche Wert der vorgefundenen Sache ist daher nicht entscheidend. Danach ist hier ein besonders schwerer Fall gem § 243 I 1, 2, Nr 1 zu bejahen.

d) Strafantragserfordernis, § 248a

§ 248a greift beim Versuch nur ein, wenn sich (auch) der Vorsatz auf eine geringwertige Sache bezieht[22]. Es bedarf also bzgl des Diebstahls keines Strafantrages.

2. §§ 244 I Nr 3, II, 22, 23 I Alt 2

Eine Wohnung iSd § 244 I Nr 3 besteht aus umschlossenen Räumen, die als Mittelpunkt des privaten Lebens Selbstentfaltung, -entlastung und vertrauliche Kommunikation gewährleisten[23]. Ein Büro gehört nicht dazu.

3. § 123 I Alt 1

A hat sich wegen Hausfriedensbruchs strafbar gemacht (*s Rn 177*).   **182**

4. Konkurrenzen

Der versuchte Diebstahl gem §§ 242 I, II, 22, 23 I Alt 2, 243 I 1, 2 Nr 1 und der Hausfriedensbruch gem § 123 I Alt 1 erfassen unterschiedliche Rechtsgüter. Das spricht für die Annahme von Idealkonkurrenz, § 52. Allerdings könnte es sich um den Fall einer scheinbaren Idealkonkurrenz handeln, wenn das eine Delikt in der Regel Hand in Hand geht mit der Begehung eines anderen, weniger schweren Delikts (Gesetzeskonkurrenz in Form der Konsumtion). Das erscheint jedoch nur beim gelungenen Einsteigediebstahl diskutabel (*dazu u Variante b*), wohingegen ein lediglich versuchter Einsteigediebstahl nicht typischerweise mit einem vollendeten Hausfriedensbruch verbunden ist, wie die vielen Fälle **zeigen**, in denen der Täter schon bei der Überwindung der Einstiegshindernisse scheitert (Glätte der Hausfassade, Fensterschlösser etc). Ist hingegen der Dieb in das Haus eingedrungen, so muss dieses gesteigerte Unrecht durch eine tateinheitliche

---

19 S Fall 3, Problem Nr 20, Rn 113.
20 S Problem Nr 41, Rn 185.
21 *Arzt/Weber/Heinrich/Hilgendorf,* BT § 14 Rn 29; S/S-*Eser/Bosch,* § 243 Rn 54; NK-*Kindhäuser,* § 243 Rn 48.
22 *Fischer,* § 248a Rn 5.
23 *Wessels/Hillenkamp,* BT2 Rn 290.

Bestrafung von versuchtem Einsteigediebstahl und vollendetem Hausfriedensbruch zum Ausdruck kommen (Klarstellungsfunktion der Idealkonkurrenz[24]).

5. Gesamtergebnis in Abwandlung a)

A: §§ 242 I, II, 22, 23 I Alt 2, 243 I 1, 2 Nr 1 – § 52 – § 123 I Alt 1

Abwandlung b)

1. § 249 I

183   Zwar hat A eine fremde bewegliche Sache weggenommen. Er hat jedoch weder Gewalt angewandt noch mit gegenwärtiger Gefahr für Leib oder Leben gedroht.

2. §§ 249 I, 22, 23 I Alt 1

Der Raub wurde nicht vollendet. Der versuchte Raub ist strafbar gem §§ 249 I, 23 I Alt 1.

Da A weder einen Einsatz von Gewalt noch eine Drohung konkret plante, scheidet jedoch auch ein versuchter Raub aus.

3. § 242 I

a) Tatbestandsmäßigkeit

184   A hat den Briefbeschwerer – eine für ihn fremde bewegliche Sache – vorsätzlich und in der Absicht rechtswidriger Zueignung weggenommen.

b) Rechtswidrigkeit und Schuld

A handelte rechtswidrig und schuldhaft.

c) Strafzumessung, § 243 I 1, 2 Nr 1

A hat das Regelbeispiel des § 243 I 1, 2 Nr 1 („Einsteigediebstahl") vorsätzlich erfüllt (*s Rn 181*). Gem § 243 II ist ein besonders schwerer Fall ausgeschlossen, wenn sich die Tat auf eine geringwertige Sache „bezieht". A wollte eine wertvolle Sache stehlen und hat dann eine billige (Wert 5 € bis unter 25 € handelt es sich unstreitig um eine geringwertige Sache[25]) mitgenommen. Fraglich ist, welche Bedeutung dieser „Objekts- und Vorsatzwechsel" innerhalb der Tatausführung für die Strafzumessungsregel hat.

185   **Problem Nr 41: „Bezieht" sich die Tat bei § 243 auf eine geringwertige Sache, wenn der Täter eine wertvolle Sache stehlen will und dann eine billige mitnimmt?**

(1) Eine **Mindermeinung** in der Literatur (*Braunsteffer*, NJW 1975, 1570, 1571) will allein auf die objektiven Gegebenheiten abstellen. Entscheidend ist danach die Geringwertigkeit des tatsächlich Weggenommenen.

---

24 *Wessels/Beulke/Satzger*, AT Rn 1096.
25 Für Grenze bei 25 €: BGH NStZ-RR 2014, 141; *Fischer*, § 243 Rn 25; für Grenze bei 50 €: OLG Frankfurt a.M. NStZ-RR 2008, 311 m zust Bespr *Jahn*, JuS 2008, 1024.

Argument: Nur dies führt auch in den Irrtumsfällen (Täter hält eine wertvolle Sache fälschlich für geringwertig und umgekehrt) zu sachgerechten Ergebnissen. Es handelt sich bei § 243 um keinen Tatbestand, sondern um eine Strafzumessungsregel; deshalb kann der auf Hoch- oder Geringwertigkeit gerichtete Vorsatz nicht entscheidend sein.

(2) Eine **differenzierende** Lösung (SK-*Hoyer*, § 243 Rn 53; *Kindhäuser*, BT2 § 3 Rn 50; MK-*Schmitz*, § 243 Rn 77) will in der hier vorliegenden Konstellation, dass sich der Vorsatz bzgl des Wertes der gestohlenen Sache nach Erfüllung des Regelbeispiels **verringert**, von einem besonders schweren Fall ausgehen. Dessen Strafe soll aber in entsprechender Anwendung der §§ 23 II, 49 I nach Versuchsregeln gemindert werden (im – hier nicht vorliegenden – umgekehrten Fall der Vorsatzerweiterung soll hingegen nur wegen einfachen Diebstahls bestraft werden).

Argument: Zwar kann nicht geleugnet werden, dass sich die Tat im Versuchsstadium auf eine Sache von Wert bezieht, andererseits ist der Erfolgsunwert doch nicht voll verwirklicht.

(3) Nach überwiegender **Rspr** und **hL** ist es gänzlich unwesentlich, ob sich der Diebstahlsvorsatz während der Tat „verengt, erweitert oder sonst verändert" (BGHSt 22, 350, 351; 26, 104, 105; HK-GS-*Duttge* § 243 Rn 58; *Fahl*, JuS 1998, 258; *Wessels/Hillenkamp*, BT2 Rn 259). Wollte der Täter in irgendeinem Stadium der Tatbegehung eine hochwertige Sache wegnehmen und verwirklichte er dazu die Regelbeispielsmerkmale des § 243, so lag bereits ein Diebstahl in einem besonders schweren Fall vor. Der spätere Vorsatzwechsel berührt weder den Fortbestand des Diebstahlsvorsatzes als solchen noch die Einheitlichkeit und Zusammengehörigkeit des Geschehens, sodass die Tat insgesamt ohne Rücksicht auf den geringen Wert der letztlich erzielten Beute gem §§ 242, 243 als Diebstahl in einem besonders schweren Fall zu beurteilen ist.

Argument: Es ist nicht einzusehen, warum der bereits verwirklichte versuchte Diebstahl in einem besonders schweren Fall nachträglich entfallen soll. Die Strafzumessungsregel würde selbst dann durchgreifen, wenn der Täter gar nichts mitgenommen hätte (*s o Abwandlung a*).

Der zu einem besonders schweren Fall führende, gegenüber dem einfachen Diebstahl erhöhte Unwert liegt auch vor, wenn der Täter nur „versucht", eine höherwertige Sache mitzunehmen (weil er sich irrt oder sein Vorsatz im Laufe der Tat wechselt).

Zur Vertiefung: Wessels/Hillenkamp, BT2 Rn 255 ff; Eisele, BT2 Rn 162 ff; Kudlich/Noltensmeier/Schuhr, JA 2010, 342.

Richtigerweise kann es bei § 243 II angesichts eines einheitlichen Geschehensablaufs nicht darauf ankommen, ob sich der Diebstahlsvorsatz während der Tat verengt, erweitert oder sonst wie verändert. Wenn der Täter in irgendeinem Stadium der Begehung des Diebstahls nicht nur eine geringwertige, sondern eine höherwertige Sache wegnehmen wollte, „bezieht" sich sein Diebstahl nicht auf eine geringwertige Sache, sodass § 243 II ausscheidet[26]. Da A hier zunächst einen kostbaren Briefbeschwerer wegnehmen wollte, verbleibt es bei der Möglichkeit, das Regelbeispiel in Ansatz zu bringen, obwohl die mitgenommene Sache nur 5 € wert war.

186

d) Strafantragserfordernis, § 248a

Nach hA[27] ist § 248a stets dann unanwendbar, wenn nach den obigen Grundsätzen bereits ein besonders schwerer Fall vorliegt. Denn nur, wenn man den Vorsatzwechsel bei

---

26 OLG Hamm BeckRS 2016, 05563 m Bespr *Eisele*, JuS 2016, 564.
27 BGHSt 26, 104; *Eser*, Strafrecht IV, S 75; *Fischer*, § 248a Rn 2; S/S-*Eser/Bosch*, § 248a Rn 17.

§ 248a genauso behandelt wie bei § 243, lassen sich Friktionen vermeiden. Im Übrigen spricht der Wortlaut von „den Fällen des § 242", nicht aber des § 243[28]. Trotz Geringwertigkeit des Mitgenommenen ist somit kein Strafantrag gem § 248a erforderlich, da A zu Beginn eine hochwertige Sache stehlen wollte.

4. § 244 I Nr 1a Alt 1, Alt 2, Nr 1b

187   A könnte einen Diebstahl mit Waffen begangen haben. Eine Waffe führt bei sich, wer sie irgendwann zwischen Versuchsbeginn und Vollendung bewusst gebrauchsbereit bei sich hat[29]. A hat während des Diebstahls die Schreckschusspistole in Kenntnis ihrer Gebrauchsfähigkeit in der Hosentasche gehabt, also bei sich geführt. Waffe ist jeder Gegenstand, der nach der Art seiner Anfertigung geeignet und schon hiernach oder nach allgemeiner Verkehrsauffassung dazu bestimmt ist, durch seinen üblichen Gebrauch Menschen durch seine mechanische oder chemische Wirkung körperlich zu verletzen[30]. Ob es sich bei einer geladenen Schreckschusspistole aufgrund ihrer beschränkten Gefährlichkeit je nach Benutzung im Einzelfall um eine Waffe im technischen Sinne handelt, erscheint zweifelhaft.

188   **Problem Nr 42: Waffeneigenschaft geladener Schreckschusspistolen**

(1) Der **Große Senat des BGH** hat die Waffeneigenschaft der geladenen Schreckschusspistole bejaht (BGHSt 48, 197 m krit Anm *Erb*, JuS 2004, 653, zust HK-GS-*Duttge*, § 244 Rn 4; *S/S-Eser/Bosch*, § 244 Rn 3a). Er hat damit die geladene Schreckschusspistole der geladenen Gaspistole gleichgestellt.

Argument: Geladene Schreckschuss- und Gaspistolen sind gleichermaßen gefährlich, weil sie generell geeignet sind, erhebliche Verletzungen herbeizuführen. Der Umstand, dass ihre Benutzung im Einzelfall eine Gefährlichkeit ausschließt, steht der Waffeneigenschaft nicht entgegen, denn auch sonst können Schusswaffen in bestimmten Anwendungssituationen ungefährlich sein, ohne dass damit ihre rechtliche Einstufung in Frage gestellt wird. Kriminalpolitisch ist es auch sinnvoll, den Einsatz solcher Geräte unabhängig von der konkreten Verwendungsabsicht des Täters unter erhöhte Strafe zu stellen, weil sich Letztere häufig nicht aufklären lassen wird. Schließlich werden Schreckschusspistolen zwischenzeitlich auch im Waffengesetz (§ 1 II Nr 1, IV iVm Anlage 1 WaffG) als Waffen im technischen Sinne eingestuft.

(2) Nach einer weitverbreiteten, **überzeugenden Ansicht** (BGH NStZ 2002, 31, 33; *Fischer*, § 244 Rn 7 ff; S/S/W-StGB-*Kudlich*, § 244 Rn 8; *Wessels/Hillenkamp*, BT2 Rn 266) stellen Schreckschusspistolen keine Waffen im technischen Sinne dar, sondern nur gefährliche Werkzeuge, sofern der Täter dem Opfer bei einer geringen Schussdistanz oder bei einem Schuss mit auf die Körperoberfläche aufgesetzter Laufmündung durch die austretenden Explosionsgase und Munitionspartikel ggf erhebliche Verletzungen beibringen oder mit einer solchen Vorgehensweise drohen will.

Argument: Nur bei einem derartig konkret geplanten Einsatz entfaltet die Schreckschusspistole die gefährliche Wirkung, die einer Waffe im technischen Sinne immer zukommen muss. Benutzt man die Schreckschusspistole hingegen nicht in unmittelbarer Nähe des Opfers, so kann sie ihr Gefährdungspotential gerade nicht entfalten. Dieser Differenzierung wird eine

---

28 BGHSt 26, 104.
29 *Joecks/Jäger*, St-K-StGB, § 244 Rn 21.
30 *Wessels/Hillenkamp*, BT2 Rn 265.

Eingruppierung der Schreckschusspistole als **gefährliches Werkzeug** besser gerecht, weil dann auf die geplante Verwendungsart abgestellt werden kann.

Ist dem Straftäter kein Vorsatz in Form des körpernahen Einsatzes der Schreckschusspistole nachweisbar, so ist auch kriminalpolitisch kein Grund erkennbar, warum ihn die schwere Strafe des § 244 treffen sollte.

Zur Vertiefung: Wessels/Hillenkamp, BT2 Rn 266.

Nach zutr Ansicht ist eine geladene Schreckschusspistole nie als eine Waffe im techni- **189** schen Sinne einzustufen, sondern lediglich als gefährliches Werkzeug, wenn ihr Einsatz so körpernah erfolgen soll, dass sie erhebliche Verletzungen beim Opfer herbeiführen kann. Im Übrigen kommt ihr ohnehin keine der typischen Gefährlichkeiten zu, die einer Waffe im technischen Sinne anhaften müssen. Ein Diebstahl mit Waffen nach § 244 I Nr 1a Alt 1 scheidet also aus.

Auch ein Diebstahl unter Beisichführen eines anderen gefährlichen Werkzeuges gem § 244 I Nr 1a Alt 2 ist nicht gegeben, da sich A keinerlei Vorstellungen über den späteren Einsatz der Pistole, insbesondere über einen Schuss in der körperlichen Nahsphäre des Opfers – und sei es auch nur in Form eines Verwendungsvorbehalts –, gemacht hat[31].

Mangels konkreter Vorstellungen über die Einsatzmöglichkeiten der Schreckschusspistole kann auch nicht angenommen werden, dass A hier ein Werkzeug einsetzen wollte, um den Widerstand einer anderen Person durch Gewalt oder Drohung mit Gewalt zu verhindern oder zu überwinden. § 244 I Nr 1b entfällt ebenfalls.

A hat sich nicht gem § 244 strafbar gemacht.

5. § 123 I Alt 1

A hat sich wegen Hausfriedensbruchs strafbar gemacht (*s Rn 177*). **190**

6. Konkurrenzen

Fraglich ist hingegen das Verhältnis von §§ 242 I, 243 I 1, 2 Nr 1 zu § 123 I Alt 1.

Problem Nr 43: Konkurrenzverhältnis zwischen Diebstahl in einem besonders schweren **191**
Fall und Hausfriedensbruch (bzw Sachbeschädigung)

(1) Die nunmehr **vorherrschende Meinung** nimmt **Tateinheit** zwischen § 123 I (das Gleiche gilt für § 303) und einem Diebstahl unter Erfüllung eines Regelbeispiels iSv § 243 I 1, 2 Nr 1 u 2 an (*Krey/Hellmann/Heinrich*, BT2 Rn 140; *Zieschang*, Jura 1999, 561, 567).

Dieser Ansicht hat sich der **BGH** zunächst in einem Fall angeschlossen, in dem eine Sachbeschädigung mit ihrem eigenen Unrechtsgehalt über das hinausging, was sie lediglich als typische und deshalb konsumierte Begleittat eines besonders schweren Diebstahlfalles erscheinen lassen könnte (BGH NStZ 2001, 642 m Anm *Sternberg-Lieben* u *Kargl/Rüdiger*, NStZ 2002, 202; *Rengier*, JuS 2002, 850 ff). In derselben Entscheidung hat der BGH jedoch angedeutet, in Zukunft generell von Tateinheit ausgehen zu wollen, unabhängig vom konkreten Schweregrad

---

31 Vgl zum Begriff des gefährlichen Werkzeugs iSv § 244 I Nr 1a Fall 3 Problem Nr 21 Rn 116.

der Begleittat. Nunmehr geht der **BGH** (NStZ 2014, 40 m zust Bespr *Hecker*, JuS 2014, 181) generell von Tateinheit aus.

Argument: Eine Strafzumessungsregel kann keine Strafnorm verdrängen.

Bei dem Opfer des Diebstahls einerseits und dem der Begleittat andererseits kann es sich um unterschiedliche Rechtsgutsträger handeln.

Angesichts der modernen technischen Entwicklung erscheint es fraglich, ob man bzgl der Sachbeschädigung wirklich von einer typischen Begleittat sprechen kann (zB Umgehung einer Alarmanlage).

Schließlich führt die hL zu Wertungswidersprüchen, wenn man gerade in dem Fall besonders positiver täterbezogener Merkmale aufgrund einer Gesamtwürdigung § 243 entfallen lässt, mit der Folge, dass dann die Begleittaten wieder aufleben müssten.

(2) Nach der überzeugenden **früheren hM** wird § 123 I *(das Gleiche gilt für § 303)* hingegen von einem Diebstahl unter Erfüllung eines Regelbeispiels iSv § 243 I 1, 2 Nr 1 u 2 **konsumiert** (KG JR 1979, 249*; Kindhäuser*, BT2 § 3 Rn 65; LK-*Rissing-van Saan*, Vor §§ 52 ff Rn 146).

Argument: Es handelt sich hier geradezu um den „klassischen" Fall einer Konsumtion, bei der ein Straftatbestand in einem anderen zwar nicht notwendigerweise enthalten ist, die eine Tat aber regelmäßig und typischerweise mit der Begehung der anderen zusammentrifft, sodass ihr Unrechts- und Schuldgehalt durch die schwerere Deliktsform mit erfasst und aufgezehrt wird.

Gegen die o unter (1) dargestellte Mindermeinung spricht insbes, dass nicht die Strafzumessungsnorm des § 243, sondern der Diebstahl gem §§ 242, 243 I 1, 2 Nr 1 und Nr 2 den § 123 bzw den § 303 verdrängt.

Zwar gibt es in der Tat Fälle der §§ 242, 243 I 1, 2 Nr 1 und Nr 2, bei denen die Straftatbestände der §§ 123, 303 nicht erfüllt sind. Typischerweise sind aber beide Delikte verwirklicht. Gerade auf diesem Phänomen baut die Rechtsfigur der Konsumtion auf.

Werden unterschiedliche Rechtsgutsträger geschädigt, so kann man wegen der völligen Atypik von der Konsumtion abweichen; eine generelle Ablehnung der Konsumtion in diesen Fallgruppen ist hingegen nicht zu befürworten, zumal hierfür auch kein kriminalpolitisches Bedürfnis erkennbar ist.

Zur Vertiefung: Wessels/Beulke/Satzger, AT Rn 1104; Wessels/Hillenkamp, BT2 Rn 244 ff; Fahl, JA 2002, 541.

192 Unter Hinweis auf den Strafzumessungscharakter des § 243, der keine Strafnorm verdrängen kann, könnte Idealkonkurrenz zwischen Hausfriedensbruch und Diebstahl in einem besonders schweren Fall anzunehmen sein. Nach der nach wie vor noch überzeugenden früheren hM wird jedoch der Hausfriedensbruch als typische Begleittat des Diebstahls in einem besonders schweren Fall von §§ 242 I, 243 I 1, 2 Nr 1 konsumiert.

7. Gesamtergebnis in Abwandlung b)

A: §§ 242 I, 243 I 1, 2 Nr 1

Teil II. (prozessualer Teil)

1. Beweisverwertungsverbote

a) Beweisverwertungsverbot bei Verletzung des Rechts auf Verteidigerkonsultation

Hier könnte sowohl ein Verstoß gegen die Belehrungspflicht der §§ 163a IV, 136 I 2, 3, 4 StPO als auch gegen das Recht auf Verteidigerkonsultation aus § 137 I 1 StPO vorliegen. Zwar ist V zunächst ordnungsgemäß über seine Beschuldigtenrechte belehrt worden, und zu der ordnungsgemäßen Belehrung gehört gem § 136 I 3 StPO auch die Zurverfügungstellung von Informationen, die es dem Beschuldigten erleichtern, einen Verteidiger zu kontaktieren, und gem § 136 I 4 ist auf bestehende Notdienste hinzuweisen. Durch die irritierende Bemerkung der Polizeibeamten wurde diese Belehrung aber letztlich für den Betroffenen wieder eingeschränkt. Das Recht, sich einen Verteidiger zu nehmen, gehört zu den elementaren Rechten des Beschuldigten, wie auch die Normierung in Art 6 III lit c EMRK deutlich macht. Eine Verletzung dieses Rechts stellt daher einen Verstoß gegen das fair-trial-Prinzip dar. Der Beschuldigte soll während des gesamten Verfahrens zur Wahrung seiner Rechte auf den Gang und das Ergebnis des Strafverfahrens Einfluss nehmen können[32]. Damit liegt hier ein Verstoß gegen das Belehrungsgebot vor, der nach dem (von der Rspr des BGH geforderten) Widerspruch[33] zur Unverwertbarkeit des Geständnisses führt.

Zur Vertiefung: BGHSt 38, 372 m Anm Roxin, JZ 1993, 426; BGH NStZ 2008, 643; Beulke, StPO Rn 468 f; Heinrich/Reinbacher, [27] Rn 4.

193

b) Beweiswertungsverbot bei Belehrung durch eine außerhalb der Strafverfolgungsbehörden stehende Person

Fraglich ist auch hier wieder, ob eine ordnungsgemäße Belehrung über die Beschuldigtenrechte stattgefunden hat. Zwar war die Belehrung inhaltlich ordnungsgemäß. Problematisch ist aber, ob auch die Belehrung durch eine Person außerhalb der Strafverfolgungsbehörden ausreicht. Eine Belehrung durch die Strafverfolgungsbehörden hat vorliegend nicht stattgefunden. Nach ganz hM ist mittlerweile anerkannt, dass die Einlassung des Beschuldigten zumindest so lange unverwertbar ist, als nicht von einer Kenntnis des Beschuldigten vom Aussageverweigerungsrecht auszugehen ist[34]. Eine Verwertung ist aber nach Ansicht des BGH insbes dann zuzulassen, wenn der Beschuldigte seine Rechte kennt. Im Zweifel ist jedoch vom Fehlen der Kenntnis auszugehen.

194

Hier hatte V seine Rechte akustisch richtig verstanden. Von einer Kenntnis des Beschuldigten ist aber vom Sinn und Zweck der Beschuldigtenbelehrung nur dann auszugehen, wenn der Beschuldigte bereits mehrfach in früheren Verfahren belehrt wurde bzw er

---

32 BGHSt 38, 372, 374.
33 BGHSt 42, 15, 22; BGH StV 2004, 57; krit dazu *Geppert*, Otto-FS, S 913.
34 BGHSt 38, 214, 220; 39, 349, 350; *Beulke*, StPO Rn 117; *Hoven*, JA 2013, 368.

Kenntnis von Seiten der Strafverfolgungsorgane erhalten hat. Im hier geschilderten Fall rührte seine Kenntnis nur von einer Person außerhalb der Strafverfolgungsbehörden her, sodass davon auszugehen ist, dass V die „Belehrung" möglicherweise nicht ernst genommen hat. Im Zweifel muss daher davon ausgegangen werden, dass V keine sichere Kenntnis über seine Rechte hatte.

Es liegt daher ein Verstoß gegen die Belehrungspflicht vor, der nach hM (nach Widerspruch in der Hauptverhandlung) zu einem Verwertungsverbot führt.

c) Beweisverwertungsverbot bei Verwehrung der Kontaktaufnahme mit einem Verteidiger

195 In Frage steht ein Verwertungsverbot für das von V abgegebene Geständnis. Hier liegt ein klarer Verstoß gegen die nach neuer Rechtslage (ab Herbst 2017) den Strafverfolgungsorganen obliegende Pflicht vor, auf bestehende anwaltliche Notdienste hinzuweisen, § 136 I 4 StPO. Das Verwehren der Kontaktaufnahme mit einem Verteidiger verletzt auch § 137 StPO und Art 6 III lit c EMRK. Zudem verstößt ein solches Verhalten der vernehmenden Personen gegen den Grundsatz des fairen Verfahrens[35]. Eine Wahrheitsfindung um jeden Preis ist im Strafverfahren abzulehnen[36]. Konkret hätten hier die vernehmenden Beamten den V nicht nur auf den anwaltlichen Notdienst hinweisen, sondern ggf einen Kontakt mit diesem herstellen müssen.

Nach richtiger Ansicht folgte schon nach früherer Rechtslage aus dem Unterlassen einer „ersten Hilfe" bei der Kontaktaufnahme zum Verteidiger – entgegen einiger abweichender Urteile in der Rspr des BGH – ein Verwertungsverbot, nachdem V in der Hauptverhandlung der Verwertung des Geständnisses widersprochen hatte. Dies muss nach Einführung der Hinweispflicht auf bestehende anwaltliche Notdienste in § 136 I 4 StPO erst recht gelten.

Zur Vertiefung: BGHSt 42, 15, 20 (grundlegend); Beulke, NStZ 1996, 257; ders, StPO Rn 13, 156; Fahl, JA 1996, 747; Jahn, JuS 2017, 177; Knierim/Oehmichen/Beck/Geisler-Knierim/Oehmichen, Kap 17 Rn 12; Schroeder/Verrel, StPO Rn 136; abw später BGHSt 42, 170, 171; s auch BGHSt 46, 93, 103; 47, 233; BGH NJW 2002, 975; BGH NStZ 2006, 114 m Anm Jahn, JuS 2006, 272.

2. Verwertbarkeit der Aussage der E

a) Aussage vor dem Polizeibeamten

196 Zunächst sollte E als Zeugin vernommen werden. Als Ehefrau steht ihr aber gem § 52 I Nr 2 StPO ein Zeugnisverweigerungsrecht zu, von dem sie in der Hauptverhandlung Gebrauch macht. Da E als Zeugin jetzt nicht mehr zur Verfügung steht, kommt vorrangig eine Verlesung des Protokolls der früheren polizeilichen Vernehmung in Betracht. Gem § 252 StPO ist eine solche Protokollverlesung aber verboten.

Dann ist eine Einführung des Inhalts der früheren Aussage nur noch denkbar, indem P über die Aussage der E als Zeuge vom Hörensagen vernommen wird.

---

35 BGHSt 38, 372, 373.
36 *Beulke*, StPO Rn 13.

Zweifelhaft erscheint, ob auch dieser Weg durch § 252 StPO versperrt ist. Dem Wortlaut nach ergibt sich aus der Norm nämlich nur ein Verlesungsverbot. Nach ganz hM[37] und Rspr[38] lässt sich darüber hinaus aus § 252 StPO auch ein Beweisverwertungsverbot hinsichtlich der früheren Aussage herleiten. Nur so kann der Schutz der Angehörigensphäre voll umfänglich gewährt werden. Sofern die Vernehmung durch einen Polizeibeamten oder durch die Staatsanwaltschaft durchgeführt wurde, ist dies heute nahezu unstreitig. Die Aussage der E vor dem Polizeibeamten kann somit weder durch Verlesung des Protokolls noch durch Vernehmung des P in die Hauptverhandlung eingeführt und somit auch nicht im Urteil verwertet werden.

b) Aussage vor dem Ermittlungsrichter

Möglicherweise besteht bzgl der Aussage der E auch im Falle der Vernehmung durch **197** den Ermittlungsrichter R ein Beweisverwertungsverbot aus § 252 StPO.

Problem Nr 44: Beinhaltet § 252 StPO auch für eine richterliche Vernehmung ein Beweisverwertungsverbot?

(1) Die **Rspr** (BGHSt 2, 99, 106; 21, 218; 46, 189, 195; 49, 72, 77) und ein **Teil der Lit** (KK-*Diemer*, § 252 Rn 22; LR-*Ignor/Bertheau*, § 52 Rn 39; *Kühne*, StPO Rn 945; M-G/*Schmitt*, § 252 Rn 14) entnehmen dem § 252 StPO zwar ein uneingeschränktes **Verlesungs**verbot, bei der Verwertungsmöglichkeit wird hingegen differenziert: Ein **Verwertungs**verbot wird nur bei Vernehmungen durch die Polizei oder die Staatsanwaltschaft anerkannt, nicht jedoch für richterliche Vernehmungen, sofern der Richter seinerseits den Zeugen in dieser Eigenschaft ordnungsgemäß belehrt, der Zeuge diese Belehrung auch verstanden und wirksam auf sein Recht verzichtet hat.

Argument: Zwar besteht heute – im Gegensatz zur Rechtslage bis 1964 – auch bei einer polizeilichen und staatsanwaltschaftlichen Vernehmung gegenüber dem Angehörigenzeugen eine Belehrungspflicht (§ 52 III iVm § 163 III 1 bzw § 161a I 2 StPO), gleichwohl ist eine höhere Qualität der richterlichen Vernehmung zu erkennen. Dass eine Differenzierung zwischen richterlichen und nichtrichterlichen Verhörspersonen sinnvoll ist, zeigt auch die parallele Regelung zur Verlesungsproblematik von Protokollen über frühere Zeugenvernehmungen in § 251 StPO. Richterliche Vernehmungsprotokolle (§ 251 II StPO) dürfen in stärkerem Maße verlesen werden als nichtrichterliche (§ 251 I StPO). Die frühere Aussage kann dann also durch Vernehmung des Richters als Zeuge in die Urteilsfindung einbezogen werden.

Es wurde zwischen den Strafsenaten des BGH und in der Lit (vgl ua *Bosch*, Jura 2015, 220) lebhaft diskutiert, ob eine Verwertung der **vor dem** (Ermittlungs-, Zivil-, Laien-)**Richter** gemachten Aussage durch Vernehmung des Richters als Zeuge vom Hörensagen nur dann zulässig ist, wenn der Zeuge im Rahmen der früheren richterlichen Vernehmung **qualifiziert belehrt** worden ist. Danach enthält eine ordnungsgemäße Belehrung nicht nur die Aufklärung über das Zeugnisverweigerungsrecht, sondern auch den Hinweis, dass die Angaben des Zeugen ungeachtet seines späteren Aussageverhaltens in der Hauptverhandlung in Durchbrechung des grundsätzlichen Verwertungsverbots des § 252 StPO durch Vernehmung des Richters als Zeugen vom Hörensagen gegen den Beschuldigten verwertet werden dürfen. Im Ergebnis soll dem Zeugen also die praktizierte höchstrichterliche Rechtsprechung zu § 252 StPO erläutert werden. Der 2. Strafsenat legte die Sache dem Großen Senat für Strafsachen des BGH gem

---

37 *Beulke*, StPO Rn 419; *Kühne*, Strafprozessrecht Rn 943; M-G/*Schmitt*, § 252 Rn 12 ff; krit *Rogall*, Otto-FS, S 973.
38 BVerfG NStZ-RR 2004, 18; BGHSt 2, 18; s auch BGH NStZ-RR 2017, 21, 22.

§ 132 II, IV GVG zur Entscheidung vor (BGH BeckRS 2016, 06840; vgl. auch *Mosbacher*, JuS 2015, 704). Der **Große Senat für Strafsachen** sprach sich daraufhin gegen eine qualifizierte Belehrung aus; es reiche die einfache Belehrung nach § 52 III 1 StPO (BGHSt [GrS] 61, 221 m Anm *Brand*, NJW 2017, 100 u *Schumann*, JR 2017, 373). Es fehle die gesetzliche Grundlage für die Annahme einer qualifizierten Belehrungspflicht, denn ausdrückliche Belehrungen über die Möglichkeit, Angaben von Verfahrensbeteiligten im weiteren Verfahren zu verwerten, sind dem deutschen Strafprozessrecht fremd. Auch erfordert Art 6 I und III lit d EMRK keine Qualifiziertheit der Belehrung, sofern der Beschuldigte bzw Angeklagte ausreichend Gelegenheit hatte, die Bekundungen in Zweifel zu ziehen (s auch EMGR NJW 2013, 3225, 3226).

(2) Eine **im Schrifttum stark vertretene Ansicht** (*Beulke*, StPO Rn 420; *Eisenberg*, Rn 1287 f; *Hartmann/Schmidt*, StPO Rn 918; *Hellmann*, StPO Rn 670; *Kindhäuser*, StPO § 21 Rn 66; *Roxin/Achenbach*, PdW S 295; *Roxin/Schünemann*, StPO § 46 Rn 29 f) befürwortet nicht nur ein voll umfängliches **Verlesungs**verbot, sondern auch ein unbeschränktes **Verwertungs**verbot, das die Vernehmung jeglicher (früherer) Verhörspersonen – auch die des Richters – ausschließt.

Argument: Da Polizei, Staatsanwaltschaft und Richter jeweils dieselben Belehrungspflichten haben und dieselbe Gewähr für einen ordnungsgemäßen Vernehmungsablauf bieten, müssen alle Vernehmungen gleich behandelt werden. Eine „besondere" Qualität richterlicher Vernehmungen im Ermittlungsverfahren existiert nicht. Im Regelfall dürfte es sich bei Zeugen um juristische Laien handeln, die solche Wertungsunterschiede sowieso nicht nachvollziehen und somit ihre Aussageentscheidung nicht von der „Qualität" der Verhörsperson abhängig machen können.

Vertiefend: BGHSt [GrS] 61, 221 = NStZ-RR 2017, 21; Beulke, StPO Rn 418 ff; Bosch, Jura 2012, 33; 2015, 220; Engländer, StPO Rn 231; Kraatz, Jura 2011, 170.

Unter Hinweis auf eine „besondere" Qualität einer richterlichen Belehrung und Vernehmung gegenüber der Belehrung und Vernehmung durch einen Polizeibeamten oder durch die Staatsanwaltschaft könnte man im Sonderfall der richterlichen Vernehmung eine Ausnahme vom Beweisverwertungsverbot annehmen. Auch ein Vergleich zur Regelung der sonstigen Verlesungsmöglichkeiten bei Vernehmungsprotokollen gem § 251 StPO zeigt, dass der Gesetzgeber einer richterlichen Vernehmung größere Bedeutung beimisst. Dies spricht dafür, den R als Zeugen vom Hörensagen in der Hauptverhandlung gegen V heranzuziehen. Dies ist auch der Standpunkt der Rspr. Nach Ansicht des 2. Strafsenats des BGH ist die Verwertung der Aussage allerdings nur zulässig, wenn der Angehörigenzeuge im Rahmen der richterlichen Vernehmung „qualifiziert" belehrt, also auf die spätere Verwertbarkeit hingewiesen worden ist. Diesem Erfordernis der qualifizierten Belehrung hat nun wiederum der Große Senat für Strafsachen des BGH eine Absage erteilt. Die Rspr verdient aber schon im Ansatz keine Zustimmung. Sie übersieht, dass Polizei bzw Staatsanwaltschaft dieselben Belehrungspflichten (§ 52 III iVm § 163 III 2 bzw § 161a I 2 StPO) treffen wie einen Richter (§ 52 III StPO) und sie ebenso einen ordnungsgemäßen Vernehmungsverlauf gewähren müssen. Außerdem dürfte kaum ein Laie bei seiner Aussageentscheidung im Rahmen der früheren Vernehmung den rechtlichen Unterschied zB zwischen einem Staatsanwalt und einem Richter als Verhörsperson verinnerlicht haben – zumal eine „qualifizierte" Belehrung eben gerade nicht verlangt wird. Angesichts der heutigen Selbstverständlichkeit des rechtsstaatlichen

Vorgehens aller Strafverfolgungsorgane existiert eine irgendwie geartete „besondere" Qualität der richterlichen Belehrung nicht. Daher gilt das Beweisverwertungsverbot des § 252 StPO auch für richterliche Vernehmungen, so dass R nicht als Zeuge vom Hörensagen in der Hauptverhandlung vernommen werden darf. Die Aussage der E vor R darf damit im Urteil nicht verwertet werden. Dabei muss kein Verfahrensbeteiligter der Verwertung in der Hauptverhandlung widersprechen[39].

c) Genehmigung der polizeilichen Vernehmung

197a Die eigene Aussage der E vor dem Polizeibeamten P darf nicht verwertet werden *(s o Rn 196)*. Fraglich ist, ob es zur Disposition der Zeugin, die von ihrem Zeugnisverweigerungsrecht in der Hauptverhandlung Gebrauch macht, steht, die Verwertung der bei einer nicht-richterlichen Vernehmung gemachten früheren Aussage zu gestatten.

Nach der in der Rspr vertretenen Ansicht[40] soll ein Verzicht auf das an sich gegebene Verwertungsverbot wirksam erklärt werden können, wenn der Zeuge zuvor durch das Gericht ordnungsgemäß, d.h. „qualifiziert", belehrt worden ist[41]. Die Belehrung muss den Zeugen darüber aufklären, dass seine Aussage aufgrund des Verzichts in vollem Umfang sowohl zulasten als auch zugunsten des Angeklagten verwertet werden kann. Der sodann in der Hauptverhandlung erklärte Verzicht des Zeugen muss eindeutig sein[42]. Liegt ein wirksamer Verzicht vor, soll die frühere Aussage des Zeugen nach allgemeinen Regeln verwertbar sein. Dies bedeutet, dass die frühere Vernehmung der E durch P zwar auch nach Genehmigung grundsätzlich nicht durch Verlesung des polizeilichen Vernehmungsprotokolls in die Hauptverhandlung eingeführt werden darf (§ 250 S 2 StPO – Vorrang des Personal- vor dem Urkundsbeweis, solange keine Ausnahme gem. § 251 I Nr 1 StPO vorliegt), dass aber die Aussage der E durch Vernehmung der Verhörsperson P als Zeuge vom Hörensagen erfolgen kann[43].

Diese Lösung erscheint jedoch problematisch. Nach vorzugswürdiger Ansicht[44] ermöglicht ein solcher Verzicht nicht die Verwertbarkeit der früheren Aussage des Zeugen. § 252 StPO dient dem Schutz der Familie und darf über den Umweg des Verzichts nicht umgangen werden. Ferner verlangt der Unmittelbarkeitsgrundsatz, dass sich der Zeuge in der Hauptverhandlung durch die Aussage für oder gegen die Geltendmachung des Zeugnisverweigerungsrechts entscheidet. Der von der BGH-Rspr zugelassene „Mittelweg" (Vernehmung des P nach Genehmigung durch E) ist gesetzlich nicht vorgesehen. Außerdem ist ein wirksamer Verzicht insbesondere bei Opferzeugen aufgrund des Verstoßes gegen das Konfrontationsrecht des Art 6 III lit d EMRK höchst problematisch. Die Lösung der Rspr, bei einem Opferzeugen in diesem Falle seiner durch die Vernehmung der Verhörsperson gewonnenen Aussage nur einen geringeren Beweiswert beizu-

---

39 BGH NStZ 2007, 353 m Bespr *Jahn*, JuS 2007, 485; BGH StV 2012, 706.
40 BGHSt 45, 203 = JuS 2000, 302; *Kudlich*, JA 2012, 873; LR-*Sander/Cirener*, § 252 Rn 22.
41 Dazu BGH NStZ 2015, 232.
42 BGH NStZ 2007, 652.
43 BGH NStZ-RR 2006, 181; NStZ 2007, 652.
44 *Beulke*, StPO Rn 420a; *ders*, JA 2008, 758, 761; *Kraatz*, JA 2014, 773; *Roxin*, Rieß-FS, S 451; *Volk*, JuS 2001, 133.

mesen, überzeugt nicht[45]. Der Verstoß gegen das Konfrontationsrecht wird dadurch nicht hinreichend kompensiert. Vielmehr sieht die StPO mit der Videovernehmung (zB § 247a StPO) Möglichkeiten für den Opferzeugen vor, nicht erneut mit dem Angeklagten konfrontiert werden zu müssen. Richtigerweise kann die Aussage der E also – wie in der Konstellation a) – weder durch Verlesung des früheren Vernehmungsprotokolls noch durch die Vernehmung des P in die Hauptverhandlung eingeführt werden.

Definitionen zum Auswendiglernen

Tatbestandsirrtum   iSv § 16 I 1 liegt vor, wenn der Täter bei Begehung der Tat einen Umstand nicht kennt, der zum gesetzlichen Tatbestand (dh zu den vorsatzbezogenen Merkmalen des objektiven Unrechtstatbestandes) gehört (*vgl Gesetzestext; Wessels/Beulke/Satzger, AT Rn 356, 683, 1144*).

Verbotsirrtum   iSv § 17 liegt vor, wenn dem Täter bei Begehung der Tat die Einsicht fehlt, Unrecht zu tun (*vgl Gesetzestext; Wessels/Beulke/Satzger, AT Rn 683, 687 ff*).

Subsumtionsirrtum   ist gegeben, wenn der Täter irrig glaubt, ein Merkmal, das er seinem Wesen nach kennt, falle nicht unter die gesetzliche Begriffsbestimmung (*vgl Wessels/Beulke/Satzger, AT Rn 352*).

Freiwillig   ist ein Rücktritt vom Versuch iSd § 24, wenn er nicht durch zwingende Hinderungsgründe veranlasst wird, sondern der eigenen autonomen Entscheidung des Täters entspringt (*Wessels/Beulke/Satzger, AT Rn 902a*).

Unfreiwillig   ist ein Rücktritt vom Versuch iSd § 24, wenn er durch heteronome Gründe veranlasst wird, nämlich durch Hinderungsgründe, die vom Willen des Täters unabhängig sind, unüberwindliche Hemmungen in ihm auslösen oder die Sachlage zu seinen Ungunsten so wesentlich verändern, dass er die damit verbundenen Risiken oder Nachteile nicht mehr für tragbar hält oder sie nicht in Kauf nehmen will (*Wessels/Beulke/Satzger, AT Rn 902b*).

Wohnung   iSv § 123 ist der Inbegriff der Räumlichkeiten, die einzelnen oder mehreren Personen als Unterkunft dienen oder zur Benutzung freistehen, einschließlich der zugehörigen Nebenräume wie Treppen, Keller, Wasch- und Trockenräume (*Wessels/Hettinger/Engländer, BT1 Rn 651*).

Einsteigen   iSv §§ 243 I, 2 Nr 1, 244 I Nr 3 ist jedes Hineingelangen in ein Gebäude oder einen umschlossenen Raum durch eine zum ordnungsgemäßen Eintritt nicht bestimmte Öffnung unter Überwindung von Hindernissen oder Schwierigkeiten, die sich aus der Eigenart des Gebäudes oder der Umfriedung des umschlossenen Raumes ergeben (*Wessels/Hillenkamp, BT2 Rn 226*).

Waffe   iSd §§ 224 I Nr 2 Alt 1, 243 I 1, 2 Nr 7, 244 I Nr 1a, 250 I Nr 1a bzw des § 1 II WaffenG ist jeder Gegenstand, der nach Art seiner Anfertigung geeignet und schon hiernach oder nach allgemeiner Verkehrsauffassung dazu bestimmt ist, durch seinen üblichen Gebrauch Menschen durch seine mechanische oder chemische Wirkung körperlich zu verletzen (sog Waffe im technischen Sinn, *Wessels/Hettinger/Engländer, BT1 Rn 297; Wessels/Hillenkamp, BT2 Rn 265*).

---

45 BGHSt 45, 203, 208.

146

Beisichführen	einer Waffe (oder eines gefährlichen Werkzeugs) iSd **§ 244 I Nr 1a** bedeutet, diese irgendwann zwischen Versuchsbeginn und Vollendung bewusst gebrauchsbereit bei sich zu haben (*Joecks/Jäger, St-K-StGB, § 244 Rn 21*).

Weitere einschlägige Musterklausuren

Zum Problem der Rechtwidrigkeit der Zueignung bei fälligem Anspruch auf die Geldsumme:

Laue, JuS 2002, 359; *Rienhoff*, JA 2016, 745; *Rotsch* [11] Rn 1353

Zum Problem der Abgrenzung von Tatbestands- und Verbotsirrtum:

Cantzler, JA 1999, 859; *B. Heinrich*, Jura 1999, 585; *Kipp/ Kummer*, Jura 2008, 792; *Kudlich*, JuS 2003, 243; *Kühl*, JuS 2007, 743; *Mitsch*, JuS 2007, 555; *Rotsch* [11] Rn 1353; *Roxin/Schünemann/ Haffke*, [21] S 363; *Samson*, St 1 [14] S 91, [15] S 93, [16] S 95

Zum Problem der Zueignungshandlung iSv § 246 I:

Chowdhury/Meier/Schröder, [1] S 7, [3], 55; *Dannecker/Gaul*, JuS 2008, 345; *Dedy*, Jura 2002, 137; *Noak/ Sengbusch*, Jura 2005, 494; *Otto/Bosch*, [8] S 179; *Park*, JuS 1999, 887; *Weigend*, Jura 1980, 651 (zu § 246 aF)

Zum Problem: Ist „tätige Reue" analogiefähig?

Börner, Jura 2017, 477; *Frisch/Murmann*, JuS 1999, 1196; *Hillenkamp*, JuS 1997, 821; *Hinderer*, JuS 2009, 625

Zum Problem der Freiwilligkeit des Rücktritts iSd § 24:

Beulke, Klausurenkurs I [4] Rn 175; *Dannecker/Gaul*, JuS 2008, 345; *Gropp/Küpper/Mitsch*, [1] S 1; *Heghmanns/Kusnik*, Ad Legendum 2010, 275; *Hörnle*, Jura 2001, 44; *Kress/Weisser*, JA 2006, 115; *Kudlich/Schuhr*, JA 2005, 349; *Oelmüller/Peters*, [3] S 63; *Perron/Bott/Gutfleisch*, Jura 2006, 706; *Puschke*, JA 2014, 348; *Reschke*, JuS 2011, 50; *Rotsch*, JuS 2002, 887; *Roxin/Schünemann/ Haffke*, [8] S 149; *Safferling*, JuS 2005, 135; *Schmidt/Henseler*, StudZR 2017, 241; *Schwind/ Franke/Winter*, [2. Hausarbeit] S 63; *Siebrecht*, JuS 1997, 1101; *Valerius* [10] S 149; *Wolters*, [4] S 85

Zum Problem des Rücktritts bei mehraktigem Geschehen:

Bernacki/Niehaus, Ad Legendum 2015, 223; *Berndt/Serrbest*, Jura 2017, 587; *Beulke*, Klausurenkurs I [9] Rn 300; *Bock*, JuS 2006, 603; *Brand/Zivanic*, JA 2016, 667; *Ebert*, Fälle, [4] 62, [10] 156; *Engelhart*, Jura 2016, 934; *Gössel*, [14] S 229; *Grotenrath/Hillenkamp*, StudZR 2010, 3; *Kindhäuser/Schumann/Lubig*, [1] S 69; *Krack/Schwarzer*, JuS 2008, 140; *Krahl*, JuS 2003, 57; *Lorenz/Aydinbas*, JSE 2016, 169; *Müller/Raschke*, Jura 2011, 129; *Murmann*, in: *Coester-Waltjen* ua (Hrsg), Examensklausurenkurs I, S 67; *Otto/Bosch*, [6] S 146; *Perron/Bott/Gutfleisch*, Jura 2006, 706; *Puschke*, JA 2014, 348; *Rauda/Zenthöfer*, [15] S 84; *Rostalski*, JuS 2015, 525; *Rotsch* [11] Rn 1353; *Rudolphi*, [12] S 134; *Safferling*, Jura 2004, 64; *Schapiro*, JA 2005, 615; *Seier*, in: Seier, Die Anfängerklausur, [10] S 119, 123; *Seiterle*, Jura 2016, 202; *Siebrecht*, JuS 1997, 1101; *Sobota/Kahl*, ZJS 2015; 206

Zum Problem: „Bezieht" sich die Tat bei § 243 auf eine geringwertige Sache, wenn der Täter eine wertvolle Sache stehlen will und dann eine billige mitnimmt?

Fahl, JuS 2001, 47; *Gössel*, [2] S 48; *Laubenthal/Baier*, JA 1993, 101; *Pfeiffer*, JA-Übungsblätter 1987, 105; *Rotsch/Nolte/Peifer/Weitemeyer*, [23] S 348; *Wolters*, [4] S 85

Zum Problem: Ist trotz Geringwertigkeit des Mitgenommenen ein Strafantrag gem § 248a erforderlich, wenn der Täter ursprünglich eine hochwertige Sache stehlen wollte?

Fahl, JuS 2001, 47

Zum Problem der Waffeneigenschaft geladener Schreckschusspistolen:

Morgenstern, Jura 2011, 146

Zum Problem des Konkurrenzverhältnisses zwischen Diebstahl in besonders schwerem Fall und Hausfriedensbruch (bzw Sachbeschädigung):

Roxin/Schünemann/Haffke, [9] S 175, [12] S 225; *Sonnen/Mitto/Nugel*, Fälle [8] S 79

Zum Problem der Verletzung des Rechts auf Verteidigerkonsultation:

Britz, JuS 1997, 146; *Dannecker*, JuS 2002, 1087

Zum Problem: Beinhaltet § 252 StPO auch für eine richterliche Vernehmung ein Beweisverwertungsverbot?

Becker, ZJS 2010, 403; *Braun*, JuS 2016, 406; *Hammer*, StPO Rn 124; *Ibold*, JA 2016, 505; *Kindhäuser/Schumann/Lubig*, [3] S 108; *Noak/Sengbusch*, Jura 2005, 494; *Rackow*, JA 2011, 23; *Sanchez-Hermosilla/Schweikart*, [57] S 126; *Schroeder/Meindl*, Fälle, [6] S 71; *Valerius/Zehetgruber*, JA 2014, 431.

Fall 5

Ostfriesland in Not

I.

S und F, die beide obdachlos sind, gehen ins „Café am Deich". Da S weiß, dass er nicht genug Geld für Kaffee und Kuchen hat, und auch fürchtet, der Wirt W könne irgendwelche Nachfragen stellen, möchte er die Bestellung nicht selbst aufgeben. Er bittet deshalb den etwas besser gekleideten F, bei dem S davon ausgeht, dass dieser von seinem Geldmangel nichts weiß, für ihn zu bestellen, und sucht selbst eilig die Toilette auf. F durchschaut S, will ihm aber gerne den Gefallen tun, den W bzgl der Zahlungsfähigkeit des S hinters Licht zu führen. F selbst meint, genug Geld für eine Tasse Kaffee und das Sahnetörtchen, das er sich ausgesucht hat, dabei zu haben. F bestellt beim Wirt W eine Tasse Kaffee und Torte für sich und „für meinen Freund S ebenfalls eine Tasse Kaffee und ein Stück Kuchen". W hat zwar Zweifel, ob die beiden Herren zahlungskräftig sind, in Anbetracht der nicht so hohen Zeche hofft er aber, dass S und F schon zahlen können. Das Schicksal will es, dass, nachdem W wieder in der Küche verschwunden ist, der F durch einen Griff in seine Hosentasche den Verlust seiner Geldbörse feststellen muss, sodass auch er nicht bezahlen kann. Als W das Bestellte vor ihn auf den Tisch stellt, lässt F sich aber nichts anmerken und schweigt. Nachdem S wieder zum Tisch zurückgekehrt ist, verzehren S und F Kaffee, Kuchen und Torte und verlassen, nachdem sie sich gegenseitig offenbart haben, das Café ohne zu bezahlen.

S benötigt dringend Geld. Er hat sich deshalb einer im ostfriesischen Raum arbeitenden „Drückerkolonne" angeschlossen, die mit Wissen des Verlages V um jeden Preis Zeitschriften an den Mann oder die Frau bringt. Einer seiner Vermittlungsversuche führt ihn zur Villa der wohlhabenden 78-jährigen gehbehinderten D. Dieser will er dort ein Jahresabonnement der wöchentlich erscheinenden FKK-Zeitschrift „Aktiv an der Nordsee", die ausschließlich Hochglanzbilder und keinen sinnvollen Text enthält, zum üblichen Jahres-Abonnement-Preis von 190 € aufschwatzen. S weiß, dass die D damit nichts anfangen kann. Als D ausdrücklich nach dem Inhalt der Zeitschrift fragt, versichert ihr der S aber, es handele sich um eine christlich geprägte Zeitschrift, die speziell für ältere Generationen konzipiert sei, indem sie Anregungen für die Ausfüllung des Lebensabends im Nordseeraum enthalte. Zudem behauptet S wahrheitswidrig, mit der Provision (die tatsächlich 75 € beträgt) würde der Hochseerettungsdienst unterstützt. Bei so vielen guten Argumenten unterschreibt die D schließlich den Bestellauftrag, von dem sie eine Abschrift erhält, und zusätzlich eine ordnungsgemäße Belehrung über ihr Widerrufsrecht innerhalb von 14 Tagen. Als D wenige Tage später das erste Nackedei-Heft ins Haus flattert ist sie entsetzt. Sowohl aus Scham als auch um Unannehmlichkeiten zu entgehen, widerruft sie den Vertrag daraufhin nicht und lässt während des gesamten Bezugsjahres monatlich das Entgelt für die Zeitung von ihrem Konto abbuchen, wirft aber die Hefte sofort nach Erhalt ungelesen in den Müll.

S trifft unterdessen den ihm bekannten Dealer G. Dieser bietet ihm ein Gramm Heroin in Pulverform zum Dumpingpreis von 55 € zum Kauf an. Da S mittlerweile aufgrund der vom Verlag V an ihn ausgezahlten Provision wieder „flüssig" ist, stimmt er zu. Er plant, die einmalige Gelegenheit zu nutzen und das Heroin später selbst zu konsumieren, wozu es dann aber nicht mehr kommt: Gegen Bezahlung des vereinbarten Kaufpreises händigt G – wie von ihm von vornherein beabsichtigt – dem ahnungslosen S ein in gesundheitlicher Hinsicht völlig harmloses Zucker-Zimt-Gemisch (Gesamtwert: 0,10 €) aus, welches jedoch in einer Weise abgepackt und portioniert ist, wie es sonst nur mit Rauschgift geschieht.

Schließlich benutzt S das ihm von der Provision verbliebene Geld, um von einem öffentlichen Fernsprecher aus den Telefonsexdienst „Extase-Club Aurich" des B anzurufen, der in der Werbung „Ohne Vorspiel – jede Minute heißes Liebesgeflüster!" verspricht. Gesprächspartnerin ist die von B für diese Zwecke angestellte Hausfrau H. Nachdem S bereits 20 € mit der H vertelefoniert hat, legt er frustriert auf, obwohl er noch immer kein „Liebes"-Geflüster gehört hat, denn B hat veranlasst, dass den Anrufern zunächst mindestens zehn Minuten belanglose Fragen gestellt werden, bevor die Gesprächspartnerin dann den eigentlichen Dienst erbringt. Von den 20 € werden dem B 15 € gut geschrieben.

S ist über die Telefonsex-Branche empört und beschließt sie in Zukunft kostenlos zu nutzen. Durch technische Manipulation an seinem Telefon gelingt es ihm, bei einem vom Anbieter C betriebenen Telefonsexdienst eine Stunde mit der dort tätigen Jurastudentin J zu sprechen, ohne dass bei ihm oder irgendeinem Dritten Gebühren anfallen oder C Geld bekommt, obwohl die J ihrerseits alle gewünschten Leistungen erbringt.

Wie haben sich S, F, G und B strafbar gemacht?

II.

S wird unter anderem wegen des Verkaufs der Zeitschrift „Aktiv an der Nordsee" vor dem Schöffengericht Norden angeklagt und der Anwalt P als sein Pflichtverteidiger bestellt. P rät dem S, er solle in der Hauptverhandlung behaupten, beim Verkauf der Zeitschriften darüber aufgeklärt zu haben, dass es sich um eine FKK-Zeitschrift handele und dass er selbst das Geld aus der Provision bekomme. S folgt diesem Rat und wird daraufhin vom Vorwurf des Betrugs freigesprochen.

1. Ist eine solche Beratung zulässig? Hängt die Beantwortung der Frage von der Rechtsstellung des Strafverteidigers ab?
2. Könnte wegen dieser Beratung die Pflichtverteidigerbestellung des P widerrufen werden? Wer wäre für den Widerruf zuständig?

Bearbeitervermerk:

Delikte zugunsten und zulasten der Betreiber des Telekommunikationsdienstes sind nicht zu prüfen.

Bei Heroin handelt es sich um ein Betäubungsmittel iSv § 29 I Nr 1 BtMG. Ein Gramm Heroin ist weder eine „geringe Menge" iSv § 29 V BtMG noch eine „nicht geringe Menge" iSv § 29a I Nr 2 BtMG.

Das BtMG ist abgedruckt im
- Sartorius I, Ordnungsnummer 275 und im
- Schönfelder-Ergänzungsband, Ordnungsnummer 86.

Gedankliche Strukturierung des Falles (Kurzlösung)

Teil I. (materiell-rechtlicher Teil)

A. Im Café

I. Strafbarkeit des F

1. **§ 263 I bei der Bestellung (F ggü W, zulasten des W, zugunsten des F) (–)**
   - Täuschung (+)
   - Vorsatz (–)
2. **§ 263 I bei Entgegennahme des Bestellten (F ggü W, zulasten des W, zugunsten des F) (–)**
   a) Objektiver Tatbestand (–)

Problem Nr 45: Täuschungshandlung und Aufklärungspflicht bei nachträglich erkannter Leistungsunfähigkeit im Rahmen von Austauschverträgen (Rn 202)

   b) Ergebnis
3. **§ 263 I (F ggü W, zulasten des W, zugunsten des S) (+)**
   a) Objektiver Tatbestand (+)
   - konkludente Täuschung durch F (+)
   - kausaler Irrtum des W (+)

Problem Nr 46: Irrtum im Rahmen des § 263 bei Zweifeln des Getäuschten (Rn 205)

   - kausale Vermögensverfügung durch W (+)
   - kausaler Vermögensschaden bei W (+)
   b) Subjektiver Tatbestand (+)
   - Vorsatz (+)
   - Absicht stoffgleicher rechtswidriger Bereicherung für S (+)
   c) Rechtswidrigkeit und Schuld (+)
   d) Strafantragserfordernis, §§ 263 IV, 248a (+)
4. **§ 242 I (–)**
5. **§ 246 I (–)**
6. **§ 123 I Alt (–)**
7. **Ergebnis für F im Tatkomplex A**
   F ist strafbar gem § 263 I.

II. Strafbarkeit des S

1. **§§ 263 I, 25 II (S ggü W, zulasten des W, zugunsten des S) (–)**
   - gemeinsamer Tatentschluss (–)
2. **§§ 263 I, 25 I Alt 2 (S ggü W, zulasten des W, zugunsten des S) (–)**
   a) Objektiver Tatbestand (–)
   - Täuschung durch S selbst (–)
   - Täuschung durch F (–)

Problem Nr 47: Vermeintliche mittelbare Täterschaft: Werkzeug ist bösgläubig, Hintermann hält ihn für gutgläubig (Rn 210)   199

   b) Ergebnis
3. **§§ 263 I, II, 22, 23 I Alt 2, 25 I Alt 2 (S ggü W, zulasten des W, zugunsten des S) (+)**
   a) Vorprüfung (+)
   b) Tatentschluss (+)
   - Vorsatz bzgl Täuschung in mittelbarer Täterschaft (+)
   - Vorsatz bzgl kausalen Irrtums, kausaler Vermögensverfügung und kausalen Vermögensschadens (+)
   - Absicht stoffgleicher rechtswidriger Bereicherung (+)
   c) Unmittelbares Ansetzen (+)

Problem Nr 48: Versuchsbeginn bei mittelbarer Täterschaft (Rn 213)

   d) Rechtswidrigkeit und Schuld (+)
   e) Strafantragserfordernis, §§ 263 IV, 248a (+)
4. **§§ 263 I, 26 (+)**
   a) Objektiver Tatbestand (+)
   - vorsätzliche rechtswidrige Haupttat (+)
   - Anstiftungshandlung (+)
   b) Subjektiver Tatbestand (+)
   - Vorsatz bzgl vorsätzlicher rechtswidriger Haupttat (+)
   - Vorsatz bzgl Anstiftungshandlung (+)

Problem Nr 49: Anstiftungsvorsatz als Minus mit im Tätervorsatz enthalten? (Rn 216)

   c) Strafantragserfordernis, §§ 263 IV, 248a (+)
5. **§ 246 I (–)**
6. **Konkurrenzen**
7. **Ergebnis für S im Tatkomplex A**
   S ist strafbar gem §§ 263 I, 26.

III. Gesamtergebnis des ersten Tatkomplexes
   F: § 263 I
   S: §§ 263 I, 26

B. Das Abonnement (Strafbarkeit des S)

1. **§ 263 I (S ggü D, zulasten der D, zugunsten des S) (–)**
   a) Objektiver Tatbestand (+)
   - Täuschung (+)

- kausaler Irrtum der D (+)
- kausale Vermögensverfügung (+)
- kausaler Vermögensschaden (+)

Problem Nr 50: Lehre vom individuellen Schadenseinschlag (Rn 220)

Problem Nr 51: Übertragbarkeit der Grundsätze des Bettelbetruges auf Austauschverträge (Rn 222)

    b) Subjektiver Tatbestand (–)
- Vorsatz (+)
- Absicht stoffgleicher rechtswidriger Bereicherung (–)

2. **§ 263 I (S ggü D, zulasten der D, zugunsten des V) (+)**
    a) Objektiver Tatbestand (+)
- Täuschung (+)
- kausaler Irrtum der D (+)
- kausale Vermögensverfügung (+)
- kausaler Vermögensschaden (+)

    b) Subjektiver Tatbestand (+)
- Vorsatz (+)
- Absicht stoffgleicher rechtswidriger Bereicherung für V (+)

    c) Rechtswidrigkeit und Schuld (+)
    d) Strafzumessung, § 263 III 2 Nr 1
    e) Strafantragserfordernis, §§ 263 IV, 248a (–)

3. **§ 263 I (S ggü V, zulasten des V, zugunsten des S) (–)**
- Täuschung (–)

4. **Ergebnis für S im Tatkomplex B**
S ist strafbar gem § 263 I.

C. Das „Heroinpulver"

I. **Strafbarkeit des S**
1. **§ 29 I 1 Nr 1 BtMG (–)**
2. **§ 29 I 1 Nr 1, II BtMG iVm §§ 22, 23 I Alt 2 StGB (+)**
    a) Vorprüfung (+)
    b) Tatentschluss (+)
    c) Unmittelbares Ansetzen (+)
    d) Rechtswidrigkeit und Schuld (+)
    e) § 29 V BtMG (–)

3. **§ 29a I Nr 2 BtMG iVm §§ 22, 23 I Alt 2 StGB (–)**
4. **Ergebnis für S im Tatkomplex C**
S ist strafbar gem § 29 I 1 Nr 1, II BtMG iVm §§ 22, 23 I Alt 2 StGB.

II. **Strafbarkeit des G**
1. **§ 29 I 1 Nr 1 BtMG (–)**
2. **§ 29 VI iVm I 1 Nr 1 BtMG (+)**
    a) Objektiver Tatbestand (+)
- Imitat (+)
- Veräußern (–)
- Handeltreiben (+)

    b) Subjektiver Tatbestand (+)
    c) Rechtswidrigkeit und Schuld (+)
3. **§ 29a I Nr 1, Nr 2 BtMG (–)**
4. **§ 263 I (G ggü S, zulasten des S, zugunsten des G) (–)**
    a) Objektiver Tatbestand (–)
- Täuschung (+)
- kausaler Irrtum (+)
- kausale Vermögensverfügung (+)
- kausaler Vermögensschaden (–)

Problem Nr 52: Strafrechtlicher Vermögensbegriff (Rn 232)

    b) Ergebnis
5. **Ergebnis für G im Tatkomplex C**
G ist strafbar gem § 29 VI iVm I Nr 1 BtMG.

D. Das erste Sex-Telefonat

I. **Strafbarkeit des B**
1. **§ 263 I (B ggü S, zulasten des S, zugunsten des B) (+)**
    a) Objektiver Tatbestand (+)
- Täuschung (+)
- kausaler Irrtum (+)
- kausale Vermögensverfügung (+)
- kausaler Vermögensschaden (+)

Problem Nr 53: Nichtleistung bei entgeltlichem Telefonsex als Schaden iSd § 263? (Rn 235)

    b) Subjektiver Tatbestand (+)
- Vorsatz (+)
- Absicht stoffgleicher rechtswidriger Bereicherung für B (+)

    c) Rechtswidrigkeit und Schuld (+)
    d) Strafzumessung, § 263 III 2 Nr 1 (–)
- § 263 IV iVm § 243 II (+)

    e) Strafantragserfordernis, §§ 263 IV, 248a (+)

2. **§ 261 I, II Nr 2, V**
3. **Ergebnis für B im Tatkomplex D**
B ist strafbar gem § 263 I.

II. **Strafbarkeit des S**

E. Das zweite Sex-Telefonat (Strafbarkeit des S)

1. **§ 263 I (S ggü J, zulasten des C, zugunsten des S) (+)**
    a) Objektiver Tatbestand (+)
- Täuschung (+)
- kausaler Irrtum der J (+)
- kausale Vermögensverfügung der J über das Vermögen des C (+)
- kausaler Vermögensschaden des C (+)
  Bei Bejahung der Sittenwidrigkeit des Telefonsexvertrages:
- *Vermögensschaden des C (–)*

Problem Nr 54: Aufwendung von Arbeitsleistung zu sittenwidrigen Zwecken (Rn 238)

b) Subjektiver Tatbestand (+)

c) Rechtswidrigkeit und Schuld (+)

2. Ergebnis für S im Tatkomplex E

S ist strafbar gem § 263 I.

F. Gesamtkonkurrenzen

G. Gesamtergebnis des materiell-rechtlichen Gutachtens

B: § 263 I

F: § 263 I

G: § 29 VI iVm I Nr 1 BtMG

S: Tatkomplex A: §§ 263 I, 26
– § 53 –

Tatkomplex B: § 263 I
– § 53 –
Tatkomplex C: § 29 I 1 Nr 1, II BtMG iVm §§ 22, 23 I Alt 2 StGB
– § 53 –
Tatkomplex E: § 263 I
Tatkomplex D: straflos

Teil II. (prozessualer Teil)

1. Prozessuale Zulässigkeit der Beratung

Problem Nr 55: Die Rechtsstellung des Strafverteidigers und seine Wahrheitspflicht (Rn 241)

2. Widerruf der Pflichtverteidigerbestellung

Ausführliche Lösung von Fall 5

Teil I. (materiell-rechtlicher Teil)

A. Im Café

I. Strafbarkeit des F

1. § 263 I bei der Bestellung (F gegenüber W, zulasten des W, zugunsten des F)

200 *Wird ein Betrug geprüft, sollte wegen der Möglichkeit des Auseinanderfallens von Getäuschtem, Geschädigtem und Bereichertem bei Dreieckskonstellationen bereits in der Überschrift angezeigt werden, gegenüber wem, zu wessen Lasten und zu wessen Gunsten der Betrug erfolgt sein könnte.*

Man könnte auch mit § 242 beginnen und dann im Rahmen der Prüfung der Wegnahme darlegen, dass keine Wegnahme, sondern eine Vermögensverfügung iSv § 263 vorliegt.

F könnte dadurch, dass er für sich selbst eine Tasse Kaffee und ein Sahnetörtchen bestellte, einen Betrug gegenüber dem Wirt W zu eigenen Gunsten begangen haben.

F müsste den W zunächst getäuscht haben. Täuschung bedeutet Vorspiegeln falscher Tatsachen[1]. F hatte bei der Bestellung objektiv kein Geld, war also von vornherein objektiv zahlungsunfähig. Subjektiv war er hingegen anfangs zahlungswillig. Erst als er später den Verlust seines Portemonnaies bemerkte, wurde er auch zahlungsunwillig. Im Zeitpunkt der Bestellung kann also eigentlich noch nicht von einer „Vorspiegelung" gesprochen werden. „Vorspiegeln" stellt eine objektiv-subjektive Sinneinheit dar, die das Bewusstsein der Unrichtigkeit des Behaupteten voraussetzt[2]. Da F dieses Bewusstsein nicht hatte, täuschte er nicht. Nach aA entfällt hier nicht das Merkmal „Täuschungshandlung", vielmehr ist von einem Vorsatzmangel auszugehen[3]. Unstrittig entfällt jedenfalls im Ergebnis eine Strafbarkeit des F gem § 263 I, da er seine eigene Zahlungsunfähigkeit nicht kannte.

2. § 263 I bei Entgegennahme des Bestellten (F gegenüber W, zulasten des W, zugunsten des F)

201 F könnte einen Betrug begangen haben, indem er den W nicht über seine nachträglich erkannte Zahlungsunfähigkeit aufklärte und sich Kaffee und Sahnetorte servieren ließ.

---

1 *Wessels/Hillenkamp*, BT2 Rn 490, 496.
2 *Rengier*, BT1 § 13 Rn 9; *Wessels/Hillenkamp*, BT2 Rn 492.
3 NK-*Kindhäuser*, § 263 Rn 46.

a) Objektiver Tatbestand

Zu prüfen ist, ob F eine Täuschungshandlung begangen hat. Das wäre der Fall, wenn der Entgegennahme von Kaffee und Kuchen die unwahre Behauptung zu entnehmen war, er, F, sei weiterhin zahlungsfähig und -willig.

Problem Nr 45: Täuschungshandlung und Aufklärungspflicht bei nachträglich erkannter Leistungsunfähigkeit im Rahmen von Austauschverträgen 202

(1) Nach einer **Mindermeinung im Schrifttum** (*Hirsch*, NJW 1969, 853; *Maurach/Schroeder/Maiwald*, BT1 § 41 Rn 42) ist der Entgegennahme weiterer Vorleistungen die **schlüssige Erklärung** zu entnehmen, weiterhin zur Zahlung in der Lage und bereit zu sein. Wenn der Vertragspartner tatsächlich inzwischen in Vermögensverfall geraten ist, liegt also eine Täuschung durch positives Tun über den Fortbestand der Leistungsfähigkeit und -bereitschaft vor.

Argument: Der Wirtschaftsverkehr weist bei langen Dauerschuldverhältnissen den Partnern Offenbarungspflichten über die Zahlungsfähigkeit zu, sodass der objektive Erklärungsinhalt im Zeitpunkt der Entgegennahme über ein bloßes Unterlassen der Aufklärung über wirtschaftliche Schwierigkeiten hinausgeht.

(2) Die **frühere Rspr** des BGH (BGHSt 6, 198) ging zwar davon aus, dass die Entgegennahme der Leistung keine schlüssige Erklärung über das Bestehen der Zahlungsfähigkeit enthält, dass vielmehr von einem **Unterlassen** auszugehen ist. Im Einzelfall kann sich jedoch auch ohne ausdrückliche Spezialregelung im Vertrag eine **Pflicht** ergeben, den vorleistungspflichtigen Vertragspartner über die eigene Leistungsunfähigkeit **aufzuklären.**

Argument: Bei sehr hohen Vorleistungswerten stellt es einen Verstoß gegen Treu und Glauben (§ 242 BGB) dar, den Vertragspartner weiterhin erfüllen zu lassen, obwohl er keinen Gegenwert erhalten wird. Dies ist eine ungeschriebene Nebenpflicht aus dem Vertrag.

Ferner ergibt sich eine Aufklärungspflicht aus vorangegangenem Tun: Der Vertragsschluss bildet die Ursache für das Vertrauen des Vertragspartners, dass die ursprünglich richtige Vorstellung von der Leistungsfähigkeit des Vertragsgegners auch berechtigt bleibt.

(3) Nach **heute ganz hL** (*Bosch*, Jura [JK] 2017, 1236; *Hecker*, JuS 2014, 1133; *Krey/Hellmann/Heinrich*, BT2 Rn 509 f, 515 ff; *Küper/Zopfs*, BT Rn 484; *Lackner/Kühl*, § 263 Rn 9, 12; LK-*Tiedemann*, § 263 Rn 68; *Rengier*, BT1 § 13 Rn 8 ff; S/S/W-StGB-*Satzger*, § 263 Rn 84; *Wessels/Hillenkamp*, BT2 Rn 498, 506), der sich inzwischen auch die **Rspr** (BGHSt 46, 196, 202; BGH NStZ 2010, 502; NJW 2014, 3669; OLG Bamberg wistra 2012, 279) angeschlossen hat, ist von einem **Unterlassen** auszugehen. Im Regelfall stellt das Unterlassen einer Aufklärung vor Entgegennahme vertraglicher Leistungen keine Täuschungshandlung iSd § 263 dar, weil für den Leistungsempfänger **keine permanente Offenbarungspflicht hinsichtlich seiner Fähigkeit zur Gegenleistung** besteht. Ohne Weiteres darf im allgemeinen Geschäftsverkehr niemand erwarten, dass sein Geschäftspartner das Orientierungsrisiko trägt und ihn daher vor vermögensrelevanten Irrtümern bewahrt (S/S/W-StGB-*Satzger*, § 263 Rn 86). Eine aus dem Vertrag abgeleitete Rechtspflicht zur Aufklärung ist nur in Ausnahmefällen anzuerkennen, nämlich dann, wenn sie sich auf Umstände bezieht, die für die Willensentschließung des anderen erkennbar von wesentlicher Bedeutung sind, **und** wenn im Einzelfall Besonderheiten vorliegen, die ein Verschweigen dieser Umstände als eine nach Sozialüblichkeit und Gepflogenheit des redlichen Geschäftsverkehrs unzulässige Überbürdung des Geschäfts- und Orientierungsrisikos erscheinen lassen. Dafür ist die Gefahr eines besonders großen Schadens, eines übereilten Entschlusses durch einen geschäftlich ganz Unerfahrenen oder gar das Bestehen besonderer Beziehungen im zwischenmenschlichen Bereich jeweils für sich **kein** hinreichender Grund. Offenbarungspflichten kommen jedoch dann in Betracht, wenn die Vertragsanbahnung erkennbar mit der **Erwartung einer fachkundigen Beratung** verbunden ist oder wenn das Vertragsverhältnis gerade dem **Zweck** dient, den anderen Teil **vor Schaden zu bewahren oder wenn es sich ganz generell um besondere Vertrauensverhältnisse handelt** (BGH NStZ 2017, 349). Hat der Täter gutgläubig eine Behauptung aufgestellt, deren Unwahrheit er erst nachträglich erkennt, aber auf eine Richtigstellung verzichtet, so kommt zwar neben der Garantenpflicht aus Vertrag ferner eine solche aus Ingerenz in Betracht, aber auch insoweit bedarf es der Berücksichtigung der Risikolastverteilung im wirtschaftlichen Verkehr, sodass eine Offenbarungspflicht nur im Rahmen besonderer Vertrauensverhältnisse angenommen werden kann (BGH NStZ 2017, 531 m Anm *Becker* u Bespr *Ceffinato*, JR 2017, 539; S/S/W-*Satzger* § 263 Rn 101).

Der Sache nach kann man auch mit der Frage beginnen, ob eine **konkludente Erklärung** vorliegt, eine solche dann aber nur bejahen, wenn eine Aufklärungspflicht besteht. Sofern das nicht der Fall ist – wie zB bei der bloßen Entgegennahme früher vereinbarter Leistungen –, entfällt auch auf diesem Weg die Täuschungshandlung iSv § 263 (vgl BGH NStZ 2002, 144).

Argument: Es widerspricht dem Bestimmtheitsgebot (Art 20 III GG), wenn die unter (1) dargestellte Ansicht jede Vertragsbeziehung als ausreichende Grundlage für die Bejahung von Aufklärungspflichten ansieht oder aus § 242 BGB eine generelle Offenbarungspflicht ableitet. Nicht jede schlichte zivilrechtliche Vertragswidrigkeit ist ein Betrug iSd § 263 StGB, weil sonst weite Teile des Wirtschaftsverkehrs ohne Notwendigkeit pönalisiert würden. Dies liefe dem ultima-ratio-Gedanken des Strafrechts zuwider. Die zivilrechtlichen Schutzmöglichkeiten reichen aus, um die Interessen des Geschäftspartners zu wahren (insbes durch Eigentumsvorbehalt). Derjenige, der Verträge schließt, bei denen jeder Teil seine Interessen und seinen Vorteil zu wahren sucht, darf nicht erwarten, dass sein Partner ihm das verkehrsübliche Geschäfts- und Orientierungsrisiko durch Aufdeckung all dessen abnimmt, was sich für ihn ungünstig auswirken könnte. So umfasst zB die Vereinbarung eines bestimmten Kaufpreises im Regelfall nicht die konkludente Erklärung, dass die verkaufte Sache ihren Preis wert ist (BGH NStZ 2015, 461).

Zur Vertiefung: Wessels/Hillenkamp, BT2 Rn 503 ff; Beulke, Klausurenkurs II [3] Rn 72; Becker/Becker, JuS 2015, 307; Frisch, Herzberg-FS, 2008, 729, 744; MK-Hefendehl, § 263 Rn 142 ff; Hillenkamp, BT 28. Problem S 149 ff; Kudlich, JA 2015, 74; S/S/W-Satzger § 263 Rn 81 ff.

203 Hält man den Vertragspartner, der Vorleistungen empfängt, für verpflichtet, über eine nachträglich erkannte Leistungsunfähigkeit aufzuklären, hat F eine Täuschungshandlung entweder durch schlüssiges Verhalten oder durch pflichtwidriges Unterlassen der gebotenen Aufklärung begangen. F könnte mithin – vorausgesetzt, die übrigen Tatbestandsmerkmale sind erfüllt – aus § 263 I bestraft werden. Diese Meinung, die eine generelle Aufklärungspflicht annimmt, geht jedoch zu weit, da nicht jede zivilrechtliche Vertragswidrigkeit einen Betrug darstellt (Strafrecht als ultima ratio). Eine Aufklärungspflicht lässt sich nur aus besonderen Umständen herleiten, nicht jedoch aus jedem Vertrag alltäglicher Art. Das Geschäfts- und Orientierungsrisiko wird vom Vorleistenden freiwillig übernommen und kann nur in Ausnahmefällen auf den anderen Vertragspartner verlagert werden. Das gilt auch für eine Aufklärungspflicht aus Ingerenz, die darauf abstellt, dass der Täter zunächst gutgläubig eine Behauptung aufstellt, deren Unwahrheit er erst nachträglich erkennt, ohne sie nunmehr richtig zu stellen. Da eine generelle Aufklärungspflicht somit abzulehnen ist und bei einem alltäglichen Bewirtungsvertrag mit relativ geringfügigem Vorleistungsrisiko keine Besonderheiten ersichtlich sind, wel-

che eine Ausnahme rechtfertigen würden[4] – so zB bei dauerhaften Geldleistungen zur Alterssicherung an einen Vermögensfond[5] – ist mit der überzeugenden hM davon auszugehen, dass F rechtlich nicht verpflichtet war, den Irrtum des W über die fortbestehende Zahlungsfähigkeit durch einen Hinweis zu beseitigen. Mangels Aufklärungspflicht kann der Entgegennahme und Verzehr von Speis und Trank im Café deshalb kein Aussagewert über die Leistungsfähigkeit entnommen werden. Dementsprechend liegt weder eine Täuschung durch schlüssiges Verhalten noch eine Täuschung durch pflichtwidriges Unterlassen vor.

Bei dieser Lösung wird offen gelassen, ob von einem Tun oder einem Unterlassen auszugehen ist. Selbstverständlich könnte auch zunächst dargelegt werden, dass ein Unterlassen vorliegt (Schwerpunkt des Verhaltens liegt in der Nichtoffenbarung des Vermögensverfalls), dass jedoch für eine Strafbarkeit die Garantenpflicht fehlt (dieser Weg wurde bis zur 2. Aufl dieses Fallbuchs gewählt).

b) Ergebnis

Ein Betrug gem § 263 I scheidet aus (*aA vertretbar*).

3. § 263 I (F gegenüber W, zulasten des W, zugunsten des S)

F könnte dadurch, dass er für seinen Freund S ebenfalls eine Tasse Kaffee und ein Stück Kuchen bestellte, einen Betrug begangen haben.   **204**

a) Objektiver Tatbestand

Eine konkludente Täuschung durch F über die Zahlungsfähigkeit des S liegt mit der Bestellung gegenüber W vor.

Fraglich ist, ob W sich geirrt hat. Irrtum iSd § 263 I ist jede unrichtige, der Wirklichkeit nicht entsprechende Vorstellung über Tatsachen[6]. W könnte sich über die Zahlungsfähigkeit und Zahlungswilligkeit des S geirrt haben. Problematisch ist, ob man einen Irrtum annehmen kann, wenn der Getäuschte Zweifel hegt. Wem die Wahrheit nämlich ganz gleichgültig ist, der irrt nicht[7].

Problem Nr 46: Irrtum im Rahmen des § 263 bei Zweifeln des Getäuschten   **205**

(1) Nach einer zutr **Mindermeinung** schließen bereits **Zweifel** den Irrtum aus, allerdings nur dann, wenn sie auf konkreten Anhaltspunkten beruhen (so *Beulke*, NJW 1977, 1073; *ders*, JR 1978, 388, 390).

Argument: Ein zu geringer Überzeugungsgrad des Getäuschten lässt dessen Schutzbedürftigkeit entfallen (viktimologischer Ansatz).

(2) Nach ganz **hA** (BGH NStZ 2003, 313; *Fahl*, Jura 1996, 75; *Fischer*, § 263 Rn 55; *Kindhäuser*, JuS 2006, 197; *Krey/Hellmann/Heinrich*, BT2 Rn 542, 544; *S/S-Perron*, § 263

---

4 OLG Hamburg NJW 1969, 335.
5 Vgl BGH NStZ 2017, 532 m Anm *Becker*; dazu auch *Ceffinato*, JR 2017, 543.
6 *Wessels/Hillenkamp*, BT2 Rn 510.
7 *Mitsch*, BT2 S. 291.

Rn 40; Matt/Renzikowski-*Saliger*, § 263 Rn 93, 95; *Wessels/Hillenkamp*, BT2 Rn 512; vgl auch BGH JuS 2014, 1043 [Routenplaner] m Bespr *Hecker*) ist ein Irrtum auch dann gegeben, wenn der Getäuschte Zweifel an der Wahrheit hat. Es reicht es für die Annahme eines Irrtums aus, dass das Opfer die vorgespiegelte Tatsache für „**möglicherweise**" wahr hält. Ein tatbestandsmäßiger Irrtum ist erst dann nicht mehr gegeben, wenn der Getäuschte zwar die vorgespiegelte Tatsache für möglich hält, aber zur Frage der Wahrheit innerlich nicht Stellung bezieht, ihm der Wahrheitsgehalt gleichgültig ist und er die Vermögensverfügung unabhängig von ihrer Wahrheit trifft. ZT wird diese Ansicht dahingehend modifiziert, dass der Getäuschte die vorgespiegelte Tatsache zumindest für „**wahrscheinlich**" wahr, die Wahrheit der Tatsache also für wahrscheinlicher als ihre Unwahrheit halten muss (BGH wistra 1990, 305; *Heghmanns*, BT Rn 1210; BGH HRRS 2016, 221 [Nr. 507]: „**überwiegend wahrscheinlich**").

Argument: Der viktimologisch motivierte Ansatz zur Einschränkung des Betrugstatbestandes wegen geringerer Schutzbedürftigkeit des zweifelnden Tatopfers findet im Wortlaut des § 263 keine Stütze. Zudem nimmt er den strafrechtlichen Schutz vor Angriffen auf das Vermögen durch Täuschung unangemessen weit zurück. Das Strafrecht schützt selbst das leichtfertige Opfer. Es verlangt nicht, dass sich das Tatopfer, wenn es denn Zweifel an den vorgespiegelten Tatsachen hegt, vergewissern oder gar von einer schädigenden Vermögensverfügung Abstand nehmen muss. Alles andere hieße, ein tatbestandsausschließendes Mitverschulden des Opfers zu konstruieren. Ein solches Konstrukt ist dem deutschen Strafrecht jedoch fremd.

Zur Vertiefung: Wessels/Hillenkamp, BT2 Rn 488, 499, 512; Hecker, JuS 2014, 1043; Hillenkamp, BT 29. Problem S 153 ff; ders, ZStW 2017, 596; Krack, ZIS 2014, 536; S/S/W-StGB-Satzger, § 263 Rn 130 ff.

206 Nach ganz hA genügt für einen Irrtum des W, dass er die vom Täter vorgespiegelte Tatsache für „möglicherweise" wahr hielt. Hier hatte W zwar Zweifel an der Zahlungsfähigkeit von F und S, hielt sie jedoch aufgrund der geringen Zeche für möglich und auch wahrscheinlich. Aber auch die Gegenansicht, die bei Zweifeln, die auf konkreten Anhaltspunkten beruhen, einen Irrtum verneint, kommt hier zu keinem abweichenden Ergebnis, da W keine handfesten Anhaltspunkte für eine akute Zahlungsunfähigkeit von S hatte. Ein Irrtum liegt also nach allen Ansichten vor.

W müsste eine Vermögensverfügung getroffen haben. Eine Vermögensverfügung umfasst jedes tatsächliche Handeln, Dulden oder Unterlassen des Getäuschten, das bei diesem selbst oder bei einem Dritten unmittelbar zu einer Vermögensminderung im wirtschaftlichen Sinne führt[8]. Die Vermögensverfügung besteht hier im Abschluss des Vertrages und der späteren Übereignung der Ware.

Hier liegt kein Fall des sog Dreiecksbetrugs vor. Ein solcher setzt die Beteiligung von drei Personen in der Konstellation voraus, dass der irrtumsbedingt Verfügende (hier W) und der Geschädigte (hier auch W) personenverschieden sind. Nur dann stellt sich nämlich das Problem, ob eine dem Vermögensinhaber zurechenbare Vermögensverfügung eines Dritten vorliegt.

Schließlich müsste bei W ein Vermögensschaden eingetreten sein. Ein Vermögensschaden tritt ein, wenn ein Vergleich zwischen dem Vermögensstand vor und nach der Vermögensverfügung ergibt, dass eine nachteilige Vermögensdifferenz eingetreten ist, ohne

---

8 *Wessels/Hillenkamp*, BT2 Rn 515.

dass diese Einbuße durch ein unmittelbar aus der Vermögensverfügung fließendes Äquivalent wirtschaftlich voll ausgeglichen wird[9]. Das Vermögen des W ist bereits durch den Abschluss des Vertrages konkret gefährdet, sodass ein Vermögensschaden besteht (Eingehungsbetrug), der durch die spätere Übereignung der Speisen noch vertieft wurde (Erfüllungsbetrug).

b) Subjektiver Tatbestand

F handelte vorsätzlich.

Zudem müsste er in der Absicht stoffgleicher rechtswidriger Bereicherung für S („sich oder einem Dritten") gehandelt haben. Die Absicht, sich oder einem Dritten einen rechtswidrigen Vermögensvorteil zu verschaffen, ist gegeben, wenn es dem Täter auf die Erlangung des Vorteils, auf den kein rechtlich begründeter Anspruch besteht, ankommt, mag dieser von ihm auch nur als Mittel zu einem anderweitigen Zweck und damit als Zwischenziel erstrebt werden[10]. Dabei muss der Täter den rechtswidrigen Vermögensvorteil in der Weise erstreben, dass er unmittelbar zulasten des geschädigten Vermögens geht und damit die Kehrseite des Schadens bildet (sog „Stoffgleichheit"[11]). W hat das Eigentum an dem Kaffee und dem Kuchen verloren, das S unmittelbar erlangt hat. Stoffgleichheit ist also gegeben. Die Bereicherung des S hat F erstrebt. S hat keinen einredefreien Anspruch auf den Kaffee und den Kuchen. Mit einer Anfechtung durch W ist zu rechnen, soweit dieser erfährt, dass S nicht bezahlen kann und will. F erstrebt also einen rechtswidrigen Vermögensvorteil seitens des S. Insoweit handelte F jedenfalls mit dolus eventualis[12].

c) Rechtswidrigkeit und Schuld

F handelte rechtswidrig und schuldhaft.

d) Strafantragserfordernis, §§ 263 IV, 248a

Kaffee und Kuchen hatten einen Wert von unter 25 bzw 50 €. Gemäß § 263 IV iVm § 248a ist somit ein Strafantrag erforderlich.

4. § 242 I

Bis zur Entgegennahme der Speisen handelt es sich zwar für F noch um fremde Sachen. **207** Es liegt aber ein tatbestandsausschließendes Einverständnis des W vor[13]. W hat den Gewahrsam an dem Bestellten freiwillig auf F bzw S übertragen. Deshalb scheitert der Diebstahl am Merkmal der Wegnahme.

---

9 *Wessels/Hillenkamp*, BT2 Rn 538.
10 *Wessels/Hillenkamp*, BT2 Rn 583, 585.
11 *Wessels/Hillenkamp*, BT2 Rn 588.
12 Eventualvorsatz reicht bzgl der Rechtswidrigkeit des erstrebten Vorteils aus, *Wessels/Hillenkamp*, BT2 Rn 583.
13 Näher zur Abgrenzung von Vermögensverfügung und Wegnahme s Fall 6, Problem Nr 57, Rn 249.

5. § 246 I

Die Entgegennahme der Speisen durch F erfolgte aufgrund eines zwar wegen arglistiger Täuschung anfechtbaren (§ 123 BGB), zunächst aber gleichwohl wirksamen Vertrages. Daher liegt im Zeitpunkt der Entgegennahme keine rechtswidrige Zueignung vor.

Eine Unterschlagung durch den Verzehr scheidet aus, weil es sich bei den Speisen dann nicht mehr um fremde Sachen und damit um taugliche Unterschlagungsobjekte handelte. Mit dem Servieren hat W an seine Gäste ein Übereignungsangebot abgegeben, das diese angenommen haben.

F hat sich nicht gem § 246 I strafbar gemacht.

Hätte dagegen noch keine Übereignung stattgefunden, wäre eine Unterschlagung tatbestandlich möglich. Bei der Bestellung in einem Café, in dem nicht sofort bezahlt wird, kann zwar eine Übereignung unter der aufschiebenden Bedingung vollständiger Zahlung ausbedungen werden, wodurch im Verbrauch/Verzehr dann eine typische Manifestation der Zueignung läge (Wessels/Hillenkamp, BT2 Rn 313). Ein solcher Eigentumsvorbehalt ist im Gaststättengewerbe aber der Ausnahmefall, sodass ein Sachverhaltshinweis auf eine AGB-Klausel oder eine Individualvereinbarung notwendig wäre. In Ermangelung eines solchen Hinweises muss daher von einer sofortigen und unbedingten Übereignung ausgegangen werden.

6. § 123 I Alt 1

208 F und S haben das Café wie gewöhnliche Gäste betreten, sodass eine Strafbarkeit aufgrund tatbestandsausschließenden Einverständnisses des W ausscheidet.

7. Ergebnis für F im Tatkomplex A

F ist strafbar gem § 263 I wegen Betrugs zulasten des W zugunsten des S. Ein Strafantrag muss gem §§ 263 IV, 248a noch gestellt werden.

Da dies (innerhalb der Frist des § 77b) nachträglich möglich ist, darf die Prüfung des § 263 nicht über den Hinweis auf den fehlenden Strafantrag umgangen werden. Für die Form eines Strafantrages vgl § 158 II StPO.

II. Strafbarkeit des S

1. §§ 263 I, 25 II (S gegenüber W, zulasten des W, zugunsten des S)

209 Indem S den F bat, für ihn zu bestellen, könnte er sich wegen Betruges strafbar gemacht haben.

S selbst spiegelte dem W keine Tatsachen vor. Möglicherweise muss er sich aber die Täuschung des F als eigene nach den Regeln der Mittäterschaft zurechnen lassen, § 25 II. Erste Voraussetzung dafür ist ein gemeinsamer Tatentschluss. Hier ging S von der Gutgläubigkeit des F aus. Er wollte daher den Betrug nicht in bewusstem und gewolltem Zusammenwirken mit F gemeinsam begehen.

S hat sich nicht gem §§ 263 I, 25 II strafbar gemacht.

2. §§ 263 I, 25 I Alt 2 (S gegenüber W, zulasten des W, zugunsten des S)

a) Objektiver Tatbestand

S selbst spiegelte dem W keine Tatsachen vor. Fraglich ist, ob eine dem S na͏͏ Alt 2 zurechenbare Täuschung durch F erfolgte. F hat konkludent durch die ᴀufgabe der Bestellung für S über die äußere Tatsache der Zahlungsfähigkeit des S getäuscht (*s Rn 201*). S müsste mittelbarer Täter und F Werkzeug sein. F war aber wider Erwarten bösgläubig.

Problem Nr 47: Vermeintliche mittelbare Täterschaft: Werkzeug ist bösgläubig, Hintermann hält es für gutgläubig   **210**

(1) Die **Rspr** und Teile des Schrifttums, die Täterschaft und Teilnahme nach dem entsprechenden Beteiligtenvorsatz, also nach dem animus auctoris bzw animus socii, abgrenzt (*vgl u Fall 7, Problem Nr 65, Rn 285*), kann trotz eines voll verantwortlichen Tatmittlers mittelbare Täterschaft bejahen (vgl *Baumann/Weber/Mitsch/Eisele*, § 29 Rn 152). Maßgebliche Kriterien für die Bestimmung des Beteiligtenvorsatzes sind dabei der Grad des eigenen Interesses an der Tat, der Umfang der Tatbeteiligung und die Tatherrschaft oder **wenigstens der Wille dazu** (vgl ua BGH NStZ-RR 2016, 335; StV 2016, 648 m Bespr *Hecker*, JuS 2016, 658). Erforderlich ist danach weder die tatsächliche Tatherrschaft des Hintermanns noch die objektiv vorliegende Werkzeugeigenschaft des Vordermanns. Es genügt vielmehr für die Begründung mittelbarer Täterschaft, dass der Hintermann einerseits den Willen zur Tatherrschaft hat und andererseits den Vordermann als Werkzeug einsetzen möchte.

Argument: Für die volle Strafwürdigkeit muss es aus kriminalpolitischen Gründen genügen, wenn sich aus der Sicht des Hintermanns die Tat als von ihm gesteuert darstellt, gleichgültig wie die tatsächlichen Verhältnisse sein sollten. Wenn die Werkzeugeigenschaft des unmittelbaren Täters wegen seiner Bösgläubigkeit objektiv fehlt, liegt lediglich eine unwesentliche Abweichung vom vorgestellten Kausalverlauf vor.

(2) Dagegen muss mit der **Tatherrschaftslehre** eine Strafbarkeit aus dem vollendeten Delikt schon im objektiven Tatbestand scheitern.

Argument: Der Wille zur tatbeherrschenden Rolle allein genügt nicht, wenn diese Tatherrschaft tatsächlich fehlt. Das erscheint auch folgerichtig. Anders wären Täter- und Teilnehmerstellung beliebig austauschbar.

Lässt man aber mit der vorzugswürdigen Tatherrschaftslehre eine Bestrafung wegen vollendeter mittelbarer Täterschaft entfallen, so ist **innerhalb des Schrifttums umstritten,** welche Konsequenzen dies für die strafrechtliche Haftung des Hintermannes hat.

(a) Zum Teil wird nur ein **Versuch der mittelbaren Deliktsbegehung** angenommen (*Gropp*, AT § 10 Rn 163; SK/StGB-*Hoyer*, § 25 Rn 145; MK-*Joecks*, § 25 Rn 160; *Kretschmer*, Jura 2003, 535, 537; *Maurach/Gössel/Zipf*, AT2 § 48 Rn 39 ff; *Zieschang*, AT Rn 697).

Argument: In der Vorstellung des „Hintermanns" lagen zumindest alle Voraussetzungen für die Tatverwirklichung als mittelbarer Täter vor. Unmittelbares Ansetzen kann spätestens beim Ansetzen des (vermeintlich) vorsatzlos handelnden Werkzeugs bejaht werden (*vgl Rn 213*).

Gegenargument: Der Nachteil der bloßen Versuchslösung ist, dass aus dem Schuldspruch nicht erkennbar wird, dass es unter der Beteiligung des „Hintermannes" tatsächlich zu einer Rechtsgutverletzung kam.

(b) Es empfiehlt sich, mit der hL im Schrifttum eine vollendete Anstiftung zum Delikt neben der Versuchsstrafbarkeit als mittelbarer Täter in Erwägung zu ziehen (*Heinrich*, AT Rn 1265;

Jescheck/Weigand, § 62 III 1; *Kühl*, AT § 20 Rn 87; *Roxin*, AT II § 25 Rn 167; *S/S-Heine/ Weißer*, Vorbem §§ 25 ff Rn 79).

Zur Vertiefung: *Wessels/Beulke/Satzger, AT Rn 787; Beulke, Kühl-FS, S 115 ff; ders, Klausurenkurs I [8] Rn 284, 288; Küper, Roxin II-FS, S. 895 ff (Fahrlässigkeitslösung); Maurach/ Gössel/Zipf, AT2 § 48 Rn 111.*

211 Für die Rspr, die Täterschaft und Teilnahme vorrangig nach subjektiven Kriterien abgrenzt, stellt sich in dieser Konstellation ein Vorsatzproblem. Ungeachtet der nicht tatbeherrschenden Rolle würde ihr der Wille des S zur Tatherrschaft in Form des § 25 I Alt 2 genügen, um S wegen eines vollendeten Betrugs in mittelbarer Täterschaft nach §§ 263 I, 25 I Alt 2 zu bestrafen. Aber eine reine Gesinnungsstrafbarkeit wird den Anforderungen an eine mittelbare Täterschaft nicht gerecht. Täter kann nur sein, wer die Tatherrschaft innehat. Diese liegt regelmäßig nur dann vor, wenn der Vordermann selbst tatbestandslos, gerechtfertigt oder schuldlos handelt, denn nur dann kann man von einem Handeln „kraft überlegenen Wissens" sprechen. Da F hier aber alles durchschaute, fehlte dem S die erforderliche Wissensüberlegenheit, sodass dem S objektiv keine Tatherrschaft zufiel.

b) Ergebnis

S hat sich nicht gem §§ 263 I, 25 I Alt 2 strafbar gemacht.

3. §§ 263 I, II, 22, 23 I Alt 2, 25 I Alt 2 (S gegenüber W, zulasten des W, zugunsten des S)

a) Vorprüfung

212 Ein vollendeter Betrug in mittelbarer Täterschaft liegt nicht vor (*s Rn 209 ff*). Der Versuch ist strafbar gem §§ 263 II, 23 I Alt 2.

b) Tatentschluss

S hielt F für gutgläubig und sein eigenes Wissen für überlegen. Er meinte deshalb, Tatherrschaft zu haben. Somit handelte er bzgl der Täuschungshandlung in mittelbarer Täterschaft vorsätzlich.

Er hatte auch hinsichtlich des Irrtums des W über seine (des S) Zahlungsfähigkeit Vorsatz. Selbst wenn S von den Zweifeln des W an seiner Zahlungsfähigkeit gewusst hätte, so hinderte das nicht, den Vorsatz des S hinsichtlich des Irrtums des W zu bejahen (*s Rn 205*).

S hatte den Vorsatz, den W zu einer Vermögensverfügung durch den Abschluss des Vertrags und die Übereignung von Speisen und Getränken zu veranlassen.

Auch wusste S, dass die Zahlungsforderung, die W gegen ihn erhielt, aufgrund seiner Zahlungsunfähigkeit nicht einbringbar war. Er handelte somit auch bzgl des kausalen Vermögensschadens vorsätzlich.

Der von S beabsichtigte Wertzuwachs (Ansprüche aus dem Vertrag, später Eigentum an Kaffee und Kuchen) stellt den kehrseitigen Schaden des W (Lieferungspflicht/Eigentumsverlust) dar. Auch hinsichtlich der stoffgleichen rechtswidrigen Bereicherung handelte S also mit der erforderlichen Absicht. Der Tatentschluss ist damit gegeben.

c) Unmittelbares Ansetzen

Wann zur Verwirklichung des Tatbestandes unmittelbar angesetzt wird, ist im Falle der mittelbaren Täterschaft streitig.

Problem Nr 48: Versuchsbeginn bei mittelbarer Täterschaft　　　　　213

(1) Nach der **Gesamtlösung** (*Krack*, ZStW 110 [1998], 611, 628 ff; *Krey/Esser*, AT Rn 1239; *Kühl*, AT § 20 Rn 91; *Stratenwerth/Kuhlen*, § 12 Rn 105) kommt es erst auf das unmittelbare Ansetzen des gutgläubigen Werkzeugs selbst an.

Argument: Zum einen ist vor diesem Zeitpunkt objektiv noch keine Gefahr für das zu schützende Rechtsgut entstanden. Zum anderen darf das Versuchsstadium nur aufgrund der Einschaltung eines Dritten nicht zulasten des Täters vorverlegt werden.

(2) Dagegen sieht die **Einzellösung** schon die Einwirkung auf das Werkzeug selbst als unmittelbares Ansetzen zum Versuch der Tat an (*Baumann/Weber/Mitsch/Eisele*, AT § 28 Rn 155; *Puppe*, AT § 20 Rn 28 ff; *dies*, GA 2013, 514, 530 ff).

Argument: Schon das Einwirken auf den Tatmittler setzt den Kausalverlauf in Gang, den der mittelbare Täter nicht mehr in vollem Umfang kontrollieren kann.

(3) Dagegen wendet die **herrschende Rechtsgutsgefährdungstheorie** zu Recht auch auf den Versuchsbeginn in mittelbarer Täterschaft die Regeln zur unmittelbaren Täterschaft an (BGHSt 30, 363; 40, 257, 268; *Bosch*, Jura 2011, 915; LK-*Schünemann*, § 25 Rn 150-154; *Rönnau*, JuS 2014, 109, 112; *Roxin*, AT II § 29 Rn 230; vgl auch S/S-*Eser/Bosch*, § 22 Rn 54a). Das hat zur Folge, dass das Versuchsstadium idR schon dann beginnt, wenn der Täter den Tatmittler aus seinem Einwirkungsbereich entlässt, sodass das jeweilige Rechtsgut aus seiner Sicht bereits konkret gefährdet ist, spätestens aber, sobald der Tatmittler zur Vornahme der Tatbestandshandlung unmittelbar ansetzt. Dies gilt nicht nur bei Gutgläubigkeit, sondern auch bei Bösgläubigkeit des Tatmittlers.

Argument: Auch bei mittelbarer Täterschaft hat der Täter entsprechend den allgemeinen Versuchsregeln die Schwelle zum Versuch frühestens überschritten, wenn er das von ihm in Gang gesetzte Geschehen so „aus der Hand gegeben" hat, dass der daraus resultierende Angriff auf das Opfer nach seiner Vorstellung von der Tat ohne weitere wesentliche Zwischenschritte und ohne längere Unterbrechung im nachfolgenden Geschehensablauf unmittelbar in die Tatbestandsverwirklichung einmünden soll. Indiz dafür ist die Rechtsgutsgefährdung. Nur so wird dem Unmittelbarkeitserfordernis des § 22 in jedem Fall Genüge getan.

Zur Vertiefung: Wessels/Beulke/Satzger, AT Rn 872 ff; Beulke, Klausurenkurs I [4] Rn 194; ders, Klausurenkurs II [4] Rn 115; Hillenkamp/Cornelius, AT 15. Problem S 125 ff.

Teilweise wird vertreten, der Versuch beginne bei der mittelbaren Täterschaft erst dann,　214
wenn der Tatmittler unmittelbar zur Tathandlung ansetzt (sog Gesamtlösung). Andere stellen hingegen maßgeblich auf die Einwirkung des Hintermanns auf das Werkzeug ab (sog Einzellösung). Die erste Ansicht wird der Gefährlichkeit der vorangegangenen Einflussnahme für das Opfer nicht in ausreichendem Maße gerecht, während die Einzellösung bereits fernliegende Gefährdungen des geschützten Rechtsguts der Strafbarkeit unterstellt sowie dem Unmittelbarkeitserfordernis des § 22 nicht gerecht wird. Sinnvoll erscheint es, die Regeln, die bezüglich der Abgrenzung von Vorbereitung und Versuch

bei der unmittelbaren Täterschaft weithin anerkannt sind (*vgl Fall 3 Rn 109*), entsprechend anzuwenden. Die Versuchsschwelle ist demnach überschritten, wenn der Hintermann das von ihm in Gang gesetzte Geschehen so aus der Hand gegeben hat, dass das Rechtsgut aus seiner Sicht bereits konkret gefährdet erscheint, weil der Tatmittler – nach Vorstellung des Hintermanns – ohne wesentliche Zwischenakte und ohne relevante zeitliche Zäsur zur Tatbestandsverwirklichung ansetzen wird. Ausgehend hiervon hat S vorliegend unmittelbar zur Tatbegehung angesetzt, als seine Einwirkung auf F abgeschlossen war und er den Gastraum verließ.

Dem steht auch nicht entgegen, dass F hier gar kein „Werkzeug" des S sein wollte und Letzterem der Taterfolg daher mangels Tatherrschaft nicht als Täter zugerechnet werden kann (*Rn 210*). S hat nämlich durch sein Einwirken auf F bereits selbst unmittelbar zur Tatbestandsverwirklichung angesetzt, sodass es einer Zurechnung nicht bedarf[14].

Es liegt also ein untauglicher Versuch (vgl § 23 III) eines Betruges, begangen in mittelbarer Täterschaft, vor.

d) Rechtswidrigkeit und Schuld

S handelte rechtswidrig und schuldhaft.

e) Strafantragserfordernis, §§ 263 IV, 248a

Ein Strafantrag muss gem §§ 263 IV, 248a gestellt werden.

Ein versuchter Betrug in mittelbarer Täterschaft ist also gegeben.

Es liegt ein Betrugsversuch – in Form des untauglichen Versuchs – vor, der in mittelbarer Täterschaft begangen wird (ebenso LK-Schünemann, § 25 Rn 146), und nicht nur eine „versuchte mittelbare Täterschaft", bei der die Haupttat nicht einmal in das Versuchsstadium übergeht (aA Matt/Renzikowski-Haas, § 25 Rn 49). Eine versuchte mittelbare Täterschaft wäre zB gegeben, wenn schon die Einwirkung auf F gescheitert wäre, so wenn F den S überhaupt nicht verstanden hätte. Ob eine derartige versuchte mittelbare Täterschaft strafbar ist, ist streitig. Zum Teil wird im Schrifttum eine Anwendbarkeit des § 30 I in Betracht gezogen (dafür SK/StGB-Hoyer § 30 Rn 5-10). Zwar lässt der Wortlaut des § 30 I („einen anderen zu bestimmen versucht, ein Verbrechen zu begehen") diese Interpretation zu, gleichwohl lehnt die ganz hM im Falle der versuchten mittelbaren Täterschaft jegliche Strafbarkeit ab, weil sie das „Bestimmen" nur iS einer Anstiftung interpretiert (Ensenbach, Jura 2011, 787, 794; Kühl, AT § 20 Rn 250; LK-Schünemann, § 30 Rn 23; S/S-Heine/Weißer, § 30 Rn 32). Die dadurch auftretenden Wertungswidersprüche (Strafbarkeit der versuchten Anstiftung – Straflosigkeit der „schwereren" Beteiligungsform der versuchten mittelbaren Täterschaft) nimmt sie in Kauf.

Da also der „Betrugsversuch in mittelbarer Täterschaft" ganz andere Rechtsfolgen hat als der „Versuch der mittelbaren Täterschaft hinsichtlich eines Betruges", sollte bereits die Überschrift deutlich machen, dass es im vorliegenden Fall um erstere Konstellation

---

14 Anders als in den klassischen Fällen vermeintlicher Mittäterschaft, wo keiner der Tatbeteiligten auf Grundlage eines gemeinsamen Tatplans unmittelbar zur Tatbestandsverwirklichung ansetzt; vgl *Beulke*, Klausurenkurs II [8], Problem Nr 48 Rn 240.

geht: §§ 263 I, II, 22, 23 I Alt 2, 25 I Alt 2. Das ist besser als die Überschrift §§ 263 I, II, 25 I Alt 2, 22, 23 I Alt 2 zu wählen, welche nur das Missverständnis provoziert, der Verfasser prüfe eine versuchte mittelbare Täterschaft (aA Rengier, AT § 43 Rn 88).

4. §§ 263 I, 26

S könnte den F zu dessen Betrug gegenüber und zulasten des W sowie zugunsten des S   **215**
angestiftet haben.

a) Objektiver Tatbestand

Die vorsätzliche rechtswidrige Haupttat liegt im durch F begangenen Betrug (263 I, *s Rn 201 ff*). Durch seine Bitte hat S bei F den Tatentschluss hervorgerufen.

b) Subjektiver Tatbestand

S müsste zunächst hinsichtlich der vorsätzlichen rechtswidrigen Haupttat mit Vorsatz gehandelt haben. Problematisch ist, dass S einen eigennützigen Betrug begehen wollte, während in Wahrheit durch F ein fremdnütziger Betrug (zugunsten des S) begangen wurde (*s Rn 201 ff*). Dies ist aber als eine unwesentliche Abweichung vom vorgestellten Kausalverlauf zu werten, die den Vorsatz unberührt lässt.

Zudem müsste S bzgl seiner Anstiftungshandlung vorsätzlich gehandelt haben. S wollte eigentlich mittelbarer Täter sein und nicht Anstifter. Möglicherweise genügt dies aber für die Bejahung des Anstiftungsvorsatzes.

Problem Nr 49: Anstiftungsvorsatz als Minus mit im Tätervorsatz enthalten?   **216**

(1) Innerhalb der **Tatherrschaftslehre** wird von vielen in der vorliegenden Konstellation ein Anstiftervorsatz verneint (*Gropp*, AT § 10 Rn 77; Matt/Renzikowski-*Haas*, § 26 Rn 29; *Maurach/Gössel/Zipf*, AT2 § 48 Rn 4; *Rengier*, AT § 43 Rn 82).

Argument: Wer Täterwillen hat, dem fehlt gerade der anders geartete Anstiftungsvorsatz. Die Bejahung des Vorsatzes ist daher mit dem Analogieverbot (Art 103 II GG) unvereinbar.

(2) Die **herrschende Gegenmeinung** bejaht zu Recht einen Anstiftervorsatz (*Kühl*, AT § 20 Rn 87; LK-*Schünemann*, § 25 Rn 147; *Roxin*, AT II § 25 Rn 167; S/S/W-StGB-*Murmann*, § 25 Rn 29; *Wessels/Beulke/Satzger*, AT Rn 787).

Argument: Der Wille zur Anstiftung ist als ein **„qualitatives Minus"** im Willen zur Täterschaft enthalten. Wer eine Tat als eigene begehen wollte, dem kann ohne Verstoß gegen rechtsstaatliche Grundsätze wenigstens eine minderschwere Beteiligungsform zum Vorwurf gemacht werden. Hätte der Beteiligte gewusst, dass die Täterschaft einem anderen zukam, so hätte er doch mindestens noch Anstifter sein wollen.

Möglich ist diese Konstellation allerdings nur dort, wo das Gesetz für einen Anstifter nicht höhere Strafen vorsieht als für einen Täter. Im Verhältnis von § 160 zu § 154 und § 271 zu § 348 ist die Umdeutung vom Täter- in einen Anstiftervorsatz zB ausgeschlossen, weil eben dort die Strafandrohung für die Täterschaft gem § 160 bzw § 271 geringer ist als für die Anstiftung zu § 154 bzw § 348. Sind die Strafandrohungen von Täterschaft und Anstiftung jedoch (wie zumeist) gleich, steht der Weg über § 26 grds offen.

Zur Vertiefung: Wessels/Beulke/Satzger, AT Rn 786 f; Beulke, Klausurenkurs I [8] Rn 284, 288; ders, Kühl-FS, S 115, 119 ff.

---

217 Der Vorsatz der mittelbaren Täterschaft ist der weitergehende, der auch das „Minus" des Anstiftungsvorsatzes mitenthält, so dass das Analogieverbot des Art 103 II GG nicht entgegensteht. Die Strafandrohung zu §§ 263 I, 25 I Alt 2 entspricht der von §§ 263 I, 26. Wird der Tatentschluss zur mittelbaren Täterschaft bei S in das „qualitative Minus" eines Anstiftungsvorsatzes umgedeutet, hat das also keine schärfere Bestrafung des S zur Folge. Hätte S gewusst, dass F vorsätzlich handelte, so hätte er zumindest Anstifter zum Betrug gegenüber W sein wollen. Es erscheint deshalb sachgerecht, ihn aus §§ 263 I, 26 zur Verantwortung zu ziehen.

c) Strafantragserfordernis gem §§ 263 IV, 248a

Ein Strafantrag muss gem §§ 263 IV, 248a gestellt werden.

5. § 246 I

218 Eine Strafbarkeit nach § 246 I scheidet aus (*s Rn 207*).

6. Konkurrenzen

Im Ergebnis wurden hier also ein versuchter Betrug in mittelbarer Täterschaft (§§ 263 I, II, 22, 23 I Alt 2, 25 I Alt 2) sowie eine vollendete Anstiftung zum Betrug bejaht. Gegenüber der vollendeten Anstiftung zum Betrug muss der versuchte Betrug auf Konkurrenzebene ausscheiden (Gesetzeskonkurrenz in Form der Subsidiarität wie auch sonst beim Versuch gegenüber der Vollendung), um nicht zur Verdoppelung des Unrechts zu gelangen[15]. (*Ebenfalls vertretbar – wenn auch mit Bedenken – ist eine Idealkonkurrenz iSv § 52, dafür LK-Roxin [11. Aufl], § 25 Rn 146 f.*)

7. Ergebnis für S im Tatkomplex A

S hat sich wegen Anstiftung zum vollendeten Betrug strafbar gemacht (§§ 263 I, 26).

III. Gesamtergebnis des ersten Tatkomplexes

F: § 263 I
S: §§ 263 I, 26

B. Das Abonnement (Strafbarkeit des S)

1. § 263 I (S gegenüber D, zulasten der D, zugunsten des S)

219 Durch den Verkauf des Abonnements der FKK-Zeitschrift an D könnte S einen Betrug begangen haben.

---

15 *Gropp*, AT § 10 Rn 77; *Maurach/Gössel/Zipf*, AT2 § 48 Rn 37 ff.

a) Objektiver Tatbestand

S hat über den Inhalt des Zeitschriften-Abonnements (FKK-Bilder statt christlich geprägter Lebenstipps für das Älterwerden) und über den Verwendungszweck der Provision getäuscht.

Dadurch hat S bei D eine positive Fehlvorstellung über Tatsachen und somit einen Irrtum erregt.

D müsste hierdurch zu einer Verfügung über ihr Vermögen veranlasst worden sein. Bereits mit der Bestellung des Abonnements hat D durch das Eingehen einer Verbindlichkeit eine Belastung ihres Vermögens bewirkt, die sich wirtschaftlich gesehen als negativer Bilanzposten erweist. Folglich resultiert bereits daraus eine wirtschaftliche Vermögensminderung, sodass eine Vermögensverfügung vorliegt.

Schließlich müsste aufgrund der Vermögensverfügung bei D ein Vermögensschaden eingetreten sein. Vermögensschaden bezeichnet eine nachteilige Vermögensdifferenz, die nicht durch ein unmittelbar aus der Vermögensverfügung fließendes Äquivalent wirtschaftlich voll ausgeglichen wird[16].

Möglicherweise ist ein Vermögensschaden bereits von vornherein ausgeschlossen, weil D problemlos ihre Vertragsbindung aufheben konnte. In Betracht kommt bei einer Bestellung aufgrund von Hausbesuchen zunächst nur ein Eingehungsbetrug[17], der sich dadurch auszeichnet, dass es in der Vertragsabschlussphase zunächst nur zu einer schadensgleichen Vermögensgefährdung kommt. Eine solche ist aber von vornherein nicht gegeben, wenn sich die Gefahr des endgültigen Vermögensverlustes seitens des Getäuschten schnell und einfach beheben lässt. Diese Konstellation ist hier jedoch nicht gegeben. Zwar würde eine Anfechtung (die hier aufgrund arglistiger Täuschung gem § 123 I BGB binnen Jahresfrist, § 124 I BGB, möglich wäre) den Abonnement-Vertrag beseitigen, jedoch bliebe dabei das Prozessrisiko, da der Anfechtende regelmäßig beweispflichtig ist. Für § 263 I genügt ein derartiger, konkret bezifferbarer Gefährdungsschaden[18].

Deshalb spricht auch ein möglicherweise für D existierendes Widerrufsrecht nicht zwangsläufig gegen die Annahme eines Vermögensschadens. Vorliegend handelt es sich um einen Vertrag, der die regelmäßige Lieferung von Sachen gleicher Art zum Gegenstand hat (vgl § 510 I 1 Nr 2 BGB), sodass für D gem § 510 II BGB ein Widerrufsrecht nach § 355 BGB in Betracht käme. Allerdings scheitert ein solches hier daran, dass der Preis für das Abonnement 190 € und damit nicht mehr als 200 € beträgt (§§ 510 III, 491 II 2 Nr 1 BGB). Jedoch besteht nach § 312g I Alt 1 BGB aufgrund der Tatsache, dass der Vertrag außerhalb von Geschäftsräumen gem § 312b I 1 Nr 1, S 2, II BGB geschlossen worden ist, ein Widerrufsrecht nach § 355 BGB. Es liegt gem § 312 I BGB ein Verbrauchervertrag iSd § 310 III BGB vor, der eine entgeltliche Leistung zum Gegenstand hat. Es greift zudem weder eine Beschränkung nach § 312 II–VI BGB noch

---

16 BGHSt 16, 321, 325; 34, 199, 201; BGH NStZ 2016, 286; *Satzger*, Jura 2009, 518, 520 f; *Wessels/Hillenkamp*, BT2 Rn 538.
17 Vgl *Wessels/Hillenkamp*, BT2 Rn 539.
18 S auch BGH NStZ 2017, 30; OLG Frankfurt a.M. NJW 2011, 398, 403.

ein Ausschluss des Widerrufsrechts nach § 312g II 1 Nr 7, III BGB. D ist entsprechend § 312a II 1 BGB iVm Art 246 III EGBGB ordnungsgemäß über ihr Widerrufsrecht belehrt worden. Es ist ferner davon auszugehen, dass D die Informationspflichten des § 312d I, II BGB iVm Art 246a, 246b EGBGB erfüllt hat. Der Widerruf muss innerhalb von 14 Tagen erklärt werden (§ 355 I 2, II 1 BGB). Die Frist beginnt mit dem Erhalt der ersten Zeitschrift (vgl § 356 II Nr 1 lit d, III BGB [in Abweichung von § 355 II 2 BGB]).

Im vorliegenden Fall ist die Widerrufsfrist bereits abgelaufen, sodass D nur noch das Anfechtungsrecht über § 123 I BGB verbleibt. Aber auch vor Ablauf der Frist scheitert die Annahme eines Vermögensschadens nicht zwangsläufig an der Existenz des Widerrufsrechts, denn wirtschaftlich gesehen besteht gleichwohl eine starke Gefährdung des Vermögens. Wie man am Beispiel der D sieht, machen viele Verbraucher aus unterschiedlichen Gründen (zB aus Scham) von ihrem Widerrufsrecht keinen Gebrauch. Das kalkuliert der Täuschende von vornherein ein. Das gesetzliche Widerrufsrecht beseitigt somit nicht die Schutzwürdigkeit des Opfers. Ein wirtschaftlich orientierter Vermögensbegriff kann diese Vermögensgefährdung problemlos und kriminalpolitisch sinnvoll als Schaden erfassen[19].

Fraglich ist jedoch, ob der Vermögensschaden nicht deshalb entfällt, weil D eine gleichwertige Gegenleistung erhalten hat, da das Abonnement zum regulären Preis von 190 € vereinbart wurde. Objektiv gesehen hat D zwar durch die Bestellung zunächst nachteilig über ihr Vermögen disponiert, dieser Vermögensnachteil wurde jedoch unmittelbar durch ein wirtschaftliches Äquivalent in Form des Lieferanspruchs bzgl der Zeitschriften ausgeglichen. Andererseits ist anerkannt, dass die Gegenleistung nicht immer den Schaden beseitigt.

Hier könnte gegen die Schadenskompensation zunächst sprechen, dass D die Zeitschrift nicht gebrauchen konnte.

220   **Problem Nr 50: Lehre vom subjektiven (individuellen) Schadenseinschlag**

Ausgangspunkt ist die **Rspr** im „Melkmaschinenfall" (BGHSt 16, 321 ff; vgl auch BGH NStZ 2010, 700, BGH NStZ 2016, 149 [zu § 253]). Danach wird ein Schaden trotz gleichwertiger Gegenleistung in drei Fällen anerkannt:

1. wenn die Gegenleistung für das Opfer **nicht** oder nicht in vollem Umfang zudem **vertraglich vorausgesetzten Zweck** oder in anderer zumutbarer Weise verwendet werden kann, wobei dies aus Sicht eines sachlichen Beobachters zu beurteilen ist oder
2. wenn der Getäuschte durch die eingegangene Verpflichtung **zu vermögensschädigenden Maßnahmen genötigt** wird oder
3. wenn das Opfer infolge der Verpflichtung **nicht mehr über die Mittel verfügen** kann, die zur ordnungsgemäßen Erfüllung seiner Verbindlichkeiten oder sonst für eine seinen persönlichen Verhältnissen angemessene Wirtschafts- und Lebensführung unerlässlich sind.

Das **BVerfG** hat im Rahmen der Entscheidung zur Frage der Verfassungsmäßigkeit des Untreuetatbestandes (BVerfGE 126, 170) hervorgehoben, dass normative Gesichtspunkte bei der Bewertung des Vermögensschadens mit der Einschränkung zulässig sind, dass eine wirtschaftliche Betrachtungsweise von normativen Erwägungen nicht überlagert werden darf. Aus

---

19 So auch BGHSt 34, 199, 202 für den Fall eines vertraglichen Rücktrittsrechts; vertiefend *Krey/Hellmann/Heinrich*, BT2 Rn 626 ff.

diesem Grund zweifelt die neuere Rspr zT, ob an den im „Melkmaschinenfall" entwickelten Grundsätzen weiterhin festgehalten werden kann (vgl BGH NStZ 2014, 318, 320; 517, 519; ohne Einschränkung dagegen BGH NJW 2014, 2595, 2598 f; s auch *Jäger*, JA 2014, 875; *Trüg*, NStZ 2014, 520). Ob Einschränkungen der Lehre vom subjektiven Schadenseinschlag entwickelt werden, bleibt abzuwarten. Eine komplette Aufgabe ist aber nicht zu erwarten (vgl *Wessels/Hillenkamp*, BT2 Rn 550).

Zur Vertiefung: Wessels/Hillenkamp, BT2 Rn 550 f; Becker/Rönnau, JuS 2017, 975; krit Kindhäuser, BT2, § 27 Rn 69.

Insoweit kommt die Lehre vom individuellen Schadenseinschlag zum Tragen, auf die **221** erst dann zurückgegriffen werden darf, wenn sich aus dem vorzunehmenden Vergleich des Vermögens vor und nach der Verfügung – wie hier wegen der Gleichwertigkeit der Gegenleistung – kein Negativsaldo ergibt[20]. Da D laut Sachverhalt wohlhabend ist, scheidet zwar eine Schadensfeststellung wegen Nötigung zu vermögensschädigenden Maßnahmen bzw wegen persönlicher Verarmung aus. Nachdem D aber auf ausdrückliches Nachfragen versichert wurde, es handle sich um eine für sie brauchbare Zeitschrift, ist die Fallgruppe der fehlenden Verwendungsmöglichkeit einschlägig. Mit dem ausdrücklichen Versichern ist der Inhalt der Zeitschrift auch zum Inhalt des Abonnement-Vertrages geworden. D kann die Zeitschrift aber nicht zu dem vertraglich vereinbarten Zweck verwenden. Da für sie auch eine anderweitige zumutbare Verwendung aufgrund der Tatsache, dass die Hefte aus Sicht eines objektiven Beobachters für ihre speziellen Zwecke und individuellen Bedürfnisse nicht brauchbar sind, nicht in Betracht kommt, ist von einem Vermögensschaden der D auszugehen. Selbst eine in diesen Fällen übliche nachträgliche Stornierungsbereitschaft des Verlages ließe einen Schaden nicht entfallen, da dies nur einer nachträglichen reparatio damni gleichkäme.

Denkbar ist, dass der Schaden zusätzlich auch aus einer sozialen Zweckverfehlung abgeleitet wird. In Rspr und Literatur ist anerkannt, dass ein Schaden auch darin liegen kann, dass eine einseitige Spende ihren sozialen Zweck nicht erfüllt und daher zu einer wirtschaftlich sinnlosen und damit schädigenden Ausgabe führt (sog Bettelbetrug). Im Unterschied zur Bettelei handelt es sich aber vorliegend um einen zweiseitigen Vertrag.

Problem Nr 51: Übertragbarkeit der Grundsätze des Bettelbetrugs auf Austausch- **222** **verträge**

(1) Nach **einer Ansicht** kann auch bei Austauschverträgen – ebenso wie in Fällen des sog Bettel- und Spendenbetrugs – die Verfehlung eines sozialen Zwecks für sich **allein** einen Vermögensschaden begründen, selbst wenn Leistung und Gegenleistung objektiv gleichwertig sind (OLG Düsseldorf NJW 1990, 2397; in diesem Sinne wohl auch BGH wistra 2003, 457, 459).

Argument: War der Abschluss des Geschäfts entscheidend durch einen sozialen Zweck bestimmt, entspricht die Interessenlage der beim Bettelbetrug.

(2) Nach der überzeugenden Ansicht der **hM** (OLG Hamm NStZ 1992, 593; *Eisele*, BT2, Rn 630; S/S-*Perron*, § 263 Rn 101 ff; S/S/W-StGB-*Satzger*, § 263 Rn 229; *Wessels/Hillenkamp*, BT2 Rn 559 ff) kann allein in der Verfehlung eines sozialen Zwecks noch kein Vermögensschaden liegen.

---

20 S BGH NStZ 2014, 517, 519.

Argument: § 263 schützt weder den guten Glauben im Geschäftsverkehr noch die Dispositionsfreiheit. Zum Schutz der Verfügungsfreiheit reichen die Institutionen des Zivilrechts aus. Für § 263 ist bei wirtschaftlich ausgeglichenen zweiseitigen Verträgen mangels einer Vermögenseinbuße deshalb kein Raum.

Zur Vertiefung: Wessels/Hillenkamp, BT2 Rn 553 ff.

223 Ein Vermögensschaden allein unter dem Gesichtspunkt sozialer Zweckverfehlung kommt bei derartigen Austauschverträgen nicht in Betracht. Andernfalls würde doch die Dispositionsfreiheit der D unter den Schutz des § 263 gestellt, obwohl die Instrumente des Zivilrechts insofern ausreichen. Es verbleibt aber bei dem bereits festgestellten (*s Rn 220 f.*) Vermögensschaden trotz Gegenleistung nach den Maßstäben des individuellen Schadenseinschlags.

b) Subjektiver Tatbestand

S handelte vorsätzlich.

Darüber hinaus handelte S zwar in der Absicht rechtswidriger Bereicherung. Der bei S eingetretene Vermögensvorteil müsste aber auch stoffgleich mit dem Vermögensnachteil der D gewesen sein. S erhielt seinen in der Provision liegenden Vermögensvorteil erst durch eine weitere Handlung vom Verlag V. Der im Abschluss des Abonnement-Vertrages liegende Schaden der D – sie musste die Zeitschrift monatlich bezahlen – ist daher nicht die Kehrseite des Vermögensvorteils bei S, der sofort mit Auszahlung der Provision eintritt. Die Stoffgleichheit ist also zu verneinen.

S hat somit keinen Betrug gegenüber D zulasten der D zu eigenen Gunsten begangen.

2. § 263 I (S gegenüber D, zulasten der D, zugunsten des V)

a) Objektiver Tatbestand

224 S hat D getäuscht (*s Rn 219*). Hierdurch hat S bei D eine positive Fehlvorstellung über Tatsachen, mithin einen Irrtum, erregt. Durch den in ihr erregten Irrtum hat S die Getäuschte D zu einer Verfügung über ihr Vermögen veranlasst (*s Rn 219*). Der D ist aufgrund ihrer Vermögensverfügung ein Vermögensschaden entstanden (*s Rn 223*).

b) Subjektiver Tatbestand

S handelte vorsätzlich. Darüber hinaus müsste er in der Absicht stoffgleicher rechtswidriger Bereicherung zugunsten des Verlages V gehandelt haben.

Zweifelhaft ist, ob es S tatsächlich auf einen Vermögensvorteil des Verlages ankam, ob er also in der spezifischen Bereicherungs„absicht" gehandelt hat. Zwar handelte S letzten Endes nur mit Blick auf seine eigene Bereicherung. Um diese in Form der Provision zu erhalten, musste er aber die Bereicherung des V als „notwendiges Zwischenziel" zur eigenen Provision anvisieren, sodass die Bereicherung des Verlages von seiner eigennützigen Absicht mitumfasst war[21].

---

21 Zum Problem vgl *Wessels/Hillenkamp*, BT2 Rn 583.

Zudem ist wiederum die Stoffgleichheit fraglich. Das Unmittelbarkeitserfordernis dient dazu, das Wesen des Betruges als Vermögensverschiebungsdelikt sicherzustellen. Daher muss ein Vermögensvorteil in einer Weise erstrebt werden, dass er unmittelbar zulasten des geschädigten Vermögens geht. Der Vorteil muss gewissermaßen die Kehrseite des Schadens darstellen, braucht aber nicht mit diesem identisch zu sein[22]. In den Fällen des individuellen Schadenseinschlags und des Bettelbetrugs ist es zweifelhaft, ob Vor- und Nachteil korrespondieren, soweit es um einen nichtwirtschaftlichen Schaden des Opfers geht. Das Merkmal der Stoffgleichheit oder Unmittelbarkeit könnte verneint werden. Unproblematisch ist die Stoffgleichheit aber zu bejahen, sofern der Schaden in der Eingehung der Zahlungsverpflichtung liegt. Es reicht, dass Schaden und Vorteil durch ein und dieselbe Vermögensverfügung vermittelt werden[23]. Damit ist auch im Verhältnis D – V die Stoffgleichheit zu bejahen, da aus der Vermögensverfügung der D (Unterschreiben des Vertrages und spätere Zahlung) unmittelbar der Vorteil des Verlages V (Abonnement/Gelderhalt) resultierte.

Schließlich ist fraglich, ob die zugunsten des Verlags eingetretene Bereicherung als rechtswidrig zu qualifizieren ist. Rechtswidrig ist eine Bereicherung, wenn der Bereicherte keinen fälligen, einredefreien Anspruch auf den entsprechenden Vorteil hatte[24]. Der zwischen V und D zustande gekommene Kaufvertrag über die Zeitschrift ist zwar anfechtbar, aber nicht nichtig, weshalb V einen Anspruch gegen D auf Entrichtung des Kaufpreises zustand. Allerdings kann D insofern die Einrede der Arglist gem § 853 BGB geltendmachen, da sie bei Abschluss des Vertrages von S, dessen Verhalten sich V gem § 164 I BGB zurechnen lassen muss, arglistig getäuscht wurde. D kann also die Erfüllung des Vertrages – als Ausfluss des Gedankens unzulässiger Rechtsausübung (§ 242 BGB) – auch nach Ablauf der Anfechtungsfrist verweigern, weshalb V kein *durchsetzbarer* Anspruch auf Zahlung des Kaufpreises zusteht. Dies hat S auch zumindest laienmäßig erkannt.

c) Rechtswidrigkeit und Schuld

S handelte rechtswidrig und schuldhaft.

d) Strafzumessung, § 263 III 2 Nr 1

Fraglich ist, ob S einen Betrug in einem besonders schweren Fall begangen hat. Gem § 263 III 2 Nr 1 liegt idR ein besonders schwerer Fall des Betruges vor, wenn der Täter gewerbsmäßig handelt. Gewerbsmäßig handelt, wer sich aus der wiederholten Tatbegehung eine fortlaufende Einnahmequelle von einigem Umfang und einer gewissen Dauer verschaffen will[25]. Aus dem Sachverhalt ergibt sich nicht, dass die „Drückerkolonne" fortlaufend mit betrügerischen Methoden arbeitet und erst recht nicht, dass S gegenüber anderen potenziellen Abonnenten ebenfalls Betrugshandlungen vornehmen möchte.

---

22 *Wessels/Hillenkamp*, BT2 Rn 588.
23 BGHSt 6, 115; 21, 384.
24 *Wessels/Hillenkamp*, BT2 Rn 585 f.
25 BGH NStZ 2004, 265; *Wessels/Hillenkamp*, BT2 Rn 593, 239.

e) Strafantragserfordernis, §§ 263 IV, 248a

Da der Preis des Abonnements 190 € betrug, besteht kein Strafantragserfordernis wegen Geringwertigkeit (Grenze: nach BGH-Rspr: 25 €[26]).

3. § 263 I (S gegenüber V, zulasten des V, zugunsten des S)

225 S könnte auch gegenüber V einen Betrug begangen haben.

In Provisionsvertreterfällen ist stets ein Anfechtungsrecht der Kunden aus § 123 I BGB zu bedenken. Der Schaden des Verlages läge danach in der Auszahlung der Provision, obwohl der Vertrag später rückgängig gemacht werden könnte oder müsste. Vorliegend arbeitete die „Drückerkolonne" aber auch bzgl des Einsatzes unredlicher Werbemethoden mit Wissen und Billigung des Verlages. Damit fehlte es schon an einer Täuschung, da es dem Verlag offensichtlich vollkommen gleichgültig war, wie ein Abonnement-Vertrag zustande kam. Auch ein Irrtum ist infolgedessen ausgeschlossen. Ein Betrug zulasten des Verlages scheidet aus.

Vgl die Formulierung im Sachverhalt „mit Wissen des Verlages um jeden Preis". Wer dennoch Mitwisserschaft des Verlages verneint, kann § 263 I bejahen. Insgesamt liegt dann aber immer noch nur ein einziger Betrug vor (fremd- und eigennützig), vgl BGHSt 21, 384.

4. Ergebnis für S im Tatkomplex B

S ist strafbar gem § 263 I.

C. Das „Heroinpulver"

I. Strafbarkeit des S

1. § 29 I 1 Nr 1 BtMG

226 S müsste Betäubungsmittel unerlaubt erworben haben.

Zwar ist Heroinpulver ein Betäubungsmittel iSv § 1 I iVm Anlage I BtMG (Diamorphin). Objektiv hat S jedoch lediglich ein Zucker-Zimt-Gemisch erhalten.

Eine Vollendungsstrafbarkeit greift auch nicht über § 29 VI BtMG ein, da dort die Variante des Erwerbs zum Zwecke des Eigenkonsums nicht erfasst wird.

Eine Strafbarkeit nach § 29 I 1 Nr 1 BtMG entfällt.

---

26 BGH NStZ-RR 2014, 141; *Fischer*, § 243 Rn 25; für 50 €: OLG Frankfurt a.M. NStZ-RR 2008, 311 m zust Bespr *Jahn*, JuS 2008, 1024.

2. § 29 I 1 Nr 1, II BtMG iVm §§ 22, 23 I Alt 2 StGB

a) Vorprüfung

Der unerlaubte Erwerb von Betäubungsmitteln wurde nicht vollendet (*s Rn 226*). Der **227** Versuch ist strafbar gem § 29 II BtMG iVm § 23 I Alt 2 StGB.

b) Tatentschluss

S wollte das Betäubungsmittel Heroin erwerben, dh die eigene tatsächliche Verfügungsgewalt auf abgeleitetem Weg erlangen, um die Verfügungsgewalt ausüben zu können[27], ohne hierfür eine entsprechende Erlaubnis zu besitzen.

c) Unmittelbares Ansetzen

Indem S das vermeintliche Heroinpulver an sich nahm, hat er unmittelbar zur Tatausführung angesetzt.

Dass der Tatplan von vornherein „untauglich" war, weil es an einem tauglichen Tatmittel – „Betäubungsmittel" – fehlte, steht der Bejahung eines unmittelbaren Ansetzens nicht entgegen[28].

d) Rechtswidrigkeit und Schuld

S handelte rechtswidrig und schuldhaft.

e) § 29 V BtMG

Ein Absehen von Strafe kommt nicht in Betracht. Zwar sollte der Kauf zum Zweck des Eigenverbrauchs erfolgen. Ein Gramm Heroin ist jedoch laut Bearbeitervermerk keine geringe Menge iSv § 29 V BtMG.

3. § 29a I Nr 2 BtMG iVm §§ 22, 23 I Alt 2 StGB

Eine Strafbarkeit scheitert wiederum daran, dass es sich bei einem Gramm Heroin laut **228** Bearbeitervermerk nicht um eine „nicht geringe Menge" iSv § 29a I Nr 2 BtMG handelt.

4. Ergebnis für S im Tatkomplex C

S ist strafbar gem § 29 I 1 Nr 1, II BtMG iVm §§ 22, 23 I Alt 2 StGB.

II. Strafbarkeit des G

1. § 29 I 1 Nr 1 BtMG

G müsste mit Betäubungsmitteln unerlaubt Handel getrieben oder sie, ohne Handel zu **229** treiben, veräußert haben.

---

27 *Weber*, BtMG § 29 Rn 1068.
28 Vgl zum untauglichen Versuch auch § 23 III: *Wessels/Beulke/Satzger*, AT Rn 859 ff.

Zwar ist Heroinpulver ein Betäubungsmittel iSv § 1 I iVm Anlage I BtMG (Diamorphin). Objektiv hat G jedoch lediglich ein Zucker-Zimt-Gemisch veräußert.

Eine Strafbarkeit nach § 29 I Nr 1 BtMG entfällt.

2. § 29 VI iVm I 1 Nr 1 BtMG

a) Objektiver Tatbestand

230 G müsste einen Stoff veräußert bzw mit ihm Handel getrieben haben, der nicht Betäubungsmittel ist, aber als solches ausgegeben wird (Imitat).

Das Zucker-Zimt-Gemisch ist kein Betäubungsmittel iSv § 1 I iVm Anlage I BtMG. G hat diesen Stoff (§ 2 I Nr 1 BtMG) jedoch als Heroin – ein Betäubungsmittel im genannten Sinn – ausgegeben.

Veräußern ist das Abgeben von Betäubungsmitteln aufgrund entgeltlicher rechtsgeschäftlicher Vereinbarung, wobei auf Seiten des Veräußerers kein Eigennutz gegeben sein darf[29]. G und S haben ein entgeltliches Rechtsgeschäft in Form eines Kaufvertrages (auf die zivilrechtliche Wirksamkeit kommt es für die Strafbarkeit nicht an) geschlossen. G hat die tatsächliche Verfügungsgewalt auf S übertragen. G kam es jedoch auf seinen persönlichen Vorteil, insbes auf die Erzielung von Gewinn an. Er handelte somit eigennützig[30]. Ein Veräußern scheidet mithin aus[31].

Handeltreiben ist jedes eigennützige Bemühen, das darauf gerichtet ist, den Umsatz von Betäubungsmitteln zu ermöglichen oder zu fördern[32]. Hierunter fallen auch Rechtsgeschäfte, wobei es auf die zivilrechtliche Wirksamkeit nicht ankommt[33]. Durch den Abschluss des „Kaufvertrages" hat G mit dem Imitat Handel getrieben.

b) Subjektiver Tatbestand

G handelte vorsätzlich.

c) Rechtswidrigkeit und Schuld

G handelte rechtswidrig und schuldhaft.

3. § 29a I Nr 1, Nr 2 BtMG

231 § 29a BtMG scheidet schon deswegen aus, weil G objektiv nicht mit Betäubungsmitteln, sondern lediglich mit einem Imitat Handel getrieben hat.

---

29 *Eberth/Müller/Schütrumpf*, Rn 96; *Weber*, BtMG § 29 Rn 921.
30 *Weber*, BtMG § 29 Rn 290.
31 *Weber*, BtMG § 29 Rn 921, 929.
32 *Weber*, BtMG § 29 Rn 153.
33 *Weber*, BtMG § 29 Rn 328, 331.

4. § 263 I (G gegenüber S, zulasten des S, zugunsten des G)

a) Objektiver Tatbestand

G spiegelte dem S vor, er übergebe ihm gegen Zahlung von 55 € vereinbarungsgemäß ein Gramm Heroinpulver. Der Umstand, dass S uU keinen Schutz verdient, da er sich durch den angeblichen Verkauf des Heroins seinerseits strafbar gemacht hat (*s Rn 227*), schließt die Bejahung einer Täuschungshandlung nicht aus[34], sondern ist erst bei Prüfung des Vermögensschadens von Bedeutung.

Dadurch erregte er bei S eine entsprechende positive Fehlvorstellung, mithin einen Irrtum.

Indem S den vereinbarten Kaufpreis zahlte, verfügte er irrtumsbedingt über sein Vermögen.

S müsste aufgrund seiner Vermögensverfügung einen Vermögensschaden erlitten haben. S bezahlte für die Lieferung von Heroinpulver, welches Betäubungsmittel iSd § 1 I iVm Anlage I BtMG (Diamorphin) ist. Nach § 134 BGB iVm § 29a I Nr 1 BtMG ist ein solcher Vertrag wegen Verstoßes gegen ein gesetzliches Verbot nichtig, sodass S trotz Bezahlung keinen Anspruch auf die Gegenleistung hatte. Es bestand lediglich eine durch die tatsächliche Lebenserfahrung begründete Erwartung (Exspektanz), dass der Kunde erhält, worauf er keinen rechtlich fundierten Anspruch hat. Fraglich ist deshalb, ob auch Vermögensdispositionen im Rahmen solcher (gesetzeswidriger und somit nichtiger) Verträge bzw Exspektanzen vom Strafrecht geschützt werden.

Problem Nr 52: Strafrechtlicher Vermögensbegriff   **232**

(1) Nach dem **(rein) juristischen Vermögensbegriff** ist Vermögen nur die Summe der von der Rechtsordnung anerkannten und mit ihr auch durchsetzbaren Vermögensrechte und -pflichten (RGSt 3, 332, 333; 11, 72, 76). Wirtschaftliche Werte spielen keine Rolle. Vermögensschaden ist demnach auch nur der Verlust eines solchen Rechts oder die Belastung mit einer derartigen Verbindlichkeit.

Argument: Zur Wahrung der Einheit der Rechtsordnung kann als Vermögen nur das angesehen werden, was als Vermögensrecht oder -pflicht von ihr anerkannt ist. Rein tatsächliche Beziehungen zu einer Sache können nicht ihre Zugehörigkeit zu einem bestimmten Vermögen bewirken. Betrug lässt sich infolgedessen auch als „Rechtsraub" umschreiben.

(2) Die Gegenposition des **(rein) wirtschaftlichen Vermögensbegriffs** betrachtet als strafrechtlich geschütztes Vermögen alle geldwerten Güter ohne Rücksicht auf ihre rechtliche Anerkennung (RGSt 44, 230; BGHSt 2, 364; *Fahl*, JA 1995, 205; *Haft/Hilgendorf*, BT S 92; *Jäger*, BT Rn 352; *Krey/Hellmann/Heinrich*, BT2 Rn 613 ff). Auch die neuere Rspr hält an diesem Prinzip fest, wobei sie den Schutzbereich zunehmend – in teilweiser Übereinstimmung mit der juristisch-ökonomischen Vermittlungslehre – zur Vermeidung von Wertungswidersprüchen zwischen Zivilrecht und Strafrecht durch Einbeziehung normativer Wertungen ergänzt und korrigiert (vgl BGHSt 48, 322, 330: BGH NStZ 2002, 33 [Heroinfall]; BGH NJW 2002, 2117 m Bespr *Mitsch*, JuS 2003, 122; KG NJW 2001, 86 m Bespr *Hecker*, JuS 2001, 228 ff).

---

34 AA *Hecker*, JuS 2001, 228, 230; *Mitsch*, BT2 S 276; vgl auch NK-*Kindhäuser*, § 263 Rn 343.

Argument: Nur durch das Abstellen auf die wirtschaftlichen Gegebenheiten werden rechtsfreie Räume vermieden. Andernfalls würde man dem Täuschenden einen „Freibrief" geben, sich Vermögenswerte, die der Getäuschte zu unerlaubten Zwecken riskiert, zu eigenem Nutzen zu verschaffen.

(3) Nach dem **personalen Vermögensbegriff** bedeutet Vermögen die wirtschaftliche Potenz des Vermögensträgers (vgl *D. Geerds*, Jura 1994, 309; *Otto*, BT, § 51 Rn 54, 59 ff).

Argument: Das Individuum selbst muss über die Zusammensetzung seines Vermögens entscheiden können.

(4) Die Rechtslehre vertritt zunehmend den **juristisch-ökonomischen Vermögensbegriff** (LK-*Tiedemann*, § 263 Rn 127, 132) und geht damit einen Mittelweg zwischen erst- und zweitgenannter Theorie. Sie zählt zum Vermögen einer Person alle Positionen, denen ein wirtschaftlicher Wert beizumessen ist und die (so die 1. Variante) unter dem Schutz der Rechtsordnung stehen (S/S-*Perron*, § 263 Rn 82 ff; *Eisele*, BT2 Rn 606) oder die (so die 2. Variante) wenigstens von der Rechtsordnung nicht ausdrücklich missbilligt werden (*Gössel*, BT II, § 21 Rn 121; ähnlich auch SK/StGB-*Hoyer*, § 263 Rn 118).

Argument: Der (rein) juristische Vermögensbegriff ist einerseits zu weit, da er auch wirtschaftlich absolut wertlose Vermögensrechte erfasst, andererseits jedoch zu eng, da einige im Wirtschaftsverkehr anerkannte und schutzwürdige Güter (zB Besitz, Arbeitskraft, Geschäftsgeheimnisse, Exspektanzen) außen vor bleiben. Die rein rechtliche Definition des Vermögensbegriffes ist für § 263 daher ungeeignet und wird heute auch nicht mehr vertreten.

Der Schutz des (rein) wirtschaftlichen Vermögensbegriffes geht zu weit. Auch wenn im kriminellen Milieu eine Weitergeltung der Strafrechtsordnung prinzipiell erwünscht ist, beschwört die rein wirtschaftliche Betrachtungsweise doch Widersprüche in der Rechtsordnung herauf. Außerdem wird der Begriff mangels rechtlicher Bestimmbarkeit der Zugehörigkeit zu einem Vermögen konturlos, was im Widerspruch zum Bestimmtheitsgebot steht.

Nur die juristisch-ökonomische Vermögenslehre wird dem Umstand gerecht, dass einerseits auch wirtschaftliche Positionen schutzwürdig sind, denen kein rechtlicher Anspruch zugrunde liegt, dass aber andererseits das Strafrecht ein von der Rechtsordnung nicht gedecktes Verhalten nicht auch noch strafrechtlich abstützen darf. Deshalb sollte bei von der Rechtsordnung ausdrücklich missbilligten Positionen kein strafrechtlich geschütztes Vermögen anerkannt werden.

Auch auf Grundlage des juristisch-ökonomischen Vermögensbegriffs wird indes teils die Ansicht vertreten, der Einsatz „guten" Geldes, um „ungute" Gegenstände oder Leistungen zu erhalten, unterfalle immer dem Schutz des Strafrechts, weil die Rechtsordnung ein wegen seiner Herkunft, Entstehung oder Verwendung schlechthin nicht schutzwürdiges Vermögen nicht kenne (*Wessels/Hillenkamp*, BT2 Rn 565; *Rengier*, BT1 § 13 Rn 145). Dies überzeugt jedoch nicht, denn wer seine Vermögensobjekte zur Erreichung illegaler Zwecke einsetzt, schädigt sich selbst; wer bei diesen Geschäften getäuscht wird, hat den Vermögensschutz verwirkt. Geld, das zu gesetzeswidrigen Zwecken eingesetzt wird, unterfällt daher richtiger Ansicht nach nicht dem strafrechtlichen Vermögensschutz (so iE auch LG Regensburg NStZ-RR 2005, 312; S/S-*Perron*, § 263 Rn 150; NK-*Kindhäuser*, § 263 Rn 346).

Die Ablehnung des Betrugs ist auch kriminalpolitisch nicht zu beanstanden, denn es entfällt lediglich die Betrugsstrafbarkeit, der Täuschende bleibt jedoch aufgrund des zugrundeliegenden gesetzeswidrigen Verhaltens (zB § 29 BtMG) strafbar.

Zur Vertiefung: Wessels/Hillenkamp, BT2 Rn 530 ff; Beulke, Klausurenkurs II [6] Rn 179; Hillenkamp, BT 31. Problem S 166 ff; Küper/Zopfs, BT Rn 607 ff; Swoboda, NStZ 2005, 476 ff.

Während sowohl nach dem wirtschaftlichen als auch nach dem personalen Vermögens- **233**
begriff eine Begrenzung des Vermögensschutzes beim Einsatz von Vermögen zu gesetzeswidrigen Geschäften nicht stattfindet, sodass hier ein Schaden problemlos bejaht
werden kann, ist mit der dem Opferschutz am angemessensten erscheinenden juristisch-
ökonomischen Vermittlungslehre danach zu fragen, ob die Vermögensposition, die verloren geht, von der Rechtsordnung ausdrücklich missbilligt wird. Der versuchte Erwerb
von Betäubungsmitteln ist gem § 29 I 1 Nr 1 iVm II BtMG strafbar (*s Rn 227*). Der auf
Seiten des S erfolgte Einsatz von Vermögenspositionen zu diesem Zweck wird also von
der Rechtsordnung ausdrücklich missbilligt. Zwar könnte man nach dem Grundsatz
„Pecunia non olet"[35] den durch Einsatz „guten Geldes" eingetretenen Verlust immer als
Schaden iSv § 263 einstufen. Wer jedoch wissentlich Geld für gesetzeswidrige Zwecke
einsetzt, schädigt sich bewusst selbst und bedarf deshalb keines Schutzes durch das Ver-
mögensstrafrecht. Ein anderes Ergebnis lässt sich auch nicht mit der Erwägung rechtfertigen, dass der Täuschende G damit einen Freibrief erhalten würde, sich auf Kosten des
selbst gesetzwidrig handelnden S zu bereichern. Die Vertreter dieser Ansicht verkennen,
dass das Verhalten des G nach § 29 VI iVm I Nr 1 BtMG strafbar bleibt (*aA vertretbar*).

b) Ergebnis

G hat sich nicht gem § 263 I strafbar gemacht.

5. Ergebnis für G im Tatkomplex C

G ist strafbar gem § 29 VI iVm I Nr 1 BtMG.

D. Das erste Sex-Telefonat

I. Strafbarkeit des B

1. § 263 I (B gegenüber S, zulasten des S, zugunsten des B)

Indem B den S durch die Werbung veranlasste, mit dem Telefonsexdienst zu telefonie- **234**
ren, könnte er einen Betrug gegenüber und zulasten des S begangen haben.

a) Objektiver Tatbestand

B könnte durch die Werbung „Jede Minute heißes Liebesgeflüster" den S getäuscht haben. Zwar handelt es sich in einer solchen Werbe-Annonce zunächst nur um eine unver-
bindliche Anpreisung, sodass insofern eine objektive Täuschung ausscheidet. Es liegt
eher eine übliche Übertreibung vor, wenn von „heißem" Geflüster die Rede ist. Ein
solches nicht verobjektivierbares Werturteil ist dem Beweise nicht zugänglich; vielmehr
steht „heißes Geflüster" einer breiten Interpretation offen, sodass jeder etwas anderes
darunter versteht und eine Täuschung insofern zweifelhaft ist.

---

35 „Geld stinkt nicht", lateinische Redewendung, die auf Kaiser Vespasian zurückgeht (Besteuerung der Benutzung öffentlicher Toiletten).

Dagegen wurde durch die Ankündigung „jede Minute" und „ohne Vorspiel" konkludent versprochen, dass der Kunde den Service vom Anfang des Telefonats an erhält. Dieser Teil der Werbung ist eine objektivierbare und dem Beweise zugängliche Tatsache, die in Verbindung mit dem „heißen Geflüster" einen objektiven Durchschnittsleser täuscht, wenn bei einem Telefonat zunächst nur Belanglosigkeiten ausgetauscht oder erzählt werden. Denn dass ein Gespräch solcher Art kein „heißes Geflüster" „ohne Vorspiel" ist, dürfte jedem objektiven Zuhörer klar sein, gleichgültig, was im Einzelnen unter „heißem Geflüster" verstanden wird. Sozusagen der zweite Akt dieser Täuschungshandlung ist der Beginn des Gesprächs, bei dem – im Zusammenhang mit der Werbung – von der Telefonpartnerin schlüssig erklärt wird, sogleich zu den „heißesten" Gesprächsthemen überzugehen. Das Verhalten der H muss sich B insoweit gem § 25 II (*uU über § 25 I Alt 2, wenn H zB gutgläubig war*) zurechnen lassen.

B erregte bei S eine positive Fehlvorstellung, mithin einen Irrtum.

Die Vermögensverfügung des S bestand im Einwerfen der Münzen in den öffentlichen Fernsprecher.

S müsste aufgrund seiner Vermögensverfügung einen Vermögensschaden erlitten haben. S bezahlte (anders als bei einem normalen Telefongespräch) nicht nur für die Aufrechterhaltung der Sprechverbindung, sondern auch für die sexuellen Dienste, die er nicht bekam. Zweifelhaft erscheint, ob dies als Schaden iSv § 263 gewertet werden kann.

235   **Problem Nr 53: Nichtleistung bei entgeltlichem Telefonsex als Schaden iSd § 263?**

(1) Nach **früher wohl hA** ist der Vertrag, in dem die Leistung von Telefonsex vereinbart wird, sittenwidrig iSd § 138 I BGB. Die gegenseitigen „Leistungsansprüche" verdienen keinen Vermögensschutz iSd § 263 (BGH NJW 1998, 2895; *Majer*, NJW 2008, 1926).

Argument: Ein bestimmtes Sexualverhalten der potenziellen Kunden wird in verwerflicher Weise kommerziell ausgenutzt, der Intimbereich wird zur Ware gemacht.

(2) Nach ganz **hA** hat sich mittlerweile ein Wandel der Wertvorstellungen in der Bevölkerung vollzogen, welcher es ermöglicht, die Ansprüche aus Telefonsex zum durch § 263 geschützten Vermögen zu zählen. Der (die) nicht leistungsbereite Telefonsexpartner(in), der (die) sich ein Entgelt ohne Gegenleistung erschleicht, kann deshalb einen Betrug begehen.

Argument: Telefonsexgespräche mögen zwar moralisch nach wie vor zu missbilligen sein; dies allein kann aber den Schutz des Leistenden nicht entfallen lassen. Auch der **Gesetzgeber** hat dem durch die im *Gesetz zur Regelung der Rechtsverhältnisse der Prostituierten (ProstG) vom 20.12.2001* normierte Einklagbarkeit des Prostituiertenlohns Rechnung getragen. Wenn nach dem ausdrücklichen Gesetzeswortlaut bereits die Vornahme „sexueller Handlungen", dh sexueller Dienstleistungen mit körperlichem Kontakt zum Kunden, gegen ein vereinbartes Entgelt eine rechtswirksame Forderung begründet, muss dies *per argumentum a maiore ad minus* erst recht für sexuelle Dienstleistungen ohne körperlichen Kontakt (wie Telefonsex) gelten. Im Hinblick auf § 1 S. 1 ProstG kann man die Sittenwidrigkeit beim Vertrag über Telefonsex gänzlich leugnen (so zB HK-GS-*Duttge*, § 263 Rn 51) oder aber zwar weiterhin von der Sittenwidrigkeit eines Rechtsgeschäfts über die Erbringung sexueller Leistungen gegen Entgelt ausgehen, gleichwohl aber kraft Ausnahmeregelung zu § 138 BGB bei Erbringung der vereinbarten Leistung die Forderung für rechtswirksam halten (so BGHSt 61, 149 m Anm *Krehl*, NStZ 2016, 347; *Fischer*, § 263 Rn 107; S/S/W-StGB-*Satzger*, § 263 Rn 166). Jedenfalls gehört die Forderung desjenigen, der zuerst leistet, zum geschützten Vermögen iSd § 263, und zwar sowohl auf der Seite des Anbieters als auch auf der des Kunden. Das gilt sowohl für Telefonsex als auch für die Ausübung der Prostitution. Dementsprechend erleidet der Kunde einen Schaden, wenn er um sein für den Telefonsex aufgewandtes Geld geprellt wird.

Zur Vertiefung: Wessels/Hillenkamp, BT2 Rn 534, 567; Kretschmer, StraFo 2003, 191 ff.

Aufgrund eines Wandels der Wertvorstellungen in der Bevölkerung, welcher insbesondere in dem seit dem Jahre 2001 geltenden ProstG und der darin normierten Legalisierung der Prostitution zum Ausdruck kommt, werden inzwischen nach ganz hA bei Vereinbarungen der vorliegenden Art (Telefonsex gegen Geldzahlungen) die gegenseitigen Aufwendungen als Vermögenswerte iSd § 263 eingestuft. Entweder wird die Sittenwidrigkeit iSd § 138 BGB des Vertrages gänzlich geleugnet, oder es wird trotz der Sittenwidrigkeit aufgrund der Sonderklausel des § 1 S. 1 ProstG von ausnahmsweise gesetzlich geschützten Forderungen ausgegangen. S erlitt also durch die Zahlung der 20 € einen Schaden in Höhe von 15 € (Entgelt für das Sexgespräch). Um den Teil, den die Betreiber des Telekommunikationsdienstes für die Aufrechterhaltung der Verbindung bekamen, wurde S dagegen nicht geschädigt, da er diese Gegenleistung erhalten hat. **236**

b) Subjektiver Tatbestand

B handelte vorsätzlich.

Zudem müsste er in der Absicht rechtswidriger und stoffgleicher Bereicherung gehandelt haben. B wollte gerade den Teil des Geldes erlangen, für den keine Gegenleistung erbracht wurde.

Allerdings erfolgte die Abrechnung der maßgeblichen 15 Euro zunächst über das Telekommunikationsunternehmen, welches B den Betrag anschließend als Gutschrift zuwies. Die Stoffgleichheit der Bereicherung entfällt wegen dieses Zwischenschritts jedoch nicht, da Vorteil des B und Schaden des S noch in der erforderlichen Unmittelbarkeitsbeziehung zueinander stehen (*aA insoweit vertretbar*).

Wer die Stoffgleichheit ablehnt, sollte zumindest darauf hinweisen, dass dann ein Betrug des B gegenüber S zulasten des S zugunsten des Telekommunikationsunternehmens nahe läge, der allerdings laut Bearbeitervermerk nicht zu prüfen ist.

c) Rechtswidrigkeit und Schuld

B handelte rechtswidrig und schuldhaft.

d) Strafzumessung, § 263 III 2 Nr 1

Fraglich ist, ob B einen Betrug in einem besonders schweren Fall begangen hat. Gem § 263 III 2 Nr 1 liegt idR ein besonders schwerer Fall des Betruges vor, wenn der Täter gewerbsmäßig (*s Rn 224*) handelt. B warb für seinen Telefonsexdienst, beabsichtigte somit, möglichst viele Kunden anzulocken. Er wollte diese auf dieselbe Art betrügen, wie er S betrogen hat, was die interne Weisung belegt, generell mit jedem Anrufer in den ersten zehn Minuten lediglich Belanglosigkeiten auszutauschen. Hierdurch beabsichtigte er, sich selbst zu bereichern. B handelte somit gewerbsmäßig.

Gem § 263 IV iVm § 243 II ist ein besonders schwerer Fall jedoch ausgeschlossen, wenn sich die Tat auf eine iSv § 248a geringwertige Sache bezieht. Geringwertigkeit wird von der Rspr bis 25 bzw 50 € bejaht[36]. Der B erzielte eine Gutschrift von nur 15 €, sodass Geringwertigkeit zu bejahen und ein besonders schwerer Fall des Betruges mithin zu verneinen ist.

e) Strafantragserfordernis, §§ 263 IV, 248a

Wegen der Geringwertigkeit der von B erzielten Gutschrift ist ein Strafantrag erforderlich.

2. § 261 I, II Nr 2, V

Eine Strafbarkeit wegen Geldwäsche gem § 261 I, II Nr 2, V wäre denkbar, wenn das von S bezahlte und von dem Telekommunikationsunternehmen an B (wertmäßig) weitergereichte Geld aus einer gewerbsmäßigen Betrugshandlung gegenüber D stammte. Dies war jedoch nicht der Fall (*s Rn 224*). Außerdem gibt es keinerlei Anhaltspunkte im Sachverhalt, dass B bzgl der Herkunft des Geldes vorsätzlich oder leichtfertig handelte.

3. Ergebnis für B im Tatkomplex D

B ist strafbar gem § 263 I.

II. Strafbarkeit des S

Eine Strafbarkeit wegen Geldwäsche käme hier nur in Betracht, wenn das Geld aus gewerbsmäßig begangenen Betrugshandlungen stammte. Sie scheitert aber jedenfalls an § 261 IX 2, weil S wegen Beteiligung an der Vortat – er ist sogar der Täter – strafbar ist.

S hat sich also in Tatkomplex D nicht strafbar gemacht.

E. Das zweite Sex-Telefonat (Strafbarkeit des S)

1. § 263 I (S gegenüber J, zulasten des C, zugunsten des S)

237 Indem S am nächsten Tag mit einem manipulierten Telefon mit dem Sexdienst des C telefonierte, könnte er sich wegen Betruges gegenüber der J zulasten des C und zu eigenen Gunsten strafbar gemacht haben.

a) Objektiver Tatbestand

S täuschte die J konkludent über die unwahre Tatsache der kontinuierlich erfolgenden Zahlung.

Er erregte bei der Jurastudentin J einen entsprechenden Irrtum.

---

36 S Fall 4 Rn 184.

J müsste deswegen eine Vermögensverfügung getroffen haben. J hat S sexuelle Dienste zukommen lassen. Durch den Arbeitsvertrag zwischen J und C ist die persönliche Arbeitsleistung der J zum Gegenstand einer vermögensrechtlichen Beziehung und damit zum Bestandteil des Vermögens des C geworden. Dass damit die Getäuschte und Verfügende (J) mit dem Geschädigten (C) nicht identisch ist, steht einem Betrug nicht entgegen. Es muss sich lediglich bei dem Getäuschten und dem Verfügenden um dieselbe Person handeln. Der Geschädigte kann hingegen ein Dritter sein. Dieser Fall des sog Dreiecksbetrugs setzt allerdings voraus, dass sich der Verfügende zum Geschädigten in einem Näheverhältnis befindet, sodass die Verfügungen unmittelbar zulasten des Geschädigten wirken. Wie dieses Näheverhältnis beschaffen sein muss, ist zwar vielfach umstritten[37], wenn jedoch – wie hier – die verfügende Person ausdrücklich zu dieser Verfügung zulasten des Dritten ermächtigt worden ist, besteht an der erforderlichen Nähebeziehung kein Zweifel.

Fraglich ist, ob dem C infolge der Vermögensverfügung ein Vermögensschaden entstanden ist. Ein Vermögensschaden könnte darin liegen, dass S die Arbeitsleistung, die J für C erbringt, erlangt hat, ohne dafür zu bezahlen.

Teilweise wurde die Ansicht vertreten, die Arbeitskraft eines Menschen sei eine seiner Fähigkeiten, nicht aber Bestandteil seines Vermögens[38].

Überzeugender erscheint die in der Literatur und der Rspr vorgenommene Differenzierung zwischen Arbeitskraft und Arbeitsleistung. Danach kann zwar die Arbeitskraft, dh die Fähigkeit eines Menschen, durch Einsatz geistiger oder körperlicher Kräfte Leistungen von wirtschaftlichem Wert zu erbringen, als solche nicht Vermögensbestandteil sein[39], wohl aber grds die Arbeitsleistung iS eines objektivierten und realisierten Einsatzes der Arbeitskraft zur wirtschaftlichen Nutzung[40].

Wie bereits o (*Rn 236 bei der Würdigung des ersten Sex-Telefonats*) festgestellt, unterfallen die im Rahmen eines Vertrages über entgeltlichen Telefonsex erbrachten Leistungen dem Vermögensschutz iSd § 263. Folglich gehört auch die von J aufgewendete Arbeitsleistung[41] zum geschützten Vermögen des C. C hat durch die Vermögensverfügung der J einen Vermögensschaden erlitten.

Wer eine zivilrechtlich wirksame Forderung verneint (so bzgl des Entgelts für eine   **238**
Prostituierte zB BGH NStZ 2015, 699, s o Rn 235 f), könnte wie folgt fortfahren:

Somit stellt sich die Frage, ob die Aufwendung von Arbeitsleistung zu sittenwidrigen Zwecken in den Bereich des von § 263 StGB geschützten Vermögens fällt.

---

37 Einzelheiten s Fall 6, Problem Nr 56, Rn 246; *Wessels/Hillenkamp*, BT2 Rn 640 ff.
38 *Lampe*, Maurach-FS, S 375, 386; *Tröndle/Fischer*, 48. Aufl, § 263 Rn 27a aE.
39 RGSt 25, 371; *Mitsch*, BT2 S 308.
40 *B. Heinrich*, GA 1997, 24, 26 f; S/S-*Perron*, § 263 Rn 96.
41 Zur Rechtslage bei abgenötigten Sexdiensten: BGH JZ 2012, 100 m abl Anm *Eckstein*.

Problem Nr 54: Aufwendung von Arbeitsleistung zu sittenwidrigen Zwecken

*(1) Mit dem **(rein) wirtschaftlichen Vermögensbegriff** (s Rn 232) könnte ein Vermögensschaden zu bejahen sein. Die von einer Telefondame wie der J geleistete „Arbeit" stellt einen Vermögenswert dar.*

Argument: Solange es für eine Leistung einen Markt gibt, auf dem diese gegen Entgelt angeboten werden kann, liegt auch ein Vermögensschaden vor, wenn das Entgelt nicht entrichtet wird. Juristische Betrachtungen werden hier nicht berücksichtigt.

Zwar hat der BGH, der den rein wirtschaftlichen Vermögensbegriff favorisiert, der zu sittenwidrigen Zwecken aufgewandten Arbeitskraft früher gerade keinen Marktwert zugemessen (so BGHSt 4, 373; BGH StV 1987, 484). Dies betrifft aber inzwischen nur noch die zwangsweise Ausführung der sexuellen Handlung. (BGH StV 2014, 417 m Anm Barton u Jäger, JA 2014, 230). Hingegen gehören die von einer Prostituierten aufgrund einer vorherigen Vereinbarung freiwillig erbrachten sexuellen Handlungen und die dadurch begründete Forderung auf das vereinbarte Entgelt (§ 1 S 1 ProstG) zum strafrechtlich geschützten Vermögen (BGH NStZ 2016, 283 m Anm Krehl NStZ 2016, 346; zu den sog Dirnenlohnfällen s auch Krey/Hellmann/ Heinrich, BT2 Rn 615).

*(2) Nach dem **juristisch-ökonomischen Vermögensbegriff** wird der Schaden hingegen weitgehend abgelehnt (s Rn 232).*

Argument: Aus einem sittenwidrigen Telefonsex-Vertrag ist kein Anspruch auf Bezahlung entstanden. Wer in Kenntnis der Nichtigkeit eines Vertrages leistet, macht dies auf eigenes Risiko. Bei „Wortbordellen" darf sich das Strafrecht nicht in Widerspruch zur übrigen Rechtsordnung setzen und nicht bestehenden Ansprüchen, die aus unsittlichen Geschäften hergeleitet werden, Schutz gewähren (OLG Mannheim NJW 1995, 3398; Wessels/Hillenkamp, BT2 Rn 534, 567).

*(3) Überzeugend wird hingegen im Schrifttum auch auf der Basis des **juristisch-ökonomischen Vermögensbegriffes** beim Einsatz der Arbeitskraft zu sittenwidrigen Zwecken der Vermögensschaden bejaht (Abrahams/Schwarz, Jura 1997, 355; Scheffler, JuS 1996, 1070).*

Argument: Die Rechtsordnung verbietet derartige Serviceleistungen nicht ausdrücklich. Hier hatte es der Getäuschte unterlassen, auf einer Vorauszahlung in Geld zu bestehen, was er sicherlich getan hätte, wenn er die mangelnde Zahlungsbereitschaft des Kunden gekannt hätte.

Zur Vertiefung: Wessels/Hillenkamp, BT2 Rn 534, 567; zur Frage des Einflusses des neuen Verbraucherschutzrechts im Fernabsatz (§ 312g BGB) auf soziale Dienstleistungen der vorliegenden Art sei der Beitrag von Kohler, JR 2017, 613 dringend empfohlen!

Unter wirtschaftlichen Gesichtspunkten ist die von J aufgewandte Arbeitskraft schutzwürdig. Sie stellt einen Marktwert dar. Da der Einsatz der Arbeitskraft von der Rechtsordnung nicht ausdrücklich missbilligt wird, liegt auch auf der Grundlage der juristisch-ökonomischen Vermittlungslehre ein Vermögensschaden des C vor.

b) Subjektiver Tatbestand

239 S handelte vorsätzlich sowie in der Absicht rechtswidriger stoffgleicher Bereicherung.

c) Rechtswidrigkeit und Schuld

S handelte rechtswidrig und schuldhaft.

2. Ergebnis für S im Tatkomplex E

S ist strafbar gem 263 I.

Ein Leser einer früheren Auflage hat vorgeschlagen, wegen der Verwendung des technisch manipulierten Telefons hier noch eine Strafbarkeit gem §§ 263a I, 265a StGB zu prüfen. Abhängig von der Art der Manipulation, zu der der Sachverhalt aber keine Angaben macht, könnte S mit dem zweiten Anruf § 263a I Var 3 StGB verwirklicht haben. Ihm kam es ja gerade auf den vermögenswerten Inhalt der erschlichenen Telekommunikationsleistung an (andernfalls wäre § 265a StGB einschlägig; vgl S/S-Perron, § 263a Rn 15). Angesichts der Einschränkung im Bearbeitervermerk, Delikte zugunsten und zulasten der Betreiber des Telekommunikationsdienstes nicht zu prüfen, konnte diese Prüfung hier jedoch unterbleiben. Wer insoweit bei seiner Bearbeitung doch tiefer in die Problematik eingedrungen ist, sollte bei diesem zweiten Anruf zumindest § 263a I zulasten des C mangels Unmittelbarkeit der Manipulation für die Herbeiführung des Vermögensschadens bei C ablehnen, weil der Schaden erst durch die Vermögensverfügung der J – dh durch die von ihr erbrachten Dienste – herbeigeführt werden muss (vgl dazu Lackner/Kühl, § 263a Rn 18).

F. Gesamtkonkurrenzen

Die von S in den Tatkomplexen A (263 I, 26), B (263 I), C (29 I 1 Nr 1, II BtMG iVm 22, 23 I Alt 2 StGB) und E (263 I) begangenen strafbaren Handlungen sind völlig selbstständige Handlungen, sodass Realkonkurrenz besteht. **240**

G. Gesamtergebnis des materiell-rechtlichen Gutachtens

B: § 263 I
F: § 263 I
G: § 29 VI iVm I Nr 1 BtMG
S: Tatkomplex A: §§ 263 I, 26
   – § 53 –
   Tatkomplex B: § 263 I
   – § 53 –
   Tatkomplex C: § 29 I 1 Nr 1, II BtMG iVm §§ 22, 23 I Alt 2 StGB
   – § 53 –
   Tatkomplex E: § 263 I
   Tatkomplex D: straflos

Teil II. (prozessualer Teil)

1. Prozessuale Zulässigkeit der Beratung

241 **Problem Nr 55: Die Rechtsstellung des Strafverteidigers und seine Wahrheitspflicht**

(1) Im Schrifttum findet sich die Ansicht, der Verteidiger sei **einseitiger Interessenvertreter des Beschuldigten** (*Ostendorf*, NJW 1978, 1345, 1349; *ders*, StPO Rn 114) bzw er habe grds nach den Wünschen seines Mandanten zu handeln (**Vertragstheorie**, LR-*Lüderssen/Jahn*, Vor § 137 Rn 33 ff). Innerhalb dieser Autorengruppe zieht eine Minderheit daraus den Schluss, der Verteidiger dürfe alles, was der Mandant ungestraft tun könne. Deshalb sei auch die Anstiftung zur Lüge genauso erlaubt wie das Erfinden eigener Lügen zugunsten des Beschuldigten (*Bernsmann*, StraFo 1999, 227, 230; zT auch *Fezer*, Stree/Wessels-FS, S 682) .Andere halten zumindest den Rat zur Lüge bzw eine unterstützende Beratung des Verteidigers bei der vom Beschuldigten selbst erfundenen Lüge für strafprozessual zulässig (*Sommer*, Strafverteidigung, Rn 142 ff; SK-*Wohlers*, Vor § 137 Rn 72, 74, 96).

Argument: Nur ein reiner Parteiinteressenvertreter kann im Sinne der Herstellung von Waffengleichheit dem Beschuldigten den uneingeschränkten Schutz gewähren, den er gegen die „Übermacht" der staatlichen Strafverfolgungsorgane benötigt. Eine Wahrheitspflicht triebe einen Keil zwischen den Beschuldigten und seinen Verteidiger.

(2) Nach **hM** (BVerfGE 34, 293, 300; BVerfG NJW 1998, 296; BGHSt 9, 20, 22; 46, 36, 43; OLG Karlsruhe NJW 2014, 551; *Beulke*, StPO Rn 150; *ders*, Schlothauer-FS, S 313; *Engländer*, StPO Rn 71; *Murmann*, StPO Rn 72; *Heinrich/Reinbacher*, [9] Rn 6; *Schroeder/Verrel*, StPO Rn 91; SK/StPO-*Rogall*, Vor § 133 Rn 95) ist der Verteidiger Beistand des Beschuldigten und **Organ der Rechtspflege**. Die Verteidigung dient trotz ihrer Parteilichkeit zumindest auch öffentlichen Interessen, sodass sie keine einseitige Interessenvertretung ist. Dies hat zur Folge, dass sie nicht ebenso zu behandeln ist wie der Beschuldigte. Der Beschuldigte selbst kann lügen, ohne dass er dafür bestraft werden könnte (zT wird gesagt, er dürfe lügen, zT er dürfe zwar nicht lügen, eine Lüge habe jedoch keine strafrechtlichen Konsequenzen), der Verteidiger darf den Beschuldigten hingegen aufgrund seiner Organstellung nicht in der Form beraten, dass er ihn zu einer Lüge anstiftet oder für ihn eine unwahre Einlassung erfindet.

Argument: Die Wahrheitspflicht gehört bei allem Einsatz für den Mandanten zu den grundlegenden Erfordernissen einer wirksamen Strafverteidigung, weil der Verteidiger sonst insgesamt unglaubwürdig wird. Der Verteidiger hat viele Sonderrechte (zB Akteneinsichtsrecht, § 147 StPO, Kontaktrecht mit dem inhaftierten Mandanten, § 148 StPO), die ihm das Verfahrensrecht nur gewährt, weil er im Gegenzug garantiert, den Kernbereich der Effektivität der Rechtspflege nicht zu gefährden, sog **eingeschränkte Organtheorie**. Die Interessenvertretungstheorie ist daher abzulehnen.

Zur Vertiefung: Beulke, StPO Rn 150 ff; Bosch, Jura 2012, 938.

Das Verhalten des P, der seinen Mandanten S zu einer Lüge angestiftet hat, wäre nicht prozessrechtswidrig, würde man den Verteidiger lediglich als einseitigen Interessenvertreter seines Mandanten einstufen, der wie der Beschuldigte ungestraft die Unwahrheit vortragen darf. Richtigerweise unterliegt P jedoch als Organ der Rechtspflege, das zahlreiche Sonderrechte genießt (vgl nur §§ 147, 148 StPO) und im Gegenzug die Effektivität der Rechtspflege in ihrem Kernbereich nicht gefährden darf, der Wahrheitspflicht. Demnach ist der dem S von P erteilte Rat zu lügen unzulässig.

In der Fallfrage ist die Strafbarkeit des Verteidigers, § 258 I, ausgeklammert. Es geht allein um die prozessuale Zulässigkeit.

2. Widerruf der Pflichtverteidigerbestellung

Gegenüber P kommt ein Widerruf der Pflichtverteidigerbestellung gem § 143 StPO oder **242** eine Ausschließung des Verteidigers gem § 138a StPO in Betracht.

Pflichtverteidiger werden gem §§ 141, 142 StPO vom Gerichtsvorsitzenden bestellt. Die Rücknahme der Pflichtverteidigerbestellung ist höchst lückenhaft geregelt. Nach der ausdrücklichen gesetzlichen Regelung gibt es nur eine Zurücknahme gem § 143 StPO, wenn ein anderer Verteidiger gewählt wird.

Nach hM ist über den Wortlaut des § 143 StPO hinaus die Bestellung zu widerrufen, wenn ein „wichtiger Grund" vorliegt[42]. Eine prozessordnungswidrige Beratung zur Lüge – die nach hM sogar eine Strafbarkeit gem § 258 I zur Folge haben kann – ist ein solcher wichtiger Grund, wenn sich der Verteidiger dadurch als unfähig erwiesen hat, den Mandanten sachgemäß zu verteidigen. Daher kann in einem solchen Ausnahmefall aufgrund der gerichtlichen Fürsorgepflicht der Widerruf der Verteidigerbestellung geboten sein. Zuständig für einen Widerruf nach § 143 StPO analog ist der Vorsitzende des Gerichts, § 142 StPO iVm § 143 StPO[43].

Im Falle einer Strafvereitelung gem § 258 kommt auch ein Ausschließungsverfahren gem § 138a I Nr 3 StPO in Betracht. Die Entscheidung über ein Ausschließungsverfahren trifft das OLG bzw in seltenen Fällen der BGH, vgl § 138c StPO.

Ausgesprochen unklar ist nach dem derzeitigen Diskussionsstand allerdings, in welchem Verhältnis die Widerrufsmöglichkeit gem § 143 StPO zu der nach § 138a I Nr 3 StPO steht.

Von der inzwischen hA wird der Standpunkt vertreten, der Widerruf der Pflichtverteidigerbestellung aus „wichtigem Grund" richte sich allein nach den Regeln der Ausschließung des Verteidigers, §§ 138a ff StPO[44].

Die neuere Rspr greift auch für den Pflichtverteidiger auf die Ausschließungsmöglichkeit gem §§ 138a ff StPO zurück, denn der Pflichtverteidiger bedarf desselben Schutzes wie der Wahlverteidiger. Allerdings verbleibt es ihrer Ansicht nach wahlweise daneben bei der Rücknahmemöglichkeit gem § 143 StPO[45].

Diese Lösung ist jedoch in sich nicht konsequent, da sie bei Widerrufsgründen jenseits des Anwendungsbereichs des § 138a StPO doch wiederum auf § 143 StPO rekurriert. Wenn § 143 StPO analog angewandt wird, kann es daneben keine zweite Schiene des Widerrufs geben. Die Voraussetzungen von § 143 StPO einerseits und § 138a StPO andererseits sind völlig verschieden; auch bzgl des zur Entscheidung berufenen Gerichts darf es kein Wahlrecht geben (Recht auf den gesetzlicher Richter, Art 101 GG).

Nach richtiger Ansicht kann also die Pflichtverteidigerbestellung wegen der von P begangenen Strafvereitelung nur aus wichtigem Grund gem § 143 StPO analog widerrufen

---

42 BVerfGE 39, 238, 244; OLG Frankfurt a.M. StV 1995, 11; *Beulke*, StPO Rn 169; S/S/W-StPO-*Beulke*, § 143 Rn 7; *Lam/Meyer-Mews*, NJW 2012, 177.
43 M-G/*Schmitt*, § 141 Rn 6.
44 *Kett-Straub*, NStZ 2006, 363; *Roxin/Schünemann*, StPO § 19 Rn 54.
45 BGHSt 42, 94, 95 f m zT krit Anm *Weigend*, NStZ 1997, 47; OLG Hamburg NStZ 1998, 586.

werden. Zuständig ist der Gerichtsvorsitzende (§ 141 IV 1 StPO). Ein Ausschließungs-verfahren gem § 138a StPO findet nur gegen den Wahlverteidiger, nicht jedoch gegen den Pflichtverteidiger statt[46].

Definitionen zum Auswendiglernen

Mittelbarer Täter	iSv **§ 25 I Alt 2** ist, wer die Straftat durch einen anderen begeht (*vgl Gesetzestext*).
Täuschungshandlung	iSv **§ 263** ist das Vorspiegeln falscher Tatsachen oder die Entstellung oder Unterdrückung wahrer Tatsachen (krit: *Wessels/Hillenkamp, BT2 Rn 490, 496*).
Irrtum	iSv **§ 263** ist jede unrichtige, der Wirklichkeit nicht entsprechende Vor-stellung über Tatsachen (*Wessels/Hillenkamp, BT2 Rn 510*).
Vermögensverfügung	iSv **§ 263** umfasst jedes freiwillige tatsächliche Handeln, Dulden oder Unterlassen des Getäuschten, das bei diesem selbst oder bei einem Drit-ten unmittelbar zu einer Vermögensminderung im wirtschaftlichen Sinne führt (*Wessels/Hillenkamp, BT2 Rn 515*).
Vermögen	iSd **§ 263** umfasst nach dem **wirtschaftlichen Vermögensbegriff** alle geldwerten Güter einer Person (vgl *Wessels/Hillenkamp, BT2 Rn 534*).
Vermögen	iSd **§ 263** umfasst nach der **juristisch-ökonomischen Vermittlungs-lehre** alle Güter und Positionen, denen ein wirtschaftlicher Wert bei-zumessen ist und die mangels ausdrücklicher rechtlicher Missbilligung unter dem Schutz der Rechtsordnung stehen (*Wessels/Hillenkamp, BT2 Rn 532, 535*).
Vermögensschaden	iSd **§ 263** bezeichnet eine nachteilige Vermögensdifferenz, die nicht durch ein unmittelbar aus der Vermögensverfügung fließendes Äqui-valent wirtschaftlich voll ausgeglichen wird (*Wessels/Hillenkamp, BT2 Rn 538*).
Bereicherungsabsicht	iSd **§ 263** ist gegeben, wenn es dem Täter auf die Erlangung eines rechtswidrigen Vermögensvorteils für sich oder einen Dritten ankommt, mag dieser Vorteil von ihm auch nur als Mittel zu einem anderweiti-gen Zweck und damit als Zwischenziel erstrebt werden (*Wessels/Hillen-kamp, BT2 Rn 583*).
Rechtswidrig	ist der erstrebte Vermögensvorteil iSd **§ 263,** wenn auf ihn kein rechtlich begründeter Anspruch besteht (*Wessels/Hillenkamp, BT2 Rn 585*).
Stoffgleichheit	der beabsichtigten rechtswidrigen Bereicherung iRd **§ 263** liegt vor, wenn der Täter den rechtswidrigen Vermögensvorteil in der Weise er-strebt, dass er unmittelbar zulasten des geschädigten Vermögens geht und damit die Kehrseite des Schadens bildet (*Wessels/Hillenkamp, BT2 Rn 588*).
Gewerbsmäßig	iSv **§§ 243 I 1, 2 Nr 3, 260 I Nr 1, 263 III Nr 1** handelt, wer sich aus der wiederholten Tatbegehung eine fortlaufende Einnahmequelle von einigem Umfang und einer gewissen Dauer verschaffen will (*Wessels/ Hillenkamp, BT2 Rn 239, 593, 886*).

---

46 Ebenso BVerfGE 39, 238, 245.

Veräußern	iSv **§ 29 BtMG** ist das Abgeben von Betäubungsmitteln aufgrund entgeltlicher rechtsgeschäftlicher Vereinbarung, wobei auf Seiten des Veräußerers kein Eigennutz gegeben sein darf (*Weber, BtMG § 29 Rn 921*).
Handeltreiben	iSv **§ 29 BtMG** ist jedes eigennützige Bemühen, das darauf gerichtet ist, den Umsatz von Betäubungsmitteln zu ermöglichen oder zu fördern (*Weber, BtMG § 29 Rn 153*).

Weitere einschlägige Musterklausuren

Zum Problem: Abgrenzung aktives Tun – Unterlassen:

Baumann/Arzt/Weber, [15] S 85; *Berster*, ZJS 2017, 469; *Beulke/Mayer*, JuS 1987, 125; *Bode/Niehaus-Bode,* [3] Rn 8; *Gropp/Küpper/Mitsch*, [2] S 25, [3] S 47, [4] S 73, [5] S 93; *Hilgendorf*, [12] S 91*; Höffler/Marsch*, JA 2017, 677; *Meurer/Kahle/Dietmeier*, [2] S 13, [6] S 103; *Rotsch*, JuS 2004, 607; *Roxin/Schünemann/Haffke*, [7] S 133; *Schmidt/Henseler*, StudZR 2017, 241

Zum Problem: Täuschung durch Unterlassen:

Bergmann, JA 2008, 504; *Braum*, JuS 2004, 225; *Eisele*, Jura 2002, 59; *B. Heinrich*, Jura 1997, 366; *Kelker*, Jura 1996, 89; *Renzikowski*, JSE 2017, 80; *Samson*, St2 [15] S 138; *Schwabe*, BT2 [15] S 200

Zum Problem der Täuschungshandlung und Aufklärungspflicht bei nachträglich erkannter Leistungsunfähigkeit im Rahmen von Austauschverträgen:

Radtke/Steinsiek, JuS 2010, 418

Zum Problem: Irrtum im Rahmen des § 263 bei Zweifeln des Getäuschten:

Braum, JuS 2004, 225; *Ernst*, Jura 2014, 1292; *Hillenkamp*, JuS 2003, 157; *Kaspar*, JuS 2009, 830; *Kett-Straub/Müller*, JA 2013, 182; *Petermann/Savanovic*, JuS 2011, 1003; *Putzke*, ZJS 2014, 83; *Raschke/Zirzlaff*, ZJS 2012, 219

Zum Problem der vermeintlichen mittelbaren Täterschaft:

Beulke, Klausurenkurs I [8] Rn 275; *Bode/Niehaus-Bode*, [2] Rn 55; *Hilgendorf*, Klausurenkurs I, [17] Rn 14; *Kindhäuser/Schumann/Lubig*, [5] S 142; *Krell*, ZJS 2010, 640; *Kudlich*, JuS 2003, 755; *ders*, Fälle AT, [6] S 83; *Oğlakcıoğlu/Gronemann*, Ad Legendum 2016, 308

Zum Problem des Versuchsbeginns bei mittelbarer Täterschaft:

Bergmann/Kroke, Jura 2010, 946; *Beulke*, Klausurenkurs I [4] Rn 175; *ders*, Klausurenkurs II [4] Rn 90; *Bode/Niehaus-Bode,* [2] Rn 30, 41; *Hilgendorf*, Klausurenkurs III, [6] S 63; *Kindhäuser/Schumann/Lubig*, [5] S 154; *Krack/Schwarzer*, JuS 2008, 140; *Krahl*, JuS 2003, 1187; *Krell*, Jura 2012, 150; *Kudlich*, Fälle AT, [6] S 73, [8] S 111, [10] S 136, [11], S 150; *Küper/Dratvova*, StudZR 2008, 57; *Meurer/Kahle/Dietmeier*, [3] S 23, [4] S 49, [8] S 165; *Montenbruck/Schubert* in: *Coester-Waltjen* ua (Hrsg), Examensklausurenkurs III, S 64; *Otto/Bosch*, [16] S 343; *Preis/Prütting/Sachs/Weigend*, [19] S 303; *Rackow*, JA 2003, 218; *Rauda/Zenthöfer*, [21] S 118; *Rotsch*, [2] Rn 185; *Wagner*, ZJS 2009, 419

Zum Problem: Teilnehmervorsatz als Minus mit im Tätervorsatz enthalten?

Ensenbach, Jura 2011, 787; *Hilgendorf*, Klausurenkurs I, [17] S 163; *Hörnle*, Jura 2001, 44; *Kindhäuser/Schumann/Lubig*, [5] S 148; *Kudlich*, Fälle AT, [6] S 83; *Norouzi*, JuS 2007, 146

Zum Problem des Vermögensschadens bei § 263 StGB:

Beulke, JuS 1977, 35; *Chowdhury/Meier/Schröder*, [1] S 7; *Dannecker/Gaul*, JuS 2008, 345; *Dobrosz/Onimus*, ZJS 2017, 689; *Gilles/Stiel*, JuS 2017, 748; *Gössel*, [10] S 169; *Gröseling*, JuS

2003, 1097; *Hölck/Hohn*, JuS 2005, 245; *Kerner/Trüg*, JuS 2004, 140; *Popp/Schnabl*, JuS 2006, 326; *Rössner/Guhra*, Jura 2001, 403; *Stuckenberg*, Ad Legendum 2011, 305; *Tiedemann/Walter*, Jura 2002, 708

Zum Problem der schadensgleichen Vermögensgefährdung:

Burger/Peglau, Jura 2002, 854; *Diener/Hoffmann-Holland*, Jura 2009, 946; *B. Heinrich*, Jura 1999, 585; *Jordan*, Jura 2001, 554; *Kerner/Trüg*, JuS 2004, 140; *Mansdörfer/Ziegler/Kleemann*, StudZR 2017, 309; *Rotsch*, [16] Rn 2062; [19] Rn 2420; *Seier*, JuS 2002, 237

Zum Problem der Lehre vom individuellen Schadenseinschlag:

Britz/Jung, JuS 2000, 1194; *Diener/Hoffmann-Holland*, Jura 2009, 946; *Fahl*, JA 2012, 906; *Gössel*, [3] S 63; *Puschke*, ZJS 2013, 285; *Sahan*, ZJS 2010, 238; *Schwabe*, BT2 [13] S 174; *Seier*, JuS 2002, 237

Zum Problem der Lehre von der sozialen Zweckverfehlung:

Esser, Jura 2004, 273; *Fahl*, JA 2011, 836; *Gilles/Stiel*, JuS 2017, 748; *Mitsch*, JA 1995, 32; *Roxin/ Schünemann/Haffke*, [16] S 283; *Schwabe*, BT2 [14] S 190; *Tiedemann/Walter*, Jura 2002, 708

Zum Problem des strafrechtlichen Vermögensbegriffes:

Beulke, Klausurenkurs II [6] Rn 157; Bode/Niehaus-*Bode* [3] Rn 13; *Braum*, JuS 2004, 225; *Corell*, Jura 2010, 627; Bode/Niehaus-*Herrmann* [7] Rn 7; *Diener/Hoffmann-Holland*, Jura 2009, 946; *Drenkhahn*, Jura 2012, 63; *Fahl*, JA 2012, 906; *Frister*, [5] S 96; *Gierhake*, JA 2008, 429; *Gössel*, [3] S 63; *Graul*, JuS 1999, 562; *Gropp/Küpper/Mitsch*, [15] S 269, [16] S 285; *Hilgendorf*, Klausurenkurs II, [15] S 188; *Jäger*, JA 2007, 604; *Jordan*, Jura 2001, 554; *Käßner/Seibert*, JuS 2006, 810; *Kaspar*, JuS 2012, 628; *Krell/Hülsen*, Jura 2016, 92; *Kudlich/Roy/Tyszkiewicz*, JA 2006, 779; *Kunz*, Jura 1997, 152; *Mansdörfer/Ziegler/Kleemann*, StudZR 2017, 309; *Murmann*, in: Coester-Waltjen ua (Hrsg), Examensklausurenkurs I, S 67; *Namavicius*, JA 2007, 190; *Neumann*, JuS 1993, 746; *Otto/Bosch*, [16] S 346; *Preis/Prütting/Sachs/Weigend*, [18] S 291; *Prütting/Stern/ Wiedemann*, [20] S 233; *Putzke*, ZJS 2014, 83; *Radtke*, JuS 1994, 589; *Roxin/Schünemann/Haffke*, [16] S 283; *Schwabe*, BT2 [16] S 213; *Sengbusch*, Jura 2007, 623; *Stuckenberg*, Ad Legendum 2011, 305; *Vogt/Brand*, Jura 2008, 305

Zum Problem der Aufwendung von Vermögenswerten zu sittenwidrigen oder verbotenen Zwecken:

Fad, Jura 2002, 632; *Hillenkamp*, JuS 2003, 157; *Murmann*, in: Coester-Waltjen ua (Hrsg), Examensklausurenkurs I, S 67; *Prütting/Stern/Wiedemann*, [20] S 233; *Rudolphi*, [5] S 52

Zum Problem der Aufwendung von Arbeitsleistung zu sittenwidrigen Zwecken:

Dannecker/Gaul, JuS 2008, 345; *Neumann*, JuS 1993, 746; *Prütting/Stern/Wiedemann*, [20] S 233

Zum Problem der Rechtsstellung des Strafverteidigers und dessen Wahrheitspflicht:

Hardtung, JuS 2006, 54; *Kindhäuser/Schumann/Lubig*, [5] S 137; *Koch/Loy*, ZJS 2008, 170; *Sennwitz/Haas*, StudZR 2012, 289

Zum Problem des Widerrufs der Pflichtverteidigerbestellung:

Magnus, JA 2017, 326

Fall 6

Du sollst nicht begehren des Kommilitonen ...

I.

Jurastudent A im achten Semester suchte die Wohnung der ihm bekannten Studentin B auf, die sich, wie er wusste, gerade im juristischen Seminar befand, und bat die Mutter der B, ihm den „Palandt" auszuhändigen. Wahrheitswidrig erklärte er ihr, B habe ihn gebeten, ihr den Kommentar ins Seminar zu bringen. A hatte vor, ihr den „Palandt" nach dem Examenstermin zurückzugeben, da dann ohnehin eine Neuauflage erscheinen sollte. Die Mutter M zweifelte an den Angaben des A, schöpfte Verdacht und händigte ihm das Buch nicht aus.

A wandte sich nunmehr an den befreundeten Kommilitonen C, der, wie er wusste, einen „Palandt" besaß. Tatsächlich war C auch bereit, ihm den „Palandt" zu verkaufen. A nahm ihn gegen Zahlung von 25 € gleich mit. In Wahrheit hatte C den „Palandt" aus der Stadtbibliothek ausgeliehen, was er dem A jedoch verschwieg und was auch am Buch objektiv nicht erkennbar war, da es sich um eine Sondererstausleihe vor der eigentlichen Katalogisierung handelte. Aufgrund aktueller Geldnöte kam ihm die „Finanzspritze" gerade recht. Er hatte vor, das Buch später zurückzukaufen, wenn er wieder zu Geld gekommen sein würde, um es dann innerhalb der Ausleihfrist an die Stadtbibliothek zurückzugeben.

Als es dazu nicht kam, verklagte die Stadt den C vor dem sachlich und örtlich zuständigen Gericht auf Rückgabe, hilfsweise auf Schadensersatz für den Fall der Unmöglichkeit der Herausgabe. Im Prozess trug C vor, er habe den „Palandt" bereits zurückgegeben. Zum Beweis legte er eine Rückgabequittung vor, die er bei der Rückgabe eines anderen Buches erhalten und in der er die Signatur ausradiert und durch die des „Palandt" ersetzt hatte. Erwartungsgemäß wies der Richter R daraufhin die Klage ab.

Als B von ihrer Mutter erfuhr, dass A ihren „Palandt" stehlen wollte, war sie sehr aufgebracht. In einem Anfall von Wut griff sie zum Telefon und wählte die Handy-Nummer des A, der jedoch sein Handy während der Pfingstferien an D verliehen hatte. Als sich dieser mit „Hallo" meldete, nannte sie ihn ein „Kameradenschwein" und legte auf. Später dachte sie darüber nach, dass die Stimme des vermeintlichen A eigentlich sehr anders geklungen habe. Sie reimte sich deshalb den wahren Geschehensablauf zusammen und rief nach den Pfingstferien auf dem Festnetztelefon von A an. Dessen Empfang war auf Anrufbeantworter geschaltet, auf den B „Du falsche Drecksau" sprach. Das Band wurde von der inzwischen ohne Wissen der B bei A eingezogenen neuen Freundin F des A abgehört, die meinte, sie werde von einer eifersüchtigen ehemaligen Freundin des A beschimpft.

Wie haben sich A, B und C strafbar gemacht?

Erforderliche Strafanträge sind gestellt.

II.

1. A fuhr kurz darauf seine Ex-Freundin E mit seinem Pkw nach Hause. Er hielt auf einem Parkplatz, wo er zudringlich wurde und die E bedrängte, mit ihm geschlechtlich zu verkehren. Taxifahrer T eilte der E zu Hilfe. A floh daraufhin mit seinem Auto. Die Staatsanwaltschaft klagte den A wegen sexueller Nötigung an. E will sich aktiv am Gerichtsverfahren beteiligen. Was kann sie unternehmen?

2. Frau R ist vor der Großen Strafkammer des Landgerichts wegen Raubes (§ 249) angeklagt. Sie hat die ihr vorgeworfene Tat tatsächlich begangen. Während der Hauptverhandlung wird eine Vereinbarung zwischen Gericht, Staatsanwaltschaft und R sowie deren Verteidiger X dahingehend getroffen, das Gericht werde eine Freiheitsstrafe von drei Jahren verhängen, falls R ein glaubhaftes Geständnis ablege. R gesteht daraufhin die Tat umfassend. Eine kurze Beweisaufnahme in Form der Vernehmung der wichtigsten Tatzeugen bestätigt die Richtigkeit des Geständnisses. Daraufhin wird R mit Urteil vom 15.1.2018 absprachegemäß zu einer Freiheitsstrafe von drei Jahren verurteilt. Am selben Tag legt der Verteidiger X für R – wie mit R und der StA verabredet – gegen 15:01 Uhr ordnungsgemäß Revision ein, nur um diese gegen 15:15 Uhr unter Nachweis einer ausdrücklichen Ermächtigung durch R wieder zurückzunehmen. Als Reaktion hierauf nimmt auch die StA das von ihr eingelegte Rechtsmittel zurück. Die StA und X hatten dieses Vorgehen besprochen, um möglichst schnell Rechtskraft eintreten zu lassen.

Am nächsten Tag kommen R allerdings Zweifel, ob die vereinbarte Strafe nicht doch zu hoch ist und sie wechselt den Verteidiger. Noch am 16.1.2018 legitimiert sich ein neuer Verteidiger (Y) als Wahlverteidiger der R und legt beim LG „auf ausdrücklichen Wunsch der Angeklagten" erneut Revision ein. Anschließend begründet Y den Revisionsantrag frist- und formwahrend.

a) Welche materiellen, formellen und verfassungsrechtlichen Anforderungen sind von den Verfahrensbeteiligten bei einer Verständigung im Strafverfahren zu beachten?

b) War die hier zwischen den Verfahrensbeteiligten erfolgte Verständigung rechtmäßig?
Es ist davon auszugehen, dass alle formellen Rechtmäßigkeitsvoraussetzungen beachtet wurden (insbes die vorgeschriebenen Belehrungen und die Dokumentation im Hauptverhandlungsprotokoll, vgl §§ 35a S 3, 257c V, 273 Ia S 1 u S 2).

c) Ist die Revision der R zulässig?
Es ist davon auszugehen, dass sich im Nachhinein weder aufklären lässt, ob die sofortige Rechtsmittelrücknahme bereits Inhalt der Verständigung war noch, ob das Gericht dem X diese Vorgehensweise nahegelegt hat.

Gedankliche Strukturierung des Falles (Kurzlösung)

Teil I. (materiell-rechtlicher Teil)

A. Das Täuschungsmanöver gegenüber der Mutter (Strafbarkeit des A)

1. **§§ 263 I, II, 22, 23 I Alt 2 (A ggü M, zulasten der B, zugunsten des A) (+)**
   a) Vorprüfung (+)
   b) Tatentschluss (+)

**Problem Nr 56: Der sog „Dreiecksbetrug"
(Rn 246)**

   c) Unmittelbares Ansetzen (+)
   d) Rechtswidrigkeit und Schuld (+)
   e) Rücktritt, § 24 I 1 Alt 1 (−)
   • Versuch nicht fehlgeschlagen (−)
   f) Strafantragserfordernis, §§ 263 IV, 248 a (−)

2. **§§ 242 I, II, 22, 23 I Alt 2, 25 I Alt 2**
   a) Vorprüfung (+)
   b) Tatentschluss (−)
   • fremde bewegliche Sache (+)
   • Wegnahme (−)

**Problem Nr 57: Schließen sich Wegnahme und
Verfügung aus? (Rn 249)**

3. **§§ 246 I, III, 22, 23 I Alt 2 (+)**
   a) Vorprüfung (+)
   b) Tatentschluss (+)
   c) Unmittelbares Ansetzen (+)
   d) Subsidiarität gegenüber § 263 I (+)
4. **Ergebnis für A im Tatkomplex A**
   A hat sich gem §§ 263 I, II, 22, 23 I Alt 2
   strafbar gemacht.

B. Der „Palandt"-Verkauf

I. Strafbarkeit des C
1. **§ 263 I (C ggü A, zulasten des A, zugunsten des C) (+)**
   a) Objektiver Tatbestand (+)
   • Täuschung (+)
   • Irrtum (+)
   • Vermögensverfügung (+)
   • Vermögensschaden (+)

**Problem Nr 58: Gutgläubiger Erwerb als Ver-
mögensschaden? (Rn 252)**

   b) Subjektiver Tatbestand (+)
2. **§ 263 I (C ggü A, zulasten der Stadtbibliothek, zugunsten des C) (−)**
   • zurechenbare Vermögensverfügung (−)

3. **§ 246 I, II (+)**   **244**
   a) Tatbestand (+)
   b) Rechtswidrigkeit und Schuld (+)
   c) Qualifikation, § 246 II (+)
   d) Strafantragserfordernis, § 248a (−)
4. **Konkurrenzen**
5. **Ergebnis für C im Tatkomplex B**
   C hat sich gem § 263 I – § 52 I – § 246 II
   strafbar gemacht.

II. Strafbarkeit des A
1. **§§ 246 I, 26 (−)**
   • vorsätzliche rechtswidrige Haupttat (+)
   • Anstiftungshandlung (+)
   • Vorsatz bzgl vorsätzlicher rechtswidriger
     Haupttat (−)
2. **§§ 246 I, 27 (−)**
   • Vorsatz bzgl vorsätzlicher rechtswidriger
     Haupttat (−)
3. **Ergebnis für A im Tatkomplex B**
   A ist straflos.

C. Der Prozess (Strafbarkeit des C)

1. **§ 263 I (C ggü R, zulasten der Stadt,
   zugunsten des C) (+)**
   a) Objektiver Tatbestand (+)

**Problem Nr 59: Der sogenannte Prozessbetrug
(Rn 258)**

   b) Subjektiver Tatbestand (+)
   c) Rechtswidrigkeit und Schuld (+)
   d) Strafantragserfordernis, §§ 263 IV, 248a (−)
2. **§ 267 I Var 1, Var 2, Var 3 (Quittung) (+)**
   a) Objektiver Tatbestand (+)
   b) Subjektiver Tatbestand (+)
   c) Konkurrenzen
3. **§ 274 I Nr 1 (ursprüngliche Signatur) (−)**
   a) Objektiver Tatbestand (−)
   • Urkunde (+)
   • Vernichten (+)
   • nicht oder nicht ausschließlich gehören
     (−)
   b) Ergebnis
4. **§ 271 I (−)**
   a) Objektiver Tatbestand (−)
   • öffentliche Urkunde, §§ 415 I,
     417 ZPO (+)
   • Beweiskraft bezieht sich gerade auf
     unwahren Inhalt (−)
   b) Ergebnis
5. **§ 153 (−)**
6. **§ 266 I Alt 1, Alt 2 (ggü der Stadt) (−)**
7. **Konkurrenzen**

8. Ergebnis für C im Tatkomplex C
C ist strafbar gem § 263 I – § 52 – § 267 I.

D. Das erste Telefonat
(Strafbarkeit der B)

1. **§ 185 Alt 1 (ggü D) (+)**
   a) Objektiver Tatbestand (+)
   b) Subjektiver Tatbestand (+)

Problem Nr 60: Error in obiecto vel persona (Irrtum über das Handlungsobjekt) (Rn 266)

   c) Rechtswidrigkeit (+)
      aa) Notwehr, § 32 (–)
      bb) Wahrnehmung berechtigter
          Interessen, § 193 (–)
   d) Schuld (+)
   e) Strafantragserfordernis, § 194 (+)
2. **§ 186 (–)**

Problem Nr 61: Die Systematik der Beleidigungsdelikte (§§ 185–187) (Rn 268)

3. **Ergebnis für B im Tatkomplex D**
   B hat sich gem § 185 Alt 1 strafbar gemacht.

E. Das zweite Telefonat
(Strafbarkeit der B)

1. **§ 185 Alt (ggü F) (–)**
   a) Objektiver Tatbestand (+)
   b) Subjektiver Tatbestand (–)

Problem Nr 62: Behandlung der aberratio ictus (Rn 271)

2. **§§ 185, 22, 23 I Alt 2 (–)**

3. Fahrlässige Beleidigung (–)
4. Ergebnis für B im Tatkomplex E
B ist straflos.

F. Gesamtkonkurrenzen
(Strafbarkeit des C)

- §§ 246 II, 263 I, 52 – § 267 I

G. Gesamtergebnis des materiell-rechtlichen Gutachtens

A: Tatkomplex A: §§ 263 I, II, 22, 23 I Alt 2
B: Tatkomplex D: § 185 Alt 1
C: Tatkomplex B: § 263 I – § 52 – § 246 II
   – § 53 –
   Tatkomplex C: § 267 I

Teil II. (prozessualer Teil)

1. **Nebenklage, §§ 395 ff StPO**
2. **Verständigung im Strafverfahren, § 257c StPO**
   a) Rechtmäßigkeitsvoraussetzungen einer
      Verständigung im Strafverfahren

Problem Nr 63: Rechtmäßigkeitsvoraussetzungen einer Verständigung im Strafverfahren unter Berücksichtigung der Entscheidung des BVerfG vom 19.3.2013 (Rn 276)

   b) Rechtmäßigkeit der im konkreten Fall
      getroffenen Verständigung
   c) Zulässigkeit der Revision der R

Problem Nr 64: § 302 I 2 StPO und sofortige Rechtsmittelrücknahme nach vorangegangener Verständigung (Rn 277)

Ausführliche Lösung von Fall 6

Teil I. (materiell-rechtlicher Teil)

A. Das Täuschungsmanöver gegenüber der Mutter (Strafbarkeit des A)

1. §§ 263 I, II, 22, 23 I Alt 2 (A gegenüber M, zulasten der B, zugunsten des A)

A könnte dadurch, dass er der Mutter der B vorschwindelte, er solle ihrer Tochter den „Palandt" in die Universität bringen, einen versuchten Betrug begangen haben. **245**

a) Vorprüfung

Da M dem A nicht glaubte und ihm deshalb das Buch nicht aushändigte, ist kein Vermögensschaden eingetreten und somit der Betrug nicht vollendet. Der Versuch ist strafbar gem §§ 263 II, 23 I Alt 2.

b) Tatentschluss

A hatte den Tatentschluss bzgl Täuschungshandlung und Irrtum gefasst. Selbst Zweifel seitens der M hätten einen Irrtum mangels konkreter Anhaltspunkte nicht ausgeschlossen[1].

Fraglich ist, ob A auch eine Vermögensverfügung seitens der M wollte. Vermögensverfügung ist jedes Handeln, Dulden oder Unterlassen, das sich unmittelbar vermögensmindernd auswirkt. Geschädigter und Verfügender müssen dabei nicht personengleich sein. Welche weiteren Anforderungen erfüllt sein müssen, damit die Verfügung des personenverschiedenen Dritten dem Geschädigten als eigene zugerechnet werden kann, ist umstritten.

Problem Nr 56: Der sog „Dreiecksbetrug" **246**

(1) Nach der sog **Befugnis- oder Ermächtigungstheorie** (*Krey/Hellmann/Heinrich*, BT2 Rn 587, 591; *Schünemann*, GA 1969, 46, 53 ff; SK/StGB-*Hoyer*, § 263 Rn 144 ff; LK-*Vogel*, § 242 Rn 125) ist eine Verfügung dem Geschädigten dann als eigene zuzurechnen, wenn der Dritte zu dieser Verfügung rechtlich befugt war (zB als Insolvenzverwalter, Testamentsvollstrecker, Bevollmächtigter oder gesetzlicher Vertreter) bzw sich subjektiv für befugt hielt (sog subjektivierte Befugnistheorie, vgl *Kindhäuser*, ZStW 103 [1991], 398, 417; *Küper/Zopfs*, BT Rn 657; *Otto*, BT § 51 Rn 44).

Argument: Ob die von einem Dritten getroffene Verfügung als eigene erscheint, kann nur nach den klaren Regeln des Zivilrechts entschieden werden. Eine Zurechnung setzt eine rechtliche Befugnis im Verhältnis zum Geschädigten voraus.

(2) Nach der sog **faktischen Nähetheorie**, die vor allem von der Rspr vertreten wird (BGHSt 18, 221 [Sammelgarage]; BGH wistra 2017, 484 [Heiratsschwindler] m Bspr *Jäger*, JA 2017,

---

1 S Fall 5, Problem Nr 46, Rn 205.

950), reicht es für eine dem Geschädigten zurechenbare Vermögensverfügung zwar nicht aus, dass der Dritte aus irgendeinem Grund gerade im Tatzeitpunkt in der Lage ist, über die Sache zu verfügen, aber doch, dass er (zB als Mitgewahrsamsinhaber) in gewisser Nähe zum Verfügungsobjekt steht.

Argument: Der Verfügende muss, um dem Geschädigten die Verfügung als Selbstschädigung zurechnen zu können, „näher an der Sache dran sein" als der Täter. Wenn er dies aber ist, entspricht das Tatbild dem eines Betruges und nicht eines Diebstahls.

(3) Überzeugender ist die sog **Lagertheorie** der **hM** (*Fahl*, JA 2011, 836; *Jäger*, BT Rn 343; S/S-*Perron*, § 263 Rn 66; S/S/W-StGB-*Satzger*, § 263 Rn 130; *Wessels/Hillenkamp*, BT2 Rn 645). Danach muss der Verfügende – jedenfalls beim Sachbetrug – im „Lager" oder im „Machtkreis" des Geschädigten stehen. Dies verlangt mehr als nur die faktische Einwirkungsmöglichkeit und weniger als eine rechtliche Befugnis.

Argument: Die streng zivilrechtliche Orientierung der Befugnistheorie – Meinung (1) – passt nicht zu dem (rein) wirtschaftlich ausgerichteten Vermögens- und Verfügungsbegriff des § 263. Außerdem führt sie zu einer kriminalpolitisch unerwünschten Straflosigkeit in den Fällen, in denen mangels Verfügungsbefugnis des Getäuschten der Betrug entfällt und nur noch eine Wegnahme verbleibt, der Diebstahl aber an einer fehlenden Zueignungsabsicht scheitert.

Die faktische Nähetheorie – Meinung (2) – erschwert hingegen eine Abgrenzung zum Diebstahl in mittelbarer Täterschaft, da dort ebenfalls logisch vorausgesetzt wird, dass das Werkzeug faktisch auf die Sache einwirken kann.

Der Verfügende muss vielmehr als der Repräsentant des Geschädigten erscheinen, nur dann kann von einer Selbstschädigung die Rede sein.

Zur Vertiefung: Wessels/Hillenkamp, BT2 Rn 640 ff; Beulke, Klausurenkurs II [4] Rn 113; Hillenkamp, BT 30. Problem S 160 ff; Rönnau, JuS 2011, 982.

247 Schon wegen der familienrechtlichen Verbundenheit stand die Mutter hier im Lager der Tochter. Ebenso ist auch ein Näheverhältnis im Sinne eines Mitgewahrsams zu bejahen, da es der Mutter tatsächlich möglich war, das im Eigentum der Tochter stehende Buch auszuhändigen. Allein nach dem teilweise verlangten Erfordernis einer rechtlichen Befugnis erscheint die Verfügung zweifelhaft. Die Mutter war nicht mehr gesetzliche Vertreterin ihrer bereits volljährigen Tochter. Ebenso fehlte eine Bevollmächtigung. Da diese Ansicht aber ohnehin zu enge Grenzen setzt und ihr deshalb nicht zu folgen ist, kann eine Verfügung innerhalb eines Dreiecksverhältnisses bejaht werden.

A müsste zudem den Vermögensschaden in seinen Tatentschluss aufgenommen haben. Vermögensschaden ist jede Vermögensminderung infolge täuschungsbedingter Verfügung und mithin der Wertverlust des Vermögens im Vergleich vorher und nachher. Der Schaden sollte im Besitz- und Gebrauchsverlust für B bestehen. Eine Rückgabeabsicht ließe diesen Schaden auch nicht entfallen, sodass der Nutzungsverlust auf Zeit auch nachträglich bestehen bliebe.

Der Täter muss absichtlich handeln, dh es muss ihm gerade darauf ankommen, für sich oder einen Dritten einen rechtswidrigen stoffgleichen Vorteil aus der Vermögensminderung beim Geschädigten zu ziehen. Jede günstigere Gestaltung der Vermögenslage genügt. Hier wären das der Besitz und die Gebrauchsmöglichkeit des „Palandt" gewesen, die für die fragliche Zeit von B auf A übergehen sollten. A handelte also auch in

Bereicherungsabsicht. Mangels fälligen einredefreien Anspruchs auf diesen „Palandt" handelte A auch bzgl der Rechtswidrigkeit der Bereicherung vorsätzlich.

c) Unmittelbares Ansetzen

Indem A die Mutter der B bat, ihm den „Palandt" auszuhändigen, hat er unmittelbar zur Tatbestandsverwirklichung iSd § 22 angesetzt.

d) Rechtswidrigkeit und Schuld

A handelte rechtswidrig und schuldhaft.

e) Rücktritt, § 24 I 1 Alt 1

Möglicherweise greift der persönliche Strafaufhebungsgrund des Rücktritts vom Versuch nach § 24 I 1 Alt 1 ein. Der Versuch könnte jedoch schon fehlgeschlagen sein. Fehlgeschlagen ist ein Versuch, der aus Sicht des Täters mit den ihm zur Verfügung stehenden Mitteln gar nicht mehr oder zumindest nicht ohne zeitlich relevante Zäsur zum tatbestandlichen Erfolg geführt werden kann[2].

A ist gegenüber der Mutter mit seinem Vorgehen gescheitert. Aus seiner Sicht konnte er mit anderen Mitteln nicht mehr zum Ziel kommen. Es liegt ein fehlgeschlagener Versuch vor. Ein strafbefreiender Rücktritt vom Versuch nach § 24 I 1 Alt 1 scheidet somit aus.

(Nach aA, die eine eigenständige Fallgruppe des fehlgeschlagenen Versuchs nicht anerkennt, wurde der Versuch nur unfreiwillig aufgegeben, s Beulke, Klausurenkurs I [4] Rn 179 f, [10] 342.)

f) Strafantragserfordernis, §§ 263 IV, 248a

Bei dem „Palandt" handelte es sich objektiv um eine Sache mit einem Wert von über 25 bzw 50 €. Ein Strafantrag gem § 263 IV iVm § 248a ist daher nicht erforderlich. *(Sofern der „Palandt" als geringwertig eingestuft wird, ist der Strafantrag gestellt.)*

2. §§ 242 I, II, 22, 23 I Alt 2, 25 I Alt 2

In dem Verhalten gegenüber der Mutter der B könnte auch ein versuchter Diebstahl liegen. **248**

a) Vorprüfung

Ein vollendeter Diebstahl liegt mangels Gewahrsamswechsels nicht vor. Der Versuch ist strafbar gem §§ 242 II, 23 I Alt 2.

b) Tatentschluss

A müsste einen Tatentschluss hinsichtlich der Wegnahme des „Palandt" – einer für ihn fremden beweglichen Sache – gefasst haben.

Wegnahme ist der Bruch fremden und die Begründung neuen, nicht notwendig eigenen Gewahrsams an einer Sache. A selbst hat den „Palandt" nicht aus dem Gewahrsam der

---

2 *Wessels/Beulke/Satzger*, AT Rn 872.

B entfernen wollen. Es kommt aber ein Diebstahl in mittelbarer Täterschaft unter Einbeziehung der Mutter als gutgläubiges Tatwerkzeug in Betracht, § 25 I Alt 2. Zuvor wurde allerdings bereits ein versuchter Betrug bejaht.

249   **Problem Nr 57: Schließen sich Wegnahme und Verfügung aus?**

(1) Einer **Mindermeinung** zufolge ist es keineswegs ausgeschlossen, hinsichtlich ein und derselben Handlung in Bezug auf dieselbe Sache sowohl eine Wegnahme, also einen Diebstahl, als auch eine Vermögensverfügung, dh einen Betrug, (in Tateinheit) anzunehmen (*Herzberg*, ZStW 89 [1977], 367; *S/S-Perron*, § 263 Rn 67; *Puppe*, GA 1982, 143, 162 f; *dies*, JR 1984, 229 ff).

Argument: Nur um eine strafrechtliche Doppelbewertung des Unrechts zu vermeiden, wird von der hM eine Exklusivitätsthese aufgestellt. Das ist gar nicht erforderlich. Das Problem kann im Rahmen der Konkurrenzen gelöst werden.

(2) Nach **herrschender** und überzeugender **Ansicht** (BGH NStZ 2016, 727 m Anm *Kudlich*, JA 2016, 953 u *Satzger*, Jura 2017, 871 [Abgrenzung Trickdiebstahl/Betrug]; *Wessels/Hillenkamp*, BT2 Rn 641, 651; *LK-Tiedemann*, § 263 Rn 116) schließen sich (freiwillige) Verfügung und (unfreiwillige) Wegnahme gegenseitig aus.

Argument: Die Tatbestände regeln exklusiv unterschiedliche Sachgestaltungen. Wird im Rahmen der Wegnahme ein Dritter eingeschaltet, ist danach zu fragen, ob er auf Seiten des Geschädigten steht und damit zurechenbar verfügt (Selbstschädigung) oder ob er als Außenstehender in keinerlei Obhutsbeziehung zur Sache auf diese zugreift. Dann liegt ein Trickdiebstahl und somit ein Fremdschädigungsdelikt vor.

Merke: Die Exklusivität von Diebstahl einerseits und Betrug andererseits gilt nur, solange es sich um ein und denselben Geschädigten (Rechtsgutinhaber) handelt. Ist aber der Eigentümer der weggenommenen Sache nicht identisch mit dem Geschädigten (zB A verkauft das vor dem Haus des B stehende Fahrrad als sein angeblich eigenes an den gutgläubigen K, der nach Bezahlung an A mit dem Fahrrad wegfährt), so liegen Diebstahl (bzgl des Fahrrades) und Betrug (bzgl des Geldes) in Idealkonkurrenz vor.

Zur Vertiefung: Wessels/Hillenkamp, BT2 Rn 646 ff.

Wie bereits hervorgehoben (*s Rn 246*), handelte B mit dem Vorsatz, eine Vermögensverfügung durch M zu bewirken. Nachdem es sich hier um ein und dieselbe Tathandlung und dasselbe Rechtsgut handelt und Diebstahl und Betrug insoweit zueinander im Verhältnis der Exklusivität stehen, scheidet ein Diebstahlsversuch aus.

Zu beachten ist, dass vorliegend ein versuchter Diebstahl in mittelbarer Täterschaft geprüft wird. Die Strafbarkeit scheitert am fehlenden Tatentschluss hinsichtlich der Wegnahme. Würde man weiter prüfen, käme man iRd unmittelbaren Ansetzens zu dem Ergebnis, dass A den Vordermann noch nicht aus seinem Einwirkungsbereich entlassen hat – A redete noch auf M ein – und damit ein unmittelbares Ansetzen des Hintermanns ausscheidet (zur Abgrenzung s Problem Nr 48 Rn 213). In Betracht käme daher nur noch eine versuchte mittelbare Täterschaft, die aber nach hM straflos ist (vgl Rn 214).

3. §§ 246 I, III, 22, 23 I Alt 2

a) Vorprüfung

Die Unterschlagung wurde nicht vollendet. Der Versuch ist strafbar gem §§ 246 III, 23 I   **250**
Alt 2.

b) Tatentschluss

Fraglich ist, ob A hinsichtlich aller Merkmale des § 246 I Vorsatz hatte. A wollte B dauerhaft enteignen. Zwar plante er auch, den „Palandt" nach dem Examen und nach Erscheinen der Neuauflage zurückzugeben, der Rückgabewille schließt jedoch mit der um Sachwertgesichtspunkte ergänzten Substanztheorie[3] einen Enteignungsvorsatz nicht aus. Wer während der Dauer der aktuellen Auflage den „Palandt" benutzen will, geriert sich als Eigentümer. Die spätere Rückgabe des nach Erscheinen der Neuauflage im Wert geminderten Buches führt nicht zum Ausschluss der Enteignung (Vergleichsfall: Rückgabe des Gummibootes am Ende des Sommers).

A wollte sich den „Palandt" zudem aneignen. Für eine gewisse Zeit sollten Besitz und Nutzen des Buches ausschließlich ihm selbst zustehen. Diese Zueignung sollte auch rechtswidrig sein.

c) Unmittelbares Ansetzen

A hatte hier schon mit der tatbestandlichen Ausführungshandlung begonnen und daher unmittelbar iSd § 22 zur Unterschlagung angesetzt.

d) Subsidiarität gegenüber § 263 I

Die Tat steht schon gem §§ 263 I, II, 22, 23 I Alt 2 unter Strafe, sodass die gesetzliche Subsidiaritätsklausel des § 246 I eingreift und eine Bestrafung gem §§ 246 I, III, 22, 23 I Alt 2 ausscheidet.

4. Ergebnis für A im Tatkomplex A

A hat sich gem §§ 263 I, II, 22, 23 I Alt 2 strafbar gemacht.

B. Der „Palandt"-Verkauf

I. Strafbarkeit des C

1. § 263 I (C gegenüber A, zulasten des A, zugunsten des C)

Durch den Verkauf des „Palandt" der Stadtbibliothek an A könnte C sich wegen Betru-   **251**
ges gem § 263 I zulasten des A strafbar gemacht haben.

---

3 S Fall 3, Problem Nr 24, Rn 126.

a) Objektiver Tatbestand

C müsste A zunächst getäuscht, dh bei ihm eine positive Fehlvorstellung über Tatsachen hervorgerufen haben. C täuschte A schlüssig (nicht durch Unterlassen) darüber, dass er der Eigentümer des Buches sei und A damit als Verfügungsberechtigter Eigentum daran verschaffen könne.

Ein entsprechender Irrtum des A wurde erregt.

Eine Vermögensverfügung liegt bereits im Abschluss des Kaufvertrages über den „Palandt", spätestens jedoch in der Zahlung des Kaufpreises.

Der Vermögensschaden wird über den Vergleich der Vermögenswerte vor und nach der Verfügung bestimmt. Hier ist zu bedenken, dass C bereits im Besitz des Buches war, als er es an A übereignete. Dementsprechend ist das Buch der Bibliothek nicht abhanden gekommen, sodass A das Eigentum über §§ 929 S 1, 932 I 1 BGB gutgläubig erwerben konnte und auch erworben hat. § 935 BGB schließt dann einen gutgläubigen Erwerb nicht mehr aus. Ob gleichwohl ein Vermögensschaden gegeben sein kann, ist streitig.

252 **Problem Nr 58: Gutgläubiger Erwerb als Vermögensschaden?**

(1) Nach der heute schon **hA im Schrifttum** (*Maurach/Schroeder/Maiwald*, BT1 § 41 Rn 125; für den Regelfall auch SK/StGB-*Hoyer*, § 263 Rn 259 f) wird ein Schaden, der sich nur aus der „Bemakelung" des Eigentums herleiten soll, verneint.

Argument: Gutgläubig erworbenes Eigentum ist auch wirtschaftlich dem vom Berechtigten erworbenen Eigentum gleichwertig. Auch verbietet der wirtschaftliche Vermögensbegriff eine Ungleichbehandlung aus diesem Gesichtspunkt iRd § 263 I. Die Gefahr, mit einem ungerechtfertigten Prozess überzogen zu werden, ist nicht größer als für jeden anderen Eigentümer, dessen Eigentum bestritten wird.

(2) Die sog **Makeltheorie** erkennt einen Vermögensschaden des Erwerbers deswegen an, weil er sein Eigentum über § 932 I BGB nur „sittlich bemakelt" erhalten konnte (so noch RGSt 73, 61).

Argument: Der Berechtigte könnte sich aufgrund von Sitte und Anstand („sittlicher Makel") genötigt sehen, den zu Eigentum erworbenen Gegenstand wieder herauszugeben.

(3) Überzeugender ist die heute in der **Rspr** vertretene **modifizierte Makeltheorie**, die zwar die generelle Bemakelung des gutgläubig erworbenen Eigentums ablehnt, jedoch im Einzelfall gleichwohl einen Schaden für möglich hält (seit BGHSt 3, 370; 15, 83; *Arzt/Weber/Heinrich/ Hilgendorf*, BT § 20 Rn 98; S/S-*Perron*, § 263 Rn 111; S/S/W-StGB-*Satzger*, § 263 Rn 240; *Wessels/Hillenkamp*, BT2 Rn 576). Nach jüngster Rspr, die auf die restriktive Interpretation des Untreuetatbestands durch das BVerfG (BVerfGE 126, 170) Bezug nimmt, kann ein Schaden im Falle des gutgläubigen Eigentumserwerbs nur noch in Ausnahmefällen bejaht werden, etwa wenn die Sache aufgrund der unklaren Eigentumslage de facto unverkäuflich ist (BGH wistra 2011, 387 m Bespr *Kudlich*, JA 2011, 790; BGH NStZ 2013, 37 m Anm *Schlösser*, NStZ 2013, 162; BGH NStZ 2015, 514 m Bespr *Bosch*, Jura 2015, 1136 u *Hecker*, JuS 2015, 949 sowie *Kudlich*, JA 2015, 947; ebenso *Rengier*, BT1 § 13 Rn 207).

Argument: Trotz gutgläubigen Erwerbs kann das Eigentum wirtschaftlich weniger wert sein, weil das Eigentum bestritten werden könnte. Zwar kann der Schaden, der dem Erwerb infolge des **allgemeinen Prozessrisikos** erwächst, nicht exakt beziffert werden, was aus verfassungsrechtlichen Gründen zwingend erforderlich ist. Ein bezifferbarer Schaden kann jedoch bejaht werden, wenn der erworbenen Sache aufgrund der unklaren Eigentumsverhältnisse im Geschäftsverkehr nur noch ein verminderter Wert (der auch gegen Null gehen kann), beigemessen wird (Aspekt des **merkantilen Minderwerts**).

Zur Vertiefung: Becker/Rönnau, JuS 2017, 499; Begemeier/Wölfel, JuS 2015, 307; Wessels/ Hillenkamp, BT2 Rn 575 ff; Hillenkamp, BT 32. Problem S 175 ff.

Der Eigentumserwerb des A ist zwar zivilrechtlich wirksam erfolgt. Es besteht jedoch die Gefahr, dass seine Gutgläubigkeit angezweifelt wird. Zwar wird heute in Fällen des gutgläubigen Erwerbs das allgemeine Prozessrisiko, das daraus erwachsen kann, dass der frühere Eigentümer die Gutgläubigkeit des Erwerbs infrage stellt, überwiegend nicht mehr als schadensbegründend eingestuft (anders noch die früher vertretene allgemeine Makeltheorie). Im konkreten Fall kann jedoch von einem gesteigerten Prozessrisiko ausgegangen werden, da das Buch zuvor in öffentlichem Eigentum stand. Ein Schaden ist also zu bejahen (*aA aber ebenso gut vertretbar*).   **253**

b) Subjektiver Tatbestand

C handelte vorsätzlich und in der Absicht rechtswidriger Bereicherung.

Er hat sich gem § 263 I strafbar gemacht.

2. § 263 I (C gegenüber A, zulasten der Stadtbibliothek, zugunsten des C)

Indem C den „Palandt" der Stadtbibliothek an A verkaufte und übereignete, könnte er sich auch wegen Betruges gem § 263 I zulasten der Stadtbibliothek strafbar gemacht haben.   **254**

Eine solche Strafbarkeit setzt voraus, dass der Verfügende in einem Näheverhältnis zum Geschädigten steht (Dreiecksbetrug, *s Rn 246*). Hier stand A in keinerlei Nähebeziehung zur Bibliothek und auch der Umstand, dass sein guter Glaube ihm gem §§ 929 S 1, 932 I 1 BGB zu einem Eigentumserwerb verhalf, der mit einem Vermögensschaden (Eigentumsverlust) auf Seiten der Bibliothek korrespondiert, transferiert ihn nicht in das Lager der geschädigten Bibliothek.

3. § 246 I, II

C könnte dadurch, dass er den aus der Stadtbibliothek entliehenen „Palandt" an A verkaufte, eine Unterschlagung begangen haben.   **255**

a) Tatbestand

C müsste sich den „Palandt" – eine für ihn fremde bewegliche Sache – zugeeignet haben. Zueignung ist die nach außen offen kundgetane Manifestation des Zueignungswillens. Eine Zueignungshandlung liegt nach hA bereits in dem Verkaufsangebot bzw in der Annahme des Kaufangebotes des A. C hat sich damit eine logische Sekunde vor Veräußerung der Sache an A die Position eines Eigentümers widerrechtlich angemaßt. Die Betätigung des Zueignungswillens ist objektiv erkennbar. Aber auch wer mit einer Mindermeinung bei § 246 einen Vollzug der Zueignung verlangt[4], gelangt hier angesichts der Übergabe des verkauften „Palandt" zur vollendeten Zueignung. Nach der Neufassung des § 246 I ist auch die Drittzueignung strafbar, sodass offen bleiben kann, worauf sich genau die Zueignung des C bezog. Nach dem Sachverhalt spricht vieles dafür, dass er die Sache über den Verkauf nur dem eigenen Vermögen einverleiben wollte.

Auch die nachträgliche Rückkaufabsicht lässt eine Zueignung nicht entfallen. Zum einen konnte C nicht unbedingt damit rechnen, dass A den „Palandt" wieder verkaufen würde, zum anderen genügt schon die Übertragung des Eigentums an einen Dritten, um den wahren Berechtigten dauerhaft zu enteignen, zumal zivilrechtlich umstritten ist, ob im Rückkaufsfall das Eigentum automatisch wieder an den alten Eigentümer zurückfällt oder nicht[5].

Weitere Ausführungen zur subjektiven Seite erscheinen hier überflüssig. Richtig ist jedoch, auch den Zueignungswillen hier schon im objektiven Tatbestand zu prüfen (s Rn 128).

b) Rechtswidrigkeit und Schuld

C handelte rechtswidrig und schuldhaft.

c) Qualifikation, § 246 II

Veruntreuende Unterschlagung liegt vor, wenn die Sache dem Täter anvertraut wurde. Anvertraut sind solche Sachen, deren Gewahrsam der Täter vom Eigentümer oder von einem Dritten mit der Verpflichtung erlangt hat, sie zu einem bestimmten Zweck zu verwenden, aufzubewahren oder auch nur zurückzugeben[6], insbes gemietete, geliehene oder in Verwahrung gegebene Sachen[7]. In diesem Fall war das Buch an C verliehen, ihm also anvertraut. § 246 II geht als Qualifikation dem § 246 I vor.

d) Strafantragserfordernis, § 248a

Ein Strafantrag ist angesichts des Wertes eines neuen „Palandt", wie ihn sich C ausgeliehen hat, nicht erforderlich.

Käme man zu einem anderen Ergebnis, wäre der Strafantrag laut Sachverhalt gestellt.

4. Konkurrenzen

256 Zu untersuchen ist das Konkurrenzverhältnis zwischen Betrug und veruntreuender Unterschlagung. Die Subsidiaritätsklausel des § 246 I gilt nach ganz hA auch für § 246 II[8]. Das Verkaufsangebot (§ 246 II) ist schon der Beginn der Ausführungshandlung zum Betrug. Es liegt also nur eine einzige Handlung vor. Dies spräche dafür, bzgl des Betrugs

---

4 Vgl SK/StGB-*Hoyer*, § 246 Rn 22; zum Streitstand: *Wessels/Hillenkamp*, BT2 Rn 309 ff und Fall 4, Problem Nr 36, Rn 167.
5 Palandt-*Bassenge*, § 932 Rn 17.
6 BGHSt 9, 90; 16, 280.
7 *Wessels/Hillenkamp*, BT2 Rn 321.
8 BGH NStZ 2012, 628 m Anm *Hohmann*, NStZ 2013, 161; *Lackner/Kühl*, § 246 Rn 14.

gegenüber A und der Unterschlagung gegenüber der Bibliothek eine „Tat" im Sinne von § 246 I aE zu bejahen, sodass die Unterschlagung hier als subsidiäres Delikt entfiele. Hinzu kommt, dass nach weit verbreiteter Ansicht der Tatbegriff bei § 246 sehr weit ausgelegt, nämlich iSd prozessualen Tatbegriffs (§ 264 StPO). Folglich wird die Subsidiarität des § 246 auch gegenüber Nichtvermögensdelikten angenommen, falls diese mit der Unterschlagung zu einer prozessualen Tat verbunden und mit höherer Strafe bedroht sind[9]. Auf der anderen Seite werden hier durch die Unterschlagung einerseits und den Betrug andererseits ganz unterschiedliche Rechtsgutsträger geschädigt. Somit kann das Unrecht der Tat nur dann sinnvoll zum Ausdruck gebracht werden, wenn (ebenso wie bei Betrug und Diebstahl gegenüber verschiedenen Rechtsgutsträgern) Idealkonkurrenz, § 52 I, zwischen beiden Delikten angenommen wird.

Selbstverständlich ist auch Gesetzeskonkurrenz vertretbar; ferner aber auch Realkonkurrenz, wenn man die Geschehnisse bzgl Unterschlagung und Betrug in zwei Handlungen aufspaltet.

5. Ergebnis für C im Tatkomplex B

C hat sich gem § 263 I – § 52 I – § 246 II strafbar gemacht.

II. Strafbarkeit des A

1. §§ 246 I, 26

Die vorsätzliche rechtswidrige Haupttat liegt in Form der von C begangenen Unterschlagung vor. Eine objektive Anstiftungshandlung des A kann in der Unterbreitung des Kaufangebotes gesehen werden. A fehlte es jedoch am Vorsatz bzgl der Haupttat. Er wusste nicht, dass der „Palandt" eine für C fremde Sache war.

257

2. §§ 246 I, 27

A fehlte es am Vorsatz bzgl der Haupttat.

3. Ergebnis für A im Tatkomplex B

A ist straflos.

C. Der Prozess (Strafbarkeit des C)

1. § 263 I (C gegenüber R, zulasten der Stadt, zugunsten des C)

C könnte dadurch, dass er im Zivilprozess eine eigenmächtig veränderte Quittung vorlegte, sodass die gegen ihn erhobene Klage abgewiesen wurde, einen Betrug begangen haben.

258

---

9 BGHSt 47, 243, 244; BGH NStZ 2012, 628; StraFo 2014, 434; *Hohmann/Sander*, BT1 § 3 Rn 34; S/S/W-StGB-*Kudlich*, § 246 Rn 29; aA *Fischer*, § 246 Rn 23-23d; *Wessels/Hillenkamp*, BT2 Rn 327.

a) Objektiver Tatbestand

Problem Nr 59: Der sog „Prozessbetrug"

Ein sog Prozessbetrug liegt vor, wenn der Richter oder ein anderes Organ der Rechtspflege durch Täuschung zu einer das Vermögen des Prozessgegners schädigenden Entscheidung veranlasst wird.

Der Richter muss einer *Täuschung* unterliegen, nicht der Kläger bzw der Beklagte, denn dieser kennt den wahren Sachverhalt.

Daraus muss entsprechend ein *Irrtum* des Richters bewirkt worden sein (abzulehnen ist dieses Merkmal nur im automatisierten Mahnverfahren, BGH NStZ 2012, 322; ob dann mit OLG Celle wistra 2012, 158 noch ein [versuchter] Betrug gegenüber dem Rechtspfleger in Betracht kommt, ist str – zutreffend dagegen: *Kudlich*, JA 2012, 152 u *Rengier*, BT1 § 13 Rn 48).

Eine *Verfügung* des Richters erfolgt durch Urteil zulasten der anderen Partei.

Den *Schaden* stellt die Abweisung der Klage dar, ohne Rücksicht auf eine Rechtsmittelfähigkeit. Wird das verneint, so liegt zumindest eine schadensgleiche Vermögensgefährdung vor. Für eine Klageabweisung ist auch die Unmittelbarkeit der Vermögensminderung grundsätzlich zu bejahen (was in anderen Fällen, in denen etwa das durch Täuschung erschlichene Urteil auf Herausgabe einer Sache lautet und erst noch durch den Gerichtsvollzieher vollstreckt werden muss, zweifelhafter erscheint). Zu beachten ist, dass es beim Prozessbetrug stets um **Forderungen, Rechte oder Erwerbspositionen** geht, auch wenn etwa die Herausgabe einer Sache eingeklagt wird.

Verfügender ist der Richter, Geschädigter der Kläger. Wie immer in Dreieckskonstellationen müssen Getäuschter und Verfügender, nicht aber Verfügender und Geschädigter, identisch sein, jedoch muss in diesen Konstellationen des **Sach**betrugs der Verfügende nach hA im Lager des Geschädigten stehen. Angesichts der Unabhängigkeit des Richters ist das im Fall des Prozessbetrugs problematisch.

(1) Eine früher vertretene **Mindermeinung** (OLG Hamm DJZ 1908, Sp. 1020; *Grünhut*, JW 1925, 1498) hielt aus diesem und aus anderen Gründen einen Prozessbetrug niemals für möglich: Der Betrug setze zwar nicht Personengleichheit, aber doch voraus, dass die Schädigung als das „eigene Werk" des Geschädigten erscheine; davon könne aber beim Prozessbetrug keine Rede sein. Die Stellung des Prozessrichters würde völlig verkannt, wollte man annehmen, er vertrete den Willen einer Partei.

(2) Vereinzelte **Mindermeinungen** im Schrifttum versuchen eine eigenständige Begründung der Zulässigkeit des Prozessbetruges. Entweder das „Nähekriterium" gelte nicht für den Forderungsbetrug (str; OLG Celle NJW 1994, 142) oder aber die o genannten Theorien seien falsch und zeigten, dass sie in Wahrheit nur taugen, wo es um die Abgrenzung zum Diebstahl geht.

(3) Die ganz **hM** problematisiert dies heute nicht mehr, sondern lässt den Prozessbetrug als mehr oder minder eigenständige Fallgruppe seit jeher zu (*Fischer*, § 263 Rn 43, 85; S/S-*Perron*, § 263 Rn 69; *Wessels/Hillenkamp*, BT2 Rn 587, 653, der für eine sachgemäße Reduzierung der an das Näheverhältnis zu stellenden Anforderungen in diesen Fällen eintritt).

Zur Vertiefung: Wessels/Hillenkamp, BT2 Rn 587, 653; Fahl, Jura 1996, 74, 77 f; Krell, JR 2012, 102.

259 Die Vorlage der veränderten Quittung stellt eine Täuschungshandlung des C gegenüber R dar. Aufgrund der gefälschten Beweise hat der Richter irrtumsbedingt über das Vermögen der Stadt zu ihrem Schaden verfügt, indem er die Klage insgesamt zu Unrecht abgewiesen hat. Hätte C seiner Wahrheitspflicht (§ 138 ZPO) genügt, wäre zwar wegen des gutgläubigen Erwerbs des Eigentums seitens des A dem Hauptantrag der Klage nicht stattgegeben worden, die Klage hätte jedoch mit dem Hilfsantrag Erfolg gehabt. Beim sog Prozessbetrug, der als eigene Fallgruppe des Dreiecksbetrugs anerkannt ist, muss man von geringeren Anforderungen bzgl des „Näheverhältnisses" des Richters zur Klägerpartei ausgehen.

In den Vorauflagen fehlte im Sachverhalt der Hilfsantrag auf Schadensersatz im Falle der Nichtherausgabe. Dies hat bei aufmerksamen Lesern zu Irritationen geführt, weil aufgrund des gutgläubigen Erwerbs seitens des A eine Herausgabeklage der Bibliothek sowieso nicht erfolgreich gewesen wäre. Das war klug gedacht, konnte aber gleichwohl keine Ablehnung eines vollendeten Prozessbetrugs rechtfertigen. Da C die Pflicht hatte, alle Umstände wahrheitsgemäß vorzutragen (§ 138 ZPO), muss im Rahmen der Erörterung eines durch die Täuschung kausal herbeigeführten Schadens die wahrheitsgemäße Beklagteneinlassung hinzugedacht werden. Wenn C den gutgläubigen Erwerb durch A vorgetragen hätte, hätte der Richter die nach § 264 Nr 3 ZPO stets zulässige Änderung des Klageantrags von der Herausgabe des Gegenstandes in die Forderung des Interesses angeregt (§ 139 ZPO). Die Stadt hätte daraufhin mit an Sicherheit grenzender Wahrscheinlichkeit ihren Klageantrag abgeändert und dementsprechend den Schadensersatz zugesprochen erhalten. In der Vorenthaltung dieses Betrags liegt der Schaden, sodass § 263 auch nach früherem Sachverhalt zu bejahen war.

b) Subjektiver Tatbestand

C handelte vorsätzlich und in der Absicht rechtswidriger, stoffgleicher Bereicherung.

c) Rechtswidrigkeit und Schuld

C handelte rechtswidrig und schuldhaft.

d) Strafantragserfordernis, §§ 263 IV, 248a

Ein Strafantrag ist angesichts des Wertes eines neuen „Palandt", wie ihn sich C ausgeliehen hat, nicht erforderlich.

Käme man zu einem anderen Ergebnis, wäre der Strafantrag laut Sachverhalt gestellt.

2. § 267 I Var 1, Var 2, Var 3 (Quittung)

Indem C die Signatur auf der Quittung ausradierte und durch die des „Palandt" ersetzte, könnte C eine Urkundenfälschung begangen haben. **260**

a) Objektiver Tatbestand

Die Herstellung einer unechten Urkunde (Var 1) könnte im Eintragen der Signatur des „Palandt" in die Rückgabequittung liegen. Eine Urkunde ist eine verkörperte Gedankenerklärung, die zum Beweis im Rechtsverkehr geeignet und bestimmt ist und ihren Aussteller erkennen lässt[10]. Mit der Rückgabequittung soll nach dem Willen des Ausstellers

---

10 *Wessels/Hettinger/Engländer*, BT1 Rn 869.

(der Bibliothek) eine Rückgabebestätigung für ein bestimmtes Buch (Beweisfunktion) dauerhaft festgehalten werden.

Eine Urkunde ist unecht, wenn sie nicht von demjenigen herrührt, der aus ihr als Hersteller (Erklärender) hervorgeht[11]. Herstellen einer unechten Urkunde ist demnach gegeben, wenn eine Identitätstäuschung über den wahren Aussteller erwirkt werden soll. Die Neueintragung ging in Wahrheit nicht mehr auf die Bibliothek, sondern auf den C als eigentlichen Aussteller der Urkunde zurück.

C hat also eine unechte Urkunde hergestellt.

Darüber hinaus könnte C eine echte Urkunde verfälscht haben (Var 2). Verfälschen ist jede unbefugte nachträgliche Veränderung der Beweisrichtung und des gedanklichen Inhalts einer echten Urkunde, sodass diese nach dem Eingriff etwas anderes zum Ausdruck bringt als vorher[12]. Es wird also die Beweisrichtung geändert und der vorhandenen (echten) Urkunde wird eine andere Erklärung untergeschoben.

Soweit darin gleichzeitig ein Herstellen einer unechten Urkunde liegt, tritt die erste Variante hinter den spezielleren Verfälschungstatbestand zurück[13], so auch hier.

Schließlich könnte C von einer verfälschten oder unechten Urkunde Gebrauch gemacht haben (Var 3). Gebrauchmachen bedeutet, die verfälschte oder unechte Urkunde dem zu Täuschenden im Rechtsverkehr so zugänglich zu machen, dass er die Möglichkeit zur Kenntnisnahme erhält[14]. Diese Variante ist ebenfalls erfüllt.

b) Subjektiver Tatbestand

C handelte vorsätzlich.

Darüber hinaus müsste er in der Absicht der Täuschung im Rechtsverkehr gehandelt haben. Es muss keine Absicht im technischen Sinn vorliegen, es genügt, dass der Täter – wie hier – sicher weiß, mit der Vorlage der unechten oder verfälschten Urkunde eine Täuschung im Rechtsverkehr zu bewirken.

c) Konkurrenzen

Ein Gebrauchmachen war hier von vornherein geplant, damit liegt nur eine Urkundenfälschung im Rechtssinne gem § 267 I vor[15].

3. § 274 I Nr 1 (ursprüngliche Signatur)

261 Durch Veränderung der später dem Gericht vorgelegten Quittung könnte C eine Urkunde, die ihm nicht ausschließlich gehörte, vernichtet haben.

---

11 *Wessels/Hettinger/Engländer*, BT1 Rn 901.
12 *Wessels/Hettinger/Engländer*, BT1 Rn 921; s o Fall 2, Problem Nr 12, Rn 81.
13 *Wessels/Hettinger/Engländer*, BT1 Rn 923.
14 *Wessels/Hettinger/Engländer*, BT1 Rn 930.
15 Vgl Fall 2, Problem Nr 13, Rn 83.

a) Objektiver Tatbestand

Vernichten bedeutet die völlige Beseitigung der beweiserheblichen Substanz einer Urkunde[16]. Durch Ausradieren der ursprünglichen Signatur ist dies erfolgt.

Nicht oder nicht ausschließlich gehört dem Täter eine Urkunde, wenn auch andere dazu befugt sind, die Urkunde zum Beweis im Rechtsverkehr zu gebrauchen[17]. Beweisbefugt mit der ursprünglichen Urkunde war aber allein C, der die Quittung ebenso gut auch hätte wegwerfen können.

b) Ergebnis

C hat sich nicht gem § 274 I Nr 1 strafbar gemacht.

4. § 271 I

Durch Herbeiführung eines klageabweisenden Urteils mittels Vorlage einer gefälschten   **262** Quittung könnte C eine mittelbare Falschbeurkundung begangen haben.

a) Objektiver Tatbestand

Bei dem Urteil des Zivilgerichts müsste es sich um eine öffentliche Urkunde mit Beweiskraft für und gegen jedermann gerade hinsichtlich der hier unwahren Tatsachen handeln[18].

Öffentliche Urkunden sind solche, die von einer öffentlichen Behörde oder von einer mit öffentlichem Glauben versehenen Person innerhalb ihrer sachlichen Zuständigkeit in der vorgeschriebenen Form aufgenommen sind[19].

Fraglich erscheint hier jedoch, ob der Richter in dem Urteil Tatsachen mit Beweiskraft für und gegen jedermann bezeugt hat, denn zivilrechtliche Urteile haben grundsätzlich nur Wirkung zwischen den Parteien.

Andererseits erbringt das Urteil gegenüber jedermann den Beweis, dass das Gericht zulasten der hier klagenden Partei dem von ihr geltend gemachten Anspruch nicht stattgegeben hat. Die Urkunde dieses Inhalts wurde auch durch eine dazu bevollmächtigte Person (Richter) im Rahmen seiner Amtsbefugnisse ausgestellt und beweist iSd § 417 ZPO eine behördliche Erklärung.

Es muss sich aber die Beweiskraft der öffentlichen Urkunde gerade auf die Inhalte beziehen, die zu öffentlichem Glauben beurkundet worden sind[20]. Beurkundet wurde hier nur der Richterspruch (Tenor), nicht die dieser Entscheidung zugrunde liegende Vorlage falscher Beweise bzw das Nichtbestehen eines Anspruchs auf Herausgabe oder auf Schadensersatz. Die öffentliche Urkunde erbringt nur vollen Beweis darüber, dass die

---

16 *Wessels/Hettinger/Engländer*, BT1 Rn 971.
17 SK/StGB-*Hoyer*, § 274 Rn 4 f.
18 *Wessels/Hettinger/Engländer*, BT1 Rn 988.
19 BGHSt 25, 95, 96 f; *Baumbach/Lauterbach/Albers/Hartmann*, ZPO § 415 Rn 4 iVm § 417 Rn 1; SK/StGB-*Hoyer*, § 271 Rn 9.
20 BGH NStZ 2015, 278 m Bespr *Kudlich*, JA 2015, 310; BGH NStZ 2016, 675; HK-GS-*A. Koch*, § 271 Rn 6.

behördliche Willenserklärung tatsächlich abgegeben wurde, nicht aber dass sie sachlich richtig ist oder die tatsächlichen und juristischen Voraussetzungen hierfür vorlagen.

Hier gelangte der Richter aufgrund der Beweislage zu dem Ergebnis, der Anspruch der klägerischen Partei sei unbegründet. Nur auf diese Entscheidung des Richters bezog sich die Beweiskraft der öffentlichen Urkunde. Insoweit ist aber auch nichts iSd § 271 I unrichtig beurkundet worden. Dass die Entscheidung aufgrund des unwahren Parteivorbringens nicht der wirklichen Rechtslage entsprach, ist irrelevant.

b) Ergebnis

Eine Strafbarkeit nach § 271 I ist nicht gegeben.

5. § 153

263 Die Bekundungen des C vor Gericht könnten uU eine falsche uneidliche Aussage darstellen.

C war aber nicht Zeuge oder Sachverständiger, sondern Partei. Für eine Strafbarkeit nach § 153 fehlt es C daher an einem notwendigen Tätermerkmal.

6. § 266 I Alt 1, Alt 2 (gegenüber der Stadt)

Nach hM wird eine Vermögensbetreuungspflicht sowohl bei der ersten als auch bei der zweiten Alternative des § 266 I benötigt („Spezialitätslösung"[21]). Zwischen dem C und der Stadt bestand zwar ein Leihvertrag. Aus diesem ergab sich aber keinesfalls die Hauptpflicht des C, das Vermögen der Stadt zu betreuen. Es scheiden deshalb beide Alternativen des § 266 I aus.

7. Konkurrenzen

264 Nach hA[22] besteht zwischen § 263 I und § 267 I Idealkonkurrenz, wenn die Urkunde gerade zur Täuschung im Rechtsverkehr konkret hergestellt wurde. Nach aA besteht zwischen der Herstellungs- und der Verfälschungsvariante des § 267 I einerseits und dem Betrug andererseits Realkonkurrenz, zwischen der dritten Variante des § 267 I und dem § 263 I hingegen Idealkonkurrenz, § 52[23].

Dieser Streit ist in gewisser Weise die Fortsetzung des o bereits angesprochenen Konkurrenzproblems der verschiedenen Varianten der Urkundenfälschung untereinander. Wird – wie dies o erfolgte – das Gebrauchmachen der Urkunde, das mit § 263 I in einem Akt zusammenfällt, mit dem Fälschen in einer tatbestandlichen Handlungseinheit zusammengezogen, so ist wegen der zeitlichen Überschneidung zwischen Urkundenfälschung und Betrug Tateinheit anzunehmen.

(Zu der Frage, ob der Prozessbetrug als Sicherungsbetrug hinter den Betrug/die Unterschlagung aus Komplex B zurücktritt, s Rn 273)

---

21 *Lackner/Kühl*, § 266 Rn 21; vgl hierzu Fall 10, Problem Nr 106, Rn 481.
22 S/S-*Heine/Schuster*, § 267 Rn 99; *Fischer*, § 267 Rn 59.
23 *Maurach/Schroeder/Maiwald*, BT2 § 65 Rn 79.

8. Ergebnis für C im Tatkomplex C

C ist strafbar gem § 263 I – § 52 – § 267 I.

D. Das erste Telefonat (Strafbarkeit der B)

1. § 185 Alt 1 (gegenüber D)

Die B könnte dadurch, dass sie am Handy den D ein „Kameradenschwein" nannte, eine 265
Beleidigung begangen haben.

a) Objektiver Tatbestand

Durch die Kundgabe des Ausdrucks „Kameradenschwein" hat B gegenüber D ihre Missachtung bzw Nichtachtung der Person durch Zuschreibung negativer Qualitäten zum Ausdruck gebracht und D damit beleidigt.

b) Subjektiver Tatbestand

Fraglich ist, ob der Umstand, dass B in Wahrheit nicht den D, sondern den A beleidigen wollte, gem § 16 I 1 den Vorsatz entfallen lässt, weil sie sich in der Person des Opfers geirrt hat. Der Vorsatz muss gem § 16 I 1 bei Begehung der Tat vorliegen. Zu unterscheiden sind hier der error in persona vel obiecto und die aberratio ictus[24].

Beim error in obiecto vel persona trifft der Verletzungserfolg das Objekt, das anvisiert wurde; jedoch hat der Täter eine Fehlvorstellung von dessen Identität, sodass eine reine Objektverwechslung vorliegt. Bei der aberratio ictus handelt es sich dagegen um das Fehlgehen der Tat (des Angriffs), wobei der Verletzungserfolg an einem anderen als dem anvisierten Objekt eintritt („daneben geschossen").

Als B das Wort „Kameradenschwein" äußerte, wollte sie damit genau den Teilnehmer beleidigen, der sich am anderen Ende der Leitung mit „Hallo" gemeldet hatte (Identität zwischen Angriffs- und Verletzungsobjekt). Es handelt sich somit um einen Fall des error in persona.

> **Problem Nr 60: Error in obiecto vel persona (Irrtum über das Handlungsobjekt)** 266
>
> Bei einem Irrtum über das Handlungsobjekt kommt es darauf an, ob sich die strafrechtliche Bewertung ändern würde, wenn die Vorstellung des Täters zutreffend wäre. Nur dann ist die Abweichung beachtlich.
>
> Sind vorgestelltes und tatsächlich angegriffenes Objekt **nicht tatbestandlich gleichwertig,** ist der Vorsatz des Täters nach § 16 I 1 ausgeschlossen. In diesem Fall kann der Täter nur wegen Versuchs bzgl des vorgestellten Objekts (falls dieser strafbar ist), ggf in Tateinheit mit fahrlässiger Tat bzgl des getroffenen Objekts, bestraft werden.
>
> Sind die Objekte, um die es nach der Sachverhaltsvorstellung des Handelnden geht, dagegen **tatbestandlich gleichwertig,** so ist die Objektverwechslung für die Strafbarkeit des Irrenden ohne Bedeutung. Sie stellt (wie ein Irrtum im Beweggrund) die Existenz des Tatbestandsvorsatzes nicht in Frage. Insoweit handelt es sich lediglich um einen unbeachtlichen Motivirrtum.

---

24 Zur Abgrenzung von error in persona vel persona und aberratio ictus vgl *El-Ghazi*, JuS 2016, 303.

§ 16 I 1 erfasst als Bezugspunkt nur die äußeren Tatumstände, nicht aber Beweggründe oder Fernziele der Tat.

Zur Vertiefung: Wessels/Beulke/Satzger, AT Rn 360 ff; Kudlich/Koch, JA 2017, 827; s auch Beulke, Klausurenkurs I [1] Rn 153.

267 Angesichts der tatbestandlichen Gleichwertigkeit der Objekte ist die Tatsache, dass die B die angesprochene Person – nämlich D – für A hielt, ein unbeachtlicher Motivirrtum (in der Form des error in persona), der für ihren Vorsatz unbeachtlich ist. Beleidigungsvorsatz bzgl des D liegt damit vor.

c) Rechtswidrigkeit

aa) Notwehr, § 32

Ein Angriff des D auf Rechtsgüter der B lag nicht vor. Auch auf der Grundlage eines Irrtums der B wäre das Vorliegen einer Notwehrlage zu verneinen. Der Angriff des vermeintlichen Tatopfers A war zu diesem Zeitpunkt nicht mehr gegenwärtig.

bb) Wahrnehmung berechtigter Interessen, § 193

In Betracht kommt die Wahrnehmung berechtigter Interessen iSd § 193 als spezieller Rechtfertigungsgrund für Beleidigungen[25]. Allerdings ist dort nur die berechtigte Kritik erfasst. Beleidigungen, deren beleidigender Charakter sich schon aus der Form der Äußerung ergibt (Formalbeleidigungen), sind dagegen nie gerechtfertigt. Hier liegt aber eine Formalbeleidigung vor.

d) Schuld

B handelte schuldhaft.

e) Strafantragserfordernis, § 194

Der gem § 194 erforderliche Strafantrag ist gestellt.

2. § 186

268 **Problem Nr 61: Die Systematik der Beleidigungsdelikte (§§ 185–187)**

Werturteil		Tatsachenbehauptung (beachte jeweils § 192!)
ggü dem Beteiligten:	§ 185	§ 185 Unwahrheit ist ungeschriebenes Tatbestandsmerkmal
ggü Dritten:	§ 185	§ 186 Nichterweislichkeit der behaupteten Tatsache ist objektive Bedingung der Strafbarkeit § 187 Unwahrheit ist Tatbestandsmerkmal

Zur Vertiefung: KG NStZ-RR 2013, 8; Wessels/Hettinger/Engländer, BT 1 Rn 545 ff; Geppert, Jura 2002, 820 ff.

---

25 Dazu *Hecker*, JuS 2015, 81.

Eine Strafbarkeit wegen übler Nachrede scheitert bereits an der fehlenden Tatsachenbe- 269
hauptung.

3. Ergebnis für B im Tatkomplex D

B hat sich gem § 185 Alt 1 strafbar gemacht.

E. Das zweite Telefonat (Strafbarkeit der B)

1. § 185 Alt 1 (gegenüber F)

Indem B auf den Anrufbeantworter die Worte „Du falsche Drecksau" sprach und die F 270
dies abhörte, könnte sich B erneut wegen Beleidigung strafbar gemacht haben.

a) Objektiver Tatbestand

Eine Kundgabe von Missachtung oder Nichtachtung der Person des Gegenübers liegt
mit der Äußerung „Du falsche Drecksau" vor. Auch das persönliche „Du" kann für sich
genommen bereits eine Beleidigung sein.

Kommen mehrere Äußerungsformen zusammen, liegt aber nur eine Beleidigung vor
(tatbestandliche Handlungseinheit)[26].

b) Subjektiver Tatbestand

In dieser Tatvariante könnte ein Fehlgehen der Tat und damit eine aberratio ictus vorliegen. Der Vorsatz von B war nicht auf irgendeine Person konkretisiert, die das Band
abhörte, und B hielt auch nicht etwa die F für den A. Vielmehr erwartete sie, dass eine
ganz bestimmte Person, nämlich der A, die Beleidigung vernahm. Mit F wurde daher
nach der konkreten Tätervorstellung das falsche Opfer getroffen. Es liegt damit eine aberratio ictus vor. *(Die erneute Annahme eines error in persona ist bei guter Begründung
ebenfalls vertretbar.)*

Fraglich ist, ob deshalb der Beleidigungsvorsatz abgelehnt werden muss.

> **Problem Nr 62: Behandlung der aberratio ictus**   271
>
> **(1)** Eine **Mindermeinung** (*Daleman/Heuchemer*, JA 2004, 460; *Loewenheim*, JuS 1966, 313;
> für die Verletzung nicht höchstpersönlicher Rechtsgüter auch *Hillenkamp*, Die Bedeutung von
> Vorsatzkonkretisierungen, 1971, S 85 ff) will wie beim error in persona nach der Gleichwer-
> tigkeit unterscheiden. Sind die Objekte tatbestandlich gleichwertig, soll aus dem vollendeten
> Delikt bestraft werden.
>
> **Argument:** Der Täter wollte einen Menschen treffen (subjektiv) und hat auch einen Men-
> schen getroffen (objektiv).
>
> **(2)** Eine **andere Meinung** (NK-*Puppe*, § 16 Rn 104 ff; *dies*, JZ 1989, 728, 730 ff; *dies*, GA
> 1981, 1, 14 ff; *Welzel*, S 73 f) stellt darauf ab, ob das Fehlgehen der Tat für den Täter vorher-
> sehbar war. War es das, kommt eine Bestrafung wegen vollendeten Delikts in Betracht.

---

26 NK-*Zaczyk*, § 185 Rn 21; *Wessels/Beulke/Satzger*, AT Rn 1067.

Argument: Die aberratio ictus ist ein Unterfall des Irrtums über den Kausalverlauf. Abweichungen, die noch im Rahmen der allgemeinen Lebenserfahrung liegen, sind wie sonst auch unbeachtlich.

(3) Nach der überzeugenden **hM** (*B. Heinrich*, AT Rn 1108; *Rath*, JA 2005, 709; *Rengier*, AT § 15 Rn 34 f; *Wessels/Beulke/Satzger*, AT Rn 364 ff; *Zieschang*, AT Rn 154) führt die aberratio ictus gegebenenfalls zur Bestrafung des Täters wegen Versuchs am anvisierten und wegen Fahrlässigkeit hinsichtlich des getroffenen Objekts.

Argument: Dem Täter zu unterstellen, er habe überhaupt ein (beliebiges) Objekt treffen wollen, widerspricht dem Schuldprinzip. Dass er entgegen der Vorhersehbarkeit ein gleichwertiges anderes Objekt getroffen hat, begründet einen Fahrlässigkeitsvorwurf. Anders verhält es sich, wenn der Täter mit dolus eventualis in Kauf genommen hat, auch ein anderes Opfer zu verletzen. Dann ergibt sich die Strafbarkeit aus dem vollendeten vorsätzlichen Delikt.

Zur Vertiefung: Wessels/Beulke/Satzger, AT Rn 364 ff; Beulke, Klausurenkurs I [3] Rn 169; El-Ghazi, JuS 2016, 303; Hillenkamp/Cornelius, AT 9. Problem S 73 ff.

272   Parallel zur Behandlung des error in persona könnte man auch im Falle der aberratio ictus den Vorsatz bejahen, weil der anvisierte A und die tatsächlich betroffene F gleichwertige Tatobjekte sind. Dieses Ergebnis könnte man auch damit begründen, dass der Erfolgseintritt am falschen Objekt noch im Rahmen der allgemeinen Lebenserfahrung liegt, weil es immer vorkommen kann, dass ein anderer den Anrufbeantworter abhört. Solche Lösungen, die dem Täter unterstellen, er habe ein beliebiges Objekt treffen wollen, sind aber mit dem Schuldprinzip unvereinbar. Nach der zutr hM hat die B, die nur die A treffen wollte, durch ihr bzgl einer Beleidigung der F unvorsätzliches Handeln – auch dolus eventualis liegt insoweit nicht vor – an A eine Beleidigung versucht und an F fahrlässig begangen.

2.   §§ 185, 22, 23 I Alt 2

Die versuchte Beleidigung ist nicht strafbar, §§ 23 I, 12 I.

3.   Fahrlässige Beleidigung

Die fahrlässige Beleidigung ist nicht strafbar, § 15.

4.   Ergebnis für B im Tatkomplex E

B ist straflos.

F.   Gesamtkonkurrenzen (Strafbarkeit des C)

273   Nachdem derselbe Rechtsgutsträger um denselben Wert geschädigt wurde, tritt der Prozessbetrug aus Tatkomplex C im Wege der Gesetzeskonkurrenz (mitbestrafte Nachtat) gegenüber § 246 II aus dem Tatkomplex B zurück. Es liegt eine typische Sicherungs- und Bewahrungshandlung vor. Das wäre auch dann der Fall, wenn im Tatkomplex B der Betrug gegenüber A die Unterschlagung des Buches als subsidiäres Delikt verdrängen würde.

Dem Prozessbetrug kommt gegenüber der Unterschlagung auch nicht deshalb ein eigenes Gewicht zu, weil der Stadt ein erneuter Schaden in Form der Prozesskosten entstanden ist. Der Vermögenszuwachs des C (= rechtskräftig festgestelltes Eigentum an dem „Palandt") ist nämlich insoweit nicht stoffgleich zu diesem Vermögensschaden der Stadt[27].

Dazu steht die im Prozess begangene Urkundenfälschung, § 267 I, in Tatmehrheit, § 53.

G. Gesamtergebnis des materiell-rechtlichen Gutachtens

A: Tatkomplex A: §§ 263 I, II, 22, 23 I Alt 2
B: Tatkomplex D: § 185 Alt 1
C: Tatkomplex B: § 263 I – § 52 – § 246 II
– § 53 –
Tatkomplex C: § 267 I

Teil II. (prozessualer Teil)

1. Nebenklage, §§ 395 ff StPO

E kann den Anschluss als Nebenklägerin erklären (§§ 395 I Nr 1a, 396 StPO), um ihr persönliches Genugtuungsinteresse zu befriedigen und um auf eine Bestrafung des A hinzuwirken. § 177 gehört zu den Katalogtaten des § 395 I Nr 1a StPO. Durch diese Möglichkeit soll neben dem öffentlichen Kontroll- und Aufklärungsinteresse auch zum Opferschutz beigetragen werden.   **274**

Zur Vertiefung: Beulke, StPO Rn 606, 593 ff.

2. Die Verständigung im Strafverfahren

a) Rechtsmäßigkeitsvoraussetzungen einer Verständigung im Strafverfahren

Die Zulässigkeit der früher gewohnheitsrechtlich anerkannten Verständigung ist inzwischen gesetzlich ausdrücklich in § 257c StPO geregelt. Weitere Regelungen, welche die Verständigung betreffen, sind in §§ 35a S 3, 243 IV, 267 III 5, 273 Ia, 302 I 2 StPO zu finden. Der Gesetzgeber hat sich dafür entschieden, kein neues, „konsensuales" Verfahrensmodell einzuführen, sondern die Verständigung in das bestehende Regelungssystem der StPO zu integrieren.   **275**

Problem Nr 63: Rechtmäßigkeitsvoraussetzungen einer Verständigung im Strafverfahren unter Berücksichtigung der Entscheidung des BVerfG vom 19.3.2013 (BVerfGE 133, 168)   **276**

(1) Materielle Gesichtspunkte
- Gem §§ 257c I 2, 244 II StPO gilt der **Untersuchungsgrundsatz** auch iR einer Verständigung. Das Gericht darf nicht vorschnell auf eine Urteilsabsprache ausweichen, ohne die An-

---

27 BGH NStZ 2002, 433, 434; LK-*Tiedemann*, § 263 Rn 257.

klage zuvor in tatsächlicher und rechtlicher Hinsicht pflichtgemäß überprüft zu haben (BGH NStZ 2017, 173). Konkret heißt das: Stimmt das abgelegte Geständnis mit dem Ergebnis der Beweisaufnahme überein? Ist das Geständnis in sich stimmig? Erfüllt das eingeräumte Verhalten den angeklagten Straftatbestand? Aus der gerichtlichen Aufklärungspflicht folgt, dass **allein** ein **inhaltsleeres Formalgeständnis** („schlankes Geständnis") keine ausreichende Grundlage für eine Verurteilung sein darf.

- Die betroffenen **Verfahrensbeteiligten** sind einzubeziehen, vgl § 257c I 1, III 3 StPO.
- Es bedarf der **Zustimmung** von Angeklagtem und StA zum Vorschlag des Gerichts, vgl § 257c III 4 StPO.
- **Schuldspruch** (zB Strafrahmenverschiebungen bei Qualifikationen, Regelbeispielen [str., s BGH NStZ 2017, 363] oder bei sonstigen besonders schweren bzw minder schweren Fällen) sowie Maßregeln der Besserung und Sicherung dürfen **nicht Gegenstand der Verständigung** sein, vgl § 257c II 3 StPO.
- Die Vereinbarung einer bestimmten Strafe (sog **Punktstrafe**) ist unzulässig.
- **„Gesamtlösungen"**, die auch andere Strafverfahren einbeziehen (zB dortige **Einstellung durch die StA gem § 154 I StPO**), sind unzulässig (vgl Wortlaut der §§ 257c I, II 1 StPO; nunmehr aufweichend: BGH NStZ 2017, 56, wonach eine Gesamtlösung möglich ist, solange das Gericht darüber belehrt, dass die spätere Einstellung des anderen Strafverfahrens nicht von der Bindungswirkung der Verständigung umfasst ist; bei Zuständigkeit des Gerichts auch für das andere anhängige Verfahren soll eine Gesamtlösung ohne Weiteres zulässig sein: OLG Nürnberg NStZ-RR 2017, 350).
- Zulässige **Gegenstände der Verständigung** können hingegen sein:
  - Zum einen ist eine Absprache möglich über die **Rechtsfolgen**, die Inhalt eines Urteils oder eines Beschlusses sein können (§ 257c II 1 StPO), insbes der zu erwartende Strafrahmen durch die Angabe einer **Ober- und Untergrenze** der in Aussicht gestellten Strafe (§ 257c III 2 StPO).
    Dabei gelten die allgemeinen Grundsätze der Strafzumessung (§ 46 StGB). Der angegebene Strafrahmen darf also **nicht unangemessen niedrig** sein.
    Die Entscheidung über eine **Strafaussetzung zur Bewährung** (§ 56 StGB) und die konkreten **Bewährungsauflagen** (§ 56b I 1 StGB) gehören ebenso zur zulässigen Verhandlungsmasse wie die Entscheidung über die **Fortdauer der Untersuchungshaft**.
  - Zum anderen sind **verfahrensbezogene Maßnahmen** im zugrundeliegenden Erkenntnisverfahren (zB [Teil-]Einstellung nach §§ 153 ff StPO) sowie das **Prozessverhalten** der Verfahrensbeteiligten (vgl § 257c II 1 StPO aE; zB Verzicht auf einzelne Beweisanträge) einer Verständigung zugänglich.

Die Willensentscheidung des Betroffenen darf wegen § 136a I StPO nicht dadurch beeinflusst werden, dass ihm eine unverhältnismäßig große **Sanktionsschere** (zB mit Geständnis 3 Jahre Freiheitsstrafe, ohne Geständnis 8 Jahre Freiheitsstrafe) angedroht wird (BGH StV 2007, 619).

Es darf keine unsachgemäße Verknüpfung zwischen angesonnenem und in Aussicht gestelltem Verhalten stattfinden, dh es muss die **Konnexität** zwischen Leistung und Gegenleistung gewahrt sein. Die Konnexität fehlt zB dann, wenn in einem Untreueprozess eine Bewährungsstrafe angeboten wird, sofern der Angeklagte alle ausstehenden, von dem Untreuevorwurf unabhängigen Steuerforderungen des Finanzamts begleicht.

(2) Formelle Anforderungen

- Ergebnis und wesentlicher Inhalt einer Vereinbarung sind in der **öffentlichen Hauptverhandlung mitzuteilen**, sofern es vor oder außerhalb der Hauptverhandlung zu (erfolgreichen oder gescheiterten) Erörterungen zwischen den Verfahrensbeteiligten gekommen ist, vgl § 243 IV StPO; die Mitteilung muss protokolliert werden, § 273 Ia 2 StPO. Davon umfasst ist auch die Mitteilung, dass keine Verständigungsgespräche stattgefunden haben (sog

Negativmitteilung), und korrespondierend der Vermerk im Protokoll nach § 273 Ia 3 StPO (sog **Negativattest**).

- **Protokollierungspflicht** bzgl Inhalt, Ablauf und Ergebnis der Verständigung (vgl § 273 Ia 1 StPO) und **Pflicht**, den wesentlichen Inhalt der außerhalb der Hauptverhandlung stattgefundenen Erörterungen **aktenkundig** zu machen (§§ 160b, 202a, 212 StPO).
- Der Beschuldigte ist über die nur **eingeschränkte Bindungswirkung** für das Gericht (§ 257c IV 1, 2 StPO) vor seiner **Zustimmung** (vgl § 257c III 4 StPO) zu belehren, vgl § 257c V StPO; die Beachtung der Belehrungspflicht muss protokolliert werden, § 273 Ia 2 StPO. Die Zustimmung muss eindeutig, dh nicht nur konkludent, erklärt werden (BGH NStZ-RR 2017, 87). Eine bloße Nachholung der zuvor unterlassenen Belehrung nach der Zustimmung heilt den Fehler nicht (BGH NStZ-RR 2017, 151). Kommt eine Verständigung mangels Zustimmung eines Beteiligten gem § 257c III 4 StPO nicht zustande, besteht auch keine Bindungswirkung für das Gericht (BGH NStZ-RR 2017, 351). Die Bindungswirkung gilt nur für das erkennende Tatgericht, folglich nicht für die Rechtsmittelgerichte und das Gericht, an das nach § 354 II, III StPO zurückverwiesen wird. Entfällt die Bindungswirkung nach § 257c IV 1, 2 StPO, darf das Geständnis des Angeklagten nicht verwertet werden, § 257c IV 3 StPO. Sobald das Gericht von der Verständigung abweichen möchte, muss es dies dem Angeklagten **unverzüglich mitteilen**, § 257c IV 4 StPO.
- Der Betroffene ist **qualifiziert** darüber zu **belehren**, dass er trotz der Verständigung in seiner Entscheidung frei ist, ein **Rechtsmittel** einzulegen, vgl § 35a S 3 StPO. Ein die Absprache flankierender Rechtsmittelverzicht kann nicht wirksam vereinbart werden, § 302 I 2 StPO.
- In den **Urteilsgründen** ist anzugeben, dass eine Verständigung stattgefunden hat, vgl § 267 III 5 StPO.

(3) Verfassungsrechtliche Leitlinien auf Grundlage der Entscheidung des BVerfG vom 19.3.2013

Auch nach Erlass der gesetzlichen Regelungen wird verbreitet in Zweifel gezogen, ob ein einvernehmlicher Abschluss von Strafverfahren mit rechtsstaatlichen Grundsätzen vereinbar ist. In der Tat tragen Verständigungen das Risiko in sich, dass verfassungsrechtlichen Vorgaben wie etwa dem **Schuldgrundsatz**, dem **Recht auf ein faires Verfahren**, der **Subjektstellung des Beschuldigten**, dem **Grundsatz der Selbstbelastungsfreiheit**, der **Unschuldsvermutung** sowie dem Grundsatz der **Unvoreingenommenheit und Neutralität des Richters** nicht hinreichend Rechnung getragen wird. Ferner besteht die Gefahr, dass zentrale **Prozessmaximen** wie etwa das **Legalitätsprinzip**, der **Untersuchungsgrundsatz** sowie die **Grundsätze der Öffentlichkeit, Mündlichkeit und Unmittelbarkeit** missachtet werden.

Ungeachtet dieser Einwände hat das **BVerfG** die neuen gesetzlichen Regelungen im Rahmen seiner **Grundsatzentscheidung vom 19.3.2013** für **verfassungskonform** erachtet. Es sei dem Gesetzgeber von Verfassungs wegen nicht verwehrt, zum Zwecke der Verfahrensvereinfachung Verständigungen zuzulassen, sofern er durch hinreichende Vorkehrungen sicherstellt, dass die verfassungsrechtlichen Anforderungen gewahrt bleiben.

Allerdings wies das Gericht eindringlich darauf hin, dass „informelle" Verständigungen, die unter Missachtung der gesetzlichen Vorgaben zustande kommen, verfassungswidrig sind. In diesem Zusammenhang konstatierten die Richter ein **erhebliches Vollzugsdefizit**, das zwar „derzeit noch nicht" zur Verfassungswidrigkeit der gesetzlichen Regelungen führe. Der Gesetzgeber sei jedoch aufgefordert, die weitere Entwicklung sorgfältig im Auge zu behalten. Sollten die im derzeitigen Regelungskonzept vorgesehenen Schutzmechanismen nicht ausreichen, um das festgestellte Vollzugsdefizit zu beseitigen, und sollte sich die gerichtliche Praxis weiterhin in erheblichem Umfang über die gesetzlichen Regelungen hinwegsetzen (insbes durch sog informelle Absprachen), wäre der Gesetzgeber gehalten, dieser Fehlentwicklung durch geeignete Maßnahmen entgegenwirken, um den Eintritt eines verfassungswidrigen Zustands zu verhindern.

Zur Vertiefung: BVerfGE 133, 168; Becker, JA 2017, 641; Beulke, StPO Rn 394 ff; ders, Schlothauer-FS S 313; Beulke/Stoffer, JZ 2013, 662; Frisch, Streng-FS S 685; Jahn, JuS 2013, 659; Kudlich, NStZ 2013, 379; Nistler, JuS 2009, 916.

b) Rechtmäßigkeit der im konkreten Fall getroffenen Verständigung

276a Dass das Gericht mit den Verfahrensbeteiligten vorliegend eine Verständigung angestrebt hat, ist gem § 257c StPO, dessen Verfassungskonformität das BVerfG zwischenzeitlich bestätigt hat, grds zulässig.

Die getroffene Verständigung wahrt zudem in materieller Hinsicht den Untersuchungsgrundsatz (§ 257c I 2 iVm § 244 II StPO), da das umfassende Geständnis der R glaubwürdig erscheint und sich mit dem Ergebnis der Beweisaufnahme deckt. Es liegt also kein ungenügendes inhaltsleeres Formalgeständnis vor. Das Gericht hat für den Fall einer Verurteilung ohne vorherige Verständigung kein Strafmaß in Aussicht gestellt, so dass die R auch keiner unzulässigen Sanktionsschere ausgesetzt wurde. Ferner stellt die vereinbarte Strafe einen prinzipiell zulässigen Inhalt des Urteils dar (§ 257c II 1 StPO): Bei Raub sieht das Gesetz einen Strafrahmen von einem bis zu fünfzehn Jahren Freiheitsstrafe vor (§ 249 I iVm § 38 II). Die festgesetzte Freiheitsstrafe von drei Jahren entspricht der Vereinbarung und erscheint in Anbetracht aller strafzumessungsrechtlich relevanten Aspekte tat- und schuldangemessen.

Allerdings könnte vorliegend der Inhalt der Verständigung rechtswidrig sein. Bei der gerichtlichen Ankündigung einer konkreten Strafe (hier: drei Jahre Freiheitsstrafe) für den Fall eines Geständnisses handelt es sich um eine sog **Punktstrafe**. Wenn das Gericht von der Befugnis („kann"), die ihm § 257c III 2 StPO einräumt, Gebrauch macht, indem es der Angeklagten R die zu erwartende Strafe angibt, so *muss* dies nach dem Gesetzeswortlaut in Gestalt eines Strafrahmens erfolgen („Ober- und Untergrenze"). Grundlage des Strafausspruchs im Urteil bleibt nämlich auch bei einer Verständigung die Entscheidung des Gerichts nach dessen Überzeugung (§ 261 StPO) und unter Würdigung sämtlicher für sowie gegen die Angeklagte sprechender Umstände (§ 46 II). Vor der Urteilsberatung darf sich das Gericht nicht – wie hier geschehen – durch eine konkrete Strafmaßzusage binden, weil es bei der Urteilsfindung dann keine schuldangemessene Strafe mehr bestimmt, sondern nur noch eine gemachte Zusage einhält. Dementsprechend war die vorliegende Verständigung gesetzeswidrig.

c) Zulässigkeit der Revision der R

aa) Statthaftigkeit

276b Nach § 333 StPO ist die Revision gegen Urteile der Strafkammern und der Schwurgerichte zulässig. Vorliegend geht es um die Anfechtung eines Urteils des Schwurgerichts, so dass die Revision nach § 333 Alt 2 StPO statthaft ist.

bb) Rechtsmittelberechtigung

Nach § 296 I StPO sind sowohl die Staatsanwaltschaft als auch der Beschuldigte Rechtsmittelberechtigte, gemäß § 297 kann für den Beschuldigten der Verteidiger, jedoch nicht gegen dessen ausdrücklichen Willen, Rechtsmittel einlegen. Vorliegend haben die Verteidiger X und Y mit Willen der R gehandelt und waren damit rechtsmittelberechtigt.

cc) Beschwer

Durch die vorangegangene Verurteilung ist die R beschwert. Sie hat ihr Anfechtungsrecht insbes nicht durch die Zustimmung zur Verständigung verwirkt.

dd) Revisionseinlegung

Die Revision muss gemäß § 341 I StPO binnen einer Woche nach Verkündung des Urteils zu Protokoll der Geschäftsstelle oder schriftlich bei dem Gericht, dessen Urteil angefochten wird (sog iudex a quo), eingelegt werden. Die Revision wurde hier am 15.1. und nochmals am 16.1.2018 und damit jedenfalls innerhalb der Wochenfrist schriftlich beim Landgericht eingelegt. Die Revisionseinlegung erfolgte damit ordnungsgemäß.

ee) Auswirkungen der Rücknahme

X hat unmittelbar im Anschluss an die Rechtsmitteleinlegung am 15.1.2018 die Rücknahme der Revision erklärt und die von § 302 II StPO dafür geforderte ausdrückliche Ermächtigung vorgelegt. Fraglich ist, wie sich diese Rücknahme auf die Wirksamkeit der Revision auswirkt.

Die Rechtsmittelrücknahme am 15.1.2018 könnte nicht nur den Verlust des eingelegten Rechtsmittels, sondern darüber hinaus den Verlust der gesamten Anfechtungsmöglichkeit zur Folge haben. Dies wäre jedenfalls der Fall, wenn man die Rechtsmittelrücknahme als Plus gegenüber einem Rechtsmittelverzicht einstufen würde, in die Rücknahmeerklärung also zugleich einen Verzichtswillen hineinliest. Der Rechtsmittelverzicht ist nämlich anerkanntermaßen nicht widerruflich[28]. Die am 16.1.2018 eingelegte Revision wäre dann unzulässig, weil durch die Rechtsmittelrücknahme am 15.1.2018 bereits ein endgültiger Rechtsmittelverzicht erklärt worden wäre. Dem könnte allerdings § 302 I 2 StPO entgegenstehen, wonach der Verzicht auf die Einlegung eines Rechtsmittels ausgeschlossen ist, wenn dem Urteil eine Verständigung vorausgegangen ist. Da das Gesetz also in diesem Fall einen Rechtsmittelverzicht ausdrücklich verbietet, stellt sich die Frage, ob eine Rechtsmittelrücknahme bei vorangegangener Verständigung ebenso behandelt werden muss.

Problem Nr 64: § 302 I 2 StPO und sofortige Rechtsmittelrücknahme bei vorangegangener Verständigung   277

(1) Nach **Ansicht des 1. Strafsenats des BGH** (BGHSt 55, 82) ist es für die Wirksamkeit der Rücknahme eines Rechtsmittels grds unschädlich, dass dem angefochtenen Urteil eine Verständigung vorausgegangen ist. Wie stets ist die Prozesshandlung der „Rechtsmittelrücknahme" unwiderruflich (BGHSt 10, 245, 247), sodass die Anfechtungsmöglichkeit als Ganzes entfällt. § 302 I 2 StPO steht dem nicht entgegen.

Argument: § 302 I 2 StPO erfasst seinem ausdrücklichen Wortlaut nach nur den „Verzicht" auf das Rechtsmittel, nicht hingegen dessen Rücknahme. Auch der Sache nach ist eine Gleich-

---

28 BGHSt 45, 51, 53; *Beulke*, StPO Rn 300, 544.

behandlung nicht indiziert, denn dem Verzicht und der Rücknahme liegen unterschiedliche Entscheidungssituationen zugrunde. Der Verzicht wird im Voraus und deshalb womöglich vorschnell erklärt. Die Rücknahme hingegen bedarf im Anschluss an die Rechtsmitteleinlegung einer weiteren Erklärung, so dass die Gefahr einer übereilten Entscheidung nicht besteht. Die Rolle des Beklagten als Subjekt des Strafverfahrens erfordert, dass er auch insoweit Einfluss auf dasselbe nehmen kann.

In einem **obiter dictum** hat der BGH jedoch angedeutet, dass es ausnahmsweise als Umgehung zu werten sein könnte, wenn Rechtsmitteleinlegung und sofortige Rücknahme auf Anregung des Gerichts erfolgen und dem alleinigen Zweck dienen, schnellstmöglich die Rechtskraft des Urteils herbeizuführen.

(2) Nach **überzeugender Ansicht** ist die Rücknahme des Rechtsmittels innerhalb der Rechtsmittelfrist bei vorangegangener Verständigung unwirksam. Dieses Ergebnis lässt sich **auf verschiedene Weise begründen**:

(a) § 302 I 2 StPO unmittelbar: Soweit die Rücknahme den Verlust des eingelegten Rechtsmittels zur Folge hat, ist in ihr ein Verzicht *(quasi als minus)* enthalten. Für diesen Verzicht gilt die Regelung des § 302 I 2 StPO (*Gericke*, NStZ 2011, 110, 112; *Mitsch/Ellbogen*, [11] S 167 f).

(b) Telos des § 302 I 2 StPO: Das Verbot des Verzichts auf die Rechtsmitteleinlegung (§ 302 I 2 StPO) soll gewährleisten, dass in Fällen der Verständigung stets eine Kontrolle durch die nächsthöhere Instanz bewirkt werden kann, wenn Angeklagter oder Staatsanwaltschaft nachträglich Zweifel an der Richtigkeit des Urteils (inklusive des Zustandekommens der Verständigung) haben. Auf diese Weise wird die Rechtskonformität der Verständigung sichergestellt. Die Revisibilität des Urteils als Kontrollmechanismus darf nicht umgangen werden, indem man pro forma ein Rechtsmittel einlegt und zeitnah wieder zurücknimmt. Der Rücknahme kommt dann dieselbe Funktion zu wie einem Verzicht (funktionales Äquivalent), weshalb beide gleichbehandelt werden müssen. (*Beulke*, StPO Rn 395e; *Niemöller*, StV 2010, 474, 475; *Malek*, StraFo 2010, 251 f; M-G/*Schmitt*, § 302 Rn 26f; S/S/W-StPO-*Hoch*, § 302 Rn 55).

Zur Vertiefung: Beulke, StPO Rn 395e; Meyer-Goßner, StV 2011, 53.

277a Nach Ansicht des 1. Strafsenats des BGH führt § 302 I 2 StPO jedenfalls dann nicht zur Unwirksamkeit der Rechtsmittelrücknahme, wenn das Gericht nicht auf ein entsprechendes Verhalten des Angeklagten hingewirkt hat. Demnach wäre die am 15.1.2018 erfolgte Rücknahme des Rechtsmittels wirksam und damit die erneute Rechtsmitteleinlegung am 16.1.2018 unzulässig. Dem ist jedoch zu widersprechen. Die sofortige Rücknahme des zuvor eingelegten Rechtsmittels bei vorausgegangener Verständigung stellt eine Umgehung des § 302 I 2 StPO dar. Sie ist als solche rechtsmissbräuchlich und deshalb unwirksam. Y konnte am 16.1.2018 wirksam im Namen der R Revision einlegen.

ff) Revisionsbegründung

Nach §§ 344 I, 345 I StPO hat der Beschwerdeführer seinen Antrag spätestens binnen eines Monats nach Ablauf der Revisionseinlegungsfrist bei dem Gericht, dessen Urteil angefochten wird, zu begründen. Diese Voraussetzungen sind hier erfüllt.

gg) Ergebnis

Die Revision der R ist zulässig.

Definitionen zum Auswendiglernen

Aberratio ictus	(Fehlgehen der Tat) ist ein Sachverhalt, bei dem der Täter seinen Angriff auf ein bestimmtes, von ihm individualisiertes Tatobjekt lenkt, dieser Angriff jedoch fehlgeht und ein anderes Objekt trifft, das der Täter nicht anvisiert hatte und gar nicht verletzen wollte (*Wessels/Beulke/Satzger, AT Rn 364*).
Error in obiecto vel persona	(Irrtum über das Handlungsobjekt) ist eine Fehlvorstellung, die sich auf die Identität oder sonstige Eigenschaften des Tatobjekts oder der betreffenden Person bezieht (*Wessels/Beulke/Satzger, AT Rn 360*).
Anvertraut	iSd § 246 II sind solche Sachen, deren Gewahrsam der Täter vom Eigentümer oder von einem Dritten mit der Verpflichtung erlangt hat, sie zu einem bestimmten Zweck zu verwenden, aufzubewahren oder auch nur zurückzugeben (*Wessels/Hillenkamp, BT2 Rn 321*).
Unecht	ist eine Urkunde iSv § 267 I, wenn sie nicht von demjenigen herrührt, der aus ihr als Aussteller („Erklärender") hervorgeht (*Wessels/Hettinger/Engländer, BT1 Rn 901*).
Herstellen	einer unechten Urkunde iSv § 267 I Var 1 liegt vor, wenn eine Identitätstäuschung über den wahren Aussteller bewirkt werden soll, dh ein Handeln zum Zwecke der Herbeiführung oder Aufrechterhaltung eines Irrtums über die Person des wirklichen Ausstellers (*Wessels/Hettinger/Engländer, BT1 Rn 901*).
Vernichten	einer Urkunde iSv § 274 I Nr 1 bedeutet die völlige Beseitigung der beweiserheblichen Substanz (*Wessels/Hettinger/Engländer, BT1 Rn 971*).
Öffentliche Urkunde	(§ 415 I ZPO) ist eine Urkunde, die von einer öffentlichen Behörde innerhalb der Grenzen ihrer Amtsbefugnisse oder von einer mit öffentlichem Glauben ausgestatteten Person innerhalb des ihr zugewiesenen Geschäftskreises in der ihr vorgeschriebenen Form aufgenommen wurde (*Fischer, § 271 Rn 4*).
Beleidigen	iSd § 185 ist die Kundgabe von Missachtung oder Nichtachtung (*Wessels/Hettinger/Engländer, BT1 Rn 565*).

Weitere einschlägige Musterklausuren

Zum Problem des sog „Dreiecksbetruges":

Bernacki/Niehaus, Ad Legendum 2015, 223; *Beulke*, Klausurenkurs II [4] Rn 90; *Bülte/Becker*, Jura 2012, 319; *Eisele*, Jura 2002, 59; *Fahl*, JA 2011, 836; *ders*, JuS 2012, 1104; *Gropp/Küpper/Mitsch*, [16] S 285, [17] S 305; *Gröseling*, JuS 2003, 1097; *Heissler/Marzahn*, ZJS 2008, 638; *Hellmann/Beckemper*, JuS 2001, 1095; *dies*, JA 2004, 891; *Ivanov/Köpferl*, Jura 2016, 554; *v. Kerner/Trüg*, JuS 2004, 140; *Kindhäuser/Nikolaus*, JuS 2006, 293; *Krell/Hülsen*, Jura 2016, 92; *Kühl, Kristina/Lange*, JuS 2010, 42; *Maier/Ebner*, JuS 2007, 651; *Mitsch*, JuS 2012, 911; *Müller/Schmoll*, JA 2015, 511; *Niehaus*, in: Schlüter ua (Hrsg), Examensklausurenkurs, S 297; *Otto/Bosch*, [8] S 185; *Peterek/Ingelfinger*, StudZR 2005, 431; *Popp/Schnabl*, JuS 2007, 326; *Radtke/Meyer*, Jura 2007, 712; *Ranft*, in *Coester-Waltjen* ua (Hrsg), Examenklausurenkurs II, S 61; *Raschke/Zirzlaff*, ZJS 2012, 219; *Radtke/Steinsiek*, JuS 2010, 418; *Reinbacher/Brodowski*, JA 2016, 106; *Rönnau/Golombek*, JuS 2007, 348; *Rössner/Guhra*, Jura 2001, 403; *Rotsch*, JA 2004, 532; *Roxin/*

Schünemann/Haffke, [14] S 255; *Schwabe*, BT2 [18] S 240; *Steffan*, JuS 2006, 723; *Uhlig/Brock-haus*, Jura 2006, 311; *Veith/Heinrich*, StudZR 2015, 241; *Wagner*, [2] S 12; *Wolters*, [5] S 120

Zum Problem: Schließen sich Wegnahme und Verfügung aus?

Duttge/Burghardt, Jura 2017, 727; *Fünfsinn*, Jura 1988, 489; *Gössel*, [2] S 48; *Hillenkamp*, JuS 2003, 157; *Rotsch*, [14] Rn 1825; *Theile*, Ad Legendum 2011, 130; *Werner, K.*, JuS 1991, 576

Zum Problem: Gutgläubiger Erwerb als Vermögensschaden?

Dannecker/Gaul, JuS 2008, 345; *Steinberg/Stalberg*, Ad Legendum 2010, 336

Zum Problem des Prozessbetruges:

Gropp/Küpper/Mitsch, [18] S 323; *Meier/Loer*, Jura 1999, 424; *Montenbruck/Schubert* in: *Coester-Waltjen* ua (Hrsg), Examensklausurenkurs III, S 64; *Niehaus*, in: Schlüter ua (Hrsg), Examens-klausurenkurs, S 297; *Sengbusch*, Jura 2007, 623

Zum Problem des error in obiecto vel persona (Irrtum über das Handlungsobjekt):

Ambos, Jura 2004, 492; *Bergmann*, ZJS 2009, 412; *Beulke*, Klausurenkurs I [3] Rn 150; *Bode/Niehaus-Bode*, [2] Rn 20; *Busch*, Ad Legendum 2016, 134; *Dohmen*, Jura 2006, 143; *Ebert*, Fälle, [4] S 62; *Engelmann*, JA 2010, 185; *Esser/Langbauer*, JA 2013, 28; *Fahl*, Jura 2005, 237; *ders*, ZJS 2009, 63; *Gössel*, [5] S 92, [16] S 260; *Gropp/Küpper/Mitsch*, [4] S 73, [16] S 285; *Heger*, JuS 2008, 859; *Hettinger*, JuS 2011, 910; *Hilgendorf*, Klausurenkurs III, [5] Rn 15; *Höffler/Marsch*, JA 2017, 677; *Kaspar*, JuS 2004, 409; *Kudlich*, JA 2009, 185; *ders*, Fälle AT, [2] S 15, [11] S 150, [12] S 168, [13] S 185; *Laue/Dehne-Niemann*, Jura 2010, 73; *Lehmann*, in: Seier, Die Anfängerklausur, [4] S 47, 52; *Meurer/Kahle/Dietmeier*, [6] S 103; *Nix*, JA 2015, 24; *Noltensmeier/Henn*, JA 2007, 772; *Norouzi*, JuS 2006, 531; *Otto/Bosch*, [13] S 267; *Prütting/Stern/Wiedemann*, [20] S 233; *Rauda/Zenthöfer*, [3] S 16; *Reinbacher*, Jura 2007, 382; *Rosenau/Zimmermann*, JuS 2009, 541; *Roxin/Schünemann/Haffke*, [6] S 119; *Sebastian*, Jura 2015, 992; *Zenger*, Ad Legendum 2013, 48

Zum Problem der Beleidigungsdelikte (§§ 185-187):

Beulke, Klausurenkurs II [2] Rn 36; *ders*, Jura 2014, 639; *Bohnert*, Jura 2004, 640; *Buchholz*, ZJS 2017, 681; *Doerbeck*, JSE 2017, 167; *Hilgendorf*, [10] S 70; *Kett-Straub*, JA 2012, 831; *Krahl*, JuS 2003, 1187; *Moldenhauer*, JA 2017, 915; *Niehaus*, in: Schlüter ua (Hrsg), Examensklausuren-kurs, S 295, 299; *Otto/Bosch*, [6], 141; *Reinbacher*, Jura 2007, 382; *Rotsch*, [10] Rn 1223; *Roxin/Schünemann/Haffke*, [11] S 205; *Schwind/Franke/Winter*, [2. Hausarbeit] S 63; *Stiel*, JA 2017, 1327; *Swoboda*, Jura 2007, 224; *Wagner*, [12] S 122; *Wieneck*, JA 2018, 38

Zum Problem der aberratio ictus:

Beulke, Klausurenkurs I [3] Rn 150; *ders*, Jura 2014, 639; *Bott/Pfister*, Jura 2010, 226; *Böhringer/Wagner*, ZJS 2014, 413; *Busch*, Ad Legendum 2016, 134; *Daleman/Heuchemer*, JA 2004, 460; *Dohmen*, Jura 2006, 143; *Ebert*, Fälle, [4] 62; *Esser/Röhling*, Jura 2009, 867; *Hilgendorf*, Klausurenkurs I, [5] S 33, [17] S 156; *Hohmann*, JuS 1994, 860; *Kudlich*, JA 2009, 185; *Lehmann*, in: Seier, Die Anfängerklausur, [4] S 47, 52; *Linke/Hacker*, JA 2009, 347; *Merten*, [18] S 55, [19] S 59; *Meurer/Dietmeier*, Jura 1999, 643; *Meurer/Kahle/Dietmeier*, [4] S 49, [7], S 137; *Morgenstern*, JuS 2006, 251; *Prütting/Stern/Wiedemann*, [20] S 233; *Rauda/Zenthöfer*, [7] S 40; *Reinbacher*, Jura 2007, 382; *Reinhardt*, ZJS 2015, 222; *Roxin/Schünemann/Haffke*, [6] S 119; *Schöpe*, JuS 2017, 44; *Schwind/Franke/Winter*, [1. Klausur] S 49; *Sternberg-Lieben/von Ardenne*, Jura 2007, 149; *Stoffers*, JuS 1994, 948; *Tiedemann*, [8] S 202; *Valerius*, [7] S 117; *Wolters*, [2] S 27

Zum Problem der Verständigung im Strafverfahren:

Hammer, StPO Rn 164 ff; *Mitsch/Ellbogen*, [11] S 167; *Momsen/Moldenhauer*, JA 2002, 415; *Sanchez-Hermosilla/Schweikart*, [47] S 108

Fall 7

Alles im Eimer

I.

K ist als Maler beim Unternehmen „Pleitebau" des Unternehmensinhabers P angestellt, **278** das zur Ausführung der jeweiligen Arbeiten die notwendigen Materialien zur Verfügung stellt, darunter auch die Wandfarbe für die Innenrenovierung. Bei einem Großauftrag in einem neu errichteten Bürohaus hat P versehentlich erheblich mehr Farbe auf der Baustelle bereitgestellt als notwendig gewesen wäre, sodass nach Ausführung des Auftrags 30 große Farbeimer übrig bleiben, deren Existenz P zunächst nicht bewusst ist.

Eines Abends spricht K mit seinem ebenfalls bei P als Polier und Materialwart beschäftigten Vater V über diese Sachlage und deutet dabei an, wie schade es sei, dass man diese Farbreste nicht sinnvoller – insbesondere gewinnbringender – nutzen kann. K rechnet damit, dass ihn V, der für seinen redlichen Lebenswandel bekannt ist, für dieses unehrliche Ansinnen sofort rügen würde, was bei K zu dem Erfolg geführt hätte, dass er aufgrund der Autorität, die V für ihn darstellt, sofort von diesen Ideen abgekommen wäre. Zu seiner Überraschung passiert aber nichts dergleichen, vielmehr hört V sich die Ausführungen des K geduldig an, ohne etwas zu sagen, obwohl er weiß, dass ein Wort von ihm genügt hätte, um K von dem Vorhaben abzubringen. Das bewirkt, dass K endgültig den Entschluss fasst, sämtliche 30 Farbeimer für sich zu verwenden.

In Ausführung dieses Plans geht er in verschiedenen Schritten vor. Zunächst findet er in dem in alles eingeweihten H einen Abnehmer von 20 Farbeimern zum Preis von 5 € pro Eimer. Wie zwischen K und H verabredet, kommt H mit seinem Kleintransporter um exakt 21.00 Uhr zur Baustelle. Dort wartet bereits K am unverschlossenen, provisorischen Tor der Baustelle zur Straße. K hat die Farbeimer aus dem Bürohaus herausgetragen und an der Innenseite des Tores auf einer großen Schubkarre gestapelt. Als K den H heranfahren hört, öffnet er das Tor und schiebt die Schubkarre durch das Tor auf die Straße, wo H die Farbeimer auf den Transporter verlädt. Dabei kommt H auch die Aufgabe zu, die Baustelleneinfahrt im Auge zu behalten, um den Abtransport vor der Baustelle vor unerwarteten Störungen zu sichern. Bevor H die Baustelle verlässt, erhält K die vereinbarten 100 €.

Die Vermarktung der restlichen 10 Farbeimer gestaltet sich schwieriger, da K dafür keinen Käufer findet. Er transportiert sie deshalb eine Woche später nach Feierabend mit dem eigenen Pkw zu sich nach Hause, in der Hoffnung, alsbald einen Abnehmer zu finden. Als seine Arbeitskollegen Andeutungen über die „verschwundenen" Farbeimer machen, fürchtet K, man könne die Ware bei ihm finden und dem wahren Eigentümer zurückgeben. Er bittet deshalb seinen Freund F, die Farbeimer vorübergehend in dessen Garage unterstellen zu dürfen, um so die problemlose Verwertung der Ware sicherzustellen. Aus alter Freundschaft erfüllt der in alles eingeweihte F diese Bitte, ohne dafür eine Bezahlung zu erhalten.

Nunmehr erfährt K, dass E sein Haus renovieren will. Um nicht selbst in Erscheinung treten zu müssen, bittet K seinen Bruder B, dem er verspricht, ihn anteilig am Erlös zu beteiligen, den gutgläubigen E auf die Möglichkeit des (legalen) Ankaufs von zehn Farbeimern anzusprechen. Falls E Interesse zeigt, soll B zwecks Besprechung der genauen Modalitäten ein Treffen zwischen K und E vereinbaren. Hierbei schreibt K dem B genau vor, wie er vorzugehen hat und wo und wann das Treffen stattfinden soll. Entsprechend den Wünschen des K wendet sich B brieflich an E. Den Brief schreibt seine in alles eingeweihte Lebensgefährtin S. E ist zunächst begeistert, auf diese Weise billig Wandfarbe erwerben zu können, und ist zu einem Treffen mit K bereit. Aufgrund eines Verkehrsstaus trifft aber E nicht zur vereinbarten Zeit am Treffpunkt ein. Da E die Farbe sofort benötigt, kauft er sie sich unmittelbar danach regulär im Baumarkt. K holt die 10 Eimer später von F zurück und verbraucht sie mit Wissen des V für seinen eigenen Hausbau.

Jetzt erfährt P vom Verlust der Farbeimer und erstattet Anzeige. Schon kurze Zeit später ist das Ermittlungsverfahren so weit fortgeschritten, dass die Polizei davon ausgeht, dass K etwas mit den verschwundenen Eimern zu tun haben muss. Er soll daher als Beschuldigter vernommen werden. Als K zur polizeilichen Beschuldigtenvernehmung geladen wird, überlegt er, wie er sich einer Bestrafung entziehen kann. Er wendet sich daher an seinen ehemaligen Sandkastenfreund C mit der Bitte, der C möge ihn doch einige Wochen in dessen Wohnung verstecken. C, der von K in alles eingeweiht wird, kommt diesem Ansinnen gerne nach, um seinen alten Freund vor Strafe zu bewahren. Nach sechs Wochen wagt sich der bisher unentdeckte K kurz aus seinem Versteck und gerät sofort in eine allgemeine polizeiliche Verkehrskontrolle. Dort kommt heraus, dass K polizeilich gesucht wird. Der zuständige Staatsanwalt betreibt nunmehr das Verfahren gegen K in üblicher Geschwindigkeit.

Wie haben sich die Beteiligten strafbar gemacht?

II.

1. Was ist der Unterschied zwischen einem Beschuldigten, einem Angeschuldigten und einem Angeklagten?
2. Wie wird man Beschuldigter?
3. Als P gerüchteweise vom Verschwinden der Farbe auf seiner Baustelle hört, schaltet er die Kriminalpolizei ein. In Abwandlung zum obigen Sachverhalt aus Teil I erscheint Kriminalhauptkommissar X daraufhin auf der Baustelle, um die Angelegenheit aufzuklären. Ohne irgendjemanden über seine Verfahrensrechte zu belehren, führt X in diesem „Verfahren gegen Unbekannt" folgende „Gespräche":
   a) Als er K trifft, erklärt dieser ihm ungefragt, dass er die Farbeimer genommen hat.
   b) X befragt alle Mitarbeiter der Baustelle nacheinander, ob sie etwas wüssten. K bekennt dabei seine Täterschaft.
   c) Schon als P die Polizei ruft, hat er Strafanzeige gegen K erstattet, den er als Täter in Verdacht hat. Als K befragt wird, gesteht er gegenüber X die Tat.
   K widerruft später sein Geständnis. Kann es gleichwohl (durch Vernehmung des X als Zeugen) verwertet werden?
4. Welche verschiedenen Grade des Verdachts der Tatbegehung sind Ihnen im Rahmen des Strafverfahrens geläufig?

Gedankliche Strukturierung des Falles (Kurzlösung)

Teil I. (materiell-rechtlicher Teil)

A. Die ersten 20 Farbeimer

I. Strafbarkeit des K

1. § 242 I (+)
 a) Objektiver Tatbestand (+)
 b) Subjektiver Tatbestand (+)
 c) Rechtswidrigkeit und Schuld (+)
 d) Strafzumessung, § 243 I 1, 2 Nr 1 (–)
  • Einbrechen (–)
  • Einsteigen (–)
  • Eindringen mit falschem Schlüssel (–)
 e) Ergebnis

2. § 246 I, II (+)
 • aber subsidiär

3. § 266 I Alt 1, Alt 2 (–)
 a) Objektiver Tatbestand (–)
  • Missbrauchstatbestand (Alt 1) (–)
  • Treubruchstatbestand (Alt 2) (–)
 b) Ergebnis

4. § 123 I Alt 1 (+)
 a) Objektiver Tatbestand (+)
 b) Subjektiver Tatbestand (+)
 c) Strafantragserfordernis, § 123 II (+)

5. Konkurrenzen

6. Ergebnis für K im Tatkomplex A
 K ist strafbar gem § 242 I – § 52 –
 § 123 I Alt 1

II. Strafbarkeit des H

1. §§ 242 I, 25 II (–)
 a) Objektiver Tatbestand (–)
  • Wegnahme durch H (–)
  • Wegnahme durch K, § 25 II (–)

Problem Nr 65: Abgrenzung Täterschaft – Teilnahme bei Beteiligung an einem Begehungsdelikt durch positives Tun (Rn 285)

 b) Ergebnis

2. §§ 242 I, 27 (+)
 a) Objektiver Tatbestand (+)
  • vorsätzliche rechtswidrige Haupttat (+)
  • Beihilfehandlung (+)

Problem Nr 66: Abgrenzung zwischen sukzessiver Beihilfe und Begünstigung (Rn 288)

 b) Subjektiver Tatbestand (+)
  • Vorsatz bzgl Haupttat (+)
  • Vorsatz bzgl Beihilfehandlung (+)
 c) Rechtswidrigkeit und Schuld (+)
 d) Ergebnis

3. §§ 246 I, 27 (+)
 • aber subsidiär

4. § 257 I (–)   279
 a) Objektiver Tatbestand (–)
  • Vortat iSd § 257 I (+)
  • Hilfeleistung (–)
  • jedenfalls § 257 III (+)
 b) Ergebnis

5. § 258 I (–)
 • rechtswidrige Vortat eines anderen (+)
 • Tathandlung: Verfolgungsvereitelung (–)

6. § 259 I (+)
 a) Objektiver Tatbestand (+)
  • Tatobjekt (+)
  • Vollendung der Vortat (+)

Problem Nr 67: Überschneidung von Hehlerei, § 259, mit der Beihilfe zur Vortat (Rn 293)

  • Rechtswidrigkeit der Vortat (+)
  • durch Vortat erlangte Sache (+)
  • Tathandlung: Sichverschaffen (+)
 b) Subjektiver Tatbestand (+)

7. § 261 II Nr 1 (–)

8. §§ 123 I Alt 1, 27 (+)
 a) Objektiver Tatbestand (+)
  • vorsätzliche rechtswidrige Haupttat (+)
  • Beihilfehandlung (+)
 b) Subjektiver Tatbestand (+)
  • Vorsatz bzgl Haupttat (+)
  • Vorsatz bzgl Beihilfehandlung (+)
 c) Strafantragserfordernis, § 123 II (+)

9. Konkurrenzen

10. Ergebnis für H im Tatkomplex A
 H ist strafbar gem §§ 242 I, 27 – § 52 – § 259 I
 – § 52 – §§ 123 I Alt 1, 27

III. Strafbarkeit des V

1. §§ 242 I, 13 I (–)
 • Schwerpunkt auf Unterlassen (+)
 • Kausalität (+)
 • Garantenpflicht (+)
 • Nichtvornahme der gebotenen Handlung
  trotz physisch-realer Abwehrmöglichkeit (+)
 • Täterschaft (–)

2. §§ 242 I, 26, 13 I (–)
 a) Objektiver Tatbestand (–)
  • vorsätzliche rechtswidrige Haupttat (+)
  • Anstiftungshandlung (–)

Problem Nr 68: Anstiftung durch Unterlassen (Rn 299)

 b) Ergebnis

3. §§ 242 I, 27, 13 I (+)
 a) Objektiver Tatbestand (+)
  • vorsätzliche rechtswidrige Haupttat (+)

- Beihilfehandlung (+)
- Garantenstellung (+)
- Nichtvornahme der gebotenen Handlung trotz physisch-realer Abwehrmöglichkeit (+)
- Kausalität (+)
  b) Subjektiver Tatbestand (+)
- Vorsatz bzgl Haupttat (+)
- Vorsatz bzgl Beihilfehandlung sowie Garantenstellung (+)
  c) Rechtswidrigkeit und Schuld (+)
  d) Ergebnis
4. § 266 I Alt 2 (–)
5. §§ 246 I, II, 27, 13 I (+)
  a) Grundtatbestand, § 246 I (+)
  b) Qualifikation, § 246 II (+)
  c) Konkurrenzen
6. §§ 123 I Alt 1, 27, 13 I (–)
7. **Ergebnis für V im Tatkomplex A**
  V ist strafbar gem §§ 242 I, 27, 13 I.

B. Die restlichen 10 Farbeimer

I. Strafbarkeit des K als Täter
1. § 242 I (+)
2. § 246 I (+)
  - aber subsidiär
3. § 123 I Alt 1 (+)
4. Konkurrenzen
5. **Ergebnis für K als Täter im Tatkomplex B**
  K ist strafbar gem § 242 I – § 52 – § 123 I Alt 1

II. Strafbarkeit des F
1. §§ 242 I, 27 (–)
  - vorsätzliche rechtswidrige Haupttat (+)
  - Beihilfehandlung (–)
2. § 257 I (+)
  a) Objektiver Tatbestand (+)
  b) Subjektiver Tatbestand (+)
  c) Rechtswidrigkeit und Schuld (+)
3. § 259 I (–)
  a) Objektiver Tatbestand (–)
  - Tatobjekt (+)
  - Tathandlung (+)
    - sich oder einem Dritten verschaffen (–)
    - Absetzen (–)
    - Absetzen helfen (–)

Problem Nr 69: Vollendungszeitpunkt bei der Absatzhilfe (Rn 307)

  b) Ergebnis
4. §§ 259 I, III, 22, 23 I Alt 2 (–)
  a) Vorprüfung (+)
  b) Tatentschluss (–)
  - Tatentschluss bzgl aller Tatbestandsmerkmale (+)
  - Bereicherungsabsicht für sich oder einen Dritten (–)

Problem Nr 70: Kommt als Dritter iSd § 259 I auch der Vortäter in Betracht? (Rn 309)

5. **Ergebnis für F im Tatkomplex B**
  F ist strafbar gem § 257 I.

III. Strafbarkeit des E
1. §§ 259 I, III, 22, 23 I Alt 2 (–)
  - Tatentschluss (–)
2. **Ergebnis für E im Tatkomplex B**
  E hat sich nicht strafbar gemacht.

IV. Strafbarkeit des B
1. §§ 242 I, 27 (–)
  - vorsätzliche rechtswidrige Haupttat (+)
  - Beihilfehandlung (–)
2. § 259 I (–)
  a) Objektiver Tatbestand (–)
  - Tatobjekt (+)
  - Tathandlung (–)
    - Absetzen (–)
    - Absetzen helfen (–)
  b) Ergebnis
3. §§ 259 I, III, 22, 23 I Alt 2
  a) Vorprüfung (+)
  b) Tatentschluss (+)
  c) Unmittelbares Ansetzen (+)
  d) Rechtswidrigkeit und Schuld (+)
  e) Keine Strafausschließungsgründe (+)
4. §§ 263, 22, 23 I Alt 2 (–)
5. **Ergebnis für B im Tatkomplex B**
  B hat sich gem §§ 259 I, III, 22, 23 I Alt 2 strafbar gemacht.

V. Strafbarkeit der S
1. §§ 259 I, III, 22, 23 I Alt 2 (–)
2. §§ 259 I, III, 22, 23 I Alt 2, 27 (+)
  a) Objektiver Tatbestand (+)
  - vorsätzliche rechtswidrige Haupttat (+)
  - Beihilfehandlung (+)
  b) Subjektiver Tatbestand (+)
  - Vorsatz bzgl Haupttat (+)
  - Vorsatz bzgl Beihilfehandlung (+)
  c) Rechtswidrigkeit und Schuld (+)
3. **Ergebnis für S im Tatkomplex B**
  S ist strafbar gem §§ 259 I, III, 22, 23 I Alt 2, 27.

VI. Strafbarkeit des V
1. §§ 242 I, 27, 13 I (+)
2. §§ 246 II, 27, 13 I (+)
3. **Ergebnis für V im Tatkomplex B**
  V ist strafbar gem §§ 242 I, 27, 13 I.

VII. Teilnehmerstrafbarkeit des K
1. §§ 257 I, 26 (bzgl F) (+)
  a) Objektiver Tatbestand (+)
  - vorsätzliche rechtswidrige Haupttat (+)
  - Anstiftungshandlung (+)

b) Subjektiver Tatbestand (+)
- Vorsatz bzgl Haupttat (+)
- Vorsatz bzgl Anstiftungshandlung (+)

c) Rechtswidrigkeit und Schuld (+)

d) Kein Ausschließungsgrund gem § 257 III (+)

e) Ergebnis

2. §§ 259 I, III, 22, 23 I Alt 2, 26 (bzgl B) (+)

a) Objektiver Tatbestand (+)
- vorsätzliche rechtswidrige Haupttat (+)
- Anstiftungshandlung (+)

b) Subjektiver Tatbestand (+)
- Vorsatz bzgl Haupttat (+)
- Vorsatz bzgl Anstiftungshandlung (+)

c) Ergebnis

3. §§ 260 I Nr 1, II, 22, 23 I Alt 2, 26 (bzgl B) (–)

4. **Konkurrenzen innerhalb der Teilnehmer-strafbarkeit**

5. **Ergebnis der Teilnehmerstrafbarkeit des K im Tatkomplex B**
K ist strafbar gem §§ 257 I, 26 (bzgl B).

6. **Konkurrenz zur täterschaftlichen Begehung**

7. **Gesamtergebnis für K im Tatkomplex B**
K ist strafbar gem § 242 I – § 52 – § 123 I Alt 1 – § 53 – §§ 257 I, 26.

C. Der Verbrauch der Farbe

I. Strafbarkeit des K

1. **§ 246 I (+)**
a) Objektiver Tatbestand (+)

Problem Nr 71: Erneute Zueignung einer durch ein mit Zueignungsabsicht begangenes Vermögensdelikt erlangten Sache (Rn 321)

b) Subjektiver Tatbestand (+)
c) Rechtswidrigkeit und Schuld (+)

2. **§ 303 I Alt 2 (+)**

3. **Konkurrenzen**

4. **Ergebnis für K im Tatkomplex C**
K hat sich nicht erneut strafbar gemacht.

II. Strafbarkeit des V

1. **§§ 246 I, 27, 13 I (+)**
a) Objektiver Tatbestand (+)
- vorsätzliche rechtswidrige Haupttat (+)
- Beihilfehandlung (+)
- Garantenstellung (+)
- Nichtvornahme der gebotenen Handlung trotz physisch-realer Abwehrmöglichkeit (+)
- Kausalität (+)

b) Subjektiver Tatbestand (+)
- Vorsatz bzgl Haupttat (+)
- Vorsatz bzgl Beihilfehandlung sowie Garantenstellung (+)

c) Rechtswidrigkeit und Schuld (+)

2. **§§ 303 I Alt 2, 27, 13 I (+)**

3. **Konkurrenzen**

4. **Ergebnis für V im Tatkomplex C**
V hat sich nicht erneut strafbar gemacht.

D. Die Zuflucht bei C

I. Strafbarkeit des K als Täter

1. **§ 258 I (–)**

2. **Ergebnis für K als Täter im Tatkomplex D**
K hat sich nicht strafbar gemacht.

II. Strafbarkeit des C

1. **§ 257 I (–)**

2. **§ 258 I (+)**
a) Objektiver Tatbestand (+)

Problem Nr 72: Vollendungszeitpunkt bei der Strafvereitelung (Rn 325d)

b) Subjektiver Tatbestand (+)
c) Rechtswidrigkeit und Schuld (+)
d) Persönliche Strafausschließungsgründe, § 258 V, VI (–)

3. **Ergebnis für C im Tatkomplex D**
C ist strafbar gem § 258 I.

III. Teilnehmerstrafbarkeit des K

1. **§§ 258 I, 26**

Problem Nr 73: Die Systematik der Strafbarkeit des Vortäters als Täter oder Anstifter einer Begünstigung (§ 257) und Strafvereitelung (§ 258) (Rn 325g)

2. **Ergebnis der Teilnehmerstrafbarkeit des K im Tatkomplex D**
K ist straflos.

E. Gesamtkonkurrenzen

1. **Strafbarkeit des K**

Problem Nr 74: Fortsetzungszusammenhang (Rn 327)

2. **Strafbarkeit des V**

F. Gesamtergebnis des materiell-rechtlichen Gutachtens

B: § 259 I
E: straflos
F: § 257 I
C: § 258 I
H: §§ 242 I, 27 – § 52 – § 259 I – § 52 – §§ 123 I Alt 1, 27

K: Tatkomplex A: § 242 I – § 52 – § 123 I Alt 1
– § 53 –
Tatkomplex B (Täter): § 242 I – § 52 – § 123 I
Alt 1
– § 53 –
Tatkomplex B (Teilnehmer): §§ 257 I, 26
Tatkomplex D: straflos
S: §§ 259 I, 27
V: §§ 242 I, 27, 13 I

Teil II. (prozessualer Teil)

1. **Begriffsbestimmung: Beschuldigter –**
   Angeschuldigter – Angeklagter

2. **Beschuldigtenstellung**

Problem Nr 75: Wie wird die Beschuldigten-
stellung einer Person begründet? (Rn 331)

3. **Verwertung von Äußerungen**
   a) Spontanäußerung
   b) Informatorische Befragung
   c) Konkludent begründete Beschuldigten-
      stellung
4. **Grade des Verdachts der Tatbegehung im**
   Rahmen des Strafverfahrens

Problem Nr 76: Stufenleiter der Verdachts-
grade im Strafverfahren (Rn 335)

Ausführliche Lösung von Fall 7

Teil I. (materiell-rechtlicher Teil)

A. Die ersten 20 Farbeimer

I. Strafbarkeit des K

1. § 242 I

Durch den Abtransport der ersten 20 Farbeimer könnte K einen Diebstahl begangen haben.   **280**

a) Objektiver Tatbestand

K müsste die Farbeimer – für ihn fremde bewegliche Sachen – weggenommen haben. Wegnahme bedeutet Bruch fremden und Begründung neuen, nicht notwendig eigenen Gewahrsams[1]. Gewahrsam ist nach hL die tatsächliche Sachherrschaft eines Menschen über eine Sache, die von einem natürlichen Herrschaftswillen getragen und deren Reichweite von der Verkehrsauffassung bestimmt wird[2]. Allerdings wäre es lebensfremd, das für den Gewahrsam notwendige Herrschaftsverhältnis nur nach der tatsächlichen Macht zu beurteilen. Vielmehr ergibt sich eine sinnvolle Deutung des Gewahrsamsbegriffs nur im Zusammenhang mit der sozial-normativen Zuordnung einer Sache zur Herrschaftssphäre einer Person[3]. Danach war hier Unternehmensinhaber P Gewahrsamsinhaber bzgl der Farbeimer, obwohl er nicht auf der Baustelle weilte. Dass P keine Kenntnis von der Existenz der Farbeimer hatte, schadet nicht, da ein genereller Gewahrsamswille bzgl eines Gewahrsamsbereichs für die Gewahrsamsbegründung ausreicht.

Daneben hatten auch die auf dem Bau Beschäftigten, mithin auch der Angestellte K, (untergeordneten[4]) Mitgewahrsam. Der Bruch von Mitgewahrsam reicht aber für einen Gewahrsamsbruch iSd § 242 I aus, wenn dieser durch den untergeordneten Mitgewahrsamsinhaber gegenüber dem übergeordneten Mitgewahrsamsinhaber begangen wird[5].

Spätestens in dem Zeitpunkt, in dem K die Schubkarre mit den Farbeimern durch das Tor auf die Straße schob, hat er den Mitgewahrsam des P gebrochen und neuen Gewahrsam begründet.

---

1 RGSt 48, 58; *Wessels/Hillenkamp*, BT2 Rn 82.
2 *Lackner/Kühl*, § 242 Rn 8a ff; *Mitsch*, BT2 S 12.
3 BGHSt 16, 271; OLG Karlsruhe NStZ-RR 2005, 140; *Wessels/Hillenkamp*, BT2 Rn 82.
4 Krit gegenüber diesem Begriff *Wessels/Hillenkamp*, BT2 Rn 96.
5 BGHSt 8, 273, 276; BGH NStZ-RR 1996, 131; OLG Braunschweig StV 2016, 656; *Wessels/Hillenkamp*, BT2 Rn 96; anders im umgekehrten Fall: OLG Celle NStZ 2012, 447.

b) Subjektiver Tatbestand

K wusste, dass die Farbeimer im Eigentum und zumindest im (Mit-)Gewahrsam eines anderen, des P, standen und dass er durch sein Vorgehen den (Mit-)Gewahrsam des P brach. Vorsatz ist somit gegeben.

Er müsste darüber hinaus in der Absicht gehandelt haben, die Sache sich oder einem Dritten rechtswidrig zuzueignen. Da K sich eine Eigentümerstellung anmaßte, als er für eigene Rechnung die Farbeimer an H verkaufte, ist Zueignungsabsicht zu bejahen.

c) Rechtswidrigkeit und Schuld

K handelte rechtswidrig und schuldhaft.

d) Strafzumessung, § 243 I 1, 2 Nr 1

Fraglich ist, ob K das Regelbeispiel des § 243 I 1, 2 Nr 1 erfüllt hat.

Einbrechen bedeutet gewaltsames, nicht notwendig substanzverletzendes Öffnen einer dem Zutritt entgegenstehenden Umschließung[6]. Hier war das provisorische Tor offen, sodass ein gewaltsames Einbrechen ausscheidet.

Einsteigen ist jedes Hineingelangen in ein Gebäude oder einen umschlossenen Raum durch eine zum ordnungsgemäßen Eintritt nicht bestimmte Öffnung unter Überwindung von Hindernissen und Schwierigkeiten, die sich aus der Eigenart des Gebäudes oder der Umfriedung des geschlossenen Raumes ergeben[7]. K betrat das Gebäude, dh das durch Wände und Dach begrenzte, mit dem Erdboden fest verbundene Bauwerk, das den Eintritt von Menschen gestattet und Unbefugte fernhalten soll[8], auf ordnungsgemäßem Wege, sodass ein „Einsteigen" entfällt.

Auch ein Eindringen mit einem falschen, dh mit einem zur Tatzeit vom Berechtigten nicht oder nicht mehr zum Öffnen des betreffenden Verschlusses bestimmten[9], Schlüssel ist nicht gegeben.

e) Ergebnis

K hat sich gem § 242 I strafbar gemacht.

2. § 246 I, II

Die zugleich verwirklichte Unterschlagung gem § 246 I tritt kraft gesetzlicher Subsidiarität hinter § 242 I zurück.

Eine veruntreuende Unterschlagung, § 246 II, scheidet hier aus, da K lediglich als Maler eingestellt ist. Er bekommt die Farbe vom Materialwart für den jeweiligen Arbeitstag zugeteilt (*aA vertretbar*).

---

6 *Wessels/Hillenkamp*, BT2 Rn 225.
7 *Wessels/Hillenkamp*, BT2 Rn 226.
8 *Wessels/Hillenkamp*, BT2 Rn 224.
9 *Wessels/Hillenkamp*, BT2 Rn 227.

3. § 266 I Alt 1 , Alt 2

Fraglich ist, ob K durch den Abtransport der ersten 20 Farbeimer eine Untreue in Form **281** des Missbrauchstatbestandes (Alt 1) oder des Treubruchstatbestandes (Alt 2) begangen hat.

a) Objektiver Tatbestand

Dem K war keine Befugnis eingeräumt, nach außen über fremdes Vermögen zu verfügen[10]. Der Missbrauchstatbestand des § 266 I Alt 1 scheidet somit aus.

In Frage kommt allein eine Verletzung des Treubruchstatbestandes gem § 266 I Alt 2. Eine Vermögensbetreuungspflicht ist die Pflicht zur Wahrnehmung fremder Vermögensinteressen, welche den typischen und wesentlichen Inhalt des rechtlich begründeten oder faktisch bestehenden Treueverhältnisses bildet, also dessen Hauptgegenstand und nicht eine bloße Nebenpflicht ist[11]. Aus dem Arbeitsvertrag des K, der als Maler eingestellt war, ergab sich jedoch nicht die Hauptpflicht, die Vermögensinteressen seines Arbeitgebers P wahrzunehmen. Zudem müsste der Verpflichtete selbstständig handeln dürfen. Mangels Dispositionsbefugnis des K über die Farbeimer fehlt auch dieses Merkmal, sodass eine Vermögensbetreuungspflicht nicht gegeben ist.

b) Ergebnis

§ 266 I Alt 1, Alt 2 ist nicht erfüllt.

4. § 123 I Alt 1

a) Objektiver Tatbestand

K müsste in die Baustelle, welche ein befriedetes Besitztum eines anderen darstellte, **282** eingedrungen sein. Eindringen bedeutet Betreten gegen den Willen des Berechtigten[12].

Zwar hat der Arbeitgeber seinen Arbeitnehmern grds das Betreten der Baustelle gestattet; dieses Einverständnis war aber an die stillschweigende Bedingung geknüpft, dass es sich um die reguläre Arbeitszeit handelt. Da es sich um eine Nacht-und-Nebel-Aktion handelte, war die fehlende Berechtigung auch nach außen erkennbar.

b) Subjektiver Tatbestand

K handelte vorsätzlich.

c) Strafantragserfordernis, § 123 II

Gem § 123 II ist ein Strafantrag erforderlich.

---

10 Vgl hierzu Fall 10, Problem Nr 107, Rn 483.
11 *Wessels/Hillenkamp*, BT2 Rn 770.
12 *Wessels/Hettinger/Engländer*, BT1 Rn 656.

5. Konkurrenzen

283 Da die Straftatbestände des Diebstahls und des Hausfriedensbruchs jeweils unterschiedliche Rechtsgüter schützen, stehen sie zueinander in Idealkonkurrenz (§ 52)[13].

6. Ergebnis für K im Tatkomplex A

K ist strafbar gem § 242 I – § 52 – § 123 I Alt 1.

II. Strafbarkeit des H

1. §§ 242 I, 25 II

284 H könnte durch die Mitwirkung bei dem Abtransport der ersten 20 Farbeimer einen Diebstahl begangen haben.

a) Objektiver Tatbestand

Fraglich ist, ob H die 20 Farbeimer weggenommen hat. Als er sie von K übernahm, hatte dieser bereits Alleingewahrsam (*s Rn 280*). K seinerseits war mit der Gewahrsamsübertragung einverstanden, sodass insoweit eine Wegnahme ausscheidet. In Frage kommt deshalb nur, dass sich H die zuvor von K vorgenommene Wegnahme zurechnen lassen muss. Eine solche Zurechnung ist zu bejahen, wenn es sich bei K und H um Mittäter iSv § 25 II handelt. Über die Abgrenzung von Täterschaft von Teilnahme besteht Streit.

285 **Problem Nr 65: Abgrenzung Täterschaft – Teilnahme bei Beteiligung an einem Begehungsdelikt durch positives Tun**

(1) Nach der älteren **formal-objektiven Theorie** konnte nur Täter sein, wer die Ausführungshandlung ganz oder teilweise selbst vornahm (ua *Beling*, Die Lehre vom Verbrechen, S 408 ff; *Freund*, AT § 10 Rn 35 ff).

Argument: Die formal-objektive Theorie ermöglicht eine klare Abgrenzung zwischen Täterschaft und Teilnahme, da sie an klare, gesetzlich fixierte Kriterien anknüpft. Wertende Betrachtungsweisen werden vermieden, wodurch eine größtmögliche Rechtssicherheit erreicht wird.

(2) Die überwiegend von der **Rspr, aber auch von Teilen des Schrifttums** (ua RGSt 2, 160; BGHSt 2, 150 ff; 49, 166; 51, 219, 221; BGH NStZ 2016, 285; StV 2016, 648 m Bespr *Hecker*, JuS 2016, 658; BGH NStZ-RR 2017, 5 m Bespr *Eisele*, JuS 2017, 367 u *Jäger*, JA 2017, 150; *Fischer*, Vor § 25 Rn 3) vertretene **subjektive Theorie** grenzt Täterschaft und Teilnahme vor allem nach der Willensrichtung des Beteiligten ab. Bei Täterwillen (animus auctoris) wird der Beteiligte als Täter bestraft, wobei allerdings für die Beurteilung der Willensrichtung auch die Maßstäbe der Tatherrschaftslehre angeführt werden. Wer hingegen die Tat „als fremde" will, handelt mit bloßem Teilnehmerwillen (animus socii) und kann auch nur als solcher strafbar sein. In einer wertenden Betrachtung werden dabei alle von der Vorstellung der Beteiligten umfassten Umstände herangezogen. Wesentliche Anhaltspunkte für diese Wertung sind das eigene Interesse am Taterfolg, der Umfang der Tatbeteiligung und die Tatherrschaft bzw zumindest der Wille hierzu. Auch ein lediglich im Vorbereitungsstadium mit Täterwillen erbrachter Tatbeitrag kann nach der subjektiven Theorie Mittäterschaft begründen (BGH NStZ 2013, 104; 2014, 81; JR 2016, 213 [*Völkermord in Ruanda*]).

---

13 Mangels Einschlägigkeit des § 243 I 1, 2 Nr 1 stellt sich hier kein Konkurrenzproblem zwischen (einfachem) Diebstahl und Hausfriedensbruch, vgl dazu o Fall 4, Problem Nr 43, Rn 191.

Argument: Die soziale Bedeutung eines Verhaltens kann nur dann adäquat beurteilt werden, wenn man den Willen des Handelnden mit berücksichtigt. Nur wer den geistigen Beitrag ins Zentrum der Betrachtung rückt, läuft nicht Gefahr, einerseits infolge einer Überbewertung der „Eigenhändigkeit" den bloßen Handlanger als Täter einzustufen und andererseits infolge einer Unterbewertung der geistigen Leistung den Hintermann zu entlasten.

(3) Die **hM** sieht zu Recht in Anlehnung an den Wortlaut des § 25 I Alt 1 in der **Tatherr-schaft** das Leitprinzip der Abgrenzung (ua *Jäger*, AT Rn 227; *Joecks/Jäger*, St-K-StGB, § 25 Rn 7 ff; *Kudlich*, PdW AT S 245; *Kühl*, AT § 20 Rn 25 ff; *Lackner/Kühl*, Vor § 25 Rn 6; LK-*Schünemann*, § 25 Rn 32 ff; *Maurach/Gössel/Zipf*, AT2 § 47 Rn 85 ff; *Walther*, NStZ 2005, 661; *Wessels/Beulke/Satzger*, AT Rn 751 ff). Im Fall der Mittäterschaft kommt es auf die „funktionelle Tatherrschaft" an. Tatherrschaft meint „das vom Vorsatz umfasste In-den-Händen-Halten des Geschehensablaufs". Täter ist, wer das Geschehen planvoll lenkt und mitgestaltet, Teilnehmer hingegen, wer die Tat nur als Randfigur veranlasst oder auf irgendeine Weise fördert.

Argument: Gegen die o unter (1) dargestellte Ansicht spricht, dass nach ihr mittelbare Täterschaft nur selten möglich wäre. Zudem kann die gesamte Banden- und Organisationskriminalität mit dieser Konzeption nicht erfasst werden. (*Die Theorie o [1] wird deshalb heute nicht mehr vertreten. Sie muss daher nicht mehr unbedingt erwähnt werden.*)

Die subjektive Theorie – o (2) – lässt Täter und Teilnehmer als nahezu beliebig austauschbar erscheinen. Selbst wer alle Merkmale des gesetzlichen Tatbestandes in seiner Person erfüllt, kann nach ihr bloßer Gehilfe sein (RGSt 74, 84 [„Badewannenfall"]).

Der objektive Ansatz der Tatherrschaftstheorie trägt demgegenüber zur Rechtssicherheit bei. Das Abstellen auf die objektive und subjektive Beherrschung des Tatgeschehens gewährleistet durch die Anknüpfung an den objektiven Tatbeitrag und seine Einordnung in das Gesamtgeschehen im Vergleich zur subjektiven Theorie wesentlich bestimmtere und berechenbarere Ergebnisse.

Allerdings ist **innerhalb der Tatherrschaftslehre umstritten**, wie das Merkmal des „In-den-Händen-Haltens" des Geschehensablaufs auszulegen ist:

(a) Ein Teil der Lehre fordert eine wesentliche Mitwirkung im **Ausführungsstadium** (*Köhler*, AT S 518; *Roxin*, AT II § 25 Rn 200; LK-*Schünemann*, § 25 Rn 182; *Zieschang*, ZStW 107 [1995], 361).

Argument: Die Tatherrschaft muss bei Verwirklichung der Tatbestandshandlung vorliegen. Wer nur bei der Vorbereitung mitwirkt, kann zwar das Geschehen beeinflussen, es aber nicht beherrschen. Strafbarkeitslücken entstehen nicht, da etwa der Bandenchef, der im Vorbereitungsstadium wichtige Tatbeiträge liefert, als mittelbarer Täter in der Form des sog „Täters hinter dem Täter" bestraft werden kann.

(b) Ein anderer Teil (ua *Ebert*, AT S 202; S/S-*Heine/Weißer*, § 25 Rn 66 f; *Heinrich*, AT Rn 1228; *Rengier*, AT § 41 Rn 19 f; *Hoffmann-Holland*, AT Rn 530; *Stratenwerth/Kuhlen*, AT § 12 Rn 93 f; *Wessels/Beulke/Satzger*, AT Rn 761c) verlangt für den gesamten Geschehensablauf einheitlich nur eine funktionelle Tatherrschaft; dh auch der, der nur im **Vorbereitungsstadium** mitwirkt, kann Täter sein, solange er sein „Minus" bei der Tatausführung durch ein „Plus" im Vorbereitungsstadium ausgleichen kann (Planungs- oder Organisationshoheit).

Argument: Die Tat als Gesamtgeschehen darf nicht in engen zeitlichen Grenzen gesehen werden. Daher ist die unter (a) dargestellte Ansicht abzulehnen. Insbes der Bandenchef ist infolge seiner Tatplanung und des Gehorsams, den ihm die Bandenmitglieder bei der Ausführung des Planes entgegenbringen, als Mittäter einzustufen. Seine geistige Leistung verschafft ihm eine Herrschaft über das Geschehen, welche bis in das Ausführungsstadium weiterwirkt.

229

Zur Vertiefung: Wessels/Beulke/Satzger, AT Rn 748 ff, 760 ff; Beulke, Klausurenkurs I [3] Rn 159; ders, Klausurenkurs II [1] Rn 20; Beulke/Witzigmann, Ad Legendum 2013, 59; Frister, AT 26. Kap Rn 20 ff; Geppert, Jura 2011, 30; Hillenkamp/Cornelius, AT 19. Problem S 161 ff; Kühl, JA 2014, 268.

286 Eine Streitentscheidung kann hier jedoch unterbleiben: H besaß nicht die planvoll-lenkende oder mitgestaltende Tatherrschaft, vielmehr nahm er an einer von K geplanten und gestalteten Tat teil. Daran ändert auch nichts, dass er dem K die gestohlene Sache abkaufen wollte und somit ein gewisses Eigeninteresse an der Tat hatte. Er wollte sie trotzdem nicht als eigene. Alle Ansichten gelangen hier somit zur Ablehnung der Mittäterschaft.

b) Ergebnis

Eine Strafbarkeit gem §§ 242 I, 25 II scheidet aus.

2. §§ 242 I, 27

a) Objektiver Tatbestand

287 Die vorsätzliche rechtswidrige Haupttat eines anderen liegt in Gestalt des von K begangenen Diebstahls (§ 242 I) vor (*s Rn 280*).

H müsste K zu dieser Tat Hilfe geleistet haben. Ein „Hilfeleisten" liegt in jedem Tatbeitrag, der die Haupttat ermöglicht, erleichtert oder die vom Täter begangene Rechtsgutsverletzung verstärkt[14]. Im vorliegenden Fall kann es zu Abgrenzungsproblemen zwischen Beihilfe iSv § 27 und einer Begünstigungshandlung iSv § 257 kommen. Bestünde die Mitwirkung des H allein in Tathandlungen vor Vollendung des Diebstahls, käme nur eine Beihilfe in Betracht. Wenn er sich hingegen auf Handlungen im Zeitraum nach Beendigung des Diebstahls beschränkte, käme von vornherein nur eine Begünstigung in Frage. Hier ist H erst tätig geworden, nachdem K die Farbeimer durch das Tor geschoben hatte. Der Diebstahl war zwar in diesem Zeitpunkt vollendet, jedoch noch nicht beendet, da K noch keinen gesicherten Gewahrsam an den Eimern begründet hatte, solange sich die Farbeimer noch im Gesamtbereich der Baustelle inklusive der Straße befanden. Somit wurde H nach Vollendung und vor Beendigung des Diebstahls tätig[15]. Die Behandlung dieser Konstellation ist umstritten. Fraglich ist, ob bei Mitwirkungsakten in dieser Phase der Deliktsbegehung eine Beihilfehandlung vorliegen kann. Es handelt sich dann um eine sog sukzessive Beihilfe.

288 **Problem Nr 66: Abgrenzung zwischen sukzessiver Beihilfe und Begünstigung**
(1) Nach einer stark im Vordringen befindlichen Ansicht im **Schrifttum** ist eine sukzessive Beihilfe im Stadium zwischen Vollendung und Beendigung von vornherein ausgeschlossen, sodass hier eine Beihilfehandlung ausscheidet (*Kühl*, AT § 20 Rn 236; LK-*Schünemann*, § 27 Rn 42 ff; *Murmann*, Grundkurs, § 27 Rn 139; *Rengier*, BT1 § 20 Rn 18; S/S/W-StGB-

---

14 *Wessels/Beulke/Satzger*, AT Rn 817.
15 Nach Beendigung der Tat ist eine sukzessive Beihilfe nicht mehr möglich, vgl BGH NStZ 2008, 152; 2013, 463.

Jahn, § 257 Rn 11 f; *Wessels/Beulke/Satzger*, AT Rn 826b; *Wessels/Hettinger/Engländer*, BT1 Rn 802; *Wessels/Hillenkamp*, BT2 Rn 806).

Argument: Die Hilfeleistung nach der Tat ist vom Gesetzgeber durch die §§ 257, 258, 259, 261 nur partiell unter Strafe gestellt worden, was durch eine extensive Anwendung der Beihilfe umgangen würde. Abgrenzungsschwierigkeiten durch die zeitliche Überschneidung von Beihilfe und Begünstigung müssten im Hinblick auf den Bestimmtheitsgrundsatz und das Analogieverbot (Art 103 II GG) durch den Ausschluss der sukzessiven Beihilfe vermieden werden.

(2) Nach **aA** (RGSt 58, 14; 73, 333; *Haft*, BT1 S 58) können Beihilfe und Begünstigung nebeneinander vorliegen.

Argument: Das zeigt schon die Existenz des § 257 III. Ein Exklusivitätsverhältnis je nach Willensrichtung des Mitwirkenden – s u Ansicht (3) – muss ausscheiden, weil die Strafandrohung des § 257 so gering ist, dass die subjektive Ansicht des Täters nicht darüber entscheiden kann, ob er wegen Mitwirkung an der Vortat oder wegen § 257 haftet; deshalb muss beides gegeben sein.

(3) Nach Ansicht der **Rspr** sowie von **Teilen des Schrifttums** ist eine sukzessive Beihilfe möglich (BGHSt 4, 132; BGH NStZ 2012, 264; 2013, 583 m Anm *Beulke/Witzigmann*, ZHW 2013, 450; *Hauf*, BT1 S 127; *Frister*, AT 28. Kap Rn 50; *Krey/Esser*, AT Rn 1088; S/S-*Heine/Weißer*, § 27 Rn 20). Die Abgrenzung zwischen Teilnahme und Begünstigung bei Handlungen nach Vollendung und vor Beendigung der Tat nimmt sie nach der Willensrichtung des Mitwirkenden vor: Will er die Haupttat fördern, ist Beihilfe einschlägig, will er dagegen nur die Vorteile der Tat sichern, Begünstigung.

Argument: Unter einer Hilfeleistung kann man dem natürlichen Sprachgebrauch nach jede Unterstützung bis zur endgültigen Beeinträchtigung des Rechtsguts, dh bis zum Zeitpunkt der Deliktsbeendigung verstehen. Auch die der Vollendung unmittelbar nachfolgende Abschlussphase gehört sachlich noch zum tatbestandlich vertypten Unrecht und zur Realisierung der Rechtsgutsbeeinträchtigung. Wer hingegen nach Vollendung tätig wird, ohne dass ihn die Vortat interessiert, will seinen Tatbeitrag nicht der Begehung der Vortat zugute kommen lassen und nicht ihre Beendigung fördern. Vielmehr sieht er sich lediglich als „Bewahrer" der rechtswidrigen Folgen der Vortat. Seine Unterstützungshandlung stellt dann keine Beihilfehandlung dar. Umgekehrt liegt nur eine Beihilfe- und keine Begünstigungshandlung vor, wenn es dem Täter gerade darum geht, dass die Vortat abgeschlossen werden kann.

Zur Vertiefung: Wessels/Hillenkamp, BT2 Rn 806; Beulke, Klausurenkurs II [9] Rn 257; Bosch, Jura 2012, 270.

Diese Form der Teilnahme hält eine verbreitete Auffassung für ausgeschlossen, weil die **289** §§ 257 ff die Hilfeleistung nach der Tat strafrechtlich abschließend erfassen. Eine aA will angesichts des § 257 III zumindest ein Nebeneinander von Beihilfe und Begünstigung zulassen, um nicht die Strafandrohung von der Willensrichtung des Täters abhängig zu machen. In Übereinstimmung mit der höchstrichterlichen Rechtsprechung und Teilen des Schrifttums ist eine sukzessive Beihilfe im Stadium zwischen Vollendung und Beendigung jedoch ohne Einschränkung möglich. Auch in der Abschlussphase des Delikts, die gleichermaßen zum tatbestandlich vertypten Unrecht gehört, kann bei der Beeinträchtigung eines Rechtsguts nämlich noch Hilfe geleistet werden. H ging es hier nicht darum, dem K lediglich die Vorteile der Tat zu sichern. Durch das Zurverfügungstellen des Autos, das Aufpassen und die Hilfe beim Aufladen der Eimer nahm er vielmehr Handlungen vor, die der Beendigung des Diebstahls, dh der Vortat, zugute kamen.

H handelt in der inneren Einstellung, die Haupttat zu fördern und zum Abschluss zu bringen. Sein Verhalten stellt daher eine Beihilfehandlung iSv § 27 dar.

b) Subjektiver Tatbestand

H handelte sowohl bzgl des von K begangenen Diebstahls als auch bzgl seiner eigenen Beihilfehandlung mit Wissen und Wollen, also vorsätzlich.

c) Rechtswidrigkeit und Schuld

H handelte rechtswidrig und schuldhaft.

d) Ergebnis

H hat sich wegen Beihilfe zum Diebstahl gem §§ 242 I, 27 strafbar gemacht.

3. §§ 246 I, 27

Die zugleich verwirklichte Beihilfe zur Unterschlagung gem §§ 246 I, 27 tritt kraft gesetzlicher Subsidiarität hinter §§ 242 I, 27 zurück.

4. § 257 I

a) Objektiver Tatbestand

290 Mit dem Diebstahl des K liegt eine (gegen das Vermögen eines anderen gerichtete) rechtswidrige Vortat eines anderen iSd § 257 I vor, die auch mindestens das Versuchsstadium erreicht hat.

H müsste K Hilfe geleistet haben. Dies bedeutet Vornehmen einer Handlung, die objektiv geeignet und subjektiv darauf gerichtet ist, die durch die Vortat erlangten oder entstandenen Vorteile dagegen zu sichern, dass sie dem Vortäter zugunsten des Verletzten wieder entzogen werden (Restitutionsvereitelungsabsicht)[16]. Wie bereits dargelegt, trug H hier nicht zur Sicherung eines schon erlangten Vorteils, sondern zur Erlangung des Vorteils selbst bei, sodass keine Begünstigungshandlung, sondern eine Beihilfehandlung vorliegt (*s Rn 288 f*).

Wenn dennoch vom Vorliegen einer Begünstigungshandlung ausgegangen wird, greift zumindest § 257 III 1 ein[17], da H nach o (*Rn 288 f*) vertretener Ansicht an der Vortat teilgenommen hat.

b) Ergebnis

Eine Strafbarkeit gem § 257 I scheidet aus.

5. § 258 I

291 Die rechtswidrige Vortat eines anderen ist der von K begangene Diebstahl.

---

16 BGHSt 4, 122; S/S-*Stree/Hecker*, § 257 Rn 19; *Wessels/Hillenkamp*, BT2 Rn 813.
17 S/S-*Stree/Hecker*, § 257 Rn 7.

H verhinderte oder verzögerte durch seine Handlung nicht die Strafverfolgung des K wegen des Diebstahls.

H ist nicht gem § 258 I strafbar.

6. § 259 I

a) Objektiver Tatbestand

Die 20 Farbeimer als Tatobjekt sind die durch eine rechtswidrige Tat eines anderen erlangten Sachen. **292**

Fraglich ist zunächst, ob H ein „anderer" ist, obwohl er selbst als Teilnehmer an der Vortat mitgewirkt hat. Dies ist zu bejahen, denn für den Teilnehmer der Vortat handelt es sich nicht um „seine" Straftat, sondern um die Straftat eines „anderen". Nach hA macht sich deshalb auch derjenige der Hehlerei schuldig, der an der Vortat teilnimmt und im Anschluss daran hehlerisch tätig wird, selbst in den Fällen, in denen die Vortatteilnahme von vornherein darauf abzielt, sich die Beute zur eigentümergleichen Verwendung zu verschaffen[18]. Es fehlt in § 259 nämlich eine dem § 257 III 1 nachgebildete Regelung.

Der § 259 I verlangt, dass der Vortäter die Sache bereits durch die Vortat „erlangt hat". Daran könnte es hier fehlen, weil der Abschluss der Vortat (Diebstahl) und die mögliche Hehlereihandlung des H („Abnahme" der Eimer) eng miteinander verzahnt waren.

Problem Nr 67: Überschneidung von Hehlerei, § 259, mit der Beihilfe zur Vortat **293**

(1) Nach einer **Mindermeinung im Schrifttum** (*Lackner/Kühl*, § 259 Rn 6; *Otto*, Jura 1985, 148, 151; OLG Stuttgart JZ 1960, 289 [aufgegeben durch OLG Stuttgart JZ 1990, 1144]; OLG Karlsruhe Justiz 1972, 319) ist der Tatbestand der Hehlerei auch dann erfüllt, wenn die Vortat zuvor noch nicht vollendet ist, sondern deren Vollendung erst durch eine Verfügung zugunsten des Hehlers erfolgt.

Argument: Eine klare Trennung ist dann nicht möglich, aber auch überflüssig, wenn die Zueignungshandlung iSd Eigentumsdelikte und das Sichverschaffen iSv § 259 durch einen Übertragungsakt an den Abnehmer erfolgt.

(2) Nach einer weiteren **Mindermeinung in der Rspr** (OLG Hamburg NJW 1966, 2226) kommt es für das Vorliegen der Hehlerei nicht auf die Vollendung der Vortat, sondern deren Beendigung an.

Argument: Erst wenn die Vortat beendet ist, kann die rechtswidrige Vermögensposition perpetuiert werden.

(3) Nach **hM im Schrifttum und in der Rspr** (RGSt 67, 72; BGH StV 2002, 542; BGH NStZ 2012, 510; BGH wistra 2013, 18 m Bespr *Kudlich*, JA 2013, 392; *Jäger*, BT Rn 402; *Rengier*, BT1 § 22 Rn 7; S/S-*Stree/Hecker*, § 259 Rn 49; S/S/W-StGB-*Jahn*, § 259 Rn 7) muss der Makel des rechtswidrigen Vorerwerbs der Sache im Zeitpunkt der Hehlereihandlung bereits anhaften. Hiernach liegt keine Hehlerei vor, wenn die rechtswidrige Vermögenslage erst durch das Zusammenwirken von Vortäter und vermeintlichem Hehler begründet wird.

---

18 BGHSt 33, 50, 52; BGH StraFo 2012, 370; *Eisele*, BT2 Rn 1140; *Rengier*, BT1 § 22 Rn 42; S/S-*Stree/ Hecker*, § 259 Rn 51.

> **Argument:** Gegen die unter (1) dargestellte Ansicht spricht, dass sie den Tatbestand der Hehlerei in einer Weise erweitert, dass er nicht mehr vollständig dem Gesetzestext entspricht. Die Ansicht (2) wiederum fasst den Hehlereitatbestand zu eng.
>
> Das Wort „gestohlen" als typischstes Beispiel für eine Vortat iSd § 259 setzt einen vollendeten Diebstahl voraus. Dies muss dann auch für andere Vortaten gelten. Das Wesen der Hehlerei als Perpetuierungsdelikt besteht in der Aufrechterhaltung einer rechtswidrigen Vermögenslage und verlangt deshalb zumindest eine **vollendete Vortat**.
>
> **Einschränkungen:** Kritisch ist gleichwohl anzumerken, dass zwar ein klares Abgrenzungskriterium geschaffen wird, indem man die Vollendung der Vortat durch den Vortäter verlangt. Zugleich besteht jedoch die Gefahr, dass wichtige Fälle aus dem Anwendungsbereich der Hehlerei herausgenommen werden, obwohl diese wertungsmäßig hier einzuordnen sind. Zu Recht werden deshalb an die Zeitspanne, die zwischen der Sacherlangung und der Hehlereihandlung liegen muss, nur **minimale Anforderungen** gestellt, sodass beide unmittelbar aufeinander folgen und nahezu ineinander übergehen können. Es muss jedoch jedenfalls eine theoretische Trennung der beiden Handlungen möglich sein (BGHSt 13, 403 [Schrottentwendungsfall]; BGH NJW 1959, 1377 [Tankabfüllfall]; *Stree*, NStZ 1991, 285; *Wessels/Hillenkamp*, BT2 Rn 834).
>
> *Zur Vertiefung: Wessels/Hillenkamp, BT2 Rn 828 ff; Hillenkamp, BT 38. Problem S 207 ff; Jahn/Palm, JuS 2009, 501.*

294   Das enge Ineinandergreifen von Diebstahl und Hehlerei ist aber ohne Belang, da beide Handlungen (Diebstahl und Hehlerei) nahezu ineinander übergehen können, wenn trotzdem eine theoretische Möglichkeit besteht, eine Grenzlinie zu ziehen. Diese ist hier darin zu sehen, dass K die Farbeimer ohne die Hilfe des H bis zur Baustellentür und durch diese hindurch transportierte und damit den Diebstahl vollendete. Erst im Anschluss daran begann die Hehlereihandlung des H, der die Beute übernahm. Es liegt also eine abgeschlossene Vortat eines anderen vor.

H müsste sich die Farbeimer verschafft haben. Sichverschaffen bedeutet Übernahme der tatsächlichen Verfügungsgewalt zu eigenen Zwecken im Wege des abgeleiteten Erwerbs und des einverständlichen Zusammenwirkens mit dem Vortäter oder dem sonstigen Vorbesitzer[19]. Hier ist der Unterfall des Ankaufens im einvernehmlichen Handeln mit dem Vortäter K erfüllt.

b) Subjektiver Tatbestand

H handelte hinsichtlich der objektiven Tatbestandsmerkmale mit Wissen und Wollen und zudem in der Absicht, sich zu bereichern, da er die Farbeimer für lediglich 5 €, also – wie er wusste – unter dem Marktpreis[20] erwarb.

7.   § 261 II Nr 1

295   Eine Strafbarkeit des H gem § 261 II Nr 1 wegen des Entgegennehmens der 20 Farbeimer scheidet von vornherein aus, da es sich bei dem von K begangenen Diebstahl gem § 242 I (*s Rn 280*) mangels Gewerbsmäßigkeit bzw bandenmäßiger Begehung um keine geeignete Vortat iSv § 261 I 2 Nr 4a handelt.

---

19 BGH NStZ-RR 2005, 374; *Wessels/Hillenkamp*, BT2 Rn 846.
20 Dies verlangt BGH wistra 2012, 148; ebenso NK-*Altenhain*, § 259 Rn 67; LK-*Walter*, § 259 Rn 77.

8. §§ 123 I Alt 1, 27

a) Objektiver Tatbestand

Die vorsätzliche rechtswidrige Haupttat ist der von K begangene Hausfriedensbruch   **296**
(§ 123 I Alt 1; *s Rn 282*).

Die Beihilfehandlung des H zum (hier vollendeten, aber noch nicht beendeten) Dauerdelikt[21] des Hausfriedensbruches besteht im Überwachen der Baustelleneinfahrt während der Abtransportphase.

b) Subjektiver Tatbestand

H handelte sowohl hinsichtlich des Hausfriedensbruches des K als auch hinsichtlich
seiner Beihilfehandlung vorsätzlich.

c) Strafantragserfordernis, § 123 II

Für die Strafverfolgung ist ein Strafantrag gem § 123 II erforderlich.

9. Konkurrenzen

Die Delikte wurden durch dieselbe Handlung begangen, nämlich das Abnehmen der
Farbeimer (natürliche Handlungseinheit)[22]. Sie beziehen sich jeweils auf ganz unterschiedliche Rechtsgüter und stehen deshalb zueinander jeweils in Idealkonkurrenz (§ 52).

10. Ergebnis für H im Tatkomplex A

H hat sich gem §§ 242 I, 27 – § 52 – § 259 I – § 52 – §§ 123 I Alt 1, 27 strafbar gemacht.

III. Strafbarkeit des V

1. §§ 242 I, 13 I

V könnte sich wegen Diebstahls durch Unterlassen strafbar gemacht haben.   **297**

V hat K nicht von der Begehung des Diebstahls abgehalten. Fraglich ist zunächst, ob
sein Beitrag als Tun oder Unterlassen zu qualifizieren ist.

Tun ist die Ingangsetzung oder das In-eine-bestimmte-Richtung-Lenken eines Kausal-
geschehens durch Einsatz von Energie. Dies kann auch durch konkludentes Verhalten
erfolgen. Unterlassen liegt dagegen vor, wenn den Dingen ihr Lauf gelassen wird und
von der Möglichkeit einzugreifen kein Gebrauch gemacht wird. Mit der hM ist darauf
abzustellen, wo bei normativer Betrachtung und bei Berücksichtigung des sozialen
Handlungssinns der *Schwerpunkt* des strafrechtlich relevanten Verhaltens liegt[23].

---

21 Zur sukzessiven Beihilfe bei Dauerdelikten: BGH NStZ 2004, 44; *Krey/Esser*, AT Rn 1088.
22 Für solche Ausnahmefälle ebenso: MK-*Maier*, § 259 Rn 123; vert. *Wessels/Beulke/Satzger*, AT Rn 1070.
23 Vertiefend *Wessels/Beulke/Satzger*, AT Rn 985 ff.

V hat sich weder aktiv noch durch konkludentes Verhalten in das Geschehen eingeschaltet. Er hat nur sehenden Auges zugelassen, dass K seinen Tatentschluss fasste. Sein Verhalten ist daher als Unterlassen zu werten.

Sein Unterlassen ist für die Straftatbegehung kausal geworden.

V müsste eine Garantenpflicht obliegen. Die Garantenpflicht des V könnte sich aus seiner Stellung als Vater ergeben. Zweifelhaft ist aber, ob Eltern eine Garantenstellung in Bezug auf die Taten ihrer volljährigen Kinder haben[24].

Dies kann aber hier dahingestellt bleiben, da V jedenfalls als Polier und Materialwart des Unternehmens des P eine Garantenstellung zukam, indem er für die Materialien des Unternehmens und damit auch für die Farbeimer verantwortlich war (Schutzpflicht für bestimmte Rechtsgüter[25]).

V hat durch die nicht erfolgte Aufforderung an K, die Tat nicht zu begehen, die ihm mögliche und zumutbare sowie zur Erfolgsabwendung objektiv gebotene Handlung unterlassen.

Der Umstand, dass eine Garantenpflicht besteht, führt nicht dazu, dass V automatisch zum Täter avanciert. Auch bei der Mitwirkung durch Unterlassen am Begehungsdelikt ist die Abgrenzung von Täterschaft und Teilnahme nach den Grundsätzen der Tatherrschaftslehre vorzunehmen[26]. V hat hier weder Tatherrschaft noch den Willen zur Tatherrschaft. Er ist deshalb kein Täter.

Eine Strafbarkeit gem §§ 242 I, 13 I scheidet aus.

2. §§ 242 I, 26, 13 I

a) Objektiver Tatbestand

298 Die vorsätzliche rechtswidrige Haupttat ist der von K begangene Diebstahl (§ 242 I).

V müsste in K den Tatentschluss hervorgerufen haben. Fraglich ist, ob ein strafwürdiger Anstiftungsbeitrag des V erkennbar ist. Da es sich hier nur um ein Unterlassen handelt (*s Rn 297*), stellt sich das Problem, ob auch durch ein Unterlassen ein „Bestimmen" zur Tat iSv § 26 möglich ist.

299 **Problem Nr 68: Anstiftung durch Unterlassen**

(1) Nach einer **Mindermeinung** genügt bereits das bloße Verursachen des Tatentschlusses (*Bloy*, JA 1987, 490; *Rengier*, AT § 51 Rn 28 f).

Argument: § 26 enthält keine ausdrückliche Differenzierung nach der Art des „Bestimmens". Zwar bedarf es bei den Begehungsdelikten einer Willensbeeinflussung im Wege des offenen geistigen Kontakts (*s Rn 90*). In Fällen des Unterlassens kann aber insoweit auf die Verpflichtung des Garanten abgestellt werden, den geistigen Kontakt herzustellen, um die Entstehung des Tatentschlusses zu verhindern.

---

24 Zu Recht abl S/S-*Stree/Bosch*, § 13 Rn 52; *Wessels/Beulke/Satzger*, AT Rn 1021.
25 Vgl *Wessels/Beulke/Satzger*, AT Rn 1011.
26 S Fall 3, Problem Nr 27, Rn 139.

---

(2) Nach **hM** (*Fischer*, § 26 Rn 3; *Jescheck/Weigend*, § 64 II 1; *Otto*, JuS 1982, 557, 560; *Wessels/Beulke/Satzger*, AT Rn 803) setzt das „Bestimmen" eine psychische Einflussnahme voraus, die bei einem Unterlassen fehlt.

Argument: Gemäß § 26 wird der Anstifter wie der Täter bestraft. Vergleicht man die kriminelle Energie, die der Haupttäter bei der Begehung seiner Tat aufbringt mit dem geringen Aufwand, den der Anstifter betreiben muss, wenn jede Verursachung des Tatentschlusses genügen würde, wird die Diskrepanz deutlich. Aus diesem Grunde kann das bloße Verursachen des Tatentschlusses ohne psychische Einflussnahme nicht als Bestimmen iSd § 26 verstanden werden. Eine Anstiftung muss vielmehr immer aktiv erfolgen.

Zur Vertiefung: Wessels/Beulke/Satzger, AT Rn 802 f.

Zwar enthält der Wortlaut des § 26 keine ausdrückliche Unterscheidung nach der jeweiligen Form des Bestimmens. Dennoch ist der Begriff so auszulegen, dass er eine Willensbeeinflussung durch offenen geistigen Kontakt iS einer psychischen Einflussnahme voraussetzt. Andernfalls würde der Anstifter V für seine Unterlassung „gleich einem Täter" bestraft, was angesichts des erheblich größeren Aufwands und der höheren kriminellen Energie, mit denen K im Vergleich zu V vorgeht, nicht sachgerecht erscheint. Ein bloßes Unterlassen seitens des V stellt also kein Bestimmen iSv § 26 dar.   **300**

b) Ergebnis

V ist nicht gem §§ 242 I, 26, 13 I strafbar.

3. §§ 242 I, 27, 13 I

a) Objektiver Tatbestand

Die vorsätzliche rechtswidrige Haupttat ist der durch K begangene Diebstahl.   **301**

V müsste dem K hierzu Hilfe geleistet haben. Dabei muss die Beihilfehandlung der Förderung der Haupttat durch psychische oder physische Unterstützung dienen. Eine Beihilfe kann auch durch Unterlassen erfolgen, da es im Gegensatz zur Anstiftung nicht auf ein Einwirken auf den Haupttäter ankommt, sondern lediglich auf ein Verhalten, das die Tat des Haupttäters fördert[27].

V ist Garant und sein Unterlassen ist für die Durchführung des Diebstahls kausal geworden. Es liegt also eine Beihilfehandlung durch Unterlassen vor.

b) Subjektiver Tatbestand

V handelte sowohl hinsichtlich des von K begangenen Diebstahls als auch hinsichtlich seiner Beihilfehandlung sowie der Garantenstellung vorsätzlich.

c) Rechtswidrigkeit und Schuld

V handelte rechtswidrig und schuldhaft.

---

27 BGH NStZ-RR 2012, 58; *Wessels/Beulke/Satzger*, AT Rn 817.

d) Ergebnis

V hat sich gem §§ 242 I, 27, 13 I strafbar gemacht.

4. § 266 I Alt 2

302 Eine Strafbarkeit des V gem § 266 I Alt 2 scheitert – wie bei K (*s Rn 281*) – daran, dass V hier keine Vermögensbetreuungspflicht gegenüber seinem Chef P hatte. Auch ein Polier ist nicht hauptsächlich dazu da, das Vermögen des Bauunternehmers zu betreuen; vielmehr soll er nur für den reibungslosen Ablauf an der Baustelle Sorge tragen. Die Obhutspflicht für das Material (*s Rn 297*) ist nur eine Nebenpflicht aus dem Anstellungsvertrag.

5. §§ 246 I, II, 27, 13 I

a) Grundtatbestand, § 246 I

Vorsätzliche, rechtswidrige Haupttat ist die durch K begangene Unterschlagung. Die Beihilfehandlung des V liegt darin, dass er es unterlassen hat, K von der Unterschlagung abzuhalten. V handelte vorsätzlich bzgl der Unterschlagung und bzgl der dazu geleisteten Beihilfehandlung.

b) Qualifikation, § 246 II

Für eine Beihilfe zur qualifizierten Unterschlagung fehlt es eigentlich an einer entsprechenden Haupttat, denn K hat nur § 246 I erfüllt. Andererseits handelt es sich bei dem Anvertrautsein um ein besonderes persönliches Merkmal iSv § 28 II[28], sodass es ausreicht, dass dem Gehilfen V als Polier und Materialwart die Farbeimer iRd Arbeitsverhältnisses anvertraut waren. V wusste um seine Stellung als Polier und Materialwart gegenüber seinem Chef P, besaß also auch bzgl der veruntreuenden Unterschlagung Vorsatz.

c) Konkurrenzen

Die Beihilfe zur qualifizierten Unterschlagung gemäß §§ 246 II, 27, 13 I geht als lex specialis der Beihilfe zur einfachen Unterschlagung vor. Zweifelhaft ist das Konkurrenzverhältnis zwischen §§ 246 II, 27, 13 I und §§ 242, 27, 13 I. Zwar ist allgemein anerkannt, dass die Subsidiaritätsklausel des § 246 I auch für § 246 II gilt (*s Rn 256*). Jedoch ist nach dem Gesetzeswortlaut eine Strafbarkeit nach § 246 dann gegeben, „wenn die Tat nicht in anderen Vorschriften mit schwererer Strafe bedroht ist". Gemeint hat der Gesetzgeber damit anscheinend, dass § 246 nur dann entfällt, wenn ein anderer Straftatbestand mit einer höheren Strafdrohung ebenfalls erfüllt ist[29]. Der Strafrahmen für Diebstahl nach § 242 und der für veruntreuende Unterschlagung nach § 246 II ist hingegen gleich. Dementsprechend sind auch bei §§ 242, 27, 13 I einerseits und §§ 246 II, 27, 13 I andererseits gleiche Strafrahmen zugrunde zulegen. Die Tat ist damit in anderen Vorschriften nicht mit schwererer Strafe bedroht, sodass auf den ersten Blick die Sub-

---

28 BGH StV 1995, 84; *Wessels/Beulke/Satzger*, AT Rn 795a; *Wessels/Hillenkamp*, BT2 Rn 323.
29 *Mitsch*, ZStW 111 [1999], 65, 96; MK-*Hohmann*, § 246 Rn 59.

sidiaritätsklausel nicht eingreift. Andererseits wird durch beide Vorschriften (zumindest auch) das Rechtsgut Eigentum geschützt. Der Unterschlagung kommt gegenüber dem Diebstahl nur eine Auffangfunktion zu[30]. Bei – wie hier – gleichem Strafrahmen muss deshalb letztlich die Beihilfe zur veruntreuenden Unterschlagung gegenüber der Beihilfe zum Diebstahl doch im Wege der Gesetzeskonkurrenz zurücktreten, wobei es offen bleiben kann, ob sich dies aus einer erweiterten Auslegung der Subsidiaritätsklausel ergibt, oder ob von Konsumtion auszugehen ist.

6. §§ 123 I Alt 1, 27, 13 I

Da V nichts von der konkreten Tatausführung wusste, hatte er bzgl des Hausfriedensbruches keinen Vorsatz.

7. Ergebnis für V im Tatkomplex A

V ist strafbar gem §§ 242 I, 27, 13 I.

B. Die restlichen 10 Farbeimer

I. Strafbarkeit des K als Täter

1. § 242 I

Auch bzgl der restlichen zehn Farbeimer, die K zunächst zu sich nach Hause transportierte, hat K einen Diebstahl begangen.   **303**

2. § 246 I

Die zugleich verwirklichte Unterschlagung gem § 246 I tritt kraft gesetzlicher Subsidiarität hinter § 242 I zurück.

3. § 123 I Alt 1

K ist erneut in das befriedete Besitztum eines anderen widerrechtlich eingedrungen. Für   **304**
die Strafverfolgung ist ein Strafantrag erforderlich, § 123 II.

4. Konkurrenzen

Der Diebstahl und der Hausfriedensbruch stehen in Idealkonkurrenz zueinander (§ 52).

5. Ergebnis für K als Täter im Tatkomplex B

K hat sich gem § 242 I – § 52 – § 123 I Alt 1 strafbar gemacht.

---

30 *Jäger*, JuS 2000, 1171; S/S-*Eser/Bosch*, § 246 Rn 32.

II. Strafbarkeit des F

1. §§ 242 I, 27

305 Indem F in seiner Garage die zehn Farbeimer vorübergehend aufbewahrte, könnte er eine Beihilfe zum Diebstahl begangen haben. Die vorsätzliche rechtswidrige Haupttat ist der Diebstahl des K hinsichtlich der zehn Farbeimer (*s Rn 280*). Im Zeitpunkt der Tathandlung des F war die Tat des K aber bereits beendet. Das Verhalten des F kann deshalb keine Beihilfehandlung darstellen.

2. § 257 I

a) Objektiver Tatbestand

Die rechtswidrige Vortat eines anderen ist in Form des Diebstahls gegeben (*s Rn 280*).

K musste befürchten, als Täter entdeckt zu werden. Diese Gefahr wurde durch das Unterstellen in der Garage des F verringert. Es liegt deshalb eine Hilfeleistung iSv § 257 I vor.

b) Subjektiver Tatbestand

F handelte vorsätzlich sowie mit Vorteilssicherungsabsicht.

c) Rechtswidrigkeit und Schuld

F handelte rechtswidrig und schuldhaft.

3. § 259 I

306 Durch das Aufbewahren der zehn Farbeimer könnte F auch eine Hehlerei begangen haben.

a) Objektiver Tatbestand

Die zehn Farbeimer sind durch eine rechtswidrige Tat eines anderen erlangte Sachen.

F könnte die Farbeimer sich oder einem Dritten verschafft haben. F erhielt die Sache hier aber nur zur Ingewahrsamsnahme, sodass das Verschaffen iSd Erlangung einer quasi dinglichen Verfügungsgewalt als Tathandlung ausscheidet.

Absetzen bedeutet das selbstständige Unterstützen eines anderen beim entgeltlichen Weiterverschieben der „bemakelten" Sache an Dritte[31]. Ein solches Absetzen ist hier seitens der Person des F nicht ersichtlich.

F könnte jedoch beim Absetzen der Farbeimer geholfen haben. Absatzhilfe ist jede weisungsabhängige, unselbstständige Unterstützung, die dem Vortäter bei dessen Absatzbemühungen gewährt wird[32]. Durch die Lagerung der Farbe in der Garage des F hat dieser dem K die Farbe nicht nur erhalten wollen (dies wird von § 257 erfasst, *s Rn 305*), son-

---

31 *Wessels/Hillenkamp*, BT2 Rn 859, 865.
32 *Wessels/Hillenkamp*, BT2 Rn 859.

dern er wollte ihn auch beim Weiterverkauf unterstützen (*andere Auslegung denkbar*), zu dem es jedoch letztlich nicht gekommen ist.

Strittig ist, ob das Absetzen oder die Absatzhilfe ein Gelingen des Absetzens voraussetzt.

Problem Nr 69: Vollendungszeitpunkt bei dem Absetzen und der Absatzhilfe   307

(1) Insbes die **in BGHSt 59, 40 aufgegebene frühere Rspr** (BGHSt 26, 358; 27, 45), aber auch Teile des Schrifttums (*Arzt/Weber/Heinrich/Hilgendorf*, BT § 28 Rn 19; LK-*Walter*, § 259 Rn 57, 60) halten am Merkmal des „Mitwirken zum Absatz" iSd § 259 aF fest und lassen auch weiterhin für die Deliktsvollendung bei § 259 jede Tätigkeit genügen, die geeignet ist, den Vortäter bei seinen Bemühungen, die Beute wirtschaftlich zu verwerten, zu unterstützen. Hierbei kommt es insbes nicht darauf an, dass die konkrete Unterstützung zum Absatzerfolg führt. Allerdings muss sich die Handlung in einen bereits festgelegten Absatzplan fördernd einfügen und aus der Sicht des Täters den Beginn des Absatzvorgangs darstellen, ansonsten ist nur von einer straflosen Vorbereitungshandlung auszugehen (BGHSt 43, 110; BGH NStZ 2008, 152).

Argument: Diese Ansicht stehe in Übereinstimmung mit dem Willen des Gesetzgebers und berücksichtige auch die kriminalpolitischen Notwendigkeiten. Angesichts der Tragweite der Absatzhilfehandlungen, auch wenn sie nicht zum Erfolg führen, und der Tatsache, dass die rechtswidrige Vermögenslage nicht nur aufrechterhalten wird, wenn die Sache an einen Erwerber weitergegeben wird, sondern auch durch den Besitz des Absetzenden und seiner Gehilfen selbst, müsse die Vollendung der Absatzhilfe auch dann angenommen werden, wenn kein Absatzerfolg eingetreten sei. Hierbei sei auch zu bedenken, dass es oftmals gerade die Zusage eines anderen ist, bei dem Absatz der Ware zu helfen, die den Vortäter bei der Begehung seiner Tat unterstützt.

(2) Nach **hL** und der **neuen Rspr** (BGHSt 59, 40; *Jahn*, JuS 2013, 1044 u 2017, 1128; *Jäger*, JA 2013, 951; NK-*Altenhain*, § 259 Rn 54 ff; *Fischer*, § 259 Rn 18; *Lackner/Kühl*, § 259 Rn 13; *Ladiges*, JuS 2014, 1095, 1099; *Rengier*, BT1 § 22 Rn 58; S/S-*Stree/Hecker*, § 259 Rn 29, 31; *Wessels/Hillenkamp*, BT2 Rn 864) liegt eine als Hehlerei strafbare Absatzhilfe nur vor, wenn das Verhalten tatsächlich zum Absatz der Ware geführt hat (sog **Erfolgstheorie**). Dies gilt einheitlich für die Begehungsformen des Absetzens und der Absatzhilfe.

Argument: Das Absetzen ist nur die Kehrseite des Verschaffens, sodass beide Begehungsformen deckungsgleich ausgelegt werden müssen und deshalb die durch die Vortat geschaffene rechtswidrige Vermögenslage erst dann aufrechterhalten wird, wenn die tatsächliche Verfügungsgewalt auf den Abnehmer übergegangen ist. Aufgrund der identischen Strafandrohung für das Verschaffen und das Absetzen bzw die Absatzhilfe ist eine parallele Auslegung iSe Erfolgsdelikts geboten. Angesichts der zwischenzeitlich eingeführten Strafbarkeit des Versuchs (§ 259 III) drohen durch die Einstufung als Erfolgsdelikt auch keine Strafbarkeitslücken mehr.

Zur Vertiefung: Wessels/Hillenkamp, BT2 Rn 862 ff; Hillenkamp, BT 40. Problem S 215 ff; Küper/Zopfs, BT Rn 6; Sorge, ZJS 2016, 33; S/S/W-StGB-Jahn, § 259 Rn 27 ff.

Bereits der Wortlaut legt nahe, dass es sich bei § 259 um ein Erfolgsdelikt handelt, das   308 die Feststellung eines Absatzerfolges erfordert, denn ein „Absetzen" liegt dann nicht vor, wenn Verkaufsbemühungen schließlich scheitern. In systematischer Hinsicht setzt das Absetzen als Kehrseite des Verschaffens ebenso wie dieses den Übergang der tatsächlichen Verfügungsgewalt auf den Abnehmer als Erfolg voraus. Eine unterschiedliche Auslegung des Verschaffens und des Absetzens bzw der Absatzhilfe ist zudem wegen der identischen Strafandrohung nicht geboten. Durch diese enge Auslegung entstehen auch keine Strafbarkeitslücken, weil nunmehr der Versuch der Hehlerei unter Strafe gestellt ist (§ 259 III). Somit hat F keine vollendete Absatzhilfe geleistet.

b) Ergebnis

F hat sich nicht wegen vollendeter Hehlerei nach § 259 I strafbar gemacht.

4. §§ 259 I, III, 22, 23 I Alt 2

a) Vorprüfung

Die Hehlerei wurde nicht vollendet. Der Versuch ist strafbar gem §§ 259 III, 23 I Alt 2.

b) Tatentschluss

F wollte beim Absatz der zehn Farbeimer, die K gestohlen hat, helfen (s o Rn 306).

Darüber hinaus müsste er die Absicht gehabt haben, sich oder einen Dritten zu bereichern. Eine Bereicherung zugunsten des F selbst fand nicht statt, da F die Farbe unentgeltlich unterstellen ließ. Er kann aber auch die Bereicherung eines Dritten beabsichtigt haben. Als Dritter kommt hier lediglich K in Betracht. K war aber zugleich Vortäter. Fraglich ist, ob auch der Wille, den Vortäter zu bereichern, zur Strafbarkeit des Helfers gem § 259 I führt.

309   **Problem Nr 70: Kommt als Dritter iSd § 259 I auch der Vortäter in Betracht?**

(1) Nach **eA** kann Dritter iSd § 259 I auch der Vortäter sein (BGH JR 1980, 213; *Eisele*, BT2 Rn 1167; S/S-*Stree/Hecker*, § 259 Rn 44).

Argument: Eine Differenzierung zwischen Vortäter und „anderen" Dritten ergibt sich aus dem Gesetzeswortlaut nicht. Trotz Existenz des § 257 drohen Strafbarkeitslücken, weil Vorteilssicherungsabsicht und Begünstigungsabsicht nicht deckungsgleich sind.

(2) Nach zutreffender **hM** reicht die ausschließliche Bereicherung des Vortäters nicht aus (BGH NStZ 1995, 595; JR 1996, 344; StraFo 2005, 214; *Fischer*, § 259 Rn 24; *Hohmann/Sander*, BT1 § 19 Rn 86; S/S/W-StGB-*Jahn*, § 259 Rn 44; *Krey/Hellmann/Heinrich*, BT2 Rn 901a; *Lackner/Kühl*, § 259 Rn 17 f; *Rengier*, BT1 § 22 Rn 61 f; *Wessels/Hillenkamp*, BT2 Rn 873).

Argument: Für die ablehnende Haltung spricht neben der Entstehungsgeschichte des § 259 auch der Wortlaut des § 259 I, der zwischen einem anderen (= Vortäter) und einem Dritten (= Bereicherten) unterscheidet. Zudem soll die Hilfeleistung dem Vortäter keinen über den Besitz der Sache hinausgehenden Gewinn oder Vorteil bringen, sodass sich eine Tat wie die vorliegende regelmäßig als Begünstigung darstellt. Wäre sie auch als Hehlerei strafbar, käme es zu einer Auflösung der Grenzen zwischen § 257 und § 259.

Zur Vertiefung: Wessels/Hillenkamp, BT2 Rn 873.

310   Nach richtiger Ansicht reicht eine beabsichtigte Bereicherung des K als Vortäter nicht aus, weil K nicht zugleich „ein anderer" und „ein Dritter" iSd § 259 I sein kann. Dieser Fall, bei dem es F darauf ankommt, den Sachbesitz des K zu erhalten, soll allein durch § 257 erfasst werden. F ist daher nicht gem §§ 259 I, III, 22, 23 I Alt 2 strafbar.

5. Ergebnis für F im Tatkomplex B

F ist strafbar gem § 257 I.

III. Strafbarkeit des E

1. §§ 259 I, III, 22, 23 I Alt 2

E könnte durch den Plan, die gestohlenen zehn Farbeimer anzukaufen, wegen versuchter **311** Hehlerei strafbar sein. E war jedoch gutgläubig. Er wusste nichts von dem Diebstahl und glaubte an einen legalen Ankauf, sodass eine Strafbarkeit ausscheidet.

2. Ergebnis für E im Tatkomplex B

E hat sich nicht strafbar gemacht.

IV. Strafbarkeit des B

1. §§ 242 I, 27

B könnte sich dadurch, dass er den Kontakt zu E zwecks Ankaufs der zehn Farbeimer **312** herstellte, wegen Beihilfe zum Diebstahl schuldig gemacht haben. Als teilnahmefähige Haupttat kommt nur der Diebstahl des K (§ 242 I, *s Rn 280*) in Betracht. Dieser war aber, als B tätig wurde, bereits beendet, sodass das Verhalten des B keine Beihilfehandlung darstellen kann.

2. § 259 I

B könnte sich jedoch wegen Hehlerei strafbar gemacht haben.

a) Objektiver Tatbestand

Tatobjekt ist die durch eine rechtswidrige Tat eines anderen erlangte Sache; hier sind es die zehn Farbeimer.

Für ein Absetzen fehlt es hier an einer gewissen Selbstständigkeit bei der Weitergabe.

Durch das Arrangieren des Treffens mit E auf Geheiß des K könnte B dem K Hilfe beim Absetzen seiner Beute geleistet haben. Die von B an den Tag gelegten Aktivitäten halfen dem Dieb bei dessen Absatzbemühungen. Das Verhalten des B hat jedoch nicht zum Absatz der Ware geführt. Dies ist auch für die Absatzhilfe erforderlich (*s Rn 307*).

b) Ergebnis

Eine vollendete Hehlerei liegt somit nicht vor.

3. §§ 259 I, III, 22, 23 I Alt 2

a) Vorprüfung

Die Hehlerei wurde nicht vollendet. Der Versuch ist strafbar gem §§ 259 III, 22, 23 I Alt 2.

b) Tatentschluss

B wollte Absatzhilfe bzgl der zehn gestohlenen Farbeimer leisten. Ferner hatte er die Absicht, sich zu bereichern, denn ihm wurde von K ein Anteil am Erlös in Aussicht gestellt.

c) Unmittelbares Ansetzen

B begann durch das Arrangieren des Treffens zwischen K und E mittels eines Briefes schon mit der tatbestandsmäßigen Handlung der Absatzhilfe und setzte somit selbst nach der strengen formal-objektiven Theorie (*vgl Rn 109*) unmittelbar zur Hehlerei an.

d) Rechtswidrigkeit und Schuld

B handelte rechtswidrig und schuldhaft.

e) Keine Strafausschließungsgründe

Eine dem § 258 VI vergleichbare Regelung existiert bei § 259 nicht. Eines Strafantrags gem §§ 259 II iVm 248a bedarf es wegen des objektiven Wertes der zehn Farbeimer, der jedenfalls über 25 € bzw 50 € liegt, nicht.

4. §§ 263, 22, 23 I Alt 2

Für einen Betrugsversuch gegenüber dem Käufer E, dem von dem Verkäufer das Eigentum an den zehn Farbeimern vorgespiegelt wurde, obwohl diese dem P abhanden gekommen waren, sodass auch kein gutgläubiger Erwerb an ihnen möglich war (§ 935 BGB, *vgl o Rn 252*), fehlt es an einem unmittelbaren Ansetzen iSv § 22. B hätte die Farbeimer dem E noch präsentieren müssen. Erst wenn B den E getroffen hätte, wäre das Rechtsgut „Vermögen des E" einer konkreten Gefährdung ausgesetzt gewesen (*vgl Rn 109*).

5. Ergebnis für B im Tatkomplex B

B hat sich gem §§ 259 I, III, 22, 23 I Alt 2 strafbar gemacht.

V. Strafbarkeit der S

1. §§ 259 I, III, 22, 23 I Alt 2

313 Auch die Lebensgefährtin S könnte dadurch, dass sie für B den Brief an den anvisierten Käufer schrieb, eine versuchte Hehlerei begangen haben.

Tatobjekt sind die durch den Diebstahl des K erlangten Farbeimer.

Es kommt allenfalls der Tatentschluss zu einer Absatzhilfe in Betracht. Es ist davon auszugehen, dass S hier jedoch nicht zugunsten des Vortäters K, sondern zugunsten des Hehlers B, ihres Lebensgefährten, tätig werden wollte. Eine versuchte Absatzhilfe liegt daher von vornherein nicht vor[33].

---

33 Vgl zur Abgrenzung zwischen Hehlerei in Form der Absatzhilfe und der Beihilfe zur Hehlerei *Wessels/ Hillenkamp*, BT2 Rn 860 f; s ferner *Küper*, JZ 2015, 1037 ff.

Eine Strafbarkeit gem §§ 259 I, III, 22, 23 I Alt 2 scheidet aus.

2. §§ 259 I, III, 22, 23 I Alt 2, 27

a) Objektiver Tatbestand

Die vorsätzliche rechtswidrige Haupttat liegt in Gestalt der von B begangenen versuch- **314** ten Hehlerei vor (*s Rn 312*). Die Beihilfehandlung besteht im Schreiben des Briefes.

b) Subjektiver Tatbestand

S handelte sowohl hinsichtlich der Haupttat als auch bzgl ihrer Beihilfehandlung vorsätzlich.

c) Rechtswidrigkeit und Schuld

S handelte rechtswidrig und schuldhaft.

3. Ergebnis für S im Tatkomplex B

S ist strafbar gem §§ 259 I, III, 22, 23 I Alt 2, 27.

VI. Strafbarkeit des V

1. §§ 242 I, 27, 13 I

Auch bzgl der restlichen zehn Farbeimer hat V – wie bei den ersten 20 Farbeimern **315** (*s Rn 301*) – eine Beihilfe zum Diebstahl durch Unterlassen begangen.

2. §§ 246 II, 27, 13 I

Gleiches gilt für eine Beihilfe zur veruntreuenden Unterschlagung durch Unterlassen, die jedoch von der Beihilfe durch Unterlassen zum Diebstahl im Wege der Gesetzeskonkurrenz verdrängt wird (*s Rn 302*).

3. Ergebnis für V im Tatkomplex B

V hat sich gem §§ 242 I, 27, 13 I strafbar gemacht.

VII. Teilnehmerstrafbarkeit des K

1. §§ 257 I, 26 (bzgl F)

K könnte dadurch, dass er den F dazu brachte, die gestohlenen zehn Farbeimer für K in **316** seiner – des F – Garage zu lagern, eine Anstiftung zur Begünstigung begangen haben.

Niemals darf die Teilnahme zu mehreren Delikten gleichzeitig geprüft werden (zB hier Beihilfe zu §§ 257, 259, 260; s Beulke, Klausurenkurs I Rn 97).

a) Objektiver Tatbestand

Die vorsätzliche rechtswidrige Haupttat eines anderen ist die von F begangene Begünstigung (*s Rn 305*). Die Anstiftungshandlung liegt in der Aufforderung an den F, die Farbeimer in seiner Garage unterzustellen.

b) Subjektiver Tatbestand

K handelte sowohl bzgl der vorsätzlichen rechtswidrigen Haupttat als auch hinsichtlich seiner Anstiftungshandlung vorsätzlich.

c) Rechtswidrigkeit und Schuld

K handelte rechtswidrig und schuldhaft.

d) Kein Ausschließungsgrund gem § 257 III

Ein Beteiligter an der Vortat wird nicht bestraft (§ 257 III 1). Für K könnte die Strafbarkeit daher aufgrund des von ihm zuvor begangenen Diebstahls ausgeschlossen sein. Hier greift jedoch § 257 III 2 ein. Für den Vortäter verbleibt eine gesonderte Strafbarkeit wegen Anstiftung zur Begünstigung, wenn er einen an der Vortat Unbeteiligten angestiftet hat. Im Schrifttum wird zwar erwogen, die in § 258 V vorgesehene, aus dem persönlichen Selbstbegünstigungsprivileg abgeleitete Besserstellung des Vortäters, der nicht wegen Anstiftung zur Strafvereitelung bestraft werden kann, wenn er damit erreichen will, dass er selbst nicht bestraft wird, entgegen der ausdrücklich abweichenden Normierung in § 257 III 2 auch auf die Anstiftung zur Begünstigung analog anzuwenden, um zu verhindern, dass die Privilegien des § 258 V mittels des § 257 umgangen werden[34]. Dies gilt aber allenfalls[35] für den hier nicht gegebenen Fall, dass eine vom Vortäter erstrebte Strafvereitelung zu eigenen Gunsten notwendig (zwangsläufig) mit einer Begünstigung verknüpft ist. Im Tatkomplex B geht es laut Sachverhalt dem K nicht um die Verhinderung seiner Strafverfolgung, sondern allein um Erhalt und Verkauf der Farbeimer. Es bleibt also bei der Strafbarkeit des Vortäters K wegen Anstiftung zur Begünstigung.

e) Ergebnis

K hat sich gem §§ 257 I, 26 (bzgl F) strafbar gemacht.

2. §§ 259 I, III, 22, 23 I Alt 2, 26 (bzgl B)

317 Durch die an seinen Bruder B herangetragene Bitte, ihm beim Absatz der zehn Farbeimer zu helfen, könnte sich K wegen Anstiftung zur versuchten Hehlerei strafbar gemacht haben.

---

34 *Bosch*, Jura 2012, 270, 278; S/S-*Stree/Hecker*, § 258 Rn 41; *Rengier*, BT1 § 21 Rn 26 („diskutabel"); S/S/W-StGB-*Jahn*, § 257 Rn 26, § 258 Rn 9; aA OLG München NStZ-RR 2011, 56; *Lackner/Kühl*, § 257 Rn 8; LK-*T. Walter*, § 257 Rn 85, 106.
35 BGH StV 1995, 586; *Wessels/Hillenkamp*, BT2 Rn 819, 822.

a) Objektiver Tatbestand

Die vorsätzliche rechtswidrige Haupttat ist die von B begangene versuchte Hehlerei (*s Rn 312*). K ist zwar der Täter des Diebstahls (*s Rn 304*). Ebenso wie ein Teilnehmer an der Vortat Täter einer Hehlerei sein kann (*s Rn 292*), kann nach ganz hA der Täter der Vortat Teilnehmer (nicht Täter!) der Hehlerei sein[36]. Die Anstiftungshandlung liegt in der Aufforderung an B, den E auf die Möglichkeit des Ankaufs der zehn Farbeimer anzusprechen.

b) Subjektiver Tatbestand

K handelte sowohl bzgl der Haupttat als auch hinsichtlich seiner Anstiftungshandlung vorsätzlich.

c) Ergebnis

Eine Anstiftung zur versuchten Hehlerei ist damit gegeben.

3. §§ 260 I Nr 1, II, 22, 23 I Alt 2, 26 (bzgl B)

Für den Anstifter K könnte es sich um eine Anstiftung zu einer qualifizierten versuchten **318** Hehlerei, nämlich in Form der gewerbsmäßigen Hehlerei, handeln, und zwar – gem § 28 II – selbst dann, wenn nur der Anstifter gewerbsmäßig handelt[37]. Gewerbsmäßig handelt, wer sich aus der wiederholten Tatbegehung eine fortlaufende Einnahmequelle von einigem Umfang und einer gewissen Dauer verschaffen will[38]. K hat hier zwar mehrere Eimer gestohlen. Aus dem Sachverhalt ergibt sich aber nicht, dass er auf eine fortlaufende Einnahmequelle abzielte. Es bleibt also dabei, dass für K nur eine Anstiftung zum versuchten Grunddelikt des § 259 gegeben ist.

4. Konkurrenzen innerhalb der Teilnehmerstrafbarkeit

Die Anstiftung zur versuchten Hehlerei ist zwar tatbestandlich gegeben (*s Rn 317*). **319** Gleichwohl tritt sie als mitbestrafte Nachtat hinter den Diebstahl zurück[39]. Die Anstiftung zur Begünstigung enthält hingegen ein selbstständiges Unrecht.

5. Ergebnis der Teilnehmerstrafbarkeit des K im Tatkomplex B

K ist gem §§ 257 I, 26 (bzgl B) strafbar.

6. Konkurrenz zur täterschaftlichen Begehung

K hat als Täter einen vollendeten Diebstahl in Idealkonkurrenz mit einem vollendeten Hausfriedensbruch begangen (*s Rn 304*). Die Anstiftung zur Begünstigung ist demge-

---

36 S/S-*Stree/Hecker*, § 259 Rn 52; aA bereits für Tatbestandslosigkeit: *Kretschmer*, JuS 2013, 24, 26; MK-*Maier*, § 259 Rn 59; *Rengier*, BT1 § 22 Rn 42.
37 *Lackner/Kühl*, § 260 Rn 2.
38 *Wessels/Hillenkamp*, BT2 Rn 886.
39 Vgl BGHSt 7, 135; S/S/W-StGB-*Jahn*, § 259 Rn 52; *Wessels/Hillenkamp*, BT2 Rn 880.

genüber eine selbstständige Handlung mit eigenem Unrecht. Es ist deshalb von Real-konkurrenz (§ 53) auszugehen.

7. Gesamtergebnis für K im Tatkomplex B

K hat sich strafbar gemacht gem § 242 I – § 52 – § 123 I Alt 1 – § 53 – §§ 257 I, 26.

C. Der Verbrauch der Farbe

I. Strafbarkeit des K

1. § 246 I

320 Durch den Verbrauch der Farbe könnte K zusätzlich eine Unterschlagung begangen haben.

a) Objektiver Tatbestand

K hat sich die zehn Farbeimer – für ihn fremde bewegliche Sachen – rechtswidrig zuge-eignet.

321 **Problem Nr 71: Erneute Zueignung einer durch ein mit Zueignungsabsicht begangenes Vermögensdelikt erlangten Sache**

(1) Nach Ansicht der **Rspr** sowie Teilen der Literatur stellen erneute Betätigungen des Herr-schaftswillens durch denjenigen, der sich vorher als Dieb, Betrüger, Erpresser etc in den Besitz der Sache gesetzt hat, keine erneuten Zueignungsakte dar (BGHSt GrS 14, 38; *Krey/Hellmann/Heinrich*, BT2 Rn 246; *S/S/W-StGB-Kudlich*, § 246 Rn 20; *Maurach/Schroeder/Maiwald*, BT1 § 34 Rn 22; *Rengier*, BT1 § 5 Rn 51, 54; *LK-Vogel*, § 246 Rn 51 f – sog **Tatbestandslö-sung**).

Argument: Dem Wortsinn nach ist Zueignung die Herstellung der eigentümerähnlichen Herr-schaft bzw die erstmalige Verfügung über eine Sache. Die bloße Ausnutzung einer Herrschafts-stellung wird nicht als Zueignung bezeichnet.

Außerdem würde andernfalls derjenige, der dem Täter bei der sog zweiten Zueignung hilft, sich der Beihilfe zur Unterschlagung strafbar machen, obwohl das Gesetz diese Anschlusstaten nur unter den Voraussetzungen der §§ 257, 259 für strafbar erachtet.

Schließlich spricht gegen die Konkurrenzlösung der hM (*s u (2)*), dass bei Bejahung der Tat-bestandmäßigkeit von erneuten Zueignungen der Diebstahl zum Dauerdelikt wird. Wenn die erste Zueignung so lange zurückliegt, dass bzgl des Diebstahls Verjährung eingetreten ist, dann dürfen aber die folgenden Zueignungen nicht über § 246 doch noch zur Strafe führen, da § 242 sonst praktisch nie verjähren würde.

(2) Nach **herrschender und überzeugender Ansicht im Schrifttum** liegt ebenso wie bei der gleichzeitigen Zueignung durch Diebstahl und Unterschlagung auch bei späteren Verwertungs-akten nach einem vorangegangenen Diebstahl etc eine (Zweit-)Zueignung vor. Eine Bestra-fung wegen § 246 scheitert nur aus Konkurrenzgründen, denn § 246 ist eine mitbestrafte Nach-tat (*Eisele*, BT2 Rn 264 ff; *S/S-Eser/Bosch*, § 246 Rn 19; *Wessels/Hillenkamp*, BT2 Rn 328 – sog **Konkurrenzlösung**).

Argument: Die Aneignung fremder Sachen ist ebenso wiederholbar wie ihre Enteignung. Das wird auch von der Rspr für den Fall anerkannt, dass jemand zB in nüchternem Zustand die Zueignung einer Sache wiederholt, die er als Volltrunkener (§ 323a) gestohlen hat (BGH MDR/D 1971, 546). Genauso wie in jenem Fall Strafbarkeitslücken vermieden werden sollen, muss auch bei einer Teilnahme an einer zweiten Zueignungshandlung eine Bestrafung nach §§ 246, 27 möglich sein, da es sonst zu unerträglichen Ergebnissen kommt, wenn der Beteiligte zB mangels Bereicherungs- bzw Vorteilssicherungsabsicht nicht nach §§ 257, 259 zu bestrafen ist.

Ferner spricht für die Tatbestandsmäßigkeit einer Zweitzueignung, dass die Neufassung des § 246 I, die auf das Gewahrsamsverhältnis verzichtet, gerade alle denkbaren Aneignungshandlungen im Wege des Auffangtatbestandes erfassen will.

Dieser Streit wird richtigerweise nicht nur relevant, wenn der Täter die Sache ein zweites Mal sich selbst zueignet, sondern kommt auch dann zum Tragen, wenn die Zweitzueignung eine Drittzueignung (zB durch Eigentumsübertragung aufgrund einer Schenkung) ist, denn für das Opfer – den Eigentümer – macht es keinen Unterschied, wem die Sache zugeeignet wird.

Zur Vertiefung: Wessels/Hillenkamp, BT2 Rn 328 ff; Eckstein, JA 2001, 25 ff; Hillenkamp, BT 25. Problem S 128 ff.

Der Verbrauch der Farbe könnte indes kein selbstständiger, sondern nur ein neuerlicher **322** Zueignungsakt sein, der als bloße Ausnutzung der Herrschaftsstellung nicht mehr unter den Tatbestand des § 246 fällt. Nach herrschender und überzeugender Ansicht im Schrifttum liegt ebenso wie bei der gleichzeitigen Zueignung durch Diebstahl und Unterschlagung aber auch bei späteren Verwertungsakten nach einem vorangegangenen Diebstahl etc eine (Zweit-)Zueignung vor. Die Neufassung des Unterschlagungstatbestands soll gerade alle denkbaren Aneignungshandlungen erfassen. Eine Beschränkung der Strafbarkeit in dieser Hinsicht kann sich deshalb erst auf Konkurrenzebene ergeben.

b) Subjektiver Tatbestand

K handelte vorsätzlich, auch bzgl der Rechtswidrigkeit der Zueignung.

c) Rechtswidrigkeit und Schuld

K handelte rechtswidrig und schuldhaft.

2. § 303 I Alt 2

Eine Sache ist zerstört iSv § 303 I Alt 2, wenn sie aufgrund der erfolgten Einwirkung in **323** ihrer Existenz vernichtet oder so wesentlich beschädigt ist, dass sie ihre bestimmungsgemäße Brauchbarkeit völlig verloren hat[40]. Durch den Verbrauch der Farbe war diese nicht mehr als solche verwendbar. Andererseits verschönert die Farbe jetzt das Haus des K und man könnte sich auf den Standpunkt stellen, dass der bestimmungsgemäße Gebrauch/Verbrauch der Sache generell keine Sachbeschädigung darstellt[41]. Hiergegen spricht jedoch, dass bei lebensnaher Sachverhaltsauslegung der Firmeninhaber P bestimmt hat, dass die Farbe in seinem Betrieb zu verarbeiten ist und nicht an fremden Häusern. Bei sachgerechter Interpretation dessen, was unter dem „bestimmungsgemäßen" Gebrauch/Verbrauch zu verstehen ist, kann es nicht nur auf eine generalisierende, sondern muss es auf eine konkrete „Widmung" der Sache ankommen. Warum sollte der

---

40 *Wessels/Hillenkamp*, BT2 Rn 36.
41 Dafür *Fischer*, § 303 Rn 12a; S/S-*Stree/Hecker*, § 303 Rn 13; *Wessels/Hillenkamp*, BT2 Rn 36.

Eigentümer nicht davor geschützt werden, dass sein Gebrauchsgut an völlig fremden Orten und von völlig fremden Personen eingesetzt wird[42]? Da P die Farbe nicht mehr in seinem Betrieb verwenden kann, ist sie „zerstört". K hat also eine Sachbeschädigung iSv § 303 I Alt 2 begangen.

Die Behandlung dieser Fallgruppen ist sehr umstritten. Diesen Streit würde ich aber hier nicht vertiefen, da die Sachbeschädigung sowieso im nächsten Prüfungspunkt (Konkurrenzen) als mitbestrafte Nachtat wieder „verschwindet".

3. Konkurrenzen

Die Strafbarkeit gem § 246 I einerseits sowie § 303 I Alt 2 andererseits entfällt wegen Subsidiarität dieser Straftatbestände. Es handelt sich gegenüber dem Diebstahl um mitbestrafte Nachtaten.

4. Ergebnis für K im Tatkomplex C

K hat sich nicht erneut strafbar gemacht.

II. Strafbarkeit des V

1. §§ 246 I, 27, 13 I

324 V könnte durch Nichtverhinderung des Verbrauchs der Farbe eine Beihilfe zur Unterschlagung begangen haben.

a) Objektiver Tatbestand

Die vorsätzliche rechtswidrige Haupttat ist die von K begangene Unterschlagung (*s Rn 320*).

V müsste zu dieser Tat Hilfe geleistet haben. V hat es unterlassen, gegen den Verbrauch der Farbe durch K einzuschreiten, was ihm problemlos möglich gewesen wäre. Dieses Unterlassen hat die Haupttat gefördert und ist für die Begehung der Haupttat kausal geworden, sodass auch die Kausalität der Beihilfehandlung, soweit man sie voraussetzt[43], gegeben ist.

V traf aus seinem Arbeitsvertrag die Pflicht, gegen Vermögensdelikte, die seinen Arbeitgeber schädigen, einzuschreiten.

b) Subjektiver Tatbestand

V handelte sowohl bzgl der Haupttat als auch im Hinblick auf seine Beihilfehandlung sowie seiner Garantenstellung vorsätzlich.

c) Rechtswidrigkeit und Schuld

V handelte rechtswidrig und schuldhaft.

---

42 So auch: *Heghmanns*, BT Rn 890; *Kindhäuser*, BT2 § 20 Rn 26.
43 Weite Teile der Literatur entgegen der Rechtsprechung, vgl *Wessels/Beulke/Satzger*, AT Rn 818; *Beulke*, Klausurenkurs I [11] Rn 389.

Eine veruntreuende Unterschlagung scheidet hier aus. Nachdem K sich die Farbeimer erstmalig zugeeignet hatte (s Rn 303, 320), waren sie V nicht mehr anvertraut.

2. §§ 303 I Alt 2, 27, 13 I

Auch bzgl der von K begangenen Sachbeschädigung (*s Rn 323*) ist seitens des V eine Beihilfe durch Unterlassen gegeben. **325**

3. Konkurrenzen

Die §§ 246 I, 27, 13 I und §§ 303 I Alt 2, 27, 13 I sind mitbestrafte Nachtaten gegenüber §§ 242 I, 27, 13 I (*s Rn 301*).

4. Ergebnis für V im Tatkomplex C

V hat sich nicht erneut strafbar gemacht.

D. Die Zuflucht bei C

I. Strafbarkeit des K als Täter

1. § 258 I

K könnte dadurch, dass er den C dazu brachte, ihn in dessen Wohnung über mehrere Wochen zu verstecken, einer Strafvereitelung schuldig sein. **325a**

K versteckte nur sich selbst in der Wohnung des C. Die Strafvereitelungshandlung wurde also nicht zugunsten „eines anderen" begangen. K kommt somit von vornherein nicht als tauglicher Täter des § 258 I in Betracht.

2. Ergebnis für K als Täter im Tatkomplex D

K ist nicht wegen Strafvereitelung strafbar.

II. Strafbarkeit des C

1. § 257 I

Dadurch, dass C den K sechs Wochen bei sich versteckte, um ihn vor einer Bestrafung zu bewahren, könnte er sich wegen Begünstigung, § 257 I, strafbar gemacht haben. Die 30 Farbeimer sind bereits an H entäußert bzw. für den Hausbau verwendet worden. Die Hilfeleistung des C war daher nicht mehr objektiv geeignet, die durch die rechtswidrigen Vortaten erlangten Vorteile gegen Entziehung zu sichern. **325b**

C ist nicht wegen Begünstigung gem § 257 I strafbar.

2. § 258 I

a) Objektiver Tatbestand

Erfüllt sein könnte aber § 258 I. Die rechtswidrigen Vortaten eines anderen sind die von K in den Tatkomplexen A und B begangenen Delikte. **325c**

Eine Vereitelungshandlung iSd § 258 I ist ein Verhalten, das nach seiner Zielsetzung darauf gerichtet ist, die Realisierung des in § 258 I umschriebenen Ahndungs- oder Anordnungsrechts durch eine Besserstellung des Vortäters ganz oder teilweise zu verhindern[44]. Hier gewährte C dem K einen sechswöchigen Unterschlupf mit dem Ziel, den Aufenthaltsort des K gegenüber den Ermittlungsbehörden zu verheimlichen. Die Gewährung eines Verstecks an den Vortäter ist eine typische Vereitelungshandlung[45]. Fraglich ist, ob C hier auch als Täter des § 258 I oder lediglich als Teilnehmer an der straflosen Selbstbegünstigung des K in Betracht kommt. Für die Abgrenzung von Täterschaft und Teilnahme gelten auch iRd § 258 nach ganz hM die allgemeinen Regeln[46]. Als Wohnungsinhaber hatte C die alleinige Tatherrschaft über das Geschehen und er wollte diese auch ausüben (*zur Abgrenzung s Fall 3 Rn 139*). Dem C kommt also hinsichtlich des § 258 I Täterqualität zu. C hat allerdings nur dafür gesorgt, dass K „zeitlich verzögert" bestraft wird, während ihm die dauerhafte Verhinderung einer Ahndung nicht geglückt ist. Fraglich ist daher, ob eine vollendete Verfolgungsvereitelung iSd § 258 I voraussetzt, dass die Strafverfolgung endgültig verhindert wird, oder ob auch eine nicht unerhebliche zeitliche Verzögerung der Aburteilung ausreicht.

325d **Problem Nr 72: Vollendungszeitpunkt bei der Strafvereitelung**

(1) Nach **einer** in der **Lit** vertretenen **Ansicht** ist die Strafe oder Maßnahme nur dann „**ganz oder zum Teil vereitelt**", wenn sie aus rechtlichen oder tatsächlichen Gründen **endgültig** nicht mehr verhängt werden könne (NK-*Altenhain*, § 258 Rn 51; Matt/Renzikowski-*Dietmeier*, § 258 Rn 23; SK/StGB-*Hoyer*, § 258 Rn 12 ff; *Vormbaum*, Küper-FS, S 663). Dies ist zB jedenfalls mit Eintritt der Verfolgungsverjährung (§§ 78 ff) oder mit Rechtskraft des sachlich unrichtigen Freispruchs der Fall.

Argument: Der Wortlaut ganz oder zum Teil „Vereiteln" setzt voraus, dass die Ahndung umfassend oder zumindest zum Teil (Verringerung der Bestrafung in quantitativer Hinsicht, zB Diebstahl statt Raub) „endgültig verhindert" und nicht lediglich verzögert wird. Rechtsgut der §§ 258, 258a StGB ist nicht der strafprozessuale Beschleunigungsgrundsatz, sondern die innerstaatliche Strafrechtspflege, die vor Verhaltensweisen zu schützen ist, die eine sachlich begründete Ahndungsentscheidung insgesamt verhindern. Zudem ist der Begriff „geraume Zeit" zu unbestimmt und verstößt daher gegen Art 103 II GG.

(2) Nach der vorzugswürdigen **hM aus Rspr und Lit** tritt der Vereitelungserfolg iSv „ganz oder zum Teil Vereiteln" schon dann ein, wenn eine Verzögerung der „Bestrafung" von „**geraumer Zeit**" vorliege (BGHSt 15, 18, 21; 45, 97, 100; BGH NStZ 2015, 702; NStZ-RR 2016, 310, 311; *Fischer*, § 258 Rn 8; S/S/W-StGB-*Jahn*, § 258 Rn 14; *Koch/Dorn*, JA 2012, 675, 677; *Lackner/Kühl*, § 258 Rn 4; *Satzger*, Jura 2007, 758).

Argument: Der Wortsinn steht einer solchen restriktiven Interpretation nicht entgegen, weil „Vereiteln" nicht zwingend als „endgültig vereiteln", sondern auch als „vorerst/vorübergehend vereiteln" verstanden werden kann. Würde man die Endgültigkeit einer Vereitelung verlangen, würde wegen der langen Verjährungsfristen (vgl §§ 78 III, 79 III) nur in seltenen Fällen eine Vollendung vorliegen. Insbesondere bei Mord, der nicht verjährt (§§ 78 II, 79 II), könnte es nur im Falle eines unrichtigen rechtskräftigen Freispruchs zu einer Vollendung kommen.

---

44 *Wessels/Hettinger/Engländer*, BT1 Rn 803.
45 Vgl OLG Stuttgart NJW 1981, 1569; *Fischer*, § 258 Rn 10.
46 BGH NStZ 2015, 702; *Fischer*, § 258 Rn 7a; S/S/W-StGB-*Jahn*, § 258 Rn 28, 53; S/S-*Stree/Hecker*, § 258 Rn 34.

Die innerstaatliche Strafrechtspflege ist jedoch auch dann beeinträchtigt, wenn der staatliche Sanktionsanspruch – wie bei einer längeren Verzögerung des Verfahrens – gefährdet ist. Es besteht durch eine erhebliche Verzögerungsphase der Sanktionierung die erhöhte Gefahr des Beweismittelverlusts.

Innerhalb dieser Meinung ist umstritten, was unter „geraumer Zeit" zu verstehen ist. Die **Rspr** ist insofern uneinheitlich (zB BGH NJW 1959, 494, 495: 10 Tage sind zu wenig; anders OLG Stuttgart NJW 1976, 2084: 10 Tage genügen). Es besteht zumindest dahingehend Einigkeit, dass eine ganz kurzfristige Verzögerung (wenige Tage oder gar wenige Stunden) nicht für die Annahme des Vereitelungserfolges ausreichen, während bei einem mehrmonatiger Aufschub der Ahndung jedenfalls eine Bestrafung erlaubt (OLG Naumburg NStZ 2013, 533 m Bespr *Jahn*, JuS 2012, 950). Im **Schrifttum** wird teilweise eine Untergrenze von zwei Wochen angenommen (*Wessels/Hettinger/Engländer*, BT1 Rn 806; *Rengier*. BT1 § 21 Rn 8). Um dem Einwand der Unbestimmtheit iSd Art 103 II GG zu begegnen, hat sich in der Lit überzeugend in Anlehnung an § 229 I StPO (Höchstdauer einer Unterbrechung) ein Zeitraum von **drei Wochen** durchgesetzt (*Jahn*, JuS 2010, 552; *Beulke/Ruhmannseder*, Rn 133; *S/S-Stree/Hecker*, § 258 Rn 14), ab dem ein Vereiteln iSd § 258 I oder II zu bejahen ist.

Zur Vertiefung: Wessels/Hettinger/Engländer, BT1 Rn 805 f; S/S/W-StGB-Jahn, § 258 Rn 14 f.

Die Beantwortung hängt davon ab, wie „ganz oder zum Teil Vereiteln" iSv § 258 I auszulegen ist. Unproblematisch fällt darunter die endgültige Verhinderung des Ahndungserfolgs entweder vollumfassend oder zumindest quantitativ vermindert (zB mildere Bestrafung wegen Hausfriedensbruchs statt Diebstahls). Jedoch ist die Grenze des möglichen Wortsinns nicht überschritten, wenn man „Vereiteln" auch als „vorübergehend Vereiteln" versteht. Ansonsten käme es nur selten zu einer Vollendung bei der Strafvereitelung, die aber richtigerweise schon vorliegt, wenn der staatliche Sanktionsanspruch erheblich verzögert wird, weil schon dann ein Beweismittelverlust droht. Zu fordern ist daher eine Verzögerung von geraumer Zeit, die in Anlehnung an § 229 I StPO ab einer Zeitspanne von drei Wochen vorliegt. Hier hat C den K sechs Wochen in seiner Wohnung versteckt und demnach für eine geraume Zeit die Aburteilung verhindert. Zudem muss die Tathandlung für diesen Vereitelungserfolg ursächlich gewesen sein. Dazu bedarf es des Nachweises, dass ohne das Eingreifen des Täters eine frühere Bestrafung des Vortäters mit an Sicherheit grenzender Wahrscheinlichkeit erfolgt wäre[47]. Hätte C den K nicht verborgen gehalten, wäre es höchstwahrscheinlich nicht zu der Verzögerung gekommen.

325e

b) Subjektiver Tatbestand

Hinsichtlich der Vereitelung ist zumindest direkter Vorsatz (dolus directus 2. Grades) erforderlich, während hinsichtlich der Vortat nach hM bedingter Vorsatz ausreicht[48]. C versteckte den K über mehrere Wochen in seiner Wohnung in der Absicht, ihn vor einer Strafe, die dem K wegen dessen dem C bekannten Vortaten drohen würde, zu bewahren.

c) Rechtswidrigkeit und Schuld

C handelte rechtswidrig und schuldhaft.

---

47 BGH NStZ 2015, 702; *Rengier*, BT1 § 21 Rn 8a.
48 *Fischer*, § 258 Rn 33 mwN.

d) Persönliche Strafausschließungsgründe, § 258 V, VI

Gründe für eine Straffreiheit nach § 258 V, VI liegen bei C nicht vor.

3. Ergebnis für C im Tatkomplex D

C ist strafbar gem § 258 I.

III. Teilnehmerstrafbarkeit des K

1. §§ 258 I, 26

325f K könnte dadurch, dass er den C veranlasste, ihn zu verstecken, den C zur Strafvereitelung zu seinen (des K) Gunsten angestiftet haben.

Die vorsätzlich begangene, rechtswidrige Verfolgungsvereitelung des C zugunsten des K ist hier die Haupttat iSv § 26. Durch die Bitte an C, ihn doch in dessen Wohnung zu verstecken, hat K bei C den Tatentschluss hervorgerufen, ihn mithin iSd § 26 zu dessen vorsätzlich begangener rechtswidriger Tat „bestimmt". Er handelte sowohl bzgl der Haupttat des C als auch bzgl seiner Anstiftungshandlung mit Vorsatz.

Eine solche Strafbarkeit könnte hier jedoch wegen des persönlichen Strafausschließungsgrundes[49] des § 258 V Var 1 entfallen, da K durch diese Anstiftung erreichen wollte, dass er selbst nicht bestraft wird. Da § 258 keine dem § 257 III 2 entsprechende Regelung enthält, ergibt sich im Umkehrschluss, dass der Vortäter zu seinen Gunsten einen an der Vortat Unbeteiligten zur Strafvereitelung straflos anstiften kann[50].

325g **Problem Nr 73: Die Systematik der Strafbarkeit des Vortäters als Täter oder Anstifter einer Begünstigung (§ 257) und Strafvereitelung (§ 258)**

	Begünstigung (§ 257)	Strafvereitelung (§ 258)
Vortäter handelt allein und *nur* zu eigenen Gunsten	straflose (sachliche) Selbstbegünstigung (§ 257 I: „einem anderen")	straflose (persönliche) Selbstbegünstigung (§ 258 I: „ein anderer")
Vortäter handelt allein und zu fremden und *auch* zu eigenen Gunsten	nicht strafbar (§ 257 III 1)	nicht strafbar (§ 258 V)
Vortäter stiftet zu eigenen Gunsten einen an der Vortat Beteiligten zur Begünstigung bzw Strafvereitelung an	nicht strafbar (§ 257 III 1)	nicht strafbar (§ 258 V)

---

49 Nach aA handelt es sich bei § 258 V um einen Entschuldigungs- oder Schuldausschließungsgrund, so zB *Roxin*, AT1 § 22 Rn 138.
50 *Wessels/Hettinger/Engländer*, BT1 Rn 812.

	Begünstigung (§ 257)	Strafvereitelung (§ 258)
Vortäter stiftet zu eigenen Gunsten einen an der Vortat Unbeteiligten zur Begünstigung bzw Strafvereitelung an	strafbar (§ 257 III 2[51])	nicht strafbar (§ 258 V, der keine dem § 257 III 2 entsprechende Regelung enthält)
		Im Falle einer Strafvereitelung im Amt (§ 258a) gilt auch das Selbstbegünstigungsprivileg des § 258 V, das nicht durch § 258a III ausgeschlossen ist.

Zur Vertiefung: Wessels/Hettinger/Engländer, BT1 Rn 719, 733 f, 796 ff; Wessels/Hillenkamp, BT2 Rn 818 f.

2. Ergebnis der Teilnehmerstrafbarkeit des K im Tatkomplex D

K ist straflos.

E. Gesamtkonkurrenzen

Sowohl K als auch V machten sich in verschiedenen Tatkomplexen strafbar.

1. Strafbarkeit des K

K hat bei zwei Gelegenheiten (o Tatkomplexe A und B) jeweils einen Diebstahl (§ 242 I) **326** in Tateinheit gem § 52 mit einem Hausfriedensbruchs (§ 123 I Alt 1) begangen. Fraglich ist, ob bei diesen beiden Taten eine fortgesetzte Handlung anzunehmen ist, sodass beide Taten zu einer Tat im Rechtssinne zusammengefasst werden können.

Problem Nr 74: Fortsetzungszusammenhang   **327**

(1) Die Lehre vom Fortsetzungszusammenhang wurde von der **älteren Literatur und Rechtsprechung** vertreten. Voraussetzungen hierfür waren:
1. Die Einzelakte der Handlungsreihe mussten sich gegen das gleiche Rechtsgut richten (hier das Eigentum des P an den Farbeimern).
2. Sie mussten in der Begehungsweise gleichartig sein (was hier eventuell problematisch wäre, da nur in einem Fall der H an der Tat beteiligt war; eine Gleichartigkeit der Begehungsweise für K wäre jedoch gegeben, da H nur Gehilfe gewesen ist).
3. Zudem musste ein Gesamtvorsatz gefasst worden sein, der die konkrete Tat in ihren wesentlichen Grundzügen nach Ort, Zeit und Art der Begehung sowie der Person des Verletzten umfassen muss (K hatte vor Beginn der Tathandlungen den Vorsatz gefasst, alle 30 Farbeimer für sich zu verwenden).

Argument: Zweck der fortgesetzten Tat ist es, den Anwendungsbereich der Realkonkurrenz bei Serientätern und Handlungsreihen mit gleichartig wiederkehrender Tatbestandsverwirklichung einzuschränken. Zugleich dient sie der Praktikabilität und der Prozessökonomie.

---

51 Nach wohl hM ist eine analoge Anwendung des § 258 V sowie VI heranzuziehen und damit einhergehend eine Straflosigkeit entgegen § 257 III 2 anzunehmen, wenn die Anstiftung zur Begünstigung „zwangsläufig" mit einer Strafvereitelung zu eigenen Gunsten verbunden ist, s o Rn 316.

(2) Nach der Rechtsprechungsänderung des **Großen Senats des BGH** (BGHSt GrS 40, 138) wurde die Rechtsfigur der fortgesetzten Handlung zwar nicht aufgegeben, praktisch aber zur Bedeutungslosigkeit verurteilt. Von einer fortgesetzten Handlung ist nunmehr nur noch ausnahmsweise unter der Voraussetzung auszugehen, dass diese Einordnung zur sachgerechten Erfassung des verwirklichten Unrechts und der Schuld unumgänglich ist, was nur anhand des einschlägigen Straftatbestandes beurteilt werden kann. Gemäß dieser Entscheidung ist der Fortsetzungszusammenhang jedenfalls bei den §§ 173, 174, 176 und bei § 263 abzulehnen. Ebenso verhält es sich bei §§ 242, 246, 266 (BGH StV 1995, 298). Bisher hat der BGH keine einzige Ausnahme anerkannt. Die Rechtsfigur der fortgesetzten Handlung ist also de facto abgeschafft.

Argument: Das gesetzliche System des Strafrechts orientiert sich an einzelnen, rechtlich selbstständigen Straftaten, die grds nur beim Zusammentreffen in einem Handlungsteil, nicht aber allein aufgrund eines vom Täter geschaffenen Sinnzusammenhanges oder anderer kriminologischer Gemeinsamkeiten zu einer rechtlichen Handlungseinheit verbunden sind.

Zur Vertiefung: Wessels/Beulke/Satzger, AT Rn 1078 ff; Beulke, Klausurenkurs I [4] Rn 199.

328　Nach der vorzugswürdigen und gesetzeskonformen Ansicht der neueren Rspr ist die Konstruktion der fortgesetzten Tat grds abzulehnen. Die sachgerechte Erfassung des verwirklichten Unrechts verlangt hier nicht, von rechtlicher Handlungseinheit auszugehen. Vielmehr sind die Einzelakte als selbstständige Straftaten zu behandeln. Es ist keine fortgesetzte Tat anzunehmen und es bleibt bei einer Einordnung als Realkonkurrenz gem § 53.

2. Strafbarkeit des V

329　V hat es als Polier während des gesamten Zeitraumes unterlassen, K von den zwei in Realkonkurrenz stehenden Diebstählen abzuhalten. Der Sachverhalt ist so zu verstehen, dass es nur zu einem Gespräch zwischen K und seinem Vater V gekommen ist. Das Schweigen während dieses Gesprächs ist die Tathandlung sowohl bzgl der Beihilfe zum Diebstahl der 20 Farbeimer als auch zum weiteren Diebstahl der zehn Farbeimer. V selbst wusste gar nicht, wie viele einzelne Diebstähle begangen werden sollten. Es ist also nicht von zwei selbstständigen Beihilfehandlungen durch Unterlassen auszugehen, sondern von einer einzigen Unterlassung. Besteht eine Beihilfe aus einer einzigen Unterlassung, so ist sie auch dann, wenn der Haupttäter – wie hier – mehrere rechtlich selbstständige Straftaten begeht, als eine einheitliche Tat zu bewerten[52].

V hat sich also nur in einem Fall wegen Beihilfe durch Unterlassen zum Diebstahl strafbar gemacht.

F.　Gesamtergebnis des materiell-rechtlichen Gutachtens

B: § 259 I
E: straflos
F: § 257 I
C: § 258 I

52　BGH NStZ 2009, 443; *Wessels/Beulke/Satzger*, AT Rn 1062.

H: §§ 242 I, 27 – § 52 – § 259 I – § 52 – §§ 123 I Alt 1, 27
K: Tatkomplex A: § 242 I – § 52 – § 123 I Alt 1
– § 53 –
Tatkomplex B (Täter): § 242 I – § 52 – § 123 I Alt 1
– § 53 –
Tatkomplex B (Teilnehmer): §§ 257 I, 26
Tatkomplex D (Täter und Teilnehmer): straflos
S: §§ 259 I, 27
V: §§ 242 I, 27, 13 I

Teil II. (prozessualer Teil)

1. Begriffsbestimmung: Beschuldigter – Angeschuldigter – Angeklagter

Die StPO bezeichnet denjenigen, demgegenüber das Strafverfahren betrieben wird, je   **330**
nach Lage des Verfahrens unterschiedlich:
- **Beschuldigter** ist er während des gesamten Verfahrens[53]; er heißt jedoch
- **Angeschuldigter**, wenn gegen ihn die öffentliche Klage erhoben ist (§ 157 Alt 1 StPO), dh wenn die Anklageschrift eingereicht worden ist (§ 170 I StPO) und
- **Angeklagter**, wenn die Eröffnung des Hauptverfahrens beschlossen ist (§ 157 Alt 2 StPO).

2. Beschuldigtenstellung

Problem Nr 75: Wie wird die Beschuldigtenstellung einer Person begründet?   **331**

(1) Nach **einer Ansicht (materieller Beschuldigtenbegriff)** genügt bereits der objektiv bestehende Tatverdacht, um die Beschuldigtenstellung einer Person zu begründen (*Schmidt*, Nachträge, Vor § 158 Rn 2, 10).

(2) Nach **hA (formeller Beschuldigtenbegriff)** reicht allein der Tatverdacht noch nicht dazu aus, eine Person zum Beschuldigten zu machen (BGHSt 10, 8, 12; 37, 48, 51; *Beulke*, StPO Rn 111). Hinzutreten muss vielmehr noch ein **Willensakt einer Strafverfolgungsbehörde**, in dem zum Ausdruck kommt, dass sie das Strafverfahren gegen den Verdächtigen als Beschuldigten betreiben will. Dies ist der Fall, wenn ein förmliches Strafverfahren gegen eine Person als Beschuldigter eingeleitet wird, nachdem sich Verdachtsmomente zu einem Anfangsverdacht verdichtet haben, dh konkrete tatsächliche Anhaltspunkte vorliegen, die nach den kriminalistischen Erfahrungen die Beteiligung des Betroffenen an einer verfolgbaren Straftat als möglich erscheinen lassen (BGH StV 1988, 441). Hierbei steht der Strafverfolgungsbehörde ein Beurteilungsspielraum zu (BGHSt 38, 214, 228; *Beulke*, StV 1990, 180). Dabei ist mittlerweile anerkannt, dass die Begründung der Beschuldigteneigenschaft auch **konkludent** erfolgen kann (BGH NStZ 2015, 291 m Anm *von Heintschel-Heinegg*, JA 2015, 393), was insbes aus dem Rechtsgedanken des § 397 I Abgabenordnung (AO) gefolgert wird (BGHSt 38, 214, 228). Dies ist beispielsweise dann der Fall, wenn gegen eine Person Maßnahmen angeordnet oder beantragt werden, die nur gegen einen Beschuldigten zulässig sind, wie zB ein Haftbefehl etc. Nach **zutr Rspr des BGH** erhält ein Verdächtiger auch dann den Status eines Beschuldig-

---

53 BGHSt 26, 367, 371.

ten, wenn ihm dieser **willkürlich vorenthalten** wird, zB um Beschuldigtenrechte zu umgehen (BGHSt 10, 8, 12; BGH NStZ-RR 2012, 49).

Argument: Das Gesetz geht in den §§ 55, 60 Nr 2 StPO davon aus, dass es auch tatverdächtige Zeugen gibt. Folglich kann allein ein bestehender Tatverdacht gegen eine Person diese nicht automatisch zum Beschuldigten machen. Es bedarf also noch einer Begründung der Beschuldigtenstellung durch einen Willensakt der Strafverfolgungsbehörde.

Zur Vertiefung: Beulke, StPO Rn 111 f; Mosbacher, JuS 2015, 701; Roxin, Schöch-FS, S 823.

3. Verwertung von Äußerungen

a) Spontanäußerung

332 Bei sog Spontanäußerungen ist die Beschuldigtenbelehrung (insbes über das Schweigerecht) schon faktisch unmöglich. Es liegt keine Vernehmung iSv §§ 136, 163a IV 2 StPO vor. Es besteht Einigkeit darüber, dass die Spontanäußerung auf dem Wege der Vernehmung des X als Zeuge in das Verfahren eingeführt und uneingeschränkt verwertet werden darf[54].

b) Informatorische Befragung

333 Hier sind zwar alle befragten Mitglieder in bestimmtem Umfang tatverdächtig, die Ermittlungen haben sich jedoch noch nicht auf einen oder mehrere Verdächtige konzentriert, vielmehr soll durch die Befragung sämtlicher Mitarbeiter erst erforscht werden, gegen wen gegebenenfalls als Beschuldigten zu ermitteln ist. Da bisher ein Willensakt der Polizei fehlt, die Befragten zu Beschuldigten zu erklären, und das Unterlassen dieser Erklärung nicht willkürlich ist, handelt es sich noch nicht um Beschuldigtenvernehmungen, sondern um informatorische Befragungen von Verdächtigen, bei denen keine Belehrungspflicht gem §§ 136, 163a IV 2 StPO besteht. Ob in diesem Fall die Aussage trotz fehlender Belehrung später verwertet werden kann, ist umstritten. Die Rspr sowie die hL sprechen sich für die Verwertbarkeit aus[55]. Nach richtiger Ansicht gebietet die Interessenlage jedoch die Unverwertbarkeit; außerdem könnte anderenfalls die Belehrungspflicht zu leicht umgangen werden[56]. Die frühere Aussage darf also nicht durch Zeugenvernehmung des X in das Strafverfahren eingeführt und für die Urteilsfindung verwertet werden.

c) Konkludent begründete Beschuldigtenstellung

334 Hier erfolgte die Vernehmung des K aufgrund einer gegen ihn erstatteten Strafanzeige. Leitet die Strafverfolgungsbehörde aufgrund einer solchen Anzeige Ermittlungen ein, so bringt sie damit **konkludent** zum Ausdruck, dass sie das Verfahren gegen den Betroffenen als Beschuldigten betreibt. Derjenige, gegen den sich die Anzeige richtet, ist also

---

54 BGH NStZ 1990, 43.
55 BGHSt 38, 214, 228; SK-*Rogall*, Vor § 133 Rn 47; zur Rechtslage im Rahmen des § 252 StPO s. *Beulke*, StPO Rn 420a.
56 So AG München StV 1990, 104; LG Heilbronn StV 2005, 380; *Eisenberg*, Rn 509a.

stets Beschuldigter und zwingend als solcher zu vernehmen[57]. K hätte also über seine Rechte belehrt werden müssen, §§ 136 I 2-6, 163a IV 2 StPO. Wenn er sein Schweigerecht nicht kannte, ist die ohne Belehrung zustande gekommene Aussage unverwertbar[58].

Zur Vertiefung: Beulke, StPO Rn 112.

4. Grade des Verdachts der Tatbegehung im Rahmen des Strafverfahrens

Der Anfangsverdacht (**Möglichkeit** der Tatbegehung anhand von Tatsachen/Indizien) ist **334a** nicht identisch mit den intensiveren Verdachtsgraden, die an anderen Stellen von der StPO gefordert werden.

Ein **hinreichender** Tatverdacht ist Voraussetzung der Anklageerhebung (§ 170 I iVm § 203 StPO); unter hinreichendem Tatverdacht ist die Wahrscheinlichkeit zu verstehen, dass der Beschuldigte eine strafbare Handlung begangen hat und verurteilt werden wird.

Ein **dringender** Tatverdacht ist Voraussetzung einer Reihe einschneidender Zwangsmaßnahmen, wie zB der Verhängung von U-Haft (§ 112 I 1 StPO). Dringender Tatverdacht ist gegeben, wenn in dem Zeitpunkt, in dem die Ermittlungsmaßnahme angeordnet wird, die hohe Wahrscheinlichkeit besteht, dass der Beschuldigte Täter oder Teilnehmer einer Straftat ist.

Problem Nr 76: Stufenleiter der Verdachtsgrade im Strafverfahren **335**

	Anfangsverdacht	hinreichender Tatverdacht	dringender Tatverdacht
Vermutungen			
	Möglichkeit der Tatbegehung (Tatsachen/Indizien liegen vor)	*Wahrscheinlichkeit*, dass der Beschuldigte eine strafbare Handlung begangen hat und verurteilt werden wird	*hohe Wahrscheinlichkeit*, dass der Beschuldigte eine strafbare Handlung begangen hat (zum Zeitpunkt der Anordnung der Ermittlungsmaßnahme)
Ermittlungsverfahren unzulässig	*Pflicht* zur Einleitung eines *Ermittlungsverfahrens*, § 152 II StPO (Beurteilungsspielraum)	*Pflicht zur Anklageerhebung*, § 170 I 1 StPO	Bestimmte Zwangsmaßnahmen werden zulässig, zB U-Haft, § 112 I 1 StPO

Zur Vertiefung: Beulke, StPO Rn 114.

---

57 LR-*Gleß*, § 136 Rn 9; M-G/*Schmitt*, Einl Rn 77; *Satzger*, JZ 2001, 643.
58 BGHSt 38, 214, 220; s o Fall 3 Rn 151.

Definitionen zum Auswendiglernen

Mittäterschaft	iSv **§ 25 II** ist die gemeinschaftliche Begehung einer Straftat durch bewusstes und gewolltes Zusammenwirken (*Wessels/Beulke/Satzger, AT Rn 756*). Erforderlich sind also ein gemeinsamer Tatplan und eine gemeinsame Tatausführung.
Tatherrschaft	bedeutet das vom Vorsatz umfasste In-den-Händen-Halten des tatbestandsmäßigen Geschehensablaufs (*Wessels/Beulke/Satzger, AT Rn 751*).
Gebäude	iSv **§ 243 I 1, 2 Nr 1** ist ein durch Wände und Dach begrenztes, mit dem Erdboden fest verbundenes Bauwerk, das den Eintritt von Menschen gestattet und Unbefugte fernhalten soll (*Wessels/Hillenkamp, BT2 Rn 224*).
Falscher Schlüssel	iSv **§ 243 I 1, 2 Nr 1** ist jeder Schlüssel, der zur Tatzeit vom Berechtigten nicht oder nicht mehr zum Öffnen des betreffenden Verschlusses bestimmt ist (*Wessels/Hillenkamp, BT2 Rn 227*).
Hilfeleisten	iSd **§ 257 I** stellt eine Handlung dar, die objektiv geeignet und subjektiv darauf gerichtet ist, die durch die Vortat erlangten oder entstandenen Vorteile gegen Entziehung zugunsten des Verletzten zu sichern (*Wessels/ Hillenkamp, BT2 Rn 808 ff*).
Sichverschaffen	iSv **§ 259 I** bedeutet die bewusste und gewollte Übernahme der tatsächlichen Verfügungsgewalt zu eigenen Zwecken im Wege des abgeleiteten Erwerbs und des einverständlichen Zusammenwirkens mit dem Vortäter oder dem sonstigen Vorbesitzer (*Wessels/Hillenkamp, BT2 Rn 846*).
Absetzen	iSv **§ 259 I** bedeutet das selbstständige Unterstützen eines anderen beim entgeltlichen Weiterverschieben der bemakelten Sache an Dritte (*Wessels/Hillenkamp, BT2 Rn 859, 865*).
Absetzen helfen	iSv **§ 259 I** bedeutet jede weisungsabhängige, unselbstständige Unterstützung, die dem Vortäter bei dessen Absatzbemühungen gewährt wird (*Wessels/Hillenkamp, BT2 Rn 860, 867*).
Zerstört	iSv **§ 303 I** ist eine Sache, wenn sie aufgrund der erfolgten Einwirkung in ihrer Existenz vernichtet oder so wesentlich beschädigt ist, dass sie ihre bestimmungsgemäße Brauchbarkeit völlig verloren hat (*Wessels/ Hillenkamp, BT2 Rn 36*).

Weitere einschlägige Musterklausuren

Zum Problem der Abgrenzung Täterschaft – Teilnahme: Können Tatbeiträge im Vorbereitungsstadium Mittäterschaft begründen?

Britz, JuS 1997, 146; *Drenkhahn*, Jura 2012, 63; *Eisenberg/Müller*, JA 1989, 160; *Esser/Herz*, JuS 2017, 997; *Gaede*, JuS 2003, 774; *Geppert*, Jura 2002, 278; *Gropp/Küpper/Mitsch* [1] S 1; *Heissler/Marzahn*, ZJS 2008, 638; *Kunz*, JuS 1997, 242; *Küper*, Jura 1996, 205; *Liebig/Wiesen*, ZJS 2012, 530; *Mansdörfer/Ziegler/Kleemann*, StudZR 2017, 309; *Morgenstern*, Jura 2008, 625; *Murmann*, Jura 2001, 258; *Radtke*, JuS 1995, 427; *Radtke/Krutisch*, JuS 2001, 258; *Rössner/ Guhra*, Jura 2001, 403; *Rotsch*, [12] Rn 1495; [17] Rn 2182; *Rotsch/Nolte/Peifer/Weitemeyer* [20] S 286; *Schmidt/Henseler*, StudZR 2017, 241

Zum Problem der Abgrenzung Täterschaft – Teilnahme bei Beteiligung an einem Begehungsdelikt durch positives Tun:

Ambos, Jura 2004, 492; *Bergmann/Rensch*, Jura 2012, 553; *Bernacki/Niehaus*, Ad Legendum 2015, 223; *Beulke*, Klausurenkurs I [3] Rn 150; *ders*, Klausurenkurs II [1] Rn 1; *ders*, Jura 2014, 639; Bode/Niehaus-*Bode* [3] Rn 23; *Bülte*, StudZR 2012, 99; *Drenkhahn*, Jura 2012, 63; *Dobrosz/ Onimus*, ZJS 2017, 689; *Duttge/Burghardt*, Jura 2016, 810; *Ensenbach*, Jura 2011, 787; *Ernst*, ZJS 2011, 382; *Fahl*, JA 2011, 836; *Gaede*, JuS 2003, 774; *Grupp*, JSE 2015, 43; *Heissler/Marzahn*, ZJS 2008, 638; *Hilgendorf*, Klausurenkurs III, [7] S 77, [14] S 177; *Ingelfinger*, JuS 1998, 531; *Ivanov/Köpferl*, Jura 2016, 554; *Kinzig/Luczak*, Jura 2002, 493; *Kramer/Pannenborg*, JA 2013, 349; *Kudlich*, Fälle AT, [6] S 81; *Liebig/Wiesen*, ZJS 2012, 530; *Lindheim/Uhl*, JA 2009, 783; *Marsch/Brill*, Ad Legendum 2017, 39; *Mitsch*, JuS 2004, 323; *Morgenstern*, Jura 2008, 625; *Nix*, JA 2015, 24; *Noltenius*, JuS 2006, 988; *Oelmüller/Peters*, [1] S 19; *Otto/Bosch*, [6] S 151; *Preis/Prütting/Sachs/Weigend*, [17] S 276; *Raschke/Zirzlaff*, ZJS 2012, 219; *Rauda/Zenthöfer*, [3] S 17; *Reschke*, JuS 2011, 50; *Roxin/Schünemann/Haffke*, [6] S 119; *Safferling*, Jura 2004, 64; *Safferling/Löwer*, Ad Legendum 2014, 372; *Safferling/Simon*, Jura 2008, 382; *Schulz/Slowinski*, Jura 2010, 706; *Schwind/Franke/Winter*, [3. Hausarbeit] S 129; *Sebastian*, Jura 2015, 992; *Stam*, ZJS 2017, 351; *Tiedemann*, [7] S 196; *Uhlig/Brockhaus*, Jura 2006, 311; *Valerius/Zehetgruber*, JA 2014, 431; *Wolters*, [2] S 27, [5] S 120; *Zöller*, Jura 2007, 305

Zum Problem der erneuten Zueignung einer durch ein mit Zueignungsabsicht begangenes Vermögensdelikt erlangten Sache:

Bergmann/Rensch, Jura 2012, 553; *Beulke*, Klausurenkurs II [4] Rn 90; *Dittrich/Pintaske*, ZJS 2011, 162; *Geisler/Meyer*, Jura 2010, 388; *Gössel*, [8] S 140, [12] S 199; *Gropp/ Küpper/Mitsch*, [14] S 251, [17] S 305; *Haustein*, JA 2015, 351; *Hilgendorf*, Klausurenkurs II, [1] S 1; *Kudlich/ Roy*, JA 2001, 771; *Kühl/Brutscher*, JuS 2011, 335; *Kunz*, JuS 1997, 242; *Mitsch*, JuS 2004, 323; *ders*, JuS 2012, 911; *Noltenius*, JuS 2006, 988; *Preuß*, Ad Legendum 2017, 133; *Prütting/ Stern/Wiedemann*, [19] S 220; *Renzikowski*, JSE 2015, 309; *Rosenau/Zimmermann*, JuS 2009, 541; *Schultze*, JA 2002, 777; *Sternberg-Lieben/Sternberg-Lieben*, JuS 2002, 576; *Veith/Heinrich*, StudZR 2015, 241

Zum Problem der Abgrenzung zwischen sukzessiver Beihilfe und Begünstigung:

Beulke, Klausurenkurs II [9] Rn 250; *Ceffinato/Kalb*, JuS 2015, 808; *Eisenberg*, Jura 1987, 265; *Fahl*, ZJS 2009, 63; *Günther/Selzer*, ZJS 2016, 756; *Henseler*, Jura 2009, 554; *Lotz/Reschke*, Jura 2012, 481; *Otto/Bosch*, [15] S 324; *Sebastian/Lorenz*, ZJS 2017, 84

Zum Problem der Anstiftung durch Unterlassen:

Norouzi, JuS 2007, 146; *Vogel/Fad*, JuS 2002, 786

Zum Problem der Überschneidung von § 259 I mit der Beihilfe zur Vortat:

Baumann/Arzt/Weber, [28] S 182; *Bühler*, Jura 1989, 651; *Ernst*, Ad Legendum 2014, 131; *Koch/ Exner*, JuS 2007, 40; *Küper*, Jura 1996, 205; *Müller*, JA-Übungsblätter 1987, 147; *Otto/Bosch*, [16] S 353; *Wagner*, [2] S 12

Zum Problem des Vollendungszeitpunkts bei Absetzen und Absatzhilfe:

Ceffinato/Kalb, JuS 2015, 808; *Freund/Bergmann*, JuS 1991, 221; *Gössel*, [8] S 140; *Hilgendorf*, Klausurenkurs III [6] S 63; *Kinzig/Luczak*, Jura 2002, 493; *Kramer/Pannenborg*, JA 2013, 349; *Kunz*, Jura 1997, 152; *Mitsch*, JuS 1999, 372; *Otto/Bosch*, [14] S 308; *Preuß*, Ad Legendum 2017, 133; *Schultze*, JA 2002, 777; *Schumann*, JuS 2016, 140; *Schwabe*, BT2 [21] S 285

Zum Problem: Kommt als Dritter iSd § 259 I auch der Vortäter in Betracht?

Baumann/Arzt/Weber, [26] S 168; *Mitsch*, JuS 1999, 372; *Namavicius*, JA 2007, 190; *Preuß*, Ad Legendum 2017, 133; *Schultze*, JA 2002, 777; *Strauß*, [13] S 95; *Wagner*, [3] S 22

Zum Problem des Vollendungszeitpunktes bei der Strafvereitelung:

Koch/Loy, ZJS 2008, 170

Zum Problem: Wie wird die Beschuldigtenstellung einer Person begründet?

Hammer, StPO Rn 6, 10, 33; *Hantschel*, Jura 2001, 472; *Preis/Prütting/Sachs/Weigend*, [17] S 276; *Sanchez-Hermosilla/Schweikart*, [2] S 5; *von Heintschel-Heinegg*, JA 2015, 393

Zum Problem der Spontanäußerung:

Frisch/Murmann, JuS 1999, 1196

Zum Problem der Strafvereitelung:

Eisele, Ad Legendum 2013, 278; *Hardtung*, JuS 2006, 54; *Mitsch*, Jura 2006, 381; *ders*, Ad Legendum 2014, 212

Fall 8

Leichen pflastern seinen Weg

I.

Der 25-jährige A will den Sport des „Autosurfens" ausprobieren. Dabei müssen sich **336** eine oder mehrere Personen auf dem Dach eines Kleinlasters liegend bzw hockend halten, während das Fahrzeug eine ländliche Buckelpiste von 100 m überwindet. Bei der Piste handelt es sich um einen nur dem A zugänglichen Privatweg des Großbauern X, des Vaters des A. Wer die Fahrt, die durch Klopfzeichen jederzeit unterbrochen werden kann, schafft, soll zur Belohnung eine Flasche Champagner bekommen, die der jeweilige Fahrer bezahlt. Im Falle des Misserfolges sollen hingegen die Heruntergefallenen den Champagner finanzieren. Durch Los fällt die Aufgabe des Autofahrens dem A zu, während sein 23 Jahre alter Freund F sowie sein 21-jähriger Lieblingsbruder B, der mit A gemeinsam ein Zimmer im Haushalt des X bewohnt, auf das Dach klettern. Unerwartet hat sich sogar der neunjährige P der Gruppe zugesellt. Dem Drängen von P, mitsurfen zu dürfen, gibt A nur zögerlich nach. A fährt mit einer Geschwindigkeit von 20 km/h, während sich F, B und P oben tapfer auf dem Dach halten. Alle Beteiligten erkennen zwar ein erhebliches Risiko, vertrauen aber aufgrund ihrer Sportlichkeit fest darauf, dass die Fahrt ohne jegliche Verletzungen und erst recht ohne einen tödlichen Ausgang ablaufen wird. Schon nach wenigen Metern zeigt sich aber, dass alle Beteiligten das Risiko falsch eingeschätzt haben. Als A gerade die erste Kurve passiert, fallen nämlich B, F und P vom Dach herunter. F bricht sich durch einen unglücklichen Aufschlag auf dem Feldweg das Genick und verstirbt. B erleidet einen schweren Kniegelenkbruch und P verstaucht sich einen Knöchel, der stark anschwillt. Die Polizei findet zwar den Toten F, vermag jedoch die Hintergründe des Geschehens nicht aufzuklären.

Als P zu Hause seinem Vater V berichtet, wie er sich die Stauchung zugezogen hat, erteilt dieser ihm spontan eine schallende Ohrfeige, um ihn von der Wiederholung des Abenteuers abzuhalten.

Eines Abends treffen sich A, der sich in akuter Geldnot befindet, und sein Freund E in ihrer Stammkneipe. A nutzt die Gelegenheit und fasst den Entschluss, sich die Bankkarte des E vorübergehend „auszuleihen" und mit Hilfe der – wie er weiß – auf der Karte notierten PIN das Konto des wohlhabenden E zu seinen Gunsten ein wenig zu erleichtern. Mit diesem Plan und in der Absicht, dem E die Karte sofort nach einmaligem „Gebrauch" wieder zukommen zu lassen, entnimmt er in einem Moment, in dem E gerade seine Bestellung aufgibt und daher abgelenkt ist, unbemerkt der offen herumliegenden Brieftasche des E die Karte.

Seinem Plan entsprechend geht A noch in derselben Nacht zum nächstgelegenen Geldautomaten der D-Bank, bei welcher das Konto des E geführt wird und die auch die Bankkarte an E ausgegeben hat. Er gibt die PIN ein und verschafft sich auf diese Weise 300 €. Am nächsten Morgen steckt A dem E die Karte unbemerkt wieder zu.

Einige Tage später gerät A wieder in Geldschwierigkeiten. Er geht daher mit seiner eigenen Bankkarte zum Bankautomaten seiner Bank (Y). Unter Verwendung der PIN hebt er

400 € ab, wohl wissend, dass sein Konto bei der Y-Bank schon über die Grenze des Dispositionskredits belastet ist. Auch ein Sachbearbeiter der Bank hat ihn bereits schriftlich darauf hingewiesen, dass das Konto überzogen ist und dies nicht weiter geduldet werde. Nach den Allgemeinen Geschäftsbedingungen der Y-Bank hätte er deswegen keine weiteren Abhebungen tätigen dürfen. A ist sich zum Zeitpunkt der Geldabhebung auch bewusst, dass er auf längere Zeit die Unterdeckung nicht wird ausgleichen können.

Als A einige Tage später durch die belebte Altstadt schlendert, wird zufällig in seiner Nähe der Mafioso M von dem Mitglied einer rivalisierenden anderen Bande auf offener Straße erschossen. Der Täter taucht in der Menge unter. Da A jetzt das Erscheinen der Polizei befürchtet, mit der er wegen der Geschehnisse im Zusammenhang mit dem Tod des F nichts zu tun haben möchte, verlässt er schnellen Schrittes den Tatort. Wegen dieses auffälligen Verhaltens hält ihn der Zeuge Z irrtümlich für den Mörder. Z stürzt sich deshalb auf A und hält ihn so lange im „Schwitzkasten" fest, bis die Polizei erscheint. A erleidet dabei einige kleinere blaue Flecken.

Wie haben sich A, V und Z strafbar gemacht? Evtl erforderliche Strafanträge sind gestellt.

Bearbeitervermerk:

Gehen Sie davon aus, dass bei der Nutzung der Bankkarte des E die Auszahlung am Geldautomaten zunächst aus dem Vermögen der D-Bank erfolgt, die Bank sogleich jedoch nach den zugrunde liegenden (rechtlich einwandfreien) Vertragsbedingungen berechtigt ist, Belastungsbuchungen auf dem Konto des E vorzunehmen. Ein Rückerstattungsanspruch des E gegen die D-Bank ist ausgeschlossen.

Gehen Sie des Weiteren davon aus, dass im Magnetstreifen der Bankkarte gespeichert sind: die Bankleitzahl bzw. der BIC der kartenausgebenden Bank, die Kontonummer bzw. IBAN des Kunden sowie das Datum der letzten Verfügung und der am Tag abgehobene Betrag. Dabei wird die Kontonummer/IBAN von Menschen eingegeben, während BIC, Datum und Höhe der letzten Auszahlung bei Bedienung des Geldautomaten maschinell selbsttätig ermittelt und ggf. auch abgeändert werden.

Bei der Abhebung am Automaten wird das Datum der letzten Abhebung in der Kodierung des Magnetstreifens der Bankkarte verändert, um eine Überschreibung des Tageslimits (= pro Tag abhebbarer Höchstbetrag) zu verhindern.

II.

1. A hat sich als Beschuldigter im Rahmen einer von Kommissar K geführten Vernehmung zur Sache eingelassen und alle Taten gestanden. In der Hauptverhandlung verweigert er die Aussage. Das Gericht möchte nunmehr das Protokoll der polizeilichen Vernehmung in der Hauptverhandlung verlesen.

   a) Ist das zulässig? Gibt es weitere Möglichkeiten, das Geständnis für die Urteilsfindung heranzuziehen?

   b) K ist inzwischen verstorben. Kann das Gericht nunmehr das polizeiliche Vernehmungsprotokoll verlesen?

2. A wird vom LG wegen Mordes verurteilt. Dabei stützt das Gericht seine Überzeugung von der Täterschaft des A auf den Inhalt eines bei A beschlagnahmten Tagebuchs. In dem Tagebuch schildert A detailliert seine Gewaltphantasien und das Verlangen, Sexual- oder gar Tötungsdelikte zu begehen. Konkrete Planungen oder Aussagen über die Begehung einer Tat sind dort zwar nicht enthalten. Allerdings finden sich ua folgende Äußerungen: „Noch tun mir die Mädchen leid, wenn sie einer brutalen Vergewaltigung zum Opfer fallen. Ich weiß aber nicht, wie lange noch. (…) es ist höchstwahrscheinlich, dass ich Sexualtäter werde". Durfte das Gericht das Tagebuch als Beweismittel verwerten, obwohl As Verteidiger der Verwertung rechtzeitig widersprochen hatte?

3. M wird verdächtigt, seine Ehefrau F ermordet zu haben. Die Spurensuche der Polizei bleibt allerdings erfolglos. Insbes wird die Leiche der F nicht gefunden. Zur weiteren Aufklärung ordnet der zuständige Ermittlungsrichter deshalb die akustische Überwachung der Wohnung und des Pkw von M an. Auf einer Fahrt, bei der sich M allein im Pkw befindet, redet er vor sich hin: „… die F ist schon lange tot, die wird auch nicht wieder … kannste natürlich nicht sagen … oho, I kill her … oh yes, oh yes … and this is my problem … langweilig, der das Gehirn rausprügeln … kann ich dir sagen, joh und weg damit … werde auch keine mehr wegknallen … nö, ich habe sie tot gemacht … ist eben lebenslang und fertig aus, lebenslang … war nicht alt". Darf das Gericht diese Tonbandaufnahme zulasten von M verwerten?

265

Gedankliche Strukturierung des Falles (Kurzlösung)

337 **Teil I. (materiell-rechtlicher Teil)**

A. Die Fahrt auf dem Privatweg

I. Strafbarkeit des A bzgl des Todes des F

1. § 212 I (–)
   a) Objektiver Tatbestand (+)
   b) Subjektiver Tatbestand (–)

Problem Nr 77: Abgrenzung dolus eventualis – bewusste Fahrlässigkeit (Rn 339)

   • dolus eventualis bzgl Herbeiführung des Erfolges (–)
2. § 223 I (–)
3. § 222 (–)
   a) Tatbestandsmäßigkeit (–)
   • Erfolgseintritt (+)
   • Kausalität (+)
   • objektive Sorgfaltspflichtverletzung bei objektiver Voraussehbarkeit des Erfolges (+)
   • objektive Zurechnung (–)

Problem Nr 78: Teilnahme an einer Selbstgefährdung und einverständliche Fremdgefährdung (Rn 342)

   b) Ergebnis
4. § 229 (–)
   • objektive Zurechnung (–)
5. § 315c I (–)
   • (öffentlicher) Straßenverkehr (–)
6. § 142 I (–)
   • (öffentlicher) Straßenverkehr (–)
7. § 123 I Alt 1 (–)
   • Eindringen (–)
8. Ergebnis für A bzgl des Todes des F
   A ist straflos.

II. Strafbarkeit des A bzgl der Verletzungen des B

1. § 223 I (–)
   • Vorsatz (–)
2. § 229 (–)
   a) Tatbestand (–)
   • Verletzungserfolg (+)
   • pflichtwidriges Verhalten (+)
   • Kausalität (+)
   • objektive Zurechnung (–)

Problem Nr 79: Überlagert die Garantenstellung das Prinzip der Eigenverantwortlichkeit? (Rn 348)

   b) Ergebnis

3. Ergebnis für A bzgl der Verletzungen des B
   A ist straflos.

III. Strafbarkeit des A bzgl der Verletzungen des P

1. § 223 I (–)
   • Vorsatz (–)
2. § 229 (+)
   a) Tatbestand (+)

Problem Nr 80: Der Maßstab der Eigenverantwortlichkeit (Rn 352)

   b) Rechtswidrigkeit (+)
   • Einwilligung (–)
   c) Schuld (+)
   d) Strafantragserfordernis, § 230 I 1 (+)
3. Ergebnis für A bzgl der Verletzungen des P
   A ist strafbar gem § 229.

IV. Ergebnis für A im Tatkomplex A

A ist nur bzgl der Verletzungen des P strafbar nach § 229.

B. Die Ohrfeige (Strafbarkeit des V)

1. § 223 I Alt 1 (–)
   a) Objektiver Tatbestand (–)
   • üble Behandlung (+)
   • unangemessene Behandlung (–)

Problem Nr 81: Das Züchtigungsrecht von Erziehungsberechtigten (Rn 356)

   b) Ergebnis
2. § 185 Alt 2 (–)
3. Ergebnis für V im Tatkomplex B
   V ist straflos.

C. In der Stammkneipe (Strafbarkeit des A)

1. § 242 I (–)
   a) Objektiver Tatbestand (+)
   • fremde bewegliche Sache (+)
   • Wegnahme (+)
   b) Subjektiver Tatbestand (–)
   • Vorsatz (+)
   • Zueignungsabsicht (–)
   – Aneignungsabsicht (+)
   – Enteignungsvorsatz (–)

Problem Nr 82: Der Sachwertbegriff iRd § 242 I: „lucrum ex re" oder „lucrum ex negotio cum re"? (Rn 360)

   c) Ergebnis

2. § 246 I (–)
   • Zueignung (–)
3. § 274 I Nr 1 (–)
   a) Objektiver Tatbestand (+)
      • Urkunde (+)
      • technische Aufzeichnung (+)
      • nicht oder nicht ausschließlich
        gehören (+)
      • Unterdrücken (+)
   b) Subjektiver Tatbestand (–)
      • Vorsatz (+)
      • Nachteilszufügungsabsicht (–)
   c) Ergebnis
4. § 274 I Nr 2 (–)
   a) Objektiver Tatbestand (+)
      • beweiserhebliche Daten iSv § 202a II (+)
   b) Subjektiver Tatbestand (–)
      • Vorsatz (+)
      • Nachteilszufügungsabsicht (–)
   c) Ergebnis
5. § 303a I Var 2 (+)
6. § 202a I (–)
   a) Objektiver Tatbestand (–)
      • Daten iSv § 202a II (+)
      • nicht für Täter bestimmt (+)
      • gegen unberechtigten Zugriff besonders
        gesichert (+)
      • sich verschafft (–)
   b) Ergebnis
7. **Ergebnis für A im Tatkomplex C**
   A ist strafbar gem § 303a I Var 2.

D. Am Geldautomaten der D-Bank (Strafbarkeit des A)

1. **§ 242 I (bzgl der Geldscheine) (–)**
   a) Objektiver Tatbestand (–)
      • Wegnahme (–)

Problem Nr 83: Gewahrsamsbruch an aus Geldautomaten erlangtem Bargeld? (Rn 367)

   b) Ergebnis
2. **§ 246 I (bzgl der Geldscheine) (–)**
   a) Objektiver Tatbestand (–)
      • fremde bewegliche Sache (–)

Problem Nr 84: Übereignung des vom Geldautomaten ausgegebenen Geldes durch die Bank an den unbefugten Kartenbenutzer nach § 929 S 1 BGB? (Rn 370)

   b) Ergebnis
3. **§ 246 I (bzgl der Bankkarte) (–)**
   • Enteignungsvorsatz (–)
4. **§ 263 I (A ggü der Bank, zulasten der Bank, zugunsten des A) (–)**
   • Täuschung (–)

5. **§ 263a I Var 3 (zulasten der Bank, zugunsten des A) (–)**
   a) Objektiver Tatbestand (–)
      • Daten (+)
      • verwendet (+)
      • unbefugt (+)

Problem Nr 85: „Unbefugte" Verwendung von Daten iSv § 263a I Var 3 (Rn 373)

      • Beeinflussung des Ergebnisses eines
        Datenverarbeitungsvorganges (+)

Problem Nr 86: Umfasst die Beeinflussung eines Datenverarbeitungsvorganges iSd § 263a I auch das Ingangsetzen eines solchen Vorganges? (Rn 375)

      • nachteilige Vermögensdifferenz (–)
   b) Ergebnis
6. **§ 263a I Var 3 (zulasten des E, zugunsten des A) (+)**
   a) Objektiver Tatbestand (+)
   b) Subjektiver Tatbestand (+)
   c) Rechtswidrigkeit und Schuld (+)
   d) Strafantragserfordernis, §§ 263a II, 263 IV, 248a (–)
   e) Ergebnis
7. **§ 266b I (–)**
   • berechtigter Karteninhaber (–)
8. **§ 265a I Alt 1 (–)**
   a) Objektiver Tatbestand (–)
      • Erschleichen (–)
   b) Ergebnis
9. **§ 269 I (+)**
   a) Objektiver Tatbestand
      aa) Eingabe der PIN
         • beweiserhebliche Daten (+)
         • Speichern (–)
      bb) Verändern der Daten auf dem
          Magnetstreifen
         • beweiserhebliche Daten (+)
         • verändern (+)
         • unechte „Quasiurkunde" (+)
   b) Ergebnis
10. **§ 267 I (–)**
11. **§ 268 I Nr 1, III (–)**
    • technische Aufzeichnung (+)
    • unecht (–)
12. **§ 274 I Nr 1 (–)**
    a) Objektiver Tatbestand (+)
       • technische Aufzeichnung (+)
       • beschädigt (+)
    b) Subjektiver Tatbestand (–)
       • Vorsatz (+)
       • Nachteilszufügungsabsicht (–)
    c) Ergebnis

267

13. § 274 I Nr 2 (–)
 • Nachteilszufügungsabsicht (–)
14. § 303a I Var 4 (+)
15. § 281 I 1, II (–)
16. Konkurrenzen
17. Ergebnis für A im Tatkomplex D
 A ist strafbar gem § 263a I Var 3 – § 52 – § 269 I

E. Am Geldautomaten der Y-Bank (Strafbarkeit des A)

1. § 242 I (–)
2. § 246 I (–)
3. § 263 I (A gegenüber der Y-Bank, zulasten der Y-Bank, zugunsten des A) (–)
4. § 263a I Var 3 (A gegenüber der Y-Bank, zulasten der Y-Bank, zugunsten des A) (+)
 a) Objektiver Tatbestand (+)
  • Daten (+)
  • verwendet (+)
  • unbefugt (+)

Problem Nr 87: Ist bei einem Überschreiten der Befugnis zur Abhebung durch den berechtigten Karteninhaber ein täuschungsäquivalentes Verhalten gegeben? (Rn 386)

  • Beeinflussung des Ergebnisses eines Datenverarbeitungsvorganges (+)
  • nachteilige Vermögensdifferenz (+)
 b) Subjektiver Tatbestand (+)
 c) Rechtswidrigkeit der Schuld (+)
 d) Ergebnis
5. § 266 I (–)
6. § 266b I (–)
7. § 269 I (–)
8. Ergebnis für A im Tatkomplex E
 A ist gem § 263a I Var 3 strafbar.

F. Die Vorgänge nach der Schießerei

I. Strafbarkeit des Z
1. § 239 I (–)
 a) Objektiver Tatbestand (+)
  • Freiheitsberaubung (+)
  • nicht unerhebliche Dauer (+)
 b) Subjektiver Tatbestand (+)
 c) Rechtswidrigkeit (+)
  • vorläufiges Festnahmerecht, § 127 I 1 StPO (–)

Problem Nr 88: Setzt § 127 I 1 StPO eine tatsächlich begangene Straftat voraus? (Rn 391)

 d) Schuld (–)
  • Vorsatzschuld (–)
   (Erlaubnistatbestandsirrtum)
 e) Ergebnis
2. § 223 I (–)
  • Vorsatzschuld (–)
   (Erlaubnistatbestandsirrtum)
3. § 229 (–)
  • Sorgfaltsmangel bei Entstehung des Irrtums (–)
4. § 240 I, II (–)
  • Vorsatzschuld (–)
   (Erlaubnistatbestandsirrtum)
5. Ergebnis für Z im Tatkomplex E
 Z ist straflos.

II. Strafbarkeit des A
 • § 223 I (–)

G. Gesamtkonkurrenzen

H. Gesamtergebnis des materiellrechtlichen Gutachtens

A: Tatkomplex A: § 229
 – § 53 –
 Tatkomplex D: § 263a I Var 3 – § 52 – 269 I
 – § 53 –
 Tatkomplex E: § 263a I Var 3
V: straflos
Z: straflos

Teil II. (prozessualer Teil)

1. **Durchbrechung des Grundsatzes der persönlichen Vernehmung**
 a) Verlesung von Protokollen über Vernehmung des Beschuldigten durch Verhörspersonen
 b) Verlesung von Protokollen über Vernehmung des Beschuldigten durch mittlerweile verstorbene Verhörspersonen
2. **Verwertung des Tagebuchs**

Problem Nr 89: Verwertbarkeit von Tagebüchern im Strafprozess (Rn 398b)

3. **Verwertung des Selbstgesprächs**

Problem Nr 90: Verwertbarkeit heimlich aufgezeichneter Selbstgespräche im Strafverfahren (Rn 398e)

Ausführliche Lösung von Fall 8

Teil I. (materiell-rechtlicher Teil)

A. Die Fahrt auf dem Privatweg

I. Strafbarkeit des A bzgl des Todes des F

1. § 212 I

Durch die Fahrt auf dem Privatweg, die zur Folge hatte, dass F zu Tode kam, könnte A   **338**
einen Totschlag begangen haben.

a) Objektiver Tatbestand

A hat als Fahrer den Tötungserfolg kausal iSd conditio sine qua non herbeigeführt. Ob
ihm dieser Erfolg auch zugerechnet werden kann, dh, ob der Erfolg letztlich wirklich das
Werk des A und nicht das des Opfers F selbst ist, kann hier jedoch dahingestellt bleiben,
wenn der subjektive Tatbestand eindeutig entfällt.

*Aus klausurtaktischen Gründen bietet es sich an, offen zu lassen, ob der objektive Tat-
bestand erfüllt ist, da die Abgrenzung zwischen eigenverantwortlicher Selbstgefährdung
und einverständlicher Fremdgefährdung in der Rspr bislang regelmäßig im Zusammenhang mit Fahrlässigkeitstaten relevant wurde.*

b) Subjektiver Tatbestand

Fraglich ist, ob A auch vorsätzlich, dh mit Wissen und Wollen der Tatbestandsverwirklichung, gehandelt hat. Er erkannte zwar das Risiko, vertraute aber auf das Ausbleiben
eines Tötungserfolges. Mithin hat er weder absichtlich noch mit direktem Vorsatz gehandelt. Möglicherweise kann ihm jedoch zumindest Eventualvorsatz vorgeworfen werden.
Bei dieser Vorsatzform sind weder Wissens- noch Willenselement (kognitives – volunta-
tives Element) voll ausgeprägt. Sie nähert sich deshalb stark dem Bereich der bewussten
Fahrlässigkeit. Die hierfür maßgeblichen Kriterien sind äußerst umstritten.

Problem Nr 77: Abgrenzung dolus eventualis – bewusste Fahrlässigkeit   **339**

(1) Nach der sog **Möglichkeitstheorie** genügt es, dass der Täter die konkrete Möglichkeit
des Erfolgseintritts erkannt und gleichwohl gehandelt hat (*Freund*, AT § 7 Rn 70 f; *Frister*, AT
11. Kap Rn 24 f; *Jakobs*, AT Abschn 8 Rn 21 ff; *Kindhäuser*, AT § 14 Rn 16, 27; *Langer*, Jura
2003, 135, 138; *Schmidthäuser*, JuS 1980, 241).

Argument: Es ist logisch zwingend, dass derjenige, der die konkrete Möglichkeit des Erfolgseintritts erkennt und gleichwohl handelt, den Erfolgseintritt akzeptiert.

(2) Nach der sog **Wahrscheinlichkeitstheorie** handelt der Täter mit Eventualvorsatz, wenn er
den Erfolgseintritt für wahrscheinlich hält (*Koriath*, Grundlagen der strafrechtlichen Zurechnung, 1994, S. 653; *Mayer*, AT S 121).

Argument: „Wahrscheinlich" ist mehr als nur „möglich". Ab der Bewusstseinsstufe des Für-Wahrscheinlich-Befindens kann das Wissenselement die willentliche Inkaufnahme klar indizieren.

(3) Die **Gleichgültigkeitstheorie** bejaht dolus eventualis, wenn der Täter einer Verletzung des geschützten Rechtsguts gleichgültig gegenübergestanden hat (*Schroth*, JR 2003, 250; S/S-*Sternberg-Lieben/Schuster*, § 15 Rn 84).

Argument: Vorsatz ist gegenüber der Fahrlässigkeit die schwerere Schuldform. Es bedarf folglich eines zusätzlichen Gesinnungsunwertes. Dieser findet in der Gleichgültigkeit gegenüber der Rechtsverletzung seinen Ausdruck.

(4) Rspr und hL verlangen für dolus eventualis zu Recht neben dem Erfordernis, dass der Täter die konkret drohende Gefahr einer Rechtsgutsverletzung erkannt hat, ferner, dass er diese Gefahr auch „ernst genommen" und sich schließlich mit dem Risiko der Tatbestandsverwirklichung „abgefunden" hat (BGH NStZ 2017, 22 u 342; LG Berlin NStZ 2017, 471 [Berliner Auto-Raser-Fall] m Bespr *Jäger*, JA 2017, 786 u *Jahn*, JuS 2017, 700; *Heinrich*, AT Rn 300; *Hoffmann-Holland*, AT Rn 166; *Kühl*, AT § 5 Rn 85; *Wessels/Beulke/Satzger*, AT Rn 331 ff). Wer dagegen auf das Ausbleiben der Rechtsgutsverletzung fest „vertraut", handelt nur bewusst fahrlässig. Viele Urteile des BGH (BGHSt 36, 1, 9; 44, 99, 102; BGH NStZ 2009, 629, 630; 2011, 699, 701 f; vgl auch *Steinberg/Stam*, NStZ 2011, 177) verwenden auch die sog **Billigungstheorie**, die sozusagen eine Spielart dieser **„Ernstnahmetheorie"** darstellt und die dolus eventualis bei dem Täter bejaht, der den für möglich gehaltenen Erfolg „billigend in Kauf genommen" hat, wobei auch unerwünschte Erfolge billigend in Kauf genommen werden können, wenn sich der Täter mit ihnen „abgefunden" hat (BGHSt 7, 363 [„Lederriemenfall"]; BGH NStZ-RR 2016, 79; *Roxin*, AT I § 12 Rn 39).

Argument: Der Unterschied zwischen Vorsatz und Fahrlässigkeit liegt in der bewussten Entscheidung für eine mögliche Tatbestandserfüllung. Während Möglichkeits- und Wahrscheinlichkeitstheorie einseitig auf die Wissenskomponente abstellen und sich die Gleichgültigkeitstheorie einzig am Wollen des Täters orientiert, findet man hier eine ausgewogene Berücksichtigung beider Aspekte, welche der Vielschichtigkeit des Vorgangs am ehesten gerecht wird.

Zur Vertiefung: Wessels/Beulke/Satzger, AT Rn 323 ff; Beulke, Klausurenkurs I [1] Rn 107; Hillenkamp/Cornelius, AT 1. Problem S 1 ff; Jäger, AT Rn 75 ff; Kudlich, JA 2013, 153; C. Müller, JA 2013, 584; Sternberg-Lieben/Sternberg-Lieben, JuS 2012, 884 ff u 976 ff.

340 Grundvoraussetzung für vorsätzliches Handeln ist nach allgemeiner Meinung, dass der Täter den Taterfolg ernstlich für möglich oder wahrscheinlich hält. Zur Abgrenzung zur bewussten Fahrlässigkeit ist aber nach herrschender, wenngleich umstrittener Ansicht für den Eventualvorsatz ebenfalls erforderlich, dass der Täter den Erfolgseintritt hinnimmt, sich mit ihm abfindet oder ihn in sonstiger Form „billigt". Dabei kann der Erfolg dem Täter auch höchst unerwünscht sein.

Gerade im Bereich der Tötungsdelikte ist eine besonders genaue Prüfung des Tötungsvorsatzes anhand einer Gesamtschau aller relevanten objektiven und subjektiven Tatumstände erforderlich[1].

---

1 BGH NStZ 2015, 241; 2016, 25; NStZ-RR 2016, 111; die Bedeutung der bislang in st Rspr vertretenen „Hemmschwellentheorie" (s BGHSt 36, 1) schränkte der BGH in einer Leitentscheidung (BGHSt 57, 183, 186) deutlich ein, vgl *Wessels/Beulke/Satzger*, AT Rn 335 ff.

Das „Autosurfen" war aus der Sicht des A nicht mehr als eine abenteuerliche Form der Freizeitgestaltung, bei der zwar Gefahr und Risiko beabsichtigt waren, mehr aber auch nicht.

Die Annahme einer „Billigung" liegt zwar nahe, wenn der Täter sein Vorhaben trotz äußerster Gefährlichkeit durchführt, ohne auf einen glücklichen Ausgang vertrauen zu können, und wenn er es dem Zufall überlässt, ob sich die von ihm erkannte Gefahr verwirklicht oder nicht[2].

A vertraute aber mit aus seiner Sicht gutem Grund auf einen glücklichen Ausgang, da er um die Sportlichkeit der Beteiligten wusste und dadurch das Risiko als minimal einschätzte. Er überließ auch die Verwirklichung der Gefahr insofern nicht dem Zufall, als die Fahrt vereinbarungsgemäß jederzeit durch Klopfzeichen unterbrochen werden konnte. Hier gingen alle Beteiligten somit ernsthaft davon aus, zu Stürzen und Verletzungen würde es auf der kurzen Strecke nicht kommen.

Zu bestrafen ist beim Vertrauen auf das Ausbleiben des Erfolges allenfalls wegen bewusst fahrlässigen Handelns. Ein Tötungsvorsatz ist mithin zu verneinen.

2. § 223 I

Mangels Vorsatzes entfällt auch eine vorsätzliche Körperverletzung.

3. § 222

a) Tatbestandsmäßigkeit

A hat den Taterfolg, dh den Tod des F, durch das Führen des Fahrzeuges über die Buckelpiste verursacht. **341**

Bei der Erfolgsverursachung müsste er objektiv sorgfaltswidrig, dh trotz Vorhersehbarkeit und Vermeidbarkeit des Erfolges und unter Außerachtlassung der im Verkehr erforderlichen Sorgfalt gehandelt haben[3]. Zum Teil wird zusätzlich noch vom Täter die Erkenntnis der Rechtswidrigkeit seines Tuns gefordert[4].

Durchfährt man mit einem Pkw in nicht ganz geringem Tempo mit einer auf dem Dach knienden Person eine unebene ländliche Strecke, so muss ein umsichtig handelnder Mensch aus dem Verkehrskreis des Täters einen schweren, uU auch tödlichen, Sturz dieser Person nach der allgemeinen Lebenserfahrung als mögliche Folge in Betracht ziehen. Vermeidbar war diese freiwillige Freizeitbeschäftigung für A ebenfalls.

Die Rechtswidrigkeit dieses Verhaltens war auch jedem objektiv erkennbar. Selbst wenn die Beteiligten diese Freizeitgestaltung als zeitgemäß empfunden haben sollten, wird sie allein schon wegen ihrer allgemein bekannten Gefährlichkeit nicht von der Rechtsordnung geduldet. A handelte objektiv sorgfaltswidrig.

Der Erfolg müsste A zudem objektiv zurechenbar sein. Objektiv zurechenbar ist ein Erfolg, wenn durch menschliches Verhalten eine rechtlich relevante Gefahr geschaffen

---

2 BGHSt 49, 166; 56, 277; BGH NStZ 2011, 699.
3 *Wessels/Beulke/Satzger*, AT Rn 939 ff.
4 *Fischer*, § 15 Rn 14, 18.

wurde, die sich im tatbestandsmäßigen Erfolg realisiert hat[5]. Hierbei hat sich das Prinzip der Eigenverantwortlichkeit zu einem selbstständigen Zurechnungskriterium herausgebildet.

Im vorliegenden Fall könnte eine Selbstgefährdung anzunehmen sein, da das Opfer F nicht nur freiwillig auf das Auto stieg, sondern auch die damit verbundenen Gefahren ebenso wie der Fahrzeugführer kannte und quasi als Spielregeln akzeptierte. Damit ist zu prüfen, ob F für sich selbst die Gefahr verursachte und A nur bei dieser Gefahrsetzung mitwirkte, oder ob nicht vielmehr ein Fall der einverständlichen Fremdgefährdung vorliegt, dh das Opfer sich dem von ihm als gefährlich erkannten Tun des Täters aus eigenem Willen aussetzte. Im Fall der einverständlichen Fremdgefährdung könnte sich aus §§ 216, 228 ergeben, dass die Tötung trotz Einwilligung strafbar bleibt.

342 **Problem Nr 78: Teilnahme an einer Selbstgefährdung und einverständliche Fremdgefährdung**

(1) Abgrenzung der Fallgruppen

Entscheidender Gedanke bei der Entwicklung beider Fallkonstellationen ist das Prinzip der Eigenverantwortlichkeit. Die objektive Zurechnung eines Erfolges zum pflichtwidrigen Täterverhalten endet dort, wo der Verantwortungsbereich des Betroffenen beginnt (BGHSt 32, 262; *Schünemann*, JA 1975, 185 ff). Eine Abgrenzung der beiden Fallkonstellationen wird überwiegend anhand des Kriteriums der **Tatherrschaft** vorgenommen (BGHSt 49, 34, 39; 49, 166, 169; 53, 55, 60 [Autorennenfall]; OLG Celle StV 2013, 27; BayObLG JR 1990, 473; *Heinrich*, AT Rn 1049; *Kindhäuser*, AT § 11 Rn 25; *Rengier*, AT § 13 Rn 81; *Roxin*, AT I § 11 Rn 105 ff; *Wessels/Hettinger/Engländer*, BT1 Rn 80).

– Eine Mitwirkung an einer **freiverantwortlichen Selbstgefährdung** oder **Selbstschädigung** liegt danach dann vor, wenn das Opfer die schädigende Handlung selbst vornimmt oder sich in eine schon bestehende Gefahr wissentlich hineinbegibt, während ein anderer dieses selbstschädigende Verhalten lediglich veranlasst, ermöglicht oder sonst irgendwie fördert.

– Eine einverständliche **Fremdgefährdung** verlangt dagegen, dass sich das Opfer in vollem Risikobewusstsein der Gefahr aussetzt, die von einem anderen ausgeht, dh wenn das Geschehen allein in den Händen des Täters liegt und das Opfer bloßes Objekt der Wirkungen des Täterhandelns ist.

(2) Die strafrechtliche Behandlung der Teilnahme an einer Selbstgefährdung

(a) Nach **früherer Ansicht** entfällt eine Strafbarkeit wegen Mitwirkung an fremder fahrlässiger Selbstgefährdung nur bei fehlender Pflichtwidrigkeit des Täterverhaltens (BGHSt 7, 112, 114; BGH NJW 1981, 2015). Es ist sowohl die Mitwirkung an fremder Selbstgefährdung als auch die mit Einwilligung vorgenommene Fremdgefährdung strafbar, sofern das Verhalten letztlich zu schweren Körperverletzungen beim Opfer oder zu dessen Tod führt.

Argument: Den §§ 216, 228 ist zu entnehmen, dass das Opfer nicht wirksam in schwere eigene Körperverletzungen bzw in den eigenen Tod einwilligen kann. Wenn eine Gefährdung zur Verwirklichung dieses Risikos führt, muss die Verursachung des Erfolges für den Dritten strafbar sein.

(b) Die **hM** geht heute zu Recht vom **Prinzip der Eigenverantwortlichkeit** und damit mangels objektiver Zurechenbarkeit von einer Straflosigkeit fahrlässiger bzw bedingt vorsätzlicher Mitwirkung an einer Selbstgefährdung aus, auch wenn sich das Risiko schwerer Körperver-

---

5 *Wessels/Beulke/Satzger*, AT Rn 251.

letzungen bzw des Todes realisiert (BGHSt 32, 262; OLG Stuttgart JR 2012, 163 m krit Anm *Puppe*; *Kühl*, AT § 17 Rn 86 ff; S/S-*Eisele*, Vorbem §§ 13 ff Rn 101 ff; *Wessels/Beulke/Satzger*, AT Rn 259 ff).

Argument: Aus der Straflosigkeit der (*vorsätzlichen*) Teilnahme am Suizid (mangels tatbestandsmäßiger Haupttat) ist zu folgern, dass auch die *fahrlässige* Mitwirkung an fremder Selbst*tötung* und dann erst recht die fahrlässige Mitwirkung an fremder Selbst*gefährdung* stets straflos sein müssen (*Krey/Esser*, AT Rn 360; *Roxin*, AT I § 11 Rn 91).

(3) Die strafrechtliche Behandlung einer Fremdgefährdung auf Verlangen oder mit Einwilligung des Betroffenen

(a) Nach **hA** kann die Einwilligung in die Fremdgefährdung niemals die objektive Zurechnung beseitigen. Vielmehr handelt es sich allein um ein Problem des Rechtfertigungsgrundes „Einwilligung" (statt aller OLG Düsseldorf NStZ-RR 1997, 325; *Trüg*, JA 2002, 214; *T. Walter*, NStZ 2013, 673). Führt die Fremdgefährdung zu schweren Körperverletzungen oder zum Tode, so ist die Einwilligung nach Ansicht des BGH unwirksam (BGHSt 49, 166; 53, 55; vgl auch OLG Celle StV 2013, 27).

Argument: Bei jeder Einwilligung sind die Grenzen der §§ 216, 228 zu respektieren. Eine Einwilligung in eine Fremdgefährdung mit tödlichem Ausgang darf deshalb keine rechtfertigende Wirkung entfalten.

(b) Nach einer **Gegenmeinung** entfällt auch bei der Einwilligung in die Fremdgefährdung die objektive Zurechnung, wenn die festgestellte Fremdgefährdung in allen relevanten Aspekten einer Selbstgefährdung gleicht (*Hellmann*, Roxin-FS I, S 123; HK-GS-*M. Heinrich*, Vorbem § 13 Rn 141 f; *Jäger*, AT Rn 51; S/S/W-StGB-*Kudlich*, Vor §§ 13 ff Rn 67; *Roxin*, AT I § 11 Rn 121 ff; *ders*, GA 2012, 655). Die objektive Zurechnung entfällt trotz Realisierung des tödlichen Risikos, wenn folgende Voraussetzungen erfüllt sind:
– Der Gefährdete muss das Risiko zunächst im selben Umfang übersehen wie der Gefährdende.
– Der Schaden muss die Folge des eingegangenen Risikos und nicht hinzukommender anderer Fehler sein.
– Der Gefährdete muss für das gemeinsame Tun dieselbe Verantwortung tragen wie der Gefährdende (*Schünemann*, JA 1975, 715, 722 ff; *Otto*, Jura 1984, 536, 540).

Argument: Es gibt keine klare Grenzlinie zwischen straffreier Selbstgefährdung und einer wegen §§ 216, 228 strafbedrohten einverständlichen Fremdgefährdung. Diese Ungleichbehandlung gleichartiger Tatbestände führt zu willkürlichen und lebensfremden Ergebnissen. So kann es beispielsweise keinen Unterschied machen, ob sich jemand Heroin selbst spritzt, welches der andere reicht, oder ob jeweils der eine dem anderen die Heroinspritze setzt.

(c) Eine **dritte** und überzeugende **Ansicht** spricht sich ebenfalls für eine Gleichstellung der Mitwirkung an fremder Selbstgefährdung und der einverständlichen Fremdgefährdung aus, wenn die unter (b) aufgelisteten Kriterien erfüllt sind, meint aber, dies könne auch im Rahmen der rechtfertigenden Einwilligung geschehen (AG Saalfeld VRS 107 [2004], 181; *Beulke*, Otto-FS, S 207; *Grünewald*, GA 2012, 364; *Kaspar*, JuS 2012, 115; *Kindhäuser*, AT § 12 Rn 71; *Kühl*, AT § 17 Rn 87 f; S/S-*Lenckner/Sternberg-Lieben*, Vorbem §§ 32 ff Rn 103 ff; *Wessels/Beulke/Satzger*, AT Rn 274).

Argument: Die herkömmliche Dogmatik spricht dafür, das Problem auf der Rechtfertigungsebene anzusiedeln. Die bei Meinung (b) aufgelisteten Voraussetzungen sind typische Kriterien für die Wirksamkeit der Einwilligung. Dabei kann die Einwilligung trotz des Eintrittes der Todesfolge rechtfertigende Kraft entfalten, denn es wird nicht in den Tod, sondern nur in die entsprechende „Gefahr" eingewilligt. Aus dem Wortlaut der §§ 216, 228 ergibt sich nicht, dass auch eine solche Fremdgefährdung mit Einwilligung unzulässig sein soll.

Zur Vertiefung: Wessels/Beulke/Satzger, AT Rn 259 ff; Eisele, JuS 2012, 577; Mitsch, JuS 2013, 20.

343 Die Abgrenzung, ob eine Mitwirkung an fremder Selbstgefährdung oder eine Fremdgefährdung mit Einwilligung seitens des Opfers vorliegt, erfolgt aus dem Gesichtspunkt der Tatherrschaft.

A hat das Fahrzeug geführt und mit seiner Fahrweise die Letztursache für den tödlichen Sturz des F gesetzt. Die hA bejaht deshalb hier keine Mitwirkung an fremder Selbstgefährdung, sondern eine einverständliche Fremdgefährdung. Die rechtfertigende Kraft der Einwilligung soll dann am Rechtsgedanken der §§ 216, 228 scheitern.

Dagegen ist aber einzuwenden, dass sich F in Kenntnis aller Risiken auf die Fahrt eingelassen hat. Zumindest bis zum tatsächlichen Fahrtantritt hatte er ebenso viel Tatherrschaft über die Ereignisse wie alle anderen Beteiligten.

Allerdings hat der Fahrer A im Zeitpunkt des Anfahrens die Kontrolle über das Geschehen übernommen. Er hat selbstständig Geschwindigkeit und Risiko der Fahrt bestimmt. Hätte F keine Einflussmöglichkeit mehr auf das Geschehen gehabt, so läge die Tatherrschaft im Zeitpunkt des Unfalls eindeutig bei A. Die Autosurfgruppe hatte aber zusätzlich vereinbart, die Fahrt könne jederzeit durch Klopfen auf das Autodach unterbrochen werden, dh auch die „Surfer" hatten noch jederzeit nach Fahrtantritt die Möglichkeit, die Fahrt und die eigene Gefährdung zu beenden. F hat auf diese Möglichkeit verzichtet. Die Tatherrschaft des A geht in allen relevanten Gesichtspunkten nicht über die des F hinaus. Man könnte auch sagen, A setzte nur eine notwendige Bedingung zur Vornahme der gefährlichen Handlung durch das Opfer selbst.

Folglich liegt hier nur ein Fall von Mitwirkung an einer Selbstgefährdung vor, die für den Mitwirkenden straflos ist, auch wenn sich das tödliche Risiko realisiert (*aA vertretbar*). Einschränkungen etwa aus dem Rechtsgedanken der §§ 216, 228 greifen bei dieser Konstellation nach ganz hA ohnehin nicht ein.

b) Ergebnis

Eine Strafbarkeit des A nach § 222 scheidet mangels objektiver Zurechnung des Erfolges aus.

4. § 229

344 Auch eine Strafbarkeit des A wegen fahrlässiger Körperverletzung scheidet mangels objektiver Zurechnung des Körperverletzungserfolges aus.

5. § 315c I

A könnte durch die Fahrt auf der Buckelpiste eine Gefährdung des Straßenverkehrs nach § 315c I begangen haben.

Voraussetzung hierfür ist, dass er „im Straßenverkehr" ein Fahrzeug unter den weiteren von § 315c I vorausgesetzten Modalitäten geführt hat. § 315c schützt jedoch nur den öffentlichen Straßenverkehr, dh neben den dem allgemeinen Straßenverkehr gewidmeten Straßen, Wegen und Plätzen solche Verkehrsflächen, die jedermann oder allgemein bestimmten Gruppen von Verkehrsteilnehmern (zB Rad- oder Fußwege) dauernd oder vorübergehend zur Benutzung offen stehen[6].

Der Weg, auf dem sich das Geschehen abspielte, stand im Eigentum des Vaters X des A. Die Bezeichnung „Privatweg" verdeutlicht, dass eine Benutzung durch jedermann bzw auch nur durch bestimmte Gruppen von Verkehrsteilnehmern gerade nicht von X gestattet war.

Eine Strafbarkeit des A nach § 315c I ist daher schon mangels Öffentlichkeit des Straßenverkehrs abzulehnen.

6. § 142 I

Aus demselben Grund scheidet eine Strafbarkeit nach § 142 I aus, denn auch diese Vorschrift setzt voraus, dass sich der Unfall im öffentlichen Straßenverkehr ereignet hat[7].

7. § 123 I Alt 1

A ist – unabhängig von der Frage, ob der Weg zum befriedeten, also eingehegten, Besitztum des X gehörte (was aus dem Sachverhalt nicht eindeutig hervorgeht) – jedenfalls nicht eingedrungen iSv § 123 I Alt 1. Es ist davon auszugehen, dass sich A auf dem seinem Vater gehörenden Grundstück mit dessen (tatbestandsausschließendem) Einverständnis aufhielt.   **345**

8. Ergebnis für A bzgl des Todes des F

A ist straflos.

II. Strafbarkeit des A bzgl der Verletzungen des B

1. § 223 I

Alle Beteiligten vertrauten ernsthaft darauf, dass keinerlei Verletzungen eintreten würden. Dem A fehlt deshalb der Vorsatz bzgl der Verletzungen des B.   **346**

2. § 229

a) Tatbestand

A hat durch sein pflichtwidriges Verhalten äquivalent und adäquat kausal die Ursache für den schweren Unfall und damit für die Körperverletzung des B gesetzt.   **347**

Die Besonderheit dieser Konstellation besteht darin, dass A, der an der Selbstgefährdung der „Surfer" mitgewirkt hat (*vgl o Rn 343*), hinsichtlich des B auch noch ein Garant iSv § 13 sein könnte. Eine Garantenstellung ergibt sich aus enger persönlicher Verbundenheit und verwandtschaftlichem Vertrauensverhältnis. Unter Brüdern ist eine solche Ga-

---

6 *Wessels/Hettinger/Engländer*, BT1 Rn 1071.
7 S/S/W-StGB-*Ernemann*, § 142 Rn 9.

rantenstellung nach hA[8] zumindest solange anzunehmen, solange beide – wie hier – in häuslicher Gemeinschaft miteinander leben und eng miteinander vertraut sind.

Obwohl hier ein aktives Tun vorliegt, könnte diese Garantenstellung insoweit relevant werden, als sie unter Umständen iRd objektiven Zurechnung das Prinzip der Eigenverantwortlichkeit bei der Selbstgefährdung des Opfers überlagert, sodass der Erfolg in Form der Verletzung des B jetzt doch – im Gegensatz zum Tod des F (*s Rn 342*) – dem A zuzurechnen ist.

348 **Problem Nr 79: Überlagert die Garantenstellung das Prinzip der Eigenverantwortlichkeit?**

(1) Teilweise wird eine solche Überlagerung bejaht (*Jakobs*, ZStW 89 [1977], 1, 23; S/S-*Eisele*, Vorbem §§ 13 ff Rn 101i).

Argument: Hat der Unterlassungstäter bei Kenntnis der Situation die Pflicht, Schädigungen des Rechtsguts zu verhindern, dann muss er für einen Verletzungserfolg an diesem von ihm zu schützenden Rechtsgut gerade auch dann einstehen, wenn er selbst aktiv die Gefährdung und Verletzung herbeiführt. Dabei kann es auch keinen Unterschied machen, ob etwa eine Garantenpflicht aus Ingerenz (BGHSt 37, 179; BGH NStZ 1984, 452) oder aus personen- und sachbezogenen Sicherungspflichten hergeleitet wird (S/S-*Eisele*, Vorbem §§ 13 ff Rn 101i).

(2) Dagegen wendet sich zu Recht die ganz **hM**, nach der auch der Garant nicht für die Mitwirkung an der eigenverantwortlichen Selbstschädigung des Opfers verantwortlich gemacht werden kann (*Kölbel*, JuS 2006, 314; *Kühl*, AT § 18 Rn 105; *Sowada*, Jura 2003, 244; SK/StGB-*Jäger*, Vor § 1 Rn 139.

Argument: Abgesehen von den dogmatischen Problemen, die eine Bestrafung aus Begehungsdelikt wegen Verletzung einer Garantenpflicht mit sich bringt, ist gegen die oben unter (1) dargestellte Ansicht zweierlei einzuwenden: Zum einen sollte der freie Wille des Opfers unabhängig davon respektiert werden, wer an der Selbstgefährdung mitwirkt. Zum anderen soll ein Beschützergarant den eigenverantwortlich Handelnden nicht vor sich selbst, sondern vor Gefahren von außen schützen.

Allerdings ist zu beachten, dass sich die Rechtslage ändert, wenn sich die Gefahr zu realisieren droht: Eine Akzeptanz der Realisierung des eingegangenen Risikos ist mit der Vornahme der Selbstgefährdung nicht notwendig verbunden. Die Rechtslage ist insoweit anders als bei der straflosen Mitwirkung an fremdem Selbstmord. Entwickelt sich das allein auf Selbstgefährdung angelegte Geschehen erwartungswidrig in Richtung auf den Erfolgseintritt, den nur der Dritte verhindern kann, so verpflichtet ihn nunmehr seine Garantenstellung aus Ingerenz tätig zu werden (BGH NStZ 2017, 219 m Anm *Jäger*; s auch BGHSt 61, 21 m Anm *Schiemann*, NJW 2016, 178; *Eisele*, JuS 2016, 276; *Wessels/Beulke/Satzger*, AT Rn 1024).

Zur Vertiefung: Wessels/Beulke/Satzger, AT Rn 259 ff; s auch o Rn 35.

349 Der Garant soll jedoch nur vor Gefahren von außen und nicht vor Selbstgefährdungen schützen. Deshalb vermag der Aspekt der Garantenstellung hier das Prinzip der Eigenverantwortlichkeit nicht außer Kraft zu setzen. Auch die Verletzungen des Bruders B können A also nicht zugerechnet werden.

---

8 *Haft*, AT S 184; *Wessels/Beulke/Satzger*, AT Rn 1008; zT enger LG Kiel NStZ 2004, 157 mwN.

b) Ergebnis

A hat sich nicht nach § 229 strafbar gemacht.

3. Ergebnis für A bzgl der Verletzungen des B

A ist straflos.

III. Strafbarkeit des A bzgl der Verletzungen des P

1. § 223 I

Auch bzgl der Verletzungen des P hatte A keinen Vorsatz. Aus dem Sachverhalt ergibt sich ausdrücklich, dass alle Beteiligten auf das Ausbleiben einer Körperverletzung (inklusive leichter Blessuren) vertraut haben.   **350**

2. § 229

a) Tatbestand

A hat den Erfolg durch ein objektiv sorgfaltswidriges Verhalten (Fahren mit ungesicherten Menschen auf dem Dach des Kleinlasters) kausal herbeigeführt.   **351**

Fraglich ist, ob auch bzgl der Verletzungen des P die objektive Zurechenbarkeit verneint werden muss. Zwar hat auch P in die Gefährdung seiner Person eingewilligt, sodass es nahe liegt, eine straflose Mitwirkung des A an fremder Selbstgefährdung zu bejahen. Andererseits ist P jedoch erst neun Jahre alt. Es ist anerkannt, dass eine – den Zurechnungszusammenhang ausschließende – eigenverantwortliche Selbstgefährdung ausscheidet, wenn entweder das Recht dem Opfer infolge von Defektzuständen oder Unreife etc keine autonome Entscheidung über die Gefährdung seiner Rechtsgüter zutraut oder wenn der Dritte die Gefährlichkeit der Situation kraft überlegenen Sachwissens besser einzuschätzen vermag als das Opfer[9].

Umstritten ist hierbei vor allem, welche Maßstäbe für die Eigenverantwortlichkeit der Entscheidung des Opfers zu gelten haben.

Problem Nr 80: Der Maßstab für die Eigenverantwortlichkeit   **352**

(1) Eine Ansicht zieht die Exkulpationsregeln der §§ 20, 35 und des § 3 JGG entsprechend heran (*Dölling*, GA 1984, 71, 78 f; *Lasson*, ZJS 2009, 362 f).

Argument: Die Abschichtung von Verantwortungsbereichen hat im gesamten Strafrecht nach den gleichen Kriterien zu erfolgen. Ob jemand für das eigene Handeln zur Verantwortung gezogen werden kann oder nicht, beurteilt sich auch im Rahmen der Fremdschädigung nach den Exkulpationsregeln.

(2) Die hM orientiert sich zu Recht an der Einwilligungsfähigkeit des (späteren) Opfers (BGH NStZ 2012, 319; *Hoffmann-Holland*, AT Rn 135; *Krey/Esser*, AT Rn 363; *Murmann*, Grundkurs § 23 Rn 80; *Rengier*, AT § 13 Rn 80; *ders*, Kühl-FS, S 383). Sie stellt darauf ab, ob der Zustimmende nach seiner geistigen und sittlichen Reife Wesen, Tragweite und Auswirkungen des seine Interessen berührenden Eingriffs voll erfasst.

---

9 BGHSt 32, 262, 264 f; BGH NStZ 1985, 25; *Fischer*, Vor § 13 Rn 36b.

Argument: An die Mangelfreiheit der Willensbildung sind bei einer Gefährdung des eigenen Lebens die gleichen (hohen) Anforderungen zu stellen, wie bei einer Einwilligung in eine Körperverletzung oder bei der in § 216 geforderten „Ernstlichkeit" des Todeswillens.

Zur Vertiefung: Wessels/Beulke/Satzger, AT Rn 265, 779 f; Wessels/Hettinger/Engländer, BT1 Rn 53 f.

353   Im vorliegenden Fall gelangt man sowohl über § 3 JGG als auch über eine Prüfung der Einwilligungsfähigkeit zu der Frage, ob P nach seiner geistigen und sittlichen Reife imstande war, Bedeutung und Tragweite des Rechtsgutsverzichtes zu erkennen. Zwar dürfte einerseits auch ein Neunjähriger bereits begreifen, dass „Surfen" auf fahrenden Kraftfahrzeugen mit erheblichen Risiken verbunden ist. Andererseits ist jedoch nicht anzunehmen, dass P die von einem Auto ausgehende Gefährlichkeit wirklich einzuschätzen vermochte. Insbes die Folgen der Geschwindigkeit, wie Triebkraft und Aufprallintensität, kann ein Neunjähriger nicht überblicken. Nach § 3 JGG wird eine Einsichtsfähigkeit des Jugendlichen ohnehin erst mit vierzehn Jahren angenommen.

Eine autonome Entscheidung des P liegt danach nicht vor. Der Verantwortungsbereich des A bleibt eröffnet, die Körperverletzung ist ihm zuzurechnen.

b) Rechtswidrigkeit

Die durch die Tatbestandsmäßigkeit des Verhaltens indizierte Rechtswidrigkeit entfällt, wenn P wirksam in die Körperverletzung eingewilligt hat.

Ein Verzicht auf das Rechtsgut der körperlichen Unversehrtheit ist – wie sich bereits aus § 228 ergibt – grds möglich. P war weiterhin alleiniger Träger des geschützten Interesses und damit darüber verfügungsbefugt. Da P die Gefahrensituation jedoch nicht überblickte, scheidet seine Einwilligungsfähigkeit wie dargelegt aus.

P konnte daher nicht wirksam in die Tat einwilligen.

c) Schuld

Der Verletzungserfolg war für A auch subjektiv vorhersehbar und vermeidbar. A handelte schuldhaft.

d) Strafantragserfordernis, § 230 I 1

Der nach § 230 I 1 erforderliche Strafantrag ist gestellt.

3. Ergebnis für A bzgl der Verletzungen des P

354   A hat sich gem § 229 strafbar gemacht.

IV. Ergebnis für A im Tatkomplex A

A ist lediglich hinsichtlich der Verletzungen des P strafbar nach § 229.

B. Die Ohrfeige (Strafbarkeit des V)

1. § 223 I Alt 1

V könnte sich dadurch, dass er dem P eine Ohrfeige versetzte, wegen Körperverletzung   **355**
strafbar gemacht haben.

a) Objektiver Tatbestand

Körperliche Misshandlung iSd § 223 I Alt 1 ist jede üble und unangemessene Behandlung, durch die das körperliche Wohlbefinden mehr als nur unerheblich beeinträchtigt wird. Umfasst werden neben substanzverletzenden Einwirkungen sogar nicht schmerzhafte Eingriffe, sofern die Einwirkung auf Körper und Betroffenen von nicht nur geringem Gewicht ist. Die Ohrfeige des V war kein liebevoller oder scherzhafter Klaps, sondern eine schallende und schmerzhafte Sanktion für die riskante Mutprobe. Das körperliche Wohlbefinden des P wird davon in nicht nur unerheblichem Maß betroffen.

Es verbleibt aber die Frage nach der (Un-)Angemessenheit dieser Behandlung. Im Rahmen von Erziehungsmaßnahmen sind dabei als Grundlage des elterlichen Erziehungsrechts insbes auch Art 6 II 1 GG und §§ 1626, 1631 BGB zu beachten. Nach dem (zuletzt im Jahre 2000) geänderten § 1631 II BGB haben Kinder ein Recht auf gewaltfreie Erziehung. In § 1631 II 2 BGB heißt es ausdrücklich: „Körperliche Bestrafungen, seelische Verletzungen und andere entwürdigende Maßnahmen sind unzulässig." Es ist strittig, ob es auf dieser Grundlage noch ein körperliches Züchtigungsrecht der Eltern gegenüber ihren Kindern geben kann.

Problem Nr 81: Das Züchtigungsrecht von Erziehungsberechtigten   **356**

(1) Nach der **ehemals herrschenden** und neuerdings auch wieder vertretenen **Meinung** ist das elterliche Züchtigungsrecht als Ausfluss von Art 6 II 1 GG und §§ 1626, 1631 I BGB als **Rechtfertigungsgrund** in Betracht zu ziehen (BGHSt 12, 62, 64; *Kindhäuser*, LPK Vor §§ 32-35 Rn 67 ff; *Krey/Hellmann/Heinrich*, BT1 Rn 344; *Kühl*, AT § 9 Rn 77b; *Lackner/Kühl*, § 223 Rn 11; *Marxen*, AT S 99; ähnlich *Heinrich*, ZIS 2011, 431, 441 f [Rechtfertigung gem § 34]).

Argument: Die spezielle zivilrechtliche Regelung in § 1631 II BGB verbietet ihrem Wortlaut nach diese Lösung nicht. Sofern zivilrechtlich jeder Einsatz von körperlicher Gewalt unterbunden werden sollte, kann das für das Strafrecht keine Bindungswirkung haben.

(2) Die **derzeit hM** entnimmt dem § 1631 II BGB, dass das körperliche Züchtigungsrecht der Eltern gegenüber den Kindern nicht mehr existiert. Eine Mutter, die ihr Kind ohrfeigt, bleibt also auch dann gem § 223 strafbar, wenn es sich um eine erzieherisch gemeinte Maßnahme handelt (AG Köln vom 16.10.2003, positiv besprochen von *Riemer*, ZJJ 2005, 403; Matt/ Renzikowski-*Engländer*, Vor §§ 32 ff Rn 35; S/S/W-StGB-*Rosenau*, Vor §§ 32 ff Rn 55). Eine Straffreiheit der Eltern soll allein auf prozessualem Wege herbeigeführt werden, nämlich durch Einstellung des Strafverfahrens aus Opportunitätsgründen gem **§§ 153 ff StPO** (*Bohnert*, Jura 1999, 533, 534; *Bussmann*, S 379 ff; *Fischer*, § 223 Rn 38a; *Hillenkamp*, JuS 2001, 159, 165; *Roxin*, JuS 2004, 177; *Zieschang*, AT Rn 316; *Noack*, JR 2002, 406 u *Murmann*, Grundkurs § 25 Rn 153 halten deshalb § 1631 II BGB für verfassungswidrig).

Argument: Die Neufassung des § 1631 II BGB, welche aufgrund des Gebots der Einheit der Rechtsordnung auch auf das Strafrecht ausstrahlt, stellt klar, dass Gewalthandlungen stets unzulässig und damit einer Rechtfertigung gerade nicht zugänglich sind.

---

(3) Die überzeugende sog **Tatbestandslösung** will schließlich die Probleme der Bewertung elterlicher Züchtigungshandlungen bei § 223 I auf der Tatbestandsebene in der Prüfung des Merkmals „körperliche Misshandlung" im Unterpunkt „Angemessenheit" behandeln (*Beulke,* Hanack-FS, S 539 f; *ders,* Schreiber-FS, S 29; HK-GS-*Duttge,* Vor § 32 Rn 32; *Wessels/ Beulke/Satzger,* AT Rn 592 f).

Argument: Die o unter (1) dargestellte Meinung ignoriert zu Unrecht die Bestrebungen des Gesetzgebers, das körperliche Züchtigungsrecht der Eltern gegenüber den Kindern soweit wie möglich zurückzudrängen. Im Prinzip sind Schläge gegenüber Kindern unerwünscht. Die Meinung (2) verkennt, dass bereits die Eröffnung eines Strafverfahrens zu erheblichen Belastungen für eine Familie führen kann. Eine Verlagerung der materiell-rechtlichen Abgrenzungsfragen auf die Staatsanwaltschaft löst das eigentliche Problem nicht.

Die Tatbestandslösung entspricht am ehesten den Intentionen des Gesetzgebers. Geringe körperliche Züchtigungen stellen keine „unangemessene" Behandlung dar. Zugleich respektiert sie das durch Art 6 II GG geschützte elterliche Erziehungsrecht.

Die Tatbestandslösung ist auch mit dem Wortlaut des § 1631 II BGB nF vereinbar, denn die „anderen entwürdigenden Maßnahmen" stellen den Oberbegriff dar, sodass „körperliche Bestrafungen" nur insoweit erfasst werden, als ihnen ein entwürdigender Charakter zukommt.

Der neuen Wertung des § 1631 II BGB iVm Art 6 II 1 GG muss aber dadurch Rechnung getragen werden, dass an die Bejahung der Angemessenheit strenge Anforderungen zu stellen sind.

Zur Vertiefung: M. Heinrich, ZIS 2011, 431; Wessels/Beulke/Satzger, AT Rn 592 ff.

357 Angesichts der Neuformulierung des § 1631 II BGB könnte ein körperliches Züchtigungsrecht der Eltern generell entfallen sein. In Bagatellfällen käme dann allenfalls eine Einstellung des Strafverfahrens in Betracht (§§ 153 ff StPO). Diese Lösung steht aber im Widerspruch zu Art 6 II 1 GG. Nach der überzeugenden sog Tatbestandslösung hat die Neufassung des § 1631 II BGB zwar bewirkt, dass das elterliche Züchtigungsrecht seinen Charakter als umfassender Rechtfertigungsgrund verloren hat, bei maßvollen Erziehungsreaktionen aber uU bereits der objektive Tatbestand des § 223 mangels Unangemessenheit der Behandlung entfallen kann.

Akzeptiert man entgegen der noch hM die (geringfügige) Gewaltanwendung als Mittel der Erziehung, so ist die Nachricht, ein neunjähriger Sohn habe soeben eine lebensgefährliche Mutprobe mit nicht ganz geringfügigen Verletzungen bestanden, ein geeigneter Anlass für eine angemessene Erziehungsmaßnahme, zumindest in Form einer geringfügigen Ohrfeige. Dies gilt umso mehr, als die Wiederholung dieser Mutprobe durch das Kind mit dann uU tödlichem Ausgang zu befürchten ist.

Zu fragen bleibt dann nur noch, ob V im konkreten Fall übertrieben hat, ob also die Ohrfeige zu kräftig ausgefallen ist. Eine schmerzhafte Ohrfeige ist nicht gefährlich und P hat mit seinem Vorverhalten genügend Anlass für eine nicht nur geringfügige Sanktion gesetzt. Zu beachten ist dabei auch das erhöhte Maß der Erregung und wohl auch des Schreckens, unter dessen Einfluss sich V im Zeitpunkt der Handlung befand. Unter diesen Aspekten hat V nicht die Grenzen des Erforderlichen bei der Anwendung dieser Erziehungsmaßnahme überschritten (*aA vertretbar*).

Mangels Unangemessenheit der Behandlung entfällt somit der objektive Tatbestand der Körperverletzung.

b) Ergebnis

V ist nicht gem § 223 I strafbar.

2. § 185 Alt 2

V könnte P durch die Ohrfeige beleidigt haben. 358

Beleidigen iSd § 185 bedeutet die Kundgabe von Missachtung oder Nichtachtung[10]. Zwar kann Miss- bzw Nichtachtung auch durch eine unmittelbare körperliche Einwirkung auf den anderen ausgedrückt werden, wie der Qualifikationstatbestand der tätlichen Beleidigung in § 185 Alt 2 zeigt.

Die als Erziehungsmaßnahme dem eigenen Kind versetzte Ohrfeige drückt aber – insbes unter Heranziehung der o (*Rn 356 f*) getroffenen Wertungen – keinerlei Miss- oder Nichtachtung des V gegenüber P aus. Sie zielte nicht auf die Ehre[11] des P, sondern diente lediglich dazu, dem Kind die Gefahren seines Tuns deutlich vor Augen zu führen und es – zu seinem eigenen Schutz – vor der Wiederholung der Mutprobe zu warnen.

3. Ergebnis für V im Tatkomplex B

V hat sich nicht strafbar gemacht.

C. In der Stammkneipe (Strafbarkeit des A)

1. § 242 I

Indem A die Bankkarte des E aus dessen Brieftasche entnommen und mit ihr die Kneipe 359 verlassen hat, könnte er sich wegen Diebstahls gem § 242 I strafbar gemacht haben.

Hinweis: Im Bereich des Bankwesens gibt es für die derzeit üblichen Bankkarten eine Vielzahl von Begriffen, die im Ergebnis ähnliche Karten meinen. In Klausursachverhalten geht es bis heute zumeist um eine missbräuchliche Verwendung von „ec-Karten" (so auch hier die Vorauflage). Begegnen können Ihnen neben der „ec-Karte" (auch von den Banken nach wie vor so ausgewiesen!) aber insbesondere auch die in meiner Neuauflage zur Klarstellung nunmehr gewählte Bezeichnung „Bankkarte" bzw „Bankcard". Ebenso findet sich auch die Bezeichnung „Girocard", „Maestro-Card" und „Debitkarte". All diese Bezeichnungen stehen als Abkürzung für eine „electronic cash Karte", die nicht mit der früher gebräuchlichen Eurochequekarte (die abgekürzt häufig als „EC-Karte" oder eben auch „ec-Karte" bezeichnet wurde) gleichgesetzt werden darf. Seit der Abschaffung des Euroschecks zum 1.1.2002 kommt der „Eurochequekarte" keine eigenständige Bedeutung mehr zu. ME braucht der Student diese Unterscheidung aber in Klausuren, sofern sie auf die Falllösung keinen Einfluss hat, nicht zu thematisieren, und er kann, soweit im Sachverhalt von einer „ec-Karte" gesprochen wird, von einer (heute üblichen) regulären „Bankkarte" (iSe „electronic cash Karte") ausgehen[12].

---

10 *Wessels/Hettinger/Engländer*, BT1 Rn 565.
11 Vgl zu diesem Begriff MK-*Regge/Pegel*, Vor §§ 185 ff Rn 7 ff.
12 Vert *Eisele*, BT2 Rn 925 ff; *Rengier*, BT1 § 19 Rn 3 ff; *Wessels/Hillenkamp*, BT2 Rn 796 ff.

a) Objektiver Tatbestand

Zunächst müsste die Bankkarte des E – eine bewegliche Sache – für A fremd gewesen sein. Fremd ist eine Sache, wenn sie im (Allein-, Mit- oder Gesamthands-) Eigentum eines anderen steht, also weder herrenlos iSd §§ 958 ff BGB ist noch ausschließlich dem Täter selbst gehört[13]. Zwar werden die Eigentumsverhältnisse an einer Bankkarte unterschiedlich bewertet (Eigentum bei Bank[14] oder bei Kontoinhaber[15]). Auf jeden Fall ist jedoch A nicht Eigentümer der Bankkarte.

Zur Erfüllung des Tatbestandsmerkmals der Wegnahme gem § 242 I müsste A den Gewahrsam des E an der Bankkarte gebrochen und neuen Gewahrsam an der Karte begründet haben[16]. A hat die Bankkarte des E aus dessen Brieftasche entnommen und mit ihr die Kneipe verlassen. Eine Wegnahme iSd § 242 I ist gegeben.

b) Subjektiver Tatbestand

A handelte vorsätzlich.

Er müsste darüber hinaus auch in der Absicht gehandelt haben, sich die Karte rechtswidrig zuzueignen. Zueignungsabsicht erfordert Aneignungsabsicht und Enteignungsvorsatz.

A müsste somit zunächst in der Absicht gehandelt haben, sich eine eigentümerähnliche Verfügungsgewalt zu eigenen Zwecken anzumaßen. Dies geschieht durch die Betätigung des Willens, die fremde Sache oder den in ihr verkörperten Sachwert – wenn auch nur vorübergehend – dem eigenen Vermögen einzuverleiben[17]. A kam es gerade darauf an, mit der Bankkarte Beträge von dem ihm damit zugänglichen Konto des E abzuheben. Er wollte sich deshalb die Bankkarte zumindest vorübergehend aneignen.

Problematisch ist der Enteignungsvorsatz. Er ist gegeben, wenn sich der Täter zum Zeitpunkt der Wegnahme zumindest mit dolus eventualis unter endgültiger Ausschließung des Eigentümers ganz oder teilweise wirtschaftlich an dessen Stelle setzen will[18]. A wollte E die Karte jedoch alsbald wieder zukommen lassen. Ob trotz einer solchen Absicht ein Enteignungsvorsatz bejaht werden kann oder ob eine straflose Gebrauchsanmaßung gegeben ist, entscheidet sich danach, was iRd § 242 I als maßgeblicher Zueignungsgegenstand zu betrachten ist[19].

Nach der überzeugenden Vereinigungslehre können sowohl die Substanz einer Sache als auch deren wirtschaftlicher Wert Zueignungsgegenstand des § 242 I sein. Weil A dem E die Karte wieder zukommen lassen wollte, hatte er jedenfalls keinen Enteignungsvorsatz hinsichtlich der Substanz der Bankkarte. Jedoch könnte A, der mit der Bankkarte des E Geldbeträge von dessen Konto abheben wollte, den Vorsatz gehabt haben, E den Sachwert der Bankkarte zu entziehen.

---

13 *Wessels/Hillenkamp*, BT2 Rn 79.
14 *Ranft*, wistra 1987, 79, 80; *Wessels/Hillenkamp*, BT2 Rn 177.
15 *Altenhain*, JZ 1997, 752, 753 mit Fn 14; *Canaris*, Bankvertragsrecht, Rn 527c.
16 *Wessels/Hillenkamp*, BT2 Rn 82.
17 *Wessels/Hillenkamp*, BT2 Rn 150.
18 *Wessels/Hillenkamp*, BT2 Rn 150, 164.
19 S o Fall 3, Problem Nr 24, Rn 126.

Problem Nr 82: Der Sachwertbegriff iRd § 242 I: „lucrum ex re" oder „lucrum ex nego-   **360**
tio cum re"?

(1) Der **extensive Sachwertbegriff** (BGH NStZ 1994, 542; BGHSt 40, 8, 18; 41, 187, 194) umfasst nicht nur den in der Sache steckenden und aus ihr gewonnenen Wert (lucrum ex re), sondern auch den unter Verwendung der Sache zu erzielenden Wert **(lucrum ex negotio cum re)**.

Argument: Der Täter eignet sich auch dann den wirtschaftlichen Wert einer Sache zu, wenn er bei ihrer Verwendung einen Nutzen oder Vorteil im weiteren Sinne, uU auch nur mittelbar, erlangt.

(2) Demgegenüber vertritt die überzeugende **ganz hM** (BGHSt 35, 152, 156 ff; BGH StV 1990, 407; *Eisele*, BT2 Rn 66; *S/S-Eser/Bosch*, § 242 Rn 49; *Mitsch*, BT2 S. 62 f; *Rengier*, BT1 § 2 Rn 103; *Wessels/Hillenkamp*, BT2 Rn 147 ff) einen **restriktiven Sachwertbegriff**, welcher lediglich den in der Sache selbst steckenden, unmittelbar in ihr verkörperten Wert **(lucrum ex re)** umfasst.

Argument: Vom Sachwert soll nicht jede Verwendungsmöglichkeit der Sache umfasst sein. Der Gesetzeswortlaut der §§ 242 I, 246 I stellt auf die Sache selbst ab. Die Zugrundelegung eines extensiven Sachwertbegriffs würde den erklärten Willen des Gesetzgebers umgehen und eine Ausuferung des Sachwertgesichtspunktes zur Folge haben. Die Eigentumsdelikte der §§ 242 I, 246 I würden zu bloßen Vermögens- bzw Bereicherungsdelikten umfunktioniert. Im Gegensatz zu den Vermögens- und Bereicherungsdelikten schützt § 242 I jedoch nicht das Vermögen als Ganzes, sondern nur die Verfügungsgewalt an einer bestimmten Sache (BGHSt 35, 152, 156 ff; *Stoffers*, Jura 1995, 113, 116 f).

Eine Verkörperung des wirtschaftlichen Werts in der Sache wird beispielsweise in den **Sparbuchfällen** bejaht: Ein Sparbuch ist ein Legitimationspapier iSd § 808 BGB (*Wessels/Hillenkamp*, BT2 Rn 174) und verkörpert über seinen stofflichen Substanzwert hinaus einen wirtschaftlichen Wert, den man ihm bei Teilabhebungen in äußerlich erkennbarer Weise entziehen kann, bis schließlich nur noch eine „Hülse ohne Kern" übrig bleibt (*Jäger*, BT Rn 221 f; *Wessels/Hillenkamp*, BT2 Rn 174).

Bei den sog **Leergut- bzw Pfandflaschenfällen** wird zu Recht unter Heranziehung des restriktiven Sachwertbegriffs die Enteignungskomponente der Zueignungsabsicht verneint, wenn es sich um sog Individual(pfand)flaschen handelt (AG Berlin-Tiergarten StV 2014, 298 m Bespr *Jahn*, JuS 2013, 753; AG Flensburg NStZ 2006, 101; *Fischer*, § 242 Rn 35b; *Rengier*, BT1 § 2 Rn 134 f; *S/S-Eser/Bosch*, § 242 Rn 50; vergleichbare Konstellation in BGHSt 19, 387 [*Dienstmützen-Fall*]; aA OLG Hamm NStZ 2008, 154 f).

Hintergrund: Der Täter entwendet in den sog Leergut- bzw Pfandflaschenfällen leere Pfandflaschen aus dem Lager des Supermarkts, um sie später zurückzugeben und auf diese Weise das Pfandgeld zu erhalten. Handelt es sich bei den entwendeten Flaschen um sog Einheits(pfand)flaschen, die mangels besonderer Kennzeichnung von vielen Herstellern verwendet werden können, geht das Eigentum am Leergut bei einem Verkauf auf den Erwerber nach § 929 S 1 BGB über. In diesen Fällen ist der Enteignungsvorsatz (und damit insgesamt ein Diebstahl) zu bejahen, weil die Pfandflaschen unter Leugnung der tatsächlichen Eigentumslage dem wahren Eigentümer (Supermarktinhaber) zurückgegeben werden und daher sogar der Substanz nach entzogen werden sind (s *Rengier*, BT1 § 2 Rn 132, 134). Handelt es sich dagegen um sog Individual(pfand)flaschen, die ihrem Design nach nur einem bestimmten Hersteller zugeordnet werden können, verbleibt nach hM das Eigentum am Leergut in jeder Handelsstufe beim Hersteller. Wenn solche individualisierten Flaschen zuerst aus dem Supermarkt entwendet und sodann meist wenig später unter Erlangung des Pfandgeldes dort zurückgegeben werden, fehlt dem die Eigentumslage richtig einschätzenden Täter der Enteignungsvorsatz, weil die Sachsubstanz – anders als bei den Einheitspfandflaschen – nicht dem Eigentümer (Hersteller), sondern nur dem Besitzer (Supermarktinhaber) vorenthalten und der Sachwert mit der ganz hM (nur lucrum ex re) auch nicht in das Vermögen des Täters einverleibt wird, da der Funktionswert der Flasche für den Berechtigten nicht beeinträchtigt wird. Zur (regelmäßig zu verneinenden) Strafbarkeit wegen § 263 (kein Irrtum des Supermarktinhabers über Berechtigung), § 289 (kein Handeln zugunsten des Eigentümers) s AG Gummersbach BeckRS 2014, 6168 u *Fischer*, § 242 Rn 35b.

Zur Vertiefung: Wessels/Hillenkamp, BT2 Rn 142 ff; 180; zu den Leergutfällen: Wessels/Hillenkamp, BT2 Rn 173; Jahn, JuS 2013, 753.

361 Es erscheint fraglich, ob dieser durch die Verwendung der Bankkarte zu erzielende Sachwert, das sog lucrum ex negotio cum re, der maßgebliche Zueignungsgegenstand sein kann. Eine entsprechend extensive Begriffsbestimmung ließe im Ergebnis unberücksichtigt, dass § 242 I nicht das Vermögen insgesamt, sondern nur die Verfügungsgewalt über eine konkrete Sache schützen soll. Legt man daher mit der Vereinigungslehre den zustimmungswürdigen restriktiven Sachwertbegriff zugrunde, könnte die sichere Aussicht des A, durch die Benutzung von Bankkarte und PIN des E Geldbeträge aus dem Geldautomaten zu erlangen, von § 242 I nur erfasst sein, wenn der wirtschaftliche Wert dieser tatsächlichen Erwerbschance schon in der entwendeten Karte selbst verkörpert wäre. Eine Bankkarte beweist jedoch weder die Höhe der Forderung noch legitimiert sie deren Besitzer als den Gläubiger, der zur Verfügung über das betreffende Konto noch der PIN bedarf[20]. Damit ist die Bankkarte im Gegensatz zum Sparbuch kein Legitimationspapier iSd § 808 BGB. Durch eine missbräuchliche Verwendung verliert sie auch nichts von dem Funktionswert, den ihre Existenz für den Berechtigten hat. Eine Bankkarte ist somit vergleichbar mit einem bloßen Automatenschlüssel, der die Möglichkeit zur Erlangung wirtschaftlicher Werte, dh von lucra ex negotio cum re, eröffnet[21]. Die Absicht des A, Geldbeträge vom Konto des E abzuheben, genügt den Anforderungen an die Zueignungsabsicht iSd § 242 I somit nicht.

c) Ergebnis

A hat sich nicht wegen Diebstahls gem § 242 I strafbar gemacht.

2. § 246 I

Auch eine Unterschlagung scheidet aus. Es ist kein Zueignungswille gegeben, der sich irgendwie manifestiert haben könnte.

3. § 274 I Nr 1

362 Durch Einstecken der Bankkarte könnte sich A wegen Unterdrückung einer Urkunde oder einer technischen Aufzeichnung gem § 274 I Nr 1 strafbar gemacht haben.

---

20 BGHSt 35, 152, 157 f; *Altenhain*, JZ 1997, 752, 753; LK-*Vogel*, § 242 Rn 164.
21 *Eisele*, BT2 Rn 66; *Wessels/Hillenkamp*, BT2 Rn 180.

a) Objektiver Tatbestand

Fraglich ist, ob die von A entwendete Bankkarte eine Urkunde iSd § 274 I Nr 1 darstellt. Eine Urkunde ist jede verkörperte und optisch-visuell wahrnehmbare Gedankenerklärung, die zum Beweis im Rechtsverkehr geeignet und bestimmt ist und ihren Aussteller erkennen lässt[22].

Die auf der Bankkarte handschriftlich notierte PIN ist keine Gedankenerklärung, sondern nur eine Gedächtnisstütze. Sie kann die Urkundenqualität nicht begründen.

Die im Magnetstreifen der Karte gespeicherten Daten (Bankleitzahl des Kreditinstituts, Kontonummer des Kunden sowie das Datum der letzten Verfügung und der am Tag abgehobene Betrag) sind nicht optisch-visuell wahrnehmbar[23] und begründen deshalb ebenfalls keine Urkundenqualität.

Auf der Karte stehen aber zusätzlich der Name des Karteninhabers E sowie die Kontonummer und der Name der kartenausgebenden Bank. Insoweit handelt es sich um eine Gedankenerklärung. Diese Angaben auf der Bankkarte sind auch geeignet und dazu bestimmt, für den zwischen der D-Bank und E abgeschlossenen Bankkartenvertrag Beweis zu erbringen. Schließlich müsste die Bankkarte den Aussteller als Garanten der Erklärung erkennen lassen. Aussteller ist nach der herrschenden Geistigkeitstheorie nicht derjenige, der die Urkunde körperlich hergestellt hat, sondern derjenige, der als geistiger Urheber für die Erklärung einsteht[24]. Die Bankkarte benannte als Aussteller ausdrücklich die D-Bank.

Die sichtbaren Angaben auf der Bankkarte geben ihr somit die Urkundenqualität iSd § 274 I Nr 1.

Überdies könnte die entwendete Bankkarte eine technische Aufzeichnung iSd §§ 274 I Nr 1 iVm 268 II darstellen. Der Begriff der technischen Aufzeichnung erfordert in Abgrenzung zum Urkundenbegriff eine Darstellung, die durch ein technisches Gerät ganz oder zum Teil selbsttätig bewirkt wird. Eine Darstellung iSd § 268 II erfordert Zeichen von einiger Dauerhaftigkeit, die von einem technischen Gerät aufgezeichnet sind und die Vorstellung eines Sinngehalts vermitteln[25]. Im Unterschied zum Urkundenbegriff muss die Darstellung nicht optisch-visuell wahrnehmbar sein[26]. Damit könnten nicht nur die Angaben auf der Bankkarte, sondern auch die elektromagnetische Fixierung von Daten im Magnetstreifen der Karte dem Begriff der technischen Aufzeichnung genügen.

Die Darstellung muss weiterhin aber selbsttätig durch das Gerät bewirkt sein. Die Leistung des Geräts muss darin bestehen, durch einen in Konstruktion oder Programmierung festgelegten automatischen Vorgang einen Aufzeichnungsinhalt mit neuem Informationsgehalt hervorzubringen, dh die Maschine muss nicht nur die Produktion der Zeichen, sondern auch die Wahrnehmung des Sachverhalts und seine Zuordnung zu einzel-

---

22 *Wessels/Hettinger/Engländer*, BT1 Rn 869, 873.
23 SK/StGB-*Hoyer*, § 267 Rn 28; *Wessels/Hettinger/Engländer*, BT1 Rn 873; aA *Canaris*, Bankvertragsrecht, Rn 527b; *Tegebauer*, Die GeldKarte, 2002, S 32 f.
24 *Wessels/Hettinger/Engländer*, BT1 Rn 880.
25 *Lackner/Kühl*, § 268 Rn 3.
26 S/S-*Cramer/Heine*, § 268 Rn 8.

nen lesbaren Zeichen übernehmen[27]. Die Daten auf der Oberfläche der Bankkarte sowie die im Magnetstreifen gespeicherte Bankleitzahl und Kontonummer sind vom Menschen eingegeben. Datum und Höhe der letzten Auszahlung im Magnetstreifen werden jedoch von der jeweiligen Maschine selbsttätig ermittelt und gegebenenfalls auch abgeändert[28]. Letztere Daten stellen also eine technische Aufzeichnung iSd §§ 274 I Nr 1 iVm 268 II dar.

Gemäß § 274 I Nr 1 dürfte die Bankkarte A nicht oder zumindest nicht ausschließlich gehört haben. Diese Formulierung meint nicht die dinglichen Eigentumsverhältnisse, sondern das Recht, mit dem Tatobjekt im Rechtsverkehr Beweis zu erbringen. Dieses Recht kommt hier E zu. Damit gehörte die Bankkarte dem E, nicht aber dem A iSd § 274 I Nr 1.

Indem A die Bankkarte des E weggenommen hat, hat er den Berechtigten zumindest vorübergehend an der Benutzung des Tatobjekts als Beweismittel gehindert und damit die Karte unterdrückt[29].

b) Subjektiver Tatbestand

A handelte vorsätzlich.

Er müsste zugleich in der Absicht gehandelt haben, einem anderen einen Nachteil zuzufügen. Nach hM genügt hinsichtlich der Nachteilszufügung iRd § 274 I dolus directus zweiten Grades[30]. Der Täter muss als sicher voraussehen, dass die Benutzung gerade des gedanklichen Inhalts der Urkunde bzw des Darstellungsinhalts der Aufzeichnung in einer aktuellen Beweissituation vereitelt wird[31]. A handelte in der Absicht, E finanzielle Werte zu entziehen. Dieser Nachteil sollte aber nicht aus der Vereitelung der Beweisfunktion entstehen, sondern erst aus einer weiteren missbräuchlichen Nutzung der Karte. A könnte als sichere Folge seines Tuns auch angesehen haben, dass sich E am Geldautomaten nicht als Kontoinhaber ausweisen kann. Der Umstand, dass A dem E die Karte schnellstmöglich wieder zustecken wollte, zeigt jedoch, dass A damit rechnete, E würde den Verlust der Karte bis zur Rückgabe nicht bemerken. Direkter Vorsatz des A hinsichtlich der Vereitelung der Beweisfunktion iSd § 274 I ist nicht gegeben[32] (*aA vertretbar*).

c) Ergebnis

A hat sich nicht gem § 274 I Nr 1 strafbar gemacht.

---

27 S/S/W-StGB-*Hilgendorf*, § 268 Rn 6; *Lackner/Kühl*, § 268 Rn 4.
28 Vgl zum im Magnetstreifen gespeicherten Tageslimit: *Gössmann*, Schimansky-FS, S 145 ff.
29 *Wessels/Hettinger/Engländer*, BT1 Rn 973.
30 BGH NStZ 2010, 332, 333; S/S-*Heine*, § 274 Rn 15; *Wessels/Hettinger/Engländer*, BT1 Rn 976; aA MK-*Freund*, § 274 Rn 53 f; SK-*Hoyer*, § 274 Rn 17.
31 *Fischer*, § 274 Rn 9 f.
32 Vgl *Hilgendorf*, Klausurenkurs III [12] Rn 13; *Jäger*, BT Rn 224.

4. § 274 I Nr 2

A könnte sich wegen Unterdrückung beweiserheblicher Daten strafbar gemacht haben. **363**

a) Objektiver Tatbestand

Der Begriff „beweiserhebliche Daten" umfasst entsprechend der Legaldefinition in § 202a II ausschließlich elektronisch, magnetisch oder sonst nicht unmittelbar wahrnehmbar gespeicherte oder übermittelte Daten[33]. Die im Magnetstreifen der Karte gespeicherten Daten sind beweiserhebliche Daten iSd § 202a II, nicht dagegen die auf der Bankkarte vermerkte PIN, denn diese ist unmittelbar wahrnehmbar.

b) Subjektiver Tatbestand

A hat vorsätzlich, aber nicht in der von § 274 I vorausgesetzten Absicht gehandelt (*s Rn 362*).

c) Ergebnis

A hat sich nicht gem § 274 I Nr 2 strafbar gemacht.

5. § 303a I Var 2

Mit der Wegnahme der Bankkarte hat A vorsätzlich, rechtswidrig und schuldhaft Daten **364** iSv § 202a II (*s Rn 363*) unterdrückt, dh zeitweilig dem Zugriff des Berechtigten entzogen.

A hat sich nach § 303a I Var 2 strafbar gemacht. Ein nach § 303c ggf erforderlicher Strafantrag ist gestellt.

6. § 202a I

Mit der Wegnahme der Karte könnte A sich unbefugt Daten iSd § 202a II (*s Rn 363*) **365** verschafft haben.

a) Objektiver Tatbestand

Die im Magnetstreifen der Karte gespeicherten Daten dürften nicht für den Täter bestimmt gewesen sein, dh sie hätten nach dem Willen des Berechtigten nicht in den Herrschaftsbereich des Täters gelangen dürfen. Berechtigter iSd § 202a I ist die speichernde Stelle sowie ein Dritter, wenn der Berechtigte dem Dritten die Daten zugänglich gemacht hat[34]. Mit der Aushändigung der Bankkarte und der vertraulichen Mitteilung der PIN sowie mit der Festlegung von Sorgfaltspflichten des Karteninhabers[35] hat die Bank als Berechtigte allein E die bewussten Daten zugänglich gemacht.

Die Daten müssten gegen unberechtigten Zugriff besonders gesichert gewesen sein. Eine Zugangssicherung iSd § 202a I muss objektiv geeignet und subjektiv dazu bestimmt

---

33 *Wessels/Hettinger/Engländer*, BT1 Rn 624.
34 *S/S-Lenckner/Eisele*, § 202a Rn 9.
35 Vgl Bedingungen für die girocard des Bundesverbandes deutscher Banken, abgedruckt bei LK-*Tiedemann/Valerius*, § 263a Rn 108.

sein, den Zugriff auf die Daten auszuschließen oder wenigstens nicht unerheblich zu erschweren[36]. Nach dem Willen der Bank dient die PIN gerade dazu, Nichtberechtigten den Zugang zu den im Magnetstreifen gespeicherten Daten unmöglich zu machen. Bei Beachtung der gebotenen Sorgfaltspflichten dürfte damit auch ein wirksamer Schutz verwirklicht sein.

A müsste sich die fraglichen Daten verschafft haben. Verschafft iSd § 202a I sind Daten nicht nur, wenn der Täter von ihnen optisch oder akustisch Kenntnis genommen hat, sondern auch, wenn der Täter den körperlichen Datenträger in seine Verfügungsgewalt gebracht hat[37].

Die Tathandlung muss aber unter Überwindung der Zugangssicherung erfolgen[38]. Zur Wegnahme der Karte hat A die Zugangssicherung der PIN nicht überwinden müssen[39].

Die PIN an sich ist bereits kein Datum iSd § 202a II (*s Rn 363*). Darüber hinaus hat A sich die PIN auch nicht verschafft iSd § 202a I, denn sie war nicht gegen unbefugten Zugang besonders gesichert.

b) Ergebnis

A hat sich nicht gem § 202a I strafbar gemacht.

7. Ergebnis für A im Tatkomplex C

A ist strafbar gem § 303a I Var 2.

D. Am Geldautomaten der D-Bank (Strafbarkeit des A)

1. § 242 I (bzgl der Geldscheine)

366 A könnte mit der Entnahme der vom Geldautomaten der D-Bank ausgegebenen 300 € einen Diebstahl nach § 242 I begangen haben.

a) Objektiver Tatbestand

Fraglich ist bereits, ob die 300 € für A fremd gewesen oder gem § 929 S 1 BGB von der Bank an ihn übereignet worden sind. Dies kann hier jedoch noch dahingestellt bleiben, wenn jedenfalls keine Wegnahme iSd § 242 I gegeben ist. Wegnahme bedeutet den Bruch fremden Allein- oder Mitgewahrsams und die Begründung neuen, nicht notwendig aber regelmäßig eigenen Gewahrsams[40]. Fremder Gewahrsam wird dadurch gebro-

---

36 *Lackner/Kühl*, § 202a Rn 4.
37 *S/S-Lenckner/Eisele*, § 202a Rn 18.
38 *Fischer*, § 202a Rn 11b; NK-*Kargl*, § 202a Rn 14a.
39 Vgl *Jäger*, BT Rn 224 u. 540 ff. Das Auslesen der auf dem Magnetstreifen gespeicherten Daten fand hier durch den Bankautomaten statt. Selbst wenn A die PIN auf andere Weise erlangt hätte und die auf der Karte gespeicherten Daten mittels eines eigenen Lesegerätes ausgespäht hätte (sog Skimming), wäre § 202a mangels (Überwindung einer besonderen) Zugriffssicherung nicht verwirklicht, vgl BGHSt 56, 170; BGH NStZ 2010, 275; 2011, 154; vert. *Eisele*, CR 2011, 131; *Seidl*, ZIS 2012, 415.
40 *Wessels/Hillenkamp*, BT2 Rn 82.

chen, dass die Sachherrschaft des bisherigen Gewahrsamsinhabers gegen seinen Willen oder zumindest ohne sein Einverständnis aufgehoben wird[41].

Möglicherweise war hier die Bank mit dem Gewahrsamswechsel einverstanden.

> **Problem Nr 83: Gewahrsamsbruch an aus Geldautomaten erlangtem Bargeld?** 367
>
> **(1)** Zum einen wird die **Ansicht** (BayObLG NJW 1987, 663 f; OLG Düsseldorf NStZ 1987, 330; *Mitsch*, BT2 S 29) vertreten, die Bank wolle ein Einverständnis zur Änderung der Sachherrschaft an den vom Geldautomaten ausgegebenen Scheinen nur an den berechtigten Karteninhaber abgeben.
>
> **Argument:** Dies ergibt sich zum einen daraus, dass Bankkarte und PIN ausschließlich und streng vertraulich an den Kontoinhaber ausgehändigt werden (BayObLG NJW 1987, 663, 664; BayObLG NJW 1987, 665), zum anderen daraus, dass den Geldinstituten im Falle des Missbrauchs der Codekarte ein finanzielles Restrisiko verbleibt und dass diese generell ein Interesse am Funktionieren des Geldautomatensystems haben (BayObLG NJW 1987, 663, 664).
>
> **(2)** Die **hM** (BGHSt 35, 152, 158 ff; BGHSt 38, 120, 122; *Eisele*, BT2 Rn 58; *Rengier*, BT1 § 2 Rn 70; *Wessels/Hillenkamp*, BT2 Rn 182, 184) bejaht zu Recht ein tatbestandsausschließendes Einverständnis der Bank zum Gewahrsamswechsel, sofern der Geldautomat nur ordnungsgemäß in Betrieb genommen worden ist.
>
> **Argument:** Die Ausgabe der Bankkarte und die Mitteilung der PIN nur an den Berechtigten kann auch so gedeutet werden, dass Missbräuche im Normalfall ausgeschlossen sind und dass das Geld damit an jeden übereignet werden soll, der das Gerät funktionsgerecht bedient (OLG Hamburg NJW 1987, 336; vgl *Kleb-Braun*, JA 1986, 249, 269).
>
> Der eigentliche Unrechtsgehalt des funktionsgemäßen Missbrauchs von Geldautomaten liegt mehr in der unbefugten Inanspruchnahme einer Computerleistung, die durch § 263a erfasst werden soll, als in einem Besitzerwerb durch Gewahrsamsbruch.
>
> *Zur Vertiefung: Wessels/Hillenkamp, BT2 Rn 182 ff.*

Da der Geldautomat ordnungsgemäß in Betrieb genommen worden ist und die Bank 368
dies als alleinige Voraussetzung für die Gewahrsamsübertragung sieht – die computermäßigen Manipulationen sollen durch § 263a erfasst werden – ist von einem tatbestandsausschließenden Einverständnis der Bank zum Gewahrsamswechsel auszugehen. Das Einverständnis beschränkt sich damit nicht auf den berechtigten Karteninhaber, sondern richtet sich generell an denjenigen, der wie A den Geldautomaten funktionsgerecht bedient. Eine Wegnahme iSd § 242 I ist nicht erfolgt.

b) Ergebnis

A hat sich nicht gem § 242 I strafbar gemacht.

2. § 246 I (bzgl der Geldscheine)

A könnte sich durch die Entnahme der Geldscheine aus dem Automaten der D-Bank 369
wegen Unterschlagung nach § 246 I strafbar gemacht haben.

---

41 *Wessels/Hillenkamp*, BT2 Rn 115.

a) Objektiver Tatbestand

Dann müsste sich A eine fremde bewegliche Sache zugeeignet haben.

Fraglich ist, ob die vom Geldautomaten ausgegebenen Banknoten für A fremd gewesen oder nach § 929 S 1 BGB von der Bank an ihn übereignet worden sind. Voraussetzungen einer Übereignung nach § 929 S 1 BGB sind Einigung und Übergabe[42].

Problematisch ist allein, ob die Bank konkludent erklären wollte, dass das Eigentum an vom Automaten ausgegebenen Geldscheinen auch auf den unberechtigten Karteninhaber übergehen soll. Ein Übereignungsangebot der Bank könnte bereits im Aufstellen des Geldautomaten[43] sowie in der Ausgabe der Bankkarte und Mitteilung der Geheimnummer oder auch erst im Bereitstellen des Geldes im Automatenfach zu sehen sein[44]. Die Annahme des A würde sodann konkludent in der Entgegennahme des Geldes liegen, wobei die Bank auf deren Zugang nach § 151 S 1 BGB verzichtet hätte[45].

370   **Problem Nr 84: Übereignung des vom Geldautomaten ausgegebenen Geldes durch die Bank an den unbefugten Kartenbenutzer nach § 929 S 1 BGB?**

(1) Der **BGH** (BGHSt 35, 152, 161 ff) hat einen Willen der Bank zur Übereignung an den unberechtigten Karteninhaber verneint.

Argument: Der Wille der Bank geht dahin, die Benutzung des Geldautomaten nicht jedermann, sondern nur dem Kontoinhaber zu erlauben, dem Bankkarte und Geheimzahl persönlich zugeteilt worden sind (BGHSt 35, 152, 162 f; *Eisele/Fad*, Jura 2002, 305, 306; *Mitsch*, BT 2 S 29).

(2) Nach der vorzugswürdigen Gegenansicht, die inzwischen wohl auch schon der **hA** entsprechen dürfte, ist bei vorschriftsmäßiger Bedienung des Geldautomaten eine Einigungserklärung der Bank anzunehmen, die sich an jeden richtet, der (ausgewiesen durch die Codekarte und die Kenntnis der Geheimzahl) die Leistung des Geldautomaten in Anspruch nimmt (SK-StGB-*Hoyer*, § 246 Rn 39; *Wessels/Hillenkamp*, BT2 Rn 184).

Argument: Durch Ausgabe der Bankkarte und Mitteilung der PIN nur an den Berechtigten ist ein Missbrauch im Normalfall praktisch ausgeschlossen, sodass angenommen werden kann, dass die Bank eine Übereignung an den erstrebt, der das Gerät durch Erbringen des doppelten Berechtigungsnachweises funktionsgerecht bedient (*Lenckner/Winkelbauer*, wistra 1984, 83, 85 f).

Ferner ist die Übergabe ein Realakt und als solcher bedingungsfeindlich (*Kleb-Braun*, JA 1986, 249, 260; *Neumann*, JuS 1990, 535, 538; *Ranft*, wistra 1987, 79, 82).

Besonders bedeutsam dürfte schließlich sein, dass es widersprüchlich erscheint, die Frage der Eigentumsübertragung anders zu beurteilen als die der einverständlichen Gewahrsamsübertragung (*s Rn 367; Wessels/Hillenkamp*, BT2 Rn 184).

Zur Vertiefung: Wessels/Hillenkamp, BT2 Rn 182 ff.

---

42 Anders für den Übereignungsakt am Geldautomaten: *Ranft*, NJW 1994, 2574, 2575 für eine Gestattung zur Besitzverschaffung gem § 854 II BGB.
43 *Canaris*, Bankvertragsrecht, Rn 527e.
44 BayObLG NJW 1987, 665.
45 Vgl *Canaris*, Bankvertragsrecht, Rn 527e.

Gegen einen Übereignungswillen der Bank könnte jedoch sprechen, dass die Benutzung **371** des Geldautomaten nur dem berechtigten Kontoinhaber erlaubt sein soll. Durch das Erfordernis des PIN-Codes sind Missbräuche aber so gut wie ausgeschlossen, sodass die Bank das Bargeld offenbar an jeden übereignen will, der die korrekte Geheimnummer eingibt. Insofern enthält die Übereignungserklärung also einen ähnlichen Aussagegehalt wie das Einverständnis in die Gewahrsamsübertragung (*s Rn 367 f*). Folglich hat A Eigentum an den vom Automaten im Ausgabefach bereitgestellten 300 € erlangt. Eine Unterschlagung nach § 246 I ist somit mangels Fremdheit des Tatobjekts für A ausgeschlossen.

b) Ergebnis

A hat sich nicht gem § 246 I strafbar gemacht.

3. § 246 I (bzgl der Bankkarte)

Die von vornherein geplante Rückgabe der Bankkarte führt auch hinsichtlich ihrer Benutzung am Geldautomaten dazu, dass keine Zueignung gegeben ist (*vgl Rn 361*).

4. § 263 I (A gegenüber der Bank, zulasten der Bank, zugunsten des A)

A könnte den Geldautomaten über seine Zugangsberechtigung iSd § 263 I getäuscht **372** haben. Eine Täuschung ist ein Verhalten, das einen bestimmten Erklärungswert hat und der Irreführung anderer dient[46]. Eine Maschine kann jedoch nicht irren und folglich auch nicht getäuscht werden[47]. A hat sich nicht gem § 263 I strafbar gemacht.

5. § 263a I Var 3 (zulasten der Bank, zugunsten des A)

Indem A den Geldautomaten der D-Bank zu einer Auszahlung iHv 300 € aus dem Kontoguthaben des E veranlasst hat, könnte er einen Computerbetrug gem § 263a I Var 3 zulasten der Bank begangen haben.

a) Objektiver Tatbestand

Bei den von A eingegebenen Befehlen müsste es sich um Daten iSd § 263a I Var 3 handeln. Da § 263a anders als § 274 I Nr 2 und § 303a I gerade nicht auf § 202a II verweist, ist der Begriff des Datums hier von der Legaldefinition losgelöst, nach der ratio des § 263a I zu bestimmen[48]. Daten iS dieses Straftatbestandes sind codierte und kodierbare Informationen[49], mithin auch die dem Kontoinhaber zugeteilte Geheimnummer (PIN) und die im Magnetstreifen gespeicherten Informationen[50].

Diese hat A verwendet, indem er sie in den Verarbeitungsvorgang des Geldautomaten eingeführt hat[51].

---

46 *Wessels/Hillenkamp*, BT2 Rn 490.
47 *Wessels/Hillenkamp*, BT2 Rn 601 f.
48 MK-*Wohlers/Mühlbauer*, § 263a Rn 14.
49 S/S/W-StGB-*Hilgendorf*, § 263a Rn 3; *Fischer*, § 263a Rn 3.
50 *Wessels/Hillenkamp*, BT2 Rn 605.
51 Vgl *Hilgendorf*, JuS 1997, 130, 131; LK-*Tiedemann/Valerius*, § 263a Rn 36.

Fraglich ist jedoch, ob die Verwendung der Daten durch A auch unbefugt iSd § 263a I Var 3 gewesen ist.

373   **Problem Nr 85: „Unbefugte" Verwendung von Daten iSd § 263a I Var 3**

(1) Nach der **subjektivierenden Auslegung** handelt unbefugt, wer Daten entgegen dem ausdrücklichen oder mutmaßlichen Willen des Verfügungsberechtigten verwendet (S/S/W-StGB-*Hilgendorf*, § 263a Rn 14; NK-*Kindhäuser*, § 263a Rn 27; *Popp*, JuS 2011, 385, 392) bzw wessen Verwendung dem Willen des Betreibers oder dem „vertraglich vereinbarten Dürfen" widerspricht (BGHSt 40, 331, 334).

Argument: In § 17 UWG wird das Tatbestandsmerkmal „unbefugt" nach allgemeiner Ansicht iSv „gegen den ausdrücklichen oder mutmaßlichen Willen des Geheimnisinhabers" interpretiert. Weil der veränderte § 17 UWG ebenso wie § 263a durch das WiKG eingeführt wurde, ist anzunehmen, dass nach dem Willen des Gesetzgebers der in beiden Bestimmungen auftauchende Ausdruck „unbefugt" dieselbe Bedeutung haben soll. Diese Ansicht wird durch die Nähe der Schutzgüter unterstützt. Beide Vorschriften schützen das Vermögen (*Hilgendorf*, JuS 1997, 130, 132; BayObLG NJW 1991, 438, 440).

(2) Die **computerspezifische Auslegung** verlangt zur Bejahung des Tatbestandsmerkmals „unbefugt", dass sich der der Datenverwendung entgegenstehende Wille des Betreibers im Computerprogramm niedergeschlagen hat (OLG Celle NStZ 1989, 367; *Achenbach*, JR 1994, 289, 295) und sodann durch eine ordnungswidrige Einwirkung auf den Ablauf des Computerprogramms überwunden wird (OLG Dresden StV 2005, 443; *Neumann*, JuS 1990, 535, 537).

Argument: Da es § 263a speziell um die Erfassung von Computermanipulationen geht, müssen auch die Gestaltung des Computerprogramms und die Art der Einwirkung auf das Programm entscheidend sein.

(3) Nach der **herrschenden** und zutr **betrugsspezifischen Auslegung** muss eine Datenverwendung, um unbefugt zu sein, Täuschungswert iSd § 263 I aufweisen (BGH NStZ 2016, 149; OLG Karlsruhe NJW 2009, 1287, 1288; S/S-*Perron*, § 263a Rn 9; *Eisele/Fad*, Jura 2002, 305, 306; *Fischer*, § 263a Rn 11; *Rengier*, BT1 § 14 Rn 19 f; LK-*Tiedemann/Valerius*, § 263a Rn 44; *Wessels/Hillenkamp*, BT2 Rn 613). Täuschungsäquivalenz ist gegeben, wenn die Verwendung der Daten gegenüber einer Person Täuschungscharakter hätte.

Argument: Gegen die subjektivierende Auslegung – o (1) – spricht entscheidend, dass sie zu einer nahezu uferlosen Weite des Tatbestandes des § 263a I Var 3 führt: Durch vertragliche Ausgestaltung der AGB könnten die Banken jede nicht genehme Auszahlung als Vertragsbruch und damit als tatbestandsmäßig iSd § 263a I Var 3 qualifizieren. Der Computerbetrug würde in eine reines Vertragsunrecht einbeziehende allgemeine Computeruntreue verwandelt (S/S-*Perron*, § 263a Rn 9; *Wessels/Hillenkamp*, BT2 Rn 613).

Gegen die computerspezifische Auslegung – o (2) – spricht, dass die Vorschrift des § 263a I Var 3 bei einem solchen Verständnis auf den Computermissbrauch nicht anwendbar ist, obwohl sie gerade für diesen Fall geschaffen wurde.

Die Vorschrift des § 263a wurde in das StGB eingefügt, um Lücken im Vermögensschutz zu schließen. Es galt, neue Manipulationsformen zu bekämpfen, deren Besonderheit im Vergleich zum Betrug (§ 263) darin besteht, dass nicht ein Mensch getäuscht und zu einer irrtumsbedingten Vermögensverfügung veranlasst, sondern der Schaden durch die Manipulation eines Datenverarbeitungssystems herbeigeführt wird. Dementsprechend übernimmt § 263a die Struktur des Betrugstatbestandes, ersetzt aber die Täuschungshandlung durch verschiedene Möglichkeiten der Computermanipulation. Will man die Struktur- und Wertgleichheit mit dem Betrug sowie die Auffangfunktion des § 263a wahren, muss man eine der Täuschungshandlung iSd

§ 263 vergleichbare Tathandlung fordern (BGHSt 47, 160, 162; *Eisele/Fad*, Jura 2002, 305, 306 f; *Kudlich*, JuS 2001, 20, 21; *Wessels/Hillenkamp*, BT2 Rn 601 ff).

Zur Vertiefung: Wessels/Hillenkamp, BT2 Rn 613 ff; Hillenkamp, BT 36. Problem S 195 ff; Kraatz, Jura 2016, 875; Rengier, BT1 § 14 Rn 14 ff; Valerius, JA 2007, 778, 779; Wachter, JuS 2017, 723.

Nach der subjektivierenden Auslegung müsste A gegen den mutmaßlichen Willen des   **374**
Verfügungsberechtigten E bzw des Automatenbetreibers, der Bank, gehandelt haben. A
hat gegen den mutmaßlichen Willen des E und auch der Bank verstoßen, indem er sich
ungefragt Zugang zum Konto des E verschafft hat.

Nach der computerspezifischen Auslegung wäre das Tatbestandsmerkmal „unbefugt"
iSd § 263a I Var 3 zu verneinen: Zwar hat A eine nicht für ihn bestimmte Zugangsberechtigung verwendet, indem er sie in den Datenverarbeitungsvorgang eingeführt hat,
doch hat er den Geldautomaten selbst funktionsgemäß bedient.

Nach der hM, die eine betrugsspezifische Auslegung befürwortet, müsste schließlich das
Verhalten des A täuschungsäquivalent sein. Wer von einem Menschen aufgrund eines
ihm nicht zustehenden Berechtigungsausweises die Auszahlung von Geld beansprucht,
erklärt zumindest schlüssig, dass er Inhaber der Berechtigung sei[52]. Entsprechend hat
A durch die Eingabe der PIN und Verwendung der Bankkarte schlüssig seine Verwen-
dungsberechtigung vorgespiegelt, welche vom Computerprogramm des Geldautomaten
sodann auch geprüft und akzeptiert worden ist. Die betrugsspezifische Auslegung ist
vorzugswürdig, weil § 263a gerade dem Umstand Rechnung tragen soll, dass ein Automat nicht irren kann, während im Übrigen alle Betrugsbestandteile gegeben sein sollen.
A hat also unbefugt Daten iSd § 263a I Var 3 verwendet.

Mit der unbefugten Verwendung von Daten müsste A das Ergebnis eines Datenverarbeitungsvorgangs beeinflusst haben. Durch die Eingabe der Daten hat A den Automatismus
des Geldautomaten in Gang gesetzt und die Auszahlung von 300 € verursacht.

Folglich ist ein unmittelbar vermögensmindernd wirkender[53] Datenverarbeitungsvorgang gegeben. Zweifelhaft erscheint, ob hier eine „Beeinflussung" des Datenverarbeitungsvorganges vorliegt. Beeinflusst wird das Ergebnis eines Datenverarbeitungsvorgangs, wenn eine der im Gesetz genannten Tathandlungen in den Verarbeitungsvorgang
des Computers Eingang findet, seinen Ablauf irgendwie mitbestimmt und eine Vermögensdisposition auslöst[54]. Umstritten ist, ob die Beeinflussung iSd § 263a I einen bereits
in Gang befindlichen Datenverarbeitungsvorgang voraussetzt oder ob auch ein Ingangsetzen des Vorgangs genügt.

---

52 *Wessels/Hillenkamp*, BT2 Rn 499.
53 *Wessels/Hillenkamp*, BT2 Rn 606.
54 *Wessels/Hillenkamp*, BT2 Rn 612.

375   **Problem Nr 86: Umfasst die Beeinflussung eines Datenverarbeitungsvorganges iSd § 263a I auch das Ingangsetzen eines solchen Vorganges?**

(1) Nach **einer Ansicht** (*Kleb-Braun*, JA 1986, 249, 259; *Ranft*, wistra 1987, 79, 83) genügt das bloße Ingangsetzen eines Datenverarbeitungsvorgangs dem Gesetzeswortlaut des § 263a I nicht.

Argument: Der Begriff der Beeinflussung des Datenverarbeitungsvorgangs impliziert einen bereits laufenden Vorgang. Zudem sind die ersten drei Alternativen des Tatbestandes Unterfälle der vierten Alternative. Die vierte Alternative setzt nach ihrem Wortlaut („oder sonst durch unbefugte Einwirkung auf den Ablauf") ausdrücklich einen bereits in Gang befindlichen Datenverarbeitungsvorgang voraus. Auf diesen muss in der Weise eingewirkt werden, dass das Ergebnis in seiner Ist-Beschaffenheit von der Soll-Beschaffenheit abweicht.

(2) Die zutr **hM** (BGHSt 38, 120, 121; BayObLG NJW 1991, 438, 440; *Eisele*, BT II Rn 670; *Krey/Hellmann/Heinrich*, BT2 Rn 733; *Wessels/Hillenkamp*, BT2 Rn 605) sieht den Tatbestand des § 263a I auch dann als erfüllt an, wenn ein Datenverarbeitungsvorgang in Gang gesetzt wird.

Argument: Die Auslösung eines Datenverarbeitungsvorgangs ist die wohl denkbar stärkste Art der Beeinflussung (*Spahn*, Jura 1989, 513, 519). Auf das Ergebnis eines Datenverarbeitungsvorgangs wird nicht nur dann Einfluss genommen, wenn es sich aufgrund einer Beeinflussung als inhaltlich falsch erweist, sondern auch dann, wenn der Kausalverlauf unter Verwendung bestimmter Mittel in Gang gesetzt wird, die von Dritten geschaffen und bereitgestellt wurden, um ein anderes Ergebnis, nämlich die Auszahlung an den Berechtigten, zu erzielen (BGHSt 38, 120, 121). Dem steht auch nicht der Wortlaut der vierten Alternative des § 263a I („oder sonst") entgegen, welcher nur die Eigenschaft als Auffangtatbestand kenntlich machen soll (BayObLG NJW 1991, 438, 440). Gegen eine Beschränkung des § 263a I auf die Fälle der Manipulation eines Datenverarbeitungsvorgangs spricht gerade, dass anderenfalls § 263a I Var 3 nicht auf den Geldautomatenmissbrauch angewendet werden könnte, obwohl § 263a I Var 3 gerade zur Erfassung desselben geschaffen worden ist (zum Gesetzeszweck des § 263a I Var 3 S/S-*Perron*, § 263a Rn 18).

Zur Vertiefung: Wessels/Hillenkamp, BT2 Rn 605, 617 ff.

376   Da das Ingangsetzen des Datenverarbeitungsvorgangs die intensivste Form der Beeinflussung darstellt, genügt sie für die Bejahung des § 263a I. A hat also mit der unbefugten Verwendung von Daten das Ergebnis eines Datenverarbeitungsvorgangs beeinflusst.

Durch die Beeinflussung des Datenverarbeitungsvorgangs ist jedoch keine nachteilige Vermögensdifferenz der Bank eingetreten. Der Bearbeitervermerk stellt insofern klar, dass die Bank zur Vornahme von Belastungsbuchungen berechtigt ist und den abgehobenen Betrag E auch nicht zu erstatten hat.

Hinweis: Dass die Bank dem berechtigten Karteninhaber den von seinem Konto abgehobenen Betrag nicht zu erstatten hat, ergibt sich aus den Bedingungen für die Verwendung der Bankkarte (vgl dazu Bedingungen für die girocard des Bundesverbandes deutscher Banken, abgedruckt bei LK-Tiedemann/Valerius, § 263a Rn 108; s auch die Hinweise bei Eisele, BT2 Rn 925 ff; Rengier, BT1 § 19 Rn 3 ff; Wessels/Hillenkamp BT 2 Rn 796 ff). Nach A II 13.1 (5) haftet der Karteninhaber für die grob fahrlässige Verletzung seiner Pflichten. Grobe Fahrlässigkeit liegt insbes vor, wenn die persönliche Geheimzahl auf der Karte vermerkt war.

b) Ergebnis

A hat sich nicht wegen Computerbetrugs gem § 263a I Var 3 zulasten der Bank strafbar gemacht.

6. § 263a I Var 3 (zulasten des E, zugunsten des A)

A könnte sich aber wegen Computerbetrugs zulasten des E gem § 263a I Var 3 strafbar gemacht haben. **377**

a) Objektiver Tatbestand

Diese Konstellation entspricht der des Dreiecksbetrugs iRd § 263[55]. Die vom Geldautomaten getätigte Auszahlung der 300 € müsste, um die Strukturgleichheit zum Betrugstatbestand (*s Rn 373*) zu wahren, E zugerechnet werden können. Entscheidend ist – wie beim Dreiecksbetrug – das Näheverhältnis zwischen dem Verfügenden und dem Geschädigten[56]. Die Bank war aus dem Bankkartenvertrag (§ 675 I BGB) mit E verpflichtet, jederzeit auf dessen Weisung iSd § 665 BGB hin Geldbeträge auszuzahlen. Indem A sich der Bankkarte und PIN des E bediente, gab er sich als der Weisungsberechtigte aus. Damit ist E die Einwirkung auf sein Vermögen nach allen Ansichten über die Anforderungen, die an ein Näheverhältnis beim Dreiecksbetrug zu stellen sind, zuzurechnen.

Hinweis: Die Praxis des heutigen Kreditkartensystems weicht von diesem herkömmlichen Dreiecks-Verhältnis offenbar ab. Auch bei Abhebung bei einem kartenfremden Institut wird die Transaktion direkt am Girokonto der kartenausgebenden Bank unter Berücksichtigung eines eingeräumten Dispositions- und Überziehungskredits autorisiert (Rengier, BT1 § 19 Rn 23a, 26). Die Situation entspricht dann derjenigen bei Nutzung eines Automaten des kartenausgebenden Geldinstituts und eine Strafbarkeit gem § 263a I Var 3 kann bejaht werden, ohne dass es eines Rückgriffs auf die Grundsätze des Dreiecksbetrugs bedürfte (s auch BGH NStZ 2016,149; ferner u Rn 389).

b) Subjektiver Tatbestand

A hat vorsätzlich und in der Absicht gehandelt, sich einen rechtswidrigen Vermögensvorteil zu verschaffen, der unmittelbar zulasten des Vermögens des E ging: A hat die Auszahlung von 300 € erstrebt und damit eine Aufwendung der Bank iSd § 670 BGB, welche die Bank jedoch sogleich berechtigterweise durch die Vornahme von Belastungsbuchungen auf dem Konto des E kompensierte (*vgl Bearbeitervermerk*). Die Stoffgleichheit zwischen erstrebtem Vorteil und Schaden, die auch § 263a I StGB voraussetzt, war daher gegeben.

c) Rechtswidrigkeit und Schuld

A handelte rechtswidrig und schuldhaft.

---

55 Vgl *Wessels/Hillenkamp*, BT2 Rn 640 ff.
56 LK-*Tiedemann/Valerius*, § 263a Rn 71; s o Fall 6, Problem Nr 56, Rn 246.

d) Strafantragserfordernis, §§ 263a II, 263 IV, 248a

Ein Strafantrag ist mangels Geringwertigkeit des Tatobjekts (mehr als 50 €[57]) nicht notwendig.

e) Ergebnis

A hat sich wegen Computerbetrugs gem § 263a I Var 3 zulasten des E strafbar gemacht.

7. § 266b I

378 Es erscheint zweifelhaft, ob auch nach Abschaffung des Euroschecks im Jahre 2002 eine „Bankkarte" überhaupt als „Scheck- oder Kreditkarte" iSv § 266b eingestuft werden kann[58]. Das kann hier jedoch dahinstehen, denn nach ganz hA setzt § 266b I voraus, dass der Täter selbst berechtigter Karteninhaber ist[59]. A hat keinerlei Befugnis, die Karte zu benutzen. Er ist deshalb kein tauglicher Täter eines Scheckkartenmissbrauchs nach § 266b I.

8. § 265a I Alt 1

A könnte sich wegen Erschleichens von Leistungen eines Automaten gem § 265a I Alt 1 strafbar gemacht haben.

a) Objektiver Tatbestand

Ein Geldautomat ist ein Warenautomat[60]. Fraglich ist, ob § 265a I Alt 1 nur sogenannte Leistungsautomaten, dh solche Automaten, die nur sonstige, nicht in der Hergabe von Sachen bestehende Leistungen erbringen, umfasst[61] oder ob nicht vielmehr auch Warenautomaten, dh technische Geräte, die dadurch, dass mit der Entrichtung des Entgelts ein Mechanismus oder ein elektronisches Steuerungssystem in Funktion gesetzt wird, selbsttätig bestimmte Gegenstände abgeben, dem § 265a I Alt 1 unterfallen[62]. Eine Entscheidung des Streits kann hier jedoch dahingestellt bleiben. Die Tathandlung des Erschleichens erfordert nämlich, dass der Mechanismus bzw das technische System in ordnungswidriger Weise betätigt wird[63]. A hat den Geldautomaten zwar unberechtigt, aber nicht funktionswidrig in Gang gesetzt.

b) Ergebnis

A hat sich nicht gem § 265a I Alt 1 strafbar gemacht.

---

57 S Fall 3, Rn 114.
58 Dagegen: *Eisele*, BT2 Rn 926; *Rengie*r, BT1 § 19 Rn 2; *Wessels/Hillenkamp*, BT2 Rn 796.
59 BGH StV 2018, 35; *Rengier*, BT 1 § 19 Rn 3; *Wessels/Hillenkamp*, BT2 Rn 795; *Wittig*, § 21 Rn 6.
60 *Eisele/Fad*, Jura 2002, 305, 307.
61 So die noch hM: *Arzt/Weber/Heinrich/Hilgendorf*, BT § 21 Rn 12; *Krey/Hellmann/Heinrich*, BT2 Rn 744; *Lackner/Kühl*, § 265a Rn 2; *S/S-Perron*, § 265a Rn 4.
62 So *Eisele*, BT2 Rn 709; *Mitsch*, JuS 1998, 313; S/S/W-StGB-*Saliger*, § 265a Rn 8; *Wessels/Hillenkamp*, BT2 Rn 678.
63 *Rengier*, BT1 § 16 Rn 4; *Wessels/Hillenkamp*, BT2 Rn 674.

9. § 269 I

Allerdings könnte A durch das Abheben des Geldes § 269 I verwirklicht haben.

a) Objektiver Tatbestand

aa) Eingabe der PIN

Die von A in den Automaten eingegebene[64] PIN stellt durch ihre Zurechnungsfunktion   **379**
ein beweiserhebliches Datum iSd § 269 I dar. Fraglich ist jedoch, ob durch diesen Vorgang Daten gespeichert werden. Sieht man in der bloßen Eingabe von Daten in eine EDV-Anlage ein Speichern[65], ist dieses Tatbestandsmerkmal erfüllt. Dabei wird aber nicht berücksichtigt, dass § 269 dem Tatbestand der Urkundenfälschung sehr ähnlich ist und auch vom Wortlaut ausdrücklich gefordert wird, dass bei „Wahrnehmung eine unechte oder verfälschte Urkunde" vorliegen muss. Für ein Speichern ist die bloße Dateneingabe daher nicht ausreichend, vielmehr muss auch dem Gedanken der Perpetuierung Rechnung getragen werden. Die Daten müssen demzufolge dauerhaft verkörpert sein, also auf einem Medium gespeichert werden. Aus Sicherheitsgründen ist dies aber bei der PIN nicht der Fall: Sowohl bei der erstmaligen Zuweisung als auch bei der späteren Eingabe in den Geldautomaten erfolgt keine Speicherung auf einem Medium.

bb) Verändern der Daten auf dem Magnetstreifen

Die im Magnetstreifen der Bankkarte gespeicherte Höhe sowie das Datum der letzten Auszahlung sind beweiserhebliche Daten iSd § 269, welche die bestehende Guthabenforderung des E gegen die Bank an einem bestimmten Tag belegen.

Als A den Geldautomaten zu einer Auszahlung iHv 300 € veranlasst hat, hat der Automat das Datum der letzten Abhebung in der Kodierung des Magnetstreifens der Karte verändert.

Ergebnis der Tathandlung müsste ein Datenbestand sein, der (würde er sichtbar gemacht) als unechte Urkunde („Quasiurkunde") zu qualifizieren wäre. Würde man die D-Bank als den Aussteller der Urkunde ansehen, scheiterte die Erfüllung des Tatbestands daran, dass eine solche Quasiurkunde nicht unecht iSd § 269 ist. Die Bank wäre dann nicht nur vermeintlicher, sondern auch tatsächlicher Aussteller der Daten (*so hier die Vorauflage*). Zutreffend[66] wird jedoch bei der unbefugten Abhebung vom fremden Girokonto der berechtigte Karteninhaber als Aussteller angesehen, da er durch Eingabe der PIN sozusagen zur Niederschrift durch den Computer erklärt, dass er von seinem Konto einen bestimmten Betrag abgehoben hat und dass damit die Voraussetzung erfüllt ist, dass sein Konto um diesen Betrag belastet werden darf[67].

---

64 Anders der handschriftliche Vermerk der PIN auf der Karte, s Rn 363.
65 *Eisele/Fad*, Jura 2002, 305, 307; S/S-*Heine/Schuster*, § 269 Rn 16.
66 Davon hat mich ein kritischer studentischer Leser der Vorauflage überzeugt, wofür ich mich herzlich bedanken möchte!
67 MK-*Erb*, § 269 Rn 35; ebenso *Eisele*, BT1 Rn 890; *Rengier*, BT2 § 35 Rn 3; S/S/W-StGB-*Hilgendorf*, § 269 Rn 7.

b) Ergebnis

A hat durch die Eingabe der PIN in Kombination mit der Änderung auf dem Magnetstreifen § 269 I verwirklicht.

10. § 267 I

380 Die im Magnetstreifen gespeicherten Angaben zur letzten Abhebung, auf die A eingewirkt hat, sind keine Urkunden iSd § 267 (*s Rn 362*).

A hat sich nicht wegen Urkundenfälschung nach § 267 I strafbar gemacht.

11. § 268 I Nr 1, III

A könnte sich wegen Herstellung einer unechten technischen Aufzeichnung gem § 268 I Nr 1, III strafbar gemacht haben.

Unecht ist eine technische Aufzeichnung, wenn sie nicht das Ergebnis eines in seiner Selbsttätigkeit von Störungshandlungen unbeeinflussten Aufzeichnungsvorgangs ist, obwohl sie diesen Anschein erweckt[68]. A hat den Geldautomaten aber ordnungsgemäß bedient und dessen Selbsttätigkeit in der Aufzeichnung nicht gestört.

A hat sich nicht gem § 268 I Nr 1, III strafbar gemacht.

12. § 274 I Nr 1

381 A könnte eine technische Aufzeichnung (*s Rn 362*) beschädigt und damit den Tatbestand des § 274 I Nr 1 erfüllt haben.

a) Objektiver Tatbestand

Die Beschädigung einer technischen Aufzeichnung setzt voraus, dass die Aufzeichnung in ihrem Wert als Beweismittel beeinträchtigt wird[69]. Durch das Ingangsetzen des Datenverarbeitungsvorgangs hat A eine Überschreibung der Daten zum Tageslimit verursacht. Wird einer Aufzeichnung ein neuer Beweisinhalt gegeben, ist sie in ihrem Beweisinhalt beeinträchtigt und beschädigt.

b) Subjektiver Tatbestand

A hat vorsätzlich gehandelt. Weiterhin müsste er nach hM als sicher vorausgesehen haben, dass infolge seines Tuns die Beweisfunktion des Inhalts der Aufzeichnung vereitelt wird (*s Rn 362*). Nach den Ausführungen im Tatkomplex C spricht der Sachverhalt aber eher für die Annahme, dass A davon ausging, E würde das Fehlen der Bankkarte bis zur Rückgabe nicht bemerken und somit auch nicht auf die fraglichen Daten zurückgreifen wollen, um den Bestand des Tageslimits zu beweisen. A hat somit hinsichtlich der Daten zum Tageslimit nicht mit dolus directus gehandelt.

---

68 *Wessels/Hettinger/Engländer*, BT1 Rn 951.
69 *Wessels/Hettinger/Engländer*, BT1 Rn 972.

c) Ergebnis

A hat sich nicht gem § 274 I Nr 1 strafbar gemacht.

13. § 274 I Nr 2

Durch Bedienung des Geldautomaten könnte A die bisherigen Daten zum Tageslimit **382** gelöscht und folglich auch unterdrückt, unbrauchbar gemacht und verändert haben. Eine Strafbarkeit nach § 274 I Nr 2 kommt aber mangels der von § 274 I vorausgesetzten Absicht nicht in Betracht (*s Rn 381*).

14. § 303a I Var 4

Indem A eine Veränderung der Daten zum Tageslimit durch den Geldautomaten verursacht hat (*s Rn 379*), hat er den objektiven Tatbestand des § 303a I Var 4 vorsätzlich, rechtswidrig und schuldhaft verwirklicht. Ein gem § 303c gegebenenfalls erforderlicher Strafantrag ist gestellt.

15. § 281 I 1, II

Die Bankkarte ist zum einen nicht von einer hoheitlichen Stelle ausgestellt worden und dient zum anderen nicht dem Nachweis über die Identität einer Person, sondern allenfalls dem Nachweis einer Forderungsberechtigung. Damit ist sie weder ein Ausweispapier iSd § 281 I noch eine andere Urkunde iSd § 281 II[70]. A hat sich nicht wegen Missbrauchs von Ausweispapieren nach § 281 I 1, II strafbar gemacht.

16. Konkurrenzen

Die Verwirklichung des Delikts des § 303a I Var 4 wird von der des § 263a I Var 3 als **383** zwangsläufige Folge eines Computerbetrugs, welche den Schuld- und Unrechtsgehalt der Tat nicht wesentlich vertieft, konsumiert.

Wie bei dem mittels einer Urkundenfälschung (§ 267) begangenen Betrug (§ 263) bedarf es auch bei dem durch eine Handlung begangenen Computerbetrug (§ 263a), der zugleich den Tatbestand der Fälschung beweiserheblicher Aufzeichnungen (§ 269) erfüllt, einer Bestrafung wegen beider Delikte, um das Unrecht der Tat voll zu erfassen. Es besteht somit Idealkonkurrenz[71].

17. Ergebnis für A im Tatkomplex D

A ist strafbar gem § 263a I Var 3 – § 52 – § 269 I.

---

70 Vgl auch *Fischer*, § 281 Rn 2.
71 *Fischer*, § 269 Rn 12.

E. Am Geldautomaten der Y-Bank (Strafbarkeit des A)

1. § 242 I

384 A könnte mit der Entnahme der vom Geldautomaten der Y-Bank ausgegebenen 400 € einen Diebstahl nach § 242 I begangen haben.

Zu beachten ist aber, dass der Geldautomat ordnungsgemäß in Betrieb genommen worden ist und die Bank dies als alleinige Voraussetzung für die Gewahrsamsübertragung sieht – die computermäßigen Manipulationen sollen durch § 263a erfasst werden. Die Bank ist daher mit dem Gewahrsamswechsel einverstanden[72]. Eine Wegnahme iSd § 242 I ist damit – unabhängig von der Frage, ob die Geldscheine fremd waren – nicht erfolgt.

K hat sich nicht gem § 242 I strafbar gemacht.

2. § 246 I

A könnte sich durch die Entnahme der Geldscheine wegen Unterschlagung (§ 246 I) strafbar gemacht haben.

Dann müsste sich A eine fremde bewegliche Sache zugeeignet haben. Wie bereits dargelegt[73], ist jedoch im Aufstellen der Geldautomaten ein Übereignungsangebot zu erblicken, das durch die Entgegennahme der Geldscheine konkludent unter Verzicht auf den Zugang der Erklärung (§ 151 S 1 BGB) durch A angenommen wurde. Eine Unterschlagung nach § 246 I ist somit mangels Fremdheit des Tatobjekts für A ausgeschlossen.

3. § 263 I (A gegenüber und zulasten der Y-Bank, zugunsten des A)

A könnte den Geldautomaten über seine Zugangsberechtigung iSd § 263 I getäuscht haben. Wie bereits hervorgehoben (*s Rn 372*), scheidet ein Irrtum seitens der Maschine und damit § 263 I aus.

4. § 263a I Var 3 (A gegenüber und zulasten der Y-Bank, zugunsten des A)

385 Indem A den Geldautomaten der Y-Bank zu einer Auszahlung iHv 400 € veranlasst hat, könnte er einen Computerbetrug gem § 263a I Var 3 zulasten der Y-Bank begangen haben.

a) Objektiver Tatbestand

Daten (dh kodierte Informationen[74]) iS dieses Straftatbestandes sind die dem Kontoinhaber zugeteilte Geheimnummer (PIN) und die im Magnetstreifen gespeicherten Informationen[75].

---

72 Vgl Problem Nr 83 Rn 367.
73 Vgl Problem Nr 84 Rn 370.
74 *Wessels/Hillenkamp*, BT2 Rn 605.
75 *Wessels/Hillenkamp*, BT2 Rn 612.

Diese hat A verwendet, indem er sie in den Verarbeitungsvorgang des Geldautomaten eingeführt hat[76].

Fraglich ist jedoch, ob die Verwendung der Daten durch A auch unbefugt iSd § 263a I Var 3 gewesen ist[77].

Nach der subjektivierenden Auslegung hat A die Daten „unbefugt" iSd § 263a I Var 3 verwendet, da er durch die vertragswidrige Abhebung des Geldes gegen den Willen der Y-Bank verstoßen hat.

Folgt man der computerspezifischen Auslegung, ist das Tatbestandsmerkmal „unbefugt" iSd § 263a I Var 3 zu verneinen: A hat den Geldautomaten selbst funktionsgemäß bedient.

Nach der hM schließlich, die eine betrugsspezifische Auslegung befürwortet, muss das Verhalten des A täuschungsäquivalent sein. Diese betrugsspezifische Auslegung ist vorzugswürdig, weil § 263a gerade dem Umstand Rechnung tragen soll, dass ein Automat nicht irren kann, während im Übrigen alle Betrugsbestandteile gegeben sein sollen. Umstritten ist allerdings innerhalb dieser Ansicht, ob auch im Falle des berechtigten Karteninhabers, der lediglich die ihm im Innenverhältnis eingeräumte Befugnis zur Abhebung überschreitet, eine Strafbarkeit nach § 263a gegeben ist. Diese Entscheidung hängt davon ab, wie derjenige fiktive Bankangestellte beschaffen sein muss, auf den im Rahmen der Frage abgestellt wird, ob das Verhalten des Karteninhabers Täuschungsäquivalenz hat.

Problem Nr 87: Ist bei einem Überschreiten der Befugnis zur Abhebung durch den berechtigten Karteninhaber ein täuschungsäquivalentes Verhalten gegeben? 386

(1) Der **BGH** sowie große Teile des Schrifttums (BGHSt 47, 160; *Fischer*, § 263a Rn 14 f; HK-GS-*Duttge*, § 263a Rn 17; *Eisele*, BT2 Rn 685; SK/StGB-*Hoyer*, § 263a Rn 35; *Krey/Hellmann/Heinrich*, BT2 Rn 735; *Rengier*, BT1 § 14 Rn 21 ff; *Tofahrn*, BT2 Rn 629) lehnen hier eine Täuschungsäquivalenz ab.

Argument: Im Rahmen des Computerbetruges kann als Vergleichsperson nur ein solcher Bankangestellter herangezogen werden, der all diejenigen Umstände in seine Entscheidung über die Geldauszahlung einbezieht, die auch bei der Geldausgabe am Automaten berücksichtigt werden. Hierzu zählen aber allein die Berechtigung des Karteninhabers und der ihm eingeräumte Verfügungsrahmen, nicht aber die Deckung des Kontos. Überdies enthält § 266b eine abschließende Sonderregelung im Hinblick auf den Kartenmissbrauch durch den berechtigten Karteninhaber.

(2) Nach einer **im Schrifttum teils vertretenen Auffassung** (*Lackner/Kühl*, § 263a Rn 14; LK-*Tiedemann/Valerius*, § 263a Rn 51; *Wessels/Hillenkamp*, BT2 Rn 615) liegt auch hier täuschungsäquivalentes Verhalten vor.

Argument: Der Bankangestellte würde in einem solchen Fall auch die Bonität des Inhabers prüfen. Letzterer könnte also eine Auszahlung nur dann erreichen, wenn er den Bankangestellten hierüber täuscht. Nur diese Auslegung bewirkt den gewünschten Schutz der Bank vor den Gefahren aus der computermäßigen Abwicklung der Kundenbetreuung und beugt Straf-

---

76 Vgl *Hilgendorf*, JuS 1997, 130, 131; LK-*Tiedemann/Valerius*, § 263a Rn 36.
77 Vgl Problem Nr 85 Rn 373.

barkeitslücken vor, die andernfalls bestehen, da § 266b nicht eingreift, wenn Geld an einem Automaten der kartenausgebenden Bank abgehoben wird .

Zur Vertiefung: Küper/Zopfs, BT Rn 705 ff; Rengier, BT1 § 14 Rn 15 ff; Wessels/Hillenkamp, BT2 Rn 615 f.

387 Auf der Grundlage der betrugsspezifischen Auslegung kommt es darauf an, welche Überlegungen ein „fiktiver Bankangestellter" anstellt, ob er nämlich nur die Fähigkeit des Bankkunden testet, die geheime PIN wiederzugeben (Berechtigung des Kontoinhabers) oder ob er auch die Bonität des Kunden (Kontendeckung) prüft. Nur die zweite Auslegung entspricht der (für den Kunden erkennbaren) Interessenlage der Bank und garantiert den von § 263a angestrebten Schutz der Bank vor den Gefahren der computermäßigen Abwicklung der Bankgeschäfte. Da die Bank dem A bereits schriftlich mitgeteilt hatte, keine weitere Überziehung des Kontos zu dulden, hätte ein (fiktiver) Bankangestellter die Bonität des A in seine Entscheidung einbezogen. A hätte die Auszahlung am Bankschalter nur erreichen können, wenn er den Bankangestellten über seine Bonität getäuscht hätte. Das Verhalten des A hat folglich die erforderliche Täuschungsäquivalenz. Damit ist im Abheben des Geldes durch A eine unbefugte Verwendung von Daten zu sehen (*aA gut vertretbar*).

Mit der unbefugten Verwendung von Daten müsste A das Ergebnis eines Datenverarbeitungsvorgangs beeinflusst haben. Durch die Eingabe der Daten hat A den Automatismus des Geldautomaten in Gang gesetzt und die Auszahlung von 400 € verursacht. Folglich ist ein unmittelbar vermögensmindernd wirkender[78] Datenverarbeitungsvorgang gegeben. Zweifelhaft erscheint, ob hier eine „Beeinflussung" des Datenverarbeitungsvorganges vorliegt. Beeinflusst wird das Ergebnis eines Datenverarbeitungsvorgangs, wenn eine der im Gesetz genannten Tathandlungen in den Verarbeitungsvorgang des Computers Eingang findet, seinen Ablauf irgendwie mitbestimmt und eine Vermögensdisposition auslöst[79]. Auch ein Ingangsetzen des Vorgangs reicht hiefür aus[80].

Durch die Beeinflussung des Datenverarbeitungsvorgangs ist eine nachteilige Vermögensdifferenz zulasten der Y-Bank eingetreten.

b) Subjektiver Tatbestand

A handelte vorsätzlich und in der Absicht, sich einen Vermögensvorteil zu verschaffen.

c) Rechtswidrigkeit und Schuld

A handelte rechtswidrig und schuldhaft.

d) Ergebnis

A hat sich gem § 263a I Var 3 strafbar gemacht.

---

78 Vgl *Wessels/Hillenkamp*, BT2 Rn 606.
79 *Wessels/Hillenkamp*, BT2 Rn 612.
80 Vgl o Problem Nr 86 Rn 375.

5. § 266 I

Eine Strafbarkeit des A gem § 266 I scheitert jedenfalls daran, dass den (berechtigten) Karteninhaber gegenüber der Bank keine Vermögensbetreuungspflicht, dh eine Pflicht zur Wahrnehmung fremder Vermögensinteressen[81], trifft.

6. § 266b I

„Scheckkarten" iSv § 266b I Var 1 gibt es seit dem Jahre 2001 überhaupt nicht mehr, und ob eine Bankkarte als „Kreditkarte" iSv § 266 b I Var 2 eingestuft werden kann, erscheint ebenfalls höchst problematisch. Dies könnte gegen das Analogieverbot verstoßen[82]. Fraglich ist ferner, ob das Abheben am Automaten der Y-Bank überhaupt als Tathandlung iSv § 266b in Betracht kommt. Als berechtigtem Karteninhaber ist A zwar die Möglichkeit eingeräumt, die Y-Bank als kartenausstellendes Institut zu einer Zahlung zu veranlassen, ebenso wie der Missbrauchstatbestand im Rahmen der Untreue (§ 266)[83] verlangt aber auch § 266b, dass der Täter sein rechtliches Dürfen (Innenverhältnis) im Rahmen seines rechtlichen Könnens (Außenverhältnis) überschreitet. Erfolgt die Abhebung des Geldes – wie vorliegend – an einem Automaten des kartenausgebenden Instituts, sind Können und Dürfen identisch, weshalb eine Strafbarkeit gem § 266b ausscheidet[84]. Der Missbrauch von Scheck- wie Kreditkarten iSv § 266b I beschränkt sich auf Drei- (oder Mehr-)Personen-Verhältnisse[85]. A hat sich also nicht gem § 266b I strafbar gemacht.

388

Hinweis: Erfolgt die vertragswidrige Abhebung des Bargelds bei einer fremden Bank, bejahen Rspr und Teile der Literatur eine Strafbarkeit gem § 266b, vgl BGHSt 47, 160. Die hL verweist hingegen darauf, dass die Auszahlung hier nicht auf der Garantiefunktion der Karte, sondern auf Vereinbarungen zwischen den Banken beruhe. Dem Täter werde daher keine Rechtsmacht eingeräumt, das kartenausstellende Institut zu einer Auszahlung zu veranlassen. Die Karte werde nicht als Kreditkarte, sondern – ähnlich wie ein Automatenschlüssel – lediglich als Codekarte eingesetzt (vert LK-Möhrenschläger, § 266b Rn 7 ff; Krey/Hellmann/Heinrich, BT2 Rn 735; MK-StGB-Radtke, § 266b Rn 9 ff; Rengier, BT1 § 19 Rn 9 ff; ders, Heinz-FS, S 808 ff; ders, Stürner-FS, S 900 ff).

389

7. § 269 I

Da A selbst der Aussteller der beweiserheblichen Daten ist *(s o Rn 379)* entfällt schon deshalb eine Strafbarkeit gem § 269 I.

8. Ergebnis für A im Tatkomplex E

A ist gem § 263a I Var 3 strafbar.

---

81 BGHSt 33, 344, 350; *Rengier*, BT1 § 18 Rn 14.
82 *Wessels/Hillenkamp*, BT 2 Rn 796; *Rengier*, BT 1 § 19 Rn 19.
83 Einzelheiten s Rn 480.
84 HK-GS-*Beukelmann*, § 266b Rn 8; *Kindhäuser*, BT2 § 36 Rn 13.
85 BGHSt 47, 160, 165 f; *Wessels/Hillenkamp*, BT 2 Rn 797 ff, 800; *Wittig*, § 21 Rn 14, 19.

F. Die Vorgänge nach der Schießerei

I. Strafbarkeit des Z

1. § 239 I

390 Z könnte eine Freiheitsberaubung begangen haben, indem er den A in den „Schwitzkasten" nahm und ihn dadurch am Weggehen hinderte.

a) Objektiver Tatbestand

Freiheitsberaubung ist die Beeinträchtigung der (potenziellen) persönlichen Fortbewegungsfreiheit[86] für eine nicht unerhebliche Dauer durch Einsperren, Festhalten oder sonst irgendwie Verhindern, dass sich das Opfer nach seinem Willen frei von einem bestimmten Ort entfernen kann. Z hat A durch körperlich wirkende, gewaltsame Maßnahmen über einen Zeitraum von nicht unerheblicher Dauer am Verlassen des Tatorts gehindert.

Der objektive Tatbestand des § 239 I ist erfüllt.

b) Subjektiver Tatbestand

Z handelte vorsätzlich.

c) Rechtswidrigkeit

Z könnte durch das Recht der vorläufigen Festnahme gem § 127 I 1 StPO gerechtfertigt gewesen sein.

Voraussetzung des Festnahmerechts ist das Betreffen des Festgehaltenen auf frischer Tat bei Begehung einer Straftat oder einer rechtswidrigen Tat iSd § 11 I Nr 5. In diesem Fall darf jedermann Maßnahmen nach § 127 I 1 StPO ergreifen. Der Festgehaltene muss zudem der Flucht verdächtig bzw seine Identität nicht sofort feststellbar sein. Wie bei allen Rechtfertigungsgründen sind vom Handelnden die Grenzen der Geeignetheit, Erforderlichkeit und Angemessenheit bei der Berufung auf das Festnahmerecht der StPO zu beachten[87].

A legte zwar ein verdächtiges Verhalten an den Tag, begangen hat er die von Z vermutete Straftat aber nicht. Ob auch in einem solchen Fall der gutgläubig handelnde Täter aus § 127 I 1 StPO gerechtfertigt werden kann, mit der Folge, dass vom Festgehaltenen selbst eigene Rechtfertigungsgründe – etwa aus § 32 – gegen den Festnehmenden nicht geltend gemacht werden können, ist umstritten.

391 **Problem Nr 88: Setzt § 127 I 1 StPO eine tatsächlich begangene Straftat voraus?**

(1) **Mehrheitlich** wird in der **Rspr** und **Lehre** von einem solchen Erfordernis abgesehen. Danach genügt es für eine Rechtfertigung, wenn die objektiven Umstände einen *dringenden Tatverdacht* nahe legen und der Festnehmende aus der nach pflichtgemäßer Prüfung gewonnenen Überzeugung gehandelt hat, dass die Voraussetzungen des § 127 I 1 StPO gegeben sind (BGH

---

86 BGHSt 32, 183; 14, 314.
87 *Beulke,* StPO Rn 234 ff; *Wessels/Beulke/Satzger,* AT Rn 600 ff.

NJW 1981, 745, 746; OLG Hamm NStZ 1998, 370; *Heinrich*, AT Rn 508; *Jäger*, AT Rn 166; *Pfeiffer*, StPO § 127 Rn 2; SK/StPO-*Paeffgen*, § 127 Rn 11; *Rengier*, AT § 22 Rn 10).

Argument: Eine Verfahrensnorm wie § 127 I StPO kann nicht materiell die Täterschaft voraussetzen, wenn diese doch erst im nachfolgenden Prozess festgestellt wird.

Auch ist der Private, der im Einklang mit der Rechtsordnung einen Straftäter festhalten will, schutzwürdig, sofern er nach pflichtgemäßer Prüfung der Sachlage von einer tatsächlichen Straftat ausgehen durfte. Dann dürfen aber auch nicht etwaige Notwehrrechte gegen ihn durch den vermeintlich „Flüchtigen" ausgeübt werden können. Eine strengere Handhabung des § 127 I 1 StPO würde außerdem jeden Privaten von der Ausübung dieses Rechts abhalten, was ebenfalls nicht dem öffentlichen Interesse an der Aufklärung von Straftaten und an der Bestrafung der Täter dienlich wäre.

Schließlich wird auch für den festnehmenden Beamten nach § 127 II StPO mehrheitlich vertreten, dass ein dringender Tatverdacht nach pflichtgemäßer Prüfung der objektiven Umstände zur Festnahme genügt. Dann können für Private keine strengeren Anforderungen gelten.

(2) Von **Teilen** der **Rspr** und einigen Stimmen der **Literatur** wird dagegen zu Recht die Notwendigkeit einer tatsächlich vom Festgenommenen begangenen Straftat (mit Erfüllung aller Voraussetzungen von Tatbestand, Rechtswidrigkeit und Schuld) bejaht (OLG Düsseldorf NJW 1991, 2716; *Beulke*, StPO Rn 235; *Krey/Esser*, AT Rn 646 ff; *Kühl*, AT § 9 Rn 86; *M-G/Schmitt*, § 127 Rn 4; *Roxin/Schünemann*, StPO § 31 Rn 4; *Satzger*, Jura 2009, 107, 110; *Wessels/Beulke/Satzger*, AT Rn 601).

Argument: Dem unschuldig Festgenommenen gebührt mindestens ebensoviel Schutz wie dem gutgläubig handelnden Privaten. Ihm müssen gegen solch unbegründete Maßnahmen Notwehrrechte zustehen. Notfalls werden diese Befugnisse über das Merkmal der „Gebotenheit" eingeschränkt, sofern dem Festgenommenen der Irrtum des Festnehmenden offensichtlich ist.

Auch muss der festnehmende Private bei schuldlosem Irrtum über das Vorliegen einer Straftat des Festgehaltenen keine Strafbarkeit aus §§ 239, 240 oder 223 befürchten, da er insoweit in einem schuldausschließenden (str, *s Fall 1, Problem Nr 7, Rn 45*) Erlaubnistatbestandsirrtum handelt. Lediglich eine Fahrlässigkeitsstraftat nach § 229 kommt für ihn in Betracht. Gegenüber der Meinung (1) führt die theoretische Möglichkeit einer Fahrlässigkeitshaftung gleichwohl zu keiner Ausweitung der Strafbarkeit des gutgläubig Handelnden, denn wenn die Voraussetzungen eines dringenden Tatverdachts aus objektiven Gesichtspunkten gegeben sind, wird es auch iRd § 229 an einer Sorgfaltspflichtverletzung des Festnehmenden fehlen.

Des Weiteren legt die Formulierung des § 127 I StPO im Vergleich zu § 127 II StPO eine solche Interpretation nahe. In Abs 1 wird auf ein Betreffen auf frischer *Tat* abgestellt, in Abs 2 dagegen eindeutig nur auf den dringenden Tatverdacht (als unabdingbare Voraussetzung für den Haft- oder Unterbringungsbefehl).

Schließlich macht auch eine unterschiedliche Behandlung Privater im Vergleich zu den in Abs 2 genannten Beamten Sinn, denn nur Letztere sind zur Festnahme aufgrund dringenden Tatverdachts verpflichtet und genießen im Gegenzug dann ein Irrtumsprivileg.

Zur Vertiefung: Beulke, StPO Rn 235; Bülte, ZStW 121 (2009), 377; Hillenkamp/Cornelius, AT 8. Problem S 67 ff; Sickor, JuS 2012, 1074; Wagner, ZJS 2011, 465, 468 ff.

Wenn die hA im Interesse des Festnehmenden den dringenden Tatverdacht bzgl eines **392** Deliktes ausreichen lässt, so schießt sie über das Ziel hinaus, denn sie missachtet die zumindest gleichrangigen Belange des Festgenommenen. Außerdem widerspricht sie dem Wortlaut des Gesetzes. Im Interesse des Opferschutzes ist vielmehr der strengeren

Auslegung des § 127 I 1 StPO zu folgen, die angesichts des regelmäßigen Vorliegens eines Erlaubnistatbestandsirrtums letztlich auch nicht zu einer erhöhten Strafbarkeit führt. Unabdingbare Voraussetzung ist damit, dass der Festgehaltene tatsächlich die ihm vom Festnehmenden vorgeworfene Tat begangen hat. Da A diese Bedingung nicht erfüllte, war Z nicht aus § 127 I 1 StPO zur Festnahme berechtigt und handelte rechtswidrig.

d) Schuld

Allerdings befand sich Z in einem Irrtum bzgl des von ihm angenommenen Vorliegens der tatsächlichen Voraussetzungen des Rechtfertigungsgrundes aus § 127 I 1 StPO.

Die Behandlung eines solchen Erlaubnistatbestandsirrtums ist umstritten[88]. Nach der zutreffenden rechtsfolgenverweisenden eingeschränkten Schuldtheorie entfällt bei Z in Anwendung der Rechtsfolgen des § 16 I 1 die Vorsatzschuld.

e) Ergebnis

Z ist nicht gem § 239 I strafbar.

2. § 223 I

393 Zwar hat Z dem A einige geringfügige Verletzungen zugefügt und damit vorsätzlich und rechtswidrig (*s Rn 390*) eine Körperverletzung an A begangen, doch entfällt auch bei dieser Tat aufgrund des Erlaubnistatbestandsirrtums die Vorsatzschuld des Täters. Auf der Grundlage der Vorstellung des Z greift nämlich auch insoweit § 127 I 1 StPO als Rechtfertigungsgrund ein, weil er selbst kleinere körperliche Beeinträchtigungen legitimiert. Erst gravierendere Einwirkungen würden das Festnahmerecht auch bei Vorliegen seiner tatsächlichen Voraussetzungen nicht mehr erfassen[89].

Eine Strafbarkeit nach § 223 I entfällt.

3. § 229

394 In Betracht kommt in analoger Anwendung der Rechtsfolge des § 16 I 2 nur die Strafbarkeit aus der Fahrlässigkeitstat. Dabei ist entscheidend, ob dem Täter ein Sorgfaltsmangel bei Annahme der tatsächlichen Voraussetzungen des ins Feld geführten Rechtfertigungsgrundes vorzuwerfen ist.

Hier wurde der Irrtum durch das auffällige Verhalten des A am Tatort verursacht. Für den objektiven Betrachter lag die Annahme einer Flucht vom Ort des Verbrechens nahe. Dass Z den Tatvorgang selbst dabei offensichtlich nicht wahrgenommen hat und so erst einen Verdacht gegenüber A hegen konnte, darf ihm nicht zum Vorwurf gemacht werden. Auch ohne direkt Augenzeuge gewesen zu sein, konnte er nach pflichtgemäßer Prüfung durchaus zu dem Ergebnis kommen, der davon eilende A habe etwas mit dem Geschehen zu tun. Insbes konnte er auch nicht die weitere Sachverhaltsaufklärung – etwa durch andere Zeugen – abwarten, da in der Situation schnelles Handeln geboten schien.

---

88 S Fall 1, Problem Nr 7, Rn 45.
89 Vgl hierzu BGH NJW 2000, 1348 m Anm *Mitsch*, JuS 2000, 848 ff.

Ein Sorgfaltsmangel kann ihm bei seiner Reaktion auf die vorangegangenen Ereignisse also nicht vorgeworfen werden.

Z hat sich auch nicht nach § 229 strafbar gemacht.

4. § 240 I, II

Eine Strafbarkeit wegen der an sich an A verwirklichten Nötigung entfällt gleichfalls. Die körperlichen Zwangsmaßnahmen (Gewalt iSd § 240 I), um A zum Verbleib am Tatort zu zwingen, erfolgten zwar vorsätzlich und rechtswidrig, nicht aber schuldhaft (Erlaubnistatbestandsirrtum).

5. Ergebnis für Z im Tatkomplex E

Z ist straflos.

II. Strafbarkeit des A

§ 223 I

Aus dem Sachverhalt wird nicht ersichtlich, dass Z oder andere Personen Verletzungen **395** oder andere Beeinträchtigungen durch das Verhalten des A erlitten hätten.

A ist im Tatkomplex E straflos.

G. Gesamtkonkurrenzen

Fraglich ist das Konkurrenzverhältnis von Tatkomplex C (Strafbarkeit gem § 303a I **396** Var 2) zu Tatkomplex D (Strafbarkeit gem §§ 263a I Var 3, 269 I, 52). Die Datenunterdrückung im Tatkomplex C ist als mitbestrafte Vortat anzusehen, denn sie ist notwendiges und regelmäßiges Mittel zur Begehung des Computerbetrugs und der Fälschung beweiserheblicher Daten. Die Konstellation ist vergleichbar mit dem Fall der Unterschlagung des Fahrzeugschlüssels mit nachfolgendem Fahrzeugdiebstahl: die Unterschlagung wird insoweit ebenfalls als mitbestrafte Vortat angesehen[90].

Die von A in den Tatkomplexen A, D und E verwirklichten Delikte sind als völlig selbstständige Handlungen einzustufen. Sie stehen zueinander in Realkonkurrenz, § 53.

H. Gesamtergebnis des materiell-rechtlichen Gutachtens

A: Tatkomplex A: § 229
    – § 53 –
    Tatkomplex D: § 263a I Var 3 – § 52 – § 269 I
    – § 53 –
    Tatkomplex E: § 263a I Var 3
V: straflos
Z: straflos

---

90 OLG Hamm MDR 1979, 421.

Teil II. (prozessualer Teil)

1. Durchbrechung des Grundsatzes der persönlichen Vernehmung

a) Verlesung von Protokollen über Vernehmung des Beschuldigten durch Verhörspersonen

397   Da es sich bei der früheren Vernehmung des A nicht um eine richterliche Vernehmung handelt, darf das Vernehmungsprotokoll in der Hauptverhandlung nicht verlesen werden (§ 254 I StPO).

Auch wenn A sich nunmehr zulässigerweise auf sein Aussageverweigerungsrecht beruft (§ 243 IV 1 StPO), besteht hinsichtlich der polizeilichen Vernehmung jedoch kein Verwertungsverbot (anders als bei zeugnisverweigerungsberechtigten Zeugen in den Konstellationen des § 252 StPO).

Der Polizeibeamte K kann deshalb als Zeuge vernommen werden und über diesen Zeugenbeweis kann das frühere Geständnis in die Urteilsfindung einfließen.

Zur Vertiefung: Beulke, StPO Rn 416.

b) Verlesung von Protokollen über Vernehmung des Beschuldigten durch mittlerweile verstorbene Verhörspersonen

398   Auch nach dem Tod des K erlaubt § 254 I StPO dem eindeutigen Wortlaut nach keine Verlesung des polizeilichen Protokolls. § 251 I Nr 2 StPO, der für Zeugen, Sachverständige und Mitbeschuldigte gilt, ist für die Vernehmung des Beschuldigten nicht einschlägig und darf auch nicht analog herangezogen werden, da § 254 StPO insoweit eine abschließende Spezialregelung enthält. Zutr haben OLG Köln StV 1983, 97 und OLG Frankfurt StV 1996, 202 die Verlesung des polizeilichen Protokolls für unzulässig erklärt. Da K verstorben ist und nicht mehr als Zeuge vernommen werden kann, gibt es keine Möglichkeit mehr, das polizeiliche Geständnis in die Hauptverhandlung einzubringen.

Zur Vertiefung: Beulke, StPO Rn 411–413, 416 u. 433.

2. Verwertung des Tagebuchs

398a   Das Gericht durfte in seinem Urteil nicht auf die Tagebuchaufzeichnungen als Beweis, für die Täterschaft des A zurückgreifen, wenn der Verwertung dieses Beweismittels ein Beweisverwertungsverbot entgegenstand. Ein solches ist zwar für die vorliegende Konstellation nicht ausdrücklich geregelt. Es könnte sich aber – angesichts des höchstpersönlichen Charakters von Tagebuchaufzeichnungen – unmittelbar aus der Verfassung ergeben (**selbstständiges Beweisverwertungsverbot**). Immerhin hat der Verfasser eines Tagebuchs regelmäßig ein schutzwürdiges Interesse daran, dass seine privaten Aufzeichnungen nicht gegen seinen Willen zur Kenntnis von Dritten gelangen. Insofern könnte die gerichtliche Verwertung des Tagebuchs das allgemeine Persönlichkeitsrecht des A (Art 2 I iVm Art 1 I GG) verletzt haben.

Problem Nr 89: Verwertbarkeit von Tagebüchern im Strafprozess   398b

In der sog **1. Tagebuchentscheidung** (BGHSt 19, 325) hat der BGH eine Einzelfallabwägung von Persönlichkeitsrecht und Strafverfolgungsinteresse vorgenommen und im konkreten Fall die Verwertbarkeit von Tagebuchaufzeichnungen angesichts des nicht so bedeutenden Tatunrechts – es ging um die Verfolgung eines Meineids, § 154 – verneint.

In der **2. Tagebuchentscheidung** (BGHSt 34, 397), die einen Mord (§ 211) zum Gegenstand hatte, befand der BGH dann angesichts des überragenden Strafverfolgungsinteresses zugunsten der Verwertbarkeit von Tagebuchaufzeichnungen.

Das **BVerfG** (BVerfGE 80, 367) hat diese Rspr grds gebilligt und dabei unter Zugrundelegung der **Sphärentheorie** (auch: **Dreistufentheorie**) allgemeine Leitlinien zur Verwertbarkeit von Beweismitteln entwickelt, die der grundrechtlich geschützten Privatsphäre entstammen. Hierbei müssen – ggf auch innerhalb eines Beweismittels – drei Sphären der Persönlichkeit und ihrer sozialen Bezüge unterschieden werden:

1. Sphäre, sog „Sozialbereich" (zB Aufzeichnungen aus dem geschäftlichen Bereich): Die sozialen Kontakte auf dieser Stufe genießen keinen besonderen Persönlichkeitsschutz.

2. Sphäre, sog „schlichte Privatsphäre" (zB private Gespräche während eines Spaziergangs): Hier muss das Strafverfolgungsinteresse gegen den Privatschutz abgewogen werden.

3. Sphäre, sog „Intimsphäre" (zB eheliche Intimgespräche im häuslichen Schlafzimmer): Auf der dritten Stufe gewährleistet Art 2 I iVm Art 1 I GG jedem Bürger einen **unantastbaren Kernbereich privater Lebensgestaltung**, der jedem Eingriff der öffentlichen Gewalt entzogen ist, selbst wenn die Aufklärung schwerster Straftaten im Raum steht. Jeder Mensch muss die Möglichkeit haben, sich in einem letzten Rückzugsraum mit dem eigenen Ich befassen zu können, ohne Angst davor haben zu müssen, dass staatliche Stellen dies überwachen.

Ausgangspunkt für die Zuordnung eines potenziellen Beweismittels aus dem privaten Bereich zu einer der drei Sphären ist die Art und Intensität seines sozialen Bezugs, dh inwieweit es seinem Inhalt bzw der Entäußerung nach die Sphäre anderer oder die Belange der Gemeinschaft berührt. Eine Subsumtion unter den Kernbereich der privaten Lebensgestaltung kommt nur in Betracht, wenn es sich um Aufzeichnungen höchstpersönlichen Charakters handelt, die erkennbar von einem Geheimhaltungswillen des Urhebers getragen werden.

Zur Vertiefung: Beulke, StPO Rn 470, 473; Rössner/Safferling, StPO, Problem Nr 23, S 133.

Nach der vom BVerfG begründeten Sphärentheorie besteht bei Tagebüchern ein Beweis-   398c
verwertungsverbot, soweit die niedergeschriebenen Gedanken der Intimsphäre zuzuordnen sind oder wenn iRd Privatsphäre der Privatschutz die konfligierenden Interessen überwiegt. Da As Tagebuch nicht in erster Linie die Begehung einer Straftat, sondern die Reflektion eigener Gedanken und Gefühle zum Gegenstand hat, könnte eine Zuordnung zum Kernbereich und damit die Unverwertbarkeit des Tagebuchs geboten sein. Eine Subsumtion des Sachverhalts unter die „Intimsphäre" würde jedoch verkennen, dass die Tagebuchaufzeichnungen zwar keinen unmittelbaren, immerhin aber doch einen starken Bezug zu einer Straftat aufweisen, so dass iRd Sozialbezugs die Schwere der Tat und die Unverzichtbarkeit des Beweismittels zu deren Strafverfolgung zu berücksichtigen sind. Durch die schriftliche Niederlegung hat A zudem seine Gedanken aus dem von ihm beherrschbaren Innenbereich entlassen und sie so der Gefahr eines Zugriffs preisgegeben. Aus diesem Grund erscheint die Zuordnung der vorliegenden Aufzeichnungen zur Privatsphäre vorzugswürdig. Somit ist eine Abwägung von Persönlichkeitsrecht und Strafverfolgungsinteresse vorzunehmen. Letzteres überwiegt das Interesse am Schutz der

Persönlichkeit jedenfalls dann, wenn es um Mord geht. Demnach durfte das Gericht die Tagebuchaufzeichnungen verwerten.

3. Verwertung des Selbstgesprächs

398d Die Verwertung des Selbstgesprächs zulasten des M ist unzulässig, wenn ein Beweisverwertungsverbot besteht.

a) § 100c V 3 StPO

Vorliegend könnte das in § 100c V 3 StPO ausdrücklich geregelte selbstständige Verwertungsverbot einschlägig sein. Dieses Beweisverwertungsverbot für Erkenntnisse, die dem Kernbereich privater Lebensgestaltung zuzurechnen sind, gilt jedoch ausschließlich bei **Wohnraum**überwachungen[91] (vgl § 100c I 1 StPO „… in einer Wohnung …“). Zwar kann in Ausnahmefällen auch ein Kraftfahrzeug eine Wohnung idS darstellen (zB Wohnmobil, Wohnwagen), allerdings fehlt es im vorliegenden Fall an entsprechenden Anhaltspunkten dafür, dass das Kraftfahrzeug als dauerhafter Schlafplatz des M zu seiner Behausung und privaten Lebensgestaltung diente.

b) Art 2 I iVm 1 I GG

Grundlage der Abhörmaßnahme war hier § 100f StPO. Da diese Norm keine mit § 100c V 3 StPO vergleichbare Regelung enthält, könnte sich ein Verwertungsverbot unmittelbar aus dem Verfassungsrecht ergeben. Aus Art 2 I iVm 1 I GG folgt von Verfassungs wegen ein selbstständiges Beweisverwertungsverbot, wenn das vorliegende Selbstgespräch des M dem absolut geschützten Kernbereich der Persönlichkeitsentfaltung zuzuordnen ist. (3. Sphäre bzw Stufe; *s o Rn 398b*).

398e **Problem Nr 90: Verwertung heimlich aufgezeichneter, nichtöffentlicher Selbstgespräche im Strafverfahren**

Die Subsumtion von Lebenssachverhalten unter den absolut geschützen Bereich der „Intimsphäre" richtet sich im Rahmen der Dreistufentheorie nach einer Gesamtbewertung aller Umstände des Einzelfalls, welche Aufschluss über Art und Intensität des sozialen Bezugs des Sachverhalts geben. Zur Ermittlung der Verwertbarkeit des Selbstgesprächs hat **BGHSt 57, 71 ff** vor allem auf folgende Kriterien abgestellt:

(1) Art der Äußerung/Partner der Kommunikation
Die **Identität der geäußerten Worte mit den inneren Gedanken** spricht für eine Zuordnung des Selbstgesprächs zum absolut geschützten Kernbereich. Die Gedanken sind frei, weil Denken für Menschen eine Existenzbedingung darstellt (BVerfGE 80, 367, 381). Gedanken fehlt per definitionem die Gemeinschaftsbezogenheit, da sie im Inneren verbleiben, so dass sie dem absoluten Kernbereich der Persönlichkeitsentfaltung zuzuordnen sind. Nichts anderes kann aufgrund des untrennbaren Zusammenhangs für das **laute Denken** beim **Selbstgespräch** gelten, das an keinen außenstehenden Kommunikationspartner gerichtet ist, sondern als unbewusste Äußerung von Gedankenfragmenten dem Kernbereich der Persönlichkeitsentfaltung zuzurechnen ist.

---

91 Vgl exemplarisch: BGHSt 50, 206 (Krankenzimmerfall).

(2) Ort der Äußerung

Von wesentlicher Bedeutung für die Zuordnung der Äußerungen zum absolut geschützten Kernbereich ist die **Nichtöffentlichkeit der Äußerungssituation**. Die von der Rspr aufgestellte Vermutung, dass Äußerungen innerhalb einer Wohnung dem absolut geschützten Kernbereich zuzuordnen sind (BGHSt 50, 206, 210 [Krankenzimmerfall]), greift mangels Wohnung zwar vorliegend nicht ein. Daraus kann allerdings nicht im Umkehrschluss gefolgert werden, dass der Schutz des Kernbereichs auf den räumlichen Bereich von Wohnungen beschränkt bleibt. Es kann keinen Unterschied machen, ob sich jemand zur Auseinandersetzung mit dem eigenen Ich in eine Wohnung zurückzieht oder für das „Alleinsein mit sich selbst" einen vergleichbaren Ort aussucht. Maßgeblich kommt es darauf an, ob die Gesprächssituation derjenigen in einer Wohnung gleichzusetzen ist. Dies ist der Fall, wenn das **Risiko einer Außenwirkung** spontaner Äußerungen an dem gewählten Ort nahezu **ausgeschlossen** ist.

(3) Inhalt der Äußerung

Bei der Fixierung von Gedanken in einem **Tagebuch oder** der Erfassung des **Gesprächs** eines Beschuldigten **mit einem Dritten** wird der Sozialbezug der Äußerungen **insbesondere an ihrem Inhalt** gemessen. Besteht hierbei ein unmittelbarer Bezug zu konkreten strafbaren Handlungen, wie etwa der **Bericht über begangene Straftaten**, soll die Äußerung aufgrund ihres **intensiven Sozialbezugs nicht** mehr **zum** absolut geschützten **Kernbereich** gehören (vgl auch die ausdrückliche Regelung für die Wohnraumüberwachung in § 100c IV 3 StPO).

Bei Selbstgesprächen kommt es hingegen **nicht entscheidend auf den Inhalt** der Gedankenäußerung (und dessen mehr oder weniger großen Sozialbezug) an (abw *Zimmermann*, GA 2013, 162). Eine **Übertragung** der zu Tagebuchaufzeichnungen und Zwiegesprächen entwickelten Maßgabe **scheitert an** der Vergleichbarkeit der Materie: Anders als im Zusammenhang mit Tagebuchaufzeichnungen, bei denen die Gedanken schriftlich fixiert werden, besteht bei Selbstgesprächen wegen der **Flüchtigkeit des gesprochenen Wortes** ein erheblich vermindertes Risiko einer Außenwirkung. Im Gegensatz zu Zwiegesprächen sind Selbstgespräche nicht auf Verständlichkeit angelegt, sondern durch unwillkürlich auftretende Bewusstseinsinhalte und ihren fehlenden Adressatenbezug gekennzeichnet. Diese **Eindimensionalität der Selbstkommunikation** unterscheidet Selbstgespräche maßgeblich von Zwiegesprächen. Der Beschuldigte hat seine Informationsherrschaft beim Selbstgespräch gerade nicht durch Preisgabe gegenüber Dritten aufgegeben. Mangels Entäußerung der Information aus dem beherrschbaren Innenbereich geht der nötige Anknüpfungspunkt für eine Zurechnung zum absolut geschützten Kernbereich auch bei Selbstgesprächen mit Straftatbezug nicht verloren.

Zur Vertiefung: BGHSt 57, 71; Beulke, StPO Rn 472; Mosbacher, JuS 2012, 705; Mitsch/Ellbogen, [7] S 109, 112 f.

Vorliegend befand sich M während der Äußerungen allein in seinem Auto. Es bestanden aus seiner Sicht keinerlei Anhaltspunkte dafür, dass seine Worte durch Dritte wahrgenommen werden konnten. Die Nichtöffentlichkeit der Äußerungssituation spricht für eine Zuordnung zum absolut geschützten Kernbereich der Persönlichkeitsentfaltung. Auch die Art der Äußerung weist in diese Richtung: Der nicht auf Verständlichkeit angelegte Inhalt des Selbstgesprächs lässt auf die Identität zwischen Gedanken und Äußerung schließen. Die Äußerungen stellen sich als Gedankenfragmente dar, die nicht spruchreif sind, sondern unbewusst ohne Adressatenbezug ausgesprochen werden. **398f**

Fraglich ist hier allerdings, ob sich der Sozialbezug der Äußerungen aus ihrem Inhalt ergibt, da M ua detaillierte Angaben zur Ausführung einer konkret begangenen, schweren Straftat macht. Diese Wertung könnte nicht zuletzt § 100c IV 3 StPO zu entnehmen sein. Anders als bei einer Tagebuchaufzeichnung (*Rn 398a*) oder einem Zwiegespräch bleiben Ms Worte jedoch flüchtig und ohne Adressaten. Er entäußert sich der Informationen nicht in einer Weise, die das Risiko einer Außenwirkung birgt. Daher kommt es bei Selbstgesprächen nicht entscheidend auf den Inhalt der Gedankenentäußerung an.

Die Zuordnung des Selbstgesprächs zum absolut geschützten Kernbereich ergibt sich aus einer Kumulation von Umständen, namentlich der Identität von Äußerung und inneren Gedanken, der möglichen Unbewusstheit der Äußerungen im Selbstgespräch, der Nichtöffentlichkeit der Äußerungssituation, der Flüchtigkeit des gesprochenen Wortes und der Eindimensionalität der Selbstkommunikation. Das Selbstgespräch darf daher nicht verwertet werden.

Definitionen zum Auswendiglernen

Daten	iSv **§ 202a** sind nur solche Informationen, die elektronisch, magnetisch oder sonst nicht unmittelbar wahrnehmbar gespeichert oder übermittelt werden (*vgl Gesetzeswortlaut: § 202a II*).
Nicht bestimmt	iSv **§ 202a** für den Täter sind Daten, wenn sie ihm nach dem Willen des Berechtigten im Zeitpunkt der Tathandlung nicht zur Verfügung stehen sollen (*S/S-Lenckner/Eisele, § 202a Rn 8*).
Berechtigter	iSv **§ 202a** ist idR die speichernde Stelle sowie ein Dritter, wenn der Berechtigte dem Dritten die Daten zugänglich gemacht hat (*S/S-Lenckner/Eisele, § 202a Rn 9*).
Besonders gesichert gegen unberechtigten Zugriff	iSv **§ 202a** sind Daten, wenn Vorkehrungen getroffen sind, die **objektiv** geeignet und subjektiv nach dem Willen des Berechtigten dazu bestimmt sind, den Zugriff auf die Daten auszuschließen oder wenigstens nicht unerheblich zu erschweren (*S/S-Lenckner/Eisele, § 202a Rn 14*).
Verschafft	iSv **§ 202a** sind Daten zunächst, wenn der Täter bzw der Dritte durch optische bzw akustische Wahrnehmung von ihnen tatsächlich Kenntnis genommen hat, ferner ohne vorherige Kenntnisnahme aber auch dann, wenn der Täter den (körperlichen) Datenträger in seine oder des Dritten Verfügungsgewalt bringt oder wenn er die Daten auf einem solchen fixiert. Die Tathandlung muss unter Überwindung der Zugangssicherung erfolgen (*S/S-Lenckner/Eisele, § 202a Rn 18*).
Unbefugte Verwendung	von Daten iSv **§ 263a I Var 3** setzt nach der herrschenden **betrugsspezifischen Auslegung** Täuschungsäquivalenz voraus: Sie ist gegeben, wenn die Verwendung der Daten gegenüber einer Person Täuschungscharakter hätte (*Wessels/Hillenkamp, BT2 Rn 613*).
Beeinflusst	iSv **§ 263a I Var 3** wird das Ergebnis eines Datenverarbeitungsvorgangs, wenn eine der im Gesetz genannten Tathandlungen in den Verarbeitungsvorgang des Computers Eingang findet, seinen Ablauf irgendwie mitbestimmt und eine Vermögensdisposition auslöst. Dass der Datenverarbeitungsvorgang bereits in Gang befindlich ist, setzt dessen Ergebnisbeeinflussung nicht voraus (*Wessels/Hillenkamp, BT2 Rn 605*).

Aussteller einer Urkunde	iSv §§ **267, 274 I Nr 1** ist nicht, wer die Urkunde körperlich hergestellt hat, sondern derjenige, dem das urkundlich Erklärte im Rechtsverkehr zugerechnet wird und von dem die Erklärung in diesem Sinne geistig herrührt, weil er sich zu ihr als Urheber bekennt (sog Geistigkeitstheorie; *Wessels/Hettinger/Engländer, BT1 Rn 880*).
Technische Aufzeichnung	iSv §§ **268, 274 I Nr 1** ist in § 268 II gesetzlich definiert. Unter einer „Darstellung" im dort genannten Sinn ist nach jetzt hM nur eine Aufzeichnung zu verstehen, bei der die geräteautonom produzierte Information in einem selbstständig verkörperten, vom Gerät abtrennbaren Stück enthalten ist (*vgl Gesetzestext [§ 268 II]; Wessels/Hettinger/Engländer, BT1 Rn 942*).
Unecht	iSv § **268** ist eine **technische Aufzeichnung,** wenn sie überhaupt nicht oder nicht so, wie sie vorliegt, das Ergebnis eines in seiner Selbsttätigkeit von Störungshandlungen unbeeinflussten Aufzeichnungsvorgangs ist, obwohl sie diesen Anschein erweckt (*Wessels/Hettinger/Engländer, BT1 Rn 951*).
Beschädigen	iSv § **274 I Nr 1** bedeutet eine derartige Veränderung der Urkunde, dass sie in ihrem Wert als Beweismittel beeinträchtigt ist (*Wessels/Hettinger/ Engländer, BT1 Rn 972*).
Unterdrücken	iSv § **274 I Nr 1, Nr 2** ist jede Handlung, durch die dem Beweisführungsberechtigten die Benutzung des Beweismittels dauernd oder zeitweilig entzogen oder vorenthalten wird (*Wessels/Hettinger/Engländer, BT1 Rn 973*).
Ausweispapier	iSv § **281 I** ist ein Papier, das dem Nachweis der Identität oder der persönlichen Verhältnisse dienen soll und von einer hoheitlichen Stelle ausgestellt ist (*S/S-Cramer/Heine, § 281 Rn 3*).
Öffentlich	iSd Verkehrsstrafrechts (§§ **315 ff**) sind neben den dem allgemeinen Straßenverkehr gewidmeten Straßen, Wegen und Plätzen auch solche Verkehrsflächen, die jedermann oder allgemein bestimmten Gruppen von Verkehrsteilnehmern (zB Rad- oder Fußwege) dauernd oder vorübergehend zur Benutzung offen stehen (*Wessels/Hettinger/Engländer, BT1 Rn 1071*).

Weitere einschlägige Musterklausuren

Zum Problem Teilnahme an einer Selbstgefährdung und einverständliche Fremdgefährdung:
Beulke/Mayer, JuS 1987, 125; *Esser*, Jura 2004, 273; *Fricker*, StudZR 2005, 309; *Gropp/Küpper/ Mitsch*, [5] S 93; *Helmrich*, JA 2006, 351; *Hillenkamp*, JuS 2001, 159; *Hinderer/Brutscher*, JA 2011, 907; *Käßner/ Seibert*, JuS 2006, 810; Bode/Niehaus-*Kosmetschke/Bode* [4] Rn 62; *Kreß/ Mülfarth*, JA 2011, 268; *Kudlich*, Fälle AT [5] S 53; *Meurer/Kahle/Dietmeier*, [7] S 137; *Norouzi*, JuS 2007, 146; *Otto/Bosch*, [14] S 297, [18] S 395; *Putzke*, Jura 2009, 631; *Rostalski*, JuS 2015, 525; *Rotsch*, [3] Rn 349; *Schmidt*, Fälle I, [2] Rn 34; *Schrödl*, JA 2003, 656; *Thoss*, Jura 2005, 128; *Timpe*, ZJS 2009, 170; *Trüg*, JA 2002, 214; *Walter*, Jura 2014, 117; *Walter/Uhl*, JA 2009, 31; *Wedler*, JA 2015, 671; *Wittig*, in: *Coester-Waltjen* ua (Hrsg), Examensklausurenkurs I, S 45

Zum Problem: Überlagert die Garantenstellung das Prinzip der Eigenverantwortlichkeit?
Beulke/Mayer, JuS 1987, 125; *Lindheim/Uhl*, JA 2009, 783; *Sternberg-Lieben*, JuS 1998, 428; *Thoss*, JA 2001, 951

313

Zum Problem des Maßstabes für die Eigenverantwortlichkeit:

Beulke/Mayer, JuS 1987, 125; *Brüning*, JuS 2007, 255; *Gropp/ Küpper/Mitsch*, [11] S 203; *Kudlich*, Fälle AT, [5] S 70; *Lindheim/Uhl*, JA 2009, 783; *Rackow*, JA 2003, 218; *Walter*, Jura 2014, 117

Zum Problem der Abgrenzung dolus eventualis – bewusste Fahrlässigkeit:

Abraham, JuS 2013, 903; *Ambos*, Jura 2004, 492; *Berg*, in: *Coester-Waltjen* ua (Hrsg), Examens-klausurenkurs I, S 56; *Berz/Saal*, Jura 2003, 205; *Beulke*, Klausurenkurs I [1] Rn 101; *Brüning*, ZJS 2009, 282; *Dobrosz/Onimus*, ZJS 2017, 689; *Ebert*, Fälle, [1] S 19; *Edlbauer*, Jura 2007, 941; *Eidam*, JA 2010, 601; *Engelhart*, Jura 2016, 934; *Esser/Gerson*, JA 2015, 662; *Esser/Herz*, JA 2017, 585; *Fahl*, Jura 2003, 60; *Gropp/Küpper/Mitsch*, [2] S 25, [11] S 201; *Hillenkamp*, JuS 1994, 769; *Kasiske*, Jura 2012, 736; *Klesczewski/Hawickhorst*, JA 2013, 589; *Krell*, JuS 2012, 537; *Morgenstern*, Jura 2016, 686; *Murmann*, Jura 2001, 1258; *Nix*, JA 2015, 748; *Perron/Bott/ Gutfleisch*, Jura 2006, 706; *Preis/Prütting/Sachs/Weigend*, [20], S 318; *Rössner/Guhra*, Jura 2001, 403; *Ruppenthal*, in: Seier, Die Anfängerklausur, [5] S 59, 63; *Singelnstein*, JA 2011, 756; *Theiß/ Winkler*, JuS 2006, 1083; *Walter/Schwabenbauer*, JA 2014, 103; *Wittig*, in: *Coester-Waltjen* ua (Hrsg), Examensklausurenkurs I, S 45

Zum Problem des Züchtigungsrechts von Erziehungsberechtigten:

Bohnert, Jura 1999, 532; *Bott/Kühn*, Jura 2009, 72; *Ebert*, Fälle, [5] 82; *Fahl*, Jura 2009, 234 ff; *ders*, JA 2012, 906; *Hilgendorf*, Klausurenkurs I, [16] S 151; *ders*, Klausurenkurs III, [13] S 161; *Hillenkamp*, JuS 2001, 159; *Hinrichs*, ZJS 2013, 407; *Knauer*, Jura 2014, 254; *Pape*, Jura 2007, 147

Zum Problem: (Kredit-/Bankkarte als) Objekt der Zueignung iSd §§ 242 I, 246 I:

Baumann/Bühler, JuS 1989, 49; *Gössel*, [10] S 169; *Herzberg/Seier*, Jura 1985, 49; *Laue*, JuS 2002, 359; *Ranft*, JuS 1993, 856; *Rotsch*, [11] Rn 1353

Zum Problem des Sachwertbegriffs iRd § 242 I:

Ambos/Rackow , JuS 2008, 810; *Gasa/Marlie*, ZJS 2009, 71; *Kipp/Kummer*, Jura 2008, 792; *Samson*, JuS 2003, 263

Zum Problem: Gewahrsamsbruch an aus Geldautomaten erlangtem Bargeld?

Arloth, in: *Coester-Waltjen* ua (Hrsg), Examensklausurenkurs I, S 51; *Gössel*, [10] S 169; *Graul*, Jura 2000, 204; *Hilgendorf*, Klausurenkurs III [12] S 145; *Kauerhof*, Jura 2005, 750; *Schmitz*, Jura 2001, 335; *Strauß*, [15] S 107; *Thoss*, JA 2000, 671

Zum Problem: Übereignung des vom Geldautomaten ausgegebenen Geldes durch die Bank an den unbefugten Kartenbenutzer nach § 929 S 1 BGB?

Arloth, in: *Coester-Waltjen* ua (Hrsg), Examensklausurenkurs I, S 51; *Dietrich/Bechtel*, JSE 2015, 250; *Gössel*, [10] S 169; *Hilgendorf*, Klausurenkurs III [3] S 26, [12] S 145; *Rotsch*, [11] Rn 1353; *Schmitz*, Jura 2001, 335

Zum Problem: „Unbefugte" Verwendung von Daten iSd § 263a I Var 3:

Arloth, in: *Coester-Waltjen* ua (Hrsg), Examensklausurenkurs I, S 51; *Böhringer*, ZJS 2015, 512; *Dietrich/Bechtel*, JSE 2015, 250; *Fahl*, JuS 2012, 1104; *Günther/Selzer*, ZJS 2016, 756; *Heghmanns/Niehaus*, in: Schlüter ua (Hrsg), Examensklausurenkurs, S 268; *Hellmann/Beckemper*, JuS 2001, 1095; *Hilgendorf*, Klausurenkurs III [3] S 26, [12] S 145; *Ivanov/Köpferl*, Jura 2016, 554; *Jansen*, JA 2017, 750; *Jerouschek/Kölbel*, JuS 2001, 780; *Klesczewski/Hawickhorst*, JA 2015, 109; *König/Putzke*, JuS 2015, 1106; *Kretschmer*, Jura 2006, 219; *Kühl, Kristina/Lange*, JuS 2010, 42; *Laue*, JuS 2002, 359; *Preuß*, ZJS 2016, 639; *Raschke/Zirzlaff*, ZJS 2012, 219; *Rotsch*, [11] Rn 1353; *Schaum/Dreßing/Brugger*, Ad Legendum 2017, 310; *Schmitz*, Jura 2001, 335; *Schneider*, Ad Legendum 2015, 42; *Schramm/Markgraf*, JSE 2015, 160; *Schuhr*, JA 2015, 189; *Tetzlaff*, JuS 2013, 152; *Theile*, JA 2011, 32; *Tiedemann/Waßmer*, Jura 2000, 533; *Veith/Heinrich*, StudZR 2015, 241; *Vogt/Brand*, Jura 2008, 305; *Walter*, Jura 2002, 415; *Zöller*, Jura 2003, 637

Zum Problem: Umfasst die Beeinflussung eines Datenverarbeitungsvorganges iSd § 263a auch das Ingangsetzen eines solchen Vorganges?

Gössel, [10]S 169; *Graul*, Jura 2000, 204; *Schmitz*, Jura 2001, 335; *Strauß*, [15] S 107; *Tiedemann/ Waßmer*, Jura 2000, 533; *Weber*, JA 1990, 125

Zum Problem der Quasiurkunde iSd § 269 I:

Fad, Jura 2002, 632

Zum Problem: Setzt § 127 I 1 StPO eine tatsächlich begangene Straftat voraus?

Ebert, Fälle, [6] 98; *Engländer*, StPO Rn 127; *Gaul/Haseloff/Zapf*, JA 2011, 672; *Geisler/Meyer*, Jura 2010, 388; *Otto/Bosch*, [9] S 195; *Ranft*, in: *Coester-Waltjen* ua (Hrsg), Examensklausuren-kurs II, S 61; *Rauda/Zenthöfer*, [20] S 115; *Schwind/Franke/Winter*, [2. Hausarbeit] S 63; *Strauß*, [1] S 17; *Valerius*, [9] S 137

Zum Problem der Verwertbarkeit von Tagebüchern im Strafprozess:

Mitsch/Ellbogen, [12] S 175; *Steinberg/Mathieu/Horn*, ZJS 2012, 365

Zur Problem der Verwertbarkeit von Selbstgesprächen:

Mitsch/Ellbogen, [7] S 101

Bewegte Knochen

I.

399 Dem Hobbyarchäologen K fehlt in seiner wertvollen Knochensammlung noch der kürzlich gefundene Vorderzehenknochen eines Archäopteryx, der sich in der Privatsammlung seines Konkurrenten S befindet. Da S aber unter keinen Umständen zu Verkäufen bereit ist, engagiert K für 50 000 € den ihm bekannten, erfahrenen Auftragsräuber X. K übergibt diesem einen genauen Plan der Villa des S und erklärt ihm, wie dessen Sicherungssystem zu überwinden ist. Er schärft dem X ein, die Tat unbewaffnet und zu einem Zeitpunkt zu begehen, an dem sich, wie K aus verlässlicher Quelle weiß, niemand im Haus des S aufhalten wird, weil K ausschließen möchte, dass X jemanden antrifft und die ganze Sache eskaliert.

Als X sich am vorgesehenen Tag maskiert und im Schutz der Dunkelheit zur Villa des S begibt, nimmt er jedoch vorsichtshalber eine Pistole mit, um einem ihm möglicherweise entgegengebrachten Widerstand durch reine Warnschüsse entgegenzuwirken. Dank der Anleitung des K verschafft er sich unbemerkt durch ein gekipptes Kellerfenster Zutritt zur Villa. Als sich X in dem Raum befindet, in dem der Knochen offen ausgestellt ist, hört er plötzlich schnelle Schritte und Sekunden später steht ihm der Wachmann W gegenüber, der zu einer Wachtruppe gehört, die S – was K nicht wissen konnte – für die Zeit seiner Abwesenheit eingestellt hat. W richtet seine sehr grelle Taschenlampe auf X. Dieser zieht darauf die Pistole und warnt den W: „Zieh Leine oder du bist ein toter Mann!" Um diesen Worten Nachdruck zu verleihen, gibt X einen Warnschuss ab, wobei er aber W keinesfalls verletzen will, sodass er auf einen Punkt zwei Meter neben dem Schein der Taschenlampe zielt. Der Schuss geht zwar an W vorbei, trifft aber exakt den zweiten, von X aufgrund des hellen Lichts der Taschenlampe nicht wahrgenommenen Wachmann P, der sofort stirbt. Als X bestürzt feststellt, was passiert ist, nutzt er den Schock des W und flieht ohne Beute, obwohl es ihm ein Leichtes gewesen wäre, diese noch mitzunehmen. Aufgrund des unerwarteten Zwischenfalls hat er kein Interesse mehr daran.

Aufgrund der Beschreibungen des W hegt S, der von den gesamten Vorgängen unterrichtet worden ist, den Verdacht, dass es sich um einen Coup des auch ihm bekannten X handelt. Er möchte diesen listigen Täter, dem man bisher nie etwas nachweisen konnte, endlich überführen. Er bestellt X daher zu sich und sagt ihm zu, ihm den Siegelring des Passauer Fürstbischofs Antonius, der sich im Eigentum des Sammlers Z befindet, zum Preis von 125 000 € abzukaufen, wenn er ihm diesen beschaffe. In Wirklichkeit beauftragt S Privatdetektive, um X ununterbrochen zu überwachen und seine sofortige Festnahme zu veranlassen, sobald er das Anwesen des Z betreten hat. Damit will er von vornherein verhindern, dass das Eigentum des – völlig ahnungslosen – Z gefährdet wird. X will die Sache dieses eine Mal nicht allein durchführen. Er schaltet deshalb den Boss B einer ihm bekannten größeren Diebesbande sowie das Bandenmitglied Y ein, obwohl er selbst – X – dieser Bande nicht angehört. B legt das genaue Vorgehen fest. X und Y sollen die Tat nach seinen Anweisungen ausführen. Auf jeden Gewalteinsatz soll verzichtet werden. In der nächsten Nacht gehen X und Y ans Werk. Aufgrund einer

Unaufmerksamkeit der Privatdetektive gelingt es X und Y allerdings, durch ein offenes Fenster ungehindert in die Villa des Z einzudringen. Dabei sind sich X und Y entgegen der früheren Absprache einig, notfalls bei Widerstand Dritter Gewalt anzuwenden. X und Y finden den Ring und X steckt ihn in seine Hosentasche. Plötzlich hören sie den Z herannahen. Damit ihr Plan nicht durchkreuzt wird, verstecken sich X und Y hinter der Tür. Durch Zeichengebung verständigen sie sich über das weitere Vorgehen. Als Z den Raum betritt, schlägt X diesen mit einem gezielten Schlag gegen die Schläfe bewusstlos, noch ehe Z den Eindringling bemerkt hat. Im nächsten Moment stürmt jedoch die Polizei, welche die Privatdetektive doch noch alarmieren konnten, in das Haus. Allerdings können X und Y durch einen waghalsigen Sprung aus dem Fenster fliehen, bevor die Beamten den Raum betreten.

Y verschwindet in der Dunkelheit. X bricht einen am Straßenrand geparkten VW Golf des Eigentümers E auf und fährt stadtauswärts. Den Golf will er einige Tage später wieder zurückbringen. Kurz vor Erreichen seines Verstecks streift er ein geparktes Fahrzeug des G und beschädigt den linken Kotflügel. In der Aufregung denkt X jedoch, das Geräusch rühre vom Auspuff des Golfs her. Als er allerdings wenige Minuten später und fast 1 km weiter aussteigt, erkennt er die tiefen Kratzer auf der Beifahrerseite des Golfs und ihm wird klar, woher das Geräusch stammte. Zur Unfallstelle zurückfahren will X jedoch nicht mehr. Dafür stellt er – wie von Anfang an geplant – das beschädigte Fahrzeug wieder vor der Haustür des E ab.

Wie haben sich K, S, B, X und Y strafbar gemacht?

Evtl erforderliche Strafanträge sind gestellt.

II.

1. Aufgrund der von S gelieferten Informationen möchte die Polizei den X jetzt auf andere Weise überführen. Sie schleust den getarnten Polizisten V in die Verbrecherszene ein, der tatsächlich mit X in Kontakt kommt und bei langen Gesprächen in dessen Wohnung von ihm Einzelheiten über die Straftat bzgl des Passauer Siegelrings erfährt. Diese Informationen gibt V an die Staatsanwaltschaft weiter. Gegen X wird nunmehr ein Strafverfahren eingeleitet. Allerdings weigert sich die oberste Dienstbehörde des V, diesen in der Hauptverhandlung aussagen zu lassen, weil V weiterhin in der Szene tätig sein soll. Wer durfte den Einsatz des V anordnen? Gibt es eine Möglichkeit, die Aussage des V in das Verfahren einzubringen und zu verwerten?

2. Dürfte V vernommen und seine Aussage verwertet werden, wenn es sich bei ihm nicht um einen Polizeibeamten, sondern um einen von Fall zu Fall mit der Polizei kooperierenden berufsmäßigen Straftäter handelt?

3. Können Straftaten verfolgt werden, zu denen ein polizeilicher Lockspitzel eine Person angestiftet hat, die vorher nicht tatgeneigt war und die noch nie Straftaten dieser Art begangen hat?

Gedankliche Strukturierung des Falles (Kurzlösung)

400 **Teil I. (materiell-rechtlicher Teil)**

A. Der Vorderzehenknochen des Archäopteryx

I. Strafbarkeit des X

1. **§ 222 (+)**
   a) Tatbestandsmäßigkeit (+)
   - Erfolgseintritt (+)
   - Kausalität (+)
   - objektive Sorgfaltspflichtverletzung bei objektiver Voraussehbarkeit des Erfolges (+)
   - objektive Zurechnung (+)
   b) Rechtswidrigkeit (+)
   c) Schuld (+)
   - subjektive Vorhersehbarkeit (+)
   - subjektive Vermeidbarkeit (+)
2. **§§ 251, 22, 23 I Alt 1 (–)**

Problem Nr 91: Aufbauschema erfolgsqualifiziertes Delikt (Rn 403)

   a) Vorprüfung (+)

Problem Nr 92: Versuch des erfolgsqualifizierten Delikts (Rn 405)

   b) Tatentschluss bzgl Grunddelikt (+)
   c) Unmittelbares Ansetzen bzgl Grunddelikt(+)
   d) Rechtswidrigkeit und Schuld (+)
   e) Qualifizierende Folge (+)
   f) Spezifischer Gefahrzusammenhang (+)
   g) Fahrlässigkeit bzgl schwerer Folge (+)
   h) Rücktritt, § 24 II (+)
   - Rücktritt bei mehreren Tatbeteiligten (+)

Problem Nr 93: Rücktritt vom erfolgsqualifizierten Versuch (hier: § 251) (Rn 407)

   - Versuch nicht fehlgeschlagen (+)
   - Verhinderung der Tatvollendung (+)
   - Freiwilligkeit (+)
   i) Ergebnis
3. **§§ 249 I, 250 I Nr 1a (+), II Nr 1 (+), 22, 23 I Alt 1 (–)**
   - Vorprüfung (+)
   - Tatentschluss (+)
   - I Nr 1a (Waffe bei sich führen) (+)
   - II Nr 1 (Waffe verwenden) (+)
   - Unmittelbares Ansetzen (+)
   - Rücktritt, § 24 II (+)
4. **§§ 253 I, II, 255 iVm §§ 250 I Nr 1a Alt 2, II Nr 1 Alt 1, 22, 23 I Alt 1 (–)**
   a) Vorprüfung (+)
   b) Tatentschluss (–)

Problem Nr 94: Abgrenzung Raub – räuberische Erpressung (Rn 411)

   - Vorsatz bzgl Vermögensverfügung (–)
5. **§§ 242 I, II, 244 I Nr 1 (+), Nr 3 (+), II, 22, 23 I (–)**
   - Rücktritt, § 24 II (+)
6. **§§ 246 I, III, 22, 23 I Alt 2 (–)**
   - Rücktritt, § 24 II (+)
7. **§ 240 I, II bzgl W (+)**
   a) Objektiver Tatbestand (+)
   - Gewalt (–)
   - Drohung mit empfindlichem Übel (+)
   - Kausalität zwischen Nötigungsmittel und Nötigungserfolg (+)
   b) Subjektiver Tatbestand (+)
   c) Rechtswidrigkeit und Schuld (+)
   - allgemeine Rechtfertigungsgründe (–)
   - § 240 II (+)
8. **§ 241 I bzgl W (+)**
   - aber subsidiär ggü § 240 I, II
9. **§ 123 I Alt 1 (+)**
10. **Konkurrenzen**
11. **Ergebnis für X im Tatkomplex A**
    X hat sich gem § 222 – § 52 – § 240 I, II – § 52 – § 123 I Alt 1 strafbar gemacht.

II. Strafbarkeit des K

1. **§ 222 (–)**
   - Erfolgseintritt (+)
   - Kausalität (+)
   - – objektive Sorgfaltspflichtverletzung (–)
   - – objektive Zurechnung (–)
2. **§§ 249 I, 22, 23 I Alt 1, 25 II (–)**
   - Exzess des X
3. **§§ 242 I, II, 22, 23 I Alt 2, 25 II (+)**
   a) Vorprüfung (+)
   b) Tatentschluss (+)
   c) Unmittelbares Ansetzen (+)
   d) Rechtswidrigkeit und Schuld (+)
   e) Rücktritt, § 24 II (–)
   f) Strafzumessung, § 243 I 1, 2 Nr 1 (–), Nr 3 (–), Nr 5 (–)
   - Nr 1 (Einsteigen in ein Gebäude) (–)

Problem Nr 95: Erfasst § 243 I 1, 2 Nr 1 den „Wohnungseinbruchsdiebstahl"? (Rn 420)

   - Nr 3 (gewerbsmäßig) (–)
   - Nr 5 (Sache von Bedeutung für Wissenschaft in öffentlicher Sammlung) (–)
   g) Ergebnis
4. **§§ 244 I Nr 1a (–), Nr 3 (+), II, 22, 23 I Alt 2, 25 II (+)**

- Vorprüfung (+)
- Tatentschluss (+)
  - Nr 1 a (Waffe bei sich führen) (–)
    (Exzess des X)
  - Nr 3 („Wohnungseinbruchsdiebstahl") (+)
- Unmittelbares Ansetzen (+)
- Rücktritt, § 24 II (–)
5. **§ 244 IV , 22, 23, 25 II (+)**
6. **§§ 246 I, III, 22, 23 I Alt 2, 25 II (+)**
   - aber subsidiär gem § 246 I aE
7. **§§ 123 I Alt 1, 25 II (+)**
8. **Konkurrenzen**
9. **Ergebnis für K im Tatkomplex A**
   K hat sich gem §§ 244 IV, 22, 23 I Alt 1, 25 II
   – § 52 – §§ 123 I Alt 1, 25 II strafbar gemacht.

B. Der Siegelring

I. Strafbarkeit des X
1. **§ 242 I (+)**
   a) Objektiver Tatbestand (+)
   b) Subjektiver Tatbestand (+)
   c) Rechtswidrigkeit und Schuld (+)
   d) Strafzumessung, § 243 I 1, 2 Nr 3 (+)
   - Nr 3 (gewerbsmäßig) (+)
   - § 243 II (–)
2. **§ 244 I Nr 2 (–), Nr 3 (+)**
   a) Objektiver Tatbestand (+)
   - Nr 2 („Bandendiebstahl") (–)
   - Nr 3 („Wohnungseinbruchsdiebstahl") (+)
   b) Subjektiver Tatbestand (+)
3. **§ 244 IV (+)**
4. **§ 249 I (–)**
   - Gewalteinsatz (+)
   - Wegnahme fremder beweglicher Sache (+)
   - finale Verknüpfung (–)
5. **§§ 249 I, 22, 23 I Alt 1 (–)**
   a) Vorprüfung (+)
   b) Tatentschluss (+)
   c) Unmittelbares Ansetzen (–)
   d) Ergebnis
6. **§§ 252, 249 (+)**
   a) Objektiver Tatbestand (+)
   - vollendeter Diebstahl (+)
   - auf frischer Tat betroffen (+)

> **Problem Nr 96: Zuvorkommen des Betroffen-werdens iSv § 252 durch Einsatz von Gewalt (Rn 430)**

   - Gewalt gegen eine Person (+)
   b) Subjektiver Tatbestand (+)
   - Vorsatz (+)
   - Absicht, sich im Besitz der Beute zu erhalten (+)
7. **§§ 252, 250 I Nr 1c (–), Nr 2 (–), II Nr 3a (–), Nr 3b (–)**
   - I Nr 1c (Gefahr schwerer Gesundheits-schädigung) (–)

- I Nr 2 (als Mitglied einer Bande) (–)
- II Nr 3a (schwere körperliche Misshandlung) (–)
- II Nr 3b (Gefahr des Todes) (–)
8. **§ 246 I (+)**
   - aber subsidiär gem § 246 I aE
9. **§ 223 I (+)**
10. **§ 224 I Nr 3 (+), Nr 4 (+)**
    - Nr 3 (hinterlistiger Überfall) (+)
    - Nr 4 (mit einem anderen Beteiligten gemeinschaftlich) (+)
11. **§ 240 I, II (+)**
12. **§ 123 I Alt 1 (+)**
13. **Konkurrenzen**
14. **Ergebnis für X im Tatkomplex B**
    X hat sich gem §§ 252, 249 – § 52 – §§ 244 IV, 25 II – § 52 – § 224 I Nr 3, Nr 4 strafbar gemacht.

II. Strafbarkeit des Y
1. **§§ 242 I, 25 II (+)**
   a) Objektiver Tatbestand (+)
   b) Subjektiver Tatbestand (+)
   c) Rechtswidrigkeit und Schuld (+)
   d) Strafzumessung, § 243 I 1, 2 Nr 3 (+)
   - Nr 3 (gewerbsmäßig) (+)
2. **§§ 244 I Nr 2 (+), Nr 3 (+), 25 II (+)**
   a) Objektiver Tatbestand (+)
   - Nr 2 („Bandendiebstahl") (+)

> **Problem Nr 97: Diebstahl unter „Mitwirkung" eines Bandenmitgliedes iSv § 244 I Nr 2 (Rn 438)**

   - Nr 3 („Wohnungseinbruchsdiebstahl") (+)
   b) Subjektiver Tatbestand (+)
3. **§§ 244 IV, 25 II (+)**
4. **§§ 244a, 25 II (+)**
5. **§§ 252, 249, 25 II (+)**
6. **§§ 252, 250 I Nr 2, 25 II (–)**
   - unter Mitwirkung eines anderen Banden-mitgliedes (–)
7. **§§ 246 I, 25 II (+)**
   - aber subsidiär gem § 246 I aE
8. **§§ 223 I, 25 II (+)**
9. **§§ 224 I Nr 3 (+), Nr 4 (+), 25 II (+)**
   - Nr 3 (hinterlistiger Überfall) (+)
   - Nr 4 (mit einem anderen Beteiligten gemeinschaftlich) (+)
10. **§§ 240 I, II, 25 II (+)**
11. **§ 123 I Alt 1 (+)**
12. **Konkurrenzen**
13. **Ergebnis für Y im Tatkomplex B**
    Y hat sich gem §§ 252, 249, 25 II – § 52 – §§ 244a I, 25 II – § 52 – §§ 244 IV, 25 II – § 52 – §§ 224 I , Nr 4, 25 II strafbar gemacht.

III. Strafbarkeit des B
1. §§ 242 I, 25 II (+)
   - Tatherrschaft (+) (Bandenchef)
   - § 243 I 1, 2 Nr 3 (gewerbsmäßig) (+)
2. §§ 244 I Nr 2 (+), Nr 3 (+), 25 II (+)
   - Nr 2 („Bandendiebstahl") (+)
   - Nr 3 („Wohnungseinbruchsdiebstahl") (+)
3. §§ 244 IV, 25 II (+)
4. §§ 244a I, 25 II (+)
5. §§ 246 I, 25 II (+)
   - aber subsidiär gem § 246 I aE
6. §§ 252, 249, 25 II (–)
   - Vorsatz (–)
7. §§ 223 I, 25 II (–)
   - Vorsatz (–)
8. §§ 240 I, II, 25 II (–)
   - Vorsatz (–)
9. §§ 123 I Alt 1, 25 II (+)
10. Konkurrenzen
11. Ergebnis für B im Tatkomplex B
    B ist strafbar gem §§ 244a I, 25 II – § 52 – §§ 244 IV, 25 II

IV. Strafbarkeit des S
1. §§ 242 I, 25 II (–)
   - Mittäterschaft (–)
2. §§ 242 I, 26 (–)
   a) Objektiver Tatbestand (+)
      - vorsätzliche rechtswidrige Haupttat (+)
      - Anstiftungshandlung (+)
   b) Subjektiver Tatbestand (–)
      - doppelter Anstiftervorsatz (–)

Problem Nr 98: Agent provocateur (Rn 451)

3. §§ 123 I Alt 1, 26 (+)
   a) Objektiver Tatbestand (+)
   b) Subjektiver Tatbestand (+)
   c) Rechtswidrigkeit (+)
   d) Schuld (+)
4. §§ 240 I, II, 26 (–)
   - Vorsatz (–)
5. §§ 252, 249, 26 (–)
   - Vorsatz (–)
6. §§ 223 I, 26 (–)
   - Vorsatz (–)
7. §§ 259 I, III, 22, 23 I Alt 2 (–)
   - Vorprüfung (+)
   - Tatentschluss (–)
8. Ergebnis für S im Tatkomplex B
   S ist strafbar gem §§ 123 I Alt 1, 26.

C. Die Flucht des X (Strafbarkeit des X)

1. § 303 I Alt 1 bzgl Pkw des E (Aufbrechen) (+)
2. § 242 I bzgl Pkw des E (–)

---

a) Objektiver Tatbestand (+)
b) Subjektiver Tatbestand (–)
   - Vorsatz bzgl Wegnahme einer fremden beweglichen Sache (+)
   - Zueignungsabsicht (–)

Problem Nr 99: Enteignungsvorsatz bei Rückführungswillen (Rn 458)

3. § 248b I (+)
   - Strafantragserfordernis, § 248b III (+)
4. § 246 I bzgl Pkw des E (–)
5. § 242 I bzgl Benzin (–)
   - subsidiär ggü § 248b
6. § 303 I Alt 1 bzgl Pkw des E und Pkw des G anlässlich der Kollision (–)
   - Vorsatz (–)
7. § 142 I (–)
   a) Objektiver Tatbestand (+)
      - Unfallbeteiligter iSv Abs 5 (+)
      - Nr 1 (Anwesenheits- und Vorstellungspflicht) (+)
      - Nr 2 (Wartepflicht) (+)
      - Entfernen vom Unfallort (+)

Problem Nr 100: Wie ist der Begriff des „Unfallorts" iSv § 142 I auszulegen (Rn 464)

   b) Subjektiver Tatbestand (–)
      - Vorsatz (–) (Tatbestandsirrtum)
8. §§ 142 I, 13 I
9. § 142 II Nr 2 (–)
   a) Objektiver Tatbestand (–)
      - Nr 2 (berechtigtes oder unentschuldigtes Entfernen vom Unfallort) (–)

Problem Nr 101: Unvorsätzliches Entfernen als „berechtigtes oder unentschuldigtes" Entfernen iSv § 142 II Nr 2 (Rn 469)

   b) Ergebnis
10. Konkurrenzen
11. Ergebnis für X im Tatkomplex C
    X hat sich gem § 248b I – § 52 – § 303 I Alt 1 strafbar gemacht.

D. Gesamtkonkurrenzen

E. Gesamtergebnis des materiell-rechtlichen Gutachtens

B: Tatkomplex B: §§ 244a I, 25 II

K: Tatkomplex A: §§ 244 I Nr 3, II, 22, 23 I Alt 2, 25 II – § 52 – §§ 123 I Alt 1, 25 II

S: Tatkomplex B: §§ 123 I Alt 1, 26

X: Tatkomplex A: § 222 – § 52 – § 240 I, II – § 52 – § 123 I Alt 1 – § 53 –
Tatkomplex B: §§ 252, 249 – § 52 – § 224 I Nr 3, Nr 4 – § 52 – § 123 I Alt 1 – § 53 –

Tatkomplex C: § 248b I – § 52 – § 303 I Alt 1
Y: Tatkomplex B: §§ 252, 249, 25 II – § 52 – §§ 244a I, 25 II – §§ 224 I Nr 3, Nr 4, 25 II – § 52 – § 123 I Alt 1

Teil II. (prozessualer Teil)

1. Der Verdeckte Ermittler

Problem Nr 102: Systematik der Bedingungen, von denen die Behörde die Sperrung von Gewährspersonen für das gerichtliche Verfahren abhängig machen kann („Stufentheorie") (Rn 474)

2. Der V-Mann; der Zeuge vom Hörensagen

Problem Nr 103: Die Zulässigkeit des V-Mann-Einsatzes (Rn 475)

Problem Nr 104: Die Zulässigkeit der Heranziehung des Zeugen vom Hörensagen und deren Grenzen (Rn 476)

3. Lockspitzeleinsatz von V-Männern

Problem Nr 105: Grenzen des Lockspitzeleinsatzes von V-Männern und Konsequenzen ihrer Überschreitung (Rn 477)

Ausführliche Lösung von Fall 9

Teil I. (materiell-rechtlicher Teil)

A. Der Vorderzehenknochen des Archäopteryx

I. Strafbarkeit des X

1. § 222

401 Durch die Abgabe des „Warnschusses", welcher unvorhergesehen den P tödlich traf, könnte sich X wegen fahrlässiger Tötung strafbar gemacht haben.

a) Tatbestandsmäßigkeit

P ist tot, der Erfolg somit eingetreten. Diesen Erfolg hat X äquivalent durch die Abgabe des Schusses verursacht.

Bei der Erfolgsverursachung müsste er weiterhin objektiv sorgfaltswidrig, dh trotz Vorhersehbarkeit und Vermeidbarkeit des Erfolges und unter Außerachtlassung der im Verkehr erforderlichen Sorgfalt, gehandelt haben[1]. Gibt man, obwohl man durch eine Lichtquelle geblendet wird, einen Schuss in einen dunklen Raum hinein ab, so muss ein umsichtig handelnder Mensch aus dem Verkehrskreis des Täters eine schwere, uU auch tödliche Verletzung einer für ihn nicht sichtbaren Person nach der allgemeinen Lebenserfahrung als mögliche Folge in Betracht ziehen. X handelte also objektiv sorgfaltswidrig.

Der Erfolg ist dem X auch objektiv zuzurechnen. Insbesondere wäre der Tod des P vermeidbar gewesen, wenn sich X pflichtgemäß verhalten hätte.

b) Rechtswidrigkeit

X handelte rechtswidrig.

c) Schuld

Der Tod des P war für X subjektiv voraussehbar und subjektiv vermeidbar.

X ist gem § 222 strafbar.

2. §§ 251, 22, 23 I Alt 1

402 Durch sein Verhalten in der Villa des S könnte X einen versuchten Raub mit Todesfolge begangen haben.

Zum Aufbau: Hier wird ausnahmsweise nicht mit §§ 249, 22, 23 I Alt 1 angefangen, obwohl sonst generell zu raten ist, zunächst das Grunddelikt zu prüfen. Klammert man jedoch den Todeserfolg zunächst aus, übersieht man später uU den Streit, ob angesichts des Eintritts dieser Erfolgsqualifikation ein Rücktritt überhaupt noch möglich ist.

---

1 *Wessels/Beulke/Satzger*, AT Rn 939.

Problem Nr 91: Aufbauschema erfolgsqualifiziertes Delikt   **403**

Vollendetes erfolgsqualifiziertes Delikt		Versuchtes erfolgs-qualifiziertes Delikt
hiesiger Aufbau	im Schrifttum vielfach empfohlener (gleichwertiger) Aufbau	nur hiesiger Aufbau

1. Tatbestand des Grund-delikts
  a) Objektiver Tatbestand
  b) Subjektiver Tatbestand
	1. Tatbestand
	  a) Objektiver Tatbestand des Grunddelikts
	  b) Subjektiver Tatbestand des Grunddelikts
	  c) Qualifizierende Folge
	  d) Spezifischer Gefahr-zusammenhang
	  e) (objektive) Fahrlässig-keit
		1. Vorprüfung
		  – Delikt nicht vollendet
		  – Strafbarkeit des Versuchs
		  Problem: Versuch des erfolgsqualifizierten Delikts
		2. Tatentschluss bzgl Grund-delikt
		3. Unmittelbares Ansetzen bzgl Grunddelikt

2. Rechtswidrigkeit
3. Schuld
4. Qualifizierende Folge
5. Spezifischer Gefahr-zusammenhang
6. Fahrlässigkeit bzgl schwerer Folge (mind Fahrlässigkeit oder aber Leichtfertigkeit [zB § 251])
  – objektive Fahrlässigkeits-elemente
  – subjektive Fahrlässig-keitselemente
	2. Rechtswidrigkeit
	3. Schuld
	  – inkl subjektiver Fahrläs-sigkeit bzgl Erfolgsein-tritt und spezifischem Gefahrzusammenhang
		4. Rechtswidrigkeit
		5. Schuld
		6. Qualifizierende Folge
		7. Spezifischer Gefahr-zusammenhang
		8. Fahrlässigkeit bzgl schwe-rer Folge (mind. Fahrlässig-keit oder aber Leichtfertig-keit [zB § 251])
		  – objektive Fahrlässig-keitselemente
		  – subjektive Fahrlässig-keitselemente

Wie hier: Jäger, AT Rn 376; Kühl, AT § 17a Rn 31; Rengier, BT1 § 9 Rn 2; Wessels/Beulke/Satzger, AT Rn 1208; Abw: Fahl/Winkler, Definitionen Vor § 18 Rn 1; Heinrich/Reinbacher, Jura 2005, 743, 748; Hinderer/Kneba, JuS 2010, 590; Wessels/Hillenkamp, BT2 Rn 392a; Zieschang, AT Rn 398; weitere Aufbauvorschläge in den Musterklausuren u Rn 477.

a) Vorprüfung

Zumindest das Grunddelikt, also der Raub, wurde mangels Wegnahme nicht vollendet.   **404** X hat die Beute nicht einmal berührt.

Da § 249 I ein Verbrechen (§ 12 I) ist, steht der Versuch unter Strafe. Zweifelhaft ist, ob dies auch für § 251 gilt. Es handelt sich zwar ebenfalls um ein Verbrechen, zugleich aber um ein erfolgsqualifiziertes Delikt. Ob der Versuch eines erfolgsqualifizierten Delikts möglich ist, ist umstritten.

405   **Problem Nr 92: Versuch des erfolgsqualifizierten Delikts**

Grds gelten die erfolgsqualifizierten Delikte als Vorsatzdelikte, soweit die zum Grunddelikt gehörende Tathandlung Vorsatz voraussetzt, § 11 II, sodass ein Versuch begrifflich möglich erscheint.

(1) Anerkannt (speziell zu § 251 vgl BGH NStZ 2001, 534) ist dabei der *Versuch der Erfolgsqualifikation.* Dieser ist bei versuchtem (str, bejahend: *Kudlich*, JA 2009, 249; S/S-*Sternberg-Lieben/Schuster*, § 18 Rn 12; verneinend: *Maurach/Schroeder/Maiwald*, BT1 § 9 Rn 25 f) oder verwirklichtem Grunddelikt, aber nur versuchter Erfolgsqualifikation gegeben, wenn der Täter die qualifizierende Folge in seinen Vorsatz aufgenommen hat, ihr Eintritt aber ausbleibt.

(2) Umstritten ist, ob und wann ein *erfolgsqualifizierter Versuch* möglich ist. Dieser kommt dann in Betracht, wenn der Täter die qualifizierende Folge bereits durch den Versuch des Grunddelikts herbeiführt und hinsichtlich der schweren Folge fahrlässig handelt.

(a) Eine **enge Ansicht** (*Maurach/Gössel/Zipf*, AT2 § 43 Rn 117; iE auch *Altenhain*, GA 1996, 30, 35) verneint die Möglichkeit eines erfolgsqualifizierten Versuchs. Wird das Grunddelikt nicht vollendet, kann selbst dann lediglich wegen Versuchs des Grunddelikts bestraft werden, wenn der Täter die schwere Folge in seinen Vorsatz aufgenommen hat. Lediglich bei Vollendung des Grunddelikts ist eine Bestrafung des Täters wegen Versuchs der Erfolgsqualifikation denkbar.

Argument: Ein Versuch ohne Vorsatz steht im Widerspruch zu § 22, wonach der Täter nach seiner Vorstellung unmittelbar zur Tat angesetzt haben muss. § 11 II kann dieses Defizit nicht ausgleichen, da das Grunddelikt nur dann im Sinne der Norm „verwirklicht" ist, wenn es vollendet ist. Kennzeichen der erfolgsqualifizierten Delikte ist die fahrlässige bzw leichtfertige Herbeiführung des Erfolgs. Es dominiert also das Fahrlässigkeitselement, welches nicht versucht werden kann.

(b) Die sog **Strafschärfungslösung** verneint in Übereinstimmung mit der unter (a) dargestellten engen Ansicht den Versuch des Erfolgsdeliktes und bestraft ebenfalls nur wegen Versuch des Grunddelikts, wendet aber den Strafrahmen des erfolgsqualifizierten Delikts an (so *Gössel*, ZIS 2011, 386, 390; MK-*Hardtung*, § 18 Rn 82 u. § 227 Rn 24; *Herzberg*, FS Amelung, S. 159 ff).

Argument: Aus § 23 II kann man entnehmen, dass sich die Strafe für den Versuch nach der Strafandrohung der vollendeten Tat richtet. Deshalb ist auch der Versuch unter exakt denselben Voraussetzungen wie die Vollendung aus dem Strafrahmen der Erfolgsqualifikation (hier § 251) zu bestrafen.

(c) Nach der **weiten Gegenansicht** (*Heinrich*, AT Rn 696; *Otto/Bosch*, [10], S 213; *Wolter*, JuS 1981, 168, 173, 178) liegt unabhängig von der Struktur des Delikts ein erfolgsqualifizierter Versuch vor, wenn der Versuch des Grunddelikts bereits die schwere Folge herbeigeführt hat.

Argument: Die besondere Gefährlichkeit des versuchten Grunddelikts hat sich bei allen Versuchsvarianten verwirklicht. Eine Haftung für den Erfolgseintritt, obwohl insoweit der Vorsatz fehlt, wird durch § 18 vorgeschrieben.

(d) Zutr differenziert die **hM** (BGHSt 48, 34, 37; BGH NStZ 2001, 534; 2003, 149; *Fischer*, § 18 Rn 7; *Lackner/Kühl*, § 18 Rn 9; *Rath*, JuS 1999, 140; S/S-*Sternberg-Lieben/Schuster*, § 18 Rn 9; LK-*Vogel*, § 18 Rn 74 ff; *Wessels/Beulke/Satzger*, AT Rn 867a; *Zieschang*, AT Rn 471) danach, ob der qualifizierende Erfolg mit der Tat*handlung* verknüpft ist (dann erfolgsqualifizierter Versuch möglich) oder ob auf den *Erfolg* des Grunddelikts aufgebaut wird (dann kein erfolgsqualifizierter Versuch möglich).

Argument: Die o dargestellte Ansicht (a), die bzgl der Erfolgsherbeiführung nur aus dem Fahrlässigkeitsdelikt bestraft, missachtet den Umstand, dass von dem Versuch, das Grunddelikt zu begehen, eine spezielle Gefährlichkeit ausgeht. § 11 II stellt klar, dass erfolgsqualifizierte Delikte wirkliches Vorsatzunrecht enthalten. § 18 besagt, dass sich der Vorsatz beim vollendeten erfolgsqualifizierten Delikt nicht auf die schwere Folge zu erstrecken braucht. Es ist kein einleuchtender Grund ersichtlich, warum dies nicht auch beim Versuch gelten soll (*Roxin*, AT II § 29 Rn 338).

Die Meinung (b) stellt, indem sie den Strafrahmen des erfolgsqualifizierten Delikts für den Versuch des Grunddelikts heranzieht, eine unzulässige Analogie zulasten des Täters dar.

Andererseits kann auch die uneingeschränkte Befürwortung der Möglichkeit des erfolgsqualifizierten Versuchs – o Meinung (c) – nicht überzeugen: Wenn der Straftatbestand die spezielle Gefährlichkeit gerade aus dem vorsätzlich herbeigeführten Erfolg des Grunddeliktes ableitet, ist es systemwidrig, trotz Ausbleibens dieses Erfolges die (Versuchs-)Strafbarkeit zu verschärfen.

Zur Vertiefung: Wessels/Beulke/Satzger, AT Rn 865ff; Hillenkamp/Cornelius, AT 16. Problem S 135 ff; Kühl, AT § 17a Rn 39 ff.

Die Variante, dass der Täter den Erfolg anstrebt (Versuch der Erfolgsqualifikation), scheidet hier aus. Zwar ist die besondere Folge des § 251 – Tod eines anderen Menschen – eingetreten, allerdings handelte X diesbezüglich nicht einmal mit dolus eventualis. **406**

Vielmehr ist die Konstellation des versuchten Grunddelikts mit eingetretenem Qualifikationserfolg, also der sog erfolgsqualifizierte Versuch, gegeben. Manche wollen diese Form des Versuchs nicht zulassen, weil ein Versuch ohne Vorsatz mit § 22 unvereinbar sei, wobei dann einige doch wieder inkonsequenterweise den Strafrahmen des erfolgsqualifizierten Delikts heranziehen. Andere halten im Hinblick auf § 11 II sowie § 18 unabhängig von der Deliktsstruktur einen erfolgsqualifizierten Versuch immer für möglich. Zutreffend ist jedoch zu differenzieren. Ein erfolgsqualifizierter Versuch kann unter Strafe stehen, wenn der Straftatbestand die spezielle Gefährlichkeit bereits aus der Tathandlung des Grunddelikts ableitet. § 251 ist ein Delikt, das die Erfolgsqualifikation – den Tod – nicht an den „Rauberfolg", sondern an die Gefährlichkeit der „Raubhandlung" anknüpft, nämlich an die Drohung mit gegenwärtiger Gefahr für Leib oder Leben oder die Gewaltanwendung gegen eine Person.

Ein strafbarer Versuch gem §§ 251, 22, 23 I Alt 1 ist also möglich.

b) Tatentschluss bzgl Grunddelikt

Fraglich ist, ob X Gewalt gegen eine Person anwenden wollte.

Die Schusswaffe war nur zur Abgabe von Warnschüssen gedacht, also zur Drohung mit gegenwärtiger Gefahr für Leib und Leben eines anderen, um dessen Widerstand gegen die Mitnahme des Knochens zu brechen. Gewalt gegen eine Person ist hingegen die Ausübung körperlich wirkenden Zwanges durch eine unmittelbare oder mittelbare Einwirkung auf einen anderen, die nach der Vorstellung des Täters dazu bestimmt und geeignet ist, einen tatsächlich geleisteten oder erwarteten Widerstand zu überwinden oder unmöglich zu machen[2].

---

2 *Wessels/Hillenkamp*, BT2 Rn 347.

Zwar hat der BGH teilweise die Drohung mit einem Schusswaffeneinsatz bereits dann als Gewaltausübung iSd § 249 eingestuft, wenn die Bedrohung mit einer Waffe vom Opfer „als gegenwärtiges Übel sinnlich empfunden" wurde[3]. Mittlerweile handhaben jedoch sowohl das BVerfG als auch der BGH den Gewaltbegriff zu Recht restriktiver, indem sie einen physisch wirkenden Zwang verlangen[4].

Der Streit kann dahinstehen, denn richtiger Ansicht nach ist auch auf der Grundlage des herkömmlichen Gewaltbegriffs die Drohung mit einer Schusswaffe nicht als Gewalt, sondern als klassische Drohung einzustufen[5]. X wollte also keine Gewalt anwenden, sondern mit einer gegenwärtigen Gefahr für Leib und Leben eines anderen drohen, um dessen Widerstand gegen die Mitnahme des Knochens zu brechen.

Fraglich ist, ob eine Wegnahmehandlung angestrebt wurde. Die Rspr bestimmt die Wegnahme im Sinne des § 249 – in Abgrenzung zur räuberischen Erpressung nach §§ 253, 255 – grds nach dem äußeren Erscheinungsbild des vermögensschädigenden Verhaltens des Verletzten[6]. Sie bejaht eine Wegnahme, wenn sich der Täter die Sache selbst nimmt und das Opfer dies nur dulden muss, hingegen verneint sie die Wegnahme, wenn sich der Täter die Sache vom Opfer geben lässt. Im vorliegenden Fall wollte X sich den Knochen selbst nehmen, so dass eine Wegnahme vorgenommen werden sollte. Zu demselben Ergebnis gelangt auch die hL, welche den Gewahrsamsbruch unabhängig vom Akt des Nehmens bzw Gebens bestimmt[7]. Da W keinerlei Entscheidungsspielraum verbleiben sollte, wollte X den Knochen ohne ein Einverständnis des W – der insoweit im Lager des S stand – aus dem Gewahrsam des S (Haus) entfernen und eigenen Gewahrsam am Knochen begründen.

Außerdem müsste X in Zueignungsabsicht gehandelt haben. X wollte den Knochen dem S dauerhaft entziehen und zumindest vorübergehend in das Vermögen des Dritten K überführen. Zueignungsabsicht ist somit gegeben. X wusste auch um die Rechtswidrigkeit der Zueignung.

c) Unmittelbares Ansetzen bzgl Grunddelikt

Nach allen Ansichten hat der Täter spätestens dann mit der Ausführung des Tatbestandes begonnen, wenn schon Tatbestandsmerkmale durch ihn verwirklicht wurden. X hat durch die an W gerichtete Aufforderung und die Abgabe des Schusses bereits die Drohung ausgesprochen.

d) Rechtswidrigkeit und Schuld

X handelte rechtswidrig und schuldhaft.

e) Qualifizierende Folge

Der in § 251 strafbewehrte Todeserfolg ist bei P eingetreten (*s Rn 401*).

---

3 BGHSt 23, 126, 127.
4 BVerfGE 92, 1; BGHSt 41, 231; zust *Sonnen*, BT S 124; zu weiteren Einzelheiten zum Gewaltbegriff vgl Fall 12, Problem Nr 133, Rn 600.
5 *Jäger*, BT Rn 283; *Wessels/Hillenkamp*, BT2 Rn 347.
6 BGH NStZ 1999, 350; BGH NStZ-RR 2011, 80.
7 *Wessels/Hillenkamp*, BT2 Rn 730.

f) Spezifischer Gefahrzusammenhang

Zusätzlich zu den üblichen Kausalitätserfordernissen wird beim erfolgsqualifizierten Delikt ein gefahrspezifischer Zurechnungszusammenhang zwischen versuchtem Grunddelikt und der schweren Folge verlangt. Der Tod muss „durch den Raub verursacht" worden sein, dh es muss sich ein für den Raub typisches Risiko im Todeserfolg niedergeschlagen haben. Dabei ist mit den o genannten Argumenten auf die Realisierung der spezifischen Gefahr der Gewaltanwendung bzw Drohung beim Raub abzustellen. Allein durch die Wegnahmehandlung wird eine Todesgefahr eher selten akut. Der Warnschuss war jedoch Teil der Drohung im Rahmen der qualifizierten Nötigung des § 249 I. Dass durch Einsatz dieses Nötigungsmittels jemand zu Tode kommt, ist eine typische Gefahr des Raubes[8].

g) Fahrlässigkeit bzgl schwerer Folge

Der Tod des P war objektiv vorhersehbar und vermeidbar (*s Rn 401*). Die von § 251 speziell geforderte Leichtfertigkeit im Sinne einer groben Fahrlässigkeit[9] ist beim Einsatz einer Schusswaffe ebenfalls gegeben.

Der Eintritt der schweren Folge war auch subjektiv vorhersehbar und vermeidbar.

h) Rücktritt, § 24 II

X verwirklichte den versuchten Raub zwar als unmittelbarer Täter. An der Straftat war aber noch K als Mittäter oder Teilnehmer beteiligt. In diesem Fall richten sich die Rücktrittsvoraussetzungen nach § 24 II[10].

X müsste gem § 24 II 1 die Vollendung des Raubes mit Todesfolge, § 251, verhindert haben. Fraglich ist, ob die Regeln über den Rücktritt vom Versuch, § 24, beim hier gegebenen erfolgsqualifizierten Versuch überhaupt anwendbar sind, da zwar die Wegnahme nicht vollendet wurde, jedoch der qualifizierende Todeserfolg bereits eingetreten ist.

Problem Nr 93: Rücktritt vom erfolgsqualifizierten Versuch (hier: § 251)   **407**

(1) Zum einen wird in der **Literatur** vertreten (HK-GS-*Ambos*, § 24 Rn 9; *Fischer*, § 18 Rn 10; *Jäger*, AT Rn 326; *Wolter*, JuS 1981, 168, 178), von einem (materiell) vollendeten erfolgsqualifizierten Delikt sei kein Rücktritt mehr möglich.

Dies gelte auch im Fall des § 251, wenn die tatbestandsmäßige Handlung, von der die Gefährdung ausgeht, die schwere Folge des Todes leichtfertig bewirkt hat.

Argument: Das Gerechtigkeitsgefühl erfordert eine Bestrafung nach der qualifizierten Norm. Zudem entspricht dies am ehesten der ratio der Erfolgsqualifikation. Wesentlich für die Erfolgsqualifikation ist bei § 251 die tatbestandsmäßige Handlung, da allein von ihr die Gefahr des Eintritts der besonderen Folge ausgeht. Das noch fehlende Schlussstück des Grundtatbestandes, dh die Wegnahme, ist für die Qualifikation nicht mehr erforderlich, sodass zwar nicht von einer formellen Vollendung, wohl aber einer Vollendung im materiellen Sinn gesprochen werden kann.

---

8 BGH NStZ 2017, 638 m Anm *Kudlich* u. Bespr *Eisele*, JuS 2017, 1030; *Jäger*, JA 2018, 152; *Wessels/Hillenkamp*, BT2 Rn 388.
9 *Wessels/Hillenkamp*, BT2 Rn 389.
10 *Beulke*, Klausurenkurs I [4] Rn 184.

(2) Nach der überzeugenden **hA** ist hingegen ein Rücktritt trotz Eintritts der Erfolgsqualifikation möglich (BGHSt 42, 158, 160; *Kindhäuser*, AT § 32 Rn 35; *Rengier*, BT1 § 9 Rn 22; *Schapiro*, JA 2005, 618; SK/StGB-*Stein*, § 18 Rn 36, 40).

Argument: Der Wortlaut des § 24 lässt den Rücktritt vom Grunddelikt zu. Daran ändert auch der Eintritt des qualifizierenden Erfolges nichts mehr. Entfällt aber der Grundtatbestand, so besteht kein Anknüpfungspunkt mehr für eine Strafbarkeit nach § 251. Dieser baut auf dem Grunddelikt auf. Die Einführung eines materiellen Vollendungsbegriffs würde den Grundtatbestand des § 249 I in ein Unternehmensdelikt umdeuten, der Vollendungszeitpunkt würde vorverlagert. Dies wäre eine teleologische Reduktion des § 24 zulasten des Täters, die ebenso wie eine Analogie zulasten des Täters nach Art 103 II GG unzulässig sein muss (BGHSt 42, 158, 161).

Die Ergebnisse sind auch nicht grob unbillig, da zumindest die Fahrlässigkeitstat ausreichend nach §§ 222, 229 bestraft werden kann.

Zur Vertiefung: Wessels/Beulke/Satzger, AT Rn 913; Wessels/Hillenkamp, BT2 Rn 391; Hoven, JuS 2013, 407; Mitsch, JA 2014, 268.

408 Gegen die Anerkennung eines Rücktritts vom erfolgsqualifizierten Versuch spricht, dass im Grunde genommen der Eintritt der Todesfolge bereits eine Vollendung im materiellen Sinn darstellt. Andererseits enthält jedoch der Wortlaut des § 24 keine Einschränkung für die vorliegende Konstellation. Deshalb bestand nach vorzugswürdiger Ansicht im Tatzeitpunkt trotz des eingetretenen Todes des P noch immer die Möglichkeit des Rücktritts vom erfolgsqualifizierten Versuch. Eine anderweitige Auslegung stellte eine unzulässige Analogie zulasten des Täters dar. Diese Lösung ist auch nicht grob unbillig, da eine Strafbarkeit des X aus § 222 (*s Rn 401*) bestehen bleibt.

Der Rücktritt nach § 24 II ist hier auch nicht wegen Fehlschlags ausgeschlossen, da X nach seiner Vorstellung die Tat hätte vollenden können.

X hat es unterlassen, den Knochen zu entwenden und ist ohne die Beute geflüchtet. Auch ein solches Unterlassen ist – im Gegensatz zur Auslegung des Begriffs „Verhinderung der Vollendung" in § 24 I, wo nur aktives Tun erfasst wird – als mögliche Rücktrittshandlung anerkannt, wenn dadurch – wie hier – sichergestellt wird, dass die Tatvollendung nicht erfolgen kann[11].

Fraglich ist, ob X freiwillig von einer Vollendung des Tatbestandes Abstand genommen hat[12]. X handelte freiwillig iSd Frank'schen Formel. Seinem Rücktritt stand auch kein zwingendes Hindernis im Weg. Obwohl eine gewisse Zwangslage infolge der Entdeckung vorlag, hatte sie auf X keine Auswirkungen in der Form, dass er sich nicht mehr in der Lage sah, die Tat zu vollenden. Er verlor nur den Willen dazu.

Im Sinne der Theorie von der Verbrechervernunft hätte ein „abgebrühter" Verbrecher die Tat hier noch vollendet, solange sie objektiv möglich war. Indem X auf eine Wegnahme verzichtete, erwies er sich als weniger gefährlich.

Schließlich handelte es sich auch um autonome Motive. Hier ist X zwar durch die Wachmänner entdeckt worden, ein Rücktritt allein aus diesem Grund wäre daher heteronom motiviert und deshalb unfreiwillig gewesen. Allerdings war W so geschockt, dass X trotz

---

11 BGH NStZ 1989, 317, 318; S/S-*Eser/Bosch*, § 24 Rn 88 f; *Wessels/Beulke/Satzger*, AT Rn 913.
12 S o Fall 4, Problem Nr 39, Rn 175.

der Entdeckung seine Tat zum Erfolg hätte führen können, zumal er maskiert war und eine Identifizierung nicht zu fürchten brauchte. Entscheidendes Motiv des Aufgebens war damit nicht die Angst vor Identifizierung oder davor, gefasst zu werden, sondern vielmehr sein aufgrund des Zwischenfalls verlorenes Interesse an der Tat, also ein autonomes Motiv.

Nach allen Ansichten handelt es sich also um einen freiwilligen Rücktritt des X.

i) Ergebnis

Damit ist X nach § 24 II strafbefreiend vom Versuch des § 251 zurückgetreten.

3. §§ 249 I, 250 I Nr 1a, II Nr 1, 22, 23 I Alt 1

Der Raub wurde nicht vollendet (*s Rn 404*). Die Strafbarkeit des Versuchs folgt aus § 23 I Alt 1 iVm § 249 I bzw § 250 I, II.   **409**

A wollte einen Raub begehen und dabei eine geladene Schusswaffe bei sich führen, § 250 I Nr 1a, und diese notfalls auch verwenden iSv § 250 II Nr 1, denn für Letzteres genügt schon ein Einsatz als Drohmittel[13].

X hat auch zur Tatbestandsverwirklichung unmittelbar angesetzt. Er ist jedoch freiwillig zurückgetreten (*vgl Rn 408*) und hat somit bzgl des versuchten einfachen und schweren Raubes Straffreiheit erlangt.

4. §§ 253 I, II, 255 iVm §§ 250 I Nr 1a Alt 2, II Nr 1 Alt 1, 22, 23 I Alt 1

Obwohl ein versuchter schwerer Raub nur wegen des Rücktritts abgelehnt wurde – Tatentschluss und unmittelbares Ansetzen lagen vor –, ist §§ 253, 255, 22, 23 I Alt 1 zu prüfen. Im Rahmen des Tatentschlusses zu §§ 249 I, 22, 23 I Alt 1 wurde zwar Vorsatz bzgl der Wegnahme bejaht. Angesichts der Tatsache, dass dieses Tatbestandsmerkmal sowohl nach der Rspr als auch nach der hL vorlag, wurde der Streit hinsichtlich des Verhältnisses zwischen Raub und räuberischer Erpressung allerdings nicht geklärt und muss nun im Folgenden dargestellt werden.

X könnte dadurch, dass er möglichen Widerstand gegen die Mitnahme des Knochens durch den Einsatz der Schusswaffe brechen wollte, eine versuchte räuberische Erpressung begangen haben.   **410**

a) Vorprüfung

Das Delikt wurde nicht vollendet. Der Versuch ist strafbar gem §§ 253, 255, 22, 23 I Alt 1.

b) Tatentschluss

X wollte durch die Abgabe von Warnschüssen, also durch eine Drohung mit gegenwärtiger Gefahr für Leib und Leben, die Duldung der Mitnahme des Knochens durch W erzwingen und dadurch dem S einen Vermögensschaden zufügen.

---

13 BGH NStZ-RR 1999, 102.

Fraglich ist, welche Anforderungen an das abgenötigte Verhalten iRd §§ 253, 255 zu stellen sind, insbes, ob die durch Nötigung erzwungene Duldung eine Vermögensverfügung darstellen muss oder ob jedes Opferverhalten ausreichend ist.

411   **Problem Nr 94: Abgrenzung Raub – Räuberische Erpressung**

(1) Nach **Ansicht der Rspr** (BGHSt 7, 252; 14, 386; 25, 224; 32, 88; 41, 123; 42, 196) und einem zunehmenden **Teil des Schrifttums** (*Erb*, Herzberg-FS, S 711; *Hecker*, JA 1998, 300, 305; *Kindhäuser*, BT2 § 17 Rn 21 ff; *Kretschmer, B.*, Jura 2006, 221; *Krey/Hellmann/Heinrich*, BT2 Rn 426 ff; *Mitsch*, JA 1997, 655, 664; *Schroth*, BT S 259 ff; SK-*Sinn*, § 253 Rn 16, Vor § 249 Rn 13 f) verlangen die §§ 253, 255 auf der Opferseite keine Vermögensverfügung, sondern es genügt jedes Opferverhalten.

Argument: Der Gesetzeswortlaut erzwingt keine andere Auslegung. Durch diese Lösung ist zwar jeder Raub (§ 249) zugleich auch eine räuberische Erpressung (§§ 253, 255). Dies ist jedoch sinnvoll: Im Regelfall geht § 249 den §§ 253, 255 als lex specialis vor. Entfällt hingegen eine Strafbarkeit gem § 249 mangels Zueignungsabsicht, so kann über §§ 253, 255 die durch Gewalt gegen eine Person verübte vermögensschädigende Handlung als Verbrechen erfasst werden. Wenn die Gegenansicht in dieser Konstellation die Gewaltanwendung allein über § 240 ahnden möchte, so wird sie der bei gewaltsamer Gebrauchsanmaßung gesteigerten Unrechtsdimension nicht gerecht.

Auf der Basis dieser Ansicht erübrigt sich auch die Unterscheidung zwischen vis compulsiva und vis absoluta, denn selbst der Täter, der die vermögensschädigende Handlung selbst vornimmt (typischer Fall der Wegnahme), wird vom Tatbestand der §§ 253, 255 erfasst.

Deswegen kann die Abgrenzung zwischen § 249 und §§ 253, 255 problemlos nach dem äußeren Erscheinungsbild der Tat (**§ 249: Wegnahme** [§ 253 ist jetzt subsidiär] – **§§ 253, 255: Hingabe**) erfolgen und es müssen keine komplizierten Prüfungen vorgenommen werden.

(2) Die in der **Literatur (noch) hA** (*Arzt/Weber/Heinrich/Hilgendorf*, BT § 17 Rn 15 ff, § 18 Rn 25; *Haft*, BT1 S 47 f; *Lackner/Kühl*, § 253 Rn 3; *Maurach/Schroeder/Maiwald*, BT1 § 42 Rn 6 ff; MK-*Sander*, § 253 Rn 16 f; *Otto*, BT § 53 Rn 4; *Rengier*, BT1 § 11 Rn 25 ff; S/S-*Eser/Bosch*, § 253 Rn 3 u 8; *Wessels/Hillenkamp*, BT2 Rn 712) verlangt zu Recht eine Vermögensverfügung des Genötigten, da §§ 253, 255 von ihrem Charakter her – wie der Betrugstatbestand (§ 263) – Selbstschädigungsdelikte sind, die von § 249 als Fremdschädigungsdelikt abzugrenzen sind.

Argument: Das Exklusivitätsverhältnis von §§ 253, 255 und § 249 zeigt sich zum einen in der Überschrift des zwanzigsten Abschnitts („Raub und Erpressung"), zum anderen in der **Systematik des Gesetzes.** Wäre § 249 Spezialnorm zu §§ 253, 255, wie es die Rspr annimmt, so müsste die Generalnorm systematisch vor der lex specialis stehen, nicht aber umgekehrt wie bei § 249 und §§ 253, 255.

Auch die Ausnahme von dieser Regel, die systematische Stellung der §§ 211, 212, rechtfertigt kein anderes Ergebnis, denn dort steht die Spezialregelung des § 211 nur wegen ihrer besonderen historischen Bedeutung an erster Stelle im Gesetz.

§ 263 weist zu § 253 I eine **parallele Struktur** auf. Beides sind **Selbstschädigungsdelikte.** Die Delikte unterscheiden sich nur dadurch, dass die vermögensschädigende Verfügung (Selbstschädigung) dort durch eine Täuschung erschlichen und hier durch Nötigung erzwungen wird.

Vor allem darf die Entscheidung des Gesetzgebers, die bloße **Gebrauchsanmaßung** iRd § 249 mangels Zueignungsabsicht straflos zulassen, nicht durch eine Anwendung der §§ 253, 255 **unterlaufen** und der Täter letztlich doch „gleich einem Räuber" (§ 255) bestraft werden. Dass dieses Verhalten nicht von den herkömmlichen Eigentums- und Vermögensdelikten erfasst werden soll, beweist schon die Existenz des § 248b, der als Sondertatbestand in Bezug auf Fahrzeuge die Gebrauchsanmaßung ausnahmsweise unter Strafe stellt. Das über die Gebrauchsanmaßung hinausgehende Element der Gewalttätigkeit kann vollumfänglich durch § 240 abgedeckt werden.

Zur Vertiefung: Bode, JA 2017, 110; Brand, JuS 2009, 899; Hillenkamp, BT 33. Problem S 179 ff; Rönnau, JuS 2012, 888; Wessels/Hillenkamp, BT2 Rn 709 ff.

Vornehmlich die Rspr, aber auch eine zunehmende Anzahl von Autoren, halten eine Vermögensverfügung seitens des erpressten Opfers nicht für notwendig. Die §§ 253, 255 StGB werden demnach möglichst weit ausgelegt, um alle als gleich gefährlich beurteilten Handlungen, die nicht unter den Raubtatbestand fallen, strafrechtlich zu erfassen. Nach überzeugender Ansicht erfordern die §§ 253, 255 aufgrund ihrer parallel zu § 263 erfolgten Ausgestaltung als Selbstschädigungsdelikt jedoch eine Vermögensverfügung, dh ein willensgetragenes, die Vermögensverschiebung bewusst herbeiführendes Verhalten des Genötigten. Im vorliegenden Fall wollte X mit dem Einsatz der Schusswaffe die Duldung der Mitnahme des Knochens erzwingen. Dem Opfer sollte also keinerlei Entscheidungsspielraum bleiben. X fehlte somit der Vorsatz bzgl einer Vermögensverfügung des W. Das Geschehen ist dementsprechend nur als eine Wegnahmehandlung iSv § 249 einzustufen (*s 2 b, Rn 406*). **412**

[Wer mit der Gegenmeinung jedes Opferverhalten genügen lässt, kann zwar Tatentschluss und unmittelbares Ansetzen bzgl §§ 253, 255 bejahen. Es greifen dann jedoch die Regeln des Rücktritts ein.]

5. §§ 242 I, II, 244 I Nr 1, Nr 3, II, 22, 23 I

Der im versuchten Raub enthaltene versuchte Diebstahl ist wegen des freiwilligen Rücktritts ebenfalls straflos. **413**

6. §§ 246 I, III, 22, 23 I Alt 2

Auch von der versuchten Unterschlagung ist X strafbefreiend zurückgetreten.

7. § 240 I, II bzgl W

X könnte einen Menschen mit Gewalt zu einer Unterlassung genötigt haben. **414**

a) Objektiver Tatbestand

Die Abgabe von Warnschüssen gegenüber W stellt nur dann Gewalt dar, sofern man – wie die frühere Rspr – auch psychisch vermittelte, psychosomatische Auswirkungen in den Gewaltbegriff einbeziehen. Dies wurde jedoch o (*Rn 406*) bereits abgelehnt.

Drohung iSd § 240 I ist das auf Einschüchterung des Opfers gerichtete Inaussichtstellen eines zukünftigen Übels, auf dessen Eintritt der Drohende sich Einfluss zuschreibt[14]. Mit einschüchternden Worten, unterstützt durch den Warnschuss, hat X in Aussicht gestellt, einen weiteren, gezielten Schuss abzugeben, um so Leib und Leben des W zu gefährden.

---

14 *Wessels/Hettinger/Engländer*, BT1 Rn 452.

Zwischen dem Nötigungsmittel (Warnschuss) und dem Nötigungserfolg (Unterlassung weiterer Maßnahmen gegen X durch W) bestand auch der notwendige Kausal-und Zurechnungszusammenhang.

b) Subjektiver Tatbestand

X handelte vorsätzlich. Zwar wusste er nicht, dass sein Schuss durch die Tötung des P eine noch größere abschreckende Wirkung bei W hervorrufen würde, als von ihm ursprünglich geplant war. Bzgl des § 240 handelt es sich aber nur um eine für den Vorsatz des X unbeachtliche Abweichung vom vorgestellten Kausalverlauf[15].

c) Rechtswidrigkeit und Schuld

Allgemeine Rechtfertigungsgründe sind nicht ersichtlich.

Der Einsatz des Nötigungsmittels (die Abgabe eines Warnschusses) zum angestrebten Nötigungszweck (eine Wachperson davon abzuhalten, einen Diebstahl zu verhindern) ist als verwerflich iSv § 240 II einzustufen.

X handelte zudem schuldhaft.

X hat sich gem § 240 I, II strafbar gemacht.

8. § 241 I bzgl W

415   Indem X die Pistole zog und den W warnte: „Zieh Leine oder du bist ein toter Mann!", hat er den W mit der Begehung eines gegen ihn gerichteten Verbrechens, nämlich mit einem Totschlag iSv § 212 I (evtl sogar mit einem Mord), bedroht.

§ 241 I tritt jedoch im Wege der Subsidiarität hinter § 240 I zurück[16].

9. § 123 I Alt 1

X hat das Grundstück und die Villa des S ohne dessen Einverständnis betreten. Er ist in das befriedete Besitztum und die Wohnung eingedrungen.

X handelte vorsätzlich. Er hat sich nach § 123 I Alt 1 strafbar gemacht. Der gem § 123 II erforderliche Strafantrag ist gestellt.

10. Konkurrenzen

416   § 222 und § 240 I, II wurden durch eine Handlung begangen, schützen aber verschiedene Rechtsgüter (Leben/freie Willensentschließung und -betätigung). Daher liegt Idealkonkurrenz, § 52, vor.

Zwischen § 222 – § 52 – § 240 I, II einerseits und § 123 I Alt 1 andererseits besteht gleichfalls Idealkonkurrenz, da der Hausfriedensbruch begangen wurde, um den (wegen Rücktritts straffreien) versuchten Diebstahl zu begehen[17].

---

15 Vgl BGH NStZ 2016, 721; *Wessels/Beulke/Satzger*, AT Rn 760 ff.
16 Vgl *Fischer*, § 241 Rn 7.
17 Vgl *Wessels/Beulke/Satzger*, AT Rn 1087

11. Ergebnis für X im Tatkomplex A

X hat sich gem § 222 – § 52 – § 240 I, II – § 52 – § 123 I Alt 1 strafbar gemacht.

II. Strafbarkeit des K

1. § 222

Die Beauftragung des X durch K war Ursache für den Tod des zweiten Wachmanns iSd   **417**
Conditio-sine-qua-non-Formel.

Es erscheint bereits höchst zweifelhaft, ob es für einen umsichtig handelnden Menschen aus dem Verkehrskreis des Täters vorhersehbar war, dass die Beauftragung eines professionellen Diebes bei Tatausführung mit dem Tod eines Menschen enden könnte, zumal ausdrücklich Gewalteinsatz ausgeschlossen und von der Abwesenheit von Menschen ausgegangen wurde. Zumindest führt der weisungswidrige Entschluss des X, eine Waffe mitzunehmen, dazu, dass der Tod des P nicht mehr in den Verantwortungsbereich des K fällt und ihm somit nicht objektiv zurechenbar ist (eigenverantwortliches Dazwischentreten eines Dritten[18]).

K hat sich nicht gem § 222 strafbar gemacht.

2. §§ 249 I, 22, 23 I Alt 1, 25 II

Der Raub wurde mangels Wegnahme nicht vollendet. Der versuchte Raub ist strafbar   **418**
gem §§ 249, 23 I Alt 1.

K hatte weder Vorsatz bzgl einer Drohung noch bzgl einer Gewaltanwendung gegenüber einem anderen Menschen. Insoweit lag ein Exzess[19] des X vor, der K nicht zugerechnet werden kann.

3. §§ 242 I, II, 22, 23 I Alt 2, 25 II

K könnte dadurch, dass er den X beauftragte, in der Villa des S den Knochen zu holen,   **419**
einen versuchten Diebstahl in Mittäterschaft begangen haben.

a) Vorprüfung

Der Diebstahl wurde nicht vollendet. Der versuchte Diebstahl ist strafbar gem §§ 242 II, 23 I Alt 2.

b) Tatentschluss

K wollte den Gewahrsam an dem Vorderzehenknochen, einer für ihn fremden beweglichen Sache, erlangen. Da er den Gewahrsamsbruch jedoch nicht selbst durchführen wollte, ist zu fragen, ob und wie ihm die Tat des X zugerechnet werden kann.

K könnte Mittäter iSd § 25 II sein, obwohl er bei der Ausführungshandlung selbst nicht einmal am Tatort anwesend war, geschweige denn eines der Tatbestandsmerkmale in ei-

---

18 S Fall 1, Problem Nr 4, Rn 32.
19 Vgl BGH NStZ 2013, 400.

gener Person erfüllt hat. Mittäterschaft ist die gemeinschaftliche Begehung einer Straftat in bewusstem und gewolltem Zusammenwirken[20]. Ein gemeinsamer Tatplan liegt vor. Fraglich ist allein, ob eine gemeinsame Tatausführung gegeben ist. Insoweit ist eine Abgrenzung zur Teilnahme vorzunehmen[21].

Nach der von der Rspr im Ausgangspunkt noch immer vertretenen subjektiven Theorie kommt es für die Abgrenzung von Täterschaft und Teilnahme maßgeblich auf den Täterwillen an. Entscheidend für den Täterwillen des K spricht hier, dass X den Diebstahl nur begehen sollte, damit K in den Besitz des Knochens gelangt. Er hatte also das Hauptinteresse am Taterfolg. Er wollte nicht ausschließlich eine fremde Tat fördern. Vielmehr wollte er die Tat als eigene. Danach ist K Mittäter (*aA mit guter Argumentation vertretbar*).

Nach der Tatherrschaftslehre ist Täter, wer als Zentralgestalt des Geschehens die planvoll-lenkende oder mitgestaltende Tatherrschaft besitzt, die Tatbestandsverwirklichung somit nach seinem Willen hemmen oder ablaufen lassen kann. Teilnehmer ist, wer ohne eigene Tatherrschaft als Randfigur des realen Geschehens die Begehung der Tat veranlasst oder sonst wie fördert. K war zwar an der Ausführungshandlung selbst nicht beteiligt. Sein Verhalten im Vorbereitungsstadium war aber so bestimmend für die Ausführungshandlung, dass es einen gleichgewichtigen Beitrag zur Tat darstellte. Sein „Beteiligungsminus" wird hierdurch ausgeglichen. Auch nach der hier befürworteten Tatherrschaftstheorie ist K deshalb Mittäter iSd § 25 II (*aA mit guter Argumentation vertretbar*).

K hatte folglich Vorsatz bzgl einer mittäterschaftlich begangenen Wegnahme. Zudem handelte er in der Absicht rechtswidriger Zueignung.

c) Unmittelbares Ansetzen

Nach der ganz herrschenden Gesamtlösung[22] beginnt für jeden Mittäter der Versuch bereits dann, wenn einer der Mittäter im Rahmen des gemeinsamen Tatentschlusses zur Tatausführung unmittelbar ansetzt. Das unmittelbare Ansetzen des X wirkt somit auch für K.

d) Rechtswidrigkeit und Schuld

K handelte rechtswidrig und schuldhaft.

e) Rücktritt, § 24 II

K ist durch eigenes Verhalten weder kausal für die Nichtvollendung der Wegnahme geworden noch hat er sich ernsthaft bemüht, die Vollendung zu verhindern. Er selbst hat die Voraussetzungen des § 24 II nicht erfüllt.

---

20 *Wessels/Beulke/Satzger* AT Rn 756.
21 S o Fall 7, Problem Nr 65, Rn 285.
22 *V. Heintschel-Heinegg*, Prüfungstraining 1, Rn 536; *Wessels/Beulke/Satzger*, AT Rn 855; *Beulke*, Klausurenkurs I [11] Rn 380; *Rotsch*, [7] Rn 955 ff; aA die Einzellösung, wonach der Tatbeitrag jedes Mittäters für sich genommen auf die Versuchsqualität untersucht wird.

Der Rücktritt des X wirkt nicht auch für K, da es sich beim Rücktritt nach hM um einen persönlichen Strafaufhebungsgrund iSv § 28 II handelt, der nur für den Rücktretenden selbst strafbefreiende Wirkung entfaltet[23].

f) Strafzumessung, § 243 I 1, 2 Nr 1, Nr 3, Nr 5

Da es sich bei § 243 um eine Strafzumessungsnorm handelt (Wessels/Beulke/Satzger, AT Rn 165), sind die Regelbeispiele beim Versuch des § 242 erst nach Tatbestandsmäßigkeit, Rechtswidrigkeit, Schuld und Rücktritt zu prüfen (s Fall 3 Rn 112 mwN).

Ein besonders schwerer Fall des Diebstahlsversuchs ist nach hM dann unproblematisch möglich, wenn der Diebstahl im Versuch steckengeblieben ist, das Regelbeispiel allerdings dabei voll verwirklicht wurde[24]. Der Täter hat sich dann durch Verwirklichung des Regelbeispiels als besonders gefährlich erwiesen[25].

K könnte gem § 25 II im Rahmen des gemeinsamen Tatplanes die Erfüllung des tatbezogenen Regelbeispiels des Einsteigediebstahls iSv § 243 I 1, 2 Nr 1 Alt 1 durch X zuzurechnen sein. Dann müsste zunächst X den § 243 I 1, 2 Nr 1 Alt 1 erfüllt haben, indem er zum Zwecke des Diebstahls in die Villa des S einstieg.

Die Villa gehört zu den umschlossenen Räumen iSv § 243 I 1, 2 Nr 1, nämlich zu den Raumgebilden, die (zumindest auch) zum Betreten durch Menschen bestimmt und mit Vorrichtungen versehen sind, die das Eindringen von Unbefugten abwehren sollen und tatsächlich ein Hindernis bilden, das ein solches Eindringen nicht unerheblich erschwert[26].

Zugleich handelt es sich um eine Wohnung iSv § 244 I Nr 3, denn die Villa besteht aus umschlossenen Räumen, die als Mittelpunkt des privaten Lebens Selbstentfaltung, -entlastung und vertrauliche Kommunikation gewährleisten[27].

Fraglich ist damit, ob Wohnräume dem Anwendungsbereich des § 243 I 2 Nr 1 unterfallen.

Problem Nr 95: Erfasst § 243 I 1, 2 Nr 1 den „Wohnungseinbruchsdiebstahl"?   **420**

Das 6. StrRG aus dem Jahre 1998 hat die vormals dort mit aufgeführte Wohnung aus den umschlossenen Räumen des § 243 I 1, 2 Nr 1 herausgelöst und das zur Ausführung eines Diebstahls vorgenommene Einbrechen, Einsteigen, etc in eine Wohnung als Wohnungseinbruchsdiebstahl in § 244 I Nr 3 zu einer Qualifikation erhoben. Umstritten ist nunmehr, ob der Wohnungseinbruchsdiebstahl ausschließlich von §§ 244, 244a oder nach wie vor auch von § 243 I 1, 2 Nr 1 erfasst wird.

(1) Nach **einer Ansicht** erfüllt der Wohnungseinbruchsdiebstahl sowohl den Tatbestand der §§ 242, 243 I 1, 2 Nr 1 als auch den des § 244 I Nr 3, IV (*Fahl*, NJW 2001, 1699; *Hörnle*, Jura 1998, 169, 171; *Schmidt*, BT2 Rn 250; *Zieschang*, JuS 1999, 49, 52; *Zopfs*, Jura 2007, 421, 423 f).

---

23 S/S-*Eser/Bosch*, § 24 Rn 4 f, 73, 74; *Wessels/Beulke/Satzger*, AT Rn 725, 727, 868.
24 S Fall 3, Problem Nr 20, Rn 113.
25 S/S-*Eser/Bosch*, § 243 Rn 44; *Wessels/Hillenkamp*, BT2 Rn 212 ff.
26 Vgl *Wessels/Hillenkamp*, BT2 Rn 223.
27 *Wessels/Hillenkamp*, BT2 Rn 290.

Argument: „Umschlossener Raum" ist der Oberbegriff für „Wohnung" und „Dienst- oder Geschäftsraum". Allein durch die Entfernung des Unterbegriffes „Wohnung" aus dem Gesetzestext des § 243 I 1, 2 Nr 1 konnte der Gesetzgeber an der Rechtslage nichts ändern. Sind danach im konkreten Fall sowohl § 243 I 1, 2 Nr 1 als auch § 244 I Nr 3 erfüllt, werden die §§ 242, 243 I 1, 2 Nr 1 erst auf der Ebene der Konkurrenzen von §§ 244 und 244a (im Wege der Spezialität: *Eisele*, BT2 Rn 239; *Fahl*, NJW 2001, 1699; für Subsidiarität *Wessels/Hillenkamp*, BT2 Rn 224) verdrängt.

(2) Nach überzeugender **aA** (*Gropp*, JuS 1999, 1041, 1049; *Jäger*, JuS 2000, 651, 657; *Mitsch*, BT2 S 95, 136) ist eine Heranziehung des § 243 I 1, 2 Nr 1 neben § 244 I Nr 3 ausgeschlossen. Ein Rückgriff auf §§ 242, 243 I 1, 2 Nr 1 kommt nur in Betracht, wenn § 244 I Nr 3 ausscheidet, so zB mangels Vorsatzes (*Krey/Hellmann/Heinrich*, BT2 Rn 136). Das wird auch durch den neu gefassten § 244 IV bestätigt, der den Wohnungseinbruchsdiebstahl zum Verbrechen qualifiziert, wenn der Wohnungseinbruchsdiebstahl dauerhaft genutzte Privatwohnungen betrifft.

Argument: § 243 I 1, 2 Nr 1 ist kein Tatbestand, sondern lediglich eine Strafzumessungsregel. Eine Heranziehung des § 243 I 1, 2 Nr 1 neben § 244 I Nr 3 verstößt gegen das Doppelverwertungsverbot des § 46 III.

Zur Vertiefung: Wessels/Hillenkamp, BT2 Rn 290 f, 224.

421 Dafür, dass ein Wohnungseinbruchsdiebstahl gem § 244 I Nr 3 zugleich auch einen Diebstahl unter Erfüllung des Regelbeispiels des § 243 I 2 Nr 2 darstellen kann, spricht der Umstand, dass der Wortlaut des Regelbeispiels keine entsprechende Einschränkung enthält. Das bedeutete, dass der Diebstahl unter Erfüllung eines Regelbeispiels erst auf Konkurrenzebene entfiele. Nach überzeugender Ansicht schließen sich jedoch § 243 I 1, 2 Nr 1 und § 244 I Nr 3 bzw. § 244 IV aus, da der Unrechtsgehalt bereits durch den Qualifikationstatbestand des § 244 I Nr 3/§ 244 IV erfasst wird und eine erneute Berücksichtigung im Rahmen der Strafzumessung nicht erfolgen darf. X – und damit auch K – haben folglich keinen versuchten Diebstahl unter Erfüllung eines Regelbeispiels nach § 243 I 1, 2 Nr 1 begangen.

K könnte das Regelbeispiel des § 243 I 1, 2 Nr 3 („gewerbsmäßig stiehlt") erfüllt haben. Gewerbsmäßigkeit ist gegeben, wenn der Täter sich aus wiederholten Diebstählen eine nicht nur vorübergehende Einnahmequelle von einigem Umfang und einer gewissen Dauer verschaffen möchte[28]. Dies ist bei dem Auftragsräuber X zu bejahen. Folglich hat X hier das Regelbeispiel des § 243 I 1, 2 Nr 3 verwirklicht.

Problematisch erscheint, ob sich K dies zurechnen lassen muss. Eine allgemeine Zurechnung über § 25 II kommt mangels Tatbestandsqualität der Regelbeispiele nicht in Betracht. Es muss vielmehr für jeden Täter selbstständig im Sinne einer Gesamtabwägung festgestellt werden, ob ein besonders schwerer Fall vorliegt[29]. Nahe liegt eine Analogie zur Regelung des § 28 II, da die Voraussetzungen für die Annahme eines besonders schweren Falles bei mehreren Tatbeteiligten für jeden von ihnen gesondert zu prüfen sind[30]. Das täterbezogene Merkmal der Gewerbsmäßigkeit führt daher nur bei demje-

---

28 BGH NStZ 2015, 396; *Wessels/Hillenkamp*, BT2 Rn 239.
29 *Fischer*, § 46 Rn 105.
30 BGHSt 29, 239, 244; LK-*Vogel*, § 243 Rn 76; S/S-*Eser/Bosch*, § 243 Rn 47.

nigen zur Anwendung des § 243 I 1, 2 Nr 3, der dieses Merkmal auch selbst erfüllt[31]. K erfüllte dieses Regelbeispiel nicht selbst. Ein besonders schwerer Fall gem § 243 I 1, 2 Nr 3 entfällt somit.

Auch § 243 I 1, 2 Nr 5 ist nicht erfüllt, da die Sammlung des S nicht öffentlich zugänglich war.

g) Ergebnis

K hat sich somit nur wegen eines versuchten einfachen Diebstahls in Mittäterschaft ohne Erfüllung eines Regelbeispiels strafbar gemacht, §§ 242 I, II, 22, 23 I Alt 2, 25 II.

4. §§ 244 I Nr 1a, Nr 3, II, 22, 23 I Alt 2, 25 II

Das Delikt wurde nicht vollendet. Der Versuch ist strafbar gem §§ 244 II, 23 I Alt 2.   **422**

X führte eine Schusswaffe mit sich (§ 244 I Nr 1a). Insoweit ging X aber über den gemeinsamen, mit K vereinbarten Tatplan hinaus. Aus Sicht des K handelte es sich diesbezüglich um einen Exzess, der auch im Rahmen des Versuchs nicht vom Zurechnungsprinzip des § 25 II umfasst ist.

K wollte aber, dass der Mittäter X in eine Wohnung eindringt, § 244 I Nr 3 (*vgl Rn 419 aE*).

Der Versuchsbeginn des X wirkt auch für K, nicht aber der Rücktritt (*s Rn 419*). K hat sich nach §§ 244 I, Nr 3, II, 22, 23 I Alt 2, 25 II strafbar gemacht.

5. §§ 244 IV, 22, 23 I Alt 1, 25 II

Unter einer dauerhaft genutzten Privatwohnung werden abgeschlossene und überdachte Gebäudeteile verstanden, die einem oder mehreren Menschen auf Dauer als Unterkunft dienen[32]. Da S in der Villa lebte, in die X als Mittäter des K eindrang, liegt auch ein versuchter (gemeinschaftlicher) Diebstahl iSv §§ 244 IV, 22, 23 I Alt 1, 25 II vor.

6. §§ 246 I, III, 22, 23 I Alt 2, 25 II

Die im versuchten Diebstahl (notwendigerweise) enthaltene versuchte Unterschlagung   **423**
ist subsidiär gem § 246 I aE.

7. §§ 123 I Alt 1, 25 II

Bzgl des Hausfriedensbruchs stimmten der Tatplan von K und X und die tatsächliche Ausführung durch X überein.

Nach hL kann der Hausfriedensbruch mittäterschaftlich auch von einer Person begangen werden, die das Haus nicht selbst betritt, da es sich um kein eigenhändiges Delikt handelt[33].

---

31 Im Ergebnis ebenso *Fischer*, § 46 Rn 105 u § 243 Rn 29.
32 *Knierim/Oehmichen/Beck/Geisler*, Kap 2 Rn 1 ff; Einzelheiten bei *Bosch*, Jura 2018, 50.
33 *Lackner/Kühl*, § 123 Rn 12.

8. Konkurrenzen

424   §§ 244 IV, 22, 23 I Alt 1, 25 II sind leges specialis zu §§ 244 I Nr 3, II, 22, 23 I Alt 2, 25 II und zu §§ 242 I, II, 22, 23 I Alt 2, 25 II.

Im versuchten Diebstahl nach §§ 244 IV, 22, 23 I Alt 1, 25 II kommt nicht zum Ausdruck, dass § 123 I Alt 1 – der seinerseits ein völlig anderes Rechtsgut schützt – bereits vollendet ist. Deshalb stehen diese Delikte zueinander in Idealkonkurrenz, § 52.

9. Ergebnis für K im Tatkomplex A

K hat sich gem §§ 244 IV, 22, 23 I Alt 1, 25 II – § 52 – §§ 123 I Alt 1, 25 II strafbar gemacht.

B. Der Siegelring

I. Strafbarkeit des X

1. § 242 I

425   *Da X alle Tatbestandsmerkmale selbst erfüllt hat, sollte hier kein Wort über die Mittäterschaft verloren werden. Auch in der Überschrift entfällt deshalb der Hinweis auf § 25 II (vgl Beulke, Klausurenkurs I [11] Rn 362).*

Dadurch, dass X in die Villa des Z eindrang und dort den Siegelring an sich nahm, könnte er sich wegen Diebstahls strafbar gemacht haben.

a) Objektiver Tatbestand

Indem X den Ring des Z – eine für ihn fremde bewegliche Sache – in die Hosentasche steckte, verbrachte er diesen in seinen Gewahrsam und begründete daran Alleingewahrsam (Gewahrsamsenklave). Der Gewahrsam des Z wurde damit gebrochen. X hat den Ring folglich weggenommen.

b) Subjektiver Tatbestand

X handelte vorsätzlich und mit Zueignungsabsicht in der Hinsicht, dass er die Sache dem Vermögen eines Dritten (des S) rechtswidrig einverleiben wollte.

c) Rechtswidrigkeit und Schuld

X handelte rechtswidrig und schuldhaft.

d) Strafzumessung, § 243 I 1, 2 Nr 3

§ 243 I 2 Nr 1 wird aus den o (Rn 420) genannten Gründen nicht geprüft.

Der „Auftragsräuber" X verschaffte sich durch wiederholte Diebstähle eine Einnahmequelle iSv § 243 I 2 Nr 3. Vorsatz diesbezüglich war gegeben. Der Ring ist keine geringwertige Sache iSv § 243 II.

2. § 244 I Nr 2, Nr 3

X könnte, indem er den Diebstahl mit Y zusammen ausführte, Täter eines Bandendieb-   **426**
stahls iSd § 244 I Nr 2 gewesen sein.

a) Objektiver Tatbestand

Voraussetzung hierfür ist, dass X selbst als Mitglied einer Bande handelte. Dies ist jedoch nicht der Fall.

Selbst wenn Y als Bandenmitglied gestohlen hätte, wäre dies dem X auch nicht über
§ 25 II zuzurechnen, da die Bandenmitgliedschaft ein besonderes persönliches Merkmal
iSv § 28 II ist[34]. X hat keinen Bandendiebstahl begangen.

X ist jedoch in die Villa des Z eingedrungen und hat damit objektiv einen Wohnungseinbruchsdiebstahl iSd § 244 I Nr 3 begangen.

b) Subjektiver Tatbestand

X handelte vorsätzlich.

3. § 244 IV

Die Villa, in die X eindrang und in der er den Siegelring wegnahm, wurde von Z dauerhaft als Privatwohnung genutzt. § 244 IV ist somit erfüllt.

4. § 249 I

Der Angriff auf die Person des Z erfolgte nicht zu dem Zweck, die Wegnahme zu ermög-   **427**
lichen und Widerstand dagegen zu verhindern oder zu überwinden. IRd § 249 I ist es
nach zwar bestrittener, aber ganz hA nicht notwendig, dass die Gewaltanwendung für die
Wegnahme objektiv erforderlich und damit kausal ist. Vielmehr genügt es, dass sie nach
der subjektiven Zwecksetzung des Täters als wesentlicher Bestandteil der Tat dazu dienen soll, die Wegnahme durch Ausschaltung oder Überwindung eines in Rechnung gestellten Widerstandes zu ermöglichen[35]. Der Gewalteinsatz (Schlag gegen die Schläfe
des Z) diente hier nicht der Wegnahme des Ringes, da diese schon vollendet war. Daher
fehlt es an der finalen Verknüpfung zwischen der Gewaltanwendung und der Wegnahme.

5. §§ 249 I, 22, 23 I Alt 1

a) Vorprüfung

Der Raub wurde nicht vollendet. Die Strafbarkeit des versuchten Raubes folgt aus   **428**
§§ 249, 23 I Alt 1.

---

34 Vgl BGH NStZ 2013, 102 f; *Wessels/Hillenkamp*, BT2 Rn 296.
35 BGHSt 48, 365; 61, 141 m Bespr *Eisele*, JuS 2016, 754 u *Kudlich*, JA 2016, 632; BGH BeckRS 2017,
    121851 m Anm *Nestler*, Jura 2018, 100; *Wessels/Hillenkamp*, BT2 Rn 350; *Rengier*, BT1 § 7 Rn 22; aA SK-
    Sinn, § 249 Rn 36.

b) Tatentschluss

X hatte zumindest den Eventualvorsatz, einen anderen, welcher der Wegnahme Widerstand entgegensetzen könnte, gewaltsam auszuschalten und damit die Wegnahme zu ermöglichen. Er handelte auch in Zueignungsabsicht.

c) Unmittelbares Ansetzen

Grds setzt derjenige zum Versuch eines mehraktigen Deliktes unmittelbar an, der mit der Ausführung eines Teilaktes beginnt[36], dh es müsste bereits dann ein Raubversuch bejaht werden, wenn der Täter zum Diebstahl unmittelbar ansetzt und in diesem Zeitpunkt mindestens Eventualvorsatz hinsichtlich der Gewaltanwendung zum Zwecke der Ermöglichung der Wegnahme hat. Allerdings würde dann etwa § 244 I Nr 1b weitgehend leer laufen. Denn in diesem Fall (Diebstahl und Einsatzwille bzgl des Werkzeugs oder Mittels) würde regelmäßig schon ein Raubversuch (und damit ein Verbrechen, § 12 II) vorliegen. Aufgrund dieser gesetzlichen Wertung ist daher der Versuchsbeginn beim Raub zu modifizieren. Erst mit dem effektiven Einsatz der Raubmittel liegt ein Raubversuch vor[37].

Der Gewalteinsatz (Schlag gegen die Schläfe des Z) diente aber nicht mehr der Wegnahme des Ringes, da diese schon vollendet war, und kann deshalb nicht als Raubmittel angesehen werden.

d) Ergebnis

X hat keinen versuchten Raub begangen.

6. §§ 252, 249

429 X könnte sich dadurch, dass er nach Einstecken des Ringes dem Z einen Schlag gegen die Schläfe versetzte, wegen räuberischen Diebstahls strafbar gemacht haben.

a) Objektiver Tatbestand

X hat einen vollendeten Diebstahl begangen (*s Rn 425*).

Auf frischer Tat betroffen ist, wer alsbald nach der Vollendung der Wegnahme am Tatort oder in dessen unmittelbarer Nähe von einem anderen wahrgenommen, bemerkt oder schlicht angetroffen wird[38].

Problematisch ist hier die Tatsache, dass X mit seinem Schlag gerade einer Entdeckung zuvorgekommen ist.

---

36 S/S-*Eser/Bosch*, § 22 Rn 38.
37 Vgl *Wessels/Hillenkamp*, BT2 Rn 359.
38 BGH NStZ 2015, 700; *Wessels/Hillenkamp*, BT2 Rn 397.

Problem Nr 96: Zuvorkommen des Betroffenwerdens iSv § 252 durch Einsatz von Gewalt   430

(1) Nach einer **Mindermeinung** ist iSd § 252 nur betroffen, wer wahrgenommen bzw bemerkt wird (LK-*Vogel*, § 252 Rn 25 ff; *Marxen*, BT S 316; *Mitsch*, BT2 S 559 f; *Wessels/ Hillenkamp*, BT2 Rn 401).

Argument: Der Wortsinn von „Betreffen" setzt mindestens ein Wahrnehmen oder sonstiges Bemerken voraus. Wer der Wahrnehmung zuvorkommt, wird eben gerade nicht betroffen, sondern verhindert das Betroffenwerden im Vorfeld. Alles über den Wortsinn Hinausgehende wäre eine verbotene Analogie zulasten des Täters.

(2) Nach der überzeugenden **Rspr und hL** wird auch auf frischer Tat „betroffen", wer dem Bemerktwerden zuvorkommt (BGHSt 26, 95; *Eisele*, BT2 Rn 409; *Fischer*, § 252 Rn 6; *Hauf*, BT1 S 63; *Rengier*, BT1 §10 Rn 10; SK/StGB-*Sinn*, § 252 Rn 13).

Argument: Das Gesetz meint mit diesem Ausdruck nur ein räumlich-zeitliches Zusammentreffen von Täter und Opfer. Der Täter ist gleich gefährlich, egal ob er (zufälligerweise) wahrgenommen wurde oder nicht.

Ansonsten ergäbe sich auch eine Lücke im Strafrechtsschutz für den Zeitraum zwischen Vollendung der Wegnahme beim Raub und dem Bemerktwerden bei § 252. Gewalteinsatz vor Vollendung der Wegnahme eröffnet §§ 249 ff direkt, Gewalteinsatz nach Bemerktwerden ebenfalls, allerdings vermittelt über § 252. Eine Gewaltanwendung nach Vollendung aber vor dem Bemerktwerden unterfiele nicht der Raubstrafbarkeit, sondern könnte nur als Vergehen (Nötigung, Körperverletzung etc) geahndet werden.

Zur Vertiefung: Wessels/Hillenkamp, BT2 Rn 401; Hillenkamp, BT 27. Problem S 145 ff.

Setzte man für ein „Auf-frischer-Tat-betroffen"-Sein voraus, dass das Opfer den Täter   431
wahrnimmt oder auf andere Weise bemerkt, wäre dieses Merkmal gegenüber X nicht erfüllt. Der Gesetzeswortlaut erzwingt eine solche Auslegung jedoch keineswegs. Vielmehr ist dem Umstand Rechnung zu tragen, dass sich die beiden Fallgruppen (tatsächliches Bemerktwerden einerseits – dem Bemerktwerden zuvorkommen andererseits) wertungsmäßig völlig gleichen. Der Gesetzeswortlaut des § 252 deckt auch eine Interpretation, die sinnvollerweise nur ein räumlich-zeitliches Zusammentreffen von Täter und Opfer verlangt. X wurde also „betroffen", obwohl es für das Opfer Z gar nicht mehr möglich war, den Täter vor dessen Gewalteinsatz wahrzunehmen.

Gewalt gegen eine Person ist gegeben.

b) Subjektiver Tatbestand

X handelte vorsätzlich sowie in der Absicht, sich im Besitz der Beute zu erhalten.

X hat sich gem §§ 252, 249 strafbar gemacht.

7. §§ 252, 250 I Nr 1c, Nr 2, II Nr 3a, Nr 3b

X könnte zusätzlich Erschwerungsgründe des § 250 verwirklicht haben.   432

Für die Gefahr einer schweren Gesundheitsschädigung iSv § 250 I Nr 1c ist erforderlich, aber auch ausreichend, dass das Opfer in eine ernste langwierige Krankheit zu verfallen oder seine Arbeitskraft erheblich beeinträchtigt zu werden droht[39]. Dies ist bei einer nur vorübergehenden Bewusstlosigkeit nicht der Fall.

X hat auch nicht als Mitglied einer Bande, die sich zur fortgesetzten Begehung von Raub oder Diebstahl verbunden hat, unter Mitwirkung eines anderen Bandenmitglieds gehandelt, § 250 I Nr 2, denn er war gerade kein Bandenmitglied. Selbst wenn Y dieses Qualifikationsmerkmal erfüllt hätte, wäre dies dem X nicht über § 25 II zuzurechnen (*s Rn 426*).

Eine schwere körperliche Misshandlung iSv § 250 II Nr 3a setzt vorsätzlich herbeigeführte schwere Gesundheitsschädigungen iSv § 250 I Nr 1c oder neben einer nicht unerheblichen Beeinträchtigung der Körperintegrität besonders rohe Misshandlungen voraus[40]. Auch diese Voraussetzungen erfüllt ein zu bloß vorübergehender Bewusstlosigkeit führender Schlag gegen die Schläfe nicht.

Ebenso scheidet ein lebensgefährlicher räuberischer Diebstahl iSv § 250 II Nr 3b aus, denn X hat den Z durch den Faustschlag nicht in die konkrete Gefahr des Todes gebracht.

X hat sich folglich nicht wegen schweren räuberischen Diebstahls strafbar gemacht.

8. § 246 I

X hat jedoch eine Unterschlagung begangen. Das Delikt ist aber subsidiär gem § 246 I aE.

9. § 223 I

433 Der Schlag des X gegen die Schläfe des Z war eine vorsätzliche körperliche Misshandlung sowie eine vorsätzliche Gesundheitsschädigung.

10. § 224 I Nr 3, Nr 4

Möglicherweise hat X die Körperverletzung mittels eines hinterlistigen Überfalles begangen, § 224 I Nr 3. Ein Überfall ist jeder plötzliche, unerwartete Angriff auf einen Ahnungslosen[41]. Hinterlistig ist der Überfall, wenn der Täter seine wahre Absicht planmäßig berechnend verdeckt, um gerade dadurch dem Angegriffenen die Abwehr zu erschweren. Das bloße Ausnutzen des Überraschungsmoments genügt für sich allein nicht; vielmehr muss der Täter zur Verschleierung des geplanten Angriffs zuvor weitere Vorkehrungen getroffen haben[42]. Da X nicht nur plötzlich von hinten zugeschlagen, sondern sich auch hinter der Tür versteckt hat, erfolgte die Körperverletzung mittels eines hinterlistigen Überfalls (*aA vertretbar*).

Außerdem handelte X mit einem anderen Beteiligten gemeinschaftlich, § 224 I Nr 4[43].

---

39 Vgl *Wessels/Hillenkamp*, BT2 Rn 377.
40 *Wessels/Hillenkamp*, BT2 Rn 385.
41 RGSt 65, 66.
42 *Wessels/Hettinger/Engländer*, BT1 Rn 304.
43 Vgl hierzu Fall 1, Rn 16.

11. § 240 I, II

X nötigte Z vorsätzlich mit Gewalt (Schlag gegen die Schläfe) zur Duldung der Beendigung der Wegnahme des Ringes. **434**

12. § 123 I Alt 1

X ist vorsätzlich gegen den Willen des Z in dessen Wohnung eingedrungen.

13. Konkurrenzen

§ 244 IV verdrängt als lex specialis § 244 I Nr 3 und §§ 242, 243 I 1, 2 Nr 3. **435**

§§ 252, 249 verdrängen zwar im Regelfall als leges speciales § 244, hier muss jedoch durch eine Idealkonkurrenz zu §§ 244 IV, 25 II klargestellt werden, dass der Einbruch in eine dauerhaft genutzte Privatwohnung erfolgte (*Gesetzeskonkurrenz mit Vorrang der §§ 252, 249, 25 II ebenfalls vertretbar – die Rechtslage ist insoweit derzeit noch ungeklärt*)[44].

§ 240 I, II wird durch §§ 252, 249 verdrängt[45].

§ 123 I Alt 1 wird von §§ 244 IV, 25 II verdrängt (*Idealkonkurrenz vertretbar, Rechtslage derzeit noch ungeklärt*).

§ 224 I Nr 3, Nr 4 verdrängt als lex specialis § 223 I.

Da es sich um unterschiedliche Schutzgüter handelt, stehen § 224 I Nr 3, Nr 4 einerseits und §§ 252, 249 – § 52 – §§ 244 IV, 25 II andererseits zueinander in Idealkonkurrenz, § 52[46].

14. Ergebnis für X im Tatkomplex B

X hat sich gem §§ 252, 249 – § 52 – §§ 244 IV, 25 II – § 224 I Nr 3, Nr 4 strafbar gemacht.

II. Strafbarkeit des Y

1. §§ 242 I, 25 II

a) Objektiver Tatbestand

Y muss sich die Wegnahme des Ringes durch X als Mittäter iSd § 25 II zurechnen lassen, denn beide handelten aufgrund eines gemeinsamen Tatplans und in gemeinsamer Tatausführung. **436**

b) Subjektiver Tatbestand

Y handelte vorsätzlich und mit Zueignungsabsicht in der Hinsicht, dass er die Sache dem Vermögen eines Dritten (des S) einverleiben wollte.

---

44 Zu § 244 II Nr 3: *Fischer*, § 252 Rn 12.
45 *Fischer*, § 252 Rn 12.
46 BGH NJW 1968, 2386.

c) Rechtswidrigkeit und Schuld

Y handelte rechtswidrig und schuldhaft.

d) Strafzumessung, § 243 I 1, 2 Nr 3

§ 243 I 2 Nr 1 wird aus den o (Rn 420) genannten Gründen nicht geprüft.

Auch das Bandenmitglied Y verschaffte sich durch wiederholte Diebstähle eine Einnahmequelle iSv § 243 I 1, 2 Nr 3. Kenntnis bzgl der Gewerbsmäßigkeit ist gegeben. Der Ring ist keine geringwertige Sache iSv § 243 II.

2. §§ 244 I Nr 2, Nr 3, 25 II

a) Objektiver Tatbestand

437 Y könnte als Mitglied einer Bande, die sich zur fortgesetzten Begehung von Raub oder Diebstahl verbunden hat, unter Mitwirkung eines anderen Bandenmitglieds gestohlen haben (§ 244 I Nr 2).

Bande ist der Zusammenschluss von mindestens drei Personen, die sich mit dem Willen verbunden haben, künftig für eine gewisse Dauer mehrere selbstständige, im Einzelnen noch ungewisse Straftaten des im Gesetz genannten Deliktstyps zu begehen. Ein „gefestigter Bandenwille" oder ein „Tätigwerden in einem übergeordneten Bandeninteresse" ist nicht erforderlich[47].

Y war Mitglied einer Bande, die sich zur fortgesetzten Begehung von Diebstählen (Diebesbande) verbunden hat. Dass X selbst nicht Mitglied der Bande war, steht der Annahme eines Bandendiebstahls nicht entgegen, da die Wegnahmehandlung selbst auch durch einen bandenfremden Täter ausgeführt werden kann[48].

Y müsste unter „Mitwirkung" eines anderen Bandenmitglieds gestohlen haben. Da der am Tatort anwesende X nicht zur Bande gehörte, ist dies nur dann der Fall, wenn auch der Bandenboss B als Täter am Bandendiebstahl mitgewirkt hat. Fraglich ist insoweit, wie sich der Umstand auswirkt, dass B selbst nicht unmittelbar vor Ort anwesend war.

438 **Problem Nr 97: Diebstahl unter „Mitwirkung" eines Bandenmitglieds iSv § 244 I Nr 2**

(1) Nach Ansicht der **früheren Rspr** kann Täter eines Bandendiebstahls nur ein Bandenmitglied sein, das am Tatort (wenn auch nicht unbedingt körperlich) selbst tätig wird (BGHSt 8, 205; 25, 18; 33, 50; *Mieke*, StV 1997, 248).

Argument: Von einer „Mitwirkung" eines Bandenmitglieds kann nur bei Anwesenheit gesprochen werden. Auch geht die vom Gesetz erfasste „Aktionsgefahr" nur von dem aus, der vor Ort das Geschehen mitbeeinflusst.

(2) Später hat der **BGH** diese Rspr aufgegeben und zwischenzeitlich dahingehend **abgeändert,** dass ein Mitglied einer Diebesbande auch dann Täter eines Bandendiebstahls sein kann,

---

47 BGHSt GrS 46, 321 ff; BGH NStZ 2015, 647; aA *Wessels/Hillenkamp*, BT2 Rn 297 ff: zwei Personen, die gleichberechtigt oder mittäterschaftlich zusammenwirken oder ein übergeordnetes Bandeninteresse verfolgen; vert. *Dessecker*, NStZ 2009, 184.
48 BGHSt GrS 46, 321 ff.

wenn es zwar nicht an der Ausübung des Diebstahls unmittelbar beteiligt war, aber auf andere, als täterschaftlichen Tatbeitrag zu wertende Weise daran mitgewirkt hat. Gefordert wurde aber immer noch, dass zumindest zwei Mitglieder der Bande am Tatort der Wegnahme zusammen-wirkten (BGHSt 46, 120; BGHSt 46, 138 [betrifft § 250 I Nr 2]; *Zopfs*, Jura 2007, 510, 516).

Argument: Die „Mitwirkung" charakterisiert nicht die besondere Gefährlichkeit des Täters, sondern die der Tat. Dem Grundsatz nach müssen deshalb (sofern ohnehin mindestens zwei Mitglieder der Bande am Tatort anwesend sind) die allgemeinen Regeln der Abgrenzung von Täterschaft und Teilnahme gelten. Dies ist auch deshalb erforderlich, weil sonst die Mittäter-schaft bei einzelnen Delikten sinnlos „gesplittet" werden müsste.

(3) Nach der überzeugenden, jetzt auch von der **jüngeren Rspr** vertretenen Ansicht setzt der Tatbestand des Bandendiebstahls nicht voraus, dass wenigstens zwei Bandenmitglieder örtlich und zeitlich den Diebstahl zusammen begehen. Es reicht vielmehr aus, wenn ein Bandenmit-glied als Täter und ein anderes Bandenmitglied beim Diebstahl in irgendeiner Weise zusam-menwirken (BGHSt GrS 46, 321 ff m Bespr *Joerden*, JuS 2002, 329 ff; BGH NStZ 2011, 637; zust *Ellbogen*, wistra 2002, 11 f; *Kindhäuser*, BT2 § 4 Rn 35; *Krey/Hellmann/Heinrich*, BT2 Rn 194; *Rengier*, BT1 § 4 Rn 94 ff; *Schramm*, JuS 2008, 773, 778; ebenso *Altenhain*, ZStW 113 [2001], 112, 143 f; krit *Erb*, NStZ 2001, 561 ff; *Schmitz*, NStZ 2000, 477, 478; *Wessels/ Hillenkamp*, BT2 Rn 301). Erst recht genügt es für den Fall, dass mehr als ein Bandenmit-glied am Tatort anwesend ist, wenn einer als Täter und die anderen als Teilnehmer fungieren (BGHSt GrS 46, 321 ff; ebenso BGHSt 47, 214).

Argument: Sinn und Zweck des Tatbestandes des Bandendiebstahls zwingen nicht dazu, be-sondere Anforderungen an die Mitwirkung der Bandenmitglieder zu stellen. Die „Aktions-gefahr" kann nicht nur durch gemeinschaftliches Handeln am Ort der Wegnahme, sondern ebenso durch jedes arbeitsteilige Zusammenwirken wenigstens zweier Bandenmitglieder bei Planung und Vorbereitung der Tat oder bei tatbegleitenden Maßnahmen gesteigert werden.

Zur Vertiefung: Wessels/Hillenkamp, BT2 Rn 297 ff; Oğlakcıoğlu, Jura 2012, 770; Zopfs, Jura 2007, 510, 514 ff.

Legt man die Kriterien der früher in der Rspr vertretenen Ansichten zu Grunde, hat Y **439** nicht unter Mitwirkung eines anderen Bandenmitglieds gestohlen, da er das einzige am Ort der Wegnahmehandlung anwesende Bandenmitglied war. Eine Einschränkung des Tatbestandsmerkmals „Mitwirkung" auf die Fälle, in denen mindestens zwei Banden-mitglieder örtlich und zeitlich zusammenarbeiten, lässt sich jedoch dem Wortlaut des § 244 I Nr 2 nicht entnehmen und käme einer teleologischen Reduktion gleich, für wel-che keine überzeugenden Gründe ersichtlich sind. Ausreichend ist vielmehr, dass der am Tatort nicht anwesende und auch nicht über Kommunikationsmittel simultan zur Tatzeit mit den Ausführenden verbundene Bandenboss B im Vorfeld eine dominante Rolle bei der Vorbereitung und Planung der Tat einnahm. B hat den gesamten Einbruch geplant und aus dem Hintergrund auch geleitet. Y hat somit zusammen mit B als Bandenmit-glied an dem Diebstahl mitgewirkt. Der objektive Tatbestand der §§ 244 I Nr 2, 25 II ist damit erfüllt.

Y ist darüber hinaus in die Villa des Z eingedrungen iSv § 244 I Nr 3.

b) Subjektiver Tatbestand

Vorsatz und die Absicht rechtwidriger Zueignung sind gegeben.

3. §§ 244 IV, 25 II

Da die Villa, in die X und Y eindrangen und den Siegelring wegnahmen (*o Rn 436*) von Z dauerhaft als Privatwohnung genutzt wurde, ist auch die Qualifikation des § 244 IV erfüllt.

4. §§ 244a I, 25 II

Da Y als Mitglied einer Bande iSd § 244a I den Diebstahl unter den Voraussetzungen des § 244 I Nr 3 (Wohnungseinbruchsdiebstahl, *s Rn 437 ff*) begangen hat, ist die Qualifikation erfüllt.

5. §§ 252, 249, 25 II

440   Y muss sich den von X begangenen räuberischen Diebstahl, über dessen Begehung er sich mittels Zeichengebung mit Y verständigt hat, gem § 25 II zurechnen lassen.

6. §§ 252, 250 I Nr 2, 25 II

Y könnte sich wegen gemeinschaftlichen schweren räuberischen Diebstahls strafbar gemacht haben. Dann müsste er als Täter den räuberischen Diebstahl als Mitglied einer Bande, die sich zur fortgesetzten Begehung von Raub oder Diebstahl verbunden hat, unter Mitwirkung eines anderen Bandenmitglieds begangen haben. Insoweit fehlt es jedoch an der Mitwirkung eines anderen Bandenmitgliedes, da der Bandenboss B gerade eine Gewaltanwendung ablehnte.

7. §§ 246 I, 25 II

441   Y muss sich die von X begangene Unterschlagung gem § 25 II zurechnen lassen. Das Delikt ist jedoch subsidiär gem § 246 I aE.

8. §§ 223 I, 25 II

Y muss sich die von X durch den Schlag gegen die Schläfe des Z begangene Körperverletzung gem § 25 II zurechnen lassen.

9. §§ 224 I Nr 3, Nr 4, 25 II

Die Körperverletzung erfolgte mittels eines hinterlistigen Überfalls sowie mit einem anderen Beteiligten gemeinschaftlich.

10. §§ 240 I, II, 25 II

Die Nötigung ist Y gem § 25 II zuzurechnen.

11. § 123 I Alt 1

Y ist vorsätzlich gegen den Willen des Z in dessen Wohnung eingedrungen.

12. Konkurrenzen

§§ 244 I Nr 2, Nr 3, 25 II verdrängen als leges speciales die §§ 242 I, 25 II, 24ɔ ̣ ̣
Nr 3.

§§ 244 IV, 25 II verdrängen als leges speciales die §§ 244 I Nr 3, 25 II.

§§ 244a I, 25 II verdrängen wiederum als leges speciales die §§ 244 I Nr 2, 25 II; mit
§§ 244 IV, 25 II besteht hingegen Idealkonkurrenz, weil nur so klargestellt wird, dass
der schwere Bandendiebstahl eine dauerhaft genutzte Privatwohnung betraf (*auch Gesetzeskonkurrenz mit Vorrang des § 244a vertretbar – die Rechtslage ist insoweit derzeit noch ungeklärt*).

§§ 252, 249 verdrängen zwar grds § 244a I. Hier muss jedoch etwas anderes gelten, um
das Element der bandenmäßigen Begehung des Diebstahls in Ansatz zu bringen, das bei
§§ 252, 249 nicht zum Ausdruck kommt, da § 250 abgelehnt wurde (*s Rn 440*). Entsprechendes gilt für den Diebstahl in einer dauerhaft genutzten Privatwohnung gem §§ 244 IV,
25 II. §§ 252, 249, 25 II und §§ 244a I, 25 II sowie § 244 IV stehen also zueinander in
Idealkonkurrenz, § 52 (*aA vertretbar*).

§§ 240 I, II, 25 II werden von §§ 252, 249, 25 II verdrängt[49].

§ 123 I Alt 1 wird von § 244 IV verdrängt (*s Rn 435*).

§§ 224 I Nr 3 und Nr 4, 25 II verdrängen §§ 223 I, 25 II.

§§ 224 I Nr 3 und Nr 4, 25 II und §§ 252, 249, 25 II stehen zueinander in Idealkonkurrenz, § 52 (*s Rn 435*).

13. Ergebnis für Y im Tatkomplex B

Y hat sich gem §§ 252, 249, 25 II – § 52 – §§ 244 IV, 25 II – § 52 – §§ 244a I, 25 II –
§ 52 – §§ 224 I Nr 3, Nr 4, 25 II strafbar gemacht.

III. Strafbarkeit des B

1. §§ 242 I, 25 II

Auch der in der Planungsphase tätig gewordene Bandenchef könnte sich wegen Diebstahls in Mittäterschaft strafbar gemacht haben. B war als Bandenchef Inhaber der Tatherrschaft. Nach der zutr herrschenden, wenn auch sehr umstrittenen Ansicht kann auch
derjenige Mittäter sein, dessen Tatbeitrag im Vorbereitungsstadium geleistet wird[50]. Das
Minus der Tatherrschaft im Ausführungsstadium wird durch die dominante Rolle im
Vorbereitungsstadium ausgeglichen. B hat den gesamten Einbruch geplant und aus dem
Hintergrund auch geleitet.

B handelte vorsätzlich und in Zueignungsabsicht.

Er erfüllte auch das Regelbeispiel der Gewerbsmäßigkeit, § 243 I 1, 2 Nr 3.

443

---

49 *Fischer*, § 252 Rn 12.
50 S Fall 7, Problem Nr 65, Rn 285.

2. §§ 244 I Nr 2, Nr 3, 25 II

444   B könnte als Mitglied einer Bande, die sich zur fortgesetzten Begehung von Raub oder Diebstahl verbunden hat, unter Mitwirkung eines anderen Bandenmitglieds gestohlen haben. Der Umstand, dass B nicht am Tatort anwesend war, steht angesichts der besonderen Gefährlichkeit, welche die bandenmäßig geplante und von anderen Bandenmitgliedern ausgeführte Tat kennzeichnet, richtiger Ansicht nach einer Bestrafung gem §§ 244 I Nr 2, 25 II nicht im Wege (*s Rn 438*).

Darüber hinaus hat B in Mittäterschaft einen Diebstahl begangen, bei dem zur Ausführung der Tat in eine Wohnung eingebrochen wurde, §§ 244 I Nr 3, 25 II.

3. §§ 244 IV, 25 II

Da es sich um eine dauerhaft genutzte Privatwohnung gehandelt hat, sind auch die §§ 244 IV, 25 II erfüllt.

4. §§ 244a I, 25 II

445   Da die Voraussetzungen des § 244 I Nr 3 erfüllt sind (*s Rn 444*) und B zudem unter Mitwirkung eines anderen Bandenmitgliedes (Y) als Mitglied einer Bande handelte, die sich zur fortgesetzten Begehung von Raub oder Diebstahl verbunden hat, hat er sich auch wegen schweren Bandendiebstahls in Mittäterschaft strafbar gemacht.

5. §§ 246 I, 25 II

Das Einstecken des Ringes durch X erfüllt auch den Tatbestand der Unterschlagung. B muss sich dies als Mittäter zurechnen lassen. Das Delikt ist jedoch subsidiär gem § 246 I aE.

6. §§ 252, 249, 25 II

446   Der räuberische Diebstahl war nicht vom Vorsatz des B umfasst.

7. §§ 223 I, 25 II

Auch die Körperverletzungen durch die Ausführenden X und Y sind Exzesstaten, die nicht vom Vorsatz des B umfasst waren.

8. §§ 240 I, II, 25 II

447   B ist nicht Mittäter der Nötigung, denn nach dem gemeinsamen Tatplan sollte auf jeden Gewalteinsatz verzichtet werden.

9. §§ 123 I Alt 1, 25 II

Der Hausfriedensbruch war Teil des gemeinsamen Tatplans. Auch insoweit hat sich B somit als Mittäter strafbar gemacht.

10. Konkurrenzen

§ 244 IV verdrängt § 123 I Alt 1 (*s o Rn 435*). **448**

§§ 244 IV, 25 II verdrängen als leges speciales auch die §§ 242 I, 243 I 1, 2 Nr 3, 25 II sowie die §§ 244 I Nr 3, 25 II.

§§ 244a I, 25 II sind gegenüber §§ 244 I Nr 2, 25 II die spezielleren Vorschriften.

§§ 244a I, 25 II steht zur Klarstellung mit §§ 244 IV, 25 II in Idealkonkurrenz.

11. Ergebnis für B im Tatkomplex B

B ist strafbar gem §§ 244a I, 25 II – § 52 – §§ 244 IV, 25 II.

IV. Strafbarkeit des S

1. §§ 242 I, 25 II

Auch S, der den X beauftragt hat, um ihn einer Straftat zu überführen, könnte sich we- **449** gen eines Diebstahls strafbar gemacht haben.

S selbst hat die Tat nicht ausgeführt. Eine Zurechnung des Verhaltens des X kommt jedoch über die Rechtsfigur der Mittäterschaft, § 25 II, in Betracht. Dabei sind die o genannten Abgrenzungskriterien der Tatherrschaft bzw des Willens dazu zugrunde zu legen. Zum einen wollte hier S die Tat nicht als „eigene". Zum anderen oblag die Tataus- führung allein dem X, sodass auch keine Tatherrschaft des S bejaht werden kann.

S hat sich nicht gem §§ 242 I, 25 II strafbar gemacht.

2. §§ 242 I, 26

a) Objektiver Tatbestand

Eine vorsätzliche rechtswidrige Haupttat liegt im Diebstahl des Siegelrings durch X **450** (*s Rn 436*).

S muss X zur Tat bestimmt haben. Indem S ihm das Angebot für den Ankauf der Beute machte, rief er den Tatentschluss des X hervor. Die beiden schlossen sogar eine Art „Unrechtspakt", so dass nach jeder Ansicht ein Bestimmen zur Tat vorliegt[51].

b) Subjektiver Tatbestand

S müsste doppelten Anstiftervorsatz gehabt haben, dh Vorsatz bzgl einer Vollendung der Haupttat und Vorsatz bzgl der Anstiftungshandlung. Hier wollte S von Anfang an das Eigentum des Z nicht in Gefahr bringen, was er dadurch sicherzustellen glaubte, dass er die Privatdetektive engagierte, die sofort nach Versuchsbeginn eingreifen sollten. Frag- lich ist deshalb, ob er überhaupt eine vollendete Haupttat wollte.

---

51 Vgl Fall 2 Problem Nr 15 Rn 90.

451 **Problem Nr 98: Agent provocateur**

Nach einhelliger Meinung soll der agent provocateur straflos sein.

Streit besteht nur darüber, wo die Grenzziehung bzgl dieser Straflosigkeit anzusetzen ist.

(1) Nach der wohl **hM** fehlt der Anstiftervorsatz (Vorsatz bzgl einer *vollendeten* Haupttat) nur dann, wenn der agent provocateur die Tat von vornherein im Versuchsstadium stecken lassen will. Hingegen soll Vollendungsvorsatz gegeben sein, wenn der Anstifter eine auch nur formelle Vollendung in seinen Vorsatz aufnimmt (RGSt 44, 172, 174; *Heghmanns*, GA 2000, 487).

Argument: Diese Lösung ergibt sich aus dem Wortlaut des § 26 und sie ist auch sachlich richtig, denn nur solange noch nicht alle Tatbestandsmerkmale vollendet sind, ist das Rechtsgut noch nicht so gefährdet, dass ein Strafvorwurf von vornherein unterbleiben kann. Nach diesem Zeitpunkt muss sich eine Straflosigkeit aus anderen Gesichtspunkten, insbes aus dem der Interessenabwägung iRd Notstandes, ergeben.

(2) Dagegen will eine zutr **Gegenmeinung** die Grenze zur Straflosigkeit weiter ziehen. Am Anstiftervorsatz fehlt es auch dann, wenn der Wille des Täters zwar die formelle Vollendung, nicht aber die materielle Beendigung der Haupttat oder zumindest keine irreparable Rechtsgutsverletzung umfasst (S/S-*Heine/Weißer*, § 26 Rn 23; *Wessels/Beulke/Satzger*, AT Rn 813a).

Argument: Es kann keinen Unterschied machen, ob der Anstifter direkt die Vollendung verhindert oder ob er eine materielle Verletzung des Rechtsgutes nach Vollendung durch rechtzeitiges Eingreifen verhindert.

Zur Vertiefung: Wessels/Beulke/Satzger, AT Rn 813a; Bosch, JuS 2015, 19; Hillenkamp/ Cornelius, AT 24. Problem S 201 ff.

452 S wollte es nur zum unmittelbaren Ansetzen, nicht aber zur Vollendung der Wegnahme kommen lassen. Nach allen Ansichten liegt deshalb die klassische Situation des „agent provocateur" vor, sodass eine Anstiftung zum Diebstahl nach §§ 242 I, 26 ausscheidet.

Dies betrifft auch die Anstiftung zum qualifizierten Diebstahl – §§ 244, 244a – sofern insoweit überhaupt ein Vorsatz des S bestand.

3. §§ 123 I Alt 1, 26

a) Objektiver Tatbestand

453 Die vorsätzliche rechtswidrige Haupttat ist mit dem Hausfriedensbruch des X gegeben (*s Rn 433*).

Den Tatentschluss des X hat S objektiv hervorgerufen.

b) Subjektiver Tatbestand

S wollte es bis zum Eindringen des X in den Garten kommen lassen, dh er nahm die Vollendung des Hausfriedensbruchs billigend in Kauf. Selbst wenn man derjenigen Auffassung folgt, die einen Anstiftervorsatz des agent provocateur auch dann verneint, wenn er zwar die Vollendung, nicht aber die materielle Beendigung der Tat will, so ändert dies nichts am Ergebnis. Mit Betreten des Grundstücks wurde das Hausrecht des Z endgültig und irreparabel verletzt, selbst wenn es sich nur um einen kurzen Zeitraum handelte. S hatte insoweit doppelten Anstiftervorsatz.

c) Rechtswidrigkeit

Eine Rechtfertigung kommt weder unter dem Gesichtspunkt der Notwehr (kein gegenwärtiger Angriff) noch unter dem des rechtfertigenden Notstandes (keine gegenwärtige Gefahr) in Betracht. S handelte rechtswidrig.

d) Schuld

S handelte schuldhaft.

4. §§ 240 I, II, 26

Bzgl eines Gewalteinsatzes gegenüber Z hatte S keinen Vorsatz.   454

5. §§ 252, 249, 26

Insoweit handelt es sich um eine Exzesstat, hinsichtlich der S der Vorsatz fehlte.

6. §§ 223 I, 26

Auch diesbezüglich ist kein Vorsatz gegeben.

7. §§ 259 I, III, 22, 23 I Alt 2

Die Hehlerei wurde nicht vollendet. Die Strafbarkeit des Versuchs ergibt sich aus   455
§§ 259 III, 23 I Alt 2.

S wollte den Ring nicht ankaufen, sondern gab dies nur vor. Es fehlt also bereits am Tatentschluss.

8. Ergebnis für S im Tatkomplex B

S ist strafbar gem §§ 123 I Alt 1, 26.

C. Die Flucht des X (Strafbarkeit des X)

1. § 303 I Alt 1 bzgl Pkw des E (Aufbrechen)

Indem X den Pkw des E aufbrach, beschädigte er eine fremde Sache vorsätzlich.   456

2. § 242 I bzgl Pkw des E

Indem X den Pkw des E aufbrach und mit ihm wegfuhr, könnte er einen Diebstahl begangen haben.   457

a) Objektiver Tatbestand

X hat eine für ihn fremde bewegliche Sache weggenommen.

b) Subjektiver Tatbestand

X hatte Vorsatz bzgl der Wegnahme einer fremden beweglichen Sache.

Fraglich ist, ob er auch mit Zueignungsabsicht handelte. Zwar hatte er die Absicht, das Auto zur Flucht zu nutzen; er wollte es sich damit vorübergehend aneignen. Problematisch ist aber, ob sein Vorsatz auch umfasste, eine dauerhafte Enteignung des E zu bewirken. X hatte im Zeitpunkt der Wegnahme die Absicht, das Fahrzeug an den ursprünglichen Standort zurückzubringen.

458   **Problem Nr 99: Enteignungsvorsatz bei Rückführungswillen**

Ein Rückführungswille schließt den Enteignungsvorsatz dann aus, wenn der Täter bei der Wegnahme bzw bei der Ingebrauchnahme mit dem Willen handelt, den rechtmäßigen Zustand im Sinne der früheren Lage unter Wahrung der Eigentumsordnung alsbald wieder herzustellen. Notwendig ist dazu die Bereitschaft, die Sache

– ohne Identitätswechsel,
– ohne wesentliche Wertminderung und
– ohne Eigentumsleugnung

so an den Berechtigten zurückgelangen zulassen, dass dieser die ursprüngliche Verfügungsgewalt ohne besonderen Aufwand und nicht lediglich als Folge des reinen Zufalls wieder ausüben kann.

In den Fällen, in denen es um die Ingebrauchnahme fremder Kraftfahrzeuge ging, hat die Rspr (BGH NStZ 1996, 38) als Beweisanzeichen ua berücksichtigt, an welchem Ort der Täter das Fahrzeug später abgestellt hatte (etwa vor der Polizeiwache) und ob der Täter es ggf durch Verschließen der Wagentür gegen den unbefugten Zugriff Dritter gesichert hatte (näher BGHSt 22, 45). Diebstahl statt Gebrauchsanmaßung iSv § 248b ist hier jeweils angenommen worden, wenn die Wegnahme erwiesenermaßen von dem Willen getragen war, das Fahrzeug nach dem Gebrauch wahllos preiszugeben und es dem Zufall zu überlassen, ob, wann und in welchem Zustand der Eigentümer es zurückbekommen würde (BGH NStZ 1982, 420).

Zur Vertiefung: Wessels/Hillenkamp, BT2 Rn 157 ff.

459   X beabsichtigte keine wahllose Preisgabe des Kfz, sondern E sollte nach seiner Vorstellung wieder ohne besonderen Aufwand (Abstellen des Kfz vor der Haustür des E) in den Besitz des Autos gelangen. Da er das Fahrzeug nur kurzzeitig verwenden wollte, sollte auch keine wesentliche Wertminderung erfolgen. Die Beschädigung zum Zwecke des Aufbrechens des Fahrzeugs wird man nicht als wesentliche Wertminderung ansehen können. Dass das Fahrzeug nach der Wegnahme durch die Kollision beschädigt wurde, sodass es bei der Rückgabe am nächsten Tag entsprechende Beeinträchtigungen aufwies, kann bei der Frage des Rückführungswillens im Zeitpunkt der Wegnahme keine Beachtung finden.

Folglich handelte es sich lediglich um eine Gebrauchsanmaßung.

X hat sich bzgl des Pkw des E nicht gem § 242 I strafbar gemacht.

3. § 248b I

Die Benutzung des Pkw erfüllt den Tatbestand des § 248b I. 460

Die in Abs 1 bestimmte Subsidiarität gilt nur für Vorschriften mit gleichem oder ähnlichem Schutzzweck[52], sodass die Strafbarkeit aus § 303 I Alt 1 den § 248b I nicht verdrängt. Der gem § 248b III erforderliche Strafantrag ist gestellt.

4. § 246 I bzgl Pkw des E

Eine Strafbarkeit nach § 246 I scheidet mangels Zueignung aus.

5. § 242 I bzgl Benzin

Bzgl des während der Fahrt mit dem Pkw des E verbrauchten Benzins (ebenso Schmier- 461
mittel) hatte X zwar Zueignungsabsicht, allerdings ist dieser Tatbestand gegenüber dem des § 248b subsidiär, da § 248b ansonsten auf Kraftfahrzeuge – wegen der Subsidiaritätsklausel in § 248b – regelmäßig unanwendbar wäre, was offensichtlich nicht Zweck der Bestimmung sein kann, da Kraftfahrzeuge gerade den Hauptanwendungsbereich dieser Norm darstellen[53].

6. § 303 I Alt 1 bzgl Pkw des E und Pkw des G anlässlich der Kollision

Hinsichtlich dieser Sachbeschädigungen handelte S lediglich fahrlässig. Strafbar ist je- 462
doch nur die vorsätzliche Sachbeschädigung.

7. § 142 I

a) Objektiver Tatbestand

Indem X mit dem Pkw des E das parkende Fahrzeug des G streifte, verursachte er einen 463
Unfall im Straßenverkehr. Er ist Unfallbeteiligter iSv § 142 V.

Sein Verhalten genügte weder der Anwesenheits- und Vorstellungspflicht des § 142 I Nr 1, noch der Wartepflicht der Nr 2, sodass es nicht darauf ankommt, ob feststellungsbereite Personen am Tatort anwesend waren.

Des Weiteren müsste sich X vom Unfallort entfernt haben. Obwohl er das geparkte Fahrzeug streifte, fuhr er weiter. Allerdings stieg er wenige Minuten später aus. Fraglich ist, ob er sich zu diesem Zeitpunkt bereits vom „Unfallort" iSv § 142 I StGB entfernt hat.

> **Problem Nr 100: Wie ist der Begriff des „Unfallorts" iSv § 142 I auszulegen?** 464
>
> **(1)** Eine Mindermeinung in der Lit (S/S-*Sternberg-Lieben*, § 142 Rn 42) will unter den Begriff des Unfallorts lediglich die Unfallstelle und den unmittelbaren Umkreis subsumieren, „innerhalb dessen das unfallbeteiligte Fahrzeug durch den Unfall zum Stillstand gekommen ist oder – unter Beachtung der den Fahrer bei geringfügigen Schäden nach § 34 I Nr 2 StVO treffende Pflicht, unverzüglich beiseite zu fahren – hätte angehalten werden können".

---

[52] *Fischer*, § 248b Rn 11.
[53] *Fischer*, § 248b Rn 11; *Gössel*, BT2 § 18 Rn 36; S/S-*Eser/Bosch*, § 248b Rn 15; *Wessels/Hillenkamp*, BT2 Rn 440.

Argument: Je enger der Begriff „Unfallort" gefasst ist, desto schneller greift § 142 I. Dies entspricht dem Schutzzweck der Norm.

(2) Das **BVerfG** (BVerfG NJW 2007, 1666) schlägt dagegen eine verfassungskonforme Auslegung dahingehend vor, nicht nur die unmittelbare Unfallstelle unter den Begriff „Unfallort" zu subsumieren, sondern den Begriff weiter auszudehnen (Grenze noch unklar, vgl OLG Düsseldorf NStZ-RR 2008, 88 einerseits, OLG Hamburg NJW 2009, 2074 andererseits).

Argument: Der Begriff des Unfallortes ist nicht statisch, vielmehr ist auf den Einzelfall abzustellen. § 142 I verlangt im Gegensatz zu § 142 II keinen abgeschlossenen Vorgang. Ein weiteres Entfernen vom Unfallort ist auch dann noch möglich, wenn sich der Täter bereits von der Unfallstelle wegbewegt hat.

(3) Die **überwiegende Rspr** (BGH NStZ 2011, 209 m Anm *Jahn*, JuS 2011, 274) und die **hL** (*Bosch*, Jura 2011, 599; *Brüning*, ZIS 2007, 317, 322; *Fischer*, § 142 Rn 20; *Lackner/Kühl*, § 142 Rn 5 ff; LK-*Geppert*, § 142 Rn 53; *Mitsch*, NZV 2008, 217; SK/StGB-*Stein*, § 142 Rn 35) vertreten eine mittlere Position und legen den Begriff des Unfallorts zu Recht in dem Sinne aus, dass der Bereich mit dem Unfallgeschehen in einem „unmittelbaren räumlichen" Zusammenhang steht. Feststellungsbereite Personen müssen an diesem Ort noch ohne Weiteres zu erwarten sein.

Argument: Eine weitere Ausdehnung des Begriffs „Unfallorts" würde die Wortlautgrenze erreichen, insbes indem der empirische Begriff des „Unfallorts" mit normativen Wertungen überfrachtet wird. Eine Ausdehnung dieses Tatbestandsmerkmals würde dazu führen, dass bei einem vorsätzlich handelnden Täter die Tat des § 142 I erst sehr spät, nämlich zu einem Zeitpunkt, bei dem jener evtl gar nicht mehr als Unfallbeteiligter zu erkennen ist, vollendet wird. Dies widerspräche dem Schutzzweck der Norm.

§ 142 I verbietet nur das aktive Entfernen, normiert jedoch keine Rückkehrpflicht. Bei einer extensiven Auslegung des Tatbestandsmerkmals „Unfallort" wären die Feststellungspflichten jedoch nur erfüllbar, wenn der Täter zur Unfallstelle zurückkehrt.

Zur Vertiefung: Beulke, Maiwald-FS, S 26; Bosch, Jura 2011, 593; Küper/Zopfs, BT Rn 511 ff.

465 Während eine Mindermeinung in der Literatur den Begriff des „Unfallorts" sehr eng auslegt und nur die Unfallstelle und den unmittelbaren Umkreis darunter fasst, schlägt das BVerfG eine sehr weite Auslegung vor. Nach Sinn und Zweck des § 142 I, der vor allem den Schutz zivilrechtlicher Ansprüche durch die Ermöglichung der Feststellung der Unfallbeteiligung bezweckt, ist aber davon auszugehen, dass der Unfallort alles das umfasst, was mit der Unfallstelle in einem „unmittelbaren räumlichen" Zusammenhang steht. Stellen, an denen mit feststellungsbereiten Personen grds nicht mehr zu rechnen ist, scheiden daher aus dem Begriff aus. So wird auch eine etwaige Überfrachtung eines empirischen Begriffes mit normativen Wertungen – anders als bei der Lösung des BVerfG – verhindert und die Wortlautgrenze nicht überspannt.

X ist wenige Minuten später und etwa einen Kilometer weiter stehengeblieben. Innerorts stellt ein Kilometer eine beträchtliche Entfernung dar. Mit wenigen Minuten ist immerhin ein nicht nur unerheblicher Zeitraum vergangen[54]. Von feststellungsbereiten Personen kann nicht erwartet werden, in einem solchen Umkreis noch nach Unfallbeteiligten zu suchen. X hat sich somit bereits vom Unfallort entfernt.

---

54 Vgl nur OLG Düsseldorf NStZ-RR 2008, 88.

b) Subjektiver Tatbestand

X hat den Unfall jedoch nicht unmittelbar wahrgenommen. Zum Zeitpunkt des Sich-Entfernens fehlte ihm somit der Vorsatz. Erst als er einige Minuten später aus dem Fahrzeug aussteigt, erkennt er den Schaden und es wird ihm klar, was passiert ist. Fraglich ist, ob dies ausreicht.   **466**

Der Täter kann sich zwar nach dem Entfernen vom Unfallort noch weiter entfernen und dann nach einer zwischenzeitlichen Information die Fahrt in Kenntnis des Unfallgeschehens fortsetzen. Sein dann gewonnenes Vorstellungsbild stellt jedoch nur einen unbeachtlichen dolus subsequens dar.   **467**

X unterlag somit im Zeitpunkt des Verlassens des Unfallortes einem Tatbestandsirrtum, der gem § 16 I den Vorsatz entfallen lässt. Die spätere Kenntnis ist für § 142 I Nr 1 irrelevant.

8. §§ 142 I, 13 I

Möglicherweise hat sich X dadurch, dass er nicht zu der Unfallstelle zurückkehrte, obwohl er wenige Minuten später den Unfall bemerkte, gem §§ 142 I Nr 1, 13 I strafbar gemacht.

Die Voraussetzungen für eine Unterlassungsstrafbarkeit sind jedoch in § 142 II normiert. Diese zusätzlichen Anforderungen dürfen nicht durch eine Anwendung des § 13 I unterlaufen werden. Eine Strafbarkeit gem §§ 142 I Nr 1, 13 I scheidet somit aus[55].

9. § 142 II Nr 2

a) Objektiver Tatbestand

X hätte eine Pflicht zur nachträglichen Ermöglichung der Feststellungen iSv § 142 II   **468**
Nr 2, wenn er sich „berechtigt oder entschuldigt" vom Unfallort entfernt hätte.

Fraglich ist, ob auch ein unvorsätzliches Entfernen diese nachträgliche Feststellungspflicht auslöst.

**Problem Nr 101: Unvorsätzliches Entfernen als „berechtigtes oder entschuldigtes" Ent-   469
fernen iSv § 142 II Nr 2**

(1) Nach **früherer Rspr und einem Teil der Lit** ist § 142 II Nr 2 auch dann anwendbar, wenn sich der Täter zunächst unvorsätzlich entfernt, dann aber noch innerhalb eines zeitlichen und räumlichen Zusammenhangs mit dem Unfallgeschehen seine Unfallbeteiligung erkennt (BGHSt 28, 129; BayObLG MDR 1982, 427 f; OLG Düsseldorf JZ 1985, 544; LK-*Geppert*, § 142 Rn 136).

Argument: „Entschuldigt" meint nicht nur das Vorliegen von Entschuldigungs- und Schuldausschließungsgründen, sondern erlaubt eine eigenständige Auslegung, da der Gesetzgeber sich nicht in den Streit um die dogmatische Einordnung des Vorsatzes im Verbrechensaufbau einmischen wollte.

Hält man § 142 II Nr 2 für nicht anwendbar, entsteht eine Strafbarkeitslücke, die sachlich nicht gerechtfertigt ist, wenn man beispielsweise die Fälle, in denen der Täter den Unfall nicht er-

---

55 *Niemann*, Jura 2008, 135, 141.

kennt (und daher nach der Gegenmeinung straflos bleibt) mit denjenigen vergleicht, in denen der Täter durch Unfallschock in einen schuldausschließenden Zustand gerät (worauf Abs 2 unstrittig Anwendung findet). Die Besserstellung des unvorsätzlich Handelnden erscheint nicht gerechtfertigt.

§ 142 StGB soll die zivilrechtlichen Ansprüche des Geschädigten sichern. Ein umfassender Schutz ist jedoch nur gewährleistet, wenn die Fälle des unvorsätzlichen Entfernens mit erfasst sind.

(2) Zutr verneinen jedoch ein **Teil der Lit,** das **BVerfG** sowie die **neuere Rspr** eine Anwendung des § 142 II Nr 2 auf den sich unvorsätzlich entfernenden Täter (BVerfG NJW 2007, 1666; BGH NStZ 2011, 209; *Beulke*, NJW 1979, 400; *Kindhäuser*, BT1 § 70 Rn 43; *Lackner/ Kühl*, § 142 Rn 25; *Mitsch*, JuS 2010, 303; SK/StGB-*Stein*, § 142 Rn 40; S/S-*Sternberg-Lieben*, § 142 Rn 55; *Tofahrn*, BT3 Rn 118).

Argument: Der klare Wortlaut verbietet die Subsumtion des unvorsätzlichen Verhaltens unter den Tatbestand; ansonsten läge eine Analogie zulasten des Täters vor. Auch in der Alltagssprache wird zwischen unvorsätzlichem und entschuldigtem Verhalten unterschieden. Dies ist nicht nur eine Feinheit der juristischen Fachsprache.

Dass der Gesetzgeber alle Fälle des straflosen Entfernens unter § 142 II Nr 2 fassen wollte, ergibt sich nicht eindeutig aus den Gesetzesmaterialien. Allein aufgrund des Schutzzwecks der Norm kann eine bestimmte Auslegung nicht vorgenommen werden. Eine Verankerung im Gesetzeswortlaut ist dennoch erforderlich.

Ein Täter, der den Unfall wahrgenommen hat, sich aber gerechtfertigt oder ohne Schuld entfernt, wird vom Appell des Tatbestandes erreicht. Dies ist aber nicht der Fall, wenn der Täter den Unfall nicht bemerkt. Während es sich bei „berechtigt" und „entschuldigt" um ein normatives Element handelt, ist die Frage des „Vorsatzes" rein empirisch. Es handelt sich somit um nicht miteinander vergleichbare Fallkonstellationen.

Rechtfertigungs- und Entschuldigungs- bzw Schuldausschließungsgründe lassen sich regelmäßig nachweisen. Die Einlassung dagegen, sich unvorsätzlich entfernt zu haben, wird man häufig nicht glaubhaft machen können, sodass die Pflichten des Abs 2 den sich unvorsätzlich Entfernenden zu stark in seinem Selbstbegünstigungsrecht beschneiden.

Auch verstößt die gegenteilige Auslegung des § 142 II schon insoweit gegen das Bestimmtheitsgebot des Art 103 II GG, als die Rückkehrpflicht nur bei örtlichem und zeitlichem Zusammenhang zum Unfallgeschehen bejaht wird. Für diese Kriterien ergeben sich aus dem Gesetzeswortlaut aber keinerlei Anhaltspunkte.

Zur Vertiefung: Bosch, Jura 2011, 593; Wessels/Hettinger/Engländer, BT1 Rn 1117 f; Hillenkamp, BT 18. Problem S 86 ff; Himmelreich/Krumm/Staub, Verkehrsunfallflucht, Rn 266 ff.

470 Nach früherer Rspr war der Täter trotz des fehlenden Vorsatzes bei Verlassen des Unfallortes feststellungspflichtig, wenn er noch innerhalb eines zeitlichen und räumlichen Zusammenhangs seine Unfallbeteiligung erkannte. So wollte man Strafbarkeitslücken durch eine sehr extensive Interpretation der Tatbestandsmerkmale „berechtigt oder entschuldigt" vermeiden. Diese schon immer sehr umstrittene Auslegung ist inzwischen durch das BVerfG zu Recht für verfassungswidrig erklärt worden. Der Fall der unvorsätzlichen Entfernung vom Unfallort wird nämlich vom Wortlaut des § 142 II Nr 2 gerade nicht mehr erfasst. Die Bejahung einer Rückkehrpflicht, sofern noch ein örtlicher und zeitlicher Zusammenhang zum Unfallgeschehen besteht, stellt deshalb eine Analogie zulasten des Täters und damit einen Verstoß gegen Art 103 II GG dar.

b) Ergebnis

X hat sich nicht gem § 142 II Nr 2 strafbar gemacht.

[Mit der früheren hM wäre der Tatbestand des § 142 II Nr 2 zu bejahen, da X vorsätzlich seiner nachträglichen Feststellungspflicht nicht nachgekommen ist und er sich auch nicht auf die Unzumutbarkeit normgemäßen Verhaltens berufen kann, nur weil er auf der Flucht ist und sich einer Strafverfolgung entziehen will.]

10. Konkurrenzen

Da es sich um unterschiedliche Rechtsgüter handelt, steht § 248b I zu der Sachbeschädigung am Pkw des E in Tateinheit, § 52. **471**

11. Ergebnis für X im Tatkomplex C

X hat sich gem § 248b I – § 52 – § 303 I Alt 1 strafbar gemacht.

D. Gesamtkonkurrenzen

Die Delikte in den Tatkomplexen A, B und C wurden von X jeweils durch selbstständige Handlungen verwirklicht. Sie stehen deshalb in Realkonkurrenz, § 53. **472**

E. Gesamtergebnis des materiell-rechtlichen Gutachtens

B: Tatkomplex B: §§ 244a I, 25 II
K: Tatkomplex A: §§ 244 I Nr 3, II, 22, 23 I Alt 2, 25 II – § 52 – §§ 123 I Alt 1, 25 II
S: Tatkomplex B: §§ 123 I Alt 1, 26
X: Tatkomplex A: § 222 – § 52 – § 240 I, II – § 52 – § 123 I Alt 1
    – § 53 –
    Tatkomplex B: §§ 252, 249 – § 52 – § 224 I Nr 3, Nr 4 – § 52 – § 123 I Alt 1
    – § 53 –
    Tatkomplex C: § 248b I – § 52 – § 303 I Alt 1
Y: Tatkomplex B: §§ 252, 249, 25 II – § 52 – §§ 244a I, 25 II – § 52 – §§ 224 I Nr 3, Nr 4, 25 II – § 52 – § 123 I Alt 1

Teil II. (prozessualer Teil)

1. Der Verdeckte Ermittler

V ist ein verdeckter Ermittler (im Weiteren nur VE) iSv § 110a II StPO, nämlich ein Beamter des Polizeidienstes, der unter einer ihm verliehenen, auf Dauer angelegten, veränderten Identität (Legende) ermittelt. Zur Aufklärung von Straftaten von erheblicher Bedeutung, welche gewerbsmäßig begangen worden sind, ist der Einsatz eines VE zulässig (§ 110a I 1 Nr 3 StPO), soweit die Aufklärung auf andere Weise aussichtslos oder wesentlich erschwert wäre. Über den Einsatz des VE entscheidet die Polizei. Sie bedarf jedoch der Zustimmung der Staatsanwaltschaft, § 110b I 1 StPO. Einsätze, die sich **473**

– wie hier – gegen einen bestimmten Beschuldigten richten oder bei denen der VE eine Wohnung betritt, die nicht allgemein zugänglich ist, bedürfen der Zustimmung des Richters, § 110b II 1 StPO[56].

Wenn die Behörde die Identität des VE nicht preisgeben will, weil sonst die Möglichkeit der weiteren Verwendung des V gefährdet würde, kann sie eine „Sperrerklärung" aussprechen, §§ 96 S 1, 110b III 3 StPO. Die Behörde kann die Sperrung von bestimmten Bedingungen abhängig machen, um den Geheimhaltungsinteressen des Staates bestmöglich Rechnung zu tragen:

474 **Problem Nr 102: Systematik der Bedingungen, von denen die Behörde die Sperrung von Gewährspersonen für das gerichtliche Verfahren abhängig machen kann („Stufentheorie")**

Die Rspr (BGHSt GrS 32, 115 ff; BGHSt 33, 83 ff; 34, 15 ff; 36, 159 ff; vgl auch SK/StPO-*Velten*, § 251 Rn 41 ff; s auch OLG Nürnberg NStZ-RR 2015, 251) hat folgende Systematik der Bedingungen, von denen die Behörde die Sperrung von Verdeckten Ermittlern abhängig machen kann, herausgearbeitet. Die Behörde darf dabei immer nur diejenige Stufe wählen, die das justizielle Interesse an der Wahrheitsermittlung **am geringsten beeinträchtigt** (BVerfGE 57, 250):

1. Stufe: Äußere Einschränkungen bei der Vernehmung des VE vor Gericht

Beispiele: Verschweigen des Wohnortes, § 68 II StPO; Geheimhaltung der Identität (anonymer Zeuge), § 68 III StPO und §§ 110b III 3, 96 StPO; Ausschluss der Öffentlichkeit, § 172 Nr 1a GVG; Videosimultanübertragung, § 247a S 1 StPO. Allerdings wird so in den seltensten Fällen die Identität des VE geheim gehalten werden können, auch wenn der Angeklagte zusätzlich nach § 247 S 2 StPO aus der Hauptverhandlung entfernt wird.

2. Stufe: Kommissarische Vernehmung des VE durch beauftragten oder ersuchten Richter, §§ 223 f, 251 II Nr 1 StPO und Verlesung des dabei angefertigten Protokolls in der Hauptverhandlung nach § 251 II Nr 1 StPO.

3. Stufe: Verzicht auf Vernehmung des VE und **Verlesung der polizeilichen Vernehmungsprotokolle** (§ 251 I Nr 2 StPO) bzw Abspielen von Videoaufzeichnungen früherer Vernehmungen (insbes §§ 58a I 2 Nr 2, 168e S 4, 255a StPO; dazu s BGH NStZ 2005, 43), soweit durch den Rückgriff auf audiovisuelle Medien nicht die Preisgabe der Identität des Zeugen zu befürchten ist, oder eine Vernehmung der (zumeist polizeilichen) Vernehmungsbeamten als Zeugen vom Hörensagen (*vgl Rn 476*).

Dabei muss die Beweisaufnahme möglichst so erfolgen, wie das vom Gesetz bei regulären Vernehmungen vorgesehen wird, deshalb ist es dem Beschuldigten zB gestattet, einen schriftlichen Fragenkatalog an den VE einzureichen (BGH StV 1993, 171).

Hinweis: Bzgl des Einsatzes der Videotechnologie bei der V-Mann-Vernehmung sind die Einzelheiten – insbes Fragen der Zulässigkeit einer Vermummung und Stimmverzerrung auf Grundlage des geltenden Rechts – noch immer weitgehend ungeklärt (vgl BGHSt 51, 232, 235; Beulke, ZStW 113 [2001], 709, 726; Diemer, NStZ 2001, 393, 397; KK-Senge, Vor §§ 48–71 Rn 71; Valerius, GA 2005, 460; Weider, StV 2000, 48). Üblicherweise werden jedoch diesbezüglich von den Studenten keine – über das Dargestellte hinausgehenden – vertieften Problemkenntnisse erwartet.

Zur Vertiefung: Beulke, StPO Rn 426 ff; Engländer, StPO Rn 242.

---

56 BGHSt 42, 103, 105; *Beulke*, StPO Rn 267.

Da im vorliegenden Fall äußere Einschränkungen bei der Vernehmung des VE vor Gericht und eine kommissarische Vernehmung durch einen beauftragten oder ersuchten Richter den Schutz des VE noch nicht in ausreichendem Maße gewährleisten, kommt eine Verlesung der polizeilichen Vernehmungsprotokolle in Betracht. Die Zulässigkeit der Verlesung des Protokolls der polizeilichen Vernehmung ergibt sich dann aus § 251 I Nr 2 StPO, da der Zeuge auf absehbare Zeit gerichtlich nicht vernommen werden kann. Allerdings darf sich das Gericht nicht einfach mit der „Sperrerklärung" abfinden. Die Behörde muss vielmehr ihre Entscheidung – soweit dies mit den Geheimhaltungsgründen vereinbar ist – begründen, und das Gericht trifft die Pflicht, evtl eine Überprüfung der behördlichen Entscheidung zu verlangen[57].

2. Der V-Mann; der Zeuge vom Hörensagen

Nunmehr ist V kein Verdeckter Ermittler, sondern ein (sonstiger) V-Mann.

475

Problem Nr 103: Die Zulässigkeit des V-Mann-Einsatzes

Die Zulässigkeit des Einsatzes von V-Männern hat der Gesetzgeber nicht geregelt. Ein Umkehrschluss aus der Zulässigkeit des VE auf die Unzulässigkeit der Informationsbeschaffung durch V-Männer kann aber nicht gezogen werden, da der Gesetzgeber diesen Bereich bewusst offengelassen hat (BGH JZ 1995, 970).

(1) Teilweise wird in einem solchen Einsatz ein unzulässiger Eingriff in das Recht auf informationelle Selbstbestimmung gesehen und daher eine gesetzliche Ermächtigung gefordert (so zB *Duttge*, JZ 1996, 556; *Eschelbach*, StV 2000, 390; LR-*Gless*, § 136a Rn 44; *Lagodny*, StV 1996, 167; *Lilie/Rudolph*, NStZ 1995, 514; SK/StPO-*Wohlers*, § 163a Rn 43; sehr krit auch *Hamm*, StV 2001, 81).

Argument: Jenseits der Generalermächtigung für leichte Grundrechtsbeeinträchtigungen (§ 163 I 2 StPO) bedürfen alle Eingriffe in die Freiheitssphäre des Bürgers einer speziellen Rechtsgrundlage. Da sie beim Einsatz eines V-Mannes gerade fehlt, handelt es sich um ein rechtswidriges Vorgehen der Strafverfolgungsbehörden.

(2) Die **Gegenansicht** (BGHSt 32, 115, 121 ff; 40, 211, 213; 45, 321; M-G/*Schmitt*, § 163 Rn 34a; *Rogall*, NStZ 2000, 490, 493) hält den V-Mann-Einsatz für zulässig.

Argument: Die V-Personen sind keine Angehörigen der Strafverfolgungsbehörden und sie nehmen keine staatliche Aufgabe mit staatlichen Mitteln wahr. Es handelt sich daher nur um eine Informationsbeschaffung durch Zeugenbeweis.

Durch das StVÄG 1999 wurde § 163 StPO zudem zu einer Ermittlungsgeneralklausel umgestaltet, wodurch inzwischen auch Grundrechtseingriffe wie der Einsatz eines V-Mannes auf diese Norm gestützt werden können (so auch *Lesch*, JA 2000, 725; abw *Murmann/Grassmann*, Beilage zu JuS Heft 3/2001 S 6; *Hetzer*, Kriminalistik 2001, 690).

Schranken setzt dem Ausweichen des Staates auf „private" Informationsbeschaffung jedoch das **Rechtsstaatsprinzip**:

Zumindest der längerfristige V-Mann-Einsatz ist nicht schrankenlos zulässig, sondern nur bei Bekämpfung und Aufklärung **besonders gefährlicher und schwer aufklärbarer Kriminalität**, so zB bei Rauschgifthandel und Bandenkriminalität (BVerfGE 57, 250, 284; BVerfG StV 1995, 561; BGHSt 32, 115, 122; BGH StV 2000, 57, 61).

---

57 BVerfGE 57, 250, 288; BGHSt GrS 32, 115, 126; BGHSt 36, 159, 161; Problematik insgesamt sehr umstritten.

Begrenzt sein muss ferner vor allem der **Einsatz von Lockspitzeln** (*s Rn 477*).

Im Übrigen muss für alle noch nicht geregelten Fragen nach wie vor auf die Grundsätze der Rspr zum V-Mann-Einsatz zurückgegriffen werden, insbes auf das **Grundsatzurteil BGHSt 32, 115 ff**. Eine analoge Heranziehung der für die VE geltenden §§ 110a ff StPO (insbes hinsichtlich der formellen Voraussetzungen) auf sonstige V-Männer scheidet hingegen wegen der anderen Qualität der Maßnahme aus (BGHSt 41, 42, 45; zum Teil enger *Zaczyk*, StV 1993, 490, 493).

Zur Vertiefung: Beulke, StPO Rn 424; Stoffer, Wie viel Privatisierung „verträgt" das strafprozessuale Ermittlungsverfahren?, 2016 Rn 186 ff.

Im Schrifttum halten viele den V-Mann-Einsatz mangels einer gesetzlichen Ermächtigung für unzulässig. Dem ist aber entgegenzuhalten, dass V-Personen keine staatliche Aufgabe wahrnehmen und ihr Einsatz nur einer Informationsbeschaffung durch Zeugenbeweis entspricht. Die Ermittlungsgeneralklausel des § 163 StPO lässt deshalb – jedenfalls bei besonders gefährlicher und schwierig aufzuklärender Kriminalität – den Einsatz von V-Leuten zu, solange die Schranken des Rechtsstaatsprinzips beachtet werden.

Die Tat des X fällt in den Bereich der Schwerkriminalität. Deshalb ist der Einsatz des V durch die Strafverfolgungsbehörden hier durch die generelle Befugnisnorm des § 163 I 2 StPO gedeckt.

476 Bei einer Aussage des V vor Gericht ist zu beachten, dass es sich um einen Zeugen vom Hörensagen handelt.

Problem Nr 104: Die Zulässigkeit der Heranziehung des Zeugen vom Hörensagen und deren Grenzen

Der Zeuge vom Hörensagen ist ein **(mittelbarer) Zeuge,** der von einem anderen (unmittelbaren) Zeugen eine Tatschilderung vernommen hat.

(1) Teilweise wird in der **Lit** (*Grünwald*, S 119; *Peters*, Strafprozeß, § 39 II) behauptet, der Zeuge vom Hörensagen dürfe dann nicht vernommen werden, wenn es einen unmittelbaren Zeugen gibt.

Argument: Aus § 250 S 1 StPO folgt der Grundsatz, dass jeweils der tatnächste Zeuge zu vernehmen ist.

(2) Die überzeugende **hM in Lit und Rspr** hält die Vernehmung des (mittelbaren) Zeugen vom Hörensagen für zulässig.

Argument: Die Gegenmeinung – o (1) – widerspricht der Systematik des Gesetzes. § 250 S 1 und 2 StPO sind zusammen zu lesen, sodass aus dieser Vorschrift nur ein Vorrang des Personalbeweises gegenüber dem Urkundsbeweis, nicht aber eine Subsidiarität des mittelbaren gegenüber dem unmittelbaren Zeugen entnommen werden kann.

Die StPO enthält keinen ausdrücklichen Vorrang des „nahen" (unmittelbaren) vor dem „fernen" (mittelbaren) Zeugen. Zudem ist der Zeuge vom Hörensagen ein **unmittelbares Beweismittel** bzgl der von ihm wahrgenommenen früheren Aussage des anderen Zeugen. Der Rückgriff auf ihn verletzt auch nicht den Grundsatz des fairen Verfahrens (BVerfG NStZ 1991, 445).

So kann zB in den Fällen des Verbots der Protokollverlesung die Verhörsperson als Zeuge vom Hörensagen darüber vernommen werden, was der Angeklagte oder der Zeuge früher über das

Tatgeschehen gesagt hat, sofern nicht ausnahmsweise ein Beweisverwertungsverbot (zB § 252 StPO) eingreift.

Die **Grenze der Zulässigkeit** der Heranziehung des Zeugen vom Hörensagen anstelle des unmittelbaren Zeugen ergibt sich allein aus dem **Grundsatz der richterlichen Aufklärungspflicht, § 244 II StPO** (BVerfGE 57, 250, 277; BGHSt 6, 209, 210; 17, 382, 384; 36, 159, 162 – zu diesem Grundsatz *Beulke*, StPO Rn 406, 422; gute Darstellung bei *Geppert*, Jura 1991, 538). Ein Gericht kann gegen den Grundsatz der umfassenden Sachaufklärung verstoßen, wenn es nur einen mittelbaren Zeugen vernimmt, obwohl die Vernehmung des unmittelbaren Zeugen möglich wäre.

Auch muss das Gericht den **geringeren Beweiswert** der Aussage eines mittelbaren Zeugen bei der Beweiswürdigung besonders beachten (BGHSt 17, 382, 385; 34, 15, 18). Die Unsicherheit des Beweiswerts eines Zeugen vom Hörensagen bedingt, dass das Beweisergebnis zumeist durch weitere Indizien bestätigt werden muss (BVerfG NJW 2001, 2245; BGHSt 42, 15, 25; BGH wistra 2013, 400). Mit der Zahl der „Zwischenglieder" nehmen die Fehlermöglichkeiten zu, und das Gericht muss sich dieser Beweisferne bewusst werden (BGHSt 34, 15, 20).

Zur Vertiefung: Beulke, StPO Rn 422; Lagodny, StV 1996, 167.

Der Wortlaut des § 250 S 1 StPO deckt die Auslegung, die dem tatnächsten Zeugen jeweils den Vorrang vor dem tatferneren einräumt. Sachgerechter erscheint es hingegen, dem § 250 S 1 StPO nur den Vorrang des Personal- gegenüber dem Urkundsbeweis zu entnehmen. Immerhin ist auch der Zeuge vom Hörensagen ein unmittelbares Beweismittel, das in den Grenzen des § 244 II StPO herangezogen werden kann. Nach hA ist hier also der V-Mann-Einsatz zulässig und V kann vor Gericht als Zeuge gehört werden. Dieser Zeugenbeweis darf verwertet werden, wobei sich das Gericht allerdings des geringeren Beweiswertes des Zeugen vom Hörensagen bewusst sein muss.

3. Lockspitzeleinsatz von V-Männern

Problem Nr 105: Grenzen des Lockspitzeleinsatzes von V-Männern und Konsequenzen ihrer Überschreitung   **477**

(1) Das Rechtsstaatsprinzip und Art 6 I EMRK erfordern eine Begrenzung des grundsätzlich akzeptablen Einsatzes von Lockspitzeln, also von V-Leuten, die bewusst andere Personen zur Begehung von strafbaren Handlungen auffordern. Ebenso wie VE dürfen auch V-Männer, die als Lockspitzel arbeiten, nur gegen tatgeneigte bzw -entschlossene Personen eingesetzt werden, dh solche, gegen die schon ein **Verdacht iSv §§ 152, 160 I StPO** besteht, Straftaten aus dem Bereich der besonders gefährlichen und schwer aufklärbaren Kriminalität zu planen oder darin verwickelt zu sein (BGHSt 45, 321, 339; 47, 44, 48; BGH NStZ 2016, 232). Anders ausgedrückt muss ein Lockspitzel jedes tatprovozierende Verhalten vermeiden, ohne das der Täter die Tat nicht begangen hätte, denn sonst erscheint der Staat als Verursacher einer Straftat. Ferner liegt eine rechtsstaatswidrige Tatprovokation trotz bereits bestehendem Anfangsverdacht vor, wenn die Einwirkung des Lockspitzels im Verhältnis zu diesem Anfangsverdacht unvertretbar übergewichtig ist.

Der EGMR verlangt dementsprechend eine „weitgehend passive Strafermittlung", bei der auf den Betroffenen kein „Druck" ausgeübt wird, eine Straftat zu begehen (EGMR [*Furcht vs. Deutschland*] NStZ 2015, 412, 414). Die Behörden tragen die Beweislast für die Einhaltung dieser Grenzen.

(2) Die Konsequenzen der Überschreitung dieser Grenzen sind jedoch umstritten:

(a) Der **EGMR** hat in der Sache „Teixeira de Castro vs. Portugal" einen Verstoß gegen Art 6 I EMRK (fair-trial-Prinzip) anerkannt (EGMR StV 1999, 127). Im Ergebnis wurde ebenso entschieden in „Ramanauskas vs. Litauen" (EGMR NJW 2009, 3565 m Bspr *Esser/ Gaede/Tsambikakis*, NStZ 2011, 140, 142). Es obliegt primär den innerstaatlichen Behörden, Wiedergutmachung iSd Art 41 EMRK für Verstöße gegen die Konvention zu leisten.

(b) Der **BGH** (BGHSt 32, 345; 45, 321; BGH StV 2012, 415) ist zwar der Ansicht, im deutschen Strafverfahren könne auf der Strafzumessungsebene, durch Absehen von Strafe oder sonst durch Anwendung oder Auslegung des Straf- und des Strafverfahrensrechts, dem Verstoß gegen das Fairnessgebot in angemessener Weise Rechnung getragen werden. Das führe aber nach bisher st Rspr, die vom BVerfG (NJW 2015, 1083) gebilligt wurde, nicht zu einem Prozesshindernis.

Argument: Es dürfen die dem Schutz des Staats anvertrauten Rechtsgüter nicht „zur Disposition" des Lockspitzels gestellt werden. Ferner bedingen selbst schwerste Rechtsverstöße (zB Folter) kein Verfahrenshindernis, sondern nur ein Verwertungsverbot, § 136a III 2 StPO. Es muss auch nicht generell ein Beweisverwertungsverbot anerkannt werden, wenn die zulässigen Grenzen der Tatprovokation überschritten sind (so aber *Kühne*, Strafprozessrecht, Rn 537). Angemessen ist – zur Wahrung einer funktionstüchtigen Strafrechtspflege – die Anerkennung eines besonderen, gewichtigen und schuldunabhängigen Strafmilderungsgrundes, der zur Unterschreitung der sonst schuldangemessenen Strafe führt (**Strafzumessungslösung**). Zu denken ist auch an §§ 153, 153a StPO (Einstellung) und § 59 StGB (Verwarnung mit Strafvorbehalt).

(c) Der **EGMR** (NStZ 2015, 412) erklärte die deutsche Strafzumessungslösung in ihrer bisherigen Form in der *Furcht*-Entscheidung für konventionswidrig. Nach Ansicht des EGMR liege nur ein faires Verfahren iSd Art 6 I EMRK vor, wenn die auf einer rechtsstaatswidrigen Tatprovokation beruhenden Beweismittel nicht verwertet werden. Da die Tat ohne den Einfluss des *agent provocateur* nicht begangen worden wäre, fehlen die für eine Verurteilung notwendigen Beweismittel. Bei der Strafzumessungslösung wird eine Verurteilung aber gerade auf ein durch die Provokation gewonnenes, belastendes Material gestützt, wobei im Gegenzug die an sich tat- und schuldangemessene Strafe reduziert wird. Damit liege selbst bei einer erheblichen Milderung keine Situation vor, die für den Beschwerdeführer mit einem Beweisverwertungsverbot vergleichbar wäre, und somit keine ausreichende Wiedergutmachung iSd Art 41 EMRK. Ein konventionsgerechtes Ergebnis, das mit einem Beweisverwertungsverbot vergleichbar ist, kann mit der Strafzumessungslösung also nur erzielt werden, wenn die Strafe auf Null verringert würde (vgl *Sinn/Maly*, NStZ 2015, 379, 383).

Die darauf reagierende Rspr des BGH ist gespalten. Während zB der 1. Strafsenat des BGH nach wie vor an der bisher praktizierten Strafzumessungslösung festhält (BGH JR 2016, 65), steht der 2. Strafsenat nunmehr auf dem Standpunkt, dass eine rechtsstaatswidrige Tatprovokation regelmäßig ein **Verfahrenshindernis** zur Folge habe (BGH NJW 2016, 91 m Anm *Eisenberg* u *Jahn/Kudlich*, JR 2016, 54). Welche Richtung die zukünftige höchstrichterliche Rspr einnehmen wird, ist derzeit (Januar 2018) nicht prognostizierbar.

Zur Vertiefung: Beulke, StPO Rn 288, 424; Jahn, JuS 2015, 659; Jäger, JA 2015, 473, 949 u 2016, 308; Mosbacher, JuS 2016, 127; Rönnau, JuS 2015, 19; Rössner/Safferling, StPO 4. Problem S 15; Imme Roxin, Neumann-FS S 1359.

Eine noch nicht tatgeneigte Person darf seitens des Staates und seiner Helfer (V-Männer) nicht zu Straftaten angestachelt werden. Dies widerspräche dem Rechtsstaatsprinzip und verstieße zudem gegen Art 6 I EMRK (fair-trial-Prinzip). Es muss zumindest ein

Anfangsverdacht dahingehend bestehen, dass Delikte aus dem Bereich der besonders schweren Kriminalität von dem Angestifteten begangen werden. Ist dies nicht der Fall oder ist der Anfangsverdacht im Verhältnis zur Einwirkung des Lockspitzels unvertretbar übergewichtig, so ist zwischen den Strafsenaten des BGH umstritten, wie der Verstoß gegen Art 6 I EMRK wiedergutzumachen ist. Der 1. Strafsenat hält auch nach der Feststellung der Konventionswidrigkeit der Strafzumessungslösung durch den EGMR in der *Furcht*-Entscheidung an dieser fest, wonach der zu der Tat rechtsstaatswidrig provozierte Täter zwar verurteilt wird, aber eine der Schwere der Einwirkung nach angemessene Strafmilderung erhält. Der 2. Strafsenat ist unter dem Eindruck der EGMR-Entscheidung zu dem Ergebnis gelangt, dass eine rechtsstaatswidrige Tatprovokation ein Verfahrenshindernis zur Folge habe, weshalb das Verfahren einzustellen sei. Diese Lösung erscheint vorzugswürdig, weil nur sie sicherstellt, dass eine Verwertung konventionswidrig gewonnener Erkenntnisse und Beweismittel sicher ausgeschlossen ist.

Definitionen zum Auswendiglernen

Bande	iSd **§ 244 I Nr 2** und des **§ 244a I** ist der Zusammenschluss von mindestens drei Personen, die sich mit dem Willen verbunden haben, künftig für eine gewisse Dauer mehrere selbstständige, im Einzelnen noch ungewisse Straftaten des im Gesetz genannten Deliktstyps zu begehen. Ein „gefestigter Bandenwille" oder ein „Tätigwerden in einem übergeordneten Bandeninteresse" ist nicht erforderlich (*BGHSt GrS 46, 321 ff*).
Vermögensverfügung	iSv **§ 253** [Tatbestandsvoraussetzung nach hL] umfasst jedes bewusste und willensgetragene Verhalten des Genötigten, das bei diesem selbst oder bei einem Dritten unmittelbar zu einer Vermögensminderung im wirtschaftlichen Sinne führt (*Wessels/Hillenkamp, BT2 Rn 714*).
Gewalt gegen eine Person	iSv **§§ 249 ff** ist die Ausübung körperlich wirkenden Zwanges durch eine unmittelbare oder mittelbare Einwirkung auf einen anderen, die nach der Vorstellung des Täters dazu bestimmt und geeignet ist, einen tatsächlich geleisteten oder erwarteten Widerstand zu überwinden oder unmöglich zu machen (*Wessels/Hillenkamp, BT2 Rn 347*).
Für die Gefahr einer schweren Gesundheitsschädigung	iSv **§ 250 I Nr 1c** ist erforderlich, aber auch ausreichend, dass das Opfer Opfer in eine ernste langwierige Krankheit verfällt oder seine Arbeitskraft erheblich beeinträchtigt wird (*Wessels/Hillenkamp, BT2 Rn 377*).
Schwere körperliche Misshandlung	iSv **§ 250 II Nr 3a** setzt vorsätzlich herbeigeführte schwere Gesundheitsschädigungen iSv § 250 I Nr 1c oder neben einer nicht unerheblichen Beeinträchtigung der Körperintegrität besonders rohe Misshandlungen voraus (*Wessels/Hillenkamp, BT2 Rn 385*).
Auf frischer Tat betroffen	iSv **§ 252** ist der Täter dann, wenn er bei der Ausführung alsbald nach Vollendung der Wegnahme am Tatort oder in dessen unmittelbarer Nähe von einem anderen wahrgenommen, bemerkt oder schlicht angetroffen wird (*Wessels/Hillenkamp, BT2 Rn 401*).

Weitere einschlägige Musterklausuren

Zum Problem des Versuchs des erfolgsqualifizierten Delikts:

Beulke, Klausurenkurs II [7] Rn 191; *Chowdhury/Meier/Schröder*, [6] S 138; *Ebert*, Fälle, [4] 62, [13] 193; *Engelhart/Burchard* in: *Coester-Waltjen* ua (Hrsg), Examensklausurenkurs III, S 56; *Frisch/Murmann*, JuS 1999, 1196; *Heger*, JuS 2008, 859; *Hertel*, Jura 2011, 391; *Kinzig/Linke*, JuS 2012, 229; *Kress/Weisser*, JA 2006, 115; *Kudlich*, JuS 2003, 32; *Kuhli/Schütt*, JuS 2017, 328; *Kühl*, JuS 2007, 742; *Kühl/Tolj*, Ad Legendum 2015, 118; *Laue/Dehne-Niemann*, Jura 2010, 73; *Miehe*, JuS 1996, 1000; *Müller*, Jura 2005, 635; *Müller/Raschke*, Jura 2011, 129; *Norouzi*, JuS 2006, 531; *Otto/Bosch*, [10] S 212; *Reinbacher*, in: *Coester-Waltjen* ua (Hrsg), Zwischenprüfung, S 26; *Rotsch*, [6] Rn 799; [14] Rn 1897; *Safferling*, Jura 2004, 64; *Schrödl*, JA 2003, 656; *Steck*, StudZR 2013, 287

Zum Problem der Abgrenzung Raub – Räuberische Erpressung:

Beulke, Klausurenkurs II [2] Rn 36; *Bott/Pfister*, Jura 2010, 226; *Brüning*, ZJS 2009, 282; *Chowdhury/Meier/Schröder*, [5] S 107; *Diener/Hoffmann-Holland*, Jura 2009, 946; *Duttge/Burghardt*, Jura 2017, 727; *Eifert*, JuS 1993, 1032; *Ensenbach*, Jura 2012, 787; *Esser*, Jura 2004, 273; *Frister*, [2] S 25; *Graul*, Jura 2000, 204; *Grupp*, JSE 2015, 43; *Hohmann*, JuS 1994, 860; *Ingelfinger*, JuS 1998, 53; *Jansen*, JA 2017, 750; *Jäger*, JA 2007, 604; *Jänicke*, JuS 2016, 1099; *Kasiske*, Jura 2012, 736; *Kaspar*, JuS 2012, 628; *Kretschmer, B.*, Jura 2006, 219; *Kudlich/Roy/Tyszkiewicz*, JA 2006, 779; *Kühl/Schramm*, JuS 2003, 681; *G. Merkel*, Jura 2013, 152; *Mitsch*, JA 2014, 592; *Morgenstern*, Jura 2008, 627; *Namavicius*, JA 2007, 190; *Niederle*, [7] S 32; *Noak/Sengbusch*, Jura 2005, 494; *Otto*, Jura 2008, 954; *Otto/Bosch*, [10] S 225, [15] S 319; *Perron/Bott/Gutfleisch*, Jura 2006, 706; *Preuß*, Ad Legendum 2017, 133; *Radtke/Matula*, JA 2012, 265; *Rienhoff*, JA 2016, 745; *Rotsch*, [15] Rn 1897; *Schwabe*, BT2 [8] S 124, [9] S 136; *Sebastian*, JSE 2016, 64; *Sonnen/Mitto/Nugel*, Fälle [11] S 104; *Sternberg-Lieben/Sternberg-Lieben*, JuS 2002, 576; *Swoboda*, Jura 2007, 224; *Uhlig/Brockhaus*, Jura 2006, 311; *Wörner*, ZJS 2012, 661; *Wolter*, JA 2008, 605; *Wolters*, [4] S 85

Zum Problem des Versuchsbeginns bei Mittäterschaft:

Ambos, Jura 2004, 492; *Britz*, JuS 1997, 146; *Ebert*, Fälle, [3] S 46; *Hörnle*, Jura 2001, 44; *Otto/Bosch*, [17] S 379; *Otto/Petersen*, Jura 1999, 480; *Scholz/Wohlers*, S 108

Zum Problem: Erfasst § 243 I 1, 2 Nr 1 den „Wohnungseinbruchsdiebstahl"?

Esser/Herz, JuS 2017, 997; *Gaede*, JuS 2003, 774

Zum Problem des Zuvorkommens des Betroffenwerdens iSv § 252 durch Einsatz von Gewalt:

Brand/Freitag, JuS 2017, 235; *Çelik*, JA 2010, 855; *Hilgendorf*, Klausurenkurs III, [7] S 77; *Kramer/Pannenborg*, JA 2013, 349; *Mitsch*, JA 1997, 655; *Niehaus*, in: Schlüter ua (Hrsg), Examensklausurenkurs, S 305; *Rienhoff*, JA 2016, 745; *Rotsch/Nolte/Peifer/Weitemeyer*, [23] S 348; *Schwaab*, JuS 2015, 621; *Schwabe*, BT2 [7] S 112; *Seibert*, JA 2008, 31; *Zöller*, Jura 2007, 305

Zum Problem des Bandenbegriffs:

Drenkhahn, Jura 2011, 63; *Esser/Herz*, JuS 2017, 997; *Gaede*, JuS 2003, 774; *Gropp/Küpper/Mitsch*, [1] S 1; *Hillenkamp*, JuS 2003, 157; *Kinzig/Luczak*, Jura 2002, 493; *Kunz*, JuS 1997, 242; *Rotsch*, [12] Rn 1495; *Wolter*, JA 2008, 605

Zum Problem des Diebstahls unter „Mitwirkung" eines Bandenmitglieds iSv § 244 I Nr 2:

Esser/Herz, JuS 2017, 997; *Gaede*, JuS 2003, 774; *Geppert*, in: *Coester-Waltjen* ua (Hrsg), Zwischenprüfung, S 46; *Gropp/Küpper/Mitsch*, [1] S 3; *Safferling/Simon*, Jura 2008, 382; *Schwabe*, BT2 [5] S 74; *Weißer*, JuS 2005, 620

Zum Problem des agent provocateur:

Engelhart/Burchard in: *Coester-Waltjen ua (Hrsg)*, Examensklausurenkurs III, S 56; *Geppert*, Jura 2002, 278; v. *Heintschel-Heinegg*, [16] S 218; *Mitsch*, JuS 2007, 555; *Preis/Prütting/Sachs/Weigend* [16] S 263

Zum Problem des Enteignungsvorsatzes bei Rückführungswillen:

Gasa/Marlie, ZJS 2009, 71; *Graul*, JuS 1999, 562; *Hilgendorf*, Klausurenkurs III, [12] S 145; *Kipp/Kummer*, Jura 2008, 792; *Meurer/Dietmeier*, Jura 1999, 643; *Roxin/Schünemann/Haffke*, [9] S 175

Zum Problem des Rücktritts vom erfolgsqualifizierten Versuch:

Börner, JA 2017, 832; *Chowdhury/Meier/Schröder*, [6] S 138; *Kinzig/Linke*, JuS 2012, 229; *Kress/Weisser*, JA 2006, 115; *Laue/Dehne-Niemann*, Jura 2010, 73; *Lotz/Reschke*, Jura 2012, 481; *Müller/Raschke*, Jura 2011, 129; *Otto/Bosch*, [10] S 215; *Rotsch*, [15] Rn 1897; *Schapiro*, JA 2005, 615; *Steinberg/Stam*, ZJS 2011, 539

Zum Problem der Auslegung des Begriffs des „Unfallorts" isv § 142 I:

Brand/Strauß, JuS 2015, 332; *Rotsch*, [5] Rn 566; *Steinberg/Stam*, JuS 2010, 896

Zum Problem: Unvorsätzliches Entfernen als „berechtigtes oder entschuldigtes" Entfernen isv § 142 II Nr 2?

Brand/Strauß, JuS 2015, 332; *Buttel/Rotsch*, JuS 1996, 327; *Eisenberg*, Jura 1983, 267; *Gössel*, [15] S 243; *Habenicht*, in: *Coester-Waltjen ua (Hrsg)*, Examensklausurenkurs IV, S 199; *Haverkamp/Kaspar*, JuS 2010, 780; *Kromrey*, Jura 2013, 533; *Mitsch*, JA 1995, 2; *Rotsch*, [5] Rn 566; [10] Rn 1223; *Sonnen/Mitto/Nugel*, Fälle [15] S 136; *Wolters*, [3] S 59

Zum Problem des Verdeckten Ermittlers:

Kinzig/Luczak, Jura 2002, 493

Zum Problem der „Sperrerklärung":

v. *Heintschel-Heinegg*, [16] S 218; *Ranft*, Jura 1993, 487

Zum Problem des V-Mannes:

Paulus, Jura 1984, 147

Zum Problem des Zeugen vom Hörensagen:

Ambos/Bock, Jura 2011, 874; *Hammer*, StPO Rn 132; *Paulus*, Jura 1984, 147; *Wetzel*, Jura 2017, 1024

Zum Problem des Lockspitzeleinsatzes von V-Männern:

Penkuhn/Brill, JuS 2016, 682

Der schlagkräftige Mieter

I.

478 Mieter M ist aufgrund des mit der T-GmbH abgeschlossenen Mietvertrages, deren alleinvertretungsberechtigter Geschäftsführer A ist, verpflichtet, eine Mietkaution in Höhe von 2500 € (zwei Monatsmieten) zu leisten. Dieser Betrag, den M dem A bar übergeben hat, wird von A bei der Sparkasse X auf ein unter dem Namen der T-GmbH eingerichtetes Sonderkonto mit einer besonderen Sparurkunde unter einer besonderen Kontonummer und dem Vermerk „Treuhandkonto: Mietkaution M" angelegt. Als A in Zahlungsschwierigkeiten gerät, veranlasst er die Überweisung der Mietkaution vom Sonderkonto auf ein allein der T-GmbH zustehendes Konto bei derselben Sparkasse, hebt das Geld ab und gibt es für private Zwecke aus. Im Zeitpunkt der Überweisung und der Ausgabe des Geldes bestand auch bei der T-GmbH eine finanzielle Schieflage, so-dass eine Überschuldung drohte; wenige Tage später konnten die Finanzprobleme je-doch durch einen Großauftrag überwunden werden.

Als M hiervon Kenntnis erlangt, ist er äußerst aufgebracht. Da es sich hierbei nicht um die erste Verfehlung des A gegenüber M handelt, beschließt er, dem A eine deftige Abreibung in Form einer Tracht Prügel zu verpassen, ohne dem A aber ernsthafte Verletzungen zuzufügen. Der Nachbar N, der mit A bereits ähnliche Erfahrungen gemacht hat, rät dem M, als er von dessen Vorhaben erfährt, zur Verwirklichung seines Plans doch etwas härter zuzuschlagen und auf alle Fälle einen Knüppel mitzunehmen, da der A sehr kräftig gebaut sei.

M nimmt sich den Rat des N zu Herzen. Er lauert dem A deshalb wenige Tage später vor der Treppe zu dessen Haustür mit einem Knüppel auf. Als dieser aus der Tür tritt, führt M einen kräftigen Schlag mit dem Knüppel in Richtung Oberkörper des A aus. Dieser wird von dem Schlag ganz benommen und gerät ins Taumeln. Dadurch kann er sich auf dem Treppenabsatz nicht mehr halten, verliert das Gleichgewicht und stürzt die Treppe hinunter, wo er bewusstlos liegen bleibt. Bei diesem Sturz wird ein Halswirbel schwer verletzt, was zu einer vollständigen, nicht mehr zu heilenden Lähmung des A führt.

M eilt zu dem bewusstlosen A und prüft, ob dieser noch Lebenszeichen von sich gibt. Als er sich sicher ist, den Tod des A bewirkt zu haben, rennt er auf der Stelle zu N und teilt diesem entsetzt dieses unerwünschte Ergebnis mit. Beide beschließen, dass es das Beste sei, die Polizei zu verständigen und sich als Zeugen eines Raubüberfalls auszuge-ben, um gar keinen Verdacht gegen sich selbst aufkommen zu lassen. M und N fahren zur nächsten Polizeidienststelle, wo sie dem diensthabenden Polizisten P schildern, wie ein Unbekannter – von ihnen zufällig beobachtet – den A aufforderte: „Geld raus oder es knallt" und, als dieser sich weigerte, mit einem Knüppel auf A einschlug, was dessen „Todessturz" zur Folge gehabt hätte.

Wie haben sich A, M und N nach dem StGB strafbar gemacht?

II.

1. Der strafrechtlich bisher nie in Erscheinung getretene und allseits bekannte Schauspieler S, in seiner Freizeit passionierter Radfahrer, träumt insgeheim schon lange von einer Alpenüberquerung auf zwei Rädern. Sein eigenes Fahrrad ist für sein Vorhaben allerdings nicht geeignet. S hat deswegen schon seit einiger Zeit ein Auge auf das wertvolle Mountainbike seiner Freundin F geworfen, die ihm jedoch eine Benutzung ihres Rades strikt verboten hat. Als F eines Nachmittags bei einer Bekannten verbringt, nutzt S die Gelegenheit, nimmt das Rad der F und entfernt sich mit ihm. Schon an der nächsten Kreuzung stößt er allerdings auf F, gibt ihr das Rad zurück und erklärt, er habe nur zum Bäcker fahren wollen, um Brötchen zu holen. F ist erzürnt, dass S ihr „Radelverbot" missachtet hat. Als wenige Tage danach die Liebesbeziehung zwischen S und F ein endgültiges Ende findet, geht F aus Rache zur Polizei, zeigt S wegen des unrechtmäßigen Fahrradgebrauchs an und stellt einen entsprechenden Strafantrag. Der Fall findet in der Presse außergewöhnliche Beachtung, da S wenige Wochen zuvor den renommierten Filmpreis „Die Goldene Erdbeere" gewonnen hat.
    Der im Sinne der Anzeige geständige S bittet um Einstellung des Strafverfahrens. Wer wird darüber wie entscheiden?

2. Erst in der Hauptverhandlung stellt das Gericht auf Antrag des S das Verfahren gegen ihn aus Opportunitätsgründen ein, wobei es weder Auflagen noch Weisungen festsetzt. Später stellt sich heraus, dass S doch einschlägig vorbestraft war und das Mountainbike gar nicht zurückbringen, sondern mit ihm sofort über die Alpen fahren wollte, um es in Italien wegzuwerfen. Auch kommt dann erst ans Tageslicht, dass die Mutter der F kurz vorher das Rad durch ein besonderes Kettenschloss gesichert und S dieses Schloss mit einem Bolzenschneider geöffnet hatte. Kann die Staatsanwaltschaft das Verfahren neu aufrollen?

367

Gedankliche Strukturierung des Falles (Kurzlösung)

479 **Teil I. (materiell-rechtlicher Teil)**

A. Die Mietkaution (Strafbarkeit des A)

1. § 266 I Alt 1 (ggü M) (+)
   a) Objektiver Tatbestand (+)
      • Verfügungsbefugnis (+)
      • Missbrauchshandlung (+)
      • Vermögensbetreuungspflicht (+)

Problem Nr 106: Vermögensbetreuungspflicht als Voraussetzung des Missbrauchstatbestandes (Rn 481)

Problem Nr 107: Vermögensbetreuungspflicht (allgemeiner Umfang) (Rn 483)

Problem Nr 108: Treuepflicht iSd § 266 I bei Mietkaution hinsichtlich Wohnraummiete (Rn 485)

      • Verletzung der Vermögensbetreuungspflicht (+)
      • Vermögensnachteil (+)
   b) Subjektiver Tatbestand (+)
   c) Rechtswidrigkeit und Schuld (+)
   d) Ergebnis
2. § 266 I Alt 2 (ggü M) (+)
   a) Objektiver Tatbestand (+)
      • Verletzung der Vermögensbetreuungspflicht (+)
      • Vermögensnachteil (+)
   b) Subjektiver Tatbestand (+)
3. § 266 I Alt 1 (ggü der T-GmbH) (–)
   a) Objektiver Tatbestand (–)
      • Missbrauch durch Transfer auf GmbH-Konto (–)
      • Missbrauch durch die Auszahlung (–)
      • Missbrauch durch Verbrauch (–)
   b) Ergebnis
4. § 266 I Alt 2 (ggü der T-GmbH) (+)
   a) Objektiver Tatbestand (+)
      • Verletzung der Vermögensbetreuungspflicht (+)
      • Vermögensnachteil (+)
   b) Subjektiver Tatbestand (+)
   c) Ergebnis
5. § 242 I (–)
   • fremde bewegliche Sache (+)
   • Wegnahme (–)
6. § 246 I, II (+)
   a) Objektiver Tatbestand (+)
      • fremde bewegliche Sache (+)
      • Zueignung (+)
      • veruntreuende Unterschlagung (+)
   b) Subjektiver Tatbestand (+)

7. § 263 I (A ggü der Bank, zulasten des M, zugunsten des A) (–)
   a) Objektiver Tatbestand (–)
   b) Ergebnis
8. § 263 I (A ggü der Bank, zulasten der T-GmbH, zugunsten des A) (–)
9. § 263a I (–)
10. § 283 I-V (–)
11. Konkurrenzen
12. Ergebnis für A im Tatkomplex A
    A hat sich gem § 266 I Alt 1 – § 52 – § 266 I Alt 2 strafbar gemacht.

B. Die folgenschwere Tracht Prügel

I. Strafbarkeit des M
1. §§ 212 I, 22, 23 I Alt 1 (–)
   • Tatentschluss (–)
2. § 223 I (+)
   a) Objektiver Tatbestand (+)
      • körperliche Misshandlung (+)
      • Gesundheitsschädigung (+)
      • Kausalität (+)
      • objektive Zurechnung (+)
   b) Subjektiver Tatbestand (+)
   c) Rechtswidrigkeit und Schuld (+)
   d) Strafantragserfordernis, § 230 I (–)
3. § 224 I Nr 2 (+), Nr 3 (–), Nr 4 (–), Nr 5 (+)
   a) Objektiver Tatbestand (+)
      • Nr 2 (gefährliches Werkzeug) (+)
      • Nr 3 (hinterlistiger Überfall) (–)
      • Nr 4 (gemeinschaftlich) (–)
      • Nr 5 (Leben gefährdende Behandlung) (+)
   b) Subjektiver Tatbestand (+)
4. § 226 I Nr 3 (+)
   a) Verwirklichung des Grunddelikts (+)
   b) Qualifizierende Folge (+)
      • Lähmung (+)
   c) Spezifischer Gefahrzusammenhang (+)
   d) Fahrlässigkeit bzgl schwerer Folge (+)
   e) Ergebnis
5. § 226 II (–)
6. § 221 I Nr 1 (+), Nr 2 (–)
   a) Objektiver Tatbestand (+)
      • Nr 1 (Versetzen in eine hilflose Lage) (+)

Problem Nr 109: „Versetzen" in eine hilflose Lage iSv § 221 I Nr 1 (Rn 498)

      • Nr 2 (Im-Stich-Lassen in hilfloser Lage trotz Beistandspflicht) (+)
      • dadurch Gefahr einer schweren Gesundheitsschädigung (+)

b) Subjektiver Tatbestand (+)
- Nr 1 (+)
- Nr 2 (–)

7. § 221 II Nr 2 (+)
8. § 323c (–)
   a) Objektiver Tatbestand (+)
   - Unglücksfall (+)
   - keine Hilfeleistung (+)
   - objektive Erforderlichkeit der Hilfe (+)
   - Zumutbarkeit der Hilfeleistung (+)
   b) Subjektiver Tatbestand (–)
9. Konkurrenzen
10. Ergebnis für M im Tatkomplex B
    M hat sich gem § 226 I Nr 3 strafbar gemacht.

II. Strafbarkeit des N
1. §§ 223 I, 26 (–)
   - omnimodo facturus (+)
2. §§ 224 I Nr 2 (+), Nr 5 (–), 26 (+)
   a) Objektiver Tatbestand (+)
   - vorsätzliche rechtswidrige Haupttat (+)
   - Anstiftungshandlung (+)

Problem Nr 110: „Aufstiftung“ bzw „Hoch- stiftung“ (Rn 503)

b) Subjektiver Tatbestand (+)
- Vorsatz bzgl vorsätzlicher rechtswidriger Haupttat (+)
- bzgl § 224 I Nr 2 (+)
- bzgl § 224 I Nr 5 (–)
- Vorsatz bzgl Anstiftungshandlung (+)
c) Rechtswidrigkeit und Schuld (+)
3. §§ 226 I Nr 3, 26 (+)
   a) Objektiver Tatbestand (+)
   - vorsätzliche rechtswidrige Haupttat (+)
   - Anstiftungshandlung (+)
   b) Subjektiver Tatbestand (+)
   - Vorsatz bzgl vorsätzlicher rechtswidriger Haupttat (+)
   - Vorsatz bzgl Anstiftungshandlung (+)
   - Fahrlässigkeit bzgl schwerer Folge (+)
4. §§ 221 II Nr 2, 26 (–)
   a) Objektiver Tatbestand (+)
   - vorsätzliche rechtswidrige Haupttat (+)
   - Anstiftungshandlung (+)
   b) Subjektiver Tatbestand (+)
   - Vorsatz bzgl vorsätzlicher rechtswidriger Haupttat (–)
5. Konkurrenzen
6. Ergebnis für N im Tatkomplex B
   N ist strafbar gem §§ 226 I Nr 3, 26.

C. Die Meldung bei der Polizei (Strafbarkeit von M und N)
1. §§ 164 I, 25 II (–)
2. §§ 258 I, 25 II (–)
3. §§ 145d I Nr 1, 25 II (–)
   a) Objektiver Tatbestand (–)

- zur Entgegennahme von Anzeigen zuständige Stelle (+)
- Vortäuschen einer rechtswidrigen Tat (–)

Problem Nr 111: Aufbauschen einer tatsächlich begangenen rechtswidrigen Tat als Vortäuschen iSd § 145d? (Rn 510)

b) Ergebnis
4. §§ 145d II Nr 1, 25 II (+)
   a) Objektiver Tatbestand (+)
   - zur Entgegennahme von Anzeigen zuständige Stelle (+)
   - bereits begangene rechtswidrige Tat (+)
   - Täuschung über den Beteiligten (+)
   - kein Eingreifen des Selbstbegünstigungs- privilegs (+)
   b) Subjektiver Tatbestand (+)
   - Vorsatz (+)
   - wider besseres Wissen (+)
   c) Rechtswidrigkeit und Schuld (+)
5. § 153 (–)
6. Ergebnis für M und N im Tatkomplex C
   M und N haben sich jeweils gem §§ 145d II Nr 1, 25 II strafbar gemacht.
7. Konkurrenz zwischen den Tatkomplexen B und C

D. Gesamtergebnis des materiell- rechtlichen Gutachtens
A: Tatkomplex A: § 266 I Alt 1 – § 52 – § 266 I Alt 2
M: Tatkomplex B: § 226 I Nr 3
– § 53 –
Tatkomplex C: §§ 145d II Nr 1, 25 II
N: Tatkomplex B: §§ 226 I Nr 3, 26
– § 53 –
Tatkomplex C: §§ 145d II Nr 1, 25 II

Teil II. (prozessualer Teil)

1. Einstellung des Verfahrens durch die Staats- anwaltschaft

Problem Nr 112: Voraussetzungen einer Ein- stellung des Verfahrens nach § 153 StPO (Rn 514)

Problem Nr 113: Voraussetzungen einer Ein- stellung des Verfahrens nach § 153a StPO (Rn 515)

2. Beschränkte Rechtskraft des Beschlusses nach § 153 II StPO

Problem Nr 114: Umfang der beschränkten Rechtskraft des Beschlusses nach § 153 II StPO (Rn 516)

Ausführliche Lösung von Fall 10

Teil I. (materiell-rechtlicher Teil)

A. Die Mietkaution (Strafbarkeit des A)

1. § 266 I Alt 1 (gegenüber M)

480 A könnte dadurch, dass er das Sparbuch bei der Bank vorlegte und die Überweisung der Mietkaution auf das allein der T-GmbH zustehende Konto veranlasste, eine Untreue gem § 266 I Alt 1 (Missbrauchstatbestand) begangen haben.

a) Objektiver Tatbestand

A müsste eine ihm rechtswirksam (durch Gesetz, behördlichen Auftrag oder Rechtsgeschäft) eingeräumte Befugnis, über fremdes Vermögen zu verfügen[1], missbraucht haben. Ob eine solche Verfügungsbefugnis bei der Mietkaution besteht, erscheint zweifelhaft.

Exkurs: Eine Mietkaution kann in verschiedenen Formen gestellt werden:

(1) Üblicherweise wird vereinbart, dass der Mieter dem Vermieter einen bestimmten Geldbetrag übergibt, den der Vermieter während der Vertragslaufzeit auf ein Mietkautionskonto einzahlt (sog Barkaution). Nach Ablauf der Mietzeit erhält der Mieter das Geld zurück, abzüglich des Betrages, den der Mieter dem Vermieter noch schuldet. Die Mietkaution wird dann zivilrechtlich als unregelmäßiges Pfandrecht am übergebenen Geld behandelt, verfügungsbefugter Eigentümer wird der Vermieter (OLG Düsseldorf NJW 1978, 2511; Palandt-Weidenkaff, Einf v § 535 Rn 120 ff), dh nur ein dem übergebenen Geldbetrag entsprechender Betrag, nicht die konkreten Zahlungsmittel sind zurückzugewähren. Dies wäre häufig auch gar nicht möglich, so bei Banküberweisung o ä. Das Mietkautionskonto ist nicht dafür bestimmt, eigenen Zwecken des Kontoinhabers zu dienen. Es dient nur der Einzahlung der Mietkaution. Gleichwohl ist allein der Vermieter der Bank gegenüber berechtigt und verpflichtet.

(2) Alternativ besteht auch die Möglichkeit, dass der Mieter selbst die Kaution anlegt und die Forderung gegen die Bank an den Vermieter verpfändet (§§ 1273 ff BGB, vgl Palandt-Sprau, § 808 Rn 6). Die Anlagepflicht soll den Mieter für den Fall des Vermögensverfalls des Vermieters sichern, indem die Gläubiger des Vermieters keinen Zugriff auf eine getrennt angelegte Kaution haben (§§ 47 ff InsO bzw über § 771 I ZPO).

Hier ist Alternative (1) gewählt worden.

Problematisch ist, ob der Vermieter über die Kaution verfügen darf. A müsste dafür eine Rechtsmacht gehabt haben, den Dritten (den Mieter) nach außen rechtlich wirksam zu binden. Zwar wäre das Kautionskonto von der Insolvenz des Vermieters nicht erfasst (insoweit besteht ein Aussonderungsrecht, vgl § 47 InsO)[2], gleichwohl ist der Vermieter

---

1 Beispiele bei *Wessels/Hillenkamp*, BT2 Rn 770.
2 BGH NJW 2008, 1152.

der Bank gegenüber allein berechtigt und verpflichtet. Er kann nach außen – nämlich gegenüber der Bank – rechtswirksam verfügen. Als Geschäftsführer der T-GmbH hatte A das Recht, diese Verfügungsbefugnis auszuüben, § 35 GmbHG. Eine Vermögensverfügungsbefugnis ist also gegeben.

Ein Missbrauch der (Verpflichtungs- oder) Verfügungsbefugnis ist gegeben, wenn der Täter im Rahmen seines rechtsverbindlich wirkenden Könnens die Grenzen des im Innenverhältnis einzuhaltenden rechtlichen Dürfens bewusst überschreitet[3]. Hier konnte A als alleinvertretungsberechtigter Geschäftsführer der T-GmbH (§ 35 GmbHG) eine Zahlung der Bank an die T-GmbH bewirken, die rechtswirksam war (die Bank ist von der Zahlungspflicht frei geworden). Intern, dh im Verhältnis zwischen dem Treugeber (M) und dem Treunehmer (T-GmbH), durfte die T-GmbH – und somit über § 14 I Nr 1 auch A – so nicht handeln, weil die Mietkaution nur zur Sicherung der Ansprüche des Vermieters gegen den Mieter aus dem Mietverhältnis dient.

Fraglich ist, ob darüber hinaus auch bei § 266 I Alt 1 eine Vermögensbetreuungspflicht verletzt werden muss. Diese kann zwar eigentlich nur dem Vermieter – also der T-GmbH – obliegen. Auch insoweit ergibt aber § 14 I Nr 1, dass A als Geschäftsführer der GmbH so behandelt wird, als wäre er Inhaber der Vermögensbetreuungspflicht.

Problem Nr 106: Vermögensbetreuungspflicht als Voraussetzung des Missbrauchstatbestandes　481

(1) Nach **früher hA und auch heute noch weit verbreiteter Lehre** genügte für die Erfüllung des Missbrauchstatbestandes allein die Verletzung einer Verfügungsbefugnis (*Heghmanns*, BT Rn 1607; *Labsch*, Jura 1987, 343, 345; *Miehe*, JuS 1980, 261, 262; *Otto*, BT § 54 Rn 7 ff).

Argument: Der Missbrauch ist ein so eklatanter Verstoß gegen die eingeräumte Rechtsmacht, dass er immer strafwürdig erscheint. Nur beim Treubruchstatbestand bedarf es der Vermögensbetreuungspflicht, um den zu weit geratenen Tatbestand sinnvoll einzugrenzen.

(2) Demgegenüber steht die **heute hA** zu Recht auf dem Standpunkt, dass auch der Missbrauchstatbestand die Verletzung einer Vermögensbetreuungspflicht voraussetzt (BGHSt 24, 386; 33, 244, 250; BGH wistra 1991, 307; *Krey/Hellmann/Heinrich*, BT2 Rn 793; *Lackner/Kühl*, § 266 Rn 4; *Matt/Renzikowski-Matt*, § 266 Rn 7; *Rengier*, BT1 § 18 Rn 2 f, 14; *Schreiber/Beulke*, JuS 1977, 656, 657).

Argument: Ansonsten würde der Missbrauchstatbestand auch Fallgestaltungen erfassen, deren krimineller Unwertgehalt weit unter dem des Treubruchstatbestandes liegt. § 266 muss aber wegen seiner zu weiten Fassung bei gleichzeitig hoher Strafdrohung restriktiv ausgelegt werden.

Zur Vertiefung: Wessels/Hillenkamp, BT2 Rn 750; Hillenkamp, BT 34. Problem S 185 ff.

Die nach überzeugender Ansicht auch beim Missbrauchstatbestand zu fordernde Vermögensbetreuungspflicht erscheint im Falle des hier gegebenen Verhältnisses zwischen Vermieter (T-GmbH, vertreten durch A) zu Mieter M zweifelhaft. Dazu ist zunächst zu klären, welche Voraussetzungen generell an die Vermögensbetreuungspflicht zu stellen sind.　482

3　*Wessels/Hillenkamp*, BT2 Rn 753.

483 **Problem Nr 107: Vermögensbetreuungspflicht (allgemeiner Umfang)**

Wie bereits hervorgehoben, muss nach **hM in Rspr und Lehre** der Missbrauchstatbestand ebenso wie der Treubruchstatbestand wegen seiner tatbestandlichen Weite einschränkend ausgelegt werden (BVerfGE 126, 170; BGHSt 1, 186; 22, 190; *Küper/Zopfs*, BT Rn 618, 621 ff; *Wessels/Hillenkamp*, BT2 Rn 770). Danach muss das Treueverhältnis von **Fremdnützigkeit** geprägt sein und die Wahrnehmung fremder Vermögensinteressen muss den typischen und wesentlichen Inhalt ausmachen, wobei diese Wahrnehmungspflicht **Hauptpflicht** des Rechtsverhältnisses sein muss. Zudem ist eine gewisse **Erheblichkeit der Pflicht** zu fordern, die sich nach der Rspr im jeweiligen Einzelfall anhand einer Gesamtschau verschiedener – allerdings unverbindlicher – Indizien ergibt. Dazu zählen die **Art** und der **Umfang der Tätigkeiten** (nicht bloß untergeordnete oder rein mechanische Tätigkeiten) sowie die **Dauer des Treueverhältnisses,** der **Grad der Selbstständigkeit,** die Bewegungsfreiheit und die Verantwortlichkeit und schließlich der Spielraum des Treupflichtigen bei der Erfüllung der Obliegenheiten.

Argument: Ohne diese einschränkenden Kriterien würde die Strafbarkeit viel zu weit ausgedehnt. So wäre zB jede vorsätzliche zivilrechtliche Verletzung von Nebenpflichten (§ 280 I BGB) strafbares Unrecht.

Eine Auseinandersetzung mit noch restriktiveren Auslegungsvorschlägen im Schrifttum sowie mit den grundsätzlichen Bedenken, die § 266 im Hinblick auf den Bestimmtheitsgrundsatz aufwirft (statt aller BVerfGE 126, 170; Kuhlen, JR 2011, 246; Safferling, NStZ 2011, 376; LK-Schünemann, § 266 Rn 29 ff; SK/StGB-Hoyer, § 266 Rn 27 ff), ist im Rahmen von Klausuren nicht erforderlich.

Zur Vertiefung: Wessels/Hillenkamp, BT2 Rn 769 ff; Mitsch, JuS 2011, 97.

484 Eine Vermögensbetreuungspflicht iSv § 266 der T-GmbH, vertreten durch deren Geschäftsführer A, kommt nur in Betracht, wenn die Verpflichtung bzgl des Umgangs mit der Mietkaution eine fremdnützige Pflicht ist, die zu den Hauptpflichten der T-GmbH gehört und die der T-GmbH eine gewisse Selbstständigkeit belässt. Für den Fall der Mietkaution schreibt § 551 III 1 BGB eine Anlagepflicht einer vom Mieter von Wohnraum geleisteten Mietkaution vor, die gem § 551 IV BGB unabdingbar ist. Die Geldsumme ist getrennt vom Vermögen des Vermieters aufzubewahren. Fraglich ist, ob konkret diese Anlagepflicht hinsichtlich einer Mietkaution nach den Kriterien von Rspr und Lehre eine Vermögensbetreuungspflicht begründet.

485 **Problem Nr 108: Treuepflicht iSd § 266 I bei Mietkaution hinsichtlich Wohnraummiete**

(1) Die **hL** im Schrifttum verneint eine Vermögensbetreuungspflicht bzgl der Mietkaution (MK-*Dierlamm*, § 266, Rn 123 ff; *Lackner/Kühl*, § 266 Rn 12; NK-*Kindhäuser*, § 266 Rn 57; Matt/Renzikowski-*Matt*, § 266 Rn 30; *Saliger*, JA 2007, 326, 327; *Satzger*, Jura 1998, 579; *Sowada*, JR 1997, 28; S/S-*Perron*, § 266 Rn 26; *Wessels/Hillenkamp*, BT2 Rn 771).

Argument:

(a) Es **fehlt** an einer **fremdnützigen Hauptpflicht.** Das Verhältnis zwischen Vermieter und Mieter ist nämlich dadurch geprägt, dass fremde Vermögensinteressen auf gegenläufige eigene treffen und jeder Vertragsteil nur seine eigenen Vorteile verfolgt (OLG Düsseldorf NJW 1989, 1171). Sinn der Mietkaution ist in erster Linie die Sicherung des Vermieters für etwaige Ansprüche gegen den Mieter aus dem Mietverhältnis, sodass das eigene Interesse des Vermieters dominiert. Daran ändert auch § 551 III BGB nichts, da damit zwar Interessen des Mieters berücksichtigt werden, aber nur ein Ausgleich zwischen dem Sicherungsinteresse des Vermieters und dem des Mieters bezweckt wird. Bei der Anlagepflicht des Vermieters handelt es sich damit nur um eine Nebenpflicht aus dem Mietvertragsverhältnis.

(b) Die **Anlagepflicht** ist auch **nicht erheblich.** Inhaltlich beschränkt sich die Anlagepflicht auf die bloße Auswahl einer beliebigen Bank. Dem Vermieter fehlt somit ein eigenständiger Entscheidungsspielraum. Dieser ist aber für die Annahme einer Vermögensbetreuungspflicht erforderlich, um eine Abgrenzung zu bloßen Vertragsverletzungen, die nicht strafbar sind, zu ermöglichen. Das Strafrecht will keinen umfassenden Eigentums- und Vermögensschutz gewähren.

(2) Zu Recht bejahen die **Rspr** (BGHSt 41, 224; 51, 182) **sowie ein Teil der Lit** (*Fischer*, § 266 Rn 36a; LK-*Schünemann*, § 266 Rn 147) die Treuepflicht iSv § 266.

Argument:

(a) Für die **Fremdnützigkeit** ist anzuführen, dass die Mietkaution im Gegensatz zu einer Barkaution, die ausschließlich Sicherungszwecken des Sicherungsnehmers dient, auch dem Mieter zugute kommt, was erst zur Einführung der besonderen Anlagepflicht geführt hat (LG Hamburg MDR 1990, 269). Unbeachtlich ist, dass die Anlagepflicht nach § 551 III 1 BGB zivilrechtlich nur als „Nebenpflicht" eingestuft wird (Palandt-*Weidenkaff*, § 551 Rn 12). Eine solche Einstufung ist kein sicheres Erkennungszeichen gegen eine Vermögensbetreuungspflicht iSd § 266. Auch wenn die Mehrzahl der Pflichten im Verhältnis Mieter – Vermieter nicht auf die Wahrnehmung von Vermögensinteressen bezogen ist, hat der Gesetzgeber das Geldüberlassungsverhältnis in § 551 III BGB als Treuhandverhältnis (nach dem Vorbild der für die Anlegung des Mündelgeldes geltenden Vorschriften) ausgestaltet (vgl §§ 1806, 1807 I Nr 5 BGB), da die Regelung des § 551 III BGB einen Ausgleich zwischen dem Sicherungsbedürfnis des Vermieters einerseits und dem Schutzbedürfnis des Mieters auf der anderen Seite herstellt. Mit dieser Ausgestaltung der Mietkautionsüberlassung als neuer Rechtsfigur im BGB hat der Gesetzgeber im Falle der Wohnraummiete (anders bei gewerblich genutzen Räumen, BGHSt 52, 182, 185) die Pflicht des Vermieters, die Kaution in bestimmter Weise anzulegen, zu einem wesentlichen und nicht nur beiläufigen Gegenstand der gegenseitigen Rechtsbeziehungen erhoben.

(b) Für die **Erheblichkeit** der Pflicht spricht, dass die Anlagepflicht während des gesamten Mietverhältnisses besteht und nicht nur eine völlig untergeordnete, mit rein mechanischen Tätigkeiten zu vergleichende Aufgabe des Vermieters ist.

Betrachtet man die Art der Tätigkeit und die Selbstständigkeit, mit welcher der Pflicht nachzukommen ist, kommt dem Vermieter zwar nur ein relativ enger Entscheidungsspielraum nach § 551 III 1 BGB zu, was eher gegen eine Vermögensbetreuungspflicht spricht. Bei genauerer Betrachtung steht dies allein jedoch einer Vermögensbetreuungspflicht nicht entgegen. Das Kriterium der eingeengten Handlungsfreiheit des Verpflichteten soll nur dazu dienen, „Dienste und Handreichungen" auszuscheiden, wie sie etwa von Kellnern und Boten erbracht werden (BGH NStZ 1996, 81). Diesen darf der Vermieter als treuhänderischer Verwalter aber nicht gleichgestellt werden. Außerdem wird auch beim Notar, Rechtsanwalt und Steuerberater, die ihren Mandanten zustehendes Geld empfangen und einbehalten, um es schließlich an diese auszukehren, eine solche Pflicht bejaht, obwohl nur ein enger Entscheidungsspielraum besteht.

Zur Vertiefung: Wessels/Hillenkamp, BT2 Rn 771; Satzger, Jura 1998, 570 ff.

Angesichts der Ähnlichkeit mit der Verwaltung von Mandantengeldern durch Notare, **486** Rechtsanwälte und Steuerberater und der in § 551 III 1 BGB sehr umfassend geregelten Pflicht des Vermieters liegen ausreichende Anhaltspunkte dafür vor, von einer fremdnützigen Hauptpflicht mit hinreichender Selbstständigkeit, also von einem Treueverhältnis zwischen dem Vermieter und dem Mieter zu sprechen.

Durch den bereits bejahten (*s Rn 480*) Missbrauch seiner Rechtsmacht hat A diese Vermögensbetreuungspflicht evident[4] verletzt.

Durch die Pflichtverletzung muss dem zu betreuenden Vermögen ein Nachteil erwachsen sein. Der Begriff des Nachteils ist dabei ebenso zu verstehen wie die Vermögensbeschädigung in § 263[5]. Hier kommt ein Vermögensnachteil durch den Verlust der besonderen Sicherung in Betracht, die das bürgerliche Recht dem Mieter in § 551 III 1 BGB zugedenkt.

Insbes im Falle der hier vorliegenden Barkaution erscheint die Bejahung eines Vermögensschadens jedoch problematisch. Schließlich steht dem Mieter immer noch der Rückzahlungsanspruch gegen den Vermieter zu. Jedoch kann ein Nachteil iSv § 266 I auch in einer schadensgleichen Vermögensgefährdung bestehen, sofern die Gefährdung nach wirtschaftlicher Betrachtung bereits eine Verschlechterung der gegenwärtigen Vermögenslage darstellt. Eine derartige Gefährdung könnte hier durch die Überweisung der Kaution auf das Konto der T-GmbH eingetreten sein. M hat dadurch die Möglichkeit eingebüßt, Gläubiger des Vermieters im Insolvenzfall vom Zugriff auf die Kaution auszuschließen. Andererseits ist zu bedenken, dass die bloß abstrakte Möglichkeit, dass Gläubiger der T-GmbH auf die Gelder Zugriff nehmen, für eine schadensgleiche Vermögensgefährdung nicht ausreicht, wenn die T-GmbH jederzeit bereit und fähig gewesen wäre, den Betrag aus eigenen flüssigen Mitteln aufzubringen.[6] Im vorliegenden Fall drohte jedoch die Überschuldung, sodass nicht davon auszugehen ist, dass anderweitige Mittel zum Ausgleich zur Verfügung standen. Damit ist im Zeitpunkt der Überweisung auf das Konto der T-GmbH eine schadensgleiche Vermögensgefährung eingetreten, die als Vermögensnachteil iSv § 266 I einzustufen ist. Der Umstand, dass es der T-GmbH später finanziell wieder besser ging, steht der Bejahung des Schadens nicht engegen, da es für den Schadenseintritt allein auf den Zeitpunkt der Tathandlung (also hier: Überweisung auf das Konto der T-GmbH) ankommt.

b) Subjektiver Tatbestand

A handelte vorsätzlich.

c) Rechtswidrigkeit und Schuld

A handelte rechtswidrig und schuldhaft.

d) Ergebnis

A hat durch die Überweisung der Mietkaution auf das Konto der T-GmbH eine Untreue gem § 266 I Alt 1 gegenüber M begangen.

---

4   Vgl BGH StV 2017, 388.
5   BVerfG NJW 2009, 2370, 2371; BGHSt 40, 287, 294 ff; *Ransiek*, ZStW 116 [2004], 634; *Wessels/Hillenkamp*, BT2 Rn 775 ff.
6   OLG Hamm NStZ 2010, 334; vgl auch BGH NStZ 2008, 457.

2. § 266 I Alt 2 (gegenüber M)

Durch die Vorlage des Sparbuches und die Veranlassung der Überweisung des Geldes 487
auf das allein der T-GmbH zustehende Konto könnte auch § 266 I Alt 2 (Treubruchstatbestand) erfüllt sein.

a) Objektiver Tatbestand

A müsste eine Vermögensbetreuungspflicht verletzt haben. Darunter ist jedes Handeln
und Unterlassen zu verstehen, das im Widerspruch zur Treuepflicht steht[7]. Der Guthabentransfer auf das Konto der T-GmbH widerspricht der gesetzlichen Pflicht, sodass eine
Pflichtverletzung vorliegt. Der Missbrauch stellt also zugleich eine Treuepflichtverletzung dar.

Ein Vermögensnachteil ist gegeben (*s Rn 486*).

b) Subjektiver Tatbestand

A handelte vorsätzlich.

Auch die Alternative des Treubruchstatbestandes ist damit erfüllt.

3. § 266 I Alt 1 (gegenüber der T-GmbH)

A könnte auch gegenüber der T-GmbH den Missbrauchstatbestand erfüllt haben. 488

a) Objektiver Tatbestand

Bei der Überweisung der Mietkaution auf das Konto der T-GmbH handelte der A gegenüber der Bank in Ausübung seiner ihm gem § 35 I GmbHG als Organ der T-GmbH
zustehenden Vermögensverfügungsbefugnis. Die Überweisung war im Außenverhältnis
der T-GmbH zur Bank wirksam.

Hingegen war dem A dieses Verhalten intern verboten. Innerhalb seines Anstellungsverhältnisses gegenüber der T-GmbH war er nämlich zu rechtmäßigem Handeln verpflichtet, während die Überweisung vom Mietkautionskonto auf das Konto der T-GmbH eine
Verletzung des Mietvertrages gegenüber M seitens der T-GmbH darstellte. A hat also im
Rahmen seines rechtsverbindlich wirkenden Könnens gegen das interne Dürfen und somit missbräuchlich iSv § 266 I Alt 1 gehandelt. Auch oblag ihm gegenüber der T-GmbH
aufgrund seiner Stellung als deren Geschäftsführer eine Vermögensbetreuungspflicht,
gegen die er verstoßen hat.

Ebenso liegt in der späteren Auszahlung des Geldes durch die Bank an A eine Vermögensverfügung, die gegenüber der T-GmbH wirksam ist. A war es intern verboten, sich
als Geschäftsführer Bargeld auszahlen zu lassen, sofern keine dienstlichen Notwendigkeiten bestanden. Auch insoweit liegt also eine Missbrauchshandlung seitens des vermögensbetreuungspflichtigen A vor.

Zweifelhaft ist hingegen, wie der Verbrauch des Geldes zu werten ist. Nach ganz herrschender Rspr und Lehre erfüllen rein tatsächliche Einwirkungen auf das zu betreuende

---

[7] *Wessels/Hillenkamp*, BT2 Rn 769.

Vermögen, zB durch Eigenverbrauch, nicht die Anforderungen an ein rechtsgeschäftliches Handeln, wie es eine Verfügung iSv § 266 I Alt 1 verlangt. Für Fälle dieser Art sind § 246 und ggf der Treubruchstatbestand des § 266 I Alt 2 einschlägig[8]. Der Verbrauch des Geldes stellt also keine taugliche Tathandlung des § 266 I Alt 1 dar.

Problematisch ist nunmehr, ob durch die beiden festgestellten Missbrauchshandlungen (Überweisung des Geldes an die T-GmbH und Auszahlung des Geldes an A) seitens der T-GmbH ein Vermögensschaden herbeigeführt worden ist. Durch die Überweisung des Geldbetrages vom Mietkautionskonto auf das eigene Konto der T-GmbH ist zwar dem M eine schadensgleiche Vermögensgefährdung erwachsen (*s Rn 486*). Für die T-GmbH ist hingegen noch keine Gefährdung eingetreten. Vielmehr erlangte diese, da der M nunmehr sein Aussonderungsrecht bzgl der Mietkaution sowie etwaiger Zinserträge verlor, sie selbst jedoch ihr Zugriffsrecht darauf behielt, sogar einen Vermögensgewinn.

Durch die Auszahlung des Geldes ist das Eigentum daran nicht etwa auf A übergegangen. Vielmehr handelte dieser gegenüber der Bank als Geschäftsführer der GmbH (§ 35 GmbHG) und erwarb das Eigentum in ihrem Namen. Auch § 181 BGB steht dem nicht entgegen. Dem Geschäftsführer ist es im Regelfall gestattet, Forderungen der GmbH gegen die Bank zu realisieren und für die GmbH Eigentum an dem Geld zu erwerben.

Bei der T-GmbH ist also weder durch die Überweisung noch durch die Auszahlung ein Vermögensschaden eingetreten.

b) Ergebnis

A hat gegenüber der T-GmbH nicht den Missbrauchstatbestand, § 266 I Alt 1, erfüllt.

Der hier eingeschlagene Lösungsweg weicht von dem der Vorauflage ab. Dort wurde nicht nur bzgl des Verbrauchs, sondern auch schon bzgl der Überweisung an die T-GmbH sowie der Auszahlung des Geldes an A unter Hinweis darauf, dass es sich lediglich um Interna der T-GmbH im Verhältnis zu A handele, eine Verfügung im Sinne des Missbrauchstatbestandes abgelehnt. Ich halte diese Begründung zwar nach wie vor für diskutabel, bevorzuge aber jetzt doch den nunmehr eingeschlagenen Weg. Im Ergebnis wirkt sich die unterschiedliche Konstruktion nicht aus, da – wie dargelegt – selbst bei Bejahung einer Verfügung durch die ersten beiden Teilakte (Überweisung des Geldes/Auszahlung) auch insoweit letztlich eine Strafbarkeit nach § 266 I Alt 1 mangels Schadenseintritts ausscheidet.

4. § 266 I Alt 2 (gegenüber der T-GmbH)

a) Objektiver Tatbestand

489   Die Überweisung des Geldes vom Kautionskonto des Mieters M auf das Konto der T-GmbH stellte intern eine verbotene Vermögensdisposition dar (*s Rn 488*). Deshalb liegt die Verletzung einer Vermögensbetreuungspflicht vor. Erst recht war dem A verboten, sich das Geld auszahlen zu lassen und es zu verbrauchen.

---

8   LK-*Schünemann*, § 266 Rn 46.

Erneut ist zu prüfen, ob der T-GmbH ein Vermögensschaden entstanden ist. Als Anknüpfungspunkt hierfür kommt einzig der Verbrauch des Geldes durch den A in Betracht (*s Rn 488*). Indem A das Geld für eigene Zwecke ausgab, hat er es sich endgültig selbst zugeeignet. In diesem Eigentumsverlust liegt der Vermögensnachteil der T-GmbH.

b) Subjektiver Tatbestand

A handelte vorsätzlich.

c) Ergebnis

A ist strafbar gem § 266 I Alt 2 (Treubruchstatbestand) gegenüber der T-GmbH.

5. § 242 I

Dadurch, dass sich A das Geld auszahlen ließ und es ausgab, könnte er auch einen Diebstahl begangen haben. **490**

Die Geldmittel standen zunächst im Eigentum der Bank. Sie könnten dem A von dieser wirksam übereignet worden sein, sodass es am Erfordernis einer fremden Sache fehlen würde. Die Bank übereignet an denjenigen, der die Kontovollmacht vorlegen kann. Damit ist hier an die T-GmbH, vertreten durch A, übereignet worden. Es handelte sich also um für A fremde Sachen.

Fraglich ist die Wegnahmehandlung. Aufgrund einer wirksamen Besitzübertragung an A als Organ der T-GmbH fehlte es zunächst an einem Bruch fremden Gewahrsams. Eine Wegnahme könnte allerdings in dem Moment erfolgt sein, in dem A das Geld ausgegeben hat. Fraglich ist, ob A hier den Gewahrsam der T-GmbH gebrochen hat. Dies müsste zumindest ohne den Willen der T-GmbH erfolgt sein. Nachdem A aber selbst das Organ der T-GmbH war und den Organbesitz ausübte (von einem übergeordneten Organbesitz ist hier nicht auszugehen), geschah auch das Ausgeben des Geldes sozusagen mit dem Willen der T-GmbH, sodass auch hier eine Wegnahme nicht in Betracht kommt.

6. § 246 I, II

a) Objektiver Tatbestand

A müsste sich eine fremde bewegliche Sache zugeeignet haben. Die von der Bank übereigneten Geldmittel waren für A fremde bewegliche Sachen. Nachdem die Bank nur an die T-GmbH übereignet hatte, blieb das Geld für A persönlich fremd. **491**

Indem A das Geld für private Zwecke ausgab, hat er sich die Position eines Eigentümers widerrechtlich angemaßt und damit seinen Zueignungswillen bzgl der im Eigentum der T-GmbH stehenden Geldscheine manifestiert. Er hat sich folglich die Geldscheine rechtswidrig zugeeignet.

Zudem hatte er bzgl des Geldes der T-GmbH eine Vermögensbetreuungspflicht, der bei § 246 II das „Anvertrauen" entspricht. Damit ist zugleich auch der objektive Tatbestand der veruntreuenden Unterschlagung erfüllt.

b) Subjektiver Tatbestand

A handelte vorsätzlich.

7. § 263 I (A gegenüber der Bank, zulasten des M, zugunsten des A)

492 A könnte dadurch, dass er das Sparbuch bei der Bank vorlegte, einen Betrug gegenüber der Bank zulasten des Mieters M und zu eigenen Gunsten begangen haben.

a) Objektiver Tatbestand

A könnte dem Bankangestellten vorgespiegelt haben, er dürfe über das Geld auf dem Kautionskonto verfügen, und ihn damit getäuscht haben. Fraglich ist aber, ob allein die Vorlage des Sparbuchs dies zum Ausdruck bringt.

Erst recht ist zweifelhaft, ob dadurch auch ein Irrtum erregt wurde. Irrtum ist jede unrichtige Vorstellung über Tatsachen[9], wobei auch ein sachgedankliches Mitbewusstsein bereits zur Bejahung eines Irrtums ausreicht[10]. Hier war jedoch die Verfügungsberechtigung nach außen gegeben, nachdem A das Sparbuch vorlegte und die Überweisung auf das allein der T-GmbH zustehende Konto veranlasste. Auf etwaige Einschränkungen aus dem Innenverhältnis zu M ist hierbei keine Rücksicht zu nehmen.

Es fehlt also zumindest an einem Irrtum seitens der Bank.

b) Ergebnis

§ 263 I gegenüber der Bank zulasten des M durch Auszahlung des Geldes scheidet aus.

8. § 263 I (A gegenüber der Bank, zulasten der T-GmbH, zugunsten des A)

Es mangelt auch insoweit jedenfalls an einem Irrtum der Bank. § 263 I ist nicht erfüllt.

9. § 263a I

493 A könnte durch die Veranlassung der Überweisung einen Computerbetrug begangen haben. Dann müsste er das Ergebnis eines Datenverarbeitungsvorganges durch unbefugte Verwendung von Daten beeinflusst haben.

Dies ist schon deshalb abzulehnen, weil die zur Vornahme der Überweisung benötigten Informationen wie Bankleitzahl und Kontonummer keine Daten iSv § 202a II sind, da diese Informationen weder elektronisch oder magnetisch noch sonst unmittelbar wahrnehmbar gespeichert sind.

10. § 283 I-V

Eine Strafbarkeit wegen aller denkbaren Varianten des § 283 I-V scheitert jedenfalls daran, dass die objektive Bedingung des § 283 VI (Zahlungseinstellung bzw Eröffnung

---

9 *Wessels/Hillenkamp*, BT2 Rn 510.
10 *Wessels/Hillenkamp*, BT2 Rn 511.

des Insolvenzverfahrens/Abweisung der Eröffnung des Insolvenzverfahrens mangels Masse) nicht vorliegt.

Eine Strafbarkeit wegen Insolvenzverschleppung nach § 15a IV InsO ist laut Fallfrage nicht zu prüfen.

11. Konkurrenzen

Durch die Vorlage des Sparbuches und die Veranlassung der Überweisung des Geldes auf das allein der T-GmbH zustehende Konto hat sich A sowohl nach § 266 I Alt 1 (Missbrauchstatbestand) als auch nach § 266 I Alt 2 (Treubruchstatbestand) zulasten des M strafbar gemacht. § 266 I Alt 1 (Missbrauchstatbestand) verdrängt nach hM[11] als lex specialis den § 266 I Alt 2 (Treubruchstatbestand).

Fraglich ist das Verhältnis der Untreue gegenüber M (§ 266 I Alt 1) zur Untreue gegenüber der T-GmbH (§ 266 I Alt 2). Die Untreue gegenüber M war bereits in dem Zeitpunkt vollendet, in dem das Geld vom Mietkautionskonto auf das Konto der T-GmbH überwiesen wurde. Die Untreue gegenüber der T-GmbH wurde hingegen erst durch den Verbrauch des Geldes durch A vollendet. Letztere gelangte aber bereits in das Versuchsstadium, als der Transfer vom Mietkautionskonto auf das Konto der T-GmbH stattfand. Es liegt also zumindest eine Teilüberschneidung[12] vor, sodass von Idealkonkurrenz, § 52, auszugehen ist. *(Vertretbar erscheint auch, von einer tatbestandlichen Handlungseinheit – also von der Begehung nur einer Untreue auszugehen.)*

§ 246 I, II scheidet schon wegen der heute ausdrücklich gesetzlich vorgeschriebenen Subsidiarität aus (§ 246 I aE), die auch den Fall der veruntreuenden Unterschlagung mit umfasst.

12. Ergebnis für A im Tatkomplex A

A hat sich gem § 266 I Alt 1 – § 52 – § 266 I Alt 2 strafbar gemacht.

B. Die folgenschwere Tracht Prügel

I. Strafbarkeit des M

1. §§ 212 I, 22, 23 I Alt 1

Durch den Schlag des M mit dem Knüppel auf den Oberkörper des A könnte sich M wegen einer versuchten vorsätzlichen Tötung strafbar gemacht haben.   **494**

M handelte jedoch nicht mit Tötungsvorsatz, da er dem A keine ernsthaften Verletzungen zufügen wollte.

2. § 223 I

In Betracht kommt eine Strafbarkeit wegen Körperverletzung.

---

11 Vgl *Wessels/Hillenkamp*, BT2 Rn 749.
12 Vgl hierzu *Wessels/Beulke/Satzger*, AT Rn 1085 ff.

a) Objektiver Tatbestand

Der Schlag des M war sowohl für eine körperliche Misshandlung als auch für eine Gesundheitsschädigung des A kausal.

Fraglich ist jedoch, ob M der konkrete Körperverletzungserfolg objektiv zurechenbar ist. Objektiv zurechenbar ist der Erfolg nur dann, wenn durch menschliches Verhalten eine rechtlich relevante Gefahr geschaffen wird, die sich im tatbestandlichen Erfolg realisiert[13]. Ein solcher Zusammenhang könnte hier abgelehnt werden, wenn ein völlig atypischer Kausalverlauf[14] vorläge.

Der Knüppelschlag hat bereits zu einem zurechenbaren Körperverletzungserfolg geführt. Durch den Schlag mit dem Knüppel hat M aber zudem eine weitere Gefahr für Leib und Gesundheit des A geschaffen, indem dieser infolge der Benommenheit taumelte und stürzte. Zwar ist dieser Körperverletzungserfolg auf andere Art und Weise eingetreten als unmittelbar durch eine Verletzung mit dem Knüppel. Es liegt aber nicht außerhalb jeder Wahrscheinlichkeit, dass jemand infolge eines solchen Angriffs benommen wird und dann auf einem Treppenabsatz das Gleichgewicht verliert und stürzt. Es liegt deshalb kein völlig atypischer Kausalverlauf vor, der die Zurechnung beseitigt. Vielmehr handelt es sich um eine unwesentliche Abweichung vom vorgestellten Kausalverlauf, die an der rechtlichen Bewertung nichts ändert.

b) Subjektiver Tatbestand

Wegen der Unwesentlichkeit der Abweichung vom vorgestellten Kausalverlauf handelte der M auch vorsätzlich.

c) Rechtswidrigkeit und Schuld

Rechtfertigungs- bzw Entschuldigungsgründe sind nicht ersichtlich.

d) Strafantragserfordernis, § 230 I

Der gem § 230 I erforderliche Strafantrag ist bisher noch nicht gestellt.

3. § 224 I Nr 2, Nr 3, Nr 4, Nr 5

a) Objektiver Tatbestand

495 M könnte eine gefährliche Körperverletzung mittels eines gefährlichen Werkzeugs begangen haben, § 224 I Nr 2. Unter einem gefährlichen Werkzeug versteht man einen Gegenstand, der nach der konkreten Art seiner Verwendung und des Körperteils, auf den er angewendet wird, geeignet ist, erhebliche Verletzungen hervorzurufen[15]. Hier wurde der Knüppel gegen den Oberkörper geschlagen. Somit ist das Tatbestandsmerkmal „gefährliches Werkzeug" erfüllt.

Möglicherweise hat M die Körperverletzung mittels eines hinterlistigen Überfalles begangen, § 224 I Nr 3. Ein Überfall ist jeder plötzliche, unerwartete Angriff auf ei-

---

13 *Wessels/Beulke/Satzger*, AT Rn 251.
14 Vgl *Wessels/Beulke/Satzger*, AT Rn 290.
15 Vgl BGHSt 3, 105, 109; *Wessels/Hettinger/Engländer*, BT1 Rn 299.

nen Ahnungslosen[16]. Hinterlistig ist der Überfall, wenn der Täter seine wahre Absicht planmäßig berechnend verdeckt, um gerade dadurch dem Angegriffenen die Abwehr zu erschweren. Das bloße Ausnutzen des Überraschungsmoments genügt für sich allein nicht; vielmehr muss der Täter zur Verschleierung des geplanten Angriffs zuvor weitere Vorkehrungen getroffen haben[17]. Trotz des Auflauerns hat M seine wahren Absichten nicht planmäßig berechnend verdeckt.

M könnte die Körperverletzung mit einem anderen Beteiligten gemeinschaftlich begangen haben, § 224 I Nr 4. Die Auslegung des Merkmals „mit einem anderen Beteiligten gemeinschaftlich" ist nach der Neufassung durch das 6. StrRG problematisch geworden. Einerseits sollte durch die Einfügung des Wortes „Beteiligter" klargestellt werden, dass Mittäterschaft nicht mehr vorausgesetzt wird, vgl § 28 II[18]. Andererseits impliziert die Beibehaltung des Begriffes „gemeinschaftlich" aus § 25 II, der die Mittäterschaft regelt, dass man ebenfalls der Ansicht sein kann, nach wie vor bedürfe es einer mittäterschaftlichen Begehung. Nach hA ist ausreichend, aber auch erforderlich, dass eine am Tatort anwesende Person den unmittelbar Tatausführenden aktiv – physisch oder psychisch – unterstützt, einer eigenhändigen Mitwirkung jedes Einzelnen bedarf es hingegen nicht[19]. Unstreitig ist damit jedenfalls, dass § 224 I Nr 4 voraussetzt, dass mindestens zwei Personen unmittelbar am Tatort als Angreifer zusammenwirken[20], da sich daraus gerade die erhöhte Gefährlichkeit ergibt. Hier ist es zwar zu einer vorherigen Unterredung zwischen M und N gekommen. Am Tatort war M jedoch allein. § 224 I Nr 4 ist daher nicht erfüllt.

Schließlich könnte M eine Körperverletzung mittels einer das Leben gefährdenden Behandlung begangen haben, § 224 I Nr 5. Eine das Leben gefährdende Behandlung iSv § 224 I Nr 5 liegt vor, wenn die Verletzungshandlung den konkreten Umständen nach objektiv geeignet war, das Leben des Opfers in Gefahr zubringen[21]. Hierbei ist streitig, ob eine abstrakte Eignung der Behandlung zur Lebensgefährdung ausreicht[22] oder ob eine konkrete Lebensgefährdung zu fordern ist[23]. Der durch die Handlung des M in zurechenbarer Weise verursachte Sturz die Treppe hinunter war sowohl abstrakt als auch konkret geeignet, das Leben des M zu gefährden.

b) Subjektiver Tatbestand

Für den subjektiven Tatbestand ist allein auf den Zeitpunkt der Tathandlung abzustellen, also darauf, was M wusste und wollte, als er mit dem Knüppel zuschlug. M hat in diesem Moment die Qualifikationsmerkmale des 224 I Nr 2 vorsätzlich erfüllt.

---

16 RGSt 65, 66.
17 *Wessels/Hettinger/Engländer*, BT1 Rn 304.
18 *Eisele*, BT1 Rn 338; *Fischer*, § 224 Rn 11; so jetzt auch BGHSt 47, 383: Die Zusammenwirkung von Täter und Gehilfe am Tatort ist ausreichend, wenn der Gehilfe die Wirkung der Körperverletzungshandlung des Täters bewusst in einer Weise verstärkt, welche die Lage des Verletzten zu verschlechtern geeignet ist.
19 BGH NStZ 2017, 640; vgl auch BGH NStZ 2016, 595.
20 *Lackner/Kühl*, § 224 Rn 7; *Wessels/Hettinger/Engländer*, BT1 Rn 306.
21 *Wessels/Hettinger/Engländer*, BT1 Rn 307.
22 *Eisele*, BT1 Rn 341; *Fischer*, § 224 Rn 12.
23 LK-*Lilie*, § 224 Rn 21; NK-*Paeffgen/Böse*, § 224 Rn 28; s Fall 1, Problem Nr 1, Rn 6.

Das trifft auch auf § 224 I Nr 5 zu. Zwar mag er das Ausmaß der konkreten Gefahr nicht voll ermessen haben, er kannte jedoch die tatsächlichen Umstände, welche die Gefahr ausmachten. Somit handelte er vorsätzlich.

4. § 226 I Nr 3

a) Verwirklichung des Grunddelikts

496 M hat das Grunddelikt in Gestalt der Körperverletzung iSd § 223 I verwirklicht (*s Rn 494*).

b) Qualifizierende Folge

A könnte in eine Lähmung verfallen sein, § 226 I Nr 3. Unter Lähmung wird die erhebliche Beeinträchtigung zumindest eines Körperteils verstanden, die sich auf die Bewegungsfähigkeit des ganzen Körpers nachteilig auswirkt[24]. Es ist eine vollständige Lähmung des A durch die Verletzung des Halswirbels eingetreten. Dies macht die Bewegung des Gesamtkörpers unmöglich. Das Merkmal „Lähmung" ist bei A somit erfüllt.

c) Spezifischer Gefahrzusammenhang

Weiter muss eine Unmittelbarkeitsbeziehung zwischen dem Grunddelikt (Körperverletzung) und dem besonderen Erfolg als zusätzliche Voraussetzung des erfolgsqualifizierten Delikts bestehen. Der Schlag auf den Oberkörper führte zwar nicht direkt zur Lähmung. Durch die Wirkung des Schlages ist A jedoch ins Taumeln geraten und deshalb die Treppe herunter gefallen. Die Lähmung resultierte deshalb aus dem Erfolg der Körperverletzung. Ein spezifischer Gefahrzusammenhang ist somit zu bejahen, ohne dass es auf die Problematik ankäme, ob § 226 auch die Folgen erfasst, die bereits aus der Körperverletzungshandlung (im Gegensatz zum Körperverletzungserfolg) erwachsen[25].

d) Fahrlässigkeit bzgl schwerer Folge

Die Lähmung war sowohl objektiv als auch subjektiv voraussehbar und vermeidbar. M konnte unter den gegebenen Umständen erkennen, dass der Schlag auf dem Treppenabsatz eine Absturzgefahr begründete.

e) Ergebnis

M ist gem § 226 I Nr 3 strafbar.

5. § 226 II

Es ist nicht ersichtlich, dass M absichtlich oder wissentlich bzgl der schweren Folge gehandelt hat.

---

24 RGSt 21, 223; *Wessels/Hettinger/Engländer*, BT1 Rn 320.
25 Vgl auch Fall 1, Problem Nr 5, Rn 35.

6. § 221 I Nr 1, Nr 2

a) Objektiver Tatbestand

M könnte einen Menschen in eine hilflose Lage versetzt haben, § 221 I Nr 1. In eine **497** hilflose Lage wird ein Mensch versetzt, wenn er unter dem bestimmenden Einfluss des Täters in eine Situation gebracht wird, in der er sich ohne fremde Hilfe (aus eigener Kraft) nicht gegen Gefahren für sein Leben oder seine Gesundheit schützen kann und er solcher Hilfe entbehrt[26]. Hilflosigkeit bedeutet also das Fehlen hypothetisch geeigneter sächlicher Faktoren oder hilfsfähiger (und generell auch hilfsbereiter) Personen[27]. Fraglich ist, ob für das Versetzen jede Herbeiführung der hilflosen Lage ausreicht oder ob ein räumliches Verbringen des Hilflosen aus seiner bisherigen relativ gesicherten Situation in eine neue Lage zu fordern ist.

Problem Nr 109: „Versetzen" in eine hilflose Lage iSv § 221 I Nr 1   **498**

(1) **Eine Mindermeinung** (*Hohmann/Sander*, BT2 § 5 Rn 4; *Nolte* in: *Schlüchter*, S 30) fordert – wie dies bislang für § 221 aF galt – auch für § 221 I Nr 1 nF ein räumliches Verbringen.

Argument: Der Gesetzesbegründung zu § 221 nF ist nicht zu entnehmen, dass der Gesetzgeber auf die räumliche Komponente der alten Fassung verzichten wollte. Dies kommt auch im Gesetzeswortlaut zum Ausdruck, denn das Gesetz lässt nicht jede Verursachung einer hilflosen Lage ausreichen. Es meint mit Versetzen in eine hilflose Lage ein Verbringen, welches eine Ortsveränderung impliziert.

(2) **Die hM** (BGHSt 52, 153, 156 m Bespr *Jahn*, JuS 2008, 649 u Anm *Hardtung*, JZ 2008, 951; *Fischer*, § 221 Rn 8; *Heger*, ZStW 119 [2007], 593, 597; *Hörnle*, Jura 1998, 169, 177; *Krey/Hellmann/Heinrich*, BT1 Rn 130 (ab 15. Aufl); *Küper*, ZStW 111 [1999], 30, 42; *Lackner/Kühl*, § 221 Rn 3; *Rengier*, BT2 § 10 Rn 7a f; *Schroth*, NJW 1998, 2861, 2863; SK/StGB-*Horn/Wolters*, § 221 Rn 4; *Sternberg-Lieben/Fisch*, Jura 1999, 45, 46; *Wessels/Hettinger/Engländer*, BT1 Rn 220) lässt hingegen auch andere Tatformen ohne räumliche Veränderung genügen, so zB wenn der Täter das Opfer im Freien alkoholisiert und in strenger Kälte seinem Schicksal überlässt.

Argument: Zwar ist der typische Fall der Deliktsverwirklichung mit einer Veränderung des Aufenthaltsortes des Opfers verbunden. Es besteht allerdings keine Veranlassung, den Tatbestand auf diese Variante zu reduzieren. Insbes der systematische Vergleich mit § 221 I Nr 2, bei dem eine räumliche Distanzierung nicht erforderlich ist, der jedoch dieselbe Strafandrohung wie die Nr 1 aufweist, spricht dafür, dass der Begriff des Versetzens in eine hilflose Lage keine Veränderung des Aufenthaltsortes des Schutzobjektes verlangt. Der Zweck der Vorschrift besteht darin, das Opfer davor zu schützen, dass es einer solchen hilflosen Situation ausgeliefert ist. Aus Sicht des Opfers ist es egal, ob das durch Verbringung an einen anderen Ort oder durch andere Maßnahmen erfolgt.

Zur Vertiefung: Hillenkamp, BT 3. Problem S 13 ff; *Ladiges*, JuS 2012, 687; *Wegenroth*, JA 2012, 584.

---

26 *Wessels/Hettinger/Engländer*, BT1 Rn 220.
27 BGH NStZ 2008, 395; SK/StGB-*Horn/Wolters*, § 221 Rn 3.

499 Unter Hinweis auf § 221 aF, bei dem die hA ein räumliches Verbringen verlangte, könnte Gleiches auch auf der Basis der Neuregelung des § 221 I Nr 1 gelten. Heute ergibt sich jedoch aus einem Vergleich des § 221 I Nr 1 mit der Nr 2, bei der unstreitig keine räumliche Trennung erforderlich ist, die aber dieselbe Strafandrohung aufweist, dass für ein Versetzen in eine hilflose Lage iSv § 221 I Nr 1 keine räumliche Veränderung des Opfers erforderlich ist. Aus Sicht des Opfers ist es gleichgültig, ob die hilflose Lage durch einen räumlichen Transfer oder ohne Ortsveränderung herbeigeführt wird. Indem M den zur Lähmung des A führenden Sturz bewirkt hat, hat er A damit in eine hilflose Lage versetzt.

Darüber hinaus könnte M einen Menschen trotz bestehender Beistandspflicht in einer hilflosen Lage im Stich gelassen haben, § 221 I Nr 2. M hatte durch sein vorhergehendes rechtswidriges Tun eine Garantenstellung aus Ingerenz gegenüber A, sodass er tauglicher Täter dieses Sonderdeliktes war. Er hat sich seiner Beistandsleistung entzogen, obwohl er in der Lage gewesen wäre, Hilfe zu leisten. Nachdem bei einer Lähmung die Schwere auch davon abhängt, wie lange der Betroffene nach dem Lähmungsereignis ohne einschlägige Behandlung bleibt, hat M durch das Im-Stich-Lassen die Gefahr einer noch schwerwiegenderen Lähmung und damit einer schweren Gesundheitsschädigung begründet.

b) Subjektiver Tatbestand

M handelte hinsichtlich des Versetzens in eine hilflose Lage (§ 221 I Nr 1) jedenfalls mit bedingtem Vorsatz, denn er kannte die tatsächlichen Umstände, welche die Gefahr des Todes bzw der schweren Gesundheitsschädigung ausmachten. Aus dem Sachverhalt ist nicht zu entnehmen, dass M an eine baldige Hilfe durch andere Hausbewohner oder Passanten glaubte.

Anders ist die Situation bzgl § 221 I Nr 2 zu werten. M hielt A in dem Moment des Im-Stich-Lassens für tot und damit nicht mehr für ein taugliches Tatobjekt, sodass er einem Tatbestandsirrtum iSd § 16 unterlag und es ihm daher am Vorsatz mangelte. Eine Bestrafung gem § 221 I Nr 2 scheidet somit aus.

7. § 221 II Nr 2

Da eine Lähmung als Unterfall einer schweren Körperverletzung iSv § 226 I Nr 3 eine „schwere Gesundheitsschädigung des Opfers" iSv § 221 II Nr 2 darstellt und M insoweit fahrlässig handelte (*vgl Rn 496*), hat er auch § 221 II Nr 2 erfüllt.

8. § 323c

500 M könnte bei einem Unglücksfall keine Hilfe geleistet haben, obwohl dies erforderlich und ihm den Umständen nach zuzumuten war.

a) Objektiver Tatbestand

Ein Unglücksfall ist jedes plötzlich eintretende Ereignis, das die unmittelbare Gefahr eines erheblichen Schadens für andere Menschen oder fremde Sachen von bedeutendem

Wert hervorruft[28]. Auch das Niederschlagen und Verlassen des Opfers einer gefährlichen Körperverletzung reicht hierfür aus[29].

M hat die objektiv erforderliche Hilfe nicht geleistet.

Die Hilfeleistung war ihm auch zumutbar. Die Gefahr einer Strafverfolgung wegen schuldhafter Verursachung des Unglücksfalls befreit nicht von der Pflicht zur Hilfeleistung[30].

b) Subjektiver Tatbestand

M ging aufgrund einer extra vorgenommenen Prüfung davon aus, dass A bereits tot war. Daher war nach seiner Vorstellung die Hilfeleistung nicht mehr erforderlich bzw möglich. Er unterlag somit einem Tatbestandsirrtum, § 16. Im Schrifttum wird der Tatbestand des § 323c zum Teil noch extensiver gehandhabt. Es wird gesagt, dass immer geholfen werden müsse, solange nicht ein sachkundiger Beobachter endgültig festgestellt habe, dass eine Hilfeleistung sinnlos ist[31]. Danach wird dem M der Verweis auf den Tatbestandsirrtum abgeschnitten, weil er keinen Arzt hinzugezogen hat, der sachkundig Auskunft über den Tod des A hätte geben können. Für eine solche Überdehnung des Tatbestandes ergeben sich jedoch aus dem Gesetzeswortlaut keinerlei Anhaltspunkte. Vielmehr gelten die allgemeinen Grundsätze über den Tatbestandsirrtum auch bei § 323c.

Eine Bestrafung gem § 323c scheidet aus.

Wer den Tatbestand von § 323c objektiv und subjektiv bejaht, muss § 323c auf Konkurrenzebene zurücktreten lassen (Subsidiarität gegenüber § 226 I Nr 3).

9. Konkurrenzen

Gegenüber § 223 I ist § 224 I Nr 2, Nr 5 lex specialis. Letzterer wiederum steht in Gesetzeskonkurrenz zu § 226 I Nr 3, der als lex specialis vorgeht[32].   **501**

§ 221 II Nr 2 verdrängt als lex specialis § 221 I Nr 1.

Das Gefährdungsdelikt des § 221 II Nr 2 ist gegenüber dem Verletzungsdelikt (auch in der Form des erfolgsqualifizierten Delikts) des § 226 I Nr 3 subsidiär (*auch Idealkonkurrenz vertretbar*)[33].

10. Ergebnis für M im Tatkomplex B

M hat sich gem § 226 I Nr 3 strafbar gemacht.

---

28 BGHSt 3, 65, 66; *Wessels/Hettinger/Engländer*, BT1 Rn 1152.
29 *Fischer*, § 323c Rn 6; SK/StGB-*Stein*, § 323c Rn 7.
30 BGHSt 11, 353; 39, 164, 166; Näheres s Problem Nr 131 Rn 592.
31 *Günther*, JuS 1988, 386.
32 *Fischer*, § 224 Rn 16.
33 Vgl BGH NStZ 2017, 90 m Anm *Bock*; *Fischer*, § 221 Rn 28; *Lackner/Kühl*, § 221 Rn 9; SK/StGB-*Horn/ Wolters*, § 221 Rn 17.

II. Strafbarkeit des N

1. §§ 223 I, 26

502 Dadurch, dass N dem M riet, bei der Attacke gegenüber A einen Knüppel mitzunehmen, könnte er eine Anstiftung zur Körperverletzung begangen haben.

Die vorsätzliche rechtswidrige Haupttat liegt in der von M begangenen Körperverletzung (*s Rn 494*). M war jedoch von Anfang an zu einer Tracht Prügel für A und damit zu einer Körperverletzung entschlossen, sog omnimodo facturus[34]. N konnte den M daher nicht mehr iSd § 26 zu diesem Delikt bestimmen, sodass eine Anstiftung insoweit ausscheidet.

2. §§ 224 I Nr 2, Nr 5, 26

a) Objektiver Tatbestand

Die vorsätzliche rechtswidrige Haupttat liegt in Gestalt der von M begangenen gefährlichen Körperverletzung, § 224 I Nr 2, Nr 5, vor (*s Rn 495*).

N müsste den M zu dieser Tat bestimmt haben. Die Anstiftungshandlung liegt hier in dem speziellen Rat, härter zuzuschlagen und ein gefährliches Werkzeug (*s Rn 495*) mitzunehmen, dessen Einsatz uU auch Lebensgefahren heraufbeschwören kann. Insoweit hatte M vorher noch keinen Tatentschluss.

Fraglich ist jedoch, ob N den M zu einer gefährlichen Körperverletzung anstiften konnte, nachdem Letzterer bereits zu einer einfachen Körperverletzung entschlossen war.

503 **Problem Nr 110: „Aufstiftung" bzw „Hochstiftung"**

(1) Nach einer **engen Ansicht** ist eine Anstiftung nur zu einem echten aliud möglich (sog. analytisches Trennungsprinzip). Nur für einen neu hinzukommenden selbstständigen Tatbestand (Unrechtsplus) haftet der Täter dann nach den Grundsätzen der Anstiftung; im Übrigen wird ihm bzgl des aufgrund der Aufstiftung begangenen schwereren Delikts („mehr") eine psychische Beihilfe zur Last gelegt (analytisches Trennungsprinzip: *Lackner/Kühl*, § 26 Rn 2a; SK/StGB-*Hoyer*, § 26 Rn 19 f).

Argument: Nur bei dieser restriktiven Auslegung werden dem Anstifter keine Unrechtsteile angelastet, die nicht auf seinen Anstoß zurückzuführen sind.

(2) Nach der **Rspr und Teilen des Schrifttums** wird jede „Hochstiftung" erfasst, sofern durch die Beeinflussung der Unwertgehalt der Tat wesentlich gesteigert wird (BGHSt 19, 339; LK-*Schünemann*, § 26 Rn 31).

Argument: Bereits eine erhebliche Unwertsteigerung rechtfertigt es, von einer Tat zu sprechen, zu der der Täter noch nicht entschlossen war.

(3) Es empfiehlt sich, mit der im **Schrifttum** inzwischen wohl herrschenden sog. Qualifikationstheorie zu fordern, dass es sich bei dem Delikt, zu dem „hochgestiftet" wird, zumindest um eine Qualifikation des ursprünglich ins Auge gefassten Deliktes handeln muss (*Fischer*, § 26 Rn 5; *Krey/Esser*, AT Rn 1047; *Rengier*, AT § 45 Rn 35 ff; *Wessels/Beulke/Satzger*, AT Rn 806).

---

34 *Wessels/Beulke/Satzger*, AT Rn 804.

Argument: Schon das qualifizierte Delikt gehört einer neuen Wertungsstufe an, sodass der Anstifter eine selbstständige Unrechtseinheit in Gang setzt. Die Qualifikationstheorie gewährleistet nachvollziehbare Kriterien und vermeidet deshalb vage Grenzziehungen (wann ist die Unrechtssteigerung „wesentlich"?).

Zur Vertiefung: Wessels/Beulke/Satzger, AT Rn 806; Hillenkamp/Cornelius, AT 25. Problem S 207 ff; Satzger, Jura 2017, 1169 ff.

Da es sich bei § 224 um eine Qualifikation gegenüber dem Grundtatbestand des § 223 **504** handelt, führte der Ratschlag des N, härter zuzuschlagen und einen Knüppel mitzunehmen, zu einem ganz neuen Unwertgehalt der Tat, sodass eine Anstiftung im Sinne einer „Hochstiftung" zum qualifizierten Delikt zu bejahen ist. Es erschiene hingegen nicht sachgerecht, für eine „Hochstiftung" stets die Beeinflussung im Sinne der Begehung eines ganz anderen Delikts (aliud) zu fordern.

b) Subjektiver Tatbestand

N handelte vorsätzlich bzgl § 224 I Nr 2, nicht jedoch bzgl § 224 I Nr 5 (*aA vertretbar; Auslegungsfrage*).

Hinsichtlich seiner Anstiftungshandlung handelte er gleichfalls vorsätzlich.

c) Rechtswidrigkeit und Schuld

Rechtfertigungs- bzw Entschuldigungsgründe sind nicht ersichtlich.

3. §§ 226 I Nr 3, 26

a) Objektiver Tatbestand

Die vorsätzliche rechtswidrige Haupttat liegt mit der von M begangenen schweren Kör- **505** perverletzung, § 226 I Nr 3, vor (*s Rn 496 ff*). Der Umstand, dass der Haupttäter bzgl der schweren Folge des § 226 I Nr 3 nur fahrlässig handelte, steht einer Anstiftung, die eigentlich nur zu einer vorsätzlichen Tat denkbar ist, nach der ausdrücklichen Regelung für die erfolgsqualifizierten Delikte gem § 11 II nicht entgegen.

Die Anstiftungshandlung des N liegt in dem Rat, stärker zuzuschlagen und einen Knüppel mitzunehmen.

b) Subjektiver Tatbestand

N müsste hinsichtlich der vorsätzlichen rechtswidrigen Haupttat vorsätzlich gehandelt haben.

Bzgl des Grunddelikts des § 223 I handelte N vorsätzlich. Bzgl der schweren Folge des § 226 ist nach § 11 II kein Vorsatz erforderlich.

Auch in Bezug auf die Anstiftungshandlung (härter zuschlagen/Mitnahme des Knüppels) hatte N Vorsatz. Dass er nicht an die Lähmung dachte, ist gem § 11 II unschädlich. Es genügt, dass er zur vorsätzlichen gefährlichen Körperverletzung iSv § 224 anstiften wollte.

387

Gem § 18 (iVm § 29)[35] muss dem Teilnehmer bzgl der schweren Folge wenigstens Fahrlässigkeit zur Last fallen. Wer einem anderen zur Verwendung eines Knüppels gegen einen anderen Menschen rät, handelt möglicherweise sogar vorsätzlich, indem er mögliche schwere Folgen billigend in Kauf nimmt. Aber selbst wenn N keinen Vorsatz bzgl dieser schweren Folge hatte, wovon im konkreten Sachverhalt auszugehen ist, ist doch zumindest Fahrlässigkeit gegeben. N handelte daher bzgl einer schweren Folge objektiv fahrlässig.

N hätte auch subjektiv voraussehen und vermeiden können, dass der Einsatz eines Knüppels schwere gesundheitliche Folgen für das Opfer haben kann.

N hat sich gem §§ 226 I Nr 3, 26 strafbar gemacht.

4. §§ 221 II Nr 2, 26

a) Objektiver Tatbestand

506 Die vorsätzliche rechtswidrige Haupttat liegt mit der von M begangenen Aussetzung vor (*s Rn 499*).

Die Anstiftungshandlung des N liegt wiederum in dem Rat, härter zuzuschlagen und einen Knüppel mitzunehmen. Erst dadurch ist die Gesundheitsschädigung iSv § 221 II entstanden.

b) Subjektiver Tatbestand

Aus dem Sachverhalt ist nicht zu entnehmen, dass N konkrete Vorstellungen über den Tatablauf hatte. Er musste zwar mit erheblichen Körperverletzungen rechnen, konnte aber nicht voraussehen, dass M den A in eine „hilflose Lage" versetzen würde.

5. Konkurrenzen

Die §§ 226 I Nr 3, 26 verdrängen die §§ 224 I Nr 2, 26 als leges speciales.

6. Ergebnis für N im Tatkomplex B

N ist strafbar gem §§ 226 I Nr 3, 26.

C. Die Meldung bei der Polizei (Strafbarkeit von M und N)

1. §§ 164 I, 25 II

507 Dadurch, dass M und N bei der Polizei den angeblich beobachteten Überfall falsch darstellten, könnten sie sich wegen einer falschen Verdächtigung strafbar gemacht haben.

Die Verdächtigung „eines anderen" bedeutet jedes Tätigwerden, durch das ein Verdacht auf eine bestimmte andere Person gelenkt oder ein bereits bestehender Verdacht bestärkt

---

35 *Wessels/Beulke/Satzger*, AT Rn 978; vgl auch *Radtke/Meyer*, JuS 2011, 521, 527.

wird[36]. Eine Anzeige gegen Unbekannt – wie hier – erfüllt diese Voraussetzung dagegen nicht[37].

2. §§ 258 I, 25 II

Sofern M (dasselbe gilt für N) sich selbst einer Strafverfolgung entziehen wollte, scheidet § 258 I bereits auf der Tatbestandsebene aus. Der „Begünstigte" ist dann kein „anderer".   **508**

Sofern M (dasselbe gilt umgekehrt für N) seinen „Mittäter" N einer Strafverfolgung entziehen wollte, scheitert eine Bestrafung an § 258 V.

3. §§ 145d I Nr 1, 25 II

M und N könnten einer zur Entgegennahme von Anzeigen zuständigen Stelle vorgetäuscht haben, dass eine rechtswidrige Tat begangen worden sei.   **509**

a) Objektiver Tatbestand

Die Polizei ist eine zur Entgegennahme von Anzeigen zuständige Stelle, § 158 I 1 StPO.

Vortäuschen iSv § 145 d I ist das Erregen oder Verstärken des Verdachts einer rechtswidrigen Tat durch eine (auch konkludente) Tatsachenbehauptung, durch Schaffung einer verdachtserregenden Beweislage oder Selbstbezichtigung[38]. Die vorgetäuschte Tat darf nicht begangen worden sein, weil nur dann die Inanspruchnahme der zuständigen Organe ungerechtfertigt ist[39]. Fraglich ist, ob hier das Aufbauschen der schweren Körperverletzung zu einem Raub mit Todesfolge unter das Vortäuschen einer rechtswidrigen Tat fällt.

> **Problem Nr 111: Aufbauschen einer tatsächlich begangenen rechtswidrigen Tat als Vortäuschen iSd § 145d?**   **510**
>
> **(1)** Nach einer **sehr weiten Auffassung** ist jede Verfälschung der Realität gegenüber den Ermittlungsbehörden als „Täuschung über eine rechtswidrige Tat" iSv § 145d I anzusehen, und zwar sogar unabhängig davon, ob durch die Täuschung im Einzelfall tatsächlich die Gefahr behördlicher Mehrarbeit hervorgerufen wird (*Saal*, Das Vortäuschen einer Straftat (§ 145d StGB) als abstraktes Gefährdungsdelikt, 1997, S 162; ebenso NK-*B. Kretschmer*, § 145d Rn 17, die jedoch die „Tatbestandshandlung" im Wege teleologischer Reduktion verneinen).
>
> **Argument:** Nur so wird man dem Deliktscharakter des § 145d als abstraktes Gefährdungsdelikt gerecht.
>
> **(2)** Nach der **Rspr und Teilen der Lit** ist der Tatbestand des § 145d nur dann erfüllt, wenn sich der Ermittlungsaufwand für die Strafverfolgungsbehörden wesentlich erhöht. Die Grenze ist überschritten, wenn die Tat durch die falschen Angaben ein völlig anderes Gepräge bzw einen völlig anderen Charakter erhält (OLG Hamm NStZ 1987, 558; BayObLG NJW 1988, 83; OLG Oldenburg NStZ 2011, 582; ähnlich *Lackner/Kühl*, § 145d Rn 4).

---

36 *Wessels/Hettinger/Engländer*, BT1 Rn 769.
37 *Wessels/Hettinger/Engländer*, BT1 Rn 767.
38 *Wessels/Hettinger/Engländer*, BT1 Rn 784.
39 *Wessels/Hettinger/Engländer*, BT1 Rn 784.

Argument: Werden bei einer wirklich begangenen Tat Umstände nur übertrieben oder vergröbert dargestellt und dies in einer Weise, die den Ermittlungsaufwand der Strafverfolgungsbehörden nicht wesentlich erhöht, ist der Sinn und Zweck der Strafdrohung des § 145d, nämlich Schutz der Strafrechtspflege vor ungerechtfertigter Inanspruchnahme des Strafverfolgungsapparates und Schwächung der Verfolgungsintensität, nicht erfüllt (BGH NStZ 1984, 360; BayObLG NJW 1988, 83).

(3) Nach einer **noch engeren Ansicht in der Lit** soll ein Vortäuschen im Sinne des § 145d I Nr 1 sogar erst dann gegeben sein, wenn die tatsächlich begangene und die vorgetäuschte Straftat nicht mehr dasselbe deliktische Geschehen sind, zB wenn die Tat statt als Vergehen als Verbrechen dargestellt wird oder wenn zur Vertuschung einer eigenen Trunkenheitsfahrt mit anschließendem unerlaubten Entfernen vom Unfallort ein Diebstahl des Fahrzeugs angezeigt wird (Matt/Renzikowski-*Dietmeier*, § 145d Rn 10; *Krümpelmann*, ZStW 96 [1984], 999, 1022; SK/StGB-*Rudolphi/Rogall*, § 145d Rn 19 f).

Argument: Nur wenn eine Tat vorgespiegelt wird, die juristisch anders zu werten ist, ist die Pönalisierung sinnvoll, weil jetzt die zuständigen Organe in eine ganz andere Richtung ermitteln.

(4) Zu Recht lehnt jedoch eine **Mindermeinung im Schrifttum** bei tatsächlichem Vorliegen einer Straftat die Anwendbarkeit des § 145d I Nr 1 generell ab (*Wessels/Hettinger/Engländer*, BT1 Rn 787 f).

Argument: Die bisherige Diskussion hat ergeben, dass keine klaren Konturen für die Abgrenzung zwischen Strafbarkeit und Straflosigkeit existieren. Der Bestimmtheitsgrundsatz bedingt deshalb den Verzicht auf jede Pönalisierung. Bei tatsächlich gegebenen Straftaten müssen die zuständigen Organe ohnehin recherchieren. Ein kriminalpolitisches Bedürfnis für eine spezielle Anwendbarkeit des § 145d I Nr 1 ist – insbes angesichts der Existenz des § 145d II – nicht erkennbar.

Zur Vertiefung: Wessels/Hettinger/Engländer, BT1 Rn 787 ff.

511 Bei der tatsächlich begangenen Körperverletzung gem § 226 I Nr 3 handelt es sich um ein schweres Delikt. Der jetzt angezeigte Raub mit Todesfolge ist aber ebenfalls ein schweres Delikt. In jedem Fall müsste die Polizei also intensive Ermittlungen aufnehmen. Der Ermittlungsaufwand bleibt nahezu derselbe. Gleichwohl könnte unter Hinweis auf die Einordnung des § 145d als abstraktes Gefährdungsdelikt die Strafbarkeit vorliegend bejaht werden. Wer hingegen verlangt, dass durch die falschen Angaben sich der Ermittlungsaufwand wesentlich erhöht, weil das dargestellte Delikt ein völlig anderes Gepräge wie das begangene hat, müsste § 145d hier ablehnen. Zum selben Ergebnis käme wer verlangt, dass die vorgetäuschte Tat sogar einer ganz anderen Deliktsart zugehörig sein soll. Richtiger Ansicht nach ist allerdings die Anwendbarkeit des § 145d I Nr 1 sowieso generell abzulehnen, wenn tatsächlich eine Straftat stattgefunden hat, weil es bisher nicht gelungen ist, brauchbare Kriterien dafür zu entwickeln, in welchem Ausmaß die vorgetäuschte Straftat von der wirklich begangenen abweichen muss. Es wurde hier also keine Straftat vorgetäuscht.

b) Ergebnis

§§ 145d I Nr 1, 25 II sind nicht erfüllt.

4. §§ 145d II Nr 1, 25 II

M und N könnten eine zur Entgegennahme von Anzeigen zuständige Stelle (hier: die   512
Polizei, *s Rn 509*) über den Beteiligten an einer rechtswidrigen Tat getäuscht haben.

a) Objektiver Tatbestand

Eine bereits begangene rechtswidrige Tat ist die von M verübte schwere Körperverletzung iSd § 226 I Nr 3 (*s Rn 496*).

Eine Täuschungshandlung iSd § 145d II Nr 1 ist gegeben, wenn der Tatverdacht auf Unbeteiligte gelenkt wird oder die Strafverfolgungsorgane durch konkrete Falschangaben zu unnützen Maßnahmen in die falsche Richtung veranlasst werden sollen[40]. Geht die Initiative vom Täter selbst aus, kann die Tat auch durch eine mit konkreten Hinweisen angereicherte Strafanzeige gegen Unbekannt begangen werden[41].

M und N waren hier Beteiligte der Straftat des § 226 I Nr 3. Indem sie die Schilderung über den Raub mit Todesfolge abgaben, täuschten sie über ihre Beteiligung an der Straftat.

Fraglich ist, ob das Selbstbegünstigungsprivileg hier eingreift. Dieses wirkt jedoch nur insoweit, als ein Beteiligter lediglich den Verdacht durch Bestreiten von sich selbst ablenken will. So ist zB Leugnen erlaubt, auch wenn dadurch der Verdacht auf einen Dritten fällt[42]. Hier ergriffen M und N aber die Initiative, indem sie eine Anzeige gegen Unbekannt erstatteten. Das erfüllt den Tatbestand des § 145d II Nr 1[43].

M und N handelten gemeinschaftlich, § 25 II.

b) Subjektiver Tatbestand

M und N handelten vorsätzlich sowie wider besseres Wissen.

c) Rechtswidrigkeit und Schuld

Rechtfertigungs- bzw Entschuldigungsgründe sind nicht ersichtlich.

5. § 153

Eine Strafbarkeit nach § 153 scheidet sowohl für M als auch für N aus, da die Polizei keine zur eidlichen Vernehmung von Zeugen und Sachverständigen zuständige Stelle ist, arg e contrario § 161a I 3 StPO.

6. Ergebnis für M und N im Tatkomplex C

M und N haben sich jeweils gem §§ 145d II Nr 1, 25 II strafbar gemacht.

---

40 *Wessels/Hettinger/Engländer*, BT1 Rn 791.
41 BGHSt 6, 251, 255; *Wessels/Hettinger/Engländer*, BT1 Rn 792.
42 *Wessels/Hettinger/Engländer*, BT1 Rn 792.
43 BGHSt 6, 251, 252; aA S/S/W-StGB-*Jeßberger*, § 145d Rn 18.

7. Konkurrenz zwischen den Tatkomplexen B und C

513 Es liegen sowohl bei M als auch bei N zwei völlig selbstständige Handlungen vor, sodass von Realkonkurrenz, § 53, auszugehen ist.

D. Gesamtergebnis des materiell-rechtlichen Gutachtens

A: Tatkomplex A: § 266 I Alt 1 – § 52 – § 266 I Alt 2
M: Tatkomplex B: § 226 I Nr 3
     – § 53 –
     Tatkomplex C: §§ 145d II Nr 1, 25 II
N: Tatkomplex B: §§ 226 I Nr 3, 26
     – § 53 –
     Tatkomplex C: §§ 145d II Nr 1, 25 II

Teil II. (prozessualer Teil)

1. Einstellung des Verfahrens durch die Staatsanwaltschaft

514 Möglich erscheint eine Einstellungsverfügung durch die StA nach § 153 I oder § 153a I StPO.

> **Problem Nr 112: Voraussetzungen einer Einstellung des Verfahrens nach § 153 StPO**
>
> (1) Es muss ein **Vergehen (§ 12 II)** in Rede stehen.
>
> (2) Die (hypothetisch zu beurteilende) **Schuld** des Täters muss als **gering** anzusehen sein. Dies ist nur dann der Fall, wenn sie im Vergleich mit Vergehen gleicher Art nicht unerheblich unter dem Durchschnitt liegt (M-G/*Schmitt*, § 153 Rn 4). Zur Bestimmung des Maßes der Schuld kann dabei von den Kriterien des § 46 II 2 ausgegangen werden (KK-*Schoreit*, § 153 Rn 18).
>
> (3) Darüber hinaus darf **kein öffentliches Verfolgungsinteresse** bestehen. Bejahen lässt sich ein solches aus Spezial- und Generalprävention, aber auch wegen des Interesses der Allgemeinheit an der konkreten Tat.
>
> (4) Die Entscheidung kann gem § 153 I 1 StPO grundsätzlich nur mit **Zustimmung des Gerichts** ergehen. § 153 I 2 StPO macht hiervon jedoch eine wichtige Ausnahme für Vergehen, die nicht mit einer im Mindestmaß (vgl §§ 38, 40) erhöhten Strafe bedroht sind und bei denen die durch die Tat verursachten Folgen gering sind (bis ca. 50 €). Die **Zustimmung des Beschuldigten** ist dagegen nie erforderlich.
>
> *Zur Vertiefung: Beulke, StPO Rn 334; LR-Beulke, § 153 Rn 40 ff; Kindhäuser, StPO § 10 Rn 14.*

Hier geht es um ein Verfahren wegen unbefugten Gebrauchs eines Fahrrades (§ 248b).

Es handelt sich um ein Vergehen (§ 12 II). Von einer geringen (hypothetischen) Schuld des S kann ausgegangen werden, da nach dem Sachverhalt, von dem der Staatsanwalt ausgeht, S das Fahrrad nur kurz gebrauchte und weder Personen- noch Sachschäden eingetreten sind, die Tatausführung kein besonders verwerfliches Verhalten aufzeigt und die Tat dem Täter persönlichkeitsfremd ist, da er zuvor strafrechtlich nicht in Erscheinung getreten ist. Für ein öffentliches Interesse an der Strafverfolgung spricht, dass der S eine Person des öffentlichen Lebens und damit des öffentlichen Interesses ist und zudem die Tatsache, dass der Fall besonders große Beachtung in den Printmedien gefunden hat. Aufgrund dieser Umstände ist ein öffentliches Verfolgungsinteresse zu bejahen (*Gegenteil ebenso gut vertretbar*).

Eine Einstellung nach § 153 I StPO scheidet demzufolge aus.

Es kommt aber eine Einstellung nach § 153a I StPO in Betracht. Die Voraussetzungen **515** dafür sind:

Problem Nr 113: Voraussetzungen einer Einstellung des Verfahrens nach § 153a StPO

(1) Es besteht hinreichender Tatverdacht bzgl eines Vergehens, § 12 II.

(2) Die Schwere der Schuld darf einer Einstellung nicht entgegenstehen.

(3) Ein **öffentliches Interesse an der Strafverfolgung** besteht zwar. Es kann aber durch dem Beschuldigten auferlegte **Auflagen und Weisungen**, die im Katalog des § 153 I 2 StPO nicht abschließend aufgezählt sind („insbesondere"), beseitigt werden.

(4) Zwar ist grds die **Zustimmung des Gerichts** erforderlich. Diese ist jedoch unter den Voraussetzungen des § 153 I 2 StPO in den Fällen des § 153a I 2 Nr 1 bis 5 StPO entbehrlich, § 153a I 7 StPO. Das bedeutet: Sind die Voraussetzungen des § 153 I 2 StPO (keine im Mindestmaß erhöhte Strafe/ geringe Tatfolgen) erfüllt, ist nur bei Straßenverkehrsseminaren (§ 153a I 2 Nr 6 StPO) sowie den unbenannten Auflagen die Zustimmung des Gerichts zwingend. Ansonsten entscheidet in der Praxis die StA weitgehend allein über die Einstellung nach § 153a StPO.

(5) Der **Beschuldigte** muss **zustimmen**, § 153a I 1 StPO.

Die Einstellung durch die StA führt aber nur zu einer *vorläufigen* Einstellung. Erst mit Erfüllung der Auflagen/Weisungen tritt ein endgültiges Verfahrenshindernis ein, sodass die Tat iSd § 264 StPO nicht mehr als Vergehen verfolgt werden kann (*beschränkter Strafklageverbrauch*, § 153 I 5 StPO).

Zur Vertiefung: Beulke, StPO Rn 337a ff; LR-Beulke, § 153a Rn 31 ff.

Hier besteht hinreichender Tatverdacht bzgl des Vergehens eines unbefugten Gebrauchs eines Fahrrads (*s Rn 514*). Zudem hat S nur mit geringer Schuld gehandelt (*s Rn 514*). Die dem Beschuldigten aufzuerlegenden Auflagen und Weisungen sind geeignet, das öffentliche Interesse an der Strafverfolgung zu beseitigen. Denkbar wäre, S die Zahlung eines Geldbetrages zugunsten einer gemeinnützigen Einrichtung aufzuerlegen (§ 153a I 2 Nr 2 StPO).

Zwar muss das Gericht grds der Einstellung zustimmen. Hier könnte dieses Erfordernis aber gem § 153a I 7 iVm § 153 I 2 StPO entfallen. Gem § 38 II ist das Mindestmaß der zeitigen Freiheitsstrafe ein Monat. Die Geldstrafe wird in Tagessätzen verhängt. Sie beträgt mindestens fünf Tagessätze, § 40 I. Ein Vergehen, das mit einer im Mindestmaß erhöhten Strafe bedroht ist, ist ein Vergehen, dessen Mindeststrafe über diesen Grenzen liegt. § 248b I sieht als Mindeststrafe jedwede Geldstrafe vor. Folglich ist die in § 248b I angedrohte Strafe nicht im Mindestmaß erhöht. Also bedarf es nicht der Zustimmung des Gerichts.

Schließlich hat der Beschuldigte S der Einstellung zugestimmt.

Die StA kann damit das Verfahren zunächst vorläufig einstellen. Mit Erfüllung der Auflagen und Weisungen durch S tritt dann der beschränkte Strafklageverbrauch (§ 153 I 5 StPO) ein.

2. Beschränkte Rechtskraft des Beschlusses nach § 153 II StPO

516 Da das Gericht aus Opportunitätsgründen eingestellt hat, ohne Auflagen und Weisungen festzustellen, muss es sich um eine Einstellung (mit Zustimmung der StA) iSv 153 II StPO gehandelt haben. Die StA kann wegen der inzwischen zutage getretenen neuen Umstände, welche die Tat in einem neuen Licht erscheinen lassen (insbes wegen der Anwendbarkeit der §§ 242, 243 I Nr 2), erneut Anklage erheben, wenn die Einstellung gem § 153 II StPO nicht in Rechtskraft erwachsen ist. Trotz Fehlens einer ausdrücklichen gesetzlichen Regelung besteht Einigkeit über die grundsätzliche Rechtskraft des Beschlusses gem § 153 II StPO, deren Grenzen jedoch umstritten sind.

Problem Nr 114: Umfang der beschränkten Rechtskraft des Beschlusses nach § 153 II StPO

(1) Es wäre **denkbar**, § 373a I StPO analog anzuwenden und die Wiederaufnahme des Ermittlungsverfahrens davon abhängig zu machen, dass neue Tatsachen oder Beweismittel beigebracht sind, die geeignet sind, eine Verurteilung wegen eines Verbrechens zu begründen (vgl *Heinitz*, JZ 1963, 133).

Argument: Wenn ein Gericht entscheidet, besteht ein besonders großer Vertrauensschutz. Dies betrifft nicht nur das Urteil und den rechtskräftigen Strafbefehl, sondern auch die Einstellung gem § 153 II StPO.

(2) Nach **aA** ist § 153a I 5 StPO analog heranzuziehen und zu verlangen, dass sich die Tat nunmehr als Verbrechen darstellt (BGHSt 48, 331 m Anm *Beulke*, JR 2005, 37; HK-*Pfordte*, § 153 Rn 25).

Argument: Die Rechtslage des § 153 II StPO ähnelt der des § 153a StPO, der eine ausdrückliche Rechtskraftregelung enthält. Der Gesetzgeber hat die Frage bewusst nicht selbst geregelt, sondern die Lösung insoweit Rspr und Literatur überlassen.

(3) Nach **überzeugender Ansicht** genügen für die Durchbrechung der Rechtskraft neue Tatsachen oder Beweismittel, aufgrund derer die Schuld nun nicht mehr als gering anzusehen bzw das öffentliche Verfolgungsinteresse zu bejahen wäre (analoge Anwendung der §§ 174 II, 211 StPO, §§ 45 III 4, 47 III JGG). Der zusätzlichen Heraufstufung vom Vergehen zum Verbrechen bedarf es nicht. Allerdings legitimiert allein schon die Bewertung der Tat als Verbrechen die Fortführung des Verfahrens, auch wenn keine neuen Tatsachen oder Beweismittel vorliegen (also lediglich ein Subsumtionsirrtum zu korrigieren ist, dem die StA oder das Gericht früher erlegen sind), weil Verbrechen keinesfalls in den Anwendungsbereich des § 153 StPO fallen sollen (ebenso OLG Hamm GA 1993, 231).

Argument: Gegen die o unter (1) dargestellte Ansicht spricht, dass man dann den Beschuldigten in noch stärkerem Maße schützen würde als im Fall des § 153a StPO, bei dem – trotz Erbringung erheblicher Leistungen – für eine Wiederaufnahme keine neuen Tatsachen oder Beweismittel erforderlich sind.

Gegen die o unter (2) dargestellte Meinung spricht, dass eine Gleichstellung nicht sachgerecht erscheint, da bei der Einstellung nach § 153a StPO der Beschuldigte eine Leistung in Form der Erfüllung von Auflagen bzw Weisungen erbringt, bei der nach § 153 StPO hingegen nicht.

Ausreichend muss es deshalb sein, wenn wesentliche neue Tatsachen oder Beweismittel auf-tauchen, die der Tat aufgrund des erhöhten Schuldgehalts ein ganz anderes rechtliches Gepräge geben.

Zur Vertiefung: Beulke, StPO Rn 336; Beulke, JR 2005, 37; LR-Beulke, § 153 Rn 88; Rössner/ Safferling, StPO 30. Problem S 164 ff.

Würde man – in Anlehnung an die heutige Rspr des BGH – eine Rechtskraftdurch-brechung davon abhängig machen, dass die Tat sich nunmehr als Verbrechen darstellt (Analogie zu § 153a I 5 StPO) oder würde man zusätzlich zu dem neu auftretenden Verbrechensvorwurf auch noch neue Tatsachen und Beweismittel verlangen (Analogie zu § 373a I StPO), wäre hier Rechtskraft eingetreten, da sich die Tat noch nicht als Verbrechen darstellt (vgl §§ 242, 243 I Nr 2, 12 I). Damit wäre aber zu Unrecht der Ver-trauensschutz des Angeklagten bei § 153 II StPO genauso groß wie im Falle des § 153a StPO oder eines Strafbefehls, was nicht gerechtfertigt erscheint, weil der Beschuldigte im Falle des § 153 II StPO – im Gegensatz zu § 153a StPO und zum Strafbefehl – keine Gegenleistung erbringt.

Nach überzeugender Ansicht ist deshalb hinsichtlich der Möglichkeit einer Wiederauf-nahme des gem § 153 II StPO eingestellten Verfahrens eine Analogie zu den §§ 174 II, 211 StPO, 45 III 4, 47 III JGG sachgerecht. Die neu zutage getretenen erschwerenden Umstände (Zueignungsabsicht iSv § 242, Regelbeispiel iSv § 243 I Nr 2, Vorstrafe) er-lauben es danach im konkreten Fall der StA, die Tat erneut anzuklagen.

Definitionen zum Auswendiglernen

Omnimodo facturus	ist ein zur konkreten Tat schon fest Entschlossener, der nicht mehr ange-stiftet werden kann (*Wessels/Beulke/Satzger, AT Rn 804*).
Vortäuschen	iSv § 145d I ist das Erregen oder Verstärken des Verdachts einer rechts-widrigen Tat durch (auch konkludente) Tatsachenbehauptung, durch Schaffen einer verdachtserregenden Beweislage oder Selbstbezichtigung (*Wessels/Hettinger/Engländer, BT1 Rn 784*).
Täuschungshandlung	iSd § 145d II Nr 1 ist gegeben, wenn der Tatverdacht auf Unbeteiligte gelenkt wird oder die Strafverfolgungsorgane durch konkrete Falschan-gaben zu unnützen Maßnahmen in die falsche Richtung veranlasst wer-den sollen (*Wessels/Hettinger/Engländer, BT1 Rn 791*).
Verdächtigung eines anderen	iSv § 164 bedeutet, dass ein Verdacht auf eine bestimmte Person gelenkt oder ein bereits bestehender Verdacht verstärkt wird (*Wessels/Hettinger/ Engländer, BT1 Rn 769*).
Lähmung	iSv § 226 I Nr 3 bedeutet eine erhebliche Beeinträchtigung (zumindest) eines Körperteils, die sich auf die Bewegungsfähigkeit des ganzen Kör-pers nachteilig auswirkt (*Wessels/Hettinger/Engländer, BT1 Rn 320*).
Verfügungsbefugnis	iSv § 266 I ist eine Rechtsstellung, die den Täter nach außen in den Stand setzt, Vermögensrechte eines anderen wirksam zu ändern, zu über-tragen oder aufzuheben (*S/S-Perron, § 266 Rn 4*).

Verpflichtungs-befugnis	iSv § 266 I ist eine Rechtsstellung, die den Täter nach außen in den Stand setzt, einen anderen mit Verbindlichkeiten zu belasten (*S/S-Perron, § 266 Rn 4*).
Missbrauchshandlung	iSd § 266 I Alt 1 ist gegeben, wenn der Täter im Rahmen seines rechts-verbindlich wirksamen Könnens die Grenzen des im Innenverhältnis einzuhaltenden rechtlichen Dürfens bewusst überschreitet (*Wessels/Hillenkamp, BT2 Rn 753*).
Vermögens-betreuungspflicht	iSv § 266 I ist die Pflicht zur Wahrnehmung fremder Vermögensinteres-sen, welche den typischen und wesentlichen Inhalt des rechtlich begrün-deten oder faktisch bestehenden Treueverhältnisses bildet, also dessen Hauptgegenstand und nicht eine bloße Nebenpflicht ist (*Wessels/Hillenkamp, BT2 Rn 770*).
Verletzung der Vermögens-betreuungspflicht	iSd § 266 I Alt 2 ist jedes Tun oder Unterlassen, das im Widerspruch zur Treuepflicht steht (*Wessels/Hillenkamp, BT2 Rn 769*).
Unglücksfall	iSv § 323c und § 315 III Nr 1 ist jedes plötzlich eintretende Ereignis, das die unmittelbare Gefahr eines erheblichen Schadens für andere Men-schen oder fremde Sachen von bedeutendem Wert hervorruft (*Wessels/Hettinger/Engländer, BT1 Rn 1152*).

Weitere einschlägige Musterklausuren

Zum Problem der Vermögensbetreuungspflicht als Voraussetzung des Missbrauchs-tatbestandes:

Braum, JuS 2004, 225; *Meier*, Jura 1991, 142; *Pösl/Walther*, ZJS 2010, 523; *Puschke*, JA 2014, 32; *Rotsch*, ZJS 2013, 75; *ders*, [16] Rn 2062; *Schwabe*, BT2 [19] S 252; *Seier/Löhr*, JuS 2006, 241; *Wagner*, [4] S 29

Zum Problem Vermögensbetreuungspflicht (allgemeiner Umfang):

Bode/Niehaus-*Bode* [3] Rn 45; *Eisele*, Jura 2002, 59; *Maier/Ebner*, JuS 2007, 651; *Mansdörfer/Ziegler/Kleemann,* StudZR 2017, 309; *Pösl/Walther*, ZJS 2010, 523; *Scheubner/Groß*, StudZR 2017, 273; *Schwabe*, BT2 [19] S 252; *Steinberg/Stalberg*, Ad Legendum 2010, 336; *Sternberg-Lieben*, JA 1997, 124

Zum Problem der Treuepflicht iSv § 266 I bei Mietkaution hinsichtlich Wohnraummiete:

Radtke/Steinsiek, JuS 2010, 418

Zum Problem des Versetzens in eine hilflose Lage iSv § 221 I Nr 1:

Baier, JA 2000, 300; *Ellbogen*, JuS 2002, 151; *Gössel*, [7] S 124; *Gropp/Küpper/Mitsch*, [8] S 149; *Neubacher/Bachmann*, JA 2010, 711

Zum Problem der „Aufstiftung" bzw „Hochstiftung":

Amelung/Boch, JuS 2000, 261; *Bartsch/Böhme/Brettel,* ZJS 2015, 417; *Berz/Saal*, Jura 2003, 205; *Çelik*, JA 2012, 855; *ders*, JA 2010, 855; *Ebert*, Fälle, [7] S 111; *Esser/Krickl*, JA 2008, 787; *Grüner-Blatt*, JSE 2015, 145; *Hilgendorf*, Klausurenkurs I, [13] S 112; *Hussels*, Jura 2005, 877; *Jeßberger/Book*, JuS 2010, 321; *Kaspar*, JuS 2004, 409; *Kudlich*, Fälle AT, [12] S 177; *Laubenthal*, JA 2004, 39; *Petrovic/Hillenkamp*, StudZR 2008, 65; *Preis/Prütting/Sachs/Weigend*, [16] S 263; *Rauda/Zenthöfer*, [6] S 37; *Rudolphi*, [10] S 113; *Steck*, StudZR 2013, 287; *Steinberg*, ZJS 2010, 518; *Wendeburg*, JA 2017, 25

Zum Problem: Fällt auch das Aufbauschen einer tatsächlich begangenen rechtswidrigen Tat unter das Vortäuschen iSd § 145d?

Hinderer/Brenner, ZJS 2013, 58; *Klesczewski/Knaupe,* JA 2016, 593; *Sternberg-Lieben,* Jura 1996, 544

Zum Problem der Voraussetzungen einer Einstellung des Verfahrens nach § 153 StPO/§ 153a StPO:

Beulke, Jura 2014, 639; *Fünfsinn,* Jura 1988, 489; *Mitsch/Ellbogen,* [1], S 1; *Rackow,* JA 2011, 23; *Sanchez-Hermosilla/Schweikart,* [25] S 60

Fall 11

Freundschaftsdienste

I.

517 A ist wegen Diebstahls vor dem Amtsgericht (AG) angeklagt. Er befürchtet, für diese Tat, die er auch tatsächlich begangen hat, zu einer Haftstrafe verurteilt zu werden. Daher sucht er seine beiden Freunde B und C, die bereits als Zeugen geladen sind, nacheinander zu Hause auf und bittet sie, vor Gericht gegebenenfalls unter Eid auszusagen, dass er mit ihnen am Tatabend (27. Januar) einen Kneipenbummel gemacht habe. A, B und C treffen sich zwar häufiger zu derartigen Unternehmungen, doch gerade am Tatabend hatten sich die Freunde nicht gesehen.

A geht bei dem Gespräch mit B davon aus, dass der stets etwas zerstreut wirkende B tatsächlich der Auffassung ist, dass der Kneipenbummel am 27. Januar stattgefunden habe. In Wahrheit weiß B aber genau, dass er am Tatabend nicht mit A ausgegangen ist, sondern zu Hause mit seiner Frau den gemeinsamen Hochzeitstag gefeiert hat. Aus alter Freundschaft sagt er dies dem A aber nicht und tut ihm den Gefallen, in der Hauptverhandlung gemäß der Bitte des A auszusagen. Nach seiner Aussage wird B vereidigt.

C hingegen, bei dem A fest davon ausging, dass er sich daran erinnert, dass am fraglichen Abend gerade kein Kneipenbummel stattgefunden hat, ist – aufgrund der Unterredung mit A – der festen Überzeugung, dass er den Abend des 27. Januar mit A und B in diversen Kneipen verbracht hat, sodass A in seinen Augen gar nicht der Täter des Diebstahls sein kann. In der Hauptverhandlung sagt C dementsprechend aus und wird anschließend ebenfalls vereidigt.

A schweigt in der Hauptverhandlung zum Schuldvorwurf. Die Staatsanwaltschaft beantragt eine Freiheitsstrafe. Nur aufgrund der gemeinsamen Aussagen von B und C kann das Gericht nicht zu der Überzeugung gelangen, dass A den Diebstahl wirklich begangen hat. A wird daher freigesprochen.

Die Staatsanwaltschaft legt jedoch gegen das freisprechende Urteil das Rechtsmittel der Berufung ein. Daraufhin kommt es zu einer erneuten Hauptverhandlung. Inzwischen ist A mit der volljährigen V verlobt, die ihm gegenüber mehrfach erklärt hat, sie bedaure, dass A nicht sie als Zeugin benannt habe, denn sie sei selbstverständlich bereit, wahrheitswidrig zu bekunden, dass sie den Tatabend mit A verbracht habe. In der neuen Verhandlung benennt A nunmehr die V als Zeugin. Sie sagt uneidlich aus, beide hätten während der Tatzeit Canasta gespielt. A nimmt zu dieser Aussage nicht Stellung. A wird aufgrund der Aussage der V erneut freigesprochen.

Wie haben sich A, B, C und V aufgrund der Vorgänge in den beiden Hauptverhandlungen strafbar gemacht?

II.

1. In der Hauptverhandlung merkt A, dass das Gericht sich nicht sicher ist, ob er den Diebstahl begangen hat. Er stellt daraufhin den Antrag, ein Sachverständiger möge ihn mittels eines Polygraphen (Lügendetektors) befragen. Wer wird wie entscheiden?

2. Das Gericht fällt auf die Manipulationen des A nicht herein. Es kann aber nach Ausschöpfung sämtlicher Beweismöglichkeiten nicht eindeutig feststellen, ob A den Diebstahl selbst ausgeführt hat oder ob A das bei ihm sichergestellte Diebesgut einige Tage später als gestohlen aufgekauft hat. Andere Möglichkeiten scheiden nach Überzeugung des Gerichts aus.

   a) Kann das Tatgericht den A deshalb trotzdem (richtige Anklage und Eröffnungsbeschluss vorausgesetzt) verurteilen?

   b) Wie hat das Tatgericht zu entscheiden, wenn die Staatsanwaltschaft den A nur wegen Diebstahls angeklagt hat und eine Nachtragsanklage (§ 266 I StPO) nicht zustande gekommen ist?

   c) Wie entscheidet das Revisionsgericht (hier: OLG), wenn das Tatgericht nicht wegen des allein angeklagten Diebstahls, sondern wegen „Diebstahl oder Hehlerei" verurteilt hat und der Beschuldigte seine Revision auf eine nicht ordnungsgemäße Anklageerhebung stützt?

Gedankliche Strukturierung des Falles (Kurzlösung)

518   **Teil I. (materiell-rechtlicher Teil)**

A. Die erste Hauptverhandlung

I. Strafbarkeit des B

1. **§ 153 (+)**
   a) Objektiver Tatbestand (+)
   - tauglicher Täter (+)
   - zuständige Stelle (+)
   - Angaben, die der Wahrheitspflicht unterliegen (+)
   - „falsch" aussagen (+)

> **Problem Nr 115: Wann ist eine Aussage „falsch" iSd §§ 153, 154 I? (Rn 520)**

   b) Subjektiver Tatbestand (+)
   c) Rechtswidrigkeit und Schuld (+)

2. **§ 154 I (+)**
   a) Objektiver Tatbestand (+)
   b) Subjektiver Tatbestand (+)

3. **§ 258 I (+)**
   a) Objektiver Tatbestand (+)
   - strafbare Tat eines anderen (+)
   - Vereiteln der gesetzlichen Bestrafung (+)
   - Kausalität zwischen Falschaussage und Freispruch (+)
   b) Subjektiver Tatbestand (+)

4. **§ 164 I (–)**

5. **§ 145d II Nr 1 (–)**

6. **Konkurrenzen**

7. **Ergebnis für B im Tatkomplex A**
   B hat sich gem § 154 I – § 52 – § 258 I strafbar gemacht.

II. Strafbarkeit des C

1. **§ 153 (–)**
   a) Objektiver Tatbestand (+)
   b) Subjektiver Tatbestand (–)

2. **§ 161 I (–)**
   a) Tatbestand (–)
   - Fahrlässigkeit (–)
   b) Ergebnis

3. **§ 258 I (–)**
   a) Objektiver Tatbestand (+)
   b) Subjektiver Tatbestand (–)

4. **Ergebnis für C im Tatkomplex A**
   C ist straflos.

III. Strafbarkeit des A bzgl der Aussage des B

1. **§§ 154 I, 25 I Alt 2 (–)**
   - mittelbare Täterschaft (–) (eigenhändiges Delikt)

2. **§§ 154 I, 26 (–)**
   a) Objektiver Tatbestand (+)
   - vorsätzliche rechtswidrige Haupttat (+)
   - Anstiftungshandlung (+)

b) Subjektiver Tatbestand (–)
- Vorsatz bzgl vorsätzlicher rechtswidriger Haupttat (+/–)
- Vorsatz bzgl Anstiftungshandlung (–)
- Anstiftervorsatz als „Minus" zum Tätervorsatz (–)

3. **§ 160 I (–)**
   a) Tatbestandsmäßigkeit (–)
   - Meineid durch die Beweisperson (+)
   - Verleiten (–)

> **Problem Nr 116: Verleitung einer vermeintlich gutgläubigen Beweisperson zur Falschaussage (Rn 531)**

   b) Ergebnis

4. **§§ 160 I, II, 22, 23 I Alt 2 (+)**
   a) Vorprüfung (+)
   b) Tatentschluss (+)
   - Vorsatz bzgl Falschaussage der Beweisperson (+)
   - Vorsatz bzgl des Verleitens hierzu (+)
   c) Unmittelbares Ansetzen (+)
   d) Rechtswidrigkeit und Schuld (+)

5. **§§ 258 I, 25 I Alt 2 (–)**
   - „anderer" iSv § 258 I (–)

6. **§§ 258 I, 26 (–)**
   - § 258 V (+)

7. **Ergebnis für A im Tatkomplex A bzgl der Aussage des B**
   A hat sich gem §§ 160 I, II, 22, 23 I Alt 2 strafbar gemacht.

IV. Strafbarkeit des A bzgl der Aussage des C

1. **§ 160 I (–)**
   a) Objektiver Tatbestand (+)
   - Falschaussage durch die Beweisperson (+)
   - Verleiten (+)
   b) Subjektiver Tatbestand (–)
   - Vorsatz (–)

> **Problem Nr 117: Verleitung einer vermeintlich bösgläubigen Beweisperson zur Falschaussage (Rn 536)**

2. **§§ 153, 26 (–)**
   a) Objektiver Tatbestand (–)

> **Problem Nr 118: Anstiftung bei vorsatzloser uneidlicher Aussage der vermeintlich bösgläubigen Beweisperson (Rn 538)**

   b) Ergebnis

3. §§ 153, 159, 30 I (+)
   a) Vorprüfung (+)
   b) Tatentschluss (+)
      • Vorsatz bzgl Haupttat (+)
      • Vorsatz bzgl Anstiftungshandlung (+)
   c) Unmittelbares Ansetzen (+)
   d) Rechtswidrigkeit und Schuld (+)
   e) Ergebnis
4. §§ 154 I, 30 I (+)
   a) Vorprüfung (+)
   b) Tatentschluss (+)
   c) Unmittelbares Ansetzen (+)
5. §§ 258 I, 25 I Alt 2 (–)
   • „anderer" iSv § 258 I (–)
6. §§ 258 I, 26 (–)
7. Konkurrenzen
8. **Ergebnis für A im Tatkomplex A**
   bzgl der Aussage des C
   A hat sich gem §§ 154 I, 30 I strafbar gemacht.

V. **Konkurrenzen für A im Tatkomplex A**

VI. **Ergebnis für A im Tatkomplex A**
   A hat sich gem §§ 160 I, II, 22, 23 I Alt 2 –
   § 53 – §§ 154 I, 30 I strafbar gemacht.

B. **Die zweite Hauptverhandlung**
   I. **Strafbarkeit der V**
   1. **§ 153 (+)**
      a) Objektiver Tatbestand (+)
      b) Subjektiver Tatbestand (+)
      c) Rechtswidrigkeit und Schuld (+)
      d) Strafzumessung, § 157 I (+)
   2. **§ 154 I (–)**
   3. **§ 258 I (–)**
      a) Objektiver Tatbestand (+)
         • Vereitelungshandlung (+)
         • für geraume Zeit (+)
      b) Subjektiver Tatbestand (+)
         • Vorsatz (+)
         • Absicht der Herbeiführung des
           Vereitelungserfolges (+)
      c) Persönlicher Strafausschließungsgrund,
         § 258 VI (+)
         • §§ 258 VI, 11 I Nr 1a (+) (Verlobte)
   4. **Ergebnis für V im Tatkomplex B**
      V hat sich gem § 153 strafbar gemacht.

   II. **Strafbarkeit des A**
   1. **§§ 153, 26 (–)**
      • vorsätzliche rechtswidrige Haupttat (+)
      • Anstiftungshandlung (–) (omnimodo
        facturus)
   2. **§§ 153, 27 (–)**

3. §§ 153, 27, 13 I (–)
   a) Objektiver Tatbestand (–)
      • vorsätzliche rechtswidrige Haupttat (+)
      • Beihilfehandlung durch Nicht-
        einschreiten (+)
      • Eintritt des tatbestandlichen Erfolges (+)
      • Nichtvornahme der erfolgsverhindernden
        Maßnahme (+)
      • Kausalität des Unterlassens für den
        Erfolg (+)
      • Garantenstellung des A (–)

**Problem Nr 119: Garantenstellung aus Inge-
renz aufgrund des Benennens einer Person als
Zeuge und Pflicht zum Einschreiten gegen die
Falschaussage des anderen? (Rn 548)**

   b) Ergebnis
4. §§ 258 I, 27, 13 I (–)
   • Garantenpflicht (–)
   • § 258 V (+)
5. **Ergebnis für A im Tatkomplex B**
   A ist straflos.

C. **Gesamtergebnis des materiell-
   rechtlichen Gutachtens**

   A: Tatkomplex A: §§ 160 I, II, 22, 23 I Alt 2
   – § 53 –
   §§ 154 I, 30 I
   B: § 154 I – § 52 – § 258 I
   C: straflos
   V: § 153

Teil II. (prozessualer Teil)

   1. **Der Polygraph als Beweismittel im
      Strafprozess**

**Problem Nr 120: Die Zulässigkeit des Einsatzes
eines Lügendetektors als Beweismittel (Rn 552)**

   2. **Die Verurteilung auf wahldeutiger
      Tatsachengrundlage**
      a) Die „Wahlfeststellung"

**Problem Nr 121: Voraussetzungen und Verfas-
sungsmäßigkeit der „Wahlfeststellung" (Rn 553a)**

      b) Der prozessuale Tatbegriff

**Problem Nr 122: Der prozessuale Tatbegriff bei
Alternativität von Handlungsabläufen (Rn 554)**

      c) Entscheidung des Revisionsgerichts

Ausführliche Lösung von Fall 11

Teil I. (materiell-rechtlicher Teil)

A. Die erste Hauptverhandlung

I. Strafbarkeit des B

1. § 153

519 B könnte sich dadurch, dass er in der Hauptverhandlung aussagte, am 27. Januar mit A einen Kneipenbummel gemacht zu haben, nach § 153 strafbar gemacht haben.

a) Objektiver Tatbestand

Er müsste vor Gericht als Zeuge uneidlich falsch ausgesagt haben.

B wurde als Zeuge vor Gericht vernommen und ist damit tauglicher Täter des § 153.

Aussage ist im Falle der Zeugenaussage die Wiedergabe von äußeren oder inneren Tatsachen, dh von konkreten Vorgängen oder Zuständen der Vergangenheit oder Gegenwart, die wahrnehmbar in die Wirklichkeit getreten und infolgedessen dem Beweis zugänglich sind[1]. Der Wahrheitspflicht unterliegen dabei alle, aber auch nur die Angaben, die Gegenstand der Vernehmung (§ 68 StPO) sind. Hier bestand eine Wahrheitspflicht des B bzgl der von ihm verlangten Angaben über die Tatsache des Verbleibs des A am Tatabend.

Fraglich ist, ob die Aussage des B „falsch" war. Es bestehen Meinungsverschiedenheiten darüber, wie das Merkmal „falsch" auszulegen ist. Dabei basieren alle Ansichten auf der Grundidee, dass sich bei einer „falschen" Aussage Inhalt und Gegenstand des Geäußerten nicht decken, umstritten ist nur, worin der Gegenstand der Aussage besteht.

520 **Problem Nr 115: Wann ist eine Aussage „falsch" iSd §§ 153, 154 I?**

Im Wesentlichen werden subjektive und objektive Ansatzpunkte vertreten:

(1) Nach der von einer Mindermeinung vertretenen **subjektiven Theorie** muss der Aussagende sich eines Widerspruchs zwischen seiner Aussage und dem eigenen Vorstellungsbild von dem Geschehen bewusst sein. Wissen und Aussageinhalt müssen divergieren (*Gallas*, GA 1957, 315; *Schaffstein*, JW 1938, 145, 146 f; *Stübinger*, Puppe-FS, S 281 ff; OLG Bremen NJW 1960, 1827).

Argument: Zeugnis kann der Einzelne immer nur über das geben, was er selbst wahrgenommen und wie er das Geschehen verstanden hat. Gegenstand einer Aussage kann daher nie die objektive Wahrheit sein, sondern nur das, was der Einzelne nach seinem Wissen für die Wahrheit hält. Mehr als das, was der Einzelne subjektiv wiederzugeben vermag, kann die Rechtsordnung auch nicht von ihm verlangen. Auch der Gesetzgeber muss der Tatsache Rechnung

---

1 *Wessels/Hettinger/Engländer*, BT1 Rn 825, 548.

tragen, dass jede Aussage nur ein von menschlicher Unvollkommenheit beeinflusstes Vorstellungsbild wiedergibt.

(2) Die vermittelnde **Pflichttheorie** will dagegen nur die Aussage als „falsch" ansehen, mit der der Aussagende seine Wahrheitspflicht verletzt. Erfasst sind damit Äußerungen, mit denen der Aussagende bewusst nicht sein Wissen über die Geschehnisse wiedergibt, bzw Aussagen, die er bei kritischer Prüfung seiner Erinnerungen und Wahrnehmungen so nicht gemacht hätte (*Klesczewski*, BT3 S 138 f; NK-*Vormbaum*, § 153 Rn 79; *Otto*, BT § 97 Rn 7 ff).

Argument: Geeignete Grundlage für eine Beweiswürdigung ist nur, was von dem Aussagenden im Zeitpunkt der Vernehmung nach kritischer Selbstprüfung für eine richtige Wiedergabe des Geschehens gehalten wird.

Nur daraus lässt sich auch erklären, weshalb das Gericht weiter zur Wahrheitserforschung durch Nachfragen und Anzweifeln des Aussageinhalts berufen ist. Pflichtgemäß ist nur die vom Aussagenden als wahr empfundene und von ihm auch genügend hinterfragte Aussage.

(3) Nach der überzeugenden herrschenden **objektiven Aussagetheorie** ist die Aussage des Täters „falsch", sofern der Inhalt der Äußerung nicht mit dem wirklichen Geschehen in Einklang steht (BGHSt 7, 147; *Eisele*, BT1 Rn 1360; *Fischer*, § 153 Rn 5; *Rengier*, BT2 § 49 Rn 8; *Wolf*, JuS 1991, 177).

Argument: Die Rechtspflege ist an dem tatsächlich Vorgefallenen interessiert und nicht an dem, was dem Täter als „wahr" in Erinnerung geblieben ist. Die subjektive Theorie setzt in systemwidriger Weise die subjektive Pflichtwidrigkeit mit dem objektiven Tatbestandsmerkmal „falsch" gleich. Auch zeigt die Strafbarkeit eines Verleitens zur Falschaussage nach § 160 I, dass für das Gesetz ein Eid auch dann „falsch" geleistet wird, wenn der Aussagende selbst meint, das Geschehen habe sich auch genauso zugetragen, wie er es vorträgt. Zudem bleibt für § 161 nach der subjektiven Theorie nur ein geringer Anwendungsbereich. Auch bedeutet die Ablehnung des subjektiven Ansatzes nicht, dass derjenige, der nach bestem eigenem Wissen tatsächlich falsche Vorgänge schildert, sogleich des Verbrechens „Meineid" schuldig ist. Er befindet sich dann einfach in einem vorsatzausschließenden Tatbestandsirrtum nach § 16 I. Den Tatbestandsirrtum gäbe es nach der subjektiven Theorie im Bereich der Aussagedelikte merkwürdigerweise überhaupt nicht.

Zur Vertiefung: Wessels/Hettinger/Engländer, BT1 Rn 821 ff; Hillenkamp, BT 10. Problem S 45 ff.; Kargl, GA 2003, 791 ff; Katzenberger/Pitz, ZJS 2009, 659.

Hier kann der Meinungsstreit um die subjektive bzw objektive Auslegung des Begriffs **521** der „Falschaussage" offen bleiben, denn nach allen Auffassungen hat der bewusst die Unwahrheit sagende B „falsch" ausgesagt.

b) Subjektiver Tatbestand

B handelte vorsätzlich.

c) Rechtswidrigkeit und Schuld

B handelte rechtswidrig und schuldhaft.

2. § 154 I

B könnte zusätzlich vor Gericht „falsch geschworen" haben. **522**

a) Objektiver Tatbestand

§ 154 I meint damit das Beschwören einer falschen Aussage im o (*Rn 520*) dargelegten Sinn[2]. B wurde nach seiner falschen Aussage vereidigt und beschwor damit seine unwahre Aussage.

b) Subjektiver Tatbestand

Sein Vorsatz bezog sich auch auf den Eid.

3. § 258 I

523 B könnte sich durch die falschen Angaben vor Gericht wegen Strafvereitelung strafbar gemacht haben.

a) Objektiver Tatbestand

Er müsste ganz oder zum Teil vereitelt haben, dass ein anderer dem Strafgesetz gemäß wegen einer rechtswidrigen Tat bestraft wird.

Eine rechtswidrige und schuldhafte Vortat eines anderen, für die alle weiteren Voraussetzungen der Strafbarkeit vorliegen, ist gegeben. A hat den Diebstahl tatsächlich begangen.

Eine Vereitelungshandlung ist ein Verhalten, das seiner Art und Zielsetzung nach darauf ausgerichtet ist, die Realisierung des in § 258 I umschriebenen Ahndungs- und Anordnungsrechts durch eine Besserstellung des Vortäters ganz oder teilweise zu verhindern[3].

Eine Falschaussage vor Gericht ist eine typische Vereitelungshandlung[4]. Die Aussage des B stellt somit eine Vereitelungshandlung zugunsten eines anderen, des A, dar. Da § 258 I Alt 1 ein sog Erfolgsdelikt ist, reicht allein die Vornahme der Vereitelungshandlung zur Deliktsvollendung nicht aus. Vielmehr muss es tatsächlich mindestens zu einer Besserstellung des Vortäters kommen (Vereitelungserfolg). A wurde infolge der Aussage des B freigesprochen, sodass der Vereitelungserfolg eingetreten ist.

Schließlich muss die Vereitelungshandlung für den Verhinderungserfolg (die Verhinderung der Realisierung des Ahndungsrechts) kausal geworden sein. Das Gericht sprach A nur aufgrund der Aussagen von B und C frei, dh beide Aussagen sind für den Urteilsspruch in Form einer kumulativen Kausalität kausal geworden, denn nur beide Aussagen zusammen konnten dieses Beweisergebnis bewirken.

b) Subjektiver Tatbestand

B hat die Besserstellung des A erstrebt und damit diesbezüglich mit der erforderlichen Absicht gehandelt. Hinsichtlich der übrigen Tatbestandsmerkmale handelte er vorsätzlich.

---

2 *Wessels/Hettinger/Engländer*, BT1 Rn 835.
3 *Wessels/Hettinger/Engländer*, BT1 Rn 803.
4 RGSt 54, 41.

4. § 164 I

B hat den Verdacht auf keinen bestimmten anderen Menschen gelenkt. § 164 I scheidet deshalb aus. **524**

5. § 145d II Nr 1

Die Ermittlungsorgane wurden hier auf keine falsche Spur gelenkt. Wer dem Täter ein falsches Alibi verschafft, ohne die Behörde dabei mittelbar auf eine falsche Fährte zu weisen, macht sich nicht gem § 145d II strafbar[5].

6. Konkurrenzen

§ 154 I ist lex specialis zu § 153. **525**

Die durch eine Handlung verwirklichten §§ 154 I und 258 I schützen verschiedene Rechtsgüter (die gerichtliche Rechtspflege – Strafverfolgung insgesamt). Sie erfassen eine jeweils völlig unterschiedliche Angriffsart und stehen deshalb in Idealkonkurrenz, § 52, zueinander[6].

7. Ergebnis für B im Tatkomplex A

B hat sich gem § 154 I – § 52 – § 258 I strafbar gemacht.

II. Strafbarkeit des C

1. § 153

C könnte sich dadurch, dass er vor Gericht angab, am 27. Januar mit A in der Kneipe gewesen zu sein, gleichfalls nach § 153 strafbar gemacht haben. **526**

a) Objektiver Tatbestand

C hat vor Gericht als Zeuge Angaben über Tatsachen gemacht, wobei er der prozessualen Wahrheitspflicht unterlag.

Fraglich ist wiederum, ob seine Aussage „falsch" war.

Nach der objektiven Theorie (*s Rn 520*) ist eine Aussage „falsch", deren Inhalt das tatsächliche Geschehen nicht widerspiegelt. Bei der Aussage des C war das der Fall.

Nach der subjektiven Theorie (*s Rn 520*) genügt dagegen die bloße Diskrepanz von Aussageinhalt und wahrem Geschehensablauf nicht, vielmehr muss der Täter gegen sein Wissen aussagen. Ausgangspunkt ist das eigene Vorstellungsbild vom Geschehen. Dieses stimmte bei C aber mit dem Ausgesagten überein. Danach wäre die Aussage nicht „falsch" iSd Tatbestandes.

Zu demselben Ergebnis kommt die Theorie von der Pflichtwidrigkeit (*s Rn 520*). Auch bei weiterer kritischer Prüfung seines Erinnerungsvermögens hätte C keine andere Aus-

---

5 BayObLG JR 1985, 294 m Anm *Kühl; Wessels/Hettinger/Engländer*, BT1 Rn 792.
6 S/S-*Stree/Hecker*, § 258 Rn 44.

sage für wahr erachtet. Er hat die Aussage in diesem Sinne pflichtgemäß getätigt, also keine „falsche" Aussage gemacht.

Nur mit der objektiven Theorie kommt man somit zum Ergebnis, dass C eine „falsche" Aussage getätigt hat. Für diese Ansicht der hM sprechen aber auch gewichtige Argumente. Insbes ist nur mit ihr § 160 I richtig erklärbar; Fehlvorstellungen sind auch im Bereich der Aussagedelikte nach § 16 zu berücksichtigen.

C hat folglich „falsch" ausgesagt.

b) Subjektiver Tatbestand

Da C von der Richtigkeit seiner Aussage überzeugt war, unterlag er einem Tatbestandsirrtum iSd § 16 I 1. Er handelte folglich nicht vorsätzlich.

2. § 161 I

527 C könnte sich jedoch wegen fahrlässigen Falscheides strafbar gemacht haben.

a) Tatbestand

C wurde nach seiner falschen Aussage vereidigt und hat damit „falsch geschworen" iSv § 154 I.

Fahrlässigkeit setzt voraus, dass der Schwörende die ihm zumutbare Sorgfalt beim gründlichen Überlegen außer Acht lässt. Das ist hier zu verneinen. Anzeichen für ein Außerachtlassen der erforderlichen Sorgfalt durch C sind nicht ersichtlich.

Insbes hat der Zeuge keine Pflicht, sich durch Auffrischen des Gedächtnisses auf die Verhandlung vorzubereiten oder sich gar durch Nachforschungen weitere, genauere Kenntnisse über die Tatumstände zu verschaffen[7].

b) Ergebnis

C hat sich nicht nach § 161 I strafbar gemacht.

3. § 258 I

a) Objektiver Tatbestand

528 Eine rechtswidrige und schuldhafte Vortat eines anderen, für die alle weiteren Voraussetzungen der Strafbarkeit gegeben sind, ist der von A begangene Diebstahl.

Die Falschaussage des C, welche zum Freispruch des A führte, ist eine Vereitelungshandlung iSv § 258 I.

Die Vereitelungshandlung war (zusammen mit der Aussage des B kumulativ) kausal für den Freispruch des A.

---

7 S/S-*Lenckner/Bosch*, § 161 Rn 3; Matt/Renzikowski-*Norouzi*, § 161 Rn 9.

b) Subjektiver Tatbestand

C hatte keinen Vorsatz zur Begehung einer Strafvereitelung. Er ging davon aus, dass A den Tatabend mit ihm verbracht hatte und folglich den Diebstahl gar nicht begangen haben konnte.

4. Ergebnis für C im Tatkomplex A

C ist straflos.

III. Strafbarkeit des A bzgl der Aussage des B

1. §§ 154 I, 25 I Alt 2

A könnte sich dadurch, dass er B aufgefordert hat, so auszusagen, wie es B später getan hat, wegen Meineides in mittelbarer Täterschaft strafbar gemacht haben.   **529**

Meineid ist ein eigenhändiges Delikt[8]. Daher ist keine mittelbare Täterschaft möglich.

2. §§ 154 I, 26

Indem A den B bat, ggf unter Eid auszusagen, dass am 27. Januar der gemeinsame Kneipenbummel stattgefunden hat, könnte er sich wegen einer Anstiftung zum Meineid strafbar gemacht haben.

a) Objektiver Tatbestand

Eine vorsätzliche rechtswidrige Haupttat ist mit dem Meineid des B gegeben (*s Rn 522*).

Das Bestimmen zur Tat, dh das Hervorrufen des Tatentschlusses, liegt in der an B gerichteten Bitte des A, vor Gericht entsprechend seiner Angaben auszusagen.

Das Problem, welche Anforderungen an eine Anstiftungshandlung zu stellen sind (s Rn 90) wurde hier nicht vertieft, da die Schwerpunkte des Falles offensichtlich an anderer Stelle zu suchen sind. Bejaht man ein „Bestimmen" iSv § 26 nur bei kollusivem Zusammenwirken von Tatveranlasser und Zielperson (so etwa LK-Schünemann, § 26 Rn 2), liegt hier schon keine taugliche Anstiftungshandlung vor.

b) Subjektiver Tatbestand

A müsste hinsichtlich der Begehung der Haupttat vorsätzlich gehandelt haben. A hielt B jedoch für gutgläubig und ging folglich nicht davon aus, dass B das Verbrechen des Meineids vorsätzlich bewirken würde.

Ob hier die Vorsätzlichkeit des B gegenüber der von A angenommenen Unvorsätzlichkeit eine unwesentliche Abweichung vom vorgestellten Kausalverlauf darstellt, kann dahingestellt bleiben, denn über den Vorsatz bzgl der Haupttat hinaus müsste A bzgl des Bestimmens vorsätzlich gehandelt haben.

---

8 S/S-*Heine/Weißer*, § 25 Rn 45-48; S/S-*Lenckner/Bosch*, Vorbem §§ 153 ff Rn 33; *Wessels/Hettinger/Engländer*, BT1 Rn 819.

A hatte genau genommen keinen Anstiftungs-, sondern Tätervorsatz bzgl einer Verleitung zur Falschaussage nach § 160 I. Nach den allgemeinen Anstiftungsregeln wird zwar in weiten Teilen des Schrifttums vertreten, im Tätervorsatz sei der Anstiftungsvorsatz als „Minus" mit enthalten[9]. Fraglich ist aber, ob diese Ansicht auf die Aussagedelikte übertragen werden kann. Gegen eine Übertragung spricht die in § 160 I im Falle der Verleitung zum Meineid angedrohte Strafe (Freiheitsstrafe bis zu zwei Jahren oder Geldstrafe). Der Anstifter zum Meineid wird nach §§ 154 I, 26 aber mit nicht unter einem Jahr Freiheitsstrafe bestraft. Eine Begrenzung nach oben gibt es nicht, dh nach § 38 II sind bis zu fünfzehn Jahre Freiheitsstrafe möglich. Das bedeutet, der Gesetzgeber sieht für die „mittelbare Täterschaft" zu § 154 I, verglichen mit der Strafbarkeit des Anstifters, eine mildere Bestrafung vor. Eine Übertragung der Regeln aus dem Allgemeinen Teil auf die Aussagedelikte wäre damit unvereinbar. Die im Gesetz vorgesehene Privilegierung der mittelbaren Täterschaft würde unterlaufen. Bei den Eidesdelikten ist der Anstiftungsvorsatz folglich kein „Minus" im Vergleich zum Vorsatz der Verleitung zur Falschaussage nach § 160, sondern gegenüber diesem ein „Plus"[10].

Es entfällt deshalb die Möglichkeit, den fehlenden Vorsatz der Anstiftung durch den Vorsatz der mittelbaren Täterschaft zu ersetzen. Damit ist der subjektive Tatbestand endgültig nicht gegeben.

A ist bzgl der Aussage des B nicht gem §§ 154 I, 26 strafbar.

3. § 160 I

530 Dadurch, dass A den B gebeten hat, in seinem (des A) Sinne auszusagen, könnte er sich wegen Verleitung zur Falschaussage nach § 160 I strafbar gemacht haben.

a) Tatbestandsmäßigkeit

Die Beweisperson B hat einen Meineid geleistet (*s Rn 522*).

Verleiten meint ein Einwirken auf die Beweisperson in der Hinsicht, dass diese etwas aussagt, was sie selbst für richtig hält[11]. Hier scheitert eine solche Verleitung des B zur Aussage an dessen Bösgläubigkeit. B wusste, dass seine Aussage nicht der Wahrheit entsprach.

Fraglich erscheint, ob § 160 I auch bei Veranlassung einer vorsätzlichen falschen Aussage verwirklicht wird, dh wenn die Beweisperson weiß, dass ihre Aussage nicht wahrheitsgemäß ist.

531 **Problem Nr 116: Verleitung einer vermeintlich gutgläubigen Beweisperson zur Falschaussage**

(1) Nach **hM** hindert die irrige Annahme des Verleitenden, die Beweisperson handle gutgläubig, während sie in Wahrheit bösgläubig ist und der Täter sie nur für gutgläubig hält, nicht die Bestrafung aus (vollendetem) § 160 I (BGHSt 21, 116; *Arzt/Weber/Heinrich/Hilgendorf*, BT

---

9 S Fall 5, Problem Nr 49, Rn 216.
10 *Wessels/Hettinger/Engländer*, BT1 Rn 962.
11 *Wessels/Hettinger/Engländer*, BT1 Rn 864.

§ 47 Rn 132; *Jäger*, BT Rn 571; *Lackner/Kühl*, § 160 Rn 4; SK/StGB-*Rudolphi*, § 160 Rn 4; S/S-*Lenckner/Bosch*, § 160 Rn 9; *Rengier*, BT2 § 49 Rn 56 f).

Argument: Den allgemeinen Täterkriterien (Tatherrschaft, Wille zur Tatherrschaft oder nur der Täterwille) kommt bei Aussagedelikten aufgrund ihres Charakters als höchstpersönliche Pflichtdelikte weder bei der Abgrenzung von Täterschaft und Teilnahme noch bei der Auslegung von § 160 I eine Bedeutung zu. Aufgabe des § 160 I ist nicht, nach allgemeinen Täterkriterien bestimmte Fälle der mittelbaren Täterschaft zu erfassen, sondern allein diejenigen Fälle einer „Anstiftung" zu pönalisieren, die wegen des Fehlens einer vorsätzlichen Haupttat oder auch wegen des fehlenden Vorsatzes bzgl der Begehung einer solchen vorsätzlichen Haupttat durch einen anderen nicht mehr als Anstiftung nach § 26 bestraft werden können. Diese Fälle sind zum einen jene, in denen die Aussageperson vorsatzlos handelt, zum anderen jene, in denen der „Anstifter" nicht weiß, dass die Aussageperson vorsätzlich handelt (SK/StGB-*Rudolphi*, § 160 Rn 4).

Strafgrund für § 160 I ist die Gefährdung der Rechtspflege. Eine solche ist nicht nur dann gegeben, wenn eine Beweisperson gutgläubig die Unwahrheit sagt, sondern auch, wenn die Beweisperson bösgläubig ist (BGHSt 21, 116, 117 f). Ob die Beweisperson gut- oder bösgläubig ist, ist nur im Hinblick auf deren eigene Strafbarkeit relevant. Zwar stellt die Bösgläubigkeit der Beweisperson für den Hintermann einen Exzess dar, aber würde man dies bei § 160 I dergestalt berücksichtigen, dass § 160 I nur die Veranlassung einer gutgläubig gemachten Aussage erfassen soll (Hintermann hält Beweisperson für gutgläubig, was auch zutrifft, und die Beweisperson macht gutgläubig eine falsche Aussage), so würde der Hintermann doppelt privilegiert: Einmal durch die Nichtanwendung von §§ 153, 154 I, 26 und einmal durch die Nichtanwendung des vollendeten § 160 I. Dies erscheint unbillig, da ja der Hintermann die Tatherrschaft insoweit behalten hat, als die Beweisperson genau das aussagt, was er wollte. Die Motivation bzw die Gut- oder Bösgläubigkeit der Beweisperson kann für die Bestrafung des Hintermannes keine Rolle spielen. § 160 muss jede „Urheberschaft" erfassen (so insbes *Hruschka*, JZ 1967, 210; dazu auch NK-*Vormbaum*, § 160 Rn 12, 21; *ders*, Maiwald-FS, S 817).

(2) Nach überzeugender **aA** ist eine Bestrafung wegen vollendeter Verleitung zur Falschaussage (§ 160 I) nur möglich, wenn die Beweisperson tatsächlich entsprechend der Erwartung des Hintermannes gutgläubig ist (RGSt 11, 418; *Eschenbach*, Jura 1993, 407; *Kretschmer*, Jura 2003, 535, 537; *Krey/Hellmann/Heinrich*, BT1 Rn 764 f; *Wessels/Hettinger/Engländer*, BT1 Rn 862).

Argument: Der Vorsatz des Hintermannes ist auf eine gutgläubige Beweisperson gerichtet. Ist die Beweisperson dagegen bösgläubig, so stellt dies für den Verleitenden einen Exzess dar, der ihm nicht mehr als von ihm vorsätzlich bewirkt zugerechnet werden kann. Insbes setzt die bösgläubige Beweisperson durch den Exzess eine neue Ursache für die Rechtsgutsgefährdung. Sie nimmt dem Verleiter in freiem Entschluss den Gefährdungserfolg aus der Hand und macht ihn zu ihrem eigenen Werk. Die objektiv tatsächlich vorliegende Anstiftungshandlung ist kein „maius", sondern ein „aliud" zur vorgestellten Täterschaft und kann deren objektives Vorliegen nicht ersetzen.

Eine Bestrafung wegen (vollendeten) § 160 I ist auch nicht erforderlich, da der Hintermann wegen Versuchs bestraft werden kann, § 160 II.

Meineid ist wesensmäßig etwas anderes als der bloß fahrlässige Falscheid, von dem der Hintermann bei der Beweisperson ausgeht (BGHSt 21, 116, 117; über die Motive der Entscheidung RGSt 11, 418).

§ 160 I weicht nicht von den in §§ 25 ff vertypten Beteiligungsnormen ab, sodass die hM, die § 160 I als Auffangtatbestand für jedwede Willensbeeinflussung versteht, einen Systembruch darstellt (*Eschenbach*, Jura 1993, 409) und mit dem Analogieverbot unvereinbar ist.

Allein dadurch, dass jemand durch seinen Beitrag eine ihm obliegende Sonderpflicht verletzt, wird er noch nicht automatisch zum Täter (so aber SK/StGB-*Rudolphi*, § 160 Rn 4), solange ihm der eingetretene Unrechtserfolg nicht objektiv zurechenbar ist. Die objektive Zurechnung richtet sich nach dem Willen des Gesetzgebers nur nach den Kriterien des § 25 I Alt 2 (*Eschenbach*, Jura 1993, 410).

Maßgeblich ist allein das durch den Verleitenden verwirklichte Unrecht, das in dem Fall, in dem die letzte Entscheidungsgewalt beim bösgläubigen Zeugen verbleibt, nicht so hoch anzusetzen ist wie in dem Fall, in dem der Hintermann selbst die Entscheidung zur Rechtsgutsverletzung trifft (*Eschenbach*, Jura 1993, 410).

Zur Vertiefung: Kudlich/Henn, JA 2008, 510, 513; Küper/Zopfs, BT Rn 209, 215 ff; Wessels/ Hettinger/Engländer, BT1 Rn 862; Geppert, Jura 2002, 173, 180.

532 Nach den allgemeinen Regeln kann der Umstand, dass B nicht gutgläubig war, nur dazu führen, dass – entgegen der Ansicht des BGH – ein vollendetes Delikt ausscheidet. Für eine Abweichung von diesen Grundsätzen ist auch bei § 160 I kein Raum. Das Wort „Verleiten" meint die mittelbare Täterschaft. Eine Interpretation des § 160 I als allgemeiner Auffangtatbestand für alle Fälle der Verursachung einer unvorsätzlichen Falschaussage wäre eine unzulässige Analogie zulasten des Täters, die auch kriminalpolitisch nicht erforderlich erscheint, da die Versuchsstrafbarkeit verbleibt.

b) Ergebnis

A hat sich bzgl der Aussage des B nicht gem § 160 I strafbar gemacht (*aA vertretbar*).

4. §§ 160 I, II, 22, 23 I Alt 2

a) Vorprüfung

533 Die Verleitung zur Falschaussage wurde nicht vollendet (*s Rn 532*). Der Versuch ist strafbar gem §§ 160 II, 23 I Alt 2.

b) Tatentschluss

A handelte bzgl des Meineides des B vorsätzlich. Auch hinsichtlich des Tatbestandsmerkmales der Verleitung handelte er vorsätzlich, da er von der Gutgläubigkeit der Beweisperson B ausging.

Der Tatentschluss ist somit gegeben.

c) Unmittelbares Ansetzen

A müsste zur Verwirklichung des § 160 I unmittelbar iSd § 22 angesetzt haben. Der Täter setzt zur Tatbestandsverwirklichung unmittelbar an, wenn er eine Handlung vornimmt, die nach seiner Vorstellung von der Tat bei ungestörtem Fortgang ohne längere Unterbrechung im Geschehensablauf unmittelbar zur Verwirklichung des Tatbestandes führen soll. Der Täter muss das Gefühl haben, die Schwelle zum „Jetzt-geht-es-los" überschritten zu haben, das Angriffsobjekt muss aus seiner Sicht bereits konkret gefährdet sein[12].

---

12 S o Fall 3, Problem Nr 18, Rn 109.

A hatte seine Einwirkung auf B bereits abgeschlossen und so nach seiner Vorstellung mit der Ausführung der tatbestandlichen Handlung bereits begonnen. Folglich hat er auch nach der strengsten Ansicht unmittelbar zur Tatbestandsverwirklichung angesetzt.

d) Rechtswidrigkeit und Schuld

A handelte rechtswidrig und schuldhaft.

5. §§ 258 I, 25 I Alt 2

In der Bitte an B könnte eine Strafvereitelung liegen.   534

A ist als Angeklagter, zu dessen Gunsten die Tat begangen wird, selbst nicht tauglicher Täter des Delikts und kann damit auch nicht mittelbarer Täter sein. Er ist kein „anderer" iSd § 258 I.

6. §§ 258 I, 26

Es fehlt am Vorsatz des A bzgl einer vorsätzlichen Haupttat. Darüber hinaus folgt aus § 258 V, dass die vom Vortäter zu eigenen Gunsten begangene Anstiftung zur Strafvereitelung ohnehin nicht strafbar ist.

7. Ergebnis für A im Tatkomplex A bzgl der Aussage des B

A hat sich bzgl der Aussage des B aus §§ 160 I, II, 22, 23 I Alt 2 strafbar gemacht.

IV. Strafbarkeit des A bzgl der Aussage des C

1. § 160 I

A könnte sich dadurch, dass er C bat, den gemeinsamen Kneipenbesuch am 27. Januar   535
vor Gericht zu bestätigen, wegen Verleitung zur Falschaussage nach § 160 I strafbar gemacht haben.

a) Objektiver Tatbestand

C hat vor Gericht falsch ausgesagt (*s Rn 526*).

A hat C hierzu verleitet, dh auf den gutgläubigen C in der Weise eingewirkt, dass er eine Aussage machte, die er für richtig hielt.

b) Subjektiver Tatbestand

Fraglich ist, ob A vorsätzlich handelte. Er hielt C fälschlich für bösgläubig. Umstritten ist, ob auch in dieser Konstellation eine vollendete Verleitung zur Falschaussage vorliegt.

**Problem Nr 117: Verleitung einer vermeintlich bösgläubigen Beweisperson zur Falsch-   536
aussage**

(1) Nach einer Ansicht (*Hruschka*, JZ 1967, 210, 212; *Hruschka/Kässer*, JuS 1972, 709, 713) liegt vollendete Verleitung zur Falschaussage vor.

Argument: Bei einer Verurteilung lediglich wegen Versuchs der Verleitung zur vorsätzlichen Falschaussage käme nicht zum Ausdruck, dass der Hintermann den von ihm erstrebten äußeren Erfolg, dh die uneidliche Falschaussage der Beweisperson, erreicht hat. Eine versuchte Verleitung zur vorsätzlichen Falschaussage kann nämlich auch dann vorliegen, wenn es gar nicht zur uneidlichen Falschaussage kommt. Eine Verurteilung auch wegen vollendeter Verleitung zur Falschaussage brächte demgegenüber zum Ausdruck, dass die Rechtspflege hier bereits in einem über den bloßen Verleitungsversuch hinausgehenden Maß durch den Hintermann gefährdet worden ist. Eine solche Auslegung ist auch zulässig, weil § 160 alle Formen der „Urheberschaft" für die Falschaussage erfassen soll.

(2) Dagegen verneint die **hM** überzeugend eine Strafbarkeit aus § 160.

Argument: Da der Hintermann die Aussageperson für bösgläubig hält, hat er selbst nur Teilnahmevorsatz und keinen für § 160 erforderlichen Tätervorsatz.

Der beim Hintermann uU vorhandene Anstiftungsvorsatz könnte den fehlenden Verleitungsvorsatz auch nicht im Wege eines „Plus-Minus-Verhältnisses" ersetzen, denn die Struktur des vom Hintermann gewollten vorsätzlichen Aussagedeliktes ist wegen der dort geforderten Eigenhändigkeit der Tatbegehung mit der des § 160 nicht kompatibel.

Zur Vertiefung: Wessels/Hettinger/Engländer, BT1 Rn 862 aE.

537 Angesichts des Umstandes, dass A die Beweisperson C für bösgläubig hielt, handelte er bzgl einer mittelbaren Täterschaft nicht vorsätzlich. Obwohl der erstrebte äußerliche Erfolg, nämlich die Falschaussage des C, bereits eingetreten ist, kann der subjektive Tatbestand des § 160 I also nicht bejaht werden. Bei A ist nur von einem Teilnahmevorsatz auszugehen.

2. §§ 153, 26

A könnte sich wegen Anstiftung zur falschen uneidlichen Aussage strafbar gemacht haben.

a) Objektiver Tatbestand

Umstritten ist, ob vollendete Anstiftung vorliegt, wenn der Haupttäter (hier: C) ohne Vorsatz hinsichtlich einer Falschaussage handelt, es also an einer vorsätzlichen Haupttat fehlt.

538 **Problem Nr 118: Anstiftung bei vorsatzloser uneidlicher Falschaussage der vermeintlich bösgläubigen Beweisperson**

(1) Nach einer **Mindermeinung** (*Tröndle/Fischer,* bis 51. Aufl, § 160 Rn 3 iVm Vor § 25 Rn 10) ist trotz des Fehlens einer vorsätzlichen Haupttat vollendete Anstiftung gegeben.

Argument: Allein die subjektive Vorstellung des Veranlassers entscheidet über die Qualifizierung als Anstifter.

Da eine mittelbare Täterschaft mangels Täterqualität bei eigenhändigen Delikten nicht möglich ist, muss die vollendete Anstiftung als „Auffangbeteiligungsform" eingreifen.

(2) Nach der überzeugenden **hM** ist diese Ansicht abzulehnen, da sie sich in Widerspruch zu dem Grundsatz setzt, nach dem Teilnahme nur an einer vorsätzlichen Haupttat möglich ist (*Fischer,* § 160 Rn 7 iVm Vor § 25 Rn 9; *Kretschmer,* Jura 2003, 535).

Argument: Dies zeigt auch der Wortlaut von § 26, der von „Bestimmen" zur Tat spricht, dh vom Hervorrufen des Tatentschlusses, was der Hintermann bei einem gutgläubig falsch Aussagenden gerade nicht geschafft hat.

Ein „Plus-Minus-Verhältnis" vermag zwar in den allgemeinen Fällen jenseits der Aussagedelikte den Anstiftungsvorsatz als vom Vorsatz der mittelbaren Täterschaft mitumfasst zu erklären. Ein Abgehen vom Erfordernis des § 26, dass eine vorsätzliche Haupttat vorliegen muss, wäre jedoch verfassungsrechtlich schon nach allgemeinen Regeln nicht tragbar (Art 103 II GG).

Zur Vertiefung: Wessels/Hettinger/Engländer, BT1 Rn 862; Wessels/Beulke/Satzger, AT Rn 788.

C handelte ohne Vorsatz hinsichtlich einer Falschaussage bzw hinsichtlich der Bege- **539** hung eines Meineides. Es fehlt also an der von § 26 ausdrücklich geforderten vorsätzlichen Haupttat. Nach den allgemeinen Regeln muss eine Anstiftung ausscheiden.

b) Ergebnis

A ist nicht gem §§ 153, 26 strafbar.

3. §§ 153, 159, 30 I

Viele Studenten prüfen den § 159 als selbstständigen Straftatbestand. Das ist nicht rich- **540** *tig. Vielmehr kann § 159 nur als Ergänzung zu § 30 bzgl §§ 153, 156 gesehen werden. Falsch sind auch folgende beliebte Paragrafen-Ketten: „§§ 153, 159, 22, 23, 30 I" oder „§§ 153, 159, 30 I, 22, 23 I, 12 I, 26". Die §§ 22, 23 (iVm § 26) sind überflüssig, da § 30 den Versuch der Anstiftung bereits ausreichend zum Ausdruck bringt. Richtig ist also allein die hier gewählte Paragrafen-Kette „§§ 153, 159, 30 I" bzw „§§ 153, 30 I, 159".*

a) Vorprüfung

Der Anstiftungserfolg ist nicht eingetreten. Eine vollendete Anstiftung zur falschen uneidlichen Aussage ist somit nicht gegeben. Die Strafbarkeit der versuchten Anstiftung zu § 153 ergibt sich – da es sich um kein Verbrechen handelt – aus § 159 iVm § 30 I.

b) Tatentschluss

A handelte mit dem erforderlichen doppelten Anstiftungsvorsatz. Insbes stellte sich A vor, C werde die wahre Sachlage erkennen und die Haupttat vorsätzlich und rechtswidrig verwirklichen.

c) Unmittelbares Ansetzen

Ansatzzeitpunkt der Anstiftung ist der Beginn der Einwirkung auf den Haupttäter. Diese Einwirkung auf C hat A sogar beendet. A hat damit zur Einwirkung auf den Haupttäter unmittelbar angesetzt.

d) Rechtswidrigkeit und Schuld

A handelte rechtswidrig und schuldhaft.

e) Ergebnis

Eine versuchte Anstiftung zu § 153 ist also gegeben.

4. §§ 154 I, 30 I

541 *Bei der Anstiftung zum Meineid ist aufgrund dessen Einstufung als Verbrechen ein Hinweis auf § 159 überflüssig.*

a) Vorprüfung

Der Anstiftungserfolg ist nicht eingetreten. Die versuchte Anstiftung zum Meineid ist strafbar gem § 30 I, da Meineid ein Verbrechen iSd § 12 I ist.

b) Tatentschluss

A handelte mit dem erforderlichen Doppelvorsatz, dh vorsätzlich sowohl bzgl der Begehung einer vorsätzlichen und rechtswidrigen Haupttat durch C als auch hinsichtlich der eigenen diesbezüglichen Anstiftungshandlung.

c) Unmittelbares Ansetzen

A hat die Einwirkung auf den vermeintlichen Haupttäter sogar schon abgeschlossen und damit unmittelbar zur Tatbestandsverwirklichung angesetzt.

5. §§ 258 I, 25 I Alt 2

542 A könnte durch die Aufforderung an C, vor Gericht auszusagen, er habe am Tatabend einen Kneipenbummel mit A unternommen, eine Strafvereitelung in mittelbarer Täterschaft begangen haben.

C handelte vorsatzlos, da er glaubte, dass A am Tatabend tatsächlich mit ihm in diversen Kneipen war und deshalb den Diebstahl gar nicht begangen haben konnte. Er könnte daher ein nicht voll deliktisch handelndes Werkzeug iSd § 25 I Alt 2 sein.

§§ 258 I, 25 I Alt 2 kommen aber nicht in Betracht, weil A als Angeklagter, dh als derjenige, zu dessen Gunsten die Tat begangen wird, selbst nicht tauglicher Täter dieses Delikts ist. A ist kein „anderer" iSd § 258 I. Also scheidet er auch als mittelbarer Täter aus.

6. §§ 258 I, 26

Es liegt keine vorsätzliche rechtswidrige Haupttat des C vor (*s Rn 528*). Außerdem folgt aus § 258 V, dass die vom Vortäter zu eigenen Gunsten begangene Anstiftung zur Strafvereitelung sowieso nicht strafbar wäre.

7. Konkurrenzen

543 Die §§ 153, 159, 30 I treten aus Spezialitätsgründen hinter §§ 154 I, 30 I zurück.

8. Ergebnis für A im Tatkomplex A bzgl der Aussage des C

A hat sich gem §§ 154 I, 30 I strafbar gemacht.

V. Konkurrenzen für A im Tatkomplex A

A hat die Gespräche mit B und C zu verschiedenen Zeitpunkten geführt. Es handelt sich also um selbstständige Handlungen, sodass die §§ 160 I, II, 22, 23 I Alt 2 bzgl der Aussage des B und die §§ 154 I, 30 I bzgl der Aussage des C zueinander in Realkonkurrenz, § 53, stehen.

VI. Ergebnis für A im Tatkomplex A

A hat sich gem §§ 160 I, II, 22, 23 I Alt 2 – § 53 – §§ 154 I, 30 I strafbar gemacht.

B. Die zweite Hauptverhandlung

I. Strafbarkeit der V

1. § 153

V könnte sich dadurch, dass sie vor Gericht aussagte, am 27. Januar mit A Canasta gespielt zu haben, nach § 153 strafbar gemacht haben.   **544**

a) Objektiver Tatbestand

Sie hat als Zeugin vor Gericht über äußere Tatsachen, die der prozessualen Wahrheitspflicht unterlagen, falsch ausgesagt, indem sie ein falsches Alibi schilderte.

b) Subjektiver Tatbestand

V handelte vorsätzlich.

c) Rechtswidrigkeit und Schuld

V handelte rechtswidrig und schuldhaft.

d) Strafzumessung, § 157 I

Das Gericht kann die Strafe gem §§ 157 I, 49 II mildern bzw ganz von Strafe absehen (uneidliche Aussage), da V als Verlobte des A dessen Angehörige iSv § 11 I Nr 1a ist und sie gerade deshalb die Unwahrheit gesagt hat, um von ihm die Gefahr einer Bestrafung abzuwenden.

2. § 154 I

Das Qualifikationsmerkmal der Vereidigung fehlt.

3. § 258 I

V könnte sich wegen Strafvereitelung strafbar gemacht haben.   **545**

a) Objektiver Tatbestand

Durch ihre falsche uneidliche Aussage hat sie den staatlichen Anspruch auf Verhängung einer Strafe zumindest für geraume Zeit vereitelt.

415

b) Subjektiver Tatbestand

V handelte vorsätzlich sowie in der Absicht der Herbeiführung des Vereitelungserfolges.

c) Persönlicher Strafausschließungsgrund, § 258 VI

A und V sind verlobt. Nach §§ 258 VI, 11 I Nr 1a ist V daher nicht gem § 258 I strafbar.

4. Ergebnis für V im Tatkomplex B

V ist nur nach § 153 strafbar.

II. Strafbarkeit des A

1. §§ 153, 26

546 A könnte dadurch, dass er die V entsprechend einer mit ihr vorher getroffenen Absprache als Zeugin benannte, eine Anstiftung zur uneidlichen Falschaussage begangen haben.

Eine vorsätzliche rechtswidrige Haupttat liegt in Gestalt der von V begangenen uneidlichen Falschaussage vor (*s Rn 544*).

A hat in V jedoch nicht einen entsprechenden Tatentschluss hervorgerufen, da diese zur Tatbegehung bereits fest entschlossen war (omnimodo facturus).

2. §§ 153, 27

547 Der Schwerpunkt des Verhaltens des A liegt nicht im Benennen der V als Zeugin, sondern im Schweigen vor Gericht (vorher liegt bzgl § 153 nur Vorbereitungsphase vor). Es ist deshalb nicht von einem Tun, sondern von einem Unterlassen auszugehen.

3. §§ 153, 27, 13 I

Das Verhalten des A im Zusammenhang mit V könnte eine Beihilfe durch Unterlassen zur uneidlichen Falschaussage darstellen.

a) Objektiver Tatbestand

Eine vorsätzliche rechtswidrige Haupttat liegt in der von V begangenen uneidlichen Falschaussage (*s Rn 544*).

A müsste zu dieser Tat Beihilfe geleistet haben. A wurde zwar nicht im Sinne eines positiven Tuns aktiv, sondern schritt im Prozess lediglich gegen die Falschaussage der V nicht ein. In dem Nichteinschreiten könnte jedoch eine Beihilfehandlung durch Unterlassen liegen.

Der tatbestandliche Erfolg ist mit der Falschaussage der V eingetreten.

A hat die zur Erfolgsverhinderung objektiv erforderlichen Maßnahmen trotz physisch-realer Möglichkeit hierzu nicht vorgenommen, denn er hätte im Prozess die V im Rahmen ihrer Aussage korrigieren können.

Das Unterlassen dieser Korrektur ist für den tatbestandlichen Erfolg kausal geworden.

Fraglich ist, ob A eine Garantenstellung iSv § 13 I innehatte, aufgrund derer er verpflichtet war, gegen die Falschaussage der V einzuschreiten. In Betracht kommt eine Garantenstellung aus Ingerenz durch die Benennung der V als Zeugin.

Problem Nr 119: Garantenstellung aus Ingerenz aufgrund des Benennens einer Person als Zeuge und Pflicht zum Einschreiten gegen die Falschaussage des anderen?   548

Umstritten ist, inwieweit unter dem Aspekt der Ingerenz (Benennen als Zeuge) eine Pflicht zum Einschreiten gegen die Falschaussage eines anderen besteht.

(1) Nach der **Rspr** besteht eine pflichtbegründende Vorhandlung dann, wenn die durch die Falschaussage begünstigte Person die Aussageperson in eine „prozessunangemessene besondere Gefahr der Falschaussage" gebracht hat, die nicht mehr von der allgemeinen Gefahr einer Falschaussage umfasst wird.

Dafür sind besondere Umstände erforderlich: Besondere Umstände in diesem Sinne werden bejaht, wenn die Aussageperson durch eine Intensivierung der Liebesbeziehung und ein Heiratsversprechen durch die durch die Falschaussage begünstigte Person in besonderer Weise der Gefahr einer Falschaussage ausgesetzt wird (BGHSt 2, 129, 134; 14, 229, 230; *Wessels/Hettinger/Engländer*, BT1 Rn 865).

Argument: (BGHSt 2, 129, 134) „Im Rahmen einer Liebesbeziehung verspüren beide Teile häufig die Verpflichtung oder Neigung, schädliche Folgen für den anderen abzuwehren". Zwar ging es im konkreten Fall des BGH um eine Falschaussage im Rahmen eines Scheidungsprozesses, sodass das Bekanntwerden der Beziehung – in Anbetracht des damals geltenden Schuldprinzips im Scheidungsverfahren – schädliche Folgen für die begünstigte Prozesspartei gerade iRd Scheidungsverfahrens gehabt hätte. Aber diese Wertung hinsichtlich der Neigung, schädliche Folgen für den anderen abzuwehren, dürfte auch auf den Strafprozess zu übertragen sein. So hat das OLG Hamm (StV 1994, 132) die Benennung des Mittäters als Zeugen als inadäquate Gefahrenlage ausreichen lassen.

(2) Das **Schrifttum** lehnt diese Rspr von der prozessinadäquaten, besonderen Gefahr zu Recht überwiegend ab (S/S-*Lenckner/Bosch*, Vorbem §§ 153 ff Rn 40; *Rengier*, BT2 § 49 Rn 70; *Krey/Hellmann/Heinrich*, BT1 Rn 767; S/S/W-StGB-*Sinn*, § 153 Rn 26).

Vielmehr kann eine Pflicht, gegen die Falschaussage eines anderen einzuschreiten, nur unter zwei kumulativen Voraussetzungen bestehen:

(a) Das vorangegangene Tun des Unterlassenden muss über seine Gefährlichkeit hinaus auch pflichtwidrig sein, und die Pflichtwidrigkeit muss dabei gerade im Hinblick auf die Falschaussage bestehen (SK/StGB-*Rudolphi*, Vor § 153 Rn 53). Die Benennung eines Zeugen ist aber für sich noch nicht pflichtwidrig.

(b) Die eigenen Pflichten des Unterlassenden enden grds dort, wo ein fremder Verantwortungsbereich beginnt.

Argument: Die Aussageperson ist selbst für ihre Aussage verantwortlich und bleibt dies auch, wenn sie einer prozessinadäquaten, besonderen Gefahr der Falschaussage ausgesetzt wird. Das diese Gefahr hervorrufende Verhalten des Unterlassenden (zB die Intensivierung der Liebesbeziehung oder ein Heiratsversprechen) kann grds nicht als pflichtwidriges Vorverhalten zur Begründung einer Garantenstellung aus Ingerenz eingestuft werden (*Wessels/Hettinger/Engländer*, BT1 Rn 865).

Das Kriterium der Rspr („prozessinadäquate, besondere Gefahr") ist nicht klar abgrenzbar.

Es ist nicht einzusehen, warum im Hinblick auf eine Beihilfe zum Meineid durch Unterlassen ein nur „gefährliches" Vorverhalten genügen sollte, in anderen Fällen des § 13 aber auch von der Rspr das Vorliegen eines pflichtwidrigen (also nicht nur eines gefährlichen) Vorverhaltens verlangt wird (zum Pflichtwidrigkeitserfordernis bei § 13: BGHSt 25, 218; OLG Köln NJW 1973, 861; S/S-*Stree/Bosch*, § 13 Rn 35; *Wessels/Beulke/Satzger*, AT Rn 1022; *Beulke*, Klausurenkurs I [6] Rn 244).

Insbes in Fallkonstellationen, in denen sich die prozessinadäquate Gefahr aus einer Anstiftung des Aussagenden zur Falschaussage ergeben soll, würde eine Pflicht zum Einschreiten gegen den nemo-tenetur-Grundsatz verstoßen. Der Unterlassende wäre nämlich gleichsam gezwungen, seine Anstiftung offen zu legen (MK-*Müller*, § 153 Rn 106).

Eine Beihilfe durch Unterlassen des Einschreitens gegen eine fremde Falschaussage ist daher nur im Ausnahmefall möglich (S/S-*Lenckner*, Vorbem §§ 153 ff Rn 40), etwa bei starker persönlicher Abhängigkeit des Zeugen vom Täter oder bei unerkennbarer, dem Täter aber bekannter Geisteskrankheit.

Zur Vertiefung: Wessels/Hettinger/Engländer, BT1 Rn 865; Geppert, Jura 2002, 173, 178 f; Hillenkamp, BT 11. Problem S 49 ff.

549 Nach Ansicht der Rspr läge hier eine pflichtenbegründende Vorhandlung des A in Form der Intensivierung des Liebesverhältnisses vor, sodass er durch sein Nichteinschreiten Beihilfe durch Unterlassen geleistet hat. Die Rspr spricht insoweit von einer „prozessunangemessenen besonderen Gefahr der Falschaussage". Demgegenüber wird von der hL auch hier zu Recht in Übereinstimmung mit § 13 I und den allgemeinen Regeln zur Unterlassungsstrafbarkeit ein pflichtwidriges Vorverhalten gefordert. Daran fehlt es. Es steht jedem Angeklagten frei, einen Zeugen als Beweismittel zu benennen (vgl § 244 III StPO). Wegen der Rechtmäßigkeit des Vorverhaltens bestand für A auch keine Rechtspflicht, gegen eine Falschaussage der V einzuschreiten.

Damit fehlt es mangels Rechtspflicht des A zum Einschreiten gegen die Falschaussage der V an einer Beihilfe durch Unterlassen. Der objektive Tatbestand der §§ 153, 27, 13 I liegt somit nicht vor.

(Die gegenteilige Ansicht der Rspr ist natürlich ebenfalls bei guter Begründung vertretbar. Dann hätte sich A nach §§ 153, 27, 13 I strafbar gemacht.)

b) Ergebnis

A hat sich nicht gem §§ 153, 27, 13 I strafbar gemacht.

4. §§ 258 I, 27, 13 I

550 Nach der hier vertretenen Ansicht (*s Rn 548*) hatte A zum einen keine Garantenpflicht, die Strafvereitelungshandlung der V zu verhindern, und konnte somit schon nicht den objektiven Tatbestand erfüllen.

Zum anderen ergibt sich aus § 258 V (persönlicher Strafausschließungsgrund), dass der Vortattäter nicht wegen Beihilfe zur Strafvereitelung zu seinen Gunsten strafbar ist[13].

A hat sich nicht nach §§ 258 I, 27, 13 I strafbar gemacht.

---

13 S/S-*Stree/Hecker*, § 258 Rn 38.

5. Ergebnis für A im Tatkomplex B

A ist straflos.

C. Gesamtergebnis des materiell-rechtlichen Gutachtens

A: Tatkomplex A: §§ 160 I, II, 22, 23 I Alt 2 – § 53 –   **551**
§§ 154 I, 30 I
Tatkomplex B: straflos
B: § 154 I – § 52 – § 258 I
C: straflos
V: § 153

Teil II. (prozessualer Teil)

1. Der Polygraph als Beweismittel im Strafprozess

Bei dem Antrag des A handelt es sich um einen Beweisantrag iSd § 244 StPO, über   **552**
den das Gericht gem § 244 VI 1 StPO durch Beschluss entscheiden muss. Der Beweisantrag darf nur aus den besonderen Gründen der Absätze III-V des § 244 StPO abgelehnt werden[14]. Hier kommt eine Ablehnung wegen Unzulässigkeit der Beweiserhebung (§ 244 III 1 StPO) oder wegen völliger Ungeeignetheit des Beweismittels
(§ 244 III 2 StPO) in Betracht.

Problem Nr 120: Die Zulässigkeit des Einsatzes eines Lügendetektors als Beweismittel

(1) Einer Ansicht nach darf der Lügendetektor mit Einwilligung des Betroffenen verwendet
werden (*Amelung*, NStZ 1982, 38; *Prittwitz*, MDR 1982, 886; *Putzke*, ZJS 2010, 557; *ders*,
ZAP 2015, 279; *Putzke/Scheinfeld*, Rn 150; *dies*, StraFo 2010, 58; *Schünemann*, Kriminalistik
1990, 131).

Argument: Wenn der Beschuldigte diesen Beweismitteleinsatz wünscht, bedarf er keines
Schutzes.

(2) Nach **hA** im Schrifttum ist der Lügendetektor ein unzulässiges Beweismittel, da sein Einsatz unter die nicht abschließende Regelung des § 136a StPO fällt (*Beulke*, StPO Rn 141).

Argument: Gegen die o unter (1) dargestellte Ansicht spricht, dass durch die Zulässigkeit des
Lügendetektoreinsatzes im Falle der Einwilligung des Betroffenen mittelbar Druck auf den
leugnenden Beschuldigten ausgeübt wird (BVerfG NJW 1982, 375; LG Düsseldorf StV 1998,
647; SK/StPO-*Rogall*, § 136a Rn 93).

Da der Lügendetektor unbewusste Reaktionen des Vernommenen aufzeichnet, ist die Einflussmöglichkeit des Betroffenen praktisch völlig aufgehoben. Dadurch wird der Kernbereich der
Menschenwürde verletzt (BGHSt 5, 332, 333). Außerdem widerspricht die Anwendung des
technischen Hilfsmittels dem „nemo-tenetur-Prinzip".

Ein entsprechender Beweisantrag ist deshalb wegen Unzulässigkeit der Beweiserhebung abzulehnen, § 244 III 1 StPO.

---

14 Einzelheiten *Beulke*, StPO Rn 439 ff.

(3) Nach der **neueren Rspr des BGH** und **Teilen des Schrifttums** (BGHSt 44, 308, 315; BGH NStZ 2011, 474; *Krell*, Jura 2012, 355, 359) ist im Strafprozess ein Polygrapheneinsatz auch bei Zustimmung des Beschuldigten ein ungeeignetes Beweismittel iSv § 244 III 2 Var 4 StPO.

Argument: Zwar liegt kein Verstoß gegen den „nemo-tenetur-Grundsatz" vor, wenn der Beschuldigte zustimmt. Jedoch sind die Ergebnisse dieses Tests so unsicher, dass er deswegen als völlig ungeeignetes Beweismittel einzustufen ist.

Zur Vertiefung: Beulke, StPO Rn 141; Eisenberg, Rn 693; Nestler, JA 2017, 10; SK/StPO-Rogall, § 136a Rn 86 ff.

Im Ergebnis ist mit der ganz hM der Beweisantrag abzulehnen. Der Polygraphentest ist entweder als ein wegen seiner menschenunwürdigen Funktionsweise (Verstoß gegen § 136a StPO analog) unzulässiges, § 244 III 1 StPO, oder als ein wegen seiner Fehleranfälligkeit ungeeignetes, § 244 III 2 Var 4 StPO, Beweismittel anzusehen. Selbst bei einer Zustimmung des Beschuldigten ist dem Beweisantrag deshalb nicht stattzugeben.

2. Die Verurteilung auf wahldeutiger Tatsachengrundlage

a) Die „Wahlfeststellung"

553 Weder Diebstahl (§ 242 I) noch Hehlerei (§ 259 I Alt 1: „Ankaufen") sind dem A nach Ausschöpfung sämtlicher Beweismöglichkeiten zur vollen, für eine Verurteilung notwendigen Überzeugung des Gerichts (§ 261 StPO) nachzuweisen. Gleichzeitig steht aber nach der Überzeugung des Gerichts fest, dass entweder der eine oder der andere Tatbestand verwirklicht wurde.

Da das Ergebnis, den A nun nach dem Grundsatz *in dubio pro reo* wegen eines jeden der beiden Tatbestände freisprechen zu müssen, unbillig wäre, hat die Rspr seit jeher – als (ungeschriebene) Ausnahme des Grundsatzes *in dubio pro reo* – in engen Grenzen auch die Möglichkeit einer „alternativen" bzw „wahldeutigen" Verurteilung zugelassen.

553a **Problem Nr 121: Voraussetzungen und Verfassungsmäßigkeit der „Wahlfeststellung"**

(1) Voraussetzungen für eine Verurteilung auf „wahldeutiger" Tatsachengrundlage sind:

(a) Es liegt eine **Unsicherheit im Sachverhalt** vor, obgleich sämtliche **Beweismöglichkeiten** in tatsächlicher Hinsicht **ausgeschöpft** wurden. Dabei muss **jede** in Frage kommende tatsächliche Konstellation für sich ein **Strafgesetz verletzen**.

(b) Andere als die wahlweise festgestellten **Handlungen** sind **sicher ausgeschlossen**.

(c) Auch nach dem Grundsatz **in dubio pro reo** kann **keine eindeutige Tatsachengrundlage** geschaffen werden; dh wenn der für den Täter günstigere Sachverhalt als ein „rechtliches Minus" in dem sonst in Betracht kommenden ungünstigeren enthalten ist (logisches oder normatives „**Stufenverhältnis**"), so ist der Täter auf der Grundlage des für ihn günstigeren Sachverhalts zu verurteilen (BGHSt GrS 9, 390, 397; 55, 148; BGH NStZ 2010, 698; 2014, 640).

(d) Die beiden alternativ verwirklichten Tatbestände müssen im Fall der sog **ungleichartigen (= echten) Wahlfeststellung** rechtsethisch und psychologisch vergleichbar sein (BGHSt GrS 9, 390, 394; BGH GrS NStZ 2018, 41; *Kühl*, AT § 21 Rn 68d). Nach aA (zB *Jakobs*, GA 1971, 257, 270; *Jescheck/Weigend*, § 16 III 3; LK-*Dannecker*, Anh § 1 Rn 148 ff; *Otto*, Peters-

FS, S 373, 389 ff; *ders*, AT § 24 II 2 b) ist auf den gleichen „Kerngehalt" oder die **„Identität des Unrechtskerns"** abzustellen. Wieder andere vergleichen die Rechtsgüter, den Deliktscharakter, den Strafrahmen sowie die objektive und subjektive Angriffsrichtung (s *Norouzi*, JuS 2008, 113; *Rengier*, AT § 57 Rn 26).

Bei der sog **gleichartigen (= unechten) Wahlfeststellung,** bei der unsicher bleibt, welche von mehreren Handlungen (zB welcher von mehreren Schüssen) den (selben) Tatbestand erfüllt hat (sog „Tatsachenalternativität") oder welche von mehreren Alternativen ein und desselben Tatbestandes erfüllt ist, **erübrigt sich dies** (so die st Rspr und zB S/S-*Eser/Hecker*, § 1 Rn 99; enger *Baumann/Weber/Mitsch/Eisele*, AT § 10 Rn 21).

(2) Verfassungsmäßigkeit der ungleichartigen „Wahlfeststellung":

(a) Nach einer vom **2. Strafsenat des BGH** („Anfragebeschluss": BGH NStZ 2014, 392; Anrufung des Großen Senats für Strafsachen nach § 132 II GVG: BGH StV 2016, 212) und von einem **Teil der Lit** (*Frister*, StV 2014, 584; *v. Heintschel-Heinegg*, JA 2014, 710; *Mosbacher*, JuS 2015, 129) vertretenen Ansicht verstößt die echte Wahlfeststellung gegen den im Rechtsstaatsprinzip verankerten **Grundsatz der Rechtssicherheit**. Eine Verurteilung erfordere den **zweifelsfreien Nachweis,** dass **ein bestimmter Straftatbestand** erfüllt ist (Art 103 II GG). Es bestehe daher ein nicht aufzulösender Konflikt mit dem Grundsatz *in dubio pro reo*.

Argument: Die echte Wahlfeststellung sei **Teil des materiellen Strafrechts** und deshalb an Art 103 II GG zu messen. Dieses grundrechtsgleiche Recht gelte schrankenlos und könne daher nicht in rechtmäßiger Weise durch Richterrecht eingeschränkt werden. Der gesetzesalternative Schuldspruch (zB Diebstahl oder Hehlerei) laufe auf eine „Verschleifung" zweier Tatbestände hinaus, obwohl jeweils der Nachweis mindestens eines objektiven (und zugehörigen subjektiven) Tatbestandsmerkmals fehle. Schließlich sei das Kriterium der „rechtsethischen und psychologischen Vergleichbarkeit" selbst zu unbestimmt iSd Art 103 II GG.

(b) Nach vorzugswürdiger **hM,** die auch vom **Großen Senat für Strafsachen des BGH** bestätigt worden ist (BGH GrS NStZ 2018, 41 m zust Anm *Stuckenberg*, StV 2017, 811; *Jahn*, NJW 2017, 2846; *Kudlich*, JA 2017, 870; vorher bereits **BGH** NStZ-RR 2014, 307 u 308; NStZ-RR 2015, 39 u 40) und auch in der **Lit** (*Bosch*, JK 10/14, GG Art 103 II/6; S/S-*Eser/ Hecker*, § 1 Rn 67; *Schuhr*, NStZ 2014, 437) vertreten wird, ist die ungleichartige Wahlfeststellung **grundsätzlich zulässig.** Zur Wahrung ihrer Verfassungsmäßigkeit müssen an sie aber strenge Voraussetzungen (insb Gebot der rechtsethischen und psychologischen Vergleichbarkeit) geknüpft werden.

Argument: Die Wahlfeststellung ist **nicht strafbarkeitsbegründend,** sondern stellt wie der Grundsatz „in dubio pro reo" eine **prozessuale Entscheidungsregel** dar, die sich im Rahmen einer verfassungskonformen richterlichen Rechtsfortbildung hält. Sie ist daher nicht am strengen Gesetzlichkeitsprinzip des Art 103 II GG zu messen. Ein Freispruch aufgrund mehrfacher Anwendung des Zweifelsatzes nach je unterschiedlicher Blickrichtung wäre in Fällen, in denen ein strafloses Verhalten des Angeklagten mit Sicherheit ausscheidet, schlechthin unvereinbar mit unverzichtbaren Geboten der Gerechtigkeit, die eine am Gleichheitssatz orientierte, dem Rechtsgüterschutz verpflichtete Ausgestaltung eines effektiven Strafverfahrens fordern.

Selbst wenn man in Abweichung von der Entscheidung des Großen Senats die ungleichartige Wahlfeststellung als Teil des materiellen Rechts ansieht und daher an Art 103 II GG misst, sei deren Verfassungsmäßigkeit festzustellen. Das Rechtsstaatsprinzip umfasse nicht nur den Aspekt der Rechtssicherheit, sondern auch das **Prinzip der Einzelfallgerechtigkeit.** Es widerspreche dem materiellen Gerechtigkeitsgedanken, dass jedem Angeklagten die Möglichkeit offen steht, einen Freispruch dadurch zu erreichen, dass er eine nicht widerlegbare, strafrechtlich relevante Alternative zum bewiesenen Geschehen darlegt. Aus diesem Grund müsse eine „praktische Konkordanz" zwischen dem Gebot der Rechtssicherheit und der Einzelfallgerechtigkeit hergestellt werden (nach aA gehe die materielle Gerechtigkeit immer vor: *v. Hippel,* *NJW 1963, 1534*). Dies könne schon durch die Anknüpfung der Wahlfeststellung an strenge Voraussetzungen sichergestellt werden.

Zur Vertiefung: Beulke, StPO Rn 521, 525; Beulke/Fahl, Jura 1998, 262; Jahn, JuS 2014, 753; *Kudlich, JA 2017, 788, 870; Noack, Jura 2004, 539; Wessels/Beulke/Satzger, AT Rn 1122 ff.*

553b Eine wahldeutige Verurteilung kommt nur in Betracht, wenn die alternativ verwirklichten Tatbestände rechtsethisch und psychologisch vergleichbar sind. Eine solche „Vergleichbarkeit" ist im Verhältnis von Diebstahl und Hehlerei, Hehlerei und Begünstigung usw zu Recht stets bejaht worden. Bei vielen anderen Tatbeständen wird heftig darum gestritten. Hier kann jedoch das Gericht A auf wahldeutiger Tatsachengrundlage verurteilen, vorausgesetzt die Staatsanwaltschaft hat eine solche „alternative" Anklage erhoben (*s Rn 554*). Zutreffend hat im Jahre 2017 der Große Senat für Strafsachen dargelegt, dass die Wahlfeststellung nicht strafbarkeitsbegründend wirkt, sondern eine verfassungskonforme richterliche Rechtsfortbildung darstellt, sodass ein Verstoß gegen Art 103 II GG ausscheidet. Wenn feststeht, dass sich der Täter entweder nach der einen oder der anderen Strafnorm strafbar gemacht hat, wäre ein Freispruch aufgrund mehrfacher Anwendung des Zweifelssatzes nach je unterschiedlicher Blickrichtung mit dem Gebot der Gerechtigkeit schlicht unvereinbar. Die Rechtsstaatlichkeit der Wahlfeststellung wird durch die von Rspr und hL geforderten engen Voraussetzungen (insb. durch das Gebot der rechtsethischen und psychologischen Vergleichbarkeit) sichergestellt. Im vorliegenden Fall sind bei A andere Handlungen als der Diebstahl oder die Hehlerei ausgeschlossen. Es liegt auch kein Stufenverhältnis zwischen Diebstahl und Hehlerei vor. Die beiden Tatbestände sind schließlich rechtsethisch und psychologisch vergleichbar. A könnte also bei ordnungsgemäßer Anklage wegen Diebstahl und Hehlerei wahlweise verurteilt werden.

b) Der prozessuale Tatbegriff

554 Das Gericht kann nur dann verurteilen, wenn die Tat, wegen der es verurteilen will, auch angeklagt ist (Anklagegrundsatz). Andere als die angeklagten Taten darf das Gericht nicht zum Gegenstand seiner Urteilsfindung machen, § 264 I StPO.

Hat die Staatsanwaltschaft den A nur wegen Diebstahls (§ 242 I), nicht aber „alternativ" auch wegen der Hehlerei (§ 259 I Alt 1) angeklagt, so kommt es für die Frage, ob das Tatgericht den A wahlweise wegen Diebstahl oder Hehlerei verurteilen kann, darauf an, ob es sich bei den Geschehnissen noch um dieselbe „Tat" iSd § 264 I StPO handelt. Der Begriff der prozessualen Tat ist heftig umstritten. Man versteht darunter im Allgemeinen „den geschichtlichen Vorgang, der nach der Lebensauffassung ein einheitliches Geschehen bildet, sodass die Aufsplitterung in Teile als unnatürliche Aufspaltung eines einheitlichen Lebensvorgangs empfunden würde"[15]. Anhaltspunkte sind der Tatort, die Tatzeit, das Tatobjekt und die Angriffsrichtung.

---

15 Vgl *Beulke*, StPO Rn 513 mwN.

Problem Nr 122: Der prozessuale Tatbegriff bei Alternativität von Handlungsabläufen

(1) Die **ältere Rspr** (RGSt 8, 135, 139 ff; BGH bei *Dallinger*, MDR 1954, 17) nahm in den „Alternativ-Fällen" anhand einer rein faktischen Betrachtungsweise stets einen einheitlichen Lebensvorgang iSv § 264 StPO an, wenn sich beide wahlweise in Betracht kommenden Delikte nur auf dasselbe Tatobjekt bezogen. In diesem Fall galt jede Abweichung vom Tatvorwurf als „unwesentlich".

(2) Der **BGH (BGHSt 35, 60, 64)** hat jedoch zu Recht die Tatidentität mit Rücksicht auf das normative Kriterium der „Zielrichtung des Handelns" sowie die verschiedenen Tatorte und -zeitpunkte verneint.

Argument: Bei dem alleinigen Abstellen auf das Tatobjekt würden uU sehr weit auseinander-liegende tatsächliche Geschehnisse – der Ankauf erfolgte möglicherweise erst Tage später – willkürlich zu einer Einheit verklammert. Eine gleichwertige Zielrichtung des Handelns sei vielmehr abzulehnen, wenn die Tat ein völlig anderes rechtliches Gepräge aufweist.

Zur Vertiefung: Beulke, StPO Rn 520 ff; Beulke/Fahl, Jura 1998, 262; Huber, JuS 2012, 208.

Da die Begehung des Diebstahls oder der Hehlerei uU zwei weit voneinander entfernt liegende tatsächliche Geschehnisse betreffen kann, liegt zwischen beiden keine Tatidentität iSv § 264 StPO vor. Deshalb darf das Gericht hier nur dann wahldeutig verurteilen, wenn die StA von vornherein auch wahlweise wegen der beiden Delikte Anklage erhoben hat.

Hat sie dies versäumt und ist es nicht zu einer Nachtragsanklage gemäß § 266 I StPO gekommen[16], so ist folgendermaßen zu verfahren:

Bzgl des allein angeklagten Diebstahls, hinsichtlich dessen das Gericht sich aber nicht von der Schuld des A überzeugen konnte, ist freizusprechen.

Bzgl der nicht angeklagten Alternative der Hehlerei darf mangels ordnungsgemäßer Anklageerhebung überhaupt keine Entscheidung in der Sache ergehen. Das Verfahren ist vielmehr durch Prozessurteil einzustellen (§ 260 III StPO). Wegen dieser Alternative könnte nachfolgend erneut Anklage erhoben werden[17].

c) Entscheidung des Revisionsgerichts

Bzgl der nicht angeklagten Alternative wird das Revisionsgericht das Verfahren wegen Fehlens der Prozessvoraussetzung der ordnungsgemäßen Anklageerhebung gem § 260 III StPO durch Urteil einstellen. Wegen dieser Alternative könnte wie o bereits hervorgehoben (*Rn 554*) nachfolgend erneut Anklage erhoben werden.   **554a**

Bzgl des angeklagten Diebstahls, hinsichtlich dessen das Tatgericht sich nicht von der Schuld des A überzeugen konnte, muss Freispruch erfolgen, der in Rechtskraft erwächst[18].

---

16 Vert zur Nachtragsanklage *Beulke*, StPO Rn 384 ff.
17 Zum Vorgehen des Staatsanwalts *Kudlich*, JuS 2005, 236; des Verteidigers *T. Schröder*, JuS 2005, 707.
18 BGHSt 35, 80; 38, 172, 174; *Beulke*, StPO Rn 521.

Will die StA dieses Ergebnis vermeiden, muss sie – wie unter a) dargelegt – von vornherein wahldeutig wegen beider Alternativen (hier: Diebstahl und Hehlerei) Anklage erheben.

Definitionen zum Auswendiglernen

Aussage	iSv **§§ 153 ff** ist im Falle der Zeugenaussage die Wiedergabe von äußeren oder inneren Tatsachen, dh von konkreten Vorgängen oder Zuständen der Vergangenheit oder Gegenwart, die wahrnehmbar in die Wirklichkeit getreten und infolgedessen dem Beweis zugänglich sind (*Wessels/ Hettinger/Engländer, BT1 Rn 825 iVm 548*).
Falsch	iSd **§§ 153 ff** ist eine Aussage, wenn sie mit der Wirklichkeit nicht übereinstimmt (so die objektive Theorie, *Wessels/Hettinger/Engländer, BT1 Rn 822*).
Falsch schwören	iSv **§ 154 I** meint das Beschwören einer falschen Aussage (*Wessels/ Hettinger/Engländer, BT1 Rn 835*).
Verleiten	iSv **§ 160 I** meint ein Einwirken auf die Beweisperson in der Hinsicht, dass diese etwas aussagt, was sie selbst für richtig hält (*Wessels/ Hettinger/Engländer, BT1 Rn 864*).
Vereitelungshandlung	iSv **§ 258 I** ist ein Verhalten, das nach seiner Zielsetzung darauf gerichtet ist, die Realisierung des in § 258 I umschriebenen Ahndungs- oder Anordnungsrechts durch eine Besserstellung des Vortäters ganz oder teilweise zu verhindern (*Wessels/Hettinger/Engländer, BT1 Rn 803*).
Tat im prozessualen Sinn	ist das gesamte Verhalten des Beschuldigten, soweit es mit dem in Anklage, Eröffnungsbeschluss oder Urteil bezeichneten geschichtlichen Vorkommnis nach der Auffassung des Lebens einen einheitlichen Vorgang bildet (*Beulke, StPO Rn 513*).

Weitere einschlägige Musterklausuren

Zum Problem: Wann ist eine Aussage „falsch" iSd §§ 153, 154 I?

Chowdhury/Meier/Schröder, [7] S 159; *Eisele*, Ad Legendum 2013, 278; *Fad*, Jura 2002, 632; *Frister*, [4] S 71; *Gaede*, JuS 2003, 774; *Goeckenjan*, JuS 2008, 702; *Gropp/Küpper/Mitsch*, [9] S 167; *Hilgendorf*, Klausurenkurs III, [5] S 49, [8] S 95; *Kelker*, Jura 1996, 89; *Magnus*, JuS 2016, 914; *Müller/Schmoll*, JA 2015, 511; *Niederle*, [15] S 58; *Otto/Bosch*, [14] S 303; *Sengbusch*, Jura 2007, 623; *Sennwitz/Haas*, StudZR 2012, 289

Zum Problem Verleitung einer vermeintlich gutgläubigen Beweisperson zur Falschaussage:

Cantzler, JA 1999, 859; *Chowdhury/Meier/Schröder*, [7] S 159; *Eisele*, JA 2003, 40; *Gropp/ Küpper/Mitsch*, [9] S 167; *Hilgendorf*, Klausurenkurs III [8] S 95; *Otto/Bosch*, [14] S 306; *Prütting/Stern/Wiedemann*, [18] S 205; *Schultze*, JA 2002, 777; *Theile*, Jura 2007, 463; *Wagner*, [8] S 75

Zum Problem Verleitung einer vermeintlich bösgläubigen Beweisperson zur Falschaussage:

Goeckenjan, JuS 2008, 702; *Hilgendorf*, [19] S 161; *Hruschka/Kässer*, JuS 1972, 709

Zum Problem: Garantenstellung aus Ingerenz aufgrund des Benennens einer Person als Zeuge und Pflicht zum Einschreiten gegen die Falschaussage des anderen?

Hilgendorf, [19] S 161; *Kelker*, Jura 1996, 89; *Sennwitz/Haas*, StudZR 2012, 289

Zum Problem der Zulässigkeit des Einsatzes eines Lügendetektors als Beweismittel

Putzke/Putzke, JA 2014, 183; *Schroeder/Meindl*, Fälle, [7] S 93

Zum Problem der Wahlfeststellung:

Cantzler, JA 1999, 859; *Ebert*, Fälle, [4] S 62; *Hamm*, JuS 1992, 1031; *Mosbacher*, JuS 2018, 129; *Rosenau/Zimmermann*, JuS 2009, 541; *Seibert*, JA 2008, 31; *Siebrecht*, JuS 1997, 1101

Zum Problem des prozessualen Tatbegriffs:

Fahl, JuS 1999, 903; *Hammer*, StPO Rn 220; *Hellmann*, Fallsammlung [8] S 129; *Mitsch/Ellbogen*, [6], S 83; [8], S 119; [9], S 134; *Murmann*, Ad Legendum 2013, 130; *Rackow*, JA 2011, 23; *Tiedemann/Walter*, Jura 2002, 708

Fall 12

Autofahrer auf Abwegen

I.

555 Nach einem anstrengenden Arbeitstag beschließt A, auf dem Heimweg in seiner Stammkneipe vorbeizufahren. Dort trifft er seinen Stammtischfreund B. Zusammen gönnen sich A und B eine Reihe von Bierchen. Schließlich erhebt sich A und will – leicht schwankend – gehen. B schließt sich ihm an. Als beide vor die Kneipe treten, regnet es in Strömen, sodass A von seinem vor dem Kneipenbesuch gefassten Entschluss, das Auto stehen zu lassen und nach Hause zu laufen, Abstand nimmt. Bei diesem Wetter kann auch B, der seinen Pkw vorsorglich zu Hause gelassen hat, das Angebot des A, ihn heimzufahren, nicht abschlagen, obwohl er erkennt, dass A ziemlich betrunken ist. A weist zu diesem Zeitpunkt einen BAK-Wert von 1,8‰ auf. B ist erheblich weniger alkoholisiert. Beide steigen ein und A bringt B bis vor dessen Haustür, ohne dass B irgendetwas gesagt hätte. Unterwegs hat A allerdings einem Baum am Straßenrand nur mit knapper Not ausweichen können.

Nachdem B aus dem Wagen des A ausgestiegen ist, kommt B wieder in den Sinn, dass ihm seine heiß geliebte Freundin T wenige Tage zuvor den Laufpass gegeben hat, und er entschließt sich, ihr einen „Denkzettel" zu verpassen, damit sie ihre Haltung ändert und zu ihm zurückkehrt. In der Absicht, ihr durch einen kleinen Unfall „einen richtigen Schrecken einzujagen", geht er zu dem in der Nachbarschaft abgestellten Pkw der T und durchtrennt an diesem den zum rechten Hinterrad führenden Bremsschlauch. Dabei nimmt B billigend in Kauf, dass es infolge des Unfalls zu leichten Körperverletzungen kommen könnte. Darüber hinausgehende Folgen hält er für ausgeschlossen.

A befindet sich inzwischen auf der Heimfahrt. Kurz vor Erreichen seines Ziels läuft ihm plötzlich der dunkel gekleidete Fußgänger F vor das Auto. A fährt ihn an. Sowohl in nüchternem Zustand als auch bei einer auf seinen Trunkenheitsgrad ausgerichteten Geschwindigkeit hätte A diesen Unfall nicht verhindern können. F erleidet bei dem Unfall einen Schädelbasisbruch und bleibt besinnungslos liegen. A hält gleichwohl nicht an. Zwar erkennt er die Unvermeidbarkeit des Unfalls, dennoch hat er Angst davor, seinen Führerschein zu verlieren. Dabei vertraut er fest darauf, dass sich F nur leicht verletzt hat und nicht in Lebensgefahr befindet und dass durch das Liegenbleiben keine schweren Gesundheitsschädigungen drohen. Er geht davon aus, dass hinter ihm fahrende Fahrzeuge anhalten und dem F ebenso schnell und effektiv, wie er es selbst könnte, helfen werden. Tatsächlich bleibt das Geschehen aber zunächst unbemerkt. Erst eine Stunde später passiert zufällig ein Passant die Unfallstelle, findet F und verständigt die Polizei sowie den Rettungsdienst. Als dieser eintrifft, ist F bereits seinen schweren Verletzungen erlegen. Wäre der Rettungsdienst sofort nach dem Unfall verständigt worden, hätte F gerettet werden können.

Am nächsten Tag unternimmt T eine Fahrt in ihrem Pkw. Nachdem die T 300 Meter mit einer Geschwindigkeit von 40 km/h gefahren ist, kommt sie an eine Ampel, die auf „rot" steht. Bei Betätigung des Bremspedals bemerkt sie zu Tode erschrocken, dass die

Fußbremse nicht funktioniert. Instinktiv greift sie zur Handbremse und kann damit den Pkw auf dem Fußgängerüberweg, auf dem sich gerade niemand befindet, zum Stillstand bringen.

Die Manipulation des Bremsschlauches bleibt unentdeckt und B fügt sich zunächst in sein Schicksal. Einige Monate später entbrennt er jedoch erneut in Liebe zu T. Obwohl sich T jeglichen weiteren Kontakt verboten hat, verfolgt B sie, indem er sie während eines nächtlichen Anrufes als „treuloses Miststück" und als „Dirne" bezeichnet und sie mit dem Tode bedroht, wenn sie nicht zu ihm zurückkehre (10.1.), an weiteren Wochenenden mehrmals am Tag anruft, den Hörer aber jeweils nach zweimaligem Anklingeln wieder auflegt (3., 10. und 17.2.), nachts in seinem Auto vor der Haustür der T stundenlang wartet und ihr bei ihrem Erscheinen erneut droht, sie umzubringen, wenn sie nicht zu ihm zurückkehre (24.2.), wiederholt an ihrer Haustür klingelt und sie lautstark auffordert, die Tür zu öffnen, weil er andernfalls die Tür eintreten und die T töten werde (10.3.), sich im Gebüsch versteckt und die T beim Verlassen des Hauses beobachtet, ohne dass die T das bemerkt, worüber sie aber durch die Nachbarn am nächsten Tag informiert wird (31.3.) und unflätige Bemerkungen über T via Twitter verbreitet (9.4.). T ist durch das Geschehen sehr beunruhigt. Aufgrund ihrer Angst vor B schließt sie – entgegen ihrer früheren Gewohnheit – die Haustüre ab, lüftet nur noch mit gekippten Fenstern und geht nicht mehr ans Telefon. Sie gibt einen erheblichen Teil ihrer Freizeitaktivitäten auf, verlässt das Haus nur noch in Begleitung, leidet unter Schlafstörungen und ihr Arzt misst im April einen erhöhten Blutdruck. B hat den Eintritt all dieser Folgen von Anfang an für möglich gehalten.

A bereut später sein Verhalten zutiefst. Unter dem Eindruck seiner Schuld wandelt er sich zum Autogegner. Sein erklärtes Ziel ist ein autofreies Passau. In der Morgendämmerung eines Januartages geht A deshalb auf der rechten Fahrbahn einer zweispurigen Straße unmittelbar neben der Mittellinie einen Kilometer zu seiner Arbeitsstelle. Auf seinem Rücken trägt er einen Rucksack mit zwei Reflektoren. Durch seine Aktion will A den Fahrbahnverkehr behindern und die Autofahrer zwingen, um ihn herum zu fahren. Auf diesem Wege will A gegen den Verkehr protestieren und auf sein Ziel einer autofreien Stadt aufmerksam machen. Der hinter A kommende Autofahrer R, der A in letzter Sekunde wahrnimmt, kann nur mit Mühe bremsen.

Wie haben sich A und B nach dem StGB strafbar gemacht?

Erforderliche Strafanträge sind gestellt.

II.

1. Im Fall (I.) wird A wegen Straftaten im Zusammenhang mit dem Verlassen der Unfallstelle angeklagt. Könnte das Gericht, das diese Vorwürfe nicht in vollem Umfang für erwiesen erachtet, auch die Herbeiführung des Unfalls in seine rechtliche Bewertung miteinbeziehen?
2. Welche Beweismittelarten gibt es im Strafprozess?
3. X und Y stehen im Verdacht, gemeinsam einen Betrug begangen zu haben. Zunächst wurde ein einheitliches Ermittlungsverfahren eingeleitet. Y ist dann jedoch verstorben. Am Verfahren gegen X soll nunmehr E, die Ehefrau des verstorbenen Y, als

Zeugin darüber vernommen werden, ob sie mit angehört hat, wie X und Y beim Weihnachtspunsch den Betrug geplant haben.

a) Muss der Richter die E über ein Zeugnisverweigerungsrecht belehren?

b) Führt eine unterlassene Belehrung zur Unverwertbarkeit der Zeugenaussage?

4. Der Geschäftsmann G steht im Verdacht, eine Steuerhinterziehung in Millionenhöhe begangen zu haben. Im Rahmen des Ermittlungsverfahrens vernimmt der Kriminalkommissar K auch den Buchhalter B, von dem K zu Recht vermutet, dass ohne dessen Mithilfe die Steuerhinterziehung gar nicht möglich gewesen wäre. Gleichwohl belehrt K den B nicht. B belastet seinen Arbeitgeber G. Im späteren Verfahrensverlauf beruft sich B dann auf sein Auskunftsverweigerungsrecht. Kann die Aussage des B gegenüber K verwertet werden?

5. G und B werden im Fall II.4 beide von vornherein als Beschuldigte einer Steuerhinterziehung vernommen; gleichwohl belehrt K beide nicht über ihr Aussageverweigerungsrecht. Später stehen G (wegen Täterschaft der Steuerhinterziehung) und B (wegen Beihilfe) gemeinsam vor Gericht. G und B schweigen in der Hauptverhandlung. Können jetzt die Aussage des B (vor dem Kriminalkommissar K) gegen G und umgekehrt die Aussage des G gegen B als Beweismittel herangezogen werden?

Gedankliche Strukturierung des Falles (Kurzlösung)

Teil I. (materiell-rechtlicher Teil)

A. Die Autofahrt von A und B

I. Strafbarkeit des A

1. § 316 I (+)

a) Objektiver Tatbestand (+)

Problem Nr 123: Alkoholbedingte Fahruntüchtigkeit (Rn 558)

---

b) Subjektiver Tatbestand (+)

c) Rechtswidrigkeit (+)

d) Schuld (+)

2. § 315b I Nr 3 (–)

a) Objektiver Tatbestand (–)

Problem Nr 124: Beeinträchtigung des Straßenverkehrs durch einen „ähnlichen, ebenso gefährlichen Eingriff" iSv § 315b I Nr 3 (Rn 560)

---

b) Ergebnis

3. § 315c I Nr 1a (–)

a) Objektiver Tatbestand (+)

  • Führen eines Fahrzeuges (+)

  • Fahruntüchtigkeit (+)

  • konkrete Gefährdung für Leib oder Leben eines anderen (+)

Problem Nr 125: Notwendiges Ausmaß der Gefährdung des Beifahrers iRd § 315c (Rn 562)

Problem Nr 126: Gehören tatbeteiligte Mitfahrer zu dem durch § 315c geschützten Personenkreis? (Rn 564)

  • Kausalität Fahruntüchtigkeit – konkrete Gefahr (+)

  • objektive Zurechnung, insbes Pflichtwidrigkeitszusammenhang (+)

b) Subjektiver Tatbestand (–)

  • Vorsatz bzgl alkoholbedingter Fahruntüchtigkeit (+)

  • Vorsatz bzgl konkreter Gefahr (–)

4. § 315c I Nr 1a, III Nr 1 (+)

a) Tatbestand (+)

  • § 315c I Nr 1a (+)

  • Vorsatz bzgl alkoholbedingter Fahruntüchtigkeit (+)

  • Fahrlässigkeit bzgl konkreter Gefahr (+)

b) Rechtswidrigkeit (+)

Problem Nr 127: Einwilligung des Gefährdeten bei § 315c (Rn 567)

---

c) Schuld (+)   **556**

  • Schuldfähigkeit (+)

  • subjektive Sorgfaltspflichtverletzung (+)

5. Konkurrenzen

6. Ergebnis für A im Tatkomplex A

A ist strafbar gem § 315c I Nr 1a, III Nr 1.

II. Strafbarkeit des B

1. §§ 315c I Nr 1a, III Nr 1, 27 (–)

  • Beihilfehandlung (–)

2. §§ 315c I Nr 1a, III Nr 1, 27, 13 I (–)

  • Garantenpflicht (–)

3. Ergebnis für B im Tatkomplex A

B ist straflos.

B. Die Manipulation am Bremsschlauch (Strafbarkeit des B)

1. §§ 212 I, 22, 23 I Alt 1, 25 I Alt 2 (–)

  • Vorprüfung (+)

  • Tatentschluss (–)

2. §§ 223 I, II, 22, 23 I Alt 2, 25 I Alt 2 (+)

a) Vorprüfung (+)

b) Tatentschluss (+)

c) Unmittelbares Ansetzen (+)

d) Strafantragserfordernis, § 230 I (+)

3. §§ 224 I Nr 2 (+), Nr 5 (–), II, 22, 23 I Alt 2, 25 I Alt 2 (+)

a) Vorprüfung (+)

b) Tatentschluss (+)

  • Nr 2 (gefährliches Werkzeug) (+)

  • Nr 5 (Leben gefährdende Behandlung) (–)

c) Unmittelbares Ansetzen (+)

4. § 315b I Nr 1 (–)

a) Objektiver Tatbestand (–)

  • Beschädigen eines Fahrzeuges (+)

  • dadurch Beeinträchtigung der Sicherheit des Straßenverkehrs (+)

  • dadurch konkrete Gefahr für Leib oder Leben eines anderen (–)

Problem Nr 128: Konkretheit der Gefahr bei § 315b I (Rn 574)

---

b) Ergebnis

5. §§ 315b I Nr 1, II, 22, 23 I Alt 2 (+)

a) Vorprüfung (+)

b) Tatentschluss (+)

c) Unmittelbares Ansetzen (+)

d) Rechtswidrigkeit und Schuld (+)

e) Ergebnis

6. §§ 315b I Nr 1, II, III, 22, 23 I Alt 1 iVm § 315 III Nr 1a (+)

a) Vorprüfung (+)

b) Tatentschluss (+)

c) Unmittelbares Ansetzen (+)

7. § 303 I Alt 2 (Bremsschlauch) (+)

8. Konkurrenzen

9. Ergebnis für B im Tatkomplex B
B ist strafbar gem §§ 315b I Nr 1, II, III, 22,
23 I Alt 1 iVm § 315 III Nr 1a – § 52 –
§§ 224 I Nr 2, II, 22, 23 I Alt 2, 25 I Alt 2
– § 52 – § 303 I Alt 2.

C. Der Unfall (Strafbarkeit des A)

1. § 316 I (+)

a) Objektiver Tatbestand (+)

b) Subjektiver Tatbestand (+)

c) Rechtswidrigkeit und Schuld (+)

2. § 222 (–)

a) Tatbestandsmäßigkeit (–)

- Erfolgseintritt (+)
- Kausalität (+)
- objektive Sorgfaltspflichtverletzung (+)
- objektive Zurechnung, insbes Pflichtwidrigkeitszusammenhang (–)

Problem Nr 129: Maßstab des rechtmäßigen Alternativverhaltens bei Unfällen während einer Trunkenheitsfahrt (Rn 581)

b) Ergebnis

3. § 229 (–)

- Pflichtwidrigkeitszusammenhang (–)

4. § 315c I Nr 1a, III Nr 1 (–)

- Pflichtwidrigkeitszusammenhang (–)

5. § 221 I Nr 1 (–)

- Vorsatz (–)

6. Ergebnis für A im Tatkomplex C
A ist strafbar gem § 316 I.

7. Konkurrenz zum Tatkomplex A

D. Die Weiterfahrt nach dem Unfall (Strafbarkeit des A)

1. §§ 212 I, 13 I (–)

- Vorsatz (–)

2. §§ 223 I, 13 I (–)

- Vorsatz (–)

3. §§ 222, 13 I (+)

a) Tatbestand (+)

- Erfolgseintritt (+)
- Unterlassen (+)
- Kausalität (+)
- Garantenpflicht (+)

Problem Nr 130: Garantenpflicht bei vorange-gangenem pflichtgemäßen Tun (Rn 587)

- Objektive Sorgfaltspflichtverletzung (+)

b) Rechtswidrigkeit (+)

c) Schuld (+)

- Subjektive Sorgfaltspflichtverletzung und
  subjektive Vermeidbarkeit (+)

4. § 142 I Nr 2 (+)

a) Objektiver Tatbestand (+)

b) Subjektiver Tatbestand (+)

c) Rechtswidrigkeit und Schuld (+)

5. § 221 I Nr 2 (–)

6. § 323c (+)

a) Objektiver Tatbestand (+)

- Unglücksfall (+)
- Hilfspflicht (+)
- Erforderlichkeit (+)
- Zumutbarkeit (+)

Problem Nr 131: Kann sich auf die Unzumut-barkeit der Hilfe berufen, wer sich durch die Hilfeleistung der Gefahr einer Strafverfolgung aussetzen würde? (Rn 592)

b) Subjektiver Tatbestand (+)

7. § 316 I (+)

8. Konkurrenzen

9. Ergebnis für A im Tatkomplex D
A ist strafbar gem § 222 – § 52 – § 142 I Nr 2
– § 52 – § 323c – § 52 – § 316 I.

10. Konkurrenzen zu den früheren Tatkomplexen

Problem Nr 132: Verhältnis von § 315c durch Herbeiführung des Unfalls zur Weiterfahrt nach dem Unfall (Rn 596)

E. Erneutes Werben um T (Strafbarkeit des B)

1. § 238 I (+)

a) Objektiver Tatbestand (+)

- Nachstellungshandlung (+)
- Beharrlichkeit (+)
- Unbefugt (+)
- Schwerwiegende Beeinträchtigung der
  Lebensgestaltung (+)

b) Subjektiver Tatbestand (+)

c) Rechtswidrigkeit und Schuld (+)

d) Strafantragserfordernis, § 238 IV (+)

e) Konkurrenzen (+)

2. § 238 II (+)

3. § 185 (+)

4. §§ 240 I, III, 22, 23 I (+)

5. § 241 I (+)

6. § 223 I (–)

7. Konkurrenzen

8. Ergebnis für B im Tatkomplex E
B ist strafbar gem § 238 I
– § 52 – § 185 (2×) – § 52 –
§§ 240 I, III, 22, 23 I Alt 2 (3×)

9. Konkurrenzen zu den früheren Tatkomplexen

F. Das Fahrbahngehen (Strafbarkeit des A)

1. § 315b I Nr 2 (–), Nr 3 (–)
   a) Objektiver Tatbestand (–)
   - Nr 2 (Hindernisbereiten) (–)
   - Nr 3 (ähnlicher, ebenso gefährlicher Eingriff) (–)
   b) Ergebnis
2. § 240 I, II (–)
   a) Objektiver Tatbestand (–)
   - Gewalt (–)

Problem Nr 133: Genügt das bloße Blockieren der Fahrbahn für die Annahme von Gewalt iSd § 240 I? (Rn 600)

   - Drohung mit empfindlichem Übel (–)
   b) Ergebnis
3. Ergebnis für A im Tatkomplex F
   A ist straflos.

G. Gesamtergebnis des materiell-rechtlichen Gutachtens

A: § 315c I Nr 1a, III Nr 1
   – § 53 –
   § 222 – § 52 – § 142 I Nr 2 – § 52 – § 323c
   – § 52 – § 316 I
B: §§ 315b I Nr 1, II, III, 22, 23 I Alt 1 iVm
   § 315 III Nr 1a – § 52 – §§ 224 I Nr 2, II, 22,
   23 I Alt 2, 25 I Alt 2 – § 52 – § 303 I Alt 2
   – § 53 –
   § 238 I – § 52 – § 185 (2×) – § 52 – §§ 240 I,
   III, 22, 23 I Alt 2 (3×)

Teil II. (prozessualer Teil)

1. **Unfallgeschehen und „Unfallflucht" als eine Tat im prozessualen Sinn?**
2. **Beweismittelarten im Strafprozess**
3. **Zeugnisverweigerungsrecht des Angehörigen eines Beschuldigten in einem einheitlichen Verfahren gegen Dritte**
   a) Belehrungspflicht

Problem Nr 134: Steht dem Angehörigen eines verstorbenen Beschuldigten im Prozess gegen Mitbeschuldigte ein Zeugnisverweigerungsrecht zu? (Rn 605)

   b) Beweisverwertungsverbot
4. **Auskunftsverweigerungsrecht des § 55 I StPO**

Problem Nr 135: Führt die Verletzung der Belehrungspflicht über das Auskunftsverweigerungsrecht des § 55 I StPO zu einem Beweisverwertungsverbot? (Rn 607)

5. **Fehlen der Belehrung gem § 136 I 2 StPO im Verfahren gegen Dritte**

Ausführliche Lösung von Fall 12

Teil I. (materiell-rechtlicher Teil)

A. Die Autofahrt von A und B

I. Strafbarkeit des A

1. § 316 I

557 Dadurch, dass A den B nach Hause fuhr, könnte er sich gem § 316 I strafbar gemacht haben.

a) Objektiver Tatbestand

A hat ein Fahrzeug im Verkehr geführt.

A müsste infolge des Genusses alkoholischer Getränke nicht in der Lage gewesen sein, das Fahrzeug sicher zu führen. Fahruntüchtigkeit liegt vor, wenn der Fahrzeugführer nicht fähig ist, ein Fahrzeug über eine längere Strecke sicher zu führen[1]. Die Fahruntüchtigkeit muss dabei die Folge geistiger oder körperlicher Mängel sein, wobei die Ursache des Genusses alkoholischer Getränke oder anderer berauschender Mittel (§ 315c I Nr 1a) nur einen Unterfall zu den geistigen und körperlichen Mängeln (§ 315c I Nr 1b) bildet.

558 **Problem Nr 123: Alkoholbedingte Fahruntüchtigkeit**

Es ist zwischen der **relativen Fahruntüchtigkeit ab etwa 0,3‰** und der **absoluten Fahruntüchtigkeit exakt ab 1,1‰ BAK** zu unterscheiden (BGHSt 37, 89).

Relative Fahruntüchtigkeit ist anzunehmen, wenn die Blutalkoholkonzentration weder zur Fahrtzeit noch zu einem späteren Zeitpunkt den Grenzwert von 1,1‰ erreicht, der Fahrzeugführer aber in seinen (körperlichen) Funktionen so beeinträchtigt ist, dass er über längere Strecken schwierige Verkehrslagen nicht sicher meistern kann. Die Fahruntüchtigkeit wird also nicht ausschließlich anhand der BAK ermittelt, sondern bedarf zur Feststellung der Fahrunsicherheit zusätzlicher Indizien, zB Ausfallerscheinungen oder alkoholbedingte Fahrfehler (Hentschel/König/Dauer-*König*, Straßenverkehrsrecht, § 316 StGB Rn 22).

Wird die „relative Fahruntüchtigkeit" festgestellt, so bedeutet dies, dass – wie bei der absoluten Fahruntüchtigkeit – die Fahruntüchtigkeit iSv § 316 I bejaht wird. Der Unterschied zur absoluten Fahruntüchtigkeit besteht nur darin, dass im Bereich der „relativen Fahruntüchtigkeit" der Gegenbeweis der Fahrtüchtigkeit möglich ist.

Bei der **absoluten Fahruntüchtigkeit** ist der Gegenbeweis der Fahrtüchtigkeit ausgeschlossen (Hentschel/König/Dauer-*König*, Straßenverkehrsrecht, § 316 StGB Rn 21).

Von der absoluten und der relativen Fahruntüchtigkeitsgrenze des § 316 I ist der (feste) **0,5‰** BAK-Grenzwert des **§ 24a I StVG** zu unterscheiden. Führt jemand im Straßenverkehr ein

---

1 *Wessels/Hettinger/Engländer*, BT1 Rn 1084.

Fahrzeug, obwohl er eine BAK von 0,5‰ oder mehr aufweist, so begeht er eine Ordnungswidrigkeit. Nach § 21 I 1 OWiG entfällt jedoch die Ahndung der Ordnungswidrigkeit, sofern ein Straftatbestand (hier insbes: § 316 I) eingreift.

Zur Vertiefung: Wessels/Hettinger/Engländer, BT1 Rn 1084 ff; Beulke, Klausurenkurs II [7] Rn 209; Hentschel/Krumm, Fahrerlaubnis Rn 90 ff; Kopp, JA 1999, 943; Klesczewski, BT3 S 52.

Zur Tatzeit hatte A eine BAK, die mit 1,8‰ über dem Grenzwert von 1,1‰ liegt. Er war **559** damit absolut fahruntüchtig, ohne dass ihm die Möglichkeit offen stand, den Beweis seiner Fahrtüchtigkeit zu erbringen.

§ 316 I ist ein abstraktes Gefährdungsdelikt. Der Nachweis einer konkreten Gefährdung ist daher nicht erforderlich.

b) Subjektiver Tatbestand

Der Vorsatz liegt bei § 316 I bereits vor, wenn der Täter weiß, dass er fahrunsicher ist bzw damit rechnet und sich mit dieser Möglichkeit abfindet. Allerdings kann auf den Vorsatz nicht bereits aus einer hohen BAK zur Tatzeit geschlossen werden, da es keinen Erfahrungssatz gibt, dass derjenige, der in erheblichen Mengen Alkohol getrunken hat, sich seiner Fahrunsicherheit bewusst ist bzw diese billigend in Kauf nimmt[2]. Über den Genuss erheblicher Mengen Alkohol hinaus hat A jedoch bewusst seinen im Vorfeld gefassten Entschluss, sein Auto nach dem Kneipenbesuch stehen zu lassen, angesichts des schlechten Wetters verworfen. Dies lässt erkennen, dass er mit seiner alkoholbedingten Fahrunsicherheit gerechnet und sich mit ihr abgefunden hat. Er handelte mithin vorsätzlich.

c) Rechtswidrigkeit

Alleiniges Schutzgut des § 316 I ist die allgemeine Sicherheit des Straßenverkehrs. Eine Dispositionsbefugnis über dieses Schutzgut ist daher bei § 316 I unstreitig nicht gegeben, sodass eine Einwilligung des B ohne rechtfertigende Wirkung ist. A handelte rechtswidrig.

d) Schuld

Entschuldigungsgründe sind nicht ersichtlich.

2. § 315b I Nr 3

a) Objektiver Tatbestand

Fraglich ist bereits, ob A durch die Autofahrt einen „ähnlichen, ebenso gefährlichen Eingriff" iSv § 315b I Nr 3 vorgenommen und dadurch die Sicherheit des Straßenverkehrs beeinträchtigt hat.

---

2 OLG Hamm NZV 2005, 161, 162; OLG Stuttgart, NZV 2011, 412 f.

Problem Nr 124: Beeinträchtigung des Straßenverkehrs durch einen „ähnlichen, ebenso gefährlichen Eingriff" iSv § 315b I Nr 3

In Abgrenzung zu § 315c gilt § 315b nach Rspr und hL nur für „verkehrsfremde" Eingriffe, die in „verkehrsfeindlicher Absicht" die Sicherheit des Straßenverkehrs beeinträchtigen (BGH NZV 2001, 352 m Anm *Fahl*, JA 2002, 18; BGHSt 25, 306; 48, 233, 236 f; *Wessels/Hettinger/ Engländer*, BT1 Rn 1072).

Dagegen werden von § 315c alle Vorgänge im fließenden oder ruhenden Verkehr erfasst.

(1) Eine **Mindermeinung** in der Lit (*Saal*, NVZ 1998, 49, 52) will den „verkehrsfremden Eingriff" nach rein objektiven Kriterien bestimmen.

Argument: Es kann nicht darauf ankommen, dass der Täter die Sicherheit des Straßenverkehrs gar nicht beeinträchtigen will, wenn doch sichere Folge seiner Tat ist, dass er es tut und ihm das auch bewusst ist. Statt auf eine „feindliche Gesinnung" abzustellen, ist vielmehr auf Kriterien wie etwa eine „grobe Einwirkung von einigem Gewicht" zurückzugreifen. Mit der Rspr müsste dem Täter stets eine Verletzungsabsicht nachgewiesen werden, was aber im Hinblick auf die gleichzeitig im Gesetz vorgesehene Möglichkeit einer Vorsatz-Fahrlässigkeits-Kombination (§ 315b IV) bzw einer Fahrlässigkeits-Fahrlässigkeits-Kombination (§ 315b V) nicht schlüssig erscheint.

(2) Ein „verkehrsfremder" Eingriff kann jedoch nach der überzeugenden Ansicht von **Rspr und hL** nur dann vorliegen, wenn ein Verkehrsverstoß unter bewusster Zweckentfremdung des Fahrzeugs begangen wird (BGHSt 41, 231, 239; 48, 119, 124; 48, 233, 237; Hentschel/König/ Dauer-*König*, Straßenverkehrsrecht, § 315b Rn 4; S/S-*Sternberg-Lieben/Hecker*, § 315b Rn 8).

Argument: Gegen die unter (1) dargestellte Ansicht spricht, dass durch die Beschränkung der Prüfung auf rein objektive Kriterien zu viele „einfache" Verkehrsverstöße, die nur unter bestimmten Voraussetzungen nach § 315c mit Strafe bedroht sind, § 315b I Nr 3 unterfallen würden. Das kann aber nicht Sinn der differenzierten Regelung der §§ 315b, 315c und 316 sein.

Vielmehr muss der Täter bei § 315b bewusst einen Verkehrsvorgang „pervertieren". Beispielsfälle sind etwa das gezielte Zufahren auf Polizeibeamte oder Fußgänger (BGHSt 28, 87, 91), die Mitnahme eines Angefahrenen auf der Kühlerhaube (BGHSt 26, 51) und das absichtliche Auffahren auf ein Fahrzeug (BGH, NStZ 1995, 31). Verkehrsfeindlichkeit setzt somit nach hM eine gezielte Verkehrsbehinderung von nicht unerheblichem Gewicht voraus, dh ein absichtliches Verhalten (*Hammer*, JuS 1998, 785, 786).

(a) Die **neuere Rspr** (BGHSt 48, 233; BGH NZV 2012, 249 m Bespr *Brüning*, ZIS 2012, 394) verlangt darüber hinaus (mindestens bedingten) Schädigungsvorsatz des Täters; ein Handeln allein mit Gefährdungsvorsatz ist nicht ausreichend.

Argument: Nur so lässt sich eine exakte Abgrenzung zu § 315c vornehmen. Viele alltägliche, bewusst regelwidrige Verkehrsverstöße, wie zB die Verletzung von Vorfahrtsregeln, weisen einen Nötigungscharakter auf. In den meisten dieser Fälle nimmt der Täter auch in Kauf, dass andere Verkehrsteilnehmer durch sein Verhalten gefährdet werden.

(b) Ein **Teil der Lit** (*Kindhäuser*, BT1 § 69 Rn 10; LK-*König*, § 315b Rn 12a; *Seier/Hillebrand*, NZV 2003, 490) lehnt dieses zusätzliche Erfordernis dagegen ab.

Argument: § 315b ist ein konkretes Gefährdungsdelikt und kein Verletzungsdelikt. Das Erfordernis eines Schädigungsvorsatzes wäre hierzu widersprüchlich. In der Praxis sind darüber hinaus erhebliche Beweisschwierigkeiten vorprogrammiert.

Zur Vertiefung: Wessels/Hettinger/Engländer, BT1 Rn 1071 ff; Krey/Hellmann/Heinrich, BT1 Rn 1105 ff; Kudlich, JuS 2004, 832 ff; Küper/Zopfs, BT Rn 193 ff.

Allein der objektive Umstand, dass A im Straßenverkehr während einer Trunkenheitsfahrt durch normale Verkehrsvorgänge den Verkehr behindert hat, genügt für die Bejahung eines ähnlichen, ebenso gefährlichen Eingriffs nicht. Erforderlich gewesen wäre hierfür eine Zweckentfremdung des Fahrzeugs (zB als Waffe), die im vorliegenden Fall fehlt.

b) Ergebnis

A ist nicht strafbar gem § 315b I Nr 3.

3. § 315c I Nr 1a

a) Objektiver Tatbestand

A hat im Straßenverkehr ein Fahrzeug geführt, obwohl er infolge des Genusses alkoholischer Getränke nicht in der Lage war, das Fahrzeug sicher zu führen (*s Rn 559*). 561

Hierdurch müsste eine konkrete Gefährdung für Leib oder Leben eines anderen oder für Sachen eines anderen von bedeutendem Wert eingetreten sein, was in jedem Einzelfall nachgewiesen werden muss[3]. Konkrete Gefährdung bezeichnet dabei eine nach der Lebenserfahrung im Einzelfall zu beurteilende naheliegende Gefahr, die auf einen unmittelbar bevorstehenden Unfall hindeutet[4].

Fraglich ist zunächst, ob der Beifahrer im Täterfahrzeug überhaupt dem Schutzbereich des § 315c unterfällt. Vom Wortlaut her ist der Beifahrer als „anderer Mensch" iSv § 315c zunächst ein potenzielles Gefährdungsopfer. Unklar ist jedoch, ob über das bloße Mitfahren hinaus noch weitere Voraussetzungen vorliegen müssen, um zu einer konkreten Gefahr zu kommen.

Problem Nr 125: Notwendiges Ausmaß der Gefährdung des Beifahrers iRd § 315c 562

(1) Die **frühere Rspr** (BGH NStZ 1985, 263, 264) stellte über das bloße Mitfahren hinaus an eine konkrete Gefährdung zunächst keine weiteren Anforderungen. Sie ließ also allein die längere Dauer des Gefährdetseins von Autoinsassen für eine konkrete Gefahr ausreichen. Um der dadurch eintretenden Verwischung der Grenzen von § 315c und § 316 entgegenzuwirken, verlangte sie in der Folge noch weitere objektive Indizien, wie zB Schlangenlinienfahren, kurzzeitiges Abkommen von der Fahrbahn etc (BGH NStZ 1989, 73, 74).

Argument: Die Mitfahrt in einem Pkw, dessen Fahrer stark alkoholisiert ist, bewirkt für jeden Autoinsassen eine erhebliche Gefahr.

(2) Nach der **heutigen Rspr und der hL** (BGH NJW 1995, 3131; BayObLG NJW 1990, 133; OLG Köln NJW 1991, 3291; *Jäger*, BT Rn 484; Hentschel/König/Dauer-*König*, Straßenverkehrsrecht, § 315c Rn 30, 33; *Rengier*, BT2 § 44 Rn 15) kann eine konkrete Gefährdung von Beifahrern nicht allein aus dem Umstand abgeleitet werden, dass der Fahrer infolge des Genusses alkoholischer Getränke absolut fahruntüchtig ist. Hinzutreten muss vielmehr, dass der Fahrer nicht mehr zur Betätigung der wesentlichen technischen Einrichtungen des Fahrzeugs fähig ist, da erst dann die Fahruntüchtigkeit des Fahrers einen solchen Grad erreicht hat, dass er nicht mehr in der Lage ist, kontrollierte Fahrmanöver auszuführen (BGH NStZ 1996, 83 ff).

---

3 *Fischer*, § 315c Rn 16; S/S-*Sternberg-Lieben/Hecker*, § 315c Rn 33.
4 BGHSt 18, 271, 272.

In dieser Situation muss – was nach der allgemeinen Lebenserfahrung aufgrund einer objektiv nachträglichen Prognose zu beurteilen ist – die Sicherheit einer bestimmten Person oder Sache so stark beeinträchtigt worden sein, dass es nur noch vom „Zufall" abhängt, ob das Rechtsgut verletzt wird oder nicht (**„Beinahe-Unfall"**).

Argument: Die o unter (1) dargestellte Ansicht verwischt die Unterscheidung zwischen konkreter Gefahr einerseits und allgemeiner (abstrakter) Gefahr andererseits.

Zur Vertiefung: Wessels/Hettinger/Engländer, BT1 Rn 1090 f; Beulke, Klausurenkurs II [7] Rn 214; Geppert, Jura 1996, 639.

563 Angesichts des Umstandes, dass A einem Baum am Straßenrand nur mit Mühe ausweichen konnte, kommen hier sowohl die ältere Auffassung der Rspr, die das bloße Mitfahren im Auto eines betrunkenen Fahrers als Gefahrherbeiführung genügen ließ, als auch die neue Rspr und Lehre, die einen „Beinahe-Unfall" verlangt, bei dem ein guter Ausgang bei lebensnaher objektiver Betrachtung nur noch vom Zufall abhängt, zu dem Ergebnis, dass dem Grundsatz nach eine Gefahrherbeiführung iSv § 315c I Nr 1a gegeben ist.

Zusätzlich könnte es eine Rolle spielen, dass B u U an der Tat des A beteiligt war, wobei hier von vornherein nur eine Beihilfe in Betracht kommt.

564 **Problem Nr 126: Gehören tatbeteiligte Mitfahrer zu dem durch § 315c geschützten Personenkreis?**

(1) Eine **Mindermeinung** (OLG Stuttgart, NJW 1976, 1904; *Hillenkamp*, JuS 1977, 167; *Rengier*, BT2 § 44 Rn 17; SK/StGB-*Wolters*, Vor § 306 Rn 9; *Zimmermann*, JuS 2010, 25) bezieht den tatbeteiligten Insassen ohne Einschränkung in den Schutzbereich des § 315c I mit ein. Schutzgut des § 315c ist somit zum einen der allgemeine Straßenverkehr, zum anderen jede gefährdete Person oder Sache.

Argument: Der Wortlaut des § 315c lässt keine Beschränkung auf „Tatfremde" erkennen. Die These, dass derjenige, der selbst gegen die Rechtsordnung verstößt, seinen strafrechtlichen Schutz verwirkt habe, lässt sich dem Gesetz nicht entnehmen. Vielmehr gelten die Strafgesetze auch im Verhältnis von Straftätern zueinander (vgl dazu die Lehre zum Betrug und zu anderen Vermögensdelikten). Zudem darf es eine „Verwirkung" bei einem Delikt, das den allgemeinen Straßenverkehr schützt, nicht geben.

(2) Nach Ansicht der **Rspr und hL** (BGHSt 6, 100, 102; 27, 43; BGH NStZ 2012, 701; *Fischer*, § 315 Rn 15b; *Joecks/Jäger*, St-K-StGB, § 315c Rn 21 iVm Vor § 306 Rn 12 f; Hentschel/König/Dauer-*König*, Straßenverkehrsrecht, § 315c Rn 33; *Krey/Hellmann/Heinrich*, BT1 Rn 1127) ist hingegen der tatbeteiligte Mitfahrer (Anstifter oder Gehilfe) nicht geschützt.

Argument: Der Tatbeteiligte steht auf Seiten des Täters und nicht stellvertretend für die Allgemeinheit. Er ist deshalb vom Schutzzweck der Norm nicht erfasst. Die unter (1) dargestellte Ansicht überzeugt nicht, da dem Grundsatz nach in die Selbstgefährdung bis zur Grenze der Lebensgefährdung eingewilligt werden kann.

Zur Vertiefung: Beulke, Klausurenkurs II [7] Rn 216; Zimmermann, JuS 2010, 22.

565 Eine Tatbeteiligung des B wäre generell unerheblich, wenn der Schutz der allgemeinen Sicherheit des Straßenverkehrs nicht durch eine solche Form der „Verwirkung" begrenzt werden könnte. Ein tatbeteiligter Mitfahrer steht jedoch nicht stellvertretend für die Gemeinschaft, sondern allein auf der Seite des Täters. B kann in eine Selbstgefährdung bis hin zur Lebensgefährdung wirksam einwilligen. Sofern B Tatbeteiligter in Form des Gehilfen gewesen sein sollte, zählt er nicht zu dem durch § 315c geschützten Personenkreis.

Allerdings ist hier sehr fraglich, ob B durch das Einsteigen in das Auto und seine Anwesenheit im Auto des A diesem bei einer Gefährdung des Straßenverkehrs Hilfe geleistet hat. Grds kann eine Hilfeleistung sowohl physischer als auch psychischer Art sein[5]. Hierfür ist zumindest irgendein positives Verhalten zu fordern. Das Verhalten des B erschöpfte sich jedoch allein im Einsteigen und der Anwesenheit im Auto, ohne dass er durch irgendeine Regung bestärkend oder aufmunternd auf A eingewirkt hätte. Damit scheidet zumindest eine aktive Beihilfe aus.

Auch eine psychische Beihilfe setzt einen durch Handeln erbrachten Tatbeitrag voraus. Zwar kann auch das bloße „Dabeisein" bzw „Mitfahren" ein solcher Tatbeitrag sein, jedoch nur, wenn der Haupttäter gerade durch die Mitfahrt in seinem Tatentschluss bestärkt wird[6]. Davon kann hier nicht ausgegangen werden.

In Betracht kommt daher nur eine Beihilfe durch Unterlassen. Hierfür ist jedoch eine Garantenpflicht erforderlich. Diese könnte sich vorliegend allenfalls aus Ingerenz, also pflichtwidrigem gefährdendem Vorverhalten, ergeben. Gemeinsames Trinken allein begründet aber noch kein derart pflichtwidriges Vorverhalten. Zudem reicht eine bloße Zufallsgemeinschaft von Zechkumpanen generell nicht aus, um – etwa aus Lebens- oder Gefahrengemeinschaft – eine Garantenpflicht zu begründen[7]. Ferner wäre diese Garantenpflicht bzgl der Verhinderung einer Gefährdung des Straßenverkehrs gegenüber einem schuldfähigen Fahrer nicht einschlägig[8]. A hat allein zu entscheiden, ob er eine strafbare Handlung begehen will oder nicht. Eine Zurechnung für den untätig gebliebenen B scheidet aus.

B ist mithin kein Tatbeteiligter. Dieser Aspekt steht also einer konkreten Gefährdung des B durch A nicht entgegen.

Hier wird die Beteiligung des B inzident geprüft. Derartige inzidente Prüfungen sind zwar möglichst zu vermeiden, hier aber ausnahmsweise geboten. Wer dies umgehen will, müsste einen anderen Aufbau wählen und zunächst nur § 316 I, begangen durch A, prüfen. Sodann wäre zu untersuchen, ob B als Gehilfe strafbar ist. Nach Verneinung der Behilfe zu § 316 I durch B könnte nunmehr im Rahmen der Prüfung der Strafbarkeit des A gem § 315c I Nr 1a darauf verwiesen werden, dass sich bereits vorher ergeben hat, dass B hinsichtlich der Trunkenheitsfahrt kein strafrechtlich relevanter Beteiligungsvorwurf trifft (so zB Ellbogen/Richter, JuS 2002, 1195, insbes Fn 31).

ME sind beide Wege zulässig. Da ich von einer gesonderten Prüfung aller Beteiligten bei den jeweiligen Straftatbeständen abrate, finde ich die Vorgehensweise besser, auch

---

5 *Fischer*, § 27 Rn 9; *Wessels/Beulke/Satzger*, AT Rn 828.
6 BGH StV 1995, 363.
7 BGH NJW 1954, 1047.
8 *Kopp*, JA 1999, 943.

hier die einzelnen Beteiligten zunächst vollständig durchzuprüfen. Die Notwendigkeit der inzidenten Prüfung der Strafbarkeit des B nehme ich ausnahmsweise in Kauf.

Ob auch der Baum als Sache von bedeutendem Wert gefährdet wurde, lässt sich aus dem Sachverhalt nicht klar erkennen.

Die Fahruntüchtigkeit des A war Conditio-sine-qua-non für die konkrete Gefährdung des B.

Auch der Pflichtwidrigkeitszusammenhang ist gegeben.

b) Subjektiver Tatbestand

A handelte zwar hinsichtlich der alkoholbedingten Fahruntüchtigkeit, nicht aber bzgl der konkreten Gefährdung vorsätzlich.

A hat sich nicht gem § 315c I Nr 1a strafbar gemacht.

4. § 315c I Nr 1a, III Nr 1

a) Tatbestand

566   A hat den Tatbestand des § 315c I Nr 1a erfüllt (*s Rn 561*). Dabei handelte er bzgl der alkoholbedingten Fahruntüchtigkeit vorsätzlich.

Hinsichtlich der Verursachung der konkreten Gefahr für Leib und Leben des B handelte A objektiv sorgfaltswidrig. Die objektive Sorgfaltspflicht bestand hier darin, keine Beifahrer im Straßenverkehr zu gefährden. Indem A in fahruntüchtigem Zustand den B als Beifahrer mitnahm und den „Beinahe-Unfall" verursachte, handelte er nicht mehr sorgfaltsgerecht.

b) Rechtswidrigkeit

Die Rechtswidrigkeit könnte durch eine Einwilligung des B entfallen sein. Fraglich ist, ob der Gefährdete in eine Gefährdung des Straßenverkehrs mit rechtfertigender Wirkung einwilligen kann.

567   **Problem Nr 127: Einwilligung des Gefährdeten bei § 315c**

(1) Vereinzelt wird bereits der Tatbestand des § 315c mangels objektiver Zurechenbarkeit des Gefährdungserfolgs verneint (*Jäger*, BT Rn 487).

Argument: Entscheidet sich ein Mitfahrer trotz Kenntnis der Trunkenheit des Fahrers, die Gefahr hinzunehmen, liegt eine einverständliche Fremdgefährdung vor, die der eigenverantwortlichen Selbstgefährdung gleichzustellen ist, weshalb die Herbeiführung des Gefährdungserfolgs nicht das „Werk" des Fahrers, sondern des Insassen ist.

(2) Nach **einer weiteren Ansicht** (*Eisele*, BT1 Rn 1144; *Rengier*, BT2 § 44 Rn 19; *S/S-Sternberg-Lieben/Hecker*, § 315c Rn 41) ist eine rechtfertigende Einwilligung auch im Rahmen von § 315c möglich.

Argument: Der Unrechtsschwerpunkt bei § 315c liegt allein in der konkreten Individualgefährdung. Die Allgemeinheit wird dagegen durch § 316 ausreichend geschützt. Im Gegensatz zu § 315b hat der Gesetzgeber schließlich in § 315c nicht das Merkmal der Beeinträchtigung der Sicherheit des Straßenverkehrs aufgenommen.

(3) Nach einer **differenzierenden Meinung** (*Geppert*, ZStW 83 [1971], 947, 986; *Hillenkamp*, JuS 1977, 166, 177) wirkt die Einwilligung nur insoweit rechtfertigend, als durch andere Strafvorschriften die allgemeine Sicherheit des Straßenverkehrs ausreichend geschützt ist.

Argument: Die allgemeine Sicherheit des Straßenverkehrs wird durch § 316 und die einschlägigen Vorschriften der StVO geschützt. Neben der allgemeinen Verkehrssicherheit hat § 315c vor allem individualschützende Wirkung. Nur in diesen Teil wirkt die Einwilligung hinein, sodass eine Dispositionsbefugnis zu bejahen ist.

(4) Nach der überzeugenden **hA** (BGHSt 23, 261; 53, 55, 63; OLG Stuttgart NJW 1976, 1904; Hentschel/König/Dauer-*König*, Straßenverkehrsrecht, § 315c Rn 52; *Lackner/Kühl*, § 315c Rn 32; *Wessels/Hettinger/Engländer*, BT1 Rn 1091) ist eine Einwilligung in § 315c generell nicht möglich.

Argument: Das hauptsächliche Schutzgut des § 315c ist die allgemeine Sicherheit des Verkehrs. Das Individualrechtsgut Leben ist dagegen iRd § 315c nur ein Schutzgut von untergeordneter Bedeutung. Dies ergibt sich bereits aus dem systematischen Standort der Vorschrift des § 315c im Kapitel der „gemeingefährlichen Straftaten". Danach fehlt die Dispositionsbefugnis des Einzelnen, eine Einwilligung ist deshalb unwirksam.

Zur Vertiefung: Geppert, Jura 1996, 47 ff; Hillenkamp, BT 17. Problem S 81 ff.

Die Möglichkeit einer Rechtfertigung kann nur bejahen, wer bei § 315c den Unrechtsschwerpunkt in der konkreten Individualgefährdung des B sieht, während die Gefährdung des Straßenverkehrs im Falle der Einwilligung durch das Opfer von § 316 ausreichend erfasst wird. Dagegen spricht aber, dass § 315c zwar auch Leib und Leben sowie Vermögen des Einzelnen, in erster Linie aber eben doch gerade die Sicherheit des Straßenverkehrs und damit die Allgemeinheit schützt. Bzgl dieses letzteren Rechtsguts fehlt dem B die Dispositionsbefugnis. Einer Einwilligung des B konnte deshalb keine rechtfertigende Kraft zukommen. **568**

A handelte rechtswidrig.

c) Schuld

A müsste schuldfähig gewesen sein. Für einen Schuldausschluss nach § 20, der bei einer BAK von weniger als 2‰ im Rahmen einer vorzunehmenden Gesamtwürdigung aller Umstände nur ausnahmsweise in Betracht kommt[9], ergeben sich hier keine Anhaltspunkte. Selbst für eine verminderte Schuldfähigkeit iSv § 21 fehlen einschlägige Indizien.

Darüber hinaus hat A eine für ihn vorhersehbare und vermeidbare Sorgfaltspflichtverletzung begangen.

Entschuldigungsgründe sind nicht ersichtlich.

5. Konkurrenzen

§ 316 I ist subsidiär gegenüber § 315c I Nr 1a, III Nr 1[10].

---

9 *Fischer*, § 20 Rn 19 ff; *Wessels/Beulke/Satzger*, AT Rn 621 f.
10 *Fischer*, § 315c Rn 24; S/S-*Sternberg-Lieben/Hecker*, § 316 Rn 30.

6. Ergebnis für A im Tatkomplex A

A ist strafbar gem § 315c I Nr 1a, III Nr 1.

II. Strafbarkeit des B

1. §§ 315c I Nr 1a, III Nr 1, 27

569　B könnte sich dadurch, dass er sich von A in dessen Auto mitnehmen ließ, wegen Beihilfe zu § 315c I Nr 1a, III Nr 1 strafbar gemacht haben. Aus § 11 II ergibt sich, dass der Umstand, dass es sich bei der Haupttat des A nur um eine fahrlässige Gefahrverursachung iSv § 315c III Nr 1 handelt, nicht entgegensteht.

Eine Beihilfe durch positives Tun ist jedoch nicht gegeben (*s Rn 565*).

2. §§ 315c I Nr 1a, III Nr 1, 27, 13 I

Eine Beihilfe durch Unterlassen ist ebenfalls bereits ausgeschlossen worden (*s Rn 565*).

3. Ergebnis für B im Tatkomplex A

B ist nicht strafbar.

B. Die Manipulation am Bremsschlauch (Strafbarkeit des B)

1. §§ 212 I, 22, 23 I Alt 1, 25 I Alt 2

570　Der Totschlag ist nicht vollendet. Der Versuch ist strafbar gem §§ 212 I, 23 I Alt 1.

B hat nur leichte Körperverletzungen billigend in Kauf genommen, nicht aber schwerere Folgen wie den Tod eines Menschen. Daher fehlte ihm der Vorsatz bzgl eines Totschlags.

2. §§ 223 I, II, 22, 23 I Alt 2, 25 I Alt 2

a) Vorprüfung

571　Eine vollendete Körperverletzung ist nicht gegeben. Der Versuch ist strafbar gem §§ 223 II, 23 I Alt 2.

b) Tatentschluss

B hat mit leichten Körperverletzungen gerechnet. Zwar wollte B nicht selbst die letzte Ursache für die Herbeiführung der Körperverletzung setzen – diese sollte im Losfahren durch T liegen. Da aber die T gutgläubig war, liegt insofern ein Fall der mittelbaren Täterschaft vor. Das Opfer wird als Tatmittler gegen sich selbst eingesetzt. Zumindest liegt eine Konstellation vor, deren Struktur mit der der mittelbaren Täterschaft „verwandt" ist[11]. A hatte also Tatentschluss bzgl einer in mittelbarer Täterschaft begangenen einfachen Körperverletzung gefasst.

11　BGHSt 43, 177, 180; *Beulke/Witzigmann*, Ad Legendum 2013, 59, 60; *Wessels/Beulke/Satzger*, AT Rn 780.

c) Unmittelbares Ansetzen

B hat mit Abschluss des Durchtrennens des Bremskabels die körperliche Unversehrtheit der T gefährdet. Die Tat sollte ohne weitere Zwischenakte alsbald nach Antritt der Fahrt durch T vollendet werden.

Die T hätte ihren Wagen auf der Stelle benutzen können, sodass B auch nach seiner subjektiven Sichtweise bereits mit dem Abschluss der Manipulation am Auto unmittelbar zur Tatbegehung angesetzt hat.

Die Situation ähnelt jener der mittelbaren Täterschaft, bei welcher der Versuch beginnt, wenn die Einwirkung auf das Werkzeug abgeschlossen ist und das Werkzeug die Herrschaftssphäre des Hintermannes verlassen hat[12].

D hat damit zur Tatbegehung unmittelbar angesetzt.

d) Strafantragserfordernis, § 230 I

Gem § 230 I ist ein Strafantrag erforderlich.

3. §§ 224 I Nr 2, Nr 5, II, 22, 23 I Alt 2, 25 I Alt 2

a) Vorprüfung

Eine vollendete gefährliche Körperverletzung liegt nicht vor. Der Versuch ist strafbar gem §§ 224 II, 23 I Alt 2. **572**

b) Tatentschluss

B könnte den Entschluss gefasst haben, die Tat mittels eines „anderen gefährlichen Werkzeugs" iSv § 224 I Nr 2 zu begehen. Als gefährliches Werkzeug kommt jeder Gegenstand in Frage, der nach seiner Beschaffenheit und Art seiner Verwendung als Angriffs- oder Verteidigungsmittel im konkreten Falle geeignet ist, erhebliche Verletzungen zuzufügen[13].

Fraglich ist zunächst, auf welches Werkzeug abzustellen ist. Zum einen kommt das Werkzeug in Betracht, mit dem B den Bremsschlauch des Kfz durchtrennte. Sinnvoll kann es hier aber nur sein, auf das Fahrzeug der T abzustellen, das durch seine Funktionsstörung erst die relevante Risikoschwelle überschreitet. Auch ein Kraftfahrzeug kann unter den Begriff eines gefährlichen Werkzeugs fallen[14]. Zwar wird ein Kfz in seiner Eigenschaft als gefährliches Werkzeug zumeist nicht gegen Fahrzeuginsassen eingesetzt. Sie sind jedoch als Bezugsobjekte anzusehen, wenn ihnen – wie hier der T – durch das Fahrzeug, in dem sie sich befinden, erhebliche Verletzungen drohen[15]. B hatte demnach Tatentschluss bzgl des Einsatzes des Wagens der T als gefährliches Werkzeug.

Darüber hinaus könnte B den Entschluss gefasst haben, die Tat mittels einer das Leben gefährdenden Behandlung iSv § 224 I Nr 5 zu begehen. B hat aber lebensgefährliche

---

12 *Wessels/Beulke/Satzger*, AT Rn 780 iVm Rn 857 sowie Fall 5, Problem Nr 48, Rn 213.
13 *Wessels/Hettinger/Engländer*, BT1 Rn 299.
14 BGH VRS 14 [1958], 286; 56 [1979], 189.
15 KG NZV 2006, 111; einschränkend BGH NStZ 2006, 572; BGH NStZ 2007, 405.

Verletzungen gerade nicht in seinen Vorsatz aufgenommen. Seiner Meinung nach sollte es nur zu leichten Körperverletzungen kommen.

c) Unmittelbares Ansetzen

B hat unmittelbar zur Tatbestandsverwirklichung angesetzt (*s Rn 571*).

4. § 315b I Nr 1

573 Durch die Manipulation am Fahrzeug der T könnte sich B gem § 315b I Nr 1 strafbar gemacht haben.

a) Objektiver Tatbestand

Indem er den Bremsschlauch durchtrennte, hat B ein Fahrzeug beschädigt. Hierdurch wurde die Sicherheit des Straßenverkehrs beeinträchtigt.

Infolgedessen müsste eine konkrete Gefahr für Leib oder Leben eines anderen oder für fremde Sachen von bedeutendem Wert eingetreten sein. Die T konnte ihren Pkw hier trotz der Manipulation am Bremsschlauch unbeschadet anhalten. Auch wurden keine Fußgänger gefährdet. Fraglich ist, ob gleichwohl eine konkrete Gefahr iSv § 315b I bejaht werden kann.

574

> **Problem Nr 128: Konkretheit der Gefahr bei § 315b I**
>
> **(1)** Nach **früherer Ansicht der Rspr** (BGH NStZ 1985, 263 m Anm *Geppert*; BGH NZV 1989, 119 m Anm *Berz*) reichte bereits aus, dass der betroffene Fahrer sein Fahrzeug startete, um am Straßenverkehr teilzunehmen, solange der Fahrer die Beschädigung der Bremsen nicht schon nach einer Fahrstrecke von wenigen Metern und vor dem Einbiegen in eine Straße bemerkte.
>
> **Argument:** Die Inbetriebnahme eines Kfz ohne wirksame Fußbremse birgt schon für sich genommen ein hohes Unfallrisiko, weil der Fahrzeugführer bei einem notwendig werdenden Lenk- oder Bremsmanöver seinen Wagen nicht mehr in der Hand hat.
>
> **(2) Inzwischen** stellen **Rspr und hL** (BGH NZV 2012, 249 m Anm *Brüning*, ZJS 2012, 394; BGH NStZ 2012, 700; Hentschel/König/Dauer-*König*, Straßenverkehrsrecht, § 315b Rn 23) zutr an die konkrete Gefahr strengere Anforderungen. Über die der Tathandlung innewohnende latente Gefahr hinaus muss die Handlung im Hinblick auf einen bestimmten Vorgang zu einer kritischen Situation geführt haben, in der die Sicherheit einer bestimmten Person oder Sache so stark beeinträchtigt wurde, dass es nur noch vom Zufall abhing, ob das Rechtsgut verletzt wurde oder nicht (**„Beinahe-Unfall"**).
>
> **Argument:** Diese restriktive Interpretation des § 315b erscheint sachgerecht, weil nur so einer Verwischung der Grenzen von abstrakter und konkreter Gefahr entgegengewirkt werden kann.
>
> *Zur Vertiefung: Geppert, Jura 1996, 639, 641; Küper/Zopfs, BT Rn 242 ff.*

575 Es bestand zwar ein hohes Unfallrisiko beim Fahren mit defekten Bremsen. Dabei handelt es sich jedoch nur um eine abstrakte Gefahr. Zu einem „Beinahe-Unfall" bzw einer hochgradigen Existenzkrise für das geschützte Rechtsgut ist es nicht gekommen. In Übereinstimmung mit der neueren Rspr scheidet eine konkrete Gefährdung iSv § 315b I Nr 1 aus.

b) Ergebnis

B hat sich nicht nach § 315b I Nr 1 strafbar gemacht.

5. §§ 315b I Nr 1, II, 22, 23 I Alt 2

a) Vorprüfung

Der gefährliche Eingriff in den Straßenverkehr wurde nicht vollendet (*s Rn 573 ff*). Der **576**
Versuch ist strafbar gem §§ 315b II, 23 I Alt 2.

b) Tatentschluss

B handelte bzgl der Beschädigung des Fahrzeugs sowie hinsichtlich der dadurch aufge-
tretenen Beeinträchtigung der Sicherheit des Straßenverkehrs vorsätzlich.

Er nahm billigend in Kauf, dass infolge der Manipulation am Bremsschlauch ein Unfall
geschah. Somit handelte B auch bzgl der Herbeiführung der konkreten Gefahr vorsätzlich. Der Umstand, dass T selbst letztlich diese Gefahr herbeiführen sollte, steht der
Bejahung des Tatentschlusses nicht entgegen. Es liegt, wie bereits dargelegt, insoweit
ein Fall vor, der der mittelbaren Täterschaft zumindest ähnlich ist.

c) Unmittelbares Ansetzen

Wer bereits ein Tatbestandsmerkmal verwirklicht, setzt im Regelfall zur Tatbestandsverwirklichung unmittelbar an[16]. B hat durch die Manipulation des Bremsschlauchs bereits
das Tatbestandsmerkmal des Beschädigens eines Fahrzeugs erfüllt und so unmittelbar
angesetzt.

d) Rechtswidrigkeit und Schuld

Rechtfertigungs- und Entschuldigungsgründe sind nicht ersichtlich.

e) Ergebnis

B hat sich gem §§ 315b I Nr 1, II, 22, 23 I Alt 2 strafbar gemacht.

6. §§ 315b I Nr 1, II, III, 22, 23 I Alt 1 iVm § 315 III Nr 1a

a) Vorprüfung

Der gefährliche Eingriff in den Straßenverkehr wurde nicht vollendet (*s Rn 573 ff*). Der **577**
Versuch ist strafbar gem §§ 315b III, 23 I Alt 1 iVm § 315 III Nr 1a.

b) Tatentschluss

B müsste zusätzlich zum Tatentschluss bzgl § 315b I Nr 1 auch noch die Absicht gehabt
haben, einen Unglücksfall herbeizuführen. Unglücksfall bezeichnet dabei den plötzlichen Eintritt eines durch die Gefahr drohenden Schadens; eine bloße – wenn auch
erhebliche – Gefahr reicht dafür nicht[17]. Hier kam es B darauf an, dass die T infolge

---

16 S o Fall 3, Problem Nr 18, Rn 109.
17 *Fischer*, § 315 Rn 22.

des Durchtrennens des Bremskabels in einen Unfall mit möglicherweise leichten Körperverletzungen verwickelt wurde. Der Umstand, dass bzgl der Körperverletzung nur dolus eventualis gegeben war, steht der Bejahung der Absicht der Herbeiführung des Unglücksfalles nicht entgegen[18]. Falls Körperverletzungen eintreten sollten, handelte es sich bei diesen um ein notwendiges Zwischenziel zur Erreichung des weiteren Zieles der Herbeiführung eines Unglücksfalles. Damit kann auch die Absicht bzgl der Herbeiführung eines Unglücksfalles bei B bejaht werden.

c) Unmittelbares Ansetzen

B hat mit dem Ende der Manipulationshandlung am Bremskabel aus seiner Sicht alles Erforderliche getan, um die Tatbestandsverwirklichung von selbst eintreten zu lassen. Es war nur noch eine Frage der Zeit, wann die T das Auto benutzen würde. Am nächsten Tag hat T dann auch das Fahrzeug in Gang gesetzt. Das Rechtsgut war also konkret gefährdet. Weitere Zwischenakte musste B nicht mehr vornehmen.

7. § 303 I Alt 2 (Bremsschlauch)

578 B hat den Bremsschlauch – eine für ihn fremde Sache – vorsätzlich so wesentlich beschädigt, dass er seine bestimmungsgemäße Brauchbarkeit völlig verloren hat. Er hat ihn also zerstört[19].

8. Konkurrenzen

Die §§ 315b I Nr 1, II, III, 22, 23 I Alt 1 iVm § 315 III Nr 1a verdrängen im Wege der Spezialität die §§ 315b I Nr 1, II, 22, 23 I Alt 2.

Die §§ 224 I Nr 2, II, 22, 23 I Alt 2, 25 I Alt 2 verdrängen im Wege der Spezialität die §§ 223 I, II, 22, 23 I Alt 2, 25 I Alt 2.

Da alle verbleibenden Straftatbestände gesondertes Unrecht abdecken, ist von Idealkonkurrenz auszugehen.

9. Ergebnis für B im Tatkomplex B

B ist strafbar gem §§ 315b I Nr 1, II, III, 22, 23 I Alt 1 iVm § 315 III Nr 1a – § 52 – §§ 224 I Nr 2, II, 22, 23 I Alt 2, 25 I Alt 2 – § 52 – § 303 I Alt 2.

C. Der Unfall (Strafbarkeit des A)

1. § 316 I

579 Dadurch, dass A nach dem Absetzen des B die Fahrt fortsetzte und dabei den F anfuhr, könnte er sich gem § 316 I strafbar gemacht haben.

---

18 *Fischer*, § 15 Rn 6.
19 *Wessels/Hillenkamp*, BT2 Rn 36.

a) Objektiver Tatbestand

A hat im Verkehr iSd §§ 315 bis 315d ein Fahrzeug geführt, obwohl er infolge des Genusses alkoholischer Getränke mit 1,8 ‰ nicht in der Lage war, das Fahrzeug sicher zu führen.

b) Subjektiver Tatbestand

A handelte hinsichtlich der Autofahrt in angetrunkenem Zustand vorsätzlich.

c) Rechtswidrigkeit und Schuld

Rechtfertigungs- und Entschuldigungsgründe sind nicht ersichtlich.

2. § 222

Indem A den F angefahren hat, könnte er sich wegen fahrlässiger Tötung gem § 222 **580** strafbar gemacht haben.

a) Tatbestandsmäßigkeit

A hat den tatbestandlichen Erfolg – den Tod eines anderen Menschen – verursacht.

Zudem müsste A eine objektive Sorgfaltspflicht bei objektiver Vorhersehbarkeit des Erfolges verletzt haben. Er hätte als Kraftfahrer nach bewusstem Alkoholkonsum damit rechnen müssen, dass er infolge des Alkoholgenusses fahrunsicher sein könnte, und daher die Fahrt unterlassen müssen. Es war nach allgemeiner Lebenserfahrung auch voraussehbar, dass ihm unter den gegebenen Umständen ein Fahrfehler unterlaufen könnte, der zum Tod eines Menschen führt.

Weiter muss der Erfolg dem Täter objektiv zurechenbar sein. Das ist dann der Fall, wenn durch menschliches Verhalten eine rechtlich relevante Gefahr geschaffen wurde, die sich im tatbestandsmäßigen Erfolg realisiert[20]. Zwar hat A für das Leben des F eine rechtlich missbilligte Gefahr geschaffen. Fraglich ist aber, ob sie sich im konkreten Fall auch realisiert hat. Der Erfolg muss seinen Grund gerade in der Sorgfaltspflichtverletzung haben. Das durch das pflichtwidrige Täterverhalten begründete Risiko schlägt sich dann nicht im Erfolg nieder, wenn dieser auch bei einem pflichtgemäßen Alternativverhalten mit an Sicherheit grenzender Wahrscheinlichkeit eingetreten wäre[21]. Es entfällt dann der Pflichtwidrigkeitszusammenhang. Zweifelhaft ist, auf welches Alternativverhalten für die Vermeidbarkeit des Erfolges abzustellen ist.

Problem Nr 129: Maßstab des rechtmäßigen Alternativverhaltens bei Unfällen während **581** **einer Trunkenheitsfahrt**

(1) Nach der **Rspr des BGH** (BGHSt 24, 31; BayObLG NStZ 1997, 388 m abl Anm *Puppe*) ist das maßgebende Alternativverhalten im Fahren in alkoholisiertem Zustand mit entsprechend angepasster Geschwindigkeit (§ 3 I 2 StVO) zu sehen. Zu fragen ist also, ob der Unfall vermieden worden wäre, wenn der Fahrer seine Geschwindigkeit seinem Zustand entsprechend verringert hätte.

---

20 *Wessels/Beulke/Satzger*, AT Rn 251.
21 *Wessels/Beulke/Satzger*, AT Rn 294.

Argument: Eine abstrakt gefährliche Handlung ist idR nur deshalb sorgfaltswidrig, weil insoweit keine zusätzlichen Sicherungsvorkehrungen getroffen wurden.

(2) Nach der überzeugenden **herrschenden Literaturansicht**, die auch von **Teilen der Rspr** vertreten wird, ist für das Alternativverhalten auf das Fahren im nüchternen Zustand abzustellen (BayObLG bei *Mühlhaus*, DAR 1970, 125, 127; *Kühl*, AT § 17 Rn 63; S/S/W-StGB-*Momsen*, §§ 15, 16 Rn 79; *Rengier*, AT § 52 Rn 40 f; *Wessels/Beulke/Satzger*, AT Rn 960).

Argument: Da Trunkenheitsfahrten generell gefährlich sind und deshalb eigentlich immer unterlassen werden müssen, darf beim rechtmäßigen Alternativverhalten nicht auf einen „sorgfältigen" Betrunkenen abgestellt werden.

Zur Vertiefung: Wessels/Beulke/Satzger, AT Rn 953 ff.

582 Stellt man angesichts der generellen Gefährlichkeit von Trunkenheitsfahrten, die eigentlich jedes Fahren verbietet, für das Alternativverhalten auf das Fahren in nüchternem Zustand ab, hätte A hier den Unfall nicht vermeiden können. Damit entfiele nach dieser vorzugswürdigen Ansicht der Pflichtwidrigkeitszusammenhang. Im vorliegenden Fall wäre allerdings der Unfall und damit der Tod des F selbst dann eingetreten, wenn A seine Fahrgeschwindigkeit dem alkoholisierten Zustand angepasst hätte und erheblich langsamer gefahren wäre. Damit ist hier nach allen Ansichten die objektive Zurechnung mangels Pflichtwidrigkeitszusammenhanges abzulehnen.

b) Ergebnis

A hat sich durch Anfahren des F nicht gem § 222 strafbar gemacht.

3. § 229

Auch eine Strafbarkeit wegen fahrlässiger Körperverletzung scheidet wegen des fehlenden Pflichtwidrigkeitszusammenhanges aus. Die Körperverletzung war für A unvermeidbar.

4. § 315c I Nr 1a, III Nr 1

583 Auch diesbezüglich scheitert eine Strafbarkeit am fehlenden Pflichtwidrigkeitszusammenhang zwischen dem Alkoholkonsum und der konkret eingetretenen Gefährdung. Die Gefahr muss gerade durch die gesetzlich typisierten Verhaltensweisen entstanden sein und darf nicht allein bei Gelegenheit eines derartigen Verhaltens eintreten[22].

5. § 221 I Nr 1

Mangels Vorsatzes, den F in eine hilflose Lage zu versetzen, scheitert eine Strafbarkeit gem § 221 I Nr 1 von vornherein.

6. Ergebnis für A im Tatkomplex C

584 A ist strafbar nach § 316 I.

---

22 BGH NStZ 2007, 222; *Eisele*, JA 2003, 40, 46; *Fischer*, § 315c Rn 16.

7. Konkurrenz zum Tatkomplex A

§ 316 I ist mit Beginn der Fahrt (Abfahrt zusammen mit B) vollendet und wird sodann als Dauerdelikt weiter erfüllt. Es handelt sich also bis zum Anfahren des F um eine einzige Trunkenheitsfahrt iSd § 316 I. Sie ist subsidiär gegenüber dem in Tatkomplex A bejahten § 315c I Nr 1a, III Nr 1.

Es verbleibt somit bei einer Strafbarkeit des A gem § 315c I Nr 1a, III Nr 1.

D. Die Weiterfahrt nach dem Unfall (Strafbarkeit des A)

1. §§ 212 I, 13 I

A könnte sich dadurch, dass er den Unfallort verlassen und sich nicht um den Verletzten F gekümmert hat, wegen Totschlags durch Unterlassen strafbar gemacht haben. Unabhängig von der Frage, ob A eine Garantenstellung aus Ingerenz zukommt, scheitert eine Strafbarkeit wegen Totschlags schon am fehlenden Vorsatz. A vertraute fest darauf, dass sich F in keiner Lebensgefahr befand.

585

2. §§ 223 I, 13 I

Auch eine Strafbarkeit wegen Körperverletzung durch Unterlassen scheitert am fehlenden Vorsatz. A vertraute fest darauf, dass andere Personen sofort ebenso effektiv helfen werden, wie er es gekonnt hätte.

586

3. §§ 222, 13 I

In Frage kommt jedoch eine Strafbarkeit wegen fahrlässiger Tötung durch Unterlassen.

a) Tatbestand

Der tatbestandliche Erfolg ist mit dem Tod des F eingetreten. Auch der Vorwurf einer fahrlässigen Tötung darf nicht an die Herbeiführung des Unfalles anknüpfen, sondern lediglich an das Wegfahren, das als ein Unterlassen der Hilfe zu werten ist.

Hätte A geholfen bzw Hilfe herbeigeholt, was er problemlos gekonnt hätte, so wäre F gerettet worden. Sein Verhalten war somit kausal.

Fraglich ist jedoch, ob A eine Garantenpflicht traf. In Betracht kommt hier allenfalls eine Garantenpflicht aus Ingerenz. Zwar hat A insofern pflichtwidrig gehandelt, als er in angetrunkenem Zustand noch seinen Wagen gesteuert hat. Bzgl dieses Verhaltens und des Unfalls fehlt jedoch der Pflichtwidrigkeitszusammenhang, sodass diese Sorgfaltspflichtverletzung als Anknüpfungspunkt ausscheidet[23]. Da A den Unfall auch in nüchternem Zustand nicht hätte verhindern können, mangelt es an einem einschlägigen pflichtwidrigen Vorverhalten. Es ist umstritten, ob die Ingerenzhaftung auch bei pflichtgemäßem Vorverhalten eingreift.

---

23 Vgl auch *Kindhäuser*, AT § 36 Rn 72; *Rengier*, AT § 50 Rn 87; aA BGHSt 34, 82.

587   **Problem Nr 130: Garantenstellung bei vorangegangenem pflichtgemäßen Tun**

(1) Einer **Mindermeinung** nach genügt jedes gefahrverursachende Verhalten, um eine Garantenstellung aus Ingerenz zu begründen (*Arzt*, JA 1980, 712, 715).

Argument: Jeder, der eine Gefahr verursacht hat, soll schon aus dem allgemeinen Verantwortungsgefühl heraus Schutzmaßnahmen zu ergreifen haben. Den Gefährdeten völlig schutzlos (friedlos) zu stellen, ist mit der Rechtsordnung nicht vereinbar.

(2) Die **hA** (BGHSt 23, 327; BGH NStZ 2017, 84 m Bespr *Kudlich*, JA 2018, 144; *Joecks/Jäger*, St-K-StGB, § 13 Rn 58; *Kaspar*, AT §10 Rn 62; *Rengier*, AT § 50 Rn 73 ff; *Zieschang*, AT Rn 617) bejaht hingegen eine Garantenpflicht aus Ingerenz nur bei pflichtwidrigem Vorverhalten.

Argument: Nur demjenigen, der andere pflichtwidrig in eine Gefahrenlage bringt, ist eine besondere Hilfsmaßnahme zuzumuten. Es ist nicht einzusehen, weshalb der sorgfaltsgemäß Handelnde mehr strafrechtliche Pflichten tragen soll als ein zufällig anwesender Dritter. Bei pflichtgemäßem Vorverhalten ist eine Verantwortung nach § 323c zum Schutz des Opfers ausreichend.

(3) Eine **überzeugende vermittelnde Ansicht** differenziert danach, ob das Verhalten nur mit einer schlechthin alltäglichen Gefährdung oder mit einem darüber hinausgehenden Sonderrisiko verbunden ist (*Jakobs*, AT 29/42; *Kindhäuser*, LPK § 13 Rn 51; *Wessels/Beulke/Satzger*, AT Rn 1024; s a BGHSt 34, 82; 61, 21 u BGH NJW 2017, 418).

Argument: Das Bestehen einer zivilrechtlichen Gefährdungshaftung, insbes bei Betrieb eines Kraftfahrzeugs (*Frister*, AT, Kap 22 Rn 32), ist ein taugliches Indiz dafür, dass rechtlich zulässige Gefahren nicht als erlaubtes Risiko gewertet werden können. Die Schaffung dieser Gefahren zieht dann Rettungspflichten nach sich.

Zur Vertiefung: Wessels/Beulke/Satzger, AT Rn 1022 ff; Beulke, Klausurenkurs I [6] Rn 244; MK-Freund, § 13 Rn 118 ff; Hillenkamp/Cornelius, AT 29. Problem S 247 ff.

588   Bejaht man dies, müsste bereits das gefahrverursachende Verhalten an sich die Pflicht zu bestimmten Schutzmaßnahmen begründen. Nach aA kann ein rechtmäßiges Vorverhalten hingegen keine Garantenpflicht begründen. Der Täter befindet sich insoweit nur in der Situation eines „normalen" Bürgers, den keine gesteigerten Pflichten treffen. Überzeugender erscheint es aber gerade im Falle des Betriebs eines Kraftfahrzeugs ein Sonderrisiko anzuerkennen, mit dem eine strafrechtliche Garantenpflicht einhergeht. Dafür spricht vor allem, dass die zivilrechtliche Gefährdungshaftung nach § 7 I StVG allein an den Betrieb eines Kraftfahrzeugs anknüpft. Eine Garantenpflicht des A ist also gegeben (*aA gut vertretbar, so auch noch die 2. Aufl*).

Bei der Erfolgsverursachung müsste A darüber hinaus objektiv sorgfaltswidrig, dh trotz Vorhersehbarkeit und Vermeidbarkeit des Erfolges und unter Außerachtlassung der im Verkehr erforderlichen Sorgfalt, gehandelt haben. Wer als Fahrer eines Kraftfahrzeugs erkennt, dass ein anderer Unfallbeteiligter verletzt ist, muss als umsichtig handelnder Verkehrsteilnehmer eine sofortige medizinische Versorgung, zumindest durch Benachrichtigung des Rettungsdienstes oder der Polizei, gewährleisten. Mit tödlichen Folgen ist bei einem Zusammenstoß von Auto und Fußgänger immer zu rechnen. A handelte objektiv sorgfaltswidrig.

b) Rechtwidrigkeit

Er handelte rechtswidrig.

c) Schuld

Der Tod des F war für A subjektiv voraussehbar und vermeidbar.

A ist wegen des Liegenlassens des F gem § 222 strafbar.

4. § 142 I Nr 2

Das Verlassen der Unfallstelle nach Verletzung des F könnte ein strafbares unerlaubtes Entfernen vom Unfallort gem § 142 I Nr 2 darstellen.

589

a) Objektiver Tatbestand

A müsste sich als Unfallbeteiligter nach einem Unfall im Straßenverkehr unter Verletzung der Wartepflicht vom Unfallort entfernt haben.

Unter einem Verkehrsunfall ist jedes für zumindest einen der Beteiligten plötzliche, mit dem Straßenverkehr und seinen Gefahren ursächlich zusammenhängende Ereignis zu verstehen, das einen nicht völlig belanglosen Personen- oder Sachschaden zur Folge hat[24]. Das Anfahren des Fußgängers durch A ist ein Unfall im genannten Sinn.

A ist Unfallbeteiligter iSd § 142 V.

A hat den unmittelbaren Unfallbereich verlassen, ohne eine angemessene Zeit auf das Eintreffen einer Person zu warten, die bereit gewesen wäre, Unfallfeststellungen zu treffen.

b) Subjektiver Tatbestand

A handelte vorsätzlich.

c) Rechtswidrigkeit und Schuld

Rechtfertigungs- und Entschuldigungsgründe sind nicht ersichtlich.

5. § 221 I Nr 2

Eine Strafbarkeit wegen Im-Stich-Lassens in hilfloser Lage gem § 221 I Nr 2 scheitert zwar nicht an der fehlenden Garantenpflicht bzw Obhutspflicht des A gegenüber F (*s Rn 586 f*). Insoweit gelten die Regeln des unechten Unterlassungsdelikts entsprechend[25]. Allerdings vertraute A darauf, dass F nur leicht verletzt ist und keine schweren Gesundheitsschädigungen drohen. Es fehlte ihm somit der nach § 221 I erforderliche Vorsatz bzgl der konkreten Gefahr.

590

A hat sich nicht nach § 221 I Nr 2 strafbar gemacht.

24 BGHSt 24, 382, 383; *Wessels/Hettinger/Engländer*, BT1 Rn 1108.
25 *Wessels/Hettinger/Engländer*, BT1 Rn 223; vgl aber BGH NStZ 2013, 101 (§ 13 II nicht anwendbar).

6. § 323c

a) Objektiver Tatbestand

591 Ein Unglücksfall ist ein plötzlich eintretendes Ereignis, das die unmittelbare Gefahr eines erheblichen Schadens für andere Menschen oder fremde Sachen von bedeutendem Wert hervorruft[26].

Grds war A zur Hilfe verpflichtet. Allerdings lässt die sichere Gewähr für sofortige anderweitige Hilfe diese Pflicht mangels Erforderlichkeit entfallen[27]. Hier hat sich A vorgestellt, es werde unverzüglich Hilfe kommen. Zwar ist die Erforderlichkeit der Hilfeleistung ex situatione zu beurteilen, sie entfällt jedoch nur, wenn objektive Anhaltspunkte für sofortige anderweitige Hilfe bestehen und diese sicher ist. Davon kann im vorliegenden Fall nicht ausgegangen werden.

Auch die mangelnde Zumutbarkeit könnte die Hilfeleistungspflicht entfallen lassen. A hatte Angst vor einer Strafverfolgung, die uU zum Verlust seines Führerscheins führen könnte. Fraglich ist, ob die Gefahr einer Strafverfolgung grds der Annahme der Zumutbarkeit im Wege steht.

592 **Problem Nr 131: Kann sich auf die Unzumutbarkeit der Hilfeleistung berufen, wer sich durch die Hilfeleistung der Gefahr einer Strafverfolgung aussetzen würde?**

(1) Nach einer **Mindermeinung** (SK/StGB-*Stein*, § 323c Rn 21) wird die Hilfeleistungspflicht durch eine drohende Strafverfolgung in keinem Falle ausgeschlossen.

Argument: Die allgemeine Hilfspflicht des § 323c trifft jeden Bürger gleichermaßen, egal welche Lebensgeschichte er aufweist. Straftaten sind verwerflich und dürfen nicht zur Strafentlastung herangezogen werden.

(2) Nach der zutr **hM** (BGHSt 11, 353; 39, 164, 166; BGH NStZ 1997, 127; *Rengier*, BT2, § 42 Rn 14 f; S/S/W-StGB-*Schöch*, § 323c Rn 18; S/S-*Sternberg-Lieben/Hecker*, § 323c Rn 20; NK-*Wohlers/Gaede*, § 323c Rn 12) kann sich ein Täter nur dann auf eine Gefährdung berufen, wenn die Straftat in keinem Zusammenhang mit dem Unglücksfall steht.

Argument: Die o unter (1) dargestellte Meinung würde den Täter bei sehr schweren Strafdrohungen zu sehr verpflichten. Nur wenn die Gefahrenlage vom Täter selbst (schuldhaft) herbeigeführt wurde, kann von ihm trotz eigenen Strafrisikos ebenso viel verlangt werden wie von jedem anderen Bürger, nämlich die uneingeschränkte Hilfeleistung.

Zur Vertiefung: Geppert, Jura 2005, 39 ff; Joecks/Jäger, St-K-StGB, § 323c Rn 33 ff.

593 A befürchtete eine Strafverfolgung gerade wegen der Herbeiführung des Unglücksfalles, bei dem er nicht geholfen hat. Es ist unstrittig, dass der Verursacher des Unglücks die Gefahr der Strafverfolgung wegen dieser Unfallherbeiführung hinzunehmen hat. Die Furcht, wegen der früher begangenen Tat (Gefährdung des B als § 315c I Nr 1a, III Nr 1, vgl *Rn 566*) belangt zu werden, ergibt sich aus dem Sachverhalt nicht. Außerdem würde dieser Umstand der Ablehnung der Unzumutbarkeit nicht entgegenstehen, da man insoweit die gesamte Autofahrt als Einheit betrachten muss. Wenn aus dieser Autofahrt ein

---

26 BGHSt 3, 65; 6, 147; *Fischer*, § 323c Rn 3; *Wessels/Hettinger/Engländer*, BT1 Rn 1152.
27 BGHSt 2, 296, 298; *Fischer*, § 323c Rn 12.

Unfall entsteht, muss der Unfallbeteiligte helfen, auch wenn er sich dadurch der Gefahr strafrechtlicher Verfolgungsmaßnahmen aussetzt. Dem A war die Hilfeleistung also zumutbar.

b) Subjektiver Tatbestand

A handelte vorsätzlich, insbes erkannte er die Erforderlichkeit einer Hilfeleistung.

7. § 316 I

A hat vorsätzlich ein Fahrzeug im Straßenverkehr geführt, obwohl er infolge des Genusses alkoholischer Getränke nicht in der Lage war, das Fahrzeug sicher zu führen. **594**

8. Konkurrenzen

Fraglich ist zunächst das Konkurrenzverhältnis zwischen § 222 und § 323c. Für die Subsidiarität des § 323c könnte sprechen, dass die beiden Straftatbestände dasselbe Ziel des Lebensschutzes verfolgen. Andererseits ist zu bedenken, dass die Herbeiführung des Todes im Falle des § 222 nur fahrlässig erfolgt, bei § 323c aber Vorsatz erforderlich ist. Nur die Annahme von Idealkonkurrenz bringt das zusätzliche Unrecht des Vorsatzdeliktes zum Ausdruck[28]. **595**

Problematisch ist des Weiteren das Konkurrenzverhältnis zwischen § 142 I Nr 2 und § 323c.

Nach einer Ansicht stehen § 142 I Nr 2 und § 323c in Tatmehrheit, da es zwischen einem Begehungsdelikt (§ 142) und einem (echten) Unterlassungsdelikt (§ 323c) an der für § 52 erforderlichen Identität der Ausführungshandlung fehlt[29].

Nach überzeugender aA stehen § 142 I Nr 2 und § 323c in Tateinheit[30], da sie durch dieselbe Handlung (das Weiterfahren) verwirklicht werden.

§ 142 I Nr 2 – § 52 – § 323c einerseits und § 222 sowie § 316 I andererseits schützen jeweils unterschiedliche Rechtsgüter und stehen deshalb alle zueinander in Tateinheit, § 52.

9. Ergebnis für A im Tatkomplex D

A ist strafbar gem § 222 – § 52 – § 142 I Nr 2 – § 52 – § 323c – § 52 – § 316 I.

---

28 S/S-*Sternberg-Lieben/Hecker*, § 323c Rn 31.
29 RGSt 68, 315, 317; BGHSt 6, 229, 230.
30 BGH GA 1956, 120; BGH NJW 1992, 584; S/S/W-StGB-*Ernemann*, § 142 Rn 63; S/S-*Stree/Sternberg-Lieben/Bosch*, § 52 Rn 19.

10. Konkurrenzen zu den früheren Tatkomplexen

596 **Problem Nr 132: Verhältnis von § 315c durch Herbeiführung des Unfalls zur Weiterfahrt nach dem Unfall**

(1) Nach **älterer Ansicht** (BGH VRS 9, 350, 353; OLG Köln DAR 1967, 139) ist die Tat des § 315c zwar mit Herbeiführung der Gefahr vollendet, aber erst mit Abschluss der Fahrt beendet, sodass alle dabei verwirklichten Taten in Tateinheit stehen.

Argument: Die ganze Autofahrt ist nach natürlicher Betrachtungsweise ein einheitliches Geschehen.

(2) Nach der überzeugenden **hA** (BGHSt 21, 203; 23, 141, 144; S/S/W-StGB-*Ernemann*, § 142 Rn 63; Hentschel/König/Dauer-*König*, Straßenverkehrsrecht, § 315c Rn 69; *Wessels/Beulke/Satzger*, AT Rn 1087) beendet ein Verkehrsunfall die Dauerstraftat des Fahrens in fahruntüchtigem Zustand, sodass § 315c in Tatmehrheit zu § 142 steht, der seinerseits wieder mit § 316 tateinheitlich zusammentreffen kann (BGH NStZ-RR 1999, 8). Dies gilt selbst dann, wenn der Fahrzeugführer seine Fahrt ohne Unterbrechung fortsetzt.

Argument: Ein Unfall ist für jeden Autofahrer ein so einschneidendes Erlebnis, dass ihm für die gesamte Fahrt eine Zäsurwirkung zukommt. Die Weiterfahrt basiert deshalb auf einem völlig neuen Entschluss.

Zur Vertiefung: Wessels/Beulke/Satzger, AT Rn 1087.

597 Angesichts der Zäsurwirkung eines Unfalls[31] im Laufe einer später fortgesetzten Fahrt ist es sachgerecht, von Tatmehrheit der Delikte, die bis zum Unfall verwirklicht worden sind, und denjenigen, die erst danach erfüllt worden sind, auszugehen.

A ist daher strafbar gem § 315c I Nr 1a, III Nr 1 (o Tatkomplexe A und C) – § 53 – § 222 – § 52 – § 142 I Nr 2 – § 52 – § 323c – § 52 – § 316 I (Tatkomplex D).

E. Erneutes Werben um T (Strafbarkeit des B)

1. § 238 I

597a B könnte sich im Zeitraum von Januar bis April, in welchem er sich T immer wieder näherte, wegen Nachstellung gem § 238 I strafbar gemacht haben.

a) Objektiver Tatbestand

Nachstellen erfasst alle Verhaltensweisen, die darauf gerichtet sind, durch mittelbare oder unmittelbare Annäherung an das Opfer in dessen persönlichen Lebensbereich einzugreifen und die geeignet sind, dessen Lebensgestaltung schwerwiegend zu beeinträchtigen[32]. Die denkbaren Verwirklichungsformen des Nachstellens hat der Gesetzgeber in den Nrn 1-5 des § 238 I präzisiert.

597b Am 24.2. könnte B die räumliche Nähe der T aufgesucht und damit die Tathandlung des § 238 I Nr 1 erfüllt haben. Erfasst werden alle gezielten physischen Annäherungen an das

---

31 Ähnlich verhält es sich, wenn die Trunkenheitsfahrt durch eine Alkoholkontrolle unterbrochen wird: OLG Hamm NVZ 2008, 532.

32 S/S-*Eisele*, § 238 Rn 6.

Opfer wie etwa das Auflauern, Verfolgen, Vor-dem-Haus-Stehen oder eine sonstige Präsenz in der Nähe der Wohnung oder der Arbeitsstelle des Opfers[33]. Indem B stundenlang auf T wartete und sie dann ansprach, erfüllte er den Tatbestand des § 238 I Nr 1. Das Auflauern und An-der-Tür-Klingeln am 10.3. ist ebenfalls als Aufsuchen der räumlichen Nähe iSv § 238 I Nr 1 zu bewerten. Schließlich könnte die von B am 31.3. praktizierte Beobachtung der T beim Verlassen des Hauses § 238 I Nr 1 unterfallen. Indem B sich in einem nahegelegenen Gebüsch versteckt hat, hat er sich T gezielt physisch angenähert. Fraglich ist allerdings, wie es sich auswirkt, dass T den B überhaupt nicht bemerkt hat.

Nicht erkannte Beobachtungen können zwar auf das Stalking-Opfer mangels Eignung **597c** zur Beeinträchtigung der Lebensgestaltung des Opfers keine negativen Auswirkungen haben[34]. Aus dem Wortlaut des Gesetzes ergeben sich indes keinerlei Anhaltspunkte dafür, dass der Tatbestand des § 238 I Nr 1 auch dann nicht erfüllt ist, wenn das Opfer erst zu einem späteren Zeitpunkt über Dritte von dem Aufsuchen der räumlichen Nähe erfahren könnte. Die Eignung zur Beeinträchtigung ist dann ebenso groß, als wenn das Opfer die „Bespitzelung" sofort bemerkt[35]. Nach der Neufassung des Gesetzes als „Eignungsdelikt" wird man zumindest eine konkrete Gefahr der Inkenntnissetzung des Opfers verlangen müssen. Davon kann hier ausgegangen werden. § 238 I Nr 1 ist also erneut erfüllt.

Das Problem hätte auch iRd Taterfolgs iS einer Geeignetheit zur schwerwiegenden Beeinträchtigung angesprochen werden können. Die Diskussion um die heimliche Beobachtung wird jedoch hauptsächlich iRv § 238 I Nr 1 geführt und wurde deshalb auch hier an dieser Stelle angesprochen.

Indem B die T am 10.1. anrief, hat er versucht, unter Verwendung von Kommunikationsmitteln Kontakt zu ihr herzustellen, und somit den Tatbestand des § 238 I Nr 2 erfüllt. Entgegen dem missverständlichen Wortlaut muss nicht nur der Versuch, sondern im Hinblick auf den Schutzzweck des § 238 I erst recht die erfolgreiche Kontaktaufnahme erfasst sein[36]. Durch das mehrmalige Klingelnlassen des Telefons an mehreren Wochenenden (3., 10. und 17.2.) hat B zwar ein Telekommunikationsmittel verwendet. Nonverbale Mittel wie das Niederlegen von Rosen, das bloße Klingelnlassen des Telefons und alle Handlungen, die nicht unmittelbar die Kontaktaufnahme zum Ziel haben, reichen jedoch nach hA zur Verwirklichung des § 238 I Nr 2 nicht aus[37]. Auch bei der Verbreitung unflätiger Bemerkungen über T via Twitter (9.4.) liegt keine versuchte Kontaktaufnahme von B zu T im Sinne von § 238 I Nr 2 vor.

Ferner hat B mit den Todesdrohungen am 10.1, am 24.2. sowie 10.3 gegenüber T ein nicht nur geringfügiges Übel in Aussicht gestellt, auf das er Einfluss zu haben vorgab. Darin liegt jeweils eine Drohung mit der Verletzung des Lebens der T iSd § 238 I Nr 4.

---

33 *Wessels/Hettinger/Engländer*, BT I Rn 409; SK-*Wolters*, § 238 Rn 10.

34 So *Gazeas*, JR 2007, 497, 499; *Mitsch*, NJW 2007, 1237, 1239; HK-GS-*Rössner/Krupna*, § 238 Rn 5; SK-*Wolters*, § 238 Rn 10; einschr *Valerius*, JuS 2007, 319, 321: „Wahrnehmbarkeit".

35 S/S-*Eisele*, § 238 Rn 8; Matt/Renzikowski-*Eidam*, § 238 Rn 13; *Fischer*, § 238 Rn 12; *Kindhäuser*, BT1 § 18 Rn 26; *Wessels/Hettinger/Engländer*, BT1 Rn 412.

36 S/S-*Eisele*, § 238 Rn 11; *Fischer*, § 238 Rn 14.

37 S/S-*Eisele*, § 238 Rn 13; *Kindhäuser*, BT1 § 18 Rn 27; SK-*Wolter*, § 238 Rn 11; aA *Fischer*, § 238 Rn 14, 14b.

597d Sowohl das wiederholte, mehrmalige Klingelnlassen des Telefons (3., 10. und 17.2.) als auch die Schmähungen via „Twitter" am 9.4. könnten als „andere vergleichbare Handlungen" iSv § 238 I Nr 5 einzustufen sein. Die Nummer 5 des § 238 I enthält einen Auffangtatbestand für alle Verhaltensweisen, die zwar nicht unter die Ziffern 1-4 subsumierbar sind, aber auch darauf gerichtet sind, durch mittelbare oder unmittelbare Annäherung an das Opfer in dessen persönlichen Lebensbereich einzugreifen und dessen Handlungs- und Entschlussfreiheit zu beeinträchtigen. Einer solchen Strafbarkeit könnte allerdings der generelle Einwand entgegenstehen, dass der Begriff „andere vergleichbare Handlungen" iSv § 238 I Nr 5 so unbestimmt ist, dass er gegen Art. 103 II GG verstößt und somit als verfassungswidrig einzustufen ist. Zwar ist die Tatbestandsalternative des § 238 I Nr 2 im Hinblick auf das Bestimmtheitsgebot nicht unproblematisch[38], allerdings zeigt der Vergleich zu §§ 315 I Nr 4, 315b I Nr 3, dass Öffnungsklauseln im Strafrecht zulässig sind. Überdies ist der Begriff des Nachstellens aus § 292 I (Wilderei) bekannt und begegnet dort auch keinen durchgreifenden verfassungsrechtlichen Bedenken. Es ist also von der Verfassungsmäßigkeit des § 238 I Nr 5 auszugehen[39].

597e Auch bei den unflätigen Bemerkungen via Twitter geht es darum, die T in ihrem persönlichen Lebensbereich anzugreifen und sie in ihrer Entschließungsfreiheit zu beeinträchtigen. Die Art der Nachstellung ähnelt sehr der in § 238 I Nr 2 Alt 3 dargestellten Begehungsweise der Kontaktherstellung über Dritte. Die via Twitter verbreiteten unflätigen Bemerkungen können also als eine „andere vergleichbare Handlung" im Sinne von § 238 I Nr 5 eingestuft werden. Gleiches gilt für das wiederholte Klingelnlassen des Telefons.

B müsste beharrlich gehandelt haben. Beharrlichkeit setzt wiederholtes Handeln voraus und bezeichnet die in der Tatbegehung zum Ausdruck kommende besondere Hartnäckigkeit und eine gesteigerte Gleichgültigkeit des Täters gegenüber dem gesetzlichen Verbot, die zugleich die Gefahr weiterer Begehung indiziert[40]. Erforderlich ist eine mehrfache, nicht notwendig gleichartige Begehung der Tatbestandsalternativen[41]. Es bedarf einer Gesamtwürdigung der verschiedenen Handlungen, bei der insbes auch der zeitliche Abstand zwischen den Angriffen, deren innerer Zusammenhang sowie das Gewicht der einzelnen Angriffe eine Rolle spielen.

B hat innerhalb von drei Monaten an mindestens acht Tagen zumeist mehrere, teils sogar sehr intensive Nachstellungshandlungen vorgenommen und ist damit wiederholt tätig geworden. Dabei wusste B, dass T sich jeglichen Kontakt verbeten hatte. Regelmäßigkeit, Intensität und Nachdrücklichkeit von Bs Handeln zeugen von seiner Gleichgültigkeit gegenüber dem gesetzlichen Verbot und seiner besonderen Hartnäckigkeit. Im Rahmen einer Gesamtwürdigung ergibt sich, dass B beharrlich gehandelt hat.

---

38 Für Verfassungswidrigkeit bzw Zweifel an der Verfassungskonformität: BGHSt 54, 189, 193 (obiter dictum); *Fischer*, § 238 Rn 17c; *Gazeas*, JR 2007, 497, 501 f; Matt/Renzikowski-*Eidam*, § 238 Rn 21; *Mitsch*, NJW 2007, 1237, 1239; *Valerius*, JuS 2007, 319, 324; *Wessels/Hettinger/Engländer*, BT1 Rn 414.
39 HM: *Mosbacher*, NStZ 2007, 665, 668; *Neubacher/Seher*, JZ 2007, 1029, 1033; HK-GS-*Krupna*, § 238 Rn 9; *Weinitschke*, Ad Legendum 2008, 75, 77 f.
40 BT-Drs 16/575 S. 7; 18/ 9946; BGHSt 54, 189, 195; BGH NStZ 2016, 724; für rein objektive Deutung der Beharrlichkeit *Mosbacher*, NStZ 2007, 665, 666.
41 BGHSt 54, 189, 195; HK-GS-*Krupna*, § 238 Rn 4; *Fischer*, § 238 Rn 18.

B handelte ferner unbefugt, da er sich weder auf das Einverständnis des Stalkingopfers T noch auf eine amtliche oder privatautonome Befugnisnorm stützen kann[42].

Vorliegend war es nicht angezeigt, auf die dogmatische Einordnung des Merkmals „unbefugt" einzugehen. Streit besteht, ob es sich um ein Merkmal des objektiven Tatbestands (Lackner/Kühl, § 238 Rn 6) oder um ein Rechtfertigungsmerkmal (so Fischer, § 238 Rn 26) handelt. Die Frage hat vorliegend lediglich Auswirkungen auf den Aufbau. Aufbaufragen sind im Gutachten jedoch nicht zu erörtern (vgl Beulke, Klausurenkurs I Rn 34).

Seit dem Jahre 2017 verlangt § 238 I keine erfolgreiche Beeinträchtigung des Opfers, vielmehr muss die Tathandlung nur generell geeignet sein, das Opfer in seiner Lebensgestaltung schwerwiegend zu beeinträchtigen[43]. Der Begriff der Lebensgestaltung erfasst die Freiheit der menschlichen Entschlüsse und Handlungen. Beeinträchtigt ist die Lebensgestaltung, wenn das Opfer durch die Handlung des Täters veranlasst wird, ein Verhalten an den Tag zu legen, dass es ohne Zutun des Täters nicht gezeigt hätte; erforderlich ist nach hA also die Eignung zu einer erzwungenen Veränderung der Lebensumstände. Weiterhin muss die Beeinträchtigung schwerwiegend sein. Um eine Ausuferung der Strafbarkeit zu verhindern, ist dieses Merkmal restriktiv dahingehend auszulegen, dass das Verhalten des Täters zu gravierenden, ernst zu nehmenden Folgen führen kann, die über durchschnittliche, regelmäßig hinzunehmende Beeinträchtigungen der Lebensgestaltung erheblich und objektivierbar hinausgehen.

Dass T in ihrer Abwesenheit die Haustüre verschließt und nur noch bei gekipptem Fenster lüftet, begründet (wohl) keine gravierende, ernstzunehmende Beeinträchtigung der Lebensgestaltung, sondern ist als weniger gewichtige Maßnahme der Eigenvorsorge einzuordnen[44]. Dafür spricht, dass es allgemein üblich ist, seine Haustüre bei Verlassen der Wohnung/des Hauses zu verschließen und die erfolgte Beeinträchtigung daher hinnehmbar erscheint. Ob die Schlafstörungen und der erhöhte Blutdruck den tatbestandlichen Erfolg begründen, erscheint fraglich. Wenn man diese als lediglich subjektiv empfundene körperliche Reaktion auffasst, fehlt es insoweit an einer objektivierbaren Möglichkeit der Beeinträchtigung (*aA mit guter Begründung vertretbar*). Im Ergebnis kommt es auf diese Frage jedoch nicht an, da nach einhelliger Auffassung eine (sogar eingetretene) schwerwiegende Beeinträchtigung der Lebensgestaltung anzunehmen ist, wenn das Opfer erhebliche Teile seiner Freizeitaktivitäten aufgibt und das Haus nur noch in Begleitung verlässt[45]. Demnach sind die von B begangenen Nachstellungen geeignet gewesen, eine schwerwiegende Beeinträchtigung der Lebensgestaltung der T zu bewirken.

b) Subjektiver Tatbestand

B hat mit Wissen und Wollen bzgl sämtlicher Merkmale des objektiven Tatbestandes und somit vorsätzlich gehandelt.

---

42 Vgl *Wessels/Hettinger/Engländer*, BT1 Rn 416.
43 Krit *Steinberg*, JZ 2017, 676.
44 So auch OLG Rostock BeckRS 2009, 19346 S 4; zust *Krüger*, NStZ 2010, 546, 551.
45 BGHSt 54, 189, 196 f; *Fischer*, § 238 Rn 24.

c) Rechtswidrigkeit und Schuld

B hat rechtswidrig und schuldhaft gehandelt.

d) Strafantragserfordernis

Der nach § 238 IV grds erforderlich Strafantrag ist gestellt worden.

e) Konkurrenzen

Die Nachstellung ist idR dadurch gekennzeichnet, dass der Täter den tatbestandlichen Erfolg nicht bereits mit der ersten Nachstellungshandlung erreicht, sondern diesen vielmehr schrittweise durch die beharrliche Vornahme von mehreren Nachstellungshandlungen bewirkt. Aus diesem Grund handelt es sich um eine sukzessive Begehung, die die verschiedenen Nachstellungshandlungen vorliegend angesichts des ausreichenden räumlichen und zeitlichen Zusammenhangs und des fortbestehenden einheitlichen Willens des B zu einer tatbestandlichen Handlungseinheit zusammenfasst[46].

2. § 238 II

597f Selbst wenn man in den Schlafstörungen oder dem erhöhten Blutdruck eine Gesundheitsschädigung sehen sollte, wiegt diese jedenfalls nicht so schwer, dass § 238 II erfüllt ist.

3. § 185

597g Beleidigung ist die Kundgabe von Missachtung oder Nichtachtung[47]. Indem B die T am 10.1. als „treuloses Miststück" und „Dirne" bezeichnet hat, hat er ihr gegenüber seine Missachtung kundgegeben. Eine Beleidigung liegt auch darin, dass B am 9.4. unflätige Bemerkungen über Twitter verbreitet hat. Der nach § 194 I erforderliche Strafantrag ist gestellt.

4. § 240 I, III, 22, 23 I

597h Indem B gedroht hat, T umzubringen, wenn sie nicht zu ihm zurückkehrt (10.1. und 24.2.) bzw ihm nicht die Tür öffnet (10.3.), hat er jeweils eine versuchte Nötigung begangen.

5. § 241 I

597i Dadurch dass B der T mehrfach angekündigt hat, er werde sie töten (10.1., 24.2. und 10.3.), hat er jeweils die Begehung einer Straftat iSv § 212 und damit eines Verbrechens iSd § 12 I in Aussicht gestellt. § 241 I ist damit verwirklicht.

---

46 So BGHSt 54, 189, 201; für iterative Begehung *Valerius*, JuS 2007, 323.
47 Vgl schon Rn 265.

6. § 223 I

Fraglich ist, ob sich B nach § 223 I strafbar gemacht hat, indem er durch seine Nachstellungshandlungen bei T Schlafstörungen, erhöhten Blutdruck und Angstgefühle hervorgerufen hat. Eine körperliche Misshandlung ist jede substanzverletzende Einwirkung auf den Körper des Opfers sowie jede üble und unangemessene Behandlung, durch die das körperliche Wohlbefinden oder die körperliche Unversehrtheit mehr als nur unerheblich beeinträchtigt wird (*s Rn 4*). Gesundheitsschädigung ist das Hervorrufen, Steigern oder Aufrechterhalten eines pathologischen Zustands (*s Rn 4*). Rein psychische Einflussnahmen sind nicht tatbestandsmäßig.[48] Dem Sachverhalt kann nicht entnommen werden, dass hier ein somatisch objektivierbarer Zustand eingetreten ist. Schlafstörungen, Angstgefühle und ein vorübergehend erhöhter Blutdruck werden – wenn überhaupt – nur subjektiv empfunden. Daher liegt weder eine körperliche Misshandlung noch eine Gesundheitsschädigung vor. § 223 I ist also nicht erfüllt (*aA vertretbar*).

597j

7. Konkurrenzen

Die (dreifache) vollendete Bedrohung konkurriert jeweils mit der versuchten Nötigung. Nach hA wiegt das Gefährdungsdelikt des § 241 aber so wenig, dass es gegenüber dem Verletzungsdelikt des § 240 nicht nur in der Vollendungs-, sondern auch in der Versuchsvariante subsidiär ist[49]. Zum Teil[50] wird zwar aus Klarstellungsgründen für Tateinheit plädiert, § 241 sollte jedoch jedenfalls dann hinter § 240 zurücktreten, wenn – wie hier – die (Todes-)Bedrohung allein der Durchsetzung des vom Täter durch die Nötigung angestrebten Endziels dient[51].

597k

An vier Tagen (3., 10. und 17.2. sowie 31.3.) hat B lediglich § 238 erfüllt. Am 10.1. hat er zusätzlich eine Beleidung und eine versuchte Nötigung begangen. Alle drei Taten wurden durch ein und dieselbe Handlung begangen und stehen deshalb – da sie verschiedene Rechtsgüter verletzen – zueinander in Idealkonkurrenz (§ 52). Am 24.2. sowie am 10.3. hat er neben der Nachstellung jeweils eine versuchte Nötigung begangen. Auch insoweit besteht Idealkonkurrenz (§ 52). Am 9.4. ging die Nachstellung schließlich mit einer Beleidigung einher (§ 52).

Im Verhältnis der Vorfälle an den acht Tattagen zueinander kommt eine Idealkonkurrenz über die Rechtsfigur der Verklammerung in Betracht. Wie bereits hervorgehoben (*s Rn 597e*), handelt es sich bei der Nachstellung iSv § 238 um ein sukzessiv verwirklichtes, einheitliches Delikt. Es stellt also eine Klammer für die an den jeweiligen Tagen begangenen, zueinander idealkonkurrierenden Delikte dar. Da der Unrechtsgehalt des § 238 I, also des verklammernden Delikts, gegenüber dem der zu verklammernden Delikte, also der versuchten Nötigung sowie der Beleidigung, schwerer wiegt, stehen der Annahme einer Verklammerung auch keine rechtlichen Bedenken entgegen[52].

---

48 *Fischer*, § 223 Rn 12.
49 *Lackner/Kühl*, § 241 Rn 4.
50 BayObLG NJW 2003, 911, mit abl Anm *Jäger*, JR 2003, 477.
51 BGH NJW 2003, 3283, 3286, mit zust Anm *Kühl*, NStZ 2004, 387.
52 BGHSt 54, 189, 201 f; zur Klammerwirkung generell: BGH NStZ 2013, 158; *Wessels/Beulke/Satzger*, AT Rn 1088.

8. Ergebnis für B im Tatkomplex E

B ist strafbar gem § 238 I – § 52 – § 185 (2×) – § 52 – §§ 240 I, III, 22, 23 I Alt 2 (3×).

9. Konkurrenzen zu den früheren Tatkomplexen

597l Die Straftaten des B im Tatkomplex B sind gegenüber den soeben erläuterten Taten im Tatkomplex E völlig selbstständig, sodass von Tatmehrheit (§ 53) auszugehen ist.

F. Das Fahrbahngehen (Strafbarkeit des A)

1. § 315b I Nr 2, Nr 3

598 Durch das Gehen auf der zweispurigen Straße könnte sich A wegen eines gefährlichen Eingriffs in den Straßenverkehr strafbar gemacht haben.

a) Objektiver Tatbestand

In Betracht kommt die Tatvariante des Hindernisbereitens, § 315b I Nr 2. Dies bezeichnet das Herbeiführen eines Vorgangs, der geeignet ist, durch körperliche Einwirkung den regelmäßigen Verkehr zu hemmen oder zu verzögern[53]. Danach wäre das Fahrbahngehen ein Hindernisbereiten.

Zumindest könnte man von einem ähnlichen, ebenso gefährlichen Eingriff iSv § 315b I Nr 3 ausgehen.

Beiden Alternativen ist aber gemeinsam, dass im Grundsatz nur Beeinträchtigungen durch einen verkehrsfremden Eingriff von außen erfasst werden. Vorschriftswidriges verkehrsinternes Verhalten ist grds nur nach § 315c strafbar, da dieser Tatbestand einen abschließenden Katalog (die „Sieben Todsünden im Straßenverkehr") enthält. Hier war A als Fußgänger aber selbst Verkehrsteilnehmer.

Allerdings ist für § 315b I Nr 3 anerkannt, dass auch verkehrsinterne Vorgänge verkehrsfremden Eingriffen gleichgestellt werden können, wenn sie der Sache nach einen verkehrsfremden Eingriff darstellen, wie zB absichtliches Bremsen, um einen Auffahrunfall zu provozieren[54]. Diese Grundsätze der ausnahmsweisen Gleichstellung verkehrsinterner Vorgänge mit verkehrsexternen Eingriffen lassen sich auch auf Fußgänger übertragen[55]. Nach dem Schutzzweck der Norm sind allerdings gewisse Einschränkungen zu machen: Der verkehrsfremde Vorgang muss besonders gefährlich sein, dh es ist erforderlich, dass eine Einwirkung von einigem Gewicht vorliegt. Subjektiv muss es dem Täter gerade darauf ankommen, einen Verkehrsvorgang zu einem Eingriff zu pervertieren[56]. Hier kam es A zwar auf die Schaffung eines Hindernisses an, sodass er einen verkehrsfremden Zweck verfolgte.

---

53 *Fischer*, § 315b Rn 7 iVm § 315 Rn 9.
54 *Fischer*, § 315b Rn 9.
55 BGHSt 41, 231, 239.
56 Vgl bereits o Problem Nr 124 Rn 560.

Fraglich ist allerdings, ob die von A vorgenommene Einwirkung auf den Verkehr bereits die Schwelle von erheblichem Gewicht überschritten hatte. Als Indiz für die Gefährlichkeit kann die tatsächlich eingetretene Gefahrenlage gewertet werden. Eine besondere Gefahr ist zB anzunehmen, wenn feststeht, dass es zu besonders gefährlichen Situationen dadurch gekommen ist, dass die beteiligten Fahrzeuglenker oder andere Autofahrer längere Zeit hinter dem Täter herfahren mussten. A trug einen Rucksack mit Reflektoren, sodass er gut zu sehen war. Wenn der Autofahrer R den A erst in letzter Sekunde wahrgenommen hat, lässt dies sogar darauf schließen, dass R selbst sich möglicherweise verkehrsordnungswidrig verhalten hat und bei vorsichtigerer Fahrweise den A früher gesehen hätte. A gefährdete sich als Fußgänger vor allem selbst. Eine Einwirkung von erheblichem Gewicht ist daher abzulehnen. Somit scheidet eine Strafbarkeit gem § 315b I Nr 2, Nr 3 aus.

Ferner fehlte es A an der besonderen Absicht, die Sicherheit des Straßenverkehrs durch eine Pervertierung eines Verkehrsvorgangs zu beeinträchtigen. Vielmehr wollte A nur die Autofahrer veranlassen, um ihn herumzufahren.

b) Ergebnis

A ist nicht gem § 315b I Nr 2, Nr 3 strafbar.

2. § 240 I, II

a) Objektiver Tatbestand

A müsste den R durch Gewalt oder durch Drohung mit einem empfindlichen Übel zu einem Verhalten genötigt haben. In Betracht kommt hier zunächst der Einsatz von Gewalt. **599**

Problem Nr 133: Genügt das bloße Blockieren der Fahrbahn für die Annahme von Gewalt iSd § 240 I? **600**

(1) Nach der **Rspr des BVerfG** (BVerfGE 92, 1, 18; vgl auch BVerfG NJW 2011, 3020 ff), die im Schrifttum auf breite Zustimmung gestoßen ist (vgl *Eisele*, BT1 Rn 459; *Rengier*, BT2 § 23 Rn 10 ff), ist Gewalt iSv § 240 I eine erhebliche körperliche Kraftentfaltung oder ein physisch wirkender Zwang. Bloß psychisch wirkender Zwang genügt hingegen für die Bejahung der Strafbarkeit gem § 240 I nicht. Für Sitzdemonstrationen und Verkehrsbehinderungen auf einer Fahrbahn bedeutet dies, dass zumindest für die Fahrer in der ersten Reihe nur ein psychisches Hindernis besteht, da sie die Blockade durchbrechen könnten.

(2) Nach der **neueren Rspr des BGH** kann zwar bei einer Fahrbahnblockierung durch Menschen, durch die Autofahrer zum Anhalten veranlasst werden, zumindest bzgl der Fahrzeuge in der ersten Reihe keine Gewalt mehr bejaht werden (anders die frühere Rspr, vgl BGHSt 23, 46, 54 [„Laepple-Urteil"]; vgl auch BGH StV 2002, 360 f). Hingegen bestehen keine Bedenken, bzgl der Fahrzeuge in der zweiten Reihe sogar von einem physischen Zwang auszugehen, weil diese Fahrzeuge tatsächlich nicht weiterfahren können (BGHSt 41, 182; krit hierzu *Sinn*, NJW 2002, 1024 ff). Im Falle eines „Fahrbahngehers" handelt es sich jedoch nur um einen für § 240 I nicht ausreichenden psychischen Zwang (BGHSt 41, 231; vgl auch OLG Karlsruhe NJW 2003, 1263). Die Autofahrer könnten jederzeit ausweichen oder das Hindernis umfahren, sodass es nicht zu einer unüberwindbaren Blockade kommt.

(3) Im **Schrifttum** wird der Gewaltbegriff bei § 240 I bis heute teils weiter ausgelegt und es wird generell ein **körperlich wirkender Zwang** als ausreichend erachtet (vgl *Wessels/Hettinger/Engländer*, BT1 Rn 432). Das bloße Behindern des Verkehrsflusses durch „Fahrbahngeher" wird aber nur in Ausnahmefällen als körperlicher Zwang empfunden.

Zur Vertiefung: Beulke, Klausurenkurs II, Rn 42; Wessels/Hettinger/Engländer, BT1 Rn 432 ff; Eisele, JA 2009, 698; Jakobs, JuS 2017, 97; Küper/Zopfs, BT Rn 274 ff; Swoboda, JuS 2008, 862; Zöller, GA 2004, 147.

601   Die vom Fahrbahngeher A ausgeübte Zwangswirkung auf die anderen Verkehrsteilnehmer war angesichts der leichten Ausweichmöglichkeit nur rein psychischer Natur. Somit scheidet hier nach allen Ansichten die Annahme von Gewalt iSd § 240 I aus.

Theoretisch denkbar erscheint auch eine Drohung mit einem empfindlichen Übel[57]. Drohung iSd § 240 I ist das auf Einschüchterung des Opfers gerichtete Inaussichtstellen eines zukünftigen Übels, auf dessen Eintritt der Drohende sich Einfluss zuschreibt[58]. Übel ist jeder Nachteil, jede Einbuße an Werten. Empfindlich ist ein Übel, wenn mit ihm eine erhebliche Werteinbuße verbunden und der drohende Verlust bei objektiver Beurteilung unter Berücksichtigung der persönlichen Verhältnisse des Betroffenen geeignet ist, einen besonnenen Menschen zu dem mit der Drohung erstrebten Verhalten zu bestimmen[59]. Für den R stellte das Überrollen eines menschlichen Körpers (nämlich den des A) ein empfindliches Übel dar. Als weiteres empfindliches Übel kommt die Bestrafung nach dem Überrollen in Betracht. Diese Übel werden jedoch nicht von A in Aussicht gestellt, weil er davon ausgeht, dass die Fahrzeugführer ihn nicht überfahren, sondern ihm allenfalls ausweichen werden.

b) Ergebnis

A ist nicht gem § 240 I, II strafbar.

3. Ergebnis für A im Tatkomplex F

A ist straflos.

G. Gesamtergebnis des materiell-rechtlichen Gutachtens

602   **A:**   Tatkomplex A: § 315c I Nr 1a, III Nr 1
       – § 53 –
       Tatkomplex C und D: § 222 – § 52 – § 142 I Nr 2 – § 52 – § 323c – § 52 – § 316 I
       Tatkomplex F: straflos
    B: Tatkomplex A: straflos
       Tatkomplex B: §§ 315b I Nr 1, II, III, 22, 23 I Alt 1 iVm § 315 III Nr 1a – § 52 –
       §§ 224 I Nr 2, II, 22, 23 I Alt 2, 25 I Alt 2 – § 52 – § 303 I Alt 2
       – § 53 –
       Tatkomplex E: § 238 I – § 52 – § 185 (2×) – § 52 – §§ 240 I, III, 22, 23 I Alt 2 (3×)

---

57   Vgl insoweit *Herzberg*, JuS 1997, 1067; *Krey*, NStZ 1995, 543 Fn 17; *Lackner/Kühl*, § 240 Rn 12–14.
58   *Wessels/Hettinger/Engländer*, BT1 Rn 452.
59   *Wessels/Hettinger/Engländer*, BT1 Rn 454.

Teil II. (prozessualer Teil)

1. Unfallgeschehen und „Unfallflucht" als eine Tat im prozessualen Sinn?

Fraglich ist, ob das Verlassen der Unfallstelle noch zur selben Tat im prozessualen Sinne   **603**
(§ 264 StPO) gehört. In diesem Fall genügte ein Hinweis des Richters gem § 265 I, II
StPO auf Veränderung des rechtlichen Gesichtspunktes. Sollte es sich bei der „Unfallflucht" dagegen um eine neue Tat handeln, wäre eine Nachtragsanklage gem § 266 StPO
erforderlich.

Als Tat im prozessualen Sinne versteht man das gesamte Verhalten des Beschuldigten,
soweit es mit dem in Anklage, Eröffnungsbeschluss oder Urteil bezeichneten geschichtlichen Vorkommnis nach der Auffassung des Lebens einen einheitlichen Vorgang bildet[60].
Entscheidende Kriterien für die Bestimmung dessen, was als einheitlicher geschichtli-
cher Vorgang zu werten ist, sind Tatort, Tatzeit, Tatobjekt und die Angriffsrichtung. In
der Regel werden in Idealkonkurrenz stehende Delikte auch eine Tat im prozessualen
Sinne bilden, Realkonkurrenz deutet dagegen eher auf mehrere Taten im prozessualen
Sinne hin.

Hier führt die Zäsurwirkung des Unfalls, verbunden mit dem erneuten Tatentschluss des
Wegfahrens, zur Annahme von Realkonkurrenz, was mehrere Taten im prozessualen
Sinne nahelegt. Dennoch hat die Rspr[61] eine Tat im prozessualen Sinne angenommen,
da eine Trennung als „unnatürliche Aufspaltung eines einheitlichen Lebensvorgangs
empfunden" würde. Folglich reicht insoweit ein Hinweis des Richters auf Veränderung
des rechtlichen Gesichtspunktes gem § 265 I StPO, um auch das Herbeiführen des Unfalles mit in den Prozess einzubeziehen. Eine Nachtragsanklage ist nicht erforderlich.

Zur Vertiefung: Beulke, StPO Rn 512 ff.

2. Beweismittelarten im Strafprozess

Die StPO kennt folgende Beweismittelarten: **604**

Persönliche Beweismittel:
– Zeugenbeweis (§§ 48 ff StPO) und
– Sachverständigenbeweis (§§ 72 ff StPO)

Sachliche Beweismittel:
– Urkundsbeweis (§§ 249 ff StPO) und
– Augenscheinsbeweis (§ 86 StPO)

Kein Beweismittel im eigentlichen Sinne ist die Einlassung des Angeklagten bzw der
Mitangeklagten (vgl Wortlaut von § 244 I StPO, wonach die Beweisaufnahme der Vernehmung des Angeklagten nachfolgt). Ihnen kommt eine Sonderrolle zu. Man spricht
insoweit von einem Beweismittel im weiteren Sinne. Weitere Beweismittel sind in der
StPO nicht vorgesehen (sog numerus clausus der Beweismittel).

---

60 *Beulke*, StPO Rn 513; *Huber*, JuS 2012, 208.
61 BGHSt 23, 141, 147.

Dieser numerus clausus der Beweismittel betrifft aber nur den sog Strengbeweis, der zum Nachweis der Schuld und der Frage der Rechtsfolgen eingreift. Davon zu unterscheiden ist das Freibeweisverfahren, das für die Schuld- und Rechtsfolgenfrage bis zur Eröffnung des Hauptverfahrens und während des gesamten Verfahrens hinsichtlich der Klärung prozessualer Fragen gilt.

Zur Vertiefung: Beulke, StPO Rn 179 ff; Eisenberg, Rn 1000 ff.

3. Zeugnisverweigerungsrecht des Angehörigen eines Beschuldigten in einem einheitlichen Verfahren gegen Dritte

a) Belehrungspflicht

605 Gemäß § 52 III 1 StPO muss der Richter die E vor ihrer Vernehmung auf ihr Zeugnisverweigerungsrecht hinweisen, wenn sich dieses aus § 52 I Nr 2 StPO ergibt. Richtet sich ein einheitliches Verfahren gegen mehrere Mitbeschuldigte und steht der Zeuge auch nur zu einem von ihnen in einem Angehörigenverhältnis nach § 52 StPO, so ist er zur Verweigerung des Zeugnisses hinsichtlich aller Beschuldigten berechtigt, sofern der Sachverhalt, zu dem er aussagen soll, auch seinen Angehörigen betrifft[62]. Der Zeuge kann nämlich nur einheitlich aussagen, sodass sich sein Zeugnisverweigerungsrecht einheitlich auswirkt. Ferner besteht auch hier die Gefahr von Falschaussagen und der „Familienfrieden" wird tangiert. Diese Überlegungen betreffen auch den Fall, dass das Verfahren gegen den Angehörigen abgetrennt worden ist. Es reicht also aus, wenn die Verfahren auch nur vorübergehend verbunden waren[63].

Ob auch im Falle eines verstorbenen Mitbeschuldigten § 52 I Nr 2 StPO für dessen Angehörige weiterhin bestehen bleibt, ist streitig.

Problem Nr 134: Steht dem Angehörigen eines verstorbenen Beschuldigten im Prozess gegen Mitbeschuldigte ein Zeugnisverweigerungsrecht zu?

(1) Nach der neueren Rspr des **BGH** (BGHSt 38, 96, 101; BGH NJW 1993, 2326) entfällt das Zeugnisverweigerungsrecht nach rechtskräftigem Freispruch oder rechtskräftiger Verurteilung des Mitbeschuldigten (und Angehörigen) sowie nach Einstellung des Verfahrens gegen ihn gem § 154 StPO (BGHSt 54, 1). Ebenso wird entschieden, wenn der „Angehörigen-Mitbeschuldigte" verstorben ist (BGH NStZ 1992, 291).

Argument: Da jetzt keine Strafverfolgung gegen den Angehörigen mehr droht, ist der Sinn des Zeugnisverweigerungsrechts entfallen.

(2) Nach überzeugender Ansicht in der **Lit** (*Beulke*, StPO Rn 192; SK/StPO-*Rogall*, Vor § 133 Rn 189) und in der **früheren Rspr** (BGHSt 34, 215, 216) besteht das Zeugnisverweigerungsrecht auch noch, wenn der Angehörige zur Zeit der Zeugenvernehmung verstorben oder das gegen ihn betriebene Strafverfahren bereits rechtskräftig abgeschlossen ist.

Argument: Die o unter (1) dargestellte Lösung des BGH erscheint nicht sachgerecht, denn das Interesse am Schutz des innerfamiliären Friedens kann auch nach dem Tode eines Angehö-

---

62 BGHSt 34, 215, 216; BGH NStZ 2012, 340.
63 BGHSt 38, 96, 98; zweifelnd nunmehr BGH NStZ 2012, 221, 222.

rigen bzw nach dessen rechtskräftiger Aburteilung so ausgeprägt sein, dass es uU das Interesse an der Durchführung des Strafverfahrens überwiegt.

Zur Vertiefung: Beulke, StPO Rn 192; Schmitt, Kühne-FS, S 333 ff.

Zwar droht Y keine Strafverfolgung mehr. Gleichwohl kann E auch nach dem Tod des Y noch in einen Gewissenskonflikt geraten, sofern sie im Falle einer wahren Aussage ihren verstorbenen Mann postum „schlecht machen" müsste. Vor solchen Gewissenskonflikten will § 52 StPO, der einen umfassenden Schutz der Familie im Auge hat, bewahren. Nach überzeugender Ansicht, die allerdings von der neueren Rspr nicht geteilt wird, steht der E also ein Zeugnisverweigerungsrecht zur Seite, auf das man sie hinzuweisen hat.

b) Beweisverwertungsverbot

Fraglich ist, ob aus dem Fehlen der hier geforderten (*s Rn 605*) Belehrung der E über ihr Zeugnisverweigerungsrecht ein Beweisverwertungsverbot hinsichtlich ihrer Aussage resultiert.   **606**

Nach überzeugender Ansicht ist die Frage, ob aus einem – nicht direkt aus der Verfassung abgeleiteten – Beweiserhebungsverbot ein Beweisverwertungsverbot folgt, anhand des Schutzzweckes der jeweils verletzten Beweiserhebungsnorm zu beantworten[64].

Gegenüber E wurde die Belehrungspflicht aus § 52 III StPO verletzt. Aus dem Schutzzweck der Norm („schonende Rücksicht auf die Familienbande"[65]) ergibt sich die Unverwertbarkeit der so gewonnenen Aussage[66].

Zwar erfährt das Beweisverwertungsverbot der unterbliebenen Zeugenbelehrung eine wesentliche Einschränkung insoweit, als es nur dann gilt, wenn das Fehlen der Belehrung für die Aussage des Zeugen ursächlich war. Steht nämlich fest, dass der Zeuge sein Aussageverweigerungsrecht gekannt hat und auch bei Belehrung ausgesagt hätte, so entfällt das Verwertungsverbot, da die Zeugenaussage dann nicht auf der unterlassenen Belehrung beruhte und das auf die Zeugenaussage gestützte Urteil keinen Verstoß gegen § 52 III StPO darstellt[67]. Anhaltspunkte dafür, dass E ihr Zeugnisverweigerungsrecht gekannt hat, sind jedoch nicht ersichtlich.

Schließlich ist das aus einer Verletzung des § 52 III StPO resultierende Beweisverwertungsverbot auch nach Ansicht der Rspr – im Gegensatz zur Verletzung des § 136 I 2 StPO[68] – nicht davon abhängig, dass der verteidigte Angeklagte in der Hauptverhandlung einer Verwertung widerspricht[69].

---

64 Zum Problem der Ermittlung von Beweisverwertungsverboten s Fall 3, Problem Nr 30, Rn 149. Folgt man der Ansicht des BGH, nach der schon kein Zeugnisverweigerungsrecht besteht, hat die unterlassene Belehrung natürlich keinerlei Konsequenzen.
65 BGHSt GrS 11, 213, 216.
66 Vgl BGHSt 14, 159, 160.
67 BGHSt 38, 214, 225; vgl auch BGH NStZ 2012, 221.
68 S Fall 3, Problem Nr 31, Rn 151.
69 BGHSt 45, 203, 205.

4. Auskunftsverweigerungsrecht des § 55 I StPO

607 Gemäß § 55 I StPO kann jeder Zeuge die Auskunft auf solche Fragen verweigern, deren Beantwortung ihn selbst oder einen Angehörigen der Gefahr aussetzen würde, strafrechtlich (oder wegen einer Ordnungswidrigkeit) belangt zu werden. Hierüber ist er zu belehren (§ 55 II StPO). Die Belehrungspflicht gilt auch für die StA und die Polizei (§§ 161a I 2, 163 III 1 StPO).

Die Konsequenzen der Nichtbelehrung des Zeugen gem § 55 I StPO für den Beschuldigten sind umstritten.

> **Problem Nr 135: Führt die Verletzung der Belehrungspflicht über das Auskunftsverweigerungsrecht des § 55 I StPO zu einem Beweisverwertungsverbot?**
>
> **(1)** Bei der Verletzung dieser Belehrungspflicht bejaht eine **starke Mindermeinung** (*Gössel*, StVR S 218; *Jäger*, GA 2008, 473, 487; SK/StPO-*Rogall*, § 55 Rn 79) ein Verwertungsverbot.
>
> **Argument:** Der § 55 I StPO schützt auch das Interesse des Angeklagten an einer konfliktfreien, wahrheitsgemäßen Zeugenaussage.
>
> **(2)** Demgegenüber verneint die **hM** (BGHSt [GrS] 11, 213, 218; *Beulke*, StPO Rn 464; HK-*Gercke*, § 55 Rn 2, 18; M-G/*Schmitt*, § 55 Rn 17) zutr ein Beweisverwertungsverbot im Verfahren gegen den Angeklagten.
>
> **Argument:** Da § 55 I StPO allein den Zeugen vor einer Selbstbelastung oder einer solchen naher Angehöriger schützen will, ist der Rechtskreis des Angeklagten durch die Verletzung der Belehrungspflicht nicht berührt („Rechtskreistheorie").
>
> *Zur Vertiefung: Beulke, StPO Rn 464; Rössner/Safferling, StPO 19. Problem S 107 ff.*

Läge der Grund für die Belehrungspflicht des § 55 StPO im Interesse des Angeklagten in einer wahrheitsgetreuen und frei von Konflikten getroffenen Aussage des Zeugen, spräche alles für ein Beweisverwertungsverbot zugunsten des Beschuldigten. Vorzugswürdig erscheint es aber, den Schutz des § 55 StPO nur der Aussageperson zu gewähren. Der Zeuge soll sich in keine Zwangslage manövrieren müssen. Wird er darüber nicht belehrt, so kann das für den Beschuldigten kein Beweisverwertungsverbot zur Folge haben. Diese Position wird heute zumeist mit der Beschreibung „Rechtskreistheorie" belegt. Im Ergebnis kann also trotz Verletzung der Belehrungspflicht die Aussage des B gegenüber K zulasten des A verwertet werden.

5. Fehlen der Belehrung gem § 136 I 2 StPO im Verfahren gegen Dritte

608 Die gem §§ 163a III, 136 I 2 StPO erforderliche Beschuldigtenbelehrung ist unterblieben. Das hat nach heute unbestrittener Ansicht für die Aussage des B ein Verwertungsverbot zur Folge, sodass eine Verurteilung des B hierauf nicht gestützt werden kann[70].

Fraglich ist, ob für die Verurteilung des B die Aussage des G herangezogen werden kann (und umgekehrt für die Verurteilung des G die Aussage des B).

---

70 BGHSt 38, 214 ff.

Für den Fall, dass die Verfahren noch nicht miteinander verbunden wurden, hat die Rspr[71] eine Verwertung mit der Begründung zugelassen, die gegenüber dem einen Mitbeschuldigten unterlassene Belehrung berühre nicht den Rechtskreis des anderen Mitbeschuldigten. Bei einer gegenüber mehreren Beschuldigten unterlassenen Belehrung hat dies jedoch im Fall der Verbindung die missliche Konsequenz, dass die Aussagen sozusagen „über Kreuz" verwertet werden können. Deshalb spricht sich eine aA[72] gegen eine Verwertbarkeit aus. Die Rechtsfrage ist derzeit noch ungeklärt.

Zur Vertiefung: Beulke, StPO Rn 468, 464.

Definitionen zum Auswendiglernen

Unfall	iSv **§ 142** ist jedes für zumindest einen der Beteiligten plötzliche, mit dem Straßenverkehr und seinen Gefahren ursächlich zusammenhängende Ereignis, das einen nicht völlig belanglosen Personen- oder Sachschaden zur Folge hat (*Wessels/Hettinger/Engländer, BT1 Rn 1108*).
Unglücksfall	iSv **§ 315 III Nr 1** und **§ 323c** ist jedes (plötzlich eintretende) Ereignis, das die unmittelbare Gefahr eines erheblichen Schadens für andere Menschen oder fremde Sachen von bedeutendem Wert hervorruft (*Wessels/Hettinger/Engländer, BT1 Rn 1152*).
Hindernisbereiten	iSv **§ 315b I Nr 2** bedeutet das Herbeiführen eines Vorgangs, der geeignet ist, durch körperliche Einwirkung den regelmäßigen Verkehr zu hemmen oder zu verzögern (*Fischer, § 315b Rn 7 iVm § 315 Rn 9*).
Ähnliche, ebenso gefährliche Eingriffe in den Straßenverkehr	iSv **§ 315b I Nr 3** sind verkehrsfremde Eingriffe, die von außen her die Sicherheit des Straßenverkehrs beeinträchtigen (*Wessels/Hettinger/Engländer, BT1 Rn 1072*).
Fahruntüchtigkeit	iSv **§ 316** liegt vor, wenn der Fahrzeugführer nicht fähig ist, ein Fahrzeug über eine längere Strecke sicher zu führen (*Wessels/Hettinger/Engländer, BT1 Rn 1084*).
Aufsuchen räumlicher Nähe	iSv **§ 238 I Nr 1** erfasst alle gezielten physischen Annäherungen an das Opfer wie etwa das Auflauern, Verfolgen, Vor-dem-Haus-Stehen oder die sonstige Präsenz in der Nähe der Wohnung oder der Arbeitsstelle des Opfers (*Wessels/Hettinger/Engländer, BT1 Rn 412*).
Beharrlichkeit	iSv **§ 238 I** setzt wiederholtes Handeln voraus und bezeichnet die in der Tatbegehung zum Ausdruck kommende besondere Hartnäckigkeit und eine gesteigerte Gleichgültigkeit des Täters gegenüber dem gesetzlichen Verbot, die zugleich die Gefahr weiterer Begehung indiziert (*Wessels/Hettinger/Engländer, BT1 Rn 415*).
Unbefugt	iSv **§ 238 I** handelt der Täter, wenn er sich weder auf eine amtliche oder privatautonome Befugnisnorm noch auf ein Einverständnis des Opfers berufen kann (*Wessels/Hettinger/Engländer, BT1 Rn 416*).

---

71 BayObLG NJW 1994, 1296; BGH StV 1995, 231; zust *Beulke*, StPO Rn 468; vgl auch BGHSt 53, 191.
72 *Dencker*, StV 1995, 231; *Roxin/Schünemann*, StPO § 24 Rn 32; *Weßlau*, StV 2011, 41.

Eignung zur schwerwiegenden Beeinträchtigung der Lebensgestaltung	iSv § 238 I meint jedes Verhalten des Täters, das objektiv geeignet ist, das Opfer zu einer Verhaltensweise zu veranlassen, die es ohne Zutun des Täters nicht gezeigt hätte und die zu gravierenden, ernst zu nehmenden Folgen führt, die über durchschnittliche, regelmäßig hinzunehmende Beeinträchtigungen der Lebensgestaltung erheblich und objektivierbar hinausgehen (*Wessels/Hettinger/Engländer*, BT1 Rn 411).

Weitere einschlägige Musterklausuren

Zum Problem der alkoholbedingten Fahruntüchtigkeit:

Ast, JuS 2017, 867; *Baier*, JA 2005, 37; *Beulke*, Klausurenkurs II [7] Rn 191; *Bode/Niehaus-Kluth* [6] Rn 27; *Ellbogen/Richter*, JuS 2002, 1192; *Goeckenjan*, JuS 2008, 702; *Gössel*, [15] S 243; *Heghmanns*, Ad Legendum 2017, 230; *Herzberg/Putzke*, JuS 2008, 884; *Meurer/Kahle/Dietmeier*, [6] S 103; *Otto/Bosch*, [11] S 243; *Ranft*, in: *Coester-Waltjen* ua (Hrsg), Examensklausurenkurs II, S 61; *Reinbacher*, Jura 2007, 382; *ders*, in: *CoesterWaltjen* ua (Hrsg), Zwischenprüfung, S 26; *Singelnstein*, ZJS 2012, 229; *Trüg*, JA 2002, 214

Zum Problem der Beeinträchtigung des Straßenverkehrs durch einen „ähnlichen, ebenso gefährlichen Eingriff" iSv § 315b I Nr 3:

Bode/Niehaus-Niehaus [8] Rn 9; *Bülte*, StudZR 2012, 99; *Dreher*, JuS 2007, 459; *Eisele*, JA 2003, 40; *Fahl*, JuS 2003, 472; *Haverkamp/Kaspar*, JuS 2010, 780; *Hoven*, JuS 2016, 631; *Meurer/Kahle/Dietmeier*, [6] S 103; *Moldenhauer*, JA 2017, 915; *Niehaus*, in: Schlüter ua (Hrsg), Examensklausurenkurs, S 301; *Noak/Sengbusch*, Jura 2005, 494; *Pape*, Jura 2007, 147; *Puschke*, ZJS 2013, 285; *Radtke/Schwer*, JuS 2003, 580; *Radtke/Meyer*, JA 2009, 702; *Ranft*, in: *Coester-Waltjen* ua (Hrsg), Examensklausurenkurs II, S 61; *Schmidt*, Fälle I, [2] Rn 8; *Sonnen/Mitto/Nugel*, Fälle [15] S 136; *Timpe*, Jura 2009, 465; *Trüg*, JA 2002, 214; *Walter/Uhl*, JA 2009, 31; *Wedler*, JA 2015, 671

Zum Problem der Konkretheit der Gefahr bei § 315b I:

Bülte, StudZR 2012, 99; *Goeckenjan*, JuS 2008, 702; *Haverkamp/Kaspar*, JuS 2010, 780; *Lang/Sieber*, JA 2014, 913

Zum Problem: Gehören tatbeteiligte Mitfahrer zu dem durch § 315c geschützten Personenkreis?

Beulke, Klausurenkurs II [7] Rn 191; *Chowdhury/Meier/Schröder*, [10] S 258; *Ellbogen/Richter*, JuS 2002, 1192; *Fennhahn/Lohse*, Ad Legendum 2011, 330; *Gössel*, [7] S 124; *Graul*, JuS 1992, 321; *Kudlich*, JA 2008, 703; *Niehaus*, Ad Legendum 2008, 117; *Otto/Bosch*, [18] S 393; *Peterek/Ingelfinger*, StudZR 2005, 431; *Putzke*, Jura 2015, 95; *Schmidt*, Fälle I, [2] Rn 15; *Schwabe*, BT1 [17] S 290; *Sternberg-Lieben*, JuS 1998, 428; *Trüg*, JA 2002, 214; *Wedler*, JA 2015, 671; *Wolters*, [3] S 59

Zum Problem: Notwendiges Ausmaß der Gefährdung des Beifahrers im Rahmen des § 315c:

Baier, JA 2000, 300; *Beulke*, Klausurenkurs II [7] Rn 191; *Bindzus/Ludwig*, JuS 1998, 1123; *Ellbogen/Richter*, JuS 2002, 1192; *Fennhahn/Lohse*, Ad Legendum 2011, 330; *Krumdiek*, Jura 2009, 623; *Kudlich*, JA 2008, 703; *Momberg*, Jura 1983, 482; *Wittig*, in: *Coester-Waltjen* ua (Hrsg), Examensklausurenkurs I, S 45

Zum Problem der Einwilligung des Gefährdeten bei § 315c:
Baier, JA 2000, 300; *Beulke*, Klausurenkurs II [7] Rn 191; *Chowdhury/Meier/Schröder*, [10] S 258; *Ellbogen/Richter*, JuS 2002, 1192; *Fennhahn/Lohse*, Ad Legendum 2011, 330; *Krumdiek*, Jura 2009, 623; *Niehaus*, Ad Legendum 2008, 117; *Peterek/Ingelfinger*, StudZR 2005, 431; *Putzke*, Jura 2015, 95; *Schwabe*, BT1 [17] S 290; *Walter/Uhl*, JA 2009, 31; *Wolters*, [3] S 59

Zum Problem des rechtmäßigen Alternativverhaltens:
Baumann/Arzt/Weber, [14] S 80; [15] S 85; *Habenicht*, in: *Coester-Waltjen* ua (Hrsg), Examensklausurenkurs IV, S 199; *Kienapfel*, S 145 ff; *Merten*, [14] S 43; *Rudolphi*, [14] S 166

Zum Problem der Garantenstellung bei vorangegangenem pflichtgemäßen Tun:
Beulke, Klausurenkurs I [6] Rn 225; *Ellbogen/Richter*, JuS 2002, 1192; *Esser*, Jura 2004, 273; *Geppert*, Jura 2002, 278; *Habenicht*, in: *Coester-Waltjen* ua (Hrsg), Examensklausurenkurs IV, S 199; *Kühl/Hinderer*, JuS 2009, 919; *Meurer/Kahle/Dietmeier*, [4] S 49; *Murmann*, JA 2011, 593; *Noak*, in: *Coester-Waltjen* ua (Hrsg), Zwischenprüfung, S 20; *Otto/Bosch*, [2] S 84; *Penkuhn*, ZJS 2016, 232; *Rauda/Zenthöfer*, [24, 25] S 132; *Rudolphi*, [3] S 24; *Schneider/Schumann*, ZJS 2013, 195; *Sternberg-Lieben*, Jura 1996, 544;

Zum Problem: Kann sich auf die Unzumutbarkeit der Hilfeleistung berufen, wer sich durch die Hilfeleistung der Gefahr einer Strafverfolgung aussetzen würde?
Hilgendorf, Klausurenkurs I [12] S 102; *ders*, Klausurenkurs III, [14] S 177; *Kett-Straub/Linke*, JuS 2008, 717; *Vogel/Fad*, JuS 2002, 786; *Zöller/Mavany*, ZJS 2009, 694

Zum Problem: Verhältnis von § 315c durch Herbeiführung des Unfalls zur Weiterfahrt nach dem Unfall:
Heghmanns, Ad Legendum 2017, 230; *Niehaus*, Ad Legendum 2008, 117; *Radtke/Meyer*, JA 2009, 702; *Reinbacher*, Jura 2007, 382

Zum Problem des Gewaltbegriffs:
Böse/Keiser, JuS 2005, 440; *Gössel*, [1] S 33; *Gropp/Küpper/Mitsch*, [11] S 201; *Kasiske*, Jura 2012, 736; *Krahl*, JuS 2003, 1187; *Niederle*, [19] S 73; *Rosenau/Witteck*, Jura 2002, 781; *Rudolphi*, [5] S 52; *Schott*, Jura 2001, 854; *Schwabe*, BT1 [7] S 121; *Wittig*, in: *Coester-Waltjen* ua (Hrsg), Examensklausurenkurs I, S 45

Zu Problemen im Zusammenhang mit § 238:
Esser/Krickl, JA 2008, 792; *Jeßberger/Book*, JuS 2010, 321; *Schenk*, Jura 2008, 553

Zum Problem des Beweisverwertungsverbots bei unterbliebener Zeugenbelehrung:
Frisch/Murmann, JuS 1999, 1196

Zum Problem: Steht dem Angehörigen eines verstorbenen Beschuldigten im Prozess gegen Mitbeschuldigte ein Zeugnisverweigerungsrecht zu?
Vogel, Jura 1996, 265

Zum Problem: Führt die Verletzung der Belehrungspflicht über das Auskunftsverweigerungsrecht des § 55 I StPO zu einem Beweisverwertungsverbot?
Berg, in: *Coester-Waltjen* ua (Hrsg), Examensklausurenkurs I, S 56; *Eisenberg*, Jura 1987, 265; *Hammer*, StPO Rn 10; *Klesczewski/Hawickhorst*, JA 2015, 109; *Renzikowski*, JSE 2017, 80; *Sanchez-Hermosilla/Schweikart*, [58] S 129, [59] S 130

Zum Problem des Zeugnisverweigerungsrechts eines Angehörigen im Prozess gegen Mitbeschuldigte:
Hillenkamp, JuS 2001, 159

Fall 13

Warmer Abriss

I.

609 Der alleinstehende Industrielle I bewohnt ein ihm allein gehörendes Waldhaus. Dieses Anwesen ist rundherum von Wald umgeben, der samt und sonders im Eigentum des I steht. Als die Geschäfte des I schlecht laufen, kommt ihm die Versicherung seines Waldhauses gegen Brandgefahr in den Sinn, die er vor einiger Zeit abgeschlossen hat. Da er der einzige Bewohner des Gebäudes ist und ihm das Haus ohnehin zu groß erscheint, beschließt er, den Versicherungsfall „künstlich" herbeizuführen. Er weiht seinen Freund F, der Mitglied der freiwilligen Feuerwehr ist, in seinen Plan ein und bittet ihn, „freundschaftshalber" beim Anzünden mitzuwirken. F ist begeistert, kann er doch so seine pyromanischen Triebe ausleben.

I und F entleeren je einen Benzinkanister im Erdgeschoss des Hauses, und F, der „Experte", setzt das Benzin in Flammen. Blitzschnell breitet sich das Feuer aus und erfasst das gesamte Gebäude. Aufgrund des heftigen Windes beschränkt sich der Brand allerdings nicht auf das Haus, sondern greift – wie von I und F vorausgesehen – auf den nahen Wald über, sodass sich ein regelrechter Waldbrand entwickelt. Ein Übergreifen auf fremde Wälder und die Gefährdung von Menschenleben ist aber von vornherein ausgeschlossen und von I und F auch nicht ernsthaft erwogen worden. Die von F alarmierte Feuerwehr kann nach mehrstündiger Arbeit den Brand eindämmen.

F erhält für seinen selbstlosen Einsatz bei den Löscharbeiten höchstes Lob aus den Reihen der Feuerwehrzunft. Hocherfreut gibt F dem I auch noch einige Tipps für eine unverdächtige Schadensmeldung gegenüber der Versicherung. Plangemäß meldet I seiner Versicherung den Brand und bekommt daraufhin den Schaden in Höhe von 100 000 € erstattet.

I ist beeindruckt von der Problemlosigkeit des Feuerlegens. Er will sich dieser Methode daher auch bedienen, um Rache an seinem verhassten Geschäftspartner E zu üben, der I vor kurzem hereingelegt hat. Wieder gewinnt er F für seinen Plan, der bei dem zu erwartenden Feuerwehreinsatz erneut Meriten erlangen möchte und daher gerne mitmacht. Beide haben es auf die nagelneue Villa des E abgesehen. An einem Abend, an dem, wie sie aus eigentlich „sicherer Quelle" wissen, niemand in der Villa zugegen sein soll, begeben sie sich dorthin, brechen in das Innere des Hauses ein und vergewissern sich nochmals, dass sich niemand im Gebäude befindet, indem sie alle Räume der Villa absuchen. Nur einen der vielen Kellerräume übersehen sie dabei. Gerade dort hatte sich aber an diesem Tag der Wohnungslose W mit Zustimmung des Hauseigentümers E ein Nachtlager bereitet. I und F schütten nunmehr – damit das Feuer nicht so schnell gesehen wird – in einem fensterlosen und mit Gerümpel vollgestellten Kellerraum Benzin über einige dort liegende alte Lattenroste. Die eiserne Tür zwischen Keller und Wohntrakt haben sie offen stehen gesehen. F und I gehen davon aus, dass sich das Feuer von dem Lattenrost aus über weiteres Gerümpel und die Holztreppe im Flur im gesamten Haus ausbreiten wird. Als F ein Feuerzeug betätigt, kommt es aber unglücklicherweise bereits aufgrund des Kontakts der Flamme mit Benzindämpfen zu einer Explosion. Dabei wird der I getötet. F kann sich trotz eines Schocks ins Freie retten, wobei er in Panik die Eisentür zum Treppenhaus hinter sich zuschlägt.

Wie erwartet fangen die Lattenroste und das Gerümpel an zu brennen. Es entsteht wegen der geschlossenen Hausbauweise eine starke Rauchentwicklung im Keller. Wie durch ein Wunder geht aber das Feuer von allein wieder aus, ohne die Eisentür zum Treppenhaus oder die hölzerne Kellertreppe beeinträchtigt zu haben. Lediglich die Kellerwände aus Beton müssen aufgrund der Rußentwicklung intensiv mit scharfer Lauge abgewaschen werden.

Durch die starke Rauchentwicklung aufgeschreckt, verliert der Wohnungslose W im Keller die Orientierung und stirbt an einer Rauchvergiftung.

Wie hat sich F strafbar gemacht?

Abwandlung:

Im Keller der Villa befindet sich ein von E gewerblich genutzter Büroraum, der über die Treppe mit dem Wohnraum verbunden ist. I und F schütten Benzin über die Büroeinrichtung aus Holz und setzen das Benzin in Flammen. Neben dem Schreibtisch beginnt auch der Fußboden des Büroraums zu brennen. Wie durch ein Wunder versiegt das Feuer dann aber wieder. Die Büroeinrichtung ist nicht mehr zu gebrauchen; eine gewerbliche Nutzung des Raumes scheidet wegen Instandsetzungsarbeiten mehere Wochen aus.

Hat sich F gem §§ 306, 306a I strafbar gemacht?

II.

1. Wann darf Untersuchungshaft verhängt werden?
2. Wer ist für den Erlass eines Haftbefehls zuständig?
3. A ist vor der Großen Strafkammer angeklagt. Während der Hauptverhandlung erscheinen die Belastungsmomente gegen den Angeklagten immer erdrückender. Der Strafkammervorsitzende möchte deshalb einen Haftbefehl gegen den Angeklagten erlassen. Zwar ist er sich insoweit der Zustimmung eines Beisitzers sicher, der andere Beisitzer sowie die beiden Schöffen scheinen hingegen eher abgeneigt. Kann der Gerichtsvorsitzende die Frage des Erlasses eines Haftbefehls auf den nächsten Tag verschieben, an dem keine Hauptverhandlung stattfindet, und dann nur unter Mitwirkung der drei Berufsrichter entscheiden?
4. Das Gericht erlässt gegen A einen Haftbefehl, der sofort vollzogen wird. Was kann A gegen den Haftbefehl unternehmen?

Gedankliche Strukturierung des Falles (Kurzlösung)

610 **Teil I. (materiell-rechtlicher Teil)**

A. Das Waldhaus des I
(Strafbarkeit des F)

1. **§ 306 I Nr 1 Alt 1 (Waldhaus) (–),**
Nr 5 Alt 1 (Wald) (–)
   a) Objektiver Tatbestand (+)
      - Nr 1 Alt 1 (Gebäude) (+)
      - Nr 5 Alt 1 (Wälder) (+)
      - Inbrandsetzung (+)
      - Zerstörung durch Brandlegung (+)
   b) Subjektiver Tatbestand (+)
   c) Rechtswidrigkeit (–)
      - Einwilligung (+)
   d) Ergebnis

2. **§ 306a I Nr 1 Alt 1 (Waldhaus) (–)**

Problem Nr 136: Entwidmung eines Gebäudes durch Inbrandsetzen seitens des Alleineigentümers (Rn 613)

3. **§ 306a II iVm § 306 I Nr 1 Alt 1 (–),**
Nr 5 Alt 1 (–)
   - konkrete Gefahr einer Gesundheitsschädigung (–)
4. **§ 306b II Nr 2 (–)**
5. **§ 306f I Nr 3 Alt 1 (–)**
   - Rechtswidrigkeit (–) (Einwilligung)
6. **§ 306f II iVm I Nr 3 Alt 1 (–)**
   - Tatbestand (+)
   - Rechtswidrigkeit (–) (Einwilligung)
7. **§ 303 I Alt 2 (Waldhaus; Wald) (–)**
   - Rechtswidrigkeit (–) (Einwilligung)
8. **§ 305 I (Waldhaus) (–)**
   - Rechtswidrigkeit (–) (Einwilligung)
9. **§ 265 I (+)**
   a) Objektiver Tatbestand (+)
   b) Subjektiver Tatbestand (+)
   c) Rechtswidrigkeit und Schuld (+)
   d) Ergebnis
10. **§§ 263 I, 25 II (ggü der Versicherung,**
zulasten der Versicherung, zugunsten
des I) (–)
    a) Objektiver Tatbestand (–)
       - gemeinsamer Tatplan (+)
       - gemeinsame Tatausführung (–)
    b) Ergebnis
11. **§§ 263 I, 27 (ggü der Versicherung, zulasten**
der Versicherung, zugunsten des I) (+)
    a) Objektiver Tatbestand (+)
       - vorsätzliche rechtswidrige Haupttat (+)
       - Beihilfehandlung (+)
    b) Subjektiver Tatbestand (+)
       - Vorsatz bzgl vorsätzlicher rechtswidriger Haupttat (+)

- Vorsatz bzgl Beihilfehandlung (+)
   c) Strafzumessung, § 263 III 1, 2 Nr 2 (+),
   Nr 5 (+)
      - Nr 2 (Vermögensverlust großen Ausmaßes) (+)
      - Nr 5 (Vortäuschen eines Versicherungsfalles) (+)
12. **Konkurrenzen**
13. **Ergebnis für F im Tatkomplex A**
    F ist strafbar gem §§ 263 I, III 1, 2 Nr 2, Nr 5, 27.

B. Die Villa des E (Strafbarkeit des F)

1. **§ 222 bzgl I (–)**
   a) Tatbestandsmäßigkeit (–)
      - objektive Zurechnung (–)
   b) Ergebnis
2. **§ 222 bzgl W (+)**
3. **§ 306 I Nr 1 (–)**
   - fremdes Gebäude (+)
   - Inbrandsetzen (–)
   - durch Brandlegung ganz oder teilweise zerstören (–)
4. **§§ 306 I Nr 1 (+), Nr 3 (–), Nr 6 (–), 22, 23 I**
Alt 1 (+)
   a) Vorprüfung (+)
   b) Tatentschluss (+)
      - Nr 1 (Gebäude) (+)
      - Nr 3 (Warenlager/-vorräte) (–)
      - Nr 6 (land-, ernährungs-, forstwirtschaftliche Erzeugnisse) (–)
   c) Unmittelbares Ansetzen (+)
   d) Rechtswidrigkeit und Schuld (+)
   e) Rücktritt (–)
5. **§§ 306a I Nr 1, 22, 23 I Alt 1 (+)**
   a) Vorprüfung (+)
   b) Tatentschluss (+)

Problem Nr 137: Teleologische Reduktion des Tatbestandes bei § 306a I (Rn 627)

   c) Unmittelbares Ansetzen (+)
6. **§§ 306a II, 22, 23 I Alt 1 iVm § 306 I Nr 1 (–)**
   a) Vorprüfung (+)
   b) Tatentschluss (–)
7. **§§ 306b I, 22, 23 I Alt 1 (+)**
   a) Vorprüfung (+)

Problem Nr 138: Ist bei § 306b I bzw bei § 306c ein erfolgsqualifizierter Versuch möglich? (Rn 631)

   b) Tatentschluss bzgl Grunddelikt (+)
   c) Unmittelbares Ansetzen bzgl Grunddelikt (+)

d) Qualifizierende Folge (+)
e) Spezifischer Gefahrzusammenhang (+)
  • Schutzzweck bzgl Eintritt des Todes bei I (–)
  • Schutzzweck bzgl Eintritt des Todes bei W (+)
f) Fahrlässigkeit bzgl schwerer Folge (+)
g) Ergebnis
8. §§ 306b II Nr 1, 22, 23 I Alt 1 (–)
a) Vorprüfung (+)
b) Tatentschluss (–)
  • Vorsatz bzgl Todesgefahr eines anderen Menschen (–)
9. §§ 306c, 22, 23 I Alt 1 (+)
a) Vorprüfung (+)
b) Tatentschluss bzgl Grunddelikt (+)
c) Unmittelbares Ansetzen bzgl Grunddelikt (+)
d) Qualifizierende Folge (+)
e) Spezifischer Gefahrzusammenhang (+)
f) Leichtfertigkeit bzgl schwerer Folge (+)
10. § 306f (–)
11. § 308 I (–)
a) Objektiver Tatbestand (+)
b) Subjektiver Tatbestand (–)
  • Vorsatz bzgl Herbeiführung einer Explosion (–)
12. § 308 I, V (–)
  • Vorsatz bzgl Herbeiführung einer Explosion (–)
13. § 308 I, VI (+)
14. § 303 I Alt 1, II (Lattenroste, Gerümpel; Eingangstür, Wände) (+)
  • Lattenroste, Gerümpel, § 303 I (+)
  • Eingangstür (–)
  • Wände, § 303 II (+)
15. § 303 I Alt 1 bzw Alt 2, III, 22, 23 I Alt 2 (Rest der Villa) (+)
16. §§ 305 I, II, 22, 23 I Alt 2 (Villa) (+)
17. § 123 I Alt 1 (Villa) (+)
18. Konkurrenzen
19. Ergebnis für F im Tatkomplex B
F hat sich gem §§ 306c, 22, 23 I Alt 1 – § 52 – § 308 I, VI – § 52 – § 222 – § 52 – § 303 I – § 52 – § 303 II – § 52 – § 123 I Alt 1 strafbar gemacht.

C. **Gesamtkonkurrenzen**

D. **Abwandlung (Strafbarkeit des F)**
1. § 306 I Nr 1 Alt 1 und 2 (+)
2. § 306a I Nr 1 Alt 1 und 2 (–)

Problem Nr 139: Inbrandsetzung iSd § 306a I Nr 1 Alt 1 bei gemischt-genutzten Gebäuden (Rn 637 b)

Problem Nr 140: (Teilweise) Zerstörung durch Brandlegung iSd § 306a I Nr. 1 Alt 2 bei gemischt-genutzten Gebäuden (Rn 637d)

3. §§ 306a I Nr 1, 22, 23 I Alt 1, 12 I (+)
4. **Konkurrenzen**
5. **Ergebnis für F in der Fallabwandlung**
F ist strafbar gem § 306 I – § 52 – §§ 306a I Nr 1, 22, 23 I Alt 1, 12 I

E. **Gesamtergebnis des materiell-rechtlichen Gutachtens**
1. **Ausgangsfall**
Tatkomplex A: §§ 263 I, III 1, 2 Nr 2, Nr 5, 27 – § 53 –
Tatkomplex B: §§ 306c, 22, 23 I Alt 1 – § 52 – § 308 I, VI – § 52 – § 222 – § 52 – § 303 I Alt 1 – § 52 – 303 II – 52 – § 123 I Alt 1
2. **Fallabwandlung**
§ 306 I – 52 – §§ 306a I Nr 1, 22, 23 I Alt 1, 12 I

Teil II. (prozessualer Teil)
1. **Voraussetzungen der Untersuchungshaft**

Problem Nr 141: Voraussetzungen der Untersuchungshaft (Rn 638)

2. **Zuständigkeit für Erlass eines Haftbefehls**
3. **Entscheidung über den Haftbefehl außerhalb der Hauptverhandlung, §§ 30 II, 76 I 2 GVG**
4. **Rechtsmittel gegen einen Haftbefehl**

Problem Nr 142: Überblick über die Systematik der Brandstiftungsdelikte (§§ 306–306f) (Rn 642)

Ausführliche Lösung von Fall 13

Teil I. (materiell-rechtlicher Teil)

A. Das Waldhaus des I (Strafbarkeit des F)

1. § 306 I Nr 1 Alt 1 (Waldhaus), Nr 5 Alt 1 (Wald)

611 Dadurch, dass F das Waldhaus des I anzündete, könnte er sich gem § 306 I strafbar gemacht haben.

a) Objektiver Tatbestand

F müsste eines oder mehrere der in § 306 I genannten Objekte in Brand gesetzt oder durch Brandlegung ganz oder teilweise zerstört haben.

Ein Gebäude iSd § 306 I Nr 1 Alt 1 ist ein mit dem Erdboden verbundenes, mit Wänden und Dach versehenes Bauwerk. Das Waldhaus des I war ein – für F fremdes – Gebäude in diesem Sinne.

Wälder iSd § 306 I Nr 5 Alt 1 umfassen das auf einer Bodenfläche wachsende Holz und den Waldboden mit dem diesen bedeckenden Gras, Moos, Laub und Strauchwerk[1]. Der nahegelegene Wald zählte zu den – für F fremden – Wäldern im genannten Sinn.

In Brand gesetzt ist eine Sache, wenn sie vom Feuer in einer Weise erfasst ist, die ein Fortbrennen aus eigener Kraft, dh ohne Fortwirken des Zündstoffs, ermöglicht[2]. F hat sowohl das Gebäude als auch den Wald in Brand gesetzt.

Eine Brandlegung ist gegeben, wenn die zerstörende oder gefährdende Wirkung des Brandmittels eintritt[3]. Mit Brennen des Hauses war diese Vorform des Inbrandsetzens auch erfüllt. Hinzukommen muss allerdings bei dieser Tatbestandsalternative die gänzliche oder teilweise Zerstörung eines Schutzgegenstandes durch die Brandlegung. Ein Objekt ist ganz zerstört iSv § 306 I, wenn es vernichtet ist oder seine bestimmungsgemäße Brauchbarkeit vollständig verloren hat, teilweise zerstört, wenn einzelne für den bestimmungsgemäßen Gebrauch des Objekts wesentliche Teile unbrauchbar geworden sind[4]. Hier sind zumindest wesentliche Teile des Gebäudes und des Waldes zerstört worden.

b) Subjektiver Tatbestand

F handelte vorsätzlich. Das betrifft auch die Brandlegung als Vorform des Inbrandsetzens[5]. Insbesondere hat er vorausgesehen und billigend in Kauf genommen, dass die Flammen auf den nahen Wald übergreifen können.

---

1 BGHSt 31, 83, 84.
2 BGHSt 36, 221, 222; *Wessels/Hettinger/Engländer*, BT1 Rn 1043.
3 *Wessels/Hettinger/Engländer*, BT1 Rn 1044.
4 BGH JR 2012, 308 m Anm *Bachmann/Goeck*; BGH NStZ 2014, 647; *Wessels/Hettinger/Engländer*, BT1 Rn 1044.
5 *Joecks/Jäger*-St-K-StGB, § 306 Rn 35 spricht insoweit von einem „gesetzlich geregelten Fall der Unwesentlichkeit einer Abweichung des vorgestellten vom tatsächlichen Kausalverlauf".

c) Rechtswidrigkeit

Als Rechtfertigungsgrund kommt eine Einwilligung in Betracht[6]. Bei § 306 I handelt es sich um einen speziellen Fall eines Sachbeschädigungsdelikts[7], bei dem eine Einwilligung des dispositionsbefugten Eigentümers möglich ist[8]. I war hier Alleineigentümer des Waldhauses und hat spätestens durch sein Mitwirken konkludent die (zulässige und wirksame) Einwilligung in die Brandlegung des Hauses gegeben, sodass das Handeln des F diesbezüglich gerechtfertigt ist. I war auch Alleineigentümer des Waldes, sodass auch in dieser Hinsicht von einer rechtfertigenden Einwilligung des I auszugehen ist.

d) Ergebnis

Eine Strafbarkeit gem § 306 I Nr 1 Alt 1, Nr 5 Alt 1 entfällt.

2. § 306a I Nr 1 Alt 1 (Waldhaus)

F könnte mit dem Waldhaus ein Gebäude in Brand gesetzt haben. Das Waldhaus war ein **612** Gebäude. Zusätzlich zur Gebäudeeigenschaft des Waldhauses ist nach dem Gesetzeswortlaut erforderlich, dass dieses der Wohnung von Menschen dient. Abgestellt wird dabei auf die bloße Tatsache des Dienens im Zeitpunkt der Tat[9]. Fraglich ist, ob I als Eigentümer die Funktion des Hauses dahingehend beeinflussen konnte, dass er ihm die für § 306a I vorgeschriebene Nutzungsfunktion entzog.

> **Problem Nr 136: Entwidmung eines Gebäudes durch Inbrandsetzen seitens des Allein-** **613**
> **eigentümers**
>
> Anerkannt ist, dass durch das Inbrandsetzen einer Räumlichkeit durch den einzigen *Bewohner* das Dienen zur Wohnung tatsächlich wieder aufgehoben werden kann. Es findet also durch den Eigentümer eine konkludente Entwidmung statt (BGHSt 10, 208, 215; BGH JR 1999, 205, 207 m Anm *Wolters*; BGH StV 2001, 57, BGH NStZ 2009, 100; BGH StV 2005, 391: Entwidmung durch mehrere; BGH NStZ-RR 2005, 76 m Bespr *Kudlich*, JuS 2005, 473: Entwidmung durch berechtigten unmittelbaren Fremdbesitzer; BGH NStZ 2008, 99 m abl Anm *Radtke*: Entwidmung bei geplanter Neuerrichtung/Renovierung bzw Differenzierung nach Teilen der Räumlichkeiten).
>
> *Zur Vertiefung: Wessels/Hettinger/Engländer, BT1 Rn 1051.*

Indem I in das Inbrandsetzen durch F einwilligte, hat er als Alleinbewohner konkludent **614** zum Ausdruck gebracht, dass das Waldhaus nicht mehr als Wohnung dienen sollte. Damit ist eine Entwidmung eingetreten, sodass das Waldhaus für F kein taugliches Tatobjekt mehr für die Verwirklichung des § 306a I Nr 1 sein konnte.

Anm: § 306a I ist ein gemeingefährliches Delikt. Wer eine Entwidmung ablehnt, kann nicht über eine Einwilligung des I zur Straflosigkeit gelangen, da bzgl § 306a I gerade keine Dispositionsbefugnis besteht.

---

6 *Wessels/Beulke/Satzger*, AT Rn 550 ff.
7 Nach teils vertretener Auffassung (BGH NJW 2001, 765; MK-*Radtke*, § 306 Rn 8 ff) enthält § 306 I daneben ein Element der Gemeingefährlichkeit; hiergegen SK-*Wolters*, § 306 Rn 1.
8 *Fischer*, § 306 Rn 20; NK-*Kargl*, § 306 Rn 26; *Wessels/Hettinger/Engländer*, BT1 Rn 1046; aA *Duttge*, Jura 2006, 15, 18.
9 *Fischer*, § 306a Rn 4.

3. § 306a II iVm § 306 I Nr 1 Alt 1, Nr 5 Alt 1

615 F hat mit dem Waldhaus und dem darum liegenden Wald ein Gebäude iSd § 306 I Nr 1 Alt 1 und Wälder iSd § 306 I Nr 5 Alt 1 in Brand gesetzt sowie durch eine Brandlegung zum Teil zerstört. Der § 306a II verweist nicht auf § 306a I, sondern auf § 306 I. Deshalb ist eine Strafbarkeit gem § 306a II trotz Ausschlusses des § 306a I wegen der stattgefundenen Entwidmung theoretisch möglich[10]. Die Eigentumslage spielt hier keine Rolle, dh es kann sich um ein eigenes, fremdes oder herrenloses Tatobjekt handeln[11]. Indes mangelt es an einer konkreten Gefahr einer Gesundheitsschädigung für einen anderen Menschen, sodass § 306a II hier nicht erfüllt ist.

4. § 306b II Nr 2

616 Zwar kann es sich nach Ansicht der Rspr bei der anderen Straftat, die der Täter durch die Brandstiftung ermöglichen will, auch um den Betrug gegenüber der Versicherung (§ 263) handeln[12]. Der § 306b II Nr 2 ist jedoch eine Qualifikation zu § 306a. Da hier weder der Abs 1 noch der Abs 2 des § 306a erfüllt ist, scheidet auch eine Strafbarkeit gem § 306b II aus.

5. § 306f I Nr 3 Alt 1

617 Bei § 306f I handelt es sich um ein einwilligungsfähiges Eigentumsdelikt[13], sodass F in jedem Fall bzgl der Herbeiführung einer Brandgefahr für den Wald gerechtfertigt ist. Der Nachbarwald, in dessen Inbrandsetzung I nicht einwilligen könnte, ist nicht in Brandgefahr gebracht worden.

6. § 306f II iVm I Nr 3 Alt 1

Voraussetzung ist, dass eine der in § 306f I Nr 1-4 bezeichneten Sachen in Brandgefahr gebracht wird. Auch bei § 306f II spielt die Eigentumslage am Tatobjekt keine Rolle[14].

Bei § 306f II scheidet jedoch eine Strafbarkeit aufgrund einer wirksamen Einwilligung des I in die Gefährdung seiner eigenen Person aus.

7. § 303 I Alt 2 (Waldhaus; Wald)

618 § 303 I Alt 2 ist wegen Einwilligung nicht erfüllt, würde aber ohnehin gegenüber den spezielleren §§ 306 ff zurücktreten[15].

8. § 305 I (Waldhaus)

Eine Strafbarkeit entfällt, da F aufgrund der Einwilligung nicht rechtswidrig handelte.

---

10 *Geppert*, Jura 1998, 597, 600.
11 BGH StV 2001, 16; *Wessels/Hettinger/Engländer*, BT1 Rn 1057.
12 BGHSt 45, 211 ff; BGH NStZ 2008, 571; für eine Ablehnung des § 306b II Nr 2 in diesem Fall hingegen [teleologische Reduktion]: *Eisele*, BT1 Rn 1072; S/S/W-StGB-*Wolters*, § 306b Rn 12; restriktiver auch *Fischer*, § 306b Rn 9a und b; SK/StGB-*Wolters*, § 306b Rn 12.
13 Matt/Renzikowski-*Dietmeier*, § 306f Rn 2; *Rengier*, BT2 § 40 Rn 61.
14 *Eisele*, BT1 Rn 1096; *Lackner/Kühl*, § 306 f Rn 2.
15 *Fischer*, § 306 Rn 24.

9. § 265 I

Im Anzünden des Waldhauses könnte auch ein Versicherungsmissbrauch liegen.   **619**

a) Objektiver Tatbestand

F hat eine gegen Untergang bzw Beschädigung versicherte Sache (Waldhaus) beschädigt bzw zerstört.

b) Subjektiver Tatbestand

Bzgl der Beschädigung der Sache sowie der für die Sache bestehenden Versicherung handelte er mit Wissen und Wollen. Zudem müsste er mit der Absicht gehandelt haben, sich oder einem Dritten Leistungen aus der Versicherung zu verschaffen. Hierbei reicht ein zielgerichtetes Wollen für das Merkmal der Absicht aus[16]. Es genügt daher, wenn das Täterhandeln den Zweck hat, jemandem die Versicherungsleistung zukommen zu lassen. F wollte dem I die Versicherungsleistung zugute kommen lassen und handelte daher in der erforderlichen Absicht.

c) Rechtswidrigkeit und Schuld

F handelte rechtswidrig und schuldhaft.

d) Ergebnis

F hat sich gem § 265 I strafbar gemacht.

10. §§ 263 I, 25 II (gegenüber der Versicherung, zulasten der Versicherung, zugunsten des I)

Dadurch, dass F den I beriet, wie er sich gegenüber der Versicherung zu verhalten habe,   **620**
könnte er sich wegen eines Betruges strafbar gemacht haben.

a) Objektiver Tatbestand

F selbst hat gegenüber der Versicherung keine Täuschung begangen. In Betracht kommt aber, dass er sich eine Täuschungshandlung des I zurechnen lassen muss, weil F und I Mittäter sind, § 25 II.

Der verstorbene I könnte einen Betrug gegenüber der Versicherung begangen haben. I hat durch Geltendmachung seines Brandschadens bei der Versicherung diese über einen in Wahrheit nicht bestehenden Anspruch getäuscht, woraufhin die Versicherung dem Irrtum unterlag, zur Auszahlung der Versicherungssumme verpflichtet zu sein. Dies führte zur Vermögensverfügung in Form der Auszahlung und korrespondierend auch zu einem stoffgleichen Vermögensschaden bei der Versicherung. I handelte vorsätzlich und in der Absicht rechtswidriger stoffgleicher (eigener) Bereicherung. Schließlich war sein Verhalten auch rechtswidrig.

F hat an dem Betrug des I mitgewirkt, indem er dem I noch einige Tipps für eine unverdächtige Schadensmeldung gegenüber der Versicherung gegeben hat. Dies ist ein

---

16 *Fischer*, § 265 Rn 9.

positives Tun. Es führt zur Haftung als Mittäter, § 25 II, wenn zusätzlich zu dem hier gegebenen gemeinsamen Tatplan auch eine gemeinsame Tatausführung vorliegt.

Fraglich ist somit, ob I und F den Tatbestand gemeinsam verwirklicht haben, oder ob sich der Tatbeitrag des F in einer Teilnahmehandlung erschöpfte[17].

Nach der subjektiven Theorie kommt es darauf an, ob F die Tat als eigene wollte bzw ob er den Willen zur Tatherrschaft hatte. Nach der materiell-objektiven Theorie ist auf die objektive Tatherrschaft, dh auf das „In-den-Händen-halten" des Tatgeschehens, abzustellen. Hier kommen beide Ansichten zum selben Ergebnis: F ist nicht Mittäter, sondern allenfalls Teilnehmer, da er weder den Täterwillen hatte – er wollte dem I nur bei dessen lukrativem Geschäft behilflich sein – noch Tatherrschaft über das Geschehen ausübte, da der Beitrag des F mit Anfertigung und Übergabe des Brandberichts an den I beendet war. Nur I kam also im Tatzeitpunkt die Entscheidung darüber zu, ob und wann er den Schaden melden würde. Tatherrschaft hatte somit allein I. Dies spricht gegen eine Mittäterschaft.

Fraglich ist allerdings, wie die Mitwirkung des F einzustufen wäre, wenn ihn ein Unterlassensvorwurf träfe. Möglicherweise kam ihm aufgrund seines pflichtwidrigen Vorverhaltens bei der Brandlegung (er verwirklichte täterschaftlich § 265, *s Rn 619*) eine Garantenstellung aus Ingerenz zu.

Streit[18] besteht nun darüber, ob nicht bereits das Bestehen einer solchen Garantenstellung ihn immer zum Täter werden lässt. Im Rahmen der Dogmatik der Unterlassungsdelikte wird dies von einem Teil der Lehre vertreten.

Dieser Streit hat auch Konsequenzen für die Abgrenzung von Mittäterschaft und Beihilfe im Rahmen des positiven Tuns. Wenn schon der nur unterlassende, den Erfolgseintritt nicht hindernde Garant immer Täter ist, so muss erst recht derjenige Garant Täter sein, der dem Haupttäter zusätzlich durch aktives Tun behilflich ist[19]. Das hätte zur Folge, dass F bei Bestehen einer Garantenpflicht nur Täter sein könnte; auf die übrigen Abgrenzungskriterien käme es dann nicht mehr an.

Würde man dieser Ansicht folgen, würde jedoch die Figur der Beihilfe für einen ganzen Bereich unanwendbar, nämlich immer dann, wenn der Beteiligte gleichzeitig Garant ist. Kriminalpolitisch ist diese Ansicht bedenklich, da kein Anreiz für den Garanten mehr bestünde, sich einer aktiven Förderungsmaßnahme zu enthalten bzw sich auf geringfügige Hilfsmaßnahmen zu beschränken, da er ja von vornherein schon Täter wäre, unabhängig von seinem späteren Verhalten. Dies zeigt, dass bereits der Ausgangspunkt dieser Ansicht nicht richtig sein kann, wonach der nicht hindernde Garant immer Täter ist. Es gibt keinen Grund, die Abgrenzung im Unterlassensbereich anders vorzunehmen als sonst, da die §§ 25 ff ganz allgemein für jedes menschliche Verhalten die Differenzierung zwischen Täterschaft und Teilnahme vorsehen, sodass man sich hiermit in Widerspruch begäbe, wenn man dies für einen Teilbereich ganz leugnete. Auch lassen sich die Abgrenzungskriterien sehr wohl im Unterlassensbereich anwenden, da der un-

---

17 S Fall 7, Problem Nr 65, Rn 285.
18 S Fall 3, Problem Nr 27, Rn 139.
19 In diesem Sinne *Herzberg*, Täterschaft, S 83 f.

terlassende Garant sowohl mit Täter- als auch mit Gehilfenwillen von einem Eingreifen absehen kann. Eine richtig verstandene Tatherrschaft kann zwischen aktivem Täter und dem Garanten unterschiedlich verteilt sein, da der unterlassende Garant nur dann Nebenfigur ist, wenn die maßgebliche Entschließung zur Tatausführung und die Beherrschung des Geschehens beim aktiven Täter liegen.

Gefolgt wird daher der überzeugenden hM: Es ist auf die allgemeinen Abgrenzungskriterien abzustellen. Damit wird auch unbedeutend, ob hier bei F überhaupt eine Garantenpflicht angenommen werden muss. Mangels aktiver Tatherrschaft ist er keinesfalls Mittäter.

b) Ergebnis

F ist nicht gem §§ 263 I, 25 II strafbar.

11. §§ 263 I, 27 (gegenüber der Versicherung, zulasten der Versicherung, zugunsten des I)

F könnte aber eine Beihilfe zum Betrug des I geleistet haben.   **621**

a) Objektiver Tatbestand

Eine vorsätzliche rechtswidrige Haupttat ist gegeben (*s Rn 620*).

Durch seine Tipps für eine unverdächtige Schadensmeldung hat F dem I objektiv Hilfe zu dessen Versicherungsbetrug geleistet.

b) Subjektiver Tatbestand

F handelte sowohl bzgl der vorsätzlichen rechtswidrigen Haupttat als auch hinsichtlich der Beihilfehandlung vorsätzlich.

c) Strafzumessung, § 263 III 1, 2 Nr 2, Nr 5

Fraglich ist, ob eine mögliche Verwirklichung von Regelbeispielen durch I Auswirkungen auf die Strafbarkeit des F hat.

I könnte die Regelbeispiele des § 263 III 1, 2 Nr 2 und/oder Nr 5 verwirklicht haben.

Wo bei § 263 III 1, 2 Nr 2 die Grenze für einen „Vermögensverlust großen Ausmaßes" verläuft, ist noch nicht abschließend geklärt. Nach Ansicht der Rspr soll die Grenze bei etwa 50 000 € liegen[20]. Hier hat I 100 000 € erhalten und es ist davon auszugehen, dass dieser Betrag auch dem Verlust der Versicherung entspricht. Bei einem somit verwirklichten Schaden von 100 000 € wird man von einem Vermögensverlust großen Ausmaßes ausgehen können. I hat das Regelbeispiel der Nr 2 erfüllt.

Im Rahmen des § 263 III 1, 2 Nr 5 kommt es darauf an, ob der Vortäuschung eines Versicherungsfalles die Inbrandsetzung einer Sache von „bedeutendem Wert" vorangegangen

---

20 BGHSt 48, 360; BGH wistra 2009, 236, 237; *Rotsch*, [16] Rn 2158; zweifelnd insoweit *Fischer*, § 263 Rn 215a; *Stam*, NStZ 2013, 144; *Wessels/Hillenkamp*, BT2 Rn 591.

ist. Geht man davon aus, dass in Angleichung an die §§ 305a, 307 ff, 315 ff die Grenze bei etwa 750 € liegt[21], so ist dieser Wert hier überschritten. I hat also als Haupttäter auch das Regelbeispiel Nr 5 erfüllt.

Fraglich ist, wie sich die Verwirklichung der Regelbeispiele Nr 2 und Nr 5 auf den Teilnehmer F auswirkt[22]. Die allgemeinen Zurechnungsregeln (hier: die des § 27) sind mangels Tatbestandsqualität der Regelbeispiele nicht unmittelbar anwendbar. Ist das in Rede stehende Regelbeispiel allerdings täterbezogen, kommt eine analoge Anwendung des § 28 II in Betracht; bei tatbezogenen Regelbeispielen ist hingegen eine Analogie zu den allgemeinen Zurechnungsregeln (§§ 25 ff) denkbar[23]. Die Regelbeispiele des Vermögensverlustes großen Ausmaßes (Nr 2) und der Vortäuschung eines Versicherungsfalles (Nr 5) sind tatbezogen. Dem F war bewusst, dass seine Tipps einen großen Vermögensverlust bewirken würden und bei einem Versicherungsbetrug eingesetzt werden sollten. Eine Zurechnung gem § 27 analog ist daher möglich. Zum gleichen Ergebnis gelangt vorliegend, wer mit der Rspr[24] im Rahmen einer Gesamtabwägung aller Umstände prüft, ob auch beim Teilnehmer ein besonders schwerer Fall vorliegt. Deshalb ist F wegen Beihilfe zu einem Betrug in einem besonders schweren Fall strafbar.

12. Konkurrenzen

622 Im Tatkomplex A hat sich F gem § 265 I und §§ 263 I, III 1, 2 Nr 2, Nr 5, 27 strafbar gemacht. § 265 I enthält eine Subsidiaritätsklausel gegenüber § 263 I, die aber nur eingreift, wenn es sich um „die Tat" handelt. Nach Ansicht der Rspr[25] bestand zwischen § 265 aF und dem sich anschließenden Versicherungsbetrug Realkonkurrenz. Man könnte der Ansicht sein, dass dasselbe auch für die Neufassung des § 265 gilt, mit der Folge, dass es sich bzgl des Versicherungsbetrugs nicht um „die" Tat iSd § 265 I handelt und damit die Subsidiarität des neu gefassten § 265 I nicht eingreifen kann.

Dies würde jedoch zu einer ungerechten Doppelbestrafung führen. Der Versicherungsmissbrauch und der nachfolgende Betrug müssen deshalb zu einer Bewertungseinheit verbunden werden. Es liegt eine Konstellation vor, die mit der tatbestandlichen Handlungseinheit[26] vergleichbar ist. Deshalb greift insoweit doch die Subsidiaritätsklausel des § 265 I ein[27].

Zu demselben Ergebnis, wenn auch mit einer ganz anderen Begründung, gelangt die neuere Rspr. Sie versteht unter „der Tat" iSv § 265 I die Tat im prozessualen Sinne (§ 264 I StPO). Da es sich bei dem Versicherungsmissbrauch iSv § 265 I und dem Betrug gegenüber der Versicherung durch Geltendmachung des Brandschadens um einen Lebenssachverhalt handele, der nicht auseinandergerissen werden dürfe, müsse hier

---

21 BGH NStZ 2011, 215; *Fischer*, § 315 Rn 16a; *Wessels/Hettinger/Engländer*, BT1 Rn 1079, 1088.
22 Vgl auch Fall 9, Rn 421.
23 *Eisele*, BT2 Rn 141; MüKo-*Schmitz*, § 243 Rn 82; *Wessels/Beulke/Satzger*, AT Rn 795a iVm 758.
24 BGHSt 43, 237, 240; BGH wistra 2001, 105 f; ebenso *Fischer*, § 46 Rn 105; LK-*Vogel*, § 243 Rn 76.
25 BGHSt 11, 398.
26 *Wessels/Beulke/Satzger*, AT Rn 1064 ff.
27 *Fischer*, § 265 Rn 17; *Lackner/Kühl*, § 265 Rn 6; *Mitsch*, ZStW 111 [1999], 65, 118; *Wessels/Hillenkamp*, BT2 Rn 656, 667.

– trotz materiell-rechtlicher Realkonkurrenz – von einer einheitlichen Tat im prozessualen Sinne[28] und dementsprechend auch iSv § 265 I ausgegangen werden[29].

Daher ist § 265 I hier gegenüber §§ 263 I, III 1, 2 Nr 2, Nr 5, 27 subsidiär.

13. Ergebnis für F im Tatkomplex A

F ist strafbar gem §§ 263 I, III 1, 2 Nr 2, Nr 5, 27.

B. Die Villa des E (Strafbarkeit des F)

1. § 222 bzgl I

Indem F das Feuerzeug betätigte und I durch die darauf folgende Explosion zu Tode kam, könnte sich F gem § 222 strafbar gemacht haben.   **623**

a) Tatbestandsmäßigkeit

Der Tod des I geht auf eine kausale Handlung des F zurück. Das Ausschütten von Benzin und das nachfolgende Betätigen des Feuerzeuges in einem Wohnhaus stellt ein objektiv sorgfaltswidriges Verhalten dar. Angesichts der Gefährlichkeit dieses Vorgehens muss immer mit tödlichen Unfällen gerechnet werden, sodass auch die Tötung von Menschen objektiv vorhersehbar war.

Zweifelhaft ist jedoch, ob der Tod hier wirklich das Werk des F, diesem also zuzurechnen ist. Nach der Lehre von der objektiven Zurechnung ist ein Erfolg objektiv zurechenbar, wenn durch menschliches Verhalten eine rechtlich relevante Gefahr geschaffen wurde, die sich im tatbestandsmäßigen Erfolg realisiert hat[30]. Die Schaffung der rechtlich relevanten Gefahr liegt hier im Ausschütten des Benzins und dem späteren Entfachen der Flamme. Insoweit kannte aber I sein Risiko (er war selbst an dem Manöver beteiligt), sodass man hier in dem Verhalten des F nur eine Mitwirkung an der Selbstgefährdung des I sehen könnte[31].

Zwar kann – wie sich aus § 216 I ergibt – in vorsätzliche Tötungshandlungen grds nicht eingewilligt werden. Deshalb bleibt eine fahrlässige Tötung trotz der Einwilligung des Opfers in die Fremdgefährdung strafbar. Im Gegensatz dazu ist hingegen eine Selbstgefährdung schrankenlos möglich, sodass auch die Mitwirkung an fremder Selbstgefährdung straffrei bleibt, selbst wenn sie letztendlich für die Todesherbeiführung mitursächlich wird. Die Abgrenzung zwischen beiden Alternativen richtet sich nach den Kriterien der Tatherrschaft. Da F das Feuerzeug betätigte, liegt auf den ersten Blick eine einverständliche Fremdgefährdung nahe, die zur Strafbarkeit gem § 222 führt. F und I haben jedoch das Benzin gemeinsam ausgeschüttet. Deshalb kann es nicht darauf ankommen, wer das Feuerzeug benutzte. Bereits durch das Vergießen des Benzins entstand die Lebensgefahr, die I bewusst auf sich genommen hat. Es hing nur vom Zufall ab, ob I oder

---

28 Ausführlich zu diesem Begriff *Beulke*, StPO Rn 512 ff.
29 So BGHSt 45, 211, 212; BGH NStZ-RR 2012, 46.
30 *Wessels/Beulke/Satzger*, AT Rn 251.
31 S Fall 8, Problem Nr 78, Rn 342.

F (zB durch Reibung etc) das Feuer entfachte. Der Tatbeitrag des F ist somit trotz des Umstandes, dass uU keiner von beiden das eigene Risiko genau durchdacht hat, als Mitwirkung an fremder Selbstgefährdung einzustufen. Folglich schuf F keine rechtlich relevante Gefahr für das Leben des I. Die objektive Zurechnung ist nicht gegeben (*Gegenteil ebenso gut vertretbar*).

b) Ergebnis

F hat sich bzgl I nicht nach § 222 strafbar gemacht.

2. § 222 bzgl W

624 Es könnte jedoch eine fahrlässige Tötung hinsichtlich des ebenfalls zu Tode gekommenen W gegeben sein.

Bzgl W sind die Voraussetzungen des § 222 erfüllt. Der Tod eines im Haus campierenden Wohnungslosen durch die Brandlegung war objektiv und subjektiv vorhersehbar und vermeidbar.

3. § 306 I Nr 1

Indem F das Feuerzeug betätigte und dadurch die Explosion auslöste, könnte er sich gem § 306 I Nr 1 strafbar gemacht haben.

F müsste die Villa des E – ein für ihn fremdes Gebäude iSd § 306 I Nr 1 – in Brand gesetzt haben. Für ein Inbrandsetzen eines Gebäudes genügt die Inbrandsetzung eines für dessen bestimmungsgemäßen Gebrauch wesentlichen Bestandteils[32]. Zumindest müssen Gebäudeteile wie Fußböden, Treppen, Türen etc in Brand gesetzt werden; hingegen genügt das Brennen des Zündstoffs oder von Inventar nicht[33]. Hier ist von der Villa des E kein (wesentlicher) Gebäudeteil in Brand gesetzt worden. Lattenrost und Gerümpel gehören lediglich zum Inventar.

F könnte das Gebäude durch Brandlegung ganz oder teilweise zerstört haben. Es sind jedoch allenfalls die Kellerwände in Mitleidenschaft gezogen worden. Der Rußfilm ließ sich von den ansonsten unversehrten Betonwänden unproblematisch abwaschen, sodass keine Zerstörung, welcher Art auch immer, eingetreten ist.

4. §§ 306 I Nr 1, Nr 3, Nr 6, 22, 23 I Alt 1

a) Vorprüfung

625 Die Brandstiftung wurde nicht vollendet. Der Versuch ist strafbar gem §§ 306 I, 23 I Alt 1, 12 I.

b) Tatentschluss

F müsste den Entschluss gefasst haben, eines oder mehrere der in § 306 I aufgeführten Objekte in Brand zu setzen bzw durch Brandlegung ganz oder teilweise zu zerstören.

---

32 *Wessels/Hettinger/Engländer*, BT1 Rn 1043.
33 BGHSt 48, 14, 20 m Anm *Radtke*, NStZ 2003, 432; BGH StV 2004, 208.

F wollte, dass sich das von ihm geplante Feuer über die gesamte dem E gehörende Villa – ein für F fremdes Gebäude iSd § 306 I Nr 1 – ausbreitete. Dies erschien aufgrund des umherliegenden Gerümpels auch nicht unmöglich. F handelte vorsätzlich und hatte daher Tatentschluss bzgl des Inbrandsetzens.

Dasselbe gilt bzgl der Brandlegung mit teilweiser Zerstörung des Hauses.

Es sind keine Anhaltspunkte dafür ersichtlich, dass es sich bei den Lattenrosten und dem Gerümpel um Warenvorräte iSd § 306 I Nr 3 handelte.

Ebenso kann davon ausgegangen werden, dass sich auch keine land-, ernährungs- oder forstwirtschaftlichen Erzeugnisse iSd § 306 I Nr 6 unter dem Gerümpel befanden.

c) Unmittelbares Ansetzen

Spätestens mit dem Entzünden des Benzins hat F unmittelbar angesetzt.

d) Rechtswidrigkeit und Schuld

F handelte rechtswidrig und schuldhaft.

e) Rücktritt

Ein Rücktritt des F ist nicht erkennbar.

5. §§ 306a I Nr 1, 22, 23 I Alt 1

a) Vorprüfung

Da F das Haus weder in Brand gesetzt noch durch Brandlegung ganz oder teilweise zerstört hat (*s Rn 624*), wurde die schwere Brandstiftung nicht vollendet. Der Versuch ist strafbar gem §§ 306a I, 23 I Alt 1, 12 I.   **626**

b) Tatentschluss

F war bewusst, dass es sich bei der Villa um ein Gebäude handelte, welches der Wohnung von Menschen diente.

Problematisch ist, ob der Tatentschluss des F entfällt, weil er sich vorher vergewisserte, ob noch jemand im Hause anwesend war. Zwar braucht grds im Zeitpunkt der Tat niemand im Hause zu sein, damit das Merkmal des „Dienens" erfüllt ist. Es stellt sich aber die Frage, ob § 306a I verneint werden muss, wenn mit Sicherheit keine Menschen im Gebäude anwesend sind.

Problem Nr 137: Teleologische Reduktion des Tatbestandes bei § 306a I	**627**
(1) Vereinzelt wird in der Literatur dafür plädiert, die Norm infolge teleologischer Reduktion nicht anzuwenden, wenn der Täter objektiv kein Gefährdungsrisiko bewirkt hat und sich subjektiv vor Inbrandsetzung darüber Gewissheit verschafft hat, dass sich niemand im Gebäude aufhält (*Haft*, BT2 S. 225).	
Argument: Wegen der hohen Strafdrohung muss § 306a I restriktiv interpretiert werden. Der Sinn und Zweck der Norm verbietet eine Bestrafung, wenn eine Gefährdung von Menschenleben absolut ausgeschlossen war und der Täter dies wusste.	

(2) Die wohl **hL** lehnt eine einschränkende Auslegung der Vorschrift ausnahmslos ab. (*Heghmanns*, BT Rn 973; MK-*Radtke*, § 306a Rn 46; *Rengier*, BT2 § 40 Rn 29 ff; LK-*Wolff*, § 306a Rn 4).

Argument: Das abstrakte Gefährdungsdelikt des § 306a I würde andernfalls unzulässigerweise in ein konkretes Gefährdungsdelikt umgewandelt.

(3) Zutr sprechen sich auch die **Rspr** sowie ein **Teil der Lehre** grundsätzlich gegen eine teleologische Reduktion der Norm aus (BGH JR 1999, 205). Lediglich bei kleinen, insbes einräumigen Hütten oder Häuschen, bei denen auf einen Blick übersehbar ist, ob sich Menschen dort aufhalten, wird eine Ausnahme in Erwägung gezogen (BGHSt 26, 121, 123 f; Matt/Renzikowski-*Dietmeier*, § 306a Rn 3; *Eisele*, BT1 Rn 1050; *Wessels/Hettinger/Engländer*, BT1 Rn 1065). Bei größeren Gebäuden kann der nicht zu widerlegende Einwand des Täters, er habe sich vor der Tat vergewissert, dass niemand anwesend sei, hingegen allenfalls zu einer Strafmilderung gem § 306a III führen (BT-Drucks 13/8587, S 47).

Zur Vertiefung: Wessels/Hettinger/Engländer, BT1 Rn 1065; Hillenkamp, BT 15. Problem S 70 ff.

628 Eine solche teleologische Reduktion erscheint zwar angesichts der hohen Strafdrohung des § 306a I Nr 1 erwägenswert. Jedenfalls im vorliegenden Fall scheidet sie jedoch aufgrund der Größe und Unübersichtlichkeit der Villa (mehrere Kellerräume, …) aus. Schließlich ist es auch F gerade nicht gelungen, das Gebäude so gründlich zu durchsuchen, dass eine Gefährdung von Menschenleben ausgeschlossen war. Die typische Gefährlichkeit des Inbrandsetzens eines Gebäudes hat sich also sehr wohl realisiert, was von F auch bewusst in Kauf genommen wurde.

Auch hinsichtlich des Inbrandsetzens und der Brandlegung mit ganzer oder teilweiser Zerstörung des Gebäudes hatte F einen Tatentschluss gefasst.

c) Unmittelbares Ansetzen

Spätestens mit dem Entzünden des Benzins hat F iSd § 22 unmittelbar zur Tat angesetzt.

6. §§ 306a II, 22, 23 I Alt 1 iVm § 306 I Nr 1

a) Vorprüfung

629 Die schwere Brandstiftung wurde nicht vollendet. Der Versuch ist strafbar gem §§ 306a I, II, 23 I Alt 1, 12 I.

b) Tatentschluss

Zwar hatte F Vorsatz bzgl der Inbrandsetzung eines Gebäudes (*s Rn 625*); eine konkrete Gefährdung eines anderen Menschen wollte er jedoch gerade nicht bewirken. Ein derartiger Vorsatz ist indes erforderlich, weil § 306a II kein erfolgsqualifiziertes Delikt ist[34], wie sich insbes auch aus § 306d I Var 3 ergibt.

Einen Versuch des § 306d I würde ich nicht ansprechen. Andernfalls besteht nämlich die Gefahr, dass der Prüfer aufgrund der Überschrift der Vorschrift („Fahrlässige Brandstiftung“) fälschlicherweise davon ausgeht, man hielte generell den Versuch eines

---

34 *Fischer*, § 306a Rn 13; S/S/W-StGB-*Wolters*, § 306a Rn 29.

fahrlässigen Delikts für möglich. Zwar enthält § 306d I Var 3 eine Vorsatz-Fahrlässigkeitskombination, für die § 11 II gelten würde, es fehlt aber eindeutig an der Versuchsstrafbarkeit (Vergehen, Versuch nicht für strafbar erklärt).

7. §§ 306b I, 22, 23 I Alt 1

Zum Aufbau des erfolgsqualifizierten Delikts s Fall 9, Problem Nr 91, Rn 403.

630

a) Vorprüfung

Die Gesundheitsschädigung resultiert weder aus einer vollendeten Brandstiftung iSd § 306 noch aus einer vollendeten schweren Brandstiftung iSd § 306a. Mithin kann es auch nicht zu einer Vollendung einer besonders schweren Brandstiftung iSd § 306b gekommen sein.

Es kommt ein strafbarer Versuch gem §§ 306b I, 23 I Alt 1 in Betracht. Bei § 306b I handelt es sich um ein erfolgsqualifiziertes Delikt[35]. Fraglich ist, ob der Versuch eines erfolgsqualifizierten Delikts überhaupt möglich ist.

Hier kommt die Konstellation des versuchten Grunddelikts mit eingetretenem Qualifikationserfolg in Betracht. Während die Möglichkeit eines erfolgsqualifizierten Versuchs zum Teil gänzlich verneint wird, erachten andere einen derartigen Versuch unabhängig von der Deliktsstruktur stets als strafbar. Zutreffenderweise ist aber danach zu differenzieren, ob die schwere Folge an die Tathandlung oder an den Taterfolg anknüpft. Nur so wird dem Gedanken Rechnung getragen, dass sich die besondere Gefährlichkeit des Grunddelikts bereits im Eintritt der schweren Folge verwirklicht hat. Zugleich werden aber Systemwidrigkeiten insoweit vermieden, als eine Strafbarkeit trotz ausbleibender Vollendung des Grunddelikts dort angenommen wird, wo die schwere Folge gerade an den Erfolg des Grunddelikts anknüpft[36]. Fraglich ist nun, welche Struktur § 306b I bzw § 306c aufweist, also ob die Todesfolge an die Tathandlung oder an den Taterfolg anknüpft.

Problem Nr 138: Ist bei § 306b I bzw bei § 306c ein erfolgsqualifizierter Versuch möglich?

631

(1) Einer **Mindermeinung** (*Bussmann*, GA 1999, 21, 33; *Küpper*, ZStW 111 [1999], 785, 794 f; *Roxin*, AT2 § 29 Rn 337) zufolge knüpft die schwere Folge an den Taterfolg an.

Argument: Das Gefahrenpotenzial des Grunddelikts liegt nicht in der Handlung, sondern in der erfolgreichen Brandlegung bzw in der Zerstörung des Tatobjekts.

Der Begriff „Brandstiftung" in § 306c ist lediglich ein Hinweis auf die vorausgehenden Tatbestände und soll nicht dazu führen, dass der Versuch der Brandstiftung für die Verursachung der Gesundheitsschädigung bzw Todesfolge ausreicht.

(2) Die **hM** (BGHSt 7, 33, 39; *Fischer*, § 306c Rn 5; *Jäger*, BT Rn 516; *Rengier*, BT2 § 40 Rn 45; SK/StGB-*Wolters*, § 306c Rn 6;) sieht dagegen die Tathandlung als relevanten Anknüpfungspunkt für die schwere Folge des § 306b I bzw § 306c an.

---

35 *Rengier*, BT2 § 40 Rn 40; *Wessels/Hettinger/Engländer*, BT1 Rn 1060.
36 S Fall 9, Problem Nr 92, Rn 405.

Argument: Im Gegensatz zur alten Gesetzeslage spricht § 306c nicht mehr von „Brand", sondern von „Brandlegung", ebenso wie § 306b I. Der Gesetzgeber wollte damit klarstellen, dass für diese erfolgsqualifizierten Delikte die Tathandlung ausreichend ist. Die Handlung des Brandlegens kann zudem deliktstypische Gefahren in sich bergen, die bereits zum Tode des Opfers führen können.

Bei § 306b I wird bzgl des qualifizierenden Erfolges an die Tathandlung angeknüpft. Dies wird durch die neue Tatalternative der „Brandlegung" unmissverständlich klargestellt. Nach der herrschenden und überzeugenden Ansicht ist deshalb der Versuch des § 306b I in der Form des sog erfolgsqualifizierten Versuches möglich.

b) Tatentschluss bzgl Grunddelikt

F handelte bzgl der Verwirklichung des Grunddelikts gem § 306 I Nr 1 und § 306a I Nr 1 vorsätzlich (*s Rn 625 f*).

c) Unmittelbares Ansetzen bzgl Grunddelikt

F hat durch das Ausschütten des Benzins und das Hervorholen des Feuerzeugs unmittelbar zur Inbrandsetzung und zur Brandlegung iSv §§ 306 I Nr 1, 306a I Nr 1 angesetzt.

d) Qualifizierende Folge

Die schwere Folge (schwere Gesundheitsschädigung eines anderen Menschen, § 306b I) ist mit dem Tod von I und W eingetreten.

e) Spezifischer Gefahrzusammenhang

Mit dem Eintritt der schweren Folge müsste sich das der (schweren) Brandstiftung eigentümliche Risiko verwirklicht haben.

Zwar ist der I infolge der Brandlegung (Explosion) und damit infolge der durch die Brandlegung geschaffenen tatbestandsspezifischen Gefährdung ums Leben gekommen. Allerdings ist zweifelhaft, ob die schwere Gesundheitsschädigung eines (Mit-)Täters in den Schutzbereich der Norm fällt, weil der Täter nicht gleichzeitig Adressat und Schutzobjekt eines Straftatbestandes sein kann. Überdies könnte die Zurechnung insofern – ebenso wie bereits im Rahmen des § 222 bzgl I (*s Rn 623*) – infolge eigenverantwortlicher Selbstgefährdung verneint werden. Wer sich als Tatbeteiligter freiwillig und sehenden Auges in das Unternehmen einer Brandlegung begibt, hat selbst die Risiken solcher Verhaltensweisen zu tragen[37].

Ob diese Gesichtspunkte tatsächlich durchgreifen, kann letztlich jedoch offen bleiben, da auch W, der zweifelsohne vom Schutz des § 306b I erfasst wird, ums Leben kam und damit (iS eines Durchgangsstadiums) schwer an seiner Gesundheit geschädigt wurde.

Durch den Tod des W infolge der Rauchentwicklung hat sich genau das durch die Brandlegung geschaffene Risiko realisiert, sodass der spezifische Gefahrzusammenhang gegeben ist.

---

37 Vgl *Geppert*, Jura 1989, 602 f; NK-*Kargl*, § 306c Rn 3; MK-*Radtke*, § 306a Rn 54; s auch BayObLG NJW 1999, 3570 (zu § 306 II) sowie Problem Nr 126, Rn 564 (zu § 315c).

f) Fahrlässigkeit bzgl schwerer Folge

Der Tod des W war sowohl objektiv als auch subjektiv vorhersehbar und vermeidbar.

g) Ergebnis

F ist strafbar gem §§ 306b I, 22, 23 I Alt 1.

8. §§ 306b II Nr 1, 22, 23 I Alt 1

a) Vorprüfung

Die besonders schwere Brandstiftung wurde nicht vollendet (*s Rn 630*). Der Versuch ist **632** strafbar gem §§ 306b II, 23 I Alt 1, 12 I.

b) Tatentschluss

Hinsichtlich der Verwirklichung des Grunddelikts des § 306a I Nr 1 handelte F vorsätzlich.

Bei § 306b II Nr 1 handelt es sich nicht um ein erfolgsqualifiziertes Delikt, sondern um eine echte Qualifikation, sodass sich der Vorsatz auch auf die Herbeiführung der konkreten Todesgefahr erstrecken muss[38]. F handelte aber nicht vorsätzlich bzgl einer Todesgefahr für einen anderen Menschen. Vielmehr hat er sich bemüht, gerade diese zu verhindern. Eine Strafbarkeit nach §§ 306b II Nr 1, 22, 23 I Alt 1 scheidet daher aus.

9. §§ 306c, 22, 23 I Alt 1

a) Vorprüfung

Der Grundtatbestand wurde nicht vollendet. Deshalb liegt auch keine Vollendung des **633** erfolgsqualifizierten Delikts vor. Der Versuch ist strafbar gem §§ 306c, 23 I Alt 1, 12 I.

b) Tatentschluss bzgl Grunddelikt

F handelte bzgl der Brandstiftung (§ 306 I Nr 1) sowie der schweren Brandstiftung (§ 306a I Nr 1) vorsätzlich.

c) Unmittelbares Ansetzen bzgl Grunddelikt

F hat durch das Ausschütten des Benzins und das Hervorholen des Feuerzeugs unmittelbar zur Inbrandsetzung und zur Brandlegung iSv §§ 306 I Nr 1, 306a I Nr 1 angesetzt.

d) Qualifizierende Folge

Mit dem Tod des W ist die schwere Folge eingetreten.

e) Spezifischer Gefahrzusammenhang

Mit dem Eintritt der schweren Folge müsste sich das der (schweren) Brandstiftung eigentümliche Risiko verwirklicht haben. Auf I kann nicht abgestellt werden (vgl *Rn 630*).

---

38 BGH NJW 1999, 3131.

Vielmehr ist Anknüpfungspunkt wieder W. Dieser ist infolge der durch die Tathandlung geschaffenen spezifischen Gefahrenlage ums Leben gekommen, sodass ein spezifischer Gefahrzusammenhang besteht.

f) Leichtfertigkeit bzgl schwerer Folge

Indem F beim Rundgang einen Kellerraum ausließ, hat er leichtfertig gehandelt. Der Eintritt des Erfolges war auch objektiv und subjektiv vorhersehbar und vermeidbar.

10. § 306f

Aus dem Sachverhalt ergeben sich keine Anhaltspunkte dafür, dass eine der in § 306f I Nr 1-4 genannten Sachen in Brandgefahr gebracht wurde.

11. § 308 I

634 Durch das Betätigen des Feuerzeugs könnte sich F auch wegen Herbeiführung einer Sprengstoffexplosion strafbar gemacht haben.

a) Objektiver Tatbestand

F müsste – anders als durch Freisetzen von Kernenergie, namentlich durch Sprengstoff – eine Explosion herbeigeführt und dadurch Leib oder Leben eines anderen Menschen oder fremde Sachen von bedeutendem Wert gefährdet haben.

Explosion bezeichnet die plötzliche Auslösung von Druckwellen außergewöhnlicher Beschleunigung durch einen Stoff, der bei Entzündung zu einer plötzlichen Ausdehnung von Flüssigkeiten oder Gasen und dadurch zu einer Sprengwirkung führt[39]. Darunter fallen alle Mittel, die geeignet sind, die Wirkung einer Explosion herbeizuführen, etwa auch Gas(gemische)[40]. Folglich handelt es sich bei der Explosion durch die Benzindämpfe um eine solche iSd § 308.

I ist bei der Explosion ums Leben gekommen. Allerdings fällt er auch hier wieder nicht in den Schutzbereich der Norm, sodass nur auf W abzustellen ist. Zwar ist W erst durch die Rauchentwicklung und nicht infolge der eigentlichen Explosion gestorben; es reicht jedoch aus, dass infolge der vom Täter herbeigeführten Explosion kausal und zurechenbar ein Mensch in konkrete Gefahr geraten ist.

Darüber hinaus ist eine konkrete Gefährdung der Villa des E – einer für F fremden Sache von bedeutendem Wert – eingetreten.

b) Subjektiver Tatbestand

Fraglich ist, ob F bzgl der Herbeiführung einer Explosion vorsätzlich handelte. Man könnte der Gleichsetzung der Brandstiftung mit der Brandlegung in § 306 I die allgemeine Wertung entnehmen, dass es im Falle der Zerstörung von Gebäuden durch Brände eine unwesentliche Abweichung des vorgestellten vom tatsächlichen Kausalverlauf[41]

---

39 LK-*Wolff*, § 308 Rn 4; S/S/W-StGB-*Wolters*, § 308 Rn 3.
40 *Fischer*, § 308 Rn 3; *Lackner/Kühl*, § 308 Rn 2.
41 *Wessels/Beulke/Satzger*, AT Rn 374 ff.

darstellt, wenn das Haus nicht durch eine Inbrandsetzung, sondern bereits aufgrund einer Explosion des Brandmittels zerstört wird. Bei Zugrundelegung dieser Ansicht wäre bei F Vorsatz bzgl § 308 zu bejahen, obwohl er an die Herbeiführung der Explosion nicht dachte. Diese Lösung ist jedoch abzulehnen, denn der Begriff der Explosion umschreibt das ganz konkrete Phänomen der plötzlichen Volumenvergrößerung (Druckwelle) im Zuge eines einzigen chemischen oder physikalischen Vorgangs. Wer hingegen will, dass das Gebäude „abbrennt", plant eine andere Art der Zerstörung. Es ist deshalb im Vorsatz der Brandstiftung zwar auch der Vorsatz bzgl einer Brandlegung enthalten, nicht aber der Vorsatz bzgl der Herbeiführung einer Explosion. Aufgrund dieser wesentlichen Abweichung vom vorgestellten Kausalverlauf fehlt F der Vorsatz für § 308[42].

12. § 308 I, V

Bei § 308 I iVm V handelt es sich um eine Vorsatz-Fahrlässigkeits-Kombination, ebenso wie bei § 315c I iVm III Nr 1 (vgl Fall 12, Rn 566).

Die Explosion muss vorsätzlich herbeigeführt werden, die Gefahr für Leben oder Sachen fahrlässig.

F hat fahrlässig eine Gefahr für Leib und Leben sowie für Sachen von bedeutendem Wert verursacht, ihm fehlte aber der Vorsatz bzgl der Herbeiführung der Explosion, sodass eine Strafbarkeit gem § 308 I, V ausscheidet.

13. § 308 I, VI

F hat eine Explosion herbeigeführt und dadurch Leib und Leben eines anderen Menschen sowie Sachen von bedeutendem Wert gefährdet.

Die Explosion und die Gefährdung waren objektiv und subjektiv vorhersehbar und vermeidbar.

Es ist also sowohl bzgl der Explosion als auch bzgl der Gefahrherbeiführung Fahrlässigkeit zu bejahen.

14. § 303 (Lattenroste, Gerümpel, Eingangstür, Wände)

Eine Beschädigung iSv § 303 I Alt 1 ist gegeben, wenn der Täter auf die Sache als solche in einer Weise körperlich eingewirkt hat, dass ihre Unversehrtheit oder bestimmungsgemäße Brauchbarkeit mehr als nur unerheblich beeinträchtigt und im Vergleich zu ihrer bisherigen Beschaffenheit nachteilig verändert worden ist. F hat die Lattenroste sowie das Gerümpel – für ihn fremde bewegliche Sachen – beschädigt. **635**

Dem Sachverhalt ist nicht eindeutig zu entnehmen, ob die Eingangstür durch das „Einbrechen" beschädigt wurde. Ein Einbrechen muss jedoch nicht notwendigerweise mit einer substanzverletzenden Öffnung der dem Zutritt entgegenstehenden Umschließung verbunden sein. Dies ist zB iRd Auslegung des § 243 I Nr 1 anerkannt[43].

---

42 Ebenso *Schenkewitz*, JA 2001, 400, 405.
43 *Wessels/Hillenkamp*, BT2 Rn 225.

Die Wände konnten durch Abwaschen des Rußes mittels einer scharfen Lauge gereinigt werden. Ihre Substanz wurde nicht verletzt, weshalb eine Beschädigung iSd § 303 I Alt 1 ausscheidet[44]. Insoweit liegt allerdings eine nicht nur unerhebliche und nicht nur vorübergehende Veränderung des Erscheinungsbildes iSv § 303 II vor (*Gegenteil vertretbar*).

Da F auch vorsätzlich gehandelt hat, hat er sich zumindest bzgl der Lattenroste und des Gerümpels gem § 303 I und bzgl der Kellerwände gem § 303 II strafbar gemacht.

15. §§ 303 I Alt 1 bzw Alt 2, III, 22, 23 I Alt 2 (Rest der Villa)

F hat versucht, den Rest der Villa – eine für ihn fremde Sache – zu beschädigen bzw zu zerstören.

16. §§ 305 I, II, 22, 23 I Alt 2 (Villa)

636 F hat versucht, die Villa – ein Gebäude iSd § 305 I, welches in fremdem Eigentum stand – ganz bzw teilweise zu zerstören.

17. § 123 I Alt 1 (Villa)

F ist in die Villa des E – eine Wohnung sowie ein befriedetes Besitztum iSd § 123 I – widerrechtlich eingedrungen.

18. Konkurrenzen

637 §§ 305 I, II, 22, 23 I Alt 2 und §§ 303 I, III, 22, 23 I Alt 2 werden von den §§ 306 I Nr 1, 22, 23 I Alt 1 wegen Spezialität verdrängt[45].

§§ 306 I Nr 1, 22, 23 I Alt 1 treten im Wege der Spezialität hinter die §§ 306a I Nr 1, 22, 23 I Alt 1 zurück[46] (*Idealkonkurrenz ebenfalls vertretbar*)[47].

§§ 306a I Nr 1, 22, 23 I Alt 1 werden wiederum im Wege der Spezialität verdrängt von den §§ 306b I, 22, 23 I Alt 1[48].

§§ 306b I, 22, 23 I Alt 1 werden verdrängt durch die spezielleren §§ 306c, 22, 23 I Alt 1[49].

§§ 306c, 22, 23 I Alt 1 stehen mit § 303 I Alt 1 sowie § 303 II in Idealkonkurrenz, weil nur so deutlich wird, dass das Unrecht der Sachbeschädigung vollendet ist.

§ 303 I und II wurden zwar durch ein und dieselbe Handlung verwirklicht. Da jedoch unterschiedliche Gegenstände betroffen sind, tritt § 303 II hier nicht im Wege der Subsidiarität zurück[50], sondern es ist von Tateinheit auszugehen.

---

44 Matt/Renzikowski-*Altenhain*, § 303 Rn 8.
45 *Fischer*, § 306 Rn 24.
46 BGH StV 2001, 232; *Fischer*, § 306 Rn 25.
47 Dafür *Duttge*, Jura 2006, 16; *Krey/Heinrich/Hellmann*, BT1 Rn 1101.
48 *Fischer*, § 306b Rn 14.
49 *Fischer*, § 306c Rn 2.
50 S Problem Nr 28, Rn 145.

Mit § 308 I, VI stehen die §§ 306c, 22, 23 I Alt 1 in Tateinheit (§ 52), da in Ansatz gebracht werden muss, dass die Explosion zu einem Brand führen sollte[51].

§ 222 steht zu den §§ 306c, 22, 23 I Alt 1 in Idealkonkurrenz. Nur so kann zum Ausdruck kommen, dass der Versuch des erfolgsqualifizierten Delikts hier in der Form des erfolgsqualifizierten Versuchs (Erfüllung des § 222) bejaht wurde (*Gesetzeskonkurrenz ist ebenfalls vertretbar*).

§ 123 I Alt 1 als Dauerdelikt ist hier begangen worden, um die Brandstiftung zu ermöglichen; es besteht deshalb Tateinheit[52].

19. Ergebnis für F im Tatkomplex B

F hat sich demnach gem §§ 306c, 22, 23 I Alt 1 – § 52 – § 308 I, VI – § 52 – § 222 – § 52 – § 303 I Alt 1 – § 52 – § 303 II – § 52 – § 123 I Alt 1 strafbar gemacht.

C. Gesamtkonkurrenzen

Die in den Tatkomplexen A und B verwirklichten Delikte sind jeweils völlig selbstständige Handlungen, sodass sie zueinander in Realkonkurrenz (§ 53) stehen.

D. Abwandlung (Strafbarkeit des F)

1. § 306 I Nr 1 Alt 1 und 2

Zunächst ist erneut zu prüfen, ob F das Gebäude des E in Brand gesetzt hat. Da nicht nur das Inventar (Schreibtisch), sondern auch der Fußboden gebrannt hat, ist ein wesentlicher Gebäudebestandteil in Brand gesetzt worden (*zur Definition s Rn 611*). § 306 I Nr 1 Alt 1 ist also erfüllt.

637a

Da durch die Brandlegung die gewerbliche Nutzung des Kellerraums für mehrere Wochen nicht mehr möglich war, sind einzelne, für den bestimmungsgemäßen Gebrauch des Objekts wesentliche Teile unbrauchbar geworden und somit iSv § 306 I Nr 1 Alt 2 durch Brandlegung teilweise zerstört worden (*zur Definition s Rn 611*).

F handelte vorsätzlich, rechtswidrig und schuldhaft.

2. § 306a I Nr 1

a) § 306a I Nr. 1 Alt 1

Eine Strafbarkeit gem § 306a I Nr 1 Alt 1 setzt voraus, dass das Gebäude der Wohnung von Menschen dient. Die Villa dient nicht nur dem Wohnen von Menschen, sondern bezüglich des Kellerraums auch einem gewerblichen Zweck. Der gewerblich genutzte Raum im Keller ist aber durch eine Treppe mit den Wohnräumen im Erdgeschoss verbunden, sodass es sich bei der Villa des E um ein einheitliches, mehreren Zwecken

---

51 *Fischer*, § 308 Rn 13.
52 *Wessels/Beulke/Satzger*, AT Rn 1087.

dienendes Gebäude handelt[53]. Fraglich ist nunmehr, ob ein In-Brand-Setzen iSd § 306a I Nr 1 Alt 1 gegeben ist, wenn bei einem gemischt genutzten, einheitlichen Gebäude nur der Teil in Brand gesetzt wird, der nicht der Wohnung von Menschen dient.

637b **Problem Nr 139: Inbrandsetzung iSd § 306a I Nr 1 Alt 1 bei gemischt-genutzten Gebäuden**

(1) Nach der **Rspr** und einem **Teil der Lehre** kann ein In-Brand-Setzen bei gemischt genutzten Gebäuden auch dann vorliegen, wenn lediglich der gewerblich genutzte Teil des Gebäudes in Brand gesetzt wird, sofern ein Übergreifen des Feuers auf den bewohnten Teil nicht auszuschließen ist (BGHSt 34, 115, 117; BGH StV 2008, 641; BGH NStZ-RR 2010, 279; *Fischer*, § 306a Rn 5; *Kindhäuser*, BT1 § 65 Rn 12).

Argument: Die Gefahrsteigerung bei der Inbrandsetzung eines Gebäudes, die zu der in § 306a unter Strafe gestellten abstrakten Gefährdung von Menschen führt, wird oft gerade dadurch bewirkt, dass ein nicht dem Wohnen gewidmeter Teil des Gebäudes in Brand gesetzt wird. Auch vor derartigen abstrakten Gefährdungen der in einem gemischt-genutzten Gebäude wohnenden Menschen soll § 306a StGB schützen.

(2) Die wohl **hL** (Matt/Renzikowski-*Dietmeier*, § 306a Rn 11; S/S-*Heine/Bosch*, § 306a Rn 11; MK-*Radtke*, § 306a Rn 37; SK-*Wolters*, § 306a Rn 17) plädiert zu Recht für eine restriktive Auslegung und verlangt, dass auch ein wesentlicher Teil der Wohnräumlichkeiten in Brand gesetzt wird. Andernfalls komme lediglich eine Versuchsstrafbarkeit in Betracht.

Argument: Der Wortlaut des § 306a spricht dafür, dass allein bei einem unmittelbaren „Angriff" auf die Wohnung oder das dem regelmäßigen Aufenthalt von Menschen dienende sonstige Tatobjekt die erforderliche rechtsgutsbezogene generelle Gemeingefährlichkeit der Tathandlungen vorliegt.

Zur Vertiefung: Kraatz, Jura 2012, 627; ders, JuS 2012, 691; Küper/Zopfs, BT Rn 359 f; Piel, StV 2012, 502.

637c Da vorliegend ein Übergreifen des Brandes auf den Wohnbereich nicht ausgeschlossen war und somit auch eine abstrakte Gefahr für Menschen bestand, könnte man – im Einklang mit der Rspr – § 306a I Nr 1 Alt 1 bejahen. Andererseits ist der tatbestandliche Erfolg und damit die Vollendung der Tat nach dem Wortlaut der Norm erst dann eingetreten, wenn tatsächlich ein als Wohnraum genutzter Gebäudeteil in Brand gesetzt wurde. Überdies erscheint angesichts der hohen Strafandrohung eine restriktive Auslegung geboten. § 306a I Nr 1 Alt 1 ist also nicht erfüllt.

b) § 306a I Nr 1 Alt 2

F könnte ein Gebäude, das der Wohnung von Menschen dient, iSv § 306a I Nr 1 Alt 2 durch Brandlegung (teilweise) zerstört haben. Infolge der Brandlegung war der bestimmungsgemäße Gebrauch des Büroraums, also des gewerblich genutzten Gebäudeteils, für mehrere Wochen nicht mehr möglich, sodass dieser (zumindest) teilweise zerstört war. Parallel zur ersten Tatbestandsalternative der Inbrandsetzung (*s Rn 637 b*) stellt sich jedoch die Frage, ob die zweite Tatbestandsalternative, also eine (teilweise) Zerstörung durch Brandlegung, bejaht werden kann, obwohl der Wohnbereich noch nicht in Mitleidenschaft gezogen wurde.

---

53 BGHSt 35, 283, 286; MK-*Radtke*, § 306a Rn 32; S/S/W-StGB-*Wolters*, § 306a Rn 17.

Problem Nr 140: (Teilweise) Zerstörung durch Brandlegung iSd § 306a I Nr 1 Alt 2 bei   **637d**
gemischt-genutzten Gebäuden

(1) Bis vor Kurzem stellte sich das Meinungsbild insofern ebenso wie im Hinblick auf § 306a I Nr 1 Alt 1 dar *(s Problem Nr 139 Rn 637b)*: Während es der BGH und ein Teil der Lehre angesichts der dann bereits vorliegenden abstrakten Gefahr für die im Wohntrakt lebenden Menschen für ausreichend erachtete, dass lediglich der gewerblich genutzte Gebäudeteil durch die Brandlegung ganz oder teilweise zerstört wird (BGH Beschluss v. 19.7.2007 – 2 StR. 266/07), verlangt die wohl **hL** infolge einer restriktiven Auslegung schon immer, dass auch ein zur Wohnung dienender Gebäudeteil betroffen ist (S/S-*Heine/Bosch*, § 306a Rn 11; *Kindhäuser*, StV 1990, 161).

(2) In seiner **neuesten Rspr** hat sich der BGH im Hinblick auf § 306a I Nr 1 Alt 2 (aber nur insoweit; nicht bezüglich § 306a I Nr 1 Alt 1!) der hL angeschlossen. Nunmehr vertritt auch er die Auffassung, dass die Tatbestandsalternative des teilweisen Zerstörens eines Wohngebäudes durch Brandlegung in einem teils gewerblich, teils als Wohnung genutzten Gebäudes erst dann verwirklicht ist, wenn zumindest ein zum selbstständigen Gebrauch bestimmter Teil des Wohngebäudes für Wohnzwecke unbrauchbar geworden ist (BGH NStZ 2012, 214; anders jedoch weiterhin im Rahmen des § 306a II, vgl BGHSt 56, 94).

Argument: Wortlaut und Schutzzweck des § 306a I Nr 1 legen es nahe, in den Fällen, in denen ein gemischt genutztes Gebäude betroffen ist, eine Differenzierung vorzunehmen: Während nämlich bei einer Inbrandsetzung (Alt 1) des gewerblich genutzten Teils typischerweise eine erhöhte (abstrakte) Gefahr für die im Wohntrakt lebenden Menschen besteht (insbes durch Übergreifen der Flammen), ist dies bei der (teilweisen) Zerstörung ausschließlich des gewerblich genutzten Bereichs durch Brandlegung nicht zwingend (zB nur örtlich beschränkte Explosion). Neben der bloßen Tathandlung (Brandlegung) fordert der Gesetzgeber daher bei dieser Variante einen bestimmten Erfolg, nämlich die zumindest teilweise Zerstörung.

Zur Vertiefung: Kraatz, Jura 2012, 627; ders, JuS 2012, 691; Küper/Zopfs, BT Rn 359 f; Piel, StV 2012, 502.

Da der Gesetzgeber bei der Alternative der Brandlegung (im Gegensatz zum In-Brand-   **637e**
Setzen) verlangt, dass das Gebäude aufgrund der Tathandlung „ganz oder teilweise zerstört" wird, muss es hier verstärkt auf ein tatsächlich erhöhtes Gefährdungspotential für den Wohnbereich ankommen. Wortlaut und Schutzzweck des § 306a I Nr 1 verbieten eine Strafbarkeit nach der zweiten Tatbestandsalternative dieser Norm, wenn nur der gewerblich genutzte Teil des Gebäudes in Mitleidenschaft gezogen ist. Eine Strafbarkeit gem § 306a I Nr 1 Alt 2 scheidet somit ebenfalls aus.

3. §§ 306a I Nr 1 Alt 1 und 2, 22, 23 I Alt 1

F war bewusst, dass es sich bei der Villa des E um ein Gebäude handelt, das (auch) der   **637f**
Wohnung von Menschen dient. Er wollte das ganze Haus in Brand setzen bzw durch Brandlegung zerstören. Der erforderliche Tatentschluss liegt also vor. Spätestens mit dem Entzünden des Benzins hat F unmittelbar zur Tat iSd § 22 angesetzt. Eine Strafbarkeit gem §§ 306a I Nr 1 Alt 1 und 2, 22, 23 I Alt 1, 12 I ist also gegeben.

4. Konkurrenzen

Obgleich der Versuch des § 306a I Nr 1 hier zwei Tatbestandsalternativen erfasst, liegt   **637g**
nur ein Versuch vor. Aus Klarstellungsgründen tritt die versuchte schwere Brandstiftung

nicht hinter die vollendete einfache Brandstiftung zurück. Vielmehr ist von Tateinheit auszugehen[54].

5. Ergebnis zur Fallabwandlung

F ist strafbar gem § 306 I Nr 1 – § 52 – §§ 306a I Nr 1, 22, 23 I Alt 1, 12 I.

E. Gesamtergebnis des materiell-rechtlichen Gutachtens

1. Ausgangsfall:

Tatkomplex A: §§ 263 I, III 1, 2 Nr 2, Nr 5, 27
– § 53 –
Tatkomplex B: §§ 306c, 22, 23 I Alt 1 – § 52 – § 308 I, VI – § 52 – § 222 – § 52 –
§ 303 I Alt – § 52 – § 303 II – § 52 – § 123 I Alt 1

2. Fallabwandlung:

§ 306 I Nr 1 Alt 1 – § 52 – §§ 306a I Nr 1, 22, 23 I Alt 1, 12 I

Teil II. (prozessualer Teil)

1. Voraussetzungen der Untersuchungshaft

638 **Problem Nr 141: Voraussetzungen der Untersuchungshaft**

Der Erlass eines Haftbefehls, der in jedem Verfahrensstadium zulässig ist, setzt gem § 112 I 1 StPO voraus:
– einen dringenden Tatverdacht und
– einen Haftgrund.

Ferner darf die Untersuchungshaft zu der Bedeutung der Sache und der zu erwartenden Strafe bzw Maßregel nicht außer Verhältnis stehen.

Ein dringender Tatverdacht besteht, wenn nach dem aktuellen Stand der Ermittlungen der Beschuldigte mit hoher Wahrscheinlichkeit Täter oder Teilnehmer einer strafbaren Handlung ist (*s bereits Fall 7 Rn 335*).

Folgende vier Haftgründe kommen in Betracht:
– Flucht oder Fluchtgefahr, § 112 II Nr 1, Nr 2 StPO
– Verdunkelungsgefahr, § 112 II Nr 3 StPO
– Verdacht eines Kapitaldelikts, § 112 III StPO
– Wiederholungsgefahr, § 112a StPO.

Zur Vertiefung: Beulke, StPO Rn 209 ff; Graf, JA 2012, 262; Hellmann, StPO Rn 217 ff; Murmann, StPO Rn 64 ff.

---

54 BGH NStZ 2012, 214, 215.

2. Zuständigkeit für Erlass eines Haftbefehls

Für den Erlass des Haftbefehls ist während des Ermittlungsverfahrens (also vor Erhe- **639**
bung der öffentlichen Klage durch Einreichung der Anklageschrift [§ 170 I StPO]) der
Ermittlungsrichter beim AG zuständig (§ 125 I StPO).

Nach Erhebung der öffentlichen Klage liegt die Zuständigkeit für den Erlass eines Haftbefehls idR bei dem Gericht, das mit der Sache befasst ist, wenn Revision eingelegt ist,
bei dem Gericht, dessen Urteil angefochten ist (§ 125 II StPO). Gem § 125 II 2 StPO
kann in dringenden Fällen auch der Vorsitzende des Gerichts den Haftbefehl erlassen.

Zur Vertiefung: Beulke, StPO Rn 220.

3. Entscheidung über den Haftbefehl außerhalb der Hauptverhandlung, §§ 30 II, 76 I 2 GVG

Innerhalb der Hauptverhandlung müssten die Schöffen mitentscheiden (§ 76 I 1 GVG), **640**
sodass die Mehrheit wohl gegen den Erlass eines Haftbefehls stimmen wird. Bei Entscheidungen außerhalb der Hauptverhandlung wirken die Schöffen hingegen nicht mit
(§ 76 I 2 GVG), sodass der Vorsitzende im Zusammenwirken mit dem einen Beisitzer
nunmehr den anderen Beisitzer überstimmen könnte.

Nach inzwischen **hA**[55] ist über den Erlass des Haftbefehls immer außerhalb der Hauptverhandlung zu entscheiden mit der Folge, dass die Entscheidung ohne Beteiligung der
Schöffen erfolgt. Jedenfalls sollen bei jeder Unterbrechung der Hauptverhandlung Entscheidungen wie zB Beschlagnahme- und Durchsuchungsanordnungen sowie Entscheidungen über die Untersuchungshaft ohne die Schöffen gefällt werden können[56].

Richtiger Ansicht nach darf die Gerichtsbesetzung nicht zur freien Disposition des Gerichts stehen. Vielmehr muss die Entscheidung im Regelfall innerhalb der Hauptverhandlung getroffen werden, es sei denn, zwingende Gründe wie Eilbedürftigkeit etc
bedingen die Entscheidung außerhalb der Hauptverhandlung[57]. Hier spricht der Aspekt
der Eilbedürftigkeit sogar eher für eine Entscheidung innerhalb der Hauptverhandlung.
Der Strafkammervorsitzende muss also die Schöffen bei der Entscheidungsfindung über
den Erlass des Haftbefehls miteinbeziehen.

Zur Vertiefung: Beulke, StPO Rn 45.

4. Rechtsmittel gegen einen Haftbefehl

G hat die Möglichkeit, Beschwerde gem § 304 I StPO einzulegen. Bleibt sie erfolglos, **641**
steht ihm die weitere Beschwerde nach § 310 I StPO offen. G kann auch Haftprüfung

---

55 BGH JR 2011, 361; HansOLG Hamburg NJW 1998, 2988 [diese Auslegung wird für verfassungskonform
    erklärt durch BVerfG NJW 1998, 2962]; OLG Hamm StV 1998, 388; *Bertram*, NJW 1998, 2934; *Foth*, NStZ
    1998, 421; diff LR-*Hilger*, § 125 Rn 16a; *Mosbacher*, JuS 2011, 713.
56 BGH JR 2011, 361 m zust Anm *Börner* u *Krüger*, NStZ 2012, 342; OLG München StraFo 2010, 383; M-G/
    Schmitt, § 30 GVG Rn 3.
57 Vgl BGHSt 43, 91 m Anm *Dehn*, NStZ 1997, 607; OLG Koblenz StV 2010, 36 u 37; *Kunisch*, StV 1998,
    687; *Schlothauer*, StV 1998, 144; für eine ausnahmslose Mitwirkungspflicht der Schöffen bei Haftentschei-
    dungen nach Eröffnung der Hauptverhandlung *Sowada*, NStZ 2001, 169.

gem § 117 I StPO beantragen. Über die Haftprüfung entscheidet hier gem § 126 II 1 StPO die Strafkammer selbst, über die Beschwerde gem § 121 I Nr 2 GVG (auch in Bayern) das OLG (Devolutiveffekt). Wählt er den Weg der Haftprüfung, wird die Beschwerde unzulässig, § 117 II 1 StPO.

Zur Vertiefung: Beulke, StPO Rn 223 ff.

Definitionen zum Auswendiglernen

In Brand gesetzt iSv § 306 I ist eine Sache, wenn sie vom Feuer in einer Weise erfasst ist, die ein Fortbrennen aus eigener Kraft, dh ohne Fortwirken des Zündstoffs, ermöglicht. Für das Inbrandsetzen eines Gebäudes genügt die Inbrandsetzung eines für dessen bestimmungsgemäßen Gebrauch wesentlichen Bestandteils (*Wessels/Hettinger/Engländer, BT1 Rn 1043*).

Gebäude iSd §§ 306 ff ist ein mit dem Erdboden verbundenes, mit Wänden und Dach versehenes Bauwerk (*Wessels/Hettinger/Engländer, BT1 Rn 1046*).

Wälder iSd §§ 306 ff umfassen das auf einer Bodenfläche wachsende Holz und den Waldboden mit dem diesen bedeckenden Gras, Moos, Laub und Strauchwerk (*BGHSt 31, 83, 84*).

Brandlegung iSv § 306 I bezeichnet den Eintritt der zerstörenden oder gefährdenden Wirkung des Brandmittels (*Wessels/Hettinger/Engländer, BT1 Rn 1044*).

Ganz zerstört ist ein Objekt iSv § 306 I dann, wenn es vernichtet ist oder es seine bestimmungsgemäße Brauchbarkeit vollständig verloren hat (*Wessels/Hettinger/Engländer, BT1 Rn 1044*).

Teilweise zerstört ist ein Objekt iSv § 306 I dann, wenn einzelne, für den bestimmungsgemäßen Gebrauch des Objekts wesentliche Teile unbrauchbar geworden sind (*Wessels/Hettinger/Engländer, BT1 Rn 1044*).

Explosion iSv § 308 I bezeichnet die plötzliche Auslösung von Druckwellen außergewöhnlicher Beschleunigung durch einen Stoff, der bei Entzündung zu einer plötzlichen Ausdehnung von Flüssigkeiten oder Gasen und dadurch zu einer Sprengwirkung führt (*RGSt 67, 37*).

Weitere einschlägige Musterklausuren

Zum Problem der Entwidmung eines Gebäudes durch Inbrandsetzen seitens des Alleineigentümers:

Fennhahn/Lohse, Ad Legendum 2011, 330; *Liebig/Wiesen*, ZJS 2012, 530; *Noak/Collin*, Jura 2006, 544; *Prütting/Stern/Wiedemann*, [20] S 233; *Sennwitz/Haas*, StudZR 2012, 289; *Stief*, JuS 2009, 716; *Wagner*, [14] S 147

Zum Problem der teleologischen Reduktion des Tatbestandes bei § 306a I:

Ernst, Jura 2014, 1292; *Fennhahn/Lohse*, Ad Legendum 2011, 330; *Gropp/Küpper/Mitsch*, [11] S 201; *Hilgendorf*, Klausurenkurs II [12] S 151; *Kudlich*, JA 2008, 703; *Liebig/Wiesen*, ZJS 2012, 530; *Rotsch*, [17] Rn 2182; *Sennwitz/Haas*, StudZR 2012, 289; *Stief*, JuS 2009, 716; *Wagner*, [14] S 147; *Weißer/Kreß*, JA 2003, 857

Zum Problem der Einbeziehung fremder Sachen in § 306a II:

Liebig/Wiesen, ZJS 2012, 530; *Rudolphi*, [13] S 148; *Schenkewitz*, JA 2001, 400

Zum Problem der konkreten Gefahr einer Gesundheitsschädigung iRd § 306a II:

Murmann, Jura 2001, 258; *Reinbacher*, Jura 2007, 382

Zum Problem der schweren Brandstiftung gem § 306a I bei gemischt genutzten Gebäuden:

Börner, JA 2017, 832; *Dietrich/Bechtel*, JSE 2016, 114; *Nix*, JA 2012, 668; *Valerius/Zehetgruber*, JA 2014, 431

Zum Problem: Ist bei § 306b I bzw bei § 306c ein erfolgsqualifizierter Versuch möglich?

Börner, JA 2017, 832; *Hardtung*, JuS 2008, 632; *Kreß/Weisser*, JA 2006, 115; *Paul*, ZJS 2013, 94; *Stief*, JuS 2009, 716

Zu weiteren Problemen der Brandstiftungsdelikte:

Berster, ZJS 2017, 469; *Börner*, JA 2017, 832; *Chionos/Raymond*, StudZR 2008, 527; *Engelhart/ Burchard* in: *Coester-Waltjen* ua (Hrsg), Examensklausurenkurs III, S 56; *Kreß/Weisser*, JA 2006, 115; *Noak/Collin*, Jura 2006, 544; *Preis/ Prütting/Sachs/Weigend*, [20], S 318; *Reinbacher*, Jura 2007, 382; *Schumann*, ZJS 2016, 489; *Seiterle*, Jura 2011, 958; *Sennwitz/Haas*, StudZR 2012, 289

Zum Problem des Verhältnisses von Versicherungsmissbrauch und Betrug:

Liebig/Wiesen, ZJS 2012, 530; *Schenkewitz*, JA 2001, 400

Zum Problem: Voraussetzungen der Untersuchungshaft:

Holland/Hoffmann, Jura 2003, 568; *Rackow*, JA 2011, 23; *Schmitt*, Jura 1986, 492

642 **Problem Nr 142: Überblick über die Systematik der Brandstiftungsdelikte (§§ 306-306f)**

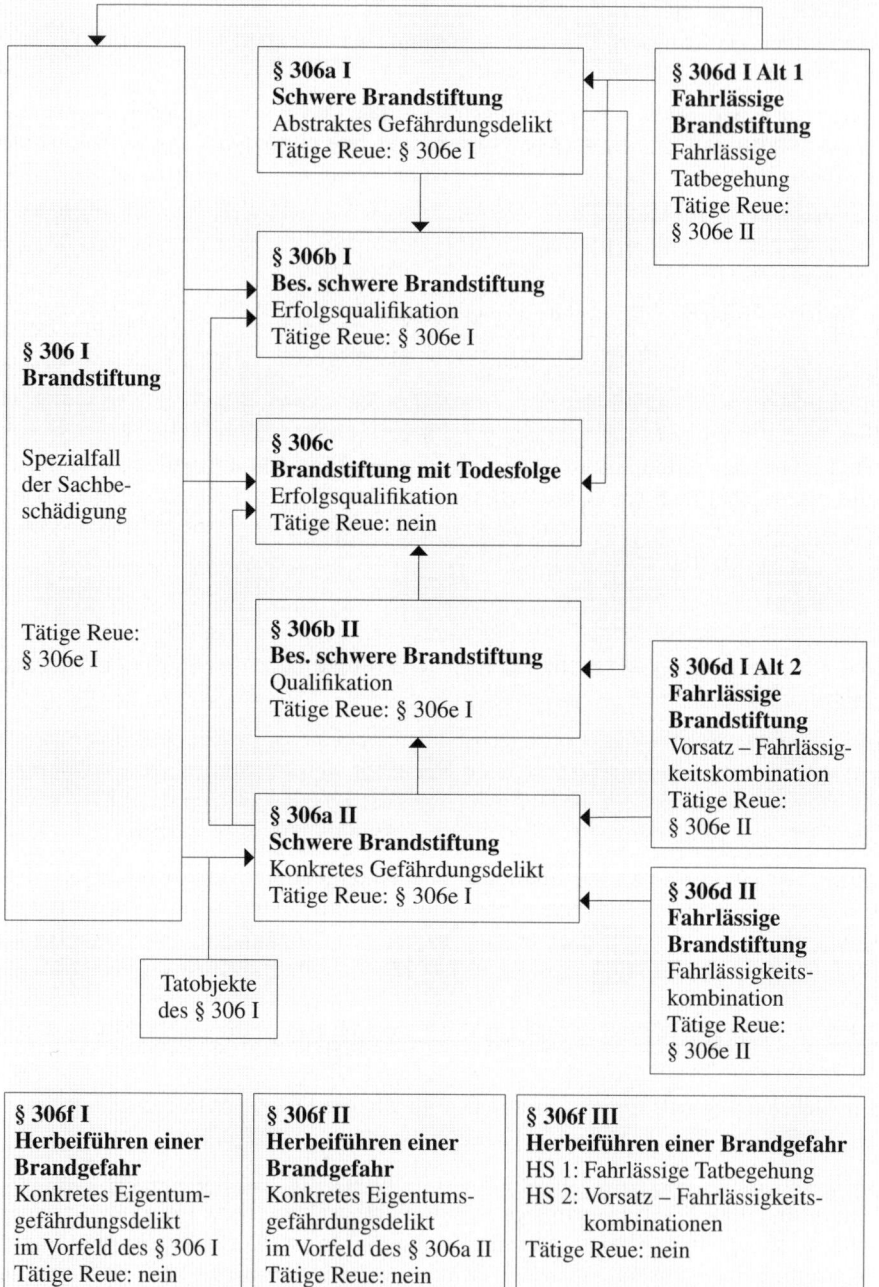

Zur Vertiefung: Wessels/Hettinger/Engländer, BT1 Rn 1037; Oğlakcıoğlu, JA 2017, 745

Fall 14

Geschenke aller Orten

I.

Im Stadtrat der Stadt P soll über den Erlass eines Bebauungsplans abgestimmt werden, 643 durch den die bisher landwirtschaftlich genutzte Fläche des Landwirts A zu Bauland würde. Die Sache steht auf der Kippe. Daher setzt A einen Brief an seinen ehemaligen Schulfreund S auf, der schon lange Jahre Gemeinderatsmitglied ist. Darin lädt er ihn auf seine – des A – Kosten zu einem Besuch des Spielkasinos ein, wenn er sich bei der Abstimmung für den Bebauungsplan ausspricht. Den Brief steckt er in den Briefkasten. Infolge eines Versehens der Deutschen Post AG geht der Brief jedoch verloren. Bei der Abstimmung wird der Bebauungsplan – obwohl S dagegen stimmt – beschlossen.

Als A erfährt, wie sein Schulfreund abgestimmt hat, will er sich rächen. Er schickt der Ehefrau des S anonym eine Packung vergifteter Pralinen, die ihr Magenschmerzen bereiten und dem S einen Schrecken einjagen sollen. Um nicht aufzufallen, beauftragt er seine eigene Ehefrau B damit, die Packung mit den vergifteten Pralinen zur Post zu bringen. B wirft die Pralinen jedoch in einen Abfalleimer, weil sie glaubt, es handele sich um ein Geschenk an eine Geliebte des A.

C ist der zuständige Beamte für die Ausstellung von Führerscheinen in der Stadt P. Er stellt dem D gegen Bezahlung einen falschen – auf den Namen des D lautenden – Führerschein aus, obwohl dieser die Führerscheinprüfung bereits zum zweiten Mal nicht bestanden hat.

Von dem Führerschein macht D zunächst auf seinem alten, nur undeutliche Kopien liefernden Schwarz-Weiß-Kopiergerät eine Kopie für sich, die er bei Verkehrskontrollen usw vorzeigen will. Er hegt die Hoffnung, dass die Polizisten sich mit der Kopie zufrieden geben und von ihm nicht die Vorlage des Originals verlangen werden.

Desgleichen stellt D für seine Ehefrau E eine Kopie her, indem er den auf seinen Namen ausgestellten Führerschein, ein Passbild seiner Frau und ein Stück Papier mit dem Namen und der Unterschrift seiner Frau so auf dem Kopierer anordnet, dass bei dem Kopiervorgang der Eindruck entsteht, es handele sich um die Kopie eines ordnungsgemäß auf seine Frau ausgestellten Führerscheins. Er übergibt die Kopie seiner Frau E, die sich über diese Überraschung sehr freut, weil sie die Fahrprüfung ebenfalls noch nicht erfolgreich abgelegt hat.

Am nächsten Tag will E damit in ihrem Auto zur Arbeit fahren. Dabei verunglückt sie schwer. Sie liegt blutüberströmt, aber noch lebend im Straßengraben.

Als D kurz darauf, begleitet von seiner zwölfjährigen Tochter T, die, in die Lektüre der Zeitschrift „Bravo" vertieft, um sich herum nichts wahrzunehmen scheint, die Unfallstelle in seinem Pkw passiert, beschleicht ihn die Angst, wegen unerlaubten Führens eines Kraftfahrzeuges eingesperrt zu werden, wenn er anhält und hilft. Er fährt daher, den Tod der E billigend in Kauf nehmend, schnell an der Unfallstelle vorbei. E wird kurz danach bewusstlos. Als D etwa einen Kilometer zurückgelegt hat, droht ihm die auf dem

Beifahrersitz sitzende T, die mit einem Auge wider Erwarten doch den Unfall wahrgenommen hat, damit, zur Polizei zu gehen, wenn er nicht augenblicklich umkehrt. Reuig fährt D zurück und eilt seiner Frau zur Hilfe, die daraufhin gerettet wird.

Wie haben sich A, B, C, D und E strafbar gemacht? Evtl erforderliche Strafanträge sind gestellt.

II.

1. A wird wegen des oben geschilderten Geschehens, nachdem der Brief wieder aufgetaucht ist, von der Staatsanwaltschaft angeklagt und von der Großen Strafkammer nach ausführlicher Würdigung der Beweismittel zu einer geringfügigen Geldstrafe verurteilt. Das Gericht hat in ihm den Briefschreiber gesehen, obwohl A dies stets bestritten und von einer Fälschung gesprochen hatte.
   A möchte das Urteil daraufhin überprüfen lassen, ob er oder ein anderer den Brief geschrieben hat. Geht das?
2. Aufgrund welcher Vorschrift konnte die Staatsanwaltschaft die Sache (Frage II. 1) vor die Große Strafkammer bringen?
3. Die Staatsanwaltschaft hat gegen D wegen der Sache mit dem Kopieren der Führerscheine Strafbefehl wegen Urkundenfälschung beantragt, der antragsgemäß erlassen wurde. Welche Möglichkeiten hat D, sich dagegen zu wehren?

498

Gedankliche Strukturierung des Falles (Kurzlösung)

Teil I. (materiell-rechtlicher Teil)

A. Die Gemeinderatssitzung (Strafbarkeit des A)

1. § 108e II (–)
2. § 333 I (–)
   - Amtsträger (–)
   - Vorteilsanbietung (–)
3. § 334 I iVm III (–)
   - Amtsträger (–)
4. **Ergebnis für A im Tatkomplex A**
   A hat sich nicht strafbar gemacht.

B. Die vergifteten Pralinen

I. Strafbarkeit der B
1. § 242 I (–)
   - fremde bewegliche Sache (+)
   - Wegnahme (–)
2. § 246 I (–)
   - Zueignung (–)
3. §§ 223 I, II, 22, 23 I Alt 2 (–)
   - Vorprüfung (+)
   - Tatentschluss (–)
4. § 303 I Alt 2 (–)
   a) Tatbestand (+)
   b) Rechtswidrigkeit (+)
      aa) Nothilfe, § 32 I, II Alt 2 (–)
      bb) Notstandshilfe, § 228 S 1 BGB (–)

Problem Nr 143: Fehlen des subjektiven Rechtfertigungselements (Rn 652)

   c) Ergebnis
5. §§ 303 I Alt 2, III, 22, 23 I Alt 2 (+)
   - Strafantragserfordernis, § 303c (+)
6. **Ergebnis für B im Tatkomplex B**
   B hat sich gem §§ 303 I Alt 2, II, 22, 23 I Alt 2 strafbar gemacht.

II. Strafbarkeit des A
1. §§ 223 I, 25 I Alt 2 (–)
2. §§ 223 I, II, 22, 23 I Alt 2, 25 I Alt 2 (+)
   a) Vorprüfung (+)
   b) Tatentschluss (+)
   c) Unmittelbares Ansetzen (+)
   d) Rechtswidrigkeit und Schuld (+)
   e) Ergebnis
3. §§ 224 I Nr 1 (–), Nr 3 (+), Nr 5 (–), II, 22, 23 I Alt 2, 25 I Alt 2 (+)
   a) Tatentschluss (+)
      - Nr 1 (Beibringung von Gift) (–)

Problem Nr 144: Muss bei § 224 I Nr 1 das Gift oder der beigebrachte gesundheitsschädliche Stoff geeignet sein, zumindest eine schwere Körperverletzung iSd § 226 I zu bewirken? (Rn 656)   644

      - Nr 3 (hinterlistiger Überfall) (+)
      - Nr 5 (lebensgefährdende Behandlung) (–)
   b) Unmittelbares Ansetzen (+)
4. **Konkurrenzen**
5. **Ergebnis für A im Tatkomplex B**
   A hat sich gem §§ 224 I Nr 3, II, 22, 23 I Alt 2, 25 I Alt 2 strafbar gemacht.

C. Ausstellen des „falschen" Führerscheins

I. Strafbarkeit des C
1. § 267 I Var 1 (–)
   - Urkunde (+)
   - „unecht" (–)
2. § 348 I (–)
   a) Objektiver Tatbestand (–)
      - Amtsträger iSd § 11 I Nr 2 a (+)
      - öffentliche Urkunde iSd §§ 271, 348 (+)
      - erhebliche Tatsache zu öffentlichem Glauben beurkundet (–)
   b) Ergebnis
3. § 276 I Nr 2 (–)
   a) Objektiver Tatbestand (–)
      - unechter/verfälschter amtlicher Ausweis (–)
   b) Ergebnis
4. § 331 I Var 3 (+)
   a) Objektiver Tatbestand (+)
      - Amtsträger (+)
      - Diensthandlung (+)
      - Vorteil angenommen (+)

Problem Nr 145: Die Systematik der Amtsdelikte (§§ 331–334) (Rn 662)

   b) Subjektiver Tatbestand (+)
   c) Rechtswidrigkeit und Schuld (+)
5. § 332 I 1 Var 3 (+)
   a) Objektiver Tatbestand (+)
      - „pflichtwidrige" Diensthandlung (+)
   b) Subjektiver Tatbestand (+)
6. **Konkurrenzen**
7. **Ergebnis für C im Tatkomplex C**
   C ist strafbar gem § 332 I 1 Var 3.

II. Strafbarkeit des D
1. § 271 I (–)
2. § 276 I Nr 2 (–)
   - falsche Beurkundung (–)
3. §§ 348 I, 26 (–)
   - vorsätzliche, rechtswidrige Haupttat (–)
4. § 333 I Var 3 (+)
5. § 334 I Var 3 (+)
6. §§ 332 I, 26 (–)
7. Konkurrenzen
8. Ergebnis für D im Tatkomplex C
   D hat sich gem § 334 I Var 3 strafbar gemacht.

D. Das Vervielfältigen
I. Strafbarkeit des D
1. § 267 I Var 1 (Herstellen der Kopie des Führerscheins für sich selbst) (–)
   - unechte Urkunde (–)
2. § 268 I Nr 1 Var 1 (Herstellen der Kopie des Führerscheins für sich selbst) (–)
3. § 267 I Var 1 (Kopie für E) (–)
   - Urkunde (–)
4. Ergebnis für D im Tatkomplex D
   D ist straflos.

II. Strafbarkeit der E
1. §§ 267, 25 II (–)
2. Ergebnis für E im Tatkomplex D
   E ist straflos.

E. Der Autounfall
I. Strafbarkeit der E
1. §§ 267 I Var 3, II, 22, 23 I Alt 2 (–)
   - Vorprüfung (+)
   - Tatentschluss (–)
2. § 21 I Nr 1 StVG (+)
3. § 315c I Nr 2 (–)
4. Ergebnis für E im Tatkomplex E
   E ist strafbar gem § 21 I Nr 1 StVG.

II. Strafbarkeit des D
1. §§ 212 I, 22, 23 I Alt 1, 13 I (+)
   a) Vorprüfung (+)
   b) Tatentschluss (+)
   - dolus eventualis bzgl Tod der E (+)
   - Vorsatz bzgl Garantenstellung, § 13 I (+)
   c) Unmittelbares Ansetzen (+)

Problem Nr 146: Versuchsbeginn beim Unterlassungsdelikt (Rn 679)

   d) Rechtswidrigkeit (+)
   e) Schuld (+)
   - Zumutbarkeit normgemäßen Verhaltens (+)
   f) Rücktritt gem § 24 I 1 Alt 2 (–)
   - Rücktritt vom beendeten Versuch (+)

   - Freiwilligkeit (–)
   g) Ergebnis
2. §§ 211, 22, 23 I Alt 1, 13 I (+)
   a) Vorprüfung (+)
   b) Tatentschluss (+)
   - Verdeckungsabsicht bzgl § 21 I Nr 1 StVG (+)

Problem Nr 147: Steht die Annahme eines nur bedingten Tötungsvorsatzes der Verdeckungsabsicht entgegen? (Rn 682)

Problem Nr 148: Schließt die Begehung durch Unterlassen die Verdeckungsabsicht bei § 211 aus? (Rn 684)

   - sonstige niedrige Beweggründe (+)
   c) Unmittelbares Ansetzen (+)
   d) Rücktritt gem § 24 I 1 Alt 2 (–)
3. § 221 I Nr 2 (+)
4. §§ 221 I Nr 2, III, 22, 23 I Alt 1 (+)
5. §§ 223 I, 13 I (+)
6. §§ 224 I Nr 5, 13 I (+)
7. § 323c (+)
8. § 21 I Nr 1 StVG (+)
9. § 21 I Nr 2 StVG (–)
10. §§ 21 I Nr 1 StVG, 27 (+)
11. Konkurrenzen
12. Ergebnis für D im Tatkomplex E
   D hat sich gem §§ 211, 22, 23 I Alt 1, 13 I – § 52 – §§ 224 I Nr 5, 13 I – § 52 – § 21 I Nr 1 StVG – § 52 – §§ 21 I Nr 1 StVG, 27 strafbar gemacht.

F. Gesamtkonkurrenzen

G. Gesamtergebnis des materiell-rechtlichen Gutachtens

A: Tatkomplex B: §§ 224 I Nr 3, II, 22, 23 I Alt 2, 25 I Alt 2

B: Tatkomplex B: §§ 303 I Alt 2, II, 22, 23 I Alt 2

C: Tatkomplex C: § 332 I Var 3

D: Tatkomplex C: § 334 I Var 3
   – § 53 –
   Tatkomplex E: §§ 211, 22, 23 I Alt 1, 13 I –
   § 52 – §§ 224 I Nr 5, 13 I – § 52 – § 21 I Nr 1
   StVG – § 52 – §§ 21 I Nr 1 StVG, 27

E: Tatkomplex E: § 21 I Nr 1 StVG

Teil II. (prozessualer Teil)

1. **Statthaftigkeit der Revision**
2. **Das Problem der sog „beweglichen Zuständigkeit"**
3. **Das Strafbefehlsverfahren**

Ausführliche Lösung von Fall 14

Teil I. (materiell-rechtlicher Teil)

A. Die Gemeinderatssitzung (Strafbarkeit des A)

1. § 108e II

A könnte S, der als Mitglied einer kommunalen Gebietskörperschaft zu den Mandats-trägern zählt (§ 108e III Nr 1), einen ungerechtfertigten Vorteil dafür angeboten haben, dass S bei der Wahrnehmung seines Mandats eine Handlung nach der Weisung des A vornimmt (Zustimmung zum Bebauungsplan). **645**

Unter dem Anbieten eines Vorteils versteht man jede einseitige Willenserklärung, die zur Kenntnis des Amtsträgers gebracht wird und die auf Abschluss einer Unrechtsvereinba-rung gerichtet ist[1]. Es kommt also auf den Zugang der Erklärung beim Mandatsträger an. Das unredliche Angebot des A hat S jedoch nicht erreicht. Die Tat ist also nicht vollendet.

Da § 108e keine Versuchsstrafbarkeit vorsieht, ist die versuchte Bestechung von Man-datsträgern nicht strafbar (§ 22 I iVm § 12 II).

2. § 333 I

A könnte einem Amtsträger für die Dienstausübung einen Vorteil angeboten haben. **646**

Gem § 11 I Nr 2c ist Amtsträger, wer dazu bestellt ist, bei einer Behörde oder sonstigen Stelle, oder in deren Auftrag Aufgaben der öffentlichen Verwaltung unbeschadet der zur Aufgabenerfüllung gewählten Organisationsform wahrzunehmen. Gemeinderäte sind in Ausübung ihrer legislativen Tätigkeit jedoch nach hM nicht Amtsträger in diesem Sinne, da sie insoweit keine Aufgaben der öffentlichen Verwaltung wahrnehmen (*aA vertretbar*)[2].

Im Übrigen ist der tatbestandliche Erfolg – Anbieten eines Vorteils für eine Diensthand-lung – nicht eingetreten, weil der Brief nie angekommen ist.

3. § 334 I iVm III

A könnte einem Amtsträger einen Vorteil als Gegenleistung für eine künftige pflichtwid-rige Diensthandlung angeboten haben. **647**

Jedoch sind Gemeinderatsmitglieder – wie A auch weiß – in rein legislativer Funktion keine Amtsträger iSd Vorschrift (*s Rn 646; aA vertretbar, dann käme es für die Straf-barkeit gem § 334 I iVm III darauf an, ob es sich bei einem positiven Votum um eine pflichtwidrige Handlung handeln würde. Das kann dem Sachverhalt nicht entnommen*

---

[1] *Fischer*, § 108e Rn 51; S/S/W-StGB-*Rosenau*, § 333 Rn 5.
[2] BGHSt 51, 44, 49; S/S-*Eser/Hecker*, § 11 Rn 22; S/S/W-StGB-*Rosenau*, § 331 Rn 10.

werden). Jedenfalls fehlt es insoweit erneut an einem vollendeten „Anbieten", s Rn 645; auch hier wäre der Versuch nicht strafbar).

4. Ergebnis für A im Tatkomplex A

A hat sich nicht strafbar gemacht.

B. Die vergifteten Pralinen

I. Strafbarkeit der B

1. § 242 I

648   Indem B die Pralinen in den Papierkorb warf, könnte sie sich wegen Diebstahls strafbar gemacht haben.

B war aber nach Übergabe der Schachtel (Allein-)Gewahrsamsinhaberin, sodass eine Wegnahme iS des § 242 I mangels Gewahrsamsbruchs ausscheidet.

2. § 246 I

649   B könnte sich die für sie fremde bewegliche Sache zugeeignet haben. Zueignung iSd § 246 I bedeutet, dass der Täter die Sache mit einer objektiv erkennbaren Betätigung des Zueignungswillens seinem Vermögen einverleibt, dass er sich also als Eigentümer geriert[3]. B wollte sich die Pralinen nicht einmal nur vorübergehend aneignen. Das (sofortige) Wegwerfen manifestiert deshalb keinen Zueignungswillen.

Hinweis: Da beide Delikte – anders als bei der Verwendung fremder Sachen vor dem Wegwerfen für eigene Zwecke – auf den ersten Blick ausscheiden, ist ihre Prüfung (an dieser Stelle oder im Anschluss an § 303 I Alt 2) entbehrlich.

3. §§ 223 I, II, 22, 23 I Alt 2

650   Zu einer vollendeten Körperverletzung ist es nicht gekommen. Eine versuchte Körperverletzung, die gem §§ 223 II, 23 I Alt 2 strafbar ist, ist ebenfalls zu verneinen, da B mangels Kenntnis vom Inhalt der Pralinen ersichtlich der Körperverletzungsvorsatz und somit der Tatentschluss fehlte.

4. § 303 I Alt 2

651   Indem B die Pralinenpackung in den Abfalleimer warf, könnte sie sich wegen Sachbeschädigung gem § 303 I Alt 2 strafbar gemacht haben.

a) Tatbestand

B hat die Pralinenpackung, eine für sie fremde Sache (das Eigentum liegt bis zur Annahme des Übereignungsangebots durch den Empfänger beim Absender), in den Abfall

---

3   S o Fall 4, Problem Nr 36, Rn 167.

geworfen, mithin zerstört – wobei die endgültige Zerstörung durch Verunreinigung oä uU auch erst durch Zeitablauf eingetreten sein kann. B handelte vorsätzlich.

b) Rechtswidrigkeit

aa) Nothilfe, § 32 I, II Alt 2

In Betracht kommt eine Rechtfertigung durch Nothilfe gem § 32 I, II Alt 2.

Zwar war ein Angriff des A auf die Gesundheit der Ehefrau des S gegeben. Dieser war jedoch – da sich das Päckchen noch bei B befand – nicht gegenwärtig, sodass Nothilfe ausscheidet.

Hinweis: Obwohl sich das Erfordernis der Gegenwärtigkeit des Angriffs und die Frage, ob zu dem Versuch der gefährlichen Körperverletzung bereits unmittelbar angesetzt wurde, nicht unbedingt decken (selbst wenn A – in seiner Rolle als mittelbarer Täter – bereits unmittelbar angesetzt hätte, müsste der Angriff noch nicht „gegenwärtig" sein), erscheint es naheliegend, dass jedenfalls dann keine Gegenwärtigkeit besteht, wenn der Tatmittler selbst noch nicht unmittelbar angesetzt hat.

bb) Notstandshilfe, § 228 S 1 BGB

Hinweis: § 228 S 1 BGB geht als lex specialis § 904 S 1 BGB und § 34 StGB vor und ist deshalb vorrangig zu prüfen.

B könnte durch eine (defensive) Notstandshilfe iSd § 228 S 1 BGB gerechtfertigt sein.

B hat eine fremde Sache beschädigt und dadurch objektiv Schaden von einem anderen, der Ehefrau des S, abgewendet. Die Beschädigung war auch zur Abwendung der Gefahr erforderlich. Die Rückgabe des Päckchens an A hätte die Gefahr nicht abgewendet, sondern neu entstehen lassen, weil A das Päckchen selbst zur Post hätte bringen oder einem anderen Boten übergeben können.

Schließlich steht der eingetretene Schaden (Verlust des Eigentums an der Pralinenpackung) auch nicht außer Verhältnis zu der Gefahr für die Gesundheit der Ehefrau des S.

Fraglich ist jedoch, ob der Rechtfertigungsgrund eingreift, obwohl B weder in Kenntnis der Umstände handelte, aus denen sich die Merkmale der Rechtfertigung ergeben, noch gar einen – darüber hinausgehenden – „Verteidigungswillen" hatte.

Problem Nr 143: Fehlen des subjektiven Rechtfertigungselements 652

Handelt der Täter in Unkenntnis seiner Rechtfertigungslage, so scheidet eine Rechtfertigung seiner Tat aus, weil nur die volle Kongruenz der objektiven und subjektiven Rechtfertigungsvoraussetzungen den Unrechtsausschluss bewirkt. Umstritten ist dabei jedoch, ob wegen Versuchs oder wegen Vollendung bestraft werden soll.

(1) Ein **Teil der Lit** und der **Rspr** (RGSt 62, 138; BGHSt 3, 194; BGH NStZ 2016, 333 m Anm *Rückert* u *Eisele*, JuS 2016, 564; *B. Heinrich*, AT Rn 392; *Köhler*, AT S 323; *Zieschang*, AT Rn 232) schließen hier das Vorliegen einer „Verteidigung" gänzlich aus und kommen zur Strafbarkeit aus dem **vollendeten Delikt**.

Argument: Eine „Verteidigung" iSd § 32 II bzw eine Rechtfertigungssituation iS anderer Rechtfertigungsgründe kann schon begrifflich nicht mehr vorliegen, wenn der Täter der

Rechtsordnung nicht zum Durchbruch verhelfen will. Dem Rechtsbewährungsprinzip genügt dann auch nicht mehr, dass objektiv ein von der Rechtsordnung geduldeter Erfolg eingetreten ist. Vielmehr dürfen für das Eingreifen eines Rechtfertigungsgrundes Erfolgs- und Handlungsunrecht nicht gegeben sein. Derjenige, der sich in Angriffsabsicht bzw ohne Kenntnis von der Gefahr gegen das Recht wendet und so einen Taterfolg herbeiführt, kann nur aus dem vollendeten Delikt strafbar sein. Dafür spricht auch die Umkehrung der Regelung des Tatbestandsirrtums nach § 16 I. Tatbestandsmerkmale, die der Täter nicht kennt, dürfen ihm danach nicht zur Last gelegt werden. Umgekehrt können ihn dann auch nicht Tatsachen iRd Rechtfertigung entlasten, die zwar objektiv zu seinen Gunsten vorlägen, ihm aber unbekannt sind.

(2) Gegen diese Vollendungslösung wendet sich zu Recht ein Teil der obergerichtlichen Rspr (OLG Naumburg NStZ 2013, 718 m Bespr *Jahn*, JuS 2013, 1139) sowie die **hM in der Lit** (*Gropp*, AT § 6 Rn 32; *Jäger*, AT Rn 129; *Jescheck/Weigend*, § 31 I V 2; *Lackner/Kühl*, § 22 Rn 16; *Rengier*, AT § 17 Rn 18; LK-*Rönnau*, Vor § 32 Rn 90; *Roxin*, AT1 § 14 Rn 104; *Wessels/Beulke/Satzger*, AT Rn 406; speziell für § 218a BGHSt 38, 144, 155).

Argument: Die Rspr erkennt zwar den Unterschied zwischen Handlungs- und Erfolgsunrecht und verneint dann korrekt eine Rechtfertigung, führt diesen Ansatz aber nicht konsequent zu Ende. Liegt nur Handlungsunrecht des Täters vor und wird der Erfolg gleichzeitig von der Rechtsordnung gebilligt, so ist ein typischer Fall des Versuchs gegeben, nämlich der **Unterfall des aus rechtlichen Gründen untauglichen Versuchs.** Das Rechtsbewährungsinteresse und die Berufung auf den Begriff der „Verteidigung" in § 32 II bzw die Rechtfertigungssituation iS anderer Rechtfertigungsgründe schließen eine Rechtfertigung aus, gebieten aber nicht gleichzeitig, aus der vollendeten Tat zu bestrafen. Auch genügt eine Versuchsstrafbarkeit zur angemessenen Sanktionierung der Tat. Die wenigen Strafbarkeitslücken, die nach dem Gesetz für einige Vergehen bestehen, bei denen der Versuch nicht mit Strafe bedroht ist, sind als gesetzgeberische Entscheidung hinzunehmen. Dort ist die Strafwürdigkeit des Verhaltens eben verneint worden.

Zur Vertiefung: Wessels/Beulke/Satzger, AT Rn 406 ff; Beulke, Klausurenkurs I [9] Rn 307; Hillenkamp/Cornelius, AT 4. Problem S 32 ff; Kuhlen, Beulke-FS 2015, 153.

Zwar spricht sich die hA in der Rspr bei Fehlen des subjektiven Rechtfertigungselements für eine Strafbarkeit wegen vollendeter Tat aus. Dem ist jedoch nicht zu folgen, weil bei objektivem Vorliegen eines Rechtfertigungsgrundes das Erfolgsunrecht fehlt und lediglich das Handlungsunrecht bestehen bleibt. Das ist eine typische Versuchskonstellation, nämlich der Unterfall des aus rechtlichen Gründen untauglichen Versuchs.

c) Ergebnis

Der überzeugenden „Versuchslösung" folgend kann B also nicht wegen vollendeter Sachbeschädigung gem § 303 I Alt 2 bestraft werden.

5. §§ 303 I Alt 2, III, 22, 23 I Alt 2

653 Mit dem zuvor Gesagten hat sich B bei ihrem Handeln in Unkenntnis der objektiven Rechtfertigung – angesichts der auch zu bejahenden Schuld – eines Versuchs des § 303 I Alt 2 strafbar gemacht. Der gem § 303c erforderliche Strafantrag ist gestellt.

6. Ergebnis für B im Tatkomplex B

B hat sich gem §§ 303 I Alt 2, III, 22, 23 I Alt 2 strafbar gemacht.

II. Strafbarkeit des A

1. §§ 223 I, 25 I Alt 2

Dadurch, dass A seiner Ehefrau B die vergifteten Pralinen übergab, könnte er sich wegen einer Körperverletzung in mittelbarer Täterschaft strafbar gemacht haben. **654**

Der Taterfolg der Körperverletzung ist jedoch nicht eingetreten.

2. §§ 223 I, II, 22, 23 I Alt 2, 25 I Alt 2

a) Vorprüfung

Der Verletzungserfolg ist nicht eingetreten. Der Versuch der Körperverletzung ist gem §§ 223 II, 23 I Alt 2, 12 II strafbar.

b) Tatentschluss

Körperliche Misshandlung ist eine üble und unangemessene Behandlung, die das körperliche Wohlbefinden nicht unerheblich beeinträchtigt[4]; eine Gesundheitsschädigung ist das Hervorrufen oder Steigern eines vom Normalzustand der körperlichen Funktionen des Opfers nachteilig abweichenden krankhaften Zustandes körperlicher oder seelischer Art[5].

A hatte bei seinem Tätigwerden beide Varianten ins Auge gefasst. Neben konkreten Vergiftungserscheinungen sollte das körperliche Wohlbefinden der S durch die schmerzhafte Magenverstimmung beeinträchtigt werden. Zwar wollte A selbst die Ehefrau des S nicht am Körper verletzen. Er wollte aber seine Ehefrau B als gutgläubiges Werkzeug einsetzen, sodass A den Vorsatz hatte, eine Körperverletzung durch einen anderen nach §§ 223 I, 25 I Alt 2 zu begehen.

c) Unmittelbares Ansetzen

A müsste zur Körperverletzung unmittelbar angesetzt haben. Dazu ist erforderlich, dass der Täter subjektiv die Schwelle zum „Jetzt-geht-es-los" überschritten und objektiv dergestalt zur tatbestandsmäßigen Angriffshandlung angesetzt hat, dass das Geschehen bei ungestörtem Fortgang ohne weitere wesentliche Zwischenschritte unmittelbar in die Tatbestandsverwirklichung einmündet, mit der Folge, dass – aus Sicht des Täters – das Angriffsobjekt konkret gefährdet erscheint[6].

Hier sollte die vorsatzlos handelnde B das Paket auf den Weg bringen. Umstritten ist, wann der mittelbare Täter die Schwelle zwischen Vorbereitungshandlung und Versuch überschreitet[7].

4 *Wessels/Hettinger/Engländer*, BT1 Rn 278.
5 *Wessels/Hettinger/Engländer*, BT1 Rn 281; BGHSt 36, 1, 6; 43, 346.
6 *Wessels/Beulke/Satzger*, AT Rn 850; vgl Fall 3, Problem Nr 18, Rn 109.
7 S Fall 5, Problem Nr 48, Rn 213.

Nach der überzeugenden hM ist der Beginn der Versuchsstrafbarkeit allein nach dem Verhalten des Hintermannes zu bestimmen. „Jetzt geht es los" meint in diesem Fall das „Aus-der-Hand-Geben" des Kausalverlaufs, wenn der Hintermann sich jeder Einwirkungsmöglichkeit auf den Tatmittler begibt. Hier hat sich A dieser Möglichkeiten der weiteren Kontrolle des Kausalverlaufs in dem Moment begeben, als er B mit dem Paket aus seinem Herrschaftsbereich entließ. Die Rechtsgutsverletzung konnte er dann nicht mehr verhindern. Das Rechtsgut war somit nach der Vorstellung des Täters gefährdet. Ein unmittelbares Ansetzen ist zu bejahen.

d) Rechtswidrigkeit und Schuld

A handelte rechtswidrig und schuldhaft.

e) Ergebnis

Der Versuch einer einfachen Körperverletzung in mittelbarer Täterschaft ist also gegeben.

3. §§ 224 I Nr 1, Nr 3, Nr 5, II, 22, 23 I Alt 2, 25 I Alt 2

a) Tatentschluss

655   Fraglich ist, ob A auch den Vorsatz hatte, eine gefährliche Körperverletzung in mittelbarer Täterschaft durch Beibringung von Gift oder von anderen gesundheitsschädlichen Stoffen zu begehen, §§ 224 I Nr 1, 25 I Alt 2.

Vor dem 6. StrRG wurde als Gift jeder organische oder anorganische Stoff erfasst, der unter bestimmten (Einnahme-)Bedingungen durch chemische oder chemisch-physikalische Wirkung die Gesundheit zu „zerstören" geeignet ist[8]. Nunmehr genügt nach dem Wortlaut des § 224 I Nr 1, dass die Körperverletzung durch Gift oder einen anderen „gesundheitsschädlichen" Stoff begangen wird. Gift ist ein spezielles Beispiel gesundheitsschädlicher Stoffe[9]. Die vom Gesetzgeber gewählte Formulierung gesundheits-„schädlich" spricht dagegen, nach wie vor von dem Stoff eine gesundheits„zerstörerische" Wirkung zu verlangen. Damit ist das notwendige Ausmaß der drohenden Verletzungen unklar geworden.

656   **Problem Nr 144: Muss bei § 224 I Nr 1 das Gift oder der beigebrachte gesundheitsschädliche Stoff geeignet sein, zumindest eine schwere Körperverletzung iSd § 226 I zu bewirken?**

(1) Nach **einer Ansicht** (BGHSt 51, 18, 22; *Küper/Zopfs*, BT Rn 108 ff; S/S/W-StGB-*Momsen*, § 224 Rn 10; *Wessels/Hettinger/Engländer*, BT1 Rn 291, 299) muss nur die Eignung zur Herbeiführung „erheblicher" Gesundheitsschädigungen gegeben sein.

Argument: Gerade die Neufassung des Tatbestandes gegenüber § 229 aF zeigt, dass gesundheitszerstörende Folgen nicht mehr erforderlich sind. Auch schon vor dem 6. StrRG wurde von Vielen für ausreichend erachtet, „dass wesentliche körperliche Fähigkeiten völlig oder mindes-

---

8   *Wessels/Hettinger/Engländer*, BT1 Rn 287.
9   *Wessels/Hettinger/Engländer*, BT1 Rn 287.

tens in erheblichem Umfang aufgehoben werden". Dies wurde etwa bei einer Schädigung der Atmungs-, Bewegungs- oder Verdauungstätigkeit des Körpers bejaht (*Dreher/Tröndle*, 47. Aufl 1995, § 229 Rn 7).

(2) Nach **aA** (SK/StGB-*Horn/Wolters*, § 224 Rn 8a; *Wolters*, JuS 1998, 582) muss die Eignung zur Herbeiführung von Gesundheitsschäden iSd § 226 I vorliegen.

Argument: Alle Tatmodalitäten des § 224 I müssen ihrer Art nach besonders „gefährlich" sein. Dass eine „Eignung zur Gesundheitszerstörung" nun nicht mehr geschriebene Voraussetzung ist, ändert nichts daran, dass nur solche Körperverletzungserfolge die hohe Strafdrohung verdienen, die nach Art und Gewicht den Verletzungsfolgen der schweren Körperverletzung gleichkommen (*Wolters*, JuS 1998, 582, 583).

Hinweis: Oft erübrigt sich eine Entscheidung zwischen diesen Meinungen, da im Gegensatz zur Auseinandersetzung iRd § 229 aF die Differenzierung zwischen nur „erheblicher" und „schwerer" Körperverletzung ähnlich § 226 wenig ergiebig sein wird.

Zur Vertiefung: Wessels/Hettinger/Engländer, BT1 Rn 291; Wallschläger, JA 2002, 390 ff.

Trotz des weiten Gesetzeswortlautes wird angesichts der hohen Strafdrohung des § 224 I Nr 1 von allen Ansichten zumindest gefordert, dass das Gift geeignet ist, erhebliche Gesundheitsschädigungen herbeizuführen. Das ist hier zu verneinen. Bloße Übelkeit, Durchfall oder Magenkrämpfe sind zwar krankhafte körperliche Zustände, jedoch nur von vorübergehender Natur und ohne Folgeschäden für den davon Betroffenen. Im Ergebnis ist ein Tatentschluss des A bzgl einer Giftbeibringung daher nicht gegeben (*aA vertretbar*). **657**

Möglicherweise hatte A aber den Vorsatz, eine Körperverletzung in mittelbarer Täterschaft mittels eines hinterlistigen Überfalles zu begehen, §§ 224 I Nr 3, 25 I Alt 2. Ein Überfall ist jeder unerwartete und plötzliche Angriff auf einen Ahnungslosen. Hinterlist ist das planmäßig berechnende Verbergen der wahren Absicht, um dem Opfer eine Abwehr zu erschweren[10]. Hier hat A planmäßig berechnend die Ehefrau des S durch das vorsatzlos handelnde Werkzeug B mit einem Geschenk zum Genuss der vergifteten Pralinen verleiten wollen und damit beabsichtigt, ihr Misstrauen auszuschalten. Auch wäre das Gift in den Süßigkeiten für den Empfänger unerwartet gewesen. Der Vorsatz bzgl eines hinterlistigen Überfalls ist zu bejahen.

Schließlich könnte A Vorsatz hinsichtlich einer Körperverletzung in mittelbarer Täterschaft mittels einer das Leben gefährdenden Behandlung gehabt haben, §§ 224 I Nr 5, 25 I Alt 2. Die Einnahme des Giftes sollte jedoch nur zu Übelkeit und nicht zu einer Lebensgefährdung führen. Die §§ 224 I Nr 5, II, 22, 23 I Alt 2, 25 I Alt 2 scheiden daher aus.

b) Unmittelbares Ansetzen

Durch das Entlassen des Tatmittlers (B) aus dem Herrschaftsbereich des A hat dieser unmittelbar zur Tatbestandsverwirklichung angesetzt (*s Rn 654*).

---

10 BGH GA 1989, 132; *Wessels/Hettinger/Engländer*, BT1 Rn 304.

4. Konkurrenzen

§§ 224 I Nr 3, II, 22, 23 I Alt 2, 25 I Alt 2 sind leges speciales zu §§ 223 I, 22, 23 I Alt 2, 25 I Alt 2.

5. Ergebnis für A im Tatkomplex B

A hat sich gem §§ 224 I Nr 3, II, 22, 23 I Alt 2, 25 I Alt 2 strafbar gemacht.

C. Ausstellen des „falschen" Führerscheins

I. Strafbarkeit des C

1. § 267 I Var 1

658 Durch das Ausstellen des falschen Führerscheins könnte C eine Urkundenfälschung in Form der Herstellung einer unechten Urkunde begangen haben.

Der Führerschein ist eine zum Beweis (der Fahrerlaubnis) im Rechtsverkehr geeignete und bestimmte verkörperte Gedankenerklärung, die den Aussteller erkennen lässt, mithin eine Urkunde.

Fraglich ist jedoch, ob der auf den Namen des D ausgestellte Führerschein eine echte Urkunde darstellt. Zweifel an der Echtheit der Urkunde könnten sich insbes daraus ergeben, dass C und D kollusiv zusammenwirkten und mangels bestandener Fahrprüfung seitens des D der C dem D weder die Fahrerlaubnis hätte erteilen noch den Führerschein hätte ausstellen dürfen. Andererseits war C der für die Erteilung der Fahrerlaubnis zuständige Beamte und handelte auch im Rahmen seiner Zuständigkeit. Allein durch kollusives Zusammenwirken wird ein Verwaltungsakt, wie zB die Erteilung der Fahrerlaubnis, nicht nichtig, sondern lediglich rechtswidrig und damit aufhebbar. Ohne Rücknahme bleibt er aber bestehen und von ihm ging auch ein entsprechender Rechtsschein aus, zB bei Verkehrskontrollen. Der auf den Namen des D ausgestellte Führerschein war somit echt. Als wahren Aussteller ließ er den C erkennen. Durch die inhaltliche Lüge wurde der Führerschein nicht unecht. Urkundenfälschung scheidet deshalb aus.

2. § 348 I

659 C könnte als Amtsträger, der zur Aufnahme öffentlicher Urkunden befugt ist, innerhalb seiner Zuständigkeit eine rechtlich erhebliche Tatsache falsch beurkundet haben.

a) Objektiver Tatbestand

C war als Beamter Amtsträger iSd § 11 I Nr 2a.

Öffentliche Urkunden sind solche, die von einer öffentlichen Behörde oder von einer mit öffentlichem Glauben versehenen Person innerhalb ihrer sachlichen Zuständigkeit in der vorgeschriebenen Form aufgenommen sind[11].

---

11 *Wessels/Hettinger/Engländer*, BT1 Rn 986.

Der Führerschein erfüllt die genannten Kriterien und ist damit eine öffentliche Urkunde. Die öffentliche Beweiskraft des Führerscheins erstreckt sich zB auf den Umstand, dass ein entsprechender Verwaltungsakt auf Erteilung einer Fahrerlaubnis überhaupt ergangen ist, sowie auf den Nachweis, dass der augenblickliche Besitzer mit der im Führerschein bezeichneten Person identisch ist[12]. Der für die Erteilung der Fahrerlaubnis vorbereitende und rein tatsächliche Akt der Ablegung der Fahrprüfung nimmt hingegen nicht am öffentlichen Glauben der Urkunde teil. Der Führerschein bekundet nur für und gegen jedermann, dass er von der zuständigen Stelle ausgestellt wurde, nicht aber, dass die entsprechenden Prüfungen auch wirklich erfolgreich absolviert worden sind[13]. Auch wenn C seine Amtspflichten verletzt hat, bedeutet dies somit noch nicht, dass der von ihm ausgestellte Führerschein etwas Falsches zu öffentlichem Glauben beurkundet[14].

b) Ergebnis

C hat damit den objektiven Tatbestand des § 348 I nicht erfüllt.

3. § 276 I Nr 2

C könnte einem anderen einen amtlichen Ausweis, der eine falsche Beurkundung der in den §§ 271 und 348 bezeichneten Art enthält, in der Absicht verschafft haben, dessen Gebrauch zur Täuschung im Rechtsverkehr zu ermöglichen. **660**

a) Objektiver Tatbestand

Ein amtlicher Ausweis ist eine solche Urkunde, die von einer – deutschen oder ausländischen – Behörde oder sonstigen Stelle, die Aufgaben der öffentlichen Verwaltung wahrnimmt, ausgestellt ist, um die Identität einer Person oder ihre persönlichen Verhältnisse nachzuweisen[15]. Der Führerschein ist ein amtlicher Ausweis in diesem Sinne.

C müsste dem D diesen verschafft haben. Hierunter versteht man jedes „In-Besitz-Bringen"[16]. Die Übergabe gegen Bezahlung erfüllt diese Bedingung.

Der Führerschein war nicht unecht und nicht verfälscht und er enthielt auch – wie o (*Rn 659*) ersichtlich wurde – keine falsche Beurkundung der in §§ 271, 348 bezeichneten Art.

b) Ergebnis

C ist nicht gem § 276 I Nr 2 strafbar.

4. § 331 I Var 3

C könnte als Amtsträger für die Dienstausübung einen Vorteil für sich angenommen haben. **661**

---

12 BGHSt 25, 95, 96.
13 OLG Hamm NStZ 1988, 26; vgl auch *Eisele*, BT1 Rn 925; *Wessels/Hettinger/Engländer*, BT1 Rn 912.
14 Vgl auch OLG Zweibrücken NJW 2004, 2912; *Lackner/Kühl*, § 348 Rn 8.
15 *Fischer*, § 275 Rn 2 iVm § 273 Rn 2.
16 *Fischer*, § 276 Rn 3 iVm § 146 Rn 7.

a) Objektiver Tatbestand

C war Amtsträger (*s Rn 659*).

Er müsste bei Dienstausübung gehandelt haben, dh die Tat muss sich auf Handlungen beziehen, durch die ein Amtsträger die ihm übertragenen Aufgaben wahrnimmt[17]. Das Ausstellen von Führerscheinen ist eine Diensthandlung in diesem Sinne.

Darüber hinaus müsste C einen Vorteil für die Dienstausübung angenommen haben. Unter Vorteil ist jede Leistung zu verstehen, auf die der Amtsträger keinen Anspruch hat und die seine wirtschaftliche, rechtliche oder auch nur persönliche Lage objektiv verbessert[18]. Die Annahme von Geld für die Dienstausübung ist ein Vorteil im genannten Sinn.

Fraglich ist, ob eine Unrechtsvereinbarung erforderlich ist. Die Geldannahme für die Dienstausübung entsprach einer zwischen C und D getroffenen sog „Unrechtsvereinbarung". Eine solche war nach dem alten Recht erforderlich. 1997 hat der Gesetzgeber für die §§ 331, 333 I die Voraussetzung, dass ein Vorteil als Gegenleistung für eine Diensthandlung gewährt werden muss, gelockert. Nunmehr ist eine Vorteilsannahme bereits dann zu bejahen, wenn der Vorteil für die Dienstausübung gefordert oder angenommen wird oder der Täter sich den Vorteil für sie versprechen lässt. Es muss zwar noch ein Bezug zwischen Vorteilsannahme und Diensthandlung bestehen („für…"), jedoch ist keine hinreichend bestimmte Handlung erforderlich, sodass eine „echte" Unrechtsvereinbarung an und für sich nicht nachgewiesen werden muss[19]. Hier ist aber sogar von einer „echten" Unrechtsvereinbarung im herkömmlichen Sinn auszugehen.

662 **Problem Nr 145: Die Systematik der Amtsdelikte (§§ 331–334)**

	Strafbarkeit des Nehmers	**Strafbarkeit des Gebers**
pflichtgemäße Diensthandlung	§ 331 (Vorteilsannahme) bei Abs 1 keine „echte" Unrechtsvereinbarung erforderlich	§ 333 (Vorteilsgewährung) bei Abs 1 keine „echte" Unrechtsvereinbarung erforderlich
pflichtwidrige Diensthandlung	§ 332 (Bestechlichkeit) [Qualifikation zu § 331] Unrechtsvereinbarung erforderlich	§ 334 (Bestechung) [Qualifikation zu § 333] Unrechtsvereinbarung erforderlich

Zur Vertiefung: Wessels/Hettinger/Engländer, BT1 Rn 1167 ff; Kuhlen, JuS 2011, 673; Löw, JA 2013, 88.

b) Subjektiver Tatbestand

663 C handelte vorsätzlich.

c) Rechtswidrigkeit und Schuld

C handelte rechtswidrig und schuldhaft.

---

17 *Fischer*, § 331 Rn 6.
18 BGHSt 53, 6, 11; BGH StV 2012, 19, 21.
19 *Wessels/Hettinger/Engländer*, BT1 Rn 1171.

5. § 332 I 1 Var 3

a) Objektiver Tatbestand

Möglicherweise greift die Qualifikation des § 332 I 1 Var 3 aufgrund der Pflichtwidrig-   **664**
keit der Diensthandlung ein. Pflichtwidrig ist eine Diensthandlung, wenn dem Täter
durch Rechtssatz, Dienstvorschrift oder Anordnung die Entschließung über Vornahme
oder Unterlassung einer Diensthandlung und über die Art der Vornahme vorgeschrieben
ist und er hiervon abweicht[20].

C durfte dem D keine Fahrerlaubnis ausstellen, da dieser die Fahrprüfung nicht bestanden hatte. Die Diensthandlung war also pflichtwidrig.

Dass die für § 332 I 1 erforderliche Unrechtsvereinbarung[21] getroffen worden ist, wurde
bereits festgestellt (*s Rn 661*).

b) Subjektiver Tatbesttand

C handelte vorsätzlich.

6. Konkurrenzen

§ 332 I 1 Var 3 ist lex specialis zu § 331 I Var 3[22].   **665**

7. Ergebnis für C im Tatkomplex C

C ist strafbar gem § 332 I 1 Var 3.

II. Strafbarkeit des D

1. § 271 I

Indem D trotz seines Scheiterns in der Fahrprüfung den C zur Ausstellung des Führer-   **666**
scheins veranlasste, könnte er sich gem § 271 I strafbar gemacht haben.

D könnte bewirkt haben, dass Tatsachen, welche für Rechte oder Rechtsverhältnisse von
Erheblichkeit sind, in öffentlichen Urkunden als geschehen beurkundet werden, während sie überhaupt nicht oder in anderer Weise geschehen sind.

Der Führerschein beurkundet zum einen nicht zu öffentlichem Glauben, dass die Fahrprüfung (erfolgreich) abgelegt wurde (*s Rn 659*). Darüber hinaus hat D die Falschbeurkundung nicht „bewirkt", da C selbst bösgläubig war und damit nicht als Werkzeug des
D diente[23].

*§ 271 I ist für den Teilnehmer an § 348 I schon tatbestandlich nicht einschlägig, sondern
pönalisiert ausschließlich den Fall der mittelbaren Täterschaft (ebenso Krey/Hellmann/*

---

20 *Fischer*, § 332 Rn 8.
21 BGH NStZ 2005, 214.
22 Vgl nur *Fischer*, § 332 Rn 1; *Lackner/Kühl*, § 331 Rn 20.
23 *Fischer*, § 271 Rn 15 f.

Heinrich, BT1 Rn 1047; nach aA [S/S-Heine/Schuster, § 271 Rn 31 sowie S/S/W-StGB-Wittig, § 271 Rn 37] besteht hingegen „Gesetzeskonkurrenz").

2. § 276 I Nr 2

667 D hat den Führerschein – einen amtlichen Ausweis – gegen Bezahlung in seinen Besitz gebracht und ihn sich damit verschafft. Der Führerschein enthält aber keine falsche Beurkundung der in §§ 271 I, 348 I bezeichneten Art (*s Rn 660; aA vertretbar*).

Eine Strafbarkeit gem § 276 I Nr 2 ist zu verneinen.

3. §§ 348 I, 26

668 Eine Anstiftung zu § 348 scheitert bereits daran, dass keine vorsätzliche rechtswidrige Haupttat gegeben ist (*s Rn 659*).

4. § 333 I Var 3

669 D hat C die Ausstellung des Führerscheins bezahlt, also „für" die Dienstausübung einen Vorteil gewährt. Er handelte vorsätzlich. Er hat sich folglich gem § 333 I Var 3 strafbar gemacht.

5. § 334 I Var 3

670 D hat C, einem Amtsträger, einen Vorteil dafür gewährt, dass er eine pflichtwidrige Diensthandlung vornimmt bzw bereits vorgenommen hat. Er handelte vorsätzlich.

6. §§ 332 I, 26

671 § 334 bildet das spiegelbildliche Gegenstück zu § 332 (*s Rn 662*). Daraus folgt, dass der Vorteilsgeber nur aus dieser Vorschrift und nicht auch wegen Anstiftung zur Bestechlichkeit zu bestrafen ist[24].

Eine solche Formulierung lässt in vertretbarer Weise dahinstehen, ob Anstiftung oder Beihilfe schon tatbestandlich oder erst auf der Konkurrenzebene ausscheiden.

7. Konkurrenzen

672 § 334 I Var 3 ist lex specialis zu § 333 I Var 3.

8. Ergebnis für D im Tatkomplex C

D hat sich gem § 334 I Var 3 strafbar gemacht.

---

24 *Wessels/Hettinger/Engländer*, BT1 Rn 1194.

D. Das Vervielfältigen

I. Strafbarkeit des D

1. § 267 I Var 1 (Herstellen der Kopie des Führerscheins für sich selbst)

Indem D den von C für ihn, D, ausgestellten Führerschein fotokopierte, könnte er sich wegen Urkundenfälschung strafbar gemacht haben. Dazu müsste D zur Täuschung im Rechtsverkehr eine unechte Urkunde hergestellt haben. Dies kann jedoch schon deshalb nicht angenommen werden, weil die Kopiervorlage selbst echt war (*s Rn 658*). Durch den Kopiervorgang wird weder das Original unecht, noch entsteht (regelmäßig) überhaupt eine Urkunde, da eine Fotokopie, sofern sie – wie hier – nach außen als bloße Reproduktion des Originals erscheint und der Hersteller sie auch als solche nutzen möchte, ihren Aussteller nicht erkennen lässt[25]. 673

2. § 268 I Nr 1 Var 1 (Herstellen der Kopie des Führerscheins für sich selbst)

Durch das Kopieren des Führerscheins könnte sich D wegen § 268 I Nr 1 Var 1 strafbar gemacht haben, indem er eine unechte technische Aufzeichnung hergestellt hat.

Nach der Legaldefinition des § 268 II muss die technische Aufzeichnung durch ein technisches Gerät ganz oder zum Teil selbständig bewirkt werden. Eine Kopie entsteht jedoch nicht nach dem Prinzip der Automation, sondern auf den Knopfdruck des Bedieners, so dass nach hM keine technische Aufzeichnung vorliegt[26].

Eine Strafbarkeit nach § 268 I Nr 1 Var 1 scheidet aus.

3. § 267 I Var 1, Var 3 (Kopie für E)

Indem D eine Fotokopie des Führerscheins mit einem Passbild der Ehefrau und deren Unterschrift fertigte, könnte er sich wegen Urkundenfälschung strafbar gemacht haben. 674

Durch das Übereinanderlegen der Papierschnipsel und des Passbildes entstand der falsche Eindruck, C habe einen Führerschein auf die E ausgestellt. Wenn ein solcher Erklärungsinhalt schriftlich fixiert worden wäre, so läge eine Urkundenfälschung vor, da dieses Papier den C als Aussteller erkennen ließe, während in Wirklichkeit der D der Aussteller wäre. Durch das bloße Übereinanderlegen der Papierschnipsel und des Passbildes ist jedoch zunächst keine Urkunde entstanden, weil die auf dem Fotokopierer liegende Vorlage nicht geeignet war, im Rechtsverkehr als Beweis zu dienen. Die Schnipsel sind nur locker zusammengefügt und fallen sofort auseinander ("Collage"[27]).

Durch das spätere Fotokopieren dieser Collage kann D keine unechte Urkunde hergestellt haben, weil Fotokopien generell – jedenfalls soweit sie wie hier nur als solche und nicht als Urschrift verwendet werden sollen – keine Urkundenqualität besitzen (*s Rn 673*).

---

25 BGH wistra 2012, 387; BGH NStZ 2013, 105; OLG Düsseldorf StV 2001, 237; *Fischer*, § 267 Rn 19 f; *Wessels/Hettinger/Engländer*, BT1 Rn 890; vgl auch OLG Stuttgart, NStZ 2007, 158.

26 BGHSt 24, 140, 142; MK-*Erb*, § 268 Rn 18; *Fischer*, § 268 Rn 10; aA SK-*Hoyer*, § 268 Rn 19.

27 Dazu BGH NStZ 2003, 543; OLG Dresden wistra 2001, 360; HansOLG Hamburg StraFo 2013, 80.

Auch die Erwägung, dass nach hA[28] das Gebrauchmachen von einer unechten Urkunde zu bejahen ist, wenn die Fotokopie einer unechten Urkunde vorgelegt wird, führt hier nicht zur Strafbarkeit wegen Urkundenfälschung, weil bereits die Fotokopiervorlage keine (unechte) Urkunde darstellt.

4. Ergebnis für D im Tatkomplex D

D ist straflos.

II. Strafbarkeit der E

1. §§ 267, 25 II

675 Für eine in Mittäterschaft begangene Urkundenfälschung fehlt es schon an einer strafbaren Handlung. Im Übrigen fehlt es aber auch an jeder Form des Zusammenwirkens, da E von alledem erst im Nachhinein erfahren hat.

2. Ergebnis für E im Tatkomplex D

E ist straflos.

E. Der Autounfall

I. Strafbarkeit der E

1. §§ 267 I Var 3, II, 22, 23 I Alt 2

676 E könnte sich dadurch, dass sie – im Besitz der Fotokopie des unredlicherweise von C ausgestellten Führerscheins – ein Auto fuhr, wegen versuchten Gebrauchmachens von einer unechten Urkunde strafbar gemacht haben.

Das Delikt wurde nicht vollendet. Der Versuch ist strafbar gem §§ 267 II, 23 I Alt 2.

Es ist bereits festgestellt worden, dass die Benutzung der Fotokopie der Collage kein Gebrauchmachen von einer unechten Urkunde darstellt (*s Rn 673*). Folglich fehlt E der Vorsatz bzgl der Verwirklichung des § 267 I Var 3.

2. § 21 I Nr 1 StVG

677 E hat ein Kfz geführt, obwohl sie die dazu erforderliche Fahrerlaubnis nicht besaß. Dies geschah vorsätzlich.

3. § 315c I Nr 2

E hat keine der aufgelisteten „Sieben Todsünden" begangen.

4. Ergebnis für E im Tatkomplex E

Wegen der Autofahrt ist E strafbar gem § 21 I Nr 1 StVG.

---

28 BGH StV 2001, 624; OLG Düsseldorf JR 2001, 82 m Anm *Wohlers*; *Fischer*, § 267 Rn 37.

II. Strafbarkeit des D

1. §§ 212 I, 22, 23 I Alt 1, 13 I

Indem D, ohne seiner schwer verletzten Ehefrau E zu helfen, den Unfallort passierte, 678
könnte er sich wegen versuchten Totschlags durch Unterlassen strafbar gemacht haben.

a) Vorprüfung

Der Tötungserfolg ist nicht eingetreten. E lebt noch. Der versuchte Totschlag ist strafbar
gem §§ 212 I, 23 I Alt 1.

b) Tatentschluss

D nahm den Tod seiner Frau mit dolus eventualis („billigend") in Kauf, als er die Un-
fallstelle passierte. D wollte die Rettung unterlassen. Nach seiner Meinung wäre das
Unterlassen auch für den Eintritt des Todeserfolges kausal geworden. Er glaubt den
Erfolgseintritt verhindern zu können.

Sein Vorsatz müsste sich auch auf die aus § 13 I folgende sog „Garantenstellung" be-
zogen haben. Als solche kommt hier zunächst eine Garantenstellung aus Ingerenz in
Betracht. Das pflichtwidrige Vorverhalten des D bestand in der Übergabe des „falschen
Führerscheins". Damit wurde zwar die Gefahr, dass E ein Auto führen und verunglücken
würde, nicht erst geschaffen, aber doch erhöht. Jedenfalls liegt eine Garantenstellung aus
„Familie" (Ehe) vor, kraft derer D rechtlich dafür einzustehen verpflichtet war, dass der
E kein Schaden an Leben und Gesundheit entsteht (§ 1353 I 2 BGB).

Nach einer anderen, nicht an den klassischen vier Fallgruppen (Familie, Vertrag, Gefahrengemeinschaft, Ingerenz) orientierten Einteilung nach der Art der Pflicht (Beschützer-
oder Überwachungsgarant[29]) war D Beschützergarant.

Diese Tatsache hat D in sein Wissen und Wollen aufgenommen, mithin handelte er vorsätzlich.

c) Unmittelbares Ansetzen

D müsste unmittelbar zur Tatbestandsverwirklichung iSd § 22 angesetzt haben. Bei den
Unterlassungsdelikten ist strittig, wann das Stadium der straflosen Vorbereitungshandlung überschritten wird.

> **Problem Nr 146: Versuchsbeginn beim Unterlassungsdelikt** 679
>
> **(1)** Nach einer **Mindermeinung im Schrifttum** (ua *Herzberg*, MDR 1973, 89; *Schröder*, JuS
> 1962, 81) soll es schon genügen, wenn der Täter die **erste Rettungsmöglichkeit** verstreichen
> lässt.
>
> **Argument:** Zum Schutz des gefährdeten Rechtsguts ist schon die erste Chance zur Rettung
> zu nutzen. Der Garant kann idR auch nicht sicher sein, ob sich ihm später noch weitere Chan-
> cen bieten werden. Außerdem entspricht es dem Sinn der Garantenstellung, dem Täter schon
> ab dem Zeitpunkt der Pflichtentstehung ein Eingreifen zu gebieten. Schon der Entschluss des

---

29 *Wessels/Beulke/Satzger*, AT Rn 1005.

Täters zuzulassen, dass sich die Gefahr zum Erfolg entwickelt, entspricht dem Gedanken des „Jetzt-geht-es-los" beim Begehungsdelikt. Auch dort wird nach dem Überschreiten dieser Schwelle nicht verlangt, dass der Täter den Erfolgseintritt selbst abwartet. Schließlich bestehen für spätere Ansatzzeitpunkte kriminalpolitische Bedenken. Der Rechtsgüterschutz könnte zu spät einsetzen. Das Bestehen einer Eingriffspflicht an sich muss daher genügen.

(2) Die extreme **Gegenmeinung** (*Kaufmann*, S 210 ff; *Welzel*, S 221) lässt den Versuch erst beginnen, wenn der Täter die aus seiner Sicht **letzte Rettungsmöglichkeit** verstreichen lässt.

Argument: Die Rechtsordnung verlangt nur die rechtzeitige Erfolgsabwendung. Deswegen muss auch die Rettung im letzten Augenblick genügen. Der Garant hat nach der Rechtsordnung die Wahl zwischen den ihm zur Verfügung stehenden Rettungszeitpunkten. Erst im letzten Moment kann man wirklich von einer Gebotenheit der Rettung sprechen.

(3) Es empfiehlt sich, mit der **hM** (BGHSt 38, 356; 40, 257, 268; *Bosch*, Jura 2011, 909, 914; MK-*Freund*, § 13 Rn 243; *Kudlich*, JA 2008, 601; *Wessels/Beulke/Satzger*, AT Rn 1043 f) auch beim Unterlassungsdelikt die **Regelungen zum unmittelbaren Ansetzen beim Begehungsdelikt** anzuwenden. Demnach ist der Zeitpunkt ausschlaggebend, in dem für das geschützte Rechtsgut eine unmittelbare Gefahr entsteht. Entscheidend ist, ob aus der Sicht des Täters die Gefahr schon in ein akutes Stadium eingetreten ist, bzw ob der Täter in diesem Zeitpunkt den Geschehensablauf und somit auch jegliche Rettungsmöglichkeiten aus der Hand gibt. Unter Umständen kann damit der Versuch schon mit dem Verstreichenlassen der ersten Rettungsmöglichkeit beginnen, soweit jedes Versäumnis das Risiko für das geschützte Rechtsgut weiter erhöht (BGH NStZ 2016, 664).

Argument: Wenn nur das Entstehen der Garantenpflicht ausschlaggebend ist – so o Meinung (1) –, dann ist eine sinnvolle Unterscheidung zwischen Vorbereitungsstadium und Versuch nicht mehr möglich. Auch knüpft die Mehrzahl der Garantenpflichten an ständige Umstände – etwa die enge persönliche Lebensgemeinschaft oder die Beherrschung einer ständigen Gefahrenquelle – an. Somit wäre jeder dieser Garanten potenzieller Unterlassungstäter, sollte ein Rechtsgut einem Risiko aus diesem Bereich ausgesetzt werden. Auch käme eine derartige Ausdehnung der Strafbarkeit schon der Gesinnungsstrafbarkeit nahe.

Der o unter (2) geschilderte Ansatz setzt hingegen das Opfer zu großen Gefahren aus. Die Garantenpflicht gebietet nicht nur die Erfolgsabwendung selbst, sondern der Garant soll möglichst schon verhindern, dass das Rechtsgut überhaupt erhöhten Risiken ausgesetzt wird.

Ausschlaggebend ist deshalb allein die Gebotenheit der Rettungshandlung, womit dem Rechtsgüterschutz genügt wird. Gleichzeitig erlaubt die unter (3) dargestellte Lösung auch eine sinnvolle Anwendung der Rücktrittsmöglichkeiten nach § 24 I, parallel zu ihrer Verwendung beim Begehungsdelikt. Zudem wird klargestellt, dass der Garant nicht nur den Erfolgseintritt zu verhindern verpflichtet ist, sondern auch schon für eine schnelle Gefahrenminderung Verantwortung trägt.

Zur Vertiefung: Wessels/Beulke/Satzger, AT Rn 1043 f; Beulke, Klausurenkurs I [9] Rn 315; Hillenkamp/Cornelius, AT 14. Problem S 117 ff; Klesczewski, AT Rn 490.

680 Nur wenn man auf das Verstreichenlassen der letzten Rettungsmöglichkeit abstellt, liegt hier noch kein Versuch vor. Gegen diese Ansicht spricht jedoch, dass damit Versuch und Vollendung praktisch zusammenfallen würden. Hingegen ist nach der Ansicht, die auf das Verstreichenlassen der ersten Rettungsmöglichkeit (hier: Vorbeifahren an der E) abstellt, das Versuchsstadium erreicht. Gleiches gilt nach den Kriterien der aus Gründen eines effektiven Rechtsgüterschutzes überzeugenden hM, die eine Versuchsstrafbarkeit bejaht, wenn durch das Unterlassen der tatbestandliche Erfolgseintritt näher rückt, insbes der Unterlassende die Möglichkeit des rettenden Eingreifens aus der Hand gibt. Da sich der Zustand der E nach dem Vorbeifahren verschlechterte, hat sich die Gefahr für das betroffene Rechtsgut durch das Verstreichenlassen einer Rettungsmöglichkeit erkennbar erhöht.

d) Rechtswidrigkeit

D handelte rechtswidrig.

e) Schuld

Im Hinblick auf die „Entsprechungsklausel" des § 13 I aE stimmen Rspr und Lehre darin überein, auch bei den unechten Unterlassungsdelikten stets die „Zumutbarkeit normgemäßen Verhaltens" zu prüfen[30]. Trotz der Angst vor Verfolgung wegen Fahrens ohne Fahrerlaubnis (Bagatelle) war es dem D zuzumuten, seine Frau vor dem möglichen Tod zu retten.

f) Rücktritt gem § 24 I 1 Alt 2

Möglicherweise greift der persönliche Strafaufhebungsgrund des Rücktritts vom Versuch nach § 24 I 1 Alt 1 ein.

Zunächst ist fraglich, ob ein unbeendeter oder beendeter Versuch vorliegt. Da der Rücktritt bei den unechten Unterlassungsdelikten in der Regel[31] in einer erfolgabwendenden Tätigkeit liegen muss, ist die Unterscheidung zwischen unbeendetem und beendetem Versuch nach Meinung Vieler[32] entbehrlich. Andere sind der Ansicht, dass der Rücktritt des Unterlassungstäters immer nach den Grundsätzen des beendeten Versuchs beim Begehungsdelikt gem § 24 I 1 Alt 2 zu beurteilen ist, da den Täter nach Eintritt der Rechtsgutsgefährdung von der ersten Rettungsmöglichkeit an eine Pflicht zum Handeln trifft[33].

Nach richtiger Ansicht[34] ist zwar eine Unterscheidung erforderlich; jedoch lässt sich die bei den Begehungsdelikten übliche Formel auf den Versuch eines unechten Unterlassungsdeliktes nicht übertragen. Es ist vielmehr darauf abzustellen, ob der Erfolg noch durch die Vornahme der ursprünglich gebotenen Handlung abzuwenden ist – dann: unbeendet – oder die Nachholung der ursprünglich gebotenen Rettungshandlung nicht mehr ausreicht, vielmehr andere Handlungen erforderlich sind – dann: beendet. Nachdem sich der Zustand der E nach dem Vorbeifahren verschlechtert hatte (Bewusstlosigkeit), war eine Nachholung der ursprünglich gebotenen Rettungshandlung nicht mehr ausreichend. Vielmehr musste D nunmehr andere Rettungshandlungen vornehmen. Der Versuch war damit beendet.

Bei einem beendeten Versuch muss der Täter die Tatvollendung verhindern, um Straffreiheit zu erlangen, § 24 I 1 Alt 2. Hier ist D zurückgefahren und seiner Frau zu Hilfe geeilt. Damit hat D die Vollendung der Tat verhindert.

---

30 Vgl *Wessels/Beulke/Satzger*, AT Rn 1040.
31 Zu den Ausnahmen: *Engländer*, JZ 2012, 130; *Rengier*, AT § 49 Rn 65.
32 Nachw bei *Wessels/Beulke/Satzger*, AT Rn 1048.
33 BGH NStZ 2016, 664 m Anm *Kudlich*; S/S/W-StGB-*Kudlich/Schuhr*, § 24 Rn. 41 f.
34 *Wessels/Beulke/Satzger*, AT Rn 1047 f.

D müsste die Tatvollendung zudem freiwillig verhindert haben[35]. Bei strikter Anwendung der Frank'schen Formel könnte man zu dem Schluss kommen, dass die Umkehr des D freiwillig erfolgte. Immerhin hätte D weiterfahren können, wenn er noch gewollt hätte. Die hM stellt heute jedoch zu Recht darauf ab, ob der Rücktritt auf autonomen (dann freiwillig) oder auf heteronomen (dann unfreiwillig) Motiven beruht. Bei Zugrundelegung dieser Ansicht ist hier von einem fremdgesetzten (heteronomen) Motiv auszugehen: Zwar müssen die Motive keineswegs verdienstlich sein – Angst vor Strafe reicht – aber der Beweggrund kam nicht aus D selbst heraus, sondern wurde ihm von T durch die Drohung, zur Polizei zu gehen, aufgezwungen.

Der Rücktritt war damit unfreiwillig und nicht strafbefreiend iSd § 24 I 1 Alt 2.

g) Ergebnis

D ist strafbar gem §§ 212 I, 22, 23 I Alt 1, 13 I.

2. §§ 211, 22, 23 I Alt 1, 13 I

a) Vorprüfung

681 Das Delikt wurde nicht vollendet (*s Rn 678*). Der versuchte Mord ist strafbar gem §§ 211, 23 I Alt 1, 12 I.

b) Tatentschluss

D könnte geplant haben, einen Menschen in der Absicht zu töten, eine andere Straftat (§ 21 I Nr 1 StVG) zu verdecken. Fraglich ist jedoch, ob Verdeckungsabsicht angenommen werden kann, obwohl D lediglich mit bedingtem Tötungsvorsatz handelte.

682 **Problem Nr 147: Steht die Annahme eines nur bedingten Tötungsvorsatzes der Verdeckungsabsicht entgegen?**

(1) Die **frühere Rspr** hat ein solches Zusammentreffen zwar nicht wegen des Gegensatzes „Absicht"/„Vorsatz" – ein solcher besteht wegen der unterschiedlichen Bezugspunkte (Absicht hinsichtlich der weiteren Straftat, Vorsatz hinsichtlich der Tötung) nicht – sondern dadurch weitgehend ausgeschlossen, dass sie verlangte, es müsse nicht nur der gesamte Tötungsvorgang, sondern speziell der Todeserfolg Mittel zur Ermöglichung oder Verdeckung einer Straftat sein (BGH bei *Holtz*, MDR 1980, 629).

(2) Diese im **Schrifttum** schon lange bekämpfte Auffassung (etwa *Geilen*, Lackner-FS, S 572 f; *Schall*, JuS 1990, 623, 624) hat die Rspr inzwischen aufgegeben (BGHSt 39, 159; 41, 358; BGH NStZ 2004, 495). Bedingter Vorsatz und die Absicht, eine andere Straftat zu verdecken, schließen sich danach nur dann aus, wenn das Verdeckungsziel nach der Vorstellung des Täters *nur* durch eine erfolgreiche Tötungshandlung zu erreichen ist (S/S-*Eser/Sternberg-Lieben*, § 211 Rn 35; *Kasiske*, Jura 2012, 740; *Rengier*, BT2 § 4 Rn 59).

Zur Vertiefung: Wessels/Hettinger/Engländer, BT1 Rn 145, 147; Otto, Jura 2003, 612, 620 f.

---

35 S Fall 4, Problem Nr 39, Rn 175; zum Rücktritt vom Versuch eines unechten Unterlassungsdeliktes vgl auch BGH NJW 2002, 3719 f.

Verdeckungsabsicht und dolus eventualis sind nur dann miteinander unvereinbar, wenn   **683**
der Ausnahmefall vorliegt, dass das Verdeckungsziel nach der Vorstellung des Täters nur
durch eine erfolgreiche Tötungshandlung zu erreichen ist. Davon kann hier nicht ausgegangen werden: Das von D begangene Delikt des Fahrens ohne Führerschein, § 21 I
Nr 1 StVG, wäre auch dann „verdeckt" worden, wenn E am Leben geblieben wäre. Ihr
Tod war nicht Mittel zur Verdeckung, sondern wurde von D nur als Folge einer Verde-
ckungshandlung in Kauf genommen.

Die Annahme von Verdeckungsabsicht ist somit durch den nur bedingten Tötungsvorsatz
des D nicht ausgeschlossen.

Schließlich könnte die Verdeckungsabsicht zu verneinen sein, wenn eine Tatbegehung
durch Unterlassen generell gegen das Vorliegen von Verdeckungsabsicht sprechen
würde.

Problem Nr 148: Schließt die Begehung durch Unterlassen die Verdeckungsabsicht bei   **684**
§ 211 aus?

(1) Einer Mindermeinung (*Grünwald*, H. Mayer-FS, S 281, 291) zufolge kann Mord in Verdeckungsabsicht nur durch positives Tun begangen werden.

Argument: Einen final auf den Erfolg gerichteten Willen kann es bei der Unterlassung generell nicht geben.

(2) Auch die **frühere Rspr** hat zT (BGHSt 7, 287, 290) einen Verdeckungsmord durch Unterlassen abgelehnt.

Argument: Für das „Verdecken" ist mehr erforderlich als das bloße „Nichtaufdecken", nämlich ein „Zudecken" wie zB das Unkenntlichmachen von Tatspuren. Der Unwertgehalt der passiven Entdeckungsvereitelung erreicht nicht den Verwerflichkeitsgrad der aktiven Verdeckung.

(3) Einer **dritten Meinung** zufolge (*Freund*, NStZ 2004, 126; *Krey/Heinrich/Hellmann*, BT1
Rn 75; *Theile*, JuS 2006, 112; in diese Richtung auch *Arzt*, Roxin-FS I, S 854, 857) scheitert
die Annahme eines Verdeckungsmordes durch Unterlassen an der Entsprechungsklausel des
§ 13 I.

Argument: Die Gebotsnorm würde von dem Garanten nicht nur die Rettung, sondern auch
eine aktive „Aufdeckungshandlung" verlangen, die Verbotsnorm „Töte nicht, um eine Straftat
zu verdecken" würde zu „Wende den Tod ab, selbst wenn dadurch eine Straftat aufgedeckt
wird" (*Freund/Schaumann*, JuS 1995, 801, 805). Dies steht im Widerspruch zum nemo-tenetur-Grundsatz.

(4) Nach **heute ganz herrschender** und überzeugender **Ansicht** kann ein Verdeckungsmord
auch durch Unterlassen verwirklicht werden, und unabhängig davon, ob die Entdeckungs-
gefahr vom Opfer selbst oder von Dritten ausgeht (BGH NJW 2000, 1730; BGH JR 2004, 77
m Anm *Stein*; S/S-*Eser/Sternberg-Lieben*, § 211 Rn 35; *Rengier*, BT2 § 4 Rn 60 ff; im Prinzip
auch *Grünewald*, GA 2005, 502).

Argument: Von einer Erfolgsvorstellung kann man auch zum Unterlassen motiviert werden.
Der Gesetzeswortlaut gibt keinen Anhaltspunkt für eine Ausklammerung des Unterlassens.
Die Differenzierung zwischen „Verdecken" im Sinne eines „Zudeckens" und bloßem „Nicht-
aufdecken" ist reine Wortklauberei und kriminalpolitisch verfehlt.

Zur Vertiefung: Theile, JuS 2006, 110; SK/StGB-Sinn, § 211 Rn 83 f.

---

685 Eine Mindermeinung lässt mit unterschiedlicher Begründung ein Unterlassen in keinem Fall ausreichen. Die Rspr hat diese Ansicht früher mit dem Argument vertreten, ein bloßes „Nichtaufdecken" sei noch kein „Zudecken", weil der Unwertgehalt der passiven Entdeckungsvereitelung nicht den Verwerflichkeitsgrad der aktiven Verdeckung erreichen könne. Andere kommen unter Hinweis auf die Entsprechungsklausel des § 13 StGB und eine drohende Durchbrechung des nemo-tenetur-Grundsatzes zum gleichen Ergebnis. Diese Ansätze sind jedoch insgesamt nicht überzeugend. Eine Differenzierung zwischen Verdecken als aktivem Vorgang und Nichtaufdecken als bloßer Passivität ist weder sprachlich noch kriminologisch geboten. D hat hier also zur Verdeckung einer Straftat gehandelt (*aA vertretbar*).

D könnte auch aus sonstigen niedrigen Beweggründen getötet haben wollen. Als sonstige niedrige Beweggründe kommen alle Tatantriebe in Betracht, die nach allgemeiner rechtlich-sittlicher Wertung auf tiefster Stufe stehen, durch hemmungslose Eigensucht bestimmt und deshalb besonders verachtenswert sind[36]. Niedrige Beweggründe sind wegen des übersteigerten Eigennutzes, der sich aus dem Bagatellcharakter der zu verbergenden Straftat ergibt, zu bejahen. Dieser Eigennutz steht auf sittlich niedrigster Stufe und ist besonders verwerflich (*aA vertretbar*).

c) Unmittelbares Ansetzen

Indem D an der E vorbeifuhr und damit eine gebotene Rettungshandlung unterließ, hat er iSd § 22 unmittelbar zur Tatbegehung angesetzt.

d) Rücktritt gem § 24 I 1 Alt 2

D ist nicht strafbefreiend iSd § 24 I 1 Alt 2 vom versuchten Mord durch Unterlassen zurückgetreten (*s Rn 680*).

3. § 221 I Nr 2

686 E war aufgrund ihrer Verletzungen eine hilflose Person, der D aufgrund seiner engen Nähebeziehung (Ehemann) zum Beistand verpflichtet war. Diese Person hat er im Stich gelassen, indem er sich räumlich vom Unfallort entfernte und Beistandshandlungen damit unterließ.

D handelte vorsätzlich.

4. §§ 221 I Nr 2, III, 22, 23 I Alt 1

Da D den Tod seiner Ehefrau für möglich hielt, liegt auch ein Versuch des erfolgsqualifizierten Delikts des § 221 I Nr 2, III vor.

5. §§ 223 I, 13 I

687 E war schon (durch den Unfall) verletzt. Jede weitere Verschlechterung, die durch das Eingreifen eines abwendungspflichtigen Garanten hätte vermieden werden können,

---

36 *Wessels/Hettinger/Engländer*, BT1 Rn 112.

stellt jedoch eine weitere Körperverletzung seitens des Garanten dar. Das Delikt ist vollendet, ein Rücktritt vom vollendeten Delikt nicht möglich.

6. §§ 224 I Nr 5, 13 I

Die Verletzungen der E waren konkret lebensgefährlich. D hat sich daher gem §§ 224 I Nr 5, 13 I strafbar gemacht.

7. § 323c

Das (echte) Unterlassungsdelikt hat D ebenfalls erfüllt.

8. § 21 I Nr 1 StVG

D besaß eine bis zur Rücknahme des entsprechenden Verwaltungsakts zunächst wirksame Fahrerlaubnis (*s o Rn 658*). Eine Strafbarkeit gem § 21 I Nr 1 StVG scheidet somit aus. **688**

Anders noch die Vorauflagen. Ich danke einem aufmerksamen Leser, der mich davon überzeugt hat, dass eine Bejahung der Strafbarkeit gem § 21 I Nr 1 StVG mit den obigen Ausführungen in Rn 658 unvereinbar ist.

9. § 21 I Nr 2 StVG

E ist mit ihrem eigenen Auto gefahren. D war nicht Halter des von E geführten Kfz.

10. §§ 21 I Nr 1 StVG, 27

D hat der E zu ihrer Tat gem § 21 I Nr 1 StVG (*s Rn 677*) durch Herstellung der Führerscheinkopie Beihilfe geleistet.

11. Konkurrenzen

§§ 211, 22, 23 I Alt 1, 13 I gehen §§ 212, 22, 23 I Alt 1, 13 I als leges speciales vor. **689**

§§ 221 I Nr 2, III, 22, 23 I Alt 1 tritt hinter §§ 211, 22, 23 I Alt 1, 13 I zurück. Zwischen §§ 211, 22, 23 I Alt 1, 13 I und § 221 I Nr 2 ist hingegen von Tateinheit auszugehen, um klarzustellen, dass das Gefährdungsdelikt sogar vollendet wurde[37] (*vertretbar auch Gesetzeskonkurrenz mit Vorrang der §§ 211, 22, 23 I Alt 1, 13 I, so auch LK-Jähnke, § 221 Rn 41 sowie die Vorauflage*).

§§ 211, 22, 23 I Alt 1, 13 I sind leges speciales zu § 323c.

§§ 224 I Nr 5, 13 I sind leges speciales zu §§ 223 I, 13 I.

§§ 211, 22, 23 I Alt 1, 13 I stehen nach heute ganz hA in Idealkonkurrenz zu den mitverwirklichten Körperverletzungsdelikten, da eine allgemeine Verurteilung wegen des

---

37 *Lackner/Kühl*, § 221 Rn 9; NK-*Neumann/Saliger*, § 221 Rn 47.

versuchten Mordes nicht zum Ausdruck brächte, dass die Körperverletzung bereits vollendet ist[38].

Auch zwischen § 221 I Nr 2 sowie §§ 224 I Nr 5, 13 I besteht aus Klarstellungsgründen Tateinheit (*aA vertretbar*).

Die Beihilfe zu § 21 I Nr 1 StVG überschneidet sich zeitlich zumindest teilweise mit den restlichen Delikten, die ihrerseits ganz andere Rechtsgüter schützen. Es ist deshalb auch insoweit von Idealkonkurrenz auszugehen.

12. Ergebnis für D im Tatkomplex E

D hat sich gem §§ 211, 22, 23 I Alt 1, 13 I – § 52 – § 221 I Nr 2 – § 52 – §§ 224 I Nr 5, 13 I – § 52 – §§ 21 I Nr 1 StVG, 27 strafbar gemacht.

F. Gesamtkonkurrenzen

690 D hat die in den Tatkomplexen C und E verwirklichten Delikte durch völlig selbstständige Handlungen begangen. Sie stehen daher in Realkonkurrenz zueinander, § 53.

G. Gesamtergebnis des materiell-rechtlichen Gutachtens

A: Tatkomplex B: §§ 224 I Nr 3, II, 22, 23 I Alt 2, 25 I Alt 2
B: Tatkomplex B: §§ 303 I Alt 2, III, 22, 23 I Alt 2
C: Tatkomplex C: § 332 I 1 Var 3
D: Tatkomplex C: § 334 I Var 3
– § 53 –
Tatkomplex E: §§ 211, 22, 23 I Alt , 13 I – § 52 – § 221 I Nr 2 – § 52 – §§ 224 I Nr 5, 13 I – § 52 – §§ 21 I Nr 1 StVG, 27
E: Tatkomplex E: § 21 I Nr 1 StVG

Teil II. (prozessualer Teil)

1. Statthaftigkeit der Revision

691 Gegen das Urteil der Großen Strafkammer ist lediglich die Revision statthaft, § 333 StPO. Während die Berufung (zulässig gegen Urteile des Strafrichters und des Schöffengerichts, § 312 StPO) eine zweite Tatsacheninstanz eröffnet, sind in der Revisionsinstanz Tatsachenfeststellungen von der Überprüfung ausgeschlossen (gem § 337 I StPO kann die Revision nur darauf gestützt werden, dass das Urteil auf einer Verletzung des Gesetzes beruht). Hier handelt es sich aber um eine Tatsachenfeststellung. A kann das

38 BGHSt 44, 196 m zust Anm *Satzger*, JR 1999, 203; *Wessels/Beulke/Satzger*, AT Rn 1096.

Urteil daher nicht daraufhin überprüfen lassen, ob er oder ein anderer den Brief geschrieben hat.

Zur Vertiefung: Beulke, StPO Rn 559.

2. Das Problem der sog „beweglichen Zuständigkeit"

Eine Katalogtat nach § 74 II GVG kommt nicht in Betracht. Auch ist nicht anzunehmen, **692** dass in dem Einzelfall eine höhere Freiheitsstrafe als vier Jahre „zu erwarten" war, § 74 I 2 GVG. Aufgrund der §§ 24 I Nr 3 iVm 74 I 2 aE GVG konnte die StA hier jedoch wegen der „besonderen Bedeutung" des Falls Anklage zum Landgericht erheben, wodurch dem A nunmehr eine zweite Tatsacheninstanz abgeschnitten ist (*s Frage 1 Rn 691*). Das BVerfG hat diese Zuständigkeitsregel für verfassungskonform erachtet und damit einen Verstoß gegen Art 101 I 2 GG (Recht auf den gesetzlichen Richter) verneint.

Zur Vertiefung: Beulke, StPO Rn 45.

3. Das Strafbefehlsverfahren

Gegen den erlassenen Strafbefehl kann D innerhalb von zwei Wochen nach Zustellung **693** schriftlich oder zu Protokoll der Geschäftsstelle Einspruch einlegen, § 410 I 1 StPO. Eine andere Möglichkeit hat D nicht. Soweit kein Einspruch eingelegt wird, steht der Strafbefehl einem rechtskräftigen Urteil gleich, § 410 III StPO, dh es finden dann keine Rechtsmittel mehr dagegen statt. Ist der Einspruch rechtzeitig eingelegt und auch sonst zulässig, so wird ein Termin zur Hauptverhandlung anberaumt, § 411 I 2 StPO. Der Strafbefehlsantrag der StA übernimmt dann die Funktion der Anklageschrift, der erlassene Strafbefehl fungiert als Eröffnungsbeschluss. Das anschließende Hauptverfahren folgt – mit gewissen Einschränkungen, die sich aus §§ 411 II 2 iVm 420 I-III StPO ergeben – den allgemeinen Vorschriften. Gegen das Urteil sind die normalen Rechtsmittel gegen amtsgerichtliche Urteile, Berufung und (Sprung-)Revision, gegeben.

Zur Vertiefung: Beulke, StPO Rn 526–529.

Definitionen zum Auswendiglernen

Amtsträger	ist gem **§ 11 I Nr 2c,** wer dazu bestellt ist, bei einer Behörde oder sonstigen Stelle oder in deren Auftrag Aufgaben der öffentlichen Verwaltung unbeschadet der zur Aufgabenerfüllung gewählten Organisationsform wahrzunehmen (*vgl Gesetzestext; Wessels/Hettinger/Engländer, BT1 Rn 1169*).
Gift	iSd **§ 224 I Nr 1 Alt 1** ist ein organischer oder anorganischer Stoff, der unter bestimmten Bedingungen (etwa Einatmen, Aufnahme über die Haut) durch chemische oder chemisch-physikalische Wirkung geeignet ist, eine erhebliche Gesundheitsschädigung herbeizuführen (*Wessels/ Hettinger/Engländer, BT1 Rn 287, 2291*).

Amtlicher Ausweis	iSd §§ **273, 275, 276** ist eine solche Urkunde, die von einer – deutschen oder ausländischen – Behörde oder sonstigen Stelle, die Aufgaben der öffentlichen Verwaltung wahrnimmt, ausgestellt ist, um die Identität einer Person oder ihre persönlichen Verhältnisse zu beweisen (*Fischer, § 275 Rn 2 iVm § 273 Rn 2*).
Verschaffen	iSd § **276** ist jedes „In-Besitz-Bringen" (*Fischer, § 276 Rn 3 iVm § 146 Rn 10*).
In Dienstausübung	iSd §§ **331 ff** handelt der Täter, wenn sich seine Tat auf Handlungen bezieht, durch die er als Amtsträger die ihm übertragenen Aufgaben wahrnimmt (*Fischer, § 331 Rn 6*).
Vorteil	iSd §§ **331 ff** ist jede Leistung, auf die der Täter keinen Anspruch hat und die seine wirtschaftliche, rechtliche oder auch nur persönliche Lage objektiv verbessert (*BGH NJW 2008, 3580*).
Pflichtwidrig	ist eine Diensthandlung iSd §§ **332, 334,** wenn dem Täter durch Rechtssatz, Dienstvorschrift oder Anordnung die Entschließung über Vornahme oder Unterlassung einer Diensthandlung und über die Art der Vornahme vorgeschrieben ist und er hiervon abweicht (*Fischer, § 332 Rn 8*).

Weitere einschlägige Musterklausuren

Zum Problem der Bestechungsdelikte:

Eisele/Freudenberg, Jura 2005, 204

Zum Problem des Fehlens des subjektiven Rechtfertigungselements:

Beulke, Klausurenkurs I [9] Rn 300; *Börgers/Grunewald*, ZJS 2008, 521; *Brand/Zivanic*, JA 2016, 667; *Ebert*, Fälle, [5] S 82, [8] S 129; *Ernst*, ZJS 2011, 382; *Fahl*, Jura 2003, 60; *Gropp/Küpper/Mitsch*, [3] S 47; *B. Heinrich*, Jura 1997, 366; *Hilgendorf*, [8] S 49; *ders*, Klausurenkurs I [14] S 118; *Kett-Straub/Bauernschmitt*, JA 2017, 348; *Krell/Bernzen*, JuS 2015, 322; *Kretschmer*, Jura 1998, 244; *Laubenthal/Baier*, JA 1993, 101; *Mitsch*, JA 1999, 388; *Putzke*, Jura 2009, 147; *Roxin/Schünemann/Haffke*, [2] S 47; *Rudolphi*, [9] S 101, [13] S 148, [14] S 166; *Sebastian/Lorenz*, ZJS 2017, 84; *Seier*, in: Seier, Die Anfängerklausur, [7] S 83, 88; *Seier/Herrmann*, JuS 2012, 327; *Sennwitz/Haas*, StudZR 2012, 289; *Theile*, ZJS 2009, 545; *Valerius*, [10] S 148

Zum Problem des Versuchsbeginns beim Unterlassungsdelikt:

Berster, ZJS 2017, 469; *Beulke*, Klausurenkurs I [9] Rn 300; *Ebert*, Fälle, [14] 207; *Frisch/Murmann*, JuS 1999, 1196; *Gropp/Küpper/Mitsch*, [2] S 25; *Hanft*, JuS 2005, 1010; *Haas*, Ad Legendum 2012, 119; *Kindhäuser/Schumann/Lubig*, [3] S 100; *Kudlich*, Fälle AT, [9] S 121, [10] S 136; *Meurer/Kahle/Dietmeier*, [7] S 137; *Mossel/Erb*, StudZR 2017, 75; *Otto/Bosch*, [9] S 202; *Rauda/Zenthöfer*, [23], S 129; *Reinbacher*, in: *Coester-Waltjen* ua (Hrsg), Zwischenprüfung, S 26; *Rotsch*, [1] Rn 1; *Schmidt/Henseler*, StudZR 2017, 241; *Schumann/Azar*, JA 2017, 114; *Steinberg/Mengler/Wolf*, ZJS 2015, 228; *Tiedemann*, [10] S 229

Zum Problem: Muss bei § 224 I Nr 1 das Gift oder der beigebrachte gesundheitsschädliche Stoff geeignet sein, zumindest eine schwere Körperverletzung iSd § 226 I zu bewirken?

Edlbauer, Jura 2007, 941; *Jahn*, JA 2002, 560

Zum Problem: Hinterlistiger Überfall iSd § 224 I Nr 3 durch Giftbeibringung?

Jahn, JA 2002, 560

Zum Problem einer Fotokopie/einer „Collage" als „Urkunde":
Dedy, Jura 2002, 137; *Eisele*, Jura 2002, 59; *Gropp/Küpper/Mitsch*, [10] S 189; *Hackling*, JuS 1993, 398; *Hefendehl*, Jura 1992, 374; *v. Lewinski*, JuS 2005, 718; *Niederle*, [16] S 62; *Park*, JuS 1999, 887; *Prütting/Stern/Wiedemann*, [18] S 205; *Rotsch/Nolte/Peifer/Weitemeyer*, [24] S 374

Zum Problem: Steht die Annahme eines nur bedingten Tötungsvorsatzes der Verdeckungsabsicht entgegen?
Becker, ZJS 2010, 403; *Fricker*, StudZR 2005, 309; *Gössel*, [14] S 229; *Heger*, JuS 2008, 859; *Hinderer*, JA 2009, 25; *Kett-Straub/Linke*, JuS 2008, 717; *Laue/Dehne-Niemann*, Jura 2010, 73; *Mitsch*, JA 1997, 655; *Theile*, Jura 2007, 463; *Walter/Schneider*, JA 2008, 262

Zum Problem: Schließt die Begehung durch Unterlassen die Verdeckungsabsicht bei § 211 aus?
Bott/Kühn, Jura 2009, 72; *Brunhöber*, JuS 2011, 229; *Fricker*, StudZR 2005, 309; *Haas*, Ad Legendum 2012, 119; *Heger*, JuS 2008, 859; *Hinderer*, JA 2009, 25; *Kasiske*, JA 2007, 509; *Otto/Bosch*, [9] S 206; *Reinbacher*, in: *Coester-Waltjen* ua (Hrsg), Zwischenprüfung, S 26

Widerstand ist zwecklos

I.

694 Die am Staatsexamen gescheiterten ehemaligen Jurastudenten Arno Armleuchter (A) und Tim Taugenichts (T) sind am 1.1.2018 auf dem Weg zu einem Altstadtbummel. Dazu steigen sie in das Taxi des Rudi Raser (R). Während der Fahrt bespricht sich Arno flüsternd mit Tim und beide kommen überein, dass sie die günstige Gelegenheit nutzen wollen, um den Rudi gewaltsam seiner Tageseinnahmen zu „erleichtern". Am Ziel ange-kommen steuert der Taxifahrer zielsicher an den Straßenrand, schaltet bei laufendem Motor in den Leerlauf, stellt den Fuß auf die Bremse und verlangt unmittelbar danach von den beiden Fahrgästen den Fahrpreis. Um Rudi nicht misstrauisch zu machen, be-zahlt Arno den Fahrpreis. Gerade in dem Augenblick, in dem Rudi das Geld in seine Geldbörse steckt, zückt Tim eine dicke kubanische Zigarre, hält sie dem Rudi in den Nacken und schreit: „Keine Bewegung, sonst drück' ich ab". Tim geht in diesem Zeit-punkt davon aus, dass weder er noch Arno eine Waffe oder ein sonstiges gefährliches Werkzeug mit sich führen. Tatsächlich hat aber Arno – von Tim unbemerkt – ein Spring-messer griffbereit in seiner Jacke, an das er sich auch während dieses Geschehens erin-nert und das er auch einsetzen möchte, falls der Trick mit der Zigarre nicht funktionieren sollte. Arno reißt Rudi die Geldbörse aus der Hand und steckt sie ein. Daraufhin verlas-sen Arno und Tim fluchtartig das Taxi, woraufhin Rudi, der den Schwindel mit der Zi-garre mittlerweile bemerkt hat, die Verfolgung aufnimmt. In der Hektik fällt dem voraus laufenden Arno das in seiner Jacke heimlich mitgeführte Messer auf die Straße. Der hinterherlaufende Tim sieht das Springmesser und steckt es für alle Fälle ein. Dabei denkt er auch daran, mittels des Messers notfalls die Beute zu sichern. Tim und Arno gelingt es durch einen gewagten Sprung über den Zaun den Rudi endgültig abzuhängen.

An der nächsten Straßenecke fährt den beiden der Schreck durch die Glieder, als sie in der Ferne den Streifenpolizisten Peter Plünderer (P) erblicken. Schnell ändern sie ihre Fluchtrichtung. Peter bemerkt die beiden jedoch überhaupt nicht, weil er selbst gerade damit beschäftigt ist, ein Taschenbuch mit dem Titel „Mord auf dem Revier" von der Auslage des Antiquars Heinrich Heidenreich (H) in seiner Jackentasche verschwinden zu lassen. Wie bei allen Streifengängen hat er seine im Gürtelhalfter befestigte Dienst-pistole dabei. Mit dem erbeuteten Buch, das er am Abend lesen und sodann wegwerfen will, setzt Peter seinen Streifengang fort.

Ein paar Tage später begibt sich Tim mit seinem Pkw zu seiner Stammkneipe „Wes-pennest" und gönnt sich über den Abend verteilt zwei Maß (1 Maß = 1 Liter) Bier. Als er gerade zur Heimkehr aufbrechen will, bemerkt dies der Gastwirt Willi Witzig (W). Er glaubt, dass der ihm seit langem gut bekannte und jetzt dem Ausgang zustrebende Tim zu betrunken ist, um noch fahren zu können und will ihn daran durch Wegnahme des Schlüssels hindern. Tim erkennt sofort, was Willi vorhat und umklammert seinen Autoschlüssel. Nur mit viel Kraftaufwand gelingt es dem körperlich überlegenen Willi letztlich doch, den Schlüssel an sich zu reißen. Tim, der davon überzeugt ist, sehr wohl noch fahren zu können, will sich nunmehr jedoch seinen Schlüssel zurückerobern. Er holt mit seiner Faust aus, um den Wirt ins Gesicht zu schlagen. Dieser kann sich zwar noch ducken, allerdings trifft Tim den Linkshänder Willi an der linken Hand und bricht ihm dabei den Zeigefinger.

Im Nachhinein kann nicht mehr genau geklärt werden, wie hoch Tims Blutalkoholkonzentration war. Sie lag zwischen 0,7 und 1,2‰. Den Autoschlüssel wirft Willi, wie bereits von Anfang an geplant, dem Tim, der abends zu Fuß nach Hause gegangen ist, am nächsten Morgen in den Briefkasten. Der Zeigefinger des Wirtes bleibt aufgrund des komplizierten Bruches auf Dauer steif.

Im Rahmen der Ermittlungen wegen des Überfalls auf Rudi wird schnell klar, dass Arno zu den Hauptverdächtigen zählt. Auf Antrag der Staatsanwaltschaft erlässt der zuständige Ermittlungsrichter einen Haftbefehl gegen Arno und der Polizeikommissar Karl Klug (K) erhält den Auftrag, den Arno, der im Hause seiner Mutter wohnt, festzunehmen. Gerade als Karl an der Haustür der Familie Armleuchter klingelt, fährt ein Auto auf das Grundstück und parkt vor der geschlossenen Garagentür. Am Steuer des Wagens sitzt Bernd Armleuchter (B), der eineiige Zwillingsbruder des Arno. Karl, der Bernd mit dessen Bruder Arno verwechselt, tritt hinter den geparkten Wagen und will nunmehr den vermeintlichen Arno festnehmen. Obwohl Bernd noch niemals in seinem Leben eine strafbare Handlung begangen hat, bekommt er es angesichts des uniformierten Polizeibeamten mit der Angst zu tun und möchte der erkennbar bevorstehenden Festnahme entfliehen. Er legt deshalb den Rückwärtsgang ein, gibt Gas und fährt ungebremst auf Karl zu, der immer noch auf dem Grundstück der Mutter steht. Bevor er Letzteren erreicht, besinnt er sich allerdings eines besseren und bringt den Wagen durch eine Vollbremsung wenige Zentimeter vor dem Polizeikommissar zum Stehen. Dabei hatte Bernd niemals die Absicht, Karl zu verletzen. Vielmehr ging er fest davon aus, dass der sehr sportlich wirkende Kommissar rechtzeitig zur Seite springen würde, ohne sich eine Verletzung zuzuziehen. Bernd lässt sich nun anstandslos festnehmen. Nachdem Karl seinen Irrtum erkannt hat, lässt er Bernd sofort wieder frei.

Wie haben sich Arno, Bernd, Peter, Tim und Willi strafbar gemacht? Nebenstrafrecht ist nicht zu prüfen.

II.

1. Im weiteren Verlauf der Ermittlungen wird eine Durchsuchung der Wohnung des Tim angeordnet und durchgeführt. Tim ist empört. Die Voraussetzungen für die Durchsuchung hätten nicht vorgelegen. Hat Tim Möglichkeiten, die Durchsuchungsanordnung gerichtlich überprüfen zu lassen, wenn diese

a) von der Staatsanwaltschaft bzw deren Ermittlungsbeamten angeordnet wurde, ohne dass ein richterlicher Durchsuchungsbefehl beantragt worden war und ohne Gefahr im Verzug anzunehmen,

b) vom Ermittlungsrichter beim Amtsgericht angeordnet wurde, ohne dass ein hinreichender Tatverdacht gegen Tim vorgelegen hätte?

Welcher Richter hat ggf zu entscheiden (inklusive weiterer Anfechtungsmöglichkeiten)? Welche Erfolgsaussichten wird ein solches Vorgehen haben?

2. Im Fall 1a wurde bei der Durchsuchung die Geldbörse des R gefunden. Darf im Strafverfahren gegen T wegen des Vorfalls am 1.1.2018 eine Verurteilung auf dieses Beweismittel gestützt werden?

Gedankliche Strukturierung des Falles (Kurzlösung)

695 **Teil I (materiell-rechtlicher Teil)**

A. Im Taxi

I. Strafbarkeit des T

1. **§§ 249 I, 25 II (+)**
   a) Objektiver Tatbestand (+)
      - Gewalt (–)
      - Drohung mit gegenwärtiger Gefahr für Leib oder Leben (+)
      - bewegliche Sache (+)
      - Wegnahme, § 25 II (+)
   b) Subjektiver Tatbestand (+)
      - Vorsatz (+)
      - Zueignungsabsicht (+)
   c) Rechtswidrigkeit und Schuld (+)
   d) Ergebnis
2. **Schwerer Raub gem §§ 250 I Nr 1a Alt 1 (–), Nr 1b (–), Nr 2 (–), 25 II (–)**
   a) § 250 I Nr 1a Alt 1 (–)
      aa) Springmesser bei A (–)
         - Waffe (+)
         - Vorsatz (–)
      bb) Springmesser bei T (–)
         - Beisichführen (–)

Problem Nr 149: Erfüllung eines Qualifikationstatbestandes nach Vollendung aber vor Beendigung (Rn 698)

   b) § 250 I Nr 1b (–)
      - sonstiges Werkzeug oder Mittel (–)

Problem Nr 150: Restriktive Auslegung des § 250 I Nr 1b (Rn 701)

   c) § 250 I Nr 2 (–)
      - Bande (–)
   d) Ergebnis
3. **§ 316a I (+)**
   a) Objektiver Tatbestand (+)
      - Angriff auf Leib, Leben oder Entschlussfreiheit (+)
      - Führer eines Kraftfahrzeugs (+)
      - Ausnutzung der besonderen Verhältnisse des Straßenverkehrs (+)

Problem Nr 151: Ausnutzung der besonderen Verhältnisse des Straßenverkehrs (Rn 704)

   b) Subjektiver Tatbestand (+)
      - Vorsatz (+)
      - Begehungsabsicht (+)
   c) Rechtswidrigkeit und Schuld (+)
   d) Ergebnis
4. **§§ 253, 255, 25 II (+/–)**
5. **§ 240 I (+)**
   - aber verdrängt
6. **§ 241 I (+)**
   - aber verdrängt
7. **§§ 242 I, 25 II (+)**
   - aber verdrängt
8. **§§ 246 I, 25 II (+)**
   - aber subsidiär
9. **§ 239a I (–)**
10. **§ 252 (–)**
11. **§§ 252, 22, 23 I Alt 1 (–)**
12. **Konkurrenzen**
13. **Ergebnis für T im Tatkomplex A**
    §§ 249 I, 25 II – § 52 – § 316a I

II. Strafbarkeit des A

1. **§§ 249 I, 250 I Nr 1a Alt 1, 25 II (+)**
2. **§§ 316a I, 25 II (+)**
3. **§§ 240 I, 25 II (+)**
   - aber verdrängt
4. **§§ 241 I, 25 II (+)**
   - aber verdrängt
5. **§ 242 I (+)**
   - aber verdrängt
6. **§ 246 I (+)**
   - aber subsidiär
7. **Ergebnis für A im Tatkomplex A**
   §§ 250 I Nr 1a Alt 2, 25 II – § 52 – §§ 316a I, 25 II

**B. „Mord auf dem Revier"
(Strafbarkeit des P)**

1. **§§ 242 I (+)**
   a) Objektiver Tatbestand (+)

528

b) Subjektiver Tatbestand (+)
- Vorsatz (+)
- Zueignungsabsicht (+)
c) Rechtswidrigkeit und Schuld (+)
d) Ergebnis
2. §§ 244 I Nr 1a Alt 1 (+)

3. **Ergebnis für P im Tatkomplex B**
P ist strafbar gem § 244 I Nr 1a Alt 1

C. Im „Wespennest"
I. **Strafbarkeit des W**
1. **§ 240 I (–)**
a) Objektiver Tatbestand (+)
b) Subjektiver Tatbestand (+)
c) Rechtswidrigkeit (–)
aa) Notwehr, § 32 (–)
- notwehrfähiges Rechtsgut (–)

bb) Festnahmerecht, § 127 I StPO (–)
- „betroffen auf frischer Tat" (–)
cc) Notstand, § 34 (+)
- Notstandslage, in dubio pro reo (+)

- Notstandshandlung (+)
- subjektives Rechtfertigungselement (+)
2. **§ 249 I (–)**
Zueignungsabsicht (–)
3. **§§ 253, 255 (–)**
a) Objektiver Tatbestand (–)
- Gewalt gegen eine Person (+/–)

- Nötigung (+)
- Vermögensverfügung (–)
b) Ergebnis
4. **§ 242 I (–)**
5. **§ 246 I (–)**
6. **Ergebnis für W im Tatkomplex C**
W ist straflos

II. **Strafbarkeit des T**
1. **§§ 223 I, 226 I Nr 2 (–)**
a) Objektiver Grundtatbestand (+)
b) Subjektiver Grundtatbestand (+)
c) Qualifizierende Folge (+)

d) Objektive Fahrlässigkeit (+)
e) Spezifischer Gefahrzusammenhang (+)
f) Rechtswidrigkeit (–)
aa) Besitzkehr, § 859 II BGB (+)
- zweimalige Anwendung von in dubio pro reo
bb) Notwehr, § 32 (+)
cc) Notstand, § 34 (–)
g) Ergebnis
2. **§§ 240 I, III, 22, 23 I Alt 2 (–)**
3. **Ergebnis für T im Tatkomplex C**
T ist straflos

D. Vor der Wohnung der Mutter des A (Strafbarkeit des B)
1. **§§ 212 I, 211, 22, 23 I Alt 1 (–)**
- Vorsatz (–)
2. **§§ 223 I, 224 I Nr 2 (+) und 5 (+), II, 22, 23 I Alt 2 (–)**
3. **§ 113 I (+)**
a) Objektiver Tatbestand (+)
- Vollstreckungsbeamter (+)
- bei Vornahme einer Vollstreckungshandlung (+)
- Widerstandleisten mit Gewalt oder Drohung mit Gewalt (+)
b) Subjektiver Tatbestand (+)
c) Objektive Bedingung der Strafbarkeit (+)

- rechtmäßige Diensthandlung (+)

d) Rechtswidrigkeit und Schuld (+)
e) Strafzumessung, § 113 II 2 Nr 1 (+)
- Waffe (–)
- gefährliches Werkzeug (+)
f) Ergebnis
4. **§ 114 I (+)**
a) Objektiver Tatbestand (+)
Tätlicher Angriff (+)
b) Subjektiver Tatbestand (+)
c) Objektive Bedingung der Strafbarkeit (+)
e) Strafzumessung, § 114 II iVm § 113 II 2 Nr 1 Alt 2 (+)
f) Konkurrenzen
g) Ergebnis
5. **§§ 240 I, III, 22, 23 I Alt 2 (–)**
6. **§ 315b I Nr 3 (–)**
- öffentlicher Straßenverkehr (–)

7. **Ergebnis für B im Tatkomplex D**
   B ist strafbar gem § 114 I

E. Gesamtergebnis des materiell-rechtlichen Gutachtens

A: §§ 250 I Nr 1a Alt 2, 25 II – § 52 – §§ 316a I, 25 II
B: § 114 I, II iVm § 113 II 2 Nr 1 Alt 2
P: § 244 I Nr 1a Alt 1
T: §§ 249 I, 25 II – § 52 – § 316a I
W: straflos

Teil II (prozessualer Teil)

1. **Staatsanwaltschaftlich angeordnete Durchsuchung**
   a) Zulässigkeit eines Rechtsbehelfs (+)
      aa) Statthafter Rechtsbehelf (+)

Problem Nr 159: Statthafter Rechtsbehelf bei im Ermittlungsverfahren angeordneten Zwangsmaßnahmen (Rn 725)

   bb) Rechtsschutzbedürfnis (+)

Problem Nr 160: Fallgruppen des besonderen Rechtsschutzbedürfnisses nach Erledigung einer Zwangsmaßnahme im Ermittlungs-verfahren (Rn 727)

   b) Begründetheit (+)
2. **Richterlich angeordnete Durchsuchung**
   a) Zulässigkeit eines Rechtsbehelfs (+)
   b) Begründetheit (–)
3. **Beweisverwertung bzgl. Geldbörse**

Ausführliche Lösung von Fall 15

Teil I (materiell-rechtlicher Teil)

A. Im Taxi

I. Strafbarkeit des T

1. §§ 249 I, 25 II

Indem T dem R eine dicke kubanische Zigarre in den Nacken drückte, A dem R das   **696**
Geld aus der Hand riss und beide mit dem Geld flohen, könnte sich T gem §§ 249 I,
25 II strafbar gemacht haben.

a) Objektiver Tatbestand

T müsste Gewalt gegen eine Person angewandt oder dem R mit einer gegenwärtigen
Gefahr für Leib oder Leben gedroht haben.

Gewalt bedeutet physisch wirkender Zwang[1]. Mit den Worten „Keine Bewegung, sonst
drück' ich ab" werden bei R zwar Angstreaktionen ausgelöst, diese sind aber lediglich
psychischer und nicht körperlicher Natur. Für eine Gewaltanwendung reicht das nicht
aus. Allerdings stellt T dem R mit diesem Befehl eine gegenwärtige Gefahr für Leib
oder Leben in Aussicht[2]. Diese Drohung sollte nach Vorstellung des T das Erlangen des
Geldes ermöglichen (Finalzusammenhang).

Des Weiteren ist eine Wegnahme der fremden beweglichen Sachen (hier der Geldscheine) erforderlich. Wie die Wegnahme im Raubtatbestand auszulegen ist, wird unterschiedlich beurteilt. Während die Rspr auf das äußere Erscheinungsbild abstellt, das sich
als Nehmen (dann Raub) oder als ein Geben (dann Erpressung) darstellen kann, grenzt
die Literatur danach ab, ob eine „unfreiwillige" Wegnahme vorliegt (dann Raub) oder
ob auf Seiten des Opfers eine Vermögensverfügung erkennbar ist (dann Erpressung)[3].
Das Entreißen der Geldscheine, die für A fremde bewegliche Sachen darstellen, kann
sowohl wegen des darin liegenden äußerlich erkennbaren Akts des „Nehmens" als auch
wegen des Fehlens jedweder Verfügungsmöglichkeit seitens des Opfers (also wegen des
Nichtvorliegens einer Vermögensverfügung) als Wegnahmehandlung iSd § 249 eingestuft werden.

T selbst hat jedoch das Geld nicht weggenommen, sondern A. Es fragt sich deshalb, ob
dem T die Handlung des A zugerechnet werden kann. In Betracht kommt eine Zurechnung über § 25 II. Dazu müssten T und A Mittäter gewesen sein. Mittäterschaft verlangt
einen gemeinsamen Tatplan und eine gemeinsame Tatausführung[4]. Im Taxi besprachen
sich die beiden flüsternd, den R gewaltsam seiner Tageseinnahmen zu erleichtern. Bei

---

1 *Fischer*, § 240 Rn 8; s Fall 12 Problem Nr 133 Rn 600.
2 Vgl BGH NStZ 2015, 36.
3 Vgl Fall 9 Problem Nr 94 Rn 411.
4 *Wessels/Beulke/Satzger*, AT Rn 756.

der Tatausführung wurde der Weg der Arbeitsteilung gewählt. T drohte, A vollzog die Wegnahme. Beide hatten Tatherrschaft und waren am Taterfolg gleichermaßen interessiert. Es lagen somit ein gemeinsamer Tatplan und eine gemeinsame Tatausführung iSd Mittäterschaft vor. Die Wegnahme des Geldes ist T daher zuzurechnen.

b) Subjektiver Tatbestand

T handelte vorsätzlich und in der Absicht, sich das Geld rechtswidrig zuzueignen.

c) Rechtswidrigkeit und Schuld

Er handelte auch rechtswidrig und schuldhaft.

d) Ergebnis

T hat sich gem §§ 249 I, 25 II strafbar gemacht.

2. Schwerer Raub gem §§ 250 I Nr 1a Alt 1, Nr 1b, Nr 2, 25 II

697 Aufgrund der Tatsache, dass ein Springmesser in der Jacke des A steckte und T eine kubanische Zigarre verwendete, könnte T sich sogar wegen schweren Raubes strafbar gemacht haben.

a) § 250 I Nr 1a Alt 1

aa) Springmesser bei A

Während der Wegnahme befand sich das Springmesser in der Jackentasche des A. Ein Springmesser ist ein Gegenstand, der nach Art seiner Anfertigung geeignet und nach allgemeiner Verkehrsauffassung dazu bestimmt ist, durch seinen üblichen Gebrauch Menschen zu verletzen[5], und damit eine Waffe iSv § 250 I Nr 1a Alt 1. Nach dem Gesetzeswortlaut genügt es, wenn einer der Mittäter die Waffe bei sich führt.

Dem T war jedoch während der Taxifahrt nicht bewusst, dass sich in der Jackentasche des A ein Springmesser befand. Bzgl des Beisichführens einer Waffe während der Wegnahme fehlte ihm somit der Vorsatz.

bb) Springmesser bei T

Allerdings könnte T durch das Aufheben des Springmessers während der Flucht die Qualifikation des § 250 I Nr 1a Alt 1 erfüllt haben. Jetzt brachte er die Waffe selbst an sich und dies auch mit entsprechendem Vorsatz. Zu berücksichtigen ist jedoch, dass in dem Zeitpunkt, in dem T das Messer aufhob, der Raub bereits vollendet war. Ein Beisichführen nach Beendigung der Tat reicht unstreitig nicht für die Erfüllung einer Qualifikation aus. Allerdings war T gerade auf der Flucht und befand sich noch in unmittelbarer Nähe des Tatorts. Die Beute war noch nicht hinreichend gesichert, so dass eine Beendigung der Tat ausscheidet[6]. Fraglich ist deshalb, ob in der Phase zwischen Vollendung und Beendigung noch die Erfüllung von Qualifikationsmerkmalen möglich ist.

5 *Wessels/Hillenkamp*, BT2 Rn 369 iVm 265.
6 *Fischer*, § 249 Rn 16.

Problem Nr 149: Erfüllung eines Qualifikationstatbestandes nach Vollendung, aber vor Beendigung   **698**

(1) Die **Rspr** (BGHSt 20, 194, 197; BGH NStZ 2007, 332, 334 m abl Anm *Kudlich*, JZ 2007, 381; OLG Frankfurt StV 2006, 467, 477) und ein **Teil der Lit** (S/S-*Eser/Bosch*, § 250 Rn 10) wollen es ausreichen lassen, wenn der Qualifikationstatbestand erst nach Vollendung, aber noch vor Beendigung erfüllt wird. Für § 250 wird jedoch gefordert, dass der Täter zusätzlich Beutesicherungsabsicht aufweisen muss (BGH NStZ 2009, 36; BGH NJW 2010, 1385, bei § 251 Absicht der Fluchtermöglichung oder der Beutesicherung (BGH NStZ 2017, 638 m Anm *Kudlich* u *Eisele* JuS 2017, 1030 sowie *Jäger*, JA 2018, 152).

Argument: Ausschlaggebend für die Begehung einer Qualifikation ist, dass deren Tatbestandsmerkmale während des Tathergangs erfüllt werden. Zum Tathergang zählt aber nicht nur die Verwirklichung des Grundtatbestandes, sondern auch die Phase zwischen Vollendung und Beendigung.

Es besteht kein Unterschied hinsichtlich der Gefährlichkeit eines Täters, welcher eine Waffe bereits während der Tatbestandsverwirklichung bei sich führt, und eines anderen Täters, der sie erst später in einem unmittelbaren zeitlichen und räumlichen Zusammenhang aufnimmt.

(2) Die **hL** (*Bachmann/Goeck*, Jura 2012, 133; MK-*Sander*, § 250 Rn 35; SK/StGB-*Sinn*, § 250 Rn 12; *Wessels/Hillenkamp*, BT2 Rn 267 iVm 370 iVm 383) verlangt dagegen zu Recht, dass der Qualifikationstatbestand vor Vollendung der Tat verwirklicht wird.

Argument: Die Zeitspanne zwischen Vollendung und Beendigung ist zu unbestimmt, um hier qualifizierenden Merkmalen noch eine strafschärfende Wirkung zukommen zu lassen.

Für diese Lösung spricht auch die Systematik des Gesetzes, denn Fallkonstellationen der vorliegenden Art sollen von § 252 aufgefangen werden, der bei der Gegenansicht de facto überflüssig wäre.

Zur Vertiefung: Wessels/Hillenkamp, BT2 Rn 267 f iVm 370; Nestler, JR 2010, 100.

Insbes nach Ansicht der Rspr wird eine solche Erfüllung des Qualifikationsmerkmals   **699** nach Vollendung, aber vor Beendigung der Tat für ausreichend gehalten. Dafür spricht, dass die Gefährlichkeit des T schließlich gleich groß ist, unabhängig davon, ob er das Springmesser schon vor oder erst nach der Wegnahme des Geldes ergreift. Dem hält die hA jedoch die Systematik der Straftatbestände der §§ 249, 250, 252 entgegen. Der Einsatz des qualifizierenden Nötigungsmittels wird durch § 252 (räuberischer Diebstahl) erfasst. Ferner ist der Zeitraum zwischen Vollendung und Beendigung zu unbestimmt, um hier qualifizierenden Merkmalen noch eine strafschärfende Wirkung zukommen zu lassen. Diese Argumente überzeugen. Das qualifizierende Merkmal kann nicht erst nach Vollendung und vor Beendigung des Raubes verwirklicht werden.

Eine Strafbarkeit des T gem § 250 I Nr 1a Alt 1 scheidet also auch im Hinblick auf das spätere Aufheben des Springmessers aus.

b) § 250 I Nr 1b

In Betracht kommt des Weiteren die Verwirklichung von § 250 I Nr 1b, indem T dem R   **700** die kubanische Zigarre in den Nacken drückte. Die Zigarre verwendete der ehemalige Jurastudent, um den Taxifahrer an einer Gegenwehr zu hindern. Damit führte er einen beweglichen Gegenstand mit sich, den man auch als „Werkzeug" bezeichnen könnte und mit dessen Hilfe er einen möglichen Widerstand des R brechen wollte.

Zweifelhaft erscheint aber, wie man es zu werten hat, dass von der Zigarre offensichtlich keinerlei Gefahrenpotential ausgeht.

701   **Problem Nr 150: Restriktive Auslegung des § 250 I Nr 1b**

(1) Die **Rspr** (BGH NStZ 2011, 703 m Anm *Jahn*, JuS 2012, 84 [Wasserpistole]; noch zu § 250 I Nr 2 aF: BGHSt 38, 116 [Plastikrohr]; BGH NStZ 1997, 184 [Labello]) und die **hL** (MK-*Sander*, § 250 Rn 45; S/S-*Eser/Bosch*, § 244 Rn 13; *Wessels/Hillenkamp*, BT2 Rn 374 iVm 288) wollen zu Recht solche Gegenstände vom Tatbestand des § 250 I Nr 1b ausnehmen, die aus der Sicht eines objektiven Beobachters schon nach dem äußeren Erscheinungsbild offensichtlich ungefährlich sind. Davon soll aber zB beim Einsatz eines Schlüssels als Drohungsmittel nicht auszugehen sein, sodass dann § 250 I Nr 1b eingreift (BGH NStZ 2017, 581 m insoweit zutr krit Anm *Kudlich*).

Argument: Angesichts des Umstandes, dass gefährliche Gegenstände bereits von § 250 I Nr 1a erfasst werden, deuten zwar sowohl der Wortlaut als auch der systematische Zusammenhang darauf hin, dass § 250 I Nr 1b gerade die Ungefährlichkeit des Werkzeugs voraussetzt. Insbes können auch Scheinwaffen (zB Spielzeugpistolen) darunter subsumiert werden. Bedient sich der Täter aber keiner Scheinwaffe, sondern eines ganz offensichtlich ungefährlichen Gegenstands (zB Labellostift), so steht die damit verbundene Täuschung und nicht etwa die Zwangswirkung beim Opfer derart im Vordergrund, dass eine Anwendung des § 250 I Nr 1b den Sinn und Zweck der Vorschrift verfehlen würde.

Des Weiteren stellt § 250 I Nr 1b einen Fremdkörper dar. Während § 250 I Nr 1a auf die Gefährlichkeit abstellt, setzt § 250 I Nr 1b gerade die Ungefährlichkeit voraus. Grund für das erhöhte Strafmaß kann daher nur das beim Opfer ausgelöste Zwangsempfinden darstellen. Dieser Unwertgehalt wird aber schon vom Grundtatbestand § 249 I erfasst. Zwar können aufgrund des eindeutigen Wortlauts der Vorschrift und des Willens des Gesetzgebers „echte" Scheinwaffen nicht aus dem Anwendungsbereich des § 250 I Nr 1b ausgeklammert werden, wohl aber wird dadurch ansonsten eine restriktive Interpretation der Norm nicht verboten.

Der Gesetzgeber hat bei der Neuregelung des § 250 I Nr 1b ausdrücklich auf die entsprechende restriktive Rspr zu der alten Fassung des § 250 I Nr 1b Bezug genommen.

(2) Ein Teil der **Lit** (*Fischer*, § 250 Rn 11 ff) lehnt diese teleologische Reduktion ab.

Argument: Die Abgrenzung von „ungefährlichen" und „offensichtlich ungefährlichen" Gegenständen ist nicht eindeutig möglich.

Zudem ist eine derartige teleologische Reduktion weder mit dem Wortlaut der Vorschrift noch mit der Systematik der § 250 I Nr 1a und § 250 I Nr 1b vereinbar. Letztere Vorschrift stellt gerade auf die beim Opfer erzeugte Zwangswirkung ab.

Die Täuschung prägt gerade das Wesen einer Scheinwaffe. Eine Unterscheidung zwischen den Fällen, in denen der Täter eine Spielzeugpistole mit sich führt und in denen der Täter eine Zigarre oder ähnliche Gegenstände benutzt, vermag nicht zu überzeugen.

Zur Vertiefung: Wessels/Hillenkamp, BT2 Rn 373 ff; Jahn, JuS 2018, 85.

702   Unter Hinweis auf den Wortlaut der Norm, die offensichtlich allein am Empfängerhorizont orientiert ist, könnte trotz des objektiv völlig ungefährlichen Charakters einer Zigarre ein schwerer Raub bejaht werden. Auch die Systematik des Gesetzes, also der Vergleich zu § 250 I Nr 1a, bei dem es allein auf die objektive Gefährlichkeit des eingesetzten Gegenstandes ankommt, spricht für dieses Ergebnis. T hätte auf der Grundlage dieser strikten Auslegung durch den Zigarreneinsatz ein sonstiges Werkzeug iSv § 250 I Nr 1b bei sich geführt, um den Raub zu ermöglichen. Sachgerechter erscheint es hingegen, Gegenstände aus dem Tatbestand des § 250 I Nr 1b auszuklammern, äußeren Erscheinungsbild offensichtlich ungefährlich sind. Bei solcher (zB Labellostift, hier: Zigarre) ist weniger die Beschaffenheit des Geg dern vielmehr die Täuschungshandlung des Täters das entscheidende Moment, u. Opfer ein Bedrohungsgefühl bewirkt. Insbes wegen des hohen Strafrahmens wäre die Annahme des Qualifikationstatbestandes verfehlt. Des Weiteren hat der Gesetzgeber bei der Neuregelung der Vorschrift auf die bisherige restriktive Rspr zu § 250 I Nr 2 aF, die bei solchen Gegenständen, die ihre Ungefährlichkeit quasi auf die Stirn geschrieben tragen, den schweren Raub schon immer abgelehnt hat, ausdrücklich Bezug genommen. Der Einsatz der kubanischen Zigarre durch T erfüllt also nicht die Voraussetzungen des § 250 I Nr 1b. Eine Strafbarkeit gem § 250 I Nr 1b scheidet aus.

c) § 250 I Nr 2

Ein Bandenraub gem § 250 I Nr 2 scheitert schon daran, dass eine Bande drei Personen voraussetzt, T und A allerdings nur zu zweit sind.

d) Ergebnis

Eine Strafbarkeit des T gem § 250 I Nr 1a Alt 1, Nr 1b, Nr 2 scheidet somit aus.

3. § 316a I

Indem T dem R im Taxi mit dem Erschießen drohte, um damit die Wegnahme des Gel- **703** des zu ermöglichen, könnte er sich gem § 316a I strafbar gemacht haben.

a) Objektiver Tatbestand

T müsste einen Angriff auf Leib, Leben oder Entschlussfreiheit des Rudi verübt haben. Ein Angriff iSv § 316a I ist jede feindselige Handlung gegen den Fahrzeugführer bzw den Mitfahrer[7]. Der ehemalige Jurastudent drohte, R zu erschießen, wenn er nicht still- halten würde. Damit verübte er einen Angriff auf die Entschlussfreiheit des R.

Des Weiteren müsste R Führer eines Kraftfahrzeuges gewesen sein. Kraftfahrzeugführer ist derjenige, der das Fahrzeug in Bewegung setzt, es in Bewegung hält oder allgemein mit dem Betrieb des Fahrzeugs und/oder mit der Bewältigung von Verkehrsvorgängen beschäftigt ist[8]. Taugliches Opfer ist daher jedenfalls derjenige, der ein Kraftfahrzeug gerade im Verkehr bewegt oder einen verkehrsbedingten Halt, zB an einer Ampel einle- gen muss. R hielt jedoch nicht verkehrsbedingt an, vielmehr stoppte er, um seine beiden Fahrgäste aussteigen zu lassen und den Fahrpreis zu kassieren. Fraglich ist nun, ob er zu diesem Zeitpunkt Kraftfahrzeugführer war. Dies hängt davon ab, ob R noch mit der Bewältigung von Verkehrsvorgängen beschäftigt war. Der Taxifahrer hielt zwar an, der Motor lief allerdings noch. R war noch mit der Beherrschung des Kraftfahrzeugs be- schäftigt und daher Kfz-Führer.

Darüber hinaus ist es erforderlich, dass T für seinen Angriff auf die Entschlussfreiheit des R die besonderen Verhältnisse des Straßenverkehrs ausnutzte.

---

7 BGH NStZ 2015, 653; S/S-*Sternberg-Lieben/Hecker*, § 316a Rn 2 f.
8 BGHSt 49, 8, 14; BGH NStZ 2016, 607 m Anm *Kulhanek* u *Hecker*, JuS 2016, 850.

Problem Nr 151: Ausnutzung der besonderen Verhältnisse des Straßenverkehrs

(1) Nach **früherer Rspr** wurde dieses Tatbestandsmerkmal sehr weit gefasst. Jegliche Erschwerung der Flucht- und Verteidigungsmöglichkeiten, aber auch die „Vereinzelung" des Opfers, indem dieses zB an einen abgelegenen Ort verbracht wurde, reichten hierfür aus (BGHSt 5, 280, 282; 13, 27, 30; 18, 170; 24, 170, 176; 33, 367, 381). Selbst wenn sich das Opfer bereits außerhalb des Fahrzeugs befand, konnte § 316a noch erfüllt werden (BGHSt 15, 322, 324).

(2) In der **neueren Rspr** wird § 316 sehr viel restriktiver ausgelegt. Wegen der hohen Strafandrohung wird bei der Auslegung des Tatbestandsmerkmals „Ausnutzung der besonderen Verhältnisse des Straßenverkehrs" im ganz besonderen Maße auf den Sinn und Zweck der Vorschrift abgestellt. Kfz-Führer erfahren gerade deswegen einen besonderen Schutz, weil sie durch die Benutzung des Fahrzeugs in ihren Abwehr- und Schutzmöglichkeiten stark eingeschränkt sind. Eine Beeinträchtigung allein aufgrund der räumlichen Enge des Wagens kann den hohen Strafrahmen nicht legitimieren. Maßgeblich ist somit, ob der Kfz-Führer mit der Bewältigung von Betriebs- oder Verkehrsvorgängen befasst ist. Unproblematisch ist diese Voraussetzung während der Fahrt und bei einem verkehrsbedingten Halt (zB an einer roten Ampel) erfüllt, da in beiden Fällen der Fahrer auf das Verkehrsgeschehen konzentriert bleibt. Bei einem Halt aus anderen Gründen (wie zB das Kassieren des Fahrpreises durch den Taxifahrer) sind die jeweiligen Umstände des Einzelfalls zu beachten (BGHSt 49, 8, 14 f). Mit dem Verkehrsgeschehen ist der Fahrer zumeist dann nicht mehr beschäftigt, wenn der Motor ausgeschaltet ist (BGH NStZ 2013, 43). Ähnliches gilt bei zwar laufendem Motor, aber angezogener Handbremse und ohne eingelegten Gang (BGHSt 50, 169, 173).

Zur Vertiefung: Wessels/Hillenkamp, BT2 Rn 420 ff; Kraemer, JA 2011, 193; Steinberg, NZV 2007, 545.

705 Für die Frage, ob T die besonderen Verhältnisse des Straßenverkehrs ausnutzte, kommt es darauf an, ob R derart mit dem fließenden Verkehr beschäftigt war, dass seine Abwehr- und Fluchtmöglichkeiten eingeschränkt waren. Eine Einschränkung lediglich durch die räumliche Enge des Taxis reicht nicht aus. Sie ergibt sich nämlich nicht speziell aus den Straßenverkehrsverhältnissen. Während der Fahrt und eines verkehrsbedingten Halts sind diese Voraussetzungen erfüllt. Problematisch sind die Fälle, in denen nicht verkehrsbedingt angehalten wird. Dann kommt es darauf an, inwieweit der Fahrer noch mit den Verkehrsvorgängen beschäftigt war und somit seine Abwehr- und Fluchtmöglichkeiten eingeschränkt waren. Da R das Fahrzeug anhielt, um den Fahrpreis abzukassieren, handelt es sich nicht um einen verkehrsbedingten Halt. Andererseits befand sich das Getriebe im Leerlauf, die Handbremse war noch nicht angezogen und R betätigte das Bremspedal. R war somit neben dem Kassieren auch mit Verkehrsvorgängen beschäftigt. Dies nutzte T aus. Der objektive Tatbestand des § 316a ist somit erfüllt (*Gegenteil vertretbar*).

Das Problem der restriktiveren Handhabung des § 316a wurde hier (Rn 704) vorrangig am Merkmal der „Ausnutzung der besonderen Verhältnisse des Straßenverkehrs" erörtert. Es wäre selbstverständlich auch zulässig gewesen, die einschlägigen Grundüberlegungen beim Tatbestandsmerkmal „Führer" eines Kraftfahrzeuges (Rn 703) anzustellen (hierfür zB Rengier, BT1 § 12 Rn 16 ff; Steinberg, NZV 2007, 545). Der Leser wird die Überschneidungen der Argumente bemerkt haben. Auch die BGH-Rspr schwankt insoweit.

b) Subjektiver Tatbestand

T handelte mit Wissen und Wollen, also vorsätzlich. Des Weiteren handelte er in der Absicht, einen Raub zu begehen.

c) Rechtswidrigkeit

Rechtswidrigkeit und Schuld sind gegeben.

d) Ergebnis

T ist gem § 316a I strafbar.

4. §§ 253, 255, 25 II

Möglicherweise hat T auch eine räuberische Erpressung in Mittäterschaft begangen. Schließlich drohte er R mit einer gegenwärtigen Gefahr für Leib oder Leben und schädigte ihn durch die Wegnahme des Geldes in seinem Vermögen. Es ist jedoch bereits hervorgehoben worden, dass hier keine Vermögensverfügung erkennbar ist, so dass nach hA[9] der objektive Tatbestand des § 253 entfällt. Aber auch nach Ansicht der Rspr scheidet § 253 jedenfalls auf Konkurrenzebene als subsidiäres Delikt aus, da hier die Raubstrafbarkeit eingreift.

706

5. § 240 I

Der Tatbestand des § 240 I ist zwar erfüllt, tritt aber hinter § 249 I als lex specialis zurück.

6. § 241 I

T drohte R mit einem Verbrechen, als er vorgab, ihn zu erschießen. Der Jurastudent handelte dabei vorsätzlich, rechtswidrig und schuldhaft. Allerdings geht § 241 in § 240 auf, der seinerseits gegenüber § 249 zurücktritt[10].

7. §§ 242 I, 25 II

Der Tatbestand des § 242 I iVm § 25 II ist zwar erfüllt. § 249 I iVm § 25 II verdrängt diesen Straftatbestand aber im Wege der Spezialität.

8. §§ 246 I, 25 II

Der Tatbestand ist zwar erfüllt, aber gem § 246 I aE gegenüber §§ 249 I, 25 II subsidiär.

9. § 239a I

T könnte sich durch seine Drohung auch gem § 239a I Alt 2 strafbar gemacht haben. Eine Entführung scheidet vorliegend mangels Veränderung des Aufenthaltsortes aus.

---

9 Vgl Fall 9 Problem Nr 94 Rn 411.
10 *Fischer*, § 241 Rn 7; S/S-*Eser/Eisele*, § 241 Rn 16, S/S-*Eser/Eisele*, § 240 Rn 39.

Fraglich ist jedoch, ob sich T des Taxifahrers bemächtigte. Erpresserischer Menschenraub ist ein zweiaktiges Delikt. Für eine Bemächtigung muss eine gewisse Stabilisierung der Lage zustande gekommen sein, so dass die Bemächtigungslage gegenüber der Nötigung eine eigenständige Bedeutung erlangt[11]. T bedrohte R lediglich für wenige Sekunden mit der Zigarre. Außer der Beherrschungssituation, die sich aus der Drohung ergibt, ist für R keine weitere Drucksituation entstanden, die aus einer stabilen Bemächtigungslage resultiert. T hat sich nicht des R bemächtigt.

10. § 252

Ein räuberischer Diebstahl kommt nicht in Betracht, weil T nach Begehung des Diebstahls weder Gewalt angewandt noch eine Drohung ausgesprochen hat.

11. §§ 252, 22, 23 I Alt 1

Die Tat ist nicht vollendet. Der Versuch ist gem §§ 23 I Alt 1, 12 I strafbar. T hatte zwar Vorsatz, Gewalt anzuwenden bzw mit gegenwärtiger Gefahr für Leib oder Leben zu drohen, wenn er auf frischer Tat betroffen wird. Des Weiteren wollte er sich auch im Besitz der Beute erhalten. Allerdings wurde T auf der Flucht nicht aufgehalten, so dass er keinerlei Handlungen vornahm, die in irgendeiner Weise mit der Tatbestandsverwirklichung in Verbindung standen. Ein unmittelbares Ansetzen zur Tat scheidet aus.

12. Konkurrenzen

Die von T durch ein und dieselbe Handlung erfüllten Straftatbestände des Raubes und des räuberischen Angriffs auf Kraftfahrer schützen unterschiedliche Rechtsgüter (Vermögen einerseits und Entschlussfreiheit des Führers eines Kraftfahrzeuges oder eines Mitfahrers andererseits). Es ist deshalb von Idealkonkurrenz beider Delikte auszugehen.

13. Ergebnis für T im Tatkomplex A

T ist gem §§ 249 I, 25 II – § 52 – § 316a I strafbar.

II. Strafbarkeit des A

1. §§ 249 I, 250 I Nr 1a Alt 1, 25 II

707 Indem A dem R das Geld aus der Hand riss, während T dem R mit dem Erschießen drohte, könnte sich A eines Raubes in Mittäterschaft strafbar gemacht haben.

T wandte ein qualifiziertes Nötigungsmittel an (*s Rn 696*). Als Mittäter ist A diese Handlung gem § 25 II zuzurechnen (*s Rn 696*). Er selbst nahm dem R das Geld weg und führte ein Springmesser, dh eine Waffe (*s Rn 697*), bei sich.

A handelte vorsätzlich, rechtswidrig und schuldhaft.

---

11 Vgl Fall 1 Problem Nr 2 Rn 9.

2. §§ 316a I, 25 II

A führte den Angriff auf die Entschlussfreiheit des R zwar nicht selbst aus, allerdings ist ihm die Handlung des T gem § 25 II zuzurechnen.

A handelte vorsätzlich, mit der Absicht einen Raub zu begehen, sowie rechtswidrig und schuldhaft.

3. §§ 240 I, 25 II

Der Tatbestand ist zwar erfüllt, wird aber von §§ 249 I, 25 II als lex specialis verdrängt.

4. §§ 241 I, 25 II

Die Drohung des T mit einem Verbrechen gegen R ist dem A gem § 25 II zuzurechnen. A handelte vorsätzlich, rechtswidrig und schuldhaft. Der Tatbestand wird jedoch durch §§ 240, 249 verdrängt (*s Rn 706*).

5. § 242 I

Der Tatbestand ist zwar erfüllt, wird aber von §§ 249 I, 25 II im Wege der Spezialität verdrängt.

6. § 246 I

Der Tatbestand ist gegenüber § 249 I subsidiär.

7. Ergebnis für A im Tatkomplex A

A ist gem §§ 250 I Nr 1a Alt 2, 25 II – § 52 – §§ 316a I, 25 II strafbar.

*Hier noch einige **Anmerkungen zum Aufbau**. Der Fall birgt deshalb ganz besondere Schwierigkeiten, weil die unterschiedliche Gestaltung des Tatablaufs (A hat das Messer während der Wegnahme, T erst auf der Flucht) und die unterschiedliche Bewusstseinslage (bis zur Tatvollendung weiß T nichts vom Messer) nahelegen, zwei Tatkomplexe zu bilden (A: Ansichnehmen des Geldes/B: Auf der Flucht). Dadurch übersieht man weniger leicht die verschiedenen Zurechnungsprobleme. Andererseits sollte man einen Tatverlauf vom Stadium der Vorbereitung bis zu dem der Beendigung möglichst nicht in extra (historische) Tatkomplexe aufteilen. Zwar wird davon gerade in Fällen des Vorsatzwechsels eine Ausnahme zugelassen (Beulke, Klausurenkurs I Rn 38), es besteht aber bei Aufspaltungen immer die Gefahr, dass der Gesamtzusammenhang aus dem Blickwinkel gerät. Von meinen Studenten haben viele derjenigen, die in zwei Schritten vorgegangen sind, gerade das Problem übersehen, dass es sich um einen einheitlichen Raub handelt, bei dem T das Qualifikationsmerkmal erst nach Tatvollendung, vor Tatbeendigung erfüllt hat. Bei Abwägung von pro und contra habe ich mich also für den „Einheitsaufbau" entschieden. Selbstverständlich wäre auch der zweiaktige Aufbau zulässig, bei dem abschließend festgestellt werden müsste, dass es sich insgesamt für T und für A doch nur um eine Tatbestandsverwirklichung handelt.*

Zusätzlich war noch zweifelhaft, mit welchem Tatbeteiligten begonnen werden sollte. Für A spricht, dass er das Springmesser bei sich führt, für T, dass er mit der Zigarre droht. Hier gibt es keinen Vorrang. Leichter darstellen lässt sich die Problematik mE, indem man auch hier mit dem beginnt, der jedenfalls das zuerst geprüfte Tatbestandsmerkmal verwirklicht. Wer – wie ich – mit der Drohung iSv § 249 I beginnt, zieht deshalb besser die Strafbarkeit des T vor. Selbstverständlich dürften auch beide Tatbeteiligten zusammen geprüft werden (Einzelheiten zur Prüfung der Mittäterschaft s Beulke, Klausurenkurs I Rn 88).

B. „Mord auf dem Revier" (Strafbarkeit des P)

1. § 242 I

707a Indem P das Taschenbuch von der Auslage des H in seine Jackentasche steckte, könnte er sich gem § 242 I strafbar gemacht haben.

a) Objektiver Tatbestand

Das Taschenbuch ist eine fremde bewegliche Sache, das sich in der Gewahrsamssphäre des H befand. Durch das Einstecken hat P diesen Gewahrsam gebrochen und neuen eigenen Gewahrsam begründet, mithin die Wegnahme iSv § 242 I vollendet[12].

b) Subjektiver Tatbestand

P handelte vorsätzlich. Da er das Buch vor dem Wegwerfen lesen wollte, bestand die Absicht sich wie ein Eigentümer zu verhalten (se ut dominum gerere), sodass schon nach der Substanztheorie eine dauerhafte Enteignung und zumindest vorübergehende Aneignung, also ingesamt Zueignungsabsicht iSv § 242 I vorliegt[13].

c) Rechtswidrigkeit und Schuld

Er handelte auch rechtswidrig und schuldhaft.

d) Ergebnis

P ist eines Diebstahls gem § 242 I schuldig. Da der Wert eines gebrauchten Taschenbuchs mit Sicherheit unter 25 bzw 50 € liegt[14], bedarf es eines Strafantrages, § 248a, der hier vorliegt.

2. § 244 I Nr 1a Alt 1

707b Da P während des Diebstahls seine Dienstpistole am Gürtel trug, könnte er sich ferner gem § 244 I Nr 1a Alt 1 strafbar gemacht haben.

Eine Pistole ist ein gebrauchsfertiges Werkzeug, das nach Art seiner Anfertigung nicht nur geeignet, sondern auch allgemein dazu bestimmt ist, Menschen körperlich zu verletzen, und damit eine Waffe iSv § 244 I Nr 1a Alt 1[15].

---

12 Vert Fall 3 Problem Nr 22, Rn 122.
13 S Fall 3 Problem Nr 24, Rn 126.
14 Zu dieser Wertgrenze s Fall 3 Rn 114.
15 *Wessels/Hillenkamp*, BT2 Rn 265.

A trug die Pistole einsatzbereit und zumindest von einem sachgedanklichen Mitbewusstsein getragen im Halfter, führte sie also bei sich.

Fraglich ist jedoch, wie es strafrechtlich zu werten ist, dass P als Polizist seine Dienstwaffe völlig unabhängig von dem Diebstahl berufsbedingt mitführte.

Problem Nr 152: Beisichführen einer Waffe iSv § 244 I Nr 1a Alt 1 bei Berufswaffenträgern   **707c**

(1) Eine **Mindermeinung** in der Lit (*Haft*, JuS 1988, 364; *Schroth*, NJW 1998, 2865; *Schünemann*, JA 1980, 355) verneint für diese Fälle im Wege einer teleologischen Reduktion eine Strafbarkeit gem § 244 I Nr 1a Alt 1.

Argument: Die Vermutung einer erhöhten Gefährlichkeit, die der Strafschärfung des § 244 I Nr 1a Alt 1 zugrunde liegt, lässt sich im Falle von berufsmäßigen Waffenträgern widerlegen, da diese idR rechtstreu sind, einer höheren Hemmschwelle unterliegen sich die Möglichkeit einer Verwendung der Dienstwaffe nicht vergegenwärtigen. Eine Anwendung des § 244 I Nr 1a Alt 1 kommt nur dann infrage, wenn das Beisichführen nicht bloß zufällig aufgrund einer beruflichen Verpflichtung erfolgt, sondern der Täter sich zur Tatbegehung extra bewaffnet (Beziehungserfordernis als ungeschriebenes einschränkendes Tatbestandsmerkmal).

(2) Die **Rspr** (BVerfG NStZ 1995, 76; BGHSt 30, 44) und die **hL** (*Geppert*, Jura 1992, 498; *Jäger*, JuS 2000, 651 f; *Küper/Zopfs*, BT Rn 747 ff; LK-*Vogel*, § 244 Rn 29; *Otto*, Jura 1989, 202; *Rengier*, BT1 § 4 Rn 23; SK/StGB-*Hoyer* § 244 Rn 23; S/S-*Eser/Bosch*, § 244 Rn 6; *Wessels/Hillenkamp*, BT2 Rn 269 f) lehnen eine derartige teleologische Reduktion ab.

Argument: Ein gesetzessystematischer Vergleich zu § 244 I Nr 1b zeigt, dass im Falle des Beisichführens einer Waffe gerade nicht darauf abgestellt wird, ob eine konkrete Einsatzgefahr besteht, sondern die abstrakte Gefährlichkeit genügt. Für diese macht es keinen Unterschied, ob der Täter die Waffe bewusst oder zufällig bzw von Amts wegen bei sich führt.

Zudem ist nicht ersichtlich, weshalb die sich aus dem Mitführen der Waffe ergebende Gefahr eines tatsächlichen Einsatzes bei einem Berufswaffenträger geringer sein sollte als bei sonstigen Straftätern. Hat ein Polizeibeamter bereits die Hemmschwelle zu einem Diebstahl überschritten, so ist nicht ausgeschlossen, dass er im Falle einer Entdeckung zur Waffe greift, zumal nunmehr seine berufliche Zukunft auf dem Spiel steht.

Zur Vertiefung: Wessels/Hillenkamp, BT2 Rn 270.

Nach einer Mindermeinung ist § 244 I Nr 1a Alt 1 in diesem Fall teleologisch zu reduzieren und eine Strafbarkeit abzulehnen, da von einem an sich rechtstreuen Berufswaffenträger, der seine Waffe lediglich aufgrund seiner dahingehenden Verpflichtung und ohne jede Beziehung zur Tat bei sich führt, keine erhöhte Gefährlichkeit ausgehe. Dies ist jedoch mit der ganz hM abzulehnen. Aus der Gesetzessystematik geht eindeutig hervor, dass § 244 I Nr 1a im Gegensatz zu § 244 I Nr 1b bereits die abstrakte Gefährlichkeit der mitgeführten Waffe sanktioniert. Zudem gibt es keinen Erfahrungssatz dahingehend, dass ein stehlender Polizist im Falle einer Entdeckung seine Dienstwaffe nicht auch tatsächlich verwendet.   **707d**

P hat sich daher auch wegen Diebstahls mit Waffen gem § 244 I Nr 1a Alt 1 strafbar gemacht.

§ 244 I Nr 1a Alt 1 verdrängt als lex specialis den § 242 I.

3. Ergebnis für P im Tatkomplex B

P hat sich gem § 244 I Nr 1a Alt 1 strafbar gemacht.

C. Im „Wespennest"

I. Strafbarkeit des W

1. § 240 I

708 Durch das Entreißen des Autoschlüssels könnte sich W einer Nötigung schuldig gemacht haben.

a) Objektiver Tatbestand

W müsste Gewalt, dh körperlich wirkenden Zwang angewendet haben. Das Ausnutzen eines Überraschungsmoments reicht hierfür nicht aus[16]. Allerdings umklammerte T seinen Autoschlüssel fest in der Hand, weshalb W ihn nur mit viel Kraftaufwand entreißen konnte. T verspürte dies als physisch wirkenden Zwang. W wendete somit Gewalt an.

Dadurch nötigte er den ehemaligen Jurastudenten die Wegnahme des Schlüssels zu dulden.

b) Subjektiver Tatbestand

W handelte vorsätzlich.

c) Rechtswidrigkeit

Des Weiteren müsste das Handeln des Wirtes rechtswidrig gewesen sein. § 240 ist ein ergänzungsbedürftiger Tatbestand, dh die Rechtswidrigkeit wird nicht durch die Tatbestandsmäßigkeit indiziert, vielmehr muss diese positiv festgestellt werden[17]. Gem § 240 II ist die Nötigung rechtswidrig, wenn die Zweck-Mittel-Relation verwerflich ist. Dies ist aber in jedem Fall ausgeschlossen, wenn Ws Handeln gerechtfertigt war[18].

aa) Notwehr, § 32

In Betracht kommt eine Rechtfertigung durch Notwehr gem § 32. Dazu muss ein Angriff auf ein notwehrfähiges Rechtsgut vorliegen. Indem T den Anschein erweckte, betrunken Autofahren zu wollen, kommt hier ein Angriff auf das Rechtsgut „Sicherheit des Straßenverkehrs" in Betracht. Fraglich ist jedoch, ob dieses Gut notwehrfähig ist. Bei der Sicherheit des Straßenverkehrs handelt es sich nämlich nicht um ein Individualinteresse, sondern um ein Rechtsgut der Allgemeinheit.

---

16 *Fischer*, § 249 Rn 4b.
17 *Wessels/Hettinger/Engländer*, BT1 Rn 472 f.
18 *Wessels/Hettinger/Engländer*, BT1 Rn 475.

Problem Nr 153: Ist Notwehr zugunsten von Allgemeinrechtsgütern zulässig? **709**

Ein Nothilferecht zugunsten des Staates wird zugestanden, soweit Individualrechtsgüter des Staates betroffen sind, dh Rechtsgüter, die dem Staat als Fiskus zustehen, zB Eigentum (*Jescheck/Weigend*, AT S 340; S/S-*Perron* § 32 Rn 6). Die Verteidigung von Allgemeinrechts-gütern, wie zB der öffentlichen Ordnung, obliegt dagegen grds den Staatsorganen, so dass ein Notwehrrecht (hier in Form der Nothilfe) ausscheidet (BGHSt 5, 238, 247; BGH NJW 1975, 1161; LK-*Rönnau/Hohn*, § 32 Rn 79; MK-*Erb*, § 32 Rn 100; *Roxin*, AT1 § 15 VI Rn 37; *Wessels/Beulke/Satzger*, AT Rn 448, 484). Das Notwehrrecht geht nämlich davon aus, dass der Nothelfer die gleiche Rechtspersönlichkeit besitzt wie der Träger des angegriffenen Rechts-guts. Des Weiteren spricht § 32 von einem „anderen" und deutet damit auf eine interpersonale Beziehung hin. Eine Ausnahme wird lediglich in den Fällen evidenter Bestandbedrohung ge-macht (ablehnend insoweit *Jescheck/Weigend* AT § 32 II 1 b; Matt/Renzikowski-*Engländer*, § 32 Rn 13; LK-*Rönnau*, § 32 Rn 80; *Roxin* AT1 § 15 VI Rn 41; SK/StGB-*Günther* § 32 Rn 54; zust: RGSt 63, 215, 220).

Zur Vertiefung: S/S-Perron, § 32 Rn 8 f.

Der Schutz solcher Rechtsgüter obliegt aber nicht dem Einzelnen, sondern dem Staat. **710** Der Wortlaut des § 32 spricht von einem „anderen" und deutet damit auf eine interper-sonale Beziehung hin. Die Sicherheit des Straßenverkehrs[19] als Allgemeinrechtsgut ist kein notwehrfähiges Rechtsgut. Notwehr scheidet mithin aus.

bb) Festnahmerecht, § 127 I StPO

Möglicherweise ist Ws Handeln durch das Festnahmerecht gem § 127 I StPO gedeckt. Dazu müsste T auf frischer Tat betroffen worden sein. Es ist zwar umstritten, ob der Festgenommene tatsächlich eine Straftat begangen haben muss oder ob ein dringender Tatverdacht diesbezüglich ausreicht[20]. T wollte jedoch zunächst nur die Kneipe verlas-sen. Er hat noch nicht einmal sein Fahrzeug erreicht, geschweige denn dieses in Bewe-gung gesetzt. Es liegt somit weder eine strafbare Handlung noch ein dringender Tatver-dacht vor. § 127 I StPO scheidet daher aus.

cc) Notstand, § 34

Für eine Rechtfertigung gem § 34 muss zunächst eine Notstandlage, dh eine gegenwär-tige Gefahr für ein notstandsfähiges Rechtsgut vorliegen. T war im Begriff, alkoholisiert Auto zu fahren. In Betracht kommt somit eine gegenwärtige Gefahr für die Sicherheit des Straßenverkehrs.

Problem Nr 154: Ist Notstand zugunsten von Allgemeinrechtsgütern zulässig? **711**

(1) Ein Notstandsrecht für Individualrechtsgüter des Staates besteht ebenso wie ein Notwehr-recht.

(2) Ob ein Notstandsrecht auch zugunsten von Rechtsgütern der Allgemeinheit besteht, ist umstritten:

---

19 BGH VRS 40, 104, 107.
20 Vgl o Fall 8 Problem Nr 88 Rn 391.

(a) Die **Rspr** (OLG Düsseldorf NJW 1970, 674; OLG Frankfurt a.M. NStZ-RR 1996, 136) und die **hL** (HK-GS-*Duttge*, § 34 Rn 5; *Jescheck/Weigend*, AT § 33 IV 2 a; MK-*Erb*, § 34 Rn 59; *Roxin*, AT1 § 16 Rn 13; S/S-*Perron*, § 34 Rn 10; *Wessels/Beulke/Satzger*, AT Rn 448) gehen davon aus, dass eine Notstandshandlung zugunsten eines Rechtsguts der Allgemeinheit zulässig ist. Allerdings sind hier im Rahmen der Erforderlichkeitsprüfung enge Grenzen zu setzen: ein Notstandsrecht besteht nur im äußersten Notfall, sofern ein staatliches Eingreifen nicht rechtzeitig geleistet werden kann.

Argument: Anders als in § 32 ist der Begriff „von einem anderen" in § 34 dahingehend auszulegen, dass hierdurch nur eine Abgrenzung zu Rechtsgütern des Täters vorgenommen werden soll. Wenn staatliche Stellen ausnahmsweise nicht in der Lage sind, den Schutz des Rechtsguts zu gewährleisten, erscheint es sachgerecht, die Gefahrenabwehr von einem Privaten durchführen zu lassen.

(b) Eine Mindermeinung in der Lit (*Arzt*, Rehberg-FS, S 29 ff; Matt/Renzikowski-*Engländer*, § 34 Rn 17; SK/StGB-*Günther* § 34 Rn 23 f) lehnt dagegen ein Notstandsrecht zugunsten von Rechtsgütern der Allgemeinheit ab.

Argument: Die Gleichordnung der Bürger verbietet es, einem Bürger ein Sonderopfer zum Wohle der Allgemeinheit aufzuerlegen. Vielmehr ist hier ein hoheitlicher Eingriff seitens des Staates nötig.

Zur Vertiefung: S/S-Perron, § 34 Rn 10 f; Wessels/Beulke/Satzger AT Rn 448.

712 Im Gegensatz zur Notwehr ist eine Notstandshilfe auch zugunsten eines Rechtsgutes der Allgemeinheit möglich, so dass die Sicherheit des Straßenverkehrs durchaus iRv § 34 verteidigt werden kann.

Fraglich ist jedoch, ob hierfür tatsächlich eine Gefahr vorlag. Dies wäre nur der Fall, wenn T fahruntüchtig war[21]. Insoweit ließ sich aber im Nachhinein nicht mehr genau feststellen, wie hoch seine BAK war. Sie lag zwischen 0,7 und 1,2‰ .

Ab 1,1‰ wäre T absolut fahruntüchtig. Ihm wäre dann kein Gegenbeweis dahingehend möglich gewesen, dass er doch in der Lage gewesen wäre, ein Fahrzeug sicher zu führen. Bei einem Promillewert ab etwa 0,3 besteht dagegen nur eine relative Fahruntüchtigkeit. Zusätzlich zu der festgestellten BAK müssen noch Ausfallerscheinungen, wie zB Schwanken, Stolpern etc hinzutreten, die Ts Unfähigkeit, ein Fahrzeug sicher führen zu können, belegen. Solche sind im vorliegenden Fall nicht ersichtlich, so dass T bei der Annahme eines Wertes zwischen 0,7 und 1,1‰ durchaus als fahrtüchtig gegolten hätte.

Der Umstand, dass T mit einem Blutalkoholgehalt von mehr als 0,5‰ mit Sicherheit eine Ordnungswidrigkeit gem § 24a StVG begangen hätte, spielt hier keine Rolle. Dies hat mit der Fahrtüchtigkeit iSv § 316 nichts zu tun. Eine Rechtfertigung in Form der Staatsnothilfe zur Unterbindung von Ordnungswidrigkeiten durch Dritte kommt mangels überragender Rechtsgüter, die es zu schützen gälte, von vornherein nicht in Betracht.

Von welchem Promillewert (0,7 oder 1,2) ist im vorliegenden Fall nun auszugehen? Nach dem Grundsatz in dubio pro reo ist dem Tatvorwurf bei einem unaufklärbaren Sachverhalt stets die für den Angeklagten günstigste Sachverhaltsgestaltung zugrunde

---

21 Vgl Fall 12 Problem Nr 123 Rn 558.

zu legen. Hier geht es um die Strafbarkeit des W für das Entreißen des Autoschlüssels. In dubio pro reo ist daher davon auszugehen, dass T mit einem Promillewert von 1,1 oder darüber fahruntüchtig war. Es lag somit eine Gefahr für die Sicherheit des Straßenverkehrs vor.

Des Weiteren muss die Gefahr für das Rechtsgut gegenwärtig sein. Das bedeutet, dass bei natürlicher Weiterentwicklung der Dinge der Eintritt eines Schadens sicher oder höchstwahrscheinlich ist, falls nicht alsbald Abwehrmaßnahmen ergriffen werden[22]. Der präventive Begriff der gegenwärtigen Gefahr iSv § 34 ist weiter als der des – o für den vorliegenden Fall verworfenen (*Rn 710*) – dringenden Tatverdachts iSv § 127 I StPO. T war gerade dabei die Kneipe zu verlassen und er strebte bereits dem Ausgang zu. Als nächstes wäre T in sein Auto gestiegen und losgefahren. Die Gefahr ist somit gegenwärtig. Eine Notstandlage ist damit gegeben.

Die Notstandshandlung muss erforderlich und angemessen sein. Erforderlich ist sie, wenn kein milderes, gleich wirksames Mittel zur Verfügung stand. Hätte W zunächst die Polizei gerufen, wäre T zwischenzeitlich losgefahren. Die Wegnahme des Schlüssels war somit erforderlich. Des Weiteren überwiegt die Sicherheit des Straßenverkehrs wesentlich über die kurzfristige Beeinträchtigung der Willensentschließungsfreiheit des T[23]. Die Wegnahme war auch angemessen.

W hatte Kenntnis von der Notstandslage und handelte in der Absicht, die Gefahr für die Straßenverkehrssicherheit abzuwehren.

W ist somit gem § 34 gerechtfertigt. Sein Handeln ist damit auch nicht rechtswidrig iSv § 240 II.

d) Ergebnis

W ist nicht gem § 240 I strafbar.

2. § 249 I

Durch das Entreißen des Schlüssels könnte W einen Raub begangen haben. Das Entreißen stellt Gewalt dar. Indem W dem T den Schlüssel aus der Hand riss und ihn einsteckte, nahm er diesen weg. **713**

W handelte auch vorsätzlich. Allerdings hatte er von Anfang an vor, den Schlüssel am nächsten Morgen zurückzugeben. Er hatte somit keinen Enteignungsvorsatz und damit keine Absicht, sich den Autoschlüssel rechtswidrig zuzueignen.

3. §§ 253, 255

W könnte sich gem §§ 253, 255 strafbar gemacht haben.

---

22 *Wessels/Beulke/Satzger*, AT Rn 487.
23 OLG Koblenz NJW 1963, 1991.

a) Objektiver Tatbestand

W muss Gewalt gegen eine Person angewandt haben. In Betracht kommt hier das Entreißen des Schlüssels, welches körperlich wirkenden Zwang darstellt. Allerdings handelt es sich hierbei um die Erscheinungsform der vis absoluta.

714   **Problem Nr 155: Reicht vis absoluta für § 253 aus?**

> **(1)** Die **Rspr** geht davon aus, dass § 249 lex specialis zu §§ 253, 255 ist *(s Fall 9 Problem Nr 94 Rn 411)*. Eine Vermögensverfügung wird für die räuberische Erpressung nicht verlangt. Als Gewalt iSv §§ 253, 255 kommt daher auch vis absoluta in Betracht *(Lüderssen, GA 1968, 257, 262)*.
>
> **(2)** Die **Lit** *(Fall 9 Problem Nr 94 Rn 411)* sieht dagegen Raub und räuberische Erpressung als zwei eigenständige Delikte an, die in einem Exklusivitätsverhältnis stehen. Für § 253 verlangt sie daher als ungeschriebenes Tatbestandsmerkmal eine Vermögensverfügung. Vis absoluta, die den Willen des Opfers nicht nur beugt, sondern jegliche Willensbildung bzw -entfaltung verhindert, scheidet daher iRv §§ 253, 255 aus *(Fischer, § 253 Rn 5; MK-Sander, § 253 Rn 8; Wessels/Hillenkamp, BT2 Rn 708)*.
>
> *Zur Vertiefung: Wessels/Hillenkamp, BT2 Rn 708 ff.*

714a   Fraglich ist, ob vis absoluta iRv §§ 253, 255 überhaupt denkbar ist. Dies hängt von der Einordnung der Erpressung ab. Während die Rspr §§ 253, 255 als lex generalis zu § 249 einstuft und daher keine Vermögensverfügung verlangt, sieht die hL Raub und Erpressung, ähnlich wie § 242 und § 263 in einem Exklusivitätsverhältnis. §§ 253, 255 ist im Gegensatz zu § 249 ein Selbstschädigungsdelikt und beinhaltet daher das ungeschriebene Tatbestandsmerkmal der Vermögensverfügung. Eine Vermögensverfügung ist aber nicht möglich, wenn vis absoluta angewandt wird, weil hier nicht nur der Wille gebeugt, sondern jegliche Willensbildung ausgeschaltet wird. Würde man die räuberische Erpressung als lex generalis zu § 249 ansehen, würde der Tatbestand des Raubes jegliche eigenständige Bedeutung verlieren. Des Weiteren ist eine Parallelität der § 249 und §§ 253, 255 zu § 242 und § 263 zu erkennen. Bei Letzterem wird auch eine Vermögensverfügung gefordert. Der hL ist somit zu folgen. Damit lässt aber die Anwendung von vis absoluta den Tatbestand der §§ 253, 255 entfallen. Da W mit vis absoluta auf T eingewirkt hat, entfällt im vorliegenden Fall iRd § 253 die zu fordernde Vermögensverfügung.

b) Ergebnis

W ist nicht nach §§ 253, 255 strafbar.

4.   § 242 I

W erfüllt zwar den objektiven Tatbestand des Diebstahls, allerdings fehlt ihm die Zueignungsabsicht *(s Rn 713)*.

5.   § 246 I

Wegen des fehlenden Enteignungsvorsatzes *(s Rn 713)* hat sich W den Schlüssel nicht zugeeignet.

6. Ergebnis für W im Tatkomplex C

W ist straflos.

II. Strafbarkeit des T

1. §§ 223 I, 226 I Nr 2

a) Objektiver Grundtatbestand

T brach dem W den Finger. Darin liegt sowohl eine körperliche Misshandlung als auch eine Gesundheitsschädigung.

b) Subjektiver Grundtatbestand

Fraglich ist, ob T vorsätzlich handelte. Schließlich wollte er W ins Gesicht schlagen und nicht dessen Hand verletzen. Allerdings hätte ein Schlag ins Gesicht ebenfalls eine Körperverletzung bewirkt. T irrte sich lediglich über den Kausalverlauf. Dass sich W duckt und T ihn an einer anderen Stelle trifft, liegt nicht außerhalb jeder Lebenswahrscheinlichkeit; die Abweichung ist daher unbeachtlich. T handelte vorsätzlich.

c) Qualifizierende Folge

Aufgrund der dauernden Versteifung des linken Zeigefingers kommt auch eine schwere Körperverletzung iSv § 226 I Nr 2 in Betracht. Dafür müsste W ein wichtiges Glied verloren haben oder dieses dauernd nicht mehr gebrauchen können. Fraglich ist, ob der linke Zeigefinger diesen Tatbestandsvoraussetzungen genügt.

714b

Grds ist dieser Finger erforderlich, um zusammen mit dem Daumen Greifbewegungen auszuführen. Versteift er auf Dauer, ist diese Funktion nicht mehr möglich. Der sog „Pinzettengriff" ist für die menschliche Geschicklichkeit von ganz besonderer Bedeutung. Ohne Zeigefinger kommt es beim Greifen, Arbeiten und Halten zu erheblichen Einschränkungen. Dass der Zeigefinger noch zum Zeigen verwendet werden kann, bleibt angesichts der überragenden Bedeutung dieses Fingers zum Greifen, außer Betracht[24]. Grds stellt der Zeigefinger somit ein wichtiges Glied dar[25].

Die Kenntnis dieser Rspr, dass ein Zeigefinger an sich ein wichtiges Glied darstellt, wird von Studenten nicht vorausgesetzt. Vielmehr kommt es auf die jeweilige Argumentation an. Das o Gesagte stellt ein Beispiel hierfür dar.

Problematisch erscheint jedoch, dass der linke und nicht der rechte Zeigefinger betroffen ist. Einerseits ist zwar für die Bevölkerungsmehrheit der Rechtshänder die linke Hand für den täglichen Gebrauch nicht so wichtig, andererseits ist W jedoch Linkshänder. Fraglich ist daher, auf welchen Bezugspunkt für die Wichtigkeit iSv § 226 abzustellen ist.

---

24 *Fischer*, § 226 Rn 8; BGH StV 2007, 353 f.
25 *Dallinger*, MDR 1953, 596, 597 f; NK-*Paeffgen/Böse*, § 226 Rn 29; einschränkend BGH NJW 1991, 990.

715   **Problem Nr 156: Individueller Bezugspunkt bzgl der Bestimmung der Wichtigkeit des Körpergliedes bei § 226 I Nr 2**

(1) Die **frühere Rspr** (RGSt 6, 346, 347; 64, 201, 202) sowie ein **Teil der Lit** (*Kindhäuser*, BT1 § 10 Rn 25; NK-*Paeffgen/Böse*, § 226 Rn 27; *Wessels/Hettinger*, BT1 [31. Aufl] Rn 289; so wohl auch *Jesse*, NStZ 2008, 605) bestimmen die Wichtigkeit anhand einer generellen Bedeutung für einen „jeden normalen Menschen".

Argument: § 226 spricht von einem wichtigen Glied „des" Körpers. Darin kommt eine generalisierende Betrachtungsweise zum Ausdruck. Andernfalls würde § 226 von einem wichtigen Glied „ihres" Körpers, also Glied der verletzten Person, sprechen. Eine individualisierende Betrachtungsweise würde zudem zu einer Vielfalt an Fallgestaltungen führen, die angesichts der hohen Strafandrohung mit dem Bestimmtheitsgrundsatz nicht mehr vereinbar wäre. Individuelle Umstände des Opfers können über § 46 II Berücksichtigung finden.

(2) Eine **Mindermeinung in der Lit** (*Heghmanns*, BT Rn 426; *Lackner/Kühl* § 226 Rn 3; *Maurach/Schroeder/Maiwald*, BT1 § 9 Rn 21; *Rengier*, BT2 § 15 Rn 11) will dagegen alle individuellen körperlichen und sozialen Verhältnisse des Opfers für die Beurteilung der Wichtigkeit eines Gliedes heranziehen, wie zB den Verlust der Beweglichkeit des kleinen Fingers beim Pianisten.

Argument: Werden die sozialen Verhältnisse des Opfers außer Betracht gelassen, wird übersehen, dass der Verlust eines Gliedes, das aus zB beruflichen Gründen sehr wichtig ist, das Opfer genauso schwer treffen kann wie eine Beeinträchtigung aufgrund der individuellen körperlichen Verfassung.

(3) Zutr differenziert die **neuere Rspr** (BGHSt 51, 252 m zust Anm *Hardtung*, NStZ 2007, 702; *Jahn*, JuS 2007, 866; *Bosch*, JA 2007, 818; S/S-*Stree/Sternberg-Lieben*, § 226 Rn 2) und ein **Teil der Lit** (*Eisele*, BT1 Rn 351; LK-*Hirsch* § 226 Rn 15; MK-*Hardtung* § 226 Rn 27; SK/StGB-*Horn/Wolters* § 226 Rn 10; *Wessels/Hettinger/Engländer*, BT1 Rn 315) wie folgt: Individuelle soziale Verhältnisse (wie zB die Bedeutsamkeit eines Körpergliedes für den Beruf oder ein Hobby) sind nicht zu berücksichtigen, während die individuelle körperliche Verfassung (zB Vorschädigung) von Bedeutung ist.

Argument: Geschütztes Rechtsgut der §§ 223 ff ist die körperliche Integrität des Opfers und nicht etwa dessen soziales Umfeld. Letzteres kann daher auch bei der Auslegung des Tatbestandsmerkmals „wichtig" keine Rolle spielen.

Allein auf die generelle Bedeutung des Gliedes abzustellen, ist aber eine zu enge und nicht mehr zeitgemäße Auslegung. Sie widerspricht dem heutigen Verständnis, dass Menschen von unterschiedlicher körperlicher Integrität gleichberechtigt zusammenleben (Art. 3 III 2 GG). Zudem ist § 226 ein *konkretes* Verletzungsdelikt, so dass für die Beurteilung der Wichtigkeit auf die individuellen Besonderheiten des Opfers zu achten ist.

Zur Vertiefung: Wessels/Hettinger/Engländer, BT1 Rn 315.

Angesichts der Tatsache, dass nach heutigem Verständnis Menschen von unterschiedlicher körperlicher Integrität gleichberechtigt zusammenleben, kann die individuelle Verfassung des Opfers iRv § 226 I Nr 2 berücksichtigt werden. Da aber die §§ 223 ff nur die „körperliche" Unversehrtheit schützen, müssen im Übrigen soziale Verhältnisse, wie zB der Beruf des Opfers außer Betracht bleiben. Dass W Linkshänder ist, gehört nicht nur zu seinen sozialen Bezügen, sondern betrifft seine körperliche Verfassung und kann somit bei der Beurteilung der Wichtigkeit iSv § 226 I Nr 2 Beachtung finden.

Der Zeigefinger von W stellt daher ein wichtiges Glied dar. Durch die Versteifung ist es dauerhaft nicht mehr zu gebrauchen.

d) Objektive Fahrlässigkeit

T muss bzgl der schweren Folge eine objektive Fahrlässigkeit vorwerfbar sein. Dass ein Schlag auf einen Menschen zu einem Bruch dessen Fingers und dieser Bruch zu einer Versteifung des Gelenks führen kann, ist objektiv vorhersehbar. Durch den Schlag hat T zudem die im Verkehr erforderliche Sorgfalt außer Betracht gelassen. Er handelte objektiv fahrlässig.

e) Spezifischer Gefahrzusammenhang

Im Eintritt der Tatfolge muss sich eine der vorsätzlichen Körperverletzung innewohnende tatbestandsspezifische Gefahr niederschlagen. Diese zusätzliche innere Verbindung wird allgemein wegen der besonders hohen Strafandrohung des erfolgsqualifizierten Delikts des § 226 I Nr 2 gefordert. Führt man gegen eine andere Person einen Schlag aus, beinhaltet dies das Risiko, dass ein Knochen bricht. Gerade bei Brüchen in der Nähe von Gelenken besteht dabei immer die Gefahr, dass dieses versteift. Der spezifische Gefahrzusammenhang ist damit erfüllt.

f) Rechtswidrigkeit

Möglicherweise war T aber in seinem Handeln gerechtfertigt.

aa) Besitzkehr, § 859 II BGB

Da sich T gegen die Wegnahme des Schlüssels durch W wehrte, kommt eine Rechtfertigung gem § 859 II BGB in Betracht. Problematisch ist jedoch das Merkmal der verbotenen Eigenmacht. Verbotene Eigenmacht ist gem § 858 I BGB die Besitzentziehung oder Besitzstörung ohne gesetzliche Gestattung. Durch die Wegnahme des Schlüssels wurde T der Besitz entzogen. Möglicherweise war W dieses Verhalten aber gesetzlich gestattet. Im Rahmen der Strafbarkeit des T wurde festgestellt, dass das Verhalten des W wegen Notstands (§ 34) gerechtfertigt ist. Das spricht dagegen, nunmehr dem T gem § 859 II BGB ein „Gegenrecht" einzuräumen. Andererseits ist zu berücksichtigen, dass W nur deshalb gerechtfertigt ist, weil in dubio pro reo davon auszugehen ist, dass T fahruntüchtig war *(s Rn 712 f)*. **716**

Vorliegend ist nun aber nicht die Strafbarkeit des W, sondern die des T zu beurteilen. Auch zu seinen Gunsten ist der Grundsatz in dubio pro reo anzuwenden. Da nicht mehr festgestellt werden kann, wie hoch die BAK von T war, ist im Rahmen der Strafbarkeit des T deshalb (sozusagen in Umkehrung zur Lösung bei W) davon auszugehen, dass der Promillewert bei 0,7 und nicht bei 1,2 lag. Unter diesen Voraussetzungen war T fahrtüchtig.

Dass die Erfüllung eines Ordnungswidrigkeitentatbestandes gem § 24a StVG (Fahren mit mehr als 0,5‰ Blutalkoholgehalt) nicht mittels rechtfertigenden Notstands unterbunden werden darf, ist bereits hervorgehoben worden *(s Rn 712)*.

Unter der Prämisse der Fahrtüchtigkeit des T ist im Rahmen der Prüfung seiner Strafbarkeit von keiner Gefahr für die Sicherheit des öffentlichen Straßenverkehrs auszugehen. Dementsprechend stand W gegenüber T kein Notstandsrecht zu und die Wegnahme des Führerscheins von einem nur scheinbar Betrunkenen ist auch verwerflich iSv § 240 II (*s o Rn 708 ff*). Dies bedeutet dann für T, dass W ihm gegenüber keine gesetzliche Gestattung für die Besitzentziehung an dem Schlüssel hatte und damit verbotene Eigenmacht ausübte.

Des Weiteren wurde der Wirt von T auf frischer Tat betroffen. T durfte sich daher der Wegnahme mit Gewalt erwehren, die allerdings nicht über das erforderliche Maß hinausgehen durfte[26]. Der ursprünglich geplante Schlag ins Gesicht wäre ebenso wie ein Schlag gegen die Hand angesichts der körperlichen Überlegenheit des W noch erforderlich gewesen, hinsichtlich der Versteifung des Zeigefingers erscheint das hingegen zweifelhaft. Ausschlaggebend muss insoweit sein, dass diese Folge unerwünscht, vom Vorsatz also nicht erfasst war. Aufgrund der Rechtsnatur des § 859 II BGB als Selbsthilferecht ist lediglich die Erforderlichkeit und die Gebotenheit der Abwehr*handlung* relevant. Etwaige Risiken, wie hier die lediglich fahrlässig herbeigeführte Folge der Versteifung des Fingers, gehen zu Lasten desjenigen, der die verbotene Eigenmacht ausübt. Eine Gesamtabwägung der Rechtsgüter findet wie bei Notwehrrechten nicht statt. T ist folglich gerechtfertigt[27].

bb) Notwehr, § 32

717   In Betracht kommt zudem ein Notwehrrecht gem § 32. Dazu müsste ein rechtswidriger, gegenwärtiger Angriff auf ein Rechtsgut vorliegen. Ein Angriff ist jede durch menschliches Verhalten drohende Verletzung rechtlich geschützter Güter oder Interessen[28]. Durch die Wegnahme des Autoschlüssels seitens des W liegt ein Angriff auf Ts Eigentum vor. Fraglich ist allenfalls, ob dieser noch gegenwärtig ist, also ob der Angriff unmittelbar bevorstand oder bereits begonnen hat und noch fortdauert[29]. Schließlich hat W den Schlüssel bereits weggenommen. Andererseits steht T dem Wirt immer noch gegenüber. Damit verbleibt dem T jederzeit die Chance, sich den Schlüssel zurückzuholen, so dass der Angriff noch nicht vollständig abgeschlossen ist[30]. Gegenwärtigkeit ist damit gegeben.

Problematisch ist nun – wie bei der Selbsthilfe – das Merkmal der Rechtswidrigkeit. Zwar kann W nicht bestraft werden, weil zu seinen Gunsten ein rechtfertigender Notstand nach § 34 eingreift. Diese Bewertung gilt jedoch nur für die Strafbarkeit des W. Im Rahmen der Strafbarkeit des T ist hingegen nach dem Grundsatz in dubio pro reo umgekehrt von der Fahrtüchtigkeit des T auszugehen. Der Angriff ist mithin rechtswidrig (*s Rn 716*).

---

26 Palandt-*Bassenge* § 859 Rn 2.
27 Palandt-*Bassenge* § 859 Rn 2; Soergel-*Stadler*, § 859 Rn 6; Staudinger-*Gutzeit* § 859 Rn 9.
28 *Wessels/Beulke/Satzger*, AT Rn 482.
29 *Wessels/Beulke/Satzger*, AT Rn 487.
30 *Wessels/Beulke/Satzger*, AT Rn 487.

Der Schlag als Notwehrhandlung richtet sich gegen den Angreifer W; er war aus der ex-ante-Sicht geeignet und erforderlich, den Angriff abzuwehren. Zweifel an der Gebotenheit ergeben sich nicht. T ist auch gem § 32 gerechtfertigt.

cc) Notstand, § 34

§ 34 scheitert im Rahmen der Güterabwägung, weil das gerettete Rechtsgut (Besitz am Schlüssel) keinesfalls stärker ins Gewicht fällt als das aufgeopferte Rechtsgut (körperliche Unversehrtheit des W).

Besonders streitig erweist sich die Frage der Konkurrenz zwischen den Rechtfertigungsgründen des § 859 II BGB und § 32. Zum Teil wird das Recht zur Besitzkehr als lex specialis zum strafrechtlichen Notwehrrecht eingestuft[31] (vieles spricht für diese Lösung), andere gehen von einem kumulativen Eingreifen aus[32]. Eine dritte Ansicht lässt § 32 den Vortritt, da § 859 nur eine Unterform der Notwehr darstellt[33]. Im Rahmen einer Klausurlösung würde ich diese Frage aber dahingestellt sein lassen, weil T jedenfalls nach einer der beiden Vorschriften gerechtfertigt ist (so iE auch Gierhake, JA 2008, 435; zum Problem der Kumulation von Rechtfertigungsgründen s Wessels/Beulke/Satzger, AT Rn 429; Beulke, Klausurenkurs I Rn 68).

g) Ergebnis

T ist nicht gem §§ 223 I, 226 I Nr 2 strafbar.

Sehr aufmerksame Leser werden bemerkt haben, dass ich im Aufbau nicht nur die Regel, Grundtatbestand und Qualifikation getrennt zu prüfen, (s Beulke, Klausurenkurs I Rn 54) missachtet habe, sondern dass ich auch von dem sonst vorgeschlagenen Prüfungsmodell des erfolgsqualifizierten Delikt (s Fall 9 Problem 91 Rn 403) abgewichen bin. Dies erfolgte nur, um dem Leser (im Ernstfall dem Korrektor) zu zeigen, dass auch das Problem des wichtigen Gliedes beherrscht wird. Aufbauvorschläge sind eben keine Gesetze, sondern nur Anregungen. Selbstverständlich könnten Sie auch den sonst vorgeschlagenen Weg gehen und dann das Problem der schweren Folge des § 226 weglassen, weil zuvor schon die Rechtswidrigkeit des Verhaltens verneint wird. Ein Hilfsgutachten zur Erörterung der Problematik des § 226 wäre hingegen nicht zulässig (Beulke, Klausurenkurs I Rn 21).

2. §§ 240 I, III, 22, 23 I Alt 2

T könnte sich einer versuchten Nötigung strafbar gemacht haben.

Ihm ist es nicht gelungen, W den Schlüssel wieder wegzunehmen und ihn somit zu einem Dulden zu nötigen. Die Tat ist nicht vollendet. Der Versuch ist gem §§ 240 III, 23 I Alt 2 strafbar.

---

31 *Thiel*, Die Konkurrenz von Rechtfertigungsgründen, S 269.
32 LK-*Hirsch*, [11. Aufl] Vor § 32 Rn 68.
33 *Hellmann*, Die Anwendbarkeit der zivilrechtlichen Rechtfertigungsgründe im Strafrecht, S 144 ff.

T hatte Vorsatz, den W durch einen Schlag ins Gesicht, somit durch Gewalt, zur Duldung der Wegnahme zu nötigen. Mit dem Ausholen zum Schlag setzte er zum Versuch unmittelbar an. Allerdings ist er gem § 859 II BGB und § 32 gerechtfertigt (*s Rn 716 f*).

T ist nicht gem §§ 240 I, III, 22, 23 I Alt 2 strafbar.

3. Ergebnis für T im Tatkomplex C

T ist straflos.

D. Vor der Wohnung der Mutter des A (Strafbarkeit des B)

1. §§ 212 I, 211, 22, 23 I Alt 1

B ging davon aus, dass K rechtzeitig zur Seite springen würde. Er hatte somit keinen Tötungsvorsatz.

2. §§ 223 I, 224 I Nr 2 und 5, II, 22, 23 I Alt 2

Auch ein Körperverletzungsvorsatz scheidet aus, weil K aufgrund des Sprungs unverletzt bleiben sollte.

3. § 113 I

a) Objektiver Tatbestand

718   K ist als Polizeikommissar ein Vollstreckungsbeamter iSv § 113 I. Des Weiteren müsste K gerade eine Vollstreckungshandlung vorgenommen haben. Eine Vollstreckungshandlung ist eine gezielte hoheitliche Maßnahme zur Regelung eines konkreten Einzelfalls[34]. Die Vollstreckung des Haftbefehls ist hierfür ausreichend. Die Vollstreckungshandlung muss darüber hinaus bereits begonnen haben oder unmittelbar bevorstehen[35]. K trat hinter das geparkte Kfz und wollte B gerade festnehmen. Er war somit im Begriff, den Haftbefehl zu vollziehen.

Fraglich ist jedoch, ob B bereits mit Gewalt oder aber durch Drohung mit Gewalt Widerstand geleistet hat. B fuhr zwar mit dem Auto auf K zu, bremste aber im letzten Augenblick ab. Ein Widerstandleisten ist jedes Unternehmen, den Amtsträger durch ein Vorgehen zur Unterlassung der Vollstreckungshandlung zu nötigen oder diese zu erschweren. Zu einem Nötigungserfolg muss es nicht kommen. Es handelt sich um ein sog unechtes Unternehmensdelikt, bei dem die Versuchstrafbarkeit mit der Vollendung gleich gesetzt ist[36]. Das rasante Zufahren auf K reicht für ein solches Unternehmen aus. Dass es nicht zu einem Zusammenstoß gekommen ist, ist dabei unbeachtlich.

---

34 *Fischer*, § 113 Rn 7.
35 *Wessels/Hettinger/Engländer*, BT1 Rn 698.
36 NK-*Paeffgen*, § 113 Rn 19.

b) Subjektiver Tatbestand

B handelte vorsätzlich.

c) Objektive Bedingung der Strafbarkeit

Möglicherweise ist die Strafbarkeit aber nach § 113 III 1 ausgeschlossen, wenn die Diensthandlung des K rechtswidrig war.

Die Rechtsnatur des § 113 III ist umstritten.

Problem Nr 157: Rechtsnatur des § 113 III   719

(1) Ein **Teil der Lit** (*Kindhäuser*, BT1 § 36 Rn 44; *Naucke*, Dreher-FS S 459, 471; S/S-*Eser*, § 113 Rn 19, 20) will die Rechtmäßigkeit der Diensthandlung dem objektiven Tatbestand zuordnen.

Argument: Aufgabe des Tatbestandes ist es gerade, das typische Unrecht einer Tat hervorzuheben. Bzgl rechtswidriger Diensthandlungen besteht keine gesetzliche Duldungspflicht des Betroffenen. Dahingehend will § 113 I auch keinen Schutz bieten, sodass die Rechtmäßigkeit der Diensthandlung von ausschlaggebender Bedeutung ist.

(2) Zum **Teil** (*Dreher*, JR 1984, 401; *Lackner/Kühl*, § 113 Rn 18; LK-*Rosenau*, § 113 Rn 32; MK-*Bosch*, § 113 Rn 30; *Paeffgen*, JZ 1979, 516, 521) wird § 113 III als besonderer Rechtfertigungsgrund angesehen.

Argument: Das Unrecht des § 113 besteht allein im Widerstandleisten gegen eine Vollstreckungshandlung. Die Rechtswidrigkeit der Diensthandlung hebt dieses Unrecht nur ausnahmsweise auf. Damit zeigt sich eine Parallelität zum Verhältnis zwischen einer Verbotsnorm und einem Erlaubnissatz.

(3) Die **hM** (KG NJW 1972, 781; BGHSt 21, 334, 365; *Hohmann/Sander*, BT2 § 26 Rn 21; *Jahn*, JuS 2013, 268; S/S/W-StGB-*Fahl*, § 113 Rn 10; *Wessels/Hettinger/Engländer*, BT1 Rn 704) stuft die Rechtmäßigkeit der Diensthandlung als objektive Bedingung der Strafbarkeit ein.

Argument: § 113 III enthält – im Gegensatz zu Parallelvorschriften wie § 22 WStG – nicht die Formulierung „handelt nicht rechtswidrig", sondern „ist nicht... strafbar".

Ein Irrtum über die Rechtmäßigkeit der Diensthandlung wird abweichend von den allgemeinen Regeln über einen Erlaubnistatbestandsirrtum in § 113 III 2, IV geregelt. Dies deutet darauf hin, dass der Gesetzgeber § 113 III 1 nicht der Ebene der Rechtswidrigkeit zuordnen wollte.

Zur Vertiefung: Wessels/Hettinger/Engländer, BT1 Rn 704.

Angesichts der besonderen Irrtumsregelung in § 113 III 2, IV und des Wortlauts des   720
§ 113 III, der nicht von „nicht rechtswidrig", sondern von „nicht strafbar" spricht, ist davon auszugehen, dass es sich bei der Rechtmäßigkeit der Diensthandlung lediglich um eine objektive Bedingung der Strafbarkeit handelt.

Diese objektive Bedingung ist aber nur erfüllt, wenn es sich um eine rechtmäßige Diensthandlung handelt. Das ist hier zweifelhaft. K hatte zwar einen Haftbefehl für A, nicht jedoch für B. Aufgrund der Personenverwechslung wollte K also den Falschen festnehmen. Fraglich ist, ob dies für eine Rechtswidrigkeit iSv § 113 ausreicht. Das hängt davon ab, wie dieser Begriff auszulegen ist.

721   **Problem Nr 158: Rechtmäßigkeitsbegriff des § 113 III**

(1) Im **Schrifttum** (*Lüke*, FS-A. Kaufmann, S 565, 567 f; *Meyer*, NJW 1972, 1845) wird zum Teil auf die verwaltungsrechtliche Wirksamkeit des Vollstreckungsaktes abgestellt (sog Wirksamkeitslehre). Danach ist eine Diensthandlung nur dann rechtwidrig, wenn sie dem Verwaltungsrecht entsprechend nichtig wäre (§ 44 I VwVfG). Ein lediglich rechtswidriger, aber aufhebbarer Verwaltungsakt ist dagegen nicht ausreichend.

Argument: Aus der Systematik des § 113 folgt, dass diese Vorschrift einen möglichst weitgehenden Schutz der Vollstreckungsbeamten erreichen will. Wenn der Bürger schon verwaltungsrechtlich zur Duldung eines rechtswidrigen Verwaltungsaktes verpflichtet ist, muss dies im Wege des Wertungsgleichklangs auch für das Strafrecht gelten.

(2) Ein **Teil der Lit** (MK-*Bosch*, § 113 Rn 34; *Jahn*, JuS 2013, 268; *Niehaus/Achelpöhler*, StV 2008, 71; *Ostendorf*, JZ 1981, 165, 172) will zwischen der zu vollstreckenden Maßnahme und dem Vollzug unterscheiden (sog Vollstreckungstheorien). Ausschlaggebend für die Beurteilung der Rechtswidrigkeit einer Diensthandlung kann nur letzterer sein. Die rechtlichen Regelungen über den Vollzug sehen im Verwaltungsrecht zumeist kein Irrtumsprivileg vor (abgesehen von den dort vorgesehenen Beurteilungs- und Ermessensspielräumen). Entsprechend muss dann die strafrechtliche Wertung ausfallen. Zu ähnlichen Ergebnissen gelangt der sog materielle Rechtmäßigkeitsbegriff, der zwischen der verwaltungsrechtlichen Primärebene (Handlungssituation), die uU ein Dulden auch rechtswidrigen Verwaltungshandelns verlangt und der strafrechtlichen Sekundärebene (Sanktionssituation), bei der auf die wirkliche materielle Rechtslage abgestellt werden kann, differenziert (*Jahn*, JuS 2013, 269; *Reinhart*, NJW 1997, 911).

Argument: Die Anerkennung eines besonderen strafrechtlichen Rechtmäßigkeitsbegriffs würde dem Bürger unzulässigerweise das Risiko einer Falschbeurteilung auferlegen. Dies kann nur dort zulässig sein, wo die jeweiligen Fachgesetze, wie zB § 80 VwGO, dies ausdrücklich zulassen. Auf der anderen Seite wird aber auch berücksichtigt, dass die Vollstreckungsbeamten zum Teil Prognoseentscheidungen treffen müssen, die sich nachträglich als falsch herausstellen können.

(3) Die **Rspr** (BVerfG NVwZ 2007, 1180; BGHSt 21, 334, 361 ff; OLG Celle StV 2013, 25) und die ganz **hL** (*Lackner/Kühl*, § 113 Rn 7; LK-*Rosenau*, § 113 Rn 40; S/S/W-StGB-*Fahl* § 113 Rn 10) gehen zutr von einem **strafrechtlichen Rechtmäßigkeitsbegriff** aus. Es kommt nicht auf eine materielle, sondern auf eine formelle Rechtmäßigkeit an. Ausschlaggebend ist, ob die

– sachliche und örtliche Zuständigkeit,
– die wesentlichen Förmlichkeiten und
– bei der Prüfung der materiellen Voraussetzungen das pflichtgemäße Ermessen eingehalten wurden.

Eine pflichtgemäße Ermessensausübung liegt auch dann vor, wenn der Beamte irrtümlich, aber nicht vorwerfbar eine Sachlage annimmt, die ihn zum Einschreiten berechtigte, wenn sie wirklich bestünde.

Argument: Vollstreckungsbeamte müssen häufig schnelle Entscheidungen treffen, ohne vorher eine genaue Prüfung der materiellen Voraussetzungen vornehmen zu können. Würde man nun im Falle einer falschen Beurteilung eine Rechtswidrigkeit iSv § 113 III annehmen, würde der Beamte mit einem Risiko belastet werden, dass zu einer Einschränkung seiner Entscheidungskraft führen könnte.

Zur Vertiefung: Bosch, Jura 2011, 268, 273; Kindhäuser, LPK § 113 Rn 17; Küper/Zopfs, BT Rn 711 ff; Wessels/Hettinger/Engländer, BT1 Rn 706 ff.

Aufgrund der Tatsache, dass Vollstreckungsbeamte häufig schnelle Entscheidungen tref- **722** fen müssen, ohne zuvor eine umfangreiche materielle Rechtmäßigkeitsprüfung vorneh- men zu können und ihnen nicht das Risiko einer Falschbeurteilung obliegen soll, ist von einem strafrechtlichen Rechtmäßigkeitsbegriff auszugehen. Für die Rechtmäßigkeit iSv § 113 III kommt es nur darauf an, ob die sachliche und örtliche Zuständigkeit sowie die wesentlichen Förmlichkeiten und das pflichtgemäße Ermessen eingehalten wurden. Die- se Kriterien werden vorliegend erfüllt. Der Fehler liegt in einer Verwechslung der zu verhaftenden Person. K unterlag einem Tatsachenirrtum. Angesichts des ähnlichen Aus- sehens von B und A erfolgte diese Verwechslung seitens des K noch nicht einmal fahr- lässig[37]. Die Diensthandlung war somit rechtmäßig.

d) Rechtswidrigkeit und Schuld

B handelte rechtswidrig und schuldhaft.

e) Strafzumessung, § 113 II 2 Nr 1

Möglicherweise verwirklichte B auch das Regelbeispiel des § 113 II 2 Nr 1. Er fuhr mit **723** seinem Pkw auf K zu. Ein Auto ist allerdings weder primär noch typischerweise dazu bestimmt, Menschen zu verletzen. Es handelt sich somit um keine Waffe ieS der §§ 224 I Nr 2, 244 I Nr 1a Alt 1, 250 I Nr 1a Alt 1. Andererseits nutzte B das Fahrzeug, um K zur Seite springen zu lassen. Dabei können sowohl bei einem Sprung des Kommissars als auch bei einem Zusammenstoß mit dem Pkw erhebliche Verletzungen auftreten. Es han- delt sich somit jedenfalls um ein gefährliches Werkzeug. Früher war umstritten, ob der Waffenbegriff des § 113 II 2 Nr 1 abweichend von den o aufgelisteten Tatbeständen da- hingehend auszulegen ist, dass er auch gefährliche Werkzeuge erfasst[38]. Dieser Streit war darauf zurückzuführen, dass § 113 II 2 Nr 1 aF lediglich das Beisichführen einer Waffe, nicht aber das Beisichführen eines gefährlichen Werkzeugs als Regelbeispiel auf- führte. Dem Streit hat der Gesetzgeber im Jahre 2011 Rechnung getragen, indem er das Regelbeispiel des Beisichführens einer Waffe (jetzt § 113 II 2 Nr 1 Alt 1) um die Varian- te des Beisichführen eines gefährlichen Werkzeugs (jetzt § 113 II 2 Nr 1 Alt 2) ergänzt hat. Eine Verwendungsabsicht ist insoweit nicht mehr erforderlich[39]. Indem B mit sei- nem Pkw auf K zufuhr, hat er das Regelbeispiel des § 113 II 2 Nr 1 Alt 2 erfüllt.

f) Ergebnis

§ 113 I, II 2 Nr 1 Alt 2 ist erfüllt.

---

37 MK-*Bosch*, § 113 Rn 51; *Fischer*, § 113 Rn 18; Prot. V/2923.
38 Vgl zum alten Recht die Vorauflage, Rn 723.
39 *Wessels/Hettinger/Engländer*, BT 1 Rn 692.

4. § 114 I[40]

a) Objektiver Tatbestand

723a B müsste K tätlich angegriffen haben. Ein tätlicher Angriff iSv § 114 I ist jede in feindseliger Absicht unmittelbar auf den Körper des Betroffenen zielende Einwirkung ohne Rücksicht auf den Erfolg[41]. Nach neuer Auffassung soll aufgrund des höheren Strafrahmens des § 114 I gegenüber § 113 I Alt 2 aF eine Einwirkung „von einigem Gewicht" erforderlich sein, um den höheren Strafrahmen für einen tätlichen Angriff in § 114 I gegenüber § 113 I Alt 2 aF zu rechtfertigen[42]. Durch das Zufahren auf K liegt jedenfalls eine auf seinen Körper zielende Einwirkung von einigem Gewicht vor, so dass dahinstehen kann, ob es dieser „qualifizierten" Einwirkung bedarf. Dass es durch das rechtzeitige Abbremsen zu keiner körperlichen Verletzung kam und B den K gar nicht verletzten wollte, ändert nichts daran, dass ein tätlicher Angriff gegeben ist, weil bereits eine unmittelbar auf den Körper *zielende* Einwirkung den Tatbestand erfüllt. Diese liegt durch das Zufahren vor. Eine Körperberührung ist gerade nicht erforderlich[43]. Es bedarf – anders als in § 113 I – keines Bezugs zur Vollstreckungshandlung. Im Fall des § 114 I reicht es aus, wenn der tätliche Angriff bei einer nicht näher spezifizierten Diensthandlung (nicht bei der konkreten Vollstreckungshandlung) erfolgt.

b) Subjektiver Tatbestand

B handelte vorsätzlich.

c) Objektive Bedingung der Strafbarkeit

Die Strafbarkeit ist wegen der Rechtmäßigkeit der Diensthandlung nicht nach § 114 III iVm § 113 III 1 ausgeschlossen (*s Rn 718 ff*).

d) Strafzumessung, § 114 II iVm § 113 II 2 Nr 1

B verwirklichte dabei das Regelbeispiel des § 114 II iVm § 113 II 2 Nr 1 (*s o*).

e) Konkurrenzen

Noch nicht gänzlich geklärt ist das Verhältnis von §114 zu § 113. Übereinstimmung herrscht anscheinend darüber, dass §113 gegenüber § 114 im Wege der Gesetzeskonkurrenz zurücktritt, wobei teils von Spezialität (§ 114 I als Qualifikationstatbestand gegenüber § 113 I, wenn – wie hier – ein tätlicher Angriff vorliegt und sich dieser gegen eine

---

40 Der tätliche Angriff auf Vollstreckungsbeamte wurde durch das 52. StÄG vom 23.5.2017 aus dem Tatbestand des § 113 I Alt 2 herausgenommen und in § 114 I mit einem höheren Strafrahmen separat normiert (s BGBl 2017 I, 1226). Zusätzlich wird im Unterschied zu § 113 I aF auf den Bezug zu einer Vollstreckungshandlung verzichtet. Dies soll zur Stärkung des Schutzes von Vollstreckungsbeamten beitragen; vert Knierim/Oehmichen/Beck/Geisler/*Knierim,* Kap 2 Rn 1 ff.
41 *Wessels/Hettinger/Engländer,* BT1 Rn 718.
42 So BeckOK StGB/*Dallmeyer,* 36. Ed. 1.11.2017, StGB § 114 Rn 5.
43 *Wessels/Hettinger/Engländer,* BT1 Rn 718.

Vollstreckungshandlung [und nicht gegen eine sonstige Diensthandlung] richtet[44]), teils von Konsumtion des § 113 ausgegangen wird[45].

5. §§ 240 I, III, 22, 23 I Alt 2

Der Tatbestand der versuchten Nötigung wird durch § 114 als lex specialis verdrängt.

6. § 315b I Nr 3

B und K befanden sich auf dem Privatgrundstück der Mutter des Ersteren. Auch während des Zufahrens wurde dieses nicht verlassen. Es handelt sich somit nicht um einen öffentlichen Straßenverkehr. § 315b I ist nicht erfüllt.

7. Ergebnis für B im Tatkomplex D

B ist gem § 114 I strafbar.

E. Gesamtergebnis des materiell-rechtlichen Gutachtens

A: §§ 250 I Nr 1a Alt 2, 25 II – § 52 – §§ 316a I, 25 II
B: § 114 I, II iVm § 113 II 2 Nr 1 Alt 2
P: § 244 I Nr 1a Alt 1
T: §§ 249 I, 25 II – § 52 – § 316a I
W: straflos

Teil II (prozessualer Teil)

1. Staatsanwaltschaftlich angeordnete Durchsuchung

a) Zulässigkeit eines Rechtsbehelfs

aa) Statthafter Rechtsbehelf

T wendet sich gegen die Anordnung einer Durchsuchung iSv § 102 StPO. Zuständig für   **724** den Erlass einer solchen Durchsuchungsanordnung ist der Richter, bei Gefahr im Verzug auch die Staatsanwaltschaft und deren Ermittlungspersonen, § 105 I 1 StPO. Welches Rechtsmittel gegen eine derartige Maßnahme statthaft ist, ist in der StPO nicht ausdrücklich geregelt. Im Laufe der letzten Jahrzehnte hat die Rspr jedoch ein in sich geschlossenes System der Rechtsbehelfe gegen Zwangsmaßnahmen im Ermittlungsverfahren entwickelt.

---

44 Läge ein tätlicher Angriff gegen eine sonstige Diensthandlung (also keine Vollstreckungshandlung) vor, wäre § 113 gar nicht erfüllt, sodass dann § 114 I insoweit als Grundtatbestand eingestuft werden müsste, s BeckOK StGB/*Dallmeyer*, 36. Ed 1.11.2017, StGB § 114 Rn 7.
45 *Wessels/Hettinger/Engländer*, BT1 Rn 721.

725 **Problem Nr 159: Statthafter Rechtsbehelf bei im Ermittlungsverfahren angeordneten Zwangsmaßnahmen**

(1) Nach der **früheren Rspr** (BGHSt 37, 79, 82; OLG Karlsruhe NStZ 1992, 97) wurde die Statthaftigkeit der Rechtsbehelfe bei Zwangsmaßnahmen höchst unterschiedlich beurteilt. Teils hatte der Ermittlungsrichter am Amtsgericht zu entscheiden, teils das Beschwerdegericht am Landgericht, teils das OLG und teils gab es überhaupt keinen Rechtsbehelf. Diese Unübersichtlichkeit und Rechtswegspaltung ist durch ein Machtwort des BVerfG (BVerfGE 96, 44) unter Hinweis auf das in Art. 19 IV GG normierte Gebot effektiven Rechtschutzes für verfassungswidrig erklärt worden.

(2) Heute halten **Rspr** (BVerfG wistra 2008, 463; BGHSt 28, 57, 58; 44, 265, 270) und **hL** (*Beulke*, StPO Rn 323 ff; *Engländer*, StPO Rn 177) bei **offenen** Zwangsmaßnahmen folgende Rechtsbehelfe für statthaft:
* Gegen die Maßnahme als solche, und zwar vor und nach Erledigung („Ob" der Maßnahme),
  – bei Anordnung durch den Richter: Beschwerde gem § 304 StPO
  – bei Anordnung durch die Polizei oder Staatsanwaltschaft: Antrag auf gerichtliche Entscheidung gem § 98 II 2 StPO direkt (bei Beschlagnahme) oder analog
* Gegen die Art und Weise der Durchführung der Maßnahme, und zwar vor und nach Erledigung („Wie" der Maßnahme),
  – bei Anordnung durch den Richter: Antrag auf gerichtliche Entscheidung gem § 98 II 2 StPO direkt (bei Beschlagnahme) oder analog
  – bei Anordnung durch Polizei oder Staatsanwaltschaft: Antrag auf gerichtliche Entscheidung gem § 98 II 2 direkt (bei Beschlagnahme) oder analog.

Da einerseits über die Beschwerde iSv § 304 StPO gegen Entscheidungen des Ermittlungsrichters beim Amtsgericht das Landgericht (große Strafkammer) entscheidet, § 76 I 1 iVm § 73 I GVG, und andererseits gegen die Entscheidung des Ermittlungsrichters beim Amtsgericht gem § 98 II 2 StPO (analog) wiederum die Beschwerde gem § 304 StPO zum Landgericht statthaft ist, wird nach dem heute geltenden System die letzte Entscheidungskompetenz über die Rechtmäßigkeit von Zwangsmaßnahmen im Ermittlungsverfahren immer dem **Landgericht** zugewiesen (abgesehen von einigen Sonderfällen, deren Kenntnis nicht verlangt wird).

(3) Bei **verdeckten** Ermittlungsmaßnahmen gem § 101 I StPO, die sich bereits erledigt haben (str), gibt es nach der abschließenden (str) **Sonderregelung des § 101 VII 2 StPO** ein Recht zur Anrufung des Gerichts (vor Klageerhebung ist dies im Regelfall der Ermittlungsrichter) und gegen dessen Entscheidung das Recht zur sofortigen Beschwerde (§ 101 VII 3 iVm § 311 StPO) zum Landgericht.

Zur Vertiefung: Beulke, StPO Rn 321 ff; Burghard, JuS 2010, 605; Engländer, Jura 2010, 414; Kindhäuser, StPO § 29 Rn 1 ff; Kühne, Strafprozessrecht, Rn 553 ff; Rössner/Safferling, StPO 10. Problem S 63 ff; Stoffer, Wie viel Privatisierung „verträgt" das strafprozessuale Ermittlungsverfahren?, 2016 Rn 186.

726 Da T gegen eine Durchsuchung vorgehen möchte, die von der Staatsanwaltschaft bzw deren Ermittlungsbeamten ohne Einschaltung des Ermittlungsrichters angeordnet worden ist, steht ihm als Ausfluss des grundgesetzlich garantierten Rechtsschutzes (Art 19 IV GG) der Rechtsbehelf des § 98 II 2 StPO analog zur Verfügung.

T kann also beim Ermittlungsrichter die richterliche Entscheidung beantragen, § 98 II 2 StPO. Sollte der (Amts-)Richter seinem Antrag nicht stattgeben, steht ihm gegen diese Entscheidung das Beschwerderecht aus § 304 StPO ans Landgericht (große Strafkammer § 76 I 1 iVm § 73 I GVG) zur Seite.

bb) Rechtsschutzbedürfnis

Zu beachten ist allerdings noch, dass sich die Durchsuchung durch den Vollzug erledigt hat. T begehrt nicht die Aufhebung der Anordnung, sondern die nachträgliche Feststellung von deren Rechtswidrigkeit. Art 19 IV GG garantiert aber auch insoweit einen effektiven Rechtsschutz. Gerade bei Zwangsmaßnahmen nach der StPO hat der Betroffene häufig keine Kenntnis von der Maßnahme bzw ist gerichtlicher Rechtsschutz trotz Kenntnis nicht mehr rechtzeitig zu erreichen. Allerdings ist für den nachträglichen Rechtsschutz ein besonderes Rechtsschutzinteresse erforderlich.

Problem Nr 160: Fallgruppen des besonderen Rechtsschutzbedürfnisses nach Erledigung einer Zwangsmaßnahme im Ermittlungsverfahren   **727**

In der Rspr sind folgende Fallgruppen anerkannt:
(1) **Tiefgreifende Grundrechtseingriffe**
(2) **Wiederholungsgefahr**
(3) **Rehabilitationsinteresse**
(4) **Geltendmachung von Amtshaftungsansprüchen**

Im Sonderfall des § 101 VII 2 StPO (*s Rn 725*) muss kein spezielles Rechtsschutzinteresse nachgewiesen werden, weil es sich stets um tiefgreifende Grundrechtseingriffe handelt.

Zur Vertiefung: Beulke, StPO Rn 327.

Vorliegend wurde die Wohnung des T durchsucht, ohne dass eine richterliche Durchsuchungsanordnung vorlag und ohne dass Gefahr im Verzug gegeben war. Art 13 II GG stellt Eingriffe in das Grundrecht der Vertraulichkeit der Wohnung unter Richtervorbehalt. Dies zeigt, dass die Wohnung als stark geschützter Bereich gilt. Eine Durchsuchung ohne einen richterlichen Durchsuchungsbefehl stellt damit einen tiefgreifenden Grundrechtseingriff dar[46].

Das besondere Rechtschutzbedürfnis liegt also vor.

Der Rechtsbehelf ist zulässig.

b) Begründetheit

Gem § 105 I StPO muss die Durchsuchung durch einen Richter angeordnet werden.   **728**
Dies ist nicht erfolgt. Bei Gefahr im Verzug wären auch die Staatsanwaltschaft oder ihre Ermittlungspersonen berechtigt. Allerdings lag eine solche Gefahr gerade nicht vor. Die Durchsuchung ist somit formell rechtswidrig.

Der Rechtsbehelf nach § 98 II 2 StPO analog ist zulässig und begründet.

---

46 B VerfGE 96, 27, 40; vgl auch B VerfG wistra 2008, 463

2. Richterlich angeordnete Durchsuchung

a) Zulässigkeit eines Rechtsbehelfs

729 Bei einer vom Richter angeordneten Zwangsmaßnahme besteht nach der bereits geschilderten neueren Rspr[47] auch nach Erledigung die Möglichkeit der Beschwerde gem § 304 StPO. Zu beachten ist, dass es dann nur noch um die Feststellung der Rechtswidrigkeit gehen kann und dass diese Feststellung ein besonderes Rechtsschutzinteresse erfordert. Dieses wird in Fällen tiefgreifender Eingriffe in Grundrechte wie das der Unverletzlichkeit der Wohnung gem Art 13 GG immer bejaht (*s Rn 725*).

Da hier die Durchsuchung durch den Ermittlungsrichter beim Amtsgericht angeordnet worden ist, entscheidet über die Beschwerde das Landgericht, und zwar die große Strafkammer, § 76 I 1 iVm § 73 I GVG.

b) Begründetheit

730 T hält die Hausdurchsuchung für rechtswidrig, da kein „hinreichender Tatverdacht" vorgelegen habe. Fraglich ist, ob § 102 I StPO dies wirklich verlangt. Unter „verdächtig" im Sinne der Norm könnte nämlich auch nur der einfache Tatverdacht gemeint sein, der für die Einleitung eines Ermittlungsverfahrens erforderlich ist (§ 160 I StPO) und bereits zu bejahen ist, wenn die Tatbegehung anhand von Tatsachen oder Indizien „möglich" erscheint. Der „hinreichende" Tatverdacht ist hingegen an strengere Anforderungen geknüpft. Er setzt voraus, dass der Beschuldigte die jeweilige strafbare Handlung „wahrscheinlich" begangen hat und verurteilt wird[48]. Eine solche Prognose kann nicht vor Abschluss des Ermittlungsverfahrens erstellt werden. Dementsprechend ist ein „hinreichender" Tatverdacht erst die Voraussetzung für die Erhebung der Anklage und den Erlass des Eröffnungsbeschlusses, §§ 170 I, 203 StPO. Zwar werden auch im Ermittlungsverfahren bei einzelnen Zwangsmitteln besondere Verdachtsgrade verlangt, insbes bei der Untersuchungshaft, die gem § 112 I StPO nur bei „dringendem" Tatverdacht verhängt werden darf. Im Falle der Wohnungsdurchsuchung fehlt jedoch eine derartige Sonderregelung. Nach der Systematik der Strafprozessordnung sind – jenseits von Ausnahmeregelungen – alle Zwangsmittel bereits zulässig, wenn das Ermittlungsverfahren überhaupt durchgeführt werden darf. Da die Zwangsmittel eingesetzt werden, um den Anfangsverdacht ggf zu konkretisieren und die Entscheidung überhaupt erst zu ermöglichen, ob Anklage erhoben werden muss, erschiene eine andere Auslegung auch systemwidrig. Die Pflicht, im Falle der Wohnungsdurchsuchung erstrangig den Ermittlungsrichter einzuschalten (§ 105 I StPO), gewährt dem Beschuldigten einen ausreichenden Schutz seiner grundrechtlich gesicherten Privatsphäre. T hat also Unrecht, wenn er für den Erlass des Durchsuchungsbeschlusses gem § 102 StPO einen „hinreichenden" Tatverdacht (also einen Anklageverdacht) verlangt.

In beiden Fallgruppen wäre somit die Einlegung eines Rechtsbehelfs zulässig. Im Falle der polizeilichen Durchsuchung (Fall A) wäre die Anrufung des Ermittlungsrichters auch erfolgreich, im Falle der richterlichen Durchsuchungsanordnung (Fall B) wäre hingegen einer Beschwerde mit der bisher gewählten Begründung kein Erfolg beschieden.

---

47 BVerfGE 96, 27; BVerfG wistra 2008, 463; BGHSt 44, 265.
48 OLG Saarbrücken NStZ-RR 2009, 88; *Beulke*, StPO Rn 114, 319; s auch *Eisenberg*, JA 2017, 462.

3. Beweisverwertungsverbot bzgl Geldbörse?

Die Umgehung der Anordnungskompetenz des Richters für die Wohnungsdurchsuchung **730a** (§ 105 I StPO) könnte ein Beweisverwertungsverbot zur Folge haben. Nicht jede fehlerhafte Beweiserhebung führt jedoch zur Annahme eines Beweisverwertungsverbots (*s o Fall 3 Rn 149*). Nach Ansicht der Rspr ist eine Abwägung zwischen dem Strafverfolgungsinteresse einerseits und dem Beschuldigtenschutz andererseits vorzunehmen (insb Gewicht des Verfahrensverstoßes/Schutzbedürfnis des Betroffenen/Tatschwere). Das Schrifttum stellt hingegen vorrangig auf den Schutzzweck der Norm ab. Die richterliche Entscheidungskompetenz im Falle der Wohnungsdurchsuchung gehört jedoch nach übereinstimmender Ansicht zum rechtsstaatlich verankerten Mindestschutzniveau (§ 105 StPO iVm Art 13 GG), sodass jedenfalls bei einer objektiv willkürlichen oder mit gröblicher Verkennung der Rechtslage erfolgten Missachtung des Richtervorbehalts das Beweismittel unverwertbar ist[49]. Die Geldbörse darf also nicht als Beweismittel für die Verurteilung des T bzgl der Vorgänge vom 1.1.2018 herangezogen werden. Ob insoweit in der Hauptverhandlung ein Widerspruch seitens des verteidigten Angeklagten erforderlich ist, ist str (*vgl o Fall 4 Rn 193*)[50].

Zur Vertiefung: Beulke, StPO Rn 258b; Heghmanns, ZJS 2017, 499; Kudlich, JA 2017, 30; zur parallelen Problematik bei § 81a II StPO s S/S/W-Beulke, Einleitung Rn 312.

Definitionen zum Auswendiglernen

Angriff	iSv § 316a I ist jede Einwirkung auf eines der genannten Rechtsgüter in feindseliger Absicht *(Wessels/Hillenkamp, BT2 Rn 417).*
Kraftfahrzeugführer	iSv § 316a I ist, wer das Fahrzeug in Bewegung setzt, es in Bewegung hält oder allgemein mit dem Betrieb des Fahrzeugs und/oder mit der Bewältigung von Verkehrsvorgängen beschäftigt ist *(BGHSt 49, 8, 14; Wessels/Hillenkamp, BT2 Rn 419).*
Ausnutzen der besonderen Verhältnisse des Straßenverkehrs	iSv § 316a I liegt vor, wenn der Täter die typischen Situationen und Gefahrenlagen des Kraftfahrzeugverkehrs in den Dienst seines Vorhabens stellt *(Wessels/Hillenkamp, BT2 Rn 421).*
Glied	iSv § 226 I Nr 2 ist ein Körperteil, der eine in sich abgeschlossene Existenz mit besonderer Funktion im Gesamtorganismus hat *(Wessels/ Hettinger/Engländer, BT1 Rn 314).*
Vollstreckungshandlung	iSv § 113 I ist jede Tätigkeit der dazu berufenen Organe, die zur Regelung eines Einzelfalls auf die Vollziehung der in § 113 I genannten Rechtsnormen und Hoheitsakte gerichtet ist *(Wessels/Hettinger/Engländer, BT1 Rn 695).*
Bei Vornahme	iSv § 113 I bedeutet, dass die Vollstreckungshandlung bereits begonnen haben oder unmittelbar bevorstehen muss *(Wessels/Hettinger/Engländer, BT1 Rn 698).*

---

49 BVerfG NJW 2006, 2684; BGHSt 51, 285.
50 Zu Recht ablehnend: BGH NJW 2017, 1332 m Anm *Zopfs*.

Widerstandleisten	iSv § 113 I ist jede aktive Tätigkeit, die die Durchführung der Vollstreckungsmaßnahme verhindern oder erschweren soll *(Wessels/Hettinger/ Engländer, BT1 Rn 700)*.
Tätlicher Angriff	iSv § 114 I ist jede in feindseliger Absicht unmittelbar auf den Körper des Betroffenen zielende Einwirkung ohne Rücksicht auf den Erfolg *(Wessels/Hettinger/Engländer, BT1 Rn 718)*.

Weitere einschlägige Musterklausuren

Zum Problem: Restriktive Auslegung des § 250 I Nr 1b

Ibold, JA 2016, 505; *Jahn*, JuS 2007, 583; *Kasiske*, Jura 2012, 736; *Schwabe*, BT2 [6] S 96, [8] S 124; *Zieschang*, JuS 1999, 49

Zum Problem: Ausnutzung der besonderen Verhältnisse des Straßenverkehrs

Grupp, JSE 2015, 43; *Ensenbach*, Jura 2011, 787; *Kasiske*, Jura 2012, 736; *Kett-Straub/Stief*, JuS 2008, 236; *Otto*, Jura 2008, 954; *Stuckenberg*, Ad Legendum 2011, 305

Zum Problem: Erfüllung eines Qualifikationstatbestandes nach Vollendung, aber vor Beendigung

Kasiske, Jura 2012, 736; *Käßner/Seibert*, JuS 2006, 810; *Kraatz*, Jura 2012, 994

Zum Problem: Ist Notwehr zugunsten von Allgemeinrechtsgütern zulässig?

Otto, Jura 2008, 954

Zum Problem: Ist Notstand zugunsten von Allgemeinrechtsgütern zulässig?

Fahl, ZJS 2009, 63

Zum Problem: Reicht vis absoluta für § 253 aus?

Otto/Bosch, [10] S 225

Zum Problem: Wichtigkeit des Gliedes iSv § 226 I Nr 2

Hilgendorf, Klausurenkurs II, [6] S 72; *Rengier/Jesse*, JuS 2008, 42 ff; *Reschke*, JuS 2011, 50

Zum Problem: § 859 II als Rechtfertigungsgrund

Schwind/Franke/Winter, [1. Hausarbeit] S 5

Zum Problem: Rechtmäßigkeitsbegriff iSv § 113 III

Klesczewski/Knaupe, JA 2016, 593; *Reinhardt*, ZJS 2013, 493; *Rotsch*, [10] Rn 1223; *Sonnen/ Mitto/Nugel*, Fälle [17] S 152; *Timpe*, Jura 2009, 465

Zum Problem: Rechtsbehelfe gegen Zwangsmaßnahmen

Engländer, Jura 2010, 414 ; *ders*, StPO Rn 176; *Hammer*, StPO Rn 41; *Hellmann*, Fallsammlung [3] S 72; *Keiser*, JA 2001, 662; *Bode/Niehaus-Kosmetschke/Bode* [4] Rn 16; *Murmann*, StPO Rn 141; *Puschke*, in: *Coester-Waltjen* ua (Hrsg), Examensklausurenkurs IV, S 175; *Sanchez-Hermosilla/Schweikart*, [15] S 34

Zum Problem: Rechtsschutzbedürfnisses nach Erledigung der Maßnahme

Hammer, StPO Rn 41; *Nelles*, JuS 1987, 51

Zum Problem: Zuständigkeit für Anordnung von Zwangsmaßnahmen

Huber, JuS 2015, 215; *Jäger*, JA 2016, 710

2. Kapitel

Zur Wiederholung und Vertiefung

I. Behandelte Problemschwerpunkte – geordnet nach der Gesetzessystematik

Gerade Schrift/grau unterlegt: vorliegender Klausurenkurs (KK III)   **731**

Kursive Schrift: Klausurenkurs I (KK I) oder Klausurenkurs II (KK II)

Zu §	Problem Nr	Problematik	Vorgeschlagene Lösung	Ausführliche Erörterung in Fall Nr Rn
Vor § 1	*3*	*Objektive Zurechnung, wenn der Täter glaubt, den Erfolg schon durch einen ersten Akt erreicht zu haben, während erst der zweite Teilakt den Erfolg bewirkt*	*Objektive Zurechnung ist gegeben.*	*KK I Fall 1 Rn 111*
Vor § 1	*6*	*Erfolgsherbeiführung durch ganz atypischen Kausalverlauf*	*Objektiver Tatbestand entfällt, da keine objektive Zurechnung stattfindet.*	*KK I Fall 2 Rn 124*
Vor § 1	*7*	*Kausalität iSv § 35 I 2*	*Notstandsausschluss nur bei nicht sozialadäquatem Vorverhalten.*	*KK I Fall 2 Rn 131*
Vor § 1	4	Wegfall der objektiven Zurechnung wegen eigenverantwortlichen Dazwischentretens eines Dritten?	Grds ja, es gibt aber viele Ausnahmen.	KK III Fall 1 Rn 32
Vor § 1	78	Teilnahme an einer Selbstgefährdung und eigenverantwortliche Fremdgefährdung	Abgrenzung nach Tatherrschaftskriterien.	KK III Fall 8 Rn 342
Vor § 1	79	Überlagert die Garantenstellung das Prinzip der Eigenverantwortlichkeit?	Nein.	KK III Fall 8 Rn 348
Vor § 1	80	Der Maßstab für die Eigenverantwortlichkeit	Einwilligungsfähigkeit des (späteren) Opfers (hat es nach seiner geistigen und sittlichen Reife Wesen, Tragweite und Auswirkungen des Eingriffs voll erfasst?)	KK III Fall 8 Rn 352

Zu §	Problem Nr	Problematik	Vorgeschlagene Lösung	Ausführliche Erörterung in Fall Nr Rn
Vor § 1	*40*	Aufbauschema erfolgsqualifiziertes Delikt	S Schaubild.	*KK II* *Fall 7* *Rn 200*
	91			KK III Fall 9 Rn 403
Vor § 1	121	Voraussetzungen und Verfassungsmäßigkeit der „Wahlfeststellung"	Alle Beweismöglichkeiten ausgeschöpft. Andere Handlungen sicher ausgeschlossen. Keine eindeutige Tatsachengrundlage durch in dubio pro reo. Rechtsethische und psychologische Vergleichbarkeit der Tatbestände.	KK III Fall 11 Rn 553
Vor § 1	129	Maßstab des rechtmäßigen Alternativverhaltens bei Unfällen während einer Trunkenheitsfahrt	Es ist auf das Fahren in nüchternem Zustand abzustellen.	KK III Fall 12 Rn 581
§ 13	*30*	Garantenstellung aus vorangegangenem rechtmäßigem/pflichtgemäßem Tun	Im Regelfall keine Garantenpflicht, anders aber bei Sonderrisiken wie zB im Straßenverkehr.	*KK I* *Fall 6* *Rn 244*
	130			KK III Fall 12 Rn 587
§ 13	*34*	*Abgrenzung positives Tun – Unterlassen*	*Schwerpunkttheorie.*	*KK II* *Fall 5* *Rn 148*
§ 13	*53*	*Abgrenzung aktives Tun/Unterlassen bei Behandlungsabbruch*	*Handlungsweisen werden als Behandlungsabbruch zusammengefasst ohne nähere Differenzierung.*	*KK II* *Fall 10* *Rn 290*
§ 13	119	Garantenstellung aus Ingerenz aufgrund eines Benennens einer Person als Zeuge und Pflicht zum Einschreiten gegen die Falschaussage des anderen?	Nur bei Pflichtwidrigkeit des Vorverhaltens gerade bzgl Falschaussage. Pflichten des Unterlassenden enden, wo ein fremder Verantwortungsbereich beginnt.	KK III Fall 11 Rn 548
Vor § 16	*56*	*Abgrenzung Tatbestandsirrtum/ Verbotsirrtum/Versuch/ Wahndelikt*	*S Auflistung.*	*KK II* *Fall 10* *Rn 323*

Zu §	Problem Nr	Problematik	Vorgeschlagene Lösung	Ausführliche Erörterung in Fall Nr Rn
§ 16	4	Dolus generalis? (im Vollendungszeitpunkt fehlt Vorsatz, da Täter von früherer Vollendung ausgeht)	Kein dolus generalis, aber: Bei unwesentlicher Abweichung vom vorgestellten Kausalverlauf wird Vollendung zugerechnet.	KK I Fall 1 Rn 112
§ 16	31	Erlaubnistatbestandsirrtum	Vorsatzschuld entfällt – es kann uU wegen fahrlässiger Tatbegehung bestraft werden.	KK I Fall 7 Rn 256
	55			KK II Fall 10 Rn 306
	7			KK III Fall 1 Rn 45
§ 16 § 17	19	Irrtum über die Rechtswidrigkeit der Zueignung iSv § 242 (Abgrenzung von Tatbestands- und Verbotsirrtum)	Irrtum über normatives Tatbestandsmerkmal. Irrtum innerhalb der Parallelwertung in der Laiensphäre: Tatbestandsirrtum, § 16. Irrtum außerhalb der Parallelwertung: Subsumtionsirrtum, § 17.	KK II Fall 3 Rn 83
	35			KK III Fall 4 Rn 160
§ 16	17	Aberratio ictus	Versuch am anvisierten Objekt in Tateinheit mit vollendetem fahrlässigem Delikt bzgl des getroffenen Objekts.	KK I Fall 3 Rn 169
	62			KK III Fall 6 Rn 271
§ 16	12	error in obiecto vel persona beim Täter (Irrtum über das Handlungsobjekt)	Tatbestandliche Gleichwertigkeit vorgestelltes – angegriffenes Objekt (–): Tatbestandsirrtum, § 16. Tatbestandliche Gleichwertigkeit (+): Vollendungsvorsatz.	KK I Fall 3 Rn 153
	60			KK III Fall 6 Rn 266
§ 16	2	Abgrenzung dolus eventualis – bewusste Fahrlässigkeit	• Dolus eventualis: Der Täter nimmt die Möglichkeit der Rechtsverletzung ernst (Wissenselement) und findet sich mit ihr ab (Willenselement). • Bewusste Fahrlässigkeit: Der Täter hofft auf das Ausbleiben des Erfolgs.	KK I Fall 1 Rn 107
	77			KK III Fall 8 Rn 339

Zu §	Problem Nr	Problematik	Vorgeschlagene Lösung	Ausführliche Erörterung in Fall Nr Rn
§§ 16, 17	*33*	*Doppelirrtum*	*Es greifen die Regeln des Erlaubnisgrenzirrtums ein.*	*KK 1 Fall 7 Rn 270*
§§ 16, 26	*15*	*error in obiecto vel persona (beim Täter) – Auswirkungen auf den Anstifter*	*Irrtum ist auch für Anstifter unbeachtlich (Anstiftervorsatz wird bejaht).*	*KK 1 Fall 3 Rn 162*
§ 17	*32*	*Verbotsirrtum*	*Geregelt in § 17:* • *direkter Verbotsirrtum (Erlaubnisnormirrtum)* • *indirekter Verbotsirrtum (Erlaubnisgrenzirrtum).*	*KK 1 Fall 7 Rn 264*
Vor § 20	*50*	*Vorsätzliche actio libera in causa, alic*	*Schuldausnahmemodell.*	*KK 1 Fall 11 Rn 409*
Vor § 20	*51*	*Fahrlässige actio libera in causa*	*Zumeist entbehrlich.*	*KK 1 Fall 11 Rn 421*
§ 22	*18*	Abgrenzung Vorbereitungshandlung – Versuch	Gemischt subjektiv-objektive Theorie (aus Sicht des Täters):	*KK 1 Fall 4 Rn 178*
	1		• unmittelbar letzter Teilakt der eigentlichen Tatbestandsverwirklichung	*KK II Fall 1 Rn 5*
	18		• Rechtsgutsgefährdung	KK III Fall 3 Rn 109
§ 22	19	Abgrenzung zwischen Vorbereitung und Versuch bei Beginn der Verwirklichung eines Regelbeispiels	Abhängig vom konkreten Einzelfall und dem jeweiligen Regelbeispiel.	KK III Fall 3 Rn 111
§ 22	*39*	Versuchsbeginn beim Unterlassungsdelikt	Regelungen zum unmittelbaren Ansetzen beim Begehungsdelikt entsprechend anzuwenden. Entscheidend ist der Zeitpunkt, in dem aus Tätersicht für geschütztes Rechtsgut unmittelbare Gefahr entsteht.	*KK 1 Fall 9 Rn 315*
	146			KK III Fall 14 Rn 679

Zu §	Problem Nr	Problematik	Vorgeschlagene Lösung	Ausführ-liche Er-örterung in Fall Nr Rn
§ 22	41	Versuch des erfolgs-qualifizierten Delikts	Versuch der Erfolgsqualifika-tion möglich. Erfolgsqualifi-zierter Versuch möglich, wenn qualifizierender Erfolg mit Tathandlung verknüpft ist; nicht möglich, wenn er auf Erfolg des Grunddelikts aufbaut.	*KK II* *Fall 7* *Rn 202*
	92			KK III Fall 9 Rn 405
§§ 22, 25	46	*Versuchsbeginn bei Mittäterschaft*	*Gesamtlösung.*	*KK I* *Fall 11* *Rn 380*
	48			*KK II* *Fall 8* *Rn 238*
§§ 22, 25	49	*Versuchsbeginn bei vermeintlicher Mittäterschaft*	*Vermeintlicher Mittäter ist nur Alleintäter. Er muss selbst zum Versuch angesetzt haben.*	*KK II* *Fall 8* *Rn 240*
§§ 22, 25	23	*Versuchsbeginn bei mittelbarer Täterschaft*	Versuch beginnt, wenn der Hintermann das von ihm in Gang gesetzte Geschehen aus der Hand gegeben hat.	*KK I* *Fall 4* *Rn 194*
	27			*KK II* *Fall 4* *Rn 115*
	48			KK III Fall 5 Rn 213
§ 24	20	*Rücktritt gem § 24 II bei meh-reren Beteiligten*	*§ 24 II, Teilnehmer muss Vollendung verhindern.*	*KK I* *Fall 4* *Rn 184*
§ 24	21	*Freiwilligkeit iSv § 24 bei Angst vor Strafe*	*Freiwilligkeit ist gegeben.*	*KK I* *Fall 4* *Rn 186*
§ 24	24	*Rücktritt im Vorbereitungs-stadium*	*Mitwirkungshandlung darf sich nicht mehr ausgewirkt haben (§ 24 II analog).*	*KK I* *Fall 4* *Rn 197*
§ 24	40	*Strafbarkeit des Täters bei Irrtum über die Wirksamkeit des bereits Getanen (Rücktritt trotz Erfolgseintritts?)*	*Vollendungsstrafbarkeit – Rücktritt ist ausgeschlossen.*	*KK I* *Fall 9* *Rn 319*
§ 24	42	*Ist ein Rücktritt noch möglich, wenn der Täter sein außer-tatbestandliches Ziel bereits erreicht hat?*	*Ja.*	*KK I* *Fall 10* *Rn 333*

Zu §	Problem Nr	Problematik	Vorgeschlagene Lösung	Ausführliche Erörterung in Fall Nr Rn
§ 24	43	*Muss der Täter die Tat endgültig aufgeben wollen?*	*Das Abstandnehmen von der konkreten Tat ist ausreichend.*	*KK I Fall 10 Rn 336*
§ 24	44	*Muss der Täter das Optimum tun, um die Vollendung zu vermeiden?*	*Nein.*	*KK I Fall 10 Rn 344*
§ 24	37	Ist „tätige Reue" analogiefähig?	Tätige Reue ist nur möglich, wo sie ausdrücklich gesetzlich vorgesehen ist.	KK III Fall 4 Rn 169
§ 24	41	Rücktritt bei mehraktigem Geschehen	Gesamtbetrachtungslehre (Rücktrittshorizont im Moment der letzten Ausführungshandlung).	*KK I Fall 9 Rn 323*
	38			KK III Fall 4 Rn 173
§ 24	19	Freiwilligkeit beim Rücktritt, § 24	• Freiwilligkeit: autonome Motive	*KK I Fall 4 Rn 180*
	39		• Unfreiwilligkeit: heteronome Motive	KK III Fall 4 Rn 175
§ 24	40	Rücktritt bei wertlosen Gegenständen	Kein freiwilliger Rücktritt.	KK III Fall 4 Rn 180
§ 24	93	Rücktritt vom erfolgsqualifizierten Versuch (hier: § 251)	Möglich.	KK III Fall 9 Rn 407
§ 25	22	*Fallgruppen der mittelbaren Täterschaft*	*Defizite auf der Ebene* • *des Tatbestandes* • *der Rechtswidrigkeit* • *der Schuld, ferner Sonderfälle:* • *organisatorischer Machtapparat*	*KK I Fall 4 Rn 192*
§ 25 § 26	36	*Fehlgeschlagene Anstiftung: Vermeintlicher Täter ist gutgläubig, sodass objektiv mittelbare Täterschaft vorliegt*	*Versuchte Anstiftung zum vorgestellten Delikt.*	*KK I Fall 8 Rn 297*
§ 25	51	*Mittelbare Täterschaft durch ein absichtslos-doloses Werkzeug*	*Möglich.*	*KK II Fall 9 Rn 267*

Zu §	Problem Nr	Problematik	Vorgeschlagene Lösung	Ausführliche Erörterung in Fall Nr Rn
§ 25	*45*	*Mittäterschaft bei Tatbeitrag im Vorbereitungsstadium*	*Funktionelle Tatherrschaftstheorie.*	*KK I Fall 11 Rn 378*
	47			*KK II Fall 8 Rn 236*
§ 25	14	Ist mittelbare Täterschaft auch möglich, wenn der Vordermann in einem vermeidbaren Verbotsirrtum handelt?	Ja.	KK III Fall 2 Rn 88
§ 25	6	Abgrenzung Täterschaft – Teilnahme bei Beteiligung an einem Begehungsdelikt durch Unterlassen	Anhand Tatherrschaftslehre.	*KK II Fall 1 Rn 29*
	27			KK III Fall 3 Rn 139
§ 25 § 26	*35*	Vermeintliche mittelbare Täterschaft: unmittelbar Handelnder ist bösgläubig, Hintermann hält ihn für gutgläubig	Anstiftung zum vollendeten Delikt (fehlender Anstiftervorsatz wird nach Plus-Minus-Verhältnis unterstellt).	*KK I Fall 8 Rn 284, 288*
	47 und 49			KK III Fall 5 Rn 210 und 216
§ 25	*13*	Abgrenzung Täterschaft – Teilnahme bei Beteiligung an einem Begehungsdelikt durch positives Tun	Tatherrschaftslehre.	*KK I Fall 3 Rn 159*
	4			*KK II Fall 1 Rn 20*
	65			KK III Fall 7 Rn 285
§ 26	*14*	Wie ist der Begriff des „Bestimmens" iSv § 26 auszulegen?	Hervorrufen des Tatentschlusses durch eine Willensbeeinflussung im Wege des offenen geistigen Kontakts.	*KK I Fall 3 Rn 161*
	15			KK III Fall 2 Rn 90
§ 26	68	Anstiftung durch Unterlassen	Nicht möglich, da es an psychischer Einflussnahme iSv § 26 fehlt.	KK III Fall 7 Rn 299

Zu §	Problem Nr	Problematik	Vorgeschlagene Lösung	Ausführliche Erörterung in Fall Nr Rn
§ 26	98	Agent provocateur	Straflos, wenn er Rechtsgutsverletzung nicht eintreten lassen will.	KK III Fall 9 Rn 451
§ 26	110	„Hochstiftung" bzw „Aufstiftung"	Wegen Anstiftung strafbar, wenn durch Beeinflussung des Täters der Unwertgehalt der Tat wesentlich gesteigert wird.	KK III Fall 10 Rn 503
§ 26	118	Anstiftung bei vorsatzloser uneidlicher Falschaussage der vermeintlich bösgläubigen Beweisperson	Mangels vorsätzlicher rechtswidriger Haupttat nicht möglich.	KK III Fall 11 Rn 538
§ 27	*47*	*Kausalität der Beihilfe*	*Kausalbeziehung ist nicht erforderlich.*	*KK I Fall 11 Rn 389*
§ 27	29	Strafbarkeit einer neutralen Beihilfehandlung	Straflos, wenn es sich um sozialadäquate Verhaltensweisen handelt, da dann objektiver Tatbestand des § 27 nicht erfüllt.	KK III Fall 3 Rn 146b
§ 28	*16*	Wie ist das Verhältnis von § 212 zu § 211? Ist § 28 I oder II oder § 29 anwendbar?	Qualifikation; § 29 ist anwendbar.	*KK I Fall 3 Rn 165*
	5			*KK II Fall 1 Rn 24*
	16			KK III Fall 2 Rn 100
Vor § 32	81	Das Züchtigungsrecht von Erziehungsberechtigten	Tatbestandslösung (Problem der Züchtigungshandlungen bei § 223 auf Tatbestandsebene in Prüfung des Merkmals „körperliche Misshandlung" im Unterpunkt „Angemessenheit" behandeln).	KK III Fall 8 Rn 356
Vor § 32	*54*	*Die strafrechtliche Beurteilung des Behandlungsabbruchs auf Wunsch des Patienten*	*Einwilligungslösung.*	*KK II Fall 10 Rn 301*
§ 32	*26*	*Notwehreinschränkung bei verschuldeter Notwehrlage*	*Gebotenheit iSv § 32 I kann entfallen, Schutzwehr geht vor Trutzwehr.*	*KK I Fall 5 Rn 213*

Zu §	Problem Nr	Problematik	Vorgeschlagene Lösung	Ausführliche Erörterung in Fall Nr Rn
§ 32	28	*Einfluss von Art 2 IIa EMRK auf § 32*	*Art 2 IIa EMRK bindet nur staatliche Organe.*	*KK I Fall 6 Rn 232*
§ 32	29	*Notwehreinschränkung beim Schutz geringwertiger Sachgüter*	*Zumindest schwere Körperverletzungen sowie Tötungen sind nicht geboten iSv § 32 I.*	*KK I Fall 6 Rn 234*
§ 32	9	Kann ein nach § 218a I iVm § 219 II 2 nicht tatbestandsmäßiger Schwangerschaftsabbruch rechtswidrig iSd Rechtswidrigkeit eines Angriffs nach § 32 sein?	Ja, wegen Unvereinbarkeit des Schwangerschaftsabbruchs mit Art 2 II GG.	KK III Fall 2 Rn 64
§ 32	10	Wegfall der Gebotenheit der Nothilfe, wenn der Kindsvater einen nach § 218a I straflosen Schwangerschaftsabbruch zwangsweise verhindert?	Ja, sonst Widerspruch zu Grundgedanken des § 218a I.	KK III Fall 2 Rn 66
§ 32	37	Fehlen des subjektiven Rechtfertigungselements (bei Vorsatzdelikten)	Strafbarkeit wegen Versuchs.	*KK I Fall 9 Rn 307*
	143			KK III Fall 14 Rn 652
§ 32	153	Ist Notwehr zugunsten von Allgemeinrechtsgütern zulässig?	Nur bzgl Individualrechtsgütern des Fiskus, nicht aber bzgl Allgemeinrechtsgütern.	KK III Fall 15 Rn 709
§ 33	27	*Extensiver Notwehrexzess, § 33 (Überschreitung der Notwehr nach Abschluss des Angriffs)*	*§ 33 greift ein.*	*KK I Fall 5 Rn 222*
§ 33	48	*Bewusste Notwehrüberschreitung bei § 33*	*§ 33 ist nicht ausgeschlossen.*	*KK I Fall 11 Rn 398*
§ 33	49	*Scheidet eine Anwendung von § 33 aus, wenn der Täter die Notwehrlage provoziert hat?*	*§ 33 ist nicht ausgeschlossen (anders im Falle der Absichtsprovokation).*	*KK I Fall 11 Rn 400*
§ 34	9	*Welche Interessen sind iRd rechtfertigenden Notstandes (zB § 34) auf der Opferseite in die Abwägung einzubeziehen?*	*Es ist stets auf das Interesse abzustellen, dessen Schutz der gerade geprüfte Tatbestand bezweckt.*	*KK I Fall 2 Rn 134*
§ 34	154	Ist Notstand zugunsten von Allgemeinrechtsgütern zulässig?	Ja, aber nur im äußersten Notfall.	KK III Fall 15 Rn 711

Zu §	Problem Nr	Problematik	Vorgeschlagene Lösung	Ausführliche Erörterung in Fall Nr Rn
§ 35	*8*	*Verschuldete Herbeiführung der Gefahrenlage iSv § 35 I 2 bei Gefährdung Angehöriger bzw nahestehender Personen?*	*Da der Motivationsdruck durch eigenes Verschulden eher noch verstärkt wird, scheitert Notstand nicht an § 35 I 2.*	*KK I Fall 2 Rn 132*
Vor § 52	*25*	Fortsetzungszusammenhang	Wird nicht mehr anerkannt, Taten stehen in Realkonkurrenz, § 53.	*KK I Fall 4 Rn 199*
	74			KK III Fall 7 Rn 327
§ 113	157	Rechtsnatur des § 113 III?	Objektive Bedingung der Strafbarkeit.	KK III Fall 15 Rn 719
§ 113	158	Rechtmäßigkeitsbegriff des § 113 III?	Strafrechtlicher Rechtmäßigkeitsbegriff: sachliche und örtliche Zuständigkeit, wesentliche Förmlichkeiten und pflichtgemäßes Ermessen.	KK III Fall 15 Rn 721
§ 123	*23*	Grenzen eines generellen Zutrittsrechts bei § 123	Äußeres Erscheinungsbild weicht so vom gestatteten Eintreten ab, dass mit Einverständnis des Hausrechtsinhabers billigerweise nicht zu rechnen ist.	*KK II Fall 4 Rn 100*
	25			KK III Fall 3 Rn 131
§ 142	100	Wie ist der Begriff des „Unfallorts" iSv § 142 I auszulegen?	Restriktiv auslegen: der Bereich, der mit dem Unfallgeschehen in einem räumlichen und zeitlichen Zusammenhang steht; feststellungsbereite Personen müssen an diesem Ort noch ohne Weiteres zu erwarten sein.	KK III Fall 9 Rn 464
§ 142	101	Unvorsätzliches Entfernen als „berechtigtes oder entschuldigtes Entfernen" iSd § 142 II Nr 2	§ 142 II Nr 2 ist auf den sich unvorsätzlich oder unwillentlich entfernenden Täter nicht anwendbar.	KK III Fall 9 Rn 469
§ 145d	111	Aufbauschen einer tatsächlich begangenen rechtswidrigen Tat als Vortäuschen iSd § 145d?	Nein, wenn eine tatsächlich rechtswidrige Tat vorliegt, ist § 145d nicht anwendbar.	KK III Fall 10 Rn 510

Zu §	Problem Nr	Problematik	Vorgeschlagene Lösung	Ausführliche Erörterung in Fall Nr Rn
§ 153 § 154	115	Wann ist eine Aussage „falsch" iSd §§ 153, 154 I?	Objektive Aussagetheorie (Aussage ist falsch, wenn der Inhalt der Äußerung nicht mit dem wirklichen Geschehen übereinstimmt).	KK III Fall 11 Rn 520
§ 160	116	Verleitung einer vermeintlich gutgläubigen Beweisperson zur Falschaussage	Nur Versuch des § 160.	KK III Fall 11 Rn 531
§ 160	117	Verleitung einer vermeintlich bösgläubigen Beweisperson zur Falschaussage	Nur versuchte Anstiftung zur Falschaussage, da Hintermann Aussageperson für bösgläubig hält, hat er selbst nur Teilnehmervorsatz u keinen für § 160 erforderlichen Tätervorsatz.	KK III Fall 11 Rn 536
§§ 185 ff	12	*Abgrenzung Tatsachenbehauptung – Werturteil bei §§ 185 ff*	*Tatsachen:* • *konkrete Vorgänge/Zustände der Vergangenheit/Gegenwart, die wahrnehmbar in die Wirklichkeit getreten und deshalb dem Beweis zugänglich sind.* *Werturteile:* • *subjektive Meinungen, die nicht von Tatsachen belegt werden.*	*KK II* *Fall 2* *Rn 54*
§ 185	*13*	*Beleidigung von Personengemeinschaften – Beleidigung unter einer Kollektivbezeichnung*	*Beleidigung in beiden Fallgruppen möglich.*	*KK II* *Fall 2* *Rn 57*
§§ 185 ff	*11* *61*	Die Systematik der Beleidigungsdelikte (§§ 185–187)	S Schaubild.	*KK II* *Fall 2* *Rn 52* KK III Fall 6 Rn 268
§ 186	*15*	*Behandlung der Nichterweislichkeit der Wahrheit der ehrenrührigen Tatsache iRd § 186*	*Objektive Bedingung der Strafbarkeit.*	*KK II* *Fall 2* *Rn 63*
§ 193	*14*	*§ 193 bei Meinungsäußerungen*	*Außer bei Formalbeleidigung grds anwendbar.*	*KK II* *Fall 2* *Rn 59*
§ 211	*34*	*Verlangt Heimtücke einen verwerflichen Vertrauensbruch?*	*Nein, es genügt die Ausnutzung der Arg- und Wehrlosigkeit in feindseliger Willensrichtung.*	*KK I* *Fall 8* *Rn 278*

Zu §	Problem Nr	Problematik	Vorgeschlagene Lösung	Ausführliche Erörterung in Fall Nr Rn
§ 211	3	*Allgemeine Verwerflichkeits-prüfung bei Mord*	*Nein, weder positive noch negative Typenkorrektur.*	*KK II Fall 1 Rn 15*
§ 211	147	Steht die Annahme eines nur bedingten Tötungsvorsatzes der Verdeckungsabsicht entgegen?	Nein, außer wenn das Verdeckensziel nach der Vorstellung des Täters nur durch eine erfolgreiche Tötungshandlung zu erreichen ist.	KK III Fall 14 Rn 682
§ 211	148	Schließt die Begehung durch Unterlassen die Verdeckungsabsicht aus?	Nein.	KK III Fall 14 Rn 684
§ 212	5	*Verhältnis Totschlag – Körperverletzung*	*Körperverletzung ist nur Durchgangsstadium.*	*KK I Fall 1 Rn 116*
§ 216	57	*Überblick über die verschiedenen Fallgruppen der Sterbehilfe*	*S Schaubild.*	*KK II Fall 10 Rn 329*
§ 218	2	*Vollendeter Schwangerschafts-abbruch durch Tötung des Kindes nach fehlgeschlagener Abtötung der Leibesfrucht?*	*Nein: vollendetes Tötungs-delikt + versuchter Schwangerschaftsabbruch.*	*KK II Fall 1 Rn 10*
§ 221	109	„Versetzen" in eine hilflose Lage iSv § 221 I Nr 1	Es genügen Tatformen ohne räumliche Veränderung.	KK III Fall 10 Rn 498
§ 223	11	Schließt ein de lege artis durch-geführter ärztlicher Eingriff bereits den Tatbestand des § 223 aus oder kommt nur eine Rechtfertigung in Betracht?	Rechtfertigung.	KK III Fall 2 Rn 75
§ 224	38	*Können unbewegliche Gegen-stände gefährliche Werkzeuge iSv § 224 I Nr 2 sein?*	*Ja.*	*KK I Fall 9 Rn 311*
§ 224	7	*Körperteile als gefährliche Werkzeuge*	*Nein.*	*KK II Fall 2 Rn 39*
§ 224	1	Setzt eine „das Leben gefährdende Behandlung" iSv § 224 I Nr 5 eine konkrete oder nur eine abstrakte Lebensgefährdung voraus?	Abstrakte Gefährdung genügt.	KK III Fall 1 Rn 6

Zu §	Problem Nr	Problematik	Vorgeschlagene Lösung	Ausführliche Erörterung in Fall Nr Rn
§ 224	144	Muss bei § 224 I Nr 1 das Gift oder der beigebrachte gesundheitsschädliche Stoff geeignet sein, zumindest eine schwere Körperverletzung iSd § 226 I zu bewirken?	Ja.	KK III Fall 14 Rn 656
§ 226	156	Individueller Bezugspunkt bzgl der Bestimmung der Wichtigkeit des Körpergliedes bei § 226 I Nr 2	Individuelle soziale Verhältnisse sind nicht zu berücksichtigen, während die individuelle körperliche Verfassung von Bedeutung ist.	KK III Fall 15 Rn 715
§ 227	42	Knüpft § 227 an den Körperverletzungserfolg oder an die Körperverletzungshandlung an?	Bei vollendeter vorsätzlicher Körperverletzung genügt tatbestandsspezifischer Unmittelbarkeitszusammenhang zwischen Verletzungshandlung und Todesfolge.	*KK II* *Fall 7* *Rn 204*
	5			KK III Fall 1 Rn 35
§ 231	3	Zurechnung des Erfolges einer Schlägerei (§ 231), der nach Verlassen der Schlägerei eintritt	Ja; entscheidend ist nur, dass sich der Täter überhaupt an der Schlägerei beteiligt hat.	KK III Fall 1 Rn 25
§ 231	6	Kann demjenigen, der sich erst nach Eintritt der schweren Folge an einer Schlägerei beteiligt, die schwere Folge zugerechnet werden?	Ja.	KK III Fall 1 Rn 41
§ 239b	2	Restriktive Auslegung des § 239b im Zwei-Personen-Verhältnis	Täter muss durch das Sich-Bemächtigen geschaffene Lage zu qualifizierter Nötigung ausnutzen (Zweiaktigkeit des Geschehens).	KK III Fall 1 Rn 9
§ 240	8	*Der strafrechtliche Gewaltbegriff*	*Körperlich wirkender Zwang durch (un-)mittelbare Einwirkung auf einen anderen, die nach Vorstellung des Täters dazu bestimmt und geeignet ist, tatsächlich geleisteten/erwarteten Widerstand zu überwinden/unmöglich zu machen.*	*KK II* *Fall 2* *Rn 42*
§ 240	133	Genügt das bloße Blockieren der Fahrbahn für die Annahme von Gewalt iSd § 240 I?	Nein.	KK III Fall 12 Rn 600
§ 240 § 253	52	*Drohung mit einem Unterlassen*	*Ist Androhung eines empfindlichen Übels.*	*KK II* *Fall 9* *Rn 274*

575

Zu §	Problem Nr	Problematik	Vorgeschlagene Lösung	Ausführliche Erörterung in Fall Nr Rn
§ 242	9	*Enteignung – Aneignung*	*Aneignung:* • *mind vorübergehendes Einverleiben der Sache selbst/ des verkörperten Sachwertes in Vermögen des Täters/ eines Dritten.* *Enteignung:* • *endgültige Ausschließung/ Verdrängung des Eigentümers aus wirtschaftlicher Position.*	*KK II* *Fall 2* *Rn 44*
§ 242	21	*Eigen- oder Drittzueignungsabsicht, wenn der Täter die Sache weiterverschenken will*	*Eigenzueignungsabsicht, wenn der Schenker sich wie Eigentümer geriert.*	*KK II* *Fall 4* *Rn 95*
§ 242	30	*Übereignung von Benzin an Selbstbedienungstankstellen*	*Übereignung an Kasse oder Übereignung unter Eigentumsvorbehalt beim Einfüllen.*	*KK II* *Fall 5* *Rn 132*
§ 242	31	*Vorliegen eines (unbedingten) tatbestandsausschließenden Einverständnisses beim Tanken an einer Selbstbedienungstankstelle*	*Unbedingtes tatbestandsausschließendes Einverständnis.*	*KK II* *Fall 5* *Rn 134*
§ 242 § 246	33	*Zueignung durch Lesen eines Taschenbuchs*	*Nein.*	*KK II* *Fall 5* *Rn 142*
§ 242	20 22	Gewahrsamsbegründung in fremder Gewahrsamssphäre	Bei kleineren Gegenständen genügt für Gewahrsamswechsel Verbringen in Gewahrsamsenklave.	*KK II* *Fall 4* *Rn 93* KK III Fall 3 Rn 122
§ 242	17 23	Beobachtete Wegnahme	Vollendete Wegnahme, da Diebstahl kein „heimliches Delikt" ist.	*KK II* *Fall 3* *Rn 79* KK III Fall 3 Rn 124
§ 242 § 246	32 24	Objekt der Zueignung bei §§ 242 I, 246 I	Sache selbst (Substanztheorie) oder der in ihr verkörperte Sachwert (Sachwerttheorie).	*KK II* *Fall 5* *Rn 140* KK III Fall 3 Rn 126

Zu §	Problem Nr	Problematik	Vorgeschlagene Lösung	Ausführliche Erörterung in Fall Nr Rn
§ 242 § 263	*35*	Abgrenzung von Betrug und Diebstahl beim Passieren der Kasse in SB-Märkten	Kein Verfügungsbewusstsein der Kassiererin bzgl versteckter Waren. Es kommt nur Diebstahl in Betracht.	*KK II* *Fall 6* *Rn 161*
	26			KK III Fall 3 Rn 133
§ 242	*18*	Rechtswidrigkeit der Zueignung bei fälligem Anspruch auf die Geldsumme	Zueignung nur dann nicht rechtswidrig, wenn fälliger, einredefreier Anspruch auf Übereignung gerade dieser Sache besteht (Stückschulden: (+); Gattungs- und Geldschulden: erst nach Konkretisierung).	*KK II* *Fall 3* *Rn 81*
	34			KK III Fall 4 Rn 158
§ 242 § 263	57	Schließen sich Wegnahme und Verfügung aus?	Ja.	KK III Fall 6 Rn 249
§ 242	82	Der Sachwertbegriff iRd § 242: „lucrum ex re" oder „lucrum ex negotio cum re"?	Restriktiver Sachwertbegriff: nur lucrum ex re.	KK III Fall 8 Rn 360
§ 242	83	Gewahrsamsbruch an aus Geldautomaten erlangtem Bargeld?	Nein, sofern der Geldautomat ordnungsgemäß in Betrieb genommen wurde.	KK III Fall 8 Rn 367
§ 242	99	Enteignungsvorsatz bei Rückführungswillen	Rückführungswille und Enteignungsvorsatz schließen sich aus.	KK III Fall 9 Rn 458
§ 243	*22*	*Warenanhänger als besondere Schutzvorrichtung iSd § 243 I 2 Nr 2?*	*Nein.*	*KK II* *Fall 4* *Rn 97*
§ 243	20	Versuch eines Regelbeispiels (am Beispiel des § 243)	Nicht möglich.	KK III Fall 3 Rn 113
§ 243	41	„Bezieht" sich die Tat bei § 243 auf eine geringwertige Sache, wenn der Täter eine wertvolle Sache stehlen will und dann eine billige mitnimmt?	Ja, da spätere Objekt- und Vorsatzwechsel unbeachtlich.	KK III Fall 4 Rn 185
§ 243	43	Konkurrenzverhältnis zwischen Diebstahl in einem besonders schweren Fall und Hausfriedensbruch (bzw Sachbeschädigung)	Konsumtion.	KK III Fall 4 Rn 191

Zu §	Problem Nr	Problematik	Vorgeschlagene Lösung	Ausführliche Erörterung in Fall Nr Rn
§ 243	95	Erfasst § 243 I 1, 2 Nr 1 den „Wohnungseinbruchsdiebstahl"?	Nein, dieser fällt allein unter § 244 I Nr 3.	KK III Fall 9 Rn 420
§ 244	152	Beisichführen einer Waffe iSv § 244 I Nr 1a Alt 1 bei Berufswaffenträgern	Strafbarkeit auch bei Berufswaffenträgern gegeben (gleiche Gefahrenlage)	KK III Fall 15 Rn 707a
§ 244	42	Waffeneigenschaft geladener Schreckschusspistolen	Nein, wenn Einsatz nicht so körpernah erfolgen soll, dass die Möglichkeit der Herbeiführung erheblicher Verletzungen besteht.	KK III Fall 4 Rn 188
§ 244	21	Gefährliches Werkzeug iSv § 244 I Nr 1a	Werkzeug kann seiner allgemeinen Eignung nach erhebliche Körperverletzungen bewirken und diese Wirkung soll notfalls auch ausgenutzt werden.	KK III Fall 3 Rn 116
§ 244	97	Diebstahl nur unter „Mitwirkung" eines Bandenmitglieds iSv § 244 I Nr 2?	Es müssen nicht mind 2 Bandenmitglieder örtlich und zeitlich zusammen den Diebstahl begehen. Es reicht aus, wenn ein Bandenmitglied als Täter und ein anderes Bandenmitglied in irgendeiner Weise zusammenwirken.	KK III Fall 9 Rn 438
§ 246	36	Zueignungshandlung iSv § 246 I	Jede Manifestation des Zueignungswillens, aus dem ein objektiver Beobachter auf Zueignungsvorsatz schließen kann.	KK III Fall 4 Rn 167
§ 246	25	Erneute Zueignung einer durch ein mit Zueignungsabsicht begangenes Vermögensdelikt erlangten Sache	Konkurrenzlösung.	*KK II Fall 4 Rn 108*
	71			KK III Fall 7 Rn 321
§ 246	84	Übereignung des vom Geldautomaten ausgegebenen Geldes durch die Bank an den unbefugten Kartenbenutzer nach § 929 S 1 BGB?	Eine Übereignung liegt vor, wenn der Automat ordnungsgemäß bedient worden ist.	KK III Fall 8 Rn 370

Zu §	Problem Nr	Problematik	Vorgeschlagene Lösung	Ausführliche Erörterung in Fall Nr Rn
§ 249 § 253 § 255	*10* 94	Abgrenzung Raub – räuberische Erpressung/Erforderlichkeit einer Vermögensverfügung iRd §§ 253, 255	Erpressung erfordert Vermögensverfügung des Genötigten.	*KK II* *Fall 2* *Rn 47* KK III Fall 9 Rn 411
§ 250	150	Restriktive Auslegung des § 250 I Nr 1b	Vom Tatbestand des § 250 I Nr 1b sind solche Gegenstände auszunehmen, die aus der Sicht eines objektiven Beobachters bereits nach dem äußeren Erscheinungsbild offensichtlich ungefährlich sind.	KK III Fall 15 Rn 701
§ 250	149	Erfüllung eines Qualifikationstatbestandes nach Vollendung, aber vor Beendigung des Grunddelikts?	Nein, ein Qualifikationstatbestand muss vor Vollendung der Tat verwirklicht werden, sonst würde der Wille des Gesetzgebers umgangen.	KK III Fall 15 Rn 698
§ 252	96	Zuvorkommen des Betroffenwerdens iSv § 252 durch Einsatz von Gewalt	Es wird auch auf frischer Tat „betroffen", wer dem Bemerktwerden zuvorkommt.	KK III Fall 9 Rn 430
§ 253	155	Reicht vis absoluta für § 253 aus?	Nein. Es ist vis compulsiva erforderlich.	KK III Fall 15 Rn 714
§ 257	*50* 66	Abgrenzung zwischen sukzessiver Beihilfe und Begünstigung	Sukzessive Beihilfe möglich. Abgrenzung nach Intention des Täters.	*KK II* *Fall 9* *Rn 257* KK III Fall 7 Rn 288
§ 258	72	Vollendungszeitpunkt bei der Strafvereitelung	Eine Verzögerung des Strafverfahrens von geraumer Zeit (drei Wochen) reicht aus.	KK III Fall 7 Rn 325d
§ 258	73	Die Systematik der Strafbarkeit des Vortäters als Täter oder Anstifter einer Begünstigung (§ 257) und Strafvereitelung (§ 258)	S Schaubild.	KK III Fall 7 Rn 325g
§ 259	*38*	*Vortat eines „anderen" iSv § 259 trotz Teilnahme an der Vortat?*	*Ja.*	*KK II* *Fall 6* *Rn 183*

Zu §	Problem Nr	Problematik	Vorgeschlagene Lösung	Ausführliche Erörterung in Fall Nr Rn
§ 259	39	*Ersatzhehlerei*	*Straflos.*	*KK II Fall 6 Rn 185*
§ 259	67	Überschneidung von Hehlerei, § 259, mit der Beihilfe zur Vortat	Vortat muss vollendet sein, ehe Hehlereihandlung erfolgt.	KK III Fall 7 Rn 293
§ 259	69	Vollendungszeitpunkt bei dem Absetzen und der Absatzhilfe	Konkretes Verhalten muss tatsächlich zum Absatzerfolg der Ware geführt haben.	KK III Fall 7 Rn 307
§ 259	70	Kommt als Dritter iSd § 259 I auch der Vortäter in Betracht?	Nein.	KK III Fall 7 Rn 309
§ 263	26 / 56	Der sog „Dreiecksbetrug"	„Lagertheorie" (mehr als faktische Einwirkungsmöglichkeit, weniger als rechtliche Befugnis).	*KK II Fall 4 Rn 113* KK III Fall 6 Rn 246
§ 263	36	*Vermögensschaden beim Eingehungs- und beim Erfüllungsbetrug*	*Eingehungsbetrug:* • *Vergleich der beiderseitigen Vertragsverpflichtungen.* *Erfüllungsbetrug:* • *Vergleich geschuldete – tatsächlich erbrachte Leistung.*	*KK II Fall 6 Rn 171*
§ 263	16 / 45	Täuschungshandlung und Aufklärungspflicht bei nachträglich eingetretener Leistungsunfähigkeit iRv Austauschverträgen	Keine Aufklärungspflicht.	*KK II Fall 3 Rn 72* KK III Fall 5 Rn 202
§ 263	46	Irrtum iRd § 263 bei Zweifeln des Getäuschten	Zweifel schließen Irrtum aus, wenn sie auf konkreten Anhaltspunkten beruhen.	KK III Fall 5 Rn 205
§ 263	50	Lehre vom individuellen Schadenseinschlag	Fallgruppen: Nötigung zu vermögensschädigenden Maßnahmen; Persönliche Verarmung; Fehlende Verwendungsmöglichkeit.	KK III Fall 5 Rn 220
§ 263	51	Übertragbarkeit der Grundsätze des Bettelbetrugs auf Austauschverträge	Nein.	KK III Fall 5 Rn 222

Zu §	Problem Nr	Problematik	Vorgeschlagene Lösung	Ausführliche Erörterung in Fall Nr Rn
§ 263	*37*	Strafrechtlicher Vermögensbegriff	Juristisch-ökonomischer Vermögensbegriff.	*KK II* *Fall 6* *Rn 179*
	52			KK III Fall 5 Rn 232
§ 263	53	Nichtleistung beim entgeltlichen Telefonsex als Schaden iSv § 263?	Ja.	KK III Fall 5 Rn 235
§ 263	54	Aufwendung von Arbeitsleistung zu sittenwidrigen Zwecken	Ist Schaden iSd juristisch-ökonomischen Vermögensbegriffs.	KK III Fall 5 Rn 238
§ 263	58	Gutgläubiger Erwerb als Vermögensschaden?	„Modifizierte Makeltheorie" (Keine generelle Bemakelung des gutgläubig erworbenen Eigentums, aber Schaden im Einzelfall möglich).	KK III Fall 6 Rn 252
§ 263	59	Der sog Prozessbetrug	Fallgruppe des § 263, bei der geringere Anforderungen an das „Näheverhältnis" zwischen Verfügendem (Richter) und Geschädigtem (Prozesspartei) zu stellen sind.	KK III Fall 6 Rn 258
§ 263a	85	„Unbefugte" Verwendung von Daten iSd § 263a I Var 3	Betrugsspezifische Auslegung.	KK III Fall 8 Rn 373
§ 263a	86	Umfasst die Beeinflussung eines Datenverarbeitungsvorganges iSd § 263a I auch das Ingangsetzen eines solchen Vorganges?	Ja.	KK III Fall 8 Rn 375
§ 263a	87	Ist bei einem Überschreiten der Befugnis zur Abhebung durch den berechtigten Karteninhaber ein täuschungsäquivalentes Verhalten gegeben?	Ja, nur das entspricht dem Schutzgedanken des § 263a.	KK III Fall 8 Rn 386
§ 266	106	Vermögensbetreuungspflicht als Voraussetzung des Missbrauchstatbestandes	Auch Missbrauchstatbestand setzt die Verletzung einer Vermögensbetreuungspflicht voraus.	KK III Fall 10 Rn 481
§ 266	107	Vermögensbetreuungspflicht (allgemeiner Umfang)	Fremdnützige Hauptpflicht mit hinreichender Selbstständigkeit.	KK III Fall 10 Rn 483

Zu §	Problem Nr	Problematik	Vorgeschlagene Lösung	Ausführliche Erörterung in Fall Nr Rn
§ 266	108	Treuepflicht iSd § 266 I bei Mietkaution hinsichtlich Wohnraummiete	Ja.	KK III Fall 10 Rn 485
§ 267	28	Anforderungen an das Verfälschen von Urkunden iSv § 267 I Var 2	Verfälschung ist jede Veränderung der Beweisrichtung und des gedanklichen Inhalts einer echten Urkunde, sodass diese nach dem Eingriff etwas anderes zum Ausdruck bringt als vorher (also nicht bloßer Unterfall der Herstellung einer unechten Urkunde).	*KK II* *Fall 4* *Rn 121*
	12			KK III Fall 2 Rn 81
§ 267	29	Konkurrenzverhältnis zwischen Herstellen bzw Verfälschen und Gebrauchmachen bei § 267	Von vornherein bestimmter Gebrauch des Falsifikats geplant und dann realisiert: nur auf den Gebrauch abzustellen. Verwendung nur in allgemeinen Umrissen geplant: späterer Gebrauch ist neue selbstständige Straftat, die zum vorausgegangenen Fälschungsakt in Tatmehrheit steht	*KK II* *Fall 4* *Rn 123*
	13			KK III Fall 2 Rn 83
§ 303	*1*	*Tiere als Sachen im Sinne des Strafrechts*	*IE unstreitig zu bejahen.*	*KK I* *Fall 1* *Rn 104*
§ 303	*10*	*Sachbeschädigung durch Brauchbarkeitsminderung*	*Kombinierte Substanzverletzungs- und Funktionsvereitelungstheorie.*	*KK I* *Fall 2* *Rn 144*
	24			*KK II* *Fall 4* *Rn 104*
§ 303	28	Verhältnis von § 303 II zu § 303 I bei Zustandsveränderungen	§ 303 I verdrängt auf Konkurrenzebene § 303 II.	KK III Fall 3 Rn 145
§ 304	*11*	*„Zum öffentlichen Nutzen dienen" iSv § 304 I*	*Erforderlich ist „Unmittelbarkeit". Dass Dritter den Gebrauch des Gegenstandes durch das Publikum ermöglichen muss, steht nicht entgegen.*	*KK I* *Fall 2* *Rn 147*
§§ 306 ff	142	Die Systematik der Brandstiftungsdelikte (§§ 306–306f)	S Schaubild.	KK III Fall 13 Rn 642

Zu §	Problem Nr	Problematik	Vorgeschlagene Lösung	Ausführliche Erörterung in Fall Nr Rn
§ 306a	136	Entwidmung eines Gebäudes durch Inbrandsetzung seitens des Alleineigentümers	Konkludente Entwidmung möglich.	KK III Fall 13 Rn 613
§ 306a	137	Teleologische Reduktion des Tatbestandes bei § 306a I, wenn sich mit Sicherheit keine Menschen im Gebäude aufhalten	Ja (keine schwere Brandstiftung, wenn Gefahr für Menschen sicher ausgeschlossen ist).	KK III Fall 13 Rn 627
§ 306a	139	Inbrandsetzung iSd § 306a I Nr 1 Alt 1 bei gemischt-genutzten Gebäuden	Es genügt ein Inbrandsetzen des gewerblich genutzten Teils.	KK III Fall 13 Rn 637b
§ 306a	140	(Teilweise) Zerstörung durch Brandlegung iSd § 306a I Nr 1 Alt 2 bei gemischt-genutzten Gebäuden	Keine Brandlegung, wenn nur gewerblich genutzter Teil betroffen.	KK III Fall 13 Rn 637d
§ 306b § 306c	138	Ist bei § 306b I bzw bei § 306c ein erfolgsqualifizierter Versuch möglich?	Ja.	KK III Fall 13 Rn 631
§ 315b	124	Beeinträchtigung des Straßenverkehrs durch einen „ähnlichen, ebenso gefährlichen Eingriff" iSv § 315b I Nr 3	Verkehrsverstoß unter bewusster Zweckentfremdung des Fahrzeugs (verkehrsfremder Eingriff).	KK III Fall 12 Rn 560
§ 315b	128	Konkretheit der Gefahr bei § 315b I	„Beinahe-Unfall" bzw hochgradige Existenzkrise für geschütztes Rechtsgut.	KK III Fall 12 Rn 574
§ 315c	*44* *125*	Notwendiges Ausmaß der Gefährdung des Beifahrers iRd § 315c	„Beinahe-Unfall", bei dem guter Ausgang bei lebensnaher objektiver Betrachtung nur noch vom Zufall abhängt.	*KK II* *Fall 7* *Rn 214* KK III Fall 12 Rn 562
§ 315c	*45* *126*	Gehören tatbeteiligte Mitfahrer zu dem durch § 315c geschützten Personenkreis?	Tatbeteiligte Mitfahrer (Anstifter oder Gehilfen) nicht geschützt.	*KK II* *Fall 7* *Rn 216* KK III Fall 12 Rn 564
§ 315c	*46* *127*	Einwilligung in die Gefährdung des Straßenverkehrs durch das gefährdete Opfer	Keine Einwilligung möglich, da Dispositionsbefugnis fehlt.	*KK II* *Fall 7* *Rn 219* KK III Fall 12 Rn 567

Zu §	Problem Nr	Problematik	Vorgeschlagene Lösung	Ausführliche Erörterung in Fall Nr Rn
§ 315c	132	Verhältnis von § 315c durch Herbeiführung des Unfalls zur Weiterfahrt nach dem Unfall	Tatmehrheit der Delikte vor und nach dem Unfall, wegen Zäsurwirkung des Unfalls.	KK III Fall 12 Rn 596
§ 316	*43*	Alkoholbedingte Fahruntüchtigkeit	• Relative Fahruntüchtigkeit: ab ca 0,3 ‰ zuzüglich Ausfallerscheinungen.	*KK II Fall 7 Rn 209*
	123		• Absolute Fahruntüchtigkeit: ab 1,1 ‰.	KK III Fall 12 Rn 558
§ 316a	151	Ausnutzung der besonderen Verhältnisse des Straßenverkehrs	Der Kfz-Führer ist so mit der Bewältigung von Betriebs- oder Verkehrsvorgängen befasst, dass er in seinen Abwehr- und Schutzmöglichkeiten stark eingeschränkt ist.	KK III Fall 15 Rn 704
§ 323c	131	Kann sich auf die Unzumutbarkeit der Hilfeleistung berufen, wer sich durch die Hilfeleistung der Gefahr einer Strafverfolgung aussetzen würde?	Nur dann, wenn Straftat in keinem Zusammenhang mit dem Unglücksfall steht.	KK III Fall 12 Rn 592
§§ 331 ff	145	Die Systematik der Amtsdelikte (§§ 331–334)	S Schaubild.	KK III Fall 14 Rn 662
§ 24 StPO	8	StPO: Rückgriff auf die Befangenheitsregelung des § 24 II StPO bei Zurückverweisung gem § 354 II StPO	Ja, weil aus Sicht eines verständigen durchschnittlichen Angeklagten die frühere Urteilsfällung befürchten lässt, der Richter werde nicht mehr unbefangen entscheiden.	KK III Fall 1 Rn 57
§ 52 StPO	134	StPO: Steht dem Angehörigen eines verstorbenen Beschuldigten im Prozess gegen Mitbeschuldigten ein Zeugnisverweigerungsrecht zu?	Ja.	KK III Fall 12 Rn 605
§ 55 StPO	135	StPO: Führt die Verletzung der Belehrungspflicht über das Auskunftsverweigerungsrecht des § 55 I StPO zu einem Beweisverwertungsverbot für den Beschuldigten?	Nein.	KK III Fall 12 Rn 607

Zu §	Problem Nr	Problematik	Vorgeschlagene Lösung	Ausführliche Erörterung in Fall Nr Rn
§ 96 StPO	102	StPO: Systematik der Bedingungen, von denen die Behörde die Sperrung von Gewährsperson für das gerichtliche Verfahren abhängig machen kann („Stufentheorie")	Äußere Einschränkungen bei Vernehmung des VE vor Gericht. Kommissarische Vernehmung. Verzicht auf Vernehmung des V-Mannes und Verlesung der polizeilichen Vernehmungsprotokolle, uU auch Einsatz von Video.	KK III Fall 9 Rn 474
§ 98 StPO	159	Statthafter Rechtsbehelf bei im Ermittlungsverfahren angeordneten Zwangsmaßnahmen?	§ 98 II 2 analog, Ausnahme: richterliche Anordnung als solche wird angefochten, dann § 304 StPO.	KK III Fall 15 Rn 725
§ 98 StPO	160	Fallgruppen des besonderen Rechtsschutzbedürfnisses nach Erledigung einer Zwangsmaßnahme im Ermittlungsverfahren	Fallgruppen: (1) Tiefgreifende Grundrechtseingriffe (2) Wiederholungsgefahr (3) Rehabilitationsinteresse (4) Geltendmachung von Amtshaftungsansprüchen	KK III Fall 15 Rn 727
§ 112 StPO	141	Voraussetzungen der Untersuchungshaft	Dringender Tatverdacht, Haftgrund, Verhältnismäßigkeit.	KK III Fall 13 Rn 638
§ 127 StPO	86	StPO: Setzt § 127 I 1 StPO eine tatsächlich begangene Straftat voraus?	Ja.	KK III Fall 8 Rn 391
§ 136 StPO	30	StPO: Wie werden Beweisverwertungsverbote ermittelt?	Verstoß gegen gesetzliche Vorschriften: Schutzzweck der Norm. Verwertungsverbot direkt aus Grundrechten: Abwägungslehre.	KK III Fall 3 Rn 149
§ 136 StPO	31	StPO: Pflicht zur qualifizierten Belehrung und Beweisverwertungsverbot	Qualifizierte Belehrung erforderlich, bei deren Unterlassen Beweisverwertungsverbot.	KK III Fall 3 Rn 151a
§ 136 StPO	32	StPO: Vernehmungsbegriff	Formeller Vernehmungsbegriff (Befragung, die von einem Staatsorgan in amtlicher Funktion mit dem Ziel der Gewinnung einer Aussage durchgeführt wird).	KK III Fall 3 Rn 153
§ 136 StPO	33	StPO: Analoge Anwendung des § 136 StPO bei Mithören eines initiierten privaten Telefongesprächs?	Ja, Beweisverwertungsverbot.	KK III Fall 3 Rn 154

Zu §	Problem Nr	Problematik	Vorgeschlagene Lösung	Ausführliche Erörterung in Fall Nr Rn
§ 136 StPO	75	StPO: Wie wird die Beschuldigtenstellung einer Person begründet?	Tatverdacht + Willensakt der Strafverfolgungsbehörde (auch konkludent).	KK III Fall 7 Rn 331
§ 136 StPO	89	StPO: Verwertbarkeit von Tagebuchaufzeichnungen im Strafprozess	Es kommt auf die betroffene Sphäre an (Sphärentheorie des BVerfG); bei Betroffenheit des Intimbereichs: Verwertung unzulässig.	KK III Fall 8 Rn 398b
§ 136 StPO	90	StPO: Verwertbarkeit eines heimlich abgehörten, nicht öffentlichen Selbstgesprächs im Strafverfahren	Verwertung unzulässig (da Kernbereich privater Lebensgestaltung).	KK III Fall 8 Rn 398e
§ 137 StPO	55	StPO: Die Rechtsstellung des Strafverteidigers und seine Wahrheitspflicht	Organ der Rechtspflege. Darf Beschuldigten nicht zu Lüge anstiften.	KK III Fall 5 Rn 241
§ 152 StPO	17	StPO: Inwieweit sind Polizei/Staatsanwaltschaft bei privater Kenntniserlangung von einer Straftat zur Erforschung und Verfolgung der Tat verpflichtet?	Abwägung im Einzelfall (Intensität der Verknüpfung mit der Privatsphäre; Schwere der Tat; Grad der Gefährdung der Allgemeinheit).	KK III Fall 2 Rn 104
§ 153 StPO	112	StPO: Voraussetzungen einer Einstellung des Verfahrens nach § 153 StPO	Vgl Gesetzeswortlaut.	KK III Fall 10 Rn 514
§ 153 StPO	114	StPO: Umfang der beschränkten Rechtskraft des Beschlusses nach § 153 II StPO	Analoge Anwendung der §§ 174 II, 211 StPO, 45 III 4, 47 III JGG.	KK III Fall 10 Rn 516
§ 153a StPO	113	StPO: Voraussetzungen einer Einstellung des Verfahrens nach § 153a StPO	Vgl Gesetzeswortlaut.	KK III Fall 10 Rn 515
§ 163 StPO	103	StPO: Zulässigkeit des V-Mann-Einsatzes	Hinreichende gesetzliche Legitimation durch Befugnisnorm § 163 I 1 StPO.	KK III Fall 9 Rn 475
§ 163 StPO	105	StPO: Grenzen des Lockspitzeleinsatzes von V-Männern und Konsequenzen ihrer Überschreitung	Einsatz nur gegen Personen, gegen die bereits Verdacht iSv § 152, 160 StPO besteht. Verfahrenshindernis.	KK III Fall 9 Rn 477
§ 170 StPO	76	StPO: Stufenleiter der Verdachtsgrade im Strafverfahren	S Schaubild.	KK III Fall 7 Rn 335
§ 244 StPO	120	StPO: Die Zulässigkeit des Einsatzes eines Lügendetektors als Beweismittel	Unzulässiges bzw ungeeignetes Beweismittel.	KK III Fall 11 Rn 552

Zu §	Problem Nr	Problematik	Vorgeschlagene Lösung	Ausführliche Erörterung in Fall Nr Rn
§ 250 StPO	104	StPO: Die Zulässigkeit der Heranziehung des Zeugen vom Hörensagen und deren Grenzen	Vernehmung des Zeugen vom Hörensagen zulässig. Grenzen: § 244 II StPO.	KK III Fall 9 Rn 476
§ 252 StPO	44	StPO: Beinhaltet § 252 StPO auch für eine richterliche Vernehmung ein Beweisverwertungsverbot? Wie muss der Richter belehren?	Ja, zwischen richterlicher und nichtrichterlicher Vernehmung besteht kein „Qualitäts"-Unterschied. Nach BGH GrS keine „qualifizierte Belehrung"	KK III Fall 4 Rn 197
§ 257c StPO	63	StPO: Rechtmäßigkeitsvoraussetzungen einer Verständigung im Strafverfahren unter Berücksichtigung der Entscheidung des BVerfG vom 19.3.2013	Vgl Gesetzeswortlaut und BVerfG-Entscheidung.	KK III Fall 6 Rn 276
§ 264 StPO	122	StPO: Der prozessuale Tatbegriff bei Alternativität von Handlungsabläufen	Kein einheitlicher Lebensvorgang iSv § 264 StPO.	KK III Fall 11 Rn 554
§ 302 StPO	64	StPO: § 302 I 2 und sofortige Rechtsmittelrücknahme bei vorangegangener Verständigung	Rechtsmittelrücknahme wegen Rechtsmissbrauch unwirksam.	KK III Fall 6 Rn 277

587

II. Definitionen – geordnet nach der Gesetzessystematik

732 Die folgende Tabelle ist eine Zusammenstellung wichtiger Definitionen, die in den Übungsfällen in diesem Klausurenkurs (KK III) und/oder dem Klausurenkurs für Anfänger (KK I) sowie für Fortgeschrittene (KK II) vorkommen.

Ausführliche Definitionssammlung ua bei:

Fahl/Winkler, Definitionen Strafrecht
Joecks/Jäger, Strafgesetzbuch – Studienkommentar
Küper/Zopfs, Strafrecht Besonderer Teil, Definitionen und Erläuterungen

§	Begriff	Definition	Leitfall in KK I / in KK II / in KK III		
Vor § 1	**Kausal**	iSd Strafrechts ist jede Bedingung für einen Erfolg, die nicht hinweggedacht werden kann, ohne dass der Erfolg in seiner konkreten Gestalt entfiele (conditio sine qua non = sog Äquivalenztheorie, *Wessels/Beulke/Satzger, AT Rn 218*).	KK I Fall 2 Rn 122	KK II Fall 1 Rn 28	KK III Fall 3 Rn 138
Vor § 1	**Unterlassenskausalität**	ist gegeben, wenn die rechtlich erwartete Handlung nicht hinzugedacht werden kann, ohne dass der tatbestandsmäßige Erfolg mit an Sicherheit grenzender Wahrscheinlichkeit entfiele (*BGHSt 6, 1, 2; 37, 106, 126; Wessels/Beulke/Satzger, AT Rn 1000*).		KK II Fall 1 Rn 28	KK III Fall 3 Rn 138
Vor § 1	**Objektiv zurechenbar**	iSd Strafrechts ist ein Erfolg, wenn durch menschliches Verhalten eine rechtlich relevante Gefahr geschaffen wurde, die sich im tatbestandsmäßigen Erfolg realisiert hat (sog Grundformel, *Wessels/Beulke/Satzger, AT Rn 251*).	KK I Fall 2 Rn 122	KK II Fall 7 Rn 193	KK III Fall 1 Rn 32
Vor § 1	**Abweichungen vom Kausalverlauf**	sind unwesentlich, wenn sie sich noch in den Grenzen des nach allgemeiner Lebenserfahrung Voraussehbaren halten und keine andere Bewertung der Tat rechtfertigen (*Wessels/Beulke/Satzger, AT Rn 374*).		KK II Fall 7 Rn 193	
Vor § 1	**Natürliche Handlungseinheit**	liegt nach der Ansicht der Rspr vor, wenn mehrere im Wesentlichen gleichartige Verhaltensweisen von einem einheitlichen Willen getragen werden und aufgrund ihres räumlich-zeitlichen Zusammenhangs derart eng miteinander verbunden sind, dass das gesamte Tätigwerden objektiv auch für einen Dritten bei natürlichen Betrachtungsweisen als ein einheitliches, zusammengehöriges Tun erscheint			KK III Fall 3 Rn 147

§	Begriff	Definition	Leitfall in KK I / in KK II / in KK III		
		(BGHSt 10, 230; vgl Wessels/Beulke/ Satzger, AT Rn 1070).			
§ 11	Amts- träger	ist gem § 11 I Nr 2c, wer dazu bestellt ist, bei einer Behörde oder sonstigen Stelle, oder in deren Auftrag Aufgaben der öffentlichen Verwaltung unbescha- det der zur Aufgabenerfüllung gewähl- ten Organisationsform wahrzunehmen *(vgl Gesetzestext; Wessels/Hettinger/ Engländer, BT1 Rn 1165).*			KK III Fall 14 Rn 646
§ 16	Vorsatz	iSd § 16 ist der Wille zur Verwirkli- chung eines Straftatbestandes in Kenntnis aller seiner objektiven Tat- umstände bzw verkürzt: Wissen und Wollen der Tatbestandsverwirklichung *(Wessels/Beulke/Satzger, AT Rn 309).*	KK I Fall 1 Rn 106		KK III Fall 1 Rn 4
§ 16	Tatbe- stands- irrtum	iSv § 16 I 1 liegt vor, wenn der Täter bei Begehung der Tat einen Umstand nicht kennt, der zum gesetzlichen Tat- bestand (dh zu den vorsatzbezogenen Merkmalen des objektiven Unrechts- tatbestandes) gehört *(vgl Gesetzes- text; Wessels/Beulke/Satzger, AT Rn 356, 683, 1144).*		KK II Fall 3 Rn 83	KK III Fall 4 Rn 160
§ 16	aberratio ictus	(Fehlgehen der Tat) ist ein Sachver- halt, bei dem der Täter seinen Angriff auf ein bestimmtes, von ihm indivi- dualisiertes Tatobjekt lenkt, dieser Angriff jedoch fehlgeht und ein ande- res Objekt trifft, das der Täter nicht anvisiert hatte und gar nicht verletzen wollte *(Wessels/Beulke/Satzger, AT Rn 365).*	KK I Fall 3 Rn 169		KK III Fall 6 Rn 265
§ 16	error in obiecto vel persona	(Irrtum) über das Handlungsobjekt) ist eine Fehlvorstellung, die sich auf die Identität oder sonstige Eigenschaften des Tatobjekts oder der betreffenden Person bezieht *(Wessels/Beulke/ Satzger, AT Rn 360).*	KK I Fall 3 Rn 153		KK III Fall 6 Rn 265
§ 16	Erlaubnis- tatbestands- irrtum	ist gegeben, wenn sich der Täter über die sachlichen Voraussetzungen eines anerkannten Rechtfertigungsgrundes irrt, dh irrig Umstände für gegeben hält, die im Falle ihres wirklichen Gegebenseins die Tat rechtfertigen würden *(Wessels/Beulke/Satzger, AT Rn 693).*	KK I Fall 7 Rn 256		KK III Fall 1 Rn 44

§	Begriff	Definition	Leitfall in KK I / in KK II / in KK III		
§ 17	Verbots-irrtum	iSv § 17 liegt vor, wenn dem Täter bei Begehung der Tat die Einsicht fehlt, Unrecht zu tun (*vgl Gesetzestext; Wessels/Beulke/Satzger, AT Rn 683, 687 ff*).	KK I Fall 7 Rn 264		KK III Fall 4 Rn 160
§ 17	Subsum-tions-irrtum	ist gegeben, wenn der Täter irrig glaubt, ein Merkmal, das er seinem Wesen nach kennt, falle nicht unter die gesetzliche Begriffsbestimmung (*vgl Wessels/Beulke/Satzger, AT Rn 351*).		KK II Fall 3 Rn 83	KK III Fall 4 Rn 160
§ 22	Unmittel-bares Ansetzen	als objektives Unrechtselement des Versuchs ist gegeben, wenn der Täter objektiv Handlungen vornimmt, die unmittelbar ohne wesentliche Zwischenakte in die Tatbestandsverwirklichung einmünden sollen, und er subjektiv die Schwelle zum „Jetzt-geht's-los" überschreitet (*Wessels/Beulke/Satzger, AT Rn 848*).		KK II Fall 1 Rn 5	KK III Fall 3 Rn 109
§ 24	Fehlge-schlagen	ist der Versuch einer Straftat in erster Linie dann, wenn die zu ihrer Ausführung vorgenommenen Handlungen ihr Ziel nicht erreicht haben und der Täter erkannt hat, dass er mit den ihm zur Verfügung stehenden Mitteln den tatbestandlichen Erfolg entweder gar nicht mehr oder zumindest nicht ohne zeitlich relevante Zäsur herbeiführen kann (*Wessels/Beulke/Satzger, AT Rn 873*).	KK I Fall 4 Rn 179		KK III Fall 3 Rn 112
§ 24	Aufgeben	der Tat iSd § 24 bedeutet, von der weiteren Realisierung des Entschlusses, den gesetzlichen Tatbestand zu verwirklichen, aufgrund eines entsprechenden „Gegenentschlusses" Abstand zu nehmen (*Wessels/Beulke/Satzger, AT Rn 890*).	KK I Fall 10 Rn 336		
§ 24	Freiwillig	ist ein Rücktritt vom Versuch iSd § 24, wenn er nicht durch zwingende Hinderungsgründe veranlasst wird, sondern der eigenen autonomen Entscheidung des Täters entspringt (*Wessels/Beulke/Satzger, AT Rn 902a*).	KK I Fall 10 Rn 338		KK III Fall 4 Rn 175

§	Begriff	Definition	Leitfall in KK I / in KK II / in KK III		
§ 24	Unfrei-willig	ist ein Rücktritt vom Versuch iSd § 24, wenn er durch heteronome Gründe veranlasst wird, nämlich durch Hin-derungsgründe, die vom Willen des Täters unabhängig sind, unüberwind-liche Hemmungen in ihm auslösen oder die Sachlage zu seinen Ungunsten so wesentlich verändern, dass er die damit verbundenen Risiken oder Nachteile nicht mehr für tragbar hält oder sie nicht in Kauf nehmen will (*Wessels/Beulke/Satzger, AT Rn 902b*).			KK III Fall 4 Rn 175
§ 25	Tatherr-schaft	bedeutet das vom Vorsatz umfass-te In-den-Händen-Halten des tatbe-standsmäßigen Geschehensablaufs (*Wessels/Beulke/Satzger, AT Rn 751*).	KK I Fall 3 Rn 159	KK II Fall 1 Rn 20	KK III Fall 7 Rn 285
§ 25	Mittäter-schaft	iSv § 25 II ist die gemeinschaftliche Begehung einer Straftat durch bewusstes und gewolltes Zusammen-wirken (*Wessels/Beulke/Satzger, AT Rn 756*). Erforderlich sind also ein gemeinsamer Tatplan und eine gemeinsame Tatausführung.	KK I Fall 3 Rn 158	KK II Fall 1 Rn 19	KK III Fall 7 Rn 285
§ 25	Mittelbarer Täter	iSv § 25 I Alt 2 ist, wer die Straftat durch einen anderen begeht (*vgl Gesetzestext*).	KK I Fall 4 Rn 192		KK III Fall 5 Rn 209
§ 26	Anstifter	ist gem § 26, wer vorsätzlich einen anderen zu dessen vorsätzlich be-gangener rechtswidriger Tat bestimmt (*vgl Gesetzestext*).	KK I Fall 3 Rn 161	KK II Fall 1 Rn 8	KK III Fall 2 Rn 89
§ 26	Bestimmen	iSd § 26 bedeutet Hervorrufen des Tatentschlusses durch eine Willens-beeinflussung im Wege des offenen geistigen Kontakts in Form der Auf-forderung zur Tat (*Wessels/Beulke/ Satzger, AT Rn 802*).	KK I Fall 3 Rn 161	KK II Fall 1 Rn 8	KK III Fall 2 Rn 90
§ 26	Omnimodo facturus	ist ein zur konkreten Tat schon fest Entschlossener, der nicht mehr ange-stiftet werden kann (*Wessels/Beulke/ Satzger, AT Rn 815*).	KK I Fall 4 Rn 189	KK II Fall 1 Rn 22	KK III Fall 10 Rn 502
§ 27	Gehilfe	ist gem § 27, wer vorsätzlich einem anderen zu dessen vorsätzlich begangener rechtswidriger Tat Hilfe leistet (*vgl Gesetzestext*).	KK I Fall 4 Rn 189	KK II Fall 1 Rn 31	KK III Fall 3 Rn 141

§	Begriff	Definition	Leitfall in KK I /	in KK II /	in KK III
§ 27	**Hilfeleisten**	iSv § 27 liegt in jedem Tatbeitrag, der die Haupttat ermöglicht oder erleichtert oder die vom Täter begangene Rechtsgutverletzung verstärkt (*Wessels/Beulke/Satzger, AT Rn 817*).	KK I Fall 4 Rn 189	KK II Fall 1 Rn 31	KK III Fall 3 Rn 141
§ 32	**Angriff**	iSv § 32 ist jede durch menschliches Verhalten drohende Verletzung rechtlich geschützter Güter oder Interessen (*Wessels/Beulke/Satzger, AT Rn 483*).	KK I Fall 5 Rn 207	KK II Fall 2 Rn 64	KK III Fall 1 Rn 27
§ 32	**Gegenwärtig**	iSv § 32 ist der Angriff, der unmittelbar bevorsteht, begonnen hat oder noch fortdauert (*Wessels/Beulke/Satzger, AT Rn 487*).	KK I Fall 5 Rn 207	KK II Fall 2 Rn 64	KK III Fall 1 Rn 27
§ 32	**Rechtswidrig**	iSv § 32 ist jeder Angriff, der den Bewertungsnormen des Rechts objektiv zuwiderläuft und nicht durch einen Erlaubnissatz gedeckt ist (*Wessels/Beulke/Satzger, AT Rn 493*).		KK II Fall 2 Rn 64	KK III Fall 1 Rn 27
§ 32	**Erforderlich**	iSv § 32 ist die Verteidigungshandlung, die zur Angriffsabwehr geeignet ist, dh die grds dazu in der Lage ist, den Angriff entweder ganz zu beenden oder ihm wenigstens ein Hindernis in den Weg zu stellen, und die das mildeste zur Verfügung stehende Gegenmittel darstellt (*Wessels/Beulke/Satzger, AT Rn 498*).	KK I Fall 5 Rn 207		KK III Fall 1 Rn 27
§ 34	**Notstandslage**	iSv § 34 ist eine gegenwärtige Gefahr für Leben, Leib, Freiheit, Ehre, Eigentum oder ein anderes Rechtsgut, die nicht anders abgewendet werden kann als durch Einwirkung auf ebenfalls rechtlich anerkannte Interessen (*Wessels/Beulke/Satzger, AT Rn 446*).	KK I Fall 2 Rn 128	KK II Fall 2 Rn 64	KK III Fall 2 Rn 67
§ 34	**Gegenwärtige Gefahr**	iSv § 34 ist ein Zustand, dessen Weiterentwicklung den Eintritt oder die Intensivierung eines Schadens ernstlich befürchten lässt, sofern nicht alsbald Abwehrmaßnahmen ergriffen werden (*Wessels/Beulke/Satzger, AT Rn 451*).	KK I Fall 2 Rn 128	KK II Fall 2 Rn 64	KK III Fall 2 Rn 67

§	Begriff	Definition	Leitfall in KK I / in KK II / in KK III		
§ 34	Erforder-lich	iSv § 34 ist, was zur Abwehr der Gefahr geeignet ist und unter Berück-sichtigung aller ex ante erkennbaren Umstände aus der Sicht eines sach-kundigen objektiven Betrachters als der sicherste Weg zur Erhaltung des gefährdeten Gutes erscheint und was zugleich das relativ mildeste Mittel darstellt (*Wessels/Beulke/Satzger, AT Rn 457*).	KK I Fall 2 Rn 128		KK III Fall 2 Rn 67
§ 113	Voll-streckungs-handlung	iSv § 113 I ist jede Tätigkeit der dazu berufenen Organe, die zur Regelung eines Einzelfalls auf die Vollziehung der in § 113 I genannten Rechtsnor-men und Hoheitsakte gerichtet ist (*Wessels/Hettinger/Engländer, BT1 Rn 695*).			KK III Fall 15 Rn 720
§ 113	Bei Vornahme	iSv § 113 I bedeutet, dass die Voll-streckungshandlung bereits begonnen haben oder unmittelbar bevorstehen muss (*Wessels/Hettinger/Engländer, BT1 Rn 698*).			KK III Fall 15 Rn 720
§ 113	Wider-stand-leisten	iSv § 113 I ist jede aktive Tätigkeit, die die Durchführung der Voll-streckungsmaßnahme verhindern oder erschweren soll (*Wessels/Hettinger/Engländer, BT1 Rn 700*).			KK III Fall 15 Rn 720
§ 114	Tätlicher Angriff	iSv § 114 I ist jede in feindseliger Absicht unmittelbar auf den Körper des Betroffenen zielende Einwirkung ohne Rücksicht auf den Erfolg (*Wessels/Hettinger/Engländer, BT1 Rn 718*).			KK III Fall 15 Rn 723
§ 123	Wohnung	iSv § 123 I ist der Inbegriff der Räum-lichkeiten, die einzelnen oder mehreren Personen als Unterkunft dienen oder zur Benutzung freistehen, einschließ-lich der zugehörigen Nebenräume wie Treppen, Keller, Wasch- und Trocken-räume (*Wessels/Hettinger/Engländer, BT1 Rn 651*).			KK III Fall 4 Rn 177
§ 123 § 243	Geschäfts-räume	iSv §§ 123 I, 243 I Nr 1 sind Räum-lichkeiten, die bestimmungsgemäß für gewerbliche, geschäftliche, berufliche, künstlerische oder wissenschaftliche Zwecke verwendet werden (*Wessels/Hettinger/Engländer, BT1 Rn 652; Wessels/Hillenkamp, BT2 Rn 224*).		KK II Fall 4 Rn 99	KK III Fall 3 Rn 118

§	Begriff	Definition	Leitfall in KK I / in KK II / in KK III		
§ 123	**Befriedetes Besitztum**	iSv § 123 I ist ein Grundstück, das durch zusammenhängende, nicht unbedingt lückenlose Schutzwehren in äußerlich erkennbarer Weise gegen das willkürliche Betreten durch andere gesichert ist (*Wessels/Hettinger/ Engländer, BT1 Rn 654*).	KK I Fall 4 Rn 182		KK III Fall 3 Rn 118
§ 123	**Eindringen**	iSv § 123 I ist das Betreten gegen den ausdrücklich erklärten oder mutmaß- lichen Willen des Berechtigten (*Wessels/Hettinger/Engländer, BT1 Rn 656 f*).	KK I Fall 4 Rn 182	KK II Fall 4 Rn 99	KK III Fall 3 Rn 118
§ 125	**Land- friedens- bruch**	iSv § 125 I Nr 1 Alt 1 begeht, wer sich an Gewalttätigkeiten gegen Menschen oder Sachen, die aus einer Menschen- menge heraus in einer die öffentliche Sicherheit gefährdenden Weise mit vereinten Kräften begangen werden, als Täter oder Teilnehmer beteiligt (*vgl Gesetzeswortlaut*).			KK III Fall 1 Rn 21
§ 125	**Menschen- menge**	iSv § 125 ist eine größere, nicht sofort überschaubare Anzahl von Personen, bei der es auf das Hinzukommen oder Weggehen eines Einzelnen nicht mehr ankommt (*Wessels/Hettinger/ Engländer, BT1 Rn 676*).			KK III Fall 1 Rn 21
§ 130	**Aufstacheln**	iSv § 130 I Nr 1 ist die Erzeugung einer gesteigerten, über die bloße Ablehnung und Verachtung hinaus- gehenden feindseligen Haltung (*vgl BGHSt 40, 97, 102*).			KK III Fall 1 Rn 20
§ 142	**Unfall**	iSv § 142 I ist jedes plötzliche, mit dem Straßenverkehr und seinen Ge- fahren ursächlich zusammenhängende Ereignis, das einen nicht völlig be- langlosen Personen- oder Sachschaden zur Folge hat (*Wessels/Hettinger/ Engländer, BT1 Rn 1108*).	KK I Fall 6 Rn 247		KK III Fall 12 Rn 589
§ 145d	**Vor- täuschen**	iSv § 145 d I ist das Erregen oder Verstärken des Verdachts einer rechts- widrigen Tat durch (auch konkludente) Tatsachenbehauptung, durch das Schaffen einer verdachtserregenden Beweislage oder Selbstbezichtigung (*Wessels/Hettinger/Engländer, BT1 Rn 784*).			KK III Fall 10 Rn 509

§	Begriff	Definition	Leitfall in KK I / in KK II / in KK III		
§ 145 d	Täu-schungs-handlung	iSv § 145 d II Nr 1 ist gegeben, wenn der Tatverdacht auf Unbeteiligte gelenkt wird oder die Strafverfolgungsorgane durch konkrete Falschangaben zu unnützen Maßnahmen in die falsche Richtung veranlasst werden sollen (*Wessels/Hettinger/Engländer, BT1 Rn 791*).			KK III Fall 10 Rn 509
§§ 153 ff	Aussage	iSv §§ 153 ff ist im Falle der Zeugenaussage die Wiedergabe von äußeren oder inneren Tatsachen, dh von konkreten Vorgängen oder Zuständen der Vergangenheit oder Gegenwart, die wahrnehmbar in die Wirklichkeit getreten und infolgedessen dem Beweis zugänglich sind (*Wessels/ Hettinger/Engländer, BT1 Rn 825 iVm 548*).			KK III Fall 11 Rn 519
§§ 153 ff	„Falsch"	iSd §§ 153 ff ist eine Aussage, wenn sie mit der Wirklichkeit nicht übereinstimmt (so die objektive Theorie, *Wessels/Hettinger/Engländer, BT1 Rn 822*).			KK III Fall 11 Rn 520
§ 154	Falsch schwören	iSv § 154 meint das Beschwören einer falschen Aussage (*Wessels/Hettinger/ Engländer, BT1 Rn 835*).			KK III Fall 11 Rn 522
§ 160	Verleiten	iSv § 160 I meint ein Einwirken auf die Beweisperson in der Hinsicht, dass diese etwas aussagt, was sie selbst für richtig hält (*Wessels/Hettinger/ Engländer, BT1 Rn 864*).			KK III Fall 11 Rn 530
§ 164	Verdäch-tigen eines anderen	iSv § 160 I bedeutet, dass ein Verdacht auf eine bestimmte Person gelenkt oder ein bereits bestehender Verdacht verstärkt wird (*Wessels/Hettinger/ Engländer, BT1 Rn 769*).			KK III Fall 10 Rn 507
§ 185	Beleidigen	iSd § 185 ist die Kundgabe von Missachtung oder Nichtachtung (*Wessels/Hettinger/Engländer, BT1 Rn 565*).	KK I Fall 7 Rn 266	KK II Fall 2 Rn 56	KK III Fall 6 Rn 265
§§ 185 ff	Ehren-rührig	iSv §§ 185 ff ist eine Tatsache, wenn sie geeignet ist, den Betroffenen verächtlich zu machen oder ihn in der öffentlichen Meinung herabzuwürdigen (*Wessels/Hettinger/Engländer, BT1 Rn 549*).		KK II Fall 2 Rn 61	

§	Begriff	Definition	Leitfall in KK I /	in KK II /	in KK III
§§ 185 ff	**Tatsachen**	iSv §§ 185 ff sind konkrete Vorgänge oder Zustände der Vergangenheit oder Gegenwart, die wahrnehmbar in die Wirklichkeit getreten und infolgedessen dem Beweis zugänglich sind (*Wessels/Hettinger/Engländer, BT1 Rn 548*).		KK II Fall 2 Rn 54	
§ 185	**Werturteile**	iSv §§ 185 sind lediglich subjektive Meinungen, die nicht von Tatsachen belegt werden (*Wessels/Hettinger/Engländer, BT1 Rn 564*).		KK II Fall 2 Rn 54	
§ 186	**Öffentlich**	iSv § 186 Alt 2 ist eine Behauptung, wenn sie unabhängig von der Öffentlichkeit des fraglichen Ortes von einem größeren, individuell nicht begrenzten und durch nähere Beziehung nicht verbundenen Personenkreis unmittelbar wahrgenommen werden kann (*S/S-Lenckner/Eisele, § 186 Rn 19*).		KK II Fall 2 Rn 65	
§ 202a	**Berechtigter**	iSv § 202a ist idR die speichernde Stelle sowie ein Dritter, wenn der Berechtigte dem Dritten die Daten zugänglich gemacht hat (*S/S-Lenckner/Eisele, § 202a Rn 9*).			KK III Fall 8 Rn 365
§ 202a	**Besonders gesichert gegen unberechtigten Zugriff**	iSv § 202a sind Daten, wenn Vorkehrungen getroffen sind, die geeignet und subjektiv nach dem Willen des Berechtigten dazu bestimmt sind, den Zugriff auf die Daten auszuschließen oder wenigstens nicht unerheblich zu erschweren (*S/S-Lenckner/Eisele, § 202a Rn 14*).			KK III Fall 8 Rn 365
§ 202a § 303a	**Daten**	iSv § 202a sind nur solche Informationen, die elektronisch, magnetisch oder sonst nicht unmittelbar wahrnehmbar gespeichert oder übermittelt werden (*vgl Gesetzeswortlaut § 202a II*).		KK II Fall 4 Rn 105	KK III Fall 8 Rn 363
§ 202a	**Nicht bestimmt**	iSv § 202a für den Täter sind Daten, wenn sie ihm nach dem Willen des Berechtigten im Zeitpunkt der Tathandlung nicht zur Verfügung stehen sollen (*S/S-Lenckner/Eisele, § 202a Rn 8*).			KK III Fall 8 Rn 365

§	Begriff	Definition	Leitfall in KK I / in KK II / in KK III		
§ 202a	**Verschafft**	iSv § 202a sind Daten zunächst, wenn der Täter bzw der Dritte durch optische bzw akustische Wahrnehmung von ihnen tatsächlich Kenntnis genommen hat, ferner ohne vorherige Kenntnisnahme aber auch dann, wenn der Täter den (körperlichen) Datenträger in seine oder des Dritten Verfügungsgewalt bringt oder wenn er die Daten auf einem solchen fixiert. Die Tathandlung muss unter Überwindung der Zugangssicherung erfolgen (*S/S-Lenckner/Eisele, § 202a Rn 18*).			KK III Fall 8 Rn 365
§ 211	**Habgier**	iSv § 211 ist ein ungezügeltes und rücksichtsloses Streben nach Gewinn um jeden Preis, gleichgültig, ob es dabei um einen Vermögenszuwachs oder um die Vermeidung von Aufwendungen als unmittelbare Folge der Tötungshandlung geht (*Wessels/ Hettinger/Engländer, BT1 Rn 111*).	KK I Fall 8 Rn 280	KK II Fall 1 Rn 14	KK III Fall 2 Rn 93
§ 211	**Sonstige niedrige Beweggründe**	iSv § 211 sind alle Tatantriebe, die nach allgemeiner rechtlich-sittlicher Wertung auf tiefster Stufe stehen, durch hemmungslose Eigensucht bestimmt und deshalb besonders verachtenswert sind (*Wessels/ Hettinger/Engländer, BT1 Rn 112*).	KK I Fall 1 Rn 114	KK II Fall 1 Rn 14	KK III Fall 2 Rn 93
§ 211	**Heimtücke**	iSv § 211 ist die bewusste Ausnutzung der Arg- und Wehrlosigkeit des Opfers in feindlicher Willensrichtung (*Wessels/Hettinger/Engländer, BT1 Rn 125*).	KK I Fall 1 Rn 114	KK II Fall 1 Rn 14	KK III Fall 2 Rn 93
§ 211	**Arglos**	iSv § 211 ist, wer sich im Zeitpunkt der Tat keines tätlichen Angriffs auf seine körperliche Unversehrtheit oder sein Leben versieht (*Wessels/ Hettinger/Engländer, BT1 Rn 128*).	KK I Fall 1 Rn 114	KK II Fall 1 Rn 14	KK III Fall 2 Rn 93
§ 211	**Wehrlos**	iSv § 211 ist, wer infolge seiner Arglosigkeit zur Verteidigung außerstande oder in seiner Verteidigung stark eingeschränkt ist (*Wessels/ Hettinger/Engländer, BT1 Rn 131*).	KK I Fall 1 Rn 114	KK II Fall 1 Rn 14	KK III Fall 2 Rn 93

§	Begriff	Definition	Leitfall in KK I / in KK II / in KK III		
§ 211	**Ausnutzen**	der Arg- und Wehrlosigkeit iSv § 211 ist gegeben, wenn der Täter die von ihm herbeigeführte oder vorgefundene Lage der Arg- und Wehrlosigkeit im Wege des listigen, hinterhältigen oder planmäßig berechnenden Vorgehens bewusst zu einem Überraschungs- angriff benutzt und das Opfer so daran hindert, sich zu verteidigen, zu fliehen, Hilfe herbeizurufen, dem Anschlag auf sein Leben in sonstiger Form zu begegnen oder dessen Durchführung wenigstens zu erschweren (*Wessels/Hettinger/Engländer, BT1 Rn 133*).	KK II Fall 1 Rn 14	KK III Fall 2 Rn 93	
§ 211	**Grausam**	iSv § 211 tötet, wer dem Opfer im Rahmen der Tötungshandlung aus ge- fühlloser, unbarmherziger Gesinnung durch Dauer, Stärke oder Wieder- holung der Schmerzverursachung besonders schwere Qualen körper- licher oder seelischer Art zufügt (*Wessels/Hettinger/Engländer, BT1 Rn 120*).	KK II Fall 1 Rn 14	KK III Fall 2 Rn 93	
§ 218	**Abbrechen der Schwanger- schaft**	iSv § 218 I ist die Vornahme eines Eingriffs, der die Abtötung der Leibesfrucht bezweckt oder in Kauf nimmt. Der Tatεrfolg liegt im Absterben der Leibesfrucht (*Wessels/Hettinger/Engländer, BT1 Rn 247*).	KK II Fall 1 Rn 3	KK III Fall 2 Rn 61	
§ 218	**Nidation**	bedeutet Abschluss der Einnistung des befruchteten Eies in der Gebärmutter (*Gesetzeswortlaut § 218 I 2; Wessels/ Hettinger/Engländer, BT1 Rn 241*).		KK III Fall 2 Rn 73	
§ 221	**In eine hilflose Lage versetzt**	iSv § 221 I Nr 1 wird ein Mensch, wenn er unter dem bestimmenden Einfluss des Täters in eine Situation gebracht wird, in der er sich ohne fremde Hilfe nicht gegen Gefahren für sein Leben oder seine Gesundheit schützen kann und er solcher Hilfe entbehrt (*Wessels/Hettinger/ Engländer, BT1 Rn 220*).	KK II Fall 5 Rn 152	KK III Fall 1 Rn 48	

§	Begriff	Definition	Leitfall in KK I / in KK II / in KK III		
§ 221	Im-Stich-Lassen	iSv § 221 I Nr 2 liegt vor, wenn der Beistandspflichtige sich der Beistandsleistung vorsätzlich (nicht unbedingt durch räumliches Verlassen) entzieht, obwohl er dazu in der Lage wäre (*Wessels/Hettinger/Engländer, BT1 Rn 223*).		KK II Fall 5 Rn 153	
§ 223 § 229	Körperliche Misshandlung	iSv § 223 I Alt 1 ist jede substanzverletzende Einwirkung auf den Körper des Opfers sowie jede üble, unangemessene Behandlung, durch die das körperliche Wohlbefinden oder die körperliche Unversehrtheit mehr als nur unerheblich beeinträchtigt wird (*Wessels/Hettinger/Engländer, BT1 Rn 278*).	KK I Fall 2 Rn 133	KK II Fall 7 Rn 220	KK III Fall 1 Rn 4
§ 223 § 229	Gesundheitsschädigung	iSv § 223 I Alt 2 ist das Hervorrufen, Steigern oder Aufrechterhalten eines vom Normalzustand der körperlichen Funktionen des Opfers nachteilig abweichenden krankhaften Zustandes körperlicher oder seelischer Art (*vgl Wessels/Hettinger/Engländer, BT1 Rn 281*).	KK I Fall 2 Rn 133	KK II Fall 7 Rn 220	KK III Fall 1 Rn 4
§ 224	Gift	iSv § 224 I Nr 1 Alt 1 ist ein organischer oder anorganischer Stoff, der unter bestimmten Bedingungen (etwa Einatmen, Aufnahme über die Haut) durch chemische oder chemisch-physikalische Wirkung geeignet ist, zumindest eine erhebliche Gesundheitsschädigung zu bewirken (*Wessels/Hettinger/Engländer, BT1 Rn 285, 291*).	KK I Fall 9 Rn 321		KK III Fall 14 Rn 655
§ 224	Andere gesundheitsschädliche Stoffe	iSv § 224 I Nr 1 Alt 2 sind solche Substanzen, die die Gesundheit zu schädigen geeignet sind und die mechanisch oder thermisch wirken [im Gegensatz zu den Giften iSd 1. Alt, die chemisch oder chemisch-physikalisch wirken] sowie krankheitserregende Mikroorganismen (*Wessels/Hettinger/Engländer, BT1 Rn 288*).	KK I Fall 5 Rn 215		

§	Begriff	Definition	Leitfall in KK I / in KK II / in KK III		
§ 224	Beige-bracht	ist das Gift oder der andere gesund-heitsschädliche Stoff iSv § 224 I Nr 1, wenn der Täter das Gift/den Stoff derart mit dem Körper des Opfers in Verbindung gebracht hat, dass es/er seine gesundheitsschädigende Wirkung entfalten kann (*Wessels/ Hettinger/Engländer, BT1 Rn 289*).	KK I Fall 9 Rn 321		
§ 224 § 243 § 244 § 250 § 113 § 1 WaffenG	Waffe	iSv § 224 I Nr 2 Alt 1, § 243 I 1, 2 Nr 7, § 244 I Nr 1a § 250 I Nr 1a bzw § 113 III 2 Nr 1 ist ein gebrauchs-fertiges Werkzeug, das nach Art seiner Anfertigung nicht nur geeignet, son-dern auch allgemein dazu bestimmt ist, Menschen durch seine mechanische oder chemische Wirkung körperlich zu verletzen, sog Waffe im technischen Sinn (*Wessels/Hettinger/Engländer, BT1 Rn 297*).	KK I Fall 8 Rn 281; Fall 11 Rn 371		KK III Fall 15 Rn 697
§ 224	Gefähr-liches Werkzeug	iSd § 224 I Nr 2 Alt 2 ist jeder – nach bisher hM bewegliche – Gegenstand, der nach seiner objektiven Beschaffen-heit und der Art seiner Verwendung im konkreten Fall geeignet ist, erhebliche Verletzungen zuzufügen (*vgl Wessels/ Hettinger/Engländer, BT1 Rn 299*).	KK I Fall 2 Rn 136	KK II Fall 1 Rn 17	KK III Fall 1 Rn 5
§ 224	Hinterlistig	iSd § 224 I Nr 3 ist ein Überfall, wenn der Täter seine wahre Absicht planmäßig berechnend verdeckt, um gerade dadurch dem Angegriffenen die Abwehr zu erschweren (*Wessels/Hettinger/Engländer, BT1 Rn 304*).	KK I Fall 8 Rn 281	KK II Fall 1 Rn 17	KK III Fall 1 Rn 5
§ 224	Überfall	iSd § 224 I Nr 3 ist jeder plötzliche, unerwartete Angriff auf einen Ahnungslosen (*Wessels/Hettinger/ Engländer, BT1 Rn 304*).	KK I Fall 8 Rn 281	KK II Fall 1 Rn 17	KK III Fall 1 Rn 5
§ 224	Mit einem anderen Beteiligten gemein-schaftlich	iSd § 224 I Nr 4 verlangt, dass bei der Körperverletzung mindestens zwei Personen unmittelbar am Tatort als Angreifer einverständlich zusammen-wirken, sei es in Form der Mittäter-schaft, sei es in Form von Täterschaft und Teilnahme (*Wessels/Hettinger/ Engländer, BT1 Rn 307*).	KK I Fall 11 Rn 415	KK II Fall 1 Rn 17	KK III Fall 1 Rn 16

§	Begriff	Definition	Leitfall in KK I / in KK II / in KK III		
§ 224	Eine das Leben gefährdende Behandlung	iSv § 224 I Nr 5 liegt vor, wenn die Verletzungshandlung den konkreten Umständen nach objektiv geeignet ist, das Leben des Opfers in Gefahr zu bringen; die tatsächlich erlittene Verletzung braucht dabei nicht lebensgefährlich zu sein (*Wessels/Hettinger/ Engländer, BT1 Rn 307*).	KK I Fall 9 Rn 304	KK II Fall 1 Rn 17	KK III Fall 1 Rn 6
§ 225	Quälen	iSv § 225 I ist das Zufügen länger dauernder oder sich wiederholender Schmerzen oder Leiden körperlicher oder seelischer Art (*Wessels/ Hettinger/Engländer, BT1 Rn 348*).		KK II Fall 1 Rn 18	
§ 225	Roh	iSv § 225 I ist eine Misshandlung, die einer gefühllosen, fremde Leiden missachtenden Gesinnung entspringt und sich in Handlungsfolgen von erheblichem Gewicht für das körperliche Wohlbefinden des Opfers äußert (*Wessels/Hettinger/Engländer, BT1 Rn 348*).		KK II Fall 1 Rn 18	
§ 225	Böswillig	iSd § 225 I handelt, wer die ihm obliegende Sorgfaltspflicht aus besonders verwerflichen Gründen verletzt, wie etwa aus Hass, Bosheit, Geiz oder rücksichtslosem Egoismus (*Wessels/Hettinger/Engländer, BT1 Rn 348*).		KK II Fall 1 Rn 18	
§ 226	Glied	iSv § 226 Nr 2 ist ein Körperteil, der eine in sich abgeschlossene Existenz mit besonderer Funktion im Gesamtorganismus hat (*Wessels/Hettinger/ Engländer, BT1 Rn 314*).			KK III Fall 15 Rn 715
§ 226	Lähmung	iSv § 226 I Nr 3 bedeutet eine erhebliche Beeinträchtigung (zumindest) eines Körperteils, die sich auf die Bewegungsfähigkeit des ganzen Körpers nachteilig auswirkt (*Wessels/ Hettinger/Engländer, BT1 Rn 320*).			KK III Fall 10 Rn 496
§ 226	Geistige Krankheit	iSv § 226 I Nr 3 meint alle krankhaft seelischen Störungen (*Wessels/ Hettinger/Engländer, BT1 Rn 320*).		KK II Fall 5 Rn 151	
§ 226	Geistige Behinderung	iSv § 226 I Nr 3 ist jede nicht nur unerhebliche und nicht nur vorübergehende Störung der Gehirntätigkeit (*S/S-Stree/Sternberg-Lieben, § 226 Rn 7*).		KK II Fall 5 Rn 151	

§	Begriff	Definition	Leitfall in KK I / in KK II / in KK III
§ 228	Sitten-widrigkeit	einer Körperverletzung iSv § 228 liegt vor, wenn sie dem Anstandsgefühl aller billig und gerecht Denkenden widerspricht, wobei es vor allem auf die Beweggründe und die Ziele der Beteiligten sowie auf die angewandten Mittel und die Art der Verletzung ankommt (*Wessels/Beulke/Satzger, AT Rn 560*).	KK III Fall 2 Rn 76
§ 231	Schlägerei	iSv § 231 ist ein mit gegenseitigen Körperverletzungen verbundener Streit, an dem mindestens drei Personen aktiv mitwirken (*Wessels/Hettinger/Engländer, BT1 Rn 384*)	KK III Fall 1 Rn 19
§ 231	Angriff mehrerer	iSd § 231 bezeichnet eine feindselige unmittelbar auf den Körper eines anderen abzielende Einwirkung durch mindestens zwei Personen (*Wessels/Hettinger/Engländer, BT1 Rn 386*).	KK III Fall 1 Rn 19
§ 231	Beteiligt	an der Schlägerei iSv § 231 ist, wer am Tatort anwesend ist und durch physische oder psychische Mitwirkung an den gegen andere gerichteten Tätlichkeiten teilnimmt (*Wessels/Hettinger/Engländer, BT1 Rn 388*).	KK III Fall 1 Rn 19
§ 238	Nach-stellen	iSv § 238 I erfasst alle Verhaltens-weisen, die darauf gerichtet sind durch mittelbare oder unmittelbare Annäherung an das Opfer in dessen persönlichen Lebensbereich einzugreifen und dessen Handlungs- und Entschließungsfreiheit zu beein-trächtigen (*S/S-Eisele, § 238 Rn 6*).	KK III Fall 12 Rn 597a
§ 238	Aufsuchen räumlicher Nähe	iSv § 238 I Nr 1 erfasst alle gezielten physischen Annäherungen an das Opfer wie etwa das Auflauern, Ver-folgen, Vor-dem-Haus-stehen oder die sonstige Präsenz in der Nähe der Wohnung oder der Arbeitsstelle des Opfers (*Wessels/Hettinger/Engländer, BT1 Rn 412*).	KK III Fall 12 Rn 597a

§	Begriff	Definition	Leitfall in KK I / in KK II / in KK III
§ 238	**Beharrlich-keit**	iSv § 238 I setzt wiederholtes Handeln voraus und bezeichnet die in der Tatbegehung zum Ausdruck kommende besondere Hartnäckigkeit und eine gesteigerte Gleichgültigkeit des Täters gegenüber dem gesetzlichen Verbot, die zugleich die Gefahr weiterer Begehung indiziert *(Wessels/ Hettinger/Engländer, BT1 Rn 415)*.	KK III Fall 12 Rn 597e
§ 238	**Unbefugt**	iSv § 238 I handelt der Täter, wenn der Täter sich weder auf eine amtliche oder privatautonome Befugnisnorm noch auf ein Einverständnis des Opfers berufen kann *(Wessels/ Hettinger/Engländer, BT1 Rn 416)*.	KK III Fall 12 Rn 597e
§ 238	**Eignung zur schwer-wiegenden Beeinträch-tigung der Lebens-gestaltung**	iSv § 238 I meint jedes Verhalten des Täters, das objektiv geeignet ist, das Opfer zu einer Verhaltensweise zu veranlassen, die es ohne Zutun des Täters nicht gezeigt hätte und die zu gravierenden, ernst zu nehmenden Folgen führt, die über durchschnittliche, regelmäßig hinzunehmende Beeinträchtigungen der Lebensgestaltung erheblich und objektivierbar hinausgehen *(Wessels/Hettinger/Engländer, BT1 Rn 411)*.	KK III Fall 12 Rn 597e
§ 239	**Einsperren**	iSv § 239 ist das Verhindern des Verlassens eines Raumes durch äußere Vorrichtungen oder sonstige Vorkehrungen *(Wessels/Hettinger/ Engländer, BT1 Rn 420)*.	KK III Fall 2 Rn 63
§ 239b	**Entführen**	iSv § 239b als Vorstufe des Sich-Bemächtigens unterwirft das Opfer einer Veränderung seines Aufenthalts-ortes mit der Wirkung, dass es der Herrschaftsgewalt des Täters ausge-liefert ist *(Wessels/Hettinger/ Engländer, BT1 Rn 508)*.	KK III Fall 1 Rn 8
§ 239b	**Sich-Be-mächtigen**	iSv § 239b bedeutet, einen anderen zwecks Benutzung als Geisel physisch in seine Gewalt zu bringen *(Wessels/ Hettinger/Engländer, BT1 Rn 508)*.	KK III Fall 1 Rn 8

§	Begriff	Definition	Leitfall in KK I / in KK II / in KK III		
§ 240 § 253	**Drohen**	iSd § 240 ist das auf Einschüchterung des Opfers gerichtete Inaussichtstellen eines zukünftigen Übels, auf dessen Eintritt der Drohende sich Einfluss zuschreibt (*Wessels/Hettinger/ Engländer, BT1 Rn 452*).		KK II Fall 9 Rn 273	KK III Fall 1 Rn 12
§ 240 § 253	**Empfindliches Übel**	iSd §§ 240, 253 ist ein Nachteil von solcher Erheblichkeit, dass seine Ankündigung geeignet erscheint, den Bedrohten iSd Täterverlangens zu motivieren (*Wessels/Hettinger/ Engländer, BT1 Rn 461*).		KK II Fall 9 Rn 273	KK III Fall 1 Rn 12
§ 240	**Gewalt**	iSd § 240 I ist der körperlich wirkende Zwang durch die Entfaltung von Kraft oder durch eine physische Einwirkung sonstiger Art, die nach ihrer Zielrichtung, Intensität und Wirkungsweise dazu bestimmt und geeignet ist, die Freiheit der Willensentschließung oder Willensbetätigung eines anderen aufzuheben oder zu beeinträchtigen (*vgl BGHSt 41, 182, 183; Wessels/ Hettinger/Engländer, BT1 Rn 432*).		KK II Fall 2 Rn 49	KK III Fall 1 Rn 12 und Fall 12 Rn 600
§ 240	**Nötigen**	iSv § 240 I heißt, dem Betroffenen ein seinem Willen widerstrebendes Verhalten (Handeln, Dulden oder Unterlassen) aufzuzwingen (*Wessels/ Hettinger/Engländer, BT1 Rn 428*).		KK II Fall 2 Rn 49	KK III Fall 1 Rn 12
§ 240 § 253	**Verwerflich**	iSd §§ 240 II, 253 II ist, was sozial unerträglich und wegen seines grob anstößigen Charakters sozial-ethisch in besonderem Maße zu missbilligen ist (*Wessels/Hettinger/Engländer, BT1 Rn 476*). Es können das (Nötigungs-) Mittel, der Zweck und/oder die Zweck-Mittel-Relation als verwerflich einzustufen sein.		KK II Fall 9 Rn 275	
§§ 242 ff § 303 § 306	**Fremd**	iSv §§ 242 ff, 303, 306 ist eine Sache, wenn sie im (Allein-, Mit- oder Gesamthands-) Eigentum eines anderen steht, also weder herrenlos iSd §§ 958 ff BGB ist noch ausschließlich dem Täter selbst gehört (*Wessels/Hillenkamp, BT2 Rn 79*).	KK I Fall 1 Rn 105		KK III Fall 2 Rn 72

§	Begriff	Definition	Leitfall in KK I /	in KK II /	in KK III
§§ 242 ff § 303	**Sachen**	iSd §§ 242 ff, 303 sind alle körperlichen Gegenstände ohne Rücksicht auf ihren wirtschaftlichen Wert (*Wessels/Hillenkamp, BT2 Rn 18, 74*).	KK I Fall 1 Rn 103	KK II Fall 2 Rn 41	KK III Fall 3 Rn 108
§§ 242 ff	**Wegnahme**	iSd §§ 242 ff ist der Bruch fremden Allein- oder Mitgewahrsams und die Begründung neuen, nicht notwendig, aber regelmäßig eigenen Gewahrsams (*Wessels/Hillenkamp, BT2 Rn 82*).	KK I Fall 1 Rn 109	KK II Fall 2 Rn 41	KK III Fall 3 Rn 121
§§ 242 ff	**Gewahrsam**	iSd §§ 242 ff ist die tatsächliche Sachherrschaft eines Menschen über eine Sache, die von einem natürlichen Herrschaftswillen getragen und deren Reichweite von der Verkehrsauffassung bestimmt wird (vgl *Wessels/ Hillenkamp, BT2 Rn 82 mit der Forderung nach verstärkter Einbeziehung sozial-normativer Komponenten*)	KK I Fall 1 Rn 109	KK II Fall 2 Rn 41	KK III Fall 3 Rn 121
§§ 242 ff	**Gewahrsamsbruch**	iSd §§ 242 ff liegt vor, wenn die Sachherrschaft des bisherigen Gewahrsamsinhabers gegen seinen Willen oder zumindest ohne sein Einverständnis aufgehoben wird (*Wessels/ Hillenkamp, BT2 Rn 115 ff*).		KK II Fall 2 Rn 41	
§§ 242 ff	**Zueignungsabsicht**	iSd §§ 242 ff ist die Absicht, sich oder einem Dritten die fremde Sache oder den in ihr verkörperten Sachwert anzueignen, gepaart mit dem Vorsatz, den Eigentümer zu enteignen (*vgl Wessels/ Hillenkamp, BT2 Rn 150 ff*).		KK II Fall 2 Rn 43	KK III Fall 3 Rn 125
§§ 242 ff	**Aneignung**	iSd §§ 242 ff ist das – wenn auch nur vorübergehende – Einverleiben der fremden Sache selbst oder des in ihr verkörperten Sachwertes in das Vermögen des Täters oder eines Dritten (*vgl Wessels/Hillenkamp, BT2 Rn 150 ff*).		KK II Fall 2 Rn 44	
§§ 242 ff	**Enteignung**	iSd §§ 242 ff bedeutet die endgültige Ausschließung bzw Verdrängung des Eigentümers aus seiner wirtschaftlichen Position. Sie muss auf Dauer angelegt sein (*vgl Wessels/Hillenkamp, BT2 Rn 150, 156*).		KK II Fall 2 Rn 44	KK III Fall 3 Rn 125; Fall 8 Rn 359; Fall 9 Rn 458

§	Begriff	Definition	Leitfall in KK I / in KK II / in KK III		
§ 243	Gebäude	iSv § 243 I 1, 2 Nr 1 ist ein durch Wände und Dach begrenztes, mit dem Erdboden fest verbundenes Bauwerk, das den Eintritt von Menschen gestattet und Unbefugte fernhalten soll (*Wessels/Hillenkamp, BT2 Rn 224*).			KK III Fall 7 Rn 280
§ 243	Umschlossener Raum	iSv § 243 I 1, 2 Nr 1 ist jedes Raumgebilde, das (zumindest auch) zum Betreten durch Menschen bestimmt und mit Vorrichtungen versehen ist, die das Eindringen von Unbefugten abwehren sollen und tatsächlich ein Hindernis bilden, das ein solches Eindringen nicht unerheblich erschwert (*Wessels/Hillenkamp, BT2 Rn 223*).			KK III Fall 7 Rn 280
§ 243 § 244	Einbrechen	iSv §§ 243 I 2 Nr 1, 244 I Nr 3 ist das gewaltsame, nicht notwendig substanzverletzende Öffnen einer dem Zutritt entgegenstehenden Umschließung (*Wessels/Hillenkamp, BT2 Rn 225*).	KK I Fall 4 Rn 182	KK II Fall 8 Rn 229	KK III Fall 3 Rn 110
§ 243 § 244	Einsteigen	iSv §§ 243 I 2 Nr 1, 244 I Nr 3 ist jedes Hineingelangen in ein Gebäude oder einen umschlossenen Raum durch eine zum ordnungsgemäßen Eintritt nicht bestimmte Öffnung unter Überwindung von Hindernissen oder Schwierigkeiten, die sich aus der Eigenart des Gebäudes oder der Umfriedung des umschlossenen Raums ergeben (*Wessels/Hillenkamp, BT2 Rn 226*).	KK I Fall 4 Rn 182	KK II Fall 8 Rn 229	KK III Fall 4 Rn 181
§ 243	Falscher Schlüssel	iSv § 243 I 2 Nr 1 ist jeder Schlüssel, der zur Tatzeit vom Berechtigten nicht oder nicht mehr zum Öffnen des betreffenden Verschlusses bestimmt ist (*Wessels/Hillenkamp, BT2 Rn 227*).		KK II Fall 8 Rn 229	KK III Fall 7 Rn 280
§ 243	Anderes Werkzeug	iSv § 243 I 2 Nr 1 ist ein solches beliebiger Art, welches vom Täter in einer Weise angewandt wird, dass der Mechanismus des Verschlusses ordnungswidrig in Bewegung gesetzt wird (*Wessels/Hillenkamp, BT2 Rn 229*).		KK II Fall 8 Rn 229	

§	Begriff	Definition	Leitfall in KK I / in KK II / in KK III	
§ 243	**Behältnis**	iSv § 243 I 2 Nr 2 ist ein zur Aufnahme von Sachen dienendes und sie umschließendes Raumgebilde, das nicht dazu bestimmt ist, von Menschen betreten zu werden (*Wessels/Hillenkamp, BT2 Rn 234*).	KK II Fall 8 Rn 229	
§ 243	**Schutzvorrichtungen**	iSv § 243 I 2 Nr 2 sind alle Vorkehrungen und technischen Mittel, die dazu bestimmt und geeignet sind, Sachen gegen Entwendung zu schützen, den ungehinderten Zugriff auf sie auszuschließen und ihre Wegnahme mindestens zu erschweren (*Wessels/Hillenkamp, BT2 Rn 235*).	KK II Fall 4 Rn 96	
§ 243 § 260 § 263	**Gewerbsmäßig**	iSv § 243 I 2 Nr 3, § 260 I Nr 1, § 263 III Nr 1 handelt, wer sich aus der wiederholten Tatbegehung eine fortlaufende Einnahmequelle von einigem Umfang und einer gewissen Dauer verschaffen will (*Wessels/Hillenkamp, BT2 Rn 239*).	KK I Fall 11 Rn 368	KK III Fall 5 Rn 236
§ 243	**Allgemein zugänglich**	iSv § 243 I 2 Nr 5 ist eine Sammlung, wenn sie nicht lediglich einem begrenzten Kreis von Benutzern offen steht (*Wessels/Hillenkamp, BT2 Rn 241, 51*).	KK II Fall 8 Rn 229	
§ 243	**Von Bedeutung für die Kunst**	iSv § 243 I 2 Nr 5 ist eine Sache, wenn ihr Verlust eine spürbare Einbuße für diese Disziplin darstellen würde (*Fischer, § 243 Rn 20*).	KK II Fall 8 Rn 229	
§ 243 § 248a	**Gering**	iSv §§ 243 II, 248a ist der Wert der Sache, wenn er nach der allgemeinen Verkehrsauffassung für den Gewinn wie für den Verlust als unerheblich anzusehen ist; dies wird derzeit bei einem Wert von etwa 50 € angenommen (*Wessels/Hillenkamp, BT2 Rn 252 ff, 339*).	KK II Fall 4 Rn 98	KK III Fall 3 Rn 114
§ 244	**Gefährlich**	sind mitgeführte Gegenstände iSv § 244 I Nr 1a, wenn zu ihrer allgemeinen Eignung, erhebliche Körperverletzungen zu bewirken, hinzutritt, dass diese Wirkung bei Umsetzung des inneren Verwendungsvorbehaltes auch eintritt, das Werkzeug also „notfalls" eingesetzt wird (*Wessels/Hillenkamp, BT2 Rn 275*).		KK III Fall 3 Rn 116

§	Begriff	Definition	Leitfall in KK I / in KK II / in KK III	
§ 244	**Beisich-führen**	einer Waffe (oder eines gefährlichen Werkzeuges) iSd § 244 I Nr 1a bedeutet, diese irgendwann zwischen Versuchsbeginn und Vollendung bewusst gebrauchsbereit bei sich zu haben (*Joecks/Jäger, St-K-StGB, § 244 Rn 21*).		KK III Fall 4 Rn 187
§ 244 § 244a	**Bande**	iSv § 244 I Nr 1a und § 244a I ist der Zusammenschluss von mindestens drei Personen, die sich mit dem Willen verbunden haben, künftig für eine gewisse Dauer mehrere selbstständige, im Einzelnen noch ungewisse Straftaten des im Gesetz genannten Deliktstyps zu begehen. Ein „gefestigter Bandenwille" oder ein „Tätigwerden in einem übergeordneten Bandeninteresse" ist nicht erforderlich (*BGHSt GrS 46, 321 ff*).	KK I Fall 11 Rn 369	KK III Fall 9 Rn 437
§ 244	**Wohnungen**	iSv § 244 I Nr 3 sind umschlossene Räume, die als Mittelpunkt des privaten Lebens Selbstentfaltung, -entlastung und vertrauliche Kommunikation gewährleisten (*Wessels/Hillenkamp, BT2 Rn 290*).	KK II Fall 8 Rn 229	KK III Fall 3 Rn 117
§ 246	**Zueignung**	iSv § 246 ist die Manifestation des Zueignungswillens (*Wessels/Hillenkamp, BT2 Rn 311*).	KK II Fall 3 Rn 85	
§ 246	**Anvertraut**	iSd § 246 II sind solche Sachen, deren Gewahrsam der Täter vom Eigentümer oder einem Dritten mit der Verpflichtung erlangt hat, sie zu einem bestimmten Zweck zu verwenden, aufzubewahren oder auch nur zurückzugeben (*Wessels/Hillenkamp, BT2 Rn 321*).		KK III Fall 6 Rn 255
§ 248b	**Gebrauchs-anmaßung**	iSv § 248b ist die nur vorübergehende Nutzung einer fremden Sache mit dem Ziel, sie dem Eigentümer nach der Nutzung zurückzugeben (*Wessels/Hillenkamp, BT2 Rn 156 f*).	KK II Fall 2 Rn 44	

§	Begriff	Definition	Leitfall in KK I / in KK II / in KK III		
§ 249	Gewalt gegen eine Person	iSv § 249 I ist die Ausübung körperlich wirkenden Zwanges durch eine unmittelbare oder mittelbare Einwirkung auf einen anderen, die nach der Vorstellung des Täters dazu bestimmt und geeignet ist, einen tatsächlich geleisteten oder erwarteten Widerstand zu überwinden oder unmöglich zu machen (*Wessels/Hillenkamp, BT2 Rn 347*).		KK II Fall 2 Rn 43	KK III Fall 9 Rn 406
§ 249	Vis absoluta	iSv § 249 I ist das Ausschalten der Willensbildung oder das Unmöglichmachen der Willensbetätigung durch Gewalt (*Wessels/Hettinger/Engländer, BT1 Rn 446*).		KK II Fall 2 Rn 46	
§ 249	Vis compulsiva	iSv § 249 I ist das Hervorrufen eines bestimmten Willensentschlusses durch Gewalt (*Wessels/Hettinger/Engländer, BT1 Rn 446*).		KK II Fall 2 Rn 46	
§ 250	Für die Gefahr einer schweren Gesundheitsschädigung	iSv § 250 I Nr 1c ist erforderlich, aber auch ausreichend, dass das Opfer in eine ernste langwierige Krankheit verfällt oder seine Arbeitskraft erheblich beeinträchtigt wird (*Wessels/Hillenkamp, BT2 Rn 377*).			KK III Fall 9 Rn 432
§ 250	Schwere körperliche Misshandlung	iSv § 250 II Nr 3a setzt vorsätzlich herbeigeführte schwere Gesundheitsschädigungen iSv § 250 I Nr 1c oder neben einer nicht unerheblichen Beeinträchtigung der Körperintegrität besonders rohe Misshandlungen voraus (*Wessels/Hillenkamp, BT2 Rn 385*).			KK III Fall 9 Rn 432
§ 252	Auf frischer Tat betroffen	iSv § 252 ist der Täter dann, wenn er bei der Ausführung alsbald nach Vollendung der Wegnahme am Tatort oder in dessen unmittelbarer Nähe von einem anderen wahrgenommen, bemerkt oder schlicht angetroffen wird (*Wessels/Hillenkamp, BT2 Rn 397*).		KK II Fall 9 Rn 266	KK III Fall 9 Rn 430

§	Begriff	Definition	Leitfall in KK I / in KK II / in KK III		
§ 253	Vermögens-verfügung	iSv § 253 [Tatbestandsvoraussetzung nach hL] umfasst jedes bewusste und willensgetragene Verhalten des Genö-tigten, das bei diesem selbst oder bei einem Dritten unmittelbar zu einer Vermögensminderung im wirtschaft-lichen Sinne führt (*Wessels/Hillen-kamp, BT2 Rn 714*).		KK II Fall 2 Rn 46	KK III Fall 9 Rn 412
§ 257	Hilfeleisten	iSd § 257 I stellt eine Handlung dar, die objektiv geeignet und subjektiv darauf gerichtet ist, die durch die Vortat erlangten oder entstandenen Vorteile gegen Entziehung zugunsten des Verletzten zu sichern (*Wessels/ Hillenkamp, BT2 Rn 808*).		KK II Fall 6 Rn 188	KK III Fall 7 Rn 305
§ 258	Vereite-lungs-handlung	iSv § 258 I ist ein Verhalten, das nach seiner Zielsetzung darauf gerichtet ist, die Realisierung des in § 258 I um-schriebenen Ahndungs- oder Anord-nungsrechts durch eine Besserstellung des Vortäters ganz oder teilweise zu verhindern (*Wessels/Hettinger/ Engländer, BT1 Rn 803*).			KK III Fall 11 Rn 523
§ 259	Absetzen	iSv § 259 I bedeutet das selbstständige Unterstützen eines anderen beim ent-geltlichen Weiterverschieben der be-makelten Sache an Dritte (*Wessels/ Hillenkamp, BT2 Rn 859, 865*).			KK III Fall 7 Rn 306
§ 259	Absetzen helfen	iSv § 259 I bedeutet jede weisungs-abhängige, unselbstständige Unter-stützung, die vom Vortäter bei dessen Absatzbemühungen gewährt wird (*Wessels/Hillenkamp, BT2 Rn 859, 867*).			KK III Fall 7 Rn 306
§ 259	Sich-Ver-schaffen	iSv § 259 I bedeutet die bewusste und gewollte Übernahme der tatsächlichen Verfügungsgewalt zu eigenen Zwecken im Wege des abgeleiteten Erwerbs und des einverständlichen Zusammenwir-kens mit dem Vortäter oder dem sons-tigen Vorbesitzer (*Wessels/Hillenkamp, BT2 Rn 845*).		KK II Fall 6 Rn 186	KK III Fall 7 Rn 294
§ 263	Täu-schungs-handlung	iSv § 263 ist das Vorspiegeln falscher Tatsachen oder die Entstellung oder Unterdrückung wahrer Tatsachen (*krit: Wessels/Hillenkamp, BT2 Rn 496*).		KK II Fall 3 Rn 70	KK III Fall 5 Rn 200

§	Begriff	Definition	Leitfall in KK I / in KK II / in KK III	
§ 263	Tatsachen	iSd § 263 sind konkrete Vorgänge oder Zustände der Vergangenheit oder Gegenwart, die dem Beweis zugänglich sind (*Wessels/Hillenkamp, BT2 Rn 493*).	KK II Fall 3 Rn 70	
§ 263	Irrtum	iSv § 263 ist jede unrichtige, der Wirklichkeit nicht entsprechende Vorstellung über Tatsachen (*Wessels/Hillenkamp, BT2 Rn 510*).	KK II Fall 4 Rn 106	KK III Fall 5 Rn 204
§ 263	Vermögens-verfügung	iSv § 263 umfasst jedes freiwillige tatsächliche Handeln, Dulden oder Unterlassen des Getäuschten, das bei diesem selbst oder bei einem Dritten unmittelbar zu einer Vermögensminderung im wirtschaftlichen Sinne führt (*Wessels/Hillenkamp, BT2 Rn 515*).	KK II Fall 4 Rn 112	KK III Fall 5 Rn 206
§ 263	Vermögen	iSd § 263 umfasst nach dem **wirtschaftlichen Vermögensbegriff** alle geldwerten Güter einer Person (*Wessels/Hillenkamp, BT2 Rn 531*).	KK II Fall 6 Rn 179	KK III Fall 5 Rn 232
§ 263	Vermögen	iSd § 263 umfasst nach der **juristisch-ökonomischen Vermittlungslehre** alle Güter und Positionen, denen ein wirtschaftlicher Wert beizumessen ist und die mangels ausdrücklicher rechtlicher Missbilligung unter dem Schutz der Rechtsordnung stehen (*Wessels/Hillenkamp, BT2 Rn 532, 535*).	KK II Fall 6 Rn 179	KK III Fall 5 Rn 232
§ 263	Vermögens-schaden	iSv § 263 bezeichnet eine nachteilige Vermögensdifferenz, die nicht durch ein unmittelbar aus der Vermögensverfügung fließendes Äquivalent wirtschaftlich voll ausgeglichen wird (*Wessels/Hillenkamp, BT2 Rn 538*).	KK II Fall 6 Rn 171	KK III Fall 5 Rn 206
§ 263	Schadens-gleiche Vermögens-gefährdung	Ein tatbestandsmäßiger Gefährdungsschaden ist gegeben, wenn die Wahrscheinlichkeit eines endgültigen Verlusts eines Vermögensbestandteils so groß ist, dass dies bereits im Zeitpunkt der Vermögensverfügung eine objektive Minderung des Gesamtvermögenswerts zur Folge hat. Die bloße Möglichkeit des Eintritts eines solchen Schadens genügt nicht (*BGH NStZ 2017, 30; Wessels/Hillenkamp, BT2 Rn 572; S/S/W-StGB-Satzger, § 263 Rn 245*).	KK II Fall 10 Rn 486	KK III Fall 5 Rn 219 u Fall 6 Rn 258

§	Begriff	Definition	Leitfall in KK I / in KK II / in KK III		
§ 263	**Bereicherungsabsicht**	iSd § 263 ist gegeben, wenn es dem Täter auf die Erlangung eines rechtswidrigen Vermögensvorteils ankommt, mag dieser Vorteil von ihm auch nur als Mittel zu einem anderweitigen Zweck und damit als Zwischenziel erstrebt werden (*Wessels/Hillenkamp, BT2 Rn 583*).		KK II Fall 6 Rn 172	KK III Fall 5 Rn 206
§ 263	**Rechtswidrig**	ist der erstrebte Vermögensvorteil iSd § 263, wenn auf ihn kein rechtlich begründeter Anspruch besteht (*Wessels/ Hillenkamp, BT2 Rn 585*).		KK II Fall 6 Rn 172	KK III Fall 5 Rn 206
§ 263	**Stoffgleichheit**	der beabsichtigten rechtswidrigen Bereicherung iRd § 263 liegt vor, wenn der Täter den rechtswidrigen Vermögensvorteil in der Weise erstrebt, dass er unmittelbar zulasten des geschädigten Vermögens geht und damit die Kehrseite des Schadens bildet (*Wessels/Hillenkamp, BT2 Rn 588*).		KK II Fall 6 Rn 172	KK III Fall 5 Rn 206
§ 263a	**Unbefugte Verwendung**	von Daten iSv § 263a I Var 3 setzt nach der herrschenden **betrugsspezifischen Auslegung** Täuschungsäquivalenz voraus: Sie ist gegeben, wenn die Verwendung der Daten gegenüber einer Person Täuschungscharakter hätte (*Wessels/Hillenkamp, BT2 Rn 613*).			KK III Fall 8 Rn 373 und Fall 8 Rn 385
§ 263a	**Beeinflusst**	iSv § 263a I wird das Ergebnis eines Datenverarbeitungsvorgangs, wenn eine der im Gesetz genannten Tathandlungen in den Verarbeitungsvorgang des Computers Eingang findet, seinen Ablauf irgendwie mitbestimmt und eine Vermögensdisposition auslöst. Dass der Datenverarbeitungsvorgang bereits in Gang befindlich ist, setzt dessen Ergebnisbeeinflussung nicht voraus (*Wessels/Hillenkamp, BT2 Rn 605*).			KK III Fall 8 Rn 374
§ 265	**Versichert**	iSd § 265 ist eine Sache, wenn über sie ein Versicherungsvertrag abgeschlossen und förmlich zustande gekommen ist, mag er auch anfechtbar oder nach § 51 III VVG nichtig sein (*Wessels/Hillenkamp, BT2 Rn 657*).		KK II Fall 8 Rn 227	

§	Begriff	Definition	Leitfall in KK I / in KK II / in KK III		
§ 265	**Beiseite- schaffen**	iSv § 265 ist jede Handlung, durch die ein Gegenstand räumlich so entfernt oder verborgen wird, dass der Versicherungsfall als eingetreten gilt (*Wessels/Hillenkamp, BT2 Rn 658*).		KK II Fall 8 Rn 227	
§ 266	**Miss- brauchs- handlung**	iSv § 266 I Alt 1 ist gegeben, wenn der Täter im Rahmen seines rechtsverbindlichen Könnens die Grenzen des im Innenverhältnis einzuhaltenden rechtlichen Dürfens bewusst überschreitet (*Wessels/Hillenkamp, BT2 Rn 753*).			KK III Fall 10 Rn 480
§ 266	**Verfügungs- befugnis**	iSv § 266 I Alt 1 ist eine Rechtsstellung, die den Täter nach außen in den Stand setzt, Vermögensrechte eines anderen wirksam zu ändern, zu übertragen oder aufzuheben (*S/S-Perron, § 266 Rn 4*).			KK III Fall 10 Rn 480
§ 266	**Verpflich- tungs- befugnis**	iSv § 266 I Alt 1 ist eine Rechtsstellung, die den Täter nach außen in den Stand setzt, einen anderen mit Verbindlichkeiten zu belasten (*S/S-Perron, § 266 Rn 4*).			KK III Fall 10 Rn 480
§ 266	**Vermögens- betreuungs- pflicht**	iSv § 266 I ist die Pflicht zur Wahrnehmung fremder Vermögensinteressen, welche den typischen und wesentlichen Inhalt des rechtlich begründeten oder faktisch bestehenden Treueverhältnisses bildet, also dessen Hauptgegenstand und nicht eine bloße Nebenpflicht ist (*Wessels/Hillenkamp, BT2 Rn 770*).		KK II Fall 6 Rn 169	KK III Fall 10 Rn 483
§ 266	**Verletzung der Vermö- gensbetreu- ungspflicht**	iSv § 266 I Alt 2 ist jedes Handeln oder Unterlassen, das im Widerspruch zur Treuepflicht steht (*Wessels/ Hillenkamp, BT2 Rn 769*).			KK III Fall 10 Rn 486
§§ 267 ff	**Urkunde**	iSd materiellen Strafrechts ist jede verkörperte Gedankenerklärung, die zum Beweis im Rechtsverkehr geeignet und bestimmt ist und die ihren Aussteller erkennen lässt (*Wessels/Hettinger/Engländer, BT1 Rn 869*).		KK II Fall 4 Rn 102	KK III Fall 2 Rn 80

§	Begriff	Definition	Leitfall in KK I /	in KK II /	in KK III
§§ 267 ff	**Zusammen-gesetzte Urkunde**	iSd materiellen Strafrechts ist eine verkörperte Gedankenerklärung, die mit ihrem Bezugsobjekt räumlich fest (= nicht notwendig untrennbar) zu einer Beweismitteleinheit derart verbunden ist, dass beide zusammen einen einheitlichen Beweis- und Erklärungsinhalt in sich vereinigen (*Wessels/Hettinger/Engländer, BT1 Rn 896*).		KK II Fall 4 Rn 120	
§ 267	**Aussteller einer Urkunde**	iSv § 267 I ist nicht, wer die Urkunde körperlich hergestellt hat, sondern derjenige, dem das urkundlich Erklärte im Rechtsverkehr zugerechnet wird und von dem die Erklärung in diesem Sinne geistig herrührt, weil er sich zu ihr als Urheber bekennt (*sog Geistigkeitstheorie; Wessels/Hettinger/Engländer, BT1 Rn 880*).		KK II Fall 4 Rn 120	KK III Fall 8 Rn 362
§ 267	**Unecht**	ist eine Urkunde iSv § 267 I, wenn sie nicht von demjenigen herrührt, der aus ihr als Aussteller („Erklärender") hervorgeht (*Wessels/Hettinger/Engländer, BT1 Rn 901*).		KK II Fall 4 Rn 120	KK III Fall 6 Rn 260
§ 267	**Herstellen**	einer unechten Urkunde iSv § 267 I Var 1 liegt vor, wenn eine Identitätstäuschung über den wahren Aussteller bewirkt werden soll, dh ein Handeln zum Zwecke der Herbeiführung oder Aufrechterhaltung eines Irrtums über die Person des wirklichen Ausstellers (*Wessels/Hettinger/Engländer, BT1 Rn 901*).		KK II Fall 4 Rn 122	KK III Fall 6 Rn 260
§ 267	**Verfälschen**	einer Urkunde iSv § 267 I Var 2 ist jede Veränderung der Beweisrichtung und des gedanklichen Inhalts einer echten Urkunde, sodass diese nach dem Eingriff etwas anderes zum Ausdruck bringt als vorher (*Wessels/Hettinger/Engländer, BT1 Rn 921*).		KK II Fall 4 Rn 121	KK III Fall 2 Rn 81
§ 267	**Gebrauchmachen**	einer Urkunde iSv § 267 I Var 3 ist gegeben, wenn die Urkunde selbst und nicht nur ihre schlichte Abschrift oder Ablichtung dem zu Täuschenden in der Weise zugänglich gemacht wird, dass er die Möglichkeit zur Kenntnisnahme hat (*Wessels/Hettinger/Engländer, BT1 Rn 930*).		KK II Fall 4 Rn 122	KK III Fall 2 Rn 81

§	Begriff	Definition	Leitfall in KK I / in KK II / in KK III		
§ 268 § 274	**Technische Aufzeich-nung**	iSv §§ 268, 274 I Nr 1 ist in § 268 II gesetzlich definiert. Unter einer „Dar-stellung" im dort genannten Sinn ist nach jetzt hM nur eine Aufzeichnung zu verstehen, bei der die geräteauto-nom produzierte Information in einem selbstständig verkörperten, vom Ge-rät abtrennbaren Stück enthalten ist (*vgl Gesetzestext [§ 268 II]; Wessels/ Hettinger/Engländer, BT1 Rn 942*).			KK III Fall 8 Rn 362
§ 268	**Unecht**	iSv § 268 ist eine technische Aufzeich-nung, wenn sie überhaupt nicht oder nicht so, wie sie vorliegt, das Ergeb-nis eines in seiner Selbsttätigkeit von Störungshandlungen unbeeinflussten Aufzeichnungsvorganges ist, obwohl sie diesen Anschein erweckt (*Wessels/ Hettinger/Engländer, BT1 Rn 951*).			KK III Fall 8 Rn 380
§ 271	**Öffentliche Urkunde**	(§ 415 I ZPO) ist eine Urkunde, die von einer öffentlichen Behörde inner-halb der Grenzen ihrer Amtsbefug-nisse oder von einer mit öffentlichen Glauben ausgestatteten Person inner-halb des ihr zugewiesenen Geschäfts-kreises in der ihr vorgeschriebenen Form aufgenommen wurde (*Fischer, § 271 Rn 4 iVm § 273 Rn 2*).			KK III Fall 6 Rn 262
§ 273 § 275 § 276	**Amtlicher Ausweis**	iSd §§ 273, 275, 276 ist eine solche Urkunde, die von einer – deutschen oder ausländischen – Behörde oder sonstigen Stelle, die Aufgaben der öffentlichen Verwaltung wahrnimmt, ausgestellt ist, um die Identität einer Person oder ihre persönlichen Verhält-nisse zu beweisen (*Fischer, § 275 Rn 2 iVm § 273 Rn 2*)			KK III Fall 14 Rn 660
§ 274	**Nicht gehören**	iSv § 274 I Nr 1 bedeutet, dass außer dem Täter auch andere dazu befugt sind, die Urkunde/technische Auf-zeichnung zum Beweis im Rechts-verkehr zu gebrauchen (*vgl Wessels/ Hettinger/Engländer, BT1 Rn 969*).		KK II Fall 4 Rn 125	KK III Fall 2 Rn 84
§ 274	**Beschä-digen**	iSv § 274 I Nr 1 bedeutet eine derarti-ge Veränderung der Urkunde, dass sie in ihrem Wert als Beweismittel beein-trächtigt ist (*Wessels/Hettinger/ Engländer, BT1 Rn 972*).		KK II Fall 4 Rn 125	KK III Fall 8 Rn 381

§	Begriff	Definition	Leitfall in KK I /	in KK II /	in KK III
§ 274	Unter-drücken	iSv § 274 I Nr 1 ist jede Handlung, durch die dem Beweisführungsberech-tigten die Benutzung des Beweismittels dauernd oder zeitweilig entzogen oder vorenthalten wird (*Wessels/Hettinger/Engländer, BT1 Rn 973*).		KK II Fall 4 Rn 125	KK III Fall 8 Rn 362
§ 274	Vernichten	iSv § 274 I Nr 1 bedeutet die völlige Beseitigung der beweiserheblichen Substanz einer Urkunde (*Wessels/Hettinger/Engländer, BT1 Rn 971*).		KK II Fall 4 Rn 125	KK III Fall 6 Rn 261
§ 276	Verschaffen	iSd § 276 ist jedes „In-Besitz-Bringen" (*Fischer, § 276 Rn 3 iVm § 146 Rn 7*).			KK III Fall 14 Rn 660
§ 281	Ausweis-papier	iSv § 281 I ist ein Papier, das dem Nachweis der Identität oder der persön-lichen Verhältnisse dienen soll und von einer hoheitlichen Stelle ausgestellt ist (*S/S-Heine/Schuster, § 281 Rn 3*).			KK III Fall 8 Rn 382
§ 289	Wegnahme	iSd § 289 I setzt keinen Gewahrsams-bruch, sondern nur die räumliche Ent-fernung der Sache aus dem tatsächli-chen Macht- und Zugriffsbereich des Rechtsinhabers voraus (*Wessels/Hillenkamp, BT2 Rn 471*).		KK II Fall 3 Rn 77	
§ 303	Beschädigt	iSv § 303 I ist eine Sache, wenn der Täter auf die Sache als solche in einer Weise körperlich eingewirkt hat, dass ihre Unversehrtheit oder bestimmungs-gemäße Brauchbarkeit mehr als nur unerheblich beeinträchtigt und im Ver-gleich zu ihrer bisherigen Beschaffen-heit nachteilig verändert worden ist (*Wessels/Hillenkamp, BT2 Rn 34*).	KK I Fall 1 Rn 105	KK II Fall 4 Rn 105	KK III Fall 3 Rn 144
§ 303	Zerstört	iSv § 303 I ist eine Sache, wenn sie aufgrund der erfolgten Einwirkung in ihrer Existenz vernichtet oder so wesentlich beschädigt ist, dass sie ihre bestimmungsgemäße Brauchbar-keit völlig verloren hat (*Wessels/Hillenkamp, BT2 Rn 36*).	KK I Fall 1 Rn 105		KK III Fall 7 Rn 323
§ 304	Gegenstän-de, die zum öffentlichen Nutzen die-nen	iSv § 304 I sind solche, die im Rahmen ihrer Zweckbestimmung der Allgemeinheit unmittelbar zu-gute kommen, sei es in Form des Gebrauchs oder in anderer Weise (*Wessels/Hillenkamp, BT2 Rn 53*).	KK I Fall 2 Rn 146		

§	Begriff	Definition	Leitfall in KK I / in KK II / in KK III
§ 306	**Brand-legung**	iSv § 306 I bezeichnet den Eintritt der zerstörenden oder gefährdenden Wirkung des Brandmittels (*Wessels/Hettinger/Engländer, BT1 Rn 1044*).	KK III Fall 13 Rn 611
§ 306	**In Brand gesetzt**	iSv § 306 I ist eine Sache, wenn sie vom Feuer in einer Weise erfasst wird, die ein Fortbrennen aus eigener Kraft, dh ohne Fortwirken des Zündstoffs, ermöglicht. Für das Inbrandsetzen eines Gebäudes genügt die Inbrandsetzung eines für dessen bestimmungs-gemäßen Gebrauchs wesentlichen Bestandteils (*Wessels/Hettinger/Engländer, BT1 Rn 1043*).	KK III Fall 13 Rn 611
§ 306	**Ganz zerstört**	ist ein Objekt iSv § 306 I dann, wenn es vernichtet ist oder es seine bestim-mungsgemäße Brauchbarkeit vollstän-dig verloren hat (*Wessels/Hettinger/Engländer, BT1 Rn 1044*).	KK III Fall 13 Rn 611
§ 306	**Teilweise zerstört**	ist ein Objekt iSv § 306 I dann, wenn einzelne, für den bestimmungsge-mäßen Gebrauch des Objekts wesent-liche Teile unbrauchbar geworden sind (*Wessels/Hettinger/Engländer, BT1 Rn 1044*).	KK III Fall 13 Rn 611
§§ 306 ff	**Gebäude**	iSd §§ 306 ff ist ein mit dem Erd-boden fest verbundenes, mit Wän-den und Dach versehenes Bauwerk (*Wessels/Hettinger/Engländer, BT1 Rn 1046*).	KK III Fall 13 Rn 611
§§ 306 ff	**Wälder**	iSd §§ 306 ff umfassen das auf einer Bodenfläche wachsende Holz und den Waldboden mit diesen bedeckenden Gras, Moos, Laub und Strauchwerk (*BGHSt 31, 83*).	KK III Fall 13 Rn 611
§ 308	**Explosion**	iSv § 308 I bezeichnet die plötzliche Auslösung von Druckwellen außerge-wöhnlicher Beschleunigung durch ei-nen Stoff, der bei Entzündung zu einer plötzlichen Ausdehnung von Flüssig-keiten oder Gasen und dadurch zu einer Sprengwirkung führt (*RGSt 67, 37*).	KK III Fall 13 Rn 634

§	Begriff	Definition	Leitfall in KK I / in KK II / in KK III		
§ 315 ff	Öffentlich	iSd Verkehrsstrafrechts (§§ 315 ff) sind neben den dem allgemeinen Straßenverkehr gewidmeten Straßen, Wegen und Plätzen auch solche Verkehrsflächen, die jedermann oder allgemein bestimmten Gruppen von Verkehrsteilnehmern (zB Rad- oder Fußwegen) oder vorübergehend zur Benutzung offen stehen (*Wessels/Hettinger/Engländer, BT1 Rn 1071*).			KK III Fall 8 Rn 344
§ 315 § 323c	Unglücksfall	iSv § 315 und § 323c ist jedes plötzlich eintretende Ereignis, das die unmittelbare Gefahr eines erheblichen Schadens für andere Menschen oder fremde Sachen von bedeutendem Wert hervorruft (*Wessels/Hettinger/Engländer, BT1 Rn 1152*).	KK I Fall 6 Rn 248	KK II Fall 7 Rn 206	KK III Fall 10 Rn 500
§ 315b	Hindernisbereiten	iSv § 315b I Nr 2 bedeutet das Herbeiführen eines Vorgangs, der geeignet ist, durch körperliche Einwirkung den regelmäßigen Verkehr zu hemmen oder zu verzögern (*Fischer, § 315b Rn 7 iVm § 315 Rn 9*).			KK III Fall 12 Rn 598
§ 315b	Ähnliche, ebenso gefährliche Eingriffe in den Straßenverkehr	iSv § 315b I Nr 3 sind verkehrsfremde Eingriffe, die von außen her die Sicherheit des Straßenverkehrs beeinträchtigen (*Wessels/Hettinger/Engländer, BT1 Rn 1072*).			KK III Fall 12 Rn 560
§ 315c	Konkrete Gefährdung	iSd § 315c I bezeichnet eine nach der Lebenserfahrung im Einzelfall zu beurteilende naheliegende Gefahr, bei der das Ausbleiben eines Verletzungsschadens weitgehend vom Zufall abhängt (*Wessels/Hettinger/Engländer, BT1 Rn 1088*).		KK II Fall 7 Rn 213	KK III Fall 12 Rn 562
§ 316	Fahruntüchtigkeit	iSv § 316 liegt vor, wenn der Fahrzeugführer nicht fähig ist, sein Fahrzeug über eine längere Strecke sicher zu führen (*Wessels/Hettinger/Engländer, BT1 Rn 1084*).		KK II Fall 7 Rn 208	KK III Fall 12 Rn 557
§ 316a	Angriff	iSv § 316a I ist jede Einwirkung auf eines der genannten Rechtsgüter in feindseliger Absicht (*Wessels/Hillenkamp, BT2 Rn 417*).			KK III Fall 15 Rn 701

§	Begriff	Definition	Leitfall in KK I / in KK II / in KK III
§ 316a	Kraftfahrzeugführer	iSv § 316a I ist, wer das Fahrzeug in Bewegung setzt, es in Bewegung hält oder allgemein mit dem Betrieb des Fahrzeugs und/oder mit der Bewältigung von Verkehrsvorgängen beschäftigt ist (*BGHSt 49, 8, 14; Wessels/ Hillenkamp, BT2 Rn 419*).	KK III Fall 15 Rn 701
§ 316a	Ausnutzen der Verhältnisse des Straßenverkehrs	wenn der Täter die typischen Situationen und Gefahrenlagen des Kraftfahrzeugverkehrs in den Dienst seines Vorhabens stellt (*Wessels/Hillenkamp, BT2 Rn 421*).	KK III Fall 15 Rn 702
§§ 331 ff	In Dienstausübung	iSd §§ 331 ff handelt der Täter, wenn sich seine Tat auf Handlungen bezieht, durch die er als Amtsträger die ihm übertragenen Aufgaben wahrnimmt (*Fischer, § 331 Rn 6*).	KK III Fall 14 Rn 661
§§ 331 ff	Vorteil	ist jede Leistung, auf die der Täter keinen Anspruch hat und die seine wirtschaftliche, rechtliche oder auch nur persönliche Lage objektiv verbessert (*BGH NJW 2008, 3580*).	KK III Fall 14 Rn 661
§ 332 § 334	Pflichtwidrig	ist eine Diensthandlung iSd §§ 332, 334, wenn dem Täter durch Rechtssatz, Dienstvorschrift oder Anordnung die Entschließung über Vornahme oder Unterlassung einer Diensthandlung und über die Art der Vornahme vorgeschrieben ist und er hiervon abweicht (*Fischer, § 332 Rn 8*).	KK III Fall 14 Rn 664
§ 29 BtMG	Handeltreiben	iSv § 29 BtMG ist jedes eigennützige Bemühen, das darauf gerichtet ist, den Umsatz von Betäubungsmitteln zu ermöglichen oder zu fördern (*Weber, BtMG § 29 Rn 153*).	KK III Fall 5 Rn 230
§ 29 BtMG	Veräußern	iSv § 29 BtMG ist das Abgeben von Betäubungsmitteln aufgrund entgeltlicher rechtsgeschäftlicher Vereinbarung, wobei auf Seiten des Veräußerers kein Eigennutz gegeben sein darf (*Weber, § 29 Rn 921*).	KK III Fall 5 Rn 230

§	Begriff	Definition	Leitfall in KK I / in KK II / in KK III
§ 264 StPO	**Tat im prozessualen Sinn**	ist das gesamte Verhalten des Beschuldigten, soweit es mit dem in Anklage, Eröffnungsbeschluss oder Urteil bezeichneten geschichtlichen Vorkommnis nach der Auffassung des Lebens einen einheitlichen Vorgang bildet (*Beulke, StPO Rn 513*).	KK III Fall 11 Rn 554

III. Aufbau der Falllösung

Die folgenden Schemata entsprechen inhaltlich denen im Lehrbuch *Wessels/Beulke/ Satzger, Strafrecht AT, 47. Aufl, Rn 1201 ff.* Sie spiegeln die dort und auch im vorliegenden Buch vertretene Auffassung eines optimalen Aufbaus wider, die selbstverständlich in dem einen oder anderen Detail nicht unangefochten bleiben wird, die aber der Ansicht der weit überwiegenden Mehrheit aller Prüfer entsprechen dürfte. Die Aufbaumuster sind gegenüber dem Lehrbuch zusätzlich vereinfacht worden, damit sie der Student für den Ernstfall der Klausur leichter auswendig lernen kann. Diese Lösungsraster muss aber wirklich jeder jederzeit präsent haben.

Vollendetes Begehungsdelikt	Versuchtes Delikt
	Vorprüfung
	• Keine Tatvollendung • Strafbarkeit des Versuchs

a) Tatbestandsmäßigkeit

aa) Objektiver Tatbestand
• Erfolgseintitt
  (*entfällt bei Tätigkeitsdelikten*)
• Tathandlung
• Besondere Tätermerkmale
  (*zB Amtsträger*)
• Kausalität
• Objektive Zurechnung
bb) Subjektiver Tatbestand
• Vorsatz bzgl aller Merkmale des
  objektiven Tatbestandes
• Sonstige subjektive TB-Merkmale
	aa) Subjektiver Tatbestand (Tatentschluss)
	• Vorsatz bzgl aller Merkmale, die sonst im
	  objektiven TB geprüft werden, zB
	  – *Tötungshandlung*
	  – *Tatherrschaft*
	  – *Garantenstellung*
	• sonstige subjektive TB-Merkmale, zB
	  – *Zueignungsabsicht*
	bb) Objektiver Tatbestand (unmittelbares
	  Ansetzen)
	  Abgrenzung zur Vorbereitungshandlung

cc) Tatbestandsannex: Objektive Bedingungen der Strafbarkeit *(zB Rauschtat bei § 323a)*

b) Rechtswidrigkeit

- Einwilligung/mutmaßliche Einwilligung
- Notwehr/-hilfe, § 32
- Erlaubte Selbsthilfe, §§ 229, 562b I, 859, 1029 BGB
- Zivilrechtlicher Notstand, §§ 228, 904 BGB
- Allgemeiner rechtfertigender Notstand,
  § 34, § 16 OWiG
- Wahrnehmung berechtigter Interessen, § 193 } dto
- Züchtigungsrecht/Erziehungsrecht
- Festnahmerecht, § 127 I StPO
- Amtsbefugnisse, Dienstrecht, besondere Rechtspflichten
  von Amtsträgern
- Politisches Widerstandsrecht, Art 20 IV GG

Fortsetzung

Vollendetes Begehungsdelikt	Versuchtes Delikt

c) Schuld

- Schuldfähigkeit
- Vorsatzschuld
  (kein Erlaubnistatbestandsirrtum)
- Unrechtsbewusstsein
  (kein unvermeidbarer Verbotsirrtum)
- Entschuldigungsgründe
  - Entschuldigender Notstand, § 35
  - Notwehrexzess, § 33
- Spezielle Schuldmerkmale
  (zB Böswilligkeit in § 225 I)

} dto

d) Persönliche Strafausschließungs- oder Strafaufhebungsgründe

insbes
- § 257 III
- § 258 V, VI

insbes
- Rücktritt gem § 24 I, II

e) Strafzumessung

- Vermeidbarer Verbotsirrtum
- Regelbeispiele

} dto

f) Strafverfolgungsvoraussetzungen (insbes Strafantrag) oder -hindernisse

insbes
- § 194 (Beleidigung)
- § 230 (Körperverletzung)
- § 248a (geringer Wert bei Diebstahl, etc)
- § 303c (Sachbeschädigung)

insbes
- § 230 (Körperverletzung)
- § 248a (geringer Wert bei Diebstahl etc.)
- § 303c (Sachbeschädigung)

Unechtes Unterlassungsdelikt	**Fahrlässiges Begehungsdelikt**	**734**

Vorprüfung

- Tun oder Unterlassen

a) Tatbestandsmäßigkeit

aa) Objektiver Tatbestand
• Eintritt des tatbestandlichen Erfolgs
• Nichtvornahme der gebotenen Handlung trotz physisch-realer Abwehrmöglichkeit
• Kausalität
• Garantenstellung, insbes aus
  – rechtlicher Verpflichtung
  – enger Lebens- und Gefahrgemeinschaft
  – freiwilliger Übernahme von Schutz- und Beistandspflichten
  – Ingerenz
• Entsprechungsklausel, § 13
• Objektive Zurechnung (inklusive Garantenstellung begründender Umstände)
bb) Subjektiver Tatbestand
• Vorsatz bzgl aller Merkmale des objektiven TB
• Sonstige subjektive TB-Merkmale *(zB Zueignungsabsicht)*
cc) Tatbestandsannex: Objektive Bedingungen der Strafbarkeit *(zB Rauschtat bei § 323a)*
	aa) Erfolgseintritt
	bb) Kausalität
	cc) Objektive Sorgfaltspflichtverletzung bei objektiver Vorhersehbarkeit des Erfolgs und des wesentlichen Kausalverlaufs
	dd) Objektive Zurechnung, insbes
	• Pflichtwidrigkeitszusammenhang (Vermeidbarkeit?)
	• Schutzzweckzusammenhang
	• Eigenverantwortlichkeitsprinzip
	ee) Tatbestandsannex: Objektive Bedingungen der Strafbarkeit *(zB Rauschtat bei § 323a)*

b) Rechtswidrigkeit

- Allgemeine Rechtfertigungsgründe wie beim vorsätzlichen Begehungsdelikt
- **Zusätzlich**: rechtfertigende Pflichtenkollision

c) Schuld

• Schuldfähigkeit
• Vorsatzschuld *(kein Erlaubnistatbestandsirrtum)*
• Unrechtsbewusstsein *(kein unvermeidbarer Verbotsirrtum, insbes bzgl Bestehen und Umfang der Garantenpflicht)*
• Entschuldigungsgründe
  – Entschuldigender Notstand, § 35
  – Notwehrexzess, § 33
  – **Zusätzlich**: Unzumutbarkeit normgemäßen Verhaltens
• Spezielle Schuldmerkmale *(zB Böswilligkeit in § 225 I)*
	• Schuldfähigkeit
	• Subjektive Sorgfaltspflichtverletzung
	• Möglichkeit der Unrechtseinsicht *(potenzielles Unrechtsbewusstsein)*
	• Entschuldigungsgründe
	  – Entschuldigender Notstand, § 35
	  – Notwehrexzess, § 33
	  – **Zusätzlich**: Unzumutbarkeit normgemäßen Verhaltens
	• Spezielle Schuldmerkmale *(zB Rücksichtslosigkeit, § 315c I Nr 1 iVm III Nr 2)*

Fortsetzung

Unechtes Unterlassungsdelikt	Fahrlässiges Begehungsdelikt

d) Persönliche Strafausschließungs- oder Strafaufhebungsgründe

insbes – § 257 III – § 258 V, VI	– zB § 163 II

e) Strafzumessung

• Vermeidbarer Verbotsirrtum • Regelbeispiele	• Vermeidbarer Verbotsirrtum

f) Strafverfolgungsvoraussetzungen (insbes Strafantrag) oder -hindernisse

– § 194 (Beleidigung) – § 248a (geringer Wert bei Diebstahl, etc.) – § 303c (Sachbeschädigung) – § 230 (Körperverletzung)	– § 230 (Körperverletzung)

| Mittäterschaft | Mittelbare Täterschaft | **735** |

a) Tatbestandsmäßigkeit

aa) Objektiver Tatbestand
* Besondere Tätermerkmale
  (zB § 331 I: Amtsträger)
* Keine eigenhändige Verwirklichung
  aller Tatbestandsmerkmale
* Zurechnung gem § 25 II
  (funktionelle Tatherrschaft)
  – Gemeinsamer Tatplan
  – Gemeinsame Tatausführung
  (hier: Abgrenzung zur Teilnahme:
  Tatherrschaftstheorie in Abgrenzung
  zur subjektiven Theorie)

aa) Objektiver Tatbestand
* Besondere Tätermerkmale
  (zB § 331 I: Amtsträger)
* Keine eigenhändige Verwirklichung aller
  Tatbestandsmerkmale
* Zurechnung gem § 25 I Alt 2
  (Wissens- oder Willensherrschaft)
  Werkzeugeigenschaft wegen eines
  Defektes des Tatmittlers:
  – im objektiven Tatbestand
  – im subjektiven Tatbestand
  – in der Rechtswidrigkeit
  – in der Schuld
  – Sonderfall: Organisationsherrschaft

bb) Subjektiver Tatbestand
* Vorsatz bzgl der Merkmale des
  objektiven TB *(inklusive Tatherrschaft)*
* Sonstige subjektive TB-Merkmale
  (zB Zueignungsabsicht)

bb) Subjektiver Tatbestand
* Vorsatz bzgl aller Merkmale des
  objektiven TB *(inklusive Tatherrschaft)*
* Sonstige subjektive TB-Merkmale
  (zB Zueignungsabsicht)

cc) Tatbestandsannex: Objektive Bedingungen der Strafbarkeit *(zB Tod bei § 231)*

b) Tatbestandsverschiebung nach § 28 II

c) Rechtswidrigkeit

* Einwilligung/mutmaßliche Einwilligung
* Notwehr/-hilfe, § 32
* Erlaubte Selbsthilfe, §§ 229, 562b I, 859,
  1029 BGB
* Zivilrechtlicher Notstand, §§ 228, 904 BGB
* Allgemeiner rechtfertigender Notstand,
  § 34, § 16 OWiG
* Rechtfertigende Pflichtenkollision
* Wahrnehmung berechtigter Interessen, § 193
* Züchtigungsrecht/Erziehungsrecht
* Festnahmerecht, § 127 I StPO
* Amtsbefugnisse, Dienstrecht, besondere
  Rechtspflichten von Amtsträgern
* Politisches Widerstandsrecht, Art 20 IV GG

dto

Fortsetzung

Mittäterschaft	Mittelbare Täterschaft

d) Schuld

- Schuldfähigkeit
- Vorsatzschuld
  (kein Erlaubnistatbestandsirrtum)
- Unrechtsbewusstsein
  (kein unvermeidbarer Verbotsirrtum)
- Entschuldigungsgründe
  - Entschuldigender Notstand, § 35
  - Notwehrexzess, § 33
- Spezielle Schuldmerkmale
  (zB Böswilligkeit in § 225 I)

dto

e) Persönliche Strafausschließungs- oder Strafaufhebungsgründe

insbes
- § 257 III
- § 258 V, VI

dto

f) Strafzumessung

- vermeidbarer Verbotsirrtum
- Regelbeispiele

dto

g) Strafverfolgungsvoraussetzungen (insbes Strafantrag) oder -hindernisse

insbes
- § 194 (Beleidigung)
- § 230 (Körperverletzung)
- § 248a (geringer Wert bei Diebstahl etc)
- § 303c (Sachbeschädigung)

dto

| **Anstiftung** | **Beihilfe** | **736** |

a) Tatbestandsmäßigkeit

aa) Objektiver Tatbestand
- Teilnahmefähige Haupttat
  - Objektiv tatbestandsmäßig
  - Vorsätzlich
  - Rechtswidrig
- Anstiftungs- bzw Beihilfehandlung
  (*hier Abgrenzung zur Täterschaft*)
  - Anstiftung: Hervorrufen des
    Tatentschlusses   dto
  - Beihilfe: Förderung der Haupttat
bb) Subjektiver Tatbestand (= doppelter
    Anstifter- oder Gehilfenvorsatz)
- Vorsatz bzgl der vollendeten, vorsätzlichen,
  rechtswidrigen Haupttat
- Vorsatz bzgl der Anstiftungs- bzw
  Beihilfehandlung
cc) Tatbestandsannex: Objektive
    Bedingungen der Strafbarkeit

b) Tatbestandsverschiebung nach § 28 II

c) Rechtswidrigkeit

- Einwilligung/mutmaßliche Einwilligung
- Notwehr/-hilfe, § 32
- Erlaubte Selbsthilfe, §§ 229, 562b I,
  859, 1029 BGB
- Zivilrechtlicher Notstand,
  §§ 228, 904 BGB
- Allgemeiner rechtfertigender Notstand,
  § 34, § 16 OWiG
- Rechtfertigende Pflichtenkollision   dto
- Wahrnehmung berechtigter
  Interessen, § 193
- Züchtigungsrecht/Erziehungsrecht
- Festnahmerecht, § 127 I StPO
- Amtsbefugnisse, Dienstrecht, besondere
  Rechtspflichten von Amtsträgern
- politisches Widerstandsrecht,
  Art 20 IV GG

Fortsetzung

Anstiftung	Beihilfe

d) Schuld

- Schuldfähigkeit
- Vorsatzschuld
  (*kein Erlaubnistatbestandsirrtum*)
- Unrechtsbewusstsein
  (*kein unvermeidbarer Verbotsirrtum*)
- Entschuldigungsgründe
- Entschuldigender Notstand, § 35
- Notwehrexzess, § 33
- Spezielle Schuldmerkmale
  (*zB Böswilligkeit in § 225 I*)

dto

e) Persönliche Strafausschließungs- oder Strafaufhebungsgründe

insbes
- § 257 III
- § 258 V, VI
- § 24 II

dto

f) Strafzumessung

- Vermeidbarer Verbotsirrtum
- Regelbeispiele
- **Zusätzlich:** § 28 I – Fehlen eines besonderen strafbegründenden persönlichen Merkmals beim Teilnehmer

dto

g) Strafverfolgungsvoraussetzungen (insbes Strafantrag) oder -hindernisse

insbes
- § 194 (Beleidigung)
- § 230 (Körperverletzung)
- § 248a (geringer Wert bei Diebstahl, etc)
- § 303c (Sachbeschädigung)

dto

Versuchte Anstiftung (§ 30 I)	Anstiftung zum Versuch	**737**

Der Aufbau des Versuchs einer Anstiftung entspricht dem **Versuchsaufbau**, o Rn 733

Der Aufbau der Anstiftung zum Versuch entspricht der **Teilnahmeprüfung**, o Rn 736

Vorprüfung

- Nichtvorliegen einer erfolgreichen Anstiftung
- Verbrechenscharakter der Haupttat (nach Vorstellung des Anstifters, str.)

a) Tatbestandsmäßigkeit

aa) Subjektiver Tatbestand (Tatentschluss)
- Vorsatz bzgl einer vollendeten, vorsätzlichen, rechtswidrigen Haupttat mit Verbrechenscharakter
- Vorsatz bzgl der Anstiftungshandlung

bb) Objektiver Tatbestand
Unmittelbares Ansetzen iSd § 22
(Einwirkung auf den Anzustiftenden)

aa) Objektiver Tatbestand
- Teilnahmefähige (versuchte) Haupttat, dazu gehört insbes (idR bereits vorher beim Täter geprüft):
  – Keine Tatvollendung
  – Strafbarkeit des Versuchs
  – Tatentschluss bzgl einer vollendeten, vorsätzlichen, rechtswidrigen Haupttat
  – Unmittelbares Ansetzen durch den Täter
  – Rechtswidrigkeit der versuchten Haupttat
- Anstiftungshandlung

bb) Subjektiver Tatbestand (= doppelter Anstiftervorsatz)
- Vorsatz bzgl einer vollendeten, vorsätzlichen, rechtswidrigen Haupttat
- Vorsatz bzgl der Anstiftungshandlung

cc) Tatbestandsannex: Objektive Bedingungen der Strafbarkeit

b) Tatbestandsverschiebung nach § 28 II

c) Rechtswidrigkeit

- Einwilligung/mutmaßliche Einwilligung
- Notwehr/-hilfe, § 32
- Erlaubte Selbsthilfe, §§ 229, 562b I, 859, 1029 BGB
- Zivilrechtlicher Notstand, §§ 228, 904 BGB
- Allgemeiner rechtfertigender Notstand, § 34, § 16 OWiG
- Rechtfertigende Pflichtenkollision
- Wahrnehmung berechtigter Interessen, § 193

dto

Fortsetzung

Versuchte Anstiftung (§ 30 I)	**Anstiftung zum Versuch**
• Züchtigungsrecht/Erziehungsrecht • Festnahmerecht, § 127 StPO • Amtsbefugnisse, Dienstrecht, besondere Rechtspflichten von Amtsträgern • Politisches Widerstandsrecht, Art 20 IV GG	dto

d) Schuld

• Schuldfähigkeit
• Vorsatzschuld
  (*kein Erlaubnistatbestandsirrtum*)
• Unrechtsbewusstsein
  (*kein unvermeidbarer Verbotsirrtum*)
• Entschuldigungsgründe
  – Entschuldigender Notstand, § 35
  – Notwehrexzess, § 33
• Spezielle Schuldmerkmale
  (*zB Böswilligkeit in § 225 I*)
	dto

e) Persönliche Strafausschließungs- oder Strafaufhebungsgründe

insbes – § 31 I Nr 1	insbes – § 24 II – § 258 V, VI

f) Strafzumessung

• Vermeidbarer Verbotsirrtum
• Regelbeispiele
• **Zusätzlich:** § 28 I – Fehlen eines
  besonderen persönlichen Merkmals
  beim Teilnehmer
	dto

g) Strafverfolgungsvoraussetzungen (insbes Strafantrag oder -hindernisse)

	insbes – § 230 (Körperverletzung) – § 248a (geringer Wert bei Diebstahl, etc) – § 303c (Sachbeschädigung)

IV. Überblick über die wichtigsten Falllösungsbücher und Anleitungsaufsätze

Jahn	Norm und Form – Die äußere Gestalt der juristischen Hausarbeit in Übung und Examen, JA 2002, 481
Kampf	Die Bearbeitung von Strafrechtsklausuren für Anfänger, JuS 2012, 309
Kindhäuser	Strafrechtsrepetitorium, Besonderer Teil I, 2. Aufl 2003
Kindhäuser/Schumann/Lubig	Klausurtraining Strafrecht, Fälle und Lösungen, 3. Aufl 2016
Klaas/Scheinfeld	Die Strafrechtsklausur. Eine Anleitung zur Lösung von Strafrechtsfällen in Studium und Examen, Jura 2010, 542
Kleinbauer/Schröder/Voigt	Standardfälle Strafrecht für Anfänger, Band 1, 5. Aufl 2015
Koch/Dorn	Zehn Klausurfallen aus dem Besonderen Teil des StGB, JA 2012, 675
Kudlich	Fälle mit Lösungen im Strafrecht Allgemeiner Teil, 2. Aufl 2014
Kudlich	Prüfe dein Wissen, Rechtsfälle in Frage und Antwort, Strafrecht, Allgemeiner Teil, 5. Aufl 2016
Kudlich	Prüfe dein Wissen, Rechtsfälle in Frage und Antwort, Strafrecht, Besonderer Teil I, Vermögensdelikte, 4. Aufl 2016
Kudlich	Prüfe dein Wissen, Rechtsfälle in Frage und Antwort, Strafrecht, Besonderer Teil II, Delikte gegen die Person und die Allgemeinheit, 4. Aufl 2016
Kudlich	Beispiel einer strafrechtlichen Themenklausur, JuS 2002, 1071
Küper/Zopfs	Strafrecht Besonderer Teil. Definitionen mit Erläuterungen, 9. Aufl 2015
Lagodny	Gesetzestexte suchen, verstehen und in der Klausur anwenden, 2. Aufl 2013
Meurer/Kahle/Dietmeier	Übungskriminalität für Einsteiger, 2000
Mitsch/Ellbogen	Fälle zum Strafprozessrecht, 2012
Möllers	Juristischer Stil Teil 1 und 2, JuS 2001, L 65 und 81
Murmann	Darstellungsprobleme in der Strafrechtsklausur, JA 2012, 728
Oelmüller/Peters	Die erste Strafrechtshausarbeit, 6. Aufl 2009
Otto/Bosch	Übungen im Strafrecht, 7. Aufl 2010
Petersen	Typische Subsumtionsfehler in (straf-)rechtlichen Gutachten, Jura 2002, 105
Preis/Prütting/Sachs/Weigend	Die Examensklausur, 6. Aufl 2017
Prütting/Stern/Wiedemann	Die Examensklausur, 3. Aufl 2008
Putzke	Juristische Arbeiten erfolgreich schreiben, 6. Aufl 2018
Rauda/Zenthöfer	Strafrecht Allgemeiner Teil: Klausurentraining mit Lösungen im Gutachtenstil, 25 Fälle, Band 5, 2007
Rauda/Zenthöfer	Strafrecht Besonderer Teil: Klausurentraining mit Lösungen im Gutachtenstil, 25 Fälle, Band 6, 2007
Reimer	Interesse – Fall – Norm, StudZR 2012, 270
Rössner/Safferling	30 Probleme aus dem Strafprozessrecht, 3. Aufl 2017
Rotsch	Strafrechtliche Klausurenlehre, 2. Aufl 2016
Roxin/Achenbach	Prüfe dein Wissen, Rechtsfälle in Frage und Antwort, Strafprozessrecht, 16. Aufl 2006
Rudolphi	Fälle zum Strafrecht AT, 5. Aufl 2000
Sanchez-Hermosilla/Schweikart	Die StPO in Fällen, 2009
Schimmel	Juristische Klausuren und Hausarbeiten richtig formulieren, 12. Aufl 2016
Schlüter/Niehaus/Schröder	Examensklausurenkurs im Zivil-, Straf- und Öffentlichen Recht: 25 Klausurfälle mit Musterlösungen, 2. Aufl 2015
Schmidt	Grundlagen rechtswissenschaftlichen Arbeitens, JuS 2003, 649
Schmidt	Strafrecht, Allgemeiner Teil, Grundlagen der Strafbarkeit, Methodik der Fallbearbeitung, 17. Aufl 2017
Schmidt	Fälle zum Strafrecht I: Allgemeiner Teil, Technik der Fallbearbeitung, 5. Aufl 2015

Zeit-schrift	Jahr-gang	Seite	Autor	Thema
Jura	1990	313 ff	*Berz*	Abgrenzung Mittäterschaft/Beihilfe (Abgrenzungs-kriterien; Anforderungen an den Tatbeitrag); Rücktritt bei mehreren Tatbeteiligten StPO: Zeugenvernehmung eines Tatbeteiligten nach Abtrennung des Verfahrens
JuS	1990	120 ff	*Eisenberg Müller*	Amtsdelikte; Rechtfertigung heimlicher Tonaufnahmen bei Erpressung (durch Notwehr: Gegenwärtigkeit eines erpresserischen Angriffs; spätere Strafverfolgung als Abwehr des Angriffs; durch Notstand: Beweissiche-rung zur Durchsetzung zivilrechtlicher Interessen); Nötigung (Verwerflichkeit) StPO: Verwertbarkeit unbefugt hergestellter Tonband-aufnahmen von Privaten
JA-Übungs-blätter	1990	79 ff	*Kohlmann*	Raub mit Todesfolge (Verhältnis Leichtfertigkeit/bedingter Vorsatz); Verleitung zur Falschaussage/Anstiftung zum Meineid (irrige Annahme der Gutgläubigkeit der Beweisperson)
JuS	1990	396 ff	*Kuhlen*	Vortäuschen einer Straftat (Strafausschluss durch § 258 VI analog; keine Subsidiarität, wenn Täter aus dem schwereren Delikt tatsächlich nicht bestraft werden kann); falsche Verdächtigung (Abgrenzung zur straflosen Selbstbegünstigung; Möglichkeit einer rechtfertigenden Einwilligung; Strafbarkeit der Teilnahme des Verdächtigten)
JuS	1990	745 ff	*Rönnau Nebendahl*	mittelbare Täterschaft (Versuchsbeginn); Auswirkung des error in persona des Haupttäters auf den Anstifter; Rücktritt (Anforderungen an Verhinderung der Tat-vollendung)
JA-Übungs-blätter	1990	27 ff	*Samson Riettiens*	Meineid (Rechtfertigung wegen drohenden Fehl-urteils); Verleitung zur Falschaussage/Anstiftung zum Meineid (irrige Annahme der Gutgläubigkeit der Beweisperson)
JuS	1990	654 ff	*Schulz*	Betrug (Vermögensschaden bei möglicherweise unge-decktem Scheck; Kompensationskraft eines Schecks)
JA-Übungs-blätter	1990	125 ff	*Weber*	Erpressung (Erfordernis einer Vermögensverfügung; Ausschluss des Betruges, wenn Täuschung zur Drohung im Rahmen der Erpressung erfolgt); Geld-abhebung am Automaten mittels fremder Codekarte; falsche Verdächtigung (Straflosigkeit, wenn Ange-klagter durch Leugnen seiner Tat Falschaussage eines Zeugen indiziert); Hehlerei (Kenntnis von der Vortat erst nach Gewahrsamserlangung)

Zeit-schrift	Jahr-gang	Seite	Autor	Thema
JA-Übungs-blätter	1991	197 ff	*Weber*	Schwarzfahren: Betrug; Erschleichen von Leistungen (Begriff des Erschleichens; Konkurrenzen: ratio der Subsidiaritätsklausel); Strafantrag (zur Stellung berechtigte Personen) StPO: Möglichkeit des Strafbefehlsverfahrens; Einstellungsmöglichkeiten
JuS	1991	576 ff	*Werner*	Hehlerei (Erfordernis des Absatzerfolges für vollendetes Absetzen); Diebstahl (Gewahrsamsbegriff); Rechtfertigungsgründe (Irrtümer)
Jura	1992	491 ff	*Bernsmann*	Hehlerei (Notwendigkeit eines Absatzerfolges); Anforderungen an Beihilfehandlung; Rücktritt (fehlgeschlagener Versuch); Betrug (Vermögensbegriff); Rückveräußerungsfälle
JuS	1992	765 ff	*Bottke*	Verbotsirrtum (Vermeidbarkeit); mittelbare Täterschaft bei vermeidbarem Verbotsirrtum; Täterschaftsformen StPO: Beweisverwertungsverbot, Zeugnisverweigerungsrecht, das erst nach Vernehmung entsteht
Jura	1992	154 ff	*Füllkrug*	Falschbeurkundung im Amt (Kfz-Brief als öffentliche Urkunde); Betrug (Vermögensgefährdung als Vermögensschaden; Vermögensbegriff)
JuS	1992	321 ff	*Graul*	Gefährdung des Straßenverkehrs: Anforderungen an konkrete Gefährdung des Beifahrers; Anknüpfungspunkt des Fahrlässigkeitsvorwurfs; Rechtfertigung durch Einwilligung des Beifahrers; Tatbeteiligter als taugliches Gefährdungsobjekt; Mitverantwortlichkeit des Beifahrers
Jura	1992	374 ff	*Hefendehl*	Urkundenfälschung (Fotokopie als Urkunde); Beihilfe (Straflosigkeit trotz Erfolgsverursachung, Abwägung Rechtsgüterschutz/Handlungsfreiheit); Geldfälschung (Inverkehrbringen als echt bei bösgläubigem Mittelsmann); aberratio ictus
JuS	1992	131 ff	*Jung*	Doping; Sittenwidrigkeit der Einwilligung (Anknüpfungspunkt der Sittenwidrigkeit: Körperverletzungshandlung oder Handlungszweck)
JuS	1992	48 ff	*König*	rechtfertigender Notstand; Festnahmerechte nach § 127 StPO
Jura	1992	324 ff	*Mürbe*	Strafbarkeit der Fälschung von Code-Kundenkarten; Diebstahl (Warenentnahme aus Warenautomat durch bestimmungswidrigen Gebrauch); Rücktritt vom Versuch (Einzelakttheorie/Gesamtbetrachtung); Tankstellenbetrug
JuS	1992	854 ff	*Mürbe*	Kaufhausdiebstahl; mittelbare Täterschaft StPO: beschränkter Einspruch im Strafbefehlsverfahren (Kollision von Teilrechtskraft und Prozesshindernis)

Zeit-schrift	Jahr-gang	Seite	Autor	Thema
JuS	1992	486 ff	*Reineke*	Verunreinigung eines Gewässers (Tatbestandsausschluss bei Bagatelldelikten); rechtfertigender Notstand; Unterlassungsdelikte (Garantenstellung von Behörden hinsichtlich der Einhaltung von Gesetzen, Garantenpflicht bei Ermessensentscheidungen)
JA-Übungs-blätter	1992	206 ff	*Seier*	schwere Brandstiftung (Tatbestandsausschluss, wenn sich Täter davon überzeugt, dass Gebäude menschenleer ist); sittenwidrige Einwilligung (Anwendbarkeit auf Eigentumsdelikte); Erlaubnistatbestandsirrtum
Jura	1993	451 ff	*Bohnert*	Mauerschützenproblematik: Art 315 EGStGB (Anwendung des StGB auf DDR-Taten); § 18 GrenzG DDR als Rechtfertigungsgrund (überpositives Recht)
JuS	1993	398 ff	*Hackling*	Urkundenfälschung (Fotokopie einer Urkunde); Strafbarkeit der Manipulation von Parkuhren StPO: Umfang des Beweisverwertungsverbotes nach § 252
JuS	1993	222 ff	*Mitsch*	Freiheitsberaubung (Schlafender als Tatobjekt); Konkurrenzen (Klammerwirkung bei Nichtverfolgbarkeit des verklammernden Deliktes)
Jura	1993	487 ff	*Ranft*	Erpressung (Notwendigkeit einer Vermögensverfügung); Betrug (Vermögensbegriff: Verstoß gegen „Ganovenabrede" als Vermögensschaden); agent provocateur StPO: Lockspitzeleinsatz als Verfahrenshindernis; Sperrerklärung für Lockspitzel; Verwertbarkeit von Beweissurrogaten bei Sperrung des Lockspitzels
JuS	1994	769 ff	*Hillenkamp*	Erpressung (Drohen mit Unterlassen); Betrug (Verhältnis Betrug/Erpressung, wenn Täuschung zur Drohung dient); Nötigung (Verwerflichkeit bei Präventivnotwehr); Abgrenzung Vorsatz/Fahrlässigkeit; Einschränkung des Notwehrrechts
JuS	1994	860 ff	*Hohmann*	aberratio ictus; Raub mit Todesfolge (Eintritt der qualifizierenden Folge zwischen Vollendung und Beendigung); Abgrenzung Raub/Erpressung
Jura	1994	96 ff	*Otto*	objektive Zurechenbarkeit; schwere Körperverletzung (Zurechnung fehlgeschlagener Rettungshandlungen); Verunreinigung eines Gewässers (Rechtfertigung durch wirksame, aber rechtswidrige Genehmigung) StPO: Klageerzwingungsverfahren
Jura	1994	153 ff	*Saal*	alic; Vollrausch (erforderlicher Grad des Rausches)
JuS	1994	948 ff	*Stoffers*	Mord (Heimtücke); Rücktritt vom Versuch bei mehreren Tatbeteiligten; Vorbereitung eines hochverräterischen Unternehmens (Tatbestandsmäßigkeit terroristischer Aktivitäten der RAF); Abgrenzung Mittäterschaft/Beihilfe; Zurechnung von Mordmerkmalen an den Mittäter; aberratio ictus; Erlaubnistatbestandsirrtum

Zeit-schrift	Jahr-gang	Seite	Autor	Thema
JuS	1994	138 ff	*Tiemann*	Kreditbetrug (Anwendbarkeit bei Kredit einer Privatperson für noch zu gründenden Betrieb); Urkundenfälschung (Fotokopie als Urkunde)
JuS	1995	135 ff	*Hohmann*	Mord (Heimtücke); vorsätzliche alic; Abgrenzung Täterschaft – Teilnahme beim Unterlassungsdelikt; psychische Beihilfe; Verhältnis Mord/Totschlag und § 28 StPO: Beweisverwertungsverbot bei Verstoß gegen Belehrungspflicht des § 136 I 2
JuS	1995	321 ff	*Ingelfinger*	Anstiftung (Veranlassung eines zum Grunddelikt Entschlossenen zur Begehung einer Qualifikation); § 127 I StPO (Rechtfertigung von Körperverletzungen); Erlaubnistatbestandsirrtum iVm umgekehrtem Erlaubnisirrtum; Abgrenzung Tun/Unterlassen
JuS	1995	711 ff	*Kuhlen* *Roth*	Anstiftung (einschränkende Auslegung des „Bestimmens"); Einwilligung (Rechtfertigung des eingetretenen Erfolges bei Einwilligung in riskantes Verhalten); Fahrlässigkeitsdelikte (objektive Zurechnung); Beteiligung an einer Schlägerei (Täterschaft des Verletzten; für Beteiligung erforderlicher Tatbeitrag); Vorsatz (Abweichung vom Kausalverlauf); Notwehr (Einschränkung des Notwehrrechts)
Jura	1996	38 ff	*Bohnert*	alic (Entschuldigung durch nicht beim Sich-Betrinken, sondern erst bei der Rauschtat vorliegende Gründe); Verkehrsdelikte
JuS	1996	622 ff	*Joerden*	Rechtfertigung (Aggressiv- und Defensivnotstand; Nichterkennen der objektiv gegebenen Voraussetzungen eines Rechtfertigungsgrundes; Erlaubnistatbestandsirrtum) StPO: Ausschluss eines Rechtsanwalts wegen Parteiverrats
Jura	1996	205 ff	*Küper*	Unterschlagung (Zueignungsbegriff; Tatbestandslösung/Konkurrenzlösung bei Gleichzeitigkeitsfällen; Anforderungen an Mittäterschaft); Urkundenfälschung (Verfälschen durch den Aussteller nach Ende seiner Dispositionsbefugnis); Hehlerei (Abgrenzung Absetzen/Drittverschaffung; Erfordernis einer abgeschlossenen Vortat)
JuS	1996	136 ff	*Sternberg-Lieben*	Abgrenzung von Raub/Erpressung; räuberische Erpressung (Beachtlichkeit von Erschwerungsgründen zwischen Vollendung und Beendigung der Tat); Anstiftung (Möglichkeit der „Anstiftung" des zum Grunddelikt Entschlossenen)
Jura	1996	544 ff	*Sternberg-Lieben*	Vortäuschen einer Straftat (Aufbauschen einer Straftat als Vortäuschen); Begünstigung (Tatbestandsmäßigkeit beim Rückkauf gestohlener Sachen)

Zeit-schrift	Jahr-gang	Seite	Autor	Thema
JuS	1996	904 ff	*Tag*	Beachtlichkeit des durch Täuschung erzielten Einverständnisses; Urkundendelikte (Tatbestandsmerkmale); Erpressung (Erfordernis einer Vermögensverfügung) StPO: prozessuale Behandlung eines Verhaltens, das neben anderen Delikten ein Antrags- und Privatklagedelikt verwirklicht, wenn kein Strafantrag gestellt ist
JuS	1996	816 ff	*Thoss*	Diebstahl (Zueignungsabsicht: Problematik des „Pseudoboten"; Schutz des Sacheigentums oder des Sachwertes; Alternativität von Diebstahl/Betrug)
Jura	1996	265 ff	*Vogel*	Betrug (gutgläubiger Erwerb als Schaden); Anwendung des StGB auf Auslandstaten; Urkundendelikte (Anmontieren falscher Kfz-Kennzeichen) StPO: Zeugnisverweigerungsrecht von Angehörigen nach dem Tod des verwandten Beschuldigten im Verfahren gegen Mitbeschuldigte
JuS	1997	146 ff	*Britz*	Erpressung (Gewaltbegriff); teleologische Reduktion der §§ 239a, 239b im Verhältnis zu §§ 253 ff; Abgrenzung Täterschaft – Teilnahme; unmittelbares Ansetzen bei Mittäterschaft (Gesamtlösung auch bei nur vermeintlichem Mittäter) StPO: Beweisverwertungsverbot wegen unterlassener Belehrung und versagter Verteidigerbefragung
Jura	1997	313 ff	*Britz Müller-Dietz*	Erpressung (Gewaltbegriff; Abgrenzung Raub/Erpressung); erpresserischer Menschenraub (Tatbestandslösung/Konkurrenzlösung/teleologische Reduktion bei Zwei-Personen-Verhältnis)
JuS	1997	821 ff	*Hillenkamp*	Erpressung (Abgrenzung Drohung durch Unterlassen/durch Tun); Nötigung (Verwerflichkeit); Ehrdelikte (dogmatische Einordnung der „beleidigungsfreien Sphäre" im engsten Lebenskreis); tätige Reue (Anwendbarkeit auf § 303 und § 306f); Herbeiführen einer Brandgefahr (Rücktritt vom Versuch der Brandstiftung nach vollendeter Brandgefährdung eines anderen Objekts) StPO: Belehrungspflichten gegenüber Partnern einer nichtehelichen Lebensgemeinschaft
JA	1997	204 ff	*Krey Fischer*	objektive Zurechenbarkeit; Körperverletzung mit Todesfolge (Unmittelbarkeitserfordernis zwischen Todeseintritt und Körperverletzungshandlung bzw -erfolg bei unvernünftiger Panikreaktion); Fahrlässigkeitsdelikte (Pflichtwidrigkeitszusammenhang)
Jura	1997	152 ff	*Kunz*	Diebstahl (Enteignungsvorsatz); Betrug (Vermögensbegriff); Hehlerei (Täterschaft eines an der Vortat Beteiligten; abgeleiteter Erwerb bei Betrug; Erfordernis des Absatzerfolges; unmittelbares Ansetzen bei Absatzhilfe)

Zeit-schrift	Jahr-gang	Seite	Autor	Thema
JA	1997	124 ff	*Sternberg-Lieben*	Untreue (Tatbestandsmerkmale des Missbrauchs- und Treubruchstatbestands); Formen des Vermögensschadens bei Betrug/Untreue
JuS	1998	1123 ff	*Bindzus Ludwig*	§ 222 (objektive Zurechnung bei eigenverantwortlicher Selbstgefährdung), Brandstiftungsdelikte (Konkurrenzen); § 265; § 315c I Nr 1a (Beifahrer als Tatobjekt, konkrete Gefährdung, alic)
JuS	1998	237 ff	*Britz Müller-Dietz*	Gefangenenbefreiung (Gefangenenbegriff, geschütztes Rechtsgut, Nötigungsnotstand); Körperverletzung: Notwehrrecht oder Duldungspflicht auch gegenüber rechtskräftigen Fehlentscheidungen; Strafvereitelung im Amt (bloße Unterstützungshandlung); Bestechung, Bestechlichkeit
JA	1998	946 ff	*Hartmann*	Erpressung (Drohung mit Unterlassen – Rechtspflicht zum Handeln vorausgesetzt?; Verhältnis von Drohung und Täuschung iSv § 263; Gewaltbegriff); erpresserischer Menschenraub und Geiselnahme („stabile Bemächtigungslage"), Falschaussage (Nötigungsnotstand: Meineid aus Angst vor Rache), Wechselrecht
JuS	1998	531 ff	*Ingelfinger*	Raub (Rückzug Tatbeteiligter → objektive Zurechnung/Weiterwirken der Beiträge im Erfolg, §§ 239a, 239b (Anwendbarkeit bei Zwei-Personen-Verhältnissen), räuberische Erpressung (Vermögensverfügung, Dreieckserpressung); Raub in mittelbarer Täterschaft (Wegnahmebegriff, Verhältnis Erpressungs- und Wegnahmedelikt)
Jura	1998	244 ff	*Kretschmer*	§ 32 (Fehlen des subjektiven Rechtfertigungselements → Vollendungs- oder Versuchslösung); § 231 (objektive Bedingung der Strafbarkeit – zumindest ursächlicher Zusammenhang zur Folge; Beteiligung nach endgültigem Ausscheiden und vor Eintritt der Folge; Beteiligung nur durch Zurufe bzw Anfeuern)
JuS	1998	814 ff	*Marquardt von Danwitz*	Diebstahl (Gewahrsamsbegründung; vollendetes Regelbeispiel bei versuchtem Grunddelikt; Mittäterschaft bei Tatbeiträgen allein im Vorbereitungsstadium); Mord in Mittäterschaft (Zurechnung bei alternativ wirksamen Tatbeiträgen); Straffreiheit, obgleich Beteiligte den ursprünglich gemeinsamen Deliktsplan ins Versuchsstadium führen (§ 24 II: „Bemühen") bzw ihn vollenden (Zurechnung)?
JuS	1998	428 ff	*Sternberg-Lieben*	§ 229: „einverständliche Fremdgefährdung"; Verkehrsdelikte: § 315c (geschütztes Tatobjekt: Tatauto, Beifahrer?), § 316, § 142 (Unfallbeteiligte); Urkundendelikte (Echtheit einer Urkunde); Betrug/Erpressung (Vermögensbegriff: Schadensersatzanspruch als Vermögensposition)

Zeit-schrift	Jahr-gang	Seite	Autor	Thema
JuS	1999	465 ff	*Bernbeck*	Diebstahl (Eigentumserwerb nach BGB, Mitgewahrsam), Betrug (Irrtumserregung durch Vorlage eines Inhaberpapiers durch den Nichtberechtigten), Verhältnis Diebstahl – Betrug; Hehlerei (Ersatzhehlerei, Mitverzehr = „Verschaffen")
JA	1999	859 ff	*Cantzler*	Geldfälschungsdelikte (§§ 146, 147); Geldwäsche (§ 261); § 242 (Irrtümer über die Rechtswidrigkeit der Zueignung); § 258; Aussagedelikte (§§ 154, 160: Abweichung vom Kausalverlauf), Wahlfeststellung; unmittelbares Ansetzen bei mittelbarer Täterschaft
JuS	1999	1196 ff	*Frisch* *Murmann*	§ 227 (Ursächlichkeit und Unmittelbarkeit der Todesfolge bei Eingreifen eines Dritten; Todesbegriff/ Todeszeitpunkt); versuchter Totschlag durch Unterlassen (Zeitpunkt des unmittelbaren Ansetzens); Rücktritt vom untauglichen Versuch (§ 24 I 2); § 221 I, III (versuchte Aussetzung mit Todesfolge), § 323c (Erforderlichkeit – maßgebliche Perspektive; tätige Reue) StPO: Beweisverwertungsverbot bei fehlender Belehrung (§ 252, § 52 III – Vernehmungsbegriff); Ersatz der Zeugenaussage durch Verlesung (§ 250 S 2)
JuS	1999	562 ff	*Graul*	Raub (Zueignungsabsicht bei beabsichtigter Rückgabe), Erpressung (Notwendigkeit einer Vermögensverfügung; stoffgleiche Bereicherung, wenn erlangte Sache nur Druckmittel für Lösegeldforderung sein soll; Schaden bei Zahlung eines Lösegeldes), Betrug (Täuschung über die Verwirklichung eines Übels → Verhältnis zur Erpressung; Freiwilligkeit der Vermögensverfügung; (un)bewusste Selbstschädigung); fahrlässige Tötung durch Überlassen einer Pistole (objektive Zurechenbarkeit)
Jura	1999	197 ff	*Hecker*	Brandstiftungsdelikte: § 306a, d („Inbrandsetzen" durch Unterlassen des Löschens), § 164 (Absichtsbegriff), § 153 (Anwendbarkeit, wenn Aussage prozessual nicht verwertbar ist wegen fehlender Belehrung); § 258 (Vereitelung durch Verzögerung der Verfolgung bzw Bestrafung); § 239 (U-Haft wegen unterlassener Aufklärung bei Polizei – mittelbare Täterschaft)
Jura	1999	424 ff	*Meier* *Loer*	Betrug gegenüber Gericht zulasten eines Dritten (Vermögensverfügung durch nachteiliges Urteil wegen Rechtskrafterstreckung und Interventionswirkung; Näheverhältnis zwischen Prozessgericht und Streithelfer); Betrug des Zedenten zu lasten des Zessionars (Näheverhältnis zwischen Schuldner und Zessionar; Täuschung durch Nichtinformieren über Abtretung, schuldrechtliche Abtretungsprobleme)

Zeit-schrift	Jahr-gang	Seite	Autor	Thema
JuS	1999	372 ff	*Mitsch*	Vermögensdelikte: § 246, § 259 (Notwendigkeit des Erfolges für das „Absetzen"; Vortäter = „Dritter"), § 257 (Vorteilsbegriff), § 263; Teilnahmelehre (mittelbarer Angriff auf eigene Rechtsgüter, Abgrenzung Anstiftung zum Versuch – versuchte Anstiftung); § 247 (Antragserfordernis bei Irrtum über die Person des Opfers)
JA	1999	388 ff	*Mitsch*	§ 242 (Enteignungsvorsatz bei Rückgabewillen); § 253 (Vermögensnachteil, wenn Lösegeld für eine entwendete Sache gezahlt wird); § 257 („Hilfeleistung" – Bezug zu den Vortat-Vorteilen?), § 259 („Absatzhilfe" bei Rückverkauf an den Eigentümer?); § 123 (mutmaßliche Einwilligung, §§ 32, 34: Fehlen des subjektiven Rechtfertigungselements)
Jura	1999	480 ff	*Otto Petersen*	versuchte räuberische Erpressung in Mittäterschaft (Versuchsbeginn: Gesamt- oder Einzellösung, Problem bei nur vermeintlichem Mittäter); § 251 („durch den Raub"), § 32 (anwendbar auf Hoheitsträger oder Verdrängung durch das PAG?; Absichtsprovokation) StPO: § 252: Verbot der Vernehmung von Verhörspersonen; Vernehmungsbegriff – Befragung durch verdeckten Ermittler
JuS	1999	887 ff	*Park*	§ 267 (Urkundenqualität von Fotokopien); § 246 (Manifestation der Zueignung – mehrdeutige Handlungen; Eigentümer = Beteiligter?, geschütztes Rechtsgut); § 259 (abgeschlossene Vortat erforderlich?; Hehler = Eigentümer → untauglicher Versuch); § 249 (Fußballsitten als Fall der tatbestandsausschließenden Sozialadäquanz; Aneignungsabsicht); § 185 (Sozialadäquanz bei Beschimpfung im Fußballstadion)
JuS	1999	159 ff	*Regge Rose Steffens*	§ 263 (Submissionsbetrug, insbes Schaden bei Kartellabsprachen) und § 298 (wettbewerbsbeschränkende Absprachen) sowie deren Konkurrenz; § 266 (Abgrenzung von Missbrauchs- und Treubruchstatbestand bei kollusivem Zusammenwirken); §§ 331, 332, 334 (Bestechungstatbestände); § 133, § 274 I Nr 1
JuS	2000	465 ff	*Ambos*	Totschlag: § 27 GrenzG der DDR als Rechtfertigungsgrund (Radbruch'sche Formel), Befehlsnotstand (§ 35), § 5 WStG (Handeln auf Befehl), Erlaubnisirrtum; Verhältnis zwischen Grenzposten (Mittäterschaft, psychische Beihilfe)
Jura Sonder-heft	2000	51 ff	*Arloth*	unbefugtes Benutzen einer fremden Codekarte: §§ 263a, 246, 242 (auch: §§ 268, 266b, 274, 303a, 202a); § 253 (Irrtum über Rechtswidrigkeit der Bereicherung); § 259 (einvernehmliches Zusammenwirken mit dem Vortäter); § 222 und § 315c (alic)

Zeit-schrift	Jahr-gang	Seite	Autor	Thema
				StPO: Mithören von Telefongesprächen: Beweiserhebungsverbote (§§ 100a, 100b, 163a, Verstoß gegen das faire Verfahren) und Beweisverwertungsverbote (§ 252)
JA	2000	300 ff	*Baier*	§ 248b (Überschreitung der Gebrauchsberechtigung); § 315c (konkrete Gefährdung, taugliches Tatobjekt); § 221 („Versetzen" – Veränderung des Aufenthaltsortes nicht mehr erforderlich; „Im-Stich-Lassen" – räumliche Trennung nicht mehr erforderlich); § 225, § 171 (Verletzung der Fürsorgepflicht); § 323c (omissio libera in causa)
Jura Sonder-heft	2000	56 ff	*Berg*	Anwendbarkeit des dt. Strafrechts (§ 7); Körperverletzung mit Todesfolge (Tun/Unterlassen bei Abbruch von Rettungshandlungen; gefahrspezifischer Zurechnungszusammenhang); Aussetzung mit Todesfolge („Versetzen"– Veränderung des Aufenthaltsortes nicht mehr erforderlich; „Im-Stich-Lassen" – Garantenstellung); § 323c (Erforderlichkeit)
				StPO: Beweisverwertungsverbote bei Zeugen vom Hörensagen (§ 252 iVm § 55, Rechtskreistheorie); sachliche Zuständigkeit des AG bzw der Kammern des LG (GVG)
Jura	2000	486 ff	*v. Danwitz*	Totschlag durch Unterlassen (Garantenstellung aus eheähnlicher Gemeinschaft und aus Ingerenz); § 323c („Unglücksfall"); Abgrenzung von Tun und Unterlassen (Verhindern von Rettungshandlungen); Anstiftung zum Unterlassensdelikt (Strafmilderung nach § 28 I?)
Jura	2000	204 ff	*Graul*	§ 244 I Nr 1a („Beisichführen" – Verwendungsabsicht erforderlich?); § 249 (Finalzusammenhang zwischen Gewaltanwendung und Wegnahme; Benutzen einer fremden Codekarte: Einverständnis der Bank zum Geldziehen?; Wegnahmebegriff in Abgrenzung zu § 242); §§ 253, 255 (Vermögensverfügung und das Verhältnis zu § 249; Unmittelbarkeitserfordernis und Vergleich mit § 263); § 263a („unbefugte Verwendung")
JuS	2000	677 ff	*Maier*	§ 266 (kollusives Zusammenwirken), Bestechungsdelikte (alte und neue Fassung, zeitliche Geltung der Tatbestände, evtl Handlungseinheit; Merkmal „als Gegenleistung"); Beihilfe zur Vorteilsannahme und -gewährung (Verhältnis § 331 – § 333)
Jura Sonder-heft	2000	67 ff	*Murmann*	§ 263 (Vermögensbegriff: sittenwidrige Geschäfte erfasst?, Einordnung von Telefonsex?); § 253 („empfindliches Übel"); Beihilfe durch äußerlich neutrale Handlungen; Rücktritt vom vorläufig fehlgeschlagenen Versuch (Einzelaktstheorie/Gesamtbetrachtungslösung)

Zeit-schrift	Jahr-gang	Seite	Autor	Thema
JA-Übungs-blätter	2000	671 ff	*Thoss*	§ 263 (durch Unterlassen: Garanten- bzw Aufklärungs-pflicht bei Buchungsirrtümern der Bank – aus Girover-trag oder § 242 BGB); § 263a („unbefugtes Verwenden" – ec-Bedingungen maßgeblich?); § 266b („Vertrauens-missbrauch" durch abredewidriges Einsetzen der Scheckkarte; Kundenkarte = Kreditkarte?); § 242, § 246 („fremd")
Jura	2000	533 ff	*Tiedemann Waßmer*	§ 265a („Erschleichen" bei Schwarzfahrt und Beste-chung des Kontrolleurs); § 263a (Benutzen einer frem-den Codekarte = „unbefugte Verwendung"?); § 263 (durch Einfordern einer Versicherungsleistung, Versi-cherungsnehmer/Repräsentantenstellung); §§ 265, 266, 266b; Gleichheitssatz (Art 3 GG); Doppelbestrafung (Art 103 III GG)
Jura Sonder-heft	2000	45 ff	*Wittig*	§ 315c (taugliches Tatobjekt; Abgrenzung bedingter Vorsatz/bewusste Fahrlässigkeit; „rücksichtslos"); § 222 (Schutzbereich; Zumutbarkeit normgemäßen Verhaltens); § 229 (eigenverantwortliche Selbstgefähr-dung/einverständliche Fremdgefährdung: Abgrenzung, Einordnung und Behandlung sowie Teilnahmeproble-me); psychische Beihilfe; § 240 (Gewaltbegriff)
JuS	2001	47 ff	*Fahl*	§ 242 (Auswirkung des Vorsatzwechsels [nur gering-wertige Sache mitgenommen] auf § 243 II und Verfolg-barkeit wegen § 248a); § 240 (durch behindernde/be-drängende Fahrweise); § 315b, c, § 316 (BAK-Werte); § 239 (§ 81a StPO als Rechtfertigungsgrund; Verabrei-chung von Brechmitteln durch Polizei; „Irrtumsprivi-leg" von Amtsträgern) StPO: Beweisverwertungsverbot für durch Brechmittel gewonnene Beweise (Abwägungslehre)
Jura	2001	472 ff	*Hantschel*	StPO: verdeckte Videoaufzeichnung; Abgrenzung repressiver – präventiver polizeilicher Handlungsspiel-raum; Doppelfunktionalität von polizeilichen Maßnah-men; Rechtsgrundlagen verdeckter Videoüberwachung; Anordnungs-und Durchführungsvoraussetzungen; „Wohnungs"-Begriff
JuS	2001	1095 ff	*Hellmann Beckemper*	§ 242 (Gewahrsam an verlorenen Sachen); § 263a (Missbrauch eines Telekommunikationsnetzes; Aus-legung von „unbefugt"); § 265a (Telefonieren vom Anschluss eines Dritten = „Erschleichen"?); §§ 267 ff; § 263 (Dreiecksbetrug: erforderliches Verhältnis zwi-schen Kreditkartenaussteller und Vertragsunternehmen, Stoffgleichheit)

Zeit-schrift	Jahr-gang	Seite	Autor	Thema
JuS	2001	159 ff	*Hillenkamp*	§§ 223, 224 (freiverantwortliche Selbstgefährdung – einverständliche Fremdgefährdung; Einwilligung – Sittenwidrigkeit von gewalttätigen Ritualen); § 221 („Versetzen" und „Im-Stich-Lassen"; Einschränkung des Notwehrrechts bei Provokation und Irrtum des Angreifers; Züchtigungsrecht nach Neufassung des § 1631 II BGB; Gastwirt als Garant, § 13) StPO: Abgrenzung Beschuldigten-/Zeugenvernehmung bei Mitbeschuldigten; Folge unterlassener Zeugenbelehrung
JuS	2001	780 ff	*Jerouschek Kölbel*	§ 242 und § 263a (durch Benutzung einer fremden Bankkarte und manipulierter Münzen am Spielautomaten, Auslegung von „unbefugt"); § 266b („Missbrauch", tauglicher Täter); § 265a („Leistung" eines Spielautomaten) § 246 (mehrfache Zueignung); §§ 146, 147; §§ 267, 274 (Geldstück = Urkunde?)
Jura	2001	554 ff	*Jordan*	§ 263 (schadensgleiche Vermögensgefährdung); § 266 (tatbestandsausschließendes Einverständnis); § 253 (Verwirkung des Vermögensschutzes durch rechtlich missbilligtes Opferverhalten); Bestechungsdelikte
JA	2001	662 ff	*Keiser*	StPO: Rechtsschutzmöglichkeiten im Ermittlungsverfahren
Jura	2001	258 ff	*Murmann*	§§ 306 ff: Tatbestandsmerkmale im Einzelnen, insbes Gesundheitsschädigung von Komplizen und Feuerwehr („Retterunfälle") iRd § 306a II; Brandstifter als mittelbarer Täter kraft überlegenen Wissens gegenüber dem Brandleger; §§ 212, 211
Jura	2001	335 ff	*Schmitz*	§§ 288, 289 (Wegnahmebegriff, hier „Wegnahme" durch Mieter bei Vermieterpfandrecht); § 274 (Pfandsiegel = Urkunde); § 136 II (Siegelbruch); § 263a (Auslegung von „unbefugt", hier Überziehung eines Dispokredits)
JA-Übungs-blätter	2001	951 ff	*Thoss*	§ 216 (Arzt als Garant; Bedeutung der Patientenautonomie; Täterschaft aufgrund von Giftbeschaffung?); § 212 (indirekte Sterbehilfe durch Erhöhung der Schmerzmitteldosis); § 323c (Suizid = „Unglücksfall"?)
Jura	2002	854 ff	*Burger Peglau*	Probleme des Betrugstatbestandes (Vermögensgefährdung, Stoffgleichheit, Regelbeispiele eines besonders schweren Falles); Hehlerei; Geldwäsche durch den Strafverteidiger
Jura	2002	59 ff	*Eisele*	§ 266 (Vermögensbetreuungspflicht gegenüber Dritten); § 263 (schadensgleiche Vermögensgefährdung; Erbaussicht als Vermögenswert; Näheverhältnis im Dreiecksbetrug); §§ 274, 267 (Collage oder Fotokopie = Urkunde?; Täuschung über Vertretungsmacht → unecht?)

Zeit-schrift	Jahr-gang	Seite	Autor	Thema
Jura	2002	632 ff	*Fad*	Datendelikte, Untreue, Vermögensschaden in Form der Vermögensgefährdung, Betrug, Stoffgleichheit, Vermögensschaden bei sittenwidrigen und verbotenen Geschäften, Aussagedelikte, Rechtsbeugung durch zögerliche Sachbehandlung StPO: absolute – relative Revisionsgründe, Ausschluss des Angeklagten aus der Hauptverhandlung, Nicht-belehrung bei Vernehmung durch Polizeibeamten; Beweislast für Verfahrensverstöße
Jura	2002	493 ff	*Kinzig Luczak*	Abgrenzung Mittäterschaft/Beihilfe; Versuchsbeginn; Rücktritt bei Beteiligung mehrerer; Rücktritt im Vorbereitungsstadium; Hehlerei; Absatzerfolg bei Mitwirken zum Absatz?; Betrug (Abgrenzung zum Diebstahl); Raub (gefährliches Werkzeug) StPO: Auswirkungen des rechtsstaatswidrigen Tätigwerdens eines Verdeckten Ermittlers
JuS	2002	1071 ff	*Kudlich*	allg. Tipps zur Klausurlösung; nemo-tenetur-Grundsatz; error in persona beim Versuch, Unmittelbarkeitserfordernis, Rose-Rosahl-Problematik; Systematik der Brandstiftungsdelikte; Ziele des 6. StrRG StPO: Strafbefehl und Strafklageverbrauch; Rücknahme des Strafbefehls
JA	2002	415	*Momsen Moldenhauer*	StPO: Absprachen im Strafprozess aus revisionsrechtlicher Sicht
Jura	2002	568 ff	*Morgenstern*	Tanken, ohne zu bezahlen; Widerstand gegen Vollstreckungsbeamte, Irrtumsregelung des § 113 IV; Körperverletzung mit Todesfolge; Zurechenbarkeit des Erfolges trotz Dazwischentretens eines deliktisch handelnden Dritten StPO: Verwertungsverbot bei Verstoß gegen §§ 136 I, 163a IV StPO
JuS	2002	887 ff	*Rotsch*	Täterschaft/Teilnahme (mittelbare Täterschaft kraft organisatorischen Machtapparats); Rücktritt; bedingter Vorsatz bei Rücktrittsvorbehalt; Rücktritt bei außertatbestandlicher Zielerreichung; Rücktritt bei mehreren Beteiligten; antizipierter Rücktritt
JA-Übungs-blätter	2002	777 ff	*Schultze*	Versuch eines Regelbeispiels; § 246 bei wiederholter Zueignung; Probleme des Hehlereitatbestandes; § 160 bei vorsätzlicher Falschaussage
JuS	2002	576 ff	*Sternberg-Lieben Sternberg-Lieben*	§ 265a („Erschleichen"); Vermögensdelikte (§§ 246, 253, 259, 261); Rechtfertigungsgründe (Festhalten durch U-Bahn-Kontrolleure): § 127 StPO, § 229 BGB (Bagatellforderung); § 35 (Zumutbarkeit bei Gefahrverursachung durch die nahestehende Person)

Zeit-schrift	Jahr-gang	Seite	Autor	Thema
Jura	2002	708 ff	*Tiedemann Walter*	Täterschaft des Unternehmensinhabers; Nötigungsnotstand; Anstifter- und Gehilfenvorsatz; § 263 (Vermögensverfügung, Vermögensschaden); Konkurrenzen StPO: prozessualer Tatbegriff bei Serienstraftaten
JA-Übungs-blätter	2002	214 ff	*Trüg*	§ 315b, c (Autosurfen = verkehrsfremder Eingriff?; Tatauto und Autosurfer vom Schutzzweck erfasst?); § 229 (eigenverantwortliche Selbstgefährdung – einverständliche Fremdgefährdung, Sittenwidrigkeit der Einwilligung zum Autosurfen); § 113 (Gewaltbegriff)
Jura	2002	415 ff	*Walter*	§ 123 (generelle Zutrittserlaubnis); § 142 (Vollendung der Wegnahme bei Beobachtung; Ausschluss des Rücktritts bei vermeintlicher Vollendung?); § 267 (Strichcode = Beweiszeichen; zusammengesetzte Urkunde); § 303 (Beschädigung durch Funktionsbeeinträchtigung oder durch Bekleben [Zustandsveränderung]?); § 263 (Verfügungsbewusstsein der Kassiererin); § 223 (Erlaubnistatbestandsirrtum); § 249 (Zusammenhang zwischen Wegnahme und Gewalt)
Jura	2003	205 ff	*Berz Saal*	Notwehrprovokation; alic; „Aufstiftung" (Anstiftung zur Übersteigerung des Tatentschlusses); Abgrenzung Vorsatz – Fahrlässigkeit (Hemmschwellentheorie)
Jura	2003	855 ff	*Börner*	Drittzueignung; Rückveräußerung an den Eigentümer; vermeintlich rechtswidrige Zueignung
JuS	2003	1087 ff	*Dannecker*	Anstiftung (omnimodo facturus) und physische Beihilfe; Körperverletzungsdelikte mit Qualifikationen; § 113 StPO: Privatklagedelikte; Beweisverwertungsverbot wegen Unterbindung der Verteidigerkonsultation
JA-Übungs-blätter	2003	40 ff	*Eisele*	Straßenverkehrsdelikte; Aussagedelikte; Rechtfertigungsgründe; Kausalität und objektive Zurechnung
Jura	2003	60 ff	*Fahl*	Vorsatz bei äußerst gefährlichen Gewalthandlungen; Hemmschwellentheorie; Eifersucht als niedriger Beweggrund; Gegensatztheorie; Rechtfertigung beim Fahrlässigkeitsdelikt; subjektives Rechtfertigungselement bei Fahrlässigkeit; Notwehrexzess; strafrechtlicher Sachbegriff; Abgrenzung dolus eventualis und bewusste Fahrlässigkcit
JuS	2003	472 ff	*Fahl*	§ 240 (Nötigung auf der Autobahn); § 315; § 315c (Überholvorgänge); § 315b; § 142
JuS	2003	774 ff	*Gaede*	Täterschaft und Teilnahme; Vermögensdelikte (§§ 242 ff, Bandenbegriff); Aussagedelikte (§ 186) StPO: Relative Revisionsgründe (Verwertungsverbot wegen Verstoßes gegen § 57, Beruhensfrage)

Zeitschrift	Jahrgang	Seite	Autor	Thema
Jura	2003	496 ff	*Gleß*	§ 263 (Vermögensschaden bei sittenwidrigen Rechtsgeschäften); gefährliches Werkzeug iSd § 244 I Nr 1a; § 253 (Vermögensschaden durch Weggabe erschwindelter Gegenstände); § 259 (Einverständlichkeit der Übertragung der Verfügungsmacht) StPO: Beschlagnahme von Digitalphotos
JuS	2003	880 ff	*Herzberg Scheinfeld*	Versuch der Tötung auf Verlangen; Nothilfe, § 32; Interessenabwägung iRd § 34; Zumutbarkeit bei § 35; objektive Zurechnung; § 224 I Nr 4 („gemeinschaftlich"); Reichweite des § 303 I (Beschädigen durch Verstecken von Sachen?); Täterschaft/Teilnahme (Abgrenzung); Urkundenunterdrückung (§ 274 I Nr 1); § 185 (Beleidigung im engen Familienkreis)
JuS	2003	157 ff	*Hillenkamp*	Versuchte Beteiligung; abergläubischer Versuch; § 263 (Abgrenzungsfragen und Tatbestandsprobleme); §§ 242, 244 (Waffen); § 252; § 255 StPO: Rechtliche Stellung und Organisation der StA und ihre Bindung an die Präjudizien
Jura	2003	711 ff	*Jeßberger*	Strafbarkeit von Folterhandlungen (VN-Folterkonvention, EMRK); Aussageerpressung; Nötigung; Notwehrbefugnis von Amtsträgern; Gebotenheit der Notwehrhandlung
JuS	2003	243 ff	*Kudlich*	Abgrenzung Tatbestands- und Verbotsirrtum bei einem außerstrafrechtlichen Rechtsirrtum; § 242
JuS	2003	681 ff	*Kühl Schramm*	Rücktritt vom Versuch; (Erfolgs-)Qualifizierung in der Beendigungsphase; Raub und Erpressung einschließlich ihrer Qualifikationen
JA-Übungsblätter	2003	218 ff	*Rackow*	Versuchsbeginn bei mittelbarer Täterschaft; Tötungsdelikte; Suizidbeteiligung
JuS	2003	580 ff	*Radtke Schwer*	Straßenverkehrsdelikte (§ 315c – Trunkenheit im Straßenverkehr; § 315b I Nr 3 – Bestimmung des Schutzbereichs); Körperverletzung (Anwendung der Rspr zu ärztlichen Heileingriffen auf medizinisches Hilfspersonal; Rechtfertigung des rettenden Eingriffs bei Suizidenten, insbes § 34 iVm Bundesärztekammergutachten über die Notkompetenz von Rettungsassistenten); § 29 I BtMG; Verbotsirrtum
JuS	2003	998 ff	*Rönnau Hohn*	Vermögensdelikte, va § 266 I Var 2 (Vermögensnachteil durch ungünstigen Vertragsschluss); §§ 331, 332 I (Anforderungen an die Unrechtsvereinbarung, Verhältnis zu § 299 I); § 223 bei ärztlichen Heileingriffen (Zurechnung/eigenmächtige Heileingriffe, Einwilligung)
JuS	2003	263 ff	*Samson*	Vermögensdelikte (§§ 242, 248b, 253)

Zeitschrift	Jahrgang	Seite	Autor	Thema
JA-Übungsblätter	2003	857 ff	*Weißer Kreß*	Abgrenzung Täterschaft – Teilnahme; Mitwirkung im Vorbereitungsstadium; Versuchsbeginn bei Mittäterschaft; Fehlen des subjektiven Rechtfertigungselementes; Brandstiftungsdelikte (§§ 306 ff), teleologische Reduktion des § 306a
JuS	2003	985 ff	*Wrage*	Tatbestandsvoraussetzungen §§ 306 ff; Konkurrenzverhältnis § 306 – § 306a – § 306b; Unmittelbarkeitszusammenhang zwischen Grunddelikt und schwerer Folge
Jura	2003	637 ff	*Zöller*	Computerbetrug; Kreditkartenmissbrauch; Geldautomat; Vermögensschaden; Hehlerei
JuS	2004	56 ff	*Baier*	Urkundsdelikte; Sachbeschädigung; Betrug; Strafvereitelung; Beeinträchtigung von Unfallverhütungsmitteln; Amtsanmaßung; Störung öffentlicher Betriebe
Jura	2004	640 ff	*Bohnert*	Indiskretions- und Beleidigungsdelikte; Rechtfertigungsgründe bei § 203 StGB; Sozialdatenschutz; Normenkonflikt bei der Rechtfertigung von Indiskretionsdelikten: Grundrecht auf informationelle Selbstbestimmung gegen Anspruch auf rechtliches Gehör?
JuS	2004	140 ff	*Kerner Trüg*	Probleme des Betrugstatbestandes
JA-Übungsblätter	2004	39 ff	*Laubenthal*	Körperverletzungsdelikte; Beteiligung an einer Schlägerei; Notwehr; Notwehrprovokation; Anstiftung
JuS	2004	323 ff	*Mitsch*	Qualifikationslos – doloses Werkzeug; Lehre von den Pflichtdelikten; § 244 I Nr 3: Zum Ausführungszusammenhang; Vereiteln der Zwangsvollstreckung § 288; Pfandkehr, § 289: Wegnahmebegriff
JuS	2004	607 ff	*Rotsch*	§ 267: Unterscheidung Kennzeichen/Beweiszeichen; Urkundenfälschung bei zusammengesetzten Urkunden; Abgrenzung Diebstahl/Betrug in SBLäden; „neutrale" Beihilfe; Diebstahl durch Austausch von Gegenständen; Abgrenzung Tun/Unterlassen
Jura	2004	64 ff	*Safferling*	Mittäterschaft; Rücktritt vom Versuch; erfolgsqualifizierter Versuch einer Körperverletzung mit Todesfolge StPO: Beweiserhebungs- und -verwertungsverbote
JA-Übungsblätter	2004	378 ff	*Thoss*	Stufen des Raubunrechts; Werkzeugbegriff; Kfz-Kennzeichenmissbrauch; Schwarzfahrt mit dem Firmenwagen; Beleidigung durch schlüssiges Verhalten
JuS	2005	440 ff	*Böse Keiser*	Gewaltbegriff; Erfordernis der Vermögensverfügung bei §§ 253, 255; Legalitätsprinzip; Opportunitätsprinzip; Rücknahme des Strafantrags

Zeit-schrift	Jahr-gang	Seite	Autor	Thema
StudZR	2005	309 ff	*Fricker*	Abgrenzung Selbstschädigung und Fremdschädigung; Einwilligung in lebensgefährliche Körperverletzung; Verdeckungsabsicht bei Begehung durch Unterlassen iRd § 211 StGB; Bedingter Tötungsvorsatz beim unechten Unterlassungsdelikt; Bestechungsdelikte
JuS	2005	1010 ff	*Hanft*	Unmittelbares Ansetzen beim Versuch des vermeintlichen Mittäters; versuchtes Unterlassungsdelikt; Rücktritt und anderweitige Erfolgsabwendung
JuS	2005	245 ff	*Hölck* *Hohn*	Untreue und Betrug; Schadensbestimmung; Raub; Räuberischer Angriff auf Kraftfahrer
Jura	2005	877 ff	*Hussels*	Tatbestandsfragen zu § 244; Probleme um § 26, Aufstiftung; Mordmerkmale im Rahmen von § 28; aberratio ictus und error in persona
Jura	2005	635 ff	*Müller*	Zurechnung; erfolgsqualifizierter Versuch; Notwehrprovokation; Mittäterschaft; Nötigungsnotstand
Jura	2005	494 ff	*Noak* *Sengbusch*	Abgrenzung Raub – räuberische Erpressung; Zueignung; Straßenverkehrsdelikte; StPO: Beweisverbote § 252 StPO
JuS	2005	47 ff	*Sternberg-Lieben* *Sternberg-Lieben*	dolus antecedens; Fahrlässigkeit; Unterlassen; Körperverletzungs- und Tötungsdelikte; Erpressung; gemeingefährliche Vergiftung; Nichtanzeige geplanter Straftaten
Jura	2005	128 ff	*Thoss*	Unmittelbares Ansetzen; schwere Körperverletzung; erforderliche und gebotene Verteidigung bei der Notwehr; Unrechtserfolg der fahrlässigen Tötung; eigenverantwortliche Selbstgefährdung; Abgrenzung Mittäterschaft – Verbrechensverabredung
JuS	2005	620 ff	*Weißer*	Gefährliches Werkzeug beim Diebstahl; Bandendiebstahl; Täterschaft und Teilnahme
Jura	2006	943 ff	*Ambos* *Rackow*	Notwehr des Festnehmenden gegen den Festzunehmenden; Notwehr durch Polizeibeamte; Erlaubnistatbestandsirrtum; „Präventivfolter" zur Rettung Unschuldiger; Verbotene Vernehmungsmethoden StPO: Festnahmerecht § 127 StPO; Verstoß gegen § 136a StPO
Jura	2006	627 ff	*Ellbogen*	StPO: Gefahr im Verzug; Wechsel des Sitzungsstaatsanwalts; Beweisverbote; Ablehnung eines Beweisantrages wegen Prozessverschleppung; zeugenmäßige Vernehmung eines erkennenden Richters; Nichterteilung des letzten Wortes; Entscheidung des Revisionsgerichtes
JuS	2006	54 ff	*Hardtung*	Strafvereitelung durch Einlegen von Revision; Strafvereitelungserfolg; erlaubtes Verteidigerhandeln; objektive Zurechnung des Strafvereitelungserfolges

Zeit- schrift	Jahr- gang	Seite	Autor	Thema
JA- Übungs- blätter	2006	351 ff	*Helmrich*	Raub; räuberische Erpressung; inhaltliche Anforderungen an Opferverhalten; Mittäterschaft; Erlaubnistatbestandsirrtum
JuS	2006	810 ff	*Käßner* *Seibert*	Abgrenzung Selbst-/Fremdgefährdung; Sittenwidrigkeit der Einwilligung; Erlaubnistatbestandsirrtum; Vermögensbegriff; Qualifikation zwischen Vollendung und Beendigung; Irrtum über den Kausalverlauf; Einschränkung der Mordmerkmale; bedingter Anstiftervorsatz; Verhältnis Mord und Totschlag
Jura	2006	219 ff	*Kretschmer*	Abgrenzung Raub/räuberische Erpressung; 239a StGB im Zwei-Personenverhältnis; Erfolgloses Abpressen der Beute; Versuchte Erpressung, Betrug, Hehlerei, Geldwäsche; Schweigegelderpressung; Unbefugte Verwendung von Daten
JuS	2006	431 ff	*von Lewinski*	Rücktritt bei Denkzettelfällen; Minder schwerer Fall der gefährlichen Körperverletzung (§ 224 StGB)
JA	2006	509 ff	*Mitsch*	Pflichtenkollision; objektive Zurechnung (erlaubtes Risiko; Schutzzweck)
Jura	2006	381 ff	*Mitsch*	Uneidliche Falschaussage und Meineid; Aussagenotstand (§ 157 StGB) und Aussageberichtigung (§ 158 StGB); Freiheitsdelikte; Tatbestand der Strafvereitelung StPO: Beschlagnahmeverbot (§ 97 I Nr 1 StPO); Verlesbarkeit von Vernehmungsprotokollen (§ 253 StPO)
JuS	2006	251 ff	*Morgenstern*	Unterschlagung; Üble Nachrede; aberratio ictus; Notwehr; Freiheitsberaubung mit Todesfolge
Jura	2006	466 ff	*Ranft*	Jugendverfehlung, Altersstufen, Jugendgerichtshilfe, Gesamtwürdigung der Persönlichkeit, Inverkehrbringen von Falschgeld, akustische Überwachung StPO: Unterschiede zwischen Gerichtshilfe und Jugendgerichtshilfe
JuS	2006	241 ff	*Seier* *Löhr*	Insolvenzdelikte; Untreue; faktische Geschäftsführung; Verständnis des Merkmals „Täter"; Treuepflicht iSd § 266 StGB als besonderes persönliches Merkmal iSd § 28 StGB
JuS	2006	723 ff	*Steffan*	Abgrenzung Eingehungs- und Erfüllungsbetrug; Dreiecksbetrug; Anknüpfungspunkt des Vermögensschadens iRd § 263 StGB; Haltereigenschaft des Autohändlers; grobe Verkehrswidrigkeit iSd § 315c I Nr 2 StGB
JuS	2006	628 ff	*Zorn*	Vermögensschaden bei bewusster Selbstschädigung; Beginn der Verjährungsfrist
Jura	2007	553 ff	*Basak*	Urkundenfälschung; Betrug; Begriff des Wertpapiers iSd § 264 I Nr 1 StGB; Kapitalanlagebetrug; Untreue

Zeit-schrift	Jahr-gang	Seite	Autor	Thema
JuS	2007	255 ff	*Brüning*	Einschränkung des Notwehrrechts bei engen familiären Beziehungen; Angriff schuldlos handelnder Personen bei Notwehr; Erlaubnistatbestandsirrtum; Notwehrexzess gem § 33 StGB; objektive Zurechnung (Eigenverantwortliche Selbstgefährdung)
JuS	2007	459 ff	*Dreher*	Bewusste Zweckentfremdung bei bloßem Gefährdungsvorsatz iRd § 315b I Nr 3; Abgrenzung untauglicher Versuch zu Wahndelikt; Wahrnehmung berechtigter Interessen (§ 193 StGB); Hinreichende Verkörperung der Gedankenerklärung iRd § 267 StGB; Beweiseignung iSd § 267 StGB, wenn Beweis auch anderweitig geführt werden kann
JuS	2007	742 ff	*Kühl*	Freiheitsberaubung; Rechtfertigungsgründe; Erlaubnisirrtum; Nötigungsnotstand; mittelbare Täterschaft; Versuchte Erfolgsqualifizierung; Erfolgsqualifizierter Versuch
JA	2007	604 ff	*Jäger*	Abgrenzung von Verfügung und Wegnahme bei § 253 StGB; Erfordernis einer Vermögensverfügung bei § 253 StGB; Vermögensbegriff; Verhältnis von § 240 zu § 113 StGB; Widerstand gegen Vollstreckungsbeamte (§ 113 StGB)
JuS	2007	555 ff	*Mitsch*	Raub; Unterschlagung; Agent provocateur; Anvertrauen zu rechtswidrigen Zwecken iRd § 246 StGB; Gewalt durch Wegnahme bei § 249 I StGB; Vermögensschaden trotz Verlustausgleich
JuS	2007	146 ff	*Norouzi*	Eigenverantwortliche Selbstgefährdung in „mittelbarer Täterschaft"; Tatbestandsmäßigkeit des kunstgerecht ausgeführten Heileingriffs; Erlaubnistatbestandsirrtum; Vorsatz zur mittelbaren Täterschaft als Anstiftervorsatz StPO: Verwertungsverbot für Aussagen, die gegen die Geheimhaltungspflicht des § 203 StGB verstoßen Rückrechnung bei BAK-Berechnung; Anwendung des § 21 StGB bei selbstverschuldeter Trunkenheit
Jura	2007	224 ff	*Swoboda*	Verfassungsrechtliche Rechtfertigungsgründe iRd § 185 StGB; Notwehrexzess; Nötigungsnotstand; Notwendigkeit einer Vermögensverfügung iRd §§ 253, 255 StGB; actio libera in causa StPO: Zeugnisverweigerungsrecht nach § 52 StPO bei nichtehelicher Lebensgemeinschaft und Verlöbnis
Jura	2007	463 ff	*Theile*	Tötung durch Unterlassen und Verdeckungsabsicht; Auswirkung der Bösgläubigkeit des Vordermannes auf die Strafbarkeit des Hintermannes StPO: Anwendbarkeit des § 153 StGB bei prozessualen Fehlern

Zeit- schrift	Jahr- gang	Seite	Autor	Thema
Jura	2008	792 ff	*Kipp* *Kummer*	Wegnahme von Pfandflaschen; Sachwertbegriff iRd § 242 StGB; Enteignungsvorsatz bei Rückführungswillen; Körperverletzung durch ärztlichen Heileingriff; tatbestandsausschließendes Einverständnis oder Rechtfertigung bei de lege artis durchgeführten ärztlichen Eingriffen; Erlaubnistatbestandsirrtum
ZJS	2008	170 ff	*Koch* *Loy*	Diebstahl; Probleme der §§ 164, 186, 258 StGB; Notwehrgrenzen bei Schweigegelderpressungen (sog „Chantage"); StPO: Rechtsstellung des Strafverteidigers und seine Wahrheitspflicht (iRv § 258 StGB)
JA	2008	703 ff	*Kudlich*	teleologische Reduktion des Tatbestandes bei § 306a I StGB; Zurechnung des unmittelbaren Ansetzens bei vermeintlicher Mittäterschaft; Notwendiges Ausmaß der Gefährdung des Beifahrers iRd § 315c StGB; sind tatbeteiligte Mitfahrer vom geschützten Personenkreis des § 315c erfasst StPO: Negative Beweiskraft des Hauptverhandlungsprotokolls (§ 274 StPO)
Jura	2008	625 ff	*Morgenstern*	Freiverantwortlichkeit der Selbsttötung; Abgrenzung Raub von räuberischer Erpressung; Abgrenzung Täterschaft – Teilnahme bei Nichtmitwirken an der Tatbestandsverwirklichung StPO: Brechmitteleinsatz zur Exkorporation iSd § 81a StPO
Jura	2008	954 ff	*Otto*	Räuberischer Angriff auf Kraftfahrer, Rechtfertigung der Festnahme eines Straftäters, Garantenstellung zur Abwendung vorsätzlich durch Tun herbeigeführter Erfolge, Ausschluss aus der Hauptverhandlung
Jura	2008	382 ff	*Safferling* *Simon*	Leichenteile als fremde bewegliche Sachen iSd § 242 StGB; Aneignungsmöglichkeit von Leichenteilen; gefährliches Werkzeug iSd § 244 I Nr 1a StGB; Störung der Totenruhe; Abgrenzung Täterschaft – Teilnahme bei Nichtmitwirken an der Tatbestandsverwirklichung; Diebstahl unter „Mitwirkung" eines Bandenmitgliedes iSv § 244 I Nr 2; Geldwäsche
JA	2008	31 ff	*Seibert*	Gewahrsamsbegriff iRd § 242 StGB; „auf frischer Tat betroffen" iSd § 252 StGB; Vorraussetzungen der Mittäterschaft; Rechtmäßigkeitsbegriff iRd § 113 StGB; Vorraussetzungen der echten Wahlfeststellung StPO: Rechtfertigung des Beamten bei rechtswidriger, aber verbindlicher Weisung

Zeit-schrift	Jahr-gang	Seite	Autor	Thema
JA	2008	605 ff	*Wolter*	Abgrenzung Raub – räuberische Erpressung; Abgrenzung Vorbereitungshandlung – unmittelbares Ansetzen; Ausnutzen der besonderen Verhältnisse des Straßenverkehrs iSd § 316a; Unmittelbarkeitszusammenhang iRd § 227
				StPO: Verwendung von Zufallsfunden zu Beweiszwecken
Jura	2009	946 ff	*Diener Hoffmann-Holland*	Urkundendelikte; Verfälschen von Urkunden iSv § 267 I Var 2; Raub; räuberische Erpressung; Erforderlichkeit einer Vermögensverfügung iRd §§ 253, 255; strafrechtlicher Vermögensbegriff; Erfordernis einer stabilen Ermächtigungslage iRv § 239a, b; Betrug; schadensgleiche Vermögensgefährdung; Doping
Jura	2009	234 ff	*Fahl*	Abgrenzung Diebstahl und Betrug bei Selbstbedienungstankstellen; objektive Zurechnung bei Selbstgefährdung; Notstand und Rettungsfolter; Urkundenfälschung: Abgrenzung Herstellen und Verfälschen bei Kfz-Kennzeichen; Konkurrenzen; Erlaubnistatbestandsirrtum; § 239b; Verwerflichkeit bei § 240; Züchtigungsrecht
ZJS	2009	63 ff	*Fahl*	Hehlerei; Notwehr; error in persona; Auswirkungen des error in persona auf den Anstifter
				StPO: Beweisverwertungsverbote; (qualifizierte) Belehrung
ZJS	2009	684 ff	*Krack Kische*	Vorschriften des AT und BT beim „Ehrenmord"; hypothetische Kausalität; Ehre als notstandsfähiges Rechtsgut; Erfordernis eines besonders verwerflichen Vertrauensbruchs bei der Heimtücke; rechtliche Einordnung kultureller Wertvorstellungen
Jura	2009	147 ff	*Putzke*	Hausfriedensbruch; Einverständnis; Sachbeschädigung; error in obiecto; subjektives Rechtfertigungselement; Diebstahl; Strafantrag; Verletztenbegriff
JA	2009	702 ff	*Radtke Meyer*	Tanken an einer Selbstbedienungstankstelle ohne Bezahlung; Straßenverkehrsdelikte; § 142
JuS	2009	541 ff	*Rosenau Zimmermann*	error in persona und seine Auswirkungen auf den Anstifter; Restriktion des Mordtatbestandes; Habgier bei ersparten Aufwendungen; Gewahrsam eines irreversibel Bewusstlosen; Finalzusammenhang beim Raub; Wahlfeststellung zwischen § 263 und § 259; Zweitzueignung iRd § 246; Verhältnis von § 211 zu § 212; „Gekreuzte Mordmerkmale"; Zahlung von Geldstrafen durch Dritte als Vollstreckungsvereitelung

Zeit-schrift	Jahr-gang	Seite	Autor	Thema
Ad Legen-dum	2009	179 ff	*Steinberg*	Freiheitsberaubung in mittelbarer Täterschaft; psychische Verletzungen als Gesundheitsbeschädigung; Zurechenbarkeit bei erfolgsqualifizierten Delikten; eigenverantwortliche Selbsgefährdung; Widerstand gegen Vollstreckungsbeamte; § 211 bei Verdeckung der Tat eines Angehörigen; Verwerflicher Vertrauensbruch iRd Heimtücke; unmittelbares Ansetzen bei Distanzdelikten
ZJS	2009	170 ff	*Timpe*	Abgrenzung eigenverantwortliche Selbstgefährdung und einverständliche Fremdgefährdung bei Autorennen; Gefährdung des Straßenverkehrs
JA	2009	31 ff	*Walter Uhl*	Urkundenbegriff für § 267, Begriff des „Unterdrückens" und Nachteilsabsicht für § 274, Tatobjekt des § 304, Sachbeschädigung durch Auslösen bestimmungsgemäßer Funktion, Einwilligung und Gefährdung eines Teilnehmers für § 315c, Abtransport eines Bewusstlosen als „berechtigtes Entfernen" nach § 142
JuS	2009	1119 ff	*Petermann*	Besondere persönliche Merkmale iRd Verbrechensverabredung; „Blutrache" als niedriger Beweggrund; Verhältnis von § 212 zu § 211; Abgrenzung Täterschaft – Teilnahme; Unmittelbares Ansetzen; Mittäterschaft bei Tatausführung durch andere Beteiligte; Tatidentität
ZJS	2009	694 ff	*Zöller Mavany*	Straßenverkehrsdelikte; ärztlicher Heileingriff und Rechtfertigungsproblematik unter besonderer Berücksichtigung der „hypothetischen Einwilligung"
Jura	2010	946 ff	*Bergman Kroke*	Habgier; Interessenabwägung; Defensivnotstand; Übergesetzlicher Notstand; Fehlgehen beim nicht visualisierten Tatobjekt
Jura	2010	226 ff	*Bott Pfister*	Zutrittsrecht bei § 123; Gewalt als Nötigungsmittel bei psychischer Beeinträchtigung; Abgrenzung Raub – Räuberische Erpressung; Vermögensschaden bei Verfügung eines Dritten; Bestehen eines tatbestandsspezifischen Gefahrzusammenhanges iRd § 251 in der Beendigungsphase; aberratio ictus; „Bestimmen" iSd § 26
JA	2010	855 ff	*Çelik*	Vermögensdelikte; fehlende Zueignungsabsicht bei Wegnahme; „Aufstiftung"; Sukzessive Mittäterschaft; Betroffensein beim räuberischen Diebstahl
JA	2010	601	*Eidam*	Graffitiproblematik iRv § 303; Finalzusammenhang beim Raub; Körperverletzung; Straßenverkehrsdelikte; Abgrenzung dolus eventualis – bewusste Fahrlässigkeit StPO: Verwertungsverbot des § 136a III 2 StPO

Zeit-schrift	Jahr-gang	Seite	Autor	Thema
JuS	2011	910 ff	*Hettinger*	Garantenstellung zwischen Geschwistern; hypothetische Kausalität; Unzumutbarkeit normgemäßen Verhaltens; Abgrenzung error in persona – aberratio ictus bei mittelbarer Individualisierung des Opfers; heimtückisches Töten mit gemeingefährlichen Mitteln; Mittäterschaft bei Tatbeitrag im Vorbereitungsstadium; gekreuzte Mordmerkmale
JA	2011	268 ff	*Kreß* *Mülfarth*	Sittenwidrigkeit iSd § 228; einverständliche Fremdgefährdung; Risikoeinwilligung; „Einwilligungssperre" aus §§ 216, 228; Irrtümer; aufgedrängte Not(stands)-hilfe; Verwertungsverbot bei unterlassener (qualifizierter) Belehrung
Ad Legen-dum	2011	234 ff	*R. Krüger*	Behandlungsabbruch
Jura	2011	552 ff	*Ladiges* *Glückert*	Raubdelikte – Körperverletzung mit Todesfolge – Rechtfertigung gem § 127 StPO – Rücktritt vom unechten Unterlassungsdelikt - Zeugnisverweigerungsrecht – Verwertungsverbot gem § 252 StPO
Jura	2011	146 ff	*Morgenstern*	Anwendbarkeit deutschen Strafrechts bei Tatbegehung im Ausland; Mittäterexzess und mittelbare Täterschaft innerhalb einer Mittäterschaft; Irrtum hinsichtlich konkreter Tatbestandsalternative; aberratio ictus; Rücktritt bei außertatbestandlicher Zielerreichung; gefährliches Werkzeug iSv § 244 I Nr 1a; Waffeneigenschaft einer geladenen Schreckschusspistole; räuberischer Diebstahl
JA	2011	593 ff	*Murmann*	Körperverletzungs- und Tötungsdelikte; sukzessive Mittäterschaft; tatbestandsspezifischer Unmittelbarkeitszusammenhang iRd §§ 227, 239; Bestimmen iSv § 26
ZJS	2011	522 ff	*Putzke*	Objektive Zurechnung; Rücktritt vom Versuch; Erfolgsqualifizierte Delikte; Abgrenzung Täterschaft – Teilnahme beim Unterlassungsdelikt
Jura	2011	958 ff	*Seiterle*	Subjektives Rechtfertigungselement bei der Einwilligung; objektive Zurechnung bei „Retterschäden"; spezifischer Zusammenhang bei § 306b II Nr. 2
Ad Legen-dum	2011	305 ff	*Stuckenberg*	Erschleichen iSd § 265a; Gewalt bei Ausnutzung eines Überraschungseffekts; Finalzusammenhang zwischen Gewalt und Wegnahme beim Raub; Gefährliches Werkzeug iSv § 244 I Nr 1a; räuberischer Angriff auf Kraftfahrer im Bus; objektive Zurechnung von Verfolgerverhalten; Vermögensschaden bei § 263; Verschaffen iSd § 259 StPO: Festnahmerecht nach § 127 I StPO

Zeit-schrift	Jahr-gang	Seite	Autor	Thema
JuS	2012	711 ff	*Knauer*	StPO: Revision; Befangenheit des Staatsanwalts ; Öffentlichkeitsgrundsatz; ‚Vernehmungsbegriff; Mithörfalle; Beweisverwertung
Jura	2012	994 ff	*Kraatz*	Diebstahl; Qualifikation zwischen Vollendung und Beendigung; gefährliches Werkzeug iSv § 244 I Nr 1
JuS	2012	537 ff	*Krell*	Abgrenzung Vorsatz – Fahrlässigkeit ; Drohung mit einem Unterlassen; Versuch eines Regelbeispiels im Falle des § 240 IV 2 Nr 1 StPO: Reihengenuntersuchung gem § 81h StPO
JuS	2012	50 ff	*Ladiges*	Erschleichen beim „Schwarzfahren"; konkludente Täuschung durch sog Ping-Anrufe und der „neutralen Beihilfe" StPO: Widerstand gegen Vollstreckungsbeamte in Fällen der Identitätsfeststellung nach § 163 b I StPO
ZJS	2012	530 ff	*Liebig Wiesen*	Brandstiftungsdelikte; rechtfertigende Einwilligung; teleologische Reduktion des § 306a StGB; Entwidmung eines Gebäudes; Mittäterschaft; Abgrenzung Täterschaft – Teilnahme; Straftat iSd § 306b II Nr 2; Betrug StPO: Aussage iSd § 252 StPO; Beweisverwertungsverbot
Jura	2012	481 ff	*Lotz Reschke*	Rücktritt vom erfolgsqualifizierten Versuch; Wohnungseinbruchsdiebstahl; Gewahrsam eines Toten; neutrale Beihilfe; Abgrenzung sukzessive Beihilfe - Begünstigung; Anschlussdelikte; Anwendung des § 28 II
ZJS	2012	219 ff	*Raschke Zirzlaff*	Irrtum iRd § 263 bei Zweifeln des Getäuschten und sachgedanklichem Mitbewusstsein; Dreiecksbetrug; genelleres Zutrittsrecht bei § 123; Abgrenzung Täterschaft – Teilnahme; „Unbefugtes" Verwenden von Daten iSd § 263a I; Missbrauch von Ausweispapieren
Ad Legendum	2012	278 ff	*Selter*	Entschuldigung durch Handeln auf Befehl; mittelbarer Täterschaft kraft Organisationsherrschaft; Kettenanstiftung; omnimodo facturus; Strafrahmenverschiebung nach § 28
StudZR	2012	289 ff	*Sennwitz Haas*	Einwilligung in Brandstiftung; Entwidmung eines Gebäudes durch Inbrandsetzen; teleologische Reduktion des § 306a I; tätige Reue nach § 306e I; Zurechnung einer Rettungshandlung; Garantenstellung; Abgrenzung Täterschaft-Teilnahme iRd Unterlassensdelikte; restriktive Auslegung des § 306b II Nr 2; Versicherungsmissbrauch/Versicherungsbetrug; Aussagenotstand; Garantenstellung durch Benennen einer Person als Zeuge; Strafvereitelung durch Verteidiger

Zeit-schrift	Jahr-gang	Seite	Autor	Thema
ZJS	2012	229 ff	*Singelnstein*	Trunkenheit im Verkehr; neutrale Beihilfehandlung; Rechtfertigung durch Befugnisnormen der StPO; Körperverletzung im Amt; Widerstand gegen Voll-streckungsbeamte; spezifischer Gefahrzusammenhang iRd § 227 bei Unterlassen; objektive Vorhersehbarkeit des Erfolgs iRv Fahrlässigkeit
				StPO: Verwertungsverbot infolge rechtswidriger Beweiserhebung iRv § 81a StPO
Jura	2012	330 ff	*Steinberg Janusch*	Vermögensschaden iRd § 263; Regelbeispiele des § 263 III 2; unmittelbares Ansetzen beim Betrug
Jura	2012	652 ff	*Vormbaum*	Versuchtes Unterlassungsdelikt; mutmaßliche Einwil-ligung; aktive und passive Sterbehilfe; Abgrenzung positives Tun – Unterlassen; Mittäterschaft
JA	2012	504 ff	*Walter Schwaben-bauer*	Schwangerschaftsabbruch; Auswirkungen einer fehler-haften ärztlichen Aufklärung auf das „Verlangen" nach § 218a I; hypothetische Einwilligung; Tatbestands- und Verbotsirrtum; Notstand zugunsten Nasciturus; § 32 bei Beeinträchtigung von Gütern Dritter; Agressivnotstand; Zweifel als Irrtum; Irrtum iRd Interessenabwägung des § 34; Entschuldigung bei Gewissensnot
ZJS	2012	661 ff	*Wörner*	Raub durch drittgerichtetes Nötigungsmittel; Erforder-lichkeit einer Vermögensverfügung iRd §§ 253, 255; Erpresserischer Menschenraub im Dreipersonenver-hältnis; Straftaten rund um einen geplanten Amoklauf; Mordmerkmale; Garantenstellung des Lehrers
ZJS	2013	188 ff	*Braun*	Betrug im Rahmen ärztlicher Abrechnung; Irrtum trotz Zweifel; Schadenskompensation; Abgrenzung Täter-schaft – Teilnahme
Ad Legen-dum	2013	278 ff	*Eisele*	Brandstiftungsdelikte; Falschaussage; Strafvereitelung; Notwehr; Rücktritt
JSE	2013	58 ff	*Hinderer Brenner*	Totschlag; Anstiftung; passive Sterbehilfe durch aktives Tun; Vortäuschen einer Straftat; Betrug; Ver-mögensschaden bei Anfechtungs- bzw. Widerrufsrecht StPO: § 136
ZJS	2013	407 ff	*Hinrichs*	Pfandflaschenproblematik; Diebstahl; Unterschlagung; Urkundenfälschung; (Computer)Betrug
JA	2013	589 ff	*Klesczewski Hawickhorst*	Verkehrsdelikte; Aussagedelikte; actio libera in causa; Anstiftung; Beihilfe
JA	2013	349 ff	*Kramer Pannenborg*	Betroffensein iSd § 252; Mittäterexzess; Überschreiten der Bandenabrede; Beziehung zwischen Nötigung und Wegnahme iRd § 249; Lebensgefährdung iSv § 224 I Nr 5; tatbestandsausschließendes Einverständnis trotz Schädigungsabsicht; Hehlerei
Jura	2013	533 ff	*Kromrey*	Bandentat und Mittäterschaft; Rücktritt; sukzessive Beteiligung; unvorsätzliches Entfernen vom Unfallort

Zeit-schrift	Jahr-gang	Seite	Autor	Thema
JA	2013	112 ff	*Kubiciel Wachter*	Sterbehilfe; mittelbare Täterschaft; Urkundsdelikte; Betrug
ZJS	2013	482 ff	*Oğlakcioğlu*	Körperverletzung; actio libera in causa; Straßen-verkehrsdelikte; Beteiligung an einer Schlägerei
JuS	2013	1007 ff	*Paul Schubert*	Ärztlicher Heileingriff; Totschlag; error in persona des Werkzeugs; Tötung auf Verlangen
ZJS	2013	285 ff	*Puschke*	Betrug; Urkundenfälschung; Erpressung; Straßen-verkehrsdelikte; Mord; Rücktritt
ZJS	2013	493 ff	*Reinhardt*	Beleidigungsdelikte; Notwehr; Körperverletzungs-delikte; Widerstand gegen Vollstreckungsbeamte
JSE	2013	455 ff	*Renzikowski*	Tötungs- und Körperverletzungsdelikte; § 227 durch Unterlassen; uneidliche Falschaussage; Aussetzung
ZJS	2013	75 ff	*Rotsch*	§ 266; Erfordernis einer Vermögensbetreuungspflicht beim Missbrauchstatbestand; Erfordernis einer „gra-vierenden" Pflichtverletzung; Gefährdungsschaden, Regelbeispiel des § 263 II 2 Nr 2 Var 1
JA	2013	278 ff	*Rotsch*	Untreue; schwarze Kassen; „gravierende" Pflicht-verletzung; schadensgleiche Vermögensgefährdung; Vorsatz bei Untreue
ZJS	2013	195 ff	*Schneider A. Schumann*	§§ 212, 13 und Risikoerhöhungslehre; Garantenstel-lung aus Ingerenz; ärztlicher Heileingriff; Betrug durch schadensgleiche Vermögensgefährdung; Abgrenzung Täterschaft – Teilnahme
StudZR	2013	287 ff	*Steck*	Körperverletzungsdelikte; erfolgsqualifizierter Versuch; Rücktritt; Anstiftung; Nötigung
JuS	2013	152 ff	*Tetzlaff*	Abgrenzung Betrug – Diebstahl; Gewahrsamsenklave; Auslegung des Merkmals „unbefugt" iRd § 263a; ge-fährliches Werkzeug iSv § 244 I Nr 1a StPO: §§ 100h, 100c StPO; optische Wohnraum-überwachung
Jura	2013	742 ff	*Wörner Hoffmanns*	Bankkartenmissbrauch; Skimming; Phishing; Diebstahl, (Computer)Betrug
Jura	2013	1072 ff	*Zopfs*	Versuchsbeginn bei Mittäterschaft; Rücktritt bei mehreren Beteiligten; falscher Schlüssel und verschlossenes Behältnis; Diebstahl; Aneignung; Verdächtigen durch Legen falscher Spuren
ZJS	2014	397 ff	*Bergmann Blaue*	Straßenverkehrsdelikte; taugliches Tatobjekt des § 315c; Körperverletzungsdelikte StPO: § 81a zwangsweise Blutentnahme
Jura	2014	639 ff	*Beulke*	Aberratio ictus; Rücktritt; Verhältnis von § 211 zu § 212; Abgrenzung Täterschaft und Teilnahme; Körperverletzungsdelikte; erfolgsqualifizierter Versuch; Nötigung; Erpressung StPO: Rechtskraft einer Einstellung nach § 153

Zeit-schrift	Jahr-gang	Seite	Autor	Thema
JA	2014	754 ff	*Heger*	Urkundsdelikte; Beleidigung; Aussagedelikte; Bestechung
JuS	2014	924 ff	*Hillenkamp*	Schwangerschaftsabbruch; Körperverletzung; Drohung mit Unterlassen im Rahmen der Nötigung; Betrug; Brandstiftung StPO: § 136a – Abgrenzung Täuschung und kriminalistische List; zwangsweise Gegenüberstellung
JA	2014	512 ff	*Kubiciel Stam*	Mord; Irrtümer; Betrug; Rücktritt StPO: Verwertungsverbote
JA	2014	830 ff	*Kudlich Koch*	Diebstahl, Regelbeispiele, Qualifikation; Mord StPO: Revision
JA	2014	913 ff	*Lang Sieber*	Räuberischer Angriff auf Kraftfahrer; Erpressungs- und Straßenverkehrsdelikte
Ad Legen-dum	2014	212 ff	*Mitsch*	Betrug; Erschleichen von Leistungen; Anstiftung; Strafvereitelung
JA	2014	592 ff	*Mitsch*	Eigentums- und Vermögensdelikte; Beleidigung; Aussagedelikte; Nötigungsnotstand StPO: Revision; Beweisverwertungsverbote
ZJS	2014	192 ff	*Mitsch*	Raub; (Räuberischer) Diebstahl; Betrug; Körperverletzung; gefährliches Werkzeug
JA	2014	32 ff	*Puschke*	Untreue; Betrug; Verbrechensverabredung; Versuch
JA	2014	348 ff	*Puschke*	Rechtfertigung; Rücktritt; Tötungsvorsatz; Diebstahl und Brandstiftung
JA	2014	183 ff	*Putzke Putzke*	Hausfriedensbruch; Erpressung; Nötigung; Betrug; Irrtum über den Kausalverlauf StPO: Lügendetektor
ZJS	2014	83 ff	*Putzke*	Betrug; Rechtfertigung; Urkundenfälschung; Meineid StPO: Beschlagnahme von Verteidigerunterlagen und Beweisverwertungsverbot
JSE	2014	424 ff	*Renzikowski*	Diebstahl; Folgen eines error in objecto des Täters für den Anstifter StPO: verdeckte Ermittlungen und Beweisverwertungsverbot nach § 136a
JA	2014	431 ff	*Valerius Zehetgruber*	Abgrenzung Mittäterschaft und Beihilfe; Gewahrsam; Raub und Erpressung; Brandstiftung StPO: Verwertbarkeit von Zeugenaussagen
ZJS	2015	417 ff	*Bartsch Böhme Brettel*	Körperverletzungsdelikte: Einschränkungen im Sportbereich, Schuh als gefährliches Werkzeug; Freiheitsberaubung; Raub durch Unterlassen; Diebstahl; Auswirkungen eines error in persona des Angestifteten auf den Anstifter; Aufstiftung; übergesetzlicher Notstand

Zeit-schrift	Jahr-gang	Seite	Autor	Thema
Ad Legen-dum	2015	223 ff	*Bernacki Niehaus*	Betrug: Abgrenzung konkludente Täuschung – Täuschung durch Unterlassen; fehlgeschlagener Versuch; versuchter Mord
ZJS	2015	512 ff	*Böhringer*	Gewahrsamsbegriff; Betrug; Computerbetrug; Vermögensschaden; unechte Wahlfeststellung; räuberische Erpressung; Urkundsdelikte
JA	2015	753 ff	*Braun*	Totschlag; Körperverletzungsdelikte; Urkundsdelikte
JSE	2015	250 ff	*Dietrich Bechtel*	Diebstahl: Geringwertigkeit einer Codekarte; Betrug: konkrete Vermögensgefährdung; Computerbetrug: unbefugte Verwendung; Hehlerei
JSE	2015	43 ff	*Grupp*	Verkehrsdelikte: Fahrlehrer als Führer eines Fahrzeugs iSd § 316; Abgrenzung Raub – räuberische Erpressung; Körperverletzungsdelikte; Freiheitsberaubung; Abgrenzung Täterschaft – Teilnahme
Jura	2015	1121 ff	*Hallmann*	Beleidigung; Sachbeschädigung; Verkehrsdelikte; Körperverletzung; Widerstand gegen Vollstreckungsbeamte
JA	2015	357 ff	*Henking Koehler*	Bestechungsdelikte; Körperverletzungsdelikte; Vorsatzwechsel; Mord durch Unterlassen; Abgrenzung Vorsatz – Fahrlässigkeit; Rücktritt
JA	2015	109 ff	*Klesczewski Hawickhorst*	Revisionsklausur; Computerbetrug StPO: Verstoß gegen § 55 II
JuS	2015	1106 ff	*König Putzke*	Eigentums- und Vermögensdelikte; Probleme im Zusammenhang mit missbräuchlichem Geldabheben durch einen unberechtigten Karteninhaber mit einer entwendeten Codekarte StPO: Befangenheit eines Schöffen
ZJS	2015	289 ff	*Laudien*	Urkundsdelikte; Vermögensdelikte; Sachbeschädigung; Geheimnisschutzdelikte
Jura	2015	95 ff	*Putzke*	Straßenverkehrsdelikte; Totschlag; Körperverletzungsdelikte; Sachbeschädigung StPO: Beweisverwertungsverbote bei Verstoß gegen § 136 bzw. § 81a
JSE	2015	309 ff	*Renzikowski*	Betrug: Rechtswidrigkeit bei fälligem Anspruch; Hehlerei: Teilnehmer an der Vortat als Täter; Erpressung; Unterschlagung: wiederholte Zueignung; Nötigung
JA	2015	189 ff	*Schuhr*	Computerdelikte; Vermögensdelikte; Urkundsdelikte; Versuch; mittelbare Täterschaft
Jura	2015	993 ff	*Sebastian*	Diebstahl; Hausfriedensbruch; Abgrenzung Täterschaft – Teilnahme; Tötungsdelikte; Körperverletzung; Mittäterexzess; sukzessive Tatbeteiligung
JA	2015	671 ff	*Wedler*	Straßenverkehrsdelikte; Körperverletzungsdelikte; Einwilligung; Absichtsprovokation; Abgrenzung eigenverantwortliche Selbstgefährdung - einverständliche Fremdgefährdung

Zeit-schrift	Jahr-gang	Seite	Autor	Thema
ZJS	2016	61 ff	*v. Atens Schröder*	Brandstiftungsdelikte; Retterfälle; Diebstahl: Objekt der Zueignung; gefährliches Werkzeug iSd § 244 I Nr 1a
JA	2016	345 ff	*Bülte Härtl*	Vermögensdelikte; Beteiligung; Rücktritt
ZJS	2016	756 ff	*Günther Selzer*	Diebstahl; Betrug; Unterschlagung; sukzessive Mittäterschaft/Beihilfe; Computerbetrug; Hehlerei StPO: Beweisverwertungsverbote bei Verwertung von Dashcam-Aufzeichnungen
Ad Le-gendum	2016	222 ff	*Heger*	Betrug, Erfüllungsbetrug; Körperverletzungsdelikte; Urkundenfälschung; Versuch; Sachbeschädigung; Hausfriedensbruch
JuS	2016	631 ff	*Hoven*	Körperverletzung; Notwehr; Straßenverkehrsdelikte; Totschlag
JA	2016	505 ff	*Ibold*	Raub; Auslegung des § 250 I Nr 1b; räuberischer Angriff auf Kraftfahrer; Rücktritt vom Mord; Korrektur des Rücktrittshorizonts StPO: Reichweite des Verwertungsverbots aus § 252
JuS	2016	1099 ff	*Jänicke*	Erlaubnistatbestandsirrtum, Gewahrsams- und Zueignungsbegriff beim Diebstahl; Abgrenzung Raub – räuberische Erpressung StPO: Ermittlungspflicht bei privater Kenntnis-erlangung
JA	2016	593 ff	*Klesczewski Knaupe*	Versuchter Wohnungseinbruchsdiebstahl; Versiche-rungsmissbrauch; Falsche Verdächtigung; Widerstand gegen Vollstreckungsbeamte: Rechtmäßigkeitsbegriff; Nötigung
Jura	2016	92 ff	*Krell Hülsen*	Urkundsdelikte; Betrug: Vermögensbegriff, Vermögensschaden, Dreiecksbetrug; Untreue: Pflichtwidrigkeit
Jura	2016	686 ff	*Morgenstern*	Gewahrsamsbruch bei § 242; Übereignung bei § 246; Grenzen des erlaubten Risikos bei § 223; Abgrenzung bewusste Fahrlässigkeit und Eventualvorsatz StPO: Zuständigkeit des Jugendrichters
ZJS	2016	639 ff	*Preuß*	Diebstahl: Gewahrsamsenklave; Betrug; Computer-betrug; Hausfriedensbruch: generelle Eintrittserlaubnis; Beförderungserschleichung; Beleidigung zum Nachteil juristischer Personen; Rechtsbeugung
JA	2016	745 ff	*Rienhoff*	Raub; Erpressung; Abgrenzung Raub – räuberische Erpressung; Dreieckserpressung; Diebstahl; Gewalt iSd § 249; räuberischer Diebstahl StPO: Verbot der gemeinschaftlichen Verteidigung aus § 146 StPO

Zeit-schrift	Jahr-gang	Seite	Autor	Thema
Jura	2016	202 ff	*Seiterle*	Brandstiftungsdelikte; Körperverletzungsdelikte; Totschlag; Rücktritt; Einwilligung; Erlaubnistatbestandsirrtum; Tätige Reue; Gefahrverwirklichungszusammenhang bei erfolgsqualifizierten Delikten
JuS	2017	867 ff	*Ast*	Fahrlässige Tötung: Tun und Unterlassen, Notstandsrechtfertigung; Berücksichtigung von Überforderung; Straßenverkehrsdelikte; Totschlag durch Unterlassen: Kollision einer Garantenpflicht mit einer Pflicht aus § 323c, Übergesetzlicher entschuldigender Notstand; Zurechnung und das Handeln anderer bei § 222 und § 315c
Jura	2017	477 ff	*Börner*	Brandstiftungsdelikte; Versicherungsbetrug; Tätige Reue; Körperverletzungsdelikte; Anstiftung
ZJS	2017	689 ff	*Dobrosz Onimus*	Grundkenntnisse des Strafanwendungsrechts; Versuch; Mittäterschaft; Abgrenzung dolus eventualis – bewusste Fahrlässigkeit; Urkundsdelikte; Betrug; Hehlerei
JA	2017	190 ff	*Dzatkowski Wolter*	Diebstahl; Anstiftung; Brandstiftungsdelikte; Hehlerei
JA	2017	915 ff	*Moldenhauer*	Finalität beim Raub; Qualifikation des schweren Raubs; Freiheitsberaubung im Straßenverkehr; Beleidigung
ZJS	2017	218 ff	*Momsen Laudien*	Räuberischer Diebstahl; Erfolgsqualifikation; Urkundenfälschung; Betrug; Hehlerei
Ad Legendum	2017	133 ff	*Preuß*	Abgrenzung Täterschaft – Teilnahme; Abgrenzung Raub – Räuberische Erpressung; Grenzen eines generellen Zutrittsrechts bei § 123; Zweitzueignung iRd § 246; Vollendungszeitpunkt bei der Absatzhilfe; Vortäter als Dritter iSd § 259 StPO: Nebenklage
Jura	2017	344 ff	*Putzke*	Versuch: unmittelbares Ansetzen; Betrug: Vermögensverfügung; Totschlag; unterlassene Hilfeleistung StPO: Klageerzwingungsverfahren
JSE	2017	80 ff	*Renzikowski*	Betrug; Betrug durch Unterlassen; Erpressung; Totschlag: Mehraktiges Geschehen, dolus subsequens; Körperverletzung mit Todesfolge; Mordversuch; Falsche uneidliche Aussage: Verletzung strafprozessualer Normen
ZJS	2017	342 ff	*Steinberg Bonnin*	Betrug; Urkundenfälschung; Unterschlagung; Untreue
JA	2018	38 ff	*Wieneck*	Beleidigung; Raub/Erpressung; Verwertbarkeit von privaten Videoaufzeichnungen

Stichwortverzeichnis

Verwiesen ist jeweils auf die Randnummer.

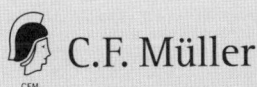

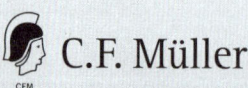